德州市志

（1986—2011）

中册

德州市地方史志编纂委员会　编

方志出版社
Publishing House of Local Records

目　　录

第十六编　财　政

第十七编　税　务

第十八编　金　融

第十九编　经济管理

第二十一编 地方权力机关

第二十二编 地方行政机关

第二十六编 军 事

第二十七编 公安 司法

第十三编

JIANZHUYE

建筑业

计划经济体制下，地、县（市）属建筑企业按计划完成下达的任务，乡镇建筑企业则以自主寻找市场为主。

1987年，开始推行经营承包负责制，包盈不包亏，国营和集体建筑企业由于历史包袱沉重，机制不灵活，多数企业经营困难，出现大面积亏损。而个体、私营建筑企业却逐步发展起来。同时，随着一些高层和大体量建筑工程出现，一些国字号和外地建筑企业相继进入德州承揽业务。

1995年以后，随着房地产业兴起、建筑市场的放开及企业改革进一步深化，各层级建筑企业纷纷改制，放开手脚，主动出击，建筑业进入按市场经济需要自主配置资源的时期。改革动作最快、效果最明显的是乡镇建筑企业（队），由最初的承包经营到改制蜕变成为建筑集团公司。到1998年上半年，地区建筑公司主动申请改制为山东德建集团有限公司，成为国资全部退出的股份制现代管理制度的建筑企业。

1999年，市政府出台《关于加快建筑业发展的决定》，德州建筑企业进行管理改革和技术创新，寻找新的增长点，不但稳稳地主导占领了本地市场，而且走向周边省外及全国和国外市场，德建集团还在非洲开辟拓展了多国市场。

2011年，全市有建筑企业366家，建筑竣工面积784.5万平方米，建筑业总产值达到201.5亿元，是1986年7792万元的258.55倍；上缴地方税收总额7.7亿元，占全市年地方税收的比重提高到15%；建筑业在国民经济发展、人民生活提升中的支柱性、带动性作用显著增强。

第一章　勘察设计

第一节　勘察设计队伍

1976年12月，德州地区建筑设计室成立（1986年改称德州地区设计院），1978年4月，德州市（县级）建筑设计室成立（1986年改称德州市建筑设计院）。各县也相继成立了勘察设计机构。全区勘察设计逐步发展形成建筑、结构、水电暖和概算预算等专业齐全的专业队伍。

1986年，对勘察设计单位进行资质审查，直属勘察设计单位17个，其中乙级3个，丙级2个，丁级10个，戊级2个。

1994年，德州地区共有勘察设计单位35个（其中乙级5个，丙级23个，丁级7个），职工总数892人（其中高工56人，工程师227人，助工339人，技术员186人）。1994年3月，山东省建设委员会公布1993年全省100栋新一代住宅和10幢高层建筑评选结果，德州地区有6项工程获奖（德州地区建筑设计院设计的德州宾馆宿舍楼、德州农科所宿舍楼、德州市住宅设计室设计的北园小区47号住宅楼、邹李小区22号住宅楼、育新小区B区宿舍楼、德州市人民银行宿舍楼)，在全省取得如此成绩，尚属首次。

1998年，“德州市建筑勘察设计研究院”与“德州市建筑规划设计研究院”合并为“德州市建筑规划勘察设计研究院”。

2000年，勘察设计单位完成改企建制的20家，占总数的66.6%。

2001年，全市有工程设计单位36家，其中甲级单位1家(市建筑规划勘察设计研究院)，乙级单位3家，丙级单位30家，丁级单位2家。行业涉及建筑、水利、公路、电力、邮电、石油、化工等。有工程勘察单位5家，其中乙级单位3家，丙级单位1家，丁级单位1家。全市完成建筑设计面积90.1万平方米，勘察总进尺2.2万米，勘察设计总产值1233万元。

2004年，德州市有勘察设计单位40个(其中甲级3个，乙级10个，丙级27个)，从业人员1333人(其中高级职称369人，中级职称611人，初级职称303人)，执业人员114人(其中注册建筑师57人，一级11人，二级46人；注册结构师51人，一级23人，二级28人；注册工程师5人)。此后至2010年，全市勘察设计单位稳定在40个，人员1300人左右。

2011年，全市勘察设计单位增至46个(其中甲级5个，乙级13个，丙级28个)，期末从业人员合计2259人(其中高级职称456人，中级职称743人，初级职称298人)，期末注册执业人次合计210人(其中注册建筑师60人，一级16人，二级44人；注册结构工程师60人)。全市营业收入合计42600万元，较2010年增长36.6%。在山东省援疆新农居设计方案竞赛活动中，市建筑规划勘察设计研究院报送的“庭院街巷”被评为一等奖、“聚落延伸”被评为二等奖，北川羌族自治县永昌第二小学项目，在山东省援建北川羌族自治县优秀工程勘察设计评选中获一等奖，并获四川省工程勘察设计“四优”三等奖。

1986—2011年部分年份德州市(地区)工程设计单位、人员情况表

表13-1

年份	设计单位(个)						从业人员(人)			
	总数	甲级	乙级	丙级	丁级	戊级	总数	高级职称	中级职称	初级职称
1986	17	—	3	2	10	2	157			
1989	32	—	3	12	17	—	478			
1994	35	—	5	23	7	—	892			
2001	36	1	3	30	2	—				
2004	40	3	10	27	—	—	1333	369	611	303
2005	40	3	11	26	—	—	1362	353	639	314
2006	40	3	14	23	—	—	1243	340	590	282
2007	41	3	13	25	—	—	1286	345	614	313
2008	43	3	14	26	—	—	1457	388	644	351
2009	43	3	15	25	—	—	1520	393	617	320
2010	44	4	13	27	—	—	1385	365	607	263
2011	46	5	13	28	—	—	2259	456	743	298

第二节 设计技术

1970 年以前，墙体工程设计为砖结构。1970 年后，设计带有钢筋混凝土圈梁、抗震构造柱的混合结构。1980 年，推广设计为钢筋混凝土框架结构，较大的车间设计为钢筋混凝土装配式结构。

1980—1990 年，具有抗震概念设计的砖混结构住宅、公共建筑较为普遍，主要为五层以下建筑，采用标准构件、标准图集的装配式钢筋混凝土结构厂房发展很快，框架结构主要应用于较大规模的商业建筑和办公建筑。

1990—2000 年，砖混结构的住宅、公共建筑普遍采用较为完善的抗震体系，采用计算机辅助计算的框架结构普遍采用，框架剪力墙结构在大型工程中已采用，大跨度、大空间设计采用网架结构；结合当地情况，地基处理较多采用机械砖柱和 CFG 复合地基、粉喷桩、夯扩桩等桩基技术。

2000 年以后，普遍采用计算机辅助设计，计算机出图率达到 100%，框架剪力墙、剪力墙、短肢剪力墙、异型柱框架、轻钢结构、大板结构、现浇空心楼板技术等新技术、新工艺相继采用，螺旋钻孔桩、钻孔灌注桩、静压预制桩、灌注桩后压浆技术等新型地基处理方法普遍采用，节能住宅设计步入正轨。

2006 年，实施“百万屋顶”计划，推广太阳能等节能新技术的应用。加快建设科技创新进程，加大对外开放力度，着力推进建筑与太阳能一体化，勘察设计审查工作普遍展开。

2007—2011 年，勘察设计行业推行科技创新。一是设计方法和手段创新。推广和应用 CAD 技术，既解决工程设计中复杂计算和工艺流程模拟优化的问题，也解决进一步优化设计、增强设计可建造性的问题。二是设计理念创新。坚持以“环境保护、节能减排”为主导的设计思想，不断优化设计方案，在许多工程项目中实现经济效益、社会效益和环境效益的统一。在住宅和公建工程中积极采用地源热泵、绿色照明、雨水利用、太阳能光伏发电等节能减排新技术，建设绿色建筑。三是信息化管理创新。运用信息化开展协同设计和项目管理，以网络化、多媒体化、智能化为特征的现代信息技术在勘察设计中得到较好应用。

德建集团承建的高铁客运站获鲁班奖

第二章　建筑施工

1986年,全区审查批准的建筑企业219家,其中地区所属建筑企业1家(德州地区建筑公司),县(市)属集体建筑公司13家,其余为乡镇办建筑公司(队)。

1987年开始,建筑市场逐渐放开,个体、私营建筑队逐步发展起来。夏津县李楼乡建筑队(德州振华建安集团有限公司前身)、德州市曹村公社建筑队(德州天元集团有限公司前身)、德州市于官屯乡建筑公司(山东联兴建设集团有限责任公司前身)等乡镇建筑企业(队)抢先改制蜕变,逐步发展成为建筑集团公司。德州东海建设集团有限公司、山东德兴建筑集团有限公司等一批个体民营建筑企业也是这期间发展成长起来的。1999年,地区建筑公司在全省建筑行业率先改制为建筑集团公司。同时,一些有实力的建筑企业开始进军房地产业,带动建筑业发展。

随着建筑市上场新设计、新高度、新技术、新装修、新工艺、新材料雨后春笋般出现,各种特色专业技术性质的装饰装修、机电设备安装、钢结构建筑、基础工程机械化施工、建筑施工机具设备租赁、新型混凝土构件与商品混凝土生产等新型建筑建材企业,以及与之相关工种和劳务公司等应运而生。山东德建集团、德州天元集团、山东旗舰集团等陆续晋升一级建筑企业。全市建筑工程施工总承包国家资质一级以上建筑企业由地改市时的1家发展为7家。德州东海建设集团有限公司、山东德兴建设集团有限公司、德州振华建安集团有限公司、山东联兴建设集团有限公司等积极进军房地产业,以带动建筑业发展,实现自身实力的快速提升。

这期间,宁津、乐陵、庆云等县(市)建筑企业常年扎根天津、河北发展,夏津、齐河、临邑等县市建筑企业则多向济南等黄河以南市场发展。2011年,全市建筑企业由1985年14家(地、县)发展为369家,增长25.4倍;从业人员由46720人发展为20多万人(其中资质内企业职工121695人);年竣工面积784.5万平方米,是1985年28.56万平方米的26.5倍;年实现税收7.7亿元。

第一节　施工队伍

1986年,全区经过审查批准的建筑企业219家,职工56829人。其中,二级企业1家,2519人;三级企业16家,10589人;四级企业63家,22984人;五级企业123家,18783人。二级企业为县(市)属集体企业,三级及以下多为乡镇或郊区建筑企业。经过审查批准的混凝土建筑构件厂66家,职工3523人。其中二级企业4家,718人;三级企业27家,1701人;四级企业35家,1104人。到1990年,全区共有建筑安装企业223家,从业人员1.79万人。

1992年,开放建筑市场和设计市场,引进外地施工和设计队伍,全区有外地施工队伍50多支,2000余人;按建设部新颁布的施工企业资格等级审查标准,共审查批准建筑企业143家,职工47001人。其中一级企业1家,2256人;二级企业2家,1719人;三级企业28家,16982人;四级企业65家,19910人;不分等级企业48家,6134人。

1996年,全市建筑企业200家,从业人员6万多人。

2001年,将装饰装修行业纳入统一规范化轨道,完成装饰装修企业换证33家。

2002年,全市建筑企业119家,建筑业总人数64417人。2003年建筑企业223家,建筑业总人数75752人。

2004年,全市建筑企业310家,从业人员10万余人。其中,房屋建筑总承包企业98家,占企业总数的31.61%;装饰装修企业55家,占企业总数的17.74%;其他专业企业157家,占企业总数的50.65%。专业企业总数占企业总数的68.39%,专业结构基本合理。建筑业中,按公司法设立或者改造的有限责任公司290家,占企业总数的93.55%;其中民营和民营性质的有限责任公司228家,占企业总数的73.55%;集体占一定股份的有限责任公司57家,占企业总数的18.39%;中外合资企业5家,占企业总数的1.61%;国有企业15家(属建筑部门直管单位),占企业总数的4.84%;未改制的县属集体企业5家,占企业总数的1.61%。

2011年,全市各级各类建筑企业统计达到369家(不含动态的建筑劳务公司、队),其中特级企业1家(德建集团),一级企业31家,二级企业137家,三级企业190家,不分等级企业10家;另有建筑劳务类企业100多家;一级以上总承包企业7家。建筑队伍从业人员总数达到20万人以上,其中资质内企业职工121695人,专业技术人员达到21267人(其中高级职称1684人,中级职称7705人,一级建造师428人,二级建造师2935人)。

2011年德州市建筑业企业情况表

表13-2

类别项目	企业个数(家)	房屋建筑竣工面积(平方米)	企业总收入(万元)	建筑业平均人数(人)	实缴税金(万元)
合计	369	7845212	2135497	121695	76690
特级企业	1	361004	185995	11616	6025
一级企业	31	2306016	804995	26020	32274
二级企业	137	3719131	823862	52569	27285
三级企业	190	1459061	313713	30849	10854
不分等级企业	10		6931	641	250
房屋建筑工程	114	7416458	1105265	85127	40014
公路工程	14	—	131085	4351	2389
水利水电工程	18	2000	133490	7350	4594
电力工程	1	—	31719	283	949

续表 13-2

类别项目	企业个数（家）	房屋建筑竣工面积（平方米）	企业总收入（万元）	建筑业平均人数（人）	实缴税金（万元）
机电安装工程	3	—	14425	341	2020
地基与基础工程	11	—	10834	923	350
建筑装修装饰工程	41	—	45126	2714	1432
建筑幕墙工程	6	—	5055	409	191
预拌商品混凝土	34	—	84788	1370	2922
钢结构工程	21	426754	47130	2652	1586
高耸构筑物工程	2	—	4416	110	293
消防设施工程	2	—	3468	88	99
建筑防水工程	3	—	3156	158	48
防腐保温工程	7	—	7168	2151	65
起重设备安装工程	2	—	7406	192	0
机电设备安装工程	21	—	420292	7579	16934
建筑智能化工程	3	—	340	102	12
环保工程专业	1	—	8450	130	98
电信工程	1	—	363	85	16
电子工程	2	—	600	42	3
公路路面工程	4	—	11052	1654	491
水工建筑物基础处理工程	1	—	2516	160	75
送变电工程	7	—	11009	492	392
化工石油设备管道安装工程	3	—	16797	760	787
管道工程	3	—	7042	274	239
特种专业工程	7	—	3390	529	168
拆除工程	1	—	70	20	3
外墙外保温工程	2	—	130	15	3

1986—2011 年德州市(地区)建筑业主要经济技术指标统计表

表 13－3

年份	企业个数(家)	建筑业总产值(万元)	房屋建筑施工面积(万平方米)	房屋建筑竣工面积(万平方米)	企业利润总额(万元)	建筑业平均人数(人)	建筑业增加值(万元)	税金(万元)
1986	14	7792	49.01	26.93		9688		
1987	14	9386	56.94	29.55		10738		
1988	14	10812	63.37	33.14		10272		
1989	14	12789	53.52	31.42		9897		
1990	12	12766	45.19	25.86		8723		
1991	12	14082	54.67	26.90		9606		
1992	12	18310	61.75	34.43		10684		
1993	99	46807	143.11	54.12	919	43366	10472	1771
1994	135	53881	154.53	81.32	631	33431	13949	1603
1995	133	64619	173.43	91.75	80	38475	14808	1749
1996	151	108381	221.79	116.54	1303	56634	25846	3715
1997	152	136297	324.78	188.99	1249	55019	32705	4309
1998	150	142796	335.86	198.06	1174	56175	34285	5046
1999	181	186042	364.14	215.72	4125	61187	34836	6838
2000	217	201914	406.83	227.86	5636	63649	44528	6713
2001	189	256893	485.28	287.06	7580	75462	52415	9777
2002	119	279339	383.85	277.86	7023	64417	55186	7178
2003	223	330432	473.00	267.00	8514	75752	67312	9932
2004	125	340000	490.20	327.80	112000	58625	387000	19000
2005	188	541000	648.90	286.90	37600	71264	482800	17900
2006	203	582238	651.10	609.67	49857	79220	101800	15147
2007	266	792832	1237.22	767.27	69961	93396	114463	20994
2008	270	1014626	995.11	619.31	81982	94691	146790	28487
2009	343	1214369	1078.63	562.72	102306	119539	185800	42126
2010	364	1590055	1605.50	635.59	131563	124503	234772	55670
2011	366	2014660	1646.74	784.52	167287	121695	368365	706691

注:(1)企业数 2004 年前源于《德州建设志》,统计口径与实际有区别

(2)建筑业总产值与施工产值有区别,本表是总产值

第二节 建筑技术

1986—2011年间，建筑业新技术、新材料、新设计、新工艺、新工具、新设备等逐渐得到推广应用。建筑物由平房变多层，多层变小高层，小高层变高层，高层变超高层，数十米、上百米建筑屡见不鲜。秦砖汉瓦等传统建筑材料和泥瓦匠建筑技术陆续淘汰，代之以现代化建筑材料和机械化、智能化建筑施工技术。这一时期，代表德州建筑业技术水平和成果的，主要是由德建集团研制、填补空白和率先使用的。

一、地基基础施工技术

20世纪70年代以前，民用建筑大都在三层以下，地基一般是条形基础挖至原土层，夯填3:7灰土，然后做料石基础砌至±0，或用砌基础放大脚的方法砌砖至±0。1975年前后，开始建造6层楼房，砌石基础也逐步过渡到钢筋混凝土基础。并开始采用强夯、碎砖置换地基、打砖柱挤密地基等技术。1990年以后，随着高层建筑涌现，大量地采用筏板式基础、桩基础、箱形基础。1991年，地区建筑公司与建筑设计院研制的利用粉煤灰进行挤密碎石桩的新工艺复合地基，为工业废渣的利用开辟了新途径。2000年后，灌注桩、振冲碎石桩、粉喷桩、钻孔桩、强夯置换、旋挖成孔钻孔灌注桩、砖护坡支护、深基础基坑灌注桩支护技术、H型钢支柱木板护坡桩等基础工程新技术相继采用，预应力管桩、后压浆钻孔灌注桩逐渐成为主流桩型。

基础工程施工基本实现了机械化。

二、混凝土施工技术

主要有预应力混凝土技术、钢筋连接技术、高层建筑混凝土整层现浇技术、商品混凝土，超长混凝土结构无缝施工技术，由德建集团用于中心广场混凝土筏板、人防综合楼地下室、人民医院大楼地下室等工程。

三、建筑工程结构技术

传统的建筑工程大多是砖木结构和砖石结构，到20世纪70年代逐渐被砖混结构、钢筋混凝土结构取代。80年代后随着高层建筑的出现，大跨度钢网架结构和剪力墙、框架剪力墙结构和无黏结预应力施工技术、滑模倒模施工技术及模壳板、现浇空心楼面板，被广泛地运用到工程施工中。2000年后，轻钢结构工程开始得到应用。

四、建筑模板和脚手架技术

1980年以前，浇制混凝土的模板一般采用散拼木模和定型木模板，需消耗大量木材。1980年前后，逐步推广更新使用小型钢模板、组合钢模板、竹胶模板、细框胶合板、高强复合

位于德兴南路的住宅小区 (2010年 摄)

板和钢制大模板、倒模和滑模等工艺。1975 年后，竹、木脚手架逐渐被钢管脚手架取代；1990 年开始使用新型门式脚手架和悬挂脚手架、悬挑脚手架。2010 年，山东德建集团的“桁架端部连接装置及使用方法”获德州建筑行业第一项发明专利。

五、安装工程技术

到 1985 年，大型安装施工企业的配备起重吊装作业设备基本上取代手动工具。给排水工程，引入中水管网系统，增加污水处理回收利用新工艺。电气工程，由一般照明配电发展到高速群控电梯、音响、通讯、开闭路电视、安防监控、电脑智能化管理等系统。采暖工程，由铸铁散热器采暖方式转变为地暖采暖方式。空调工程，由局部空调发展到中央空调。管道、设备的绝热和防腐工程开始使用新型材料，对于腐蚀较强的介质，多数采用不锈钢、玻璃钢、塑料、金属喷镀、石墨等材料，以及衬耐酸砖、板，衬铝、衬胶等防腐措施。

六、工程鉴定加固与平移技术

工程鉴定技术：采用回弹法、钻芯取样法、剪切法、静载实验法等非破损检测技术，对混凝土构件和砌体结构进行鉴定，应用 PKPM 软件对建筑物结构进行计算分析，对建筑物受损情况进行科学评定并提出加固处理意见及方案。鉴定代表工程有平原东方商厦火灾后鉴定、德州市立医院病房楼鉴定、平原 105 国道收费站办公楼鉴定等。

加固施工技术主要有：加大截面法，黏钢法，黏碳纤维布加固法，混凝土植筋、植锚栓技术，化学灌浆法，碳纤维板材预应力加固等。

德州 S84 减河大桥 I 梁采用预应力碳板加固。

楼房整体平移技术：整体平移与拆除重建相比，节省费用 2/3，缩短工期，节省建材，减少建筑垃圾。德建集团对市艺术馆大楼、市人民医院四层制剂楼即是用技术平移改造的。

七、玻璃钢与中央空调应用

玻璃钢是 20 世纪 80 年代后兴起的节能轻便实用的新型建筑材料，被广泛应用于中央空调、消防工程设备配套管道等。代表工程有北京奥运工程，京沪高铁上海虹桥站，解放军第 302 医院综合楼，国资委住宅楼，肯尼亚松高罗电站工程等。

第三节　施工设备

一、塔机

20 世纪 90 年代，使用的塔机主要是散装型塔机，最大起重量为 1.6 吨，臂长 20 ~ 25 米，安装高度 25 米左右。1995 年以后，自升式塔机开始应用到德州市广电中心、德州交警中心等一批标志性建筑工程。德建集团建设德州广电中心大楼应用的 QTZ40—60 型式塔机安装高度达到 120 米，三天建一层楼主体的建筑速度成为现实。

二、施工电梯

1996 年开始，施工电梯逐渐应用于市国税局、广电中心、交警中心等一批标志性高层建筑。德建集团投入的 SCD200/200 型施工电梯，提升高度达到 150 米。施工电梯成为各建筑企业常用的施工设备。

三、混凝土搅拌

随着高层建筑及其地下工程等开工建设，需要大体量混凝土，混凝土搅拌厂站应运而生。到 2011 年，全市商品混凝土企业 34 家，年生产值 65395 万元。

第四节　装饰装修

1980 年以前，建筑装修大都是内部白灰墙，外部清水墙。1985 年以后，马赛克、面砖、壁纸、壁布等新兴装饰装修材料和“喷、滚、弹、涂”工艺得到逐渐应用。90年代,外墙装饰开始采用花岗石饰面、玻璃幕饰面、铝塑板饰面等高档装饰。门窗从传统的木门窗发展到铝合金门窗、铝塑门窗、铝质卷帘门、胶合板门等。20世纪末,太阳能与建筑一体化建筑、外墙保温等建筑应运而生。

到2011年,德州市资质内装饰装修企业共45家。获得全国优质装饰工程奖的代表性工程有:德州市便民服务大厅室内装饰工程,德州市新城财富大厦装饰装修工程等。

第五节 墙改节能

1998年开始,在全市推行环保节能的新型墙体材料。成立以分管副市长为组长的德州市新型墙体材料推广应用工作领导小组,下设办公室,负责全市墙改与建筑节能的具体工作。市政府下发《关于加强墙体材料革新与建筑节能工作的通知》,1999年9月起,征收墙体建筑材料节能费,征收标准10元/平方米,2004年改为征收新型墙材专项基金,征收标准8元/平方米。2002年,市政府办公室下发通知,规定自2002年10月起,城市规划区内的公共建筑,禁止使用实心黏土砖;自2003年7月起,规划区范围内的所有新建、改建、扩建的建设工程禁止使用实心黏土砖,各县(市)城市规划区范围内,逐步禁止使用实心黏土砖,“禁实”时间不超过2005年年底,凡超过时限仍继续使用实心黏土砖的建设工程项目,建设行政主管部门不予通过施工图设计审查,不予核发施工许可证,不予办理竣工验收备案手续,对违反规定的建设开发单位、设计单位和施工企业,按有关规定严肃处理。2007年,市政府办公室印发通知,规定自2007年3月起,德州市城市规划区内禁止生产黏土类墙体材料;新建、改建、扩建的建筑工程及围墙、临时建筑、市政工程,禁止使用黏土类墙体材料;自2007年7月起,其他县(市)城市规划区内禁止生产、使用实心黏土砖(瓦);自2007年3月起,城市新建公共建筑全面执行省50%公共建筑节能设计标准,新建居住建筑全面执行省65%居住建筑节能设计标准,城市规划区内不得使用实心黏土砖(瓦)。

1999年,新墙材实际用量3500万块标砖,占墙材应用总量的2.2%。2011年,全市新型墙材生产企业发展到114家,总生产能力达51亿块标砖,主要生产粉煤灰蒸压砖、粉煤灰黏土烧结砖、加气混凝土砌块、混凝土砌块、陶粒砌块,钢丝网架夹芯板、GRC板、EPS板等产品;全市新型墙材实际应用量86800万块,占墙材总量的比例达到81%,年可节约标煤393万吨,节地3730亩,利废996万吨。

2001年开始,在全市推行墙体围护结构保温、门窗采用塑钢中空玻璃等节能建筑,2002年达节能50%标准的建筑工程2.6万平方米,节能建筑占总建筑量的2.6%;2004年节能建筑工程量增加到10.5万平方米,节能建筑占总建筑量的13%;其中3个工程项目被评为省级节能示范试点工程,总面积为6.04万平方米。至2011年,全市节能建筑工程量达194.8万平方米,节能建筑占总建筑量的99%。

1999—2011年德州市建筑工程获省“泰山杯”名录表

表13-4

年份	工程名称	承建单位
1999	德州市地方税务局办公楼	山东德建集团有限公司

续表 13－4

年份	工程名称	承建单位
1999	德州市交警支队直属大队 1#宿舍楼	山东省德州市康龄建筑工程公司
2000	德州市会展中心	山东德建集团有限公司
2000	德州市国税局办公楼	山东德建集团有限公司
2000	中国农业发展银行德州市分行宿舍楼	德州振华建筑安装工程公司
2000	德州市环境监测中心科研楼	德州天元集团有限责任公司
2001	德州市交通局运管处 1 号宿舍楼	德州振华建筑安装工程公司
2001	德州市石油机械厂 3 号宿舍楼	山东德建集团有限公司
2001	德州经济开发区管委会综合办公楼	德州天元集团有限责任公司
2001	德州市公安交通指挥中心	山东德建集团有限公司
2002	德州学院美术公教楼	山东德建集团有限公司
2002	中国人民银行德州市中心支行 3#宿舍楼	德州振华建筑安装有限公司
2002	德州电业局邹李小区 9#宿舍楼	德州天元集团有限责任公司
2002	德州邮政局生产楼	德州粮建集团建筑安装有限公司
2003	德州市马庄 4 号住宅楼	山东德建集团有限公司
2003	中国人民保险公司德州分公司办公楼	山东德建集团有限公司
2003	德州市燃气公司 4 号宿舍楼	德州德兴建设集团有限公司
2003	德州亚圭制冷室工程有限公司办公楼	德州天元集团有限责任公司
2004	德州新湖风景区绿化美化工程	山东德建集团有限公司
2004	德州学院数理楼	山东德建集团有限公司
2004	新湖家园 7 号住宅楼	德州天元集团有限责任公司
2004	德州市林业局 2 号住宅楼	德州振华建筑安装有限公司
2005	陵县人民医院病房楼	山东德建集团有限公司
2005	临邑县财政局 1 号住宅楼	临邑县宏建有限公司
2005	德州日报社 1 号 a 宿舍楼	德州天元集团有限责任公司
2005	德州市林业局 3 号宿舍楼	山东德兴建设集团有限公司
2006	德州学院图书馆三期扩建工程	山东德建集团有限公司
2006	中国人行德州市中心支行营业办公楼	德州天元集团有限责任公司
2006	德州凤都国际酒店	德州天元集团有限责任公司

续表 13－4

年份	工程名称	承建单位
2006	德州市德兴·安然居小区组团	山东德兴建设集团有限公司
2007	德州学院教学楼	山东德建集团有限公司
2007	鲁班御景园 15 号住宅楼	德州天元集团有限公司
2007	齐河县人民医院门诊楼	山东省旗舰建设集团有限公司
2007	德州市人民医院开发区医院门诊楼	德州天元集团有限公司
2008	德州市银监局商业银行综合楼	山东德建集团有限公司
2008	德州市德城区农村信用联社办公楼	山东金鑫建设集团有限公司
2008	德州市军休所军休干部 2#宿舍楼	德州天元集团有限责任公司
2008	德州市军休所军休干部 1#宿舍楼	山东德建集团有限公司
2008	德州市国土资源综合服务中心综合楼	山东天齐置业集团股份有限公司
2009	德州学院理科公共教学楼	山东德建集团有限公司
2009	德州市新城综合楼	山东德建集团有限公司
2009	平原县御园小区 2#楼	平原县方圆建筑安装工程有限公司
2009	乐陵天津滨海购物广场	德州天元集团有限责任公司
2009	德州市交通开发投资公司综合楼	山东德建集团有限公司
2010	德州天元大厦	德州天元集团有限责任公司
2010	德州市项目规划建设管理综合楼	山东天齐置业集团股份有限公司
2010	德州市天和蓝韵 3#楼	山东德建集团有限公司
2010	德州中茂家园 15#楼	德州天元集团有限责任公司
2010	德州市津德利购物中心	山东德建集团有限公司
2011	宁津县文化艺术中心	山东德建集团有限公司
2011	德州市临邑县国土资源局办公楼	山东起凤建工股份有限公司
2011	德州市宝林金紫荆花园小区 1#楼	山东德建集团有限公司
2011	德州市环境突发事件应急处理中心楼	山东天齐置业集团股份有限公司
2011	柳湖书院	德州天元集团有限责任公司
2011	山东宁津县华府国际大酒店	德州天元集团有限责任公司

第三章 建筑管理

1986年以后，相继成立德州地区建筑工程质量监督站、建筑工程招标投标管理办公室（标准定额站）、散装水泥办公室、建筑材料公司。1996年，德州市建筑工程管理站改为建筑工程管理处，设立建设工程招投标管理办公室和建设工程造价管理办公室。1999年，德州市墙体改革新材料推广办公室划归市建委管理；建筑工程管理处，负责全市建筑业的日常综合管理工作。

第一节 建筑市场管理

建筑市场管理包括工程开竣工管理、承包合同管理、建设监理、建筑企业养老保障金统筹管理、建筑业农民工权益管理等。

一、工程开工竣工管理

施工许可 始于1979年，省基本建设委员会、省财政局下发《关于自筹基建项目试行“施工许可证”的通知》，规定签发“施工许可证”的基本条件是：设计、资金、材料、设备和施工力量五落实。同时，要做好征购土地、拆迁、办理建筑执照等工作。1982年，在全区执行开工报告制度，到1999年共办理开工报告2115项。1999年10月，建设部颁布《建筑工程施工许可管理办法》，至2004年年底，全市共办理建筑工程施工许可证2430件；2005—2011年年底，德州市建委（市住房和城乡建设局）办理市区范围内央直、省直、市直部门单位的建筑工程施工许可证334件。

竣工验收备案 1978年，省计委、财政厅、建委联合转发国家计委、财政部、国家建委《关于试行加强基本建设管理几个规定的通知》，规定竣工项目验收前，建设单位要组织设计、施工等单位进行初验，向主管部门提出竣工验收报告，并系统整理技术资料，绘制竣工图，分类立卷，在竣工验收时作为技术档案，移交生产单位保存。2000年，规定建设单位应当自工程竣工验收合格之日起15日内，向工程所在地的县级以上地方人民政府建设行政主管部门备案。至2011年年底，全市共办理建筑工程竣工验收备案962件。

二、承包合同管理

1988年，省工商局、建委、建行联合下发《关于建设工程承包合同实行签证管理的通知》，对建筑工程承包合同进行签证管理，规定建设主管部门统一印制建设工程承包合同文本。签订承包合同后，如双方发生争议，首先请工程所在地建设主管部门调解；对调解结果不能接受时，任何一方可在调解作出7天后，提请工程所在地工商行政管理机关进行仲裁；在实际工作中，双方可以协商直接申请仲裁或要求法院判决。

三、建设监理

监理工作起步于1994年。2005年1月，成立德州市建设监理协会，至2011年，全市共有监理企业19家，其中甲级资质1家，乙级2家，丙级16家，监理从业人员800余人。建设工程监理覆盖面逐步扩大，全市建设投资规模在200万元以上的各类工程基本都委托监理，一次验收合格率100%，优良率超过65%。

四、建筑企业养老保障金统筹管理

1995年,《山东省人民政府关于加快建筑业发展的决定》发布,在全省实施建筑企业劳保费用改革:建筑企业劳保金的收缴,由过去建筑施工企业按定额标准中的养老保险金直接向建设单位收取,改为由建筑企业劳保金管理机构统一收取,再按比例拨付建筑施工企业,由企业统一为职工缴纳社会保险金。从1995年10月1日起,全省建筑企业劳动保险费用统一按建安工程费的2.6%提取。

1996年,全市开始统计管理数据。随着工程项目、工程规模的日益扩大,建设企业养老保障金征收金额逐年呈上升趋势。1996年征收255万元,2011年征收1190万元。

五、建筑业农民工权益管理

随着中国城乡建设事业的快速发展,数百上千万计的建筑农民工离开乡村,走进城市,为城乡建设事业做出了巨大贡献。但是建筑行业欠薪问题一度成为农民工的心头大患。2003年10月温家宝总理代民讨薪,提出“欠农民的钱一定要还”,从而正式拉开全国建设领域“清欠”工作的帷幕。2004年市建委成立解决建设领域拖欠工程款和农民工工资问题领导小组,印发《关于清理建设领域拖欠工程款和农民工工资的意见》,采取一系列措施进行综合治理。当年累计清理拖欠工程款9596万元,兑付农民工工资2960万元。对于拖欠建设工程款和农民工工资,政府有关部门多措并举:建章立制,规范用工行为;强化监管,保障工资支付;多方联动,合力处置欠薪案件,让违规企业“一处失信,处处受制”。2003年以来,成功处置一大批重点案件,化解欠薪纠纷,维护了农民建筑工合法权益。

第二节 招标投标管理

一、招标投标管理

1985年,成立德州地区建筑工程招标投标管理办公室,与德州地区建筑工程标准定额站为一个机构、两个牌子。1988年,按省、地规定,建设工程项目实行三级管理:大型工程(1000万元以上)由省招标办管理,1000万～100万元的工程由地区招标办管理(德州放宽到200万元以上)。

1996年,全市招标工程252项,招标率87%,工程造价平均降低2.48%,工期比定额工期缩短13%以上。1997年,建立德州市建筑市场管理中心,全市招投标工程327项,全市招标率达93%,降低工程造价1300万元,工期比定额工期缩短16%。1999年,全市已有9个县(市)建成建设工程交易中心,工程建设交易逐步纳入有形市场管理。

2001年,对投标实行申请及押证制度,对招标投标专家库实行动态管理制度。2008年,组建由368名专家组成的山东省建设工程评标专家库德州分库。2011年,市招标办公室开通县级评标专家子库,全部实现语音自动抽取专家,提升评标专家抽取保密性。

二、建设造价标准管理

工程造价咨询与管理　市建委招投标办公室(定额站)分离出单列的工程造价办公室,负责德州的工程造价管理。1997年,发布第一批工程造价咨询单位18个。2000年,对全市工程造价咨询单位开展“脱钩”改制,注销市级及以下建设银行的工程造价咨询机构的资质。到2002年,在完成“脱钩”改制后,全市有工程造价咨询单位19个,其中甲级3个,乙级1个,丙级15个,专业从业人员300余人。

1996年,实行工程造价改革,全市核定施

工企业取费许可证 159 家，对工程造价专业人员进行统考换证。1999—2001 年，工程造价专业人员参加全省统考升级持证总人数达 2156 人。从 2007 年 1 月开始实行，建设单位申请领取施工许可证前，安全施工费按工程造价的 2% 预存制度。2009 年，换发全国造价员证书工作，全市 1600 多名工程造价专业人员分建筑、安装、装饰、市政、园林 5 个专业，按照国家统一的规定进行统计、变更和编号。

建筑材料价格信息管理　从市计委、市建行、市物价局、交通局、十三局、国棉厂等单位抽调专业技术人员共 30 人，到 1987 年 4 月，编制完成德州第一套《德州地区工程建设材料预算价格》共 6 册，共编入建筑安装材料预算价格 33760 个规格，门类齐全，基本能满足全区的工程建设需要。分别于 1990 年、1994 年、1996 年进行了 3 次修改。对主要工程材料价格实行动态管理，每半年公布一次主材料市场指导价。

工程建设定额管理　1986 年、1987 年，德州地区建筑工程标准定额站，组织编制全区第一套《德州地区建筑安装材料预算价格》《山东省建筑工程预算定额德州地区单位估价表》。1989—1995 年，测算编制地基处理打砖桩、平铺砖地面、壁橱门等补充定额。2005 年，市建设主管部门与环保、财政、安监等部门及有关企业配合，发布了 6 项建筑安装工程规费费率和《德州市建筑安装工程安全施工费核定管理办法》。

工程建设标准管理　1995 年开始推行工程建设强制性标准。1999 年，成立德州市工程建设标准实施监督检查领导小组，对工程建设强制性标准进行监督检查，2000 年，对 1998—1999 年竣工和在建工程造价 50 万元以上或建筑面积 2000 平方米以上的建设项目，实施工程建设强制性标准监督检查。2010 年，开展建筑基坑工程强制性标准执法检查工作。2011 年，市建设主管部门配合省建设厅、公安厅，会同市消防局在全市开展《建设工程施工现场消防安全技术规范》检查，未发现严重违规现象，在工程建设各个环节和领域严格执行标准已成为建设主体各方的共识。

第三节　质量监督管理

1984 年，成立德州地区建筑工程质量监督站。1986 年全区监督建筑工程 371 个，查处 14 起较大的质量事故，查处 35 处质量隐患，查处违章操作质量问题 560 多条，1 项工程全部返工重建。

1986—2011 年，共受理监督建筑工程 29035 个，面积 11702.3 万平方米；工程受监覆盖面由建站初的 40% 提高到 100%，工程合格率由建站初的 50% 提高到 100%，工程优良率从 1992 年的 30% 提高到 60%。

1994 年，建筑装饰工程纳入监督范围，全区建检测站（室）13 个，完成 500 多个单位工程的检测项目。2002 年，市质监站监督竣工工程 117 个，全部具备备案条件。2007 年，开展住宅工程质量分户验收试点；2009 年，全面实施住宅工程分户验收制度；开展门窗保温性能、钢结构、密封胶、墙体系统、装饰装修板材检测，购置桩基检测设备。2010 年，赴川监督检查验收援川工程质量，共验收工程 43 个，建筑面积 13.6 万平方米。

自 1990 年开始评选省优良工程后，获省优良工程 170 多项；自 1994 年开始评选市优质样板工程后，评出市优质样板工程 105 项；自 1998 年开始评选山东省建筑工程质量最高奖“泰山杯”后，参与指导帮助企业申报获得“泰山杯”工程 70 项和多项国家级奖工程。

1986—2011年德州市(地区)建筑质量监督工程情况统计表

表13－5

年份	监督工程个数(个)	监督工程建筑面积(万平方米)	新开工工程个数(个)	新开工建筑面积(万平方米)	一次竣工验收合格率(%)	优良工程数(项)
1986	371	48	280	36.4	68	—
1987	412	59.7	261	39.2	75	—
1988	457	75.4	319	54.2	88	—
1989	468	82.4	328	58.7	90	—
1990	524	103.7	356	71.2	96.75	17
1991	549	118.6	313	68.9	96.9	38
1992	661	149.1	383	88.1	97.1	78
1993	604	137.1	344	79.5	99	77
1994	515	109	288	63.4	97.6	68
1995	643	186.5	351	104.6	93.7	80
1996	596	173.8	320	96.7	85.7	68
1997	838	248.1	444	131.4	87.5	86
1998	915	267.7	495	146.1	85.9	83
1999	1065	330.1	596	184.8	96	95
2000	1002	320.6	581	188.8	100	89
2001	1122	393.8	550	199.4	99.5	71
2002	928	335.6	440	158.5	96.1	
2003	1088	448.8	633	267.3	96	80
2004	1257	575.2	650	304	97.3	97
2005	1575	707.1	846	397.2	98.5	116
2006	1797	890	855	427	95.9	151
2007	1301	614.7	772	354.2	91.6	160
2008	1875	824	1071	454	96.4	119
2009	2140	1067.3	1246	611.1	98	94
2010	2933	1526.5	1747	905.7	97.8	94
2011	3399	1909.6	1724	1013.9	100	92

注:《建筑安装工程质量检验评定统一标准》(GBJ300—88)自1989年9月1日起施行,单位工程质量由企业技术负责人组织企业有关部门进行检验评定,由当地工程质量监督或主管部门核定,质量等级划分为合格和优良。《建筑工程施工质量验收统一标准》(GB50300－2001)自2002年1月1日起施行,

由建设单位(项目)负责人组织施工(含分包单位)、设计、监理等单位(项目)负责人进行单位(子单位)工程验收,工程达到合格要求方可投入使用。自2002年1月1日起,优良工程由施工企业自愿申报,工程质量监督部门或质量协会进行评选

第四节　施工安全管理

1992年以前,德州地区建委施工科负责建筑施工安全生产管理,1992年成立德州市建筑工程管理站,1997年改为德州市建筑工程管理处,下设建设工程安全监督站,负责建筑施工安全生产的管理与监督。各县(市、区)建委(建设局)施工科负责所在县(市、区)建筑施工安全生产工作。

1996年以前,建筑施工安全生产的管理主要是宏观管理,与劳动部门开展联合检查,联合举办特种作业人员培训,组织对建筑施工伤亡事故的调查与处理等。1998年开始试行对施工工程的全过程安全监督管理,逐步实现工程开工安全许可和竣工验收评定制度。开展"建筑施工起重机械拆装许可证"认证工作,共认证8家。2001年实行"建筑工程开始安全报监"和"建筑施工意外伤害责任保险"两项制度,实现了对建筑工程的全过程安全监督。同年,实行塔式起重机械拆装许可证制度。2003年,对10家企业分别给予停业整顿和罚款的处罚,对11个项目经理分别给予加记不良行为记录、限制工程招投标和两年内不予办理资质升级的处罚;将1家外地进德州施工企业清除出德州市建筑市场;2004年共查出事故隐患和不安全因素2000余项。2011年,着重加强对中小企业等安全生产基础薄弱部位的监管,淘汰燃烧等级不符合要求的苯板房,严防火灾事故发生。

重点企业选介

山东德建集团有限公司　前身为成立于1953年的德州地区建筑公司,该公司承建了1990年前绝大部分德州标志性重点工程。到1995年,受制于体制束缚,亏损严重,在被列为省、地救助的特困企业情况下,开始二次创业,困境中崛起。1999年在全省建筑行业率先改制为国有资本全部退出逐步发展为下辖20多个分(子)公司的股份制集团有限公司,具有房屋建筑工程施工总承包国家特级、工业设备安装专业承包壹级等28项经营资质,以及国际工程承包及劳务输出对外经营权和国家对外援助成套项目实施企业资格。业务范围涉及建筑施工、房地产开发、商品混凝土、建筑设计、装饰装修、特殊工程、钢结构工程、道路桥梁、园林绿化、设备租赁、国际工程与贸易、建材产销、工程监理、物业管理等,形成了较为完整的产业链,是规模化、专业化、产业化的大型企业集团。产值由改革开放初期的4000万元增加到2011年的40多亿元。在站稳德州本地建筑市场的同时,先后开辟了北京、天津、新疆、河北、威海、烟台等全国市场,以及苏丹、安哥拉、南苏丹、刚果、赞比亚等国际市场。承建施工德州广电大厦、德百大楼、人民医院新病房大楼、会展中心、市行政中心综合楼、太阳谷微排国际会议中心、高铁德州东站等一批德州新标志性重点工程,创出2项全国建筑业最高奖鲁班奖、5项国家优质工程奖、35项省级工程质量最高奖(泰山杯、天府杯),其他各类省、市级优质工程200多项,获得国家专利12项、国家级工法3项。

德州天元集团有限公司　原为1972年成立的德州曹村公社建筑队,1984年由德州东郊曹村公社建筑一队、二队合并成为集体企业德州市东郊建筑工程公司,1995年改制为德州天

元集团有限责任公司，发展成为房屋建筑施工总承包壹级企业，下辖18个子(分)公司，是以房屋建筑施工为主，集房地产开发、市政工程施工、设备安装、建筑装饰装修、钢结构工程施工、地基与基础施工、建材生产销售、预拌商品混凝土生产、幕墙施工、太阳能生产与销售等多元化经营于一体的综合性集团，跻身山东省50强建筑企业。施工足迹遍布北京、江西、四川、吉林、河南等全国十几个省市。多项工程被评为"国家优质工程""泰山杯工程"等。

德州东海建设集团有限公司　始建于1998年，是由原陵县边临镇建筑公司项目经理魏建国创办的民营建筑企业，逐渐发展成为以东海建设集团有限公司为核心，以房地产开发为龙头，下辖7个子公司、12个分公司，集房屋建筑工程、市政工程、钢结构工程、桥梁工程、建筑装饰工程、防水工程施工和物业管理等多元化经营于一体的集团公司。拥有房屋建筑工程施工一级资质、房地产开发一级资质国家对外承包工程资质。先后开发和建设了东海·天玉铭城、东海·现代城、东海·巴黎城、东海·香港城和德州市"崇德三、四、六"三条市政道路等一批名优工程。其中，东海·巴黎城项目获国家房地产开发最高奖项"广厦奖"，东海大厦工程获山东省工程质量最高奖项"泰山杯"。

德州振华建安集团有限公司　前身是夏津县李楼公社建筑队，1976年成立夏津振华建筑工程公司，并在济南建立办事处，20世纪80年代在济南施工项目超百万平方米，完成了从包清工到施工总承包的成功转型。1994年成立德州振华建筑安装集团有限工程公司。由单一的建筑工程施工发展成为以房地产开发为主导、建筑施工为基础产业，集物业管理、钢结构生产安装、电力安装、设备租赁、齐鲁古玩城市场等于一体的集团公司，拥有房屋建筑工程施工总承包壹级资质，房地产开发贰级资质，钢结构工程专业总承包一级资质，送变电工程三级资质，市政公用工程施工总承包三级资质，业务范围辐射山东、河北等地，工程一次交验合格率100%，优良率80%以上，建造了300余项省、市级优质工程，多次获山东省建筑工程最高质量奖"泰山杯"，集团公司被评为德州市建筑业综合实力十强企业。

山东德兴集团有限公司　成立于1998年，民营建筑企业。拥有屋建筑工程施工总承包一级资质，钢结构工程一级，装饰装修工程一级以及土方、门窗、管道、市政、防水等施工资质。先后获得山东省建筑工程质量最高奖"泰山杯"、省优和市样板工程等。代表工程有金茂豪庭商住楼、中建华府住宅小区、锦绣安然苑高层小区等。被评为德州市建筑业综合实力十强企业。

山东联兴建设集团有限责任公司　成立于1978年，原为德州市于官屯公社建筑公司，后更名为德州市第四建筑工程公司；1998年，改制为山东联兴建设集团有限责任公司，发展成为多项产业齐头并进的企业集团，晋升为国家房屋建筑工程施工总承包一级资质、房地产开发企业一级资质、物业管理企业二级资质、建筑业节能外墙外保温专业三级资质企业。公司竣工项目合格率100%，优良率85%。开发并施工的兴河湾项目获得"德州市十大样板工程"。被评为德州市建筑业十强企业。

山东旗舰建设集团有限公司　原为始建于1953年的齐河县建筑公司，企业改制后改为现名。2010年晋升为国家房屋建筑施工总承包一级企业，形成以建筑业为依托，以房地产开发为引擎，其他相关产业强力辅助、共同发展的产业格局，核心企业有山东省旗舰建设集团有限公司、齐河县旗舰房地产开发有限责任公司、齐河县旗舰房地产中介有限公司、山东旗舰担保有限公司等，集团先后被评为"省级先进企业""德州市建筑综合实力十强企业"。

德州市建筑规划勘查设计研究院　建于1986年,始称德州地区建筑设计院,1995年地改市后改为现名。该院是建筑工程设计甲级、地质勘探乙级、土地试验乙级、工程监理丙级的科研设计单位。主要承担德州市区及周边县、市的工业与民用建筑设计、城镇规划、岩土地质勘探、建筑工程监理、咨询等工作。建院25年来,完成设计项目1500余项,工程设计投资50多亿元。2011年,有职工126人,其中高级技术职称的35人,中级技术职称的36人,初级技术职称的25人;国家一级注册建筑师8人,一级结构工程师11人,注册监理师6人,注册工程造价师4人。

附:援川抗震工程

2008年5月12日四川省汶川特大地震发生后,市建委(住房和城乡建设局)在市抗震救灾领导小组统一领导下,承担起具体的援建工程组织和工程监理工作。

参加对口援建单位有:市测绘院、市建筑设计院先后承担白什乡的测量、设计任务,德建集团、天元建设集团、德兴建设集团、建设监理公司等几支全市最优秀的设计、施工、监理队伍参加援建白什乡和北川新县城。

一、捐建安装救灾板房

汶川地震发生以后,全市200多家建筑企业捐献板房248套,认捐总额227万元。山东德建集团轻钢结构厂加班加点组织生产,10天内完成600套板房生产任务,6月2日第一批板房起运四川。由各建筑企业抽调300余人,组建板房施工队伍。5月26日—8月10日,市建委先后有7名班子成员带队奔赴前线,市建管处、质监站、设计院、城建开发公司、山东德建集团等部门和单位先后派出80余人赴川组织板房建设。两个半月时间内,完成了温江、郫县、北川职业中学、白什乡小学等1336套板房的建设任务。

二、援建北川县白什乡项目

该项目共投资2400万元,包括9个援建项目:德州桥、乡驻地街道、供水设施改造、垃圾收集转运站等基础设施项目,以及卫生院、文化站、招呼站、群众健身场所、街道羌式风貌改造等公共服务设施项目,由市建筑设计院和市公路设计院设计、市建设监理公司监理、山东德建集团施工。2009年3月1日开工后,经过4个月的紧张施工,9大援建项目全部竣工,白什乡成为北川关内10个道路不直达乡镇中第一个开工、第一个竣工的乡镇。在全省援川工作会议上,德州援建白什乡项目以速度快、质量优,赢得了"关外学淄博,关内学德州"的美誉。

三、援建北川新县城项目

该项目包括北川新县城文化中心项目(含文化馆、图书馆、博物馆),永昌第二小学项目和红旗片区83#、84#安居房项目,总建筑面积

国家优质建筑工程——德建集团建设的四川省北川羌族自治县文化馆、图书馆、博物馆工程
(2010年　摄)

15 万平方米，总投资 3.5 亿元，任务量居全省第一梯队，其中文化中心、永昌二小均为新县城标志性工程。市建筑设计院、市建设监理公司分别参与了新县城项目的设计和监理工作，文化中心、永昌二小、红旗片区安居房一标段（约 5 万平方米）由山东德建集团施工，红旗片区安居房二标段（约 4 万平方米）由德州天元建设集团施工，红旗片区安居房三标段（约 3 万平方米）由山东德兴建设集团施工。在新县城援建中，全省各市均通过招标挑选优秀施工队伍，几十家施工队伍同时施工，也是全省建筑业的一次大比武。德州援建项目的质量、安全、进度等均位于全省第一方阵，得到了省北川工作指挥部的高度评价，多次作典型经验介绍。

德州援建的永昌第二小学和文化中心项目获得“国家优质工程奖”，4 个新县城援建项目均获“天府杯”和“泰山杯”，援建白什乡项目获“绵州杯”。德州市援川前线指挥部总指挥（现市住房和城乡建设局局长）王圣华被省委、省政府授予“山东省对口支援北川灾后恢复重建工作先进个人”称号，并享受省级劳动模范和先进工作者待遇；山东德建集团董事长靳海洋被授予“四川省灾后恢复重建先进个人”称号和“全国五一劳动奖章”；市住建局副调研员陈成刚被省委、省政府记一等功。

第十四编

SHANGMAOFUWUYE

商贸服务业

计划经济时期，商品购销执行国家、省和地区统一管理的指令性计划。中共十一届三中全会后，全区商品流通体制改革开始起步，到1984年改革的重点是放开部分农副产品市场，对国有商业企业扩权让利。改革先后经历了恢复、发展农村集市贸易，开放城市农副产品市场、调整和改革日用工业品购销体制、调整物资部门部分商品供应，扩大市场调节商品范围和调整、改革产品价格等。

1987年，流通领域所有制结构进一步调整，集体和个体所有制经济迅速发展，多种经济成分、多种经营形式、多条流通渠道的商品流通体制初步形成。

1992年，全国经济体制改革进入实质性阶段，国有和集体商业企业普遍实行“四放开”（经营、用工、价格、分配放开），促进企业自主权的落实，初步建立干部能上能下，职工能进能出，收入有高有低的新机制，在一定程度上调动了企业的积极性。到1993年计划商品完全取消，全部进入市场调节，物资行业全面市场化。国有商贸流通企业、供销合作商业因体制束缚，机制不活、体制僵化、包袱沉重，不适应社会需求，效益滑坡，出现亏损。1996年，改革进一步深化，市场主体继续向个体、私营商业倾斜，国营与集体商业全系统亏损状况仍在继续。个体、私营商业逐渐发展起来。

1997年9月，企业产权制度改革启动。以理顺产权、推动资产流动重组和扩大规模化经营为重点，以股份制为主要形式，对全市876家流通企业进行不同形式的产权制度改革，国有资本基本退出流通领域。初步建立起以市场为导向，以经济效应为中心的经营机制。德州在鲁西北、冀东南的商贸流通中心地位日益突出。一批大市场、大物流、大集团应运而生，连锁经营、超市经营、品牌代理等新的经营业态逐渐取代传统的流通经营模式。

到2011年年底，全市实现社会消费品零售额757.5亿元，其中营业收入过亿元的商贸流通企业达24家，实现销售收入122.7亿元，增长14.5%。年交易额过亿元的商贸流通市场113处，全市亿元市场贸易成交额1208亿元，增长5%。各类市场发展到1008处，2011年实现市场交易额2660亿元，同比增长20%。新建、改造农家店650家，覆盖全市85%以上的行政村，全部农家店销售额达17亿元。电子商务异军突起，全市网民数达236万人，普及率约为42%；30%规模以上的企业使用办公自动化、ERP管理等信息化软件，中小企业电子商务年交易额突破160亿元，网上银行用户达150万户。

第一章 经营体制

第一节 国有商贸企业改革

一、管理体制改革

计划经济体制下，国有商贸流通系统按照分工设有商业局、物资局、外贸局等行政机构，各局下属若干专业公司，公司属下设门市、场（店），按照统一价格、统一模式、统一经营。

国有商业企业改革与国有工业企业改革大致同步进行。按照所有权和经营权分离的原则，首先实行经营承包责任制。承包的形式主要有："上缴利税基数包干""递增包干、超收分成""两保一挂"（保上缴税利，保企业发展后劲，工资总额和经济效益挂钩）。到1987年年底，承包经营责任制在国有商业企业普遍实行。在企业对国家承包的同时，企业内部实行层层承包。企业对政府以及企业内部分配关系双向承包，调动企业和职工的经营积极性。

1993年，商业企业完全取消计划商品，物资行业全面市场化。地区商业局、地区物资局实行"一个机构、两个牌子"，分别加挂德州商业集团总公司、德州物资集团总公司的牌子，开始由吃"皇粮"的行政单位向"自负盈亏"的企业法人转变。同年，德州地区燃料总公司从地区物资局分离出来，成立德州地区燃料集团总公司。

1996年，德州市贸易局成立，所辖商贸流通行业范围包括商业、物资、粮食、供销、石油、燃料六大部门（集团）。由于改革尚未真正触及产权制度，没有从根本上转变企业运行机制，全系统亏损状况仍在继续。1996年，全市商业、粮食、物资、供销、石油、燃料六大部门（集团）亏损额一度达到149万元。

二、经营体制改革

1997年9月，企业产权制度改革启动。德州市燃料集团总公司率先改制组建为山东黑马集团。

1998年，德州市流通企业改革推进领导小组暨办公室成立，按照"抓大放小，因企制宜、重点突破、整体推进"的改革思路和"有所为，有所不为"的原则，实施"两抓两退"：抓住关系民生的重要商品，抓住一批大型骨干流通企业；逐步退出中小型批发、零售、服务业的国有资本，逐步退出县及县以上企业的大部分国有资本，扩大非公有制经济的发展空间。以理顺产权、推动资产流动重组和扩大规模化经营为重点，以股份制为主要形式对全市876家流通企业，进行不同形式的产权制度改革，其中组建有限责任公司196家，股份合作制企业119家，国有民营263家，破产重组83家，其他形式215家，国有资本基本退出流通领域，走在全省前列。通过改革，共甩掉包袱9.1亿元，盘活资产2.9亿元，初步建立起以市场为导向，以经济效应为中心的经营机制。1998年年初，美丽华大酒店被市委、市政府确定为市直改革试点企业，5月18日，国有资产全部退出，内部职工全员持股的美丽华大酒店有限公司正式挂牌成立，这是德州第一家完成产权制度改革的国有企业。到1999年，整个流通行业在全省率先实现扭亏为盈，全年实现利润9774万元，增长

153.3%；上缴税金1.47亿元，增长15.7%。同时，对已经改制企业，按照公司法要求，建立健全"三会一层"（股东大会、董事会、监事会、经营管理层）制，完善企业法人治理结构，加快建立现代企业制度。

2001年，撤销市贸易局，组建德州市财贸办公室，作为市政府主管全市财贸流通工作的综合部门。

2002年，撤销德州商业集团总公司，将市财贸办直属城隍庙市场服务中心、德州商贸开发区所属城隍庙市场管理中心和原德州商业集团总公司机关人员合并，组建城隍庙市场管理经营中心，对中型（一）国有企业城隍庙市场实施统一经营管理。同年，中石油山东德州石油销售公司成立，德州石油集团成为央企下属机构。2003年11月，原市棉麻公司与市供销社脱钩，改制为股份制企业——德州棉麻有限公司。是年年底，国有资本基本退出流通领域，股份制成为流通资本的主要实现形式。在市属商业企业改革过程中，先后建立商业、粮食、物资、供销、石油、德百、黑马、扒鸡、盐业、新华、棉麻、烟草12个商贸流通部门（集团）。

2008年，德州市财贸办公室更名为德州市服务业发展局。随着国家大部制改革，与国家和山东省相对应，2011年将服务业发展局和外经贸局合并，组建德州市商务局，是市政府综合管理全市商务工作的职能机构。

在改革进程中，相继撤并消失的公司有原商业局属下的百货公司、五金交电化公司、烟酒糖茶公司、食品公司、饮食服务公司和原物资局属下的物资公司、煤建公司和山东省木材公司等。改制为央企直属的有石油公司、烟草公司。与此同时，一部分商业企业在改制中浴火重生，先后涌现出德百集团、黑马集团、扒鸡集团（参见第十一编工业第三章轻工业第四节食品加工业"重点企业简介"）、龙马金建集团等20多家一批规模大、实力强的股份制大型流通企业集团。

三、改制企业简介

山东德百集团　前身是1983年建成开业的国有德州百货大楼，1998年5月组建为山东德百集团，2000年改制为股份制企业集团。是集百货零售、超市连锁、物流配送、家居建材、房产开发、旅游酒店为一体多业并举的大型商流集团，是全国百货零售业百强企业，山东省政府重点培植的15家大集团之一。核心企业是德州百货大楼，紧密层企业包括华联商厦、德百天衢购物中心、德百家居广场、德百物流中心、德百房地产公司、德百汽贸城、德百超市公司、山东德州澳德乐购物中心。集团拥有2万平方米以上的商场4家：德州百货大楼（1983年5月开业），建筑面积6万平方米；山东德州澳德乐购物中心（2009年12月开业），建筑面积16.3万平方米；天衢购物中心（2005年9月开业），建筑面积2.4万平方米；德百家居广场（2002年6月开业），建筑面积6万平方米。德百集团总营业面积70.2万平方米。2011年，销售收入43亿元。

山东黑马集团有限公司　前身为原地区物资局所属德州地区燃料总公司，1993年6月，组建成立山东德州燃料集团总公司，晋升为大型（二）企业。1997年8月，组建省级企业集团——山东黑马集团总公司，同年跻身物资行业经济排名16强。2000年6月18日改制成立"山东黑马集团有限公司"，国有资本一次性退出。到2011年，发展成省级大型企业，省流通行业30强企业，省服务业重点企业。下设商贸集团、煤炭物流集团、房地产开发集团、农贸物流集团、华融投资担保公司。拥有煤炭物流园、农贸、商贸、白天鹅电子三大专业批发市场、宝马驾校等十几家子公司。2011年，实现经营交易额215亿元。

德州龙马金建集团有限公司　1997 年 12 月,德州物资集团下属的金属材料总公司和物资建材总公司合并组建成立德州市金属建材总公司。1998 年 12 月,进行股份制改造。2002 年 1 月,组建为德州龙马金建集团有限公司。逐步发展成为鲁西北冀东南规模最大、配送服务最全、集钢材销售、货物代储、卷板开平、废旧汽车拆解、房产租赁于一体的大型商贸流通企业,货场年吞吐能力达 60 万吨。2011 年销售收入 7.4 亿元。

第二节　供销合作商业改革

一、供销合作社管理体制变革

1984 年 8 月,地区供销合作社退出政府部门序列,改为企业主管部门,更名为德州地区供销合作社联合社。

1992 年 12 月,根据地委、行署统一部署,组建德州地区供销社集团总公司,为大型二类集体所有制企业,实行独立核算,自主经营,自负盈亏,具有法人资格。与德州地区供销合作社联合社一个机构、两个牌子。

1993 年 9 月,地区供销社集团总公司主要负责人实行公开考选招聘,组成新一届领导班子。按照"精简、统一、高效"的原则,建立职责明确、运转协调、灵活高效的内部运行机制,合并科室、精简人员、兴办实体。集团公司直属的德州、平原、禹城、晏城 4 个棉麻站和地区棉麻公司一半以上人员投入经营一线。

1994 年,地区供销合作社联合社和各县市供销社深化改革,向集团化、企业化转变。11 个县、市供销社减少科室 88 个,压缩人员 409 名,兴办实体 37 个,安置富余人员 269 人。有 10 个县(市)供销社整建制改为供销社集团公司。

1995 年 4 月,德州地区供销合作社联合社更名为德州市供销合作社联合社。2001 年 10 月,市供销合作社联合社列入市全额预算管理单位。2008 年,列入参照公务员法管理事业单位,机关人员参照公务员法管理。截至 2011 年年末,全市共有 11 个县(市、区)供销合作社联合社,169 个基层供销社,市供销社所属 5 个公司。

二、供销合作社经营体制改革

1983 年,全区供销合作社实行以恢复和加强合作商业性质,完善商品生产服务体系为主要内容的经营体制改革。基层社和县供销社恢复社员代表大会制度,一批农民合同工担任了基层企业的厂长、经理。到 1988 年年末,全区入股农民社员达 67.7 万户、189.3 万人,股金总额达到 3813 万元,占供销社自有资金的 9.31%。

1993 年,进一步深化改革,转换经营机制,合并科室、精简人员、兴办实体。全系统推行"租壳卖瓤"的门店 2532 个,占门店总数的 74%,抽回资金 3567.2 万元。同时,股份制、股份合作制改造开始试点。1994 年,对 5 家直属企业和 82 个县市公司实行租赁经营。全系统股份制、股份合作制试点企业 15 家,吸收股金 1980 万元。对基层门店实行"包、租、卖",有 2729 个实行"租壳卖瓤"抽本经营,占门店总数 80.3%,抽回本金 4007.6 万元,对地处偏远、长期亏损的 72 个门店进行公开拍卖。

从 1996 年开始,根据省供销社统一部署,在全市供销社范围内推行农资县基联营、安全统筹、代理保险、社员股金和社有资产管理、基层社改革和专业合作社试点、工业品联购分销、城市供销社改革、企业内部改革 8 方面的综合改革。

1998 年,加大市社直属企业改革、改制力度,德州市供销服务公司依法破产,土产站、棉麻公司、生资公司、再生资源公司实施固定资产租赁制、流动资产股份制。县(市、区)供销社改革改制全面展开。全系统通过改制组建企业集团 26 个,有限责任公司 32 个,股份合作制企业 36 个,兼并托管 6 个,破产 17 个。

1999 年,市供销社 5 个直属企业,有 4 个进行股份合作制改造,1 个依法破产重组。全市供销社企业改制面达 85% 以上。2000 年,县(市、区)供销社社属企业把改革重点放在产权制度上,构筑社有资产全资控股、参股的企业组织结构,建立投资主体多元化的企业产权制度。推行按经济区域建社,调整基层供销社建制;经营门店完善多种形式的责任制,对亏损严重、扭亏无望的实施送、破、卖、租、联改革,堵塞亏损漏洞。全系统破产、撤并基层社 6 个,拍卖门店 54 个。2002—2003 年,市供销社所属的德州、平原、禹城、晏城 4 个棉麻站及市棉麻公司、市土产站、省农资公司德州分公司进行经营管理层控股、职工参股的股份制改制。德州棉麻站改制为德州银龙棉业有限公司,禹城棉麻站改制为禹城棉麻有限公司,晏城棉麻站改制为德州中兴棉业有限公司,市棉麻公司改制为德州棉麻有限公司(成为民营企业,脱离市供销社管理),市土产站改制为德州天华工贸有限公司,省农资公司德州分公司改制为德州农资有限公司。2004 年 5 月,德州市生产资料公司依法破产。2006 年 3 月,德州再生资源有限公司依法破产。陵县、齐河、平原等县对资不抵债、扭亏无望的棉花企业依法实施破产,甩掉包袱,保全资产。

2007 年 9 月,省政府下发《关于加快供销社改革发展服务社会主义新农村建设的意见》,要求全省供销社创新经营服务方式,建设农村现代流通服务网络、农村社区服务中心和农村合作经济服务体系,搭建为农民服务的“一个网络、两个平台”,全面构建农村新型经营服务体系。

各县(市、区)供销社因地制宜,组建、领办专业合作社,建设生产基地,开展规模化种养、标准化生产、品牌化经营和一体化服务,引领农民进入市场,帮助农民增收致富,到 2011 年年底,全系统建成农产品基地 20 余处,发展行业协会 22 个、专业合作社 52 个,发展农资经营网点 3100 多个,日用品经营网点 2200 多个。全市供销社系统实现商品销售收入 132 亿元,实现利润 2.79 亿元,上缴税费 2 亿元。

三、市社直属企业变迁

计划经济体制下,按照分工,供销合作社主要经营范围是农村生产物资、日用消费品供应和农副产品收购销售,实行统购包销。随着市场经济体制的逐步确立,放开商品市场,个体私营商业逐步发展,与供销社经营形成竞争态势。同时,一些新的经营实体和模式不断涌现。在改革中,浴火重生的供销社企业成长起来,庆云供销商厦、禹城贸易大厦等成为当地城区规模最大、档次最高的商贸超市。一些与市场经济体制不适应的供销社公司、场(站)淘汰出局,有的改制、有的撤销、有的破产。这期间改制或者消亡的单位有土产公司(站)、棉麻公司、生资公司、再生资源公司等。

德州市生产资料公司　成立于 1992 年 5 月,市属中型(一)企业。由于受农资市场大气候的影响,加之经营管理不善,到 2000 年年底,资不抵债,依法实施破产。

德州地区棉麻公司　成立于 1976 年 3 月,撤销地区供销社棉花科,在此基础上建立地区棉麻公司,担负全地区棉麻收购、加工、检验、调拨、安全等业务指导、技术人员培训工作。经费由省棉麻公司负担。2004 年,与市供销社脱离,归市政府财贸办公室管理。

德州市土产杂品采购供应站　始建于 1961 年 9 月,为省供销社所属二级站,担负全地区土产杂品的采购、供应任务。1984 年 10

月，下放地区供销社管理，同年，地区供销社撤销原直属的转运站、中心货栈，并入土产杂品站，更名为德州地区供销社贸易中心。后恢复为德州市土产杂品采购供应站。

德州再生资源有限公司　成立于1982年，是在德州土产杂品采购供应站所属废旧物资科的基础上组建的，为山东省废旧物资回收公司德州分公司。1984年10月，下放给地区供销社管理，属地区供销社全资直属企业。主要从事废旧物资购销、加工。2006年3月依法破产。

德州果品盐业采购供应站　前身是1961年10月建立的德州盐业运销站。1976年11月，将原属商业局系统的烟酒副食站的果品科划转出来，改名为山东省德州果品盐业站，为省属二级站。主营盐业，同时从事果品、饮品、副食、储运等多种经营业务。1990年，成立德州地区盐政管理领导小组。1993年，根据德编字(93)第10号文，成立“德州地区盐政管理处”。负责德州地区区域内和有关销区的盐政执法工作。2000年，盐业站划归省盐业总公司(参见本编第四章管控专营商品第三节盐业专营)。

山东省农业生产资料公司德州分公司　始建于1950年3月，是省供销社的直属单位，中型(一)企业。主营农膜、农药械、中小农具、农业机械、化肥销售等。2001年3月，改制为德州农业生产资料有限公司，自改制至2011年没有业务经营，公司实为负资产。

四、农村流通网络建设

(一)农副产品购销网络

农副产品购销是供销社的主营业务之一。1986年，全区供销社系统拥有地、县、乡(村)三级收购网点。地区设有土产杂品及果品、废旧物资回收二级站，县设有土产、果品、副食及废旧物资回收公司，基层社都有农副产品购销服务公司或采购站，较大的村庄建有中心购销点。后来，随着个体私营网点发展，供销社收购网点多数败落。基层供销社及职工顺应形势发展，开始领办、创办种植、养殖、农产品购销等各类合作经济组织，至2011年年底，市供销社系统组建农资、烟花爆竹、棉花、再生资源等行业协会22个，农村合作经济组织联合会9个，专业合作社52个。

(二)日用品销售网络

2005年后，全市供销社系统按照“小超市、大连锁，小网点、大网络”的思路，采取自建、联建、加盟等多种形式，对传统经营门店进行改造、整合和优化、提升，推动基层门店向连锁超市、物流配送的业态转换。在城区建成大型商场、在乡镇驻地建设连锁超市、在村级建设日用品“农家店”、便民店。乐陵联华超市、武城联华购物中心、禹城贸易大厦、庆云供销商厦、齐河瑞龙购物广场、临邑顶顶好超市等成为当地城区规模最大、档次最高的大型商场超市。2010年12月，省供销社在禹城召开全省日用品网络建设现场会，推广禹城经验。截至2011年年底，全市日用品网点发展到2200余个。

(三)建设农村社区服务中心

2005年开始，全市供销社系统抓住全市“大村制建设、社区化管理”的新农村建设机遇，积极参与新农村建设，按照“党委政府领导、供销社主办、多方参与、市场化运作”的原则，加快建设以农资、日用品超市为主的农村社区服务中心，到2011年年底，共建成农村社区服务中心68个。服务中心既有日用品、农资超市等经营性项目，也有幼儿教育、医疗卫生、科普宣传、休闲娱乐等公益服务性项目。市供销社建设农村社区服务中心的做法，《人民日报》《大众日报》等先后作了报道。

从2007年开始，国家财政设立供销社“新网工程”专项扶持资金，省、市、县政府也相继设立供销社改革发展资金。2010 年，全市供销社系统共争取各级财政扶持资金 1769 万元（国家财政 511 万元、省级财政 850 万元、市级财政 200 万元、县级财政 208 万元），用于“新网工程”建设，促进供销社持续发展。

第三节　个体私营商业 股份制商业

个体商户、私营商业和股份制商业很大一部分来源于国有商业、集体商业、供销合作商业的改制、破产和出卖，部分始于自创。

随着市场经济体制的逐步确立，商业体制改革进一步深化，到 2003 年，国有商业、供销合作商业分割城乡市场和分业经营的局面被打破，原有的国营商业公司经营的日用百货、五金交电化、建筑建材、煤炭等行业全部市场化，供销合作社主营的棉麻、农用物资、废旧物资收购、土特产杂品等全面放开。个体商户、私营商业、国有控股商业、股份制商业等多种经济成分的商业经营实体，混合经营的格局逐步形成。一企一店、一店一业的传统经营模式得以改变，出现了一企多地、连锁经营、直销、网上销售等多种经营方式，综合性大型超市、商厦、专业市场等相继建立起来。

2005 年，按登记注册分类划分，限额以上的批发和零售业法人共计 157 个，其中批发 63 个，零售 94 个，批发业中国有及控股 35 个、集体企业 5 个、有限责任公司 10 个、其他股份制公司 10 个。零售业中，国有及控股 51 个，其他 43 个。

2011 年，按登记注册分类划分，限额以上的批发和零售业法人有国有企业 14 个、集体企业 4 个、有限责任公司 8 个、股份有限公司 4 个、私营 222 个、其他 14 个。

第四节　购物票证

1978 年中共十一届三中全会以后，随着国家经济的发展，市场商品供应有了根本性好转。至 1985 年前后，凭证凭票供应的除粮、油及电视机、自行车、洗衣机等大宗商品外，其他各类商品基本上敞开供应。1988 年后购买粮食和粮食制品不再使用粮票，粮票作用渐渐消失。1993 年市场经济正式确立后，国家取消统购统销，历时 38 年的粮票结束了历史使命，“票证年代”宣告彻底终结。

粮油食品供应证

第二章　经营场所

改革开放后，随着市场经济体制的逐步确立，商贸流通渠道逐步畅通，城乡物资交流范围扩大，德州商业基础设施建设得到快速发展，全市消费品市场逐步实现了由"卖方市场"向"买方市场"的根本转变，商贸基础设施建设加快，初步形成了多层次、多元化、多渠道的城乡市场新格局。商业经营模式不断创新，20 世纪 90 年代前后，大型商场、超市、专业(批发)市场陆续出现。2011 年全市各类市场发展到 1008 处，实现市场交易额 2660 亿元，同比增长 20%。其中限额以上批发零售店家 660 家。2011 年，全市有超市、大型超市 90 家，专业(卖)店 182 家。全市社会销售品零售总额达到 757.5 亿元。

第一节　集贸市场

1986 年，全区投资 1044.7 万元，新建市场 89130 平方米。在全区开展"五好"(管理好、宣传好、服务好、卫生好、秩序好)集市评比竞赛活动，评出"五好"集市 90 处。

经过 1984—1987 年 3 年多的市场建设，全区集贸市场发展到 433 处，专业市场发展到 21 处，累计投资 3215.9 万元，建设面积达 26 万平方米。

一、市场类型

(一)综合市场。德州黑马市场是全市较大的综合批发市场，经营品种众多，包括日用百货、服装鞋帽、文化用品、蔬菜调味品等等。成立于 1998 年 5 月的黑马农产品批发市场是德州市"菜篮子"重点工程之一。2002 年 5 月获农业部鲜活农产品定点市场资格，全国竞争力百强市场，山东省十大专业批发市场之一。是鲁西北、冀东南规模最大、交易额最多的大型农贸水产综合批发市场。综合市场大多建在县城中心，市场规模大，经营品种多，由楼房、平房、玻璃钢瓦大棚组成。乐陵县中心市场、夏津县中心市场、平原县中心市场、宁津县综合市场属此类。2000 年前后逐渐被新修建的多层商厦、超市取代。

(二)商业街式市场。商业街和农贸市场溶为一体。改革开放初期，各县市均建有商业街式市场。临邑

黑马商贸市场　(2011 年　摄)

县东市场，全长1250米，宽52米，道路两旁建有多种形式的楼房38座，建筑面积达16660平方米，并设有农贸市场、牲畜市场、粮食市场等，形成一条既有工业品又有农副产品的商品长廊。2000年后，商业街式市场逐渐消失。

（三）农贸市场。建筑形式主要是玻璃钢瓦大棚，设在人口集中的地方。如德州市向阳路市场、陵县农贸市场等。主要经营农副产品。此类市场均在2000年前后重新进行规划改造，保留下来。

（四）专业批发市场。经营额大，辐射面广。专业市场3种类型：一是产地专业批发市场。如夏津县棉花市场、平原县鸽子市场、武城的辣椒市场等。以当地物产为依托，吸收客户，把本地产品销往全国各地。二是销地专业批发市场。如德州市黑马蔬菜市场，乐陵杨安镇调料市场，平原、齐河等县的木材市场，主要吸收外地产品，满足当地生产生活需要。三是综合性批发市场。如庆云的小商品批发市场。

二、集贸市场管理

1984—1995年，全区市场建设投资累计达8.3亿元，建设市场405处，建筑面积503.3万平方米。

1997年，为解决马路市场占道经营、堵塞交通等问题，实施“退路进市场工程”，在德州城区先后建成天衢东路、新华路、德兴路等5处农贸市场。

1998年，落实德州市经济工作会议提出的把德州建设成为鲁西北、冀东南商贸流通中心的战略目标，全市重点建设18处市场。

2000年，按照科学布局，向专业化、规范化发展，市工商局协助规划组建了占地面积1100余亩，拥有铁路专线7条，装卸机械100余台，经营货位3600个，购、销、运、存、饮食、服务全方位一条龙服务，入场经营户260户的鲁西北最大的木材交易市场——德州市木材交易市场。

2002年，协助山东黑马集团兴建黑马电子市场。到2005年年底，全市有各类市场669处，其中，农村市场613处，城市市场56处；消费品市场623处，生产资料市场46处。

经过几十年的发展建设，全市形成了大中小相结合，集中与分散相结合，专业市场与综合市场相结合，批发市场与零售市场相结合，室内市场与室外市场相结合，规模市场与早市、夜市、摊点群相结合的集市网络。2008年，集中发展培训各类农村经纪人2500人，发展成立各类经纪组织230个，涉及粮食、棉花、蔬菜、农资等多个领域。

第二节 商场超市 专业（批发）市场

一、商场超市

德州百货大楼　山东德百集团核心企业之一，位于市区商业中心，北邻风景秀丽的德州中心广场，是鲁西北、冀东南规模最大的百货商场，全国百货零售业百强企业。百货大楼1983年5月建成开业。2002年2月28日凌晨发生重大火灾，整个商场毁于一旦。重建后的百货大楼共计16层，建筑面积6万平方米，营业区6层，办公区16层，共有员工2600多人，是一座集购物、娱乐、休闲为一体的综合性大型购物中心。

澳德乐时代广场　位于德州市东风东路市行政中心附近，由德百集团和澳大利亚澳力美国际有限公司、厦门市亚大工贸有限公司共同投资兴建，总建筑面积23.8万平方米，总投资8亿元，建筑物分地下1层、地上4层，每层建筑面积3.28万平方米。它以时尚、高端、休闲的百货为定位，超大规模的休闲、娱乐同时配有高雅、经典的咖啡、茶座、酒吧，以及影院、游泳

澳德乐时代广场　（2011 年　摄）

池、健身会所、电玩俱乐部、儿童娱乐城、美食一条街等生活消费项目。

山东银座（德州）　山东银座商城股份有限公司跨区域、多业态的大型商业连锁企业，在德州投资经营 3 家商场：德州银座购物广场东地店，2009 年 1 月开业，经营业态为大型综合超市，经营面积 1.2 万平方米；银座商城大学路店，由天津宝利德公司在德注册的德州市津德利商贸有限公司投资兴建，银座集团租赁经营，建筑面积 3.3 万平方米，2009 年 10 月开业；银座商城德州店，位于德城区解放北路 76 号。

山东家庭号　山东家庭号商贸有限公司成立于 2004 年，民营股份制商贸流通企业，以发展县级零售业市场为主，总公司位于陵县陵城路。至 2011 年，有家庭号陵县购物中心店、家庭号夏津商厦、家庭号陵县府前店和家庭号平原平安店 4 家连锁分店及大型配送中心 1 处，商场营业面积近 4 万平方米，员工 2000 余人，是德州市成长起来的现代连锁零售企业。经营范围涉及日用百货、黄金首饰、服装鞋帽、家用电器、食品副食品、餐饮等。

山东好邻居百货商品公司　成立于 1999 年 1 月，位于德城区解放北路，主营日用百货商品批发零售和营销培训，是德州市以连锁加盟、物流配送为特色的知名品牌商贸流通企业。公司有门店 260 家，经营商品 21 大类近 6000 多个品种。公司将服务重心向农村下移，发展农村连锁加盟超市，截至 2011 年，连锁农家店发展到 152 家，占公司连锁加总数的 58.5%，初步形成以总部配送中心为龙头，县域乡镇店为骨干，村级店为基础的农村商品流通网络。

二、专业（批发）商场

庆云小商品现代批发市场　位于庆云专业批发市场群核心地段，2007 年 5 月 18 日竣

第一届庆云小商品博览会开幕式　（2002 年　摄）

工开业。按浙江义乌第五代市场标准规划设计，经营面积3万平方米，设标准摊位2000余个。市场分为日化用品、工艺饰品、电子电器、文教用品、皮具箱包、针织、百货、玩具共八大经营区，上市商品10万余种。商品畅销河北省及京津地区，远销到东北地区。2011年，交易额达50亿元，被列为山东省30强市场、山东省十大专业商品交易市场。

德州东北商贸物流城奠基　　（2010年10月　摄）

山东（禹城）国际商贸港　位于禹城市禹王街与西环路交汇处，2009年9月开工建设，由香港本旺发展有限公司和山东光华置业有限公司共同投资建设，项目分三期，一期建材、五金、陶瓷、板材、灯具、石材，建筑面积60万平方米。二期服装、小商品城、步行街、大型超市、四星级商务酒店，建筑面积70万平方米。三期家具港、4S汽车园、农用车交易市场、医院、小学、大型仓储物流，建筑面积70万平方米。一期工程于2011年3月27日开业，成为浙江省政府确定的浙江产品山东营销中心。划分为建筑装饰建材、太阳能热水器、灯具卫浴、五金电料、钢材门业批发等五大经营场区。

乐陵义乌（国际）商贸城　位于乐陵市高新技术产业园东南外环，2008年7月动工建设，由乐陵义乌（国际）商贸城发展有限公司投资兴建。建筑面积75万平方米，经营面积50万平方米。2008年被列入德州市重点项目、德州市“410”服务业重点项目。2009年12月被列入黄河三角洲高效生态经济区商贸流通重点建设项目。全部建成后提供就业岗位15000个，成为冀南鲁北最大的商品集散基地。

德州东北商贸物流城　位于德州经济开发区，2010年10月开工建设。由中国城乡控股有限公司与新豪德（香港）控股有限公司共同出资兴建，是省市区重点工程建设项目，经营行业涵盖节能新能源、建材家居、五金机电、服装百货、小商品、粮油副食、农产品、汽车及配件等，2011年完成23万平方米。

平原县王杲铺蔬菜批发市场　位于德州城南105国道25千米处，1995年建成，占地8万平方米。拥有交易库房300余间，交易摊位500多个，固定资产870多万元，蔬菜年上市量1.4亿公斤，交易额1.5亿元。2003年被农业部列为定点市场。主要经营菜品“杲牌”黄瓜，2004年6月通过农业部“无公害农产品”认定。2006年1月被中国绿色食品发展中心批准为“绿色食品”。

夏津县棉花交易中心　兴起于20世纪80年代中期，在棉花经营没有放开，农民“卖棉难”的背景下，夏津县城以西时庄一带的农民开始私下加工销售棉花，形成“地下”棉花交易市场。该市场曾多次被强行关闭。1999年，随着棉花经营体制改革逐步推进，夏津县委、政府顺应市场形势发展，筹资2000万元，建成鲁西北最大的棉花交易中心，交易中心占地13.3公顷，6个交易大厅，面积1.95万平方米，皮面垛位336个，一次性可容纳皮棉50万担左右。被市委、市政府批准为市级重点农业产业化龙头企业。是时，全县有10多万人，1万多辆大小车辆从事棉花购销贩运，吸引了全国各地众多棉纺企业和客户参与交易，年交易量最大时达到30万吨左右，成为全国最大的棉花交易经营集散地。进入2000年前后，随着棉花资源减少，竞争日趋激烈和棉花市场彻底放开，棉花交易逐渐冷落，棉花交易中心大厅改做他用。

乐陵杨安镇调料市场　自发形成于20世纪80年代，1991年实施统一规划建设，完成投资3.2亿元，建筑面积14万平方米，有经营门店600多个，加工业户多户，1.2万人，成为具备批发性、专业性特点的大型市场和全国最大的调味品集散地，经营的国内外调味品种达230多个，形成“买全国、卖全国”的格局，年交易额超过15亿元。杨安镇已成为康师傅、统一、华龙等国内众多知名食品加工企业的香辛料、调料包供应基地。被中国调味品协会授予“中国调味品协会会员单位”称号。

武城辣椒城　位于武城县尚庄村，前身是形成于20世纪90年代初期的尚庄辣椒市场。2002年年初，实施扩建辣椒市场工程，建设“中国武城辣椒城”，建设成为集辣椒收购、储存、加工、销售和科研于一体的综合性专业市场，占地500亩，总投资1亿元，城内有辣椒经营户500多家，从事购销贩运的人员有6000多人，主要经营益都红、望都红、朝天椒、线椒等干鲜辣椒，并能加工各种规格的椒碎、椒丝、椒圈、椒粉、椒酱等系列化产品，除部分产品销往全国20多个省以外，80%的产品均销往国外，主要国外客户有韩国、日本、美国、澳大利亚等。

第三节　网络购物

网络购物兴起于20世纪90年代初，很快在全国发展流行开来。是一种新兴的购物方式。购物人使用电脑在互联网上检索商品信息，并通过电子订购单发出购物请求，然后填上私人银行支票账号或信用卡号码支付应交款额，完成初步交易。厂商通过邮购方式发货，或通过快递公司送货上门。网上购物，一般付款方式是款到发货（直接银行转账，在线汇款）。担保交易（淘宝支付宝，百度百付宝，腾讯财付通等的担保交易）则是货到付款等。

德州市实行网上购物经历了购买商品种类由少到多，购物人群由少数青年人到大众化的用户规模、交易规模的双增长态势。除了商品以外，购买火车票、飞机票等交通工具票证也成了网购的一个主要形式。随着

杨安镇调味品市场　（2011年　摄）

互联网的普及，有越来越多的年轻人开始接受网上购物，享受“网上订货、送货上门”的方便。网络购物的用户规模不断上升。网购商品消费额逐年增长，大到电冰箱、洗衣机、电视机等，小到香皂、牙刷、化妆品等，品种难以统计。网购商品展社会消费品零售总额的比重不断上升。经常登入的网站有当当网、淘宝网、卓越、京东商城等。网上支付可以使用支付宝、网上银行、财付通、百付宝网络购物支付卡等支付。由货到付款逐步发展到利用商业银行的网上银行支付，更加便捷。2011 年，全市网购商品约占社会商品零售额的2% ~3%。

第三章 商品经营

第一节 社会消费品零售

1986 年，全区实现社会消费品零售总额 13.21 亿元，49 种主要消费品中，有 25 种零售量上升，24 种下降。零售量上升 10%以上的有猪肉、羊肉、水产品、食糖、烟卷、茶叶、涤棉混纺布、卫生衫裤、服装、毛线、皮鞋、精铝锅、自行车、录音机、家用洗衣机、煤炭。零售量下降 10%以上的有食用油品、牛肉、绸缎、汗衫背心、暖水瓶、搪瓷口杯、机制薄纸。

1988 年，随着全国性通货膨胀，德州地区也出现了抢购风潮。1988 年全区社会消费品零售额比 1987 年增长 38%，成为改革开放后增长幅度最大的一年。全区实现社会商品零售总额 24.24 亿元，比上年增长 37.5%，扣除物价上涨因素，实际增长 15.4%。社会集团消费品零售额增长速度，仍快于居民消费品和农业生产资料零售额增长速度。在各类消费品零售额中：吃的商品零售额比上年增长 18%，扣除物价上涨的因素，实际出现了负增长，比上年减少 6.65%；穿的商品零售额比上年增长 44.8%，扣除物价上涨因素，比上年增长 29.6%；用的商品零售额比上年增长 56.2%，各种燃料的零售额比上年增长 39.8%。在 48 种重点统计的消费品中，有 35 种零售量比上年增加。其中贸易粮零售 35.2 万吨，食用植物油 1.6 万吨，猪肉 1.2 万吨，食盐 3.7 万吨，棉布 2880 万米，缝纫机 5.1 万架，手表 13.6 万只，自行车 15.4 万辆，电风扇 12.9 万台，家用洗衣机 2.3 万台。牛肉、精铝锅、录音机、电风扇、家用洗衣机、家用电冰箱等 7 种商品零售量比上年增长 50%以上。

1989 年，随着全国、全省、全区一系列抑制通货膨胀措施的实施，商品市场逐步转向平稳。

1991 年，全区社会商品零售总额 24.83 亿元，扣除物价上涨因素，实际增长 5.2%。商业网点和从业人员继续增加，年末商业、饮食业、服务业网点 6.08 万个，比上年增长 10.7%；从业人员 14.2 万人，增长 11.3%，其中个体网点人员增长 13.69%。生产资料市场日益活跃。全区物资部门购入总值 10.04 亿元，比上年增长 70.8%；销售总值 10.71 亿元，增长 56.2%。

1995 年市场经济主体呈现多元化，各种经济类型的商品零售全面增长。全市社会消费品零售额实现 65.35 亿元，比上年增长 32.2%。除国有、集体以外的其他各种经济零售额 32.9 亿元，增长 45.3%，所占比重由上年的 47.6%

上升为50.7%。

1997年,社会消费品零售总额89.36亿元,比上年增长17.9%,扣除物价下降因素,实际比上年增长18.5%。消费品市场中"名、优、特、新"产品畅销,占到总销售额的75%。一般日用消费品滞销,"压价、让利、有奖"等促销手段已成为众商家普遍采取的销售方式。

2001年,社会消费品零售总额实现136.58亿元,增长11.2%。从城乡市场看,城市消费品零售额78.85亿元,增长11.5%;农村消费品零售额57.73亿元,增长10.9%。分行业看,批发零售贸易业零售额95.77亿元,增长12.8%;餐饮业零售额11.71亿元,增长12.7%;制造业零售额15.16亿元,增长3.1%;其他行业零售额29.1亿元,增长5.6%。全市限额以上批零贸易企业销售额38.6亿元,基本与上年持平。

2005年,全市实现社会消费品零售总额282.21亿元,分行业看,批发零售贸易业零售额226.74亿元,增长16.0%;餐饮业零售额31.89亿元,增长24.4%;其他行业零售额23.58亿元,增长5.0%。全市各类市场发展到840处,其中年交易额过亿元的市场93处,全市城乡集市贸易成交额803亿元,增长32.5%。2008年,社会消费品零售总额476.29亿元,比上年增长23%。限额以上批发零售和住宿餐饮企业单位612家,增长12.3%。

2010年,实现社会消费品零售总额645.6亿元,比上年增长18.7%。其中,批发零售业实现社会消费品零售额555.6亿元,增长16.2%,拉动零售总额增长11.8个百分点;住宿餐饮业实现零售额90亿元,增长36.4%,拉动零售总额增长3.9个百分点。市场规模化程度继续提高,限额以上批发零售和住宿餐饮企业单位达到1607家,增长31.3%。

2011年,实现社会消费品零售额757.5亿元,增长17.3%。其中城镇消费品零售额469.6亿元,增长15.3%;农村消费品零售额287.9亿元,增长20.8%。批发零售业实现零售额672.8亿元,增长19.8%;住宿餐饮业实现零售额47.9亿元,增长32.1%。全市私营企业实现社会消费品零售额194.8亿元,增长27.8%。其中,个体经营实现零售额42.7亿元,增长34.5%。

1986—2011年德州市(地区)社会消费品零售额情况表

表14-1 单位:亿元

年份	总计	城市	农村	年份	总计	城市	农村
1986	13.21	8.38	4.83	1994	49.39	31.34	18.05
1987	14.59	9.26	5.33	1995	65.35	41.47	23.88
1988	20.24	12.84	7.40	1996	75.78	48.09	27.69
1989	21.52	13.65	7.87	1997	89.36	56.70	32.66
1990	22.20	14.08	8.12	1998	100.70	63.90	36.80
1991	24.83	15.75	9.08	1999	110.72	70.26	40.46
1992	28.23	17.91	10.32	2000	122.79	77.92	44.87
1993	34.47	21.87	12.60	2001	136.58	86.67	49.91

续表 14－1

年份	总计	城市	农村	年份	总计	城市	农村
2002	152.75	96.94	55.81	2007	387.20	255.10	132.10
2003	158.74	100.74	58.00	2008	476.29	316.34	159.95
2004	243.58	155.91	87.67	2009	567.03	376.95	190.07
2005	282.21	183.52	98.69	2010	645.60	258.80	386.80
2006	328.26	215.12	113.14	2011	757.50	469.60	287.90

第二节　物资经销

计划经济时期，金属材料、机电设备、建筑材料、燃料、木材、机动车辆等物资，由地区、县物资部门所属专业公司统一经营。1985 年，德州地区五金交电化商品购销情况为：五金类购进额 2215.8 万元，销售额 2364.7 万元；交通电工类购进额 7771.1 万元，销售额 8014.5 万元；化工类购进额 8690.8 万元，销售额 1952 万元。

1986 年以后，随着计划经济管理体制逐步向市场体制转变，国家计划分配的物资在社会消费量中的比例逐年下降，通过市场调节的物资逐年增多，物资流通以物资系统企业为主，逐渐向市场经营为主过渡。1993 年，计划供应物资全面取消，实行“经营、价格、分配、用工”四放开，物资企业全面走向市场，经营趋向多元化。同时，工业生产企业实行厂家直销，商业、供销等部门向生产资料经营领域扩张，个体、私营及各种形式的联营物资企业迅速发展，国有物资部门原有的经营优势逐渐消失，全面进入市场化。地区和县市物资局相继改建为物资集团公司，由行政管理向企业经营和行业管理转变，由吃“皇粮”的行政单位向“自负盈亏”的企业法人转变。

2004 年，全市限额以上批发零售贸易业中，机电设备、五金交电及电子产品批发业 7 家，产业活动单位 8 个，从业人员 394 人，销售合计 7.7 亿元，批发额 5.32 亿元，零售额 2.38 亿元。

2011 年，全市有限额以上机电设备、五金交电经销企业 25 家，商品销售总额 194.21 亿元，年末库存总额 4.01 亿元。其中，农机经销业户 131 户，销售额 125.54 亿元，库存 2049 亿元；汽车、摩托车配件和五金交电经销户 9 户，销售额 57.62

铁路中转站木材货场　　（1999 年　张志勇　摄）

亿元,库存1.32亿元。家用电器、计算机软件及辅助设备经销户3户,销售额11.04亿元,库存1964万元。

第三节 农业生产资料供应

计划经济时期,农业生产资料供应是供销合作社的主要业务。德州地区设有生产资料采购供应站,各县(市、区)供销社设生产资料公司,基层供销社设生产资料门市部,专门负责生产资料的采购供应,形成三级生产资料供应网络,并承担代国家储备救灾农药、化肥和防汛救灾物资储备。农业生产资料大体可分为肥料、农药、农业机械、中小农具、农用塑料薄膜、耕畜6大类。1986年以后,随着农业机械的推广应用,供销社基本退出耕畜的经营。

供销社经营农业生产资料,不以盈利为目的,实行微利保本经营。按经济区域组织供应,商品调拨,执行“三就”(就厂、就站、就码头)拨货的原则。

1989年1月1日起,对化肥、农药、农用塑料薄膜,由供销社所属农业生产资料公司及基层供销社专营,其他部门、单位和个人,一律不准经营。1998年11月《国务院关于深化化肥流通体制改革的通知》下发后,对化肥经营实行“一主两辅”,即以供销社经营为主,化肥生产企业和农技推广站、土肥站、植保站也可经营。

国家对农民交售的农副产品实行奖励政策,奖售化肥由供销社负责兑现。随着农副产品生产的发展,平价化肥和议价化肥价格趋于一致,化肥奖售的农副产品种类和奖售数量也相应变化,德州市主要是收购棉花和定购粮食奖售化肥。1998年11月《国务院关于深化化肥流通体制改革的通知》下发后,奖售政策停止实施。

随着市场经济体制的逐步建立,农业生产资料经营也随之进一步放开,以供销社、农资公司下岗职工为主体的个体私营商户成了农资经营的主力军。

2004年后,全市供销社系统以原有农资经营网络为基础,大力发展农资连锁经营,至2011年年底共建成农资“农家店”1600余个。各农资企业上联大型化肥生产厂家、下联各个网点,全系统初步建起以县农资公司为龙头、以乡镇农资经营部为配送中心、以村级综合服务站为终端的农资连锁营销网络,年供应各类化肥80多万吨,占全市农业总需求量的60%以上。

2011年,全市限额以上批发和零售业法人商品购销存储综合统计显示,从事化肥批发的法人企业33家,年末从业人员483人,商品购进总额14.35亿元,商品销售总额14.29亿元;农药批发企业1家,从业人员9人,商品购进总额7072.8万元,销售总额7053.9万元。农业机械批发企业15家,从业人员225人,商品购进总额8.03亿元,销售总额8.33亿元。

第四节 废旧物资回收

根据国家规定,从20世纪50代起,供销社就肩负起收购废旧物资的任务。1982年10月,成立山东省废旧物资公司德州分公司(1984年10月,下放给德州地区供销社管理,财产所有权归省供销社,由公司借用,每年上交资产占用费)。经营范围:废有色金属、废黑色金属、造纸原料以及废旧塑料、橡胶等。从1984年起,废旧物资全部允许自由购销,价格全面放开,供销社不再承担为国家回收废旧有色金属及废钢铁、造纸原料、废橡胶等再生资源的任务。针对市场放开后出现的混乱现象,1989年省政府颁发《山东省钢材、有色金属管

理暂行规定》,要求所有计划钢材和有色金属,必须按规定交易,不准在集市上自由购销;供销合作社负责统一收购废钢铁和废有色金属,并组织实施调拨计划,其他单位和个人不准收购,不准进行集市交易。1990年省政府规定,对废金属资源必须集中管理,整顿市场流通秩序,取缔非法经营,开展再生资源的综合加工利用。

国家对废旧物资回收和再生资源加工利用行业,采取减免税收的扶持政策。1985年省政府规定,从当年起,对废旧物资回收、加工利用行业,在原税负基础上,减半征收工商所得税。2002年以后,废旧物资收购全部实行免税政策。2008年,取消“废旧物资销售免增值税”政策,自2009年1月1日起,单位和个人销售再生资源,应当依据有关规定缴纳增值税。废旧物资收购市场放开以后,个体业户成为废旧物资回收的市场主体,自收自销。部分县级供销社把原来棉厂、棉站,包括基层社的闲置院落、场地利用起来,恢复和启动再生资源经营业务。

第五节 棉花购销

一、棉花收购

德州地区是全国重点产棉区之一。1985以前,国家对棉花实行统购统销,委托供销合作社按照规定价格收购,供销合作社收取代加工费。从1985年开始,国家对棉花实行合同定购政策,即棉花经营部门根据国家收购计划,春耕前同棉农签订购销合同,一年一订。对合同内的,按照国家规定的价格和奖励政策进行收购。①奖粮:1988年国务院和省政府规定售棉奖粮政策,即调往省外、省内的棉花,每公斤皮棉补贴粮食议转平差价0.128元,分别由中央财政和用棉单位负责;②奖售化肥:1986—1987年每交售50公斤皮棉奖售平价化肥20公斤,1988年提高到35公斤,1990年在奖售35公斤的基础上增加地产10公斤小化肥;③奖资金:1991年国家规定,省际间调拨50公斤皮棉由调入省给调出省30元调棉鼓励款。1994年省政府规定,省内跨区调拨执行统一政策。完成合同后多余的棉花,允许自由买卖,价格随行就市。随着棉花市场逐步放开,奖励政策取消。

1985年前后,随着棉花品种更新、植棉技术提高和国家提高棉花价格,激发了农民植棉积极性,全区棉花连年大丰收,供销社棉花加工厂收储能力有限,夏津、武城等重点产棉县出现了农民“卖棉难”,各棉花加工厂门前形成卖棉车队长龙,最长时间需要等几天几夜。农民群众一度为“卖棉难”所困扰。在这种形势下,夏津县城西附近的农民开始使用“两小一土”设备加工棉花,自找销路,逐步形成了以西时庄为中心的民间棉花交易市场。由于缺乏规范管理,一度出现秩序混乱,以次充好,掺杂使假现象,影响了市场的正常交易。其间,国家有关部委多次到夏津考察,为全国棉花市场的建立探索路子,总结经验教训。1988—1997年,该棉花市场曾经3次被关闭,然而屡禁不止。夏津县及周边县(市)的售棉车队依然川流不息,从夏津县城沿315省道至高李庄长达七八里路段,时常堵车,最多时达四五个小时。1999年,夏津县组织公安、工商、质检等有关部门按照国家政策法规,对棉花市场进行整顿治理,关闭不达标棉厂12家,封存小轧花机、土打包机等设备46套(台),拆除厂棚式车间16座。经过不断规范完善,筹资2000万元建成占地200亩,拥有6个交易大厅、面积19500平方米、垛位336个的棉花交易中心,一次可容纳皮棉50万担左右。被市委、市政府定为市级重点农业产业化龙头企业。1999年11月18日德州首届棉花交易会召开,有来自全国14个省市的216家涉棉企业和经营业户参会,签订棉花购销合同52份,成交皮棉1.8万吨,交易额1.76亿元。

2000年10月10日第二届棉花交易会召开，有18个省市的420多家涉棉企业参会，到会人员1100多人，成交皮棉2.2万吨，交易额2.79亿元。

1999年以前，棉花收购由基层供销社和县供销社所属棉花加工厂、棉花收购站按国家规定的牌价和“一试五定”、密码检验的操作规程，收购本区域内的棉花，不得跨区域收购，棉农也不得跨区域交售。所收购的棉花，分级堆放，经加工成皮棉后，分级打包入库，以备国家按计划调拨。农业部门良种棉加工厂只允许收购、加工良种繁育区内的棉花良种，加工后的皮棉，一律交县以上供销社棉花经营单位，按国家计划调拨供应。其他任何单位和个人不得私自收购、加工、销售棉花。为鼓励农民植棉积极性，棉花加工厂加工后剩余的油、饼、皮，以原收购棉花凭证为依据，按当地政府规定的返还比率，由原收棉单位负责向棉农兑现。棉农不需要返还的，可以由收棉单位议价现金收购。

1999年，棉花价格彻底放开，经营渠道拓宽，国家允许取得省级资格认定的各类企业收购加工棉花，也可以跨区域收购加工棉花。棉花加工厂走向市场，按议价直接收购或设点收购。原有棉花收购站逐渐失去作用。夏津、武城等重点产棉县的个体私营棉花加工厂和棉纺企业成为棉花收购、加工、经销、储备和使用的主要渠道。

1999年以前，供销合作社收购棉花所需资金全部由当地农业银行按收购数量供应，货款回笼后，及时还贷。1999年棉花价格放开后，国家规定供销社棉花企业的收购资金由当地农业发展银行供应，实行“库贷挂钩、封闭运行、及时还欠”。

二、棉花加工

各产棉县供销社建有数量不等的棉花加工厂，负责辖区内的棉花收购加工储备。

1978年后，农村实行土地联产承包责任制，棉花连年丰收，各供销合作社投入大量资金，新建一批棉花加工厂，改造更新技术设备，增设经营网点，到1985年全区棉花收购厂、站、点达296处，其中，棉花加工厂66处，收购站、点230处，职工总数2.47万人，棉花加工能力达到800万担。1999年年底，全市共有棉花加工厂75个（其中供销社系统67个，农业部门8个），皮棉年加工能力近1000万担，固定资产原值5.47亿元。

1999年棉花市场放开后，个体私营棉花企业大量涌现，经过激烈竞争，逐步站稳脚跟。全市棉花收购加工企业迅速增加，到2005年年底，全市各种经济成份的棉花加工企业达到800多家，加工能力3000多万担，其中182家具有省级资格认证，棉花经营主体形成多元化的竞争格局。随着国际棉花市场变化和市场淘汰，到2011年年底全市棉花加工企业减少到150多家。

从2004年开始，国家进行棉花质量检验体制改革，要求企业增上400吨型打包机及辅助设备，把85公斤小包改为227公斤国际通用的大包，所加工的皮棉包包检验并信息化逐包编码。据统计，2011年全市150多家棉花加工企业中，进行400吨型打包机改造的有85家企业。夏津县新平棉业有限公司被列为国家棉花加工设备改造第一批先进单位，2008年11月被中国质量体系认证中心、中国纺织纤维检测管理中心评为“中国棉花产业五百强企业”，2010年1月被评为国家“十一五”科技支撑计划棉花物流搬运技术研究及技术集成示范基地。

三、棉花销售

德州是全国重点产棉区，也是重要的棉花流通集散地。山东省棉麻公司在德州有4个棉麻二级站：德州、平原、禹城、晏城棉麻站。组织

接收德州、聊城、惠民等行政区域加工成包的皮棉和短绒。并按照国家计划调往全国各地纺织工厂、造纸厂、军用生产，以及人民生活用棉。同时还组织完成国家原棉、短绒的打包出口任务和国家的储备计划。

1999年棉花市场放开，国家取消调拨计划，各棉花加工厂自主收购、自主销售。省棉麻公司所属德州、平原、禹城、晏城4个二级棉麻站，储备任务越来越少，各企业以棉花经销为主，逐渐走向市场化。2002年后德州、晏城、禹城3个棉麻站先后进行股份制改制，由市供销社直接管理，与省棉麻公司脱离；平原棉麻站由山东省棉麻公司直管，与地方脱离。

1998年以前，国家对棉花实行统购统销和合同定购，棉花的购、销、调、存全部纳入国家指令性计划。供销合作社收购入库的棉花，按分配计划供应县内纺织厂的，由县棉麻公司直接供应，按国家规定的供应价结算；按分配计划供应县外、省外纺织厂的，各棉花加工厂按计划先调入省棉麻公司所属的棉麻二级站，由二级站负责调拨，按规定的计价办法结算。棉花加工厂送交二级站的棉花，执行内部调拨价并由二级站按运输里程付给包干运杂费。棉花调运实行准运证制度。1995年后，棉花销售困难，库存大量积压，各棉花加工厂除按计划交站外，也可自行销售。1998年棉花流通体制改革后，取消计划调拨，棉花全部由企业自销，完全市场化。

重点棉花收储加工企业选介

德州银龙集团有限公司　1985年2月，以省棉麻公司德州棉麻站为依托，成立德州地区棉花贸易中心，开展以代购、代销、代存、代运为内容的“四代”业务。成为当时黄河流域最大的棉花生产、仓储中心。2001年11月，根据省供销社《关于对“山东省棉麻公司德州采购供应站公司制改造实施方案”的批复》文件，改制为德州银龙棉业有限公司，注册资本200万元，新公司承接原企业的一切债权债务和原有职工，下放到地方管理。2005年2月3日，企业变更为德州银龙集团有限公司，注册资金增资为5200万元。主营业务为棉花的收购、加工和调销，后来随着企业的发展和扩张，先后注册成立了银鑫棉业公司、银城物业管理公司等子公司；出资参股并发起成立黄河商品交易市场、凯德仓储公司、中储棉德州分公司等公司；出资收购市发改委投资公司的新新棉业公司等。从2010年起，主营业务棉花收购、加工和调销停工停产；2011年，资金链出现危机，靠贷款勉强支撑。

山东省禹城棉麻有限公司　由原山东省棉麻公司禹城转运站改制而来。始建于1961年，时称山东省供销社禹城棉麻采购供应站，1964年，改为山东省棉麻公司禹城转运站，负责接收3个县的棉花转运业务。2001年9月，改制为山东省禹城棉麻有限公司，成为集棉花收购加工、中转储备、经营购销、现代物流为一体的专业化集团公司。是国家发改委确定的国家物流发展规划重点项目，国家“十一五”科技支撑计划示范基地，公司在禹城市设有东、西、南3个库区，占地面积600亩，其中库房面积12万平方米，货场面积20万平方米，储存能力35万吨。连续3届获中华棉花总公司安全管理“十佳单位”称号；连续3届获中国储备棉管理总公司安全管理先进单位，全国棉花交易市场“先进交割库”称号。

德州中兴棉业有限公司　前身是始建于1982年5月的山东省棉麻公司齐河晏城采购供应站，属中型(一)企业，承担国家计划棉花的储备和调拨任务。2001年9月，改制为德州中兴棉业有限公司。2004年后，形成法人代表持大股、管理层控股和全体员工参股的格局。公司总占地面积231.64亩，其中有112亩的露天货场，83亩1000平方米大型仓库18栋。是国家储备棉承储仓库、国家棉花交易市场交割仓库。

第四章 管控专营商品

第一节 石油供应

一、经营企业(站点)

1986年以前,全地区石油成品由德州石油采购供应站统一购销,以计划内平价油为主,少量为计划外调剂。之后,国家指令性计划日趋减少,市场调控力度日趋加大,成品油市场逐步放开,形成国有、集体、个体多种经济成分参与成品油市场竞争的格局。

2011年年底,全市具有成品油批发经营资格企业5家,分别是中石化山东德州石油分公司(库容量为6万吨)、齐河石油分公司、临邑石油分公司、乐陵石油分公司和中石油山东德州销售分公司(库容量为2万吨)。全市共有成品油零售经营网点(加油站)681座。全市加油站经营量为75万吨。

中石化山东德州石油分公司 1985年1月,德州地区商业局所属德州石油采购供应站整建制划归山东省石油公司,更名为山东省石油公司德州分公司,系二级批发单位。德州石油分公司及12个县支公司,共有职工1513人。

1990年1月,随着行政区划变更,济阳县、商河县支公司划归济南石油分公司。1992年3月,齐河县支公司划归省石油公司直接管理。

1992年12月,组建山东省石油集团德州总公司。1998年,随山东石油集团公司整体划归中国石油化工集团公司。

2000年,按照中石化上市要求,德州总公司进行重组,分为上市公司和非上市公司两部分,上市公司改为中国石油化工股份有限公司(简称中石化)山东德州石油分公司,非上市公司仍沿用山东石油集团德州总公司名称。4月,山东省石油集团总公司将属下齐河公司划归德州总公司管理。2007年,中国石化集团资产经营管理有限公司成立,山东省石油集团德州总公司(非上市公司)注销,所属资产全部上划中国石化集团资产经营管理有限公司山东分公司。

2011年,中石化德州石油分公司成品油销售47.33万吨,长城包装润滑油销售4408吨,加油IC卡发卡34038张,充值金额7.4亿元,加油充值卡发卡67888张,销售金额1869万元,非油品销售1775.69万元。

中国石油山东德州销售分公司 2001年1月,中国石油华北销售山东分公司开始到德州地区进行成品油销售和网络开发调研。2002年10月,中国石油天然气股份有限公司山东德州销售分公司(以下简称中国石油山东德州销售分公司)成立。2003年10月,中国石油德州油库投运,年底有员工39人,其中机关21人,油库18人。

2011年,中国石油山东德州销售分公司年销售成品油25.4万吨,加油IC卡发卡9300张,充值金额1.65亿元,非油销售收入1228万元,员工总数440人。

个体私营加油站(点) 改革开放初期,成品油市场放开以后,党政机关、企事业单位和个体民营业户等一些非石油行业的加油站(点)纷纷建立。1994年以后,随着石油市场秩序整顿,大部分机关单位建立的加油站(点)消失,存留下来的改制为个体私营,处在中石化、中石油两大石油企业之间,多数经营困难。具体数字不详。

二、成品油供应

1986年,全地区石油成品油由德州石油采购供应站统一购销,石油销售量129996吨,其中柴油销售量10万吨,下辖12个县支公司,拥有支公司油库12座,直属油库1座,油库容量为90215立方米,加油站15座(含联营加油站),营运车辆64辆。1988年,实行承包经营责任制,加油站发展到16座,运营车队8个。1994年,储油容积达到12万立方米,运输车辆近100辆,加油站60余座。

2002年,石油市场发生变化,国内汽柴油价格从2200元/吨,上涨到3400元/吨,德州中石化公司共销售成品油254369吨,其中汽油销售83853吨,柴油销售169770吨,煤油746吨,润滑油4323吨。2004年,启动加油卡业务,油票逐渐退出市场。2008年,在加油站设立便利店,统一采用中石化易捷品牌标识,开展非油品业务。1—9月,成品油资源十分紧张,特别是柴油,供需矛盾突出,市场批零倒挂严重,社会加油站无油可销,纷纷关门,社会保供压力集中到中石化德州公司。为全力确保"三夏"供油,开通农机加油"绿色通道",先确定22座"三夏"用油专供站,后根据形势需要增至78座,最后全市134座加油站全面放开供应。各级政府从公安、农机等部门共抽调220人到"三夏"专供现场维持加油秩序,"三夏"期间累计供油23292吨,顺利地完成保供任务。

1997—2011年中石化德州分公司成品油销售情况表

表14-2　　单位:吨

年份	销售总计	汽油	柴油	煤油	润滑油
1997	130801	40564	89069	222	946
1998	134518	36070	97448	223	777
1999	165220	57099	107061	423	637
2000	230774	73579	152651	3589	955
2001	251108	74295	172502	3009	1302
2002	258692	83853	169770	746	4323
2003	269468	100206	163026	34	6202
2004	353136	112467	228474	0	12195
2005	406473	115495	278118	140	12720
2006	369682	117602	249923	87	2070
2007	338377	95318	242468	—	4591
2008	334322	97356	234583	—	2383
2009	354795	107569	243648	—	3578
2010	419306	134747	279101	—	5458
2011	477686	175169	298109	—	4408

2001 年,中国石油进入德州市以后,开发建立零售和批发两个销售网络。2003 年,中国石油德州油库投运后,油库储油容积达到 20000 立方米。中国石油山东德州销售分公司拓展网络,逐步提升销量,保供能力显著增强,2005 年累计销售成品油 10.3 万吨,实现零售量 3.1 万吨。2006 年,实现成品油销量 11.4 万吨,其中零售量 5.2 万吨。

随着站点增加,非油品业务逐步上线,在加油站设立便利店,2007 年实现销售收入 9.2 万元。2007 年 9 月后,针对柴油资源紧缺的实际,"停批保零",加大调运调剂力度,确保加油站油品不脱销、不断档,平稳度过油荒时期,全年累计销售成品油 12.3 万吨,零售量达到 7.1 万吨。2008 年,在货源紧张的形势下,中国石油山东德州销售分公司出台多项保供政策,分区域设立多个保供站点,全力保证"三夏"用油,顺利渡过紧张时期。2009 年 3 月,中国石油山东德州销售分公司启动加油卡业务,当年办理加油卡 3930 张,实现充值 1720 万元。

2003—2011 年中国石油德州销售分公司成品油销售情况表

表 14－3　　单位:吨

年份	销售总量	零售量	单站日销量
2003	2100		
2004	84500	11700	6.5
2005	102958	31216	7.1
2006	113952	51999	4.3
2007	123198	70997	6.7
2008	179395	78053	3.4
2009	191117	65235	4.6
2010	275186	75552	5.2
2011	253871	105830	6.1

三、经营网点

计划经济时期,全区石油成品油由德州石油公司独家经营,各县、市支公司负责辖区成品油供应。

1995 年,德州石油公司在乐陵、夏津公司建立煤气站两座。1999 年,新建加油站 5 座,收购加油站 5 座,改造加油站 5 座,2000 年,收购社会加油站 63 座,新建大型加油站 2 座,改造加油站 4 座。加油站日加油总量达到 76 吨。

2004 年,中国石油山东德州销售分公司投运 5 座加油站。2005 年,通过精心布局,分区县开发站点,到 2006 年年底,运营加油站增至 30 座,网络规模较 2004 年增长 5 倍。2007 年开始,根据德州各县(市、区)经济、交通等特点,科学合理规划网络格局。

是年,中石化新开加油站 9 座,其中武城县境内新开业 2 座加油站,填补了该县没有中石化加油站的空白。到 2008 年年底,中石化加油站发展到 134 座,新开业站 6 座,启动歇业站 6 座。2010 年,获得德州市高铁新区加油(气)站独家建设经营权。2011 年,收购平原县绿能加气站。

2011年年底，全市具有成品油批发经营资格企业5家，成品油库容量8万吨。全市共有成品油零售经营企业（加油站）681座，属于中石化德州石油分公司130座，属于中石油德州销售分公司47座，其余为社会加油站。按地理位置分，德城区、经济开发区、运河开发区有加油站87座，其余分布在各县（市）。全年加油站经营量75万吨。

四、市场管理

改革开放后，受计划体制变化以及石油价格双轨制影响，大量计划外油品进入市场，网点建设失控，工、农、兵、商、贸、政等众多部门和行业都涉足加油站，国有、集体、个人一起上，公路加油站比比皆是，市场一度出现混乱局面。

1994年6月30日，行署召开全区原油、成品油流通体制改革会议，传达贯彻《国务院批转国家计委、国家经贸委关于改革原油、成品油流通体制意见的通知》，成立原油、成品油流通体制改革小组，整顿石油市场秩序，明确各级石油公司是成品油销售的主渠道，按照国家统一政策、统一价格、统一调拨、统一质量标准的原则，负责成品油的地区平衡和具体调拨，进行品种余缺调剂。对其他经营成品油的企业和部门，按照国务院文件和省有关实施办法进行重新清理。成品油资源基本上实现了统一配置，统一定价，减少了中间环节，建立和加强了成品油主渠道流通体制，德州石油公司主渠道作用和地位得到加强。

2002年7月，由市财办、工商局、税务局、规划局、消防分局、石油公司等单位组建德州市成品油整顿办公室。对系统内131座加油站进行自纠自查。2008年，开展打假维权工作，通过电台宣传以及与工商、公安联合打假，全年共清理假冒站28座。到2011年，坚持高压态势进行治理，违规加油站基本消失。

第二节　盐业专营

一、经营管理体制

1986—1989年，德州果品盐业采购供应站（简称德州盐业站）负责全区（市）盐产品计划的编排、上呈下达等行业管理工作，设置协税员对盐业市场进行稽查管理。

2000年1月，德州盐业站由省供销社盐业公司整体划归省盐业总公司，改为“德州盐业公司”，系省盐业总公司的直属机构，依法从事本行政区域内的盐资源开发、利用和盐产品生产、加工、储运、批发经营业务。同时，加挂“德州市盐务局”牌子，为德州市政府的盐业行政主管机构和盐业行政执法主体。各县（市）供销社果品（土产等）盐业公司实行资产、人员整体划转，组成具有法人资格的盐业专营公司，隶属市盐务局管理，同时分别加挂“盐务局”的牌子，为所在县、市人民政府的盐业行政主管机构和盐业行政执法主体。

2002年，完成“同城一地”的市辖德城区盐业体制理顺工作。全市形成体系垂直，分级管理，上下贯通，调控有力的盐业经营管理体制。2004年，夏津县盐业专营公司实施破产重组，改名为“夏津益康盐业供应站”，原职能不变。

二、购销业务

购进　德州地区属非产盐区。1986年主要从青岛、内蒙古、昌乐盐场等地统一进货，以铁路运输为主。主要品种有食盐、粉盐、工业盐、渔业盐、农牧盐。1987年，在盐产品货源紧张的情况下，坚持以运保储，以储保销的方针，全年购进19150吨。1988年，销大于产，盐源紧张，随即开辟天津、长芦等新的进货渠道充实库存。1991年全年购进28367吨。1995年，市政府把食盐专营列入撤地市后第一年为群众做的十件实事之一，全年购进盐产品17700吨。

1999年,全年购进盐产品7300吨。2000—2011年12年间年均购进盐产品在6万吨左右。

销售　1986年,全市食盐、农牧用盐的批发销售业务,由市及区(县)果品盐业采购供应站统一经营。当时规定,凡是在工商行政部门注册经营范围有"副食品"项目的工商业户都可从事食盐零售业务。市场供应以大袋散装盐为主,全年批发销售食盐2.8万吨。1990—1993年,私盐、劣质盐冲击市场,造成价格不一,销售不畅,销量下降,1993年销售仅7950吨。

1993年,开始实行食盐零售许可证制度,所有零售网点必须持证经营。是年,设立食盐专营店230余个,专营网点7000余个。1994年,国务院颁布《食盐加碘消除碘缺乏危害管理条例》,对消除碘缺乏危害采取长期供应加碘食盐为主的综合防治措施。全市食盐统一供应加碘食盐。1996年,国务院颁布实施《食盐专营办法》,对食盐实行专营管理,分配调拨实行指令性计划管理。1998年,在德城区首先实行食盐零售许可证制度,统一布点,统一挂牌,统一价格,统一小包装,全年销售各类盐产品8982吨。1999年,在加碘食盐市场供应点上实行划片监管,规范区域内销售和管理,全年销售各类盐产品6597吨。

2000年,《山东省盐业管理条例》颁布,对食盐实行加碘供应,专营管理。全市共建立碘盐供应站、待批点、专卖点、零售店1.3万余个。是年,盐产品销售总量50118吨,其中食盐销售量17394吨。

2001年,全市食盐市场全面推广0.5公斤复合膜小包装食盐,全年盐产品销售总量51175吨,其中食盐21100吨。2002年4月,贯彻省盐务局《食盐货款统一结算办法(试行)》,把食盐、农牧用盐、渔业盐、加工用的小工业盐,纳入统一结算的食盐范围,实行全省统一结算价格,统一购销渠道、统一结算程序。

2004年,改革食盐配送方式,统一规划配送布局,完善食盐营销网络,对全市6580个网点,进行再整顿,把购、销、存、配送和营销网络、客户资料集中管理。对禹城、平原、夏津、齐河、武城5个县(市),实行复合膜小袋碘盐的集中分装配送,推进"集中分装,统一配送"的物流格局。全市销售各类盐产品65275吨。2006年,换发核发食盐零售许可证,实行全市销售网络微机管理,对9600多个网点进行食盐零售许可证的清理核发,零售环节经营活动趋于规范。

2007年,对各县(市)盐务局各类大包食盐、小包装食盐的分类配送进行规范,取消县级手工分装。2008年,全市各食盐批发企业通过重新摸底,登记造册,科学布局食盐销售网点,全市建立销售网点16200个。2009年,全市销售各类盐产品56385吨,其中食盐37920吨。2010年,全市销售盐产品66576吨(其中食盐43634吨)。2011年,全市销售盐产品65221吨,其中食盐48337吨(小包装食盐16678吨。)

1986—2011年德州市(地区)盐业购销效益统计表

表14-4

年份	购进(吨)		销售(吨)		销售额(万元)	实现利税(万元)
	食用盐	工业盐	食用盐	工业盐		
1986	9406	14320	12000	16000	300	25
1987	2600	16150	2000	15953	382	26

续表 14－4

年份	购进(吨)		销售(吨)		销售额(万元)	实现利税(万元)
	食用盐	工业盐	食用盐	工业盐		
1988	3500	30000	3120	39000	420	30
1989	5310	32000	5000	31000	380	42
1990	6300	30200	6000	29200	370	24
1991	6500	21867	3400	23600	410	50
1992	3200	8235	3150	4721	340	18
1993	3420	6230	3150	4800	320	20
1994	3950	5900	3000	5000	334	70
1995	5400	12300	5080	9086	302	61
1996	3500	12000	3180	11976	279	37
1997	2500	6000	1910	5410	230	40
1998	3000	7200	2673	6309	121	52
1999	1300	6000	998	5599	169	－10
2000	20491	32159	17394	32724	1855	109
2001	22130	30520	21100	30075	2778	168
2002	1600	25940	26500	24500	3621	232
2003	31635	24345	30740	23670	4320	252
2004	41062	27160	40934	24341	6818	303
2005	36500	15860	34560	18909	7500	330
2006	30721	19700	28186	19059	6012	376
2007	34095	18015	33445	17329	7168	435
2008	39028	19599	39692	20658	9182	586
2009	37586	18276	37920	18465	8554	645
2010	40757	22657	43634	22942	10200	665
2011	50793	16839	48337	16884	10191	655

三、盐政执法

1993 年年初，德州盐业站设盐政稽查科，各县(市)相继建立盐政管理办公室，组建了盐政稽查队伍。是年，地区供销社组建成立盐政管理处(办公设在盐业站)，负责德州区域内和有关销区的盐政执法。

1994 年，国家对食盐实行专营，地区盐业站与公安、检察、工商、卫生、税务等部门配合，采取截、堵、重点抽查等方法，严厉惩治食盐的走私活动，全年处理私运私销案件 48 起。1995 年，共收缴非法经营的盐产品 3000 余吨，查处非法车辆 20 余辆，取缔无证经营的单位和个人千余个(人)。

2000 年，河北省海兴县、盐山县私盐、无碘盐、劣质盐冲击德州及周边地市盐业市场，全市盐政稽查队伍联合行动，开展盐业市场百日打假活动，全年共查处各类盐业违法案件3442起。

2001年，市盐务局牵头，市质监局、市工商局、市公安局配合，在全市范围内开展全面检查清理整顿盐业市场秩序专项行动，共查处各类食盐走私案件2124起，刑拘留滞涉盐案件人员9名，取缔窝点56个，非法加工食盐点66处。

2002年，全市累计查处涉盐案件1675起，刑事拘留19人，劳教1人，批捕2人，取缔制假售窝点29处。

2003年，全市共查处涉盐案件1909起，查封私盐窝点54处，收缴加工设备2台，刑事拘留54人，判处有期徒刑1人。

2004年，全市共查处涉盐违法案件1117起，查没私盐348吨，取缔窝点15个，收缴假包装袋1832个，移送司法机关处理32起，刑事拘留16人。

2005年，全市查处涉盐违法案件1976起，查没私盐492吨，取缔窝点24个，收缴假包装袋56480个，移送司法机关处理93起，刑事拘留19人。

2006年，全市查处涉盐违法案件2680起，查没私盐626.46吨，取缔窝点6个，移送司法机关处理68起，刑事拘留20人，立案追捕1人，判刑1人。

2007年，按照冀鲁豫三省联合治理边界市场的总体规划和部署，加强与河北衡水、沧州周边相邻县（市）及本省相邻地市盐务部门的合作与沟通，开展边界市场联防联查活动，全市查处各类涉盐违法案件2376起，查没非法盐产品605吨，取缔窝点10个，移送司法机关处理案件385起，拘留13人，判刑1人。

2008年，全市查获各类涉盐违法案件2259起，没收非法盐产品433吨，移送司法机关处理案件168起，拘留8人，判刑1人。

2009年，开展省际市际边界盐业市场的共同治理，德州市盐政部门先后与河北沧州、衡水、邢台等边界县市多次联合执法交流与合作，对省际边界市场进行有效治理。与济南、聊城、滨州等地市联合开展市际边界稽查私盐贩销活动，全市查获各类涉盐违法案件1532起，没收非法盐产品400吨，罚款39.8万元，拘留6人。

2010年，全市公安、盐政共联合出动576人次、取缔窝点5个、联合办案52起，法院执行案件198起。查获各类涉盐违法案件1442起，没收非法盐产品99.02吨，罚款34.2万元，拘留5人。

2011年，德州市盐政部门与卫生、公安、工商等部门配合开展专项行动，加大对农村市场、边界市场、食品加工市场的整治。移交涉盐案件180多起，结案率达100%。行动期间共查处盐业违法案件410起，查没假冒伪劣食盐30余吨，取缔制售假冒食盐的窝点2个，刑事拘留2人。

第三节　烟草专卖

一、经营体制

1982年11月，山东省烟草公司德州烟草分公司成立。1984年4月，德州地区烟草专卖局成立，与德州烟草分公司合署办公。1994年1月，德州烟草分公司、德州卷烟厂加入济南烟草集团公司。1995年6月，随着地改市，德州地区烟草专卖局更名为德州市烟草专卖局。同月，德州烟草分公司更名为汇友烟草（集团）公司德州分公司。10月，更名为山东烟草购销（集团）公司德州分公司。

1998年8月，山东省烟草专卖局（公司）实施综合配套改革，原德州市烟草专卖局、德州烟草分公司、德州卷烟厂三位一体，调整为两个独立单位，即德州市烟草专卖局（公司）、将军烟草集团有限公司德州卷烟厂。同年8月7日，根据山东省烟草专卖局、中国烟草总公司山东

省公司《关于组建山东烟草购销(集团)有限责任公司的通知》,成立山东烟草购销(集团)有限公司德州分公司及所属11个县(市、区)公司。有员工1700多人。

2000年7月,根据中国烟草总公司山东省公司《关于组建山东省烟草各市(地)有限责任公司的通知》统一部署,新成立“山东德州烟草有限公司”,恢复独立法人资格,原“山东烟草购销(集团)有限公司德州分公司”同时撤销。2005年9月,取消县级公司法人资格。德州市烟草专卖局(公司)政企合一管理体制不变,受山东省烟草专卖局(公司)和地方政府双重领导,以山东省烟草专卖局(公司)领导为主。

二、卷烟生产(德州卷烟厂)

德州卷烟厂是志书断限内德州地区仅有的烟草生产企业。前身为始建于1948年的兴鲁烟草公司(厂址在市府街1号,1979年在德州城南建新厂),经过几十年的发展,1985年生产卷烟17万箱,比建厂初期翻了39番。“七五”(1986—1990)、“八五”(1991—1995)期间,进行技术改造,引进制丝线和包装设备,年卷烟生产能力达到150亿支。主要生产画宝、东方龙、龙力、利得利、英雄等牌号卷烟。产品销往全国17个省、市、区(加入济南烟草集团前,该厂已潜亏1.2亿元)。

20世纪90年代初,国家对烟草行业进行整合,组建烟草集团公司。1994年1月,德州卷烟厂加入济南烟草集团公司,更名为济南烟草集团公司德州卷烟厂(仍与德州烟草分公司、烟草专卖局合署),生产经营由济南烟草集团公司统一管理。

1995年6月,济南烟草集团公司更名为汇友烟草(集团)有限公司。德州卷烟厂进入核心层,法人资格取消;8月,汇友烟草公司更名为山东将军烟草(集团)有限公司,德州卷烟厂是成员单位之一,更名为山东将军烟草(集团)公司德州卷烟厂。

2001年6月,关闭德州卷烟厂制丝线,成为将军集团公司卷烟生产点,生产集团卷烟牌号,制丝由济南卷烟厂供给。

2003年6月,德州卷烟厂实施政策性关闭。680名职工有偿解除劳动合同,18名职工经过应聘考试,调济南卷烟厂,2名职工调德州烟草公司,262名职工按规定内部退养。按法定程序,德州卷烟厂注销,结束了半个多世纪的历史使命。10月,将军集团公司德州实业公司成立,主要负责保管济南卷烟厂价值约5亿元的存储烟叶,负责集团公司托管的资产。

生产经营状况　1991年,德州卷烟厂有职工1344人,占地面积17.5公顷,建筑面积7.6万平方米,固定资产原值5513万元,净值4998万元,卷烟设备156台(套),年生产能力113.54亿支。生产卷烟56.07亿支,完成工业总产值7802万元(1990年不变价,当年价为8744万元),上缴税金2870万元,企业亏损2561万元。

1995年,有职工1193人,固定资产原值9157万元,净值7381万元,有卷烟专用设备400台(套),年生产能力45亿支。生产卷烟38.5亿支,完成工业总产值11561万元(1990年不变价,当年价为11988万元),实现利税5660万元,其中利润3元。

2000年,有职工687人,固定资产原值10405万元,净值6705万元。生产卷烟26.25亿支,完成工业总产值6981万元(1990年不变价,当年价为4447万元),实现利税2634万元,其中利润883万元。

2001年6月,关闭制丝生产线,成为卷烟生产点,由济南卷烟厂供烟丝生产卷烟。2002年,有职工627人,固定资产净值4475万元,年生产能力71.84亿支。生产卷烟29.19亿支,完成工业总产值6977万元(1990年不变价,当年价为11931万元),实现利税5609万元,其中利润142万元。年底，与济南卷烟厂财务并账，实行统一管理。

2003年6月，有着50多年历史的德州卷烟厂关闭。

1991—2002年德州卷烟厂主要经济技术指标完成情况表

表14－5

指标 年份	产量（亿支）	产值（当年价）（万元）	销售收入（万元）	税金（万元）	利润（万元）	固定资产净值（万元）	职工平均人数（人）	全员劳动生产率（元/人）	全员实物生产率（万支/人）
1991	56.07	8744	6539.5	2870	－2561.3	4998	1344	58051	417.2
1992	56.94	11287	11241	4828	－2221	5228	1254	79250	454.1
1993	52.67	10375.6	11075	1199	1686	5708	1215	61417.8	433.5
1994	45.00	10776	8172	3328	637	5627	1207	76131	372.8
1995	38.50	11988	10722.3	5657	3	7381	1193	50065	322.7
1996	30.00	9599	5296	483	7070	868	95560	345.6	
1997	30.00	9910	9868.9	4802	700	8777	952	43603	315.1
1998	23.25	7511	7552.1	3464	440	8421	937	47908	248.1
1999	24.00	6251	6251	2391	789	8870	847	50732	283.4
2000	26.25	4447	4458	1751	883	6705	687	34336	382.1
2001	31.50	4444	14228	5585	167	4488	753	126768	418.3
2002	29.19	11931	11901	5467	142	4475	627	130539	465.6

主要卷烟牌号　德州卷烟厂的主要卷烟牌号：大丰产、灯塔、雪梅、巨轮、天坛、东方龙、明星、利得利、龙力、英雄、博雅、喜庆、雅星、画宝、兵圣、鹰冠、新湖、大发、雅兰、鲁宝、菲王、鲁北、芬芳、喜晓等。其中，被省烟草行业评为知名品牌的有：

东方龙牌　原为丙级滤嘴烟。2000年，将军集团公司为德州卷烟厂开发二类硬盒东方龙，商标为金色压凸长城标志，上方红色，寓意中华崛起，蒸蒸日上。2003年，生产3177箱（15885万支）。2004年，该牌号停止生产。

灯塔牌　原为丁级无嘴烟，商标设计寓意革命指路明灯。2000年，将军集团公司与日照烟草分公司合作，启用老牌号，开发二类硬盒灯塔牌卷烟，专供特定地区销售。商标设计以灯塔为主图案，朝霞映照大海，配以毛体“灯塔”二字。2004年，生产3569箱（17845万支）。2005年，该牌号停止生产。

龙力牌　1990年开发的甲级卷烟。2000年，开发硬盒金龙力。2003年，生产龙力牌10398箱（51990万支）。2004年，该牌号停止生产。

三、卷烟销售

1985—1990年，卷烟产值逐年上升，卷烟销售基本稳定在10万～12万箱。1990年，全国性卷烟市场疲软，供大于求，竞争激烈，销售

持续滑坡，1992年开始好转，卷烟销量逐年上升。1996年，抓网点建设，推行监销制和送货制，实现经营作风由经营效益型向管理服务型转变。1997年卷烟销量8.85万箱，通过国家局、省烟草局和集团公司网点达标验收。1998年，全市6个网点被评为先进网点。2000年，销售卷烟96203箱，实现利税1062万元，解决历史亏欠507万元，清欠资金1400多万元。2001年以后，卷烟销售市场竞争激烈，全省烟草出台一价制、访送分离、转换经营机制等一系列措施，推进网络建设，卷烟销量保持在10万箱以上，并逐年稳步上升，到2011年销量达到19.33万箱，实现税利6.65亿元，居全市第二。

1986—2011年德州市（地区）卷烟销售统计表

表14－6

年份	卷烟销量（万箱）	利润（万元）	利税（万元）	年份	卷烟销量（万箱）	利润（万元）	利税（万元）
1986	10.39	227	300	1999	8.95	293	403
1987	11.92	271	386	2000	9.62	270	1062
1988	11.98	322	468	2001	11.36	2712	3338
1989	12.22	287	380	2002	12.16	2985	3884
1990	8.09	295	395	2003	11.24	4158	5185
1991	7.83	280	428	2004	12.21	8484	11317
1992	7.83	331	423	2005	13.27	9929	14051
1993	11.16	285	401	2006	14.48	12022	15980
1994	8.77	295	943	2007	16.45	19308	25129
1995	8.79	736	826	2008	18.06	29291	36755
1996	8.83	517	1003	2009	18.72	23563	40010
1997	8.85	380	1030	2010	19.31	27344	50914
1998	8.88	287	395	2011	19.33	37447	66468

四、市场监管

国家对烟草销售实行专卖许可证制度。1992年1月1日《中华人民共和国烟草专卖法》颁布，为烟草生产经营提供了法律依据。德州地区（市）烟草专卖局依法行使职权，维护市场秩序，打击各类违法行为。1993年，破获各类违法案件1400多起。1995年，查扣卷烟8000余件，案件总值2000余万元；1997年，查扣卷烟9134件，其中10万元以上的大案10起；

1998年11月，查获福建省南安市贩运假冒中华牌卷烟大案，标值25万元。

1999年5月，在乐陵市查处1起山东省最大的制造假烟案。

2000年，查扣非法卷烟3005件，烟叶、烟丝80余吨，破获10.24打假大案，案值达100余万元。

2001年7月7日，调集120名精干稽查力量，在30余名公安干警协同配合下，取缔陵县、临邑县交界处的陵县滋镇陈庙村一个大型制假窝点，清剿制假场所4处，查缴YJ14/23型全自动卷接机组1台（套），成品、半成品白皮大鸡等牌号卷烟共200余万支，烟丝、烟片约30吨，卷烟纸240盘、水松纸228盘、铝箔纸270盘、滤嘴棒18万支、透明纸57公斤、盒皮78万张等原辅材料，钢印9套，标值200余万元。同年查获各类违法案件17049起，查扣卷烟21572件，烟丝396.6吨，烟叶263.5吨，案值2625万余元。

2002年以后，在抓好规范经营的同时，始终保持卷烟打假高压态势，加大市场监管力度，破获多起省级以上网络案件。其中，被公安部、国家烟草专卖局列为2009年一号督办案件的德城区“11·7”特大贩售假烟网络案件，涉案案值高达1.2亿元，涉案人员44人，主犯李某被依法判处有期徒刑15年，处罚金1300万元。

2003—2011年德州市烟草专卖案件查办情况表

表14－7

年份	查处案件（起）	查扣卷烟（万条）	案值（万元）	年份	查处案件（起）	查扣卷烟（万条）	案值（万元）
2003	20728	90.00	2000	2008	2546	8.33	710
2004	20790	65.00	1900	2009	1703	6.15	533
2005	16210	43.50	1466	2010	1421	2.91	308
2006	7360	9.80	471	2011	973	2.13	203
2007	3510	6.89	578				

第四节　医药医疗器械经营

1986—1996年间，医药、医疗器械经营逐步由地区、县（市）医药公司统一经营，向医药门店承包自主经营转变，医药公司“一统天下”被打破。进货渠道、经营方式灵活多样。

一、批发网点

1985年年底，全区共有三级批发部28处，经营组44处。1988年，医药商业批发企业实行承保经营责任制。

1992年，全区三级批发部23个，经营组42个。1995年，全市共有批发网点66个。1996年，开展全市医药批发网点整顿，重点解决网点重叠、交叉经营等问题。2001年，全市药品批发网点67个，其中，药品批发法人企业14家，非法人批发分支机构53个。2003年，全市药品批发网点71个。2005，药品批发法人企业15家，非法人批发分支机构45个。2009年，药品批发法人企业20家，非法人批发分支机构26个。2011年，药品批发法人企业20家，非法人批发分支机构23个。

二、零售网点

1985年，全区有国有零售药店38个，批发兼零售的28个。1992年全区零售网点56个，批发兼零售的42个。1996年，全市国有药店开展“国有药店无假药”和“创建文明药店”活动，促进了药品零售网点的发展。1997年，全市药品零售网点117个。1998年，开展规范整顿药品零售网点活动，全年新增零售网点28个，共有145个。1999年，新增药品零售网点17个，共有162个。2000年，加快乡镇药品零

售网点建设，全市新增药品零售网点70个，其中41个在乡镇。2001年全市药品零售网点377个，同时药品零售开始尝试连锁经营。2003年全市药品零售网点445个，全市各县（市）所有的乡镇都设立了药品零售网点。2005年，有药品零售连锁企业10家，药品零售网点565个。2007年全市药品零售网点722个，2010年全市药品零售网点913个。2011年，有药品零售连锁企业12家，药品零售网点961个。

第五章　服务业

第一节　餐　饮

从1980年至20世纪90年代，随着国有、集体企业试行“改、转、租、卖”等改制和个体民营餐饮业的发展，服务行业经济构成总体趋势是“国退民进”，餐饮业中公有制成分逐渐减少，非公有制餐饮业迅速崛起，形成多元化共存、以股份制、个体民营企业等非公有制业户为主的经营格局。

一、经营状况

1986年，全地区饮食业机构6159个，从业人员16769人，饮食业零售额7804万元。其中，全民所有制饮食业802万元，集体所有制饮食业1846万元（供销合作社饮食业1064万元，合作饭店、小组447万元，待业青年、职工家属办饮食业153万元，村办集体饮食业182万元），个体有证饮食业5156万元，分别占餐饮业零售额的10.28%、23.66%、66.07%。集体和个体有证餐饮业户是整个餐饮市场的主力。主要品种是大众化饭菜。

1990年，全区饮食业机构5854个，从业人员17229人。其中，全民所有制149个，人员1615人；集体所有制342个，人员1976人；个体有证的5363个，人员13638人。全区饮食业零售额9353万元，其中全民所有制1629万元，集体所有制1894万元（含供销合作社饮食业1662万元，待业青年、职工家属办饮食业83万元，农村村办饮食业149万元），个体有证饮食业5830万元。

1993年，全地区餐饮业经营机构6996个，从业人员22402人，网点7355个。个体餐饮业

董子巷美食一条街　　（2011年　摄）

经营机构 6788 个，人员 17858 人，网点 6788 个。饮食业零售额 20783 万元，占社会商品零售额的 4.91%。其中，全民所有制饮食业 802 万元，集体所有制饮食业 1846 万元，个体有证饮食业 5156 万元。

随着全国经济体制改革的深入，包括餐饮业在内的各行各业经济构成比例不断变化，从 1995 年开始，国民经济统计口径也有所改变。1997 年餐饮业零售额 7.56 亿元，比 1996 年增长 22.7%。餐饮业有法人单位 34 个，活动单位 62 个，网点 12935 个，从业人员 37897 人。其中，按经济类型分：国有经济法人单位 19 个，活动单位 36 个，网点 71 个，从业人员 2166 人；集体经济法人单位 15 个，活动单位 26 个，网点 59 个，从业人员 587 人；私营经济网点 12782 个，人员 34896 人。

此后，统计口径在不断的变化。2000 年，餐饮业限额以上企业（单位）法人企业 2 家，活动单位 2 个，营业总收入 297.9 万元，商品零售额 116.5 万元，从业人员 203 人。

2004 年，餐饮业限额以上法人企业 46 家，从业人员 4724 人，营业收入 26729.5 万元，按登记注册类型分为：内资企业 45 个，营业额 26298 万元（国营企业 9 家，营业额 4927.3 万元；集体企业 4 家，营业额 21370.7 万元），有限责任公司 4 家，营业额 3194.8 万元，外商投资企业 1 家，从业人员 188 人，营业额 431.5 万元。

2008 年，住宿餐饮业社会消费品零售额 45.72 亿元，比 2007 年增长 26.2%，拉动零售总额增长 2.5%，市场规模化程度继续提高，限额以上批发零售和住宿餐饮企业单位 612 家，增长 12.3%，从业人员 14499 人。

2011 年，住宿餐饮业实现零售额 47.9 亿元，增长 32.1%，全市限额以上批发零售和住宿餐饮企业达到 1607 家。限额以上住宿业法人企业 21 家，从业人员 3680 人，执行 2006 年会计制度的 12 个，流动资产 498110 万元，固定资产 621082 万元，资产 1262982 万元，营业额 510064 万元（客房收入 214240 万元，餐费收入 238639 万元，商品销售收入 24073 万元，其他收入 33112 万元；客房 3319 间，床位 5884 个，餐位 14231 位，年末餐饮营业面积 138252 平方米），流动负债 704839 万元，负债 1073632 万元，所有者权益合计 189350 万元，营业收入 473888 万元，利润总额 19321 万元。

二、经营特色

改革开放后，餐饮业提供的花色品种和服务质量，也发生了巨大变化。随着生活水平的提高和市场竞争机制的形成，为提高经济效益，各餐饮企业高招频出，纷纷增加花色品种，发掘地方名吃，研发新式菜品，引进外来特色食品佳肴，借以吸引顾客，扩大营业额。这期间，陆续发掘推出的德州扒鸡、夏津布袋鸡、禹城傻小二扒鸡、平原乳鸽、宁津保店驴肉等一大批地方特色名菜名吃成为餐饮企业的当家菜品，有的还冲出德州，走向全国。同时，四川的川菜、山西的羊肉泡馍、肉夹馍，甘肃的牛肉拉面、新疆的烤羊肉串、东北的小鸡炖蘑菇的等外地特色菜品不断被引进，肯德基、麦当劳等外国特色餐饮业进军德州，分享市场份额。发掘、研发、引进的特色菜品，丰富了餐饮市场，满足了人们日益提高的消费需求。

服务形式也逐步由单一向多元化、全方位发展。在饭店举办生日宴、婚礼宴、节日宴和亲朋好友聚会等已是司空见惯。各大饭店、宾馆大都设有卡拉 OK、KTV、MTV 等设施，就餐娱乐化成为新时尚。各大商场、超市多设有休闲餐厅、自助餐厅、快餐厅、西餐厅以及美食广场等。各式快餐店、小吃店、酒吧、烧烤地摊应运而生，遍布城乡大街小巷，一些火锅店、饺子馆、烧烤店生意异常火爆。

地方名吃选介

德州扒鸡　全称“德州五香脱骨扒鸡”。山东传统名吃,鲁菜经典。因具有茴香、花椒、大料、桂皮、丁香等5种香味,香而不腻,称为“五香”。成品扒鸡,趁热一抖,骨肉脱离,滑嫩松软,而叫做“脱骨”。

相传,德州扒鸡制作已有300多年历史。明末清初,运河码头、驿站附近就有小商贩提盒挎篮叫卖烧鸡。叫卖的烧鸡形态侧卧,色红味香,肉嫩可口,成为德州扒鸡的雏形。此后经数百年,十几代传承,逐渐演变成肉烂脱骨,色味俱佳的五香扒鸡。20世纪初,随着津浦铁路和石德铁路通车,德州五香脱骨扒鸡逐渐行销铁路沿线和东北各地。

1956年在北京举行的首届“全国食品展评会”上,扒鸡制作技师张树林、崔长青现场制作的德州五香脱骨扒鸡,赢得广泛好评,被誉为“中华第一鸡”。

制作德州扒鸡,须选用当年育成的一公斤左右成年鸡。配以20多种调料,经十几道制作工艺而成。全鸡呈卧体,色泽金黄,黄中透红,两腿盘起,爪入胸腔,双翅经脖颈由嘴中交叉而出,似鸳鸯浮水,口衔羽翎,十分美观,亦可成为美食艺术珍品。

德州扒鸡制作工艺被评为国家级非物质文化遗产。知名品牌有“德州牌”“德顺斋”“宝兰斋”“盛兰斋”“福顺斋”“中心斋”“永盛斋”“德宝斋”“沈氏”等。

长官包子、大柳面、保店驴肉　宁津名吃。有“长官包子大柳面,要吃驴肉去保店”之说。

长官包子,产地是宁津县长官镇,始于清朝道光年间。其特点是:面白皮薄、肉多馅肥、入口软而不黏、兜馅韧而不破,上捏三十二褶,熟后如盛开的菊花,形味俱佳。

大柳面产地在宁津县大柳镇,起源于清朝乾隆年间,盛行于清末民初。它以条长数尺,梳而不乱,缕分条析,软而有力著称,故又有“弓弦面条”“金丝缠碗”之美名。

保店驴肉始于清朝嘉庆年间,原产地是宁津县保店镇,创始人为李氏三兄弟。其特点是肉质鲜嫩、瘦而不柴、烂而不散。一般以冷食为上,常为酒宴之佳肴。

布袋鸡　夏津名菜。制作时切破小部鸡皮,去脏剥骨,按比例装入海参、虾仁等16种辅料,整鸡油炸后笼蒸,加汤浇注即成。鸡肉鲜嫩、馅香、味美不腻。因其状如布袋,故名“布袋鸡”,被列入《中国菜谱》。

宋楼火烧　夏津名吃。取上等面粉加少许黄豆面,用盐水和面,每个折压6层,层层刷香油,经鏊烙火烤即成。每个重7钱。形似灯笼,香酥可口,长时间存放不变质。清同治年间曾作为贡品进京,现为一般食品。

禹城扒鸡　禹城名吃。创制于清光绪十七年(1891年),它以制作独特、肉烂脱骨,味美可口、营养丰富而驰名。1919年载入《山东各县乡土调查录》,在《中国名菜谱》第六辑的145种名菜中名列前茅。现“傻小二”扒鸡为其代表品牌。

“又一村”蒸包　德州名吃。起源于清光绪十六年(1890年),在借鉴天津“狗不理”包子传统工艺的同时,逐渐形成了造型好,有嚼劲,选料精,满口香的独特风味。“又一村”包子用半发面,肉馅内调进香油、酱油、葱、姜、高汤等10种佐料精制而成。曾获1990年“山东省饮食业优质产品”称号,2004年5月被评为“山东名小吃”。

武城旋饼　据传起源于明末武城县郭庄村(今河北省故城县建国镇郭庄)。饼馅采用一年生嫩羊肉,加葱姜等多种调料精心调制。制作旋饼通常在秫秸箔或苇席搭成的拱棚里,采用一洞两灶,前边是带盖儿的铛子,内放若干瓦砾,后边是鏊子,再后是汆子。把事先做好的馅饼坯子放在鏊子上刷油旋转烙挺，再放入铛子内瓦砾上，盖上盖儿烘烤，翻三翻刷六遍油，烘烤3分钟即熟。武城旋饼大如盘，厚如指，色泽黄褐油亮，皮油酥焦脆，馅松软鲜嫩，焦而不糊，嫩而不生，肉肥而不腻。在2004年第二届“山东名小吃”评选中，被评为“山东名小吃”。

珍珠琪　夏津名吃。主要采用特精粉，配以蛋清、米淀粉、精盐等辅料，经特殊工艺加工而成。成品薄如纸、色如玉、小如珠，具有开锅即熟、久煮不黏、爽滑韧嫩等特点。

羊肠汤　德州名吃。又名羊血肠，俗称羊肠子。用羊血拌淀粉加葱花香料香油等灌入羊肠，煮熟切段加汤而食。入口爽而不腻，无腥膻气味，有祛除哮喘和胃寒作用。羊肠汤始于清末满族家厨，20世纪80年代初推向街市。

寇家豆腐皮　临邑名吃。系精选黄豆、上乘调料和名贵中药配置而成，营养丰富，脂肪含量低，具有韧性强、口感好之特点。可凉拌、涮、爆炒，也可直接食用。2004年被评为“山东名小吃”。

“圣喜”牌酱牛肉　齐河名吃。选用鲁西大黄牛的肉做原料，特殊制作而成。成品色泽红润，肉质鲜嫩、酱香浓郁、熟烂适口。2004年，被评为“山东名小吃”。

平原恩城签子馒头　选用优等小麦面粉，将“肥头”（酵面）加适量碱面（1斤“肥头”加少许碱面）和成“嫩面”，在案板上揉匀，用特制木杠反复挤压，然后将面团揉搓成条状面剂子，切段手搓成两头尖，中间粗形状，插入带竹签的蒸笼，上锅急火蒸熟出笼。馒头顶端尖细，中间圆而粗，底端较顶端稍平钝，略呈纺锤形，色白润如玉，味道香甜，柔韧可口。

第二节　住　宿

1986年，全区共有旅店（馆）126家，从业人员1976人。其中商业系统开办的42家，从业人员659人，供销系统开办的84家，从业人员317人。另外，地区和县的党政机关设有招待所，一些地直机关也兴办旅馆和招待所。较大的旅店（馆）和招待所都与饭店合为一体，实行统一经营。服务形式主要是提供住宿。

进入20世纪90年代前后，为适应新的消费趋势，各国有、集体旅店（馆）多方筹资对客房进行改造、装修，提高接待能力和服务水平。客房由多人的大房间，逐步改为标准间、单人间和高档客房等，以满足不同的消费需求。后来随着经营体制改革，国营饭店、招待所大都改为股份制或实行国有民营，股份制和个体私营宾馆、饭店成为住宿业市场主体。设施越来越高档豪华，服务形式越来越多样化，设有宴会厅、会议厅、商务中心、洗浴中心、停车场等，实行吃、住、行、乐、购物等一条龙服务。除此以外，在车站、商贸区、医院附近和边缘地带还有大量的个体业户开办的便民小旅馆（店），提供便民服务。

截至2011年年底，全市限额以上住宿餐饮企业共计342家，其中住宿业29家。全市有星级饭店21家，其中五星级3家，四星级3家，三星级13家，二星级2家（富泰大酒店、裕兴大酒店）；星级餐馆20家，其中三星1家，二星5家。全市星级饭店资产总额7亿元左右。客房总数1735间，床位总数3120多张，餐位数15600多个，从业人员6000多人。全市星级饭店平均房价256元/间夜，平均出租率达到71.68%。

重点住宿企业选介

德州大酒店　位于市中心东方红路与湖滨路交汇处，是德州市政府投资兴建的一家集客房餐饮、产品展销、贸易洽谈、文化娱乐于一体的三星级涉外旅游饭店，1994年建成开业。有客房174套，床位350张，中央空调，24小时冷热水，国内国际直拨电话，闭路电视、VOD电视

德州大酒店　　（2008 年　摄）

点播、因特网接入服务及卫星接收系统，自动消防设施和可靠的保安措施。裙楼有中、西餐厅和大小宴会厅 24 个，其烧鹅仔美食广场可供 600 人同时就餐。另设有咖啡厅、冷饮、酒吧间。顶楼旋转餐厅设有 120 个餐位，是宾客就餐观光、欣赏夜景的理想去处。大酒店拥有各类大小会议室、洽谈室。商务中心可提供电传、影印、打字、电报、邮件、外币兑换等各项业务；康娱中心设有歌舞厅、卡拉 OK 厅、KTV 包房、电子游戏室、台球室、美容室、健身房、桑拿浴房、保龄球馆等。

美丽华大酒店　位于德城区解放中大道。始建于 1989 年，原为集体所有制企业，1998 年年初，被市政府确定为全市第一家改为股份制企业——美丽华大酒店股份有限公司。占地 2 万平方米，建筑面积 5 万平方米。由皇冠楼、贵宾楼、香港城、火锅城组成，集餐饮、住宿、娱乐、会议于一体。2004 年 2 月 18 日，被评为德州市第一家四星级旅游饭店。

凯元温泉度假村　位于德州经济技术开发区晶华大道。德州市重点建设投资公司所属国有企业，1999 年 9 月建成营业。按四星级标准兴建，休闲别墅式建筑风格，是集住宿、餐饮、会议、娱乐、温泉疗养功能于一体的花园式休闲度假酒店。占地面积 32016 平方米，建筑面积 16128 平方米，主建筑高 4 层，设有客房、餐饮、康乐温泉三大经营部门。温泉疗养是该酒店一大特色，取自地下 1500 米温泉，出水温度达 58℃，富含碘、锌、硼、铁等多种有益人体健康的微量元素，对关节炎、神经痛有特殊疗养功效。

凤冠假日酒店　位于德州经济开发区东风路与晶华大道交岔口，2006 年建成，营业总建

美丽华大酒店　　（2006 年　摄）

凤冠假日酒店　　(2009 年　摄)

筑面积约 5.4 万平方米。集住宿、餐饮、会议、温泉、休闲、娱乐、度假于一体的五星级酒店，拥有高级间、豪华间、商务间、豪华套房、行政套房等 9 种不同类型的客房 236 间及 4 栋独立的豪华别墅，共有床位 368 张。特设无烟楼层 28 层，共 11 间客房；行政楼层为 29～30 层，共有 16 间客房；残疾人房间为 607。有总面积 670 平方米，中空无柱，可容纳 300～650 人会议的瑞和宴会多功能厅，另有瑞麟小剧场可供 60～100 人会议、观影。

贵都大酒店　坐落于德城区解放中大道。山东中茂实业集团有限公司投资兴建，鲁能信谊贵都管理公司管理，集餐饮、住宿、娱乐、办公、商务于一体的四星级旅游涉外酒店。拥有客房 200 多间(套)，提供鲁、粤、川、淮扬、日本料理等各式菜系。有电子商务会议室和可容纳 300 多人的国际会议厅。2005 年 3 月 28 日加入国际金钥匙组织，2008 年被评定为“金叶级绿色旅游饭店”。

贵都大酒店　　(2009 年　摄)

柳湖书院　德州市首家涉外五星级酒店。位于开发区晶华路与东方红路交岔路口处，与董子读书台为邻。2009 年 3 月开工建设，总建筑面积 2 万余平方米。拥有花园封闭式大型停车场，21 间全私密性中餐贵宾厅房；113 间中、

柳湖书院酒店　　(2011 年　摄)

西格调各异的客房，豪华标准间、豪华单人间、豪华套房和总统套房等，共 9 种房型。

餐饮部由中国鲁菜大师主理，鲁、粤、川、淮、扬等各菜系齐备，还有家常特色菜肴。可承接团宴、聚会、会议、喜宴等多项活动。设有采用地下 1500 米深的室内温泉游泳池，有国际赛事标准的室内网球场，英式斯诺克桌球室、国标乒乓球室和 3D 模拟高尔夫室，以及配有西班牙 DH 品牌健身器材的健身房。

太阳谷微排国际酒店　位于德州经济开发区太阳谷大道东侧，2008 年开业，是世界唯一一家五星级太阳能"微排"大型商务会议酒店。酒店建筑与皇明总部大楼构成"日月坛"经典造型，古朴典雅，美观大方。采用太阳能集热系统，铺满酒店顶层的集热管，既可随时提供热水，又能满足冬季空调的制热。酒店内部装饰豪华典雅，设施齐全，环境优雅，功能齐备，是集客房、餐饮、会议、康乐于一体的综合性商务会议酒店。酒店总建筑面积达 7.5 万平方米，共有客房 500 余间，餐位 1000 余个，酒店同时开设室内外游泳池、健身房、太极会馆（SPA、水疗）等康乐设施，拥有会议室 10 余间，可为国际国内各种会议提供方便完美的服务。

富豪康博大酒店　位于德州经济开发区核心位置，邻近市政府行政大楼和德州经济开发区办公大楼，2011 年 1 月正式开业，为五星级豪华国际性酒店，以其 100 米的楼高成为市内高层的建筑物之一。酒店总建筑面积 4 万平方米，拥有 215 间偌大的豪华客房及套房，完善的会议及宴会设施，多元化的餐饮服务及康乐设施一应俱全。

富豪康博大酒店　（2011 年　摄）

太阳谷微排大厦　（2011 年　摄）

2011 年德州市三星级酒店统计表

表 14－8

名称	位置	星级评定时间	客房/床位	餐厅/座位（个/人）	会议室（个/人）	经营特色
德州大酒店	德城区东方红西路 968 号	不详	145/236	29/600	5/350	涉外酒店，经营川、粤、鲁、湘和国宴菜
禹城明珠大酒店	禹城市汉槐街 277 号	2005. 12	58/110	20/500	2/150	综合酒店，2003 年 5 月获“全国绿色餐饮企业”
州都宾馆	德城区东方红西路 1536 号	不详	100/180	N/200	6/350	综合酒店
禹城宾馆	禹城市中心黄金地段	2007. 10	113/200	23/800		综合酒店，2010 年 9 月获“国家五钻级酒家”
禹城东方大厦酒店	禹城市行政街西首 1178 号	2007. 8	116/N	21/N		综合酒店
庆云宾馆	庆云县城中心地段	2008. 1	70/N	N/300		综合酒店
德州双鸿大酒店	夏津县城北经济开发区	不详	83/N		5/600	四星级涉外旅游酒店
德州希森大酒店	德城区东风中路 929 号	不详	70/N	38/800		综合酒店
平原桃园宾馆	平原县城东开发区	2007. 8	131/206	N	6/600	综合酒店
德州喜俪园大酒店	德州市湖滨中大道	不详	60/N	N/600		综合酒店
乐陵大酒店	兴隆北大街，新华书店对过	2007. 8	32/N	23/500		综合酒店，经营鲁菜、胶东海鲜等
乐陵汇都大酒店	乐陵市振兴东路 326 号	不详		28/500		四星级设计，经营粤、湘、鲁菜和海鲜
德州德苑大酒店	德城区新华路 83 号					综合酒店

第三节　社会服务

改革开放后，国有、集体经营的理发、浴池、洗染、照相、日用品修理等社会服务业，通过企业改制、承包、租赁等形式实现了市场化。个体私营业户和股份制企业成为服务业的主体。

1986年，个体有证服务业按行业分：旅馆业323个，人员1744人；理发业1243个，人员1636人；浴池业13个，人员137人；洗染业37个，人员97人；摄影业480个，人员799人；日用品修理业3089个，人员4098人；其他服务业1633个，人员2600人。1990年，个体有证服务业按行业分：旅馆业394个，人员2451人；理发业1272个，人员2028人；浴池业7个，人员81人；洗染业6个，人员30人；摄影业298个，人员664人；日用品修理业2644个，人员3591人；其他服务业1596个，人员2636人。

随着社会发展和生活水平提高，人们对服务的需求在日益增多，从日常生活便民服务、物业管理、提供劳务到各种中介服务等。需求档次也在不断提高，更有一些复兴和新兴的特殊服务业也随之逐渐发展起来。

与此同时，本志书断限以内已经消失或正在消失的，以走村串巷吆喝为主的民间服务业有：补铁锅、锔盆锔碗、箍桶、篾匠、缚笤帚、扎簸箕、镪剪子磨菜刀、剃头、熬糖稀、崩爆米花、修钢笔、修理铁锁配钥匙、修笼屉、人工弹棉花、货郎担、染坊等。

当代服务业的特点：一个电话、一条短信，就能享受到所需的服务。价格随行就市。

一、日常生活

理发美容　20世纪80年代以后，随着人们审美观念逐渐改变，理发从修剪头发逐步发展成集理、烫、洗、染和文眉、修面为一条龙服务的美发美容业。中老年男性仍然是平头、分头、光头为主。少数青年男性发型向奇、怪、显和多彩变化，个别人梳起马尾辫。中年女性发型向短发、披肩发、波浪式等发展。同时，针对年轻女士的美容、美体、按摩、理疗、皮肤护理等美容行业兴起，实行套餐式服务，价格几十、几百元、上千元不等。

洗浴　从传统澡堂大池子集中洗澡洁身，发展到小盆、单间、夫妻间，并逐步扩张到桑拿、搓背、修脚、按摩、休闲等多元化服务。1990年前后美丽华大酒店开发地下温泉洗浴。随后凤冠假日大酒店、凯元温泉度假村、柳湖书院等高档宾馆均设有专业温泉洗浴设施，提供池浴、淋浴、冲浪浴、土耳其浴、桑拿浴、按摩、踩背、刮痧等服务。2000年前后，洗浴业呈现高、中、低档服务并存，竞相发展的格局。遍布城乡的私人浴池大量增加，解决了低收入人群冬天洗浴难题。与此同时，随着住宅条件改善，太阳能热水器、电热水器也走入寻常百姓家，洗浴逐渐家庭化。截至2011年，太阳能热水器在德州老城区的普及使用率达到90%，新城区达到100%。

洗染　从传统的洗衣业务扩展为水洗、干洗、皮衣保养、衣物织补等，并实行上门服务、定期保养、预定服务等。市区和各县级城市以及较大的村镇都有多家数量不等的干洗店。干洗店一般承接毛料等高档服装洗涤业务。

修理　2000年前后，随着家用电器普及，修理业服务范围越来越广泛，从传统的缝纫机、自行车、收音机等修理，逐步发展到各种家具、生活器具、家用电器、机（电）动车辆等维修服务。多数商家配有专门维修人员，对商品实行购买安装售后跟踪服务。

二、庆典娱乐

庆典　20世纪80年代初，在“文化大革命”中消逝的民间鼓乐班恢复，在农村逢年过节或借婚丧嫁娶、开业开张之际应聘请演奏助兴。演奏形式也由传统的吹打演唱发展为土洋

结合，使用电声扩音，演唱一些流行歌曲、现代戏曲等。在市区和县城则出现专业庆典服务公司，承接婚庆、祝寿、开业庆典和广告宣传等服务。根据服务项目收取费用，少者几百，多则几千元不等。庆典公司的出现，对农村传统的民间鼓乐班是一个冲击，转型快的加入新潮，转型慢的渐渐失去市场。

消闲娱乐　20世纪80年代后期，南方沿海开放城市流行的休闲娱乐方式开始进入德州。各服务场所和个体工商户竞相开办歌舞厅、台球室、游戏厅、棋牌室、KTV练歌房等经营性休闲娱乐服务。饭店、餐厅有偿提供卡拉OK设备供客人娱乐。保龄球从1996年传入德州，到2000年，由于经营微利亏本退出市场。兴起于80年代末期的电子游戏很快风靡城乡，一些青少年沉迷于电子游戏，产生不良影响，为控制电子游戏业户过多过滥，1994年对电子游戏经营网点进行清理整顿。至2011年年底，全市审批的文化娱乐经营业户790家，其中大型文化经营场所9家、中小型文化经营场所781家。

照相　20世纪80年代后，彩色照相逐渐流行，并出现了面对特定人群婚纱照相、老人照相、儿童照相等服务项目和专业机构。2000年以后，随着手机照相功能的释放，普通照相业务日渐衰退。

摄像　20世纪90年代，摄像服务逐渐普及开来的，除广播电视台专业机构外，一些庆典公司开始制备摄像机，提供结婚、祝寿、开业等摄像服务，颇受雇主欢迎。

三、劳务

物流　2000年，德州邮政物流配送有限责任公司成立，随着改革开放的不断深入，邮政独揽快递、物流业务的局面被打破，加之互联网购物迅速普及，包裹业务大量增加，公路、铁路、航运等交通企业纷纷涉足物流业，外地和本地民间物流机构乘势兴起，顺丰、汇通、韵达、圆通、鲁腾等知名快递物流公司进驻德州，抢夺物流市场份额。现代物流业服务，投件是电话预约上门取件寄出，购物是网上下单订货物流送到家，大到电冰箱、洗衣机、空调、电视机，小到手机、纽扣、电池类的小件，皆可办理，甚至工程机械、车辆等一些特殊物品也可以通过物流公司转送。并能够适时在手机上查询投件运行路线、到达时间，购件来货、接货时间。德州当地物流公司有九玖、商通、征途、木林森、储易、利捷、鑫北方等几十家。一些大型企业也建有自己的物流公司。

物业　兴起于20世纪90年代，是随着大规模房地产开发和生活小区建成兴起的服务行业。一般由专门的物业公司负责管理运营，一些房地产开发企业自办物业公司。服务范围包括：房屋修缮、安全保卫、秩序维护、卫生保洁、环境绿化、消防和水电供给及设备维修保养等。服务实行不同的收费标准。2007年《德州市物业服务收费管理实施办法》规定，普通住宅小区物业服务收费指导标准：每平方米建筑面积收费一级0.8元、二级0.5元、三级0.3元，上下浮动均为20%。2011年年底，全市依法取得资质物业服务企业共达183家。

装修　以住房为主的装修装潢是1990年以后兴起的服务产业，涌现出一些专业装修公司，较大的房地产公司也兼营楼房装修。一些外地的专业装修公司业竞相登录德州装修市场。竞争促进了行业发展，形式也是多种多样，从简单到复杂，从实用到追求时尚美观，价格也是“水涨船高”，造价从几万元到几十万元不等。房屋专修装潢档次已成为某些人炫耀和身份的象征。

家政　是改革开放后新兴起的行业。市区和各县（市）都有数量不等、规模不一的家政中介机构、服务公司和个体从业人员。家政服务

公司的员工都经过培训，具有一定专业知识。从早期的提供保姆看孩子，拓展到家庭保洁、老人陪护、产妇护理、接送儿童、病床陪护、科学育儿等。

四、中介

随着社会发展和经济活动增加，以劳务输出、律师、公证、审计、会计事务所等服务机构和婚姻、租赁、广告、展览、计算机培训等民间中介组织雨后春笋般成立起来。服务范围涉及法律服务、账目审计、会计服务、技术咨询、房产买卖、家政服务、商务咨询、商务代理、科技服务、商业信息等。

会计、审计、律师、公证等中介服务机构在20世纪80年代中期恢复成立时大多都有官方背景，随着改革的深入逐渐社会化，成为实行自收自支，独立核算，自负盈亏，独立经营的民间组织（分别参见相关篇章的有关内容）。

劳务输出　1990年前后，随着计划经济体制向市场经济转型，市区和各县（市）成立劳动就业办公室，负责城镇待业青年和农民进城务工人员的登记、审查工作，为社会提供用工、求职和劳动力资源信息，开展劳务中介和劳务输出业务。1994年，用工制度全面放开，出现个体经营的劳务中介机构。劳务中介除满足当地用工以外，大部分输出到北京、天津等大中城市和南方经济发达地区。劳务输出已经成为当地劳动力就业的常态。

婚介　传统方式是亲戚、乡邻、朋友等熟人掂量平衡男女双方人才相貌、经济条件等因素，从中牵线搭桥，促成婚姻，一般是无偿的，任由男女双方，特别是男方随意答谢。此种方式至今仍然盛行。随着社会发展，男女青年外出学习工作者日渐增多，通婚圈越来越广，婚姻介绍逐渐发展为注册成立婚姻介绍所，婚介所实行一次性收费，多次服务。2000年，德州路航婚介所成立注册，此是德州市较大较规范的婚介机构。之后，陆续在各县（市区）出现婚介机构。随着互联网普及，网上交友成为主流。到2011年，全市共有婚介机构9个。

广告　改革开放后兴起的最为红火的行业之一，从自行制作的较为初级的墙体广告、车体广告、纸质广告，到广播、电视广告、网络广告，无处不在。除此以外，一些个体商户私自制作的贴在街头电线杆、楼宇通道走廊，被称为“城市牛皮癣”的各类小广告，造成视听和环境污染，屡禁不止（参见第十八编经济管理第三章工商行政管理第三节商标广告管理）。

培训　20世纪90年代前后，出现了一些以短平快为特点，教授专业技能的培训机构，包括计算机、汽车驾驶、烹饪等。还有面向中小学生的美术、音乐、舞蹈和各种文化补习班。

20世纪90年代初期，微型电子计算机开始普及，短期计算机培训班雨后春笋般出现，曾兴盛一时，后来随着计算机知识的普及和打字输入法的改进，人们无师自通，一些简易、普及型的计算机培训机构随之消逝。编程等高深知识学习则需要到计算机专业学校学习进修，超出社会服务范畴。

租赁　20世纪80年代后，随着社会分工的细化，出租出赁服务逐渐发展起来，一些企业、个人把闲置的资产、物资对外出租，收取租金。随之，中介租赁机构应时而生。首先开展出租业务的是建筑、工程机械类设备等，这类设备一般情况下是空闲时对外出租，一些大型作业机械多是连人带车一并出租承揽工程。也有少数企业、个人购置设备专供对外出租。其次，是房屋租赁，包括住宅、临街商铺等。第三，生活、娱乐设施、器材等出租。农村有专门置备集体用餐的桌、椅、碗筷等餐具出租，供红白喜事和集中活动场所使用的。另外，进入20世纪80年代后期，随着农村土地改革的深化，一些农户把承包的土地、池塘等不动产出租给个人或者集体合作组织统一经营。

五、特殊服务

典当　典当业古已有之。新中国成立后，典当被视为剥削工具而禁止。20世纪90年代后期，随着经济管理体制改革深化，允许经营典当业。2000年后，德州陆续出现典当营业机构。典当行多为股份制企业，国有商业银行等金融机构也开始涉足典当业。到2011年，全市注册典当行（公司）共计20多家，其中德城区8家，各县（市）1～2家不等。经营范围有珍宝、玉器、字画、古玩、黄金、高档饰品，也有银行票据、购物卡及高档电子产品等。有实力的典当行还把业务扩大到房产、车辆（全款车、按揭车、高档摩托车）、物资等。

拍卖　20世纪90年代拍卖业恢复以后，一些外地拍卖行（公司）抢先进入德州开展业务。2003年10月，德州拍卖行有限公司登记注册成立，后德州陆续成立了多家拍卖公司。拍卖物是国家法规政策允许的有形资产和无形资产。

保安　兴起于20世纪80年代现代服务业。市区和各县（市）均成立保安公司。保安公司依法成立、独立经营、自负盈亏。服务范围有门卫、守护、巡逻、营业性文体活动的安全服务、武装押运等。保安服务企业对保安人员实行统一招聘分配、统一培训管理、统一着装，统一报酬等。为客户提供保安注册登记的服务，收取一定费用。

担保　德州市融资性担保业务兴起于2003年。经营范围：贷款担保、票据承兑担保、贸易融资担保、项目融资担保、信用证担保，诉讼保全担保、投标担保、预付款担保、工程履约担保、尾付款如约偿付担保等履约担保业务。2011年年末，全市有融资性担保机构16个。

第六章　对外及对港澳台经济贸易

20世纪80年代中期，德州地区对外经济贸易处于粗放经营时期，出口商品以农副产品和工艺品为主，产品单一，规模小，出口市场多为周边国家和地区，工艺品主要出口欧美国家。进入90年代，特别是加入WTO以后，随着经济的发展，进出口商品品种大量增加，出口量大幅度提高，市场份额进一步拓展，从2001年起，进出口贸易呈现出规模大、品种多、附加值高的良好态势。

第一节　进出口及港澳台贸易

一、规模

2001年，全市进出口累计完成2.4亿美元，到2011年，首次突破20亿美元大关，累计完成26.9亿美元，相比10年前增长10.2倍，同比增长38%，增幅位列全省第六位。其中出口17.5亿美元，增长30.8%，增幅位列全省第七位；进口9.4亿美元，增长53.8%，增幅位列全省第四位。按企业性质划分，国有企业26449万美元，“三资”企业58349万美元，民营企业183770万美元，分别占9.9%、21.7%、68.4%。

二、企业

2001年，全市有进出口企业117家，到2011年有进出口实绩的企业达546家。其中，过亿美元的企业2家，分别是莱钢永锋钢铁有限公司、索通发展股份有限公司；过千万美元的企业47家，较2001年增加41家；出口过千万美元的企业36家，较2001年增加33家；进出口过百万美元的企业216家，较2001年增加186家，出口过百万美元的企业202家，较2001年增加177家。2011年，全市重点调度的30家出口企业合计出口10亿美元，占全市出口总值的58.1%，同比增长16.1%，对全市出口增长贡献率达34.3%。其中，山东莱钢永锋钢铁有限公司2011年完成进口5.3亿美元，同比增长71%，占全市进口总额的56.4%。

三、外贸市场

2001年，全市对外贸易伙伴国家和地区138个，到2011年，达到173个。对南美洲、东盟、澳大利亚、俄罗斯和非洲等出口分别增长52.9%、50%、47.8%、34.1%、29.1%。对传统市场美国、韩国、日本、欧盟出口分别增长35.5%、39.4%、36%、16.1%。对美国、澳大利亚、巴西、俄罗斯、韩国、日本等国家进出口突破1亿美元。

四、产品结构

2001年，全市出口产品中初级产品占比10.8%，工业制品占比89.2%。其中，纺织服装类产品出口8820万美元，占比52.9%，机电产品出口3250万美元，占比19.5%。

2011年，全市出口的初级产品比重下降到6.9%，出口工业制成品的比重上升到93.1%。其中，机电产品出口7.6亿美元，同比增长22.4%，占全市出口总额的43.7%；化工产品出口4亿美元，增长51.2%，占比22.6%；纺织服装和农产品出口分别占比18.1%、4.1%。出口产品结构不断优化。禹城市食品添加剂基地被确定为“山东省第一批省级外贸转型升级专业型示范基地”；乐陵市、庆云县被确定为省级出口农产品质量安全示范区。金麒麟集团、皇明太阳能、景津压滤机等11家企业的11个品牌通过审核，被评为2011—2013年度山东省重点培育和发展的国际知名品牌。

第二节 利用外资及港澳台资

1987年，由平原县工业公司和菲律宾东南亚公司合资设立的平原鲁菲针织品有限公司成立，该项目投资总额85万美元，合同外资47万美元。此为全区首个利用外资成立的投资企业。

1988年，全区利用外资有突破性进展，新批准设立外商投资项目5个，合同利用外资2012万美元，实际利用外资3301.2万美元，同比实现大幅增长。

1992年，实施外向带动战略，省外经贸厅下放利用外资审批权限，对外开放步伐加快，外向型经济迅速发展，利用外资取得重大突破。全年新批外商投资企业70家，合同利用外资2660万美元，实际利用外资1475.36万美元。利用外资及港澳台资的大项目增多，投资的地区扩大到中国香港、台湾地区以及日本、韩国和欧美等多个国家和地区。投资领域也从纺织服装、食品生产等初级产业扩大到房地产开发、电子、印染、装饰工程和服务业等行业。

1993年，由于投资领域的拓宽和开放区域的扩大，利用外资大幅增长，外商投资企业大量增加。合同利用外资6512万美元，比上年增长144.8%；实际利用外资5002.6万美元，比上年增长239.1%。新批外商投资企业97家，创历史新高。外商投资重点集中在纺织、建材、化工、食品等产业。由德州第三棉纺厂和台湾威龙有限公司合资的德州元济有限公司设立，成为当时最大的外商投资项目，此后发展成为全市进出口额最大的外商投资企业。

1994年后，因受国家调整利用外资政策、紧缩银根、取消外商投资企业进口设备免征关税和增值税等因素影响，利用外资进入调整阶段。当年全市批准利用外资项目83个，合同利用外资4239万美元，实际利用外资1547.7万美元。

1996年，对外贸和经济合作加快开放与协作步伐，利用多种渠道招商引资，成功举办了第一届中国德州经贸洽谈联谊会。当年批准利用外资项目50个，合同利用外资4712万美元，实际利用外资1593万美元。1997年3月始，根据国家发改委、外经贸部、国家工商总局等国家7个部门《关于对外商投资企业实行联合年检的通知》精神，市经委、市外经委、市工商局、市国税局和德州海关、市外汇管理局等部门对外商投资企业实行联合年检。当年批准利用外资项目33个，合同利用外资3566万美元，实际利用外资1769万美元。

1998年，市委、市政府作出《关于进一步扩大对外开放的决定》，市政府出台《关于进一步鼓励外商投资的若干规定》等文件。当年举办第二届中国德州经贸洽谈联谊会（简称“德洽会”，后改为每年一届）。全年批准利用外资项目39个，合同利用外资5304万美元，比上年增长48.7%，实现利用外资的恢复性增长。

1999年，全市对外招商工作继续深入，当年新批外商投资项目51个，合同利用外资5922万美元，实际到位外资3422万美元。2000年，审批利用外资项目67个，合同利用外资6932万美元，实际到位外资3683万美元，分别比上年增长17.1%、7.6%。

2001年，深入开展招商引资活动，市政府和各部门增设招商引资机构。全年新批外商投资项目69个，合同利用外资9865万美元，实际到位外资6494万美元，分别比上年增长42.3%和76.3%。

2002年，新批外商投资企业80家，合同利用外资19910万美元，实际利用外资10154万美元，分别比上年增长101.8%和56.4%。项目投资来自中国香港、台湾地区及美国、韩国、新加坡等国家和地区，主要集中在中国香港、台湾及美国、韩国。

2005年，全市利用外资由单纯的数量增长转变为项目数量和质量均衡增长。当年商务部修改利用外资统计口径，由全面利用外资数据统计修改为外商直接投资数据统计。当年全市批准利用外资项目83个，合同利用外资26673万美元，实际利用外资10025万美元，项目质量不断提升。

2007年，全市批准利用外资项目39个，合同利用外资16101万美元，实际利用外资13584万美元。当年批准设立的德州汇源食品饮料有限公司一次性到账外资4000万美元，成为全市历史上一次性到账外资最多的项目。

2008年，全市批准利用外资项目23个，合同利用外资11838万美元，实际利用外资16415万美元。当年，美国高盛投资公司携手鼎晖投资公司并购皇明太阳能集团有限公司，填补了德州市无境外世界500强投资的历史，该项目当年到账外资9078万美元，再创全市到账外资纪录。

2009年，批准利用外资项目23个，合同利用外资18387万美元，实际利用外资13877万美元。皇明太阳能集团有限公司改制为外商投资股份制企业，成为全市第一家外商投资的股份制企业。2010年，市委、市政府印发《关于加快全市外经贸发展的意见》。当年全市批准利用外资项目28个，合同利用外资24107万美元，实际利用外资12996万美元。

2011年，全市批准利用外资项目28个，合同利用外资25861万美元，实际利用外资19033万美元，分别比上年增长7.27%和46.5%。德州东北商贸物流城有限公司通过商务部外商投资房地产备案手续，成为全市第一家通过该项备案手续的企业。

1987—2011 年德州市(地区)外商投资企业及直接利用外资情况表

表 14－9　　　　单位:家、万美元

年份	企业数		合同利用外资		实际利用外资	
	当年	累计	当年	累计	当年	累计
1987	1	1	47	47	47	47
1988	5	6	2012	2059	3301	3348
1989	1	7	66	2125	138	3486
1990	3	10	115	2240	97	3583
1991	13	23	674	2914	644	4227
1992	70	93	2660	5574	1475	5702
1993	97	190	6512	12086	5003	10705
1994	83	273	4239	16325	1548	12252
1995	53	326	11374	27699	2786	15039
1996	50	376	4712	32411	1593	16632
1997	33	409	3566	35977	1769	18401
1998	39	448	5304	41281	1188	19589
1999	51	499	5922	47203	3422	23011
2000	67	566	6932	54135	3683	26694
2001	69	635	9865	64000	6494	33188
2002	80	715	19910	83910	10154	43342
2003	113	828	50100	134010	33592	76934
2004	95	923	61330	195340	30724	107658
2005	83	1006	26673	222013	10025	117683
2006	50	1056	12263	234276	10049	127732
2007	39	1095	16101	250377	13584	141316
2008	23	1118	11838	262215	16415	157731
2009	23	1141	18387	280602	13877	171608
2010	28	1169	24107	304709	12996	184604
2011	28	1197	25861	330570	19033	203637

注:本表含港澳台地区数据

第三节　经济技术合作

一、对外承包劳务

1990年，始有对外劳务承包业务。是年，全市对外承包劳务合同额8.6万美元，外派劳务12人。到2001年，对外承包劳务业务合同额2247万美元，完成营业额4275万美元，外派劳务1839人次，期末在外人数6750人。此后，承包劳务合同金额逐年增长。2007年以后，对外劳务业务合同统计不再包括排除水电十三局的合同数字，承包合同总额由2006年的13968万美元下降到6279万美元，2008年降到3438万美元。到2011年，全市对外承包劳务业务合同额10458万美元，完成营业额8898万美元，外派劳务377人次，同比分别增长80%、107.5%和46%。

外派劳务市场集中在日本、韩国、新加坡等国家。3个国家市场业务量占总量的80%，其中日本是全市直接外派劳务的主要国家，其次是韩国和约旦等国家。外派劳务人员主要集中在制造业、建筑业、餐饮服务业等低层次普通劳务领域，技术较高的人员比较少。

1990—2011年德州市对外承包劳务情况表

表14－10

年份	劳务合同金额（万美元）	完成营业额（万美元）	外派劳务人数（人次）	年末在外人数（人）
1990	8.6		12	
2001	2247	4275	1839	6750
2002	7180	5710	3804	4174
2003	8013	7120	6906	8760
2004	10512	9012	9132	10488
2005	12830	9634	11032	11647
2006	13968	12986	12300	14093
2007	6279	4600	392	
2008	3438	3117	216	
2009	9948	3904	265	
2010	5811	4289	259	
2011	10458	8898	377	

二、对外及对香港投资

1993年德州机床厂在印尼设立的金熊猫机械实业公司，总投资150万美元，开德州企业对外投资先例。此后陆续有多家企业对外投资，资金投向美国、乌兹别克、柬埔寨、日本、德国、哈萨克斯坦、苏丹、蒙古、越南、安哥拉、英国、加拿大和中国香港等。截至2011年12月，全市境外投资企业24家，投资总额6410.97万美元。

1993—2011 年德州市对外投资情况表

表 14－11

年份	对外投资企业名称	国家（地区）	新设立公司名称	投资总额（万美元）
1993	德州机床厂	印度尼西亚	金熊猫机械实业公司	150
1995	乐陵华乐集团	美国	HL 美洲公司	10
2000	夏津县金棉公司	乌兹别克	乌中德康羊绒制品有限公司	42
2001	山东德棉集团	柬埔寨	柬埔寨德棉纺织有限公司	2368
2003	山东北方广告有限公司	加拿大	拿大加华文化传播公司	90
2004	德州元济纺织有限公司	日本	办事处	2
2006	山东中澳农工商集团	德国	德国明珠有限公司	63
2006	山东东腾光电工程有限公司	哈萨克斯坦	铪忠建设有限公司	204
2007	山东德建集团有限公司	苏丹	德建建设有限公司	130
2008	德州甬泰筑路材料科技有限公司	俄罗斯	甬泰建设有限公司	450
2008	山东德建集团有限公司	蒙古	山东德建蒙古有限公司	120
2009	山东百多安医疗器械有公司	德国	百多安德意志有限公司	284
2009	山东金麒麟集团有限公司	美国	金麒麟有限公司	350
2009	山东八荣塑料合金有限公司	越南	越南三星钢铁有限公司	100
2010	皇明洁能控股有限公司	日本	汉吉能源有限公司	629.67
2010	禹城绿健生物科技有限公司	美国	佳丽美雅有限公司	300
2011	山东德兴集团建设工程有限公司	安哥拉	安哥拉德兴国际有限公司	500
2011	皇明洁能控股有限公司	英国	皇明－Zed 太阳能有限公司	41
2011	德州双佳工贸有限公司	美国	维斯塔毯业有限公司	300
2011	山东国信环境系统有限公司	加拿大	鼎膜过滤技术有限公司	5

三、对外承包工程

2000 年后，对外承包工程主要集中在山东德建集团有限公司等几家公司。德建集团对外承包项目重点在阿联酋、巴基斯坦、苏丹、安哥拉等亚、非洲国家。对外承包工程项目以桥梁、建筑等为主。德建集团国际工程分公司下设苏丹、安哥拉、文莱及蒙古 4 个项目基地，并在当地设立国外分支机构。2005 年 1 月，在苏丹喀土穆注册成立中国德建建设工程有限公司。至 2011 年，已施工工程 100 多个。

第七章 旅 游

1991年3月，德州地区旅游局成立，与外事侨务办公室一个机构两个牌子。这一时期全市旅游业处于发展初期，主要从事政府安排的外事接待服务、商贸洽谈以及参观考察组织工作。乐陵枣林、夏津黄河故道森林公园、苏禄王墓等是外地许多游客必选之地。

1995年，编制完成《德州市旅游业发展“九五”计划和2010年远景目标规划(草案)》。配合省旅游局，完成对美丽华大酒店、德州大酒店、宴宾楼大饭店三星级饭店评审及复核。拍摄首部德州旅游风光片《鲁北明珠》。参与省旅游局组织的首届济南国际旅游博览会等旅游宣传促销活动。此后，德州旅游业进入快速发展时期。

2001年，德州市旅游局独立办公，2005年，编制完成《德州市旅游产业发展总体规划》。2007年12月28日成功创建为“中国优秀旅游城市”。

到2011年，全市共有国家A级旅游景区27处，全国、全省工农业旅游示范点33处；旅行社及分社66家，导游队伍300余人；有星级饭店19家，床位5600余个，年接待国内游客1236.1万人次，收入45.44亿元，接待入境游客5.77万人次，收入1752.5万美元。

第一节 旅游资源

一、A级景区景点

2011年，境内共有国家A级旅游景区27处，其中AAAA级4处、AAA级4处、AA级19处。

中国太阳谷风景区　位于德州经济技术开发区，占地面积333公顷，是全国首个以太阳文化为主题的AAAA级低碳旅游景区。地标建筑——日月坛微排大厦(国际酒店)是集展示、科研、办公、会议、培训、宾馆等功能于一身，使用太阳能热水供应、采暖、制冷、光伏发电等与建筑结合技术，集太阳能光热、光伏、建筑节能于一体的高层公共建筑，2010年第四届世界太阳城大会主会场所在地，被誉为世界太阳能“硅谷”、世界太阳能圣地、全球低碳中心。2010年被评为齐鲁文化新地标(参见第四编城乡建设第四章商品房开发与公共建筑第二节公共建筑)。

太阳谷风景区有近万亩森林氧吧、生态湿地公园；有以低碳科技打造的太阳谷低碳世博园、太阳文化图腾阵、五星级太阳文化主题酒店、太阳能水景主题公园，集中展示了以太阳能为主的多种节能技术相结合的各式节能建筑，为未来人居提供了解决方案，被称为“21世纪绿色城市模板”。

董子园风景区　位于德州经济技术开发区。国家AAAA级旅游景区。德州董子(董仲舒)读书台始建于隋朝，毁于民国时期战乱。2007年9月恢复重建，并以读书台为核心，相继建成具有文化内涵的景区公园。董子园风景区总占地49.6公顷，投资5亿元。一期工程包括公园的主体建筑董子读书台、“三策固本”水上牌坊以及公园内西部董子文化街、柳湖书院、繁露广场、聚贤阁、安德亭、广仁楼、弘义

董子园风景区　（2012 年　周建新　摄）

楼、崇礼楼、汇智楼、明信楼、春晖园、柳湖、柳亭、学而、神思、逸兴、不窥园、天和桥、人和桥、地和桥、立心亭、正谊桥、明道桥、繁露堂、春秋舫等；二期工程主要是景区公园东部生态湿地风景区。附属建筑群包括董仲舒纪念馆、儒家文化代表人物雕像群、德州地域文化广场等。

整个景区以儒家文化为主题，创意主旨是“民族中兴、天下大治”，通过宣示董子读经“三年不窥园”精神，鼓励青年刻苦努力，成为“贤良方正”的栋梁之材。景区以董子读书台为主景，以沙王河水系为脉络，台临水建，景随水出。所有人工景观建筑均为传统的灰白色调，体现古朴、简洁、大气的汉代建筑风貌。西侧的董子文化街和东侧原生态园林，因河相连，临河相守，体现出人文建筑空间与自然生态空间相和谐的城市景观。

庆云海岛金山寺　位于庆云县城北 3 千米处，国家 AAAA 级旅游景区。海岛金山寺始建于隋兴于唐。相传，唐代高僧玄奘法师曾在海岛金山寺成长、学佛，后来经观世音菩萨指点，踏上西天取经之路。寺院毁于明代战乱，2004 年恢复重建。新寺院气势恢弘、大气庄严。寺内陈列的全国室内最重的释迦牟尼纯铜雕塑、缅甸玉质地韦驮菩萨、10 多吨重的铜铸大钟等都是雕塑中的精品。藏经楼珍藏的《龙藏》《四库全书荟要》和古佛像为镇寺之宝。

地宫，将木雕、彩绘、造景、环境装饰与声光电等现代科技巧妙结合在一起，艺术再现传说中的地狱景象。宫内分为 10 个大殿，总长 300 米，面积 1000 平方米，有香樟木塑像 1000 余尊，其规模、面积和艺术水平在国内外都是首屈一指的。

二十四孝馆，用蜡像艺术将二十四孝故事以实物场景表现出来，共有各类人物蜡像 56 个，古代生活场景 20 余个，各类道具实物 200 余个。

夏津黄河故道森林公园　位于夏津县境东北部，总面积 8533 公顷。2010 年，评定为国家 AAAA 级旅游景区。黄河故道即为老黄河之遗迹。景区内 42 千米主观光路，将颐寿园、杏坞园、游乐园、香雪园等景区连为一体，公园古树参天、生机盎然，百年以上的古桑树有 3000 多株，古树遍布，千姿百态，是平原地区珍贵的原生态自然资源，有“北方落叶果树博物馆”之美誉。森林公园各景区不同季节，别具情趣，有田园风情的故道庄园、农家院、恢复重建的千年古刹大云寺以及现代娱乐设施滑雪场、滑草场、勇者之路等。是以生态观光、绿色采摘、休闲度假于一体的平原地区最大的森林公园和古树王国。

五十万亩枣林　位于乐陵市东北部朱集

乐陵枣林 （2011年 摄）

干虬枝，凌霜傲雪，独具风骨。置身茫茫枣海，浑然天成的田园风光，如诗如画，令人心醉神迷，留连忘返。

镇。金丝小枣栽培距今已有3000多年历史。进入20世纪90年代后，乐陵市凭借金丝小枣这一驰名中外的金字招牌，依托秀美的枣林风光，建成了50万亩枣林游览区，开辟了李先念题词碑、乾隆御赐枣王碑、枣都碑、百枣园、观光塔、结义园、国强亚联农庄等20多处旅游景点。该游览区先后被评为全国农业旅游示范点、全国最大千年原始人工结果林、国家级AAA级旅游景区、山东省自驾游示范点。

游览区内，田园结合，田中有园，园中有村，村中有园，园、林、村错落有致，风光旖旎，景色别致，享有“天然氧吧”之美誉。漫步枣林，行行枣树，参差不齐，形态各异。有的树龄高千百岁，老态龙钟；有的则新枝乍展，婆娑稚秀。初夏，嫩叶初展、枣花吐香、涌绿滴翠、蜜蜂嘤嘤。待到金秋时节，树上枣果鲜红，树下庄稼葱茏。寒冬季节，老

泉城海洋极地世界

位于德州市齐河县黄河展区，总投资10亿元，面积9.9万平方米，集观赏性、娱乐性、趣味性和反映海洋文化、海洋科技为一体。2011年7月开业。国家AAAA级旅游景区。是国际一流、世界规模最大的室内海洋馆。该馆展示面积8.8万平方米，拥有热带雨林、海龟岛、鲨鱼湾、海底隧道、精品馆、极地馆、4D影院、科普馆、水下剧场——美人鱼水下芭蕾表演、海洋剧场—海豚海狮表演等10多个展馆，这里汇集了北极熊、北极狐、白鲸、伪虎鲸、领航鲸、海豚、海狮、海豹、海牛、海象、海龟、企鹅等来自世界各地的近千种海洋生物、万种珍稀鱼类，是一个集观赏性、娱乐性、趣味性和反映海洋文化、海洋科技为一体的综合性展馆。

泉城极地海洋世界（齐河） （2011年 摄）

2011 年德州市部分 AA 级景区景点情况一览表

表 14－12

景区名称	位置	主要特色景点
红坛寺森林公园	临邑县林子镇境内	生态农业观光园，以槐树为主，另有杨、柳、榆等树种，每年 5 月举办槐花节。
泉城海洋极地世界	齐河县黄河生态城	有来自世界各地的近千种海洋生物、万种珍稀鱼类，集观赏和反映海洋文化科技于一体。
九龙湾公园	德州运河经济开发区	原址为水厂，林木葱郁，乡土树种繁多，改造后以原生态、水文化和明清北派建筑为特色。
东方公园	陵县城区	面积 46000 平方米，草坪 31000 平方米，地被植物 50 余个品种 32 万株，分为 12 个景区。
龙湖公园	夏津县城西北	水面 400 余亩，绿化 130 亩，“德州—夏津”旅游线上的亮点。
大禹公园	禹城市城区	有“九龙入海”“禹”字墙 23 处景点。
平原琵琶湾公园	平原县城区	休闲公园，因园内有一湾水面形似琵琶而得名。
临邑邢侗公园	临邑县城区	因纪念临邑历史文化名人邢侗而建。

二、工农业旅游示范点

截至 2011 年，境内有全国、全省工农业旅游示范点 33 个，其中全国工业旅游示范点 4 个：皇明集团、德州扒鸡集团、禹城高新技术开发区、古贝春集团；全国农业旅游示范点 4 个：禹城禹西生态农业观光园、乐陵万亩枣园、平原世纪风农业观光园、乐陵梁锥新村。另有全省工业旅游示范点 8 个，农业旅游示范点 5 个。

三、其他旅游资源

名胜古迹　2011 年，全市有国家级重点文物保护单位 2 处（京杭大运河德州段、苏禄国东王墓）；省级文物保护单位 10 处（朱庄墓群、神头汉墓群、三女冢、尹屯遗址、窦冢遗址、惠王冢遗址等）；市级文物保护单位 59 处，县级文物保护单位 106 处，文物保护点 566 处（详见第三十二编文化第七章文物）。

纪念馆　2011 年，全市有十几处文博院馆、纪念碑。其中，陵县有内藏国家级文物 500 多件的陵县文博苑；禹城有记载大禹治水的省级文物保护单位禹王亭博物馆；德州经济开发区境内有记录太阳能产业发展历程的皇明太阳能博物馆；齐河县有全国劳动模范时传祥纪念馆；临邑县有胜利油田著名劳动模范“铁人式的好工人”王为民纪念馆；乐陵市有抗日英雄宋哲元纪念馆；陵县有大宗家战斗纪念碑。

2011 年德州市部分纪念馆简表

表 14－13

名　称	位　置	主要特色景点
陵县文博苑	陵县境内	古建筑风格，依史实而建，藏有国家一级文物“东方朔画赞碑”，出土文物 500 多件。
宋哲元纪念馆	乐陵市朱集镇	纪念馆建在 10 万亩枣园内。宋哲元是乐陵赵洪都村人，著名抗日将领。
时传祥纪念馆	齐河县城迎宾路	山东民居形式，面积 1600 平方米，宣扬“宁愿一人脏，换来万家净”的时传祥精神。
王为民纪念馆	临邑县临盘镇	分主馆、放映厅和配套设施 3 部分，展现胜利油田“铁人式好工人”王为民的光辉一生。
扒鸡文博馆	德州市铁西南路	再现“运河文化、美食德州”历史人物、传承故事、扒鸡制作工艺和美食文化。

森林旅游　1994 年 9 月，平原县国有林场建设的森林公园被省林业厅批准为“鲁北平原省级森林公园”，总面积 541 公顷。2001 年 4 月，临邑县红坛寺森林公园被省林业厅批准为“临邑红坛寺省级森林公园”，总面积 667 公顷。2007 年和 2009 年，乐陵市、夏津县建设的森林公园分别被省林业局批准为“乐陵金丝小枣省级森林公园”（总面积 2357 公顷）和“夏津黄河故道省级森林公园”（总面积 4187 公顷）。2011 年，全市有省级森林公园 4 处，总面积达 7752 公顷。

各森林公园依托古刺槐林、古枣树群、古桑树林和古梨树群的资源优势，规划兴建果品采摘区和历史人文景点，并借此举办独具特色的森林旅游节。

第二节　旅游开发

一、旅游规划

2005 年，开始编制《德州市旅游产业发展总体规划》。同年根据省旅游局印发的《山东红色旅游发展纲要》，编制《德州红色旅游发展规划》。2006—2010 年，各县（市、区）根据自身实际，先后编制完成临邑、陵县、齐河、乐陵、庆云、武城旅游发展总体规划及武城重点旅游景区详细策划、四女寺风景区旅游总体规划、夏津县黄河故道总体规划、黄河涯万亩桃园建设规划、香海禅林旅游景区详细规划等。

2005 年，聘请省旅游规划设计院、山东师范大学旅游系等单位编制旅游规划。2009 年 9 月，邀请中国旅游研究院对规划进行修编。2011 年 5 月 6 日，市政府下发《关于同意〈德州市旅游发展总体规划（修编）〉及重点旅游项目规划的批复》，德州旅游发展整体规划正式批准实施。

规划确定德州市旅游业定位为：中国文化休闲旅游名城、中国北方会议会展中心、京沪旅游发展轴重要节点、山东省旅游增长极。发展目标是：以旅游大项目打造为突破点，以旅游服务质量提升为手段，完善全市旅游产品和产业

要素体系，打造以中国太阳城为品牌的综合性旅游目的地。重点打造东方朔综艺城、两湖温泉度假城、大德四方城、太阳谷低碳科技旅游城、黄河故道低碳旅游示范城、齐河北展区国际生态城、苏禄王伊斯兰文化城、运河古城8个引擎性项目，12个支撑性项目和50个特色性项目。

二、产品开发

1991年3月起，对境内的部分旅游点和文物进行整理和修复，并尝试确定部分旅游景点。至2011年，全市共有旅游产品8个。

一、扒鸡美食之旅

线路一：享扒鸡盛宴，体验低碳生活之旅。苏禄东王墓—德州扒鸡文博馆—中国太阳谷景区—董子风景区。

线路二：品扒鸡盛宴，购物澳德乐之旅。苏禄东王墓—德州扒鸡文博馆—中国太阳谷景区—澳德乐时代广场。

线路三："九达天衢，神京门户"逍遥二日游。第一天：苏禄东王墓—德州扒鸡文博馆—大雁岛生态园—减河湿地风景区—德州夜景或者购物澳德乐，住德州。第二天：吴桥杂技大世界。

二、低碳生活体验之旅

路线一：体验低碳生活，德州温泉之旅。中国太阳谷景区—董子园景区—大雁岛生态园。

路线二：购物澳德乐，畅游太阳谷"州城购物一日游。中国太阳谷景区—董子园风景区—澳德乐时代广场。

路线三："太阳城，新德州"低碳生活体验二日游。第一天：锦绣川风景区—长河公园—大雁岛生态园—德州夜景或者澳德乐时代广场购物。第二天：中国太阳谷景区—董子园风景区。

三、海岛金山寺祈福平安之旅

第一天：庆云海岛金山寺—香海禅林古枣生态园—游览德州夜景或者澳德乐时代广场自由购物，住德州。第二天：中国太阳谷景区。

四、德州风光二日游

路线一：夏津黄河故道森林公园—武城古贝春酒文化馆。

路线二：第一天：陵县两湖风景区—品尝宁津名小吃—李满碧霞祠—宁津东崔社区。赴庆云，晚住庆云。第二天，庆云海岛金山寺。

五、春季主题旅游产品

路线一：州城春季赏花之旅。德城区黄河涯镇游览万亩桃园—苏禄东王墓—德州扒鸡文博馆—锦绣川风景区—长河公园。

路线二：州城春季赏花之旅。夏津黄河故道森林公园。

路线三；城市踏青逍遥游。运河九龙湾风景区—新湖风景区—锦绣川风景区—长河公园—大雁岛生态园。

六、夏季主题旅游产品

路线一：夏津采摘桑葚之旅。夏津黄河故道森林公园：颐寿园—杏坞园—会盟广场—故道庄园—森林游乐园。

路线二：暑期太阳能科普之旅。中国太阳谷景区：理想门—太阳能博物馆—太阳谷微排国际酒店—第四届世界太阳城大会主会场。

七、秋季主题旅游产品

路线一：万亩枣林之旅。乐陵50万亩枣林—乐陵文庙景区。

路线二：香梨采摘之旅。夏津黄河故道森林公园（义和香雪园采梨）—故道庄园—森林游乐园。

路线三：枣林采风+金山寺祈福之旅。第一天：乐陵50万亩枣林—乐陵文庙景区。赴庆云，晚住庆云。第二天，庆云海岛金山寺：南山门、大雄宝殿、古佛殿、念佛堂、钟楼、鼓楼等景区，体验金山寺地宫。

八、冬季主题旅游产品

路线一：州城温泉之旅。中国太阳谷景区—董子园风景区—大雁岛生态园。

路线二：森林公园滑雪之旅。夏津黄河故道森林公园（参加滑雪节，体验雪上运动）—故道庄园—森林游乐园。

路线三："故道赏雪景，州城泡温泉"二日游。第一天：夏津黄河故道森林公园（参加滑雪节，体验雪上运动）—故道庄园—大雁岛生态园（温泉洗浴）—游览德州夜景。第二天：中国太阳谷景区—董子园风景区—澳德乐时代广场。

1987年12月，德州儿童乐园建成开园

路线四：滑雪看杂技之旅。第一天：黄河故道森林公园—武城古贝春酒文化馆—平原三国文化广场—平原琵琶湾公园—平原历史民俗文化一条街。第二天：吴桥杂技大世界，体验中国杂技。

三、节庆旅游

1990年前后，部分县市为提高知名度，借助当地人文和自然景观优势，以观光旅游、文艺展演为载体，组织举办招商引资活动。举办时间较早、次数最多的当属乐陵市的金丝小枣节，从1989—2010年共计举办22届；其次是临邑县槐花节（2001—2010）共计举办10届；夏津县依托黄河故道森林公园，分别举办（2008—2011）4届夏津梨花节、夏津椹果采摘节、夏津香梨节和（2011）1届夏津槐花节。2007年，德州董子文化街建成后，德州经济开发区举办3届"中国德州董子文化节"（2009—2011）。2009年4月12日，德城区在黄河涯举办首届"万亩桃园赏花节"，同年8月23日举办第二届万亩桃园采摘节，2010年、2011年分别举办赏花节和采摘节（参见第八编经济综述第四章招商引资第二节招商方式《德州市"文化搭台"招商节庆活动一览表》）。

四、创建"中国优秀旅游城市"

2005年8月，市委、市政府正式提出创建中国优秀旅游城市，成立由市长挂帅、市直有关部门及各县（市、区）主要负责人参加的创建中国优秀旅游城市领导小组。8月5日，召开全市创建中国优秀旅游城市动员大会，下发《德州市创建中国优秀旅游城市实施方案》，设立创优办公室，创建中国优秀旅游城市正式启动。2007年11月16日至19日，国家旅游局验收组一行5人到德州验收创建中国优秀旅游城市工作。11月28日，国家旅游局公布《关于命名钦州市等31个城市为"中国优秀旅游城市"的决定》，德州市名列其中。至此，创建优秀旅游城市工作结束。

第三节　服务与管理

一、旅游饭店

20世纪90年代以前，德州还没有专门接待旅游者的定点饭店。1994年，美丽华大酒店成为鲁西北第一家三星级旅游酒店；2004年2

月晋升为德州市第一家四星级旅游饭店。至2011年，全市共有星级饭店19家，其中四星级5家，三星级14家；共计床位5600余张，餐位2万余个（详见本编第五章服务业第二节住宿业）。

二、旅行社

1984年，中国国际旅行社德州支社和德州中国旅行社成立，以经营旅游业务为主，代办机票、车票。

2001年后，德州旅游业进入快速发展时期。是年，审批旅行社15家。2005年3月，德州华兴国际旅行社成立，为德州市第一家国际旅行社。到2005年年底，已有旅行社37家，其中国内社36家，国际社1家。华兴国际旅行社成立后，年组织招徕外国和港澳台旅游者近2000人次，营业总额70万元。2005年，被山东省旅游局评为“2005年度山东旅游细微服务年活动达标企业”。

2009年5月1日，对旅行社进行年度统计调查检查，规范旅行社业务档案。是年，全市有旅行社45家，其中国内社42家，国际分社3家。2010年，全市旅行社总数57家，其中国内社51家，国际分社6家。2011年，全市共有旅行社及分社66家。

三、导游队伍

2000年以前，旅行社工作人员兼职做导游。2002年，全市有旅行社20家，取得旅游社经理资格证20人。市旅游部门争取上级主管部门同意，在德州设立导游员考试笔试考场，有31人取得导游员资格证，其中27人取得导游IC卡。2003年，全市参加导游员考试的达到207人，有75人考试合格，合格率达到36.2%。此后，每年都组织导游资格考试。2008年，报名考试的达到422人（其中报考外语类导游11人），数量比往年高出一倍，通过268人。截至2011年年底，全市导游保有量在300人左右。

四、旅游接待

外国及港澳台地区游客接待　德州的入境市场从20世纪80年代开始逐渐放开，1984年，德州行署侨务处组建“中国国际旅行社德州支社”和“德州中国旅行社”。1994年，美丽华大酒店上星挂牌，成为鲁西北第一家涉外三星级旅游饭店。2000年后入境人数和外汇收入逐年增加。

港澳台游客占到来德州旅游的主要成分，外国人主要以韩国、日本、东南亚客人居多。入境游客到访目的指向性单一，纯旅游者较少，经济商贸客人占绝大多数，且人均停留天数短，人均消费较低。

国内游客接待　国内客源市场的空间结构呈现跳跃式非圈层结构，集中于省内、河北、京津等近域地区。以大众观光客源为主体，观光、休闲类景观回游率高。年龄结构以中青年游客为主，到访目的多为商务旅游。自助散客旅游、自驾车旅游逐渐成为新的出游方式。

2002—2011年德州市旅游人数、收入情况统计表

表14－14

年份	国内游客		入境游客	
	万人次	收入（人民币／亿元）	万人次	收入（美元／万元）
2002	185.63	6.24	0.08	28.45
2003	161	5.84	0.02	8.23

续表 14－14

年份	国内游客		入境游客	
	万人次	收入（人民币／亿元）	万人次	收入（美元／万元）
2004	234.70	8.50	0.13	43.30
2005	336.56	12.48	1.60	445.47
2006	440.91	15.90	1.59	547.40
2007	525.96	21.50	2.26	596.66
2008	654.60	28.60	2.87	895.74
2009	738.90	35.10	4.20	1366.8
2010	965.50	45.99	5.77	1753
2011	1236.10	45.44	5.77	1752.50

第十五编

LIANGYOUMAOYI

粮油贸易

从1953年开始，国家在粮食流通领域实行“统购统销”的计划经营体制，并建立起一整套与之相适应的购销、仓储、运输和粮办工业以及行政管理、生产经营运行体系和职工队伍。

1985年，国家取消粮食统购、实行合同定购，实行了32年的统购统销制度开始逐步退出历史。此后，国家数次调整粮食合同定购、国家定购任务，实行经营“三放开”，逐步缩小计划调节范围，扩大市场调节范围，直至2004年彻底放开粮食市场，形成了以国有粮食经营企业为主体、个体私营等非国有粮食经营企业共同发展的多元化粮食购销体制。

在进行粮食购销体制改革的同时，与之配套的粮食行政管理体制改革、粮食财务改革、粮食企业改革和劳动人事制度改革等也在相继跟进。1988年5月，地区粮食局所属各公司改为经济实体。1992年7月，整合地区粮食局所属企业组建成立德州地区粮油集团总公司。

1992年12月，撤销地区粮食局，整建制组建德州粮油集团总公司，赋予承担行业管理和国家粮食储备双重职能。1996年4月，恢复重建在前几年改革中撤销的市、县粮食局，并于2001年、2010年先后进行了第二次、第三次改革，按照市场化要求转换角色，对粮食行业行使管理和监管职能。

这期间，国有粮食企业的改革同步进行。2004年，粮食企业改革的要求是：国家和地方储备库及军粮供应站，实行国有独资；对部分骨干购销和加工企业，实行国有控股和参股；其他国有粮食企业全面实行改革改制，国有资本原则上全部退出。到2006年3月底，各县均保留一至两家国有独资和国有控股的粮食储备库或经营公司，其余实行关闭、破产和资产出售、租赁。以市场为主体的粮食流通体制逐步建立起来。

2009年2月，德州市举办全国粮油产销企业订货会暨全国粮油经销商联谊会，德州获“中国粮油食品城”称号。至2011年，共举办三届，使德州成为全国较有影响的粮油交易城市之一。全市涉粮企业有中国驰名商标6个，中国名牌产品6个。

2011年，全市完成粮食经营量1390万吨，其中收购732万吨，销售658万吨，全年实现销售收入131.6亿元。

第一章　经营体制

第一节　管理体制

1986年，德州地区粮食系统共有行政管理机关14个，即地区粮食局及13个县（市）粮食局；粮食商业企业319家，其中粮油仓库及转运站7个，粮油购销机构264个，粮油议价购销机构4个，城镇粮油供应店32个，粮油食品店4个，饲料店3个。交通运输企业2家；粮油加工企业36家，其中粮食加工企业14家，油脂加工企业7家，饲料加工企业8家，食品加工企业5家。全区粮食共有职工9131人。

德州地区粮食局内设办公室、计划购销科等7个科室。直属企事业单位有地区饲料公司、地区粮油议价购销公司、地区粮油食品工业公司、地区粮油科学研究所、地区粮食局职工中等文化学校、地区粮食局德州粮食转运站、地区粮食局禹城粮食转运站、地区粮食局汽车队。

1988年9月，地区饲料公司、地区粮油议价购销公司由行政性公司改为经济实体，建立地区粮油物资采购供应公司。11月，地区粮油食品工业公司与地区饲料公司合并，成立德州地区粮油食品饲料工业公司。1991年1月，地区粮油食品饲料工业公司分立为地区饲料公司和地区粮油食品工业公司，粮油食品工业公司为行政性公司，负责对全区粮油加工业的行业管理。

1992年7月，在首轮国有企业改革中，行署批复成立德州地区粮油集团总公司，隶属于地区粮食局，为全民所有制中型(二)企业，以德州粮食转运站、地区粮油议价购销公司、地区粮油食品工业公司为核心层；以地区饲料公司、地区粮油器材采购供应站、地区粮食局汽车队为紧密层；以禹城粮食转运站为半紧密层；以区内各县、市粮油总公司为松散层组建而成。同年12月，经德州地区行署批准，又将地区粮食局整建制组建德州粮油集团总公司，为大型(二)全民所有制企业，实行独立核算，自主经营，自负盈亏，具有法人资格。德州地区粮油集团总公司自行撤销。

2001年2—5月，德州市粮食局进行第二次机构改革，内设机构减少39%，人员精简23%。设置职位由36个降到28个。

2010年2月，德州市粮食局进行第三次机构改革，内设机构有：办公室、人事科、财务审计科、调控科、监督检查科(挂储备粮管理科牌子)、产业发展科及德城粮食分局。机关编制为39名，其中行政编制36名，工勤编制3名。纪检人员划归市委统一管理，编制核减1名。

2009年1月，德州市获“中国粮油食品城”称号

在市粮食局机构改革的同时，各县(市)机构改革模式同步进行。2008年，全市粮食系统行政管理机构为1个市级局，10个县级局、1个粮食分局；行政管理部门4个，事业单位15个，国有及国有控股企业40家。截至2010年，全市粮食系统共有职工2240人。

第二节　购销体制

粮食购销体制改革先后经历了提高粮食统购价格，恢复粮食集市贸易(1979—1981)，实行征购、销售、调拨包干，允许多渠道经营(1982—1984)，取消粮食统购，实行合同定购(1985—1992)，放开粮食价格和经营，探索粮食购销市场化的改革路子(1993—1995)，直到2004年以后全面放开粮食购销市场和价格，实现粮食购销市场化过程。

一、合同定购　国家定购　议价购销

1985年《中共中央、国务院关于进一步活跃农村经济的十项政策》颁布，确定“粮食、棉花取消统购，改为合同定购。由商业部门在播种季节前与农民协商，签订定购合同。定购的粮食，国家确定按‘倒三七’比例计价(即三成按原统购价，七成按原超购价)。定购以外的

粮食可以自由上市。”根据《山东省人民政府关于调整农村粮油购销政策和价格的通知》，从1985年4月1日起，德州地区取消粮食统购，实行合同定购，品种为小麦、玉米。供应农村缺粮人口的粮油实行购销同价，计划不变。供应城镇口粮价格不变，工业用粮一律改为议价，大豆不实行合同定购。供应城镇人口的食油和工商行业以外的计划内食油，仍按统销价。

1986年，根据《国务院关于完善粮食合同定购制度的通知》精神，德州地区从秋粮定购开始，除小麦、玉米外，其他品种列入议价。1987年，允许农民完成合同定购任务后的余粮，实行市场销售。粮食部门在完成合同定购任务后，收购农民余粮，议销有余的粮油，经国家批准后有计划地转为平价或国家储备。

1988年，根据《山东省人民政府关于切实加强粮食管理稳定粮食市场的通知》和省粮食局、财政厅《关于实行粮食购销调拨包干一包三年的通知》，地区对县实行粮食购、销、调和财务包干，一包三年。平价粮收支缺口，除用进口粮弥补外，其余均通过“议转平”解决。同时，对平价粮销售进行严格控制，做到不突破包干计划。

在1988—1990年度粮食包干期结束后，1991年国务院下发《关于调整粮食购销政策有关问题的通知》，将合同定购改为国家定购，作为农民应尽的义务，必须保证完成，由当地政府向农户颁发国家粮食定购任务通知单。同时继续执行粮食购销调拨包干，平价油只保城镇居民和军供，其他用油改为议价或市场调剂。

二、经营“三放开”“两线运行”

1992年，根据《山东省人民政府关于理顺粮油价格深化粮食流通体制改革的通知》，德州地区对粮油购销政策进行调整：稳定购价，放开销价，全区粮食定购维持1991年计划不变，仍由国营粮食企业按国家定购任务和定购价格收购，粮食定购“三挂钩”政策不变；放开粮油销售价格，军供除外。供应城镇居民的粮油和返销农村的粮食，由国家定价改为国家指导价，按购价加费用和微利、略低于市场价格的原则确定，但实行最高限价；放开大众化食品和相关制品以及粮油副产品的销售价格，实行市场调节；取消油脂油料的定购计划，放开收购价格，实行指导性收购计划；取消县市间平价粮油调拨计划，放开调拨价格；城镇居民现有粮证存粮、粮票，采取暂先挂存、逐步消化的办法。居民粮证继续保留，定量管理办法仍执行原有规定。粮食部门继续保留居民档案定量标准，以便在特殊时期使用；粮食销价放开后，按照国家、企业、个人共同负担的原则，给职工适当补贴。地、县均建立储备制度，在发生粮食供应紧张、市场粮价升幅过大时，由政府运用储备粮投放市场进行调节，平抑粮价。

1993年，根据国务院《关于加快粮食流通体制改革的通知》和《关于建立粮食收购保护价制度的通知》，德州地区保留粮食定购数量，放开收购价格，至此，除军供外，其他粮食购销价格均已放开。同时，从1993粮食年度起建立粮食风险基金和粮食收购保护价格制度，范围限于小麦和玉米。根据国家和省有关规定，从1993年开始，改进粮食定购“三挂钩”物资兑现办法，由平价供应实物改为找补平议差价；地区内县市间粮食贸易实行产销见面、签订购销合同来实现；建立起地方储备制度，费用补贴由同级财政负担。根据《山东省地方粮食风险基金实施办法》，从1994粮食年度起，建立起粮食风险基金，使用权归同级人民政府，同级财政部门会同有关部门设专户管理。

1994年，粮价出现大幅波动，部分地区出现抢购现象，德州地区恢复对城镇居民口粮计划供应和指令性调拨制度。

1995年，根据国务院《关于粮食部门深化改革实行两条线运行的通知》，德州地区按照“统一领导、两线运行、分别核算、搞活经营”的原则，明确划分政策性业务和商业性业务。政策性业务单位承担中央和地方的政策性业务，由中央和地方财政分别给于补贴；商业性经营企业不承担政策性业务和政策性亏损。同时粮食工作实行专员（市长）负责制。

三、“四分开一完善”“三项政策一项改革”

1998 年，国务院《关于进一步深化粮食流通体制改革的决定》提出“四分开一完善”改革原则，即实行“政企分开、中央与地方责任分开、储备与经营分开、新老财务账目分开，完善粮食价格机制”。同年，国务院又下发《当前推进粮食流通体制改革的意见》，提出粮食流通体制改革的重点，即“按保护价敞开收购农民余粮、粮食收储企业实行顺价销售、粮食收购资金封闭运行”和“加快国有粮食企业自身改革”（简称“三项政策”“一项改革”）。

德州市实施政企分开、主附营分离。一是按保护价敞开收购农民余粮，不代扣农业税以外的其他任何税费。二是实行粮食收购、批发准入制度，成立粮食市场稽查队，负责对粮食收储企业和批发单位进行资格审查。三是粮食收储企业实行顺价销售。四是组建县级粮食收储公司，建立国有粮食收储企业自主经营、自负盈亏的新机制。各县（市、区）成立独立核算、自负盈亏的企业法人实体——粮食收储公司。五是确保粮食收购资金封闭运行。六是层层建立粮食工作行政首长负责制，加快粮食市场体系建设，增强政府调控能力。

1999 年，德州市按保护价敞开收购农民余粮位列全省之首，但受市场粮食供大于求的影响，财政补贴压力增大。随后，根据国务院和省政府文件要求，一是将玉米退出保护价收购范围；二是将定购价调低到保护价水平，执行同一价格；三是完善粮食超储补贴办法促进顺价销售，销售陈化劣变粮发生的价差亏损，按照中央和地方粮权划分相应负担；四是加快国有粮食企业改革步伐，粮食购销公司不得承担行政管理职能和摊派管费用。

四、粮食购销市场化

2000 年，贯彻国务院《关于进一步深化粮食流通体制改革的意见》，实施主附营业务彻底分离，以县为单位，把主附营业务分离后的购销业务合并成一个或几个具有独立法人资格的购销公司（中心），全市每县（市）建立起 2 ~ 4 家粮食购销公司，实行分购联销、划片管理、费用统筹、经营奖励的市场化运行机制，推动粮食购销工作开展。

2001 年 8 月，国务院提出“放开销区、保护产区、省长负责、加强调控”的改革思路。随后，山东省人民政府下发通知，决定从 2002 年 4 月 1 日起，取消粮食定购，放开收购、市场和价格。德州作为粮食主产区，继续执行“三项政策，一项改革”，为全面放开粮食市场做准备。

五、粮食市场三放开　经营主体多元化

2004 年 5 月 23 日，国务院下发《关于进一步深化粮食流通体制改革的意见》，5 月 26 日，国务院颁布《粮食流通管理条例》，标志着实行了 55 年的计划体制宣告终结，粮食市场全面放开。同年 6 月 11 日，德州市政府召开全市粮食流通体制改革工作会议，提出进一步深化粮食流通体制和粮食企业两项改革，放开粮食价格、放开粮食收购、销售市场，对种粮农民实行直接补贴，推进以产权制度改革为重点的粮食企业改革。发挥市场机制对粮食资源配置的基础性作用，实现粮食购销市场化和市场主体多元化，加强和改善政府对粮食的宏观调控，对种粮农民直接补贴，提高粮食综合生产能力，建立健全适应社会主义市场经济发展要求和符合国情、省情、市情的粮食流通体制。国家和地方储备

库及军粮供应站，实行国有独资；对部分骨干购销和加工企业，实行国有控股和参股；其它国有粮食企业全面实行改革改制，国有资本原则上全部退出。到2004年年底，全市国有经营性粮食企业完成改制的52家。其中，市属经营性粮食企业共18家，已完成改制的17家，其中改为股份制的共有9家，国有资本全部退出的2家。

2004年粮食市场全面放开后，非国有粮食经营者纷纷入市参与粮食购销。到2005年年底，全市审批各类粮食收购主体407个，其中个体工商户113个；2006年发展到467个，2007年发展到489个；2008年年底发展到514家。2008年，全市国有企业粮食经营量达到866万吨，其中收购粮食428万吨，销售粮食438万吨。非国有企业粮食经营量481万吨，其中收购242万吨，销售239万吨。非国有粮食经营企业占社会总经营量的56%，以国有粮食经营企业为主体、非国有粮食经营企业共同发展的多元化粮食购销体制初步形成。

第三节　财务体制

粮食部门在执行国家统购统销政策时期，由于国家一再提高粮油统购价而统销价不变，造成购销价格倒挂，国家给予粮食企业差价补贴。从1992年4月1日起，由于实行粮油购销同价，国家取消粮食差价补贴、合同定购粮油加价款，对粮食企业仍保留着国家专项储备粮油补贴、国家储备粮油补贴、省级储备粮油补贴、超储粮食费用补贴。2003年4月1日起规定：以2003年3月31日为界分为新老库存，予以不同标准补贴。粮食财务体制从1985年起下放到县级财政管理，地方财力较差，各项政策性补贴的拨补不能足额及时到位，造成企业占用了大量的粮油收购资金，增加了贷款利息支出，企业背上了沉重的包袱。国家于1994年5月和1998年春分别对1985年1月1日至1992年3月31日、1992年4月1日至1998年5月31日期间的粮食财务挂账，进行大规模的清理，通过对这13年半的财务挂账清理，经国家有关部门核实，全市共计清理出政策性挂账95757万元，国家对此实行挂账停息的优惠政策。至此，国家对粮食企业的政策性补贴还有粮食风险基金，主要用于粮食超储利息费用补贴和地方储备粮补贴及解决“三老”（老人、老账、老粮）问题。另外还有少量的建仓贷款贴息、军粮供应补贴、代储粮食补贴等。

第四节　粮食企业经营体制

一、承包经营（租赁）经营

1987年，按照所有权和经营权分离的原则，推行承包经营责任制和租凭经营责任制。同年底全区实现承包经营的企业218家，占企业总数的65%。实行租赁经营的附属门店占门店总数的50%以上。实行厂长（经理、主任）负责制的117个，占企业总数的35%。

1988年，实行承包经营的企业占企业总数的95%，承包形式主要有：包死基数，超收分成；包死基数，超收全留；上缴利润，递增包干和减亏包干等。在完善内部经营机制上，引入竞争机制，聘任承包人，实行公开招标；实行全员风险抵押；改革分配制度，主要有浮动工资制、工资分解分配制、计件工资制、联产计酬制、计时工资加奖励等。

1994年6月，德州粮油集团总公司按照实现“两个分离”（政企分离、所有权和经营权分离）和“四个强化”（强化资产经营管理，强化经营者的责任，强化激励和监督机制，强化公开竞争）的原则，制定地直粮食企业改革实施意见，德州粮油购销储运公司、禹城粮食转运站、德州粮油批发市场实行资产承包经营；德州粮油贸易公司、饲料公司、食品工业公司、物资公司、运输公司实行资产租赁经营。

1995年,全市粮食企业及企业化管理的事业单位的固定职工(包括干部)、合同制工人均与企业签订劳动合同,实行全员劳动合同制。

二、产权制度改革 主附营业务分离

1998年,按照因企制宜的原则,推行以产权制度改革为核心,以劳动力资本化为重点,以转换企业经营机制为目标,以股份制和股份合作制、租赁制为主要形式的改革。承担政策性经营的禹城粮转站、德州购销储运公司、德州市粮油仓库、德城粮食分局4个单位,在经营集团化形式下,分离商业性经营业务;商业经营性骨干企业:面粉厂、工业公司、批发市场3个单位实行国家控股,组建有限责任公司。其他小型多种经营企业实行股份合作制。全市粮食企业实行收储与附营业务分离,转岗附营人员1342人。1998年德州市120家粮食系统商业性经营企业全部改制完毕。到2002年年底,全系统主附业务分离全面完成,实现了3年减员一半的目标,商业性经营企业进行多种形式的改制改组,其中改制为有限责任公司29家,股份合作制及其他形式88家。

三、深化粮食企业改革 解决"三老"遗留问题

2005年8月28日,市政府印发《德州市人民政府关于深化国有粮食企业改革的意见》,10月13日,成立了由分管副市长为组长,市发改委、财办、粮食局、农发行等15个部门主要负责人为成员的市粮食改革领导小组。10月14日,市政府召开全市粮食企业改革与发展会议,全面部署国有粮食企业改革与发展工作。

(一)县级粮食企业改革主要模式:1. 保留国有独资或国有控股。各县均保留1~2家国有独资和国有控股的粮食储备库或经营公司。2. 关闭破产。夏津县除将县储备库改为国有控股公司外,将21家粮所全部依法破产。3. 出售。宁津、庆云、乐陵、禹城将部分粮所进行公开出售,所得资金用于充实改革成本。4. 国有资产全部退出。大部分企业采取国有资产全部退出的形式,组建成民营的股份制公司。5. 租赁经营。齐河县采取职工全员置换,产权保持国有,资产租赁经营的改革模式。

(二)市属粮食企业改革 一是测算改革成本。截至2005年年底,市属粮食系统共有国有粮食企业11家,在职职工2355人,其中,在岗1053人,内退387人,待岗681人,停薪留职234人。企业账面总资产71177万元,总负债77901万元,净资产-6724万元,共需改制总成本7869万元。二是确定改制形式。市属国有粮食企业改革的5种基本形式:1. 国有独资和国有控股。对承担储备粮任务的市粮油购销储运公司、第五粮油仓库和承担军粮供应任务的德城区铁西军粮供应站继续实行国有独资。对德城粮油总公司通过压减整合,保留4家粮所,实行国有控股。2. 国有资本退出。对市第二粮油仓库、第四粮油仓库、方便面食品厂、禹城粮食转运站、市粮食收储公司、市粮食局招待所,实行国有资本全部退出,彻底改为民营。3. 出售转让。对地处偏僻、交通不便、没有经营价值和发展前景的粮所、粮店,通过评估,整体出让,向社会公开拍卖。4. 撤并重组。对市粮油集团总公司和鲁德制粉有限公司,全面予以清理、理顺债权债务关系,捆绑与中粮鲁德制粉有限公司进行资产重组,优化资产配置。5. 关闭破产。长期亏损、严重资不抵债的市第三粮油仓库,应按有关规定经批准后,依法申请破产。

2006年2月27日,德州市第三粮油仓库进入破产程序。随后,企业与职工解除劳动合同,按照一年工龄一个月工资(640元)标准支付经济补偿金,职工进入失业程序,离退休职工剥离到鲁德制粉公司。同年8月,德州市粮油收储

公司进入改制程序，改制为非国有的德州市粮油收储有限责任公司，国有资产全部退出。国有资产按零价格转让给改制后企业的职工股东。企业与职工解除劳动合同，按照一年工龄一个月工资（650 元）标准支付经济补偿金。该公司共有职工 109 人，改制后企业返聘 26 人，其余职工进入失业程序，离退休职工由新公司承接。同时，原德州市粮油收储公司所属的德州市豆制调味品厂，以终止清算转让的方式进行改制，现有资产有偿转让给德州粮食物流有限公司，所得收入用于安置在职职工，按照一年工龄一个月工资（650 元）标准支付经济补偿金后职工进入失业程序，离退休职工、遗属及原内退职工由德州市粮油收储有限公司承接。

同年 4 月，德州金谷园商贸城有限公司进入改制程序，以股权转让的形式改制，将现股东所持股份转让给改制后的全体职工股东，其他职工按照一年工龄一个月工资（730 元）标准支付经济补偿金后进入失业程序，离退休职工由改制后公司承接。

2007 年 7 月，德州市第二粮油仓库、第四粮油仓库、方便面食品厂进入改制程序，3 家企业以整体出售的方式改制为非国有企业，国有资产全部退出。3 家企业的国有净资产均以“零”价格出售给德州天马粮油食品集团有限公司，在职职工按照一年工龄一个月工资（680 元）标准支付经济补偿金后，继续留用的与德州天马粮油食品集团有限公司重新签订劳动合同，离退休职工由德州天马粮油食品集团有限公司承接。

2008 年 6 月，德城粮食分局所属企业进入改制程序，所属独立核算单位除保留德城粮食收储中心为国有独资外，其他 23 家独立核算单位全部终止经营活动，依法组织清算或破产。依法处置企业资产和土地，所得收入依照法律规定的清偿顺序进行清偿。在职职工全部终止劳动合同，按照一年工龄一个月工资（650 元）标准支付经济补偿金后进入失业程序，离退休职工及遗属由德城粮食收储中心承接。到 2008 年 12 月，企业清算完毕，23 家企业全部办理完注销登记。

（三）“三老”遗留问题的化解

“老粮”：主要是现有库存中以往按保护价（含定购价）收购的粮食。根据国务院的意见，实行“新老划断，分步销售”，力争 3 年销售完毕。对尚未销售的库存粮食，继续给予利息和必要的保管费用，这部分粮食按计划销售发生的价差亏损，原则上由粮食风险基金弥补。到 2005 年年底，德州市的“老粮”全部销售完毕。

“老账”：主要是国有粮食企业因执行国家粮食政策而形成的亏损。按照省政府制定的粮改政策，国有粮食企业的政策性亏损挂账经清理确认后，要从国有粮食购销企业剥离，由县以上粮食行政管理部门集中管理。全市国有粮食企业政策性财务挂账，经省政府审计、确认，1998 年 6 月 30 日以前的老挂账 7.66 亿元，1998 年 6 月 30 日以后的新增政策性财务挂账 4.94 亿元，到 2006 年 3 月底，已全部从国有粮食购销企业剥离完毕。

“老人”：老员工安置的模式是全员身份置换，领取经济补偿金，少量返聘使用。经济补偿金的标准，一年工龄支付一个月的工资，大都在 400～500 元之间。改制前欠缴的社会保险费全部由企业补齐。

第二章 粮油收购

1985年后，国家粮油收购政策几经变革，1985年4月1日国家取消统购，改统购为合同定购。1990年，从秋粮收购起又改合同定购为国家定购，实施国家定购，解决了合同定购在理论和实践中的一些矛盾。随着农村生产力的提高，粮食逐年增多，农民完成定购任务后，仍有许多余粮需要出售，粮食部门议价收购量一再增加。1997年，在保留国家定购的同时，开始按保护价敞开收购农民余粮。1988年，按照“四分开一完善”的原则，实行“三项政策，一项改革”。从1999年开始，国家定购与保护价收购实行同一价格。2001年后，粮食流通体制改革进一步加快，粮食购销逐步向市场化过度。2004年开始，全面放开粮食购销市场，市场收购主体多元化，完全按市场价格进行。

第一节 合同定购 国家订购

一、合同订购

从1985年4月1日起，全区实行粮食合同定购。合同定购品种有小麦、玉米、稻谷、谷子，油脂有花生油(仁)、棉油。在交售时，品种之间可以互相抵顶。粮食按“倒三七”比例计价，花生按“倒四六”比例计价。棉籽(油)按“顺四六”计价(即40%按原超购价，60%按原统购价)。合同外的粮食和油脂实行自由购销。

1986年，全区完成粮食合同定购23.60万吨，圆满完成收购计划。1987年完成合同定购任务24.21万吨，比1986年多购0.61万吨。从1988年起一定3年不变。1988—1990年度粮食包干计划全区3年平均17.94万吨，其中，小麦16.85万吨。“议转平”计划3年平均3.43万吨，其中小麦2.26万吨，省间大米0.2万吨，“议转平”粮食的差价款补贴，1988年每市斤0.128元，省间协调“议转平”大米每公斤再增加3分。

1988—1990年德州地区粮食合同定购包干计划表

表15-1 单位：吨

年份	合同定购			议转平			支出	调拨	
	合计	其中		合计	其中			调出	调入
		小麦	大米		小麦	大米			
1988	179400	168450	50	35335	22600	2000	17190	100000	74000
1989	179800	167170	50	33190	22600	2000	17190	100000	74000
1990	179000	169730	50	34225	22600	2000	17190	100000	74000
年均	179400	168450	50	34250	22600	2000	17190	100000	74000

在合同定购3年包干时期，每年都超额完成合同定购任务。1988年实际收购21.64万吨，比省政府下达的17.85万吨任务多收3.8万吨。1989年比计划多收购0.72万吨，1990年实际收购18.14万吨，比计划多收购0.24万吨。

陵县粮农交售粮食 （1995年 宋维中 摄）

二、国家定购

1990年秋，中央决定合同定购改为国家定购。德州地区行署确定粮食定购任务调整为18.14万吨，其中小麦17万吨，经过各级粮食部门共同努力，1991年和1992年连续两年超额完成定购任务。1992年收购粮食18.27万吨，超计划1339吨。1993年和1994年，又分别调整为17.35万吨和17.45万吨。

三、定购奖售政策

从1985年4月1日开始，国家对合同定购的粮食继续实行奖售化肥、柴油的政策。奖售标准按省政府规定，粮食奖售：按农民每交售100元的粮食，奖售平价化肥40公斤（其中：保证兑现平价优质化肥30公斤）、平价柴油4公斤；花生仁奖售：不分大小花生仁，均按每交售50斤花生仁，奖售平价优质化肥15公斤。

1987年，国家对合同定购粮食实行"三挂钩"政策，即对定购粮食实行预购定金、奖售平价化肥、柴油的办法。1987年全区共兑现粮油奖售化肥2.86万吨，柴油0.66万吨，分别占应奖售的98.1%和97.7%。根据省政府文件，1988年按定购任务预付奖售的50%，其余化肥票和柴油票于夏秋两季收购时发放，并建立相应的账目和领发手续，村委会张榜发布。1988年奖售化肥2.9万吨，柴油0.68万吨；1990年奖售化肥4.37万吨，柴油0.54万吨；1991年奖售化肥3.99万吨，柴油0.54万吨；1992年奖售化肥3.95万吨，柴油0.54万吨。1993年奖售化肥1.74万吨。

1993年4月1日，全省统一放开粮价后，"三挂钩"政策相应作改进，国家和省安排的粮棉挂钩化肥、柴油，由原来按平价供应实物，改为以货币方式找补平议价差，食用油不再实行挂钩政策。每收购50公斤粮食返还标准为：小麦、玉米各4.2元，大米5.2元。到2000年前后，随着粮食市场彻底放开，奖售政策随之取消。

第二节 议价收购 保护价收购

一、议价收购

始于1983年，农民在完成国家统购任务以外的粮油，由国营粮食商业开展议购业务，参与市场调节。

1986年，全区议购粮食227854吨，议购油脂1061吨。1987年，议购粮油318837吨，完成国家"议转平"任务45486吨，占原分配计划的104%。1989年，全区议购粮油201446吨，油脂

4419吨。为平抑市场,稳定粮价起到了积极作用。1992年,议价收购45万吨,比1991年增加5万吨。

1990年,德州地区粮食总产254万吨,人均占有508公斤,粮食连年丰收,市场粮价降低,出现了“卖粮难”。1990年10月15日,地区行署根据国务院《关于建立国家专项粮食储备制度的决定》和国家物价局、商业部、农业部联合下达的小麦收购指导价和保护价,1990年12月末,全区按保护价收购中央专项储备小麦7.75万吨。1991年收购5万吨。

从1993年4月1日起放开粮食价格,粮价持续低迷,农民开始少种或不种粮食而转产经济作物,由于国家宏观调控没有采取相应措施,加上一些地方出现自然灾害,受多种因素影响,市场粮食价格出现波动。1993年秋季,省粮食局分配德州地区收购专储小麦1.7万吨,结算价格为0.37元/500克,由于资金到位晚,市场粮价大幅上涨,致使收粮企业多付出专储粮差价款442万元。

二、保护价收购

1997年夏季开始,按国家保护价敞开收购农民余粮。夏季一次收购保护价粮25.94万吨,超额完成省分配的13.1万吨任务,秋季又收购秋粮34万吨。

1998年,国务院对粮食收购工作提出“三项政策”。即按保护价敞开收购,顺价销售,收购资金封闭运行。根据国务院办公厅《关于进一步做好粮食购销和价格管理工作的补充通知》和《粮食收购条例》,市粮食局会同工商部门,加大粮食市场管理力度,保障粮食收购秩序。各级粮食收储企业,按保护价敞开收购农民余粮,并实行常年、常时挂牌收购,做到不限收、不拒收、不抬级抬价、不压级压价、不给农民打“白条”。1998—2002年,全市国有粮食收储企业累计收购粮食472.91万吨,其中,国家定购粮食74.25万吨。

从1999年夏粮收购开始,国家对保护价收购范围和品种进行调整,收购资金供应相对集中使用。全市保护价收购仅限于小麦和玉米两个品种。2001年夏,市政府规定五等和五等以下小麦不再收购,秋季玉米退出保护价收购。同时,实行优质优价,对品质好、市场销路好的优质品种,收储企业可按“购得进、销得出、有效益”的原则自行确定。

第三节 市场收购

2004年开始,全面放开粮食购销市场,市场收购主体多元化,市粮食局对各县、市及市属国有企业粮食收购实行指导性计划。2004年,全市指导计划收购104万吨,其中夏粮76万吨。2005年收购90万吨,其中夏粮65万吨。2006年开始,实行托市收购,不再下达指导性收购建议计划。由于粮食市场的全面放开,非国有企业加入到粮食收购中来,收购规模呈逐年上升趋势,特别是粮油加工企业的收购量逐渐占据粮食收购的主体地位。

2004—2011年德州市粮食收购情况统计表

表15-2　　单位:万吨

年份	收购总数(万吨)	其中国有粮企收购(万吨)	占比(%)
2004	117.05	117.05	100
2005	304.94	95.52	31.40

续表 15－2

年份	收购总数(万吨)	其中国有粮企收购(万吨)	占比(%)
2006	320.76	65.27	20.34
2007	494.03	58.78	12.00
2008	428.33	66.17	15.44
2009	394.99	47.71	12.07
2010	332.77	29.81	8.95
2011	732.39	86.01	11.7

第四节　最低收购价收购

2006年5月16日，国家发改委、国家粮食局、财政部、农发行等6部委下发《关于印发2006年小麦最低收购价执行预案的通知》，规定在山东、河南、安徽、湖北等6个小麦主产省实行小麦最低收购价制度。

2006年6月16日，市政府召开全市夏粮收购暨托市收购工作会议，印发《德州辖区最低收购价管理实施方案》。小麦的最低收购价以2006年生产的国标三等小麦为标准品，白麦每市斤0.72元，红麦、混合麦每市斤0.69元。2006年6月1日至9月30日期间，执行最低收购价格，全市小麦累计入库30万吨，列全省第三位。

2007年5月，在全市确定19个县级收储责任库点，156个粮食收购库点。到9月30日，全市累计收购最低收购价小麦69150吨(其中：一等白麦21276吨、二等白麦45386吨、三等白麦2488吨)，比上年减少215695吨，同比减少76%，收购总量居全省第4名。

2008年，全市确定20个县级收储责任库点，153个收购库点。全市累计收购最低收购价小麦200623吨(其中：一等白麦196388吨，二等白麦4235吨)，是2007年收购总量(69150吨)的2.9倍，收购总量居全省第5位。

2009年，全市共确定托市粮收储库点157个，腾空仓容66万吨。全市累计完成托市收购14.5万吨，列全省第五位。

2010年10月11日，国家连续第3年提前公布小麦最低收购价价格。根据国家发展改革委、财政部、农业部、国家粮食局、中国农业发展银行联合下发的《关于提高2009年小麦最低收购价格的通知》，2011年标准白麦每市斤0.95元，标准红麦、混合麦每市斤0.93元，分别比2010年提高0.05元、0.07元。

2006—2011德州市托市收购小麦情况统计表

表15-3

年份	等级(元/斤)			收购量(万吨)
	白麦	标准红麦	混合麦	
2006	0.72	0.69	0.69	28.5
2007	0.72	0.69	0.69	6.9
2008	0.77	0.72	0.72	20
2009	0.87	0.83	0.83	14.5
2010	0.90	0.86	0.86	预案未启动
2011	0.95	0.93	0.93	预案未启动

第三章　粮油销售

1986年后，德州地区粮油供应充足，市场繁荣、物价稳定，人民生活逐步得到改善，居民由凭证供应粮食到自由采购，农民结束了吃返销粮的历史。粮食销售也由计划供应与调拨进入了按市场价顺价销售。

第一节　非农业人口供应

1986—1992年，对非农业人口继续实行人口定量，凭证供应的办法。

一、供应标准

1990年前，全区人均每月粮食定量标准为15.35公斤。具体供应标准为：特重体力24.5公斤，重体力20.5公斤，轻体力16.5公斤，职工及脑力劳动15公斤，大中学生16公斤，一般居民及10周岁以上儿童13.5公斤，不满10周岁儿童7.5公斤。

供应品种为粗粮(含大米)30%，细粮70%，食油供应不分工种，一律每人每月0.25公斤。从1990年开始城镇居民粮食供应全部为细粮。1986年全区非农业人口44.33万人，1987年47.21万人，1988年54.27万人。1987年面粉销售价格比1985年每公斤增加0.076元。1987年，全区非农业定量人口粮食销售94385吨，饮食等行业销售17116吨。1988年，全区非农业定量人口粮食销售123749吨，饮食等行业销售粮食11443吨。1988年比1987年行业用粮减少5673吨。

二、票证供应

1986年以后，粮票仍然是流动人口购买粮食及粮食制成品的凭证。德州地区发放的粮票是山东省粮票和全国粮票。粮票发放流通量，随着社会粮食供应量的增加不断减少。1986年，全区共发放粮票35348吨，食油票171吨。1987年，发放粮票24698.5吨，食油票194吨。

1988年，全区共发放粮票23000吨，发放食油票1750吨。1989年，发放粮票18878.5吨，食油票60吨。

全国通用粮票只作居民出省购买粮食和粮食制成品的凭证，通用于全国。因公出差、走访亲友、旅行等，凡在省内者，凭粮证换发山东省粮票。1988年后，购买粮食和粮食制品不再使用粮票，粮票作用渐渐消失。1993年国家取消统购统销，从1955年国家开始发行的粮票，至此历时38年的"票证年代"宣告彻底终结。

三、供应价格

1992年国家粮食定购价格调整后，国务院规定购销同价的原则，3种粮食（面粉、大米、玉米）中等质量标准品的统销价格，全国平均每公斤提高0.22元，其中：标准粉提高0.24元，标二籼米提高0.22元；标二粳米提高0.32元；中等玉米提高0.16元。粮食统销价格提高后，粮食企业的经营费用仍由财政补贴。居民结存的票证粮食，仍按原供应办法，执行调整后的价格。供应城镇居民的定量口粮和军用粮实行购销同价。根据规定，德州地区自1992年4月1日起执行提高后的粮食统销价格。

1992年，随着粮食大幅增产，居民采购粮食、食品不再单一从粮店购买，而可从市场采购更多的花色品种。粮食流通也由计划经济向市场经济转变。居民口粮供应也改计划供应为市场调节，价格随行就市。

1993年4月山东省粮价放开。2001年5月1日，德州市正式取消"市镇粮食供应转移证""农转非供粮审批证""地方城镇户口供粮审批凭证""农村粮食关系转移证明"。粮食供给走上市场化。

2010年，市粮食局启动"放心粮油工程"，到2011年，全市培育发展放心粮油店193家，配送中心2家，销售放心粮油90多万吨。

第二节　行业用粮 农村用粮

一、行业用粮供应

1986年，工商行业、饮食服务业用粮油仍实行平价供应办法。从1987年起，逐步压缩行业用平价粮油，扩大议价供应。德州地区工商用粮行业主要是饮食业、糕点业、副食业、酿造业。1990年，根据山东省粮食局《关于做好议价粮油供应工作的通知》，酿造、糕点、饮食等行业用粮油平价改为议价。

2004年，国家全面放开粮食市场，各经营成份主体加入到粮食经营中来，粮食市场采取市场机制进行调节。

二、农村缺粮供应

1986年，根据省粮食局《关于切实安排好缺粮农民生活的通知》，在安排好缺粮农户粮食供应的同时，对春节缺少细粮的农户，允许用玉米兑换一部分细粮。对缺粮群众生活，原则上自产口粮不足200公斤的，由国家按比例价供应到200公斤，对贫困区、灾区、黄河滩区的农民粮油定购任务适当给予减免。德州地区属于产粮区，真正缺粮农户很少，每年供应给农民的粮食也较少。1987年，安排农村人口口粮42373吨，其中小麦26291吨，玉米15961吨，杂粮16082吨。1990年玉米14682吨。1991年安排农业人口口粮18456吨。

由于自然灾害，每年都有少数乡村粮食不同程度的减产或绝产。为保障农民生活，发展农业生产，从1987—1997年都安排一部分粮食用于救灾。1997年，齐河、武城、乐陵、庆云等县（市）遭受不同程度的旱、涝灾害，部分群众生活困难，经国家批准，德州市动用4000吨中央专储粮用于救灾。

第三节　军粮供应

1986—1992年，军粮供应由德州地区粮食局计划购销科管理。1993年德州地区粮食局改为德州地区粮油集团总公司后，军粮供应工作划归储备处管理。1997年按照"军粮供应管理暂行办法”要求，德州市粮食局于1997年成立军粮供应中心，专人管理军供工作。

军粮供应的品种、价格、购销等根据国家政策，由地方政府与军队主管机关协商，地方粮油部门负责供应。

1999年，德州市粮食局根据上级文件精神，按照“一县一点”的原则，除德城铁西军粮供应站被认定为军粮专供站外，其他10个县（市）的军粮供应站被认定为军粮兼供站。2002年5月1日起，军供大米除德城铁西军供站继续由省统筹外，其他10个县（市）改为自行采购。

2006年，军粮供应中心改为独立法人事业单位。2008年，德州市军粮供应中心被评为全省10强军粮供应单位。

第四节　其他用粮销售

一、生猪畜禽养殖饲料粮

农民分散饲养畜禽饲料粮自行解决。粮食部门只对国营种畜禽场给予粮食供应。供应标准：种牛、种马、种驴每头（匹）每天供应精料5公斤，种猪每头3公斤，种羊每只1公斤，种鸡、种鸭每只0.1公斤，种兔每只0.15公斤，并按“种畜禽证书”供粮。1988年农业饲料销售粮食13034吨，1989年销售33744吨，1990年销售3618吨，1991年销售1350吨，1995年销售26918吨。1996年后，随着粮食流通体制的市场化改革，饲料粮退出供应。

二、粮食出口

1986年后，按照省粮食局的统一部署，德州地区出口了部分粮食。1986年出口玉米1420吨，1988年出口玉米7753吨。1990年第二季度，安排出口玉米7000吨，交拨价格为每吨389元，实际出口16693吨。1991年出口玉米201146吨。2000年，鲁德制粉有限公司出口蒙古国面粉折合小麦4788吨，2001年出口蒙古国面粉折合小麦8130吨。2009年，全市共出口玉米10050吨。

第四章　粮食市场

第一节　现货交易

1986—1990年，集贸市场的粮食交易逐渐向粮食集散地和粮食批发市场转移发展，比较集中粮食交易场所有宁津张大庄、王石，平原县闫庄、恩城，武城县龙湾，德州黄河涯等。1991年以后，国有粮食商业独家经营格局逐渐打破，粮食经营向市场化迈进。1992年9月，地区粮食局组建成立德州粮食批发市场管理处（后更名为德州粮油批发市场）。全区相继建立宁津张大庄、王石粮食批发市场、平原县闫庄、恩城粮食批发市场、武城县龙湾粮油批发市场、夏津县远东粮油批发市场、德州黄河涯粮食批发市场、齐河县粮油批发市场、临邑县临南粮油批发市场、庆云粮食交易市场。共有摊位223个，参加会员96个。1992年，粮食成交量21550公斤，成交额22410万元。2002年，成交量为144710公斤，成交额152615万元。

1992—2000年，粮食外购外销范围扩大到

全国20多个省、市、区,与多家大型国家粮食储备库和大型粮食加工企业建立了长期稳定的业务关系。庆云县粮油交易市场建设与分流机关人员、安置企业富余职工相结合,职工下岗不失业。庆云粮油交易市场从事经营的粮食系统职工290人。夏津县先后建立发达、永乐等面粉加工企业。20世纪90年代至2010年,全市纳入统计范围的粮油加工企业107家。

2004年,庆云县粮食批发市场的经验受到省、市粮食局关注,并在全省、全市进行推广。该批发市场始建于2000年4月,同年11月投入运营。2001年浙江温州金日集团投资1300万元开发建设3万吨的市场仓储区;2007年新加坡益海工贸有限公司投资1200万元开发建设3.6万吨的市场储备中心;2007年,吉林玉米中心批发市场和德州黄河商品交易市场设立“期货定点交割仓库”;2007年,大连良运集团设立办事处;与全国20多家国家粮食储备库和大型用粮企业建立长期稳定的业务关系等。

2008年10月,德州粮食物流中心粮油批发交易市场正式营业,共有市场摊位32个,占地面积4000平方米,总建筑面积1万平方米,油罐容量3000吨。

2004—2011年德州市重点批发市场经营状况表

表15－4

年份	庆云批发市场		齐河批发市场		夏津批发市场		鹏达粮食物流中心	
	交易量（万吨）	交易额（万元）	交易量（万吨）	交易额（万元）	交易量（万吨）	交易额（万元）	交易量（万吨）	交易额（万元）
2004	9.52	10864						
2005	9.87	12369	10.8	15748	3	3600		
2006	9.62	11935	11	16000	10	15000	31	50000
2007	36	45000	35	49000	2	3200	46	80000
2008	53.50	86000	35	56000	8.80	14000	50	90000
2009	0.91	8300	10	16000	6	8000	1.42	3302
2010	24.50	48500	8	16000	13	24100	0.83	2100
2011	7	12600	9	19000	3.43	15000	3.20	6900

第二节 期货交易

1994年6月,德州粮油集团总公司下发《关于期货交易的有关规定》,出资20万元委托粮油批发市场代表总公司加入中国郑州商交所济南分所,行使席位使用权,开展期货业务。同期参与的还有陵县、禹城、乐陵等县粮食总公司。1998年,国家清理整顿粮油期货市场,强行平仓,造成期货经营亏损。1998年9月,全市粮食系统停止期货交易业务。

基于德州处于建设粮食现代物流中心的中

心位置，周边地区粮食经济活跃的实际，德州市粮局经过论证考察，多次与吉林玉米淀粉市场磋合，2003年8月禹城市粮食收储公司、德州市德城粮食收储中心、德州市粮油购销储运公司、德州市第三粮油仓库、德州铁西粮油商贸有限公司5家企业正式加入吉林玉米淀粉市场席位，开展为期5年的网上交易。同时，德州市粮油仓库成为吉林玉米淀粉批发市场交割库。陵县粮食局自2002至2010年一直在期货市场开展期现套利，套期保值业务，获利30万元。

2004—2010年，先后成为吉林玉米电子批发市场交割仓库的单位有：平原国家粮食储备库（2004年）、庆云粮食收储中心（2007年12月）、德州市第五粮油仓库（2009年4月）。

2006年8月，德州鹏达粮食物流有限公司与三隆期货经纪有限公司在德州设立办事处，开展为期一年（2005.11—2006.11）的合作。2007年7月，与黄河市场合作，开展黄河交易市场玉米电子交易合约上市准备。9月，玉米交易合约正式上线推出，参与相关交易。2008年，鹏达公司与一德期货（天津）经纪有限公司在德州筹建营业部，2010年1月获准中国证监会批准，开展商品期货经纪、金融期货经纪业务。

2010年4月，由一德期货经纪有限公司与德州鹏达粮食物流有限公司、德城粮食收储中心共同向郑州商品交易所申报的"服务三农或服务实体经济经典案例基地"获批。

第五章　粮油加工

1986—1991年，国有粮食系统兴办的粮油加工业（简称粮办工业）粮源主要以价拨加工为主，议价经营量很小。在粮食市场逐步放开的情况下，粮办工业遇到社会粮油加工业的激烈竞争。1994年年初，全区粮食局长会议提出"流通保吃饭，实业求发展"的发展框架。1995年，市粮食局提出"四二三"兴粮工程，"四"指四个延伸：面粉工业向专用粉、系列粉延伸，油脂工业向精炼油、油脂化工和蛋白制品延伸，食品工业向方便化、营养化、高档化延伸，饲料工业向饲料—饲养—宰杀—冷藏—销售一条龙延伸；"二"指两大体系：面向城镇构筑粮油供应系列化服务体系，面向农村构筑粮油购销系列化服务体系；"三"指三个培育：培育粮办工业、粮油流通、多种经营三大经济支柱。

1999年，全市粮办工业固定资产原值达到506亿元，占行业总资产的50.2%，是1993年的3.7倍，全市面粉、植物油、饲料年加工能力分别为100万吨、15万吨、23万吨。

2002年年底，全市粮办工业企业共有18家，资产总额7.2亿元，员工3577人，完成工业总产值11.43亿元，实现产品销售收入11亿元，利税2876.82万元。

2004年，粮食流通体制改革继续深化，粮食经营全面放开。此后，全市原国有粮办工业基本完成改革改制任务，组建为股份制企业。同时，社会粮油加工业的兴起，粮食加工主要以小麦和玉米深加工为主。玉米深加工企业主要集中在禹城市和陵县。

2009年，全市纳入统计范围的粮油加工企业107个，年加工能力800万吨。2010年，全市规模以上粮油加工企业达80家，小麦加工能力

550万吨，玉米加工能力350万吨，食用油加工能力330万吨，名列全省前茅。

2011年，全市纳入统计范围的粮油加工企业155家，品种涉及大米加工业、小麦粉加工业、食用植物油、玉米加工、粮油食品、杂粮和饲料加工共7大类。全市粮油加工企业工业总产值267.2亿元，实现销售收入286.3亿元，工业增加值33.1亿元，同比增加9.5亿元，实现利税14.1亿元，其中利润10亿元，资产总计174.8亿元。

自2004年开始，全市每年都有粮油加工企业进入山东省10强。到2011年年底，全市涉粮企业获得的奖牌、驰名商标有："中国名牌产品"5个、"山东名牌产品"11个、"中国驰名商标"6个、"山东驰名商标"11个。

2004—2011年德州市粮油加工产量、产值、销售收入、利润统计表

表15－5　　　　单位：吨、万元

项目 年份	产量			产值			销售收入			利润		
	面粉	玉米	油脂	面粉	玉米	油脂	面粉	玉米	油脂	面粉	玉米	油脂
2004	1402290	—	4058	467516	—	7759	523999	—	9402	3815	—	174
2005	1137478	—	35769	229703	—	121673	233620	—	135684	4018	—	10123
2006	1223401	—	83524	221776	—	106710	215978	—	124750	1698	—	13379
2007	1249448	—	130254	256083	—	171391	240008	—	189222	2749	—	14669
2008	2104608	662050	259140	475584	297758	492893	478758	281899	479501	2715	14020	20128
2009	2109531	880407	210488	485331	321686	378935	498629	320378	337162	9214	21210	16739
2010	3125388	1125904	264881	896860	434897	566094	859875	360098	516530	11012	19117	38739
2011	2995591	876337	235702	927023	530540	615181	903442	802849	538322	16975	30872	39596

第一节　粮食加工

一、小麦加工

1986—1990年，全区共有粮食系统兴办的面粉加工企业（简称"粮办"）14家，年加工能力24万吨左右，以加工标准粉为主，特一粉、特二粉的产量占全年总加工量的10%～15%。加工方式为以价拨加工和代农加工为主，辅以少量自营加工。面粉加工企业的生产设备主要为气动磨粉机，采用前中路均匀出粉工艺，全区共有气动磨粉机92台。90年代开始，制粉企业相继进行技术改造，引进先进设备，到2002年，全市面粉加工企业有中粮鲁德食品有限公司、齐河县粮食局面粉厂、乐陵市第二面粉厂、禹城市面粉厂4家引进部分瑞士布勒的生产设备。

进入20世纪90年代，随着粮办企业改制和民营面粉加工企业的壮大以及外地面粉企业进入，面粉加工向集约化、大型化、标准化发展，大都更新采用进口或中外合资、外资独资企业生产的先进加工设备，生产工艺和面粉质量得到普遍提高。到2002年年底，全市制粉企业（禹城市面粉厂、中粮鲁德食品有限公司、乐陵市面粉厂、乐陵市第二面粉厂、宁津天雁制粉有限公司、陵县面粉厂、平原县面粉厂、齐河县面粉厂、武城中天皓制粉有限公司)，年加工能力达56.26万吨，加工品种包括特精、特一、特二、水饺粉、砂子粉、颗粒粉等六大系列27个品种。后来随着引进先进面粉加工设备、采用先进加工技术，面粉逐渐向等级粉、专用粉方向发展。

2009—2011年，德州市政府连续3年承办全国粮油产销企业订货会，为全市面粉企业发展搭建了营销平台，面粉企业快速发展。

2011年度，全市纳入统计范围的小麦粉加工企业74家，年生产能力576万吨。日处理小麦100吨以下的10个，100～200吨的17个，200～400吨的30个，400～1000吨的11个，1000吨以上企业4个。本年度面粉产量299.6万吨。完成工业总产值92.7亿元，销售收入90.3亿元，实现利税2.1亿元，其中利润1.7亿元。资产总计41.7亿元，负债合计11.4亿元，资产负债率27.3%。企业年末从业人员5863人。

二、玉米深加工

在粮食统购统销时期，玉米深加工仅限于按计划批准的生产制药、酒精等特殊用途，规模很小。成规模玉米深加工是在2004年粮食市场彻底放开，粮源充足之后逐渐发展起来的。

2011年，全市纳入统计范围的玉米深加工企业9个，共占地0.43万亩，有效仓容13.65万吨，年生产能力166万吨。从生产规模来看，日处理玉米200吨以下的2个，200～400吨的1个，400～1000吨的4个，1000吨以上的2个，其中日处理玉米能力前5位的是山东中谷淀粉糖有限公司1500吨、山东同兴酒业1000吨、山东华茂科技800吨、德州福源生物淀粉783吨、山东龙力生物科技有限公司500吨。玉米加工品年产量87.6万吨，其中玉米淀粉及加工产品84.8万吨，酒精及加工品2.0万吨，玉米粉及其他0.8万吨。玉米加工副产品中玉米胚芽3.4万吨、DDG饲料0.8万吨。实际耗用玉米188.6万吨。完成工业总产值53亿元，销售收入80亿元，实现利税4.7亿元，其中利润3.1亿元。资产总计52亿元，负债合计15.9亿元，资产负债率30.6%。企业年末从业人员6445人。

三、大米加工

除齐河县沿黄乡镇生产少量稻谷，自产自加工外，其他县市基本不生产稻谷，为数不多的大米加工企业也是2004年粮食市场放开以后兴起。2011年，全市纳入统计范围的大米加工企业1个，有效仓容0.5万吨，年大米加工能力1.25万吨，年加工粳稻0.18万吨，生产粳米0.1万吨。完成工业产值540万元，销售收入300万元，实现利税19万元。资产总计1500万元，负债0万元。年末从业人员19人。

四、杂粮加工

杂粮加工形成产业是2004年放开粮食市场后，伴随着酿酒、食品加工等发展起来的。2011年，全市纳入统计范围的4个杂粮加工企业中，洛北春酒厂以高粱为原料生产白酒，恒昌啤酒麦芽有限公司以大麦为原料生产啤酒麦芽，均属杂粮深加工企业。另外两个企业是德州鲁樱食品和山东华樱食品都是以杂粮豆为原料生产豆沙馅料、豆沙唐纳、月饼馅料等食品。年生产能力13.87万吨，2011年度产品产量13.07万吨，完成工业总产值11.30亿元，实现销售收入11.50亿元，利税0.28亿元，年末从业人员887人。

第二节　油脂加工

1986—1992年，全区共有(粮办)油脂加工企业6家，分布在德州市、武城、夏津、齐河、陵县、乐陵。年处理油料能力4.3万吨，主要以加工棉籽为主。1988年，夏津县榨油厂首先利用浸出工艺生产卫生油和豆油，此后，宁津县榨油厂投资151万元，陵县滋镇油厂投资90万元，德州市植物油厂投资970万元，武城油厂投资

970 万元先后上了浸出设备。

1986—1988 年，油脂加工企业主要采用 200 型、151 型、95 型 3 种型号的榨油机，以热榨为主，棉饼残油量较高。1989 年起，普遍采用浸出法制油，提高出油率和产品质量。

1986—1990 年，原料来源主要以价拨加工为主，议价经营为辅。1991 年以后，国有资本逐步退出，全部改制为民营企业和中外商及港澳台投资企业，油脂加工企业开始按市场需求安排生产，企业实行自主经营，自负盈亏。到 1997 年底，6 家植物油加工企业年生产成品油 11 万吨，主要品种为卫生油和豆油。棉籽油（卫生油）加工主要集中在夏津县的个体私营榨油企业。

随着市场竞争加剧和国内大型油脂加工企业相继投产，规模小、产品档次低、生产成本高的企业逐渐衰退，部分油脂加工企业相继停业。截至 2002 年，全市共有（粮办）油脂加工企业 3 家，分别为陵县谷神集团 600 吨/日、武城植物油厂 200 吨/日、德州天马粮油食品集团 200 吨/日，年加工能力 30 万吨。生产品种全部为精炼大豆油。

2004—2010 年，油脂加工企业主要以大豆、棉籽加工为主，大豆主要以购进东北大豆和进口大豆为主。大豆加工企业规模较大的企业有：陵县谷神 1300 吨/日，夏津津华 1100 吨/日，德州双福 400 吨/日，棉籽加工企业主要集中在夏津县，大部分为 50～100 吨/日的中小型企业。

2011 年，全市纳入统计范围的植物油加工企业 21 个，占地面积 0.46 万亩，有效仓容 19 万吨，油罐容量 8.5 万吨。年油料处理能力 191 万吨，精炼能力 9.8 万吨，其中豆油原料处理能力 144 万吨，精炼能力 4.1 万吨，分别占总加工能力的 75.4% 和 41.8%。从生产规模来看，日处理油料 200 吨以下的 9 个，200～400 吨的 7 个，400～1000 吨的 3 个，1000 吨以上的 2 个，其中日处理油料前 5 位的企业是陵县谷神生物科技集团 2000 吨、禹城禹王实业 1000 吨、齐河宏日油脂 900 吨、武城正昊油脂 800 吨、乐悟集团 700 吨；食用植物油年产量 23.6 万吨，其中大豆油 16 万吨，花生油 0.7 万吨，棉籽油 6.5 万吨，玉米油 0.4 万吨。生产大豆分离蛋白 7.5 万吨，大豆浓缩蛋白 3 万吨，饼粕产量 59 吨。实际耗用原料大豆 96.2 万吨，花生 2.3 万吨。完成工业总产值 61.5 亿元，销售收入 53.8 亿元，实现利税 5 亿元，其中利润 4 亿元。资产总计 58.3 亿元，企业年末从业人员 4817 人。

第三节　饲料加工

1978 年中共十一届三中全会后，随着农村产业结构调整加快和人民生活水平提高，畜牧业、饲养业得以迅速发展。从 1983 年开始，各县、市粮食局先后建立饲料加工厂，1984 年德州地区饲料公司成立。1987 年，全区共有饲料加工厂 13 个，乡镇粮所饲料小机组 53 个，年加工能力 8 万吨。1987—1992 年，各县、市饲料公司进行设备技术改造，扩大了生产规模。其中夏津县饲料公司投资 190 万元，规模为 7000 吨/年；宁津县饲料公司投资 160 万元，规模扩大为 6000 吨/年；禹城县饲料公司投资 140 万元，规模扩大为 5000 吨/年；乐陵县饲料公司投资 125 万元，规模扩大为 10000 吨/年。随着希望、正大等南方大型饲料厂相继进入投产，饲料行业竞争日趋激烈，本地部分饲料企业因产品科技含量低、宣传滞后等原因相继破产、倒闭。1998 年，全市有饲料加工企业 8 家，年加工能力 10 万吨。到 2002 年年底，全市饲料加工企业仅有 5 家，分别为齐河艾艾饲料公司、禹城凤祥鸡业有限公司、宁津县粮油饲料公司、平原县饲料公司、陵县谷神集团，年加工能力 14 万吨。

1986—1989年，各县、市饲料公司主要以骨粉、鱼粉、血粉、玉米、麦皮、豆饼按一定比例混合，通过简单工艺加工饲料。1990—1995年，夏津、宁津、禹城、乐陵、齐河县饲料公司先后购进电脑配料控制系统，保证了饲料的营养价值，又节约了生产成本。

1986—1990年，各县、市饲料公司主要生产设备为扬州、郑州、江苏等地生产的容积配料式小型饲料机组，以生产混合饲料为主。1991—1995年，80%的县、市购置了江苏、上海、北京生产的颗粒饲料设备及棉饼脱毒机等设备。到2011年，全市纳入统计范围的饲料加工企业共有28个，多为大型企业，引进的均为具有国际、国内先进水平的大型加工设备，生产工艺先进，根据市场需求能生产多种类型的饲料。

全区饲料加工企业的饲料产品面向广大养殖户，自产自销，自主经营，自负盈亏。

2009年，全市饲料加工企业20家，占地面积0.05万亩，有效仓容6.6万吨，年饲料生产能力102万吨。2009年度实际饲料企业耗用玉米44.1万吨，生产饲料86.3万吨。工业总产值22.4亿元，销售收入23.4亿元，实现利税0.34亿元，其中利润0.26亿元；资产总计4.1亿元，负债合计2.2亿元，资产负债率53.6%。企业年末从业人员2266人。

随着粮食市场化的发展，到2000年饲料加工企业全部改为民营式股份制企业及中外合资合作、外资独资企业。生产规模较大的企业有禹城六和、平原六和、临邑六和、德州天恩。

2011年，全市饲料加工企业28家，年饲料生产能力138万吨。日生产饲料200吨以下的15个，200～400吨的8家，400～1000吨的5家。2011年度饲料企业耗用玉米48.55万吨，生产饲料122.32万吨，完成工业总产值33.06亿元，销售收入34.05亿元，实现利税0.65亿元，其中利润0.38亿元。资产总计7.42亿元，负债合计13.12亿元，资产负债率176%。企业年末从业人员2076人。

重点粮油加工企业选介

中粮面业（德州）有限公司　中粮集团有限公司与德州粮油集团合资成立的集面粉加工、面条生产为一体的企业。日处理小麦630吨，日加工挂面75吨，产品涉及鲁德、皇家粮仓、香雪三大品牌。面粉以精选进口和国产优质小麦为原料，适合制作面条、面包、糕点、馒头等各类食品。挂面产品采用低温低速干燥技术加工，麦香浓郁，色泽自然，具有耐煮、口感爽滑筋道、营养丰富的特点。

发达面粉集团有限公司　始建于1995年7月，位于夏津县经济开发区。集优质小麦基地建设、粮食收储、面粉加工、面条加工、胚芽开发利用、制粉技术研究于一体的面粉加工企业。1995年成立夏津县发达面粉厂，2004年组建为（中国）发达面粉集团有限公司，下设控股子公司武城顶鹤面粉公司、德州公司、聊城公司、融发现代农牧科技公司。集团公司拥有现代化制粉生产线2条，日处理小麦1100吨，面条生产线6条，日产挂面200吨。

山东永乐集团公司　位于夏津县经济开发区，始建于1996年，是集小麦种植、粮食储存、小麦粉、挂面、高档休闲食品加工于一体的山东省农业产业化重点龙头企业。下辖金亿来粮食仓储公司、夏津总公司、西滕分公司、齐河分公司，年储存能力20万吨，年生产小麦粉60万吨，挂面、营养面6万吨，利税近千万元，年产值达12亿元。设有与中国农业科学研究院合作成立的面粉应用研究中心，专事面粉研究应用效果，开发相应面粉，满足市场需求。

2011 年德州市涉粮企业获得的“中国名牌产品”一览表

表 15－6

行次	名牌名称	产品名称	公司名称	所在地
1	发达牌	小麦粉	发达面粉集团有限公司	夏津
2	腾永乐牌	小麦粉	山东永乐食品有限公司	夏津
3	巨嘴鸟牌	小麦粉	德州巨嘴鸟工贸有限公司	经济开发区
4	六和牌	水产饲料	山东六和集团有限公司	庆云
5	保龄宝牌	淀粉糖	保龄宝生物股份有限公司	禹城
6	古贝春	白酒	山东古贝春有限公司	武城

2011 年德州市涉粮企业获得的“山东名牌产品”一览表

表 15－7

行次	名牌名称	产品名称	公司名称	所在地
1	发达牌	小麦粉	发达面粉集团有限公司	夏津
2	发达牌	挂面	发达面粉集团有限公司	夏津
3	颜皓牌	小麦粉	陵县颜皓制粉有限公司	陵县
4	欣茂牌	玉米淀粉	德州华茂生物科技有限公司	陵县
5	谷神牌	大豆蛋白	谷神生物科技集团有限公司	陵县
6	真卿牌	白酒	山东同兴酒业有限公司	陵县
7	洛北春牌	白酒	山东洛北春集团有限公司	临邑
8	克代尔牌	啤酒	德州克代尔集团有限公司	德城区
9	禹王牌	大豆分离蛋白	山东禹王实业有限公司	禹城
10	保龄宝牌	淀粉糖	保龄宝生物股份有限公司	禹城
11	龙力牌	木糖醇、低聚木糖	山东龙力生物科技有限公司	禹城

2011 年德州市涉粮企业获得的“中国驰名商标”一览表

表 15－8

行次	商标名称	产品	公司名称	所在县市
1	腾永乐及图	面粉及其制品	山东永乐食品有限公司	夏津
2	颜浩及图	面粉及其制品	陵县颜浩制粉有限公司	陵县

续表 15－9

行次	商标名称	产品	公司名称	所在县市
3	龙力及图	低聚木糖	山东龙力生物科技有限公司	禹城
4	保龄宝牌	淀粉糖	保龄宝生物股份有限公司	禹城
5	洛北春及图	白酒	临邑县洛北春酒厂	临邑
6	古贝春	白酒	山东古贝春有限公司	武城

2011 年德州市涉粮企业获得的“山东著名商标”一览表

表 15－10

行次	商标名称	产品	公司名称	所在县市
1	峰宇及图	面粉及其制品	山东峰宇面粉有限公司	临邑
2	发达及图	面粉及其制品	发达面粉集团有限公司	夏津
3	浩天及图	小麦粉	乐陵市浩天食品有限公司	乐陵
4	真卿及图	白酒	山东同兴生物科技有限公司	陵县
5	邢侗及图	白酒	山东洛北春集团有限公司	临邑
6	洛北春	白酒	临邑县洛北春酒厂	临邑
7	天恩及图	饲料	德州康达畜牧有限公司	德城区
8	克代尔	啤酒	德州克代尔集团有限公司	德城区
9	龙力及图	低聚木糖醇	山东龙力生物科技有限公司	禹城
10	古贝春及图	酒	山东古贝春有限公司	武城
11	豪康及图	面粉	山东宁津豪康制粉有限公司	宁津

第十六编

CAI ZHENG

财政

- 财政收支
- 财政管理
- 国有资产管理

1986 年起，中央和省对省以下财政体制进行多次调整整合，不断完善财政管理体制，形成了与德州经济发展和社会主义市场经济体制相适应的财政运行机制。

1986 年，省对德州地区实行“收入全留，不足支出部分定额补助”的办法。核定德州地区收入基数为 14230 万元，支出基数为 14550 万元，定额补助 320 万元。1987 年，实行“定额上缴，比例递增”的财政包干管理体制，在核定收支基数基础上，上缴省 3800 万元，自 1988 年起每年递增 5%。

1986—1992 年期间，德州地区经济进入良好发展期，实行财政包干体制，调动了地方财政增收节支积极性，收入大幅增长，并对历年财政赤字有所弥补。

1993 年，启动财政体制“分税制”改革，中央税全部返还地方，并以此作为以后中央对地方税收返还基数。1994 年以后，税收返还额在 1993 年基础上逐年递增，递增率按德州地区增值税(75%部分)和消费税“两税”增长率的 1:0.3 系数确定。到 1995 年，分税制与原包干体制积累的收入增长潜力大量释放，财政收入高速增长，当年净结余 1034 万元，消灭历年赤字 827 万元，甩掉了财政赤字包袱。

1997—2002 年期间，中央与地方共享收入中的证券交易(印花)税分享比例先后调整了 4 次，中央分享比例逐次上升，德州分享收入逐次降低。

2002 年，改革所得税分享，中央、地方各分享 50%。2003 年，德州市分享企业所得税比例调整为 32%、个人所得税调整为 25%。

2004 年，启动农村税费改革，取消农业特产税，农业税税率降低。2005 年，将德州市原体制补助并入各县(市、区)增值税、消费税税收返还基数，增幅与各县(市、区)上缴中央的“两税”增幅挂钩，按 1:0.3 系数确定。

2007 年 1 月，全面实施政府收支分类改革。建立新收入分类体系，清晰地反映政府各项收入；建立新的支出功能分类体系，更加完整、直观地反映政府职能活动；建立新的支出经济分类体系，更加全面、明晰地反映政府各项支出的具体用途。

2008 年，为抵御金融危机对宏观经济的冲击，中央集中出台一系列财税优惠政策，德州市全年争取转移支付 23 亿元，约占县级地方财政收入的 65%。2009 年，增值税由生产型增值税改为消费型增值税，全市 2009 年改革当年抵扣增值税 3.4 亿元；燃油税改革正式启动，核定全市燃油税改革基数 21976 万元。

2010 年，省政府确定夏津、庆云为“省管县改革”试点，由现行的“省—市—县”三级体制转变为“省—县(市)”二级体制。至 2011 年，财税体制未动。是年，开征地方水利建设基金。

1986—2011 年，随着德州经济的发展，财政收支规模日益扩大，保障能力不断增强。全市地方财政收入从 1986 年的 1.39 亿元增加到 2011 年的 95.06 亿元，增长 67.39 倍。财政支出从 1986 年的 3.05 亿元增长到 2011 年的 191.28 亿元，增长 61.8 倍。

第一章 财政收支

1986—2011年，德州市财政先后经历了“划分税种、核定收支、分级包干”财政体制、“收入全留、定额上缴”财政包干体制、分税制财政体制。2007年，为全面、准确、清晰地反映市场经济条件下政府的收支活动，进行了政府收支分类改革，采用国际通行的分类方法，更全面、真实、准确地反映财政收支信息。

1986—2011年，全市财政收入从1986年的13933万元增加到2011年的950634万元。1986年，全区财政支出完成30464万元，2011年，全市达到1912791万元。

第一节 财政收入

一、1986－2006年财政收入

这一时期的收入主要包括工商税收、农业税收、企业所得税、国有企业调节税等收入、专项收入、其他收入等。

（一）工商税收

此类收入主要包括增值税、营业税、个人所得税、资源税、固定资产投资方向调节税、城市维护建设税、房产税、印花税、城镇土地使用税、土地增值税、车船使用和牌照税等。工商税收是全区财政收入的主要来源。1986年，全市工商税收完成13044万元，占全区地方财政收入的93.62%。1994年，国家实施分税制财政体制改革，按税种划分中央与地方收入，并规定中央四大部门（石油、石化、有色金属和电力）所属企业的增值税、全部消费税划归中央，地方不参与分成，地方增值税的75%也划为中央收入。1994年全市工商税收完成21247万元，比上年下降51.27%。2002年，实施所得税、营业税收入分享改革，将个人所得税的50%上划为中央收入（2003年中央分享60%），营业税的20%上划为省级收入。当年全市工商税收完成93951万元，占全市财政收入的48.5%。固定资产投资方向调节税自2003年起停止征收。1986—2006年工商税收完成1286817万元。

（二）农业税收

此类收入主要包括农业税、农业特产税、牧业税、屠宰税、耕地占用税和契税等。1986年，全区农业税收完成1999万元，占财政收入的14.34%。随着国家对农业的政策倾斜，财政不断加大支农资金的投入，农业技术水平得到明

德州市财政局办公楼

显提高,农产品产量不断增加,农业税收所占比重有所提高。2001年,农业税收完成13564万元,占财政收入的16.79%。2002年,为切实减轻农民负担,国家实施农村税费改革,将各项农业收费合并为税收,因此当年农业税收增长较快,完成34538万元,比上年增长154.63%,占当年地方财政收入总量的17.81%。2003年起停止征收屠宰税,2004年起停止征收农业特产税,2005年起停止征收农业税。1986—2006年,全市农业税收完成244161万元。

(三)企业所得税

此类收入主要包括国内企业所得税、外商投资企业所得税和外国企业所得税等。1986年,全区企业所得税完成1621万元。1995年首次突破亿元大关,完成13850万元,2001年完成69482万元。2002年实施所得税分享改革,除部分特殊行业和企业外,企业所得税60%上划中央和省。受政策影响,2002年仅完成19265万元,比上年下降72.27%。1986—2006年,全市企业所得税完成328726万元。

(四)国有企业调节税等收入

此类收入主要包括国有企业调节税、国有企业上缴利润、国有企业承包收入退库和国有企业亏损补贴。该类财政收入是计划经济体制向市场经济体制转轨时期出现的,1995年以后逐渐取消或未发生。国有企业调节税占财政收入的比重较小,1986年仅完成104万元,占地方财政收入的0.75%,1994年该项收入取消;国有企业上缴利润最多的是1997年,完成3400万元,占当年财政收入的3.63%,1998年该项目取消;国有企业承包收入退库是对承包的国有企业进行奖励而设的科目,以负数填写,实际上为支出科目,退库数额最多的是1989年1059万元,1994年该项目取消;国有企业亏损补贴,是对因国家政策性因素亏损的企业进行补助而设立的科目,以负数填写,实际上也是支出项目,随着市场经济体制的完善,该项支出逐步消失,1997年补贴数额最大为5808万元,占当年财政收入的6.2%。从1998年开始,德州市实施国有企业改制,当年实现国有资产经营收益1009万元,1998—2006年共实现国有资产经营收益5625万元。

(五)专项收入

此类收入主要包括排污费收入、水资源费收入、教育附加费收入和矿产资源补偿收入等。1986年,全区实现专项收入106万元,此后逐年稳步增长,2005年,全市实现专项收入11406万元,突破亿元大关。1986—2006年专项收入完成77146万元。

(六)其他收入

此类收入主要包括行政事业性收费、罚没收入及利息收入、捐赠收入等。1986年,其他各项收入实现342万元,2006年为109478万元。1986—2006年,其他收入完成35059万元。

1986—1997年德州市(地区)财政收入情况表

表16-1　　　　单位:万元

年份 项目	1986	1987	1988	1989	1990	1991	1992	1993	1994	1995	1996	1997
收入合计	13933	19395	26940	31234	29840	32775	36703	50824	32387	47072	73607	93642
工商税收类	13044	15902	21413	25688	25529	27322	29969	43601	21247	26352	36371	42831

续表 16－1

项目＼年份	1986	1987	1988	1989	1990	1991	1992	1993	1994	1995	1996	1997
农牧业及耕地占用税类	1999	2048	2876	3575	2437	2780	3286	3563	6012	8071	12807	14258
企业所得税类	1621	2471	2956	2908	2804	2774	3053	2853	3459	13850	18510	23299
国有企业调节税类	104	160	218	275	110	162	105	19				
国有企业上缴利润类	16	54	451	529	421	457	523	375	110	—	—	3400
国有企业承包收入退库类	—	—	－824	－1059	－97	－1	－360	－25	—	—	—	—
企业所得税退税类	—	—	—	—	—	—	—	—	—	—	—	－109
国有企业亏损补贴类	－3299	－1714	－976	－2653	－2942	－2739	－1632	－1586	－772	－5763	－4145	－5808
专项收入类	106	209	449	421	440	752	681	965	831	1421	3326	3591
其他收入类	342	265	377	1550	1138	1268	1078	1059	1500	3141	6738	12180

1998—2006 年德州市财政收入情况表

表 16－2

单位：万元

项目＼年份	1998	1999	2000	2001	2002	2003	2004	2005	2006
收入合计	111278	136500	164616	210804	193698	227135	243230	307025	357291
增值税	12793	15449	14958	17063	18804	21235	20157	38131	56254
营业税	13484	16674	17880	20508	20179	32103	40418	53120	62776
企业所得税	23883	28412	35002	69482	19265	12953	14720	17525	26509
企业所得税退税	－26	—	—	—	—	—	—	—	—

续表 16－2

项目＼年份	1998	1999	2000	2001	2002	2003	2004	2005	2006
外资企业和外国企业所得税	443	—	—	—	—	—	—	—	—
个人所得税	8162	7499	8828	16371	8292	5274	5236	6426	7572
资源税	—	18	727	1064	3951	3673	3539	2119	1551
固定资产投资方向调节税	4080	9106	5271	100	7	—	—	—	—
城市维护建设税	9002	7608	8365	8445	10982	12284	14368	17115	20014
房产税	3713	4558	5555	7405	14367	14786	14755	14047	15378
印花税	291	287	382	390	735	1094	1477	2776	2993
城镇土地使用税	2404	3038	4994	6482	11687	17522	18057	17429	17780
土地增值税	4	19	15	21	274	1043	1096	2407	4017
车船使用税	1917	1506	2463	2961	4673	5614	6161	5403	4537
屠宰税	1021	722	923	675	656	—	—	—	—
农业税	5641	5297	4503	3913	31243	32393	15650	4432	—
农业特产税	7147	9674	8532	8032	1334	2669	—	—	—
耕地占用税	703	1163	1910	723	663	844	949	2443	4555
契税	202	224	235	221	642	546	3381	5978	10610
国有资产经营收益	1009	222	354	—	332	2490	1082	—	136
国有企业计划亏损补贴	－365	－294	－150	－98	－25	－25	—	—	—
行政性收费收入	6262	14272	29351	35685	32586	45505	56567	89630	90978
罚没收入	4457	6307	8865	6629	7283	7478	16076	15657	17201
土地和海域有偿使用收入	900	677	—	1	—	—	—	—	—
专项收入	3848	3714	5511	4731	5459	7141	8877	11406	13267
其他收入	303	348	142	—	309	513	664	981	1163

二、2007—2011 年财政收入

这个时期的收入主要包括主体税种（也称主体四税）、地方税种和非税收入。

（一）主体税种

此类收入主要包括增值税、营业税、企业所得税和个人所得税，均为共享税种。2007—

2011年，主体税种完成1348142万元。

（二）地方税种

此类收入主要包括资源税、城市维护建设税、房产税、印花税、城镇土地使用税、土地增值税、车船税、耕地占用税、契税。2007—2011年，地方税种完成9948445万元。

（三）非税收入

此类收入主要包括专项收入、行政事业性收费收入、罚没收入、国有资本经营收入、国有资源（资产）有偿使用收入、其他收入。2007—2011年，非税收入完成830778万元。

2007—2011年德州市财政收入情况表

表16－3　　单位：万元

年份		2007	2008	2009	2010	2011
一般预算收入合计		420074	470973	552772	729085	950634
主体税种	小计	194647	231041	243442	299690	379322
	增值税	74120	80978	82542	88866	102750
	营业税	70613	86146	110108	149910	192153
	企业所得税	40202	52086	40499	49475	70453
	个人所得税	9712	11831	10293	11439	13966
地方税种	小计	811375	1746438	1976728	2372140	3041764
	资源税	1629	1411	1685	1542	1095
	城市维护建设税	24359	27282	29907	32794	45399
	房产税	15706	14510	15165	17858	18285
	印花税	4630	5986	6561	9045	11479
	城镇土地使用税	28813	36988	44839	50191	53643
	土地增值税	8476	11652	13478	22557	29402
	车船税	3047	4737	6257	8683	11421
	耕地占用税	5571	7802	18495	44951	55520
	契税	12965	22883	39004	55252	61663
非税收入	小计	120231	106681	133939	186522	283405
	专项收入	16828	21634	23274	28322	38657
	行政事业性收费收入	82583	63719	82233	118540	181140
	罚没收入	17224	19600	25803	30172	42659
	国有资本经营收入	1839	39	—	881	—
	国有资源（资产）有偿使用收入	1757	1689	2607	5655	15599
	其他收入	—	—	22	2952	5350

第二节　财政支出

一、1986—2006年财政支出

(一)经济建设支出

此类支出主要包括:企业挖潜改造资金支出,包括冶金工业挖潜改造资金、医药企业挖潜改造资金、纺织工业挖潜改造资金和机械工业挖潜改造资金等数十个款项。1986年,全区企业挖潜改造资金支出15万元。1986—2006年,全市共拨付企业挖潜改造资金189685万元。

科技3项费用支出,包括新产品试制费、中间实验费和重要科学研究补助费等。1986年,全区科技3项费用支出仅为160万元,2006年达到4620万元,比1986年增长27.88倍。1986—2006年,全市共拨付科技3项费用27594万元。

城市维护费支出,包括道路、消防等城市公用设施的维护费、园林绿化设施维护费、公共环境卫生补助费及其他公用事业、公共设施维护费等。1986—2006年,全市共拨付城市维护费268775万元。

专项支出,包括排污费、城市水资源费、教育费附加和矿产资源补偿费等。1986—2006年,全市共拨付专项支出83469万元。

价格补贴支出及政策性补贴支出,此类支出是财政对因政策性因素导致的粮食、油料、副食等日常用品的市场价和国家指导价格之间差价进行的补助。自1992年后随着市场经济体制的逐步建立和价格改革的逐步到位,此类支出呈逐步减少的趋势,其占财政支出的比重由1986年的19.63%降为2006年的0.57%。

(二)农业支出

此类支出主要包括:支援农村生产、农业综合开发、农林水利气象等部门事业费。随着国家对农业基础地位的重视,全市逐渐加大对农业方面的投入,农业支出逐年增加,1986年全区农业支出2214万元,占财政支出的7.27%;2006年,全市农业支出67099万元,占财政支出的10.54%。

(三)社会事业支出

此类支出主要包括:文教卫生事业费,包括文化体育广播、教育事业费和卫生经费。1986—2006年,全市共拨付文教卫生事业费1174528万元。

科学事业费,包括自然科学、社会科学和科协等部门的事业费。1986—2006年,全市共拨付科学事业费18744万元。

工业交通等部门事业费,包括工业、交通部门的勘察设计费、干部训练费等。1986—2006年,全市共拨付工交部门事业费27380万元。

公检法支出类,包括公安、检察院、法院、司法、监狱和劳教等经费。1986—2006年,全市共拨付公检法支出217432万元。

其他部门的事业费,包括税务、统计、财政、审计、工商、旅游、劳动保障和监察等部门的事业费等。1986—2006年,全市共拨付其他部门事业费136096.5万元。

行政管理费支出。包括人大机关、共产党机关、政府机关、政协机关、民主党派机关和社会团体机关的经费。1986—2006年,全市共拨付行政管理费601897万元。

(四)社会保障支出

此类支出主要指抚恤和社会福利救济费、行政事业单位离退休经费和社会保障补助支出。抚恤和社会福利救济费支出包括抚恤事业费、安置事业费、社会救济福利事业费、救灾和残疾人事业费等。社会保障支出包括财政对社会保险基金的补贴、城镇就业补助和国有企业下岗职工基本生活保障补助等。行政事业单位离退休经费包括实行归口管理的行政事业单位离退休经费。1998—2006年全市共拨付社会

保障支出276816万元。

（五）其他支出

此类支出包括除以上项目外的其他各项财政支出，如流通部门事业费、支援不发达地区经费等。1986—2006年共拨付其他支出359224万元。

1986—1996年德州市（地区）财政支出统计表

表16－4　　单位：万元

年份		1986	1987	1988	1989	1990	1991	1992	1993	1994	1995	1996
支出合计		30464	35007	45087	53996	49145	52873	60216	72375	76569	95992	125400
经济建设支出	小计	7188	7726	10663	12146	8882	8495	8888	9261	9543	10961	13162
	企业挖潜改造资金类	15	83	64	1	30	140	58	616	183	1056	1692
	科技三项费用类	160	82	99	118	113	154	170	343	200	255	646
	城市维护费类	946	1406	1821	2506	2002	2351	2310	2589	2409	4200	5078
	专项支出类	88	166	278	356	398	732	732	1050	809	1091	3109
	价格补贴支出类	5979	5989	8401	9165	6339	5118	5618	4663	5942	4359	2637
	基本建设支出类	—	—	—	—	—	—	—	—	—	—	—
农业支出	小计	2214	3319	4314	6247	5941	5659	7268	6949	8351	10038	14570
	支援农村生产支出类	507	1130	1705	3454	3186	2562	3805	3054	3550	3781	6325
	农林水利气象等部门事业费类	1707	2189	2609	2793	2755	3097	3463	3895	4801	6257	8245
社会事业支出	小计	17600	19268	24409	29867	29336	32517	37676	45508	52836	64106	84946
	文教卫生事业费类	10448	11690	14922	17323	16355	18242	20698	24373	28498	35780	45767
	科学事业费类	114	219	228	275	260	276	354	421	384	600	826
	工业交通等部门事业费类	279	270	328	511	553	670	673	585	792	995	987
	行政管理费类	4444	4553	5358	7111	7074	8245	10176	12624	16032	17271	22622
	公检法支出类	1111	1088	2021	2802	2761	2902	3024	3977	4088	5038	8895
	其他部门的事业费类	1204	1448	1552	1845	2333	2182	2751	3528	3042	4422	5849

续表 16－4

年份		1986	1987	1988	1989	1990	1991	1992	1993	1994	1995	1996
社会保障支出	小计	1735	2203	2996	2956	2787	3274	3045	3828	4249	4675	4205
	抚恤和社会福利救济费类	1735	2203	2996	2956	2787	3274	3045	3828	4249	4675	4205
	行政事业离退休经费	—	—	—	—	—	—	—	—	—	—	—
	社会保障补助支出	—	—	—	—	—	—	—	—	—	—	—
其他支出	小计	1727	2491	2705	2780	2199	2928	3339	6829	1590	6212	8517

1997—2006 年德州市财政支出统计表

表 16－5　　　　单位：万元

年份		1997	1998	1999	2000	2001	2002	2003	2004	2005	2006
支出合计		149246	165207	201982	222076	274424	312728	367280	402639	505008	636011
经济建设支出	小计	16553	19426	23971	29393	44628	49237	68672	72178	93826	129282
	企业挖潜改造资金类	1184	3417	6133	9919	20678	21149	30554	27177	33252	32284
	科技三项费用类	682	1012	1583	1226	2650	3276	2989	3518	3698	4620
	城市维护费类	7702	8069	11005	11369	14679	18126	27046	30192	43362	69607
	专项支出类	4354	4650	4343	6237	5361	6052	7303	10504	11484	14372
	价格补贴支出类	2631	2278	907	642	1260	634	745	777	1533	3629
	基本建设支出类	—	—	—	—	—	—	35	10	497	4770
农业支出	小计	18370	19777	23561	29249	38821	40970	48722	48784	57304	67099
	支援农村生产支出类	8804	7543	9938	15191	21971	22112	—	—	—	—
	农林水利气象等部门事业费类	9566	12234	13623	14058	16850	18858	48722	48784	57304	67099

续表 16－5

年份		1997	1998	1999	2000	2001	2002	2003	2004	2005	2006
社会事业支出	小计	98749	107687	121770	137311	154646	178092	190059	213312	248797	287585
	文教卫生事业费类	53385	58250	66578	72358	83627	96836	105883	114960	128186	150369
	科学事业费类	807	1022	967	992	1153	1459	1598	1753	2252	2784
	工业交通等部门事业费类	1462	1525	1175	1997	1919	1396	1730	2599	3249	3685
	行政管理费类	26365	27847	33643	37550	41881.5	48964	53229	61611	74542	80754
	公检法支出类	9611	10557	11893	13793	15433	16304	18057	22384	28303	33390
	其他部门的事业费类	7119	8486	7514	10621	10632.5	13133	9562	10005	12265	16603
社会保障支出	小计	5278	6506	12449	9954	12927	15932	30793	36503	50326	60195
	抚恤和社会福利救济费类	5278	6506	12449	9954	12927	15932	12250	15860	19790	20897
	行政事业离退休经费	—	—	—	—	—	—	9762	11146	18642	21950
	社会保障补助支出	—	—	—	—	—	—	8781	9497	11894	17348
其他支出	小计	10296	11811	20231	16169	23402	28497	29034	31862	54755	91850

二、2007—2011 年财政支出

(一)经济建设支出

此类支出主要包括以下内容:

环境保护,反映政府环境保护支出。具体包括环境保护管理事务、环境监测与监察、污染防治、自然生态保护、天然林保护、退耕还林、能源节约利用、污染减排、能源管理事务等。2007—2011 年,环境保护支出 236184 万元。

城乡社区事务,反映城乡社区事务支出。具体包括城乡社区管理事务支出、城乡社区规划与管理支出、城乡社区公共设施支出、城乡社区住宅支出、城乡社区环境卫生支出、建设市场管理与监督支出等。2007—2011 年,城乡社区事务支出 593294 万元。

交通运输,反映政府交通运输和邮政业方面的支出。包括公路运输支出、水路运输支出、铁路运输支出、民用航空运输支出和邮政业支出。2007—2011 年,交通运输支出 204346 万元。

(二)农业支出

此类支出主要包括农林水事务,包括农业、林业、水利、南水北调、扶贫、农村综合开发和其

他农林水事务支出。2007—2011 年,全市农业支出 857968 万元。

(三)社会事业支出

此类支出主要包括一般公共服务、公共安全、教育、科学技术、文化体育与传媒、医疗卫生、工业商业金融等事务支出等。2007—2011 年,全市各项社会事业支出 3536984 万元。

一般公共服务支出,反映政府提供一般公共服务的支出。具体包括人大事务、政协事务、政府办公室及相关机构事务、发展与改革事务、统计信息事务、财政事务、税收事务、审计事务、海关事务、人力资源事务、纪检监察事务、人口与计划生育事务、商贸事务、知识产权事务、工商行政管理事务、质量技术监督与检验检疫事务、国土资源事务、海洋管理事务、测绘事务、地震事务、气象事务、民族事务、宗教事务、港澳台侨事务、档案事务、共产党事务、民主党派及工商联事务、群众团体事务、彩票事务支出等。2007—2011 年,全市一般公共服务支出 776764 万元。

公共安全支出,反映政府维护社会公共安全方面的支出。包括武装警察、公安、国家安全、检察、法院、司法行政、监狱、劳教、国家保密、缉私警察支出等。2007—2011 年,全市公共安全支出 338646 万元。

教育支出,反映政府教育事务支出。包括教育行政管理、学前教育、小学教育、初中教育、普通高中教育、普通高等教育、初等职业教育、中专教育、技校教育、职业高中教育、高等职业教育、广播电视教育、留学教育、特殊教育、干部继续教育、教育机关事务等支出。2007—2011 年,全市教育支出 1284903 万元。

科学技术支出,反映用于科学技术方面的支出。具体包括科学技术管理事务、基础研究、应用研究、技术研究与开发、科技条件与服务、社会科学、科学技术普及、科技交流与合作、科技重大专项等支出。2007—2011 年,全市科学技术支出 78976 万元。

文化体育与传媒支出,反映政府在文化、文物、体育、广播影视、新闻出版等反面的支出。2007—2011 年,全市文化体育与传媒支出 91833 万元。

医疗卫生支出,反映政府医疗卫生方面的支出。具体包括医疗卫生管理事务支出、医疗服务支出、医疗保障支出、疾病预防控制支出、卫生监督支出、妇幼保健支出、农村卫生支出等。2007—2011 年,全市医疗卫生支出 515995 万元。

工业商业金融等事务支出,反映政府工业、商业、金融等事务支出。具体包括采掘业支出、制造业支出、建筑业支出、电力支出、信息产业支出、旅游业支出、涉外发展支出、粮油事务支出、商业流通事务支出、物资储备支出、国有资产监管支出、中小企业发展支出、清洁生产支出等。2007—2011 年,全市工业商业金融等事务支出 449867 万元。

(四)社会保障支出

此类支出主要指社会保障和就业支出。有关事项包括社会保障和就业管理事务、民政管理事务、财政对社会保险基金的补助、补充全国社会保障基金、行政事业单位离退休、企业改革补助、就业补助、抚恤、退役安置、社会福利、残疾人事业、城市居民最低生活保障、其他城镇社会救济、农村社会救济、自然灾害生活救助、红十字事务等。2007—2011 年,全市社会保障支出 736237 万元。

(五)其他支出

此类支出指除以上项目以外的其他各项财政支出,主要包括住房改革支出、债务付息支出、其他支出等。2007—2011 年,全市其他支出 172666 万元。

2007—2011 年德州市财政支出情况表

表 16－6

单位:万元

年份		2007	2008	2009	2010	2011
支出合计		770284	957404	1148119	1549081	1912791
经济建设支出	小计	99102	131400	206781	260071	336470
	环境保护	14136	39844	45277	66814	70113
	城乡社区事务	77891	83029	104007	142527	185840
	交通运输	7075	8527	57497	50730	80517
农业支出	农林水事务	95749	129743	139925	231475	261076
社会事业支出	小计	462661	563643	626715	822482	1061483
	一般公共服务	121145	132348	140195	181904	201172
	公共安全	41979	47324	58984	90588	99771
	教育	158505	202473	222390	283875	417660
	科学技术	9699	8954	14179	20095	26049
	文化体育与传媒	12034	21538	24513	14644	19104
	医疗卫生	45443	70175	94480	123462	182435
	工业商业金融等事务	73856	80831	71974	107914	115292
社会保障	社会保障和就业	82489	110342	145441	183085	214880
其他支出	其他支出	30283	22276	29257	51968	38882

第二章　财政管理

第一节　预算管理

1987—1993 年,以计划经济为主导的财政资金配置体制已经开始衰落,但是由于这一时期财政改革的重点是财政收入,预算管理没有大的变化。

随着企业自主权的不断扩大,预算外资金逐年增加,1990 年达到 1.2 亿元,占当年财政收入的 115.3%。1993 年,新《企业会计准则》和《企业财务通则》实施,国有企业折旧基金和税后留用资金不再作为预算外资金管理,预算外资金规模控制在合理范围。

1996年，实行“收支两条线”，逐步将预算外资金、政府性基金等纳入预算管理或实行收支脱钩管理。

1997年，市政府先后出台《关于加强预算外资金管理的通知》和《关于进一步加强预算外资金管理的通知》，推行专户管理、票款分离制度、监督检查机制和预算外资金支出审批制度，使预算外资金管理走上规范化、制度化道路。

1998年，市级启动单位车辆财政统一保险改革，对市直部门公务用车实行车辆保险统一招标采购，有效节约财政资金。

2000年，对行政事业单位账户进行清理，撤销所有单位的收入过渡账户。

2001年1月，推行工资统发办法，建立以工资专户与集中代发相结合的工资发放机制，扭转了擅自增人和增加人员支出的混乱状况。3月，实行财政国库管理制度改革，将传统的财政资金银行账户管理体系和资金缴拨方式，改革为以国库单一账户为基础、以国库集中收付为主要收支形式的国库管理制度；5月，市政府下发《关于推行政府采购工作的意见》，市级政府采购工作正式推行，将使用财政资金的货物、工程和服务类采购均纳入政府采购范围。

2002年，通过市场化运作，经营城市作为拓宽城建投融资渠道，为城市建设聚集资金8.7亿元。

2005年，“乡财县管乡用改革”选取宁津县为全省试点，县财政直接管理和监督所辖乡镇预算内外收支行为，实现“预算统编、账户统设、资金统缴、支出统核、采购统办、票据统管”6个统管；制定《关于进一步深化市直事业单位财政管理改革的意见》，按照事业单位社会功能定位及经费来源情况，规范财政补助的范围和标准。

2006年，相继引进了部门预算管理信息系统和指标管理信息系统，市级部门预算编制和指标账务实现电子信息化管理。

2007年，试行财政涉农补贴资金“一本通”发放制度，选取陵县作为全省试点县，将粮食直接补贴资金、农村最低生活保障资金、农村计划生育奖励扶助资金等涉农补贴项目全部通过“一本通”存折发放到户。“乡财县管乡用改革”改革全面推开，减少财政管理级次，提高财政资金使用效率；实施政府收支分类改革，对政府收入进行统一分类，全面、规范地反映政府各项收入来源，确立新的政府支出功能分类，清晰反应政府职能活动的支出总量、结构与方向。

2008年，涉农补贴“一本通”发放制度在全市推开，规范资金管理，确保各类涉农资金准确、及时、足额地发放到农户手中。

2009年，市级部门预算改革成功启动，预算编制实现预算内外资金综合编制，全面反映政府财政行为，提高预算编制的科学化、规范化、精细化水平，以部门预算为基础，投资评审为支撑、政府采购为手段、国库集中支付为保障的“四位一体”财政管理模式初步建立。

第二节 预算外资金管理和农业综合开发资金管理

一、预算外资金管理

1986—1992年，预算外资金管理主要包括以下几方面：一是财政代管、专户储存。二是对上述收支较多的单位，实行收支两条线的管理办法。三是对企业单位的预算外资金，实行计划管理、政策引导。四是对行政事业、企业单位用预算外资金搞自筹基建的，实行专项审批制度。凡未经财政部门审查资金来源的，计划部门不列入基建计划，基建单位不予施工。五是对行政事业单位收费情况加强管理。凡需要收费的单位,先报经物价管理部门,领取收费许可证,后到财政部门领取统一印制的票据。六是对乡镇预算外资金按照县级管理办法,统一由财政所专户储存。此外,对“专户储存”的间歇资金,在保证单位用款的前提下,按照投资少、时间短、效益高、见效快的原则,进行有偿融通。仅地区直属机关(部门)1986年、1987年支持生产每年在500万~600万元,1988年、1989年在1500万元左右,1990年、1991年在2000万左右,1992年达到3000万元。

1993年,加强对行政事业单位预算外资金的管理,先后清理411个行政事业单位的账户2019个,共清理资金2050万元。其中转存财政专户1365.8万元;上交财政罚款25万元。

1994—1996年,将部分预算外资金纳入预算管理。1996年3月,首先对市直119个单位的预算外资金进行清理,清理预算外收入项目134个,预算外收入2.4亿元,支出2.3亿元,撤销账户74个。5月,又在全市范围内开展了预算外资金清理检查活动,共查出违纪金额2695万元,划转存入财政专户资金2028万元。

1997年,根据国务院、省政府有关文件精神,在借鉴外地经验的基础上,市直和武城、夏津、齐河、平原、乐陵5个县(市)成立预算外资金管理机构,为提高预算外资金管理水平提供组织保证。1997年,组织开展对全市345个单位1996年预算外资金进行重点检查,检查面达39%;涉及收费项目256个,清查收入5.43亿元、支出5.34亿元,滚存余额1.43亿元,违纪金额3.9亿元,划转财政专户近1亿元。

1998年上半年,对市直单位预算外资金账户进行清理,共撤销账户1215个,收缴财政专户资金2.2亿元,取消收费项目147个。改革收费方式,取消一切不合理的收费,向个体工商户的合理收费项目限定为5项,并按最低收费标准的50%收费,实行收费明白卡制度,定点缴费,任何单位和个人不得进入私营企业和门店收费。年内,共向591家私营企业、3932个个体户发放了明白卡。在市区设立28个收费点,方便个体私营业户,有效遏制了“三乱”(乱收费、乱罚款、乱集资)现象发生。

1999年,加强预算外资金管理。一是加强监督检查。按照上级有关要求,从有关单位和部门抽调业务骨干组成检查工作组对市级35个单位进行重点检查,共查出违纪金额2615万元。二是针对个别单位私自设立“小金库”等违纪行为,推行“票款分离”,实行收支两条线管理。截至年底,市级纳入财政专户资金达3亿多元。

2001年,设置德州市预算外资金管理处(市收费局、市住房资金管理处),负责全市预算外资金的宏观控制和管理工作,研究拟定全市预算外资金的管理办法并组织实施。

2004年,根据国家、省关于加强政府非税收入管理的通知,进一步加强和完善政府非税收入(预算外资金)的全面管理,明确非税收入的管理范围为:行政事业性收费、政府性基金、国有资源有偿使用收入、国有资产有偿使用收入、国有资本经营收益、彩票公益金、罚没收入、以政府名义接受的捐赠收入,主管部门集中收入以及政府财政资金产生的利息收入等。

2008年,德州市人民政府印发《关于进一步加强和规范政府非税收入管理的意见》,进一步明确市政府非税收入管理范围、征管职责、强化政府非税收入收支管理的措施。严格收费基金管理制度,全面推行“票款分离”,加强非税收入票据管理,规范非税收入支出管理,与纪检、监察、审计、物价、法制等部门组织专项检查,进行专项清理,逐步将非税收入管理工作纳入规范化和制度化轨道。

二、农业综合开发资金管理

1988年,德州地区被中央和省列为农业综

合开发的重点地区。德州地区各级党委、政府把农业综合开发工作当做农业和农村经济工作的重要组成部分来抓，在有关部门的大力配合下，圆满地完成各年度的开发任务。

1989年，国家土地开发建设基金领导小组第八次会议决定，国家土地开发建设基金管理领导小组从1990年1月1日起，更名为黄淮海平原农业综合开发领导小组。1994年5月，国务院将黄淮海平原开发模式推广到全国，“黄淮海平原农业综合开发”也随之改为“国家农业综合开发”，并一直沿用至今。从1988年到2011年的24年间，德州市农业综合开发投入资金总额达24.37亿元，其中，中央和省财政资金11.22亿元。24年来，共改造中低产田385.1万多亩，开垦各类荒地、荒水、沙地46.55万亩，创建和扶持多种经营及产业化经营项目195个。

第三节　政府采购

2001年5月，市政府印发《关于推行政府采购工作的意见》，在市财政局设立专职工作机构—政府采购中心，开始全面推行实施政府采购工作。2003年1月，根据《中华人民共和国政府采购法》规定，对政府采购的具体采购活动，依法运用市场经济手段，委托社会中介采购代理机构具体组织实施，政府采购中心对中介代理机构的采购活动实施全面监管，建立起“权限分离、运作有效、相互监督、相互制约”的运行机制。2005年，政府采购中心更名为政府采购管理办公室。

为确保政府采购工作依法依规进行，采购管理办公室相继出台《德州市市级政府采购工作规程》等一系列的规章制度，形成以政府采购法为统领，以财政部、省财政厅的规章制度为配套，以市级规范性文件为补充的政府采购制度体系，使政府采购活动从预算编制到货款支付的每个环节都有法可依、有章可循。2001—2011年，全市的政府采购范围和规模不断扩大，推行初期的少数、集中的个别单位，逐步扩大到全市及中央、省驻德州单位；实施政府采购的项目，由少量的、单一的货物采购扩大到货物、工程和服务项目三大类采购。全市采购规模，由2001年的1600万元，增加至2011年的45.8亿元，是2001年的286倍。2011年，全市共完成政府采购预算531302万元，实际采购金额458674万元，节约资金72628万元，节支率15.8%。2011年，全市采购规模比2010年增长39%，节约资金比2010年增加16083万元。其中市级共完成政府采购项目217个，政府采购预算83180万元，实际采购额74668万元，节约资金8512万元，节支率11.4%，采购规模比2010年增长24.6%。

货物类采购方面，重点是被市委、市政府列为大事，涉及社会和群众利益的采购项目。2003年，完成市政府十大实事之一的德州市公安报警服务系统建设工程，该项目预算金额408万元，合同金额345.5万元，节省资金62万元，被公安部评价为全国市级“110、122、119”三台合一的建设典范，成为全国的样板工程。2004年春节前，为公安部门紧急采购10部巡逻车、8部紧急警备车及抓捕网、车载台等253万元的警用装备，及时保证“110”上街巡逻的需要。2004—2005年上半年，完成全市13个县(市、区)8300多个行政村农村党员干部现代远程教育项目采购工作，签订政府采购合同1080份，合同金额7110多万元，节约资金2000多万元，被省委组织部认可为全省远教项目采购最好的市(地)。2005年，完成德州市垃圾处理厂800万元的国债建设项目，节省资金126万元。2006年，完成德州学院2600万元教学设备采购项目。2007—2009年上半年，完成3600多万元环保监测设备的采购，为实现全市所有重点污染源全部安装在线自动监控设备的目标起到决定性作用。2008年,完成市卫生局830万元的“1127”乡镇卫生院医疗设备。2009年,完成950万元中小学及特殊教育学校教学仪器项目的采购。2009年,面对突如其来的手足口病和H1N1甲型流感,紧急采购263万元的疾病防控设备,确保防控设备及时到位。2010年,完成太阳能大会安保产品等项目的紧急采购。重点项目的政府采购实施,扩大采购规模和效益,提升政府采购工作的公信力。

工程类采购方面。2008年年底,市政府印发《德州市市级政府投资工程项目政府采购管理暂行办法》,将市级政府投资工程项目全部纳入政府采购范围,市级政府采购实现了货物、工程、服务领域真正意义上的全覆盖。2009年,通过政府采购,共完成市级重点工程项目12个,工程概算4.6亿元,实际采购额3.5亿元,节约财政资金1.1亿元,节支率25%。2010年,完成工程项目预算49593万元,实际工程额43394万元,节支6199万元,节支率14.3%。

德州市县级政府采购工作起步较晚、规模不大。2006年以后,各县(市、区)财政部门按照省财政厅及市财政局的要求,争取当地党委、政府支持,政府采购工作进展较快,平原、禹城、夏津、临邑等县采购规模增长迅速。平原县将财政性资金安排的工程、货物、服务项目全部纳入政府采购管理范围,先后实施政府采购项目300多个,完成采购额11.22亿元,累计节约资金1.69亿元,成为全市县级政府采购工作的标兵。2008年11月,在平原县召开全市政府采购工作现场会,全面介绍推广平原县政府采购经验。

2001—2011年德州市政府采购情况表

表16-7　　单位:万元、%

年份	预算额	采购额	节支额	节支率
2001	2086	1600	486	23.30%
2002	5240	4470	770	14.69%
2003	12036	10191	1845	15.33%
2004	18022	15753	2269	12.59%
2005	23826	20248	3578	15.02%
2006	27509	22940	4569	16.61%
2007	60083	49986	10097	16.81%
2008	175700	150477	25223	14.36%
2009	281517	233499	48018	17.06%
2010	385761	329217	56545	14.66%
2011	531302	458674	72628	13.67%

第四节　投资融资

2008年，成立德州市政府投融资管理中心，主要职责是按照市政府批复的投融资计划，盘活城市存量资产，为全市重点项目和城建工程筹集资金。同年9月，经市政府批准，德州市城市经营建设投资总公司改制为德州德达城市建设投资运营有限公司，作为市政府融资平台。公司性质为国有独资，注册资本20亿元，德州市财政局持有100%股权，由市政府投融资管理中心直接管理。之前，德州市城市经营建设投资总公司主要是通过运营政府土地为城市建设筹集资金。

市政府投融资管理中心（德达公司）成立后，至2011年累计争取融资57.97亿元。其中，2010年8月发行德达一期城投债7亿元，按照国家金融政策，争取政策性贷款、银行贷款等20.97亿元。2011年12月，全市农村危房改造安居工程获批国家开发银行政策性中长期贷款30亿元。

2008—2011年，投资中心城区城建项目61.64亿元，投资覆盖城市基础设施建设、民生领域、公共服务领域、城市安全、市容改貌和城乡一体化等方面。城市基础设施建设：对三八路、新华路、解放北路、长河大道北延、青年路、大学路、迎宾路等多条市区主干道路进行改造升级；民生领域：投资建设保障性住房1575套，建设总投资31345万元；公共服务领域：投资建设体育中心、政务服务中心、高铁东站落客平台等。2011年起开始投资建设博物馆、大剧院、新党校等公共服务场所，提升城市形象和公共领域的服务水平；城市安全和市容改貌：投资实施东沟、三干渠等城区主要排水管网的改造升级，长河公园、锦绣川、明月湖等主要景区的绿化提升和交通附属设施完善等项目，提升城市形象，打造一批城市景观靓点。

第三章　国有资产管理

第一节　国有资产总量

从1990年到1997年，国有资产总额从22.5亿元增到76.37亿元，增长53.87亿元，增长率为239.42%，平均每年增长13.28%。1998年后，随着国有企业改革不断深入，国有资产逐步退出，企业国有资产总量不断下降。行政事业单位国有资产总量逐年上升，到2011年全市国有资产总量159.7亿元，其中企业国有资产14.5亿元，占9.1%；行政事业国有资产145.2亿元，占90.9%。

1990—2011 年德州市（地区）国有资产总量表

表 16－8　　　　单位：亿元

年份		1990	1991	1992	1993	1994	1995	1996	1997	1998	1999	2000
国有资产总量		22.53	24.05	29.87	27.24	33.65	62.15	77.86	76.37	67.9		
其中	企业						34.32	36.36	37.05	28.5		
	行政事业单位						27.83	40.50	39.32	39.4		
年份		2001	2002	2003	2004	2005	2006	2007	2008	2009	2010	2011
国有资产总量			58.97	56.13	58.85	87.49	113.03	120.04	127.31	136.53	159.76	159.7
其中	企业		23.92	20.13	17.75	16.34	30.28	22.68	23.46	23.79	24.20	14.5
	行政事业单位		35.05	36	41.10	71.15	82.75	97.36	103.85	112.74	135.56	145.2

第二节　国有资产产权登记

1991 年，开展企业产权登记试点工作，1992 年后，逐步在全市国有企业中推开，先后对全区 600 多家企业进行产权登记和年检。在 1991—1993 年行政、事业单位创办经济实体的高峰时期，全区共对 400 多户经济实体进行了国有资产开办登记。2003 年，全市共年检国有企业 249 家，登记国有资产总额 20.13 亿元，登记国家资本 10.77 亿元、国有法人资本 3.22 亿元。2011 年，全市共年检国有及国有控股企业 39 家，资产总额 83.7 亿元，国有资产总额 14.5 亿元。

行政事业资产产权登记工作从 1993 年开始进行。1996 年登记行政事业单位 1143 个，登记资产总额 48 亿元，国有资产总额 39.9 亿元。2002 年，由于部分单位上划及统计口径变化等方面的影响，年检时共登记行政事业单位 673 个，占有资产总额 45.16 亿元，国有净资产 35.05 亿元。2011 年，登记行政事业单位 1147 个，资产总额 199.8 亿元，国有净资产总量 145.2 亿元。

第三节　企业国有资产管理

1994 年，根据国务院发布的《国有企业财产监督管理条例》，制定《德州地区实施〈国有企业财产监督管理条例〉的意见》，对部分区直企业委派监事。1998 年，建立以注册会计师审核为核心的会计报表审核制度。2008 年，按照省政府《企业国有产权转让管理暂行办法》和《关于加强国有产权交易监管工作的意见》等规定，严把改制和国有产权转让关口，加大宣传力度，凡涉及国有产权、股权、资产转让行为必须在产权交易中心公开挂牌进行转让，严格实行企业国有产权“进场交易”制度。印发《关于规范企业国有资产产权登记和工商登记管理工作的通知》和《关于加强和规范国有资产占有单位财务审计资产评估管理工作有关问题的通知》，进一步加强国有资产管理。

1997 年后，先后对德棉、晶华、黑马等 7 家集团和市工业资产经营公司进行授权经营，共授权资产总额 28 亿元，国有资产总额 5.6 亿元。

国有资产保值增值考核工作从 1996 年开始，选择德州地区燃料公司、美丽华大酒店、晶

峰玻璃厂等8家企业进行试点。1997年，国有资产保值增值考核工作在全市全面展开，对全市426户国有企业核定保值增值考核指标，年底共考核国有资产总额313673万元，被考核企业比1996年国有资产增值32132万元。1998年，根据市政府《市属工业企业经营者考核奖励试行办法》，制定《德州市国有资产保值增值考核奖惩办法》，按企业占有使用国有资产数额多少，把企业划分为1000万元以下、1000万元以上5000万元以下、5000万元以上1亿元以下、1亿元以上4个类型，分别根据完成保值增值的百分比予以奖励（企业改制参见第十一编工业第一章工业企业经营体制）。

第四节　行政事业单位国有资产管理

一、行政事业单位国有资产使用管理

1993年，对全市行政事业单位国有资产进行清查，摸清各单位的“家底”。1995年，行政事业单位基本上建立了固定资产总账、明细账和固定资产卡片。2010年，建立全市行政事业单位资产管理信息系统，实行精细化管理。实现了对全市的行政事业单位资产从“入口”配置到“出口”处置的全过程动态监管。

二、非经营性资产转经营性资产管理

1996年，对全市行政事业单位经营性资产进行普查。截至1996年8月底，共有行政事业单位1143户，其中：有经营性资产的351户，占总户数的31%，经营性资产1.04亿元，占总资产的2%；经营性资产按5%年率征收，应收占有费523万元，实际征收2.4万元。1997年，建立全市统一的经营性资产账卡，实行专项管理。到1997年年底，全市1260户行政事业单位中有经营性资产的351户，占总户数的31%，经营性资产2.02亿元，占资产总额的3.75%；上交占用费3.7万元。

1998年，制定经营性资产管理试行办法，改革占有费收缴管理制度，实行先征后返。由于机构改革，实体脱钩，使全市经营性资产有所减少。1998年年底，全市行政事业单位1084户，其中有经营性资产的101户，占总户数的9.3%，经营性资产1.1亿元，占资产总额的2.3%。

2002年，修订《德州市非转经资产管理和占用费收缴暂行办法》。组织开展非转经资产专项调查，对市直107个具有独立法人资格的单位集中进行专项调查。据统计，市直共有38个单位有非转经资产，总额7519万元，占市直行政事业资产的4.1%。主要有两种非转经形式：一是兴办经济实体，共32个，资产总额3988万元，占53%；二是出租房屋、设备，资产总额3531万元，占47%。

三、行政事业单位国有资产处置管理

1999年，出台《德州市行政事业单位资产处置管理办法》，明确资产处置的方式、权限、程序及要求，规定处置土地、房屋、车辆以及单位价值在1000元以上的其他资产，必须报经国资局批准。2008年，制定《德州市行政事业单位国有资产有偿使用收入管理暂行办法》和《市级行政事业单位国有资产处置管理暂行办法》，对行政事业单位资产处置行为进一步规范。2010年，印发《德州市国有资产处置联席会议制度》，有关大型的国有资产处置行为，由市级机关事务管理局、监察局、审计局、国土资源局、规划局、国资办、房产管理中心等部门组成的联席会议决定，使国有资产处置行为有章可循，有法可依，阳光操作，公平公正。

第五节　清产核资

一、行政事业单位清产核资

1993年2月至2007年，进行了3次大规模

的行政事业单位清产核资工作。

第一次于1993年2月开始，对全区行政事业单位进行清产核资。经过财产清查，1993年德州市行政事业单位10689户，清查前全部资产账面数22.9亿元，清查后24.5亿元，固定资产清查前账面数19.4亿元，清查后21亿元。国有资金清查前账面数20亿元，清查后21.5亿元，在建工程清查核实1.6亿元，土地（空白地）清查前8.4万平方米（1.8亿元），清查后8.5万平方米（2.6亿元），汽车清查前2575辆（共2亿元），清查后2752辆（2.2亿元）。房屋清查前73.8万平方米（13.3亿元），清查后94.8万平方米（16.5亿元）。

第二次于2002年6月开始，对2001年12月31日前批准成立、具有独立法人资格、实行独立核算的所有行政事业单位进行了清产核资。

第三次于2007年2月初开始，对全市行政事业单位进行清产核资。市直180多个部门、单位和13个县（市、区）均成立清查工作领导小组；经过财产清查，截至2006年年底，全市行政事业单位资产清查共有1051户，其中，行政单位381户，事业单位628户，乡镇汇总42户；其中执行企业会计制度21户。2006年度全市行政事业单位占有资产总计117.97亿元，同比上年97.55亿元增长20.9%；负债总额35.22亿元，同比上年25.35亿元增长38.9%；国有资产总量81.07亿元，同比上年71.15亿元，增长13.9%。

二、国有企业清产核资

分别于1994年3月、1995年5月，进行两次大规模的国有企业清产核资工作。第一次从1994年3月开始，同年6月全面结束。参加清产核资的企业共536家，企业资产总额77亿元，负债总额66亿元，所有者权益11亿元。全部资产损失9.9亿元，全部资金挂账8.9亿元，通过清查统计资不抵债企业126家，占清查户数的23.5%。资产保值率87%。第二次从1995年5月中旬至8月底对国有企业的土地进行全面清查登记、估价。参加土地估价的企业520户，全市土地清查估价全部面积2303万平方米，土地估价前总价值9051万元，估价后总价值22.2亿元，土地作价后升值净额21.3亿元，升值率2353.33%。

三、集体企业清产核资

城镇集体企业清产核资工作在1996年试点，1997年全面铺开，1998年进行“补课”。基本完成了城镇集体企业清产核资的各项任务，帮助企业卸掉包袱，摸清“家底”。截至1997年3月31日，参加清产核资的企业588户，清查企业资产额78.7亿元，负债72.1亿元，所有者权益6.6亿元，清理出经营亏损挂账3.7亿元，流动资产损失2.6亿元，固定资产损失0.1亿元。经核实后，资产总额81.2亿元，负债72.9亿元，负债率89%。所有者权益8.3亿元，资产损失21.7亿元。通过资金核实，帮助企业处理资产损失1.97亿元，其中经地税部门批准处理1.74亿元，企业自行处理0.23亿元。

1998年5月始到月底，对中央驻德州企事业单位创办的集体企业及中央金融系统驻德州单位创办的集体企业进行清产核资。中央驻德州企事业单位创办的集体企业参加清产核资10家，中央金融系统集体企业6家，共16家，资产总额2482万元，负债2280万元，所有者权益202万元。中央集体金融企业1家，资产总额390万元，负债390万元。资产总额2482万元，负债2280万元，所有者权益202万元。中央集体金融企业1家，资产总额390万元，负债390万元。

清产核资“补课”工作从1998年5月开始至9月中旬结束。城市商业银行清查资产总额10.6亿元，负债10.3亿元，所有者权益3050万元，资产负债率96.7%，清查不良资产8250万元，占总资产的7.76%。

第十七编

SHUIWU

税务

- 分税制前税务
- 国家税务
- 地方税务

1978 年，中共十一届三中全会后，适应多种经济成分、多种经营方式、多条流通渠道的经济发展新形势，国家不断改革税收制度。

1980 年，开征个人所得税和中外合资经营企业所得税，到 1991 年，除关税、农业税、耕地占用税和契税外，工商税收达到 30 个税种。经过“利改税”和工商税制改革，初步建立适应有计划的社会主义商品经济要求，内外有别，以流转税、所得税类税收为主体，其他税种相配合的税制体系，税制结构更加趋于合理，打破了长期单一税制的局面，多税种、多环节征收的复合税制体系基本形成。

1994 年，国家进行新中国成立以后规模最大、范围最广、成效最显著、影响最深远的一次税制改革。提出了“统一税法，公平税负，简化税制，合理分权，理顺分配关系，保障财政收入，建立符合社会主义市场经济要求的税制体系”的总体要求，税制改革的核心是建立以增值税为主体的流转税制度和统一所得税制度。在对工商税制进行全面改革的同时，国务院决定自 1994 年 1 月 1 日起，在全国实行分税制财政管理体制，在合理划分中央和地方事权的基础上，根据事权与财权相结合的原则，将税种统一划分为中央税、地方税和中央地方共享税，其立法权都集中于中央，建立中央税收和地方税收体系，设中央、地方两套税务机构分别征管。国家税务局系统实行国家税务总局垂直领导的管理体制，负责征收中央固定收入、中央与地方的共享收入；地方税务局实行地方政府和国家税务总局双重领导，以地方政府领导为主的管理体制，负责征收地方固定收入。

根据国务院统一部署，德州地委、行署制订了税务机构分设方案，将地区税务局一分为二。1994 年 8 月，分别组建成立德州地区国家税务局、德州地区地方税务局。人员按 6:4 比例分流，国税系统 1663 人（含 360 名退离休人员），地税系统干部职工 1108 人。财产分配按物随人走的原则，大体是 5:5 比例。

分税前的 1993 年，全地区税收入库总收入 6.13 亿元，到 2011 年全市税收总收入 133.3 亿元，其中国税 65.34 亿元，地税 68 亿元。

第一章　分税制前税务

1994 年，国家实行分税制以前（1986—1993），由地区税务局的税收征管大致经历了由单一税制，到多税种、多环节征收的复合税制体系的过程。

1980 年，开征个人所得税和中外合资经营企业所得税，1982 年，开征外国企业所得税，建立涉外税制。

从 1983 年 1 月 1 日起，对国营企业实行“利改税”第一步改革，把国营企业上缴利润改为缴纳所得税，实行“利税并存”模式。当年，开征建筑税。1984 年 10 月起，实施“利改税”第二步改革，并由“利税并存”过渡到“以税代利”。同时，对工商税收制度进行全面改革。

1985年，从工商所得税分出集体企业所得税、新开征城市维护建设税、国营企业工资调节税、集体企业奖金税和事业单位奖金税。

1986年，从工商所得税分出城乡个体工商业户所得税，新设个人收入调节税，开征房产税、车船使用税。对个人所得的征税制度形成个人所得税、城乡个体工商业户所得税和个人收入调节税三税并存的格局。

1988年，恢复征收印花税，开征筵席税、私营企业所得税和城镇土地使用税。1989年，开征特别消费税。

1991年4月，将中外合资经营企业所得税和外国企业所得税合并为外商投资企业和外国企业所得税，将建筑税改为固定资产投资方向调节税。至此，除关税、农业税、耕地占用税和契税外，工商税收共有30个税种。1986—1993年，德州地区征收执行的税种有5大类、20个左右。共组织完成各项税收收入32.26亿元，年均增长15.66%。

第一节　税种税率

一、流转税类

产品税　1984年开征。为配合扩大增值税的征税范围，产品税的征税范围逐渐缩小，到1988年产品税的税目由270个减少为96个。产品税一般采用比例税率，从价计征，最高税率为60%，最低税率为3%。1994年税制改革时废止。

营业税　1984年开征。1985年11月，对国营企业的所有商品批发业务恢复征收营业税。1987年1月1日，对国营建筑安装企业征收营业税。1988和1990年，增加3个税目，即典当业、土地使用权转让及出售建筑物、经济权益转让。取消出版业和临时经营2个税目。从1993年5月1日起，根据国务院的决定，商品零售的营业税率由3%提高到5%。1994年1月1日，原营业税条例（草案）废止。

增值税　1984年，制定国家增值税条例（草案）时，增值税有12个税目。从1986年到1988年，增值税税目增加到31个。增值税的计税方法起初采用“扣额法”和“扣税法”两种，1987年1月1日统一采用“扣税法”。1994年1月1日，原增值税条例（草案）废止。

二、所得税类

城乡个体工商户所得税　1986年度起开征。以从事工业、商业、服务业、建筑安装业、交通运输业和其他行业，经工商行政管理部门批准开业的城乡个体工商户为纳税人；以纳税人每一纳税年度的收入总额减除成本、费用、工资、损失和国家允许在所得税前列支的税金以后的余额为应纳税所得额；实行7%至60%的10级超额累进税率；并对纳税人全年应纳税所得额超过5万元的，按照超过部分的应纳税所得额加征10%至40%的所得税。1993年废止。

个人收入调节税　1987年1月1日开征。以在中国境内有住所、取得个人收入的中国公民为纳税人；以工资、薪金收入、承包、转包收入，劳务报酬收入，财产租赁收入，专利权转让、专利实施许可和非专利技术提供、转让取得的收入，投稿、翻译取得的收入，利息、股息、红利收入和经财政部确定征税的其他收入为征税对象。第一类至第四类收入合并为综合收入，按月计征，适用20%至60%的5级超额累进税率；第五类至第七类收入按照每次收入计税，适用20%的比例税率；第八类收入的税率由财政部确定。1988年6月25日，规定私营投资者将私营企业税后利润用于个人消费的部分，按照40%的比例税率缴纳个人收入调节税；私营企业投资者撤回生产发展基金或者转让企业资产用于个人消费的，要补缴个人收入调节税。1993年废止。

中外合资经营企业所得税 1980年开征。课税对象是中外合资经营企业的所得额，包括生产、经营所得和其他所得。采用比例税率，税率为33%。1991年废止。

外国企业所得税 1982年开征。凡是在中国境内设立机构独立经营的、同中国企业合作生产经营的、在中国境内没有设立机构但有来源于中国的股息、利息、租金、特许权使用费和其他所得的外国公司、企业以及其他经济组织都是外国企业所得税的纳税人。课税对象是外国企业应纳的所得额，采用5级超额累进税率。1991年废止。

外商投资企业和外国企业所得税 1991年7月1日开征。以外商投资企业和外国企业为纳税人，征税对象是纳税人的生产、经营所得和其他所得。外商投资企业和外国企业在中国境内设立的从事生产、经营的机构、场所每一纳税年度的收入总额减除成本、费用、损失以后的余额为应纳税所得额。企业所得税的税率为33%、24%、20%、15%4种。

集体企业所得税 1985年4月11日，国务院颁布《集体企业所得税暂行条例》，规定凡从事一切工业（包括手工业）合作厂（社）、商业（包括供销合作社、合作商店）服务合作业、建筑安装企业、交通运输企业和街道企业、乡镇集体企业和其他集体企业，都是集体企业所得税的纳税义务人。集体企业所得税实行8级超额累进税率，最低税率为10%，最高税率55%。1994年1月1日废止。

私营企业所得税 自1988年度起开征。以从事工业、建筑业、交通运输业、商业、饮食业和其他行业的城乡私营企业为纳税人，以纳税人每一纳税年度的收入总额减除成本、费用、国家允许在所得税前列支的税金和营业外支出以后的余额为应纳税所得额，税率为35%。1994年1月1日废止。

国营企业所得税 1983年开征。以实行独立经济核算的国营企业为纳税人，以实现利润减除允许扣除的项目以后余额为应纳税所得额。大中型企业适用55%的比例税率，饮食服务行业和营业性的宾馆、饭店、招待所适用15%的比例税率，小型企业和县以上供销社适用7%至55%的8级超额累进税率。1994年1月1日废止。

三、特定税目类

城市维护建设税 1985年施行。以缴纳产品税、增值税、营业税的单位和个人为纳税人，以纳税人实际缴纳的产品税、增值税、营业税税额为计税依据，实行地区差别税率。税率分别为：纳税人所在地在市区的，税率为7%；纳税人所在地在县城、镇的，税率为5%；纳税人所在地不在市区、县城或镇的，税率为1%。

建筑税 《中华人民共和国建筑税暂行条例》于1987年6月25日发布，7月1日起施行。新的建筑税纳税人中增加乡镇企业和个体工商户，税率由单一比例税率改为差别比例税率，从10%～30%不等。1991年4月16日废止。

固定资产投资方向调节税 建筑税停征后，自1991年度起改征固定资产投资方向调节税。与1987年修订的建筑税相比，该税种扩大纳税人的范围，增加私营企业；征税投资的范围增加商品房投资和其他固定资产投资；征税资金的范围增加国家预算资金；税率根据国家的产业政策和项目经济规模实行差别税率，从0到30%不等。

特别消费税 自1989年2月1日开始对彩色电视机和小轿车征收，纳税人为在中国境内生产、进口彩色电视机、小轿车、吉普车、面包车的单位和个人，实行从量定额征税。1992年4月24日，对彩色电视机征收的特别消费税停征。对小轿车征收的特别消费税于1994年税制改革时并入消费税。

四、财产及行为税类

印花税 1988年10月1日开征。以在中国境内书立、领受应纳税凭证的单位和个人为纳税人。应纳税凭证包括:购销、加工承揽、建筑工程设计、建筑安装工程承包、财产租赁、货物运输、仓储保管、借款、财产保险、技术合同或者具有合同性质的凭证、产权转移书据、营业账簿、权利许可证照、经财政部确定征税的其他凭证。计税依据为应纳税凭证所载金额或者应纳税凭证件数,税率分为比例税率和定额税率。印花税票分1角、2角、5角、1元、2元、5元、10元不等。

房产税 1986年10月1日开征。在城市、县城和建制镇征收,由产权所有人或者承典人、代管人、使用人缴纳,以房产原值减除一定比例以后的余值或者房产租金收入为计税依据,税率分别为1.2%和12%。

车船使用税 1986年10月1日开征。以在中国境内拥有并且使用车辆、船舶的单位和个人为纳税人,车辆按照辆数或者净吨位实行从量定额计征,并实行幅度税额标准。

五、资源税类

资源税 1984年开征。1986年,将原油、天然气、煤炭等3种产品的资源税的计税办法,由按照应纳产品的销售利润率超率累进计征改为按照实际产量或者销售量从量定额计征,原油的税额标准为每吨1~24元不等,国家统配煤矿的税额标准为每吨0.2~4.7元不等。1991年1月15日,煤炭资源税的税额标准进行调整,统配煤矿的税额标准为每吨0.3~2.4元不等,非统配煤矿的税额标准为每吨0.5~1.6元不等。1992年1月1日起,对铁矿石征收资源税,税额标准为每吨1.15~2.5元不等。1994年1月1日,原资源税条例(草案)废止。

土地使用税 1988年11月1日开征。以在城市、县城、建制镇、工矿区范围内使用土地的单位和个人为纳税人,计税依据为纳税人实际占用的土地面积,实行有地区差别的幅度税额标准,每平方米应税土地的年税额标准从0.2~10元不等。1994年1月1日起,实行分税制财政管理体制,土地使用税由地税局征管。

六、其他

教育费附加 1986年4月,国务院下发《征收教育费附加的暂行规定》,从当年7月1日起,开始征收教育费附加,对全市国营、集体、个体企业按其实际缴纳的产品税、增值税、营业税额的1%征收。凡缴纳产品税、增值税、营业税的单位和个人,除按照国务院《关于筹措农村学校办学经费的通知》规定,已缴纳农村教育事业费附加的单位外,均缴纳教育费附加。

1990年8月1日起,德州地区执行国务院修改后的教育费附加规定,教育费附加率提高为2%。1994年1月1日起,根据国务院《关于教育费附加征收问题的紧急通知》精神,教育费附加率提高到3%。同时,按照分税制财政管理体制规定,教育费附加由地税局征管。

第二节 税收征管

一、征管机构

1984年机构改革以前,德州地区财政税务机构合署,名为德州地区财政税务局。1984年机构改革,财税机构分设,成立德州地区税务局。下辖13个县税务局,224个税务所,全区共计1500名税务人员。到1994年实行分税制前,全区共有干部职工2771人(含360名退离休人员)。

二、税务登记

1982年,根据财政部税务总局《关于办理税务登记的通告》精神,全区恢复税务登记制度。

1987年4月，再次对所有纳税人进行税务登记、换证工作，并对税负偏低的个体工商户调整税负，澄清全地区税源底数。

1990年7—9月，根据《山东省税收征收管理实施办法》的规定，全省开展第三次税务登记、换发税务登记证工作。

1993年11—12月，全省税务机关对纳税人统一换发税务登记证件，对企业和个体工商户换发税务登记证，澄清底数，保证新税制的顺利实施。

三、纳税申报

1987年，省政府印发《山东省税收征收管理实施办法》，规定：在发生纳税义务之后纳税人须按月或按季如实向其主管税务机关进行纳税申报，报送纳税申报表、财务会计报表和有关纳税资料；对从事临时经营的纳税人，出售自产应税农、林、牧、水产品的纳税人，宰杀自养牲畜的纳税人，购买牲畜自用的纳税人，不填纳税申报表，由纳税人在纳税义务发生当天，向经营所在地的主管税务机关申报。

1988年12月，根据省税务局《关于纳税申报若干问题的规定》，对纳税申报工作进行全面检查整顿，统一纳税申报表，严格纳税申报的各项手续制度，整顿纳税秩序。

1989年9月，省政府发布《关于严格申报纳税的布告》，重申纳税申报规定，要求“所有纳税单位和个人，必须按照税收法规，自觉缴纳国税”。申报不实的，由税务机关按照政策核定后缴纳。

1992年6月，省税务局下发《关于整顿申报纳税工作的通知》，要求集中时间开展申报纳税整顿工作，整顿的范围主要是国营、集体、私营企业和个体工商户对申报纳税制度的执行情况和主管税务机关对申报纳税工作的监督、管理情况，重点整顿纳税申报环节各项制度的执行情况。

第三节 税收收入

1986—1993年，德州地区共组织完成各项税收收入32.26亿元（不含出口退税，下同），年均增长15.66%。8年间，全区税收收入保持了持续稳定增长，税收总量由1986年的2.35亿元，增加到了1993年的6.13亿元，1993年收入是1986年的2.61倍。

1986—1993年德州地区入库税收收入统计表

表17－1　　单位：万元

项目＼年份	1986	1987	1988	1989	1990	1991	1992	1993
工商税收收入	20525	24325	33615	38664	37365	36632	40794	57428
国营企业所得税	2066	3057	3140	3479	3109	3141	3339	3133
国家能源交通重点建设基金	953	1040	950	1102	802	924	551	395
国家预算调节基金				232	438	678	360	360
合计	23544	28422	37705	43477	41714	41375	45044	61316

第二章　国家税务

自1994年1月1日起，国家实行分税制财政管理体制，国税系统负责征管的税种有增值税、消费税、企业所得税、外商投资企业和外国企业所得税、个人所得税、证券交易税（未开征前对证券交易征收的印花税）、城市房地产税、车船使用牌照税、国家能源交通重点建设基金和国家预算调节基金等。

1996年，国家能源交通重点建设基金和国家预算调节基金停止征收。

1996年2月1日起，城市房地产税，车船使用牌照税，境内外商投资企业和外国企业以及个体工商户印花税，外籍人员、个体工商户的的个人所得税改为由地税局征管。

2001年1月1日，车辆购置税开征，取代车辆购置附加费，由国税局负责征收，暂由交通部门代征。2005年1月1日，车辆购置税由国税局负责征收，征收机构为各市、县（市、区）国税局车辆购置税征收管理办公室，交通部门不再代理征收。至2011年，德州市国税系统征管的税种有增值税、消费税、企业所得税、对储蓄存款利息所得征收的个人所得税和车辆购置税。

1994—2011年，全市国税系统共组织税收收入448.57亿元。2011年国税收入65.34亿元。

第一节　税种税率

一、流转税类

增值税　自1994年1月1日起，《中华人民共和国增值税暂行条例》施行，原增值税条例（草案）废止。增值税基本税率为17%；低税率为13%，低税率的适用范围包括基本食品和农业生产资料等；出口商品一般适用零税率。

消费税　1994年1月1日开征。以在中国境内生产和进口应税消费品的各类企业、单位、个体经营者和其他个人为纳税人，征收品目有11个，主要包括烟、酒、化妆品、贵重首饰、摩托车、小汽车、汽油、柴油等。消费税税率分定额税率和比例税率两种，最高比例税率为45%，最低为3%。

营业税　1993年年底，国家对营业税进行改革，改革后的营业税包括交通运输业、建筑业、金融保险业、邮电通信业、文化体育业、娱乐业、服务业、转让无形资产、销售不动产9个税目。1994年1月1日起，新营业税在全市开征。2003年后，全部归地税局征管。

二、所得税类

企业所得税　《中华人民共和国企业所得税暂行条例》自1994年1月1日起施行，税率为33%、27%、18%。2008年1月1日，《中华人民共和国企业所得税法》实施，企业所得税税率为25%；现行（2011年）的企业所得税税率：居民企业25%、非居民企业20%、国家需要重点扶持的高新技术企业15%、符合条件的小型微利企业20%。

外商投资企业和外国企业所得税　1994年7月1日，中外合资经营企业所得税法和外国企业所得税法两部涉外企业所得税法合并施行。执行国家规定税率。2007年废止。

利息个人所得税　1999年11月1日开征。对居民个人存款利息征收20%的所得税，由储蓄部门代扣代缴。2007年8月15日起，储蓄存款利息个人所得税税率由20%下调为5%。2008年10月9日起，暂免征收储蓄存款个人利息所得税。

1996年禹城市国税局税法宣传活动　（张军　摄）

三、财产及行为税类

证券交易税　1994年全国工商税制改革，把对股票交易征收印花税的办法改为征收证券交易税。国家税务总局明确，证券交易税（未开征前对证券交易征收的印花税）、城市房地产税和车船使用牌照税由国税局负责征管。

车辆购置税　2001年1月1日开征车辆购置税，取代车辆购置附加费。由车辆落籍地交通征稽部门直接征收。基本税率10%。2004年12月31日，车辆购置税停止由交通部门代征，自2005年1月1日起由国家税务局负责征收。车辆购置税为中央税，税款全部缴入中央国库。

第二节　税收征管

一、机构队伍

1994年8月机构分设时，设11个县（市）局，196个税务所，直接从事税收征管人员1182人。管辖全区37290户纳税户，其中国营3554户、集体5579户、私营企业430户、“三资”企业178户、个体工商户27448户、其他101户。

1996年年底开始进行农村征管改革，到1998年，全市共设立农村分局61个，共配备人员597人，管辖企业纳税人2616户，个体工商户16218户，其中增值税一般纳税人1171户。

1999年5月，根据省国税局要求，全市国税系统设立14个直属单位，其中市直3个，县（市、区）11个，1999年直属单位完成两税收入占全市两税收入的83%；按照属地管理的原则，重新划定管辖范围。11个县（市、区）局，共担负着388个集贸市场和35398户国有、集体、私营企业及个体业户的征收管理。

截至2011年年底，德州市国税局下辖13个县（市、区）局，在基层税源管理机构设置上，有13个办税服务厅、11个城区分局、33个农村（乡镇）分局、27个税源管理科、12个稽查局。基层一线管理人员855人（包括办税服务厅人员103人、税源管理623人、稽查人员129人），占全部人员的55.27%。全市登记管理业户共计33974户，按管理主体税种划分，增值税一般纳税人6215户、小规模纳税人2286户、非增值税纳税人356户、个体24943户（达起征点户3428户、未达起征点户21515户）。

二、税务登记

1996年6—9月，组织换发全国统一税务登记证件,全市国税系统共核发新税务登记证25796户,清理漏征漏管户1023户,补税罚款共计16.7万元。

1998年,贯彻国家税务总局制定的《税务登记管理办法》,规范开业登记、变更登记、停业、复业登记、注销登记、外出经营报验登记、登记核查、非正常处理、违法处理等税务登记各项管理工作。同年2月,市国税局与市地税局、市工商局、市技术监督局建立登记联系制度。

1998年7—9月,开展漏征漏管户清理检查工作。全市税务登记户数29060户,共清理漏征漏管户4927户,查补税款289万元,滞纳金7.75万元,罚款29.69万元。

2003年11月1日起,市国税局与市地税局、市工商局实行工商税务信息交换与共享。2005年4月,市国税局、市地税局对同一纳税人,实行同一税务登记代码。2006年9—10月,市国税局组织换发全国统一税务登记证件。2006年9月1日起,在全市范围内实施国家税务局与地方税务局联合办理税务登记制度,实行"一家发证,双方认可"。2007年6月,市国税局、市质量技术监督局实现国税与质监法人单位基础信息的交换与应用。2007年7月,全市国税部门与工商行政管理部门进一步建立联系制度,加强登记信息交换与应用。

2007年8月1日起,全市推行应用《山东省国家税务局外部信息应用管理系统》,从省国税局采集工商、地税、质检、统计部门的登记信息,通过比对、清分向国税部门自动传递,国税部门利用采集来的信息加强户籍信息的管理。

三、纳税申报管理

1994年开始,国税系统逐步建立起纳税人自行申报纳税制度,实施"三自纳税"申报征收方式。在企业纳税人和个体工商户中推行以到税务机关直接申报为主,并结合专管员催报催缴的纳税申报征收方式。

1997年,国务院办公厅转发国家税务总局《关于深化税收征管改革方案》以后,实行"以申报纳税和优化服务为基础,以计算机网络为依托,集中征收,重点稽查"的30字模式。

2001年,局域网上线运行CTAIS1.1(中国税收征管信息系统V1.1)应用系统,实现市、县、所有分局的局域联网和数据共享。2001年下半年,在全市推行纳税人银行网点、电话和网上申报3种电子申报方式。截至2002年7月,全市3种申报方式申报户数达到7000户,其中电话申报473户,网上申报487户,网点申报6040户。

四、个体集贸税收管理

1996年,加强个体工商户、私营企业税收管理,集中力量对个体、私营企业开展全面检查,抽调324人,组成105个检查小组,对全市5434户个体业户,285户私营业户进行检查,查补税款219.27万元,罚款55.14万元。

1998年,全面开展个体税收大检查。清理个体漏征漏管户2461户,查补税款66.43万元,对5621户个体户税额进行调整,户均税额由175元上调到193元。对全市5434户个体业户,285户私营业户进行检查,查补税款219.27万元,罚款55.14万元。

2003年1月1日起,将销售货物的起征点幅度由现行月销售额600~2000元提高到2000~5000元;将销售应税劳务的起征点幅度由现行月销售额200~800元提高到1500~3000元;将按次纳税的起征点幅度由现行每次(日)销售额50~80元提高到每次(日)150~200元。提高起征点后,全市实际纳税户数由原来的26055户下降为15545户,不足起征点的户数达10510户,占原来个体办证总户数的40%。

2004年6月1日起,将销售货物的起征点提高至月销售额5000元;将销售应税劳务的起

征点提高至月销售额3000元;将按次纳税的起征点提高至每次(日)销售额200元。

2011年11月1日,按照山东省财税部门联合通知,德州市增值税起征点上调:销售货物和应税劳务的,为月销售额20000元;按次纳税的,为每次(日)销售额500元。按照旧的增值税起征点标准,德州市需要缴纳增值税的个体工商户为13013户,增值税起征点上调后,德州市需要缴纳增值税的个体工商户仅为1752户,11261户个体工商户不再需要缴纳增值税,占调整前征税户数的86.54%。

第三节 国税收入

1994年8月,税务机构分设后,国税部门坚持依法征税,1994年共组织收入5.12亿元(不包括海关代征,下同)。此后税收收入逐年增长。

1998年,受亚洲金融危机影响,全市经济发展速度缓慢,重点税源生产经营困难、企业经济效益滑坡,税收出现了自1994年以后首次下降,全市国税系统共组织税收收入8.85亿元,比上年下降1.58%。其中,"两税"收入完成8.69亿元,比上年下降1.71%。

2000年,税收收入首次突破10亿元大关,全年组织税收收入10.35亿元,比上年增长5.21%。其中,"两税"收入完成9.45亿元,比上年下降1.67%。

2007年,共组织税收收入44.25亿元,在连续3年平均增长33.97%的基础上,又增长17.95%,增收6.73亿元。其中,"两税"收入完成34.82亿元,同比增长16.63%。

2008年,共组织国税收入49.12亿元,在连续5年平均增长27.53%的基础上,又增长11%。其中,"两税"收入完成37.60亿元,同比增长7.79%。

2009年,克服国际金融危机严重冲击和结构性减税政策的双重影响,共组织税收收入50.33亿元,比上年增长2.46%,收入规模首次突破50亿元。其中,"两税"收入完成38.73亿元,同比增长3.01%。

2011年,全市国税系统共组织税收收入65.34亿元,增收9.16亿元,同比增长16.3%。其中,"两税"收入完成47.1亿元,同比增长12.59%。

1994—2011年德州市国税收入及"两税"收入统计表

表17-2 单位:万元

项目 年份	国税收入			"两税"收入		
	收入	比上年增长额	比上年增长比例(%)	收入	比上年增长额	比上年增长比例(%)
1994	51160			48614		
1995	63859	12699	24.82	59901	11287	23.22
1996	80253	16394	25.67	79623	19722	32.92
1997	89920	9667	12.05	88364	8741	10.98
1998	88501	-1419	-1.58	86853	-1511	-1.71

续表 17－2

年份＼项目	国税收入			“两税”收入		
	收入	比上年增长额	比上年增长比例（％）	收入	比上年增长额	比上年增长比例（％）
1999	98343	9842	11.12	96129	9276	10.68
2000	103463	5120	5.21	94524	－1605	－1.67
2001	114685	11222	10.85	103115	8591	9.09
2002	131165	16480	14.37	120253	17138	16.62
2003	153085	21920	16.71	129502	9249	7.69
2004	203134	50049	32.69	165102	35600	27.49
2005	280779	77645	38.22	222855	57753	34.98
2006	375200	94421	33.63	298579	75724	33.98
2007	442542	67342	17.95	348229	49650	16.63
2008	491203	48661	11.00	375989	27760	7.97
2009	503264	12061	2.46	387322	11333	3.01
2010	561800	58536	11.63	418382	31060	8.02
2011	653383	91582	16.30	471041	52657	12.59

注：本表数据来自德州市税收会统报表，税收收入为国内税收收入，不含海关代征

2001—2011 年德州市国税收入分税种统计表

表 17－3　　单位：万元

年份	税收合计	增值税	消费税	企业所得税	涉外企业所得税	个人利息所得税	车辆购置税
2001	114685	98177	4938	1136	840	7509	—
2002	131165	111296	8957	710	971	8290	—
2003	153085	126689	2813	2102	13619	7646	—
2004	203134	162265	2837	6542	23336	8155	—
2005	280779	216122	6733	10970	26975	8683	11294
2006	375200	285957	12622	23616	26780	11248	14977

续表 17－3

年份	税收合计	增值税	消费税	企业所得税	涉外企业所得税	个人利息所得税	车辆购置税
2007	442542	336654	11575	41096	21191	—	18788
2008	491203	365818	10171	83780	—	9385	22049
2009	503264	369857	17465	80077	—	4422	31443
2010	561800	389550	28832	94235	—	977	48206
2011	653383	446401	24640	127474	—	426	54442

注:2008 年,内外资企业所得税合并

2001—2011 德州市国税收入分县(市、区)统计表

表 17－4　　　　单位:万元

县市区局＼年份	2001	2002	2003	2004	2005	2006	2007	2008	2009	2010	2011
市区	61855	73200	86089	116890	137572	156285	164501	93714	95753	110424	97790
陵县	3989	4731	5155	5783	8253	11428	15359	20455	22255	27270	29299
平原	5922	7249	7821	9002	12324	17001	19153	15403	19007	23069	26376
夏津	4280	4554	5680	7189	10019	17493	21821	23631	25188	28605	28482
武城	4717	4733	4292	4699	5905	7765	9345	11633	14420	20239	22955
齐河	5200	6100	8706	14440	25074	44311	66697	70494	74447	81678	100429
禹城	7908	7846	8122	9267	15084	24299	29878	32990	36988	42168	46219
乐陵	4816	4102	3638	4404	10461	11723	15410	17044	18538	26220	25072
临邑	8686	8827	10078	13785	19098	33749	34725	41077	42535	45939	44571
宁津	4922	4969	5171	5806	7747	10084	11261	12269	13199	18015	17943
庆云	1359	1612	2022	2955	4231	6005	10029	12838	13885	19372	20195
经济开发区	1031	3242	5396	7438	22731	31811	41156	58779	60751	69978	144095
运河开发区	0	0	915	1476	2280	3246	3207	80876	66298	48823	49957
合计	114685	131165	153085	203134	280779	375200	442542	491203	503264	561800	653383

注:本表数据来自德州市税收会统报表,税收收入为国内税收收入,不含海关代征

2001—2011 德州市国税收入分级次统计表

表 17－5　　　　　　　　　　　　　　　　　　　　　　单位：万元

年份＼级次	中央级	省级	市级	县级
2001	89303	7326	5202	12856
2002	98335	12990	5938	13904
2003	112156	18565	6111	16252
2004	147423	26584	7658	21469
2005	208100	27665	10271	34744
2006	279055	28459	13326	54360
2007	328189	19694	41068	53591
2008	362483	19857	45731	63132
2009	377063	15629	47353	63219
2010	426573	13339	45761	76127
2011	490856	16905	52522	93100

注：本表数据来自德州市税收会统报表，税收收入为国内税收收入，不含海关代征

第三章　地方税务

1993 年 12 月 9 日，《国务院办公厅转发国家税务总局关于组建在各地的直属税务机构和地方税务局实施意见的通知》，规定地方税务局主要负责下列各税的征收和管理（不包括已明确由国家税务局负责征收的地方税部分）：营业税、个人所得税、土地增值税、城市维护建设税、车船使用税、房产税、屠宰税、资源税、城镇土地使用税、固定资产投资方向调节税、地方企业所得税（包括地方国有、集体、私营企业）、印花税、筵席税、按地方营业税附征的教育费附加。此后，分别于 1996 年、2002 年、2003 年、2006 年对征收范围进行了调整。

1996 年 2 月 1 日起，原属于国税局负责征管的城市房地产税，车船使用牌照税，境内外商投资企业和外国企业以及个体工商户印花税，外籍人员、个体工商户的的个人所得税改由地税局征管。

1994—2011 年，全市地税部门共组织税收收入 351.73 亿元，其他收入 17.88 亿元。

第一节　税种税率

一、流转税类

营业税　营业税具有征收范围广、税源普遍、税负较低、征收简便、收入稳定等特点，是地方税收体系中的主体税种。

1993年12月,《中华人民共和国营业税暂行条例》《中华人民共和国营业税暂行条例实施细则》等法规颁布。对交通运输业、建筑业、金融保险业、邮电通信业、文化体育业、娱乐业、服务业、转让无形资产和销售不动产等9类行业开征营业税。1994年1月1日起,实行分税制财政管理体制,营业税由地税局征管。

1998年,山东省地税局对娱乐业的范围和税率做了规定。征税范围包括:歌厅、舞厅、卡拉OK、夜总会、练歌房、音乐茶座、高尔夫、台球、保龄球、网球、乒乓球、壁球、滑冰、射击、狩猎、钓鱼、跑马、游乐场、滑道、棋牌室、健身房、电子游戏机、模拟电子游戏机、动感电影等,税率为10%。

2001年,财政部、国家税务总局对娱乐业营业税政策进行调整。5月1日起,夜总会、歌厅、舞厅、射击、狩猎、钓鱼、跑马、游艺、高尔夫、保龄球、台球等行业税率为20%。2006年,按期纳税的营业税起征点统一调整为5000元/月。

2006年6月1日起,个人购买并居住超过两年的普通住宅免征营业税改为个人购买并居住超过5年的普通住宅免征营业税。

二、所得税类

1980年9月10日开始征收个人所得税。1994年1月1日起,实行分税制财政管理体制,营业税由地税局征管。1. 工资计税标准:1994年,工资薪金个人所得税扣除费用标准为每人800元/月。1995年10月1日起,对执行公务员工资制度未纳入基本工资总额的补贴、津贴差额,山东省统一标准为每人80元/月,企事业单位职工的工资薪金比照办理。2006年1月1日起,将个人所得税工资薪金费用扣除标准提高到1600元/月。2008年3月1日起,将个人所得税工资薪金费用扣除标准提高到2000元/月。2. 个人出租房屋个人所得税税率:1994年个人出租房屋所得按20%的税率征收个人所得税。2001年个人出租房屋取得的所得暂减按10%的税率征收个人所得税。2007年起,年所得12万元以上的个人开始需履行个人所得税自行申报义务。

2011年9月1日前适用5%～45%九级超额累进税率;2011年9月1日后,适用3%～45%的七级超额累进税率。2011年9月日起,将个人所得税工资薪金所得费用扣除标准提高到3500元/月。

三、财产及个人行为税

房产税 1986年9月15日,国务院颁布《中华人民共和国房产税暂行条例》。9月25日,财政部、国家税务总局制定《财政部 税务总局关于房产税若干具体问题的解释和暂行规定》,房产税制基本形成。1994年1月1日起,实行分税制财政管理体制,房产税由地税局征管。

2008年,根据相关法律法规,确定纳税人出租住房,其租金收入达不到营业税起征点的,税收及附加的综合征收率为4%～5%;达到营业税起征点的,税收及附加的综合征收率为5.58%～6.67%。纳税人出租其他房屋,其租金收入达不到营业税起征点的,税收及附加的综合征收率为12%～15%;达到营业税起征点的,税收及附加的综合征收率为18%～20%。

城市房地产税 1951年政务院颁布《城市房地产税暂行条例》。1986年,国务院颁布《中华人民共和国房产税暂行条例》,对内资企业和个人统一征收房产税,城市房地产税仅对外资企业和外籍个人征收。1996年2月1日起,由国税局征管改归地税局征管。1990年,山东省税务局在《关于对外商投资企业征收城市房地产税有关问题的通知》中规定,对外商投资企业征收城市房地产税,保留城市房地产税税种名称,其征收范围、计税依据、计算办法等具体内容,一律按《中华人民共和国房产税暂行条例》和《山东省人民政府关于贯彻执行〈中华

人民共和国房产税暂行条例〉施行细则》办理。

城镇土地使用税　1988年12月25日，开始计征城镇土地使用税。2007年1月1日起，将城镇土地使用税的征收范围扩大到外商投资企业、外国企业，并提高单位税额标准范围。

2007年4月1日，经山东省人民政府批准，德州市城镇土地使用税计税标准进行调整：中等城市一等土地7.2元/平方米，二等5.6元/平方米，小城市市区4.8元/平方米，县城4元/平方米，建制镇、工矿区3.2元/平方米。原市区三个等级土地缩减为两个等级，山东、河北省界以东，京福高速公路以西，北外环路以南，南外环路及其西延长线以北范围的土地使用税等级为一等；除前述范围外的德城区、德州经济开发区、运河经济开发区范围内的其他土地，土地使用税等级为二等。

2008年底，德州市城镇土地使用税等级涉及中等城市市区1个（分一、二等两个等级），小城市市区2个（乐陵市、禹城市）、县城8个、建制镇72个、工矿区66个。

车船使用税　1986年9月25日，车船使用税开始计征。2004年，市地税局委托市交警部门在车辆年审的同时一并代征车船使用税，对不缴纳车船使用税的纳税人不给予办理车辆年审手续。2005年，公安部规定各级公安部门不得为其他单位代征税（费），委托代征车船使用税协议终止。

2006年，国务院颁布《中华人民共和国车船税暂行条例》。《条例》规定，适当提高税额标准；取消由财政负担经费单位（如国家机关、事业单位、人民团体）的自用车船免税规定，授权省级政府可以对城乡公共交通车船给予定期减免税；从事机动车交通事故责任强制保险业务的保险机构为机动车车船税的扣缴义务人，在销售机动车交通事故责任强制保险时代收代缴车船税。

2007年8月1日，启动保险机构代收代缴车船税。

印花税　1988年9月29日开始计征。1996年2月，个体工商户由国税局征收改由地税征收。2004年12月，制发《德州市印花税核定征收管理暂行办法》，规范印花税核定征收。2008年11月1日起，对个人销售或购买住房暂免征收印花税。

屠宰税　1985年，凡经营生猪（包括菜牛、菜羊）的单位或个人，由收购者根据收购所支付的金额和规定的税率计缴产品税，不再征屠宰税。1994年税改时，由地税局征收。1997年7—8月，为“减转农民负担，稳定社会大局”，开展屠宰税摊派问题的专项治理。2002年6月，屠宰税在德州市全面停征。

土地增值税　1995年1月27日，土地增值税开始计征。2003年7月，市地税局出台《房地产开发企业土地增值税管理办法》，9月1日起，暂确定德州市土地增值税预征率为1%。2006年11月，对土地增值税预征税率进行调整，调整为2%。2008年11月1日起，对个人销售住房暂免征收土地增值税

固定资产投资方向调节税　1991年4月16日，固定资产投资方向调节税开始计征。1997年11月，市地税局会同市计委、经委制订月度投资计划审核检查制度，加强对固定资产投资方向调节税的管理。2000年1月1日起，新发生的投资额，暂停征收固定资产投资方向调节税。

城市维护建设税和教育费附加　2002年1月1日起，对实行免、抵、退增值税的企业，按规定征收城市维护建设税和教育费附加。

资源税　1993年，《中华人民共和国资源税暂行条例》颁布实施，资源税开始计征。2004年，省地税局印发《关于工程施工取土征收资源税问题的通知》。明确公路、桥梁、大

堤、水库等工程施工过程中，对在工程征用土地范围内就地取土用于工程建设的，不征收资源税；对在工程征用土地范围内取土用作他用，或在工程征用土地范围以外取土用于工程建设的，均应按规定征收资源税。

四、代收费

文化事业建设费　1997年6月17日开始代收。

发展旅游事业费　1997年12月25日开始代收。

残疾人就业保障金　2004年起开展代收。

地方教育附加　2005年1月1日起开征，当年征收1643万元。

工会经费　2006年开始代收。

第二节　税收征管

一、机构队伍

1994年8月，税务机构分设，德州地区地方税务局成立，地税系统实行属地管理。全区11个县市区局共设有基层征收单位196个，基层征管人员753人。

2004年，推行税收征管责任制。全市共设立一级责任区14个，二级责任区120个，三级责任区336个。2005年，推行税收管理员制度，规范操作指南、作业标准，明确税收管理员的岗位职责，落实管理员管户责任，规范管理员执法行为。

2004年7月25日，对地税系统市以下事业机构编制作出调整，分别设立市、县（市、区）地税信息中心（挂纳税服务中心牌子）。

2008年11月6日，对德州市基层地税机构进行调整，实行综合设置。设中心税务所58个，原税务所撤销。

二、税务登记

1996年5月，组织个体工商户税务登记证件换发，全市共为24951户个体工商户核发地税版税务登记证。同时，清理漏征漏管975户，补税罚款87万元。同年，对涉外企业的税务登记证件换发，共为185户涉外企业核发地税版税务登记证件。

1998年，对内资企业和个体工商户的税务登记验证，全市税务登记户数共31606户，实际验证户数31397户，其中内资企业8197户，个体工商户23200户，验证不合格197户，查出漏管户128户，补税罚款20.71万元。

1998年，德州市地税局人员到市场征收屠宰税　（李长鸿　摄）

1999年6月，根据国家税务总局和省地税局换发税务登记证件的要求，全市共为28679户内资企业和个体工商户换发税务登记证件，其中注册税务登记证1732户，税务登记卡7758份，申报代码卡60份，清理漏征漏管户1432户，补税罚款30.12万元，滞纳金1.45万元，罚款8.5万元。

2002年，对全市确定

重点整治的92个集贸市场中的纳税业户进行全面检查。清理漏征漏管户257户，累计补税罚款12万元。对集贸市场内2520户定期定额户进行重新核定税负工作，调高定额1924户，全年增加税款28万元。

2003年，市地税局与市国税局、市工商局联合下发文件，建立登记信息交换制度，开展户源登记管理，共清理漏征漏管户3362户。是年，共办理税务登记3170户，其中现场办理税务登记63户。

2006年9—12月，完成换发税务登记证件和国地税联合办理税务登记工作。全市共换发税务登记证20798户，发放临时税务登记证3361户，清理漏征漏管户471户，清理税款11.6万元。

2008年2月，完成跨区调整税务登记迁移工作，从直属分局共调出纳税人1277户（不含临时户），调至德城区分局1016户，经济开发区145户，运河经济开发区116户。

2009年6月，全市共组成8个漏征漏管检查组，利用移动税务通（PDA）技术，实地到各县（市、区）局对税务登记、缴纳税款、发票等税务管理情况进行检查，对登记数据真实性进行比对。截至2009年6月底，全市税务登记户数71251户，新办税务登记14810户，全市税务登记户数突破7万户。

2011年8月至12月，完成全市无照户实地核查清理工作。截至12月底，全市4586户无照业户办理临时税务登记证，265户无照业户办理税务登记证。2011年12月，完成全市换发征管类税务检查证工作，全市共换发税务检查证1043个。

三、纳税申报

1994年机构分设以后，推行税银企一体化改革，在全市探索推行直接申报纳税、邮寄申报纳税、电话报税、双委托报税、银行网点报税、互联网报税等多元化申报纳税方式。

1994—1996年4月，建立纳税人自行申报纳税制度，取消“三自纳税”申报征收方式，在企业纳税人中推行以到主管税务机关直接申报为主的纳税申报方式，并结合专管员下户催报催缴，加强纳税申报征收管理。

1996年4月—2004年6月，在全市地税系统启用全省统一的分税种纳税申报表，推行分类纳税申报方式。

2004—2008年，推行电子报税，实现申报纳税方式的多元化。2008年，全市35524户定期定额纳税人实行双委托报税，占个体双定业户的96%，代征单位累计划转税款900万元；城区范围内1400户纳税人实行网上报税，累计划转税款2300万元。

截至2011年年底，全市网上报税纳税人达到1.4万户，实际申报额占申报纳税总额的比例达到70%。

四、核定征收

1996年4月1日起，将个体工商户纳入地税机关征收管理，沿用1994年机构分设前由专管员调查提出定额意见，由税务所研究确定纳税定额的个体工商户定期定额征收管理方式。

2000年，禹城、夏津等县探索实行个体户计算机定税管理。

2003年，市地税局委托德州市交通局代征德州市城区内交通运输业税收。货运车辆按载重量核定，每吨20～50元，客运汽车按座核定，每座10～20元。

2004年，在全市启用“山东地税双定户定额核定信息系统”，推行微机定税，并实行定额公示制度。2008年，省级“大集中”上线，启用新的山东地税双定户定额核定信息系统，实现了定额信息标准化、定额核定电子化和定额管理社会化。

2011年11月1日，起征点调整为20000元以后，未达起征点户数由原来的13003户增加至47857户，占个体登记户数的88.69%，从此意味着全市绝大多数的个体工商户达不到起征点。

五、涉外税收

1994年，国地税机构分设后，对外商投资企业、外国企业和外籍人员的税收管理，由国税部门负责。

1996年2月，国务院对国税部门和地税部门的税收征管范围进行调整，将外商投资企业、外国企业和外籍人员缴纳的营业税、个人所得税以及其他地方税种交由地税部门征收管理。德州市地方税务局增设涉外征收科，负责涉外企业及外籍人员相应税种的征收管理。

2008年撤销涉外征收科，设立国际税务管理科。截至2008年，德州市共登记外商投资企业303家，其中合资企业182家，合作企业5家，独资企业112家，外国企业4家。港澳台地区投资企业80家，占26%，其次为韩国、新加坡、日本等国家投资企业。

至2011年，国际税务管理主要业务范围为：(1)非居民税收管理；(2)税收协定执行；(3)税收情报交换；(4)反避税；(5)走出去税收服务与管理。除以上5个方面的国际税收业务外，德州市地税系统国际税收部门还负责外籍人员个人所得税管理和外商投资企业的税收管理。

第三节　地税收入

一、税收结构

1994年，全市地税系统税源按经济成分划分为国有、集体、私营、个体和其他5种类型。在各经济成分中，国有企业提供的地税收入1.34亿元，占总收入的70.04%，集体企业提供的地税收入0.6亿元，两种经济成分提供的地税收入占总收入的98.5%以上，其他经济成分地税收入的比重不足1.5%。

此后，随着经济体制改革的推进，各种经济成分税源所占比重逐渐发生变化，总趋势是国有、集体经济成分所占比重逐年下降，个体私营和股份制经济所占比重逐年上升。

1997年，国有、集体企业地税收入仍列前两位，占总收入的81.97%，比重呈逐年递减趋势。股份制、私营企业的地税收入占2.11%，均突破1000万元，个体经营地税收入达到7555万元。

1998年，国有、集体企业提供地税收入占总收入的71.96%。同年，地税部门开始分行业编报各项收入统计表。全市第一产业地税收入为零，第二产业地税收入4.22亿元，占总收入的56.8%。第三产业地税收入3.21亿元，占总收入的43.2%。

从1999年开始，部分国有、集体企业改制为股份制企业，国有、集体企业地税收入占总收入的比重下降。

2002年，国有企业地税收入占总收入的21.85%。集体企业地税收入占总收入的22.95%。在税收会计统计核算中首次出现有限责任公司，收入为1.08亿元，占总收入的8.06%，股份制企业和有限责任公司地税收入合计占总收入的26.83%，呈现快速上升趋势。第一产业地税收入2万元，比上年下降50%。第二产业地税收入8.11亿元，占总收入的60.73%，比上年下降13.57%。第三产业地税收入5.24亿元，占总收入的39.27%，比上年增长13.58%。

2005年，企业改制基本完成，各种所有制经济、各行业地税收入全面增长。2006年，股份制企业经济税收开始居主导地位，股份制企业地税收入10.99亿元，占总收入的50.2%。国有、集体企业地税收入占总收入的20.01%，仍是地税收入的重要来源。私营、个体地税收入分别占总收入的14.92%和9.16%，是地税收入重要的增长点。其他经济成分地税收入仅占总收入的5.71%。按产业划分，第二产业地税收入总量大、比重高，其中，制造业地税收入占总收入的35.1%，建筑业地税收入占总收入的15.05%，这两个行业地税收入占总收入的

50%以上。到2008年,第二产业地税收入继续保持总量最大、比重最高,其中:制造业地税收入占总收入的38.12%,建筑业和房地产业地税收入占总收入的24.64%,这3个行业地税收入占总收入的62.76%。

2009年,受国际金融危机冲击,各所有制、各行业地税收入出现不同程度回落。2010年,地税收入进入金融危机冲击后的恢复性增长。

2011年,因耕地占用税和契税从3月开始划转地税征收,除个别情况外,各种所有制、各行业地税收入均出现较高增幅。所有制结构占比:国有企业地税收入占总收入的8.71%,集体企业占1.99%,股份制企业地税收入40.7亿元,占59.86%,私营企业占11.68%,个体经营地税收入5.99亿元,占总收入的8.81%,涉外企业地税收入比上年增长75.41%。产业结构占比:第一产业地税收入比上年增长32.68%。第二产业地税收入31.7亿元,占总收入的46.63%,第三产业地税收入36.19亿元,占总收入的53.23%,第三产业地税收入继续保持总量最大、比重最高,其中:制造业地税收入占总收入的28%,建筑业和房地产业地税收入占总收入的35.28%,这3个行业地税收入占总收入的63.28%。

二、年度收入

1994年是新税制实施、机构分设的第一年,由于1993年财政体制改革,使得工商税收大幅度增长。全年地税收入1.89亿元,其中,省级收入3916万元,市级以下收入1.5亿元。德城区地税局组织收入8581万元,成为全市第一个收入突破5000万元的县(市、区)局。

1997年,四部门的印花税、土地使用税由省级收入下划为市级以下收入。全市地税收入6.12亿元,比上年增长21%,省级收入增长21.51%,市级以下收入增长20.96%。

2002年,中央、省对收入预算级次进行重大调整,营业税、企业所得税、个人所得税实行各级按比例分享,市级以下收入总量的比重有所下降。全市地税收入13.35亿元,比上年下降4.62%,自地税部门分设成立以后首次出现收入负增长。中央级收入2.82亿元,省级收入增长169.74%,市级以下收入下降29.53%。

2005年,全市地税部门加强重点行业的管理,全面加强对高收入群体个人所得税的控管,强化纳税评估,推进以票管税,深化社会综合治税,增收效果明显。全市地税收入18.7亿元,比上年增长17.15%。全市收入过亿元的单位7个,其中齐河县和临邑县地税局收入突破2亿元。

2007年,全市地税收入27.08亿元,比上年增长23.65%。全市收入过亿元的单位11个,其中临邑县地税局收入突破3亿元,平原县、齐河县和禹城市地税局收入超过2亿元。

2009年,全市地税收入36.11亿元。市地税局直属征收分局收入11.81亿元,名列全市第一;全市除运河经济开发区外,13个县(市、区)地税收入均超过亿元,其中齐河县和临邑县地税局收入超过3亿元,陵县、平原县和禹城市地税局收入超过2亿元。

2011年,耕地占用税和契税自3月划转以来共完成7.92亿元。地税收入实现新突破。全市地税收入67.99亿元,比上年增长47.53%。除运河经济开发区外,13个县(市、区)地税收入均超过2亿元,其中齐河县地税局收入超过7亿元,禹城市地税局收入超过5亿元,陵县、临邑县和经济开发区地税局收入超过4亿元,德城区、平原县、夏津县和乐陵市地税局收入超过3亿元。

1994—2011年,全市地税部门共组织税收收入351.73亿元,其他收入17.88亿元。

三、各县(市、区)收入

1994—2011年,全市地税系统共组织收入351.73亿元,其中市地税局直属征收分局共组织收入92.38亿元,县(市、区)局组织收入259.35亿元。

1994—2011 年德州市地方税务局税收收入情况表

表 17－6

单位：万元

项目 \ 年份	1994	1995	1996	1997	1998	1999	2000	2001	2002	2003	2004	2005	2006	2007	2008	2009	2010	2011
总计	18885	31896	50614	61246	74236	85252	98388	139934	133473	145112	159592	186963	219151	270945	340090	361079	460869	679911
一、税收合计	18684	31685	48119	58631	71541	82433	94205	136390	128890	139578	152715	177308	206204	254975	321314	340322	436590	638891
1. 营业税	8321	8617	11430	14736	17044	20505	22376	23812	25224	40128	50522	66397	78468	88266	107683	137633	187386	240190
2. 企业所得税	3482	13943	18598	23396	23902	27571	34305	68661	39752	30250	29650	32594	42425	54438	73134	47823	60988	93278
3. 个人所得税	132	1877	5382	6036	8162	7498	8829	16371	16583	13184	13089	17021	19042	25614	37934	36750	44778	55440
4. 资源税	—	—	—	—	—	19	728	1065	3951	3673	3540	2118	1549	1629	1411	1686	1543	1093
5. 固定资产投资方向调节税	1106	893	1668	1898	4080	9105	5272	101	7	—	—	—	—	—	—	—	—	—
6. 城市维护建设税	2833	3298	5859	5315	9002	7610	8365	8445	10982	12284	14369	17115	20015	24358	27282	30129	33561	45429
7. 房产税	1448	1390	2253	3033	3714	4557	5556	7406	14367	14786	14753	14046	15377	15703	14510	15164	17858	18286
8. 印花税	189	277	279	262	291	287	381	390	734	1094	1478	2777	2994	4631	5984	6562	9047	11482
9. 城镇土地使用税	687	772	1090	1404	2404	3038	4992	6483	11687	17522	18057	17429	17780	28812	36987	44838	50189	53643
10. 土地增值税	—	1	1	—	4	19	15	21	274	1043	1095	2408	4016	8477	11652	13479	22557	29402
11. 车船使用税	294	443	860	1414	1917	1504	2462	2960	4673	5614	6162	5403	4538	3047	4737	6258	8683	11422
12. 屠宰税	154	210	471	1075	1021	720	924	675	656	—	—	—	—	—	—	—	—	—
13. 税款滞纳金、罚款收入	38	－36	228	62	—	—	—	—	—	—	—	—	—	—	—	—	—	—
二、其他收入合计	201	211	2495	2615	2695	2819	4183	3544	4583	5534	6877	9655	12947	15970	18776	20757	24279	41020
1. 教育费附加	201	211	2495	2613	2686	2810	4150	3508	4537	5417	6765	7883	9521	11760	13960	14944	16777	22448
2. 文化事业建设费	—	—	—	2	9	9	33	36	46	90	102	100	219	319	280	245	273	307
3. 其他罚款收入	—	—	—	—	—	—	—	—	—	27	10	29	33	44	55	75	40	63

1998—2011 年德州市地税分行业收入情况表

表 17－7　　　　单位:万元

项目＼年份	1998	1999	2000	2001	2002	2003	2004	2005	2006	2007	2008	2009	2010	2011
合　计	74236	85252	98388	139934	133473	145112	159592	186963	218984	270767	340090	361079	460869	679911
第一产业	—	—	—	4	2	16	12	26	33	112	205	646	716	950
第二产业	42165	49344	63030	93782	81057	85471	93836	102332	124612	150112	182050	176441	216746	317029
其中:制造	27331	34633	45215	70797	49994	50342	61703	63969	76872	100063	129659	109594	121268	190404
采掘业	2061	1333	1316	2742	4010	4056	4442	3758	4084	5135	5677	4707	6832	9560
电力、煤气及水的生产和供应	5608	6596	7040	7234	3828	5148	8707	10080	10696	15019	17327	19494	19275	25165
建筑业	7165	6782	9459	13009	23225	25925	18984	24525	32960	29895	29387	42646	69371	91900
第三产业	32071	35908	35358	46148	52414	59625	65744	84605	94339	120543	157835	183992	243407	361932
交通运输、仓储及邮电通信业	7459	6385	8452	8404	9666	6760	12771	14425	13603	15533	27031	19684	25986	34392
信息传输、计算机服务和软件	—	—	130	4	9	4050	4672	6367	5978	6284	7816	7612	8042	9305
批发零售贸易、餐饮	9661	9482	9362	18173	13675	14595	11045	13251	10939	11767	16361	17801	20790	28930
住宿餐饮	—	—	—	—	—	5017	4841	4265	4891	5528	6375	7296	8852	11511
金融、保险	8012	7143	7810	6957	8423	10474	13501	18206	22190	29669	37116	41886	51376	67734
房地产业	1760	1642	1103	2233	1833	9332	12186	17433	23811	35351	44201	58423	103688	147993
社会服务	3378	7630	7866	9800	14794	9132	6094	7684	9249	14083	13687	26237	16452	25717
教育	—	—	69	109	210	—	—	—	221	269	389	502	1055	988
卫生、社会保险和社会福利业	—	—	5	44	14	—	—	—	—	271	1338	506	526	749
文化、体育和娱乐业	—	—	128	29	557	265	336	382	770	498	480	525	735	934
其他行业	1801	3626	433	395	3233	—	298	2592	2687	1290	3041	3520	5905	33679

1994—2011 年德州市地税分企业类型收入情况表

表 17－8

单位：万元

项目／年份	国有企业	集体企业	股份合作企业	联营企业	有限责任公司	股份有限公司	私营企业	其他企业	港澳台投资业	外商投资	个体经营	合计
合计	610850	306255	46810	1375	70706	1526366	433246	50269	34414	96895	336443	3513629
1994	13426	5456	—	—	—	—	12	132	—	—	143	19169
1995	21494	9909	—	—	—	124	30	—	—	—	1505	33062
1996	27218	14798	—	11	—	707	150	14	—	136	5085	48119
1997	30028	18031	—	22	—	1590	1187	—	—	217	7555	58630
1998	32221	21201	—	72	—	4331	4706	—	43	268	11393	74235
1999	32881	23588	1300	85	—	9125	6868	—	163	187	11055	85252
2000	33022	24015	682	43	—	16331	10829	127	187	255	12897	98388
2001	39412	34562	2611	137	—	32131	13142	155	827	896	16061	139934
2002	29168	30641	1016	49	10752	25060	13078	535	782	1999	20393	133473
2003	32343	21089	751	50	24308	19053	23319	175	638	2809	20577	145112
2004	27798	14727	1030	47	35646	23086	28904	1073	1205	3013	23063	159592
2005	32549	15869	1878	42	—	75596	29164	823	3601	6150	21291	186963
2006	31633	12195	2135	87	—	109925	32671	1043	2575	6665	20055	218984
2007	38530	10376	5014	139	—	141129	40324	5399	2620	7733	19503	270767
2008	44226	11673	6001	136	—	175809	48677	7667	4649	11436	29816	340090
2009	40850	10618	6304	176	—	211209	43068	8499	3721	12082	24552	361079
2010	44804	13964	7183	172	—	274137	57723	10778	3953	16544	31611	460869
2011	59247	13543	10905	107	—	407023	79394	13849	9450	26505	59888	679911

注：1994—1997 年数据是统计口径，包含提退税金，不含教育费附加收入。1998 年以后是入库口径

1994—2011 年德州市地税主体税源和零散税源收入情况表

表 17－9

单位：万元

项目＼年份	1994	1995	1996	1997	1998	1999	2000	2001	2002	2003	2004	2005	2006	2007	2008	2009	2010	2011
总收入	18885	31896	50614	61246	74236	85252	98388	139934	133473	145112	159592	186963	218984	270767	340090	361079	460869	679911
主体税源	16903	29897	44612	53919	64228	70779	84423	131178	118595	128154	140440	164602	193107	237191	297530	312377	394760	506266
其中：营业税	8321	8617	11430	14736	17044	20505	22376	23812	25224	40128	50522	66397	78468	88266	107683	137633	187386	240190
企业所得税	3482	13943	18598	23396	23902	27571	34305	68661	39752	30250	29650	32594	42425	54438	73134	47823	60988	93278
个人所得税	132	1877	5382	6035	8162	7498	8829	16371	16583	13184	13089	17021	19042	25614	37934	36750	44778	55440
零散税源	1982	1999	6002	7327	10008	14473	13965	8756	14878	16958	19152	22361	25877	33576	42560	48702	66109	173645
其中：资源税	—	—	—	—	—	19	728	1065	3951	3673	3540	2118	1549	1629	1411	1686	1543	1093
印花税	189	277	279	262	291	287	381	390	734	1094	1478	2777	2994	4631	5984	6562	9047	11482
土地增值税	—	1	1	—	4	19	15	21	274	1043	1095	2408	4016	8477	11652	13479	22557	29402

注：历年数据是入库口径，不包含提退税金

1994—2011年德州市各县(市、区)地税收入情况表

表 17－10

单位:万元

单位＼年份	1994	1995	1996	1997	1998	1999	2000	2001	2002	2003	2004	2005	2006	2007	2008	2009	2010	2011
合计	18885	31896	50614	61246	74236	85252	98388	139934	133473	145112	159592	186963	218984	270767	340090	361079	460869	679911
德城	8581	2329	4875	5682	6741	8583	10301	13486	13333	10477	12202	16239	21036	18967	27509	17860	24393	33051
陵县	977	1632	3281	4938	6744	6895	6857	9629	9149	9590	9667	11145	13073	16435	19075	20677	30559	42387
平原	804	1571	3354	4361	4898	6126	7380	11413	10734	8813	9489	12386	16607	20470	27028	21644	25946	36123
夏津	1036	1570	1981	2754	2981	3112	3688	6419	5972	7504	7628	8329	8917	11127	13277	13942	20549	31313
武城	745	1259	1977	2501	3797	4051	4815	6472	7198	8405	9468	6348	8375	10323	10826	11060	16268	27977
齐河	1163	1493	2668	4228	5533	6901	8414	11977	12990	14906	17038	21284	20781	25328	34200	32885	44993	73835
禹城	1427	3026	5466	5792	7193	8702	9835	11630	12226	12115	11791	11116	16802	20810	28002	28586	37466	58841
乐陵	1293	2397	3800	4948	6292	5703	6391	8464	8557	8337	8960	6350	7617	9794	12133	13421	21202	35119
临邑	1036	1549	2873	3934	5212	6580	7413	10715	11913	15700	19329	21985	26292	31898	33368	33518	36664	49524
宁津	931	1683	3150	4552	5997	6627	7571	9443	10288	11993	9508	10461	10697	12836	14301	14774	19101	29573
庆云	367	857	1091	1579	1883	1994	2218	2257	2423	2545	3024	3705	4460	6201	11605	12154	16092	22405
经济开发区	—	—	—	—	170	443	767	7017	4797	4953	5800	9598	13009	13213	16068	19834	25833	41254
运河开发区	—	—	—	—	—	—	—	—	—	1658	1834	2317	3281	2507	2033	2626	3828	5256
市直	525	12530	16098	15977	16795	19535	22421	30615	23193	27663	33854	45700	48037	70858	90665	118098	137975	193253
稽查队	—	—	—	—	—	—	317	397	700	453	—	—	—	—	—	—	—	—

第十八编

JIN RONG

金融

- 银行业
- 保险业
- 融资

1980年以前,中国金融业实行的是人民银行统一管理经营,政企一体的"大一统"计划金融体制。

1980年,开始启动金融体制改革,遵循以市场为取向、渐进化的改革逻辑,从整体上突破"大一统"金融体制,逐步建立起一个符合现代市场经济要求,以中央银行为核心,以专业银行为主体,多种金融机构并存的市场金融体制模式。除专业银行外,股份制综合性商业银行和各种类型的地区性银行在德州得到初步发展。截至2011年年末,除人民银行、银监分局以外,德州市共有政策性银行、大型国有商业银行、邮政储蓄银行、城市商业银行、农村合作金融机构、村镇银行等6大类共19家银行业金融机构。

1981年3月,中国人民保险公司德州地区中心支公司恢复建立,独家经营全地区保险业务。此后至1996年,股份制和地区性保险公司相继建立或进入德州开展保险业务。截至2011年年末,全市共计25家保险机构,其中财产保险12家、人寿保险13家。

2000年以后,小额贷款、融资担保和证券、期货以及股市融资等民间融资业务也相继发展起来。截至2011年年末,全市有小额贷款公司10家,融资性担保机构16家,证券营业部3家,期货营业部1家。

到2011年年末,全市已构建起以银行业为主,保险、证券、期货、融资担保、小额贷款等共同发展的较为完整的金融体系。

第一章　银行业

1980年以前,计划经济管理体制下,德州地区仅有集行政性银行与商业银行于一体的中国人民银行德州地区中心支行及其所属的县(市)支行。虽有257家农村信用合作社,但与银行营业所"合署办公",实际上成了银行在农村的基层机构。

1980年金融体制改革启动以后,按照国家统一部署,德州地区(市)金融体制改革与全国同步,相继恢复、析出和成立了农业银行、工商银行、中国银行、建设银行、国有商业银行地方分支机构及银行业监督管理委员会(简称"银监会")地方分支机构,人民银行成为纯行政机构,与银监会分别领导和监督管理银行业务。

截至2011年年末,德州市6大类共19家银行业金融机构,机构网点609个,从业人员8909人。银行业资产总额1575.78亿元,比2003年年末增加1139.4亿元,增幅261.1%;负债总额1513.57亿元,比2003年年末增加1077.67亿元,增幅247.23%;所有者权益62.21亿元,比2003年年末增加61.74亿元;各项存款余额1420.02亿元,比2003年年末增加988.47亿元;各项贷款余额995.17亿元，比2003年年末增加628.62亿元。全辖农村合作金融机构统算资本充足率3.71%，比2003年年末提高8.7个百分点；德州银行资本充足率13.06%，比2003年提高6.65个百分点。

第一节　银行业体制改革

1996年10月，组建中国农业发展银行德州市分行和县（市）支行，经营由农业银行划转的农业政策性信贷业务。2003年12月19日，中国银行业监督管理委员会德州监管分局成立，负责辖内银行业金融机构监管。2004年4月，全市信用社实行县级法人社改制完成，省农村信用联社德州办事处成立。2004年12月，德州市商业银行改制成立。2008年邮政储蓄银行德州分行成立。2010年，齐河农村合作银行开业。2011年，临邑中银富登村镇银行开业。历经20多年的金融体制改革，全市逐步形成了人民银行主导、银监会监管、“政策性银行商业银行（含信用社）为主体的现代银行业体系”。

一、行政、监管和政策性银行设立

中国人民银行德州市中心支行（简称“德州人行”）　随着社会主义市场经济体制的建立完善，逐步由国家综合型银行向中央银行转变。

1995年4月，德州撤地建市，人行德州地区中心支行改为德州市分行。1998年，人行管理体制改革，撤销德州市分行和德城区支行，成立人行德州市中心支行。主要职责是贯彻落实货币政策、加强金融监管和金融服务。2003年12月，按照新修订的《中华人民共和国人民银行法》《银行业监督管理办法》，除保留一些与人民银行相关的监管职能外，将其他监管职能划转给新成立的德州银监分局。

2011年年末，德州人行内设18个职能科（部、室），下属10个县（市）支行。在职员工469人，其中直属机关194人。

中国银行业监督管理委员会德州监管分局（简称“德州银监分局”）　2003年12月19日成立。主要职能是按照《银行业监督管理办法》和银监会、山东银监局授权，对辖区内银行业实施监管、监督和服务。2011年2月16日，组织成立德州市银行业联合会。

2011年年末，德州银监分局内设8个科室和银行业协会，辖禹城、乐陵2个监管办事处，在编人员85人。

中国农业发展银行德州市分行（简称“德州农发行”）　1996年10月14日成立。主要职责是承担国家规定的农业政策性金融业务，代理财政支农资金的拨付，为农业和农村经济发展服务。主要经营粮棉油收购、调销、扶贫、农业综合开发业务。2011年年末，各项贷款余额75.76亿元，各项存款日均余额17.72亿元，不良贷款全部清零，实现经营利润2.08亿元，列全省第三位。2011年，德州农发行内设9个部（室），辖10个县（市）支行。全系统共有职工272人。

二、国有商业银行改革

在1980年人民银行进行体制改革，转变职能的同时，以工商银行、农业银行、中国银行和建设银行为主的国有商业银行的职能和体制改革也在进行中。改革主要划分为3个阶段：

1984—1994年为专业化改革阶段。1984年11月工商银行从人民银行析出成立，主要承接了人民银行的工商企业存贷款业务。农业银行（1980年11月恢复建立）主要职责是对农村经济建设进行金融支持。中国银行（1983年8月成立）主要履行国家外汇专业银行职能，从事国际金融活动。建设银行（1985年4月建立）主要职能是管理基本建设、设备更新和技术改造资金,实施国家基本建设计划。

1994—2003 年为国有独资商业银行改革阶段。按照国家规划,4 家国有专业银行先后将政策性业务分离,开始进行现代商业银行改革,实行统一法人,垂直领导、统一管理的商业银行经营体制。

2003—2010 年为国家控股的股份制商业银行改革阶段。从 2003 年年底开始,中国银行和中国建设银行进行国家控股的股份制商业银行改革试点。到 2010 年 7 月,中国农业银行在内地和香港上市,4 家国家控股的股份制商业银行股份制改革完成,更名为股份有限公司。

另外,紧随 4 家国有商业银行改革,2008 年 1 月 31 日,中国邮政储蓄银行德州市分行成立。

中国工商银行股份有限公司德州分行(简称“德州工行”) 1984 年 11 月 12 日,从人民银行德州地区中心支行析出成立,时称中国工商银行德州地区中心支行,下辖 13 个县(市)支行。承接了人民银行的工商信贷和储蓄等业务,是主要面向城镇的国有专业银行。2005 年,随着中国工商银行整体股改上市,更名为“中国工商银行股份有限公司德州分行”。2010 年,德州工行全系统共有员工 1050 人,内设 11 个部室,辖 10 个县(市)支行、7 个城区支行,42 个营业网点。截至 2011 年年末,本外币各项存款余额 219.73 亿元,本外币各项贷款余额 219.2 亿元。

中国农业银行股份有限公司德州分行(简称“德州农行”) 1980 年 11 月 1 日恢复建立,时称中国农业银行德州地区中心支行,辖 13 个县(市)支行,并被赋予管理农村信用社的职责,负责管理全区 257 个农村信用社,实行银行办事处(营业所)和信用社合署办公(一门办公,一套班子,两套“人马”,两本账务)。

1994 年 4 月 15 日,与信用社“分门”办公。1996 年 10 月 14 日,组建德州农发行,共有 266 名员工分离到农发行,相应的农业政策性贷款业务随之划出。11 月 4 日,德州农行与信用社正式“脱钩”。2000 年 2 月 10 日,德州农行向长城资产管理公司剥离不良资产 10.75 亿元。2009 年 1 月,中国农业银行整体改制为股份有限公司。6 月 11 日,获准更名为“中国农业银行股份有限公司德州分行。2011 年年末,德州农行内设办事机构 17 个,辖 12 个县(市、区)支行、10 个二级分行、分理处 42 个,储蓄所 3 个。全辖员工 1406 人。各项存款余额 157.69 亿元,各项贷款余额 121.83 亿元,中间业务收入 1.35 亿元,拨备前、拨备后利润分别达到 3.86 亿元、4.45 亿元。

中国工商银行德州分行办公大楼 (2011 年 摄)

中国银行股份有限

公司德州分行(简称德州中行) 1983年8月成立,时称中国银行德州支行。1990年12月,更名为中国银行德州分行。2006年6月1日,中国银行完成股份制改造在香港、上海证交所上市后,改名为中国银行股份有限公司德州分行。2011年年末,德州中行内设9个部室,除直属营业部外,下辖8个管辖性支行、12个经营性支行。全行共有员工570人。2011年年末,全行本外币各项存款余额105.8亿元,本外币各项贷款余额72.7亿元。

中国银行德州分行办公楼 (2011年 摄)

中国建设银行股份有限公司德州分行(简称"德州建行") 1985年4月成立,时称中国人民建设银行德州地区中心支行,下辖13个县(市)支行,承担辖区内的基建项目拨贷款业务。2005年10月,随着建设银行在香港联交所上市,更名为中国建设银行股份有限公司德州分行。2011年年末,德州建行在岗人员1062人,各项存款193.6亿元,各项贷款114.3亿元。

中国邮政储蓄银行德州市分行(简称"德州邮储银行") 2008年1月31日成立。邮储银行是依托邮政储蓄业务成立的。1986年全区邮政局系统恢复开办邮政储蓄业务(只存不贷),逐渐成为覆盖城乡的个人金融服务网络。2006年9月12日,获准经营定期存单小额质押贷款业务,结束了"只存不贷"的历史。2011年年末,德州邮储银行内设11个部门和市分行营业部,辖10家县(市)支行,共有营业网点245个,员工960人;年末各项存款余额180.81亿元,各项贷款余额18.64亿元。

三、信用合作金融体制改革

(一)城市信用社改革撤并

20世纪80年代中期,随着市场经济的发展,城市集体经济和个体经济迅速崛起,城市信用社作为主要为城市集体经济和个体经济服务的合作金融机构应运而生。1986年1月,《国家体改委、中国人民银行关于深化金融体制改革试点的部署》规定,城市信用社是人民银行"领导下的新兴金融企业,是自主经营、独立核算、自负盈亏、民主管理的经济实体",是"地方政府银行"。

从1986年下半年开始,各县(市)人行报经地区人行批准,并报请当地政府同意,相继组建城市信用社。1986年11月29日,德州市中心城市信用合作社成立,到1988年上半年,全区13个县(市)城市信用社相继组建完成。城市信用社为股份制企业,受人民银行和当地政府双重领导,主要办理城镇集体及个体企业存贷款业务。

在经历了10年发展之后,随着人民银行职能转变,城市信用社不再是人民银行直接领导下的"经济实体",转变为独立金融机构。从1996年开始,国家对城市信用社进行整顿,将地级城市信用社规范改造成股份制的城市合作银行,将县级城市信用社纳入农村合作金融体系。

1997年7月,以德州市城市信用社中心社为主,着手将德城区5家城市信社共同组建统

一法人的德州市商业银行。1997 年 12 月获人民银行总行批准，后因变故，多次组建受阻，直到2004 年 12 月德州市商业银行才揭牌成立(2010 年 4 月更名为德州银行)。

1999 年 5 月 21 日，市人行下发《关于县(市)城信社归口农村信用社管理的实施意见》。至 2001 年 12 月，全市县级城市信用社纳入农村金融体系，划归农村信用社县联社工作全部结束。自此，城市信用社名称在县(市)不复存在。

2001 年德州市农村信用社接收城信社情况表

表 18－1　　单位：万元

单位	资产总额			负债总额			接收时间
	接收资产总额	接收前资产总额	接收后资产总额	接收负债总额	接收前负债总额	接收后负债总额	
陵县	20210	86576	106786	22170	93247	115417	2001. 7. 20
平原	9435	111752	121187	10271	111179	121450	2001. 12
夏津	19084	28583	47667	19388	31324	50712	1999. 9
武城	5883	59402	65285	6560	61411	67971	1999. 9
齐河	8375	79580	87955	8340	82550	90890	2001. 7
禹城	23772	54053	76528	23906	55648	77821	2000. 4
乐陵	6123	5226	11349	6123	56443	62566	1999
临邑	20288	30687	50976	19544	32678	52222	2000. 6. 30
宁津	7615	83990	91605	8509	90777	99286	2000. 7
庆云	6698	18093	24791	7075	19340	26415	1999. 12—2001. 7
合计	127483	557943	684129	131886	634597	764750	

德州银行(原德州市商业银行)　2004 年 12 月 7 日成立。其源头可以追溯到 1986 年 11 月 29 日成立的德州市中心城市信用合作社。1997 年 7 月，以德州市城市信用社中心社为主，着手筹备将德城区 5 家城市信社共同组建统一法人的德州市商业银行，同年 12 月，获人民银行总行批准，后因意外变故，重组工作多次受阻。2001 年 6 月 28 日，中心城市信用社与德城区 5 家城市信用社合并重组，成立统一法人社——德州市城市信用社。2003 年 4 月，第 4 次启动城市信用社组建德州市商业银行工作，2004 年 7 月获中国银监会批准，成为银监会成立后全国首家获准开业的城市商业银行，也是德州市第一家地方性法人银行。2004 年 12 月 7 日，德州市商业银行正式揭牌运营。2010 年 4 月 23 日，德州商业银行更名为德州银行，6 月 29 日举行更名挂牌仪式。

截至 2011 年年末，德州银行共有 5 个管辖中

德州银行办公楼　　　　(2011 年　摄)

心、34 家支行、15 个总部部门。全行资产总额、负债分别达到 206.7 亿元和 188.5 亿元；各项存款余额 163.99 亿元，各项贷款余额 114 亿元。

（二）农村信用社管理体制改革

农村信用社管理体制改革可以追溯到 1977 年。当时，鉴于“文化大革命”期间把信用社下放给公社、生产大队管理，造成混乱和严重损失的教训，国家决定把信用社交给国家银行管理。国务院《关于整顿和加强银行工作的几项规定》指出：“信用社既是集体金融组织，又是国家银行的基层机构。”实行人民银行营业所与信用社合署办公，对外挂两个牌子，人员统一使用，设两账一库，各自计算盈亏。1978 年，全区 257 个人民银行营业所与信用社实行合署办公。1980 年 11 月，农业银行恢复，人行营业所、信用社又归属农业银行管理。

1986 年，中国农业银行印发《关于办好县信用合作联社的意见》，省农行下发《关于进一步改革信用社管理体制的实施意见》，全区各县（市）成立农村信用合作社联合社（简称“县联社”），县联社主任由县农行行长兼任，日常工作由县农行信用合作股和其他股室分担。

1994 年 3 月，省农行决定，各地县以下农业银行和农村信用社“分门办公”。到 4 月 15 日，地区农行 213 个营业所与信用社“分门”办公全部完成。5 月 4 日，全区 11 个县（市）农村信用合作社联合社领导班子同时成立。至此，延续了几十年的农村信用社（乡镇）一级法人，改革成县、乡两级法人。县农业银行与农村信用联社，在资金上全部分离，业务管理上基本脱钩。各县联社人员和业务指导仍属地区农业银行管辖。

1996 年 8 月，《国务院关于农村金融体制改革的决定》要求，把农村信用社管理体制改革作为农村金融体制改革的重点。改革的核心是把农村信用社逐步改为由农民入股、由社员民主管理、主要为入股社员服务的合作金融组织。按照国务院和省政府统一部署，德州市成立由主管金融工作的副市长任组长、市人行副行长任副组长，市农业局、市农行信用合作管理部等部门负责人为成员的农村金融体制改革领导小组，下设办公室（简称“市农金体改办”）。1996 年 11 月 4 日，市农行与信用社宣告“脱钩”，信用社改由市农金体改办领导。农村信用社的业务、人员、财产、管理等，从上到下自成体系。全市农村信用社共有县级信用社联合社 11 家，信用社 224 家、信用分社 186 家、储蓄所 8 家。信用社固定职工 1180 人，合同制职工 2057 人，共计 3237 人，固定资产总额 1.99 亿元。截至 9 月底，全市农村信用社各项存款 30 亿元，各项贷款 21 亿元。

1998 年 8 月，各县联社按照合作制的运作原则，对信用社进行重新规范。召开社员代表大会，选举产生董事会、监事会、主任（董事长兼），各信用社为一级独立法人。

2004 年 2 月，信用社股权改革继续向纵深发展。按照“明晰产权关系、强化约束机制、增强服务功能、国家适当支持、地方政府负责”的总体要求，把农村信用社逐步办成由农民、农村

工商户和各类经济组织入股，为农民、农业和农村经济发展服务的社区性地方金融机构。改革重点：一是建立以法人为单位的县级农村信用合作联社，改革信用社产权制度，明晰产权关系，完善法人治理结构；二是改革信用社管理体制，将信用社的管理交由地方政府负责。同年6月6日，由全省农村信用社入股组成的山东农村信用社联合社（简称“省联社”）成立。8月9日，省联社分支机构德州办事处成立。

2005年1—9月，各县（市）农村信用合作联社创立大会暨首届社员代表大会相继召开，县联社一级法人管理改革完成。信用社社员重新登记为县联社社员，股金上划联社，由县联社核发股金证。

2004年年初，启动信用社管理体制改革，按照“花钱买机制”的改革设计，到年末各县（市、区）联社申请中央银行票据资金75459万元。到2008年3月，全市最后一家县级联社——乐陵联社成功兑付票据资金11152万元，全市11家联社专项票据全部兑付，共计兑付票据资金75459万元。

德州市农村信用社票据资金兑付情况表

表18－2　　单位：万元

单位	票据资金兑付金额	兑付时间	单位	票据资金兑付金额	兑付时间
德城区	9468	2006年	禹城	6527	2006年
陵县	10814	2006年	乐陵	11152	2008年
平原	8375	2006年	临邑	3141	2007年
夏津	3185	2006年	宁津	8983	2006年
武城	5357	2006年	庆云	1742	2007年
齐河	6715	2006年	合计	75459	

山东省农村信用联合社德州办事处　2004年8月9日成立（简称“省联社德州办事处”，其前身是1996年成立的“德州市农村金融体制改革办公室”），代表省联社对全市农村信用社行使管理、指导、协调和服务职能。2004年年底，全市农村信用社各项存款达到110.15亿元，各项贷款余额95.1亿元，当年各项收入8.61亿元，实现利润9800万元。

2011年12月，省联社德州办事处有员工33人。管辖县级农村信用合作联社10家、农村合作银行1家，城区和乡镇营业网点340个。共有员工4836人，其中在编员工4427人，短期劳动合同制员工409人。成为全市规模最大、从业人员最多、服务范围最广、资金实力最强的金融机构。截至2011年年末，全市农村信用社各项存款余额达345.19亿元，市场占有率为24.31%。各项贷款余额266.45亿元，市场占有率26.77%。存贷款指标继续保持德州市金融机构第一。其中涉农贷款余额238.26亿元，占比89.42%。实现经营利润10.24亿元。

附：农村信用社参与接收农村基金会

1996年，在深化信用社改革的同时，各县（市、区）以县联社为单位参与了由当地政府组织的清理农村基金会工作。1996年颁布的《国务院关于农村金融体制改革的决定》,在肯定农村合作基金会对增加农业投入、缓解农民生产和生活资金的短缺方面发挥了积极作用的同时,针对相当多的合作基金会以招股名义大量吸收居民存款,入股人不参加管理、不承担风险,违法经营,风险巨大的现实状况,提出要整顿农村合作基金会。1997年11月,国务院决定全面整顿农村合作基金会。由于政策突然收紧,农村合作基金会内部的矛盾表面化,1998年各地普遍出现了挤兑风潮,危及农村社会的稳定。1999年1月,国务院发文取缔农村合作基金会。

当年,中国人民银行、农业部、人民银行济南分行、人民银行德州市分行先后下发《关于农村合作基金会清理整顿中有关资产处理问题的紧急通知》《关于农村信用社承接经批准并入农村合作基金会业务的账务处理办法的通知》《关于做好农村信用社接受农村合作基金会后管理工作的通知》等一系列文件,对清理整顿农村合作基金会的原则方法步骤,以及账务处理和农村信用社接收基金会以后的管理做了细致的规定。市政府确定全市清理整顿农村基金会工作主要由市人行、农业局和市体改办负责,各县(市、区)人民银行、农村信用联社和县财政局、乡镇企业局、审计局、工商局等单位组成工作组,分赴各个农村合作基金会进行内部清产和外部核资。经过内部清产和外部核资,绝大多数基金会呆坏账达80%以上,不符合信用社接受标准,形成的不良资产由县级财政处理了之。

第二节 存 款

存款包括个人、企业、财政部门以及保险公司在银行业金融机构的活期存款、定期存款、保证金存款、临时性存款及应解汇款等各类存款。20世纪80年代改革开放后,全市人民币存款增长迅速,截至2011年年末,各项存款余额1420.02亿元,是1985年的101.02倍,其中1995年和2009年各项存款余额分别突破100亿元和1000亿元大关,2001—2011年11年间,各项存款余额增长最为迅速,每年均保持了10%以上增速。

一、企业存款

企业存款是指非金融企业存放在银行业金融机构的定期存款、活期存款。企业存款在国民经济发展的不同阶段以及受金融机构存款品种影响在不同的年份所包含的内容会有所不同,增长变动呈现明显的阶段性。1985—1993年间、2004—2007年间增长相对缓慢,1994—1997年、2008—2011年间增长比较迅速。1985年,企业存款余额占人民币各项存款余额的比重为24.68%。2006年企业存款余额突破100亿元大关。2011年年末,企业存款余额达356.76亿元人民币,占当年各项存款余额的比重为25.12%。

二、储蓄存款

储蓄存款是指个人客户存放在银行业金融机构的存款,包括活期存款和定期存款。1985—2011年,全市储蓄存款增长迅猛,2011年年末,人民币储蓄余额达到918.44亿元,是1985年的300倍,是所有存款项目中增长最为迅速的。以1985年为基数计算,2010年全市储蓄存款余额比1985年增加915.38亿元,平均每年增加35.2亿元。其中,1995年全市储蓄存款余额突破100亿元大关,2008—2011年平均每年增加储蓄100亿元以上。

三、农业存款

农业存款没有统一的定义,其内涵和外延在国民经济发展不同时期以及随着中国人民银行金融统计制度的调整而有所不同。农业存款曾经涵盖农村存款(包含农村信用社存款)、农村集体企业与组织存款、乡镇企事业存款等范围,而且一度只有农业银行和农村信用社统计此项数据。从2011年开始，人民银行彻底废止“农业存款”金融统计指标。1985—2010年，全市农业存款余额呈现震荡增长上升趋势。2010年农业存款余额7.56亿元，是1985年的1.43倍，其中2009年农村存款余额最高，为13.69亿元，1988—1999年12间农业存款余额增长是最为缓慢的时期，每年农业存款余额均不超过2亿元。

1986—2011年德州市（地区）人民币存款项目余额表

表18－3　　单位：万元

年份＼项目	各项存款	其中 企业存款	储蓄存款	农业存款	其他存款
1986	175544	44384	44953	55729	20478
1987	232758	54981	74782	57835	45160
1988	232459	31112	190800	10536	
1989	347324	62675	244499	11628	28522
1990	436066	69282	320468	12330	33986
1991	524260	84162	395718	12859	31521
1992	567269	80244	443843	12200	30982
1993	565997	78100	448902	11093	27902
1994	982622	156811	581548	10547	223716
1995	1290375	191094	1040305	14108	44868
1996	1567965	240124	1276830	16570	34441
1997	1892104	325275	1492694	14272	59863
1998	2018597	324897	1661664	17794	14242
1999	2340564	343518	1828060	18505	150481
2000	2505881	403341	2005922	22536	74082
2001	2961669	497195	2306481	30932	127061
2002	3493977	629927	2549072	47166	287812
2003	4315527	879559	2924403	53793	4315527
2004	4879059	929702	3241902	48261	659194
2005	5846550	977862	3684857	47496	1136335
2006	6501093	1072433	4228955	62829	1136876

续表 18－3

年份＼项目	各项存款	其中			
		企业存款	储蓄存款	农业存款	其他存款
2007	7251093	1130712	4785352	95379	1239650
2008	8844316	1285265	6102372	77999	1378680
2009	10884135	2066945	7078316	136931	1601943
2010	12869067	2486649	8071797	75624	2234997
2011	14200241	3567621	9184373	—	1448247

1995—2011年德州市各银行人民币存款余额表

表 18－4

单位：万元

年份	农发行	工行	农行	中行	建行	城市信用社	农村信用社	邮政储蓄银行
1995	6849	289907	212279	70462	216747	76184	259332	117322
1996	11268	359063	249736	90669	285812	106470	302113	130809
1997	19816	391765	310785	111035	340146	155132	365670	137892
1998	4983	432057	328741	130123	369532	181434	409775	161317
1999	7552	501613	375206	146372	400413	129552	433477	195287
2000	8456	569041	415677	150149	419308	139747	562689	242634
2001	3928	613313	494283	178559	445855	208377	664988	364491
2002	8621	696064	594112	234022	502231	267684	767770	406225
2003	9280	812817	769985	291567	683336	348011	909354	482729
2004	14882	864788	838246	303497	771542	393283	1101023	535412
2005	23822	888058	886601	406011	1004850	513444	1316872	656189
2006	38056	986244	883564	451683	1044860	618922	1549954	739460
2007	76374	1125050	1011586	400527	977792	721584	1838646	831422
2008	78906	1408626	1208796	548395	1211696	906237	2206787	1007135
2009	107673	1747793	1421493	715840	1594315	1164460	2537488	1223326
2010	131713	1942978	1551932	852194	1937254	1539322	2930895	1507118
2011	145334	2150425	1576905	945221	1918917	1637479	3451914	1807102

注：2004年12月城市信用社改制为德州市商业银行，2010年4月更名为德州银行

第三节 贷 款

各项贷款包括银行业金融机构向非金融企业、个人、机关团体、境外单位以贷款、票据贴现、垫款、押汇等方式提供的融资总额。全市各项贷款仅限于境内贷款，暂无向境外单位提供贷款。1985—2011 年，全市（地区）人民币各项贷款增长迅速，截至 2011 年年底，人民币各项贷款余额 995.16 亿元，是 1985 年的 24.42 倍。其中，1994 年年末、2006 年年末各项贷款余额分别突破 100 亿元和 500 亿元大关。从增速上看，1998—2001 年增长相对缓慢，2002—2011 年贷款余额保持了年均 15% 以上的高速增长。

一、流动资金贷款

流动资金贷款又称短期贷款，指银行业金融机构发放的期限在一年以内（含一年）的贷款。1985—2011 年间，全市流动资金贷款大幅增长，截至 2011 年年末，人民币流动资金贷款余额 619.72 亿元，是 1985 年的 15.7 倍，其中 1995 年年末、2009 年年末分别突破 100 亿元和 500 亿元大关。从增速看，流动资金贷款的增长基本保持了与人民币各项贷款增长相同的趋势。

二、中长期贷款

中长期贷款是指银行业金融机构发放的期限在一年以内（含一年）的贷款。中长期贷款通常涉及基本建设贷款、技术改造贷款以及固定资产贷款等范围。1985—2011 年，全市（地区）人民币中长期贷款增长迅猛。截至 2011 年年末，中长期贷款余额 354.78 亿元，是 1985 年的 288 倍。1985 年，中长期贷款占各项贷款的比重仅为 3.02%；而到 2011 年年末，该比例已经上升至 35.65%，提高 32.63 个百分点。2000—2010 年增长最为迅猛，年均增长 27.78%，其中 2004 年中长期贷款突破 100 亿元大关。

1986—2011 年各年末德州市（地区）人民币贷款项目余额表

表 18－5 单位：万元

项目 / 年份	各项贷款	其中		
		流动资金贷款	中长期贷款	其他
1986	445678	428405	15686	1587
1987	459795	427026	18745	14024
1988	378867	355696	15595	7576
1989	471772	429752	30386	11634
1990	543361	485021	37404	20936
1991	673264	592950	58266	20936
1992	780309	668255	74429	37625
1993	777701	666564	74198	36939
1994	1139530	944470	166495	28565
1995	1366193	1121045	189781	55367

续表 18－5

项目 年份	各项贷款	其中		
		流动资金贷款	中长期贷款	其他
1996	1554999	1290296	199170	65533
1997	1947788	1618015	222151	107623
1998	2049323	1779435	235740	34148
1999	2165787	1817787	230845	117155
2000	2343717	1884198	327060	132459
2001	2486518	1931673	482544	72301
2002	2890422	2279193	552075	41154
2003	3665480	2663632	820306	181542
2004	4212073	2937681	1064293	210099
2005	4670608	3335322	1137621	197665
2006	5417588	3920614	1299961	197013
2007	5960529	4358548	1480834	121147
2008	6171450	4281076	1706415	138959
2009	7731963	5023707	2477391	230865
2010	9098359	5785798	3173272	139289
2011	9951654	6197241	3547780	206633

1995—2011 年德州市各银行人民币贷款余额汇总表

表 18－6　　　　单位：万元

年份	农发行	工行	农行	中行	建行	城市信用社	农村信用社	邮政储蓄银行	德州银行
1995	476684	262307	171866	47090	173520	42904	175274	—	—
1996	536300	292844	194534	57489	180140	62321	211565	—	—
1997	676212	324982	245414	61486	199478	89398	253634	—	89000
1998	703572	356631	290633	70956	211322	113462	280841	—	64000
1999	514790	368801	526110	76287	153303	81064	297377	—	80000
2000	542252	398222	463609	73017	176417	96593	405010	—	110000

续表 18－6

年份	农发行	工行	农行	中行	建行	城市信用社	农村信用社	邮政储蓄银行	德州银行
2001	540397	469867	569418	89038	166192	148830	502776	—	148000
2002	581647	552774	631484	146198	161798	189081	627440	—	189000
2003	559686	721725	759760	198956	340307	250422	799725	—	250000
2004	564603	902571	801960	221066	509288	261416	951169	—	261000
2005	640861	872488	856639	260893	511008	367852	1160867	—	368000
2006	678559	1057770	948461	316960	639007	454472	1322359	—	454000
2007	747405	1177942	993845	340494	600282	525434	1572219	2908	525000
2008	684385	1299077	718316	365022	722247	657118	1704717	20568	662000
2009	709358	1650495	1010770	494588	865145	836370	2056003	109234	852000
2010	773150	1920538	1187362	585483	1035242	1036212	2401649	158723	1046700
2011	757628	2144328	1218310	710344	1137406	1129268	2664490	186360	1152100

三、不良贷款的剥离与核销

指金融机构将自身的不良贷款剥离给专门的资产管理部门，或者是从利润中注销。1985—2011 年间，全市共发生 4 次重大的不良贷款剥离与核销情况，分别是：

1999 年 12 月，全市金融机构共剥离和核销人民币不良贷款 10.11 亿元，分别是工行剥离人民币不良贷款 2 亿元，建行剥离人民币不良贷款 7.55 亿元，中行核销人民币不良贷款 0.56 亿元。

2004 年上半年，中国银行和建设银行实行股份制改革，中行德州分行与建行德州分行共剥离与核销人民币不良贷款 4.33 亿元。

2005 年 5 月，工商银行实行股份制改革，工行德州分行剥离人民币不良贷款 4.93 亿元。

2008 年是全市银行业金融机构集中剥离与核销不良贷款的一年。农业银行实行股份制改革，农行德州中心支行剥离人民币不良贷款 35.64 亿元；农发行德州支行共核销不良贷款 10.23 亿元；全市农村信用社进行县级联社一级法人管理体制改革，核销不良贷款 7.7 亿元；工行德州分行核销不良贷款 3.68 亿元；建行德州支行核销不良贷款 0.23 亿元；城市商业银行核销不良贷款 2.38 亿元，以上贷款的核销、剥离共计 59.86 亿元。

第四节 结 算

1985 年年底，异地结算方式有托收承付、委托收款、汇兑、信用证、省内县外限额支票、票汇和特种票汇结算 7 种；同城和县内结算方式有存折、支票、托收无承付、委收付款、定额转账支票、特种汇票、委托收款、托收承付、农村委托付款和保付支票结算 10 种。

1986年,根据人行山东省分行文件规定,成立德州市、陵县、临邑、平原、齐河、禹城等11家县、市级人民银行票据交换所,归人民银行领导,票据交换所设在德州市人行,当时,参加票据交换的金融网点有26个。

1988年,人民银行颁发新的《银行结算办法》,推广采用以"三票一卡"为主体的信用流通工具。

1989年,确定恪守信用履约付款,谁的钱进谁的账和银行不垫款的结算三原则。1990年4月1日,恢复办理异地托收承付结算方式。1996年1月1日《中华人民共和国票据法》颁布,1997年《票据管理实施办法》《支付结算办法》实施,依法规范票据结算。

1998年9月,由市人行开发的同城清算系统运行。2002年11月18日,由人行济南分行开发的同城清算系统(V2.0版),在德州市票据交换所上线运行。

2003年,人民银行出台《人民币银行结算账户管理办法》,规定任何单位在任何情况下都只能开立一个基本存款账户,开立其他任何银行结算账户必须以基本存款账户的开立为前提。2005年全国统一人民币银行结算账户管理系统上线运行。

2006年8月28日,德州市金融机构网上对账系统成功运行,实现了人民银行会计营业部门与其开户单位每日核对余额和发生额,对开户单位的未达账项做到了次日查清,提高了对账的质量和效率。

2007年,根据人民银行济南分行文件要求,人行德州中心支行对县支行会计核算业务上收。为各县(市)支行新开立邮政储蓄、农村信用联社及固定定资产等账户166个,撤销会计营业网点10个,撤销账户705个,合并账户88个,维护账户46个。

2010年7月26日,同城清算系统(V4.0版)在人行德州市中心支行票据交换所上线运行。同城清算系统,日均清算票据1800余笔,清算资金5亿元左右,使票据抵用率由原来的60%提高到94%。

第五节 外 汇

一、外汇管理

1981年3月1日,《中华人民共和国外汇管理暂行条例》实施,国家对外汇实行集中统一管理。1987年,国家外汇管理局德州支局更名为国家外汇管理局德州分局。2001年,更名为国家外汇管理局德州市中心支局,由人行德州市中心支行归口管理。

改革开放前,外汇业务一直由中国银行独家经营。1984年,开始逐步允许中国工商银行等其他金融机构开办外汇业务。2003年,德州市共有18家金融分支机构开办银行结售汇业务,至2010年年底,有63家金融分支机构开办结售汇业务。

2003年,开始推行使用"出口收汇核报系统"进行核销。2005年,使用"出口收汇核销网上报审系统",企业可以自行申报核销信息,在差额规定范围内的核销数据企业无需到外汇局柜台办理核销手续,系统将自动通过。2010年,德州市外汇局推进进口付汇核销改革试点,实现进口付汇管理由逐笔核销向总量核查、由现场核销向非现场核查、由行为审核向主体监管的转变。2010年12月1日,进口付汇核销制度改革工作正式实施。

2011年,围绕"控流入、减顺差"和推进外汇贸易便利化,德州市外汇局实施14项简政、放权、便民措施,与8家重点企业签订战略合作协议,推进企业网上申报工作,成为全省第六家开通此项业务的中心支局,630家企业开通网上申报业务。

二、外汇存贷业务

外汇存贷款业务从2000年开始纳入金融统计，初期存贷款余额较小，仅限于国有商业银行有此数据，直到2008年，德州市商业银行才开办外币存贷款业务，其他金融机构则一直没有正式开办外币存贷款业务。

2000年，全市外币各项存款余额4310万美元，其中外币储蓄存款余额3096万美元，占外币各项存款余额的71.83%，是外币存款的主要部分。到2011年，全市外币各项存款余额10014万美元，是2000年的2.32倍，其中储蓄存款余额4475万美元，占外币各项存款余额的44.69%。

2000年，全市外币各项贷款余额4300万美元，其中外币短期贷款余额3024万美元，占外币各项贷款余额的70.32%，外币中长期贷款余额1634万美元，占外币各项贷款余额的38%，外币进出口贸易融资120万美元，占外币各项贷款余额的2.79%。到2011年，全市外币各项贷款余额12657万美元，是2000年的2.94倍。

第二章　保险业

1986年，全区仅有中国人民保险公司1家(含县级分支机构)经营保险业务，至2011年年末，全市保险机构发展到25家，其中财产保险12家、人寿保险13家。全年实现保费收入48.6亿元，其中财险收入12.51亿元，人身险收入36.1亿元。全年赔付额9.93亿元，赔付率20.4%。其中财险赔付5.29亿元，赔付率42.3%，人身险赔付4.64亿元，赔付率12.8%。

第一节　保险机构

1981年3月，中国人民保险公司德州地区中心支公司(简称人保德州地区公司)恢复建立，独家经营全地区保险业务。受中国人民银行德州地区中心支行和中国人民保险公司山东省分公司双重领导。1983年11月，直属人民保险公司山东省分公司领导。

1996年5月，中国人民保险公司系统自上而下实施体制改革，分为财产保险和人寿保险两家公司，分业经营，人保德州地区中心支公司拆分为中保财产有限公司德州分公司(2003年6月，更名为中国人民财产保险股份有限公司德州市分公司，简称“人保财险德州公司”)、中保人寿有限公司德州分公司(2003年10月，更名为中国人寿保险股份有限公司德州分公司，简称“中国人寿德州公司”)。

随着国家进一步放开保险市场，1997年6月，太平洋保险公司德州分公司成立，成为进入德州的第一家商业保险公司。2000年11月，太平洋保险公司实行自上而下产险、寿险分业经营，成立中国太平洋人寿保险股份有限公司德州中心支公司(简称“太保人寿德州公司”)、中国太平洋财产保险股份有限公司德州支公司(2001年12月，升格为中心支公司，简称“太保财险德州公司”)。随后有多家商业保险公司相继进入，2008年达到8家。截至2011年年底，全市共有21家保险机构，其中财产保险5家、人寿(健康)保险11家、混合保险5家。

2003年5月，德州市保险行业协会成立，受山东保监局委托，负责辖内保险代理从业人员基本考试考务管理工作及资格证书的发放；组织制定保险产品、技术、服务等方面的指导性条款，报监管机关审查同意后对外发布；开展保险职业与实务方面的教育培训工作等。

2011 年年末德州市财产（混合）保险机构经营业绩统计表

表 18－7

公司名称	简　称	开业日期	分支机构	保费收入（万元）
中国平安财产保险股份有限公司德州中心支公司	平安产险	2003.8	临邑、平原、夏津、武城、乐陵、禹城、齐河、宁津 8 个服务部	8766.43
天安保险股份有限公司德州中心支公司	天安产险	2004	乐陵、禹城、齐河、陵县、临邑宁津、夏津、武城 8 个服务部	
中华联合财产股份有限公司德州中心支公司	中华保险	2005.5	6 家支公司和 6 家营销部	7475.04
中国大地财产保险股份有限公司德州中心支公司	大地保险	2005.7	7 家支公司、4 家营销部	11600.00
安邦财产保险股份有限公司德州中心支公司	安邦保险	2007.12	乐陵、临邑支公司	2160.74
永安保险德州中心支公司	永安保险	2008.3	禹城、乐陵、齐河设立支公司	3842.78
阳光财产保险股份有限公司德州中心支公司	阳光产险	2008.4	临邑、禹城、庆云、乐陵、夏津支公司，宁津、平原、齐河服务部	9084.66
渤海财产保险股份有限公司德州中心支公司	渤海保险	2009.2	—	1138
中国人寿财产保险股份有限公司德州中心支公司	国寿财险	2009.7	设立 3 家四级机构	22111
天平汽车保险股份有限公司德州支公司	天平车险	2011.1	—	2071

2011年年末德州市人身保险机构经营业绩统计表

表18－8

保险公司名称	简称	开业日期	分支机构	保费收入（亿元）
泰康人寿保险股份有限公司德州中心支公司	泰康人寿	2003.1	支公司3家，四级营销部6家	5.77
新华保险股份有限公司德州中心支公司	新华人寿	2003.7	辖本部、陵县、禹城、宁津、临邑、齐河、乐陵等7家四级机构	2.70
中国平安人寿保险股份有限公司德州中心支公司	平安人寿	2003.8	1个支公司、5个营销部	1.50
中国人民人寿保险股份有限公司德州中心支公司	中国人寿	2008.2	7个支公司、3个营销部、1个互动部，50个农村网点	10
中国人民健康保险股份有限公司德州营销服务部	人保健康	2008.4	—	
太平人寿保险有限公司德州中心支公司	太平人寿	2008.6	设夏津、禹城、临邑3家支公司	0.66
民生人寿保险股份有限公司德州中心支公司	民生人寿	2008.6	平原、夏津、武城、禹城、庆云支公司和临邑、乐陵营销部	1.10
阳光保险集团股份有限公司德州中心支公司	阳光人寿	2008.9	乐陵、齐河、临邑、武城、禹城、平原、开发区、宁津支公司	0.65
生命人寿保险股份有限公司德州中心支公司	生命人寿	2009.6	营销部及禹城、乐陵、武城3家支公司	
华泰人寿保险股份有限公司山东分公司德州营销部	华泰人寿	2011.4	禹城、夏津2个营销部	0.04
长城人寿股份有限公司德州中心支公司	长城人寿	2011.5	乐陵、陵县2家支公司	0.05

第二节 险 种

1986—1996年间，人保德州地区支公司独家经营，仅有30多个险种。1996年以后，保险品种划分财产保险、人寿保险为两大类，到2011年，全市财产保险、人寿保险两大保险种类均已逾千种。

1986—1995年，人保德州地区公司独家经营全区保险业务。开办险种主要有企业财产险、货运险、家庭财产险、机动车保险、农业保险、涉外保险、职工养老保险、学生平安险、养老金还本条款、独生子女两全保险、独生子女父母年金保险、子女教育婚嫁金保险、少儿未来幸福保险等30余种。

1996年以后，随着国家放开保险市场，多家商业保险机构先后入驻德州，保险业务种类逐渐增多。截至2011年，全市财产保险、人身保险两大类、上千个品种。

一、财产保险种类

财产损失保险　主要业务种类有财产保险基本险、财产保险综合险、能源保险、财产保险（涉外）、财产一切险（涉外）、企业财产保险、商业楼宇财产基本险、商业楼宇财产综合险、机器损坏险、机器损坏综合险、电梯财产一切险、锅炉压力容器险、计算机险、计算机综合险、转账支票损失保险等；家庭财产保险，家庭财产保险附加破坏性地震责任保险等；运输工具保险，机动车辆保险附加按责免赔差额保险、机动车保险、乘用汽车保险、商用汽车保险、家用汽车保险、货款汽车保险、船舶保险、机动车交通事故责任强制保险、电话销售专用机动车保险、自行车盗抢保险、摩托车盗抢保险等；货物运输保险、海洋运输货物保险（进口）、海洋运输货物保险（出口）、国内水路陆路货物运输保险、水陆路货物运输险、铁路货物运输险、国内航空货物运输保险等；工程保险，建筑安装工程保险、建工一切险、安工一切险等；农业保险，小麦、玉米、棉花、塑料大棚保险、玉米雹灾保险、农作物防雹效果保险、池塘养鱼保险和能繁母猪保险等。

责任保险　主要业务种类有公众责任保险、产品责任保险、雇主责任保险、餐饮场所责任险、供电责任险、旅行社责任险、物业责任险、物流责任保险、医疗责任险、建筑工程设计责任险、校（园）方责任险、安全生产责任保险、特种设备第三者责任保险、吊装责任保险等。职业责任保险，注册会计师职业责任险、乡村干部责任保险、教职员工校园方责任保险、保险代理业务从业人员职业责任保险、保险经纪从业人员职业责任保险、保险公估从业人员职业责任保险、注册会计师职业责任保险等。

信用保险　主要业务种类有一般商业信用保险、出口信用保险。如合同保证保险、产品保证保险、产品质量保证保险、忠诚保证保险、雇主忠诚担保险等。

二、人身保险险种

人身保险包括人寿保险、健康保险、意外伤害保险等保险业务；业务种类繁多，涵盖面广，既涉及婴幼儿童、少年学生、中青年、老年等不同人生时期，又涉及工、农、商、学等不同职业，还有个人与团体之别；既有各种、各类不同的保障对象，又有短期、长期、终身等不同的保障期限。

人寿保险　主要业务种类有风险保障类和投资理财类，如：定期寿险、终身寿险、个人养老保险、养老年金保险、养老金还本保险、团体养老年金保险、被征地农民团体年金保险、农村干部养老年金保险、销售精英团体养老年金保险、团体即期年金保险、子女教育两全保险、少儿两全保险、成长年金保险、独生子女保险、子女教育婚嫁金保险、助学返利综合保险、分红两全保

险、万能保险、投资连接保险、农村小额定期寿险、消费信贷定期寿险、母婴安康定期寿险、银行职员定期保险等。

健康保险　主要业务种类有医疗保险、城镇职工补充医疗保险、城镇职工补充团体短期医疗保险、团体重大疾病住院医疗保险、团体人身保险附加住院医疗保险、学生及幼儿意外伤害医疗保险、团体人身保险附加意外伤害医疗保险、旅行团体医疗保险等；疾病保险、团体重大疾病等系列保险；妇女团体健康保险、旅游者平安保险、非典型肺炎住院特别利益团体医疗保险、非典型肺炎特别利益团体定期寿险等；失能收入损失保险和护理保险等。

意外伤害保险　主要业务种类有普通意外伤害保险、特定意外伤害保险等。如老年人出行平安保险、个人人身意外伤害保险、金融职员人身意外伤害保险、借款人意外伤害保险、师生团体人身保险、乘客人身意外伤害保险、建筑工程施工人员人身意外伤害保险、团体人身意外伤害保险、旅游安全人身保险、出国人员人身意外伤害保险、公出人员团体人身意外伤害保险、航空旅客人身意外伤害保险、家庭人身意外伤害保险、运动员团体人身意外伤害保险、建筑工程施工人员团体人身意外伤害保险、旅游景点（娱乐场所）游客人身意外伤害保险、骑车人人身意外伤害保险、机动车辆司乘人员团体人身意外伤害保险、外来务工（暂住）人员个人人身意外伤害保险、献血输血者人身意外伤害保险、麻醉安全保险、眼科手术安全短期意外伤害保险、学生及幼儿住院医疗保险、儿童计划免疫健康保险、执法管理人员团体人身意外伤害保险、团体职业意外伤害保障保险、住宿旅客人身意外伤害保险、民用燃气用户个人人身意外伤害保险等。

第三节　承　保

1986 年，人保德州地区支公司承保业务 1388.5 万元。2011 年年末，全市当年寿险承保业务 361424.99 万元。1986—2011 年，全市累计达到 1893275.6 万元；2011 年当年全市财产承保业务 125045.14 万元，1986—2011 年累计达到 638554 万元。

1986 年后，德州保险业呈逐步加快发展态势，尤其是 1996 年放开保险市场以后，发展迅速。1986 年人保德州地区公司实现承保收入 1388.5 万元；1995 年为 11691.3 万元（其中财产险 8823.8 万元，人身险 2867.5 万元）。1996 年开始，多家保险公司相继闯关夺隘连闯亿元大关。1996 年，人保财险公司首破亿元大关、实现承保收入 14251.7 万元；1997 年中国人寿公司又相继突破亿元大关，实现年承保收入 11937.26 万元。截至 2011 年，中国人寿、太保寿险、泰康人寿、新华人寿、平安寿险、民生人寿、人民人寿 7 家驻德寿险公司，人保财险、太保产险、大地保险、国寿财险等 4 家驻德财险公司实现年承保收入突破亿元大关，其中中国人寿突破 10 亿元大关。

1985 年，人保德州地区公司开办的棉田保险业务引起省公司和总公司重视。3 月 2 日，人保总公司农业保险部、人保省公司国内业务处派员到德州调研，制订棉田水灾、雹灾成本保险的条款和费率；并确定在德州地区开展全国、全省棉田保险试点。随即，德州地区行署发出通知，要求各县（市）及乡镇政府动员发动棉农自愿参加保险。1986 年保费收入 1388.5 万元，1987 年为 2038.61 万元，同比增长 46.82%。

1987 年在发展棉田保险的同时，还在全区实行小麦火灾保险，对全区 500 多万亩小麦进行统保。

1993年,全区有500多万亩小麦、200万亩棉田参保,仍居全省前列。当年农险赔款1111.08万元。为逐步建立和完善农村经济补偿制度,做好全方位农作物保险,人保德州地区公司还开办了塑料大棚保险、玉米雹灾保险、农作物防雹效果保险、池塘养鱼保险以及针对养殖业保险。

财产保险方面,人保德州地区公司努力扩大大中型企业的承保,1992年德州企业财产承保面已达95%以上,在全省保险行业中占第二位。人身保险方面,人保德州地区公司积极开发新险种,满足社会各界对人身保险的不同需求,1992年学生平安保险承保面达到80%,在全省保险行业名列前茅。

2003年4月,太保产险德州公司承保的德州华鲁恒升集团大氮肥项目利润损失险,填补了国内保险业空白,保险金额4300万元,保费76万元。

2005年3月,太保产险德州公司在华鲁恒升集团竞标成功,共取得保费收入400余万元,创德州保险业(财产保险)单笔保费历史最高纪录。

1986—1995年中国人保德州地区公司承保业务情况统计表

表18－9　　单位:万元

年份	1986	1987	1988	1989	1990	1991	1992	1993	1994	1995	合计
数额	1388.50	2038.61	2465.70	3452.69	3446.16	7069.00	15604.60	18338	10287.10	11691.30	75781.66

2001—2011 年德州市各人寿保险机构业务承保情况统计表

表 18－10

单位:万元

公司＼年份	2001	2002	2003	2004	2005	2006	2007	2008	2009	2010	2011	合计
中国人寿	26824.00	38250.95	50843.50	48930.30	53194.98	63145.30	71145.20	111426.14	123626.37	138519.81	142890.16	934770.17
太保寿险	5604.00	14749.01	26056.50	21963.60	23060.80	22137.20	35483.32	38768.95	39449.35	53280.09	58708.69	339261.51
泰康人寿	—	—	7421.60	8115.50	9239.00	14864.40	25480.32	34975.13	55614.23	59518.41	57715.00	272943.59
新华人寿	—	—	4182.20	12366.60	3764.20	5491.00	9731.30	14913.53	17598.00	21609.20	27062.90	116718.93
平安人寿	—	—	—	449.40	423.90	1534.70	2315.36	3883.21	9700.81	25799.39	15050.40	59157.17
太平人寿	—	—	—	—	—	—	—	526.87	2773.99	7656.73	6585.54	17543.13
民生人寿	—	—	—	—	—	—	—	878.06	2780.62	10224.81	11018.49	24901.98
人民人寿	—	—	—	—	—	—	—	10607.40	26512.00	33241.25	30660.02	101020.67
人保健康	—	—	—	—	—	—	—	1933.55	396.38	1793.74	447.55	4571.22
阳光人寿	—	—	—	—	—	—	—	—	3228.78	5664.16	6478.29	15371.23
生命人寿	—	—	—	—	—	—	—	—	446.49	1761.56	3861.77	6069.82
长城人寿	—	—	—	—	—	—	—	—	—	—	504.77	504.77
华泰人寿	—	—	—	—	—	—	—	—	—	—	441.41	441.41
合计	32428.00	52999.96	88503.80	91825.40	89682.88	107172.60	144155.50	217912.84	282127.02	359069.15	361424.99	1893275.60

注:1996—2000 年仅中国人寿公司有统计数据,5 个年份的数字分别是 4260.60 万元、11937.26 万元、13001.00 万元、17123.00 万元、19651.60 万元。最后合计数包括 5 个年度数据在内

1996—2011年德州市各财险机构业务承保情况统计表

表18－11　　单位:万元

公司＼年份	1996	1997	1998	1999	2000	2001	2002	2003	2004	2005	2006	2007	2008	2009	2010	2011	合计
人保财险	14251.70	11306.00	12312.70	12420.00	12750.00	13800.00	14800.00	18168.00	22286.00	23035.00	19679.00	23819.05	28328.66	35884.87	47458.20	48516.16	358815.34
太保产险	—	1200.00	1100.00	665.67	1000.48	1550.45	2130.79	2194.70	2853.80	4529.10	5533.50	6042.00	7684.30	8772.00	13130.30	14515.08	72902.17
天安产险	—	—	—	—	—	—	—	—	3492.79	3749.47	4198.08	4753.35	3859.72	3505.68	4869.07	3967.38	32395.54
中华保险	—	—	—	—	—	—	—	—	—	—	5706.82	6994.27	8700.01	7326.44	6274.21	7475.04	42476.79
平安产险	—	—	—	—	—	—	—	—	548.30	901.85	1203.00	1966.94	2404.23	3391.30	6612.30	8766.43	25794.35
大地保险	—	—	—	—	—	—	—	—	—	—	3179.30	4642.50	5522.26	7534.64	9728.46	11557.43	42164.59
安邦保险	—	—	—	—	—	—	—	—	—	—	—	—	1108.38	1553.13	2121.99	2160.74	6944.24
阳光产险	—	—	—	—	—	—	—	—	—	—	—	—	1063.08	3517.44	6893.87	9084.66	20559.05
永安保险	—	—	—	—	—	—	—	—	—	—	—	—	879.74	2982.28	2841.26	3842.78	10546.06
国寿财险	—	—	—	—	—	—	—	—	—	—	—	—	—	1716.54	8445.46	11950.18	22112.18
渤海保险	—	—	—	—	—	—	—	—	—	—	—	—	—	—	635.36	1138.13	1773.49
天平汽车	—	—	—	—	—	—	—	—	—	—	—	—	—	—	—	2071.13	2071.13
合　计	14251.70	12506.00	13412.70	13085.67	13750.48	15350.45	16930.79	20362.70	29180.89	32215.42	39499.70	48218.11	59550.38	76184.32	109010.48	125045.14	638554.93

第四节　理　赔

全市保险业与社会经济发展基本相适应，满足了社会各界对保险业的不同需求。2011年，理赔金额已过3亿元大关。2011年，全市寿险公司共计理赔46370.28万元，财险公司共计理赔10081.08万元。1996—2011年，全市寿险公司共计理赔159571.79万元。

1986—1995年，人保德州地区公司共计理赔32086.76万元。1996年开始，财险、寿险分立。1996—2011年，全市财险公司共计理赔317399.94万元。其中，2011年全市财险公司共计理赔52897.7万元，全市寿险公司共计理赔46370.28万元。

一、财产保险理赔

德州是全国重点产棉地区之一。1985年，人保德州地区公司开始在全区各县、市普遍开展棉田成本保险试点。1986—1992年，先后采取保险公司自办，实行统算（1986—1987年）；政府承办，保险代理（1987—1989年）；保险自办，农险单算（1990—1991年）等3种形式。7年共承保棉田1585.65万亩，收保费3630万元。由于连年雹灾、涝灾严重，赔款共计4040万元，属倒挂经营。特别是1987年共发生雹灾17日次，水灾16日次，50万亩保险棉田遭受不同程度损害，赔付1253万元，占保费收入的254%。

重大赔付　1987年6月29日，宁津、禹城、乐陵、陵县4县（市）发生严重雹灾，大面积棉田受灾，人保德州地区中心支公司共计支付赔款646余万元。同年7月，乐陵、临邑、陵县等3个县再次遭受雹灾，公司赔偿366万元。

1991年8月10日，乐陵商业大楼发生重大火灾，人保德州中心支公司赔偿其损失76万元。

1991年9月5日，德州水电十三局一艘大型挖泥船沉没。人保德州中心支公司按推定全损方式定损处理，赔付其经济损失257万元。

2000年4月6日，德州美丽华（集团）大酒店发生重大火灾，中保财险德州中心支公司，赔付其经济损失155.6万余元。12月21日，德州华北纸业集团有限公司（二屯造纸厂）发生重大火灾，中保财险德州中心支公司赔付其经济损失120.4万元。

2002年2月27日，德州百货大楼（集团）发生特大火灾。中保财险德州中心支公司共赔偿火灾损失3487万元，是德州保险业迄至2011年最大的一笔企业财产保险赔款。

2003年7月30日傍晚，德州市区突降特大暴雨，部分企业、家庭和机动车辆遭受严重损失。人保财险德州公司对受灾的百货大楼、华联商厦、德棉集团、华北纸业等40多家企业和市建行、市出租车公司、家庭用车等150余辆机动车辆、市区200多个家庭、20多户个体工商户共支付赔款410万余元。

2007年7月18日，德州市区遭受特大暴风雨袭击。全市系统共接到报案109件，人保财险德州公司共计支付赔款271万元。

2009年，中华保险德州公司全年支付禹城、武城种植业保险赔款1197.62万元，支付养殖业保险赔款287.82万元，金额总计高达1485.44万元。

2011年7月30日，全市范围普降大雨，种植玉米保户遭受严重损失。人保财险德州公司对投保户赔偿1389.67万元。

二、人身保险理赔

1996年6月，各级中国人寿公司与当地计生部门密切配合，宣传推广计划生育保险工作。当年全市有7400余人参加保险，给付1300余人，给付金额合计42万余元。

与此同时，中国人寿德州分公司在全市范

围建立健全学生险工作网络。当年全市共有53万名师生参加保险，占全市师生总数的69%，给付1.2万余人，累计给付金额219万元，给付率达75%。是年，中国人寿德州分公司共办理健康险、意外险案件1.2万余起，给付金额580万元；全年个人养老金领取金额435万元。

2011年1月30日，中国人寿庆云县支公司赔付中国农业银行庆云县分行小额贷款借款人意外伤害保险200万元。系“借意险”开办后最高的一笔赔付案件。

1986—1995 年中国人保德州地区公司保险业理赔情况统计表

表 18－12　　单位：万元

年份 数额	1986	1987	1988	1989	1990	1991	1992	1993	1994	1995	合计
理赔	854.21	2135.58	1144.57	1389.58	1734.42	3378.00	4743.00	4903.00	5266.90	6537.50	32086.76

注：此表理赔数据含财产保险和人寿保险之和

1996—2011 年德州市各寿险机构业务理赔情况统计表

表 18－13　　单位：万元

年份 公司	1996	1997	1998	1999	2000	2001	2002	2003	2004	2005	2006	2007	2008	2009	2010	2011
中国人寿	569.91	822.30	928.00	1098.16	966.08	908.49	1774.05	14000.00	2779.30	2878.44	7788.40	2996.90	3872.10	21879.25	20765.49	32571.77
太保寿险	—	—	—	—	—	—	—	551.20	659.70	758.20	1102.30	1048.51	999.86	1206.00	1343.57	3590.75
泰康人寿	—	—	—	—	—	—	—	12.80	96.70	154.00	243.50	423.14	375.60	4122.18	3114.45	5654.82
新华人寿	—	—	—	—	—	—	—	—	40.70	126.00	67.80	131.20	210.34	3575.40	1953.80	1216.59
平安人寿	—	—	—	—	—	—	—	—	9.50	51.60	41.30	3.22	10.07	177.90	350.40	542.44
太平人寿	—	—	—	—	—	—	—	—	—	—	—	—	0.00	12.56	126.37	334.29
民生人寿	—	—	—	—	—	—	—	—	—	—	—	—	0.00	12.27	40.55	491.37
人民人寿	—	—	—	—	—	—	—	—	—	—	—	—	1.46	4496.65	1337.59	1646.43
人保健康	—	—	—	—	—	—	—	—	—	—	—	—	0.25	17.10	19.44	106.55
阳光人寿	—	—	—	—	—	—	—	—	—	—	—	—	—	0.00	122.42	190.03
生命人寿	—	—	—	—	—	—	—	—	—	—	—	—	—	19.02	8.02	22.76
长城人寿	—	—	—	—	—	—	—	—	—	—	—	—	—	—	—	0.11
华泰人寿	—	—	—	—	—	—	—	—	—	—	—	—	—	—	—	2.37

第三章 融 资

为适应市场经济的发展，满足中小企业对资金的需求，2000年以后，以小额贷款、融资担保和证券、期货以及股市融资等民间融资业务也相继发展起来。截至2011年年末，全市有小额贷款公司10家，融资性担保机构16家，证券营业部3家，期货营业部1家。

第一节 小额贷款

小额贷款是由民间借贷规范发展而来。民间借贷古已有之。改革开放后，随着经济的发展和民营企业的兴起，农村个人和中小企业融资难日趋加重，一对一的民间直接借贷和通过中间人居间融资活动日趋活跃。利率一般在月息1%～1.5%之间，借取期限不等，靠双方临时约定。按照法律规定，只要双方当事人意思表示真实即可认定有效，因借贷产生的抵押相应有效，但利率不得超过人民银行规定的相关利率，即：不得超过银行同期贷款基准利率的4倍，超过则视为高利贷，超出部分不受法律保护。

民间借贷是民间资本的一种投资渠道，是民间金融的一种形式。为此，国家逐步放开民间小额信贷的限制，制定了一系列扶持政策。通过设立小额贷款公司，将过去处于“灰色地带”的民间借贷转变为合法的公司信贷行为，促使民间资本向阳光化、集约化方向发展，有利于地方经济发展和金融秩序稳定。

2008年2月，德州市金融工作办公室成立，其职责之一是负责全市小额贷款公司设立初审和监督管理。根据省政府办公厅《关于开展小额贷款公司试点工作的意见》，按照稳妥有序、风险可控、明确职责、规范运作的原则，开始着手发起规范小额贷款公司。小额贷款公司是以服务“三农”和小企业为宗旨，从事小额放贷的新型民间组织，其出资全部为民间资本，是真正的民间金融机构，为缓解中小企业融资难和解决“三农”融资开辟了新渠道。截至2011年12月31日，全市10家小额贷款公司共有营运资金9.1亿元，其中，注册资本8.7亿元，金融机构融入资金0.4亿元。总资产8.8亿元，其中，负债总额0.6亿元，净资产8.2亿元；累计发放贷款14.5亿元，其中“三农”贷款6.02亿元、中小企业贷款6.72亿元、其他1.78亿元，累计发放贷款户数1439户、1721笔；年末贷款余额7.3亿元。

2011年年末德州市部分小额贷款公司经营情况统计表

表18－14

小额贷款公司名称	发起设立主体	省金融办批复时间	运营资本（万元）	总资产（万元）	负债总额（万元）	净资产（万元）	累计贷款（万元）	累计发放（户、笔）	贷款余额（万元）
德城区长河小额贷款有限公司	山东长河豪门集团公司	2008.11	8000	11181	1434	9747	29855	233、253	10425
武城古贝春小额贷款有限公司	古贝春集团有限公司	2011.12	12000	13001	685	12316	29430	163、163	12487
夏津县城镇小额贷款有限公司	夏津县恒兴油脂有限公	2010.7.9	10000	11859	808	11051	10756	125、123	10756
乐陵市鑫众小额贷款有限公司	乐陵洁能有限公司	2010.7.29	10000	10548	3.9	10544	14728		5000
庆云县利民小额贷款有限公司	中澳控股集团有限公司	2010.10.22	5000	5056	10	5046	4330	118、118	4330
宁津县融德小额贷款有限公司	宁津瑞丰食品有限公司	2010.12.27	6000	6191	49	6142	4868	50、50	4868
禹城市大禹小额贷款有限公司	山东大禹动物药业有限公司	2011.4.22	10000	9995.8	3320			38、41	1579
开发区金光小额贷款有限公司	山东金光集团有限公司	2011.5.31	10000	10706	26	10680	32832	346、418	10704
平原县恒信小额贷款有限公司	平原五岳建材有限公司	2011.5.31	9000	9256	3041	6215	11064	155、184	9157
齐河县汇金小额贷款有限公司	齐河信诺润滑油有限公司	2011.7.4	10000	9972	17	9955	4080		4080

第二节　融资担保

德州市融资性担保业务兴起于2003年。经营范围:贷款担保、票据承兑担保、贸易融资担保、项目融资担保、信用证担保;诉讼保全担保、投标担保、预付款担保、工程履约担保、尾付款如约偿付担保等履约担保业务,与担保业务有关的融资咨询、财务顾问等中介服务,以自有资金进行投资。融资性担保机构通过对中小微企业提供信用担保,降低银行贷款风险,防止不良贷款反弹。同时,在银根趋紧的情况下,通过担保业务,避免企业资金链断裂,从而维护地方金融稳定。

早期融资担保业务多有金融企业自行管理,缺乏统一管理机构,2011年开始由市金融办公室统一管理。

2010—2011年,根据《山东省人民政府办公厅关于开展全省融资性担保公司规范整顿工作的通知》和《山东省融资性担保公司管理暂行办法)》等有关规定,德州市金融办公室对融资性担保机构进行规范整顿。至2011年7月,全市有16家担保公司通过省金融办的重新确认,成为融资性担保公司,取得融资性担保机构经营许可证,并在工商部门完成工商变更登记。

2011年年末,全市有融资性担保机构16家,其中注册资本1亿元以上的9家,国有及国有控股的3家。累计为1100多家中小企业提供担保38亿元,在保责任余额28.7亿元。2011年担保业务收入4253万元,担保业务利润2973万元,净利润1343万元。

2011 年年末德州市部分融资担保有限公司经营情况统计表

表 18－15

担保有限公司名称	成立时间	注 册 资 本	省金融办发许可证时间	担保余额（万元）	净利润（万元）	代偿率（%）	责任倍率（%）	赔偿倍率（%）	担保业务放大倍数
德州市华融投资担保有限公司	2003. 3. 10	共 10200 万元。其中山东黑马集团有限公司 5400 万元、山东德州扒鸡集团有限公司 1600 万元、德州天马粮油食品集团有限公司 1600 万元、德州神马物贸集团有限公司 1600 万元。	2010. 11. 10	32459	4	1. 06	50	2. 33	3. 04
山东国力担保有限公司	2003. 8. 19	共 10300 万元。其中德州天一科技开发公司 3090 万元，栾印东 7210 万元。	2010. 11. 10	21290	47	1. 22	50	1	1. 8
山东泰龙投资担保有限公司	2004. 8. 24	共 11000 万元。其中德州茂源纺织有限公司 3300 万元、刘勇 7700 万元。	2011. 3. 28	38688	646	0. 52	63. 8	1. 35	2. 79
德州融鑫担保投资有限公司	2004. 4. 19	共 5000 万元。其中山东盛源家具公司 3705 万元、周爱华 520 万元、刘群 500 万元、徐秀晶 275 万元。	2011. 3. 28	1930	－5. 76	—	50	1	0. 38
德州市宏名担保有限公司	2005. 6	共 10100 万元。其中朱培行 6100 万元、德州祥龙装饰材料有限公司公司 3300 万元、满运环 400 万元、王浩 300 万元。	2011. 3. 28	22755	514	0. 5	50	1. 35	1. 71
山东美华担保投资有限公司	2007. 1. 15	共 10000 万元。其中刘吉珍 4000 万元；林雅玲 3000 万元；肖惠青 1000 万元；赵刚、李铭各 500 万元，山东征信信用管理咨询有限公司 1000 万元。	2011. 3	42600	412	—	50	1	3. 6
鑫浩融资担保有限公司	2007. 6	共 10000 万元。其中黄河商品交易市场有限公司 3400 万元、山东亿晶能源科技有限公司 3000 万元、德州粮油集团总公司 2000 万元、德州金谷园商贸城项目开发有限公司 1500 万元、德州双丰棉业有限公司 100 万元。	2011. 3. 28	5456	114	—	50	1	0. 54

德州信托投资公司 （1993 年 摄）

第三节 证券 期货

一、证券、期货交易

德州市证券、期货业起步较晚，发展缓慢。1994 年 9 月，首家证券部——山东省德州信托投资公司证券营业部（后更名为齐鲁证券有限公司德城区三八路营业部）成立，到 2011 年年底，全市共有证券营业部 3 家，累计开户 114649 户，当年交易额 428.2 亿元，营业收入 5746.5 万元。另有期货营业部 1 家。

齐鲁证券有限公司德州三八路营业部　成立于 1994 年 9 月，是经中国证监会批准设立、德州辖区内最早的证券经营机构。名称几经变更，2011 年 10 月，变更为齐鲁证券有限公司德州三八中路证券营业部。下设营运部、营销部、客服部，员工 26 人，营销代表 4 人。

齐鲁证券有限公司德州东方红路证券营业部　成立于 2008 年 12 月，营业部员工 14 名。在全国同行业率先推出“如意结”即单客户多银行第三方资金存管业务。有专家护航的“融易汇”咨询服务产品。

中信万通证券德州营业部　成立于 2009 年 8 月 14 日。至 2011 年，累计开户 3710 个，交易额 66.1 亿元，实现营业收入 727.1 万元，分别比 2009 年增长 1.42 倍、4.98 倍、5.43 倍。

鲁证期货股份有限公司德州营业部　成立于 2010 年 1 月。主要经营范围是：商品期货经纪、金融期货经纪。2011 年商品期货代理交易量 109.75 万手，金融期货代理交易量 3.66 万手；商品期货代理交易额 999.18 亿元，金融期

2002 年 6 月，“华鲁恒升”在上海证券交易所挂牌交易 （2002 年 摄）

货代理交易额330.25亿元。

二、股票发行

德州市企业上市起步于20世纪90年代初期，有3家企业列入全省100家重点股份改造试点企业，组建股份有限公司，通过地方产权交易市场进行探索和实践。

2000年，德州市企业上市领导小组办公室成立，负责协调推进地方企业上市工作。2006年，出台《德州市人民政府关于进一步推进企业上市工作的意见》，支持和推进企业上市融资。到2011年年底，全市有16家公司实现上市挂牌，其中境内主板（上交所）1家，中小板（深交所）3家，创业板（深交所）1家，在场外交易市场（天津股权交易所、齐鲁股权托管交易中心）挂牌上市企业11家，上市挂牌企业通过证券市场累计融资70亿元。

截至2011年年底，全市共有境内上市公司5家，其中禹城市3家，运河经济开发区2家。天安化工、天宇建机、海利安等11家企业分别在天津股权交易所和齐鲁股权托管交易中心挂牌，其中天津股权交易所8家，齐鲁股权托管交易中心3家，共计融资2.8亿元。

表 18-16

2007—2011 年德州市三家证券经营部业务统计表

机构名称	2007 年			2008 年			2009 年			2010 年			2011 年		
	累计开户（户）	交易额（亿元）	营业收入（万元）	累计开户（户）	交易额（亿元）	营业收入（万元）	累计开户（户）	交易额（亿元）	营业收入（万元）	累计开户（户）	交易额（亿元）	营业收入（万元）	累计开户（户）	交易额（亿元）	营业收入（万元）
齐鲁证券三八路营业部	76898	417.74		88942	280.86		80466	478.21	9360.62	84613	482.51	7034.46	88869	283.11	4420.27
齐鲁证券东方红营业部	—	—	—	—	—	—	19090	117.20	1448.40	21015	106.60	1836.72	22070	78.99	1054.08
中信万通证券德州营业部	—	—	—	—	—	—	1533	11.06	113.10	5656	90.01	972.10	3710	66.10	727.10
合计	76898	417.74		88942	280.86		101089	606.47	10922.12	111284	679.12	9843.28	114649	428.20	5746.45

2011 年年末德州市部分企业场外交易市场挂牌融资情况统计表

表 18－17

上市公司名称	挂牌交易时 间	挂牌交易地点	总股本（万股）	股权融资（万元）	2011 年销售收入（万元）	2011 年净利润（万元）
山东天安化工股份有限公司（临邑县）	2010.6	天津股权交易所	2500	1100	10049	1031
山东天宇建设机械股份有限公司（齐河县）	2010.12	天津股权交易所	2105.60	1515	7760	413
德州海利安生物科技股份有限公司（经济开发区）	2010.12	齐鲁股权托管交易中心	4934.36	5129	1300	198
德州东方土工材料股份有限公司（陵县）	2011.3	天津股权交易所	2000	1250	14196	1458
山东浩洋新型工程材料股份有限公司（禹城市）	2011.4	齐鲁股权托管交易中心	5000	2970	11679	548
山东省安华瓷业股份有限公司（平原县）	2011.8	天津股权交易所	1500	2610	18217	1846
山东德方液压机械股份有限公司（经济开发区）	2011.9	齐鲁股权托管交易中心	1426	1672	13948	399
山东鲁丰食品科技股份有限公司（庆云县）	2011.9	天津股权交易所	1300	600	10205	924
乐陵银鹤食品机械股份有限公司（乐陵市）	2011.11	天津股权交易所	1350	600	1105	4
山东祥德生物科技股份有限公司（禹城市）	2011.12	天津股权交易所	3476.19	500	2317	145
山东妙赛食品股份有限公司（齐河县）	2011.12	天津股权交易所	2135	300	3641	370

注：山东天安化工股份有限公司（临邑县）2010 年 6 月首次股权融资 1100 万元，2011 年再融资 9900 万元

2011 年德州市 5 家上市公司经营情况统计表

表 18 - 18

公司全称	总股本（万股）	流通股（万股）	上市时间	发行数量（万股）	发行价格（元）	募集资金（亿元）	股票代码	上市交易所	所属行业	销售收入（万元）	净利润（万元）
华鲁恒升化工股份有限公司	63575	95362. 5	2002. 6	6000	6. 28	6	600426	上交所	化学原料及化学制品制造业	519546	34836
德棉股份有限公司	16000	13100	2006. 1	7000	3. 24	2. 3	002072	上交所	纺织业	71083	-14456
保龄宝生物股份有限公司	10400	5252. 93	2009. 8	2000	20. 56	4. 1	002286	深交所	农副食品加工业	95077	5173
通裕重工股份有限公司	36000	9000	2011. 3	9000	25	22. 5	300185	深交所（创业板）	通用设备制造业	123595	13172
龙力生物科技股份有限公司	18640	4660	2011. 9	4660	21. 5	10	002604	深交所	农副食品加工业	123256	7877

第十九编

JINGJIGUANLI

经济管理

- 计划管理
- 统计
- 工商行政管理
- 审计
- 物价管理
- 国土资源管理
- 质量技术监督
- 安全生产监督管理
- 进出口商品检验检疫
- 进出口监督管理

20世纪80年代中期以后，随着经济体制改革不断深化，社会主义市场经济体制的逐步建立，政府对经济的管理职能措施也发生了根本性转变。

1986年后，计划经济管理方面，指令性计划逐渐减少，指导性计划不断扩大，并逐步实行指令性计划、指导性计划和国家指导下的市场调节相结合的计划管理体制。计划编制由过去以年度计划为主逐步转型以5年计划为主，实行中、长、短期计划相结合的计划体系。逐步建立起以"市场调节、政策协调、总量控制、综合平衡、服务监督"为主要内容的宏观经济调控体系。计划工作的重点逐步由指令性计划管理为主转向以方针政策管理为主，由直接调控为主转到间接调控为主，突出计划的战略性和导向性。1996年开始，全面实行指导性计划。

统计部门不断扩大调查统计的范围和内容，转变统计行政职能，组织多种形式的专题调查，开展多层面统计业务，为领导决策和社会需求提供详实服务。审计机关在开展国家审计等多项业务的同时，推动审计工作向社会审计和内部审计扩展，到1990年，市、县两级全部建立起审计事务所，承揽社会审计事务。物价管理改变过去管得过多，统得过死的价格管理体制，1992年以后，主要任务是全面推行价格市场化，价格管理方式从"管价格"向"管行为"，从"重管理"向"管理和服务并重"转变。1992年以后，工商管理逐步从监督维护社会主义计划经济向市场经济转变，从打击投机倒把活动为主向制止不正当竞争行为和反市场垄断行为转变，从管理集贸市场为主向全面监管社会主义统一大市场转变，从微观的具体业务管理，向宏观监督管理转变。质量技术监督方面，随着时代发展，业务范围不断扩展和精细化。

随着经济形势发展和经济管理需求，一些新的职能管理部门也陆续建立起来。1995年10月，成立德州进出口商品检验局，承担境内动植物检疫、卫生检疫、进出口商品检验、监管认证工作。2001月，成立安全生产监督管理局，实施综合监管与有关部门监督相结合的安全生产管理体制。2000年9月，德州海关正式开关，力促全市外向型经济发展。

到2011年，德州市已经构建起分工明确，权责清晰，管理有力的较为完备的经济管理构架体系，对于全市经济和社会发展起到了保驾护航和积极推动作用。

第一章　计划管理

20世纪80年代中期开始，随着经济体制改革不断深化和市场经济体系的逐步确立，指令性计划逐渐减少，指导性计划不断扩大，并逐步实行指令性计划、指导性计划和国家指导下的市场调节相结合的计划管理体制。

1986年后，逐步建立以中期计划为主的计划体系，开始编制国土规划和经济效益计划。1989年，商品房建设开始纳入国家计划管理。

同年，治理经济环境，整顿经济秩序，对煤炭、钢材、铝锭、水泥及主要化工原材，化肥、农药、农膜等重要生产资料实行专营，严格计划管理。1990年，各专项资金纳入计划管理，开始编制综合财政信贷计划和综合物资计划。

1991年，按照计划经济与市场调节相结合的机制，改进和加强预算外资金管理。1992年，围绕建立社会主义市场经济体制，加快计划管理体制改革步伐，计划工作的重点逐步由指令性计划管理为主转向以方针政策性管理为主，由直接调控为主转到间接调控为主；在计划编制执行管理上，由过去以年度计划为主逐步转变为以五年计划为主，中、长、短期计划相结合的计划体系。1993年，计划工作的任务转变为合理确定国民经济和社会发展战略，搞好经济预测，规划重大经济结构、生产力布局、国土整治和重点建设。1994年，突出计划工作的宏观性、战略性和导向性，初步建立起计划、财政和金融之间相互配合和制约的机制。

1996年，为适应社会主义市场经济的发展，强化宏观调控职能，下放、转移和弱化应当由市场调节以及县市和企事业单位自行管理的职能。到2000年年底，除关系国计民生及必须由国家控制的领域及行业外，全部由市场调节。计划工作依法管理，依法办事的运行机制得到逐步实施，计划管理的法制化建设已步入良性发展轨道。从2006年起，“十一五”计划改为“十一五”规划。

1995年4月，德州撤地建市后，地区计划委员会更名为市计划委员会。随着形势的发展和职能的转换，2005年，德州市计划委员会改组为德州市发展和改革委员会，其职能是负责综合研究提出全市经济和社会发展战略、规划和政策，进行总量平衡、结构调整，指导全市经济体制改革。

第一节　年度计划

每年年初，地区行署（市政府）都安排地区计划委员会（市发展和改革委员会）制定关于德州地区（市）上一年度国民经济和社会发展计划执行情况与当年计划草案的报告，上报批准后实施。这些计划按照上级部署和本市实际情况，每年有侧重点和重点项目。

1986年，计划重点是加强对国民经济的宏观调控，加快农业生产结构调整，保持工业稳步发展，加强横向经济联系，确保市场和物价稳定。由编制固定资产投资计划改为编制全社会固定资产投资计划，全民所有制单位投资总规模实行指令性计划，集体和个体投资实行指导性计划。国家建设、集体建设和农村建房三项非农业建设下达用地指标，实行指令性计划。1988年，计划重点是深化企业改革，扩大和完善企业承包经营责任制，推广厂长（经理）负责制。

1987年，计划安排重点是进一步调整农业种植业结构和工业产品结构，集中财力和物力保重点建设，加快城乡市场建设。商品房建设开始纳入国家计划管理，属指令性计划。国家建设、集体建设和农村建房三项非农业建设下达用地指标，实行指令性计划。

1988年，计划重点是深化企业改革，扩大和完善企业承包经营责任制，推广厂长（经理）负责制；继续控制投资规模，调整投资结构，压缩非生产性建设；加强建设用地计划管理；大力发展外向型经济。开始自筹投资购买企业债券。

1989年，针对当时出现的经济过热情况，按照中央“治理、整顿、调整、改革”的要求，计划的重点是加强和改善宏观调控；严格控制总需求，控制固定资产投资规模和社会集团购买

力，增加有效供给，缓解总供需之间的矛盾；治理经济环境，整顿经济秩序。计划工作开始对全民基建和技改项目实行省、地两级指令性计划管理，不再层层切块，而是自下而上申报项目，由省里审批。对化肥、农药、农膜等实行专营，对重要物资实行最高限价。

1990年，计划重点是突出抓好水利建设，大抓棉花生产；调整产品结构，继续贯彻有保有压的方针，深入开展"双增双节"（增产节约、增收节支）运动；拓宽销售渠道，强化产品经销；促进经济稳定发展。

1991年，重点是按照计划经济和市场经济相结合的原则，以经济效益为中心，结构调整为重点，强化农业基础，增强工业意识，加快科技进步，培植发展后劲，增强经济实力。开始开征固定资产投资方向调节税，并实行投资许可证制度。自有外汇进口计划开始纳入地区国民经济计划管理。借外贸体制改革的时机，强化外贸企业，促其发展。各行各业开展"质量、品种、效益年"活动。

1992年，重点是突出抓好经济结构调整，优化投资结构，加快开发力度，加速发展外向型经济，大力发展第三产业。建立健全宏观调控指标体系，加强国民经济总量平衡计划。强化计划的导向作用。

1993年，重点是围绕建立社会主义市场经济体制的要求，加强和改善宏观调控，改革计划管理体制，增加计划的信息量和对经济走势的分析和预测。

1994年，重点是深化农村改革，建立健全农村社会化服务体系和社会保障体系；全面推行国有企业公司制改革；按照国家投资体制改革的要求，合理划分各级投资事权，建立投资风险约束机制；强化建设用地计划管理，实行"开源"与"节流"并举。物资计划指标只下达数量，使用方向由各县（市）、部门统筹安排。

1995年，重点是把农业放在各项经济工作的首位，着重抓好粮棉生产；以骨干企业为龙头，大力发展企业集团；拓宽融资渠道，调整优化投资结构，保重点建设；配套搞好三大体系（市场体系、城乡社会化服务体系、农村社会服务体系）建设；改善宏观调控，抑制物价过快上涨。

1996年，以增加农民收入和地方财政收入为目的，加强宏观调控，强化农业基础，突出工业兴区，促进产业结构优化升级，转变经济增长方式，提高经济的整体素质和运行质量。新建的生产性项目一律实行项目法人责任制和资本金制度。

1997年，贯彻中共十五大精神，坚持稳中求进的方针，突出发展主题，积极推进两个根本性转变，加快结构性调整步伐，巩固和完善宏观经济环境，努力提高经济运行质量。

1998年，计划安排的重点是大力实施农业产业化战略和工业带动战略，大力发展第三产业，调整优化投资结构，搞好重点项目建设，放手发展个体私营经济，加大对外开放的力度，加强精神文明建设。

1999年计划安排的重点是提高农业、农村经济整体水平；千方百计地加大工业投入，着力培育骨干财源；坚持总量扩张和素质提高相结合，实现个体私营经济快速增长；围绕建设商贸型中心城市，大力发展第三产业；加强基础设施建设；进一步深化各项改革；实施积极的开放战略，提高对外开放的整体水平；加快实施科教兴德战略，大力发展各项社会事业。

2000年，计划安排的重点是大力实施工业带动战略，调整优化农业和农村经济结构，大力发展第三产业，不断拓宽民营经济发展的路子，改善经济发展的环境和条件，进一步深化各项改革，努力扩大对外开放，推进各项事业全面发展。

2001年,计划安排的重点是突出发展工业,积极推进农业和农村经济结构战略性调整,加快发展第三产业,推动民营经济向更高层次发展,加强基础设施建设,强化体制创新,加快经济国际化进程,加强社会主义精神文明建设。

2002年是中国加入世界贸易组织(WTO)后的第一年,计划重点是加快招商引资步伐;推动民营经济"二次创业";适应入世后激烈竞争的要求,加快产业结构调整步伐;加强基础设施建设;大力发展社会事业,提高全社会文明程度。

2003年,计划安排的重点是着力膨胀工业经济总量,加快推进工业化进程;强化工作措施,努力实现招商引资新突破;突出工业重点,提升民营经济发展的层次水平;加快农业现代化步伐,全面繁荣农村经济;拓宽发展领域,加快发展服务业;大力抓好外经外贸,提高经济国际化水平;努力扩展城市规模,加快推进城市化进程;搞好重大基础设施建设。

2004年,计划安排的重点是积极推进产业结构优化调整,提升产业整体素质和竞争力;全力推进民营经济发展实现新跨越;坚定不移地抓好招商引资,扩大外贸出口;积极推进农业现代化,努力解决"三农"问题;大力推进县域经济发展,加大中心城市建设力度,加强重大基础设施建设;积极发展各项社会事业。

2005年,计划安排的重点是大力推进产业结构调整,促进经济增长方式转变;狠抓经济发展的关键环节,深入实施民营经济和招商引资两大"天字号"工程,着力抓好项目和投资工作,大力发展外向型经济,加快中心城市建设步伐;全面发展各项社会事业,构建社会主义和谐社会。

2006年,计划安排的重点是以环境及创新为突破口,推动两大"天字号"工程实现新跨越;以做大做强中国太阳城等品牌为突破口,加快培植一批骨干企业、研发机构和物流园区;以建设小康村为突破口,推动社会主义新农村建设;以构建城市发展新框架为突破口,促进城区规模扩张;以节约资源、保护环境为突破口,加快建设和谐德州。

2007年,计划安排重点是调整优化产业结构,推进经济增长方式转变;大力发展现代农业,加快新农村建设步伐;着力抓好节能降耗和环境保护,建设节约型和生态型城市;加快城市化进程,构建跨省际区域中心城市;实施积极的对外开放战略,深化区域经济合作;全面发展各项社会事业,着力解决深层次矛盾和问题。

2008年,计划安排的重点着力提高自主创新能力,深入实施工业强市战略;繁荣发展服务业,提升服务业在国民经济中的比重;突出发展畜牧业,加快农业现代化进程;拓宽融资渠道,推动投资稳定健康增长;着力解决民生问题,积极构建和谐社会。

2009年,计划安排的重点是千方百计扩大投资,增强经济发展支撑;推动结构调整,力促工业经济平稳快速增长;繁荣发展服务业,扩大消费需求;着力提高现代化程度,切实强化农业基础地位;加强重点领域建设,转变经济发展方式;积极推进改革开放,加快体制机制创新;推进城乡发展,实现区域统筹;认真解决民生问题,促进社会和谐。

2010年,计划安排的重点是调整优化产业结构和投资结构,提升发展的质量和效益;积极发展绿色经济,增强可持续发展能力;提高自主创新能力,增强科技对发展的支撑作用;积极融入区域经济一体化,全面提升改革开放水平;加快发展社会事业,进一步保障和改善民生。

2011年是实施"十二五"规划的开局之年,计划安排的重点是:突出结构调整,加快构建现代产业体系;突出协调拉动,着力增强经济发展内生动力;突出重点带动,着力促进区域协调发展;突出载体建设,着力推进城乡统筹发展;突出环境友好,着力增强可持续发展能力;突出改革创新,着力增强经济发展保障能力;突出改善民生,着力促进经济社会和谐发展。

第二节　中长期计划

从1986年到2011年,德州市共编制了6个五年规划。这些规划由政府计划部门(发展和改革委员会)制订草案,再经过市人民代表大会会议审议通过后,由市政府以文件形式印发并执行。

一、“七五”计划

“七五”(1986—1990)期间德州地区的发展目标是:社会总产值(现价)1990年计划为160亿元,比1985年的82.6亿元增长93.7%,平均年增长14.1%。国民生产总值(现价)1990年计划为84亿元,比1985年的40.3亿元,增长109.4%,平均年增长15.8%。国民收入(现价)1990年计划为69亿元,比1985年的36.7亿元增长88%,平均年增长13.5%。工农业总产值(80年不变价格)1990年计划达到101亿元,平均年增长11.7%,其中,农业总产值35亿元,平均年增长4.5%,工业总产值66亿元(含村以下),平均年增长17%。社会商品零售额1990年计划30亿元,平均年增长10.2%。出口商品收购总值1990年计划5亿元,平均年增长22.7%。财政收入1990年计划2.7亿元,平均年增长8.3%。全社会劳动生产率平均年提高5%,每万元国民收入消耗的能源从1985年的10吨降低到9吨,平均年节能率为2%,地方国营工业企业流动资金周转天数平均加速4%。农民人均纯收入按新口径计算达到600元,平均年增长7.4%,职工实际工资收入平均年增长4%以上。城镇居民人均居住面积达到7.5平方米。人口自然增长率控制在5.96‰以内,1990年总人口达到588.6万人。

二、“八五”计划

“八五”(1991—1995)计划的主要指标为:国民生产总值(按1990年不变价格计算,下同),1995年达到105亿元,“八五”平均年增长11%;2000年达到165亿元,10年平均年增长10%。国民收入1995年达到90亿元,“八五”平均年增长10%;2000年达到132亿元,10年平均年增长9%。工农业总产值1995年达到255亿元,“八五”平均年增长12%;2000年达到427亿元,10年平均年增长11.5%。农业总产值1995年达到59亿元,“八五”平均年增长4.5%;2000年达到67亿元,10年平均年增长3.5%。工业总产值1995年达到52亿元,“八五”平均年增长12%;2000年达到100亿元,10年平均年增长13%。出口商品收购总值1995年达到15亿元,“八五”平均年增长20%;2000年达到32亿元,10年平均年增长18%。财政收入1995年达到5亿元,“八五”平均年增长11%;2000年达到7.8亿元,10年平均年增长10%。人口自然增长率控制在10‰以内。

三、“九五”计划

“九五”(1996—2000)计划的发展目标:到2000年,国内生产总值达400亿元,年均增长16%,人均国内生产总值7400元,一、二、三次产业增加值分别达到80亿元、200亿元和120亿元,年均增长4%、22%和19%;地方财政收入突破10亿元,年均增长20%;全社会固定资产投资累计达到450亿元。自营出口达到2亿美元,实际利用外资累计达到5亿美元。3次产业结构由“八五”末的34∶40∶26调整为20∶50∶30;城镇化水平达到30%;非农产业产值占农村社会总产值的比重达到70%以上。科技对经济增长的贡献率达到45%;社会劳动生产率平均每年提高14%,万元国内生产总值综合能耗每年降低3%。农民人均纯收入达到3000元,城镇居民人均生活费收入达到7000元,分别年均增长7.5%和9.1%;城镇居民人均住房达到12平方米;每百人拥有电话6.2部(含移动)。大中专学校在校生达到1.3万人;人口自然增长率控制在7.53‰以内,总人口不突破540万人。

四、“十五”计划

“十五”(2001—2005)计划期间,经济和社会发展的主要任务和目标:到2005年,全市GDP达到640亿元,年均增长12%;争取达到660亿元,年均增长13%;人均GDP达到11610元,达到全省中等发达地区人均水平。3次产业增加值分别增长4%、15%和15%。全社会固定资产投资600亿元,比“九五”增长48%。“十五”末三次产业比例调整为17:48:35。工业总量和效益力争翻一番。民营企业达到2.1万户,民营经济增加值GDP的比重达到70%。城市化水平达到40%。科技对经济增长的贡献率达到47%。城镇登记失业率控制在4%以内。城镇居民人均可支配收入达到7000元,农民人均纯收入达到3500元,分别年均增长6.5%和7%,城乡居民储蓄存款余额人均5000元以上。全市地方财政收入32亿元,年均增长15%。

五、“十一五”规划

“十一五”(2006—2010)计划期间,生产总值年均增长15%左右,到2010年达到1650亿元,人均生产总值超过3500美元。农业现代化步伐加快,工业整体竞争力增强,服务业日益繁荣,3次产业结构调整为10:58:32。地方财政收入年均增长18%左右。固定资产投资累计完成4000亿元以上。社会消费品零售总额年均增长15%。全社会研发投入占生产总值的比重提高到2%,高新技术产业产值占规模以上工业总产值的比重达到25%。万元生产总值综合能耗降低20%,万元生产总值水耗降低20%。民营经济增加值占生产总值比重达到85%以上。对外开放层次和水平提高,进出口总额占生产总值的比重达到10%左右,5年累计实际利用外资10亿美元以上。城镇居民人均可支配收入和农民人均纯收入分别达到14500元和5500元,年均分别增长10%和8%左右。社会保险覆盖面达到90%,保障能力明显增强。人口自然增长率控制在8‰左右。

六、“十二五”规划

力争“十二五”(2011—2015)末主要经济指标实现翻番,其中,地区生产总值年均增长13%,2015年达到3500亿元,人均GDP超过5万元;3次产业结构调整为7:50:43;固定资产投资年均增长20%,2015年达到2840亿元;地方财政收入达到167亿元,社会消费品零售总额达到1480亿元,年均增长均为18%;城镇居民人均可支配收入和农民人均纯收入增长与经济发展同步,年均增长13%,2015年分别突破32000元和13000元;城镇登记失业率控制在3.5%以内;人口自然增长率控制在7.3‰左右。

第三节　项目管理

一、“七五”“八五”时期

1986年到2000年期间,全市投资及项目管理逐步由计划经济体制向市场经济体制过渡,逐步取消年度综合基本建设计划和固定资产投资计划的编制工作,基本建设由财政拨款改为银行贷款,简化项目审批手续,推行项目投资评估制度和招标投标制度。1990年9月,德州地区基本建设重点工程领导小组办公室(设在地区计委)成立,代表政府负责华能德州电厂一、二期工程的建设管理、外部协调及资金筹措,使华能德州电厂按期完工。1992年,批准

成立德州市重点建设投资公司，建立基本建设基金制，打造多元化产业项目投融资平台。1995年，德州地区基本建设重点工程领导小组办公室改称德州市重点项目办公室，专门负责争取省级重点建设项目以及筛选、调度和督导管理市级重点建设项目。1995年9月，为建设邯济铁路、德大铁路等铁路建设需要，成立德州市铁路工作办公室（隶属市计委）。

“七五”时期，固定资产（基本建设）投资累计完成60.71亿元，建成德州刨花板厂一期、丁庄水库、华能德州电厂2×30万千瓦、齐河邱集煤矿一期及德州地区丙纶厂等一批重点项目，开工建设李家岸引黄工程、齐河箱板纸厂、德州第三棉纺织厂（元济纺织有限公司）及德州师专新校区等项目。“八五”时期，全社会固定资产投资累计完成160.4亿元，其中基础工业和基础设施建设项目共计42.4亿元，开工建设济德高速公路、济聊一级汽车专用公路德州段等大型交通项目，新建扩建丁庄、丁东、严务、小店、钩盘河水库等一批水利设施项目。

二、“九五”“十五”时期

“九五”时期，全社会固定资产投资累计完成405亿元。共建设超亿元重大项目68项，项目总投资301亿元；组织实施“十大跨世纪工程”，一批交通、通信、供水、供电、城市公用工程和工业重点项目相继建成投产。“十五”期间，全社会固定资产投资累计完成1633亿元。共建设超亿元项目543项，完工370项，完成投资727.4亿元；5000万~1亿元项目872项，完工580项，完成投资595亿元。

“十五”期间，国务院出台《关于固定投资体制改革的决定》，德州市按照“谁投资、谁决策、谁受益、谁承担风险”的原则，改革项目审批制度，落实企业投资自主权，并于2004年正式实施基本建设项目核准备案制，出台关于建设项目审批、核准、备案工作的实施意见，以及部分行业固定资产投资指标的意见。2005年德州市重点项目规划建设办公室与市经委技改办合并，成立德州市项目规划建设管理办公室，健全完善了市级重点项目“五个一”（一个重点项目、一名责任领导、一套班子、一个责任人、一个方案）推进机制和“四定两保”（定时间、定目标、定责任、定奖惩，保按时开工建设、保按时竣工投产）责任机制。

“九五”至“十五”10年间，重大项目建设成绩：电力煤矿类有德州华能电厂3期132万千瓦发电工程、德州热电厂5万千瓦热电联产、全市农村电网改造、邱集煤矿等；交通基础项目有京福高速德州段、德州市绕城路南连接线、济聊一级公路德州段、青银高速德州段、邯济铁路德州段、德州市农村公路改造等；市政基础项目有8万吨污水处理厂、三水厂扩建改造等项目；农业项目有国家大型商品粮基地建设等项目；化工类有德州化肥厂26万吨尿素1万吨聚甲醛、恒升大氮肥装置国产化及15万吨DMF、恒源石化40万吨重油催化裂化等项目；生物制造业包括禹城“三糖一药”改扩建等项目；建材类包括晶华集团旋窑水泥一线、二线，浮法玻璃一线、二线、三线；轻工类有普里森中型机床1500台、大型机床360台及卓尔铸造项目，轻工纺织类有德棉集团系列技术改造项目、华芳集团夏津有限公司30万纱锭等；食品加工项目有双汇、金锣、光明乳业德州分厂建设等；机械类有莱钢永锋200万吨钢铁项目等，商贸项目有铁西市场群、庆云商品城建设等。

三、“十一五”时期及2011年

“十一五”时期，固定资产投资累计完成3971亿元，成功引进德州东北商贸物流城、东盟现代生态旅游城等一批重大服务项目，建成岔河风景区、减河湿地、董子文化园、九龙湾公园等一批精品城建项目，德百集团澳德乐大型商贸中心、德州粮食物流中心项目等商贸物流项目，德州市体育中心、市人民医院新建病房楼等民生项目，实现青银高速德州段建成通车，完成石德铁路与京沪铁路电气化改造，京沪高铁、德滨高速等交通基础项目建设加快。2006年，开工市级重大项目71个，累计完成投资131亿元，年底晶华集团120万立方米新型墙材及彩色空心玻璃砖一窑四线等36个项目竣工投产；2007年，确定25家工业财源骨干企业和25家五大优势产业企业，50家企业共实施在建项目101个，完成投资87亿元，有53个项目竣工投产。2008年实施市级重大项目64个，当年完成投资185.6亿元，竣工投产项目25个。2009年，开工市级重大项目103个，当年完成投资291.9亿元。2010年，开工市级重大项目131个，完成投资437.5亿元，完工项目68个。

2011年，共争取上级支持项目244个，9个项目列入省重点建设项目，居全省第二位。开工市级重点项目104个，完成投资560亿元，金能三期、齐鲁制药、盖世物流等48个重点项目竣工。

第二章 统　计

1986年后，各级统计部门不断改革完善各项统计制度，扩大调查统计的范围和内容，逐步建立起适应改革开放新形势需求的统计网络管理服务体系。

1988年起，开始在全区范围内建立第三产业和国民生产总值的统计。1988—1991年期间，国民经济核算采用的是“县级核算，层层汇总”的核算方式；1992年，全区开始分步组织实施新国民经济核算体系，GDP开始采用“分级核算”；2004年，进一步改进和规范GDP核算和发布制度，国家对省、省对市、市对县的GDP数据实行下管一级，各县以市统计局评估认定的GDP核算结果为准。

1991年起，先后建立起农业、工业、批零贸易餐饮业、建筑业、固定资产投资、劳动工资、国民经济核算、科技、对外经济贸易等多项统计调查制度。1994年年报起，按专业内容分别进行统计调查。同年，城市基本情况报表制度与综合统计报表制度合二为一，统称综合统计报表制度。2005年，实施《德州市中心镇定期报表制度》。2006年，按照新的城乡划分标准，开展城乡划分工作。

1998年8月，市统计局计算站、农业科分别加挂“德州市社会经济信息咨询评价服务中心”“德州市农村小康监测办公室”的牌子。2011年，德州市统计局内设9个职能科室，并负责全市11个县（市、区）统计部门的统计业务。

第一节　统计调查

一、普查

农业普查　根据全国农业普查统一部署，1997年1月，开展全市第一次农业普查。普查年度为1996年，对象是各种类型的农业生产经营单位、农村住户、非农乡镇企业、行政村和乡镇。第一次查清全区农业生产经营单位的基本情况；农村劳动力的数量、素质、行业分布和流动状况；农业用地、农业生产性固定资产，以及乡镇和乡镇企业的基本概况等。1996年，全市

共有农业生产经营单位1072956个,从业人员2790650人;其中农业户数1072647户,从业人员2784341人;农业企业单位309个,从业人员6309人。

2007年进行的第二次农业普查,标准时间是2007年1月1日。普查对象是全市范围内的各种类型的农业征税经营单位、农村住户、乡镇企业、行政村和乡镇。调查内容涉及农村住户和非农村住户类农业生产经营单位的就业、农用土地、农业科技、畜牧业生产和农用生产机械设备;行政村和乡镇的人口和住户数、社区环境、农业科技与服务单位情况、以及集贸市场情况和财政状况、非农乡镇企业基本情况和生产经营情况等。此次农业普查是采用普查员直接访问普查对象、当场登记的方式进行。普查结果:2007年,全市农业生产经营单位1164870个,从业人员2550875人;其中农业户数1164157户,从业人员2538123人;农业企业单位731个,从业人员12752人。

基本单位普查　第一次基本单位普查的标准时间为1996年12月31日,普查数据的调查年度为1996年。普查的主要内容包括4个方面:单位的基本信息(单位代码、名称、地址、通信号码等);单位的主要属性(行业类别、隶属关系等);单位的基本经济活动(从业人员数、企业实收资本、固定资产、营业收入等);单位的其他信息(执行会计制度的种类、产业活动单位数等)。普查结果:1996年年底,德州市法人单位15300个,其中单产法人单位8618个、多产法人单位6682个。按企事业、机关分组:各类企业单位4580个,事业单位1341个,机关单位949个,其他单位8430个,法人单位从业人员611955人,其中兼职人员1702人。

第二次基本单位普查的标准时间为2001年12月31日。普查结果:2001年年末,全市法人单位20158个,其中单产业法人单位17919个,多产业法人单位2239个;产业活动单位30456个。法人单位按企事业机关分组:企业单位8579个,事业单位1105个,机关单位1261个,其他单位9213个。法人单位从业人员732945人,其中男性人员466864人、女性人员266081人。产业活动单位从业人员230883人。法人单位按照产业类别分组:第一产业单位179个,从业人员3044人;第二产业单位5459个,从业人员419500人;第三产业单位14520个,从业人员310401人。产业活动单位按照产业类别分组:第一产业单位456个,从业人员2711人;第二产业单位5998个,从业人员90108人;第三产业单位23987个,从业人员138064人。

人口普查　按照国务院规定,每10年开展一次人口普查。第四次人口普查以1990年7月1日零时为标准时点。此次普查的普查表有21项,其中按人填报项目15项,按户填报的有6项。第四次人口普查结果显示,全地区常住家庭户124.62万户,常住人口506.81万人。

第五次人口普查以2000年11月1日零时为标准时点。此次普查有长、短普查表,死亡人口普查表,暂住人口调查表4种。根据普查长表抽样工作细则,长表抽取10%的户填报,短表由其余的户填报。第五次人口普查结果显示,全市常住家庭户149.21万户,常住人口529.37万人。

第六次人口普查以2010年11月1日零时为标准时点。此次普查有长、短普查表,死亡人口普查表,境外人员普查表4种。根据普查长表抽样工作细则,长表抽取10%的户填报,短表由其余的户填报。第六次人口普查结果显示,全市常住家庭户162.38万户,常住人口556.82万人。

经济普查　第一次经济普查的标准时点为2004年12月31日,时期资料为2004年度。普查对象是在全市境内从事第二产业、第三产业的全部法人单位、产业活动单位和个体经营户。普查结果:2004 年年末,全市共有从事第二、三产业的法人单位 21850 个。其中,企业法人单位 10417 个,机关、事业法人单位 2226 个,社会团体法人单位 169 个,其他法人单位 9038 个。产业活动单位 32048 个,其中,第一产业 24 个,第二产业 7495 个,第三产业 24529 个。个体经营户 205884 户,其中,第二产业 58444 户,第三产业 147440 户。在产业活动单位中,从事制造业的单位 6786 个,占 21.17%;批发和零售业 3157 个,占 9.85%;教育 2131 个,占 6.65%;公共管理和社会组织 12526 个,占 39.09%。以上行业合计占 76.76%。个体经营户较为集中的 5 个行业是:工业 52485 户,占 25.49%;交通运输业 27038 户,占 13.13%;批发和零售业 89411 户,占 43.43%;住宿和餐饮业 7307 户,占 3.55%;居民服务和其他服务业 16355 户,占 7.94%。2004 年年末,全市第二、三产业的就业人员 139.16 万人,其中,第二产业的就业人员 75.2 万人,占 54.04%;第三产业的就业人员 63.96 万人,占 45.96%。在合计中,单位就业人员 83.13 万人,占 59.74%;个体经营人员 56.03 万人,占 40.26%。在单位就业人员中,女性 29.36 万人,占 35.32%。

第二次经济普查的标准时点为 2008 年 12 月 31 日,时期资料为 2008 年度。普查对象是在德州市境内从事第二产业和第三产业的全部法人单位、产业活动单位和个体经营户,以及本市法人单位在外市开办的二三产业活动单位。普查结果:2008 年全市地区生产总值实现 1307.7 亿元。其中,一、二、三产业分别实现增加值 169.73 亿元、734.53 亿元和 403.44 亿元。三次产业比重 12.98:56.17:30.85。2008 年年末,全市共有从事第二、三产业的法人单位 35006 个;产业活动单位 48582 个;个体经营户 294015 户。2008 年年末,企业法人单位 21713 个,其中,国有企业 316 个;集体企业 270 个;股份合作企业 88 个;联营企业、有限责任公司和股份有限公司共 1535 个;私营企业 18463 个;其他内资企业 899 个;港、澳、台商投资企业 27 个;外商投资企业 115 个;在产业活动单位中,从事制造业的单位 10644 个,占 21.91%;批发和零售业 7338 个,占 15.1%;教育 2175 个,占 4.48%;卫生、社会保障和社会福业 4826 个,占 9.93%;公共管理和社会组织 13484 个,占 27.76%。以上 5 行业合计占 79.18%。个体经营户较为集中的 5 个行业是:批发和零售业 168604 户,占个体经营户总数的 57.39%;交通运输、仓储和邮政业 25097 户,占 8.54%;居民服务和其他服务业 27535 户,占 9.37%;工业 36845 户,占 12.54%;住宿和餐饮业 12634 户,占 4.3%。以上 5 个行业合计占 92.14%。2008 年年末,全市第二、三产业单位和个体经营户从业人员数为 185.70 万人。其中,第二产业的从业人员为 91.79 万人;第三产业的从业人员为 93.91 万人。在从业人员中,按单位性质分,单位从业人员 115.35 万人,占 62.12%;个体经营人员 70.35 万人,占 37.88%。按行业分,制造业 61.71 万人,占 53.5%;建筑业 8.64 万人,占 7.49%;公共管理和社会组织 13.17 万人,占 11.41%;批发和零售业 9.2 万人,占 7.98%;教育 5.41 万人,占 4.69%。2008 年末,全市第二、三产业企业法人单位资产总额为 32143318.6 万元。其中,国有企业资产总额 2260163.4 万元;集体企业资产总额 1521707.8 万元;股份合作企业资产总额 1079709.5 万元;私营企业资产总额 13452953.6 万元;港澳台商投资企业资产总额 291822.7 万元;外商投资企业资产总额 1702188.7 万元。2008 年年末,全市第二、三产业企业法人单位(不含金融业、行政事业单位和个体经营户)的实收资本总额为

7549716万元。在全部企业法人单位的实收资本总额中，国家资本372606.9万元；集体资本103116.1万元；股份制资本220045.8万元；私营资本4990350.2万元；港澳台资本140106.6万元；外商资本405925.5万元。

二、专业统计调查

1986年德州地区已经建立起人口、土地、粮产、工商、财经、税务、文教、卫生等统计调查制度。地、县统计局主要承担工交、商业、建筑业、农经（住户）、农业、投资、劳资等专业统计调查任务。1991年，地、县统计局先后建立起农业（包括农业生产统计和农业综合统计）、工业、批零贸易餐饮业、建筑业、固定资产投资、劳动工资、国民经济核算、科技、对外经济贸易等多项统计调查制度。1993年，全区推行国家新统计报表制度，即七加一基层统计一套表。新统计报表制度由基层表和各专业综合表两部分组成，基层表由企业行政单位填报，综合表由计算机超级汇总形成。2003年，为反映高新技术开发园区建设情况，建立开发园区统计调查制度。2005年，实施《德州市中心镇定期报表制度》，对36个中心镇实行季报、半年报和年报制度，内容涉及GDP、农业、投资、民营经济、园区经济、市场建设、财政税收等；建立了《5000万元以上商品交易市场统计报表制度》，对年交易额5000万元以上的交易市场按季度进行统计。2006年，开始执行按照新的城乡划分标准。

三、抽样调查

1%人口抽样调查　2005年全国1%人口抽样调查，是继2000年全国第五次人口普查之后的又一次大规模的社会调查。调查的标准时点是2005年11月1日零时。这次调查以全国为总体，以各省、自治区、直辖市为次总体，采取分层、多阶段、整群概率比例的抽样方法。此次调查德州市共调查1.6万户，4.88万人。

1%人口和劳动力抽样调查　2007年山东省1%人口和劳动力抽样调查，是山东省首次自主进行的1%人口和劳动力抽样调查。调查以山东省为总体，以各市为次总体，采取分层、多阶段、整群概率比例的抽样方法。此次调查德州市共计调查12353户，38426人。

农村社会经济调查　农村社会经济抽样调查开始于20世纪50年代。1984年，夏津、齐河、商河、济阳建立隶属国家农调总队的农村社会经济调查队，地区统计局建立地方编制管理的农村调查队，开展农村住户调查。1991年，全国农村统计方法制度进行重大改革，推行农村统计一套表制度，内容涉及农林牧副渔生产情况以及农田水利、农业机械和农村社会、科技、文教卫生等各个方面。1997年，武城、临邑、陵县、平原4县组建农业经济调查队。2002年4月，全市开展农村多目标抽样调查，农村多目标抽样调查，包括农村住户调查、农产量抽样调查、农村固定资产投资和畜牧业生产情况等4个主题。

城市经济及居民住户基本情况调查　1986年，开展城市经济调查，调查范围为德州市城区。调查内容为城市居民消费价格以及城市商品零售价格，编制居民消费价格指数和商品零售价格指数，以反映市场物价的变动情况。1989年，开始工业品价格调查，调查单位为德州市城区内的工业企业，通过编制每月的工业品价格指数，反映全市工业品价格的变动情况。自2001年起，开展房地产价格调查，调查单位为全市所有房地产开发企业，通过编制每月的房地产价格指数，反映房地产价格的变动。住户调查内容为城市居民的收入和生活消费支出，2004年开始对德城区40户居民进行长年调查。将原有的月度40项主要指标台账扩充至50项，将服务性消费支出、社会保障支出等指标纳入登记范围。

其他经常性抽样调查　1985年开始，在非人口普查年份开展人口变动情况抽样调查。1994年开始，对小型贸易企业实行抽样调查。1998年，对规模以下工业企业开展抽样调查。自1998年之后逐年开展了经济开发区统计、企业集团统计、企业景气度统计、妇儿规划监测统计等调查活动。2000年对限额以下贸易批发零售、餐饮业开始抽样调查，样本扩大到个体、私营业主和商品交易市场。在1996年建立的国内旅游调查制度的基础上，2000年，抽取部分旅游住宿设施和景点，并对部分游客问卷调查。2001年又建立了旅游“黄金周”和节假日调查报告制度。自2006年始，逐年开展重点耗能行业、企业调查。2008年始，先后开展近20起社情民意电话调查活动。

第二节　统计执法

1985年，贯彻《中华人民共和国统计法》，根据国家统计局的统一部署，在全区范围内开展第一次统计执法大检查。1988年，开展统计法执行情况大检查。

1992—1995年，配合全省财贸系统对全地区商业统计数据质量进行抽查。对150个企业单位进行重点抽查，对有明显虚报工业总产值的部分企业予以通报。对乡、村企业产品销售收入、应交税金和部分自然村出生人口等指标进行检查。检查单位506个，立案查处各类统计违法案件65起。

1997年，根据国家统一部署，在全市范围内对工业相关统计指标，职工劳动报酬收入、固定资产投资等指标进行检查，共抽查单位226个，查出违法行为单位78个，立案处理52个。对全市各级政府和各部门在统计上是否存在弄虚作假问题进行重点检查。共抽查单位360个，查处并立案处理违法行为单位153个。

2001年，全市共抽查465个单位，立案182个。2004年，开展了以查处在统计上弄虚作假行为为重点的统计执法检查活动。共抽查了308个单位，查出各类统计违法行为78件。2005—2008年，先后在全市开展统计法贯彻执行情况检查，共立案386件，结案处理310余起。

2009年，全市共检查基层企事业单位157家，立案28件。

2010年，市统计局、市监察局、市司法局和国家统计局德州调查队4部门组成联合检查组，对庆云、平原、齐河县3个县的工业企业、贸易企业、投资项目和建筑房地产企业进行重点检查，对查出的统计违法行为，依法进行严肃批评和警告。

2011年，全市重点围绕“四大工程”（基本单位名录库、企业一套表调查制度、数据采集处理软件平台、联网直报系统）建设，采取现场检查和集中检查相结合的方式，对各县（市、区）其中的2个乡镇（运河开发区除外）和20个检查单位的基层报表、数据质量、统计工作规范化建设等进行检查，对检查中发现的统计违法行为单位进行通报批评。

第三章　工商行政管理

1986—1991 年间，工商行政管理坚持“活而不乱，管而不死”的原则，不断放宽内外资企业登记范围，鼓励和支持下岗职工从事工商业经营生产活动、农民进城务工经商、兴办企业，推动了个体私营经济的发展。维护市场秩序，规范经营行为，保护合法经营，在市场尚未完全放开，实行“双轨制”的情况下，重点打击倒买倒卖国家计划内商品和重要生产资料行为。

1992 年后，随着社会主义市场经济体制的逐步确立，工商行政管理部门职能发生了重大变化，从监督维护社会主义计划经济秩序，向监督维护社会主义市场经济体制转变，从打击投机倒把活动向制止不正当竞争行为和反对市场垄断转变，从重点管理集贸市场及其他有形市场为主向全面监管社会主义统一大市场转变，从监管微观市场逐步向监管中观、宏观市场转变。管理范围从管理流通领域为主，逐步扩大到监管生产、交换、分配、消费等领域。在经济监督检查活动中，逐步确定以“一反”（反对不正当竞争）、“三打”（打击制售假冒伪劣商品、走私贩私、骗买骗卖）和“两保”（保护经营者、消费者合法权益）为主要内容的公平交易行政执法重点。

第一节　工商登记管理

一、内资企业登记管理

1986 年开始实行工商企业登记分级管理，地区以上企业由地区工商局办理登记发照。当年对中国工商银行及其分支机构开展调查摸底、核准登记、颁发营业执照工作。1988 年，《中华人民共和国企业法人登记管理条例》及其《施行细则》颁布，开始全面实行企业法人登记制度，企业登记对象分为法人企业、非法人企业和筹建企业。其后，企业登记的范围扩大至所有的赢利性企业、事业单位和社会团体。

1989 年 5 月开始，全区开展公司年检和重新换照、企业审核换照工作，并于 6 月 5 日开始对工商企业注册登记实行统一编码。1991—1993 年，全区各级工商行政管理机关放宽登记政策，简化登记手续，支持企业转换经营机制。到 1993 年年底，全区各级工商行政管理机关共为 87 家联营企业和 15 家集团公司办理注册登记，为 1168 家企业调整经营范围和方式，增加经济效益 9910 万元，为 560 个党政机关、事业单位的经济实体办理登记注册手续。1992 年，全区开始对期货经纪公司登记。1993 年，会计师事务所、审计师事务所纳入登记管理范围。

1994 年 7 月 1 日，《中华人民共和国公司法》正式实施。地区工商局开始对有限责任公司、股份制公司进行登记和规范。1995 年，将土地价格评估机构和各类拍卖市场（行、中心、公司）等正式纳入登记管理范围。同年 12 月 21 日，将企业登记代理机构确定为登记范围。1996 年，对原有限责任公司及股份有限公司，具有事业单位性质、实行企业化经营或非职业介绍机构开展职业介绍活动的事业单位和企业进行重新登记。同年 9 月，将房地产中介服务机构、房地产开发企业直接纳入企业登记管理。1997—1998 年，对从事林业种子草木生产、经营的单位，予以全面清理和登记。1998 年，对县级残疾人服务社及分社进行审核登记。1999年，全市2300家企业完成改制，占全市应改制企业总数的90%。1999—2001年，依法对全市营业性歌舞厅、游戏厅、演艺厅、网吧以及报社、期刊社、图书出版社、音像出版社和电子出版社等进行登记。2001年，市工商局制定《全市企业登记管理制度》，实行登记责任追究制，建立代理大厅和咨询大厅，实行审核、登记、发照“一条龙”服务。

2002年7月，市工商局企业注册局组建，实行内资、外资、私营企业统一登记注册、统一监督管理的新登记管理模式。2004—2005年，全市各级工商行政管理机关创新登记方式，推行登记注册“首办责任制”、AB角交替岗制、“一审一核制”。2006年，市工商局在市行政中心设立工商登记窗口。2008年，开展ISO 9001质量管理体系认证工作。2009年2月，全省企业登记管理工作现场会在德州召开，重点推介德州市建立产业集群查询系统的做法，当年全市产业集群发展到34个，涉及企业1200家。2010年，全市工商系统与中国银行德州分行、中国工商银行德州分行、中国农业银行德州分行、中国建设银行德州分行4家银行，分别联合开通“工商E线通”业务。市政务中心工商窗口开通服务电子评价系统，办理各类企业登记限时办结率达100%。2011年，全市13个县(市、区)局、分局登记窗口、110个工商所推行“温馨服务”。截至年底，全市内资企业发展到5986户，注册资本2959390万元。

二、外资企业登记管理

德州地区对外商投资企业登记管理始于1988年。1988—1994年，地区工商局对外商投资企业登记管理工作只有初审权。1995年，获得外商投资企业审核登记权。1988年6月25日，德州地区第一家外商投资企业登记成立。当年，全区共有外商投资企业7家，注册资本总额2645万美元；其中，中外合资企业5家，中外合作企业2家。自1994年开始，地委、行署开展招商引资活动。2002年，市工商局引进第一个世界500强企业投资项目——山东中粮鲁德食品有限公司。2005年，对全市外商投资企业发展情况进行全面调查，截至年底，全市共有外资企业376户，投资总额142201.6万美元，注册资本103371万美元。2009年，全市辖区有外资企业的117个工商所均建立外资企业属地管理制度。至2011年年底，全市外资企业发展到849户，注册资本累计166550万元，投资总额累计166550万美元。

三、个体私营企业登记管理

1987年8月，国务院颁布《城乡个体工商户管理暂行条例》，明确了个体工商户的地位。1988年6月25日，国务院发布《中华人民共和国私营企业暂行条例》，省工商局印发《山东省个体工商户和个人合伙登记程序(试行)》，至1988年年底，全区个体工商户达到55992户，注册资金16357万元，营业额累计47390万元。1992年，下放部分私营企业的登记审批权，简化开业登记手续，增设办公地点，延长办公时间，实行登记、审批、发照“一条龙”服务。1993—2011年间，《中华人民共和国合伙企业法》《中华人民共和国合伙企业登记管理办法》颁布和《个人独资企业登记管理办法》《个体工商户分层分类登记管理办法》相继出台。地区(市)工商局先后印发《德州市工商局关于扶持个体私营经济发展的十条规定》《关于加强个体私营经济登记和监督管理工作加快个体私营经济发展的通知》《关于进一步支持民营经济加快发展的意见》《德州市土地承包经营权作价出资农民专业合作社登记暂行办法》等一系列规范性文件，进一步降低登记门槛，推动社会就业。截至2011年年底，全市私营企业达到17671家，注册资本5789584万元，个体工商户达到126464户,注册资本436900万元。

第二节　经济合同管理

一、经济合同仲裁

从1985年开始,各县(市)工商局开始实行经济合同仲裁委员会制度。对技术合同和企业承包、租赁经营合同实行协议仲裁、一裁一复议制度。在基层工商所设立派出仲裁庭,调解、仲裁一些简单的合同纠纷案件。1991年,经济合同仲裁全面实行"协议仲裁"制度。1993年公布施行的《中华人民共和国经济合同法》,将无效合同的确认权划归人民法院和仲裁机构,将解决合同纠纷的"一裁二审"制度修改为"一裁终局"制度。1990年,国家工商局制定《经济合同示范文本管理办法》,规定合同示范文本的制订、印刷、发放实行统一管理。1990—2011年间,全市累计发放各类合同示范文本1620多万份。

二、合同鉴证

1987—2002年实行合同鉴证制度,合同鉴证涵盖建筑施工、安装、装饰、农资、房屋买卖、租赁旅游以及劳动合同等多个领域。2002年11月1日,国务院发文撤销合同鉴证,合同鉴证工作终止。自1989年开始,根据《中华人民共和国技术合同法》规定,对技术合同开展确认工作。截至1992年,累计确认和处理无效经济合同166起,涉及金额5391万元。1993年施行的《中华人民共和国经济合同法修改案》规定,无效经济合同的确认由人民法院裁决,工商行政管理部门不再办理无效合同的确认。

1993年4月,全区首家拍卖企业德州拍卖行注册成立。1993年7月,受地区建行开发公司委托,承办九州商城10套沿街营业房的拍卖,为德州首次重大拍卖举动。1997年《中华人民共和国拍卖法》实施后,规范拍卖企业的登记注册、建立健全拍卖备案制度和非法拍卖行为举报制度。1997—2000年,先后派员参加拍卖现场监督活动233次,鉴证委托拍卖合同233份,金额36232万元。2011年,全市共有拍卖企业6家,办理拍卖备案37次,现场参加拍卖会8场,成交金额720万元。

三、抵押登记

1995—2006年,按照《中华人民共和国担保法》《企业动产抵押物登记管理办法》,开展抵押登记工作。2007—2011年,按《中华人民共和国物权法》有关规定,做好银企对接,规范抵押登记程序,积极为企业融资服务。2011年,全市工商系统共办理动产抵押登记320件,帮助企业融资27.4亿元。同年,各级工商部门以物业服务合同整顿为重点,兼顾其他行业,深入开展整顿规范工作,共查处合同格式条款违法案件409件。

1985年,开始评定年度地区级"重合同守信用"企业。1990年开始,评定年度省级"重合同守信用"先进企业。2003年,山东德建集团有限公司首次被评为全国"重合同守信用"企业。截至2011年年底,全市共有"守合同重信用"企业564家,其中国家级11家,省级158家,市级395家。

第三节　商标广告管理

一、商标注册管理

1986年7月1日起,注册商标实行全省二级核转,由省工商局统一向国家商标局核转。截至1986年年底,全区有效注册商标51件。1987年,实行省、地、县商标管理三级建档工作,共建档767份,注册商标的商品种类42个。在使用注册商标的企业中,新增加了私营企业。1989年,全区完成注册商标按国际分类的转换工作,对326家企业的415件注册商标进行重新登记注册。1990年,夏津县酒厂的"夏王龙"牌白酒获得巴黎第十四届国际食品博览会金奖。1992年起,商标注册由三级核转制改为代理制。截至2002年,全市有效注册商标达到2150件。2004年,市政府出台《关于大力实施质量兴市和品牌带动战略的意见》,首次提出重奖驰名、著名商标企业,对获得驰名商标、著名商标企业分别奖励50万元、20万元。有18件商标通过著名商标认定,在当年新认定的著名商标中,居全省第五位。2008年,"景津"压滤机、"晶华"玻璃等4件商标,分别被认定或判定为中国驰名商标。2009年,山东禹王集团有限公司的"忘不了"商标和中澳集团有限公司的"中澳"商标被国家商标局认定为中国驰名商标,"格瑞德""贺友"等2件商标被司法判定为驰名商标。截至2011年年底,全市有效注册商标10037件,马德里国际商标20件,中国驰名商标32件,山东省著名商标122件,德州市知名商标196件,地理标志商标9件。

二、广告管理

1987年,全区开始对广告经营单位实行年检注册制度。至1989年,全区各类广告经营单位23家,其中全民16家、集体4家,广告经营人员219人,营业额71万元。全区广告经营单位设路牌广告1156平方米、灯箱广告245平方米、霓虹灯广告4平方米、橱窗广告9平方米。从广告经营额看,生产资料广告占28.9%,日用品广告占24.7%,食品广告占12.9%,文化广告占8.9%,其他占19.6%。在诸多广告媒介中,电视台、电台、报社等专业性强、覆盖面广的媒体广告占全区广告营业额的绝大多数份额。1992年,德州公交广告公司、德州铁路运输旅行服务公司广告部先后成立,车体广告显身德州,公交车辆挂满了五颜六色的广告,成为一道靓丽景致。同时,电子屏幕广告、站内灯箱广告等广告媒体形式相继出现,形成全方位广告宣传网络,扩大了广告宣传的社会影响。1993年,全区首家广告公司成立。是年,全区广告经营单位34户,经营人员346人,营业额336万元,发布广告4547条。1994年10月,随着广告法颁布,户外大型电子广告发展起来。德州火车站和地区新华书店在车站广场、候车室安置两块电子屏幕,除及时发布车次信息外,还大量宣传企业产品,吸引外地旅客。1998年,个体私营广告业异军突起,经营单位24户,占广告经营单位总数的27.3%。广告行业中,国有、集体、个体私营多元化经济成分共同发展的广告宣传格局形成。当年,全市广告经营单位88户,其中广告公司30户,从业人员798人,经营额1718万元。

1999年1月19日,德州市广告协会成立。随着广告业整体素质的提升,出现了创意新颖、制作精良的广告作品。2001年,在淄博市举办的山东省第八届广告节上,德州市参展的42件作品,获得1金、1银、1铜、3优,创历年参展最好成绩。德州铭洋广告公司创意的《一节也不能少》广告作品获得金奖。2003年,广告公司发展迅速,达到72家,同比增长35.85%,从业人员684人,同比增长67%;经营额1579万元,同比增长81%。电视台、广播电台、报社三大媒体在广告业务量仍占居重要地位,占全市广告经营额的32%。2004年,户外广告异军突起,全市户外广告经营单位177家,广告经营额1636万元,占全市广告经营额的16.6%;户外媒体4294家。截至2011年年底,全市广告经营单位达533户,从业人员3218人。其中,广告公司256户,同比增加从业人员1542人;广告经营额达24296万元。

在支持、培育广告业发展的同时,工商行政管理机关依法对广告业实施监管。1986年,地区工商局依法查处德州某学院一教员未经教育部门和工商行政管理部门批准,擅自招生的虚假广告，依法做出取缔招生活动，退还学员报名费、学杂费的处理。1989年，地区工商局查处广告违章违法案件64起。1994年，对关系广大群众生命安全和切身利益的药品、医疗、烟酒广告强化管理措施，严格审查备案制度。

对养殖、种植和致富信息广告制定严格的审查制度，重点审查内容是否科学、真实，以维护消费者合法权益。1995年2月1日，《中华人民共和国广告法》施行，对广告经营单位进行清理整顿，重新换发“广告经营许可证”。当年，全市各级工商行政管理机关共查处广告违法案件50件，其中，医疗服务广告6件，药品广告3件，食品、医疗器械广告各1件，其他广告39件；停业整顿1户；吊销证照4户。自1996年起，对户外广告和酒类广告实行审批登记管理制度，统一颁发许可证。1998—2011年间，先后开展无证经营、非法散发印刷品广告、发布虚假广告、医疗广告等专项治理整顿行动。2011年，完成全市广告监测设备的安装与调试，实现了24小时不间断全方位监测。

第四节　市场管理

1986年，全区投资1044.7万元，新建市场89130平方米。继续推广“编号定位，对号入市，责任到人”的市场管理办法，推广面积达到70%以上。在全区开展了“五好”（管理好、宣传好、服务好、卫生好、秩序好）集市评比竞赛活动，评出“五好”集市90处。

1987年，遵照国务院《关于整顿市场秩序、加强物价管理的通知》精神，各级工商局会同税务、物价、标准计量、公安等部门，开展大规模的市场秩序整顿，共检查企业和个体工商户33488户，查出问题企业、个体户3357户。其中检查国营企业1373家，集体企业3407家，个体工商业28708户。查出“坑人秤”1237杆、“坑人尺”227把和大批假冒伪劣商品。初步解决了把国家计划内生产资料转计划外销售、用紧俏商品“卖大户”、抬价抢购农副产品、无证经营等违法违章问题，市场秩序明显好转。

1993年，对棉花市场、煤炭市场进行集中整顿。1994年，清理整顿化肥经营渠道。1997年，分两次对柴油生产、经营企业进行检查，检查成品油经营单位609家，取缔非法加油站、点170处。1998年、1999年，对粮食市场进行清理整顿，查处非法收购粮食案件630起，查获非法倒卖粮食4200多吨，重新登记核准批发粮食经营企业1380户，变更167户，吊销368户，取缔无照经营361户。

2000年，规范粮食加工企业生产经营行为，协助粮食部门在粮食批发市场、乡镇驻地和交通要道合理增设收购网点，缓解农民卖粮难问题。全市共检查粮食市场4600人次，取缔无照经营68家，查处粮食违法案件70件，查获粮食500吨。同年，彻底关闭武城杨庄棉花市场和陵县棉花交易中心，取缔个体棉花加工经营户。全市共查处违法加工经营棉花案件165件，查获棉花174吨，取缔小轧花机、土打包机91台。2003年，在全市范围内推行市场监管者、开办者、经营者行为规范承诺制度。2004年，开展扒鸡市场专项整治活动，查获假冒“德州”牌扒鸡915只，带有“德州”牌扒鸡字样的包装纸1000余张。

2005年，建立健全食品安全经营自律、工商所属地监管、社会监管的长效监管机制。全市大中型食品流通企业和集贸市场落实进货检查、购销台账、质量承诺、索证索票、不合格食品退市制度。在肉类市场实施“一证一卡”制度，在农资市场推行“两账两单、一卡一书”管理模式，在房地产市场开展承诺建设销售“放心房”活动。省工商局在德州召开承诺建设销售“放心房”现场会，推广德州市工商局的做法。

2007年，在全市农资经营户中推行“两账两票，一卡一书一留样”制度，占到全部经营业户的80%以上。2009年“两费”停征后，市工商局以推进“农资、成品油及食用农产品质量监管预警系统”和“商品交易市场信用分类监管系统”两个管理软件的推广应用为基础，强化对农资和商品交易市场的监管。全市录入各类有效商品交易市场204处，其中A级市场46处，占录入总数的28%；B级市场108处，占录入总数的53%；C级市场1处；D级市场49处；已录入农资、成品油及食用农产品类经营主体信息4090个。

2007—2010年，市工商局与公安局、民政局配合，在全市开展“无传销社区”创建工作，建立打击传销互动机制、信息交流机制、宣传教育机制、目标考核和责任追究机制、监管和打击机制等“五个机制”，通过严把房屋出租、暂住人口、活动场所“三关”，建立拒、打、教的工作机制。

至2011年年底，全市实有各类市场主体157611户，建成“无传销社区（村）”61个。

第五节　执法监督

20世纪80年代，经济执法检查工作主要是打击投机倒把活动。进入90年代，经济执法检查转到重点监督检查市场主体的交易行为，制止、查处不正当竞争行为，依法查处侵犯消费者合法权益、流通领域中走私贩私以及其他市场交易经济违法违章案件。经济检查改称公平交易执法。

1986年，全区共查处经济违法案件2393起，投机倒把案件35起，查获汽车2辆、柴油1961吨、化肥2395吨、银圆957块、非法出版物2.1万册。

1987年，对各类重点经济违法行为进行严厉打击，查处经济违法案件211起，为群众挽回经济损失120.5万元。1988年，同打经办、检察院、公安、税务等部门开展打击制售假冒伪劣商品专项斗争。检查生产和经营重要农业生产资料的单位12774家，立案查处421起。1990年，全区共查处各类经济违法案件616起，为受害者追回经济损失22.4万元。

1992年，以查处假劣商品和倒卖重要生产资料为主，全区各级工商行政管理机关共检查国营集体企业1100家、个体户8300户，查处非法倒卖重要生产资料、专项物资案件30起，制售假劣案件50起；捣毁造假窝点33个，移交司法机关案件30起，收审50人。当年，全区共查处各种经济违法违章案件781起，大要案件20起，其中万元以上案件12起。

1993年12月1日《中华人民共和国反不正当竞争法》颁布实施后，各级工商行政管理机关（主要由经济监督检查所负责）开始依法查处市场交易中的不正当竞争行为。

1996年，查处德州市某地毯厂等7家单位和个人盗窃商业秘密案，查获地毯85块，总值68万元。这是山东省查处的首起涉外商业秘密侵权案。

1997年，对药品回扣进行专项治理，查处药品回扣案件3起，非法回扣额50万元。1998年，各级工商行政管理机关依法取缔传销活动23起，劝阻非法集会人员4600多人次，传销泛滥、蔓延的势头得到初步遏制。

2000年，加强粮棉市场管理，关闭了武城杨庄棉花市场和陵县棉花交易中心，查处违法加工棉花案件165起，查获棉花174吨，取缔小轧花机、土打包机91台。

2001—2006年，市工商局连续开展打击传销和变相传销活动，共捣毁传销窝点230余处，驱散传销人员9700余人。2003年，组织开展一系列专项整治活动。对证照不全的网吧停业限期补办有关手续,责令学校周围的27家违规网吧限期搬迁,对存在违法行为和安全隐患的9家网吧进行处罚。

2004年年初,阜阳劣质奶粉事件发生后,各级工商行政管理机关开展了奶制品、奶粉、裸装食品、儿童食品、粮食及其制品的专项检查清理活动,共封存扣留不合格奶粉195袋,封存扣留涉嫌假冒、劣质奶制品442件,追回已售出的劣质奶粉37袋。当年,全市共查处侵害消费者权益及假冒伪劣案件404起,案件总值461万元,罚没金额126万元。

2005年,开展扒鸡市场整治,连续组织15次大规模的统一行动,组织德州通信、移动、联通等6家通讯公司签署《公平竞争共同发展公约》,引导企业自律,防范恶性竞争,推动"诚信德州"建设。

2008年,参加全国工商行政管理机关查处地面卫星接收设备统一行动,没收地面卫星接收天线642个、处结案件1起。

2011年,开展"扫黄打非"活动,重点查缴政治性非法出版物、淫秽色情等有害出版物。在烟草市场整治行动中,查获各种违法卷烟、雪茄烟12万余只,取缔各类无证经营业户32户。在以查处消费欺诈为重点的房地产市场专项治理中,检查30余家房地产企业,立案查处15起。

第六节 消费者权益保护

1987年6月20日,德州地区消费者协会(后更名为消费者权益保护委员会,简称"消协")成立,到1989年9月,全区13个县(市)相继建立消费者协会,并依托辖区工商所、街道、企业建立1662个企业消费监督联络站,6348个农村消费者指导站,形成三级消费者组织监督网络。

1994年开始,在全区开展"商品质量信得过""无假冒伪劣商品单位""消费者满意商店"评选等活动。1995年"3·15"期间,市消协联合市总工会向30家大中型企业职工开展送法活动,配合市商业集团总公司开展商业企业"消费者万人评"活动。

1997—2011年,全市各级消协围绕"讲诚信、反欺诈""为了农村消费者""安全健康消费""明明白白消费""绿色消费""科学消费""营造放心消费年""诚信·维权""消费与环境""消费与和谐""消费与发展""消费与民生"年度主题,广泛开展宣传教育活动。率先在全国发起面粉生产企业承诺"弃用增白剂"倡议活动,率先在金银首饰行业推行先行赔付制度。

1998年,各级工商行政管理机关建立12315消费者投诉、举报中心,并逐步建起市、县、所、站(岗)四级维权网络。2003年,在投诉举报中心的基础上,建立"12315"申诉举报中心,负责受理消费者申诉举报。到2005年,推进"12315"农村联络站和食品安全保障监控网络建设,共建立联络站4000多个,消费者维权网络遍布全市65%以上的行政村。

2002—2011年,市工商局消费者权益保护机构连续举办10次假冒伪劣商品展览,展出假冒伪劣商品50多种,并当场予以销毁。各级工商行政管理机关共受理消费者申诉3406件,成功调解3250件,为消费者挽回经济损失459.9万元。

2011年,全市共立案查处侵害消费者权益案件367件,查处制售假冒伪劣商品案件434件。

第四章 审　计

1984年5月，德州地区审计局和各县（市）审计局相继成立后，围绕党的中心任务和经济体制改革开展工作。

1985年，重点对棉花加工行业进行联合审计。1986—1989年，将审计重点放在基本建设、行政事业单位定期审计和厂长（经理）经济责任审计上，重点对财税、信托、外资、自筹基建、水利、物资、外贸、教育经费、公交企业和罚没收入等财务收支进行审计。参与税收、财务大检查、厂长（经理）调离时经济责任审计。

1990—1993年，围绕治理整顿的中心任务，重点对承包经营责任、基建项目、财税、金融、政府部门、流通领域和工业企业、专项资金开展审计项目监督。全区建立内审机构218个。全区11个县（市、区）均建立起审计事务所。

1994—2011年，围绕经济发展大局，加大审计力度，突出审计重点，重点开展实施了财政审计、经济责任审计、企业审计、金融审计、行政事业审计、专项资金审计、固定资产投资审计等工作。2011年，全市审计机关共审计（调查）单位306个，查出违规金额9.1亿元，上缴财政2.31亿元。

第一节　国家审计

一、财政审计

1986—1995年，德州地区审计局以每年三分之一的进度对11个县（市）的财政决算和税收进行审计。1992年，对8个县（市）进行第二轮审计，共审计出截留财政收入、挤占挪用专项资金、越权减免税收等违纪违规金额3250万元，按有关规定进行处理。1992年，德州、平原、临邑等7个县（市）审计机关共对21个乡镇的财政收入进行审计。1994年，全年完成财税审计项目79个，查出违纪金额1757万元，其中乡镇财政审计67个，达到90%。

1996年《中华人民共和国审计法》颁布实施，明确将本级财政预算执行情况纳入同级审计范围。市、县两级对235个一级预算单位进行审计，延伸审计单位111个，查出违纪金额11305万元，调减预算支出1115万元，调增预算收入340万元。1998年，对财政、地税、国库等146个预算执行单位进行审计，延伸审计78个基层单位，查出违规行为金额2.2亿元，应上缴财政金额973万元，减少财政支出296万元，增加财政结余328万元。是年，全市共查出被审计单位隐瞒的账户55个，隐匿资金1640万元，查出财政部门违规办理预算拨款922万元，隐瞒转移财政结余资金2151万元。1999年，组织全市审计机关对财政、地税、国库等119个预算执行单位进行审计，查出违规行为金额37128万元，应上缴财政3269万元，追还被侵占挪用资金1701万元。

2000年，全市审计机关对114个被审计单位进行审计。查出各类违规行为金额43425万元，收缴财政资金2285万元，发现并揭露了财政收入流失、挪用专项资金、账外账、“小金库”等预算执行中深层次问题。对地税系统的审计，在省审计厅工作质量考核中位居第二。对德城区、宁津县、平原县1999年度财政决算进行审计。查出隐瞒财政收入、虚列财政支出、挪用专项资金等问题金额2952万元，收缴财政资金460万元。

2001年，对35个财政、国库、地税部门和51个一级预算执行单位审计，查出违规行金额5482万元。2002年，对市财政局、地税局、地方国库、建委、计生委、物价局、文化局、林业局、水产办、蔬菜办、市场办等11个预算单位审计，查出违规金额13286万元。

2003年，对市财政局、地税局、地方国库、建委、教育局、交通局、农业局、环保局、畜牧局等9个一级预算单位预算执行和其他财政收支情况进行审计，查出违规金额8401万元，可增加财政收入1706万元。

2004年，对市财政局、地税局、地方国库、建委、交通局、劳动和社会保障局、广播电视局、民经委和市粮食局等9个一级预算单位的预算执行和其他财政收支进行审计；延伸审计15家纳税企业。查出违规问题金额1.6亿元，可增加财政收入682万元，节约财政支出1522万元。

2005年，对市政府办公室、财政局、地税局、建委、教育局、民政局、国土资源局、林业局、人防办和国库等10个预算单位进行审计，并就纳税情况延伸审计43家市直企业。累计查出违规行为金额1.9亿元，可增加财政收入2827万元，节约财政支出1088万元。

2006年，对市发改委、财政局、地税局、建委、计生委、科技局、执法局、畜牧局、农业综合开发办和国库10个单位的预算执行和其他财政收支进行审计，延伸审计二、三级单位26个，并就纳税情况抽查14家企业；对财政困难县扶持政策落实情况进行审计调查。累计查出违规行为金额7589万元，应收缴入库税款729万元、非税收入562万元，节约财政支出1584万元。

2007年，对市财政局、地税局、建委、行政执法局、公用事业局、教育局、文化局、农业局、体育局、司法局、妇联、军供站和慈善总会等13个单位的预算执行和其他财政收支进行审计，延伸检查二、三级单位48个，并就纳税情况抽查以房地产开发企业和社会中介机构为主的33户企业；对市本级及庆云县转移支付资金进行专项审计调查。累计查出违规行为金额11022万元，应收缴入库税款800万元、非税收入67万元，节约财政支出493万元。

2008年，对市财政局、地税局、发改委、建委、民经委、水利局、民政局、环保局、物价局和安监局10个部门进行审计，延伸审计二、三级单位44个，并就纳税情况抽查19家重点税源企业。据统计，累计查出违规金额19.32亿元，涉及应入库未入库资金12.24亿元，追回被侵占挪用资金569万元，节约财政支出4948万元。

2009年，对市财政局、地税局、卫生局、科技局、文化局、民政局、林业局、公用事业局、人防办和德州日报社等10个部门（单位）进行审计，延伸审计二级单位32个，就纳税情况抽查27户企业，累计查出违规金额55715万元，涉及应入库未入库资金7520万元，追回被侵占挪用资金261万元，节约财政支出1175万元。

2010年，对市财政局、地税局、发改委、建委、计生委、规划局、教育局、人事局、农业局和市房管局等10个部门进行审计，延伸审计二级单位36个，并就纳税情况抽查23家企业。累计查出违规金额11.98亿元，涉及应入库未入库资金17005万元，追回被侵占挪用资金567万元，节约财政支出1938万元。

2011年，对市发改委、财政局、统计局、国土资源局、粮食局、卫生局、体育局、城管执法局、机关事务管理局、市地税局等10个部门进行审计，并对第四届世界太阳城大会组织委员会办公室财务收支情况进行专项审计，延伸审计二级单位28个，累计查出违规金额9.72亿元，追缴入库财政收入9642万元，节约财政支出4851万元。

二、金融审计

1986—1993年，全区审计机关对中国人民银行德州分行及所属机构和驻德州地区的各专业银行、保险公司进行审计，共审计114个单位，查出虚列支出、乱挤成本费用等违纪违规金额1196万元，上缴财政140多万元。1994年，完成金融保险审计项目58个，审计资金总额56.8亿元。1995年，完成财税金融审计项目93个，查出违纪金额2365万元。1996年，全市审计机关对22个金融单位的资产、负债和损益情况进行审计，共查出国有资产流失1083万元，上缴财政84万元。

1998年，采取对乡镇基金会审计与对乡镇财政审计同步进行的方式，加强对城市信用社、农村信用社、农村基金会等78个地方非银行金融机构实施审计监督，查出违规吸收存款、违规贷款、账外经营等问题金额3.2亿元，应上缴财政金额722万元。对市级人寿保险和财产保险公司的资产负债损益的真实、合法和效益情况进行审计，系统地分析评价了其资产质量及盈亏状况。

1999年，用近半年的时间，对市直及11个县（市、区）的24个工商银行及建设银行的分支机构的资产、负债及损益情况进行审计，并延伸审计120个营业网点及516个贷款投资单位及下属实体，共查出各类违纪违规问题金额4837万元。2000年，对城市信用社、农村信用社等进行审计，重点检查其资产质量，揭露违规经营和资产、盈亏不实等问题。全市共审计地方金融机构45个，查出违规贷款、投资等问题金额40345万元，收缴财政355万元。

2001年，对中国人民保险公司德州分公司及其下属10个支公司1999年和2000年度资产负债及损益情况进行审计，查出违规行为金额726.7万元。

2002年，对中国农业发展银行德州市分行2001年度资产负债损益进行审计，抽查贷款32.61亿元，抽查面占贷款总额的67%。查出违规金额28346万元，管理不规范金额59840万元。

2003年，对中国人寿保险公司德州市分公司及所属13个直属营业部、县级支公司2002年度资产负债损益进行审计，查出违规金额813万元，管理不规范金额4962万元。

2005年，对德州市商业银行股份有限公司2003年1月至2005年5月的资产负债损益进行审计，查出违规金额18556万元，管理不规范金额92338万元，向纪检监察部门移送案件1件，有关部门对责任人做出党纪政纪处分并追回了违纪资金。

2006年对德州市邮政局（含储汇局）2005年度财务收支情况进行审计，查出资产负债不实、隐匿收入、虚列转移费用、不正当竞争、违规揽储等违规金额6472万元，管理不规范金额7910万元。

2010年，对省农村信用合作联社德州办事处和德城、禹城和夏津3家农村信用合作联社2009年度资产负债损益进行审计，并对2008年后执行国家信贷政策情况进行专项审计调查，共计查处违规金额87680万元。

三、行政事业审计

1986—1993年，全地区共完成行政事业单位审计及审计调查项目1651个，查出各项违纪金额5629万元，查出万元以上贪污案1起。

1994年，完成行政事业单位审计239个，审计资金总额81727万元，查出违纪总额1848万元，揭露查出政府部门资金运用和管理中违法违纪问题。

1998年，重点对行政执法部门的财务收支情况进行审计，查出乱收费、账外资金等违纪问题2366.7万元。

1999年，对企业、机关事业单位和农村养老保险基金、希望工程专项基金以及赈灾福利彩票等关系群众切身利益和发展、稳定大局的重点资金进行审计。查出违规购置固定资产等违规行为金额26145.7万元。

2000年，加大对行政事业“三乱”问题的审计。审计工商行政管理局等行政事业单位151个，查出截留、隐瞒和坐支财政资金以及乱收费、乱罚款等问题金额12367万元，收缴财政资金714万元，追还被侵占挪用资金2239万元。

2002年，对市直23个执收执罚部门“收支两条线”执行情况进行审计调查。查出应缴未缴财政专户预算外资金2871万元，应入库未入库预算收入51万元，应缴入国库的预算管理资金缴入预算外专户5981万元。

2003年，对全市公安部门审计查出违规金额1875万元，对全市工商系统个体私营经济资金互助会和市场管办分离情况实施的审计调查，共计查出有问题资金9969万元。

2004年，对156个行政事业单位进行审计，查出违规金额6319万元，管理不规范金额7924万元。

2005年，开展全市药品监督管理局财务收支情况审计、新华书店财务收支情况审计、医院收费情况专项审计，查出违规及管理不规范金额10685万元。

2007年，对41个行政事业单位进行审计，查出违规、损失浪费和管理不规范金额11210万元。对全市老干部经费管理及使用情况进行审计调查，根据调查结果反映的经费不足的问题，省有关部门为德州追加老干部工作资金200多万元。

2008年，对全市各级质监部门2006—2008年6月底的财政财务收支情况进行审计，查出违规和管理不规范金额1395万元，对全市2005—2007年福利彩票资金进行审计，查出违规和管理不规范金额4160万元。

2009年，对各县(市、区)农村药品监督网、药品供应网建设及运行情况进行专项审计调查。查出违规违纪及管理不规范金额共计42万元。对全市2007—2009年上半年廉租住房保障和棚户区改造资金的筹集、管理、使用情况进行专项审计调查，查出违规违纪及管理不规范金额共计1546万元。

2008—2010年5月，对新型农村合作医疗基金的筹集、管理、使用情况进行专项审计调查。查出的违规违纪及管理不规范金额共计5458万元。

四、企业审计

1986—1993年，全市审计机关采取行业选审，重点审计大中型、骨干企业。共完成商业、粮食、外贸、供销、石油、丝绸、农机等审计单位620多个，查出违纪金额1.2亿元，查出万元以上贪污案3件，其中贪污万元以上的9人，移交司法机关处理48人，受党纪政纪处分32人。

1994年，共完成企业审计项目261个，对120户大中型企业的资产、负债和损益情况进行审计，核减不实资产、负债、损益9968万元，核增3282万元。

1995年，共审计企业386家，查出违纪金额6815万元，上缴财政1238万元。

1996年，对80家企业进行审计，查出资产不实金额9480万元，负债不实金额673万元，虚增利润2322万元。

1997年，共完成企业审计187家，查出资产、负债、损益不实金额79984万元，查出违纪金额2958万元。

1998年，对市直及10个县(市)258家粮食企业的新增财务挂帐和其他不合理占用情况进行审计，并对34个财政、粮食主管部门及农业发展银行的粮食专项资金的拨付和信贷情况进行审计及调查，通过审计署和省审计厅对德州市的抽查。审计认定新增财务挂账74367万元，审定挂账数在全省列第二位，自1998年7月1日起实行挂账停息。

1999年，加强对国有大型企业和企业集团的审计监督。重点对晶华集团、德百集团等101户企业进行定期审计，查处企业资产、负债、盈亏不实等问题金额25160万元。

2000年，对山东德棉集团有限公司、山东恒升化工集团有限公司和禹城缫丝厂1999年度资产、负债和损益情况进行审计。各县（市、区）审计局共对57家关系本地经济发展大局的重点企业进行审计。共查出收入不实、成本不实、虚增虚减利润等违规行为金额29610万元，查出虚增虚减资产、负债及所有者权益等违反真实性原则问题金额25317万元。

2001年，根据省审计厅的授权，对市、县两级石油公司2000年度及2001年上半年资产负债损益情况、全市公路系统财务收支情况和联通公司财务收支情况进行审计，重点揭露企业弄虚作假、资产不实、盈亏不实等问题。

2003年，对华能德州电厂2002年度财务收支情况进行审计，在坚持审计资产负债损益真实性的基础上，审计查出成本不实金额2580万元。

2004年，全市审计机关对国有粮食购销企业1998年6月1日至2004年5月31日的财务挂账进行清理审计，为推动粮食企业改革提供了可靠依据。

2006年，对德州供电公司和德州邮政局2005年度财务收支情况进行审计，揭露经营管理中存在的违法违规、损失浪费和国有资产流失等问题。

2007年，对德棉集团进行审计，查清了企业真实的资产负债结构，核减资产2.28亿元，核增负债5.95亿元。

2008年，对平原等3个县（市）的粮食直补和农资综合直补情况进行专项审计调查，调查了市县两级财政、农发行、农村信用合作社、9个乡镇的21个自然村粮食直补资金到户情况，对粮食直补工作中存在的问题提出有针对性的意见和建议。

2009年，对停止收费的政府还贷二级公路债务情况进行审计。摸清撤销的收费公路债务状况，对撤销的4条公路核定债务13.05亿元，减轻了地方债务负担。

2010年，对市重点投资公司审计，审计投资公司本部及所有全资及控股的二级子公司，延伸审计30多个三级和四级子公司，共查出违纪违规金额38010万元。同年，对北郊热电厂资产负债损益清查审计。北郊热电厂撤销后，遗留大量的财务问题，通过审计为市政府决策提供真实可靠的数据。

五、固定资产投资审计

1986—1992年，开展自筹基建事前审计、停缓建项目跟踪审计、工程决算审计及建筑安装企业及主管部门审计和重点工程审计，共完成审计项目414个，查出违纪金额2530万元，制止了盲目扩大投资规模和高估冒算行为。对德州化肥厂10万吨尿素技改项目进行决算审计，核减工程投资120多万元。

1993年，基建竣工决算审计，审计工程造价2.3亿元，审减工程投资2129万元，资产评估总值2.4亿元，增值1974万元。

1994年，完成基本建设审计项目73个，查出高估冒算金额229万元，核减工程决算1006万元，纠正违纪金额1037万元

1996年，完成固定资产投资项目42项，审计项目投资总额3.4亿元，核减工程资金571

万元。1997 年审计建设项目 27 个,查出超计划、超标准、挤占挪用等各类违规资金 3033 万元,审减高估冒算资金 1060 万元。对市建委组织施工的 4 条道路、6 个单项工程竣工决算的审计,审减投资额 193.23 万元。

1998 年,对重点建设项目进行开工前审计和竣工决算审计。共审计项目资金投资总额 5.7 亿元,查出违规行为金额 1.1 亿元,核减工程结算 528 万元。

1999 年,对重点技改项目和城市建设项目进行审计。共审计项目资金投资总额 81679 万元,查出违规行为金额 9364 万元,核减工程结算 1363 万元。对市区内 1998 年竣工的 12 个投资 100 万元以上的城市建设项目进行决算审计,其中中心广场竣工项目决算审计,核减资金 1241 万元,占原报工程造价的 18.23%。

2000 年,对城建项目竣工决算进行审计,共审计项目 15 个,审计项目投资总额 19113 万元。对市会展中心工程决算的审计,审减工程投资 468 万元,审减率 12.72%,其中个别装饰工程,审减率高达 54.64%。

2001 年,对重点基本建设项目进行竣工决算审计。共审计项目 9 个,审计投资总额 1.8 亿元,查出违规行为金额 791 万元。

2002 年,对德州城乡电网建设改造项目进行审计。共实地测量高低压线路 2400 多千米,对 850 个台区进行抽查,对 12000 多万元的投资进行决算审计。查出违规行为金额 4600 多万元,对抽查的部分工程项目(农网工程项目的 10% 和城网工程项目的 30%)进行的决算审计,审减工程决算 766 万元。

2003 年,对全市 2002 年度城建资金建设项目和广电中心工程决算进行审计,审计总金额 13373.26 万元,审减工程投资 1190.28 万元,综合审减率 8.9%。对市文化广场工程项目进行审计,查出多计工程款 99.75 万元,综合审减率达 19.78%。

2004 年,对全市农村公路改造工程项目进行审计,审计资金总额 5 亿多元,对建设资金的审计覆盖面达到 100%,审计工程项目 295 个,总里程 2036.8 千米,占已竣工工程总里程的 41%,延伸审计 50 个单位,实地调查走访 136 个行政村、340 个农户。查出配套资金不到位 7109 万元,少缴税金 378 万元等问题。据统计,全年全市审计机关共审计投资总额 20926 万元,查出违规金额 12383 万元。

2005 年,在德州学院 2000—2004 年投资项目审计中,通过对原报值 6349 万元的工程进行审计,审减 727 万元。此外,审结河东大街、杏园路等城市建设工程决算项目 27 个,原报结算值为 25344.8 万元,审减 1924.2 万元。

2006 年,对东方红路建设工程、长河公园建设工程、锦绣川三期工程建设等总金额 11978 万元的城建项目进行竣工决算审计,审减工程投资 1525 万元,审减率 13%。还开展农村公路村村通、市妇幼保健院、市疾病预防控制中心、市中心医院、德州职业技术学院新院区建设项目财务收支及工程决算的审计。

2007 年,完成计划内投资审计项目 7 个,查出违规金额 1447 万元,管理不规范金额 10582 万元。对原报决算值为 21376 万元的 4 个工程项目和 2006 年度城建工程项目进行的竣工决算审计,审减工程投资 2402 万元。对德州新城综合楼主楼的竣工决算审计,审减 4200 万元。

2008 年,对城市建设综合报建中心、长河公园及河东新城道路工程等项目的审计,原报决算值 10231 万元,审减工程投资 700 万元。对新城综合办公楼裙楼及其他工程进行的竣工决算审计,原报值 10925 万元,审减 1228 万元,审减率 11%。新城综合楼主楼还款垫资利息审减 614 万元。

2009年，对全市211个中央新增投资以及省扩大内需项目进行跟踪审计，审计项目投资总额22.6亿多元，查出违规及管理不规范资金3.78亿元。对行政中心装修工程及部分重点城建市政工程项目进行的决算审计，累计审减资金2559万元。对德州援建北川地震灾后恢复重建8个建设项目跟踪审计，审计资金总额1948万元。

2010年，对市供热配套管网二期工程决算审计，审减资金821万元，审减率22.31%。继续对汶川地震灾后恢复重建资金进行跟踪审计，对白什乡援建项目建安工程的结算审计，审减223万元。

2011年，对市援建北川地震灾后恢复重建项目永昌二小、图书馆和文化馆等项目进行决算审计，审减资金1481万元。对十一届运动会场馆建设项目跟踪审计，节约财政资金2549万元。

六、专项资金审计

1986—1995年，相继开展扶贫资金、科技3项经费、小型农田水利设施及补助费的管理使用、黄淮海开发资金、退休养老费和待业保险基金等10余项专项审计，保障专项资金的使用和管理。共计完成德州师专、育林、农业、种籽、卫生项目等利用世界银行贷款及中外合资审计项目56个，查出违纪金额694万元，及时纠正资金挪用、地方资金不到位、设备闲置等问题，保证对外资的有效利用。1996—1997年，对全市养老、农业开发、扶贫、普教、计划生育和失业保险基金等专项审计进行审计，资金总额42807万元，查出违纪金额3643万元。

1998年，对扶贫资金、水利资金和秸秆养畜资金的加大审计力度，审计资金总额6555万元，查出违规行为金额1145万元，追回被侵占挪用资金165万元，促进资金投入到位103万元。对养老保险、失业保险、住房资金、救灾款物、希望工程捐款等专项资金进行审计，审计单位39个，审计专项资金4.9亿元。对专项资金的收入、分配、管理及使用效益环节进行重点检查，查出违规行为金额6147万元，追回被侵占挪用资金684万元。

1999年，对林业、环保、农村电网改造等投资数额大、社会关注的重点专项资金的审计及调查。共查出挤占挪用、虚列支出以及资金不到位等违规行为金额3401万元。

2000年，对世界银行贷款加强灌溉农业（二期）项目、师范教育项目、种子商业化等11个国外贷援款项目进行审计，查出配套资金不落实、滞留项目资金等问题金额1114万元。

2001年，对教育经费、计划生育专项经费、救灾专项资金的审计，共查出各类违纪违规资金1470万元。对6个国外贷援款项目11个项目执行单位的审计，以及对政府外债情况的审计调查。共发现配套资金不落实、滞留项目资金、配套物资到位不及时等问题金额1135万元。

2002年，完成福利彩票资金、体育经费及体育彩票资金、水利专项资金、城市建设资金等专项资金等审计项目。全年审计专项资金总额66947万元，查出违规金额6833万元，其中市审计局审计资金总额40090万元，查出违规行为金额1387万元。按照省审计厅授权，对世行加强灌溉（二期）项目、种子商业化等5个国外贷援款项目进行审计，共审计项目执行单位10个，查出滞留项目资金、配套物资资金不落实、不到位、不及时等金额1072万元。

2003年，共审计专项资金总额38570万元，查出违规金额19118万元，其中市审计局审计资金总额31320万元，查出违规行为金额19091万元。对土地出让金审计，审计资金总额3亿多元，摸清了土地出让金的征收、管理和使用情况，督促上缴财政资金1472万元。

2004 年，共审计和审计调查专项资金总额（含外资项目）21508 万元，查出违规金额 997 万元。对低保对象的申请程序、家庭收入的核实方法以及制度沿革、低保对象结构的变化等进行审计调查，促进资金拨付到位 122 万元。

2006 年，开展全市农业综合开发资金审计，审计资金总额 19200 万元，查出违规及管理不规范金额 3365 万元，促进资金拨付到位 1395 万元。对 8 个困难县市财政扶持政策落实情况进行的专项审计调查，查出违规及管理不规范金额 14626 万元。

2007 年，完成新型农村合作医疗、农村养老保险、村村通自来水等涉农审计项目 5 个，查出违规金额 2172 万元，管理不规范 1.7 亿元。对 5 个县（市、区）及部分乡镇新型农村合作医疗基金进行审计调查。对 5 个县村村通自来水项目概（预）算执行和建设资金的管理、使用情况进行审计，查出违规及管理不规范金额 10793 万元，发现个人挪用公款 400 万元的重大案件线索，追回全部资金，并移送检察机关依法立案查处。

2008 年，对汶川地震救灾捐赠款物跟踪审计，确保全部捐赠款物真正用于抗震救灾，防止弥补经费、滞留挪用等现象发生。完成新型农村合作医疗、农村公路项目建设、村村通自来水、农村义务教育经费保障政策落实、黄河水费征收使用等涉农审计项目 5 个，查出违规和管理不规范金额 3 亿多元。

2009 年，连续 3 年对全市企业职工养老、医疗等 5 项社保基金的收支、管理情况进行审计，审计资金总额 14.86 亿元，查出违规及管理不规范资金 1.08 亿元。开展对就业资金、廉租住房保障资金和棚户区改造资金、小麦、玉米、棉花良种补贴专项资金的审计监督，促进国家和省就业、优惠政策的贯彻落实。

2010 年，对全市 2008 年、2009 年度黄河水费进行专项审计调查，调查资金额 4.5 亿元，抽查 15 个乡镇、45 个行政村的财务资料，摸清全市黄河水费收支的总体规模，查出变相多征水费增加农民负担、挤占挪用水费等问题金额 4340 万元。

2011 年，参与配合地方政府性债务审计。摸清市县两级政府债务规模，反映债务管理中存在的诸如底数不清、使用不规范、预警防范机制不健全等突出问题，分析政府财政对债务的承受能力以及可能引发的风险，向政府及时反馈情况。

七、经济责任审计

1986—1992 年，逐步开展厂长（经理）离任经济责任审计、承包经营责任审计、经济效益审计和内控制度评价。共审计 475 个单位，查出违纪金额 7631 万元，促进增收节支 4722 万元。

1993—1998 年，结合企业审计，开展承包兑现审计和厂长（经理）离任审计。核实企业财务状况和经营成果，客观公正地评价厂长（经理）承包期内的经营业绩。

1999 年，贯彻中央和国务院办公厅关于经济责任审计的暂行规定，市委、市政府办公室印发《德州市党政领导干部任期经济责任审计实施办法》和《德州市国有企业及国有控股企业领导人员任期经济责任审计实施办法》。当年共对 159 个行政机关、企业事业单位和乡镇的领导干部进行经济责任审计；查出违规行为金额 13073 万元，潜在亏损 2783 万元，虚增利润 2017 万元；审计后有 11 人得到晋升，93 人被调任或转任，1 人被免职。

2000 年，由市纪委、市委组织部等 5 部门负责人参加的经济责任审计第一次联席会议召开，成立联席会议办公室。11 个县（市、区）中有 9 个县、市成立经济责任审计领导小组，建立联席会议制度，有 2 个县、市设立经济责任审计专职机构，配备专职审计人员。市审计局对市畜牧局、物价局、土地管理局以及民政局主要负责人进行离任审计。对市计委、经委、建委、教委、德州学院等10个重点部门领导人员履行经济责任情况进行任中审计调查,建立了经济责任审计资料库。

2002—2011年,共对218位领导干部开展经济责任审计项目,查出违规及管理不规范问题金额38.63亿元。2007年,首次对市委宣传部、市委党校等4个单位地厅级领导干部的离任审计。2010年,首次对县委书记、县长同步经济责任审计。

2011年,创新开展行业(系统)领导干部经济责任审计,对市卫生局及5个医疗机构主要负责人的经济责任行业审计,严肃查处药品乱加价、违规收费等侵害人民群众切身利益的问题。

第二节 内部审计

1985年12月,审计署颁布《关于内部审计工作的若干规定》。同年,市审计局组建内部审计机构。1986年,地、县(市)两级企业主管部门和大中型企业建立内审机构253个,配备审计人员326人,自当年7月1日起,全区实行审签制度。

1989年,全区共建立内审机构405个,配备内审人员931人(含兼职)。全年共审计1842个单位,纠正违纪金额4672万元,促进增收节支3387万元,移送处理违纪违法人员6人。

1990年,全区内审机构共完成审计项目2479个,比上年增加950个;纠正各类违纪金额4153万元,比上年增加126万元,查出损失浪费2915万元,促进增收节支4282万元,分别比上年增加2281万元。

1991年,共审计项目2210个,纠正违规违纪问题金额438万元,查处损失浪费金额1006万元,促进增收节支3836万元。

1992年,全区内审机构共完成审计项目3529个,纠正违纪违规金额1173万元,促进增收节支2315万元。

1994年,全区内审机构共完成审计项目4012个,查出损失浪费3668万元,促进提高经济效益5429万元。纠正违纪金额3533万元。

1996年,全市内审机构完成审计项目9046个,查出损失浪费5741万元,促进提高经济效益1.4亿元,纠正违纪金额1.6亿元。

1997年,制定《关于对各县(市、区)审计局内部审计工作考核办法》,市审计局与市经贸委联合制定《关于建立现代企业制度试点中加强内部审计的意见》,举办11期培训班,对持证上岗的1000多名内审人员进行上岗前培训。

第三节 社会审计

1989年12月25日,德州地区审计事务所成立,系“依法独立承办审计查证和咨询服务的事业单位”,编制6人,自负盈亏。按省财政厅、审计局、物价局(印发)《关于颁发“山东省审计事务所业务收费管理暂行办法”的通知》规定实行收费。至1990年年初,全区已建立审计事务所10个,配备人员34人。遵照“边组建,边工作”的原则,审计事务所在接受委托,审计、查证账务、验资、咨询、社会教育等方面开展工作。1990年,全区审计事务所接受审计机关委托审计7项,审计总金额1.4亿元,接受其他部门、单位委托查证651项,查证总金额39974万元,提供咨询服务8项,被采纳建议5条,促进增收节支17万元。

1991年10月,行署批转地区审计事务所《关于对集体企业开展审计工作的报告》,拓宽社会审计的工作领域,弥补了对集体企业进行审计监督的空白。

1992 年，全区审计师事务所共完成企业验资和年检业务、资产评估、基建工程审计鉴证、工程预差咨询以及委托事项等 1241 个，审计总金额 111821 万元。

1993 年，全区 12 个审计师事务所，从业人员 119 人。当年，全区社会审计组织共同完成验资、资产评估、查证、签证、基建竣工决算审计等项目 1825 个。基建竣工审计，审减工程投资 2129 万元；资产评估总值 24576 万元，增值 1974 万元。

1994 年，全区共完成委托事项 2767 项，其中验资年检 2104 项，验资年检金额 16.25 亿元，核减虚假注册资金 2264 万元，基建预决算审计验证 195 项，基建预决算验资核减基建预决算金额 2125 万元；资产评估 30 项，申报资金总额 15885 万元，增值金额 3163 万元。

1996 年，全市审计事务所共完成委托事项 3225 项，审计查证金额 105 亿元，为委托单位挽回损失 2256 万元，承办基建或装饰工程决算审计项目 568 项，核减基建预决算 6350 万元，实现业务收入 739 万元。同年年底，经“山东省工程造价咨询单位资质评审委员会”评审，全市 12 个审计师事务所均被评定为三级以上资质单位，其中市审计师事务所、德城区审计师事务所被评定为甲级资质单位，可承接各级各类工程造价审计咨询业务。

1997 年，全市审计事务所共完成企业查证、资产评估、基建项目预决算验证、验资年检等委托事项 4052 个，核减虚假注册资金 4729 万元，为委托单位挽回经济损失 3034 万元，促进提高效益 3172 万元。

1999 年，审计事务所与审计机关进行脱钩管理。成为依法独立承办审计查证和咨询服务业务的事业单位。向社会实行有偿服务，自收自支，独立核算，自负盈亏，依法纳税。

第五章　物价管理

1985—1988 年，物价管理贯彻“调放结合、以放为主”的原则，改变集中过多、统得过死的价格管理体制，扩大市场调节价格范围，初步形成了国家定价、国家指导、市场调节并重的新格局。但是，由于一度经济过热，通货膨胀压力日益严重，1985 年和 1988 年，分别出现两次市场物价大幅度上涨。1989—1991 年，对价格秩序进行治理整顿，1990 年情况进一步好转，到 1991 年商品零售价格总水平、居民消费价格总水平、农副产品收购价格总水平、农村工业品零售价格总水平全面回落，治理取得明显成效。1992—1996 年，加强宏观调控，实现了经济“软着陆”，价格趋于平稳。1997 年以后，绝大部分商品价格和服务收费已经放开。价格管理的重点，转移到与国民经济和人民生活关系重大的极少数商品价格、资源稀缺的少数商品价格、自然垄断经营的商品价格、重要的公用事业价格、公益性服务价格及行政性事业性收费上来，实现了价格形成机制和运行机制的转变，基本建立起适应社会主义市场体制要求的价格体系和价格管理体系。1998 年《中华人民共和国价格法》实施后，价格管理逐步走上了法制化、制度化的轨道。

第一节　价格调控与改革

20世纪80年代初，是价格改革起步阶段。1982年，国务院颁布《物价管理暂行条例》，开始逐步放开多种商品价格，改变过去集中过多、统得过死的价格管理体制。

1986年，德州地区下放部分商品价格管理权限，扩大工业品实行浮动价格的范围，放宽与邻省接壤点的价格，放宽综合改革试点县市的价格管理等。1987年9月，国务院颁布《中华人民共和国价格管理条例》，进一步深化改革价格政策，商品价格实行国家定价、国家指导价和市场调节价的管理形式。

1990—1992年，价格改革稳步发展。调整、补充、完善已出台的改革措施，稳定市场物价。凡实行国家指导价的工业消费品，可在现行地区进销，批零差率上下浮动3个百分点；实行国家定价的工业消费品商业的各种差率不实行浮动；放开卷烟零售价格。扩大企业价格自主权，下放和放开大部分地区管理的商品价格，除少数重要的粮油熟食品和部分非商品收费之外，90%以上的由地区管理的商品价格已放开或下放给县市管理，基本实现了"少数重要商品价格和劳务收费由国家控制，大部分商品价格和劳务收费由市场调节"的价格改革目标。1992年，进一步下放和放开价格，本着"政府放权，企业管严，放而有度，活而有序"的原则，在粮食企业推行"四放开"改革（经营放开、价格放开、分配放开、用工放开）。放开各县市管价的商品与劳务价格，放开出口商品与劳务价格，放宽实验区和开发区的价格政策，缩小地区管价的事业性收费范围，下放和放开部分商品价格。放开机械基础件价格和40个化工产品价格。提高煤炭、天然气价格和铁路货物运价格，焦炭、生铁实行国家指导价格。放开统配玻璃价格和27种商品价格。推行企业定价许可证制度。

1993—1997年，价格改革进入建立社会主义市场价格体系阶段，重点是以市场化改革为取向，转化价格形成机制，同时建立价格调控体系，继续调整价格结构。1995年，全市物价涨幅为10.5个百分点，低于国务院和省政府确定的15%左右的涨幅。1997年，全市物价低幅运行，市场价格总水平在前两年明显回落的基础上继续平稳回落，全市商品零售价格总水平下降0.5%，居民消费价格总水平上涨2.7%，为1992年后最低水平。

1997—2002年年初，价格管理的重点是减轻企业和群众负担，优化经济发展环境。1998年5月1日，《中华人民共和国价格法》（以下简称《价格法》）颁布实施。此后至2002年，价格改革不断巩固，以《价格法》和《山东省行政事业性收费管理条例》为标志，价格管理工作重点转入清费、治乱、减负，鼓励消费、扩大内需、抵制通货紧缩。1997—2002年年初，分7批取消收费项目、降低收费标准177项，涉及计委、建委、交通、公安、邮电、广播电视、税务等39个系统，每年减负4.2亿元。2002年4月，市政府印发《德州市行政性事业性收费管理试行办法》和《德州市经营性服务收费管理试行办法》；物价部门进一步清理、取消和降低部分收费项目和收费标准。

2003年后，完善宏观调控措施，加快价格法制建设，整顿规范价格秩序和收费行为。2004年8月，按照省物价局指示，暂停出台政府提价项目。2007年，在全市严格控制出台政府调价项目。2008年，南方冰冻灾害发生后，特别是四川汶川特大地震后，出台抗震救灾重要物资临时价格干预措施，加强抗震救灾重要物资价格监管；对成品粮、食用植物油、猪牛羊肉、鸡蛋、牛奶、液化气等5类10个品种实行调价备案制度，以此控制经营者随意涨价行为；对原料奶、磷酸二氨等商品价格实行干预。2009—2011年，市场经济条件下的价格调控与改革逐步深入，价格管理体制基本形成。

第二节　价格管理

1986年后，按照调放结合，以放为主的原则，进行价格管体制改革，扩大市场调节的范围。至2011年，95%以上的商品和服务实行市场调节价，只有不到5%商品和服务实行政府定价或政府指导价。

一、城市燃气价格

瓶装石油液化气　1986—1991年，德州瓶装石油液化气价格采取计划内和计划外两种价格管理形式，1992年开始统一实行政府定价。1994年，计划外液化气零售价格为每吨2150元，企业可根据季节、市场供求在上下不超过10%幅度内浮动。1998年，液化气价格由石油、石化集团公司按照国家发展计划委员会制定的定价原则制定。2000年，放开瓶装石油液化气价格；管道液化气价格及相关收费标准由政府价格主管部门制定。2000年，计划内民用液化气出厂价格每吨调整为2785元。灌装煤气（12.5公斤）全市实际平均销售价格：2008年82.45元、2009年59.8元、2010年76.09元、2011年85.9元。

管道天然气　1996年，德州市区居民用天然气临地销售价格为2元/立方米，此价格一直执行到2011年未做调整。2005年，调整工业蒸汽价格：市级企业由现行的65元/吨调整到100元吨，县级企业调整到95元/吨。2007年，工业用户、CNG汽车加气销售价格调整为2.6元/立方米。2009年，车用天然气销售价格为3元/立方米。2010年，城区非居民用天然气销售价格调整为2.9元/立方米，车用天然气调整为3.8元/立方米。2011年未作调整。

二、城市供水价格

1993年，德州地区供水价格为生活用水1.14元/立方米，工业用水1.46元/立方米，1995年初，调整城市居民生活用水（包括学校、托儿所、幼儿园、敬老院、社会福利院等）收费标准为0.7元/立方米，其中非居民生活用水1元/立方米（含引黄水费）。1998年，德城区居民生活用水价格提升为0.9元/立方米；餐饮、建筑业用水价格由现行的1元/立方米提高到1.7元/立方米。水利部门向自来水公司供水实行综合水价由0.088元/立方米提高到0.19元/立方米（含提水费用）。1999年年底，居民生活、工业生产、商业和饮食服务业用水价格分别调整为1.4元/立方米、1.9元/立方米和2.3元/立方米，取消附加在自来水供水价格上的供水基金和附加。2001年，部分新建小区居民用户实行一户一表、24小时供水试点，试点小区二次供水价格在原1.7元/立方米基础上，加收0.3元/立方米。2003年初，德州城区供水到户综合水价分别调整为居民生活用水2.5元/立方米，工业和行政事业单位用水2.85元/立方米，餐饮服务业用水4元/立方米；特种行业用水6元/立方米，（均含污水处理费、水资源费）。调整后平均到户综合水价由2.14元/立方米调为2.67元/立方米。同年，工商业用水销售价格统一为2元/立方米。2005年8月，调整城区污水处理费征收标准：居民生活和行政事业单位用水每吨0.7元，工业用水每吨0.8元，经营服务业用水每吨0.9元，居民中的低保户、特困户维持原征收标准不变。2007年，调整城市污水处理费标准：经营服务业用水统一调整为1元/立方米，城市居民中的低保户、困难户生活用水污水处理费维持原标准0.3元/立方米不变。2009年年底，德州城区到户综合供水价格（含水资源费和污水处理费）为居民生活用水 2.95 元/立方米，非居民生活用水 3.85 元/立方米，特殊行业用水 4.75 元/立方米，社会福利单位用水 2.95 元/立方米，城市低保户生活用水仍执行 1.95 元/立方米。至2011年未作调整。

三、农业供水价格

2002 年，德州市逐步完善农业用水价格形成机制，提高农业用水价格的透明度，逐步建立起统一调控、分级行政管理的农业用水价格管理制度，改革水费计收方式。由“捆绑式”逐步变为计量到户，按用水量计收水费的方法。2003 年，农业供水价格由 0.04 元/立方米调整为 0.06 元/立方米。以支渠进水口为计量点，平均调整为 0.065 元/立方米；实行按输水距离分县(市、区)核定供水价格。2008 年后，全省实行引黄灌区农业用水终端水价最高限价。2009 年，继续执行引黄灌区农业用水终端水价最高限价和水费计收标准。

四、城市供暖价格

根据省政府《政府价格决策听证办法》和《山东省定价目录》规定，经价格调整听证会听证，并报市政府批准，本市对城市供暖价格进行过 4 次调整。1995 年底，调整德州城区单位(居民)热水供暖价格，按建筑面积计算 12 元/平方米。2002 年，居民供热价格提高到 15 ~ 16 元/平方米。2003 年，调整城区供热价格为 16 元/平方米，非居民供热价格为 20 元/平方米。2005 年，城区居民集中供热价格调整为 17.5 元，非居民供热价格调整为 24 元/平方米。2008 年，城区居民供热价格调整为 22 元/平方米，困难低保户仍执行 15 元/平方米，非居民供热价格调整为 30 元/平方米。此次供热价格调整，成为全省 17 市供热价格调整最理想、最顺利、最值得称道的“精品工程”。2009 年，采用地热供暖的企业或小区供暖价格仍执行上年的价格政策。至 2011 年，供暖价格未作调整。

五、交通价格

2000 年，出台《德州市客运出租车运价管理办法》。2003 年起，分别调整乐陵市、禹城市公交车票价格和德州市公交车票价格，制定公共汽车感应式 IC 卡票价。2005 年，本着“积极稳妥、平稳过渡、保持稳定、统筹兼顾”和“同线同价”的原则，整顿规范汽车客运运价。2006 年 5 月，市财政局对因成品油涨价受到影响的部分行业给予财政补贴：城市公交 4881.25 元/辆，农村客运 689.68 元/辆，城市出租车 115.19 元/辆；6 月，再次对出租车、城市公交给予财政补贴，减少汽油价格每吨提高 500 元后对其运行成本造成的压力，出租车每车一次性补贴 606 元。取消公路客运附加费、治安联防费、个体工商户管理费，并降低部分收费标准，规范其它收费项目。2007 年年底，汽车客运加收燃油附加费并建立油运价格联动机制。2008 年，制定本市公共汽车感应式 IC 卡票价。A 卡每人次 0.9 元，B 卡(学生卡、老人优待卡)每人次 0.5 元；本市 70 周岁以上老年人持免费卡免费乘车。德州市城区出租车起步价(3 千米内)为 5 元，每超 1 千米增加 1.2 元，自 1998 年起一直执行到 2011 年未作调整。

六、电价管理

政府对电价实行分类管理，分为大工业用电、非工业和普通工业用电、居民照明用电、农业生产用电。1986 年，德州城市居民生活用电 0.12 元/千瓦时。1992 年制定农村分类电价最高限价，1993 年修订农村照明电价最高限价为(单位：元/千瓦时)：德城区 0.5 元，陵县、齐河、武城 3 县 0.55 元，庆云、临邑、夏津 3 县 0.6 元，乐陵、禹城、平原、宁津 4 县(市)0.65 元。1994 年起，分别确定或调整德州热电厂等 10 家供热单位的网电价和市销售电价、代售价。1996 年、1998 年分别公布农村电价最高限价，2001 年调整农村分类用电价格。自 2002 年 4

月1日起，德州城乡生活用电实行同网同价，为0.52元/千瓦时。2004年，全省电价平均上调0.7分/千瓦时，德州市在原电价基础上下调1.5分/千瓦时。2006年执行新电价标准，平均销售电价提高2.61分/千瓦时，其中居民生活用电提高0.69分/千瓦时，价格调整为0.5469元/千瓦时；非居民用电提高0.74分/千瓦时，价格调整为0.6946元/千瓦时；非工业、普通工业用电提高3.73分/千瓦时，价格调整为0.6425元/千瓦时；大工业用电提高2.12分/千瓦时，价格调整为0.5364元/千瓦时；中小化肥：用电提高2.12分/千瓦时，价格调整为0.3332元/千瓦时；全市城乡中小学教学用电价格由过去的非居民照明用电一律调整为居民生活用电价格；农业生产用电价格不提高。2004年7月，全省电价调整，其中：3个市原价位不变，11个市电价水平提高，3个市电价水平下降，本市电价水平由原来的第6位下降到12位；全省电价平均上调0.7分/千瓦时，本市在原先电价基础上下调1.5分/千瓦时，按照上年全市用电量51亿千瓦时计算，扣除居民生活用电后，全市每年少负担电费1.01亿元。

七、成品油价格

1986—1997年，成品油实行国家定价，价格变动不大，1998年后改为实行政府指导价。因受国际市场原油价格影响，成品油价格波动较大且频繁。2004年5月中旬，国际油价涨至21年最高点，国家提高柴油价格，出厂价每吨提高280元，零售中准价按照出厂价调整幅度等额调整。后来甚至一年多次调整，价格逐年提高。

1987—2011年德州市部分年份成品油价格表

表19－1　　单位：元/吨

品种＼年份	1987	1991	1998	1999	2000	2001	2002	2008	2009	2010	2011
90号汽油	640	745	2625	2895	3685	3300	3540	7350	7884	8302	9153
0号柴油			2365	2485	3475	2965	3195	6809	7020	7644	8350

八、药品价格

1986—1992年，药品价格实行国家定价的管价方式。1993年，国家对洁霉素、青霉素等原料出厂价由国家定价改为国家指导价，但制剂价格仍实行国家定价。随着价格改革的深入，国家陆续放开部分小药品、小成药、小器械和部分中药材价格。1998年，对药品经营单位和医疗单位药品价格实行按实际进价加差率顺加作价的价格管理方法。本年度起，全市各医疗单位自制药品的价格由市物价局统一制定。2000年，重新公布医疗单位24种自制药品价格。2005年，公布中标药品临时零售价格核定公式及流通差率。2007年，进一步加强药品价格管理，严格执行药品价格最高零售限价和顺价差率政策。是年，制定并公布第二批招标药品临时零售价格。2009年，规范与调整医疗机构服务价格，归并医疗服务项目，进行成本测算和价格制定。

九、食盐价格

食盐价格一直由国家定价，市场供应充足，价格平稳。2004年10月，本市对食盐价格进行检查，全市食盐价格基本稳定，德城区小袋盐价格每袋1元，县城及农村每袋0.8～0.9元。2011年3月间，受日本地震引发核电站泄漏和食盐涨价谣言影响，德州市与全国、全省一样，突然爆发抢盐事件，食盐价格涨幅较大，商场、超市、小卖部全部脱销。物价、盐业等各有关部门积极采取措施，事件很快得到平息。

十、农产品及餐饮业价格

1986年，德州农产品收购价格由212种减为29种，其中国家定价22种，国家指导价格7种。销售价格部分由192种（省管106种，地管86种）减为34种，其中国家定价23种，国家指导价11种；非商品收费价格由35种（类）（省16种类，地19种）减为24种。

肉蛋价格　鲜猪肉价格自1986年起放开，只对剔骨冻肉及部分熟肉制品进行价格管理。1987年，针对猪肉及羊肉、蔬菜、鸡蛋等副食品价格升幅较大，鸡、鱼、牛肉、奶制品价格同时上升的情况，对生猪收购和猪肉销售实行最高限价。2006年，生猪价格9.4元/公斤，五花肉价格14.18元/公斤。2007年，生猪价格上涨到14.62元/公斤，五花肉价格23.84元/公斤。在养猪利润大增的驱动下，养殖规模和存栏数量不断扩大，致使2008年价格大幅下降，生猪价格降到11.98元/公斤，五花肉价格降到19.9元/公斤。后两年逐渐恢复，至2011年，达到历史最高水平，生猪价格涨到14.62元/公斤，五花肉价格26.342元/公斤。鸡蛋价格同样起起落落，2004年鸡蛋价格5.56元/公斤，2005年降至5.04/公斤，2007年涨至6.02元/公斤，2010年涨至历史最高水平的8.4元/公斤，2011年下降至8.06元/公斤。农民养猪、养鸡始终走不出赔钱—赚钱、赚钱—赔钱的怪圈。

粮食价格　1986—1990年，小麦、玉米等主要粮食购销价格仍由政府定价，同时议价粮油价格逐步放开。1990年，德州小麦议购指导价格为每50公斤46元，上浮10%为最高限价。议购农民小麦最低保护价每50公斤41元（国家中等质量标准）。1991年，国务院调整粮油统销价格，实行购销同价，全国平均每500克提高1.35元，同时给城镇居民适当补偿。1993年制定特等粳米统销价格为每公斤1.06元，特等籼米为每公斤0.9元，标一粳米为每公斤1.02元，标一籼米为每公斤0.86元。1994—1995年，德州市小麦的收购价格为每公斤1.4元。1997年，订购任务以内的小麦仍按冬小麦三等每公斤1.52元的订购价格收购，订购任务以外的议购小麦按每公斤1.38元的保护价收购。1998年，国务院对粮食流通体制进行改革，实行按保护价敞开收购农民余粮；粮食企业实行顺价销售，粮食收购资金封闭运行。本年度秋粮订购价格为玉米每50公斤61元，粳稻每50公斤78元，订购以外的稻谷随行就市收购；玉米保护价为每50公斤54元。1999年中等玉米收购保护价格为每市斤0.46元，中等粳稻订购价格为每市斤0.6元。2000年，省政府确定粮食定购价格和保护价格执行同一价格。本年度白麦中等质量标准品收购保护价格为每50公斤57元，混合麦每50公斤55元，红麦每50公斤52元；2001年维持上年标准。2002年，小麦保护价收购以白麦为定价标准品价格统一为每50公斤55元。此后国家多次调整粮食收购价格，将市场价格逐年推高。2004年，小麦市场价格1.61元/公斤，玉米市场价格1.17元/公斤；2006年小麦1.6元/公斤，玉米1.4元/公斤；2008年小麦1.76元/公斤，玉米1.34元/公斤；2010年小麦1.06元/公斤，玉米0.9

元/公斤。2011年生产的白小麦、红小麦和混合麦最低收购价分别为每50公斤95元、93元和93元，比2010年分别提高5元、7元和7元，但市场价格比上年下降0.01元/公斤；玉米价格1.04元/公斤。

餐饮业价格　1986年后，政府除继续对馒头、油条、火烧、牛奶等主副食品价格进行管理外，餐饮业价格已逐步放开。1997年，为制止餐饮业价格暴利行为，制定《德州市餐饮业价格管理细则》，对餐饮业实行价格等级管理，共分特级、一级、二级、三级4个等级。2001年起，取消餐饮业价格等级管理制度，实行餐饮业明码标价管理制度。

十一、棉花及棉纺织品价格

1986年，德州皮棉收购价格为每担172.04元。1987年，棉坯布、白市布、印染布、色织布（包括棉花与化纤混纺产品）针棉织品的价格以1983年调价时规定的出厂、批发、零售价格为基准，花色新颖、市场畅销的品种，企业可在10%的幅度内适当上浮。1989年，国务院决定提高棉花收购价格，标准级皮辊棉（三级27毫米）收购价格由每50公斤236.42元提高到300元，提价幅度为26.89%。1999年，国家计委出台棉花收购指导性价格，确定本年度棉花收购指导性价格为标准级皮辊棉每50公斤500元。2001年，德州棉农蒙受巨大损失，籽棉实际收购价降到1.5元/公斤左右。棉贱伤农，农民纷纷改种其他农作物，致使2003年籽棉收购价格猛涨到6.8元/公斤。到2005年，德州市收购籽棉价格降到5.6元/公斤。2007年籽棉收购价格恢复到6.4元/公斤。是年5月，正三级棉花成本价每吨13000元左右，销售价每吨12900元，每吨亏损100多元，产销价格倒挂，棉花企业蒙受损失。2008年，籽棉收购价格下降到5元/公斤，农民再次弃种棉花。2010年，籽棉收购价格达到历史最高水平，涨到11元/公斤。2011年下降到7.6元/公斤。

十二、房地产价格和物业收费

房地产价格　1988年，德州地区确定旧住房的标准价，砖混结构的单元套房每平方米建筑面积售价一般不能低于120元。1992年之后，规定商品住宅价格实行政府定价，商业经营用房、办公用房及其他非住宅用房价格实行市场调节价。2004年起，德州房地产价格上涨迅速，炒房现象十分明显。炒房群体主要集中在房地产开发企业职工、国家机关工作人员、私营个体大户、外地客商及收入丰厚的城乡居民。2006年一季度，商品房价格涨势有所减缓，房地产市场价格2004、2005年连续上涨的势头得到遏制。本年度德州市商品房综合平均价格为2337.9元/平方米，其中普通住宅2349.6元/平方米，高层住宅及高档住宅逾3000元/平方米。2006年与2005年同期相比，德州市房屋销售价格、土地交易价格分别上涨4.6%和1.8%；房屋租赁价格、物业管理价格较上年上涨7.2%、2.9%；商品房空置面积较上年上升48.7%，其中住宅上升69.9%。2009年，首次制定中心城区廉租住房标准；2011年，推行商品房“一房一标价制度”，核定乾城二期经济适用住房基准价格，再次制定廉租住房标准，对房地产市场价格进行有效调控。

物业服务收费　1999年，将物业管理服务收费纳入价格管理的范围。2002年，对物业管理服务等级标准进行具体量化，高档住宅小区分三类三级，普通住宅分三类三级，收费标准最低为每月0.15元/平方米，最高为1.5元/平方米。2006年，开展城区住宅小区的物业管理服务收费标准的核定工作。是年，物业管理价格同比上涨2.9%。2007年，印发《德州市物业服务收费等级项目标准审核审批规范（试行）》。2009年5月1日，《山东省物业管理条例》施行，物业管理走向法制化轨道。

第三节　收费管理

收费管理工作起源于20世纪80年代初期，开始称非商品收费。当时收费界限不甚明确，自来水、招待所（宾馆）客房及会议室、电影院录像厅、铁路专用线等收费均涵盖其中，80年代末才明确将收费分为行政事业性收费和经营性收费两个部分。

一、行政事业性收费

行政事业性收费分为涉企收费、涉农收费、其他收费三类。1988年起，对行政事业性收费单位实行收费许可证制度。1989年审定部分收费项目及管理权限，包括各种附加费（除价格附加）、基金、集资、摊派、罚没款。1991—1998年，根据全国统一要求，突击治理乱收费、乱罚款和乱摊派为重点的“三乱”工作。按照中共中央办公厅和国务院办公厅文件要求，取消一批涉及农民负担的收费项目和达标项目，降低部分收费标准。1997—2000年，自行下文取消和降低标准的收费项目达5批142项，每年减少收费金额近4亿元；各县市区取消和降低了一批收费项目及标准，减少收费金额近3亿元。

2001年把“清费治乱减负”作为工作重点，对收费实行严格、科学管理。2002年，贯彻落实《德州市行政性事业性收费管理试行办法》，出台第七批清理、取消和降低标准的收费项目共21项。整顿住房建设收费，取消部分收费项目，制定水资源征收标准。2003年，取消部分行政事业性收费项目98项，合并43项，5项收费转为经营性。同年削减行政事业性收费，在原有基础上再精简50%。2004—2006年，全面加大价格收费管理力度，优化收费环境。落实国家、省公布取消的103项行政审批等收费项目和降低的部分收费标准。

2007年，对全市行政事业性收费进行清理、取消、降低、合并，编印《德州市行政事业性收费手册》，建立行政事业性收费数据库和查询系统。2008年，进一步规范“九年制”义务教育阶段的收费，对行政事业性收费（特别是涉及企业生产、流通环节）进行清理、取消、降低、合并。推行收费阳光政策，清理和规范借助行政权力或垄断地位强行向企业收费的行为。2011年，在市级实行“涉企收费执收证”制度，对涉企收费单位的收费项目、收费标准进行认真梳理和规范，印制发放《涉企收费登记簿》。

二、经营性收费

1986年起，对于经营业性收费实行逐步放开的改革政策。1989年，统一出租客车收费标准。1990年，对经营业性收费试行收费许可证制度。2002年，贯彻落实《德州市经营性服务收费管理试行办法》。2008年，全面清理规范经营性服务收费，重点是自立项目收费、超标准收费、超额收取费用、侵占客户利益、违反规定收费、只收费不服务或服务差等方面，暂停收费单位、降低收费标准、清理违规收费、规范“收费许可证”及收费文件和收费项目。2010年，对全市经营服务性收费进行清理，编印并发放《德州市经营性服务收费手册》。2011年9月，省政府发布《山东省服务价格管理办法》，采取政府定价、政府指导价、市场调节价3种价格形式加强服务价格管理。

三、几项重要收费管理

教育收费　1989年前，省规定中小学学杂费标准：每生每学期城市高中3元，初中2.5元，小学1.5元；县镇高中2.5元，初中2元，小学1元；农村高中2元，初中1.5元，小学0.5元。独生子女学生免缴学费。1994起，数次调整幼儿园、托儿所、学前班收费标准。1995年，小学、初中的杂费标准在现行省定标准的基础上提高50%，高中提高80%。1999年，规范普通高中收费标准，高中阶段学杂费标准为：统招生的一般高中、农村每生每学期180元；城市每生每学期330元。省级重点高中和规范化高中（不分城市和农村）每生每学期500元（不含市地、县级重点高中），同时对计划外学生培养费标准做出规定。2002年，将农村贫困地区义务教育阶段“一费制”收费标准调整为：农村小学每生每学年190元，农村初中每生每学年310元。2002—2007年高中学杂费收费标准：统招公费生，每生每学期省重点（包括省规范化学校）800元，其他城市高中500元，农村高中300元。自2004年秋季新学年开学起，凡政府举办的普通小学和初中全面试行“一费制”收费办法。住宿费、借读费、中考招生收费不纳入“一费制”范围。2007年，实施新的义务教育经费保障机制后，取消农村中小学杂费。除按文件规定的标准收取课本费、作业本费和寄宿生住宿费外，不得再向学生收取任何费用。

医疗收费　医疗收费原属省管收费项目，其标准由省统一制定。1993年，调整挂号费、住院费、手术费收费标准和血液成分价格。1996年，实行分等定级医院收费管理办法。2000年，对医疗机构服务价格改为根据医疗机构的性质，分别实行政府指导价和市场调节价，取消政府定价。非营利性医院实行政府指导价，营利性医院实行市场调节价。2011年，制定医疗机构医疗服务价格（医技诊疗类）和医疗机构医疗服务价格（临床诊疗类），对清理规范后的医疗项目实行指导价格。

邮电资费　（1）市内电话月租费及通话费。1991年，德州调整市内电话资费：包月制月租费和计次制月租费在现行资费的基础上，住宅电话每部调增2元，办公电话每部调增3元。1992年和2001年分别作出调整，月租费为：1991年：甲种11.06元，乙种18元；1992年：甲种14元，乙种21元；2001年：甲种18元，乙种35元。1991年，市内程控电话通话费由原来的0.05元/次调整为0.08元/次。1992—2012年市内电话（含农话区内）和市郊电话资费标准：1992年市内0.15元/次（3分钟为一次），市郊通话费不变；1995年市内0.15元/次（3分钟为一次），市郊0.6元/分钟；1996年市内0.15元/次（3分钟），市郊0.5元/分钟；1999年市内0.22元/次（3分钟），市郊不变；2001年市内首次3分钟0.22元，以后0.11元/分钟，市郊不变。1993年，调整联网内的农村电话资费标准，取消原甲级价目，保留乙级价目通话费标准。能单独计费的农村自动电话支局区内计次通话费最高不超过0.15元/次。1994年，市话基本营业区内的普通电话移机工料费收费标准为每部150元；市话营业区内的普通电话移机工料费收费标准为每部200元。1997年，德州市电话初装费标准为齐河、禹城、平原、夏津、武城、临邑、陵县、乐陵、宁津9县（市）1200元，庆云县1000元，全市农话初装费统一为800元。市内C4本地网区间通话费调整为0.5元/分钟。（2）移动电话资费。1991年，德州地区引进移动电话后，资费执行省物价局、省邮电局的规定。1999年年底，确定德州市移动电话入网初装费为1250元/部。规范入网装费，标准调整为100元/部，SIM标准为100元/卡，并允许电信经营企业在规定收费基础上上下浮动20%；联通公司在执行上述标准时再上下浮动10%；批准德州移动通信分公司“德移通”移动通信业务收费标准。2002年后，实行市场调节价。（3）邮电附加费。自1998年起全省征收部分通信建设附加费（党政机关、学校和财政拨款的事业单位除外），挂号邮件0.2元/件，普通印刷品邮件0.1元/公斤，电报0.5元/份，农村电话0.15元/分钟，节假日长话半价改为全价收费，报刊发行按流转额的10%向用户收取。1990年，取消挂号邮件、普通印刷品邮件、报刊发行3项附加费。1993年,附加费标准调整:市内电话由0.02元调整为0.2元/次,市话基本月租费附加费由加收20%调整为不超过40%,长途电话由加收0.1元调整为0.3元/分钟。1996年,市内电话通话附加费调整为0.1元,本地网0.15元/分钟。2001年7月,国家取消电话初装费和附加费。

第四节 价格监督检查

1986—1991年期间,虽然价格政策逐步放活,但绝大多数生产资料和相当部分生活资料仍实行国家定价或国家指导价。1988年后,为治理通货膨胀,实行严格的价格管理措施,打击乱涨价行为,维护市场价格秩序是该时期价格监管工作重点。

1986年,全区实行统一商品标价签。商品明码标价按国家定价、国家指导价、市场调节价3种形式,分别采用红、蓝、绿三色标签。1992—1996年期间,以抑制通货膨胀,保持市场稳定和探索新的价格监督检查体制为主要任务。1993年,将三色标价签调整为二色标价签,除国家定价仍使用红色标价签外,其余一律使用绿色标价签。1994年,共查处795个不按规定实行明码标价的单位和个人,收缴罚款3.94万元。

1995—1996年,开展金融系统贷款利率和收费检查、粮食行业价格和电价检查,以及宾馆饭店和公用电话价格检查,清理检查铁路客运票外收费。1996年,重点检查全市2725个单位和个体工商户,查出有违法问题的单位2381个,非法所得6882.46万元。

1997—2004年期间,以清费、治乱、减负和制止价格欺诈、价格垄断、低价倾销等不正当价格行为,保护公平、公开、公正的市场价格秩序为主要任务。1997年,以治理向企业、农民乱收费,以劳动、交通和中小学收费作为检查重点,共检查出各类价格违法案件1750件,查处违法所得2793.7万元。1999年,开展药品价格检查和婚姻登记、计划生育、土地管理收费检查。查处各类价格违法案件3417件,非法所得127万元。2002年,在开展涉农价格和收费检查,打击各种形式的价格和收费违法行为中,共查出各类价格违法案件636件,违法所得965万元。2003年,与"非典"相关的商品和粮油价格出现两次大的波动,本市适时适度制定政策措施,严格控制、预防"非典"相关药品及商品价格监管,对部分商品和服务价格实行最高限价,平息涨价风潮。

2005—2006年期间,全市三级价格监督检查网络逐步形成。建立和完善行政事业性收费监管机制。2007年,围绕群众最关心最直接最现实的价格热点难点,建立规范、服务、查处三位一体的监管机制。

2011年,重点对教育、医疗、殡葬等收费和农业用水、用电、小麦收购、农资等价格进行检查,全市共查处价格违法案件90多件,依照《价格违法行为行政处罚规定》,查处价格违法金额2012万元,没收违法所得金额121万元,实现经济制裁总金额122万元;受理查处各类价格举报366件。

第六章　国土资源管理

1984年以前，全区土地管理工作先后由地区民政局、农牧渔业局（土肥站代管）管理。1984年8月，地区农牧渔业局设立“土地管理科”。1985年，各县（市）农牧渔业局成立土地管理股。

1987年7月，地区和县（市）土地管理局成立，开始对境内土地统一管理。1995年4月撤地建市，德州地区土地管理局更名为德州市土地管理局。2001年2月，撤销市土地管理局、市地质矿产局和市测绘管理处，合并组建德州市国土资源局（加挂德州市测绘局牌子），开始统一管理全市土地、矿产和测绘等工作。

1980—1988年间，在全区推行农村宅基地有偿使用。

1989年5月起，执行国务院《关于加强国有土地使用权有偿出让收入管理的通知》，土地使用权有偿出让收入的40%上缴中央财政，60%留归地方财政，将征收的有偿使用收入用于城市建设和土地开发。

1999年1月，省政府颁布《山东省土地复垦管理办法》，规范土地复垦工作。

1992年、1997年、2003年，先后编制三轮土地利用总体规划，按照规划进行建设。

2000年8月，根据省统一部署，开始征收新增建设用地土地有偿使用费，专项用于耕地开发和土地整理。

2004年开始，对国有土地实行招标拍卖挂牌的供地方式，改变以往以协议出让方式为主的国有土地有偿使用状况，遏制了土地资源浪费，增加了财政收入。

第一节　土地使用制度

一、农村宅基地有偿使用

1980—1988年，全区农村建房占地约13.2万亩。为改变农村建房占地失控局面，1988年，地区土地管理局在全区推广陵县赵宅乡开展农村宅基地有偿使用试点的经验，农村宅基地有偿使用正式确定。

德州地区农村宅基地有偿使用试点得到省、国家土地管理局的肯定。1990年1月3日，《国务院批转国家土地管理局关于加强农村宅基地管理工作请示的通知》，对德州地区农村宅基地有偿使用制度的尝试给予肯定，指出“1988年后，山东省德州地区和全国200多个县的部分乡、村进行了宅基地有偿使用，取得了明显效果”。

二、国有土地使用权有偿使用

1989年5月，开始执行国务院《关于加强国有土地使用权有偿出让收入管理的通知》，土地使用权有偿出让收入的40%上缴中央财政，60%留归地方财政，主要用于城市建设和土地开发，专款专用。1998年，全市以有偿出让、租赁、入股和保留划拨（缴纳土地有偿使用费）4种方式，对170家改制企业的土地资产进行处置。2000年4月，对商业、金融、旅游、娱乐和经营性房地产等用地实行招标拍卖挂牌的供地方式，改变了以协议出让方式为主的土地有偿使用状况。2001年10月31日，市土地收购储备交易中心成立，依法推行经营性用地有偿使用制度，建立国有土地收购储备制度，推行土地招标、拍卖、挂牌出让，培育和规范土地交易市场。2002 年 2 月 2 日，公开拍卖德州市地毯厂、橡胶厂和造纸厂破产后收回的 156 亩国有土地，成交价款达到 8870 万元，敲响德州市国有土地使用权公开拍卖的第一槌。6 月 21 日，浙江省余姚市客商以 4200 万元通过挂牌方式取得德州市工人文化宫原址 27 亩国有土地使用权。2002 年 5 月 9 日，国土资源部下发《招标拍卖挂牌出让国有土地使用权规定》，明确要求，商业、旅游、娱乐和商品住宅等各类经营性用地，必须以招标、拍卖或者挂牌方式进行出让；经营性土地以外用途的土地的供地计划公布后，同一宗地有两个以上意向用地者的，也应该采用招标、拍卖或者挂牌方式进行出让。2004 年 8 月 31 日起，所有经营性的土地一律公开竞价出让实行招标拍卖挂牌，经营性国有土地使用权不再采用协议方式出让，协议出让经营性土地的供地方式全部停止。2009 年 2 月 7 日，市政府出台《关于促进全市房地产市场健康发展的实施意见》，强调要科学、合理地确定年度房地产开发土地供应计划、土地推出的节奏、数量、结构和价格，从源头上调控房地产业的发展。

第二节　土地利用规划

一、第一轮土地利用总体规划

1992 年，开始编制《德州地区土地利用总体规划》，1996 年 6 月通过省政府验收批复。规划基期年（1990 年）：全区土地总面积 10356.32 平方千米，土地利用率 93.91%，其中农业用地 70817333 公顷（1062.26 万亩），占总面积的 68.38%；非农业用地 26430 公顷（396.57 万亩），占总面积的 25.53%。到 2000 年，全市土地利用率由 93.9% 提高到 96.9%。1997 年 8 月，《德州市土地利用总体规划》获得山东省土地管理局颁发的“科技进步一等奖”。

二、第二轮土地利用总体规划

1997 年 11 月，开始编制第二轮《德州市土地利用总体规划》，2000 年 8 月通过省政府验收批复。规划确定：到 2010 年，全市耕地减少量不得超过 7600.1 公顷，土地整理、复垦和开发补充耕地量不少于 8433.43 公顷，确保全市耕地保有量不低于 626452 公顷，其中基本农田保护面积达到 539375 公顷，占现有耕地面积的 86.1%。中心城市建设用地规模控制在 50 平方千米以内。

三、第三轮土地利用总体规划

2003 年 7 月，开始编制第三轮《德州市土地利用总体规划》，2008 年通过省审查。2009 年 5 月，国土资源部下发《关于调整报国务院审批土地利用总体规划范围的通知》，将德州纳入报国务院审批土地利用总体规划范围。2012 年 8 月 3 日，国务院办公厅正式批复《德州市土地利用总体规划（2006—2020 年）》。批复中明确：2006—2020 年，新增建设占用耕地控制在 11305 公顷以内，整理复垦开发补充耕地义务量不少于 11305 公顷。到 2020 年，全市耕地保有量不少于 617372 公顷，基本农田保护面积不少于 541224 公顷，城乡建设用地总规模控制在 148776 公顷以内，人均城镇工矿用地控制在 167 平方米以内，中心城区建设用地规模控制在 207 平方千米以内。

第三节　耕地保护

1990 年，在平原县王打卦乡和陵县土桥镇开展划定基本农田保护区的试点工作。1995 年，基本农田保护区划定工作全面启动，到 1996 年 6 月全面完成，制订了市、县、乡三级《基本农田保护规划》，基本农田的划区定界，以乡(镇)为单位划定保护区、片范围,确定界线,并在城乡结合部、公路两侧、保护区或保护片的拐弯处等基本农田与建设用地矛盾较突出的地方设立保护标志。1996年6月,全市11个县(市、区)193个乡(镇)均已划定基本农田保护区。全市基本农田保护区面积567243公顷,占90.38%。其中一类基本农田面积412949公顷,占基本农田面积的72.80%。全市共划定基本农田保护区212个,保护片11855个,设定保护标志2133个。1997年,基本农田保护区划定调整完成,全市基本农田保护区面积为768.6万亩,占零点工程耕地面积的81.8%,超额完成了省规定的保护任务。形成县级保护图33套,乡级保护图574套,村级保护图3000余套,完成土地利用结构图、人均基本农田图等专业图幅的编绘声绘,建立了基本农田保护区的动态监测体制。1998年,市政府制定《德州市基本农田保护和管理办法》,严格执行占用基本农田许可证和高额补偿制度。开展土地开发整理复垦、后备资源调查等工作。1996—1999年,全市开发复垦各类土地10.7万亩,其中耕地4.3万亩。2000年,市土管局编制土地开发整理复垦规划,将开发整理指标下达给各县(市、区),建立耕地后备资源项目库,强化"占一补一"的微观落实,对补充耕地实行动态管理,把建设用地项目补充耕地与土地开发整理复垦项目挂钩,建立统一补充耕地指标台账和补充耕地指标使用台账。2011年,全市耕地总量维持在940万亩左右,其中基本农田815万亩。是年,经省验收的土地整理复垦开发项目补充耕地1553公顷(17290亩),超出省政府下达的2011年度673公顷(10095亩)的指标,新增耕地任务量497.67公顷(7195亩)。连续11年实现了耕地总量动态平衡。

第四节　地籍管理

1988—1992年,进行全区土地资源调查。1993年2月,通过省验收,查清了全区和各县(市)土地总面积及各类土地面积的数量、质量和分布,并落实到村庄、地块。1989年10月,开展第一次土地变更调查,对于新增建设用地、农业内部结构调整等因素形成的地类变化、土地权属变化进行变更。1996年7月,开展全市城镇地籍调查,到1997年6月城区地籍调查结束,调查宗地1.88万宗,调查直管公房343宗,设置界址点标志60483个,绘制宗地草图18816份,宗地位置关系图300余幅,填写各种表格20余万份,新建档案6400余宗,并对18816份宗地档案、宗地草图进行了全面系统的自检和专检。2002年5月,开展城镇居民住房土地登记发证工作,共发放土地证151003本,房改房发证81447本。其中德城区发放土地证87800本、房改房发证40000本。2004年5月,开展土地利用更新调查工作,2006年10月全面完成,建立了图件、数据、实地一致的土地利用现状数据库,编制了德州及各县市1:10000标准分幅土地利用现状图、数据册及1:50000挂图等基础图件和数据。2007年11月,开展第二次土地调查工作,2010年2月全部完成。经过调查建立了覆盖全市的集影像、图形、地类、面积和权属为一体的涵盖农村和城镇的土地调查数据库。

2011年,市区共办理完成土地使用权登记发证7726宗,其中企事业单位301宗,面积802公顷(12030亩)。个人分户及变更登记7425宗,办理土地使用权抵押登记141宗,抵押登记面积2565公顷(38475亩),担保金额57亿元。

第五节　国土资源执法监察

1986 年,全区统一组织进行土地大清查,摸清土地底数。在此基础上,本着尊重历史、面对现实,合情、合理、合法的原则,1987 年对各类违法占地分类定性,依法处理。共处理违法占地单位 29800 个(户),其中被罚款的 192 个,罚款金额 48.6 万元,退地单位 131 个,退地面积 176.93 公顷(2654 亩),24000 个单位(户)补办了征地手续。

1989 年,进行"两清理"工作,共清理出公路沿线和其他违法占地 6524 处,分别占地 5362.06 公顷(80431 亩)、365.33 公顷(5480 亩)。窑场占地 753 处,,罚款 21.3 万元,退出耕地 100 公顷(1500 亩)。

1990 年,全区共清理出各种越权批地 113 件,占地 317 公顷(4755 亩),违法占地 27 件,占地 143.8 公顷(2157 亩)。禹城县查处了聊城地区物资局驻禹城转运站非法变相卖土地 23.4 亩一案,收回土地使用权,没收非法所得 30 万元。夏津县对县电业局非法占地 3 亩一案,罚款 2 万元,补办了用地手续。

1997 年,对 1991 年后非农业建设用地进行清理整顿,共查处 97505 宗、面积 14522.43 公顷。未经批准违法占地 31153 宗、2494.7 公顷,处理 17134 宗、面积 1197.47 公顷,分别占 55% 和 48%。1998 年进行非农业建设用地大清查后期处理工作。

2001 年,开展矿产资源勘查开采秩序整顿工作,共清理到期采矿许可证 15 个,注销 2 个因资源枯竭停产企业的采矿许可证。

2002 年,开展土地市场清理整顿工作,共清理各类开发区(园区)69 个,整顿后保留开发区 3 个,保留园区 12 个,撤销 54 个,核减园区面积 16400 公顷(24.6 万亩)。共查处土地违法案件 1460 件,收缴罚款 2349 万元,追缴土地收益 3 亿元,72 名有关责任人分别受到党纪、政纪处分。对 1999 年后征用农民集体所有土地补偿费管理使用情况和新增建设用地土地有偿使用费情况进行专项清理检查,清理拖欠农民征地补偿费 8426.31 万元。

2006 年,集中开展对"以租代征"违法违规用地、闲置土地和别墅用地以及违法勘查开采矿产资源的清理清查专项行动,共发现制止违法用地、非法勘查开采地热行为 656 起,立案查处国土资源违法案件 244 件。

2007 年,对采矿企业进行清理,把粘土开采作为重点,全市共关闭砖瓦厂 51 处,复垦土地 133.33 公顷(2000 余亩),综合利用坑塘 213.33 公顷(3200 余亩)。按照全国统一部署,从 9 月 15 日至 12 月 25 日集中开展土地执法百日行动,集中清理 2005 年 1 月 1 日后以租代征、违反土地利用总体规划扩大工业用地规模、未批先建等土地违法违规行为。对各类违法违规问题依法依纪进行处理,给予 47 名责任人党纪、政纪处分,对 8 人移送政法机关追究刑事责任。

2008 年,重点开展开发区治理整顿、土地违法违规问题专项整治以及查处重大违法案件工作。共清查出违法违规用地 114 宗,涉及土地面积 247.47 公顷(3712.1 亩),其中耕地 192.89 公顷(2893.3 亩),除 5 宗 420.1 亩自行纠正外,全部立案查处,拆除违法建筑 7.07 万平方米,退还土地 57.91 公顷(868.65 亩),复耕地土地 34.5 公顷(517.55 亩),对 76 人给予党纪政纪处分,追究刑事责任 15 人。

2009 年,共查处土地、矿产违法违规案件 114 起,68 名当事人分别受到党纪、政纪处分,有 15 人被移送司法机关处理。整合关闭黏土砖厂 90 多个,复垦土地 166.67 公顷(2500 亩)。

2010年，按照国土资源部统一部署，国土资源执法监察重点是开展全市土地卫星照片执法检查。此次卫星照片检查是全国首次全覆盖检查，检查区域为除港、澳、台以外的全国2859个县级行政区。全市被监测变化图斑4544个，其中违法用地1331宗，涉及土地面积302.33公顷（4535.02亩），耕地141.9公顷（2117.86亩）。对违法违规用地，各级认真进行查处整改，拆除违法建筑16.96万平方米，复耕土地209.95亩，对应没收的建筑物全部进行了没收，给予512名责任人党纪政纪处分，追究刑事责任7人。全市违法占用耕地比例降为7.51%，顺利通过国家验收。同时，开展房地产用地专项整治。2005—2010年间，对68个用地单位119宗、536.07公顷（8041亩）房地产建设用地进行梳理清查，进一步规范房地产用地市场。

2011年，开展2010年度土地卫片执法检查工作。全市共清查出违法用地522宗，涉及土地面积372.7公顷（5590.5亩），其中耕地（2467.8亩），对386人进行了党纪政纪处分，对26人进行了刑事移送。全市违法占用耕地的比例降为6.4%，顺利通过国家验收，继续保持了“零约谈、零问责”。

第六节　矿产资源管理

1994年7月，“德州地区地质矿产资源办公室”成立，各县（市、区）也相继成立矿产管理机构，对矿产资源的开发、利用和保护进行监督管理。

1999年，开展采矿许可证全面换发工作，实现了矿业权管理的规范化、制度化和科学化。

2002年，编制《德州市矿产资源总体规划（2001—2005）》。2003年，开展矿业秩序治理整顿“回头看”和专项整治工作。依法查处3家矿泉水企业无证（过期）开采行为。10月8日，市政府发布《德州市城区地热资源勘查开发利用规划》，首次出让（协议）给德州金益德房地产综合经营开发有限公司等4家单位地热采矿权，价款总计48.96万元。

2004年，出让（协议）给山东贝莱特空调有限公司等4家单位地热采矿权，价款总计48.96万元。2005年，组织开展煤炭资源回采率专项检查。协议出让两处地热采矿权，价款50.8万元。9月，市区德兴南路地热采矿权公开拍卖，最终以205.5万元成交，敲响山东省地热采矿权拍卖第一槌，开创全国地热采矿权拍卖先河。

2006、2008年，开展整顿和规范矿产资源开发秩序工作，整合关闭黏土矿企业65家，注销采矿许可证82家，整合后，复垦土地133.34公顷（2000.14亩），综合利用坑溏213.33公顷（3200亩）。

2009年，开展矿业权实地核查，完成测区11个，控制面积10356平方千米，引入控制点数97个，加密控制点132个，实测探矿权11个，实测采矿权245个，其中井下采矿权25个，露天采矿权217个，埋设界桩160个。

2011年，完成全市矿产资源深化整合，全市采矿权由385个压减到245个。做好临邑县十二里庄地裂缝、齐河采煤区地面沉降地质灾害防范。

第七节　测绘管理

1985年以前，全区测绘队伍分散于水利、城建、地矿、国土资源系统，自行管理。1985年9月，德州地区测绘管理处成立，行业管理开始起步。随着测绘队伍的壮大和《德州地区测绘管理工作暂行办法》的实施，行业管理逐步得到加强并日趋正规。2001年2月，市测绘管理局并入新成立的市国土资源局(加挂德州市测绘局牌子)。

一、测量标志管理

测量标志是建设在地上、地下或者建筑物上的各种等级的三角点、基线点、导线点、军用控制点、重力点、天文点、水准点的木质觇标、钢质觇标和标石标志,全球卫星定位控制点,以及用于地形测图、地籍测量、工程测量和形变测量的固定标志和海底大地点设施等永久性测量标志。

1988 年 12 月,地区测绘管理处开展全地区测量标志普查,至 1989 年年底完成 999 座测量标志普查工作。经查实完好和部分完好的测量标志并办理委托保管手续的共 653 座,占总数的 65.4%;查实全部破坏的标志 66 座,占总数的 6.6%;失迷和未查实的标志 280 座,占总数的 28%。测量标志普查结束后,向测量标志保管人员发放“测量标志委托保管书”,整理完善《测量标志登记表》《测量标志登记卡片》《测量标志委托保管登记表》《测量标志在 1/5 万地形图的分布》等测量标志档案,为测量标志的管理、使用奠定基础。

1995 年 8 月,对分布在辖区内的 28 座一、二等三角点埋设 4.3 米高的钢寻标,并在标架上标明“保护测量标志,人人有责”等宣传用语。同时,还与市公安局联合,为 60 座一、二等水准点埋设了指示桩。截至 2011 年,全市管理完好的测量标志总计为 877 座,其中三角点 89 座,军用控制点 501 座,水准点 267 座,二等锁网点 20 座。

二、资质认证管理

1987 年,按照省测绘局文件规定要求,地区测绘管理处对全区测绘队伍进行资格初审,并报省测绘局审批,全区范围内 18 个测绘队伍获测绘许可证书,获证单位测绘职工 248 人。

2009 年 8 月,省国土资源厅下发《关于开展测绘资质复审换证工作的通知》,全市开展新一轮测绘资质复审换证工作。全市应参加复审换证 43 家单位,通过 42 家,申请注销 1 家。

2010 年,全市新增加 3 家测绘资质单位。截至 2011 年 12 月,全市共有测绘资质单位 48 家,其中乙级 2 家、丙级 10 家、丁级 36 家,涵盖地图编制、地理信息系统工程、工程测量、地籍测绘、房产测绘等多个业务范围。

第七章 质量技术监督

1988 年,德州地区标准计量处改为德州地区标准计量局。1992 年 12 月,更名为德州地区技术监督局。1995 年 4 月,德州撤地建市,改名为德州市技术监督局。2000 年,市、县(市、区)劳动部门承担的锅炉、压力容器、压力管道、特种设备安全监察、检验检测职能及其机构编制人员划归同级技术监督局。同年,国家改革现行质量技术监督管理体制,实行省以下质量技术监督系统垂直管理。2001 年 1 月,德州市技术监督局改为德州市质量技术监督局。

质量技术监督管理范围包括标准化管理、计量管理、质量管理与监督、特种设备监察与检验等内容,随着时代发展,业务范围不断扩展和精细化。

第一节　标准化管理

一、农业标准化

地方标准制定、示范　1979年，全区开始推行农业标准化工作，宣传贯彻国家绵羊毛标准，进行优良品种普查，并对“泰山一号”等19种小麦进行品种试验、磁化水应用试验等，同年制订发布全区第一批“山羊毛地毯”等7项企业标准。

1994年，制定、发布德州地区地方标准——“棉铃虫防治标准”，实施后产生经济效益约3.14亿元，获省、地区科技进步奖。至2004年年底，全市共发布县级以上农业地方标准51个。

1998年，禹城市“肉牛养殖”被国家技术监督局确定为全国高产优质高效农业标准化示范区，2000年通过国家验收。示范区制定“牛舍建设规范”“肉牛疫病防治管理规范”“肉牛育肥管理规程”等8个地方标准，建立完善的肉牛养殖、加工标准化体系，高档牛肉达到欧共体标准。2002年，乐陵市“金丝小枣”和陵县“优质小麦种子”被国家质量监督检验检疫总局批准为全国农业标准化示范区，2004年通过国家验收。

2003年，夏津县“国家级优质棉标准化示范区”和德城区“国家级无公害蔬菜标准化生产示范区”被国家质量监督检验检疫总局批准为全国农业标准化示范区，2006年通过国家验收。

2005年，制定的“五香脱骨扒鸡通用技术条件”“五香脱骨扒鸡生产加工规程”和“原产地域产品乐陵金丝小枣”3项标准被批准为山东省地方标准。

2006年，制定发布德州市地方标准《欧美杨107杨（尼娃107杨）栽培技术规程》。

2010年，临邑县“生猪良种繁育标准化示范区”和平原县“优质蔬菜（西葫芦、红椒等）栽培标准化示范区”获批为全国农业标准化示范区。

2011年，禹城市“优质鲤鱼（黄河鲤、俄罗斯鲤）养殖标准化示范区”获批为全国农业标准化示范区。

截至2011年，全市建立的国家级农业标准化示范区15个，省级农业标准化示范区2个。

无公害农产品标志申报　2001年7月，全市开展国家无公害农产品标志的申报工作。2002年，山东德州中澳禽业有限公司生产的“分割鸡”、夏津县发达面粉有限责任公司生产的面粉首批获准使用国家无公害农产品标志。2003年，发布《德州市质量技术监督局国家无公害农产品标志管理试行办法》。截至2007年，全市共有87个产品获准使用国家无公害农产品标志。

二、企业标准化

地方标准　1989年以前，全地区制定、发布、实施地方企业标准205项。1989年4月1日《中华人民共和国标准化法》实施后，企业标准备案工作加快。同年5月，夏津县轻工化学总厂的企业产品标准Q/3724 XQB J006—89《照相规格苯甲醇》为第一个备案的企业产品标准。1995年，制定《德州扒鸡生产企业生产检查规范》。2004年，起草发布《商业零售业态规范》《商业分级设置规范》两项地方规范。2007年开展服务标准化试点工作，2010年全市首家服务标准化试点单位临邑县政务服务中心通过验收。截至2011年，全市累计备案企业产品标准4538个。

推行采用标准　从1983年制定《德州地区1983—1985年采用国际标准第一批19种产品规划》开始，到1987年全区共有6个企业的11类23个产品通过产品采标验收。

1988年12月，德州地区建筑工程公司成为全区首家省级标准化水平企业。至1995年12月,全市有3家企业确定为国家二级标准化水平企业,74家企业确定为省级标准化水平企业,157家企业确定为地级标准化水平。1998年,德州化肥厂、德棉股份有限公司成为国家企业标准化示范企业。

2004年年初,山东德棉股份有限公司被国家标准化管理委员会批准为首批国家级“标准化良好行为试点单位”,成为全市第一家4A级“标准化良好行为”单位。

截至2011年,全市累计有364个产品通过采标验收,其中48个国际先进水平、企业标准采标产品24个;有3项采标企业标准获省企业标准采标成果奖,1项采标企业标准获省科技进步三等奖和市级二等奖。截至2011年年末,全市有70种产品获准使用采标标志。庆云县塑料大桶、德州市XZ-2双风静电干式脱硫设备、德州市彩色空心玻璃砖3种采标产品被列入国家级重点新产品计划。至2011年,全市共有52家单位被省质监局批准为“标准化良好行为试点单位”。

三、物品编码、组织机构代码

物品编码管理自1992年7月成立商品条码管理和服务机构,开始办理商品条码业务,至年底,共注册条码系统成员12家。1993年起,为控制商品条码印刷质量,对印刷企业实施资质认定,同年新增商品条码系统成员18家。1997年,新增条码系统成员43家,续展30家。1999年后,利用条码管理的POS市场(超市)在全市逐渐普及,条码技术在工业生产管理、仓储管理、会务管理、物流管理、证件管理等领域获得应用。2005年,新增条码系统成员85家,续展140家;新增POS销售超市23家。截至2011年,全市678家企业取得中国商品条码系统成员证书,11家印刷企业获得商品条码印刷资格许可证;2011年共有258家系统成员办理续展手续;100家条码系统成员被国家编码中心注销厂商识别代码使用资格。全市2.5万余种商品使用条码。

1992—2011年德州市注册商品条码系统成员情况表

表19-2　　单位:家

年份	新增	续展	保有量	年份	新增	续展	保有量
1992	12		12	2002	89	84	316
1993	18		25	2003	76	105	377
1994	24	8	43	2004	69	123	405
1995	9	19	63	2005	85	140	449
1996	23	23	80	2006	90	137	483
1997	43	30	113	2007	94	181	501
1998	19	44	125	2008	122	167	574
1999	51	49	162	2009	97	199	613
2000	59	52	202	2010	93	204	656
2001	86	60	257	2011	112	258	678

组织机构代码管理　1993年，德州行署成立企业事业单位和社会团体统一代码标识制度领导小组及办公室，在全区推行统一代码标识制度。年内，发放代码证书6550份。1995年始，组织机构代码在办理银行、税务业务时开始使用。至1995年年底，全市共颁发组织机构代码证书12900份。1997年，组织首批组织机构代码证书到期换证工作。1998年12月，全市组织机构代码工作与省技术监督局联网颁证、发卡。2005年，代码工作与省技术监督局全部对接，实现全省联网。截至2011年，共为全市36705家单位申领组织机构代码，组织机构代码已在司法、民政、金融、社会保障、银行等部门的管理活动中广泛应用。

第二节　计量管理

一、法定计量单位推广

1986年，根据国务院统一部署，全地区开始推行法定计量单位。规定各级政府、人民团体及各企业、事业单位的公文、报表、报纸、广播、电视所用文稿，科研、技术部门编制修订的各级技术标准、学术论文、技术情报等，均应使用法定计量单位；1987年，贯彻国务院《关于在我国统一实行法定计量单位的命令》，有计划、有步聚地推行法定计量单位，逐步废除非法定计量单位。同年，全区公交、文化教育、出版、科技和政府部门文件、报表基本使用法定计量单位。到1990年，全区12000台（件）台案秤全部由市制单位改为法定计量单位。

二、计量标准与量值传递

随着经济发展和科学技术水平的提高，全市法定计量技术、使用范围不断扩大，德州市计量检定测试所、德州市衡器管理所的计量标准由1986年前的长度、热学、力学、电磁学四大类23项，增加到2011年的长度、热学、力学、电磁学、光学、化学、电离辐射、无线电、时间频率、声学计量十大类84项，能够开展150多个项目的检定与校准工作和定量包装商品的检验。

德州市计量检定测试所、德州市衡器管理所负责开展标准检定与校准和全市辖区内的量值传递工作，年检定校准仪器仪表20000余台件，传递标准100余项，检验定量包装商品1000余批次。

三、计量器具产品管理

1986年以前，对计量器具产品的管理仅限于衡器产品。1986年开始，全区对列入《中华人民共和国依法管理的计量器具目录》的计量器具产品，依法纳入制造计量器具许可证管理。

1994年9月，国家技术监督局、国家工商行政管理局发出《关于在公众贸易中限制使用杆秤的通知》，地区技术监督局、地区工商行政管理局行文规定，各县（市、区）辖区内商店、集贸市场固定摊位使用的杆秤截至1996年12月30日前淘汰完毕，自1995年3月1日起，不再办理杆秤的制造许可证和营业执照。

1999年，根据国家质量技术监督局《关于制造、修理计量器具许可证监督管理有关问题的通知》规定，对重点管理的电能表、水表、煤气表、衡器、出租汽车计价器、加油机税控装置，由省级质量技术监督部门组织考核发证，其他计量器具由市级质量技术监督部门组织考核发证。2001—2011年，鲁北衡器有限公司等13家企业取得由省质量技术监督局颁发的制造计量器具许可证，其主要产品有电子汽车衡、电子吊钩秤等5种。德州科拓电子仪器有限公司等5家企业获得市质量技术监督部门颁发的制造计量器具许可证，其主要产品有温度控制仪，回弹仪，籽棉探湿仪等6种。

四、企业计量与法制计量

1998年3月，全市开展企业计量确认工作。截至2011年，有1家企业获得国家完善计量检测体系称号，50家企业获得省级计量保证确认单位称号，27家企业获得山东省诚信计量示范单位称号，3家企业获得山东省能源计量标杆示范单位称号，35家企业获得市级计量合格确认单位称号。

市、县质量技术监督部门每年开展计量专项检查工作，检查范围包括加油机、衡器和定量包装商品等，自1998年后强化对出租车计价器等6种重点计量器具的监督管理，实施对新建住宅电能表、煤气表的首次强制检定。

第三节　质量管理与监督

一、工业产品生产许可证

1986年后，国家对涉及人身安全、健康的110种农资及工业产品实行生产许可证管理，截至2011年年底，全市共有254家企业的266个产品获得工业产品生产许可证。

二、获全国、省质量奖和名牌企业（产品）

1980—1992年，全地区开展优质产品评选工作，德州轴承厂的轴承产品获国家银奖，德州化肥厂的友谊牌尿素等71项产品获省、部优质产品称号。

2000年，山东省在全国率先启动质量管理奖、产品质量奖评选，山东德棉集团有限公司获山东省首批质量管理奖；山东德棉集团有限公司生产的“德棉牌特宽系列防雨布”、山东公路机械厂生产的“稳定土拌和机”获得省产品质量奖。

2003年，山东德棉集团有限公司、德州振华装饰玻璃有限公司、山东金麒麟集团有限公司、山东公路机械厂、山东绿源化工集团有限公司、山东皇明太阳能有限公司、山东德州扒鸡集团有限公司7家企业的9种产品被重新确认为第一批“山东名牌产品”。

2004年，德州巨嘴鸟工贸有限公司生产的面粉被评为中国名牌产品。2004年12月，乐陵金丝小枣原产地域保护产品获国家质检总局批准。

2009年，开始“山东省优质产品生产基地”和“省长质量奖”评选。至2011年，有宁津县木制家具生产基地、禹城市功能糖生产基地、德城区中央空调及复合材料生产基地获得创建“山东省优质产品生产基地”称号；禹城保龄宝生物股份有限公司等5家企业被评为“山东省优质产品生产基地龙头骨干企业”；中澳控股集团有限公司、山东德州扒鸡集团有限公司董事长崔贵海获山东省“省长质量奖”。

2007年9月，泰山集团体育器材、保龄宝公司产品获得中国名牌称号

三、质量兴市和名牌带动战略实施

2004年4月，市委、市政府启动全市实施质

2010 年 5 月，德州市召开首届市长质量奖颁奖大会　　（井凤燕　摄）

量兴市和名牌带动战略，发布《关于大力实施质量兴市和名牌带动战略的意见》，成立质量兴市暨实施名牌战略推进委员会，具体承担质量兴市和名牌战略推进工作。2005 年下发《德州市 2005—2010 年名牌发展规划》，全市 11 个市（县、区）均开展了质量兴市（县、区）活动。2004 年和 2005 年分别组织全市 13 家山东名牌产品企业，参加山东省名牌产品万里行北线、西线活动。2009 年，开通鲁北名牌网，搭建全市名牌企业展示、沟通、交流的平台。截至 2011 年，全市中国名牌产品达到 22 个（数量列全省第五位），国家地理标志保护产品 1 个，“山东省质量管理奖”企业 2 家，山东名牌产品 104 个，“山东省服务名牌”企业 14 家。“市长质量奖”（2009 年设立）企业 12 家，个人 6 名。

2011 年德州市获得“中国名牌”企业统计表

表 19－3

序号	企业名称	入选产品
1	希森三和集团有限公司	鲜冻分割牛肉
2	山东保龄宝生物技术有限公司	淀粉糖
3	山东德棉集团有限公司	精梳纱线
4	德州振华装饰玻璃有限公司	空心玻璃砖
5	山东金秋种业有限公司	棉花种子
6	泰山体育产业集团有限公司	专业竞技举重杠铃
7	泰山体育产业集团有限公司	田径竞技器材
8	发达面粉集团有限公司	小麦粉
9	山东永乐食品有限公司	小麦粉
10	德州巨嘴鸟工贸有限公司	小麦粉
11	山东金麒麟集团有限公司	汽车制动系统

续表 19-3

序号	企业名称	入选产品
12	山东华鲁恒升化工股份有限公司	尿素
13	山东贺友集团有限公司	中密度纤维板
14	山东神龙毯业有限公司	地毯
15	泰山体育产业集团有限公司	体操器械
16	山东德棉集团有限公司	高支高密纯棉坯布
17	山东德棉集团有限公司	彩棉纱
18	山东德通实业有限公司	玻璃钢管道
19	皇明太阳能集团有限公司	太阳能热水器
20	山东亿家能太阳能有限公司	太阳能热水器
21	山东六和集团有限公司	水产饲料
22	山东古贝春有限公司	白酒

四、质量认证

1997年,全市通过质量管理体系认证的企业7家,到2004年年底,德州市公共事业管理系统的6个单位率先在全国系统通过质量管理体系认证,受到国家认监委认可。

2008年,全市有55家企业录入"国家认监委管理体系认证行政监管信息系统",全部建立动态的电子档案,录入率达到100%。截至2011年年底,全市取得质量管理体系认证证书624张,环境管理体系认证证书162张,职业健康安全管理体系证书110张,强制性产品认证证书380张,涉及强制性产品类别15大类。

五、产(商)品质量监督检查

1986—1991年,全区及县(市、区)产品质量监督检验机构,每年按定期监督检查计划对全区2000余家企业的产品进行监督检验。至2003年,产品质量合格率由1991年的65%提高到83%。2005年,全市列入定检的企业2300家,检查检验3100个批/次,抽样合格率为85.1%。2008年,全市列入工业产品定检计划数为953批/次,产品合格率91.2%。2011年,经审核将全市585家工业企业列入产品定检计划,定检合格率93.57%。

第四节　特种设备监察与检验

一、安全监察

1987年起,按照全国在用压力容器整顿治理工作的统一部署,德州地区劳动局牵头组织专业技术人员,对全区范围内的在用锅炉、压力容器进行普查整治,至1990年年底结束。

1992年起,对气瓶充装站、气瓶检验站进行整顿治理。历时5年的整顿,全区气瓶充装站和检验站管理得到规范。

2002年,特种设备安全监察职能由劳动部门划归质量技术监督部门。2001年3月—2002年8月,全市组织开展锅炉压力容器特种设备普查整治工作,对存在隐患的138台锅炉、

92 台压力容器、52 台电梯、55 台起重机、20 台厂内机动车辆进行报废。截至 2004 年年底，全市登记锅炉 1673 台、压力容器 3823 台、电梯 430 台、起重机 1133 台、厂内机动车 413 台、游乐设施 31 台，并借助计算机网络系统实现特种设备的信息化管理。

2002 年 10 月，开展全市气瓶普查整治，共普查登记气瓶 12 万余只，检验气瓶 19500 余只，报废气瓶 3000 余只，消除事故隐患 1000 余起。

2004 年，全市压力管道的专项普查工作，共完成普查压力管道 3604 条，共计 1268.7 千米（其中工业管道 530.1 千米，公用管道 163.6 千米），检验压力管道 20 千米，监督检验压力管道 20 千米，摸清了全市压力管道基本情况和安全状况，压力管道安全监察工作逐步纳入正规。同年，对全市 1600 余个单位的在用特种设备进行安全监察，查处违法案件 53 起，消除事故隐患 1200 余处。

2005 年 6 月，组织开展特种设备安全监管"百日整治"活动，确定"登记检验率、持证上岗率 100%"的工作目标。

2008 年，开展"隐患治理年"活动，督促相关企业完成检验整治 36000 米压力管道和 1054 台压力容器，对不符合要求的 9000 余米压力管道进行重新安装，隐患督查率达 100%。

2010 年世界太阳城大会在德州召开，全市质监系统加大对重点单位、重要特种设备的安全监察力度，共排查 473 家企业的 3673 台特种设备，发现并及时消除特种设备安全隐患 87 处，取缔违法生产特种设备 17 台，市质监局获"世界太阳城大会安全维稳先进单位"称号。

2011 年，组织重点企业开展特种设备应急救援演练，提高事故预防和处置能力。在车用气瓶和电梯维修保养中全面推广使用 RFID 技术，使安全管理水平得以提高。加强对高耗能特种设备监管，对在用的 50 台锅炉进行效能检测，确保安全节能。

二、考核发证

1986 年后，对全市特种设备作业人员进行培训考核发证工作。截至 2011 年年底，全市各类持证人员 23870 人。其中，特种设备相关管理 808 人、锅炉作业 2741 人、压力容器作业 4754 人、气瓶作业 1524 人、压力管道作业 60 人、电梯作业 2978 人、起重机械作业 8001 人、大型游乐设施作业 9 人、场（厂）内专用机动车辆作业 2562 人、特种设备焊接作业 433 人。

三、特种设备检测检验

德州市锅炉压力容器检验所、德州市职业安全检测站承担全市特种设备检验工作。2000 年 11 月，两检验机构划归市质量技术监督局。2007 年 11 月，市锅炉压力容器检验所、职业安全检测站实行省垂直管理，并更名为山东省特种设备检验研究院德州分院。

2011 年，开展压力容器、压力管道、冶金起重机、车用气瓶、电梯维修的专项整治，查处各类违法行为 160 起，排查消除各类隐患 126 处，拆除隐患设备 23 台，保障特种设备安全运行。

第五节　食品生产安全监管

一、食品质量安全市场准入制度

2002 年 7 月开始实施食品质量安全市场准入制度，要求相关食品企业必须按规定程序取得食品生产许可证，产品批批检验合格、并在包装上加贴（印）准入标志"QS"方可出厂销售，有效期为 3 年，每年年审一次。首批列入市场准入的产品为米、面、油（食用油）、酱油、醋 5 类。2004 年 1 月 1 日，凡未获得许可证的 5 类食品已经不允许进入市场销售。2003 年 9 月，对肉制品等 10 类食品实施食品安全市场准入制度。2005 年 7 月 1 日起，没有获证的 10 类产品已不准进入市场销售。自2008年1月1日起,28大类食品实施市场准入制度,截至2011年年底,全市642家企业获得790张食品生产许可证。

二、食品质量安全事故应急处置

2003年"阜阳奶粉"事件、2005年"苏丹红"事件等震动全国。全市质检机构对辖区内的21家染料企业、13家辣椒生产企业进行检查,未发现有添加苏丹红染料的违法行为。2008年"三鹿奶粉"事件期间,质检机构为企业检样407批次,均符合液态奶三聚氰胺临时限量值管理规定。

2011年,开展食品添加剂专项检查活动,检查生产企业14家,使用食品添加剂企业436家,使用食品添加剂小作坊108家。检查食品生产单位1110家,发现有质量问题的22家,立案查处8起,涉案货值4.93万元,移交公安机关案件1起。

三、食品质量监督检查

2006年,省质监局组织对方便面、乳制品、罐头、小麦粉、花生油、饼干、膨化食品、桶装饮用水等产品进行监督抽查,全市18家企业的18个批次的产品接受监督抽查,合格率77.78%,其中乳制品、小麦粉的产品质量较好。

2009年,省质监局监督抽查2086个批次的产品,主要有白酒、月饼、淀粉、食醋、酱油、乳制品、啤酒、小麦粉等产品,全市126个批次产品接受抽检,102个批次合格,合格率80.9%。其中,饮料及白酒产品合格率均达到100%。

2011年,省质监局监督抽查10473个批次的产品,主要有小麦粉、酱油、食醋、挂面、大米、葡萄酒、纯净水、肉制品、白酒、饮料等产品,全市788个批次产品接受抽检,658个批次合格,合格率83.5%。

第六节　行政执法

1996年以前,质量技术监督行政执法工作由各级技术监督部门有关业务科室承担。1996年,成立德州市技术监督稽查队,负责全市质量、计量、标准化领域的行政执法和打假工作,业务范围主要在流通领域,主要任务是打击和阻止外地假冒伪劣商品冲击全市市场。

1997—2000年,分别开展农资、建材、家用燃气器具、摩托车及汽车、摩托配件、通信器材、化妆品及洗涤用品、食品、电线电缆、低压电器、安全类电动工具等专项检查和打假,坚持生产、流通两个领域一起查处。

2001年,按照国务院联合打假的部署和国家质检总局开展"三重一大"(重点产品、重点市场、重点区域、大案要案)打假工作的实施意见,严厉打击掺杂使假、以次充好、以假充真、伪造产地、冒用他人厂名、厂址,生产、销售国家明令淘汰产品和过期失效、变质产品等不法行为,查处假冒伪劣产品货值2000余万元,立案查处违法案件200余起,现场处罚53起。

2002年,重点查处制假窝点,没收造假工具和设备、原辅材料,分别开展地条钢、小炼油专项整治,捣毁地条钢生产企业30余家,取缔小炼油生产企业20余家。

2004年,流通领域商品质量监督管理职能由质监部门划出,质监部门执法工作重点是组织打击生产领域假冒伪劣等违法活动。当年查获假冒伪劣产品货值5496万元,捣毁制假窝点102个,立案查处违法案件1007起。安徽阜阳劣质奶粉事件曝光后,查获无生产许可证及新闻媒体报道中的劣质奶粉1490袋。在对地条钢专项整治中,取缔"地条钢"生产企业37个,销毁"地条钢"生产设备48台(套),没收"地条钢"107吨。先后与德州古贝春集团有限公司、德州扒鸡集团、贵州茅台酒集团、贵州五粮液集团、联合利华有限公司等企业联合打假，端掉生产假冒名牌产品窝点40余个，为企业挽回经济损失800多万元。

2006年，打假工作重点放在农资、食品、建筑材料、生产许可证等方面。全年立案查处案件400余起，查处违法产品货值1500余万元。2007年，开展“农资打假下乡活动”，立案查处农资案件19件，涉案产品货值35.58万元。2008年，立案查处案件327件，查获违法产品涉案金额2171.7万元。2011年，出动执法人员3528人次，立案查处各类案件205起，罚没收入458万元，对81家省抽检不合格的企业依法进行善后处理。

第八章　安全生产监督管理

1986年，德州地区安全委员会，负责全区厂矿企业安全生产及事故处理，办事机构设在劳动部门（曾一度划归地区经委）。安全生产贯彻安全第一、预防为主的方针，坚持对新建、扩建、改建项目实行审查制度。1989—1995年，贯彻治理整顿，深化改革的方针，在坚持经常性进行安全检查的前提下，以控制重大事故为中心，对事故易发企业实施重点检查，督促落实安全生产措施。

1998年，贯彻国务院办公厅《关于认真落实安全生产责任制意见的通知》，强化安全生产目标管理，把签订安全生产目标责任书落实到各级政府主要领导和分管领导及企业法人代表人，制订考核标准，并严格考核兑现。

2001年5月，德州市安全生产监督管理局（加挂德州市安全生产委员会办公室的牌子）成立，原劳动部门承担的安全综合管理职能划归市安监局。市安监局统揽全市安全生产管理工作，逐步构筑起纵贯市、县、乡、村，横联部门、单位和企业的安全生产指标监控体系。实行“一岗双责”制度，将责任逐级分解，层层签订安全生产目标管理责任书，形成“纵到底、横到边”的安全生产工作责任制体系。

2004年，德州市安全生产监察支队成立。市政府设立100万元安全生产基金。

2006年，《德州市国民经济和社会发展第十一个五年规划纲要》颁布，强调加强安全生产设施建设，加强交通安全监管，到“十一五”末，亿元GDP生产安全事故死亡率降低到0.5以下，10万人死亡率降低到7以下。

2007年，市委、市政府制定《关于建立和完善全市党政群机关领导班子和领导干部综合考核体系的实施意见》。全市11个县（市、区）健全安全生产领导班子，建立县级政府50万元的安全生产基金，实现安全生产执法检查工作向基层延伸。

2008年，加快县、乡级安监机构、安监执法队伍建设，保证编制、人员、装备等配齐配强。完善首问负责制、限时办结制、服务承诺制等制度。对市级重大项目采取主动服务、上门服务、全程跟踪服务，严格行政执法质量考核。

2009年，市委、市政府将安全生产工作列为民生工程，纳入“平安德州”建设范畴。2010年，工矿商贸作业场所职业卫生监督检查职责划归安全生产监督管理部门。

2011年，以构建和谐社会、建设“幸福德州”为目标，将安全生产控制指标逐级分解，建立月通报、季调度、年考核制度。

第一节　安全生产综合管理

1986年，安全生产工作开始由行政管理型的一般监督检查向依据国家有关法规，代表国家对企业实施监督检查转变。

1996年起，逐步建立健全安全生产责任制，严格考核制度，对一些重点单位进行安全大检查，对查出的问题严肃问责，限期改正，对造成重大事故的严肃处理。

2000年起，按照省政府的统一部署，改革安全生产管理体制，实施综合监督与有关部门监督向结合的管理体制。市安监局成立后，市政府出台一系列安全规定制度，明确各级政府、分管负责人、主管部门和企业的安全管理职责和安全责任。组织开展定期、不定期的安全生产监督检查活动。

2003年，在全市开展公众聚集场所消防、道路交通、烟花爆竹、内河水域、危险化学品、特种设备、城镇燃气、电力通信广播三线交越搭挂8项安全生产专项整治活动。全年共发生各类事故2084起，死亡380人，受伤1444人，直接经济损失1256.9万元。同比分别下降17.4%、19%、14.1%、40.1%，是全省安全生产考核指标和重特大事故指标“双下降”地市之一。

2004年，以创建“平安德州”为目标，在全市建立起“政府统一领导、安监系统综合协调、部门依法监管、企业全面负责、社会舆论监督支持”的安全生产监管工作新格局。全年发生各类安全生产事故1926起，与上年同期相比下降7.6%；死亡350人，下降7.9%；受伤1421人，下降1.6%；经济损失1093.5万元，下降6.1%。完成省下达的安全生产控制指标，实现4项安全生产指标全面下降。

2005年，对全市道路交通、危险化学品、烟花爆竹、公众聚集场所消防等九大领域进行专项整治。全年共发生各类事故1856起，同比下降3.1%；死亡341人，同比下降3.1%；受伤1376人，同比下降3.2%；经济损失1097.72万元，同比下降3.98%。4项安全生产指标较2004年全面下降，死亡人数在省下达的控制指标范围之内，是全省两个全年未发生重特大安全生产事故的市之一。

2006年，围绕建设“平安德州”、构建和谐社会，夯实安全生产“双基”工作。建立5家危险化学品卸载基地，对全市所有危险化学品运输车辆安装GPS卫星定位系统。在道路交通、公众聚集场所消防、烟花爆竹、危险化学品、建筑施工、城镇燃气、特种设备、内河水域、供电用电等领域深入开展集中整治活动，排查事故隐患。全年共发生各类事故1530起，死亡307人，受伤1217人，直接经济损失1090.6万元，较2005年分别下降17.6%、9.97%、11.5%和0.65%。安全生产4项指标全面下降，死亡人数在省下达的控制指标范围之内。

2007年，根据省、市统一部署，各县（市、区）和市发改委、经委、安监、教育、旅游、交通、水利、公路、公用事业、供电等单位对本辖区、本领域、本行业基础设施进行排查。全年共自查企业2757家，督促整改安全隐患10145处，整改率达到97.03%。全年共发生各类生产安全事故1370起，同比下降10.5%；死亡298人，同比下降2.93%。死亡人数在省下达的同比下降2%的控制指标范围之内。

2008年，以开展安全生产“隐患治理年”活动为主线，以强化政府、企业“两个主体”责任落实为重点，推进隐患排查治理工作深入开展。共排查企业9654家（含九小场所），督促整改隐患48608项，整改率为97.80%。全年共发生各类生产安全事故1105起、死亡275人、受伤

952 人、经济损失 945 万元，较 2007 年分别下降 19.8%、7.7%、9.9% 和 29.4%。未发生一次死亡 3 人以上的较大及以上事故，事故死亡人数控制在省政府下达的控制指标范围之内。

2009 年，落实全年春夏秋冬“四大战役”，按季节、生产特点等进行重点检查。共排查整治隐患 15610 条。全年共发生各类安全生产事故 966 起，死亡 271 人，较 2008 年分别下降 12.66% 和 1.1%。死亡人数在省下达的控制指标范围之内。

2010 年，市政府出台《全市进一步加强安全生产基层基础建设工作的意见》，在常规监督检查的同时，开展了 4 次集中活动。全年发生安全生产事故 944 起，死亡人数为 267 人，较 2009 年分别下降 2.27% 和 1.48%，成为全省两个未发生较大及较大以上生产安全事故的市之一。

2011 年，全年生产安全事故起数、死亡人数、受伤人数、经济损失 4 项指标较 2010 年分别下降 11.9%、1.5%、14.7%、0.4%，发生较大生产安全事故 2 起。事故起数、死亡人数实现连续 10 年“双下降”，完成省政府下达的控制指标任务。

第二节　重点行业监管

一、危险化学品领域

2006 年，按照“整改一个，规范一个，合格一个，申请一个”的取证原则，对危险化学品经营单位实行科学严格分类监控，分类建立档案资料，严格市场准入。有 679 个危险化学品经营单位、117 家危险化学品生产企业取得经营许可证。

2008 年，落实 442 处重大危险源分级管理制度，协调 6 家与周边安全距离不足的危化品生产企业实施搬迁。对汽车加油（气）站储罐应用阻隔防爆技术验收和备案，严格实施“检修暂停一批、停产整顿一批、重点监控一批”制度。2011 年，组织相关专家对化工医药领域的 539 个生产安全事故进行分类剖析，编制成册下发到企业学习宣传贯彻。

二、烟花爆竹领域

2004 年，烟花爆竹企业安全监管工作移交安监部门后，对全市 11 家经审批设立的烟花爆竹生产企业进行排查，查出隐患 69 处，对 1 家隐患严重的企业做出停产整顿处理。

2005 年，在庆云县率先试行并在全市推行烟花爆竹生产企业驻厂员制度，加强对生产企业的安全监督。全市 11 家生产企业均一次性通过省局验收，取得生产许可证。

2006 年，11 家生产企业取得安全生产许可证，11 家批发企业和 1191 个零售网点取得经营许可证。

2007 年，实行日常检查与突击检查相结合的办法。在高温季节、特殊政治敏感期，对烟花爆竹生产企业采取停产整顿、限时生产、派驻厂员等措施。

2011 年，全省烟花爆竹安全生产管理现场会议在夏津召开，推广鲁阳花炮有限公司 6S 管理模式。是年，配合公安部门开展烟花爆竹“打非”活动，清查村庄 5200 个，居民 2.8 万户，查出非法生产、销售、存储案件 13 起，处理违法犯罪人员 16 人，收缴烟花爆竹 370 万头，原材料 160 公斤。

三、非煤矿山企业领域

2004 年，对全市 407 家非煤矿山企业进行专项检查和整顿。2005 年，有 373 家非煤矿山企业取得安全生产许可证，安全生产许可证发放工作走在全省前列。2011 年，全市 436 家非煤矿山企业取得经营许可证，对 15 家达不到安全生产条件的非煤矿山企业依法履行关闭手续，并在《德州日报》刊登通告。

第三节　安全生产培训

2003年，举办安全生产监察员培训班，对全市安监系统执法监察人员进行培训。全年共举办51期，培训特种作业人员2644人。

2004年，举办生产经营单位主要负责人、安全管理人员和特种作业人员安全生产资质培训。

2005年，举办危险化学品行业企业主要负责人和管理人员安全生产知识和管理能力培训班4期，培训273人；组织特种作业人员安全资格考试83次，发放特种工操作证3690个；培训烟花爆竹企业职工813人，非煤矿山、烟花爆竹两大高危领域企业负责人和安全生产管理人员全部参加培训并取得安全生产资格证书。

2006年，市、县两级安委会围绕“安全发展、国泰民安”的主题，组织开展“安全生产月”活动，市安委会被省安委会授予“全省2006年‘安全生产月’活动优秀组织奖”。

2007年，全年共新（换）发、复审特种作业人员安全生产操作证11073个，培训一般行业企业主要负责人、安全管理人员3063人。烟花爆竹生产批发企业危险工序作业人员、特种作业人员持证上岗率达到95%。

2008年，新发特种作业人员安全生产操作证3608个、复审1557个；烟花爆竹生产和批发企业的主要负责人、安全管理人员、仓库保管员持证上岗率达到100%。

2010年，开展全员安全应知应会培训工作，编制《德州市安全生产宣传教育培训规划》，建立起德州安全生产培训考试中心，加强对培训机构的考核。

2011年6月29日，举办全市安全生产“双基建设年”监管执法队伍大展示大比武大培训活动。围绕提高企业主要负责人的安全责任意识、安全管理人员的安全管理能力和一线职工的安全技术技能，强化法定培训，确保100%持证上岗。

第四节　职业健康监督管理和应急救援

一、职业安全健康监督管理

2009年9月，国家安全生产监督管理总局制定发布《作业场所职业健康监督管理暂行规定》。此前，安全生产职业健康监督管理处于松散管理状态。

2010年6月，市安监局增设职业安全健康监督管理科，开展作业场所职业危害因素申报，并对全市作业场所职业危害基本情况进行摸底，分类建档。开展粉尘与高毒物品危害治理专项行动和木质家具制造企业高毒物质危害治理工作。

2011年，市安监局下发《深入开展作业场所职业危害申报工作的通知》，在全市范围内对木制家具制造、石棉加工和石英砂生产企业深入开展重点行业职业危害“三项治理”活动，协调相关部门开展夏季防暑降温工作，做好建设项目职业卫生“三同时”相关工作。

二、安全生产应急救援

2008年，增设市安全生产应急救援指挥办公室，制订应急救援指挥平台建设方案，建立市安全生产网站，组建应急专家队伍，实施安全生产应急管理信息报告、应急救援预案备案和演练等制度。建立灾害性天气预警预报预防联动工作机制。开展德州普利森机械制造有限公司安全生产事故应急演练、中石化山东德州石油分公司危险化学品重大危险源事故应急演练及德州市重特大道路交通事故应急演练。

2010年，投入资金近160万元购置服务器、交换机、防火墙等设备，建成全市安全生产应急救援指挥中心大屏显示系统，构建覆盖各

县（市、区）安监局、市政府安委会成员单位的安全生产网络信息平台，完成国家、省、市、县四级视频会议系统和安全生产应急救援远程视频会商网络。

2011年，市政府将安全生产应急救援纳入应对突发公共事件应急管理总体范畴，完善安全生产应急救援远程视频会商网络，对40余家单位（重点企业）实现网络办公系统接入。组织开展应急救援演练活动，整合、完善全市安全生产专家队伍，并依托公安消防部门建立全市危险化学品应急救援队伍。

第九章　进出口商品检验检疫

1993年8月，山东进出口商品检验局与德州地区行署协商，达成《关于设立中华人民共和国德州进出口商品检验局有关问题的协议》，1994年2月，成立德州进出口商品检验局筹备处。1995年10月，经国家进出口商品检验局批准，德州进出口商品检验局正式成立，隶属山东进出口商品检验局，负责德州辖区进出口商品的检验、鉴定和监督管理工作，开始承接粮谷、豆类、肉类、饲料、花生、机电设备、纱线、皮毛、印染布、梭制服装等商品的检验业务。该局是国家商检局设在德州的分支机构，实行以国家商检局、山东商检局管理为主的垂直管理体制。1999年11月，更名为中华人民共和国德州出入境检验检疫局。主要承担境内动植物检疫、卫生检疫、进出口商品检验、监管认证工作。

1999年以前，德州商检局没有检疫职能，境内检疫需要前往济南或出入境口岸等地办理。1999年11月，山东省检验检疫局批准赋予德州局承接境内卫生检疫职能。2000年年初，建立卫生检疫实验室、艾滋病初筛实验室，聘请5名卫生检疫工作人员。2000年3月15日，3名出国人员在德州检验检疫局办理国际旅行健康证书和国际预防接种证书，这是德州检验检疫局首次卫生检疫业务。2005年4月，按照全省系统国际旅行保健中心整合方案，德州检验检疫局停止出入境人员健康查体业务。同年，服务中心承建熏蒸库，通过省局动植检处的验收并获得木质包装的资格。2005年6月28日，经省检验检疫局考核验收，德州市直通国境口岸卫生监管场站成立，结束了德州没有口岸直通卫生监管场地的历史。

第一节　进口商品检验

1995年前，全区进出口商品检验工作由济南进出口商品检验检局管理。

1996年1月起，执行《中华人民共和国进出口商品检验法》《中华人民共和国进出口商品检验法实施条例》，对未检验或经检验不合格的进口商品不准销售使用，对进口商品存在质量问题或数量、重量短缺的，及时出具对外索赔证书。

1996年，检验进口商品105批，货值1408.5万美元。在进口检验中，发现德州晶峰集团技改设备中价值135万比利时法郎的引砖存在严重质量问题，华泰彩印有限公司进口的彩印成套设备中缺少价值10万美元的专用70

千伏变压器，德州国棉厂进口的乌斯特条干仪缺少导纱架，邮电局三分局进口的程控电话交换机设备零件严重短缺，致使以上设备无法正常安装使用，通过出具索赔证书，为企业挽回损失30万美元。

1997年8月，德州元济公司从台湾进口840箱价值79800美元的两集装箱纬纱，经检验确定受损货物37箱、444筒，经索赔挽回损失4000美元。

1998年上半年，在对德州德棉集团进口的10批棉花进行检验鉴定过程中，因数量短少、品质不符等原因，为企业完成对外索赔18.7万美元。是年，德州恒丰纺织有限公司从美国进口一批389吨的棉花，检验过程中，发现短重8918.49公斤，经索赔为企业挽回损失15.5万元人民币。1998年，完成进口设备价值鉴定40批，报价1160万美元，经鉴定价值1060万美元，降值100万美元。

1999年，胜利油田德州库自俄罗斯伊尔库茨克达意乐公司进口的12车、740立方米原木，经检验符合合同品质要求的只占20%，经与俄方检验人员复验，为企业挽回损失12万元。是年，完成价值鉴定10批，报价104万美元，经鉴定降值6万美元。

2000年4月，检出德州一棉有限公司、德州贝恩模板租赁有限公司、德州鲁北木材公司等5家企业共有进口设备、纺织原料、木材等9批不合格商品，及时出具索赔证书，为企业挽回经济损失2.6万美元。同年7月，德州电信局进口的价值260余万美元的电讯通信设备，由于缺少价值28万美元的部件，无法正常使用，通过出具索赔证书，外方及时进行了补发。

2001年，累计为华能电厂缺少13万美元进口焊条，德州德棉集团进口的倍捻机、定型机、浆纱机、丝光机、退浆机、整浆机等6批设备缺少14万美元的部件，山东光大电力集团10万吨玉米深加工项目进口的价值8万美元的分离机损坏等问题，及时出具索赔证书，总计为企业避免直接损失300万元。同年8月，对德州开元进出口有限公司进口238包、100吨洗净毛实施检验检疫中，发现货物存在不同程度的发霉、变质，坯毛重量7759公斤，占全部货物的7.76%，依法出具了索赔证书，为企业挽回15.4万元经济损失。同年10月12日，德州沪平永发造纸有限公司从美国进口1部含放射性物质氪－85的定量水分控制仪，检验过程中发现该仪器放射源的快门存在严重质量问题，已不能修复使用，依法对该仪器作限期退运处理，这是德州商检局首次退运进口货物。同年，完成进口设备价值鉴定1批，降值85万人民币。

2002年，山东德棉集团从美国进口的2批棉花，经检验短少8吨，通过索赔为企业挽回损失6万元。同年2月在对一批价值5万美元进口MINERAL WOOL（俗称“矿棉”，一种保温填充材料）货物检验时发现，货物全部是已使用过的废料，德州检验检疫局依法进行了销毁处理。同年6月，在对一批进口日本玻璃生产线检验时发现，价值160万元的玻璃供料道组件中流道砖、唇砖存在不同程度的缺陷，检验人员出具了品质证书，依法对外商提出索赔。2003年7月亚洲纺织（德州）有限公司由美国进口500吨原棉。货物陆续运抵企业后，德州检验检疫局及时过磅扦样，严格检验，发现该批原棉数量短少14吨，折合人民币15万元。依据检验检疫部门出具的检验证书，亚洲纺织（德州）有限公司在索赔期内对外提出索赔。

2004年4月1日，执行新的出入境检验检疫收费标准及办法，德州辖区以皮毛进口企业受益最大，其中宁津某企业受惠最大，4、5月仅进口皮毛检疫1项收费共减免71万元左右，而在优惠政策的激励下，该企业4月、5月仅进口生兔皮1项即由上年的10批次增至36批次，货值由20多万美元激增至60多万美元。

2005年1月，完成一批自韩国进口的电镀设备价值鉴定。该设备为中韩合资山东水兴真元化学有限公司韩方作价投资设备，报价381.9万美元，经鉴定，实际价值为361.6万美元，降值19.7万美元，降值率5.2%，维护了企业的合法权益。同年6月，对平原某企业由马来西亚进口的两批价值4.3万美元、名为“助留助滤剂”造纸用化工原料实施检验时，发现该货物的黏度指标在5g/L浓度下只有900mpa/s，远远达不到合同规定的1200mpa/s要求。根据检验结果，德州检验检疫局及时为企业出具品质证书，指导企业对外商提出索赔，并建议对该货物作退运处理。

2010年年底，山东中原集团从印度进口50万美元的棉花，经检验其掺杂落棉，帮助企业成功索赔2.5万美元，并由质检总局发布警示通报。

2011年，加强敏感工业产品检验监管，建立进口废物原料备案企业定期巡查制度，进一步完善落实“口岸检疫检验+到货地质量跟踪验证”机制。对进口的旧电机、成套设备及棉花检验监管，检出不合格产品157批，帮助企业对外索赔26.34万美元，特别是检验处置印度进口棉花掺杂落地棉，由国家质检总局发布警示通报。

第二节 出口商品检验

1996年开始，按照进出口商品检验法，实行强制法定检验，是年，共检验出口商品1117批，货值4065.1万美元。1999年8月，禹城龙凤鸡业公司首批73吨冻分割鸡顺利进入中东地区；10月，首批72吨保鲜蒜出口罗马尼亚，带动德州市农副产品出口迅速增长，全年出口农副产品增长达467%。

2000年，检验出口的德州面粉、机电产品增长迅猛，面粉出口突破15000吨，机电产品出口166批，货值427万美元，同比分别增长35%和32%，同年，龙凤鸡业公司首次实现自营出口。2001年，德州首家烟花生产企业——庆云县鲁北烟花厂通过出口考核，取得出口资格。以羊绒、丝绒为代表的高档服装实现批量出口2万余件，货值40万美元的高档服装进入加拿大、欧盟市场。是年，辣椒出口呈现快速发展势头，出口量占到农副产品出口总量的63%，达到2000吨。

2003年1月，德州DHT迪龙数码高科电子有限公司生产的56台背投彩色电视机，经检验合格出口摩洛哥和泰国，首次实现了德州电视机批量出口，填补了德州电视机生产和出口的空白。

2004年9月，经检验检疫合格的420根、价值50万元的预应力水泥电线杆顺利出口非洲，这是德州也是全省首次出口该类产品。2005年3月，德州莱钢永锋钢铁公司报检出口10000吨、381万美元钢坯，这是德州辖区钢坯首次出口，也是单批出口货值最大的一批货物。

2005年4月，乐陵五环体育器材有限公司价值近90万美元援助厄瓜多尔政府的体育用品经检验合格，按时装运出口，创下德州援外物资单批出口最大货值纪录。同年8月31日，山东华鲁恒升化工股份有限公司生产的100吨援助朝鲜黄海南道优质尿素正式启运朝鲜，这是山东省首次对朝鲜黄海南道援助化肥。

2011年，对出口灯具、健身器材、摩托车、自行车灯产品全面实行型式试验检查制度，加强对外资外援物资、市场采购出口商品、双边协议商品的检验监管，全年未发生国外通报、退货情况。

第三节 动植物及其产品检验检疫

1999年11月28日，庆云东渡畜禽加工有限责任公司通过出口卫生注册，并提交至欧盟注册。1999年11月，经检验检疫合格，德州金隆冷藏厂的72吨保鲜蒜由天津口岸装船运往罗马尼亚，成为德州辖区首批保鲜蒜出口。

2001年7月，在从阿根廷、巴西进口5000余吨大豆中检出假高粱、黑高粱严重超标，平均假高粱种子含量达4～6粒/公斤，依法督促企业进行严格筛选，对筛选物及其加工下脚料予以销毁。

2002年1月，在对华能德州电厂从德国进口的保温材料进行现场检验检疫时，发现个别货物内包装夹带有中国法律禁止进境的土壤，货物品质也低于合同要求。立即对这批货物实施熏蒸除害处理，同时出具索赔证书。

2002年8月18日，在陵县某企业对来自日本的10个集装箱实施消毒除害处理。这是德州检验检疫局首次对入境集装箱实施除害处理。同年11月29日，在进口乌拉圭19包、70000张、价值28万元人民币兔皮中，检出大量有害生物躯壳，同时存在虫害、脱毛严重，毛色、品质与销售合同不符等问题，依法监督销毁处理。2003年9月，德州首批10000余吨小麦顺利出口。

2003年10月到2004年5月下旬，山东省平原国家粮食储备库陆续出口越南、印度尼西亚和朝鲜等国家6批共31024吨散装小麦，填补了德州市大宗原粮出口的空白。2003年11月4日，乐陵浩天食品有限公司1250箱、17025公斤、价值6250美元的面条顺利出口美国，这是德州市此类产品首次出口。

2004年7月，山东禹城凤祥鸡业有限公司首批冻羊肉通过感官和实验室双重检验顺利出口巴林，填补德州辖区冻分割羊出口空白。同年9月，2批40余吨脱水蒜片顺利出口巴西，实现德州脱水蔬菜出口“零”的突破，同年11月8日，武城久发集团一批蘑菇罐头出口俄罗斯，是德州罐头产品首次出口。

2005年9月20日，庆云东渡畜禽加工有限公司生产的50吨冷冻兔肉出口俄罗斯。这是2002年德州兔肉停止出口后首次出口。同年11月，在进口肯尼亚的10个集装箱棉花中检出赤拟谷盗活虫，这是首次截获该种害虫。

2011年，加强进境疫病疫情和不合格产品检出。进境动植物产品不合格批次检出率达41.46%。首次在进口皮张中检出宾州苍耳、北美苍耳、豚草等检疫性杂草。首次在美国进口大豆中检出危险性疫病害—菜豆荚斑病毒。

第四节 监督管理

1996年7月起，随着受理德州谊光饮料有限公司从台湾进口的价值58万美元的专利精致水处理设备，德州商检局正式开展价值鉴定业务，在对该进口设备含有的16万美元“专利使用费”的鉴定中，通过多方论证，认定该设备价值仅为42万美元，为企业挽回直接经济损失16万美元。

1997年12月受德州市工商局委托，对其查获的4辆进口走私分割车进行鉴定，确定为进口马自达、欧宝、三菱、宝马轿车。1999年4季度，集中对德州市区进口医疗设备进行执法检查，发现30台，价值726万元的进口医疗设备在未进行检验的情况下，擅自投入使用，对存在问题的医疗单位依据商检法给以处理。

2001年8月，在对某新型建筑材料公司报检的电动装卸车现场检验时发现，企业车间有全新的进口设备，经调查了解，由于现行海关HS编码无“成套设备”对应号码，企业采取“化整为零”的方式进行报检，导致漏检，检验人员督促企业补办报检手续，补收检验检疫费用13万余元，同时检验时发现设备缺少零部件，出具索赔证书，为企业挽回经济损失。

2003年4月初，从省检验检疫局发来的入境货物流向单中发现，两家企业分别进口一批47600美元的马铃薯淀粉和一批22458.56美元的云杉方材，未主动报检，依据《中华人民共和国进出口商品检验法》规定，德州检验检疫局对企业相关货值处以5%的罚款，责令纠正违法行为。同年12月，德州检验检疫局会同工商、技术监督、公安等部门，对在市场上查获包括价值20余万元进口旧服装在内的总价值600余万元的假冒伪劣商品进行公开销毁。

2004年1月，对3批来自乌兹别克斯坦的棉花进行检验时，发现所有货物包装均严重破损，裸露率超过80%，货物不同程度地受到油渍、水渍、灰土污染，不能正常使用。德州检验检疫局依法出具检验证书协助企业对外商索赔。同年1月6日，在对某企业从布基纳法索进口的一批非洲棉花实施检验时，发现货物中夹带大量发霉变黑的腐烂变质棉花56包，约13.1吨，价值人民币25万多元。依法经对该批“黑心棉”采取封存销毁处理。同年3月30日、31日，与质量技术监督局稽查大队联合对德州市肉联厂、黑马集团两个冷库进行执法检查，共发现来自加拿大、美国、俄罗斯、法国、丹麦、巴西、澳大利亚等国家进口的猪肚、猪后腿、猪心、猪耳、猪蹄、猪鼻肉、牛百叶等产品2172箱，约计27227.16公斤，其中534箱、5340公斤来自国家明令禁止进口的俄罗斯、法国、巴西等疫区，德州检验检疫局依法对上述所有进口肉产品暂时采取封存。4月9日，德州检验检疫局联合质监、海关、工商、公安等部门，对德州黑马集团冷库存放的来自巴西、法国、俄罗斯的共计398件4160.43公斤的进口肉类及其副产品做焚烧和深埋处理。

2004年8月，对某企业从英国进口的进口废纸检验检疫中，发现20吨整箱废牛皮纸袋不是合同规定的废旧瓦楞纸箱，并且每个袋子的底部都散落黑麦草的种子。检验工作人员依法进行焚烧处理，并出具索赔证书。同年8月11日，在对一家韩资企业进口的价值2300美元的食品加工设备进行检验时，发现该设备未经检验检疫私自安装使用，依法对其违法行为实施该批设备价值5%的罚款。同年9月，德州某电子有限公司进口日本768000只，价值2.9万美元的二极管，经检验，发现放电试验不合格，依法作退运处理。

2005年6月，某企业3月由天津口岸连续进口3批、总价值37万美元的聚乙烯原料，经调查，该企业在未经检验检疫的情况下，擅自使用了该批货物。依法给予该企业3000元罚款的行政处罚。同年8月，在对某企业进口的3台旧机电设备进行检验时发现，该设备实际情况与备案资料不符。两台设备铭牌标注的制造日期为1988年、1991年，但备案材料上均申报为1995年制造。依法对该企业给予罚款处理。

2011年，探索创新危险品包装使用鉴定视频监管模式和危险化学品GHS试点。重点对企业的源头控制水平、质量体系运行情况、自检自控能力进行检查，共实施监管90多次，发现整改问题190多项。

第五节　认证监管

出口卫生注册工作始于1996年。1996年，平原外贸冷藏厂等8家企业全部由山东商检局卫生注册，并由济南商检局监管。武城津武肉联厂、夏津冷库等两家公司由天津商检局卫生注册。由德州商检局帮助注册的企业始自禹城中商、中樱食品有限公司的红豆馅产品。

涉及品种以肉类产品为主，主要包括冻分割牛肉、冻乳鸽、冻兔肉、冻分割鸡、植物油等。

2002—2005年是德州辖区出口卫生注册工作快速发展期，出口卫生注册企业数量得到增加，出口注册产品亦发生结构性变化，出口卫生注册肉类产品逐渐减少，传统肉类加工企业大都破产或改制，出口卫生注册蔬菜食品类产品迅速增加，主要包括速冻蔬菜、脱水蔬菜、保鲜蔬菜、罐头、食品添加剂、大豆蛋白、保健品、面粉等数十个品种。

ISO 9000质量管理咨询认证业务自1998年开始，使用版本为94版。是年，与130余家企业建立联系，与18家企业签订咨询协议，完成德州一棉有限公司ISO 9000认证。1999年，完成ISO 9000系列认证企业达14家，其中乐陵金麒刹车片公司通过德国TUV认证公司ISO 9000评审。

2000年7月，山东德棉股份公司顺利通过ISO 14000体系评审验证，成为德州辖区首家获得ISO 14000体系评审验证的企业。2000年10—12月，山东德棉股份公司、德州恒丰纺织有限公司、夏津恒华纺织有限公司、德州雅鹿联针织有限公司、禹城棉纺织厂等5家企业在取得中国进出口质量认证中心ISO 9000评审认证的基础上，通过英国皇家认可认证机构(CCAS)一般复审，获得该机构颁发的ISO 9000证书。同年，完成9家企业ISO 9000系列认证评审，其中5家企业获得英国CCAS机构ISO 9000证书。是年，首次开展ISO 14000认证，2家企业通过评审。2001年6月，山东德棉股份有限公司顺利获得ISO 9000:2000版质量认证体系证书，成为德州第一家、全省第三家获得此证书的企业。庆云县鲁北烟花厂取得“出口烟花爆竹生产企业登记证”，成为山东省唯一获准生产出口烟花产品的企业。同年8月，山东电力集团禹城木糖醇厂通过ISO 14000环境管理体系认证评审，成为全国同行业中第一家获得此证书的企业。2002年12月25日，德州扒鸡公司顺利通过山东检验检疫局专家组评审，获得HACCP食品安全保障体系认证和出口食品卫生注册。

2003年5月27日至28日，德州市禹城环宇集团通过集ISO 9001、ISO 14001、HACCP为一体的认证评审，成为山东省首家通过“三位一体”认证评审的企业。全年共完成7家食品出口企业的卫生注册考核和6家企业的卫生登记考核，对6家食品出口企业进行了复查换证；完成2家纺织机械出口企业的复查换证；完成3家企业的咨询认证，15家企业的年审。

2004年9月，宁津和临邑两家出口速冻蔬菜和脱水蔬菜的生产企业顺利通过省检验检疫局考核组的评审，获得出口食品卫生注册许可证，填补德州辖区蔬菜出口的空白。全年完成5家企业的卫生注册考核，4家企业的卫生登记考核，1家企业的出口纸张许可证考核。与9家企业签订了HACCP认证咨询协议，完成1家认证。签订ISO 9000、ISO 14000认证协议6家，完成认证2家。2005年8月，德州红都食品有限公司和禹城龙凤鸡业食品有限公司的速冻蔬菜产品、夏津永乐食品有限公司的面粉及面制品获得出口食品卫生注册证书，取得产品出口“通行证”。多家农业产业化龙头生产企业产品同时获出口资格，在德州创汇农业史上尚属首次。

2005年9月27日，山东禹城风祥鸡业有限公司获得对马来西亚出口羊肉卫生注册，实现德州企业对马来西亚出口羊肉产品卫生注册零的突破。2009年10月，飞达集团通过智利官方考核，中国胡葱产品首次出口智利。2010年，中澳集团通过欧盟官方考核，获得向欧盟出口熟制禽肉资格。

2011年，培训企业人员600余人次，指导2

家企业实验室通过 GNAS 认证，帮助 9 家食品生产企业获得出口备案资格。全年实施无纸化“一键”通关货物 6143 批、1.17 亿美元，平均每批货物通关时间缩短至 10 分钟，为企业降低进出口成本 1230 万元。

第十章　进出口监督管理

1997 年之前，德州地区进出口及报关业务到青岛海关办理。

1997 年，德州市政府向海关总署提出建立德州海关的申请。2000 年 6 月 2 日，国务院批复同意设立德州海关，隶属青岛海关领导。7 月 3 日开始筹建，9 月 15 日正式开关。2001 年 1 月 1 日起正式对外办理海关业务。

德州海关坚持“依法行政，为国把关，服务经济，促进发展”的海关工作方针，促进德州市外向型经济的发展。截至 2011 年 12 月，监管进出口货物累计 1043 万吨，进出口总值 40.5 亿美元，监管（标准）集装箱 10.4 万箱次，审结进出口报关单 57266 票，审批加工贸易手册 3601 份，备案进口总值 7.7 亿美元；减免税 10.13 亿元；税收实际入库 16.5 亿元；支持德州市成立 2 家公用型保税仓库；开通与天津海关的区域通关、陆港通关。

第一节　海关监管

2000 年建关后，德州海关推进通关模式整合创新，推行属地报关、区域通关、无纸通关、预约通关、分类通关、加工贸易电子化管理等一系列便捷通关措施，加快通关速度，通关监管效能不断提高。

一、通关监管

2001 年，根据青岛海关部署，德州海关在辖区推广实施“口岸电子执法系统”，全年监管进出口货物 1 万吨，货值 700 万美元。

2002 年，德州海关与天津东港海关签订转关运输联系配合办法，德州海关辖区企业的进出口货物可以分别在天津东港海关、德州海关办理相关转关手续，提高通关效率。全年监管进出口货物 7700 吨，货值 2500 万美元。

2000 年 9 月，德州海关开关典礼　（宋维中　摄）

2004 年，德州海关和

黄岛海关就“多点报关，口岸放行”通关模式达成协议，12 月 1 日开始正式实施，使德州市成为全省首批成功实施这一新的口岸直通监管模式的地市，降低了企业通关成本。

2005 年，落实出口无纸通关改革措施，当年辖区无纸通关企业 182 家，出口报关单无纸通关比例达到 90.2%。全年监管进出口货物 5.5 万吨，货值 1.3 亿美元。

2007 年，德州市委、市政府提出“南融北接”发展战略，德州海关开通天津海关—青岛海关（德州海关）区域通关，德州辖区 39 家企业成为首批适用区域通关的企业。这是青岛海关第一次与其他口岸海关开通“互为口岸、互为属地”的区域通关，在全国尚属首例，区域通关被评为德州市 2007 年十大新闻之一。全年监管进出口货物 8.6 万吨，货值 2.02 亿美元。

2008 年，完成首票进口转关无纸操作手续；开展奥运安保监管通关工作，获得青岛海关的集体通报表扬。全年监管进出口货物 81.5 万吨，货值 4.6 亿美元。同年，德州海关完成首票进口转关无纸操作手续；开展奥运安保监管通关工作，为奥运安保做出贡献，获得青岛海关的集体通报表扬。全年监管进出口货物 81.5 万吨，货值 4.6 亿美元。

2009 年，实现与青岛关区所有海运、空运口岸开展直通监管的业务模式，拓宽业务格局，提高通关效率；将天津港业务延伸至德州，在全省属于首例。全年监管进出口货物 335 万吨，货值 6.6 亿美元。

2010 年，首次成功办理在德州海关属地报关、青岛流亭机场海关口岸验放的业务。首次成功验放进口优惠贸易原产地报关单；严密进出口转关运输货物监管，做到 100% 现场监装监卸。支持、服务第四届世界太阳城大会在德州的举办，办理首次国际展会备案手续，被市委、市政府授予“第四届世界太阳城大会筹办工作先进单位”称号。

2011 年，首次办理到黑龙江绥芬河口岸的铁路转关出口业务；支持辖区列入“黄三角”经济区的乐陵市、庆云县的外向型经济发展，在乐陵市成立海关预录入分中心，方便 2 县市企业通关；与辖区各县（市、区）协作，推动青岛港集团与辖区重点进出口企业的对接合作稳步实施。

二、加工贸易监管

2001 年，加强加工贸易业务监管，统一合同备案、核销的尺度，突出对重点商品、重点企业的监管，加强前期验厂、中期核查、后期核销，严格保税业务审批程序。全年加工贸易备案总值 2400 万美元。

2002 年，德州海关注重对从事加工贸易的企业报备报核员的培训，强化内销补税管理。全年加工贸易备案总值 4300 万美元。

2003 年，德州海关开始向企业发放办理加工贸易业务告知书，明确海关监管规定和企业义务和权利；全年加工贸易备案总值 6000 万美元。加工贸易综合评比在青岛关区列第 5 名，被海关总署评为加工贸易监管先进集体。

2004 年，在辖区推广实施加工贸易联网监管，有 3 家企业开始运行，提高通关效率，降低企业成本。全年备案总值 6500 万美元。

2005 年，顺利完成 3 家企业电子账册的首次核销工作，新批准实施加工贸易联网监管企业 1 家，总数达到 4 家；批准成立德州资通公用型保税仓库，注销不合格保税仓库 2 家，对辖区公用型保税仓库和备料型保税仓库实行电子账册管理。全年加工贸易备案总值 7101 万美元。

2006 年，新批 3 家联网监管企业，辖区累计达到 7 家。全年加工贸易备案总值 8358 万美元。

2007 年，加大对加工贸易纸质手册、电子手册的审批和监管力度，全年加工贸易备案总值 9798 万美元。

2008年，开展加工贸易手册电子化试点和推广工作，手册备案的质量逐步提高，备案审批合格率100%，首份H2000深加工结转申请表备案成功并顺利通关，全年加工贸易备案总值6352万美元。

2009年，简化加工贸易内销及外发加工业务手续，完成电子账册盘库核查工作，规范电子账册的管理；批准成立禹城中仁物流公用型保税仓库，加强监管场所和保税仓库视频联网监控推广工作，辖区3家保税仓库的视频监控都实现与海关联网。全年加工贸易备案总值8547.7万美元。

2010年，完成辖区加工贸易电子手册台账联网的转换工作，加工贸易手册台账实现了100%电子联网。全年加工贸易备案总值11897万美元。

2011年，加强单耗备案管理，加大对企业生产能力的审核力度，强化风险分析和监控，全年加工贸易备案总值17225万美元。

三、企业和报关员管理

2001年，加强对报关企业、报关员的管理和考评，共批准海关管理A类以上企业9家，取消A类企业1家，降为B类管理。对50多名参加报关员考试的人员进行培训，全市有12人获得报关员资格。2002年，批准海关便捷通关企业2家，A类以上企业26家。辖区有28人获得报关员资格。2003年，批准A类企业6家。

2004年，辖区有11人获得报关员资格。2005年，批准A类企业8家，开展报关企业年审工作，年审企业318家，年审通过率100%；通过海关年审报关员39名，年审通过率100%；对329家未参加年审报关单位进行电子数据布控。2006年，批准A类以上企业25家，对8家企业由A类降为B类管理，推荐上报4家青岛关区诚信企业，其中3家企业获得批准并正式享受便捷优惠措施。根据上级部署，顺利完成报关员IC卡申报计分系统的切换工作；组织报关员全国资格统一考试，参考人员227人，同比增长96%。2007年，批准A类企业15家，推荐上报并被批准1家为青岛关区诚信企业。组织报关员全国资格统一考试，参考人员419人，合格人数76人，及格率18.14%，创历史新高。

2008年，批准A类企业25家，企业注册信息维护规范率达99.4%，企管工作列青岛关区海关第6位获得表彰。成功组织2008年报关员资格全国统一考试。2009年，德州海关积极开展注册登记企业信息核查和失效失实企业数据清理工作，共核查企业484家，核查率57.4%，确认474家，确认率56.2%；批准A类以上企业30家。成功组织2009年报关员全国资格统一考试。2010年，海关继续规范做好企业管理工作，企业注册信息准确率100%；批准A类以上管理企业5家。由于辖区报关员报考人数较少，全国报关员资格统一考试德州考点撤销，报考人员在济南考点参加考试。

2011年，德州海关加强与德州市市直有关部门的联系、强化内部协调配合，引导企业守法自律，规范企业进出口行为，批准A类管理企业6家，通过人工计分、电子自动计分等措施加强对报关员规范申报的管理。

第二节 关税征收

2000年建关后，德州海关着力构筑综合治税大格局，广泛动员一线监管、后续管理、打击走私等各方面力量，全力管住管好一般贸易、加工贸易、减免税等重点涉税渠道，克服困难，挖掘潜力，不断提高税收征管质量和水平，确保国家税款应收尽收。截至2011年，累计入库税款16.5亿元。

2001年入库税款202万元。2002年，强化

2008 年 9 月，德州国际陆港揭牌

审价职能，增强反价格瞒骗意识，加强对保税货物内销补税和减免税设备的管理，全年入库税款300 万元。2003 年，入库税款640 万元，依法减免了部分税款。2004 年，入库税款 3382 万元，推广实施海关税款网上支付改革措施，辖区首批7家进出口企业海关税款网上支付成功运行。2005 年，入库3403.6 万元，其中海关税款网上支付额占37.61%。2006 年，加强审价、归类、稽查、后续核查、加工贸易内销管理，全年税收入库 3240 万元。网上付税额达 3100 万元，其中海关税款网上支付额占 95%。2007 年落实国家退税、加工贸易、出口征税等方面的政策，全年税款入库 4042.37 万元，减免税审批合格率 100%。2008 年，全年税款入库 1.12 亿元，首次过亿元。2009 年，推进跨关区区域通关，合力推进综合治税，全年税款入库 3.1 亿元，创历史新高。2010 年，海关税款入库 4.16 亿元。2011 年，全年征收税款 6.6 亿元。

2001—2011 年德州海关入库税额统计表

表 19－4

单位：万元

年份	入库税额	年份	入库税额
2001	202	2007	4042.37
2002	300	2008	11200
2003	640	2009	31000
2004	3882	2010	41600
2005	3403.6	2011	66000
2006	3240		

第三节　查缉走私

2001 年，德州海关立案 1 起，配合青岛关区兄弟海关侦查案件 23 人次。2002 年立案 2 起，案值 75.1 万元。2003 年，配合青岛海关及兄弟海关查处走私违规案件 16 起，被山东省人事厅、省打私办等部门授予“省反走私先进集体”称号，1 名关员被评为省打击走私工作先进个人。2004 年，调查立案 4 起，案值 189 万元，结案 3

起，入库罚没收入3.2万元。2005年，立案调查案件5起，案值95.5万元，结案5起，入库罚没收入20.1万元。2006年立案11起，结案11起，案值490万元，罚没收入37.59万元，扣罚没收轿车1辆。2007年，全年立案调查案件8起，结案8起，入库罚没收入84.8万元。缉私工作列青岛海关24个隶属海关中的第三位，获得青岛海关的表彰。2008年，立案8起，案值518.5万元，结案7起。2009年，立案3起，结案4起，案值1610万元，缉私补税27.8万元，罚没收入49.2万元。2010年，立案6起，结案6起，案值1693万元；2011年，立案3起，案值584万元，结案3起。

2001—2011年，德州海关共查获、移交各类违规、走私案件51起，案值5225.1万元，缉私补税51万元，罚没收入194.89万元，案件审结率、案件执行率均达到100%。

2001—2011年德州海关查缉走私案件统计表

表19－5　　　　单位：件、万元

年份	立案	结案	案值	罚没收入	年份	立案	结案	案值	罚没收入
2001	1	—		—	2007	8	8		84.80
2002	2	—	75.10	—	2008	8	7	518.50	
2003	—	—	—	—	2009	3	4	1610	49.20
2004	4	3	189	3.20	2010	6	6	1693	
2005	5	5	95.50	20.10	2011	3	3	584	
2006	11	11	490	37.59	合计	51	47	5225.10	194.89

第二十编

ZHONGGUOGONGCHANDANGDEZHOUDIFANGZUZHI

中国共产党德州地方组织

- 党员代表大会
- 市(地)委
- 中共德州市委重要会议
- 重要决策
- 纪检 监察
- 组织工作
- 宣传工作
- 精神文明建设
- 统战工作
- 政法工作
- 信访工作
- 政策调研 党史研究

1986—1995年，德州地区核心领导机关是中共德州地区委员会（简称“德州地委”“地委”），德州地委是中共山东省委派出机构，地委书记、副书记和委员由省委任命，代表省委对本地区行使党的领导，贯彻中共中央和省委指示，制订发展规划，带领全区人民走中国特色社会主义道路，以经济建设为中心，坚持改革开放，不断深化经济体制改革，大力推进科技教育事业发展，尊重知识，尊重人才，加强精神文明建设，国民经济和社会事业取得长足进步，德州成为全国著名的粮棉高产区之一。

1987年10月，中共十三次全国代表大会召开，地委贯彻落实十三大精神，坚持以党的社会主义初级阶段路线为指导，把发展科技和教育事业放在重要位置，强化农业基础，加快发展工业、乡镇企业，大力发展第三产业，全区经济保持了持续、稳定、协调发展的好势头。

1988年上半年，地委、行署先后制定《德州地区关于引进人才、技术的优惠政策暂行规定》《关于进一步放活科研机构、放活科技人员的若干规定》，进一步促进对外经济技术交流合作，推动科技发展，加大改革开放步伐。1989年春夏之交北京发生政治风波后，地委、行署带领全区人民坚定不移地与党中央保持一致，坚持抓住发展不放松。是年，圆满完成“七五”计划主要指标。5年间，全区国民生产总值平均增长6.5%，工农业生产总值平均增长13.8%。财政收入平均增长13%。

1992年邓小平视察南方重要谈话和中共十四大召开以后，地委、行署确立了“面向国际国内两个市场、坚持开发开放两大战略、全面开放、内引外联、整体推进、重点突破、加快发展”的指导思想，全区改革开放和社会主义现代化建设进入一个新的发展阶段。

1995年2月，德州撤地建市前夕，山东省委任命组建地级中共德州市委领导机构班子。4月，完成德州撤地建市工作，掀开德州发展史上新的篇章。1996年9月1日，召开了首届德州市党员代表大会，即地级中共德州市第十一次代表大会（顺延原县级德州市党员代表大会届次），至2011年年底，历经3届。

1996年9月，新成立的中共德州市第十一届委员会逐步理顺各方面关系，领导完善市级人民代表大会制度和政治协商制度，选举产生了市人大、市政府、市政协领导班子。在经济和社会发展方面，市委提出，继续坚持以经济建设为中心，以改革开放为动力，制定出“九五”计划和2010年远景目标。突出抓好以多种经营为主的农业、市县属工业、乡镇企业、个体私营经济4个重点，坚持“四个轮子一起转”，逐步建立起社会主义市场经济体制，各项改革日益深化，对外开放高潮迭起，综合实力显著增强，经济结构逐步优化，城市面貌发生巨大变化，发展环境大为改善。启动了德州经济开发区建设，成为德州对外开放的窗口。至2002年，国内生产总值实现460.5亿元，6年翻了一番多，地方财政收入19.4亿元，增长1.6倍，城镇居民人均可支配收入和农民人均纯收入分别增长67%和50%，三次产业结构实现了从“二一三”到“二三一”质的飞跃。民营经济异军突起，成为最具活力的增长源。

2003年2月，中共德州市第十二次代表大会召开，新一届市委贯彻中共十六大作出的全面建设小康社会的重大决策，抓住发展第一要务，突出富民强市根本，积极培植大产业、大企业、大品牌，中国太阳城、中国功能糖城、中国中央空调城三大城市品牌初步形成，发展活力日益增强，综合实力持续攀升，群众生活明显改善，党的建设进一步加强。2006年，全市地区生产总值达到1001.17亿元，比2002年翻了一番。

2007年4月，中共德州市第十三次代表大会召开。新一届市委围绕"实施跨越发展、建设幸福德州"奋斗目标，大力实施工业强市、科教兴市、民营推动、开放带动战略，重点推进"南融（济南）北接（京津）"战略。先后与济南市、青岛市、天津滨海新区等城市建立战略合作关系。2010年9月，成功举办第四届世界太阳城大会。至2011年，全市综合实力显著增强，经济结构不断优化，发展活力日益凸显，城乡面貌焕然一新，人民群众生活水平大幅提高，社会保持和谐稳定。2011年，全市地区生产总值达到1950.71亿元。

其间，地委（市委）办公地点两次搬迁，2001年由文化路的新湖景区搬至三八西路社保中心；2009年4月，市委以及分散在德兴北路的市人大常委会、东方红路64号的市政府和市政协机关一同迁入东风东路1566号德州经济开发区行政中心综合楼办公。

第一章　党员代表大会

第一节　代表选举

1995年2月17日，中共山东省委决定，撤销"中共德州地区委员会"，成立地区级"中共德州市委员会"。按照《中国共产党章程》规定，德州撤地建市以后，召开全市党员代表大会选举中共德州市地方组织的领导机关和纪律检查机关。市党员代表大会代表由党组织自下而上、自上而下充分酝酿讨论，形成多于代表名额的候选人名单，经党员或党员代表大会选举产生。

1995—2011年，德州市共召开3次党员代表大会，每次党代会召开之前，根据党章规定和全市党员数量，市委确定代表总名额，并将名额分配到各选举单位。代表组成既坚持政治上的先进性，又体现党员代表的广泛性。主要由各级领导干部代表、各类科技专业人员代表、各条战线的先模人物代表、妇女和少数民族代表等组成。

中国共产党德州市第十一次代表大会共有代表429名，其中，各级领导干部299名，占69.7%；经济、科技、文教、卫生、体育等各类专业技术人员89名，占20.7%；各条战线的先进模范人物37名，占8.6%；解放军、预备役师、武警支队4名，占1%。其中，妇女代表66名，占15.4%；少数民族代表12名，占2.8%。55岁以下的代表398名，占92.8%。大专以上文化程度的282名，占65.7%；中学（含中专）文化程度的142名，占33.1%；小学文化程度的5名，占1.2%。抗日战争时期入党的1名，占0.2%；解放战争时期入党的4名，占0.9%；中华人民共和国成立后至"文化大革命"前入党的37名，占8.6%；"文化大革命"期间入党的205名，占47.8%；"文化大革命"后入党的182名，占42.5%。

中国共产党德州市第十二次代表大会共有代表432名，其中，领导干部代表300名，占代表总数的69.5%；生产和工作一线代表128名，占29.6%；妇女代表57名，占13.2%，少数民族代表14名，占3.2%。

中国共产党德州市第十三次代表大会共有代表432名，其中，领导干部代表280名，占代表总数的64.8%；生产和工作一线代表148名，占34.3%，妇女代表63名，占14.6%，少数民族代表14名，占3.2%。

第二节　历次代表大会

1996年9月1日，首届德州市党员代表大会召开，顺延原县级德州市的党员代表大会的届次，为地级中共德州市第十一次代表大会，至2011年年底，历经3届。

根据《中国共产党章程》有关规定，中国共产党德州市党员代表大会主要职权是：听取和审查市委工作报告；审查市纪委工作报告；讨论全市的重大问题并作出决议；选举产生新一届中共德州市委员会（简称“德州市委”或“市委”）、中共德州市纪律检查委员会（简称“市纪委”）。

一、中共德州市第十一次代表大会

中共德州市第十一次代表大会于1996年9月1—4日召开，这是德州撤地建市后的首次党代会。出席会议代表429名，另有列席人员265人，特邀贵宾9人。莫振奎代表中共德州市委常委会作题为《发奋图强，团结实干，为实现本世纪末的宏伟目标而努力奋斗》的工作报告。报告提出，到2000年，德州市的主要奋斗目标是：全市国内生产总值达到400亿元，年均增长16%，三次产业的比例由“八五”末的41:33:26调整到20:50:30。财政收入突破10亿元，年均递增20%，力争达到15亿元。城镇居民生活费达到7000元，农民人均纯收入达到3000元，居民的营养状况、健康水平和受教育程度达到小康标准。科技进步对经济增长的贡献率达到45%。经济结构更加优化，支柱产业发展壮大，主要经济效益指标达到或超过全省平均水平。安定团结的局面不断巩固，民主法制进一步健全，良好的道德风尚发扬光大，社会事业全面进步。会议经过充分讨论，表决通过了市委、市纪委工作报告的决议。会议选举出中共德州市第十一届委员会，委员39人，候补委员6人；选举出中共德州市纪律检查委员会委员27人。

二、中共德州市第十二次代表大会

中共德州市第十二次代表大会于2003年2月12—14日召开。出席大会正式代表432名。黄胜代表中共德州市第十一届委员会作《超常发展，跨越前进，为全面建设小康社会而努力奋斗》的工作报告。报告提出，中共十六大作出全面建设小康社会的重大决策，带领全市人民走上这条期盼已久的康庄大道，实现这个宏伟目标，具体到德州市，总体构想要分三步跨越：第一步，到2005年，GDP达到660亿元，人均1500美元，跨入全省中等发展水平；第二步，到2010年，GDP达到1200亿元，人均2500美元；第三步，到2015年，GDP达到2100亿元，人均4300美元，提前进入全面小康社会。经过充分的民主讨论，会议批准这个报告。会议还审议通过中共德州市纪律检查委员会的报告。会议选举41人组成中共德州市第十二届委员会，候补委员9人；选举27人组成中共德州市纪律检查委员会。

三、中共德州市第十三次代表大会

中共德州市第十三次代表大会于2007年4月20—23日召开。出席大会正式代表432名，列席人员95名。雷建国代表中共德州市第十二届委员会作题为《坚持科学发展，构建和谐社会,为实现新崛起建设新德州而努力奋斗》的工作报告。报告提出,今后五年全市经济社会发展主要目标是:1. 综合实力进一步提升。到2011 年年底,全市地区生产总值达到2000 亿元,年均增长 15% 以上,人均超过 4000 美元;地方财政收入达到 80 亿元,民营经济注册资金超过 500 亿元,累计引进外资 10 亿美元,实现进出口 60 亿美元。2. 增长方式进一步转变。产业结构日趋合理,资源利用注重节约,生产经营不断集约,科技创新明显进步,高新技术产业产值占工业产值比重达到 30%,万元 GDP 能耗降低 25%。3. 生活质量进一步提高。城镇居民人均可支配收入和农村居民纯收入分别超过 16000 元和 6800 元。社会就业比较充分,保障体系基本完善,城镇五大保险全面覆盖,各类社会群体得到多层次保障。城市功能更加完善,城市化率达到 48%。人口自然增长率控制在 7.5‰以内。4. 社会发展进一步和谐。民主法制建设全面加强,人民的权益得到有力保障。精神文明建设协调推进,各项事业全面发展。创新型城市建设取得成效,全社会创造活力明显增强。平安创建深入开展,社会管理水平提高。经过充分的民主讨论,会议批准这个报告。会议审议通过中国共产党德州市纪律检查委员会的报告。会议选举 49 人组成中共德州市第十三届委员会,候补委员 10 人;选举 35 人组成中共德州市纪律检查委员会;选举 43 人为省九次党代会代表。

2007 年 4 月 20 日,中共德州市第十三次代表大会召开

第二章　市(地)委

第一节　中国共产党德州地区委员会

一、领导机构

1986—1995年,中共德州地区委员会(简称"德州地委"),为中共山东省委派出机构,是德州地区中国共产党地方组织的领导机关,主要职责是贯彻执行上级党组织的指示,领导全区工作。中共德州地委由书记、副书记、委员等人员组成,其组成人员均由省委任命产生。地委机关驻德州市文化路新湖风景区内。

中共德州地委(市委)大门及办公楼　　(2001年　摄)

1986—1995 年中共德州地委书记、副书记、委员一览表

表 20－1

	职　务	姓　名	任职时间
中共德州地委（1986. 1—1986. 12）	书记	王殿臣	1986. 1—1986. 12
	副书记	李荣振	1986. 1—1986. 12
		程金亭	1986. 1—1986. 12
		吴振齐	1986. 1—1986. 12
	委　员	许志玉	1986. 1—1986. 12
		王晓华	1986. 1—1986. 12
		徐会三	1986. 1—1986. 12
		董昭和	1986. 1—1986. 12
		苏兴珍（女）	1986. 1—1986. 12
		昝德胜	1986. 1—1986. 3
		赵如春	1986. 3—1986. 12
中共德州地委（1986. 12—1989. 1）	书记	马仲才	1986. 12—1989. 1
	副书记	赵林山	1986. 12—1989. 1
		张宗亮	1986. 12—1987. 8
		吴振齐	1986. 12—1989. 1
		马荣珂	1988. 9—1989. 1
		袁文光	1988. 9—1989. 1
	委　员	许志玉	1986. 12—1988. 9
		王晓华	1986. 12—1988. 9
		徐会三	1986. 12—1989. 1
		董昭和	1986. 12—1988. 9
		苏兴珍（女）	1986. 12—1989. 1
		赵如春	1986. 12—1989. 1
		杨振成	1987. 5—1989. 1
		王维义	1987. 9—1989. 1
		莫振奎	1988. 9—1989. 1
		孙清明	1988. 9—1989. 1
中共德州地委（1989. 1—1993. 4）	书　记	赵林山	1989. 2—1993. 4
		张惠来	1992. 12—1993. 4

续表 20－1

	职　务	姓　名	任职时间
中共德州地委（1989.1—1993.4）	副书记	赵林山	1989.1—1989.2
		吴振齐	1989.1—1990.6
		马荣珂	1989.1—1992.2
		袁文光	1989.1—1992.2
		莫振奎	1990.6—1993.4
		杨传堂	1992.2—1993.4
		徐会三	1992.6—1993.4
		王存荣	1992.12—1993.4
	委　员	徐会三	1989.1—1991.3 1992.6—1993.4
		王存荣	1992.12—1993.4
		苏兴珍（女）	1989.1—1992.6
		赵如春	1989.1—1991.10
		杨振成	1989.1—1990.6
		王维义	1989.1—1990.6
		孙清明	1989.1—1992.6
		蔺善宝	1989.3—1990.6
		孙培友	1990.6—1992.6
		官延水	1990.6—1993.4
		李怀喜	1991.3—1993.4
		张松泰	1991.10—1993.4
		许红峰	1992.6—1993.4
		蔚立臻	1992.6—1993.4
		王克功	1992.6—1993.4
		金清云	1992.6—1993.4

续表 20－1

	职　务	姓　名	任职时间
中共德州地委（1993. 4—1995. 2）	书　记	张惠来	1993. 4—1995. 2
	副书记	莫振奎	1993. 4—1995. 2
		杨传堂	1993. 4—1994. 2
		徐会三	1993. 4—1995. 2
		王存荣	1993. 4—1995. 2
		许红峰	1994. 2—1995. 2
		黄　胜	1994. 2—1995. 2（挂职）
		蔚立臻	1994. 5—1995. 2
	委　员	官延水	1993. 4—1995. 2
		李怀喜	1993. 4—1995. 2
		张松泰	1993. 4—1995. 2
		王克功	1993. 4—1995. 2
		金清云	1993. 4—1994. 5

二、工作部门

1986 年 1 月至 1995 年 2 月，德州地委下设工作部门有：办公室、调查研究处（1987 年 7 月改为地委研究室）、组织部（内设地委组织员办公室，1990 年 11 月设立地区党员电化教育中心，1992 年 12 月设立地区人才开发服务中心）、宣传部（1992 年 9 月建立地委对外宣传办公室，加挂地区行署新闻办公室牌子）、统战部、保密委员会（1991 年 6 月建立地区保密局，列行署工作部门序列，与地委保密办一个机构两个牌子）、农村工作部（1989 年 10 月过渡为农委）、企业政治部（1987 年 12 月撤销）、政法委员会、地直机关党委（1992 年 11 月分设为地委机关党委和行署机关党委）、党校、党史资料征集研究委员会、档案处（1986 年 10 月改称为档案局）、老干部处（1988 年 9 月改称为老干部局）、信访处（1986 年 10 月成立；1988 年 12 月地委信访处和行署信访处合并设立信访局）、打击经济犯罪领导小组办公室（1987 年 8 月成立，1991 年 10 月合并到政法委）、机要局（1991 年 6 月地委办公室机要科升格为地委机要局；1994 年 4 月改建为办公室机要局）、精神文明建设协调委员会办公室（1987 年 11 月地区“五讲四美三热爱”委员会办公室改建为地区精神文明建设协调委员会办公室；1990 年 12 月改称为地区精神文明建设委员会办公室）、对台工作办公室（1988 年 8 月成立，挂地区行政公署台湾事务办公室牌子）、社会治安综合治理委员会办公室（1992 年 6 月成立，与地委政法委合署办公）、政治体制改革研究室（1988 年 12 月成立，1990 年 8 月撤销）、讲师团、德州日报社（1988 年 7 月成立）等。

第二节　中国共产党德州市委员会

一、领导机构

1995年2月17日，中共山东省委批准，建立地级中共德州市委。中共德州市委是中共德州市地方组织的领导机关，在中共德州市党员代表大会闭会期间，执行上级党组织的指示和市党代会的决议，领导全市工作。市委由书记、副书记、常务委员、委员组成。每届委员会均由市党员代表大会选举产生。大会闭会期间，可由上级党组织调动、任免市委组成人员。1995—2011年，共召开3次市党员代表大会，分别选举产生新一届市委。市委机关初期仍驻新湖风景区内；2001年8月1日由新湖风景区迁至三八路劳动大厦；2009年4月17日，迁至德州经济开发区市级行政中心。

1995—2011年中共德州市委书记、副书记、常委一览表

表20－2

届　别	职　务	姓　名	任职时间
中共德州市委（1995.2—1996.9）	书　记	张惠来	1995.2—1995.8
		莫振奎	1995.8—1996.9
	副书记	莫振奎	1995.2—1995.8
		徐会三	1995.2—1996.6
		王存荣	1995.2—1996.9
		许红峰	1995.2—1996.8
		黄　胜	1995.2—1995.8（挂职） 1995.8—1996.9
		蔚立臻	1995.2—1996.9
		张　建	1995.10—1996.9（挂职）
		郭兆信	1995.10—1996.9（挂职）
		余永龙	1996.3—1996.9（挂职）
	常务委员	官延水	1995.2—1996.9
		李怀喜	1995.2—1996.9
		张松泰	1995.2—1996.9
		王克功	1995.2—1995.3
		赵志录	1995.3—1996.9
		高儒林	1995.3—1996.9

续表 20－2

届　别	职　务	姓　名	任职时间
第十一届市委（1996. 9—2003. 2）	书　记	莫振奎	1996. 9—1997. 12
		赵克志	1997. 12—2001. 1
		黄　胜	2001. 1—2003. 2
	副书记	黄　胜	1996. 9—2001. 1
		王存荣	1996. 9—1997. 5
		蔚立臻	1996. 9—1998. 3
		李怀喜	1996. 9—1998. 3
		宁经谋	1997. 6—2001. 1
		苏兴珍（女）	1997. 12—2001. 1
		孙永春	1997. 12—2003. 2
		刘富春	2001. 1—2002. 12
		田玉茂	2001. 1—2003. 2
		刘焕立	2001. 1—2003. 2
		张　建	1996. 9—1997. 4（挂职）
		郭兆信	1996. 9—1996. 11（挂职）
		余永龙	1996. 9—2001. 4（挂职）
		张铁军	2001. 7—2003. 2（挂职）
	常务委员	官延水	1996. 9—1998. 3
		张松泰	1996. 9—1998. 2
		赵志录	1996. 9—2001. 1
		高儒林	1996. 9—2001. 1
		兰忠良	1996. 9—2003. 2
		张成道	1996. 9—2000. 11
		李念东	1996. 12—2001. 1
		刘炳义	1997. 12—2003. 2

续表 20－2

届　别	职　务	姓　名	任职时间
第十一届市委（1996. 9—2003. 2）	常务委员	李艳华（女）	1997. 12—2001. 1
		张俊乾	1998. 2—2001. 9
		苗仲华	2001. 1—2003. 2
		李传武	2001. 1—2003. 2
		张甲太	2001. 1—2003. 2
		姜忠玉	2001. 9—2003. 2
		迟丽华（女）	2002. 1—2003. 2
		许传忠	2002. 1—2003. 2
		宗国英（女）	1999. 5—2001. 1（挂职）
第十二届市委（2003. 2—2007. 4）	书　记	黄　胜	2003. 2—2007. 3
		雷建国	2007. 3—2007. 4
	副书记	孙永春	2003. 2—2006. 2
		田玉茂	2003. 2—2007. 4
		刘焕立	2003. 2—2007. 4
		兰忠良	2003. 2—2007. 4
		苗仲华	2003. 2—2006. 12
		张铁军	2003. 2—2003. 5（挂职） 2003. 5—2006. 12
		吴翠云（女）	2006. 2—2007. 4
	常务委员	刘炳义	2003. 2—2007. 4
		史好泉	2003. 2—2007. 4
		李传武	2003. 2—2007. 4
		张甲太	2003. 2—2007. 4
		姜忠玉	2003. 2—2006. 5
		迟丽华（女）	2003. 2—2006. 12

续表 20－2

届　别	职　务	姓　名	任职时间
第十二届市委（2003. 2—2007. 4）	常务委员	许传忠	2003. 2—2007. 4
		邹德家	2006. 5—2007. 4
		孙成良	2006. 12—2007. 4
第十三届市委（2007. 4—2012. 2）	书　记	雷建国	2007. 4—2011. 1
		吴翠云（女）	2011. 1—
	副书记	吴翠云（女）	2007. 4—2011. 1
		刘焕立	2007. 4—2008. 11
		史好泉	2008. 11—2011. 1
		袁秀和	2010. 12—
		陈先运	2011. 1—
		李立新	2011. 2—（挂职）
	常务委员	袁秀和	2007. 4—
		李艳华（女）	2007. 4—
		李传武	2007. 4—2011. 1
		张甲太	2007. 4—2010. 9
		邹德家	2007. 4—2010. 5
		陈永华	2007. 4—
		孙成良	2007. 4—
		李希信	2007. 4—2010. 12
		杨　军	2007. 4—
		满春重	2008. 11—
		王培明	2010. 5—
		张世良	2010. 5—2011. 5（挂职）
		刘子玉	2010. 9—
		徐春福	2010. 12—
		李保海	2010. 12—2011. 10

续表 20－2

届别	职务	姓名	任职时间
第十三届市委（2007.4—2012.2）	常务委员	韩建亭	2010.12—
		陈先运	2011.1—
		李立新	2011.2—（挂职）
		张传忠	2011.12—

1986—2011 年中共德州市（地）委秘书长任职一览表

表 20－3

职务	姓名	任职时间
秘书长	王晓华	1986.1—1988.9
	莫振奎	1988.9—1990.6
	李怀喜	1990.6—1992.11
	高儒林	1992.11—2001.1
	苗仲华	2001.1—2003.2
	史好泉	2003.2—2007.4
	李希信	2007.4—2008.1
	袁秀和	2008.1—2008.12
	满春重	2008.12—

二、工作部门

1995 年 2 月—2001 年 2 月机构改革前，中共德州市委下设工作部门有：办公室（内设机要局和市委保密委员会办公室，市委保密委员会办公室加挂市政府保密局牌子）、组织部（内设市委组织员办公室、市党员电化教育中心）、宣传部（内设市精神文明建设委员会办公室、市委对外宣传办公室，外宣办加挂市政府新闻办公室牌子；兼管市委讲师团）、统战部（兼管市工商业联合会）、政法委员会（市社会治安综合治理委员会办公室与其合署）、政策研究室（1996 年 12 月由研究室更名）、台湾工作办公室（加挂市政府台湾事务办公室牌子）。

部门管理单位：市委、市政府信访局（由市委、市政府办公室管理，以市委办公室管理为主）、市委老干部局（由市委组织部管理，市委老干部局管理市直机关干部离职休养所和市老年人活动中心；市直机关干部离职休养所加挂市直老干部活动中心牌子，市老年人活动中心于 2001 年 4 月建立，加挂市级机关老年大学牌子）、德州日报社（由市委宣传部管理）。派出机构：市直机关工作委员会（1996 年 5 月由市委机关党委和市政府机关党委合并组建）、市委德州经济开发区工作委员会（1998 年 2 月建立）、市委工交工作委员会（1999 年 10 月建立）、市委建设工作委员会（1998 年 6 月建立）。

直属事业单位：市档案局（馆）、市委党校（加挂市行政学院牌子，合并市委讲师团，保留市委讲师团牌子）、市委党史研究室（1996年10月由市委党史资料征集研究委员会改称）。

2001年2月—2011年12月，中共德州市委设以下工作部门：办公室（内设市委机要局、市委保密委员会办公室和市委、市政府接待工作处；市委机要局于2001年5月由市委办公室机要局改称，市委保密委员会办公室加挂市政府保密局牌子，市委、市政府接待工作处于2008年7月建立；市委机关服务中心直属市委办公室）、组织部（内设市委组织员办公室、市委组织部人才工作办公室、市考评委员会办公室、市党员电化教育中心，市人才办于2004年12月建立，市考评办于2008年3月建立，市党员电化教育中心于2004年12月加挂市党员干部现代远程教育中心）、宣传部（内设市精神文明建设委员会办公室、市委对外宣传办公室、市网络文化管理办公室；市外宣办加挂市政府新闻办公室牌子，市网络办于2007年7月建立，管理市委讲师团）、统战部（兼管市工商业联合会）、政法委员会（市社会治安综合治理委员会办公室与其合署；2001年2月建立市委防范和处理邪教问题领导小组办公室）、政策研究室、编办（2010年8月由市人事局析出单独设置，列党委序列；内设市事业单位登记管理局、市电子政务中心，均于2010年8月建立）、台湾工作办公室（加挂市政府台湾事务办公室牌子）、市直机关工作委员会。部门管理单位：市委、市政府信访局（由市委、市政府办公室管理，以市委办公室管理为主）、市委老干部局（由市委组织部管理；市直机关干部离职休养所加挂市直老干部活动中心牌子，由市委老干部局管理）、农办（2007年3月建立市新农村建设办公室，加挂市农村工作办公室牌子，由市委办公室管理，2008年3月更名为市委、市政府农村工作办公室，加挂市新农村建设办公室牌子）、德州日报社（由市委宣传部管理）。派出机构：市委德州经济开发区工作委员会、市委德州运河开发区工作委员会、市委工交工作委员会、市委建设工作委员会。直属事业单位：市档案局（馆）、市委党校（加挂市行政学院牌子）、市委党史研究室。

1986—2011年中共德州市（地）委各部门主要负责人任职一览表

表20-4

机构名称	职　务	姓　名	任职时间
办公室	主　任	李怀喜（兼）	1986.1—1990.9
		高儒林（兼）	1990.9—1992.11
		张树骅	1992.11—1996.6
		尚泓海	1996.12—2002.9
		刘兆祝	2002.9—2005.12
		展德明	2006.2—2008.2
		刘兴江	2008.2—

续表 20－4

机构名称	职　务	姓　名	任职时间
组织部	部　长	袁文光	1986.12—1988.9
		孙清明	1988.9—1992.6
		李怀喜	1992.6—1996.11
		李念东	1996.11—2001.1
		张甲太	2001.1—2010.9
		孙成良	2010.9—
	常务副部长	孟宪亮	1992.11—1997.6
		杜深江	1997.6—2007.7
		朱昌连	2007.7—2008.2
		孙军生	2008.2—
宣传部	部　长	徐学勤	1986.1—1986.8
		王维义	1987.8—1990.6
		官延水	1990.6—1997.12
		刘炳义	1997.12—2007.4
		李艳华(女)	2007.4—
	常务副部长	杨春喜	1992.11—1998.4
		赵泉江	1998.4—2011.4
		刘福山	2011.4—
统战部	部　长	张国祯	1987.8—1990.1
		王同福	1990.1—1994.6
		周庆芳	1994.6—2001.2
		陈建国	2001.2—
	常务副部长	贾敦成	1992.11—1994.8
		闫子海	1995.8—2001.1
		王文龙	2008.2—

续表 20－4

机构名称	职 务	姓 名	任职时间
政法委	书 记	徐会三	1986. 1—1992. 9
		周庆芳	1992. 9—1994. 6
		许红峰(兼)	1994. 6—1996. 9
		兰忠良	1996. 9—2003. 2
		李传武	2003. 2—2011. 1
		韩建亭	2011. 1—
	常务副书记	黄增顺	1996. 2—2002. 1
		贺光华	2002. 1—
企业政治工作部	部长	宫传华	1987. 8—1987. 12
农村工作部	部长	董昭和	1986. 1—1988. 9
		蔺善宝	1988. 10—1989. 9
政治体制改革研究室	主任	于士文	1988. 12—1990. 8
政策研究室	主 任	程谋清	1987. 8—1992. 11
		高金森	1992. 11—1995. 5
		尚泓海	1995. 8—1996. 2
		曹和书	1996. 2—2001. 1
		展德明	2001. 1—2006. 2
		魏增新	2006. 2—2010. 2
		陈璞平	2010. 2—
机构编制委员会办公室	主 任	吴文群	1989. 2—1993. 8
		李康军	1993. 8—2006. 2
		朱昌连	2006. 2—2007. 7
		孙军生	2007. 7—2008. 2
		展德明	2008. 2—2010. 2
		魏增新	2010. 2—
对台工作办公室	主 任	张玉峰	1988. 8—1992. 11
		常书明(未到职)	1992. 11—1993. 10
		潘宏瀚	1995. 2—2001. 1
		丛 琦	2001. 1—2007. 3
		邢跃升	2007. 3—

续表 20－4

机构名称	职　务	姓　名	任职时间
机关工委	书　记	蔚立臻	1986.10—1987.7
		甄笑山	1987.8—1992.11
		高儒林（兼）	1992.11—2001.1
		迟丽华（女）	2002.2—2006.12
		李希信（兼）	2007.7—2008.1
		袁秀和（兼）	2008.1—2008.12
		满春重	2008.12—
	常务副书记	林学厚	1998.10—2001.1
		孔祥智	2002.2—2003.4
		陈璞平	2007.7—2008.2
		刘长岭	2008.2—
工交工委	书　记	王根源（兼）	1999.10—2001.2
		张成道（兼）	2001.2—2003.4
		李保海（兼）	2003.4—2007.5
		史好泉（兼）	2007.5—2010.2
		周天峰（兼）	2010.2—
建设工委	书　记	张立璋	1998.6—2002.1
		邵自升	2002.1—
信访局	局　长	许文奎	1988.12—1994.3
		张树骅（兼）	1994.3—1995.8
		张清昌	1995.8—2005.11
		宋善举	2005.11—2010.4
		冯如胜	2010.4—
老干部局	局　长	苏天广	1988.9—1995.10
		喻冬生	1995.10—1998.4
		孙军生	1998.4—2007.7
		刘兴江	2007.7—2008.2
		江　辉	2008.2—

续表 20－4

机构名称	职　务	姓　名	任职时间
农村工作办公室（新农村建设办公室）	主　任	王文龙	2007. 3—2008. 2
		李淑华	2008. 2—
档案局（馆）	馆（局）长	范玉珏	1986. 10—1991. 3
		马恩岭	1991. 3—1992. 10
		张万铸	1992. 10—2000. 1
		牛玉胜	2000. 1—
党史研究室	主　任	孙培友（兼）	1987. 8—1990. 9
		萧草肃	1990. 9—1992. 10
		吕纪华	1992. 10—1993. 12
		张金富	1995. 8—1996. 5
		许文奎	1996. 6—2001. 1
		张宜华	2001. 3—2007. 1
		李风华	2007. 1—
党校	党委书记	苗玉友	1987. 8—1993. 8
		刘文阁	1993. 8—2001. 1
		张　实	2001. 1—2002. 12
	校务委员会主任	黄胜（兼）	2003. 12—2004. 3
		王嘉齐	2004. 3—2007. 2
		杜深江	2007. 2—
	校　长	程金亭（兼）	1986. 1—1987. 2
		刘文阁	1987. 8—1995. 2
		张惠来（兼）	1995. 7－1995. 9
		莫振奎（兼）	1995. 9—1997. 12
		赵克志（兼）	1998. 9—2001. 4
		黄胜（兼）	2001. 4—2007. 3
		雷建国（兼）	2007. 3—2011. 1
		吴翠云（女，兼）	2011. 1—
	常务副校长	贾敦成	1998. 4—2001. 2
		张　实	2001. 2—2003. 9
		王嘉齐	2003. 9—2007. 2
		杜深江	2007. 2—

续表 20－4

机构名称	职　务	姓　名	任职时间
德州日报社	党组书记	赵连起	1993. 1—1998. 4
		刘庆民	1998. 4—2001. 1
		齐传海	2001. 1—2009. 3
		梁希忠	2009. 3—2011. 8
	党委书记	梁希忠	2011. 8—
	社　长	梁希忠	2009. 3—
	总编辑	赵连起	1989. 6—1996. 10
		刘庆民	1996. 10—2001. 1
		齐传海	2001. 1—2009. 3
		赵红卫(女)	2009. 3—

第三章　中共德州市委重要会议

第一节　市委全体会议

一、第十一届全体委员会

1996—2002 年，市委在十一届党代会闭会后共召开 11 次全体委员会议。

1996 年 9 月 4 日召开十一届一次全委会议。会议选举莫振奎、黄胜、王存荣、蔚立臻、李怀喜、官延水、张松泰、赵志录、高儒林、兰忠良、张成道 11 人组成市委常委会，莫振奎为市委书记，黄胜、王存荣、蔚立臻、李怀喜为副书记。会议还审议通过了市纪委十一届一次全体会议选举出的市纪委常委、书记、副书记

1996 年 9 月，中共德州市第十一届委员会第一次会议召开

名单和十一届市委《关于加强自身建设的决定》。

1996年11月14—15日，十一届二次全委会议召开。会议传达贯彻中共十四届六中全会和中共山东省委六届六次全会精神，审议通过《德州市"九五"期间社会主义精神文明建设规划》。

1997年10月20日，十一届三次全委（扩大）会议于召开。会议主题是深入学习贯彻中共十五大和十五届一中全会及省委六届九次全委（扩大）会议精神，进一步统一思想认识，把全市改革开放和社会主义现代化建设事业全面推向前进。

1998年7月4—5日，十一届四次全委（扩大）会议召开。会议通过《中共德州市委关于进一步解放思想、放开搞活、加快发展的决议》《中共德州市委关于解决当前农村几个突出问题的决定》和《德州市产业结构调整规划》。市委书记赵克志作题为《抓住新机遇，创造新优势，坚定不移地放开搞活加快发展》的讲话。

1998年8月28日，十一届五次全委（扩大）会议召开。会议选举出席省党代会代表52名。

1999年1月8日，十一届六次全委（扩大）会议召开。会议通过《中共德州市委1999年工作要点》和拟提交人代会的《德州市1998年国民经济和社会发展计划执行情况与1999年计划草案》《德州市1998年财政预算执行情况和1999年财政预算草案》。市委书记赵克志传达省委书记吴官正关于"三讲"教育期间要有"三讲"实际行动的指示精神，强调各级领导干部要狠抓党风廉政建设，做到"为政清廉干事业，真抓实干促发展"。

1999年10月19—21日，十一届七次全委（扩大）会议召开。传达贯彻中央十五届四中全会、省委七届二次全委会及全省科技教育和思想政治工作会议精神，做出《中共德州市委、德州市人民政府关于加快国有企业改革和发展的决定》。

2000年7月14—15日，十一届八次全委（扩大）会议召开。主要任务是学习贯彻关于"三个代表"重要思想，探索新时期加强党的基层组织建设的新途径，为实现"五年再造一个新德州、接近或达到全省中等发展水平"的目标而努力奋斗。会议作出《中共德州市委关于加强党的基层组织建设的决议》。

2000年11月9日，十一届九次全委（扩大）会议在市会展中心召开。会议传达贯彻中共十五届五中全会和省委七届五次全委会精神，审议并通过《德州市国民经济和社会发展第十个五年计划纲要（草案）》。

2001年7月27—29日，十一届十次全委（扩大）会议召开。会议学习贯彻江泽民"七一"重要讲话，讨论市委关于加强党的建设的意见。

2002年3月30日，十一届十一次全委（扩大）会议召开。会议推选出席省党代会代表43名，通过《关于召开中国共产党德州市第十二次代表大会的决议》。

二、第十二届全体委员会

2003—2007年，市委在十二次党代会闭会后共召开全委会议9次。

2003年2月14日，十二届一次全委会议召开。会议选举黄胜、孙永春、田玉茂、刘焕立、兰忠良、苗仲华、刘炳义、史好泉、李传武、张甲太、姜忠玉、迟丽华（女）、许传忠13人组成市委常委会，市委书记：黄胜，副书记：孙永春、田玉茂、刘焕立、兰忠良、苗仲华。会议审议通过市纪委十二届一次全体会议选举出的市纪委常委、书记、副书记名单。

2004年2月20日，十二届二次全委（扩大）会议召开。会议听取市委、市政府主要负责人的述职述廉报告，审议市委2004年工作要点。

2004年5月5—7日，十二届三次全委（扩大）会议暨理论中心组读书会召开。会议学习中央、省关于科学发展观的文件精神，结合德州实际，研究部署树立和实践科学发展观的任务措施。

2004年10月11日，十二届四次全委（扩大）会议于召开。会议学习贯彻中共十六届四中全会和省委八届八次全会精神，讨论通过《中共德州市委关于深入学习贯彻十六届四中全会精神，大力加强党的执政能力建设的意见》；听取市委常委2004年以来的工作报告，研究部署当时以及此后一个时期的工作。

2005年5月11—12日，十二届五次全委（扩大）会议于召开。会议学习贯彻胡锦涛视察山东时的重要讲话和省委、省政府重要会议精神，就构建和谐社会、加强党的先进性建设作出安排部署。

2005年11月29日，十二届六次全委（扩大）会议召开。会议学习中共十六届五中全会和省委八届十一次全会精神，听取市委常委会工作报告，审议《德州市国民经济和社会发展第十一个五年总体规划纲要（草案）》。

2006年11月5日，十二届七次全委（扩大）会议召开。会议学习贯彻中共十六届六中全会和省委八届十三次全会精神，审议市委常委会2006年以后的工作，研究部署当时以及此后一个时期的重点任务。

2006年12月26日，十二届八次全委（扩大）会议召开。会议审议通过《关于召开中国共产党德州市第十三次代表大会的决议》。

2007年4月14日，十二届九次全委（扩大）会议召开。会议审议通过十二届市委、市纪委两个工作报告（草案）；酝酿确定十三届市委委员、候补委员和市纪委委员候选人名单，德州市出席中共十七大代表候选人推荐人选、省九次党代会代表候选人和市十三次党代会代表人选名单。会议确定，中国共产党德州市第十三次代表大会于4月20—23日举行。

三、第十三届全体委员会

2007—2011年，市委在十三次党代会闭会后共召开14次全体委员会议。

2007年4月23日，十三届一次全委会议召开。会议选举雷建国、吴翠云（女）、刘焕立、史好泉、李艳华（女）、李传武、张甲太、邹德家、袁秀和、陈永华、孙成良、李希信、杨军13人组成市委常委会，市委书记：雷建国，副书记：吴翠云（女）、刘焕立。会议还审议通过市纪委十三届一次全体会议选举出的市纪委常委、书记、副书记名单。

2007年4月，中共德州市委十三届一次全体会议召开

2007年11月10—11日，十三届二次全委会议召开。会议学习中共十七大精神和省委九届二次全会精神，审议并通过《中共德州市委关于深入学习贯彻中共十七大精神的决议》。

2008年1月15—16日，十三届三次全委会议召开。会议传达学习中共十七大、中央经济工作会议和省委九届三次全会精神，听取和讨论雷建国代表市委常委会作的工作报告，审议并通过《中共德州市委2008年工作要点》。

2008年9月22日，十三届四次全委会议召开。会议民主推荐德州市文化局局长和市人防办主任人选。

2008年12月7日，十三届五次全委会议召开。会议民主推荐提名齐河县委书记人选。

2008年12月28日，十三届六次全委会议召开。会议传达学习中共十七届三中全会和省委九届六次全会精神，就贯彻落实工作作出部署；听取市委常委工作报告，评议市委常委会2008年度干部选拔任用工作；审议并通过《中共德州市委关于推进农村改革发展的实施意见》。要求深化改革，加快形成城乡经济社会发展一体化新格局；发展品质农业，推进农村经济生态化集约化发展；着力发展农村社会事业，加快公共服务向农村延伸；繁荣农村文化，培养造就新型农民。

2009年3月3日，十三届七次全委会议召开。会议以无记名投票方式对5个市直部门单位的6位正职拟任人选和推荐人选进行表决。

2009年5月6日，十三届八次全委会议召开。会议传达贯彻胡锦涛视察山东时的重要讲话和省委九届七次全会精神，就加快区域经济文化高地建设作出全面部署。

2009年10月10日，十三届九次全委会议召开。会议听取和讨论雷建国代表市委常委会作的工作报告；审议并通过《中共德州市委关于贯彻落实党的十七届四中全会和省委九届八次全会精神，加强和改进新形势下党的建设的意见》。

2009年11月6日，十三届十次全委会议召开。市委书记雷建国代表市委作重要讲话，市委副书记、市长吴翠云就经济形势和做好下一步经济工作讲了重要意见。

2010年7月5日，十三届十一次全委会议召开。会议传达学习中央关于加快经济发展方式转变重大决策部署和省委理论学习中心组读书会、省委九届十次全会精神，审议并通过《中共德州市委德州市人民政府关于加快经济发展方式转变若干重要问题的意见》。

2010年12月17—18日，十三届十二次全委会议召开。会议传达学习中共十七届五中全会和省委九届十一次全会精神，就贯彻落实工作作出部署。听取和讨论雷建国代表市委常委会作的工作报告；审议通过《中共德州市委关于制定德州市国民经济和社会发展第十二个五年规划的建议》。

2011年8月12日，十三届十三次全委会议召开。会议传达学习胡锦涛在庆祝中国共产党成立90周年大会上的讲话和省委九届十二次全会精神，并就做好下一步工作和推进幸福德州建设提出要求。会议审议通过《中共德州市委关于建设幸福德州的决议》。

2011年11月22日，十三届十四次全委会议召开。会议听取和讨论市委常委会工作报告，审议通过《中共德州市委关于贯彻党的十七届六中全会精神加快建设区域文化高地的实施意见》和《关于召开中国共产党德州市第十四次代表大会的决议》。

第二节　市委常务委员会议

1995年2月中共德州市委建立后，设市委常务委员会，为市委全体会议闭会期间市委常

设工作机构。3月,《市委常委会议事细则》出台。1998年1月,市委办公室印发《关于规范市委常委会议制度的有关规定》。市委常委会议一般每半月召开一次,主要研究决定人事任免、机构改革,党的思想、组织、作风、廉政建设,以及全市经济建设和社会发展中的重大问题。常务委员会议有时以常委扩大会议形式召开,参会人员除了市委常委,还有人大常委会主任、政协主席,吸收有关副市长、市直有关部门负责人参加。会前由市委办公室准备议题,经市委书记同意后提交会议讨论、审议,会后由工作人员整理形成会议纪要。

一、第十一届市委常务委员会

1996年10月,市委召开常委会议,专题研究讨论《德州市市级机构改革实施方案(草案)》及具体实施意见。

1997年7月2日,听取全市受旱及抗旱活动情况汇报,研究部署下一步抗旱双保工作。1998年7月,市委召开常委扩大会议,研究农村几个突出问题,研究市区创建文明城市问题,讨论《关于进一步解放思想、放开搞活、加快发展的决议(草案)》。1999年3月,市委召开常委扩大会议,专题研究《关于实施"十大兴德工程"的决定(讨论稿)》及责任分工。2000年9月,市委召开常委扩大会议,讨论研究《关于加快农业和农村经济结构战略性调整的意见(草案)》《关于进一步规范农民承担费用、劳务管理和减缓免工作的意见(草案)》《关于进一步加快工业发展的意见(草案)》。2001年4月,市委常委扩大会议作出搬迁市委机关,还湖于民,在原址建设风景区中心、文化中心和老年活动中心的决议。2002年1月,市委召开常委扩大会议,讨论修改《中共德州市委关于加强和改进党的作风建设的实施意见(草案)》,研究2001年度对各县(市、区)经济发展考核情况的汇报,研究各项奖励事宜。同年10月,市委召开常委扩大会议,研究《关于在全市推广平原县农村党支部书记规范化管理经验的决定(草案)》,研究《关于在全市乡村干部中开展"上不糊弄领导,下不亏待百姓"作风整顿活动的意见(草案)》。

二、第十二届市委常务委员会

2003年3月17日,市委常委扩大会议决定将招商引资、发展民营经济作为2003年全市事关全局的"天字号"工程。2004年4月6日,市委召开常委扩大会议,专题研究社会稳定,强调要加大综合治理力度,加快建设"平安德州",为开创全市各项工作新局面创造良好的外部环境。同年7月6日,市委召开常委扩大会议,听取市委副书记、市长孙永春关于上半年经济运行情况分析和部分县(市、区)调研情况的汇报,要求全市上下面对新的形势和任务,进一步统一思想,振奋精神,坚定信心,在干事创业中提高执政能力,在化解矛盾中实现科学发展。2005年11月9日,市委召开常委扩大会议,传达学习省委常委关于预防控制高致病性禽流感工作会议纪要精神,深入分析全市防控工作形势,研究部署防控高致病性禽流感的具体措施。2006年7月,市委召开常委会议,研究讨论《关于加快县域经济发展的意见(征求意见稿)》《关于进一步加快发展服务业的意见(征求意见稿)》《关于进一步加快旅游业发展的意见(征求意见稿)》。2007年1月5日,市委召开常委会议传达全省经济工作会议精神,研究部署本市的经济工作。

三、第十三届市委常务委员会

2007年5月17日,市委召开常委会议,分析全市1—4月经济运行情况,研究部署下一步工作;研究部署加快推进"南融北接"战略以及实施工业强市战略、培植骨干企业的意见和措施;研究部署在全市开展"解放思想、转变作风、促进发展、共建和谐"主题教育活动和优化发展环境“整、建、创”活动的意见和措施；研究部署宣传思想工作的重点任务。2008年5月13日，市委召开常委会议，传达学习中共中央政治局常委、中央书记处书记、国家副主席习近平在山东考察工作时的重要讲话，研究贯彻落实意见；传达学习中共中央办公厅、国务院办公厅《关于四川省汶川县发生强烈地震情况和全力做好抗震救灾工作的通报》，中共山东省委办公厅、山东省人民政府办公厅《关于全力以赴支援四川等灾区抗震救灾工作的通知》精神，研究贯彻落实意见；听取全省深化农业产业化经营工作会议精神的汇报，研究贯彻落实意见。同年12月14日，市委常委会议听取关于2008年市区城建计划完成情况的汇报、关于德州市博物馆选址情况和城市名片征集情况的汇报，研究2009年市区城建计划。2009年5月26日，市委召开常委会议，研究部署推进太阳城战略和第四届世界太阳城大会筹备工作，研究讨论市委办公室、市政府办公室《关于切实改进市领导同志公务活动安排工作的规定》《关于进一步改进市领导同志到基层考察调研接待工作的规定》，研究部署下一步农村重点工作开展，研究全省群团工作会议贯彻落实意见，中华慈善大会、山东慈善大会贯彻落实意见。同年9月18日，市委常委会议讨论《中共德州市委、德州市人民政府关于加快中心城区发展的意见（讨论稿）》，进一步研究加快“三区”发展的意见。2010年1月31日，市委召开常委扩大会议，学习传达省委书记、省人大常委会主任姜异康到德州市调研时的讲话精神，研究全省宣传部长会议、未成年人思想道德精神经验交流会贯彻落实意见。2011年7月23日，市委召开常委会议，研究《关于建设幸福德州的实施意见（征求意见稿）》及开展征求意见活动有关问题，研究进一步优化发展环境工作有关问题，研究第二届“中国·德州太阳能开发利用博览会”筹备工作有关问题。

第四章　重要决策

第一节　地委重要决策

1986—1995年1月，中共德州地委决策机构为全体委员会议。全委会议一般每半月召开一次，主要贯彻执行中央和省委的各项决议决定，结合本区实际，就涉及全区政治、经济和社会发展及党的建设等方面的重大问题作出决策。中共德州地委做出的重要决策有：

党的建设　1986年，贯彻上级指示，从地直机关到县乡村，自上而下，坚持不懈的开展整党活动，根据不同情况分别严肃处理有问题的党员，端正党风。1989年9月，地委决定在全区推广夏津农村党支部达标升级管理制度经验，加强农村党组织管理。1990年11月，地委决定在全区开展为期3个月的农村社会主义教育活动。1991年4月，在全区县以上机关、学校、企事业单位和城市街道开展社会主义思想教育活动。同年冬春季节，再次开展农村社会主义教育活动，贯彻党在农村的各项方针政策，加强以党支部为重点的村级组织建设。

科技教育　1986年3月，制定《关于科学

技术体制改革的试行意见》，建立起有利于经济发展的科技新体制，尊重知识，尊重人才，使科学技术工作更有力地促进全区经济和社会的发展。1989 年，命名表彰地区级首批专业技术拔尖人才 37 名。1992 年 9 月，地委、行署对为全区经济社会发展做出突出贡献的科技人员给予重奖，并授予“德州科技明星”称号，激发科技人员工作积极性。

1986 年 3 月，制定《关于贯彻执行〈中共中央关于教育体制改革的决定〉的意见》，提出有步骤分阶段地实现九年制义务教育，大力发展中等职业技术教育，建设一支足够数量的合格稳定的师资队伍。多渠道筹措经费，改善办学条件，1989 年完成农村中小学校舍改造任务，全区共投资 2.38 亿元；1993 年完成城镇校舍改造任务，全区共投资 2.15 亿元。1993 年 8 月，作出《关于加快教育改革和发展的决定》，大力加强基础教育，积极发展职业技术教育，大力发展成人教育，努力发展高等教育。1994 年 8 月，地委、行署决定至 1997 年全区普及九年义务教育。

改革开放　1986 年 7 月，印发《关于进一步搞活企业若干政策问题的试行规定》，共 10 条。1987 年 5 月，制定《关于深化企业改革增强企业活力的试行意见》，共 9 条。1988 年 1 月，制定《关于加快发展乡镇企业若干问题的暂行规定》，要求乡镇企业要坚持乡（镇）办、村办、联办、户办等多层次共同发展。同年 4 月，地委召开专门会议，研究部署扩大对外开放、加快发展外向型经济问题。1990 年 1 月，制定《关于进一步治理整顿深化改革的意见》，要求控制总量，压缩需求，增加有效供给，逐步缓解社会需求与总供给的矛盾。9 月，制定《关于深化农村改革大力发展商品经济的意见》，提出大力发展商品农业、创汇农业和效益农业，积极稳妥发展乡镇企业，稳定完善双层经营，建立健全社会化服务体系。1991 年 5 月，制定《关于加快发展第三产业若干政策问题的意见》，要求坚持计划经济与市场调节相结合；坚持国家、集体个人一起上；坚持统一规划，分层次、分阶段发展；坚持市场建设的配套发展；坚持管保并重，以保促管的原则。1991 年 12 月 10 日，制定《关于建立和完善国营工业企业内部激励机制的若干规定》，要求实现能上能下的干部人事制度，坚持和完善工效挂钩办法，实行向一线工人倾斜的分配政策，全面推行科技开发项目承包，鼓励销售人员扩大销售，逐步推广“进档达标”承包经营责任制，全面贯彻落实《中华人民共和国企业法》。1992 年 1 月，地委制定《关于强化农业和农村工作加快实现小康步伐的意见》，要求优化种植业结构，大力发展多种经营，坚定不移地大力发展乡镇企业；搞活农村商品流通，增强奔小康的活力；稳定政策，强化服务，调动和保护农民奔小康的积极性；积极实施“科技兴农”的发展战略，加快实现小康的进程；搞好农业开发，提高综合生产能力，强化实现小康的物质基础；切实加强对农村工作的领导，确保小康目标的顺利实现。1993 年 2 月，地委明确全区经济发展三年奋斗目标：千方百计争取工农业总产值翻一番，千方百计提前一年实现国民生产总值第三个翻番，千方百计争取不低于全省经济的增长幅度（简称三个“千方百计”）。1993 年 6 月，制定《关于加快全区改革步伐的意见》，要求继续深化企业改革，搞好二轮承包兑现和三轮承包；积极进行股份制试点；大力发展企业集团。深化农村改革，大力发展农村股份合作制；按市场经济要求大力调整农村经济结构；建立和完善社会化服务体系；搞活农村金融、促进农村经济发展。加快流通体制改革，加快国合商业企业经营机制的转换；加快市场体系建设，建设大型专业市场。建立和完善社会保障体系，进一步完善待业、养老保险;搞好劳动就业服务。7月,制定《关于加强宏观调控加快经济发展的意见》,要求切实加强宏观调控,集中资金保证重点项目建设。1994年8月,制定《关于进一步扩大对外开放加快发展开放型经济的意见》,要求利用外资加快农业综合开发,加快发展乡镇企业;鼓励个体私营企业引用外资兴办合资项目;加速老企业利用外资嫁接改造;扩大第三产业利用外资。

精神文明建设 1991年8月,制定《关于德州地区"八五"期间社会主义精神文明建设的规划》,要求加强思想政治工作和道德建设,努力提高全区人民的思想道德水平;深入开展群众性精神文明建设活动,树立良好的社会风尚;进一步加强社会主义民主、法制建设,巩固发展安定团结的政治局面;增加智力投资,加快科技教育事业的发展步伐;繁荣社会主义文化,丰富人民群众的精神生活;积极发展卫生、体育事业,提高人民群众健康水平;努力搞好城乡建设和环境保护,创造优美舒适的生活环境;切实加强党的建设和领导,推动精神文明建设蓬勃发展。同年10月,在全区组织开展"学三明(三明市)、创三优(优质服务、优良秩序、优美环境)、满意在德州"竞赛活动,要求各县(市)、地直各单位紧密联系实际,开展各具特色的活动,推动城乡环境面貌明显改观,焕发干部职工的生产积极性。

基础设施投入 1987年11月,作出《关于加快公路建设的决定》,要求树立全党全民办交通、办好交通促发展的战略观念,集中人力物力财力,加快公路建设步伐。至1990年前,完成北郑、青石、济盐3条国道和省道建设任务,把410千米干线建成为二级路,把7条穿越县城的干线建成为一级路,完成济德路复线前期工程和一大批大中修项目,使全区公路面貌有较大改观。1993年3月,开展为期三年的"城乡基础建设年"活动,围绕交通运输、邮政通信、能源动力、水利、商业服务、环境卫生和绿化6个方面加大投入,切实改善基础设施条件。

第二节 市委重要决策

1995年2月中共德州市委建立后,主要贯彻执行本届党代会和全委会各项决议,结合本市实际,就涉及全市政治、经济和社会发展及党的建设等方面的重大问题作出决策。

一、十一届市委决策

1996年1月,继续深化企业改革,市委要求以明晰产权为突破口,以推行股份制和股份合作制为主要形式,加大企业改革力度。同月,出台《关于进一步加快个体私营经济发展的若

三八路市委办公楼 (2005年 摄)

干规定》,明确发展个体私营经济实行与国有、集体经济一视同仁、平等竞争的政策。

1998 年 2 月,市委决定加快推进农业产业化经营,就加快市场建设、强化龙头企业建设、抓好农产品基地建设、搞好服务体系建设、完善扶持农业产业化经营的保护政策等提出了具体工作措施。同年 7 月,作出《关于加速发展高新技术产业的决定》,重点围绕农业高新技术、机电一体化技术、新材料技术、生物技术和电子信息技术五大领域发展高新技术产业。

1999 年 3 月,市委决定利用 5 年左右的时间,实施“十大兴德工程”:①华能德州电厂三、四期扩建工程,②220 千伏输变电站及城市、农村电网建设改造工程,③城区道路及环城一级公路建设工程,④境内公路交通体系建设工程,⑤全市综合信息网及邮电通信工程,⑥市区十大专业批发市场工程,⑦新湖风景区建设工程,⑧河东新区建设工程,⑨德州高专扩建工程,⑩农业科技创新园及水利建设工程。4 月,在市级领导班子、领导干部中开展以“讲学习、讲政治、讲正气”为主要内容的党性党风教育,着重解决在加快发展、提高素质、加强纪律、群众观念、廉洁自律、转变作风抓落实 6 个方面存在的问题。11 月,印发《关于推进科技进步加强技术创新的决定》,强化企业技术创新的主体地位,深化科技体制改革,为技术创新创造良好政策环境。

2000 年 3 月,市委决定,进一步扩大对外开放,全面实施经济国际化战略。要求加快经济结构战略性调整,重点调整农业和农村经济结构、加快工业结构调整、全面繁荣第三产业、发展民营经济;以扩大开放、搞好招商引资为突破口,重点扩大出口、加大招商引资力度、发展对外劳务合作和境外工程承包、搞好开发区和各类经济园区建设;全面深化各项改革,重点完善农村经营管理体制、深化国有集体企业改革、建立科学高效的行政管理体制、健全完善人才保障机制;进一步优化环境,重点营造良好的政策、法制、服务环境。8 月,制定《关于加快城市化进程的意见》,要求按照城市化发展的战略方针、布局、目标和原则,加快城市基础设施和生态环境建设,强化城市产业聚集、壮大经济实力,加强城市规划建设管理,建立有利于城市化发展的集聚机制和政策环境。

2001 年 4 月,市委决定,搬迁市委机关,还湖于民,在原址建设风景区中心、文化中心和老年活动中心。6 月,制定《关于进一步做好体改工作的意见》,认真规范企业运行机制,开创企业上市工作新局面;进一步搞好改革开放试点县工作,全力推进县域经济发展。

2002 年 2 月,市委决定设立商贸开发区,重点推进铁路以西商贸物流业发展。3 月,市委作出《关于进一步加快发展民营经济的若干规定》,从放宽民营经济的经营领域和条件、鼓

商贸开发区黑马农贸市场　(2009 年　摄)

励“五股力量”从事民营经济、鼓励支持民营经济参与公有制企业改制改组、努力优化民营经济发展环境等7个方面作出具体规定。4月，开展农村基层组织规范化建设活动，明确以竞争上岗为核心，完善干部选拔任用机制；以提高素质为目标，健全党员干部教育培训机制；以星级化管理为手段，完善激励约束机制；以落实经济待遇为重点，完善工资保障机制；以保证质量、发挥作用为目标，完善党员发展和管理机制；以健全“三项制度”为主要内容，全面加强农村基层民主政治建设。10月，在全市推广平原县农村党支部书记规范化管理经验，在全市乡村干部中开展“上不糊弄领导，下不亏待百姓”作风整顿活动。

二、十二届市委决策

2003年3月，市委决定将招商引资、发展民营经济作为全市事关全局的两大“天字号”工程，抓紧抓好。5月，市委、市政府决定用3年时间，在全市广泛开展比增量、赶先进、超常规活动。12月，制定《关于加快发展高等教育的意见》，要求加快扩张德州学院规模，力争早日建成德州大学；整合现有中专学校资源，创办德州职业技术学院；积极发展民办高等教育；大力发展成人高等教育。

2004年4月，市委、市政府决定，利用两年左右的时间，实施“五个十”重点工程，即：十大基础设施工程、十大城市建设工程、十大工业支柱产业、十大农业产业化龙头企业、十大商贸流通企业和专业市场，总计项目176个、投资743亿元。2005年1月，全市深入开展以实践“三个代表”重要思想为主要内容的保持共产党员先进性教育活动，总体分为3批进行，每批半年左右。7月，研究出台《关于加快发展服务业的意见》，重点是改造提升商贸流通业，着力培育现代物流业，繁荣发展餐饮服务业，大力拓展金融服务业，培育壮大信息服务业，积极发展旅游会展业，培育发展其他新兴服务业。12月，加快实施“中国太阳城”战略。

2006年4月，制定《关于推进社会主义新农村建设的实施意见》，重点推进现代农业、乡

德州经济开发区开发初期(上南下北)　(2001年　摄)

2007 年 4 月，德州对接天津滨海新区恳谈会召开

镇财源、基础设施、社会事业、精神文明、村容村貌、基层组织、和谐乡村建设。之后，专门成立了德州市新农村建设办公室，负责筹划协调推动全市新农村建设工作开展。7 月，市委研究制定《关于加快县域经济发展的意见》《关于进一步加快发展服务业的意见》和《关于进一步加快旅游业发展的意见》。

三、十三届市委决策

2007 年 4 月，市委决定，加强与天津滨海新区经济技术合作交流，主要是承接产业转移，加强对口部门的合作交流，参与滨海新区各类经贸活动。5 月 17 日，市委研究部署加快推进“南融北接”战略以及实施工业强市战略、培植骨干企业的意见和措施。同月，市委、市政府决定开展“优化环境整、建、创”活动，建设政务服务中心、综合招投标中心，健全行政执法责任制、行政收费和处罚制、检查审核备案制，塑造诚实守信、城市文明、安全和谐和生态宜居品牌。7 月，市委、市政府决定，深入实施工业强市战略进一步加快工业发展。重点就机械制造业、化学工业、纺织服装业、农产品深加工业、林产品加工业、生物制造业六大优势产业和新能源、中央空调、功能糖、汽车零部件四大产业集群的发展作出工作部署。

2008 年 3 月，德州—烟台经济社会合作协议签约

2008年5月，市委、市政府决定，今后5年在全市持续开展“对外开放年”活动，围绕实施“南融北接”“东引西联”战略，加大政策扶持力度，改善投资环境，承接京津冀和沿海地区的产业转移，实现借力发展。8月，市委、市政府提出全面实施“生态立市”战略加快发展生态经济。就积极发展生态集约型工业、加快发展生态现代型服务业、大力发展生态高效型农业、努力改善生态环境、稳步推进生态文化建设、着力构建生态经济发展机制6项工作提出明确要求。

2009年3月，决定开展全市村庄合并和农村社区建设工作，按照农业集约化、农村社区化、农民新型化的基本方向，争取每年全市减少1000个左右的行政村，连续工作3年，实现预期目标（“合村并居”情况参见第二十九编第一章第三节社区建设）。5月，印发《关于抢抓机遇加大投入加快工业调整振兴的意见》，要求重点发展壮大装备制造业、化学工业、纺织服装业、食品工业等四大优势产业，大力培育新能源、新材料、生物技术、文化体育用品四大新兴产业，培育壮大特色产业。6月，制定《关于统筹城乡发展加快小城镇建设的意见》，要求坚持规划先行，以科学的规划引导和规范小城镇建设；加快产业集聚，增强小城镇建设与发展的动力；加快基础设施建设，完善小城镇功能；创新发展方式，提高小城镇集约化、节约化建设水平；统筹城乡发展，建立小城镇民生保障机制；拓宽融资渠道，加大小城镇建设投入。9月，制定《关于加快国家火炬计划德州新能源特色产业基地建设的意见》，重点发展太阳能利用产业，风电装备制造产业，生物质能源产业，节能设备制造、热超导材料和新能源汽车产业。12月，制定《关于加快德州市中心城区发展的意见》，总体目标是：到2015年，中心城区建成区面积100平方千米左右，人口100万人左右，生产总值突破1100亿元，地方财政收入61亿元，进入国家级生态园林城市行列。到2020年，力争中心城区国内生产总值占全市的比重达到50%以上，将中心城区建设成为综合实力雄厚、城市功能完善、生态环境优美、市民生活幸福的区域经济文化龙头。

2010年1月，市委召开全市农村社区建设动员大会，确定将工作重心由村庄合并尽快转移到新社区建设上来，要求每个乡镇至少抓1个并居试点，提出破解资金、土地难题和产业发展的初步思路，决定在全市实施百企连百区、百局帮百区“双百工程”。2010年7月，制定《关于加快经济发展方式转变若干重要问题的意见》，努力在扩大总量提质增效、现代产业体系建设、创新型城市建设、绿色德州建设、一体化发展、加强社会建设等6个方面实现重大进展。

齐河县宣章社区美东工贸产业园　　（2011年　摄）

齐河县刘桥乡洪州社区　（2011年　摄）

8月，制定《关于加快全市外经贸发展的意见》，按照“三年倍增”的任务目标，以完善产业招商机制、扶持骨干外资企业、鼓励企业境外上市、创建出口品牌、创新开发区管理体制等重点工作为抓手，力争到2012年全市实际利用外资在2009年基础上翻一番，达到3亿美元；全市外经贸进出口总额在2009年基础上翻一番，达到30亿美元；对外工程承包实际完成额、企业境外投资额、直接外派劳务人数在2009年基础上翻一番。10月，市委、市政府制定《关于加快统筹城乡发展的意见》。

2011年3月，制定印发《德州市中长期教育改革和发展规划纲要（2011—2020年）》，按照“优先发展、育人为本、改革创新、促进公平、提高质量”工作方针，实施科教兴市和人才强市战略，建设完善的现代教育体系，到2020年全面实现教育现代化，全面建成学习型社会，实现由教育大市和人力资源大市向教育强市和人力资源强市转变。7月，制定下发《关于推进“两区同建”构建生态文明乡村的意见》，要求以统筹城乡发展为统领，以实现农村“三生三化”（生活方式城市化、生产方式集约化、生活环境自然化）为目标，以“两区同建”为总抓手，实施清洁家园工程，着力构建城乡一体的公共服务体系、城乡联动的产业体系和城乡对接的基础设施体系，努力把农村社区建设成为产业生态高效、环境优美宜居、生活文明健康的美好家园。9月，制定《关于建设幸福德州的实施意见》，基本内涵：发展经济、增加收入，让人民群众有富足感；安居乐业、衣食无忧，让人民群众有稳定感；公平正义、安定有序，让人民群众有安全感；实现自我、受人尊重，让人民群众有成就感；环境优美、生活方便，让人民群众有舒适感；崇文尚德、守望相助，让人民群众有归属感。11月，市委下发《关于贯彻党的十七届六中全会精神加快建设区域文化高地的实施意见》，指出要以围绕建设幸福德州为新的追求，重点实施先进文化引领工程、公共文化惠民工程、文化产业提升工程、文化精品创作工程、新闻舆论引导工程、文化品牌打造工程、文化改革创新工程、文化传播促进工程、文化人才建设工程、文化发展保障工程等“十大工程”，力争到2020年初步建成带动力强、辐射面广的区域文化高地。12月，市委、市政府下发《关于推进2012年“两区同建”工作的实施意见》，确立了社区建设、园区建设、土地挖潜“三位一体”的工作思路，将两区同建与城乡建设用地增减挂钩政策相结合，既为农村百姓谋福祉，又为经济发展腾空间。至2011年年底，全市启动建设294个农村社区，10万户农民搬入新居，规划建设工业、农业、商贸等农村产业园区1538个。

第五章　纪检　监察

第一节　中国共产党德州地区纪律检查委员会

一、领导机构

1979年5月，中共德州地委设纪律检查组；同年10月，改设纪律检查委员会。1984年4月，地委纪委由地委直属机构独立而出，升格为中共德州地区纪律检查委员会。纪检委书记、副书记由省委（省纪检委）任命。地区纪检委的主要职责是：按照党章规定，经常对党员进行遵守纪律的教育，作出关于维护党纪的决定；对党员领导干部行使权力进行监督；检查和处理党的组织和党员违反党的章程和其他党内法规的比较重要或复杂的案件，决定或取消对这些案件中的党员的处分；受理党员的控告和申诉；保障党员的权利。

1984—1995年中共德州地区纪委书记、副书记一览表

表20－5

	职务	姓名	任职时间	备注
中共德州地区纪委（1984.4—1995.2）	书记	张权义	1984.4—1987.9	
		孙培友	1988.9—1992.6	
		王克功	1992.6—1995.2	
	副书记	周基勋	1984.4—1988.9	
		耿文猷	1984.7—1995.2	
		齐书芳（女）	1987.9—1995.2	
		陈焕然	1992.10—1995.2	
		王嘉齐	1993.4—1995.2	兼监察局局长

二、办事机构

1979年10月，德州地委纪检组改设为纪律检查委员会，内设秘书科、检查科、审理科和信访科。1984年4月，地委纪委升格为中共德州地区纪检委后，内设办公室、研究室、第一检查科、第二检查科、审理科和信访科。1987年11月，地区监察局成立，设办公室、检查科、审理科、研究室、干部科、信访科6个科室，列行署部门序列。1988年11月，地区纪委内设机构由科改为室，地区纪委各室主任配副处级干部。

1993年4月，地区纪委与监察局合署办公，实行一套机构两个牌子的体制，原有科室合

1995 年 2 月，“中共德州地区纪律检查委员会”改称“中共德州市纪律检查委员会”，图为揭牌仪式

并为办公室、监察综合室、研究室、干部室、宣传教育室、案件审理室、信访室、党风廉政建设室、执法监察室、纪检监察一室、纪检监察二室、纪检监察三室，共 12 个室。1995 年 2 月，地区纪委、监察局改称市纪委、监察局。

第二节　中国共产党德州市纪律检查委员会

一、领导机构

中共德州市纪律检查委员会（简称“市纪委”）每届任期与中共德州市委相同，均通过党代会选举产生市纪委委员，并在随后召开的市纪委第一次全体会议上，选举市纪委常委和书记、副书记。市党代会闭会期间，可由上级或同级党委决定、任免市纪委组成人员。根据《中国共产党章程》规定，市纪委在市委和上级纪委的双重领导下开展工作。其主要职责是：维护党的章程和其他党内法规，检查党的路线、方针、政策和决议的执行情况，协助市委加强党风建设和组织协调反腐败工作。

1995—2011 年中共德州市纪委书记、副书记一览表

表 20－6

届别	职务	姓名	任职时间	备注
中共德州市纪委（1995.2—1996.8）	书　记	赵志录	1995.3—1996.8	
	副书记	耿文猷	1995.2—1996.1	
		齐书芳（女）	1995.2—1995.4	
		王嘉齐	1995.2—1996.8	兼监察局局长
		陈焕然	1995.2—1996.8	
市十一届纪委（1996.9—2003.2）	书记	赵志录	1996.9—2001.1	
		田玉茂	2001.1—2003.2	
	副书记	陈希武	1996.9—2001.9	
		王嘉齐	1996.9—2003.2	兼监察局局长
		陈焕然	1996.9—2003.2	
		李学根	2001.9—2003.2	

续表 20－6

届别	职务	姓名	任职时间	备注
市十二届纪委（2003.2—2007.4）	书记	田玉茂	2003.2—2006.12	
		孙成良	2006.12—2007.4	
	副书记	王嘉齐	2003.2—2003.12	兼监察局局长
		陈焕然	2003.2—2007.4	
		李学根	2003.2—2007.4	
		王义宏	2003.12—2007.4	
市十三届纪委（2007.4—2012.2）	书记	孙成良	2007.4—2010.9	
		刘子玉	2010.9—	
	副书记	李学根	2007.4—	兼监察局局长
		孙秀河	2007.4—	
		王胜强	2007.4—2010.12	

二、工作部门

1996年12月，党风廉政建设室分设为党风廉政建设一室、党风廉政建设二室；增设机关服务中心，为科级全额预算管理事业单位。2008年7月，设立德州市行政效能监察办公室（加挂德州市优化发展环境办公室牌子），为市纪委、监察局内设机构。2010年8月，干部室挂干部监督室牌子，案件审理室挂政策法规室牌子；党风廉政建设一室更名为党风廉政建设室，党风廉政建设二室更名为纠正部门与行业不正之风办公室（挂德州市人民政府纠正行业不正之风办公室牌子），德州市行政效能监察办公室改为行政效能监察室（挂德州市优化发展环境办公室牌子）；对纪检监察一、二、三室职责进行重新划分，设立案件监督管理室、纪检监察一室、纪检监察二室。2010年4月，市纪委、监察局成立8个派驻纪检组（监察

2007年4月，德州市纪委十三届一次全体会议召开

室)，加强对监督检查部门及所属系统领导班子及成员的监督，派驻纪检组(监察室)组长(主任)均配备正县级领导干部。2011年8月，设立德州市发展环境投诉中心(挂市纪委、监察局驻市政务服务中心电子监察室牌子)，为正县级全额预算管理事业单位。

至2011年年底，市纪委、监察局内设办公室、监察综合室、研究室、干部室，案件审理室、党风廉政建设室，纠正部门与行业不正之风办公室、行政效能监察室、发展环境投诉中心、案件监督管理室、纪检监察一室、纪检监察二室、机关服务中心等。

第三节　党风党纪教育

1986—1992年，先后组织开展了"坚持四项基本原则，反对资产阶级自由化""党的政治纪律教育""学党章、正党风""党规党法教育""反腐败、防演变"等专题教育活动。在活动中采取重点教育与一般教育结合，传统教育与电化教育结合，榜样教育与案例教育结合。在抓好对广大党员干部普遍进行教育的同时，重点抓好党员领导干部和掌握人、财、物权的党员干部教育；除上党课、召开会议、举办宣传栏外，还利用广播、电视、录像等形式，播放《案与法》《灯岛》《悬崖》等20部党纪教育录像片1100多场次。党员干部受教育面每年均在90%以上。开展反腐防变教育和党规党纪学习教育。举办广播、电视讲座1200场次，播放《案与法》《灯岛》等录像片546场次。

1993年，地区纪委设立宣传教育室，专门负责党风廉政宣传教育。是年，全区通过多种形式开展了"学党章，讲奉献，做合格共产党员"活动和反腐倡廉教育活动，尤其是把党政机关、司法部门、行政执法部门和经济管理部门的党员干部作为重点。1994年7月，从全区挑选8名先进个人组成廉洁勤政先进事迹报告团，在地直机关和11个县(市)作巡回报告，用身边的榜样教育感染广大党员干部。1995年，狠抓理想信念教育、勤俭节约艰苦奋斗教育、遵纪守法教育和反腐倡廉教育，不同层次人员教育内容各有侧重，对乡镇以上党员干部突出以民主集中制、干部廉洁自律教育，对基层党员干部突出以遵纪守法为重点的教育。

1997年，结合政策法规年活动开展，组织党员领导干部集中学习《中国共产党纪律处分条例》《中国共产党党员领导干部廉洁从政若干准则》和《中华人民共和国行政监察法》，开展以"讲学习、讲政治、讲正气"为主要内容的党性党风党纪教育活动。翌年，在全市开展了"领导干部要在党风廉政建设中以身作则、率先垂范"教育活动。至2000年，结合"三讲"教育活动，将《中国共产党纪律处分条例》系列录像片和《邓小平论党风廉政建设和反腐败》《典型案例剖析教育读本》等书列为学习重要内容，重点抓好县级以上领导干部党风廉政教育。利用成克杰、胡长清等反面典型强化警示教育，组织党员干部观看《生死抉择》，开展专题讨论和自查自纠，切实加强党风党纪教育。中央电视台《焦点访谈》栏目对临邑县开展"三讲"教育活动、认真解决党性党风方面存在的突出问题做法进行了专访。

2001年，结合"三个代表"重要思想教育，在全市党员领导干部中开展"学党章、守纪律、正党风"专题教育活动。在7月底召开的十一届十次全委扩大会议上，市纪委书记通过剖析大量案例，对全市党政机关和企事业单位共300多名县处级以上党员领导干部集中上了一堂警示教育课。2002年，聘请中纪委领导和党校教授就"当前党风廉政建设和反腐败斗争的形势任务""加强改进党的作风建设"专题，对县处级以上领导干部作辅导报告。向科级以上党员领导干部发放《毛泽东、邓小平、江泽民论树立正确的权力观》《廉政纪律教育学习材料》7000余册。2003年,在市县领导班子换届之际,强化权力观教育,对新提拔任用的干部进行任前谈话,对全市科级以上领导干部共1200多人集中上警示教育课。

2004年,坚持预防为主,抓住关键部位、关键环节、关键人员,深化警示教育。在全市党员领导干部中开展“为民、务实、清廉”教育活动,使各级党员领导干部常修为官之德,常弃非分之想,常记亲人之嘱,常惧法纪之威,常思监督之益。2005年,落实中央颁布的《建立健全教育、制度、监督并重的惩治和预防腐败体系实施纲要》和省委实施意见,坚持“响鼓重敲、警钟长鸣、示之于声、警之于前”方针,对查处的大案要案全市通报,扎实开展主题教育和学校促廉、节日倡廉、家庭助廉等活动。2006年,先后组织开展两个月的“万人同唱廉政歌”、新创廉政歌曲歌咏比赛、全民共唱“八荣八耻”正气歌、廉政文化一条街及“建廉洁家庭、倡文明新风”等活动,营造廉荣贪耻的浓厚氛围。

2007年,从5月下旬开始,利用半年时间,在全市党员领导干部中广泛开展“解放思想、转变作风、共建和谐、促进发展”主题教育活动。在省委召开的全省党员领导干部“加强作风建设、促进社会和谐”教育视频会议上,德州市作了典型发言。2008年,加强党员干部示范教育基地建设,有针对性、有计划性地组织党员干部接受教育。全年共有112个单位、8000多人到德州监狱警示教育基地接受现场教育。2011年,综合实施警示教育、示范教育和岗位廉政教育,市委把每年组织一到两次警示教育作为对各级各部门的硬性制度全面推行。

第四节　党内监督

1986年起,全区各级纪检机关按照党章和中纪委《关于对党员干部加强党内纪律监督的若干规定》的要求,履行党内监督职能,加强对各级党组织和党员干部特别是领导干部的纪律监督。1987年12月,经地委研究同意,地直机关纪委书记、纪检组长参加同级党委、党组会议;各级纪委会同组织部门参加同级或下级党委(党组)民主生活会。

1993年,各级纪检监察机关围绕党的中心工作,加强监督检查,做到党委的工作部署到哪里,监督检查就覆盖到哪里。地区纪委重点监督11个县(市)的两个“一把手”和99个地直部门“一把手”,县(市)纪委重点监督全县科级以上干部。

1996年,全市1173名县处级以上领导干部全部实行礼品登记和收入申报制度,267家大中型企业实行业务招待费向职代会报告制度,占企业总数的80.9%;市纪委、市委组织部制发《关于召开领导班子遵守政治纪律和廉洁自律民主生活会的通知》,规范程序,明确要求,强调纪律,基本杜绝了走过场现象。1999年,结合“讲学习、讲政治、讲正气”教育活动,每名党政机关领导干部撰写《思想剖析材料》,班子成员之间、班子成员与分管人员之间进行交流思想,召开一次高质量的民主生活会,开展批评与自我批评,最后进行整改。

2000年,针对新时期在党员领导干部廉政方面排查出的突出问题,市纪委制定出台相应监督措施,重点问题集中解决。进一步推进“三公开”(党务、厂务、财务)工作,具有审批职能和收费职能的部门全部实行政务公开。各乡镇、街道以“七站八所”(林业、种子、农科、农机、畜牧、文化、水管,财政、土管、民政、村建、派

出、煤管、变电、司法）为重点，将100多个事项列入公开范围，80%的行政村推行村务公开，687家国有、集体及控股企业和324个事业单位实行了厂务公开，93%的企事业单位实行了业务招待费向职代会报告制度，96%的企事业单位实行了民主评议领导干部制度。2001年，市纪委常委分别同11个县（市、区）、20个市直部门的42名党政“一把手”进行廉政谈话，并对全市1999年以来因公出国的607人所持有的护照全部清理上缴，对县处级以上领导干部配偶、子女从业情况进行调查登记。建立并实行了提拔任用县处级领导干部廉政鉴定制度和任前公示制度。2002年，全市有122名拟提拔的领导干部和拟表彰的先进党员干部因廉政问题被市、县纪委否决。

2004年，以《中国共产党党内监督条例（试行）》《中国共产党党纪处分条例》的颁布为契机，出台《关于对县处级党政正职领导干部加强监督的办法（试行）》，对县处级党政正职执行“四大纪律、八项要求”、廉洁自律各项规定、选人用人、重大事项决策、履行党风廉政建设责任制等七项内容进行监督。2005年起，深入推进干部人事制度改革，完善领导干部交流、任职回避等制度，连续多年开展并加强对《党政领导干部选拔任用工作条例》的监督检查，抓好对“一把手”监督，健全完善廉政承诺、廉政谈话、廉政档案、述职述廉、廉政测评和经济责任审计等6项制度，密织监督网络。对国有及国有控股企业领导人员贯彻落实《国有企业领导人员廉洁从业若干规定（试行）》和执行党风廉政建设责任制情况进行监督检查，不断强化了国有企业反腐倡廉工作。至2011年年底，党内监督工作不断加强，有效促进了各级党的建设。

第五节　行政监察

一、执法监察

1988年，全区各级行政监察机构建立后，围绕经济治理整顿工作，建立地区监察局驻行署各部门派出机构，按照群众举报反映的线索，开展执法监察。至1992年，先后对棉花专项资金管理使用情况、农村“三挂钩”政策兑现、减轻农民负担、干部盖私房、公款吃喝送礼、“三招一转”（招工、招干、招生和户口农转非）等问题进行了监督监察，审核各种收费、集资、罚款303项，取消调整167项，减轻企业和群众负担2423万元，查出使用不当和违纪资金6958万元，发现违纪线索30多条，提出监察建议199条。

1992年，各级纪委会同监察、司法等部门专门对贯彻国务院《全民所有制工业企业转换经营机制条例》中，政府有关部门简政放权、转变职能、搞好服务等方面情况进行监督检查，受理企业报诉124起，均妥善进行了处理。

1993年4月，地区纪委与地区监察局合署办公后，全年进行执法监察43项，其中开展对减轻农民负担工作的督查，累计减轻农民负担12946万元。1994年，重点开展三项监督检查，一是对夏粮征购和棉花收购进行监督检查，二是对贯彻《中华人民共和国企业法》《全民所有制工业企业转换经营机制条例》的监督检查，三是对减轻农民负担工作监督检查。1995年，开展维护企业合法权益的监督检查，查处各类侵犯企业权益的案件86起，减轻企业负担约1102万元。会同财政、物价等部门对全市各级执收执罚部门、单位收费、罚款及其情况进行执法监察，查出违反规定的收费罚款项目156项，违规违纪金额8181.92万元，区别不同情况进行了严肃处理。

1996年，协助财政部门对预算外资金进行清理整顿，全市共检查1020个单位，清理项目254个项，查出违规违纪金额34154万元，协助单位建章立制1200条。会同建委等部门开展了建设工程项目执法监察，抽查20个单位、30个项目，涉及资金2700万元，提出整改建议80条，收缴罚款15万元。对各级婚姻登记搭车收费、电价收费、农资市场以及《中华人民共和国药品管理法》《中华人民共和国统计法》《中华人民共和国行政处罚法》等执行情况进行了监督检查。1997—1999年，认真开展减轻农民负担执法监察，较好的遏制了农民负担反弹的势头。集中力量，集中时间，对全市执法执纪及有收费罚款职能的部门和单位存在的“三乱（乱设卡、乱收费、乱罚款）”问题和侵犯企业合法权益的各类违纪违规行为开展执法监察。在公检法和工商部门推行“收支两条线”制度，对全市政法机关从事经商办企业情况进行了清理。对医药市场和乱行医清理整顿，狠刹医药购销中的不正之风。

2000年，围绕减轻农民负担开展4次监督检查，仅整顿农村电价、教育集资、摊派报刊和达标升级活动，就减轻不合理负担7550万元；精简乡镇编外人员和村组吃补贴干部8315人，减少开支3700多万元。开展国债资金、社会保障资金管理使用情况的执法监察，查出违规违纪和使用不当资金5439万元，纠正退还4377.5万元，挽回直接经济损失1343.2万元。2001年，认真开展行政监察，减少检查评比达标活动200次，新清退执法部门临时工347人。对市直行政事业单位银行账户进行清理整顿。继续加强对减轻农民负担工作监督检查，严肃查处17起加重农民负担案件。2002年，开展执法监察项目19项，检查单位1132个，纠正退还违纪金额259万元，挽回经济损失500余万元。2003年，围绕防治“传染性非典型肺炎”、规范建筑市场秩序、经营性土地使用权招拍挂出让、国债项目和社保资金管理使用情况，开展执法监察14项。2004年，开展执法监察18项，查出违纪金额3137万元，避免和挽回经济损失723万元，协助建章立制168项。2005年，对行政许可法、财务票据和行政事业收费情况进行专项检查，共发现违规问题602项，涉及违规资金1.35亿元，查处违反“收支两条线”规定金额1450万元，清理“小金库”175万元。

2006年，以促进依法行政、科学行政为重点，对市直和中央、省驻德州47个单位2005年1月至2006年4月收费罚款情况进行专项清理检查。加大对土地违法违规案件的查处力度，立案查处439宗。2007年，对教育经费保障机制改革措施落实情况进行监督检查，对减轻农民负担、企业违法排污等工作进行专项检查。

2008—2011年，围绕中央扩大内需、促进经济增长政策措施的落实及加强和改善宏观调控、国有土地管理使用、保障性住房建设、建筑市场秩序、节能减排、环境保护等工作开展监督检查。仅2011年，对新增中央和地方投资项目开展监督检查达108次，治理房地产开发、土地管理等领域突出问题658个。

二、纠正不正之风

1986年，在各级纪委协助下，全区监察部门对带有行业特点、群众反映强烈的部门（单位）存在的不正之风进行检查纠正。至1993年年底，先后对金融系统存在的以贷以赔谋私、服务态度冷硬慢难、违反制度骗取、挪用贷款的问题；少数单位以住房制度改革为名将国有房产低价卖给干部职工问题；借欠乡镇企业款、截留计划生育罚款、冒领提留减免款等问题；招生招干、减免税、农转非中存在的不正之风，农村电价居高不下、农村“三挂钩”物资兑现以及治理道路检查“三乱”等问题，督促有关部门进行清理整顿，共取消收费项目490项，减少收费金额1313.3万元。取得初步成效。

1994年，重点开展“三清一刹”工作，即清理纠正乱收费，清理乱占企业钱物，清理纠正个人借欠挪用公款，狠刹公款出国（境）旅游的歪风工作。四项工作均取得显著成效。1995年，在巩固上年工作成果基础上，严肃查处7起公路上乱设卡、乱收费、乱罚款的问题。有效制止了中小学乱收费现象，减轻学生负担400万元，清退违法规定收费81.02万元。1996年，治理公路“三乱”实行目标管理责任制，统一制发了执法检查证，市县两级均设立举报箱，公布举报电话，不定期组织明察暗访。当年查处顶风违纪案件8起，9名当事人受到党政纪处分。推行中小学统一收费标准、统一单据、统一由财政部门管理的“三统一”规范化管理，取消乱收费项目19个；推行农民负担预算审批、合同化管理和专项审计三项制度，加强了对提留统筹资金的使用管理。1997年，实行农民负担总量控制、合同管理、“一票否决”的考核奖惩办法和农村财务“双代管”制度，切实纠正向农民乱收费、乱摊派，变相加重农民负担的不正之风。

1998年4月，市纠风领导小组办公室成立，加大对不正之风的查处力度。1999年，在全市20个司法机关、行政执法机关和20个窗口行业单位中组织开展“万人评行风”活动，“阳光作业、透明办公、一条龙服务”成为不少行业、单位端正行风的重要措施。德州市成为全省首批所有公路基本无“三乱”的市地之一。

2000年，纠正医药购销中的不正之风，查处违法违纪案件60起，查处中小学乱收费案件34起。2001年，在全省率先推行政府系统承诺制工作，在《德州日报》开辟“承诺窗口”“局长访谈”专栏，在电视台开办“承诺服务”专题节目，与市人民广播电台联合开办承诺热线栏目，26个部门和单位“一把手”走进直播室，每月定期轮流与群众沟通，直接倾听群众呼声，为群众解难。中央和省级多家媒体对德州市这一做法进行报道。到2003年，市直党政机关、事业单位“一把手”全部在媒体公开作出承诺。2004—2006年，重点整治教育乱收费歪风，先后实行中小学校长收费责任制和“一证一卡两公开四统一”的收费制度以及义务教育“一费制”和实行“两免一补”政策，查处教育乱收费案件74件。

2006年，对全区“上学难”“看病贵”等问题进行专项治理，清理中小学违规收费项目16个，查处教育乱收费问题128个，减轻学生家长负担1360.4万元；推行住院病人费用“一日清单”制度，全市27所县级以上医院药品全部进行招标采购，招标采购额1.23亿元，让利患者5894.2万元。2007年，纠正教育乱收费之风和纠正医药购销和医疗服务中的不正之风取得明显成效。2009年，在市电视台开办承诺在线节目。2010年，在中国德州网站开通民生在线栏目，实现网上受理、网上投诉、网上反馈。至2011年年底，承诺热线播出358期，解决投诉问题1815个；民生在线答复群众咨询、投诉642个。

三、优化发展环境

1994年，针对部分执法人员存在的对企业乱收费、乱罚款、乱摊派现象，为维护企业合法权益，纪检监察机关探索建立了对重点企业实行挂牌保护，为企业发展创造良好的外部环境。当年挂牌保护企业33家。至1997年，全市（区）纪检监察机关先后对367家效益好、有发展前途的企业实行挂牌保护，帮助被保护企业共拒绝不合理收费、罚款、摊派1650人次，减轻负担约3100万元。1998年，重点加强对个体私营企业的保护力度。1999年，在庆云县召开优化经济发展环境现场会，推广庆云经验，把治乱、撤卡、打霸作为整治重点。年内，各县（市、区）普遍成立由纪检监察、政法、行政执法部门参加的经济环境保护委员会，清退临时收费人员966人，撤掉各种检查、收费关卡46个，治理纠正“三乱”问题450多件,减轻企业和业户负担2700万元。

2000年,围绕服务经济发展,市县两级均组建经济环境保护委员会,探索建立党委、政府领导、纪检监察机关牵头组织、司法与执收执罚部门共同参与、上下联动、协调运作的新机制,开通了“经济110”举报电话。挂牌保护企业475家,对个体私营业户集中的区域实行“扎口”管理。对重点执收执罚部门的收费、罚款实行总量控制试点,共裁减收费人员1104人。2002年,各级行政机关、执法部门、“窗口”单位全部实行首问负责、一次讲清、限时办结、投诉受理、违诺追究、监督考核制度,年内受理发展环境问题举报309件,查处“三乱”问题260起。2003年,制定《关于保障和促进两大“天字号”工程的实施意见》,努力营造干事创业、加快发展的良好环境。组织20家大中型企业、30家民营企业、50名群众代表及30名特邀监察员、人大、政协、政府机关主要负责人、新闻单位的代表,对市政府各部门及中央、省驻德州单位年度履行职责、行政效率、政务公开、依法行政、转变作风、文明服务、责任追究和处理群众投诉情况进行考评。2004年,开展“优化发展环境宣传月”活动和“千里行、百家访”明察暗访活动,受理举报投诉316件(次),查处“三乱”案件122件。

2005年,开展“依法行政实施年”和“优化环境整、建、创”活动。2006年,全市共受理发展环境问题举报投诉150件(次),有43名责任人受到党政纪处分和组织处理。2007年,制定《关于进一步优化发展环境的意见》。2008年,开展“机关效能建设年”活动,制定《德州市机关效能“四条禁令”》《德州市机关效能建设责任追究办法》等配套规定,实行涉企检查备案制度。

2009年,开展以“政企联动、共克时艰”为主题的“服务企业发展年”活动,提出调整放宽政策、优化发展环境等5大项30小项工作内容。2010年,开展“高效服务、高效落实年”活动,在3个县市进行加快涉企收费“一费制”改革试点。2011年,成立市发展环境投诉中心,当年受理效能投诉案件35起,查处违规问题19个,197人因违反“八条禁令”被通报曝光,47人受到组织处理。

第六节　案件查办

自1986年,全区各级纪检机关围绕支持保护改革、发展经济,依据党章和中纪委有关规定,突出查处违纪案件,全面履行纪检职能,严肃查处贪污受贿等党内违纪案件。1990年,对1986年后干部职工在城区建私房等问题进行清理,共清理出在城区建私房的2050人,总建筑面积157393平方米,其中有违法违纪行为的499人,给予党纪处分20人,政纪处分7人,刑事处分3人,没收房屋82间,追缴违纪款19万余元。其他处理403人。至1992年,全区纪检系统共查处党内违纪案件5230起,处分党员4382人,其中,开除党籍495人,留党察看836人,撤销党内职务156人,严重警告1655人,警告1240人。在受处分党员中,县处级干部13人,乡科级干部268人,一般党员干部1198人,一般党员2903人。在1990年召开的全省纪检信访工作会议上,德州地区纪委介绍了搞好群众性民主监督的经验做法。

1993年,纪检监察机关合署办公后,围绕惩治腐败,集中力量,共立案查处各类党内违纪案件663起,其中,查处权钱交易、贪污受贿案件149起,查处党政领导机关、领导干部和司法部门、行政管理部门、经济管理部门的案件198起,查处侵害群众利益的案件95起,还查处了一批官僚主义、奢侈浪费、腐化堕落的案件。1994年起,按照“突出重点,提高质量,着眼防范”的要求,把查办案件作为反腐败的突破口,重点查处以权谋私、贪污受贿和领导干部违纪违法案件。坚持负责人包案责任制，加强与司法机关联合办案。群众信访案件逐年回落。自1999年后，群众信访举报量一直保持在2000件次以内。

2001—2003年，坚持和完善领导干部公开接访制度，实行重大事件和集体访预警报告、重点管理制度。2004年，开展“信访举报工作质量年”活动，市、县两级全部开通网上举报。集中突破了市房管局原局长王某某贪污案，涉案金额近400万元，是几十年德州第一大案，案犯职务之高、涉案金额之巨、社会影响之大前所未有。2006年，强化信访跟踪督办，信访量连续三年大幅下降。2008—2011年，全市纪检监察机关共受理群众信访举报6980件（次），立案3059件，其中县处级干部25件，乡科级干部案件199件，万元以上案件526件；给予党政纪处分2986人，挽回经济损失6767.5万元。其间，先后查办了原市长助理、市运河开发区党工委原书记张某某、市财政局原副局长王某某、市民政局原局长刘某某等严重违纪违法案件，收到良好的政治、法纪和社会效果。

1993—2011年德州市（地区）纪检监察机关查处违纪案件统计表

表20－7

年份	受理信访举报（件次）	立查案件（起）	受党纪处分（人）	受政纪处分（人）	县处级以上干部（人）	乡科级干部（人）	挽回损失（万元）
1993	5702	782	508	71	4	59	204.00
1994	5198	566	178	54	11	113	573.08
1995	4334	594	192	229	7	48	844.00
1996	4346	613	244	142	6	61	960.00
1997	3950	631	570	95	10	38	1420.00
1998	2655	616	511	84	8	67	359.37
1999	1929	637	537	99	5	51	465.75
2000	1917	659	579	94	10	64	449.88
2001	1908	678	613	131	9	72	565.07
2002	1884	772	666	84	9	56	367.00
2003	1355	828	724	74	9	69	872.00
2004	1434	881	851	78	9	75	1302.00
2005	1455	791	767	58	10	76	763.15
2006	1247	791	760	40	10	57	465.95
2007	1232	791	751	42	7	52	1460.20
2008	1274	775	785	23	2	48	1471.90
2009	1897	778	742	43	10	50	833.70
2010	1711	751	672	71	8	72	1892.00
2011	1830	755	714	44	5	29	2569.90

第七节　党风廉政建设

1986年，针对极少数党员干部不同程度的存在腐败问题，全区各级纪委履职尽责，协助同级党委切实加强党风廉政建设。1987年1月，地委制定《关于加强自身建设的规定》。1988年7月，地委下发《关于党政机关保持廉洁的通知》。9月，地委、行署制定《关于保持廉洁的规定》《德州地区地级党政领导干部廉洁勤政守则》。至1992年，先后狠抓了违纪违法招工招生招干和“农转非”，农用“三挂钩”物资不兑现，用公款供子女上学，用公款吃喝请客送礼，违纪违法建私房，乱收费、乱集资、乱摊派，农村财务管理混乱，干部职工在城区建私房等问题的清理纠正工作。

1993年，地区纪委设立党风廉政建设室，加强惩治腐败工作。公布举报电话，设立举报箱，并实行全日制值班，保证信访渠道畅通。把县处级以上领导干部廉洁自律作为反腐败的关键环节来抓，对照中央和省委、地委有关规定，检查出接受信用卡、办经济实体、“借船搭车”出国旅游、公款大吃大喝、用公款送子女上学、违控购买小汽车、无偿占用企业人财物等方面的问题，制定措施，进行整改。出台一批压缩会议开支、严禁公款私宴的文件和规定，全区共建立和修订完善党风廉政制度521项，取消、停止达标升级项目242项，精简人员24472人。1994年4月，地区纪委坚持预防为主，事前事后监督并重，制发《关于县（处）级以上领导干部廉洁自律的规定》《关于领导干部个人重大事项报告制度的规定》和《关于地级领导干部抓党风廉政建设责任制的意见》等一系列规章制度，建立领导干部廉洁档案。通过派员参加地直机关和县市党委民主生活会，以及群众信访举报，对新排查出的违反规定买车或向企业换车、超标准住房、超标准应酬接待、婚丧事规模过大、公务活动中收受礼品等问题，均一一制定了纠正措施。

1995年5月，市委制定印发《关于反腐倡廉工作的意见》《关于党政机关小汽车配备和使用管理的规定》。7月，印发《关于严禁用公款吃喝玩乐的规定》《德州市市级领导机关内宾接待费用包干管理暂行规定》《德州市市级会议审批及经费管理办法》。是年，纪检委会同有关部门组成7个联合检查组，对党政机关和具有行政职能的行业公司的领导干部乘车情况进行专项检查，清理出超标小汽车79辆，全部作了调换、清退和出售处理。并按照市委规定，对党政机关领导干部建房住房、用公款吃喝玩乐问题进行了清理检查。1996年，各级按照市委规定，加强内部接待、公务活动等重点环节的规范管理，市、县两级普遍实行定点接待，统一安排和报批制度，80%的乡镇建起内部小食堂。实行工作日中午禁酒。党政机关、企事业单位在公务活动中实行“盆菜式”工作餐，使用本地酒水的明显增多。

1997年，市委制定《关于贯彻执行〈中共中央、国务院关于党政机关厉行节约制止奢侈浪费行为的若干规定〉的实施意见》。是年起，将落实中央关于党政机关厉行节约、制止铺张浪费的“八项规定”作为重点，严格控制各级党政机关新建、装修办公楼和购买高档办公用品，认真解决过多过滥的会议、庆典、检查、评比和达标等问题，制止用公款吃喝玩乐的不正之风，清理整顿用公款安装住宅电话和购买移动电话，严格按规定配备和更换小汽车。1999年，市委、市政府制定《关于落实党风廉政建设责任制的实施办法》。年终，全市有87人因抓党风廉政建设工作不力受到责任追究。2001年，先后出台《关于严禁党政机关及其工作人员接受赠送“红包”和有价证券的暂行规定》《关于对

领导干部社交圈、生活圈行为进行监督的办法》《关于建立干部廉政监督工作机制的实施意见》。建立政府采购制度，严肃财经纪律。

2002 年，制发《关于乡镇党员领导干部廉洁从政的规定（试行）》《关于村级干部廉洁自律的若干规定（试行）》《关于进一步加强乡镇廉政建设坚决反对铺张浪费的通知》，对乡镇干部“走读”、超编小汽车、违规上项目、盖办公楼等问题均作出明文规定。2003 年，加强对落实中央八项规定工作监督，狠刹领导干部收受礼品券卡、奢侈浪费和官僚主义、形式主义等歪风。同年，针对市县换届，实行“一岗双责”，将反腐倡廉总体要求逐一分解到各级党委政府每个领导班子成员，将反腐倡廉的任务目标逐项分解到每个牵头责任部门。至 2005 年，全市基本构建起分级负责、分线负责、分项负责的立体工作格局，形成党政齐抓共管的工作机制。

2006 年，制定《中共德州市委关于落实〈建立健全教育、制度、监督并重的惩治和预防腐败体系实施纲要〉的具体办法》和《分工方案》。2007 年，在德州监狱建立全市党员干部警示教育基地，召开了全市农村基层党风廉政建设经验交流会。2008 年，制发《中共德州市委关于建立健全惩治和预防腐败体系的意见》。2011 年，市委、市政府主要负责人分别与各县（市、区）委书记和县（市、区）长、市直部门主要负责人签订《落实党风廉政建设责任制责任书》。建立完善了廉政风险防控、行政效能推进、舆情宣导、评议评价、惩戒问责 5 项机制。

第六章　组织工作

第一节　基层组织和党员队伍建设

一、基层组织建设

1986 年，全区建有基层党支部 15618 个，其中农业、林业、水利支部 10327 个，工业、交通、商业、金融支部 2482 个，科技文教卫生事业支部 969 个，机关、社会团体支部 1095 个，其他支部 745 个。1988 年 1—6 月，全区普遍开展农村党支部班子整顿、调整和完善工作，先后有 4981 名农村党员干部充实进支部班子。1989 年 9 月 1—2 日，地委在夏津县召开现场会，推广该县实行农村党支部达标升级管理制度。至 1991 年，全区先进党支部达 1840 个，一类支部 3899 个，分别占总数的 22.62% 和 47.94%；二类支部 2018 个，三类支部 376 个，分别占总数的 24.81% 和 4.62%。1993 年，开展“双百”（树立 100 个奔小康先进党支部、100 名奔小康优秀党员）评选活动。1994 年 7 月，地委对首批 100 个奔小康先进党支部和 100 名奔小康优秀共产党员进行命名表彰。

1995 年 5 月，按照“抓先进上水平，抓后进改面貌，抓两头带中间，抓配套促发展”的工作思路，选调 1244 名优秀年青干部组成工作组，到 406 个后进村开展党支部整顿工作；选派 304 名优秀年青干部到 242 个后进村担任支部书记或村主任；在 264 个村公开选拔村干部。1996 年，开展“万名干部驻村到户、抓党建奔小康、创建文明村”活动，全市选派 9459 名县乡干部进驻到 2999 个村，通过强班子、换脑子、选路子、解难题、建制度、创建文明村，加快致富奔小康步伐。1998 年 10 月，召开全市农村基层组织集中整顿建设现场会，部署开展农村基层组织集中整顿工作，整顿后进村，整顿乡村干部思想作风，推进村务公开公开和民主管理，发展乡村合作经济组织。1999 年，在乐陵、齐河等县（市）的 36 个村进行党支部书记直选试点工作。2000 年，推进农村党支部班子成员“两推一选”和村“两委”成员交叉任职工作，全市实行“两推一选”农村党支部班子 2363 个，占总数的 28.6%。同年，制定《关于加强民营经济组织党建工作意见》，全市民营企业中单独建立党组织 712 个，占应建党组织企业的 82.6%。2001 年，以扩大覆盖面、提高影响力为重点，通过单独组建、挂靠联建、选派党建工作指导员等形式，建立非公有制企业党组织 1009 个，占应建数的 96.5%；建立社会力量举办的学校党组织 20 个，占应建数的 91%；建立社会团体党组织 36 个，占应建数的 90%；建立居委会党组织 178 个，占 95.2%。

2002 年，总结推广平原县农村党支部书记规范化管理经验，全面推行农村基层组织规范化建设。2003 年，制发“五个好”（即领导班子好、党员干部队伍好、工作机制好、新农村建设业绩好、农村群众反映好）乡镇党委和基层满意的县创建标准，开展农村基层组织建设县乡村“三级联创”活动。2006 年 8 月，实施村级组织活动场所建设试点工作，当年全市建设活动场所 226 个。至 2007 年，村级组织活动场所达到 1146 个。2009 年，制定《关于加强农村党支部书记队伍建设的意见》和《关于进一步深化农村党支部书记星级化管理的意见》，形成以绩定星、以星定酬的长效管理机制。2010 年，结合村庄合并和农村社区建设，开展“百局帮百区”和“农村社区党建强化年”活动，新建村级组织活动场所 1580 处。德州市以党的建设引领农村社区发展的做法被省委组织部定为“德州模式”，并在新华社、中新社、省委组织部内部刊物上刊发。2011 年 3 月，选择 300 个规范社区，实施农村社区党建“规范化建设年”活动。同年 10 月，开展“双百示范工程”创建活动，在全市创建 100 家非公有制企业和 100 个社会组织党建工作示范点。

至 2011 年，全市有基层党支部 12716 个，其中科技文教卫生事业支部 556 个，机关、社会团体支部 1818 个，农业、工交及其他支部 10342 个。在全部基层党支部中，非公组织支部 2316 个，占全部支部总数的 18.21%。

1986—2011 年德州市（地区）党组织情况一览表

表 20－8

年份	党组（个）	基层组织（个）		
		基层党委（个）	党总支（个）	党支部（个）
1986	519	329	159	15618
1987	553	340	169	15290
1988	562	345	180	15681
1989	579	376	268	15888
1990	580	333	294	13455

续表 20－8

年份	党组(个)	基层组织(个)		
		基层党委(个)	党总支(个)	党支部(个)
1991	595	337	312	13611
1992	592	343	353	13708
1993	496	346	408	13833
1994	473	356	434	13987
1995	482	372	445	13912
1996	574	371	601	13991
1997	531	385	613	14034
1998	513	401	575	13811
1999	466	399	614	13811
2000	435	331	581	13888
2001	403	355	670	13609
2002	399	375	698	13758
2003	483	363	687	13994
2004	459	380	573	13538
2005	467	387	479	13548
2006	467	396	489	13635
2007	486	415	394	13784
2008	490	409	399	13862
2009	489	410	897	10681
2010	450	410	925	10796
2011	450	414	955	12716

二、党员队伍建设

1984 年 12 月—1987 年 3 月，全区 23.65 万名党员分四批参加整党，965 人受组织处理，提高了党员政治素质；清理"文化大革命"的影响，促进了改革开放。

1987 年 4 月，组织开展新时期共产党员如何发挥先锋模范作用大讨论。至年底"大讨论"结束，全区 99.4% 的党支部和 95.5% 的党员参加了大讨论，共召开各种类型讨论会 43263 次，写出讨论稿 40842 篇。1988 年 6 月，以县乡党校为阵地，对农村党员进行党的宗旨、共产主义理想、科学文化知识和商品经济教育，全区共举办各种类型的培训班 2596 期，培训党员干部 4.98 万人次。1990 年 4 月，按照"坚持标准、立足教育、区别对待、综合治理”的方针，全区各级党组织普遍开展民主评议党员工作，参评党员21万多名，处置不合格党员538名。

1990年，成立德州地区党员电化教育中心，启动党员电化教育工作。到1994年，在农村、企业建立定期定点播放点703个，拍摄各类电教片42部，地区党员电化教育中心被中央组织部表彰为“全国党员电化教育先进单位”。1995—1996年7月，在农村党员中开展“双学”（学文化、学技术）活动，全市县乡党校共举办专题培训班1730期，播放录像5300余场次，举行报告会240多次，24万多名党员参加活动。1998年，结合“双学”活动，充分运用电化教育手段，建立党员电教科技示范基地380个、科技示范户10895户、经济强村党员电教室701处。

1999年，突出理想信念、爱国主义、集体主义、社会主义和马克思主义唯物论等方面教育，全市举办各类培训班852期，培训农村党员干部16.2万人次，农村党员干部基本轮训一遍。2001年，以“干部受教育，群众得实惠”为目标，深入开展农村“三个代表”重要思想学习教育活动，6.3万名县乡干部及4.2万名农村干部参加学教活动。2002年，宁津县红庙李村党支部书记张国华，作为全省学习实践“三个代表”重要思想的先进个人参加了省委组织的巡回报告团。2004年，选择5个不同类型单位的109个基层党组织和1808名党员，集中开展保持共产党员先进性教育活动试点工作，探索建立党员学习培训、教育管理、民主评议、不合格党员处置等长效机制。同年，市党员电化教育中心加挂党员干部现代远程教育中心牌子，农村党员干部现代远程教育工作在全市推开。

2005年1月，按照中共中央部署，用一年半左右时间，在全市行政机关、事业单位开展以实践“三个代表”重要思想为主要内容的保持共产党员先进性教育活动。同年8月，在平原召开全市农村基层组织暨小康村建设现场会，将星级化管理范围由农村党支部书记延伸到农村干部党员，全面推行农村干部党员星级化管理。到2006年，全市15.3万名农村干部党员纳入制度化、规范化管理。2007年，拓展延伸农村星级化管理范畴，探索县乡机关、企事业单位、城市社区、新经济和社会组织的党员实行星级化管理。2009年，着力健全流动党员动态管理、城乡一体化党员服务和老党员、困难党员及离退职村干部救助“三项机制”，在流出地党委建立外出党员联合支部，开通“12317”党员咨询服务电话，强化党组织为党员服务功能。2010年，开展创先争优、做兴德先锋活动，全市

2006年起，德州市连续8年招募“三支一扶”大学生，共将1190名大学生送往基层单位支农、支教、支医和扶贫。

各级党组织和党员作出为民服务承诺51万项，49万项得到兑现落实。2011年，认真落实发展党员“两推一公示”制度，继续向3年以上不发展党员的村和“两新”组织倾斜。

第二节　领导班子和干部队伍建设

一、党政领导班子建设

1987年，按照“基本稳定、局部调整、完善结构、提高素质”的要求，对13个县（市）党委、纪委、人大、政府、政协、法院、检察院和257个乡镇党委、政府的领导班子进行换届调整，对79个地委部委、行署委办局和部分事业单位的领导班子进行调整，各级领导班子结构趋向合理。

1989年，从地、县（市）直党政群机关和部分县级企事业单位中，选派1050名青年干部到乡镇基层进行为期1年的挂职锻炼。1991年，制发《关于进一步做好培养选拔女干部工作的意见》和《关于培养选拔党外干部的工作规划》，建立女后备干部和党外后备干部队伍。

1992年，深化干部人事制度改革，实行选任、委任、考任、聘任等干部任用形式，全区乡镇聘用制干部达188名。1993年，按照公开、平等、竞争、择优的原则，在全区范围内公开选拔地直部门正职10人、副职6人；推荐选拔县级后备干部400人。1994年，公开选拔配备地区畜牧、水产、蔬菜3个事业局的3名正职和6名副职；市直科级干部推行“一放”（下放管理权限）“二改”（改革选拔方式，推行一推双考；改革任用方式，推行聘任制）“三加强”（加强岗位任、聘期目标责任制和考核管理，加强优秀中青年干部的培养，加强科级干部队伍的宏观管理）管理体制。1995年，采取“三荐三考”（组织推荐、群众举荐、个人自荐，民意考察、实绩考评、知识考试）方式，公开选拔市外经贸委和市旅游局3名副职领导干部。1998年，采取“一推双考”（公开推荐，笔试、面试）方式选拔法院、监察局、农委、林业、畜牧、审计、卫生7个部门的7名副职；采取单位（系统）内部竞争上岗方式，选拔计委、经贸、建委、地税、审计、畜牧、文化、卫生等8个单位的15名副职；提拔交流9名干部到县（市、区）任职，选派192名干部到浙江、福建、广东3省挂职学习。

2000年，制定《关于提拔任用领导干部实行任前公示制的暂行规定》，对副科级以上领导干部实行任前公示制。2002年，全面推行干部考察责任制、差额考察制、考察预告制，对22名县（市、区）党政正职实行无记名投票表决。2003年，在县（市、区）领导班子换届中试行票决制，换届后平均年龄41.7岁，比换届前下降了2.2岁，大学以上学历199名，其中研究生学历51名，女干部30名，党外干部58名，少数民族干部3名，年龄结构、文化结构均得到优化。

2004年，修订完善公开选拔、竞争上岗、差额考察、任前公示、全委会票决等制度，完善市直科级干部备案手续。2005年，在对部分市直单位领导班子调整中，2043人参加民主推荐，889人参加谈话推荐，考察谈话850人次。2006年，对县（市、区）党委领导班子进行换届调整，县（市、区）党委减少副书记26职，班子平均年龄42.1岁，全部为大专以上文化程度。2007年，结合换届调整，突出对领导班子和领导干部贯彻落实科学发展观、驾驭全局、处理利益关系和务实创新能力的考察。

2008年，先后选派58名县处级、19名科级干部到江苏省苏州市、常州市、镇江市、泰州市，北京市西城区，天津市滨海新区，陕西省西安市，浙江省金华市和山东省威海经济开发区、胶州市等发达地区挂职锻炼。2010年，采取“两公开四差额”（公开空缺职位及职位要求，公开选任方法及选任程序，差额推荐、差额考察、差额酝酿、差额表决）方式，选拔县（市、区）党政正职11名、市直部门正职1名、乡镇党政正职73名。2011年，对部分市直党政群机关单位领导班子和领导干部进行调整，竞争性选拔县级干部92人。根据换届结构性需求，公开选拔18名副县级干部和15名正科级干部。这一做法入选中组部《市县党委换届干部人事制度改革100例》。探索建立与中省直机关干部双向挂职、赴发达地区挂职、到基层一线和重要岗位挂职"三位一体"的干部实践锻炼机制。至2011年，先后争取中纪委、国家发改委、财政部、农业部等19个中直单位的60名干部，省政府办公厅、省财政厅、省水利厅等32个省直单位的54名干部到德州市挂职；选派13名干部到中纪委、国家发改委、国土资源部等8个中直单位，选派38名干部到省发改委、省交通运输厅、省教育厅等22个省直单位挂职学习。

二、干部教育培训

1986年后，各级党委利用党校、干校及大中专院校，采取脱产、函授等多种形式，对干部进行党的基本路线和社会主义市场经济及有关专业知识教育。至1992年，全区共举办各级各类培训班160多期，培养干部1万多名，分期分批对1000余名县级干部和1300余名正科级干部安排脱产学习；对300余名县级后备干部和机关年轻干部分期进行政治培训。

1993—1994年，分别举办《邓小平文选》培训班和研讨班，培训地直机关干部260余人；分5期将各县（市）委书记、县（市）长，地直部委办局主要负责人，大中型企业厂长（经理）、党委书记全部轮训一遍。1995—2000年，坚持"突出重点、统筹兼顾"的原则，在市、县两级党校举办各类培训班194期，培训干部33800多人次；在山东经济管理干部学院、山东农业大学举办5期乡镇党委书记、乡镇长培训班，培训干部240名；邀请中央党校、北京大学、中国科学院专家、教授，就学习邓小平理论和中共十五大精神及国有企业改革、法制建设、现代科技和市场经济知识等内容，举办专题讲座和报告会，培训5800人次。1999—2001年，分3批选派306名年轻干部到新加坡南洋理工大学、南京大学、南开大学参加研究生进修班的学习，学制均为1年。

2002年，首次组织全市党政机关、事业单位45岁以下、正科级以上共2133名领导干部理论学习考试。2003—2005年，重点举办"三个代表"重要思想专题培训班，分别对全市乡镇党委书记、县级领导干部及一般干部进行培训。2006年，举办社会主义新农村建设专题培训班，全市130名乡镇、街道的主要负责人和360名市直驻村干部参加集中培训；同年，连续举办4期"构建社会主义和谐社会专题研讨班"，共有640名干部参加培训。2007年，共举办各类培训班260期，培训各级各类干部2.6万人，其中科学发展观在内的政治理论培训1.8万人，业务知识、岗位技能及新知识培训8000人。2008年，举办新任县级干部、乡镇党委书记、副乡镇长、中青年干部、党政部门正科级干部和新录用公务员等培训班等10期，培训干部1500多人次。2009年，连续举办"县级领导干部学习科学发展观专题培训班"3期，共培训县（市、区）和市直部门领导干部150人次；开展"学习苏南发展经验、学习先进培训理念"活动，在江苏昆山举办全市乡镇（街道）党委书记培训班2期、团干部培训班1期，在江西井冈山举办组工干部培训班1期，培训人员200多人。

2010年，在中国浦东干部学院举办"城市化与城市现代化建设"专题培训班，将各县（市、区）委书记和市直有关部门主要负责人培训一遍；围绕"转方式、调结构"主题，先后在昆山、无锡、苏州、井冈山等地举办培训班13期；在清华大学、复旦大学、南开大学、华东师大等

高校举办培训班4期。采取政府间合作办学、外资企业资助等方式,安排新加坡培训4期,培训干部人员45名,把县(市、区)和市直经济部门主要负责人轮训一遍。2011年,举办各类培训班234期,培训3.1万人次,其中副县级以上干部1071人次,科级干部14099人次。在新加坡南洋理工大学成功举办了“领导干部城市建设管理与住房保障培训班”,培训25人。全面落实“培训主题鲜明化、培训对象重点化、授课师资高端化、培训方式多元化、学风建设制度化、培训管理规范化、培训目标具体化”要求,高标准高质量举办“示范班”27期,培训干部3100人次。

三、综合考评考核

2008年1月,市委、市政府制定《关于健全推动科学发展促进社会和谐综合考核体系的意见(试行)》,考核结果公之于众,作为奖惩干部的重要依据,旨在调动广大领导干部干事创业主动性和积极性。依据此文件规定,市委对11个县(市、区)2007年度科学发展情况进行全面考评,对2个开发区单独考核,并根据考评结果进行奖惩。3月,市考评委员会办公室成立,办公室设在组织部。12月,对纳入考核的79个市直单位和23个中央、省驻德州单位按照部门职能和服务对象的差异进行了分类考评。

2009年1月,市委制定《关于加强和改进县级领导班子和领导干部经常性考察工作的实施意见》,对领导班子和领导干部年度考察、重大事项跟踪考察、领导干部谈话、领导干部经济责任审计、干部监督工作联席会议、民主生活会等工作进行规范,形成了经常性考察与届中、届末考察相结合,群众评议与上级评价相结合,定性分析与定量分析相结合,相互印证,相互补充的领导班子和领导干部综合评价模式。12月,开展了全市科学发展综合考评与县(市、区)党政领导班子和领导干部年度考核、后备干部补充调整、党建工作考核、落实党风廉政责任制考核、市直机关效能暨政风行风民主评议工作。2010年3月,省考核组对德州市2009年度推动科学发展情况进行实地考核,德州市综合得分和考核指标得分位次列第三档,群众满意度得分位次列第二档。8月,德州市开展综合考评工作的做法,在全省综合考核工作会议上作经验交流。

2011年1月,开展全市科学发展综合考评与党政领导班子和领导干部年度考核、干部选拔任用工作“一报告两评议”及领导干部述职述廉工作。省考核组对德州市2010年度贯彻科学发展观,推动经济社会发展情况进行实地考核,综合得分位次由三档提高到二档。同年4月,加大涉及人民群众幸福感目标的权重,突出民生民本导向,将建设幸福德州考核与全市科学发展综合考评体系融为一体,建立了科学发展·幸福德州综合考评体系。9—11月,结合县乡领导班子换届,对各县(市、区)进行科学发展·幸福德州综合考评的实地考核;首次开展市直部门群众满意度调查,重点围绕卫生、教育、公安、民政、人社、食品药品安全、环境保护、文化8个与群众利益、社会管理密切相关的部门展开,结合部门职能,设计了40条个性化问题,成功访问电话用户7000多户。

第三节　机关党建

1986年,中共德州地委直属机关委员会为地委的工作部门,领导和指导地直党、政、群机关及法院、检察院等部门和中央、省驻德州机关企事业等单位党建工作。内设组织科、宣传科、秘书科,并设地委机关工会、地直机关纪律检查委员会。下辖基层党委26个,党总支38个,党支部499个,共有党员10764名。1992年11月,地委将地直机关党委分设为地委机关党委和行署机关党委。地委机关党委编制7人,负责地委各部门、人大、政协、检察院、法院和部分中、省直驻德州单位机关党的工作;行署机关党委以原行署党总支为基础组建,编制10人,负责行署各部门及所属企事业单位和部分中、省直驻德单位机关党的工作。

1996年5月,市委撤销市委、市政府两个机关党委,建立中共德州市委市直机关工作委员会(以下简称工委),作为市委的派出机构,统一领导和指导市直和中央、省驻德单位及部分企事业单位党的工作。工委内设办公室、组织部、宣传部、研究室,市直机关纪律检查工作委员会(副县级),市直机关工会工作委员会、妇女工作委员会、共青团工作委员会。1999年,市委工交工委设立。2001年6月,工委由市委派出机构改为市委工作部门。机构改革后,撤销研究室,市直机关工会工作委员会与妇女工作委员会合并为市直机关工会与妇女工作委员会,其他内设机构不变。工委工作职能与管辖范围不变。2010年4月,撤销市直机关纪律检查工作委员会。至2011年年底,工委直属党组织120个(党委58个、总支23个、支部39个),所属党组织886个(党委35个、总支30个、支部821个),党员19359名。

1986—2011年德州市(地)直机关党员、党组织情况表

表20-9

年份	党员(人)	发展新党员(人)	党委(个)	党组(个)	党总支(个)	党支部(个)
1986	10764	632	26	50	38	499
1987	11233	525	36	56	27	468
1988	11761	441	39	58	29	533
1989	11928	315	42	62	37	576
1990	12769	460	47	63	38	641
1991	13261	471	48	63	39	613
1992	13849	459	51	68	42	628
1993	14470	522	53	68	50	676
1994	14995	475	55	73	52	703
1995	22855	818	83	73	93	1187
1996	23977	818	83	80	96	1224
1997	25168	790	88	80	94	1242
1998	23753	698	94	70	82	1146
1999	24668	687	97	66	83	1168
2000	16610	455	64	65	55	757
2001	17239	493	70	62	60	784

续表 20－9

年　份	党员（人）	发展新党员（人）	党委（个）	党组（个）	党总支（个）	党支部（个）
2002	17690	568	70	59	62	796
2003	18111	572	72	60	76	808
2004	16645	361	73	61	53	709
2005	17238	351	79	61	53	780
2006	17537	390	80	61	58	825
2007	16743	316	81	63	53	800
2008	17813	377	82	66	55	829
2009	18191	244	86	65	56	843
2010	18633	287	88	61	54	847
2011	19359	280	93	61	53	860

第四节　离休干部工作

1986 年，全区离休干部 9749 人，其中行政机关 3360 人，事业单位 2950 人，企业单位 3439 人；享受副厅级以上待遇的 142 人，享受县处级待遇的 1998 人，其他离休干部 7609 人。

1987 年 11 月，地委、行署制定下发《关于做好离休干部工作的试行规定》。1988 年，地县两级老干部工作机构统一改为党委序列的一级局，在原县（市）老干部科、地委老干部处的基础上，组建了地、县委老干部局；地县（市）直属机关根据实际情况设立了老干部管理机构，乡镇一级配备了专兼职干部。到 2011 年，全市离休干部 3532 人，其中行政机关 1108 人，事业单位 1125 人，企业单位 1299 人；享受副厅级以上待遇的 41 人，享受县处级待遇的 1092 人，其他离休干部 2399 人。

一、政治待遇

1986 年，离休干部与在职干部一样按级别看文件、听报告，各级领导定期向他们通报工作情况，组织他们参观工农业生产建设项目，并逐步形成重大情况通报、参观考察和阅读文件等制度。至 2011 年，市、县（市、区）两级党政主要领导每年都通过会议和走访慰问等形式，定期向老干部通报全市政治经济形势和工作情况，征求意见；市及各县（市、区）及市直部分单位每年都组织老干部参观工农业生产建设项目，使其亲眼目睹改革开放带来的新成果。

二、生活待遇

1986 年，离休干部除在物资供应、住房、乘车、医疗、护理、疗养等方面享受有关待遇外，地、县两级还兴办老年大学，举办讲座，建立活动场所，开展丰富多彩的文体活动。1987 年，地委、行署研究决定为离休干部家属解决“农转非”。到 1992 年，全区共为离休干部家属、子女办理“农转非”10353 人。

1993 年起，重点抓好老干部离休费、医药费待遇落实工作。1995 年，为解决部分企业老干部的离休费、药费问题，采取转主管局发放、系统统筹发放、调整单位发放、转财政负担、特事特办等办法。1999 年,全市企业离休干部的离休费全部纳入社会养老保险体系。2001 年,德州市在全省较早实行全市乡镇老干部的离休费全部纳入财政工资专户或劳动保险。

2002 年,多数县(市、区)建立起医药费保障机制并运转。2003 年 1 月 1 日,市直离休干部医药费保障机制正式出台运转。同年,围绕“两费”落实,市委、市政府强化建立和完善离休干部离休费保障、医药费保障、财政支持“三个机制”,并对市直 22 个无力缴纳统筹金的特困企业,全部由财政负担,对 4 名特困企业离休干部的医疗统筹金补助一半。

2007 年,建立离休干部医药费统筹基数每隔两年调整一次的制度。2008 年,为从根本上解决企业离休干部与党政机关离休干部生活待遇存在的差距问题,相继出台《关于适当增加企业离休干部离休待遇的通知》和《关于调整市属企业离休干部离休费的通知》,对全市企业离休干部离休费按党政机关离休干部标准进行重新套改。2009 年,加大对困难乡镇、困难企业离休干部的帮扶力度,新增 6 家特困企业、50 名离休干部由市财政全额负担医药费统筹金;各县市区困难乡镇、破产改制企业医疗统筹金也全部由同级财政兜底。2010 年,市、县两级采取财政专款列支的方式,全面建立特殊困难离休干部及遗属救助帮扶机制。2011 年,新增 7 家市直困难企业离休干部医药费统筹金由市财政全额补助。对特殊困难离休干部及遗属、特困行业和单位及定点医院给予救助支持。

第五节　知识分子工作

自 1982 年起,遵照中央和省委关于落实知识分子政策指示精神,全区开展了落实知识分子政策、解决历史遗留问题工作。至 1986 年 7 月底,此项工作基本结束,全区“文化大革命”期间及以前的 2065 件冤假错案全部平反纠正,并得到妥善处理。

1987 年 6 月,地委转发地委组织部《关于选拔管理拔尖人才的试行意见》,决定开展选拔管理专业技术拔尖人才工作,每两年选拔一次,以地委、行署名义命名表彰。1988 年 12 月 3 日,地委、行署命名表彰地区级首批专业技术拔尖人才 37 名(至 2001 年,全市共评选出 7 批 300 多人;2001 年后,此项工作由组织部门移交人事部门管理)。同年 12 月 8 日,地委命名表彰首批 100 名乡镇企业拔尖人才。1990 年,制定《关于进一步加强和改进知识分子工作的意见》。1991 年 5 月,召开全区知识分子工作会议,强调把“尊重知识、尊重人才”提到战略高度来认识。1993 年,地委对 45 名为全区的科技进步和经济发展做出突出贡献的科技人员予以表彰奖励。

1995 年,全市科学技术大会提出大力培养、造就人才队伍。1998 年,赴西安、成都等地引进紧缺专业人才,268 名高校毕业生到德州建功立业。是年 8 月 3 日,市委、市政府作出《关于命名表彰首批“德州市农村科技大王”的决定》,授予盖荫宝等 26 名来自农村生产第一线的优秀科技人才为首批“德州市农村科技大王”称号。2000 年 3 月,为加快实施“科教兴市”发展战略,市委、市政府研究出台《关于引进硕士学位以上毕业研究生的暂行规定》,就引进和吸纳硕士以上学位毕业研究生做出专门规定。2004 年,成立全市人才工作领导小组,设立人才工作办公室(与市委组织部知识分子工作科合署办公),12 月,制发《关于实施人才强市战略进一步加强人才工作的意见》。同月,为营造尊重劳动、尊重知识、尊重人才、尊重创造的社会环境,更好地为德州市经济和社会发展服务,市委、市政府制定出台《德州市有突

出贡献的中青年专家选拔管理暂行办法》。2005年，全市选拔出30名中青年专业技术人才，涉及教育、医疗、农业、电力等行业，并建立德州市高层次人才库。同年5月，出台《德州市首席技师选拔管理办法》。

2006年11月，为大力实施“人才强市”战略，鼓励、吸引海外留学人才来德州市创业和服务，德州市人民政府出台《关于引进海外留学人才来我市创业服务的暂行规定》，举行德州市海内外高端人才恳谈会。2006年11月，为全面建设社会主义新农村提供人才保障和智力支持，市委、市政府出台《关于加强农村实用人才队伍建设的意见》。2007年，市委、市政府与省委高校工委、省教育厅签署《人才对接战略合作框架协议书》和《工作会商制度议定书》。2008年12月，市委、市政府先后制定《关于加强高层次创新型人才队伍建设的意见》《德州市“首席专家”建设工程实施办法》《德州市产业发展与创新优秀人才奖暂行办法》《关于落实科学发展观进一步加强人才队伍建设的意见》《德州市农村优秀实用人才选拔管理暂行办法》。是年，德州市分别在美国、法国、日本，建立海外人才工作站吸引高端人才。

2009年3月，市人才工作领导小组制定《德州市人才工作领导小组议事规则》和《德州市人才工作领导小组成员单位主要职责》，规范人才工作领导小组议事程序，明确各成员单位的职责和任务。7月，开展首批首席专家岗位申报工作，共有33个岗位提交评审委员会。2010年11月，市委组织部知识分子工作科（挂市人才工作办公室）更名为市委组织部人才工作办公室。2010年10月，16名人被确定入选德州市第一期首席专家。同年12月，结合国家、省中长期人才发展规划，市委、市政府印发《德州市中长期人才发展规划纲要（2010—2020年）》。2011年，开展首批德州市乡村之星选拔推荐工作，全市共评选首批乡村之星50名。

第六节　援藏工作

1995—2004年，按照中共中央和山东省委统一部署，德州市先后选派19名干部分3批赴西藏自治区，对口支援建设日喀则地区。援藏干部分别在有关单位担任相应职务，担负相应的职责。

援藏干部进藏后，在日喀则地委统一组织领导下，认真贯彻落实中共中央和西藏自治区党委的工作部署，严格遵守援藏挂职服务规章制度，克服高原反应，尊重当地民风民俗，与当地干群打成一片，努力工作，表现出高度的政治责任感和积极工作的进取精神，圆满完成了各项任务。德州援藏干部的表现受到当地干部群众的充分肯定。德州市经济和信息化委员会副主任（后为主任）袁策第一批援藏任日喀卡则地区体改委主任。在第一批援藏工作期满时，日喀则地区体改委的20余名干部联名向中共山东省委组织部和德州市委组织部发来感谢信，并请求组织上能够将袁策留任继续工作。山东省、市党组织批准了他们的请求，袁策继续留任。

德州市援藏干部情况表

表20－10

批次	姓名	出生年月	进藏时间	在日喀则地区单位及职务
第一批	袁　策	1954.10	1995—1998	地区体改委主任
	牛玉胜	1957.4	1995—1998	地委副秘书长、机要局局长
	张端文	1952.9	1995—1998	地区农牧局第一副局长
	张志昌	1950.11	1995—1998	地区教体委副主任
	武官泽	1953.5	1995—1998	地区粮食局副局长
	张立生	1956.8	1995—1998	地区交通局党组成员、客运公司经理
	魏洪斌	1955.7	1995—1996	地区计经委项目办研究员
	郑　康	1956.11	1995—1996	地区计经委项目办研究员
第二批	袁　策	1954.10	1998—2001	地区体改委主任
	张朝勃	1958.2	1998—2001	地委政法委副书记
	周鲁平	1962.2	1998—2001	地委宣传部副部长
	许宝庆	1959.7	1998—2001	地区财政局副局长
	王洪春	1964.12	1998—2001	地区电力局副局长
	刘玉辉	1958.12	1998—2001	地区客运公司党支部书记、副经理
第三批	于　喆	1969.7	2001—2004	地区计委副主任
	王立鲁	1964.3	2001—2004	地区经委副书记
	李连军	1964.12	2001—2004	地区政协副秘书长
	于清泉	1965.11	2001—2004	地委统战部副部长
	闫大鹏	1966.1	2001—2004	地区旅游局副局长
	郭建民	1972.3	2001—2004	地区行署办公室正科级秘书

第七节　党校教育

1986年，中共德州地委党校共设11个科室，有教职工95人。1990年，按照全国、全省党校校长会议部署，地委党校决定扩大办学规模，强化党员领导干部的轮训、培训工作。1991年12月，地委党校改为大学专科体制，列为副厅局级单位。1992年10月，内设机构由原来的科级升为处级。1994年年底，地委党校兼办行政学院，一套班子，两个机构，承担培训党员领导干部和公务员两种职能。德州地区撤地建市后，地委党校改为市委党校。2000年，市委党校深化主体班次教学内容改革，从理论基础、世界眼光、战略思维、党性修养4个方面实施新的教学布局。2003年，市委撤销市委党校党

德州市委党校新校

委、纪委，成立市委党校校务委员会，实行校委会领导体制。2008 年 9 月，市委党校兼办德州市社会主义学院。

至 2011 年年底，德州市委党校兼办德州市行政学院、德州市社会主义学院，挂"中央党校函授学院山东分院德州学区""山东省委党校干部业余教育学院德州分院"牌子。内设 20 个处（部、室、馆），有在职人员 115 人。

2011 年前，市委党校位于德兴北路。2010 年 10 月，中共德州市委党校新校区在经济开发区求是路开工建设，至 2011 年年底基本竣工。新校占地 9.93 公顷，主要有综合办公楼（包括图书馆、信息中心）、教学楼、报告厅、学员公寓及餐厅、文体馆等，总建筑面积 6.1 万平方米。可同时容纳 600 人食宿和上课。

干部培训　1986 年，地委党校严格落实市委干部培训轮训工作规划，根据不同时期党委中心工作的开展，重点针对全市县级领导干部、地（市）直机关领导干部、乡镇党委书记、乡镇长，中青年干部，妇女干部以及拔尖人才、经济发展强村党支部书记等人员，因地制宜，因材施教，组织开展岗位及业务知识培训主体班。每期培训根据教学内容和培训对象确定培训时间，少则一两周，多则一两个月；最长时间的是中青年干部培训班，培训对象是地（市）直部门和县（市）委管理的正科级领导干部，每期 50 人，至 2010 年先后举办 29 期，有 6 期培训时间一年，其余各期培训时间为半年。至 2011 年年底，德州市委党校累计举办各种主体班次 301 期，培训轮训各级各类干部 25138 人次。

学历教育　自 1986 年起，地（市）委党校在强化主体班次的同时，积极适应形势需要和机关干部求知学习、丰富自我的愿望，与中央党校、省委党校密切合作，创造条件举办学历教育班次。先后举办地委党校大专班、地委党校专业证书班、中央党校函授大专班、中央党校函授本科班、省委党校函授大专班、省委党校函授本科班、省委党校业余研究生班等 7 个班次。至 2011 年年底，在德州市委党校接受学历教育的学员累计 8481 人。其中，已取得各级毕业证书 8125 人，在读 356 人。

理论研究　1986 年后，党校积极组织开展各项科研活动，主要围绕中国共产党各个历史时期的重大理论问题、具有历史意义的重大纪念活动开展理论研讨；围绕现实问题和教学工作中的热点难点问题进行考察调研，撰写调查报告；组织年度优秀科研成果评选、表彰。1988 年《德州党校校刊》正式创刊。2006 年，《德州党校校刊》改为《德州研究》。2009 年，制定《中共德州市委党校学术委员会章程》。2010

年，制定《德州市党校系统优秀科研成果评奖办法》。1986—2011年，市委党校教研人员共发表科研成果1364项。其中，省级以上论文614篇。

第七章　宣传工作

第一节　社会宣传

1986年，全区宣传工作紧紧围绕“一个中心，两个基本点”，以团结、稳定、鼓劲为基调，把握正确的舆论导向，发挥宣传工作的教育、鼓舞、动员和引导作用，积极宣传党的路线、方针、政策，统一广大干部群众的思想。1987年起，贯彻中共十三届三中全会精神，针对社会上出现的一些思想动向和模糊认识，广泛深入地开展形势任务教育，编印宣传材料，对广大党员干部及群众进行坚持四项基本原则，反对资产阶级自由化教育，帮助群众提高认识，努力把治理经济环境、整顿经济秩序、全面深化改革的任务变成广大干部和群众的共同认识和积极行动。

1993年，从3月始在全区组织开展更好更快发展经济大讨论，清醒认识德州经济发展现状和欠发达的原因，看到与先进市地的差距，找准制约经济发展的主要症结，重新审视本地优势和有力条件，确定一条适应社会主义市场经济要求、符合本地实际的经济发展路子。围绕地委提出的“三个千方百计”奋斗目标，制定措施，狠抓落实。1995年4月，结合开展向孔繁森（领导干部的楷模）、王廷江（全国劳动模范）、韩素云（好军嫂）学习活动，发现和挖掘出庆云县模范教师吴秀云、武城县计生干部才玉安、振华玻璃厂党委书记徐文凯、武城县大王庄党支部书记王国富等一批全市的先进典型，在社会各界引起强烈反响。

1997年，围绕中共十五大召开和香港回归两大主题开展宣传活动，深入学习贯彻十五大精神，通过举办大型图片展、书画展、文艺晚会和演讲、演唱、朗诵竞赛等多种形式，营造喜迎香港回归的舆论氛围。1998年，开展纪念中共十一届三中全会召开20周年、真理标准大讨论20周年系列活动，引导广大干部群众加深对邓小平理论的理解，正确认识国情、市情，冲破“左”的思想和传统观念的束缚，强化发展意识。举办了首届企业文化节，展示企业良好形象。2000年，结合实践“三个代表”重要思想活动，在全市开展“更快更好发展”大讨论，努力克服“小成则满、小富则安”、不思进取的保守思想。2001年，以贯彻落实《公民道德建设实施纲要》为契机，对全市广大党员、干部、群众进行公民道德教育，推动文明城市、文明村镇、文明行业创建。至2002年，全市共表彰48个公民道德建设示范点，10名公民道德建设先进典型，9个市级文明社区、12个文明示范乡镇、34个文明示范村、17个文明行业、10个文明服务窗口、200名文明服务标兵。

2003年，全市开展“解放思想、干事创业、加快发展”大讨论活动，学习先进地市经验，为两大“天字号”实施营造舆论氛围。9月，举行“爱我中华、爱我德州”大型文艺晚会、公民道德建设座谈会等，广泛开展爱国主义和公民道

德教育活动。2004 年，市委、市政府决定开展建设“诚信德州”活动，切实加强诚信建设。推行政务诚信，要求各级机关完善政务公示制、服务承诺制、首问负责制等制度；推行企业诚信，实行企业信用评价体系和企业文明诚信等级制度，把企业的文明信用等级与资质评定、企业贷款相联系；推行社会诚信，开展文明市民、文明信用乡镇、文明信用村评选。2005 年 3 月，开展保持共产党员先进性教育活动宣传教育。

2006 年，以社会主义荣辱观教育为重点，通过演讲比赛、歌咏比赛，教育广大干部群众牢记“八荣八耻”，大力弘扬“知荣明耻、倡导文明、诚信守德”的良好风气。2007 年，建立全市典型社会宣传储备库，初步收集 50 多个典型并分别建立档案，其中禹城市走新型工业化道路、乐陵梁锥—希森新村、周主信和孟祥斌 4 个先进集体、个人典型被列入省级典型宣传储备库，孟祥斌入选“2007 感动中国十大人物”。2008 年，对全市“道德模范”“感动德州十佳人物”进行宣传和表彰，制作反映“感动中国十佳人物”孟祥斌、“全国十佳反渎职局长”黄平亮事迹电视专题片，在全社会发挥了有力的示范引领作用。2009 年，认真组织第二届全国、全省道德模范参评、全市道德模范评选表彰和学校活动，开展“30 位为民族解放和德州发展做出突出贡献的英雄模范人物”评选活动，共推荐有重大社会影响的提名人选近 200 人次，参与投票达到 465 万人次。

2010 年，加强以社会公德、职业道德、家庭美德、个人品德为主要内容的“四德工程”建设。全省“四德工程”建设工作会议在德州市召开，武城县先后被省委宣传部和中宣部列为重大典型，德州市有 7 个案例入选《山东省公民道德教育优秀案例》一书。2011 年，组织开展“寻找身边好人、学习身边好人”活动，推动“四德工程”建设向纵深发展，市教育局“师德”建设经验被中央文明办宣传推广。9 人次获国家、省道德模范奖，1 人入选“中国好人榜”。

第二节 新闻宣传

1986 年，地委宣传部紧密围绕中共十一届三中全会后的路线方针政策和全区经济建设和体制改革的成就，组织报纸、广播、电视等新闻媒体，进行全方位、多层次的立体宣传。1987 年后，以坚持四项基本原则、反对资产阶级自由化为重点，贯彻落实中共第十三次全国代表大会精神，有计划的推出一系列有关加强党的建设、强化政治思想工作、实施“科技兴德”战略和治理经济环境、整顿经济秩序、全面深化改革的新闻报道。1992 年，坚持对内、对外宣传一齐抓，在省以上媒体刊发宣传德州的各类稿件 1078 件，其中《大众日报》用稿 597 件，省电视台用稿 481 件，分列全省第 6 位和第 7 位。

1993 年，深入宣传全区经济发展的指导思想和奋斗目标，宣传各行各业发展经济的先进典型，开展“93 德州经济发展纪行”采访活动，从不同角度报道各县市更好更快发展经济的做法和经验。德州电视台拍摄了九集专题片《自强之路》，全面系统地反映 1993 年全区人民在地委领导下，解放思想，真抓实干取得的新成就。1994 年，在《德州日报》、德州电视台、地区经济电台先后开设“打好棉花翻身仗”“企业的根本出路”“强筋壮骨话技改”“向管理要效益”“德州开放潮”“大力发展多种经营”“民营经济群英谱”“来自重点工程的报告”等 20 多个专栏、专题，突出发展农村市场经济、深化企业改革、发展乡镇企业和个体私营经济等方面的宣传，选取一批先进典型，总结一批好经验。1996 年，集中宣传一批树得起、立得住、事迹过硬的先进集体和先进个人，其中通讯《走近王国富》被评为全省新闻精品工程奖。

1988年11月,《德州日报》创刊庆祝会

1998年,围绕市委、市政府工作重点,积极发挥舆论宣传作用,组织采访团对各个方面典型进行采访报道。《德州日报》、德州电视台、德州广播电台3家新闻单位开设《工业明星采风》《向农业产业化迈进》等70多个栏目,仅农业产业化的宣传就发稿500余件,放开政策、优化环境宣传发稿550余篇。年内,《人民日报》、《党建》杂志、中央电视台和《大众日报》、山东电视台等新闻单位对宁津县红庙李村党支部书记张国华先进事迹进行了报道。全市还推出了德百集团、齐河箱板纸厂、新华集团及全国“十佳”公务员李开运等一批先进集体和先进个人,为各行各业树立了榜样。

1999年,把握“团结稳定鼓劲和正面宣传为主”的方针,先后组织开展了深化企业改革、个体民营经济、“十大兴德工程”、对内对外开放、庆祝中华人民共和国成立50周年、先进典型等6个宣传战役。宣传报道了德棉集团等10多个企业改革典型,平原县王杲铺镇农村思想教育典型,宁津县以计生协会为切入点完善村民自治占领社会主义思想文化阵地经验,在全国引起强烈反响。

2000年,为落实好市委、市政府“更快更好发展”要求,各新闻单位开设专栏,先后推出《富民支书李建华》《一心为民的好支书王玉春》等一批先进典型,对庆云县大力发展民营经济进行集中采访报道,推出皇明集团、乐陵市苏寿堂《从农民企业家到经济学博士》等重点报道,齐鲁电视台《心连心、面对面》栏目播放了陵县建立司法调解中心、市领导实行公开接访制度等方面的经验,《人民日报》《大众日报》也派记者采访报道了德州市转变干部作风,密切干群关系,有效化解矛盾、维护社会稳定的做法。2001年,突出全市领导干部会议和全市干部大会精神的学习宣传、招商引资年活动、学习江泽民“七一”讲话等重点,全年在省级以上媒体刊播稿件超过1.6万件,其中《大众日报》、省人民广播电台用稿总数、头条稿件均居全省首位。中央电视台播发的《德州文化市场成为精神文明建设重要载体》《德州市委实践“三个代表”迁出新湖风景区》,《人民日报》发表的《乡镇增减看变化》,《大众日报》刊发的《营造洼地》《人立德兴》,以较大篇幅报道了全市营造两个环境、促进经济发展的经验,均在全国全省产生较大反响。2002年,围绕市委工作中心,大力开展“抢抓机遇、加快发展”的宣传,特别是全市经济工作会议之后,新闻单位先后推出“超常发展、跨越前进”系列评论、华鲁恒升上市、优化环境促发展、县(市、区)精彩之笔、再造民营经济发展新优势等重点报道。分3批派骨干记者赴珠三角、大连、苏州等地采访,报道外地创城经验,为“三城联创”营造浓厚的舆论氛围。2003年,组织大干“天字号”(招商引

资和发展民营经济）工程、加快发展的宣传，各新闻单位共刊播稿件800多件。2004年，将市委、市政府在干事创业中提高执政能力，在化解矛盾中实现科学发展作为宣传重点，突出报道德州的优良环境和发展新成就、新突破。

2005年，对全省科学发展观摩会、建市十周年、党的先进性教育活动、第九届德洽会、“天字号”工程等重点工作和重大活动加大宣传力度，营造“超常跨越”的社会氛围。2006年，突出先进典型的新闻宣传，更好的发挥典型引路作用。其中，平原县“创建小康村”的经验被列为全省建设社会主义新农村3个重大典型之一，并被中央党校列入重大研究课题。经济开发区建立利益均衡机制、构建和谐开发区的经验引起国家有关部门的高度重视。乐陵市环卫处主任吴福增被评为首届“感动山东”十佳人物。2007年，围绕市委“解放思想、转变作风、共建和谐、促进发展”主题教育活动，组成大型新闻采访团分3批赴江浙6市进行采访，在重要版面、重要时段连续报道40多期，编发评论文章60多篇。

2008年，大力宣传全市在实施“五大战略”（工业强市、科教兴市、民营推动、开放带动、服务业拉动）、推进“南融北接”、重大项目建设、新能源产业等方面取得的成就。隆重纪念改革开放30周年，组织开展“德州纪念改革开放30周年十件大事”评选，举办德州改革开放30周年成就图片展和文艺晚会，编辑出版《辉煌的历程——德州改革开放30周年》系列丛书，拍摄6集电视专题片《砥砺创新看德州》。2009年，围绕发展生态经济、低碳经济、品质农业、邻边经济、中小企业发展、新农村建设等工作重点和特色亮点，先后在国家和省级重点媒体的重要位置、重要时段刊播各类报道300多篇。

自2010年，突出项目建设、社区建设、改善民生、创建卫生城市，以及转方式调结构、“10+3”现代产业体系建设、幸福德州建设等重点工作进行宣传报道，1986—2011年年底，共在中央、省级新闻媒体发表报道、社论、评论等5000多篇。

第三节　对外宣传

随着全区改革开放步步深入，地委宣传部围绕发展外向型经济、引进人才等方面大力开展对外宣传工作。1990年，举办“全区首届百家企业风貌摄影展”，制作一批对外宣传品，积极推介德州企业。1991年，地委专门召开对外宣传会议，制定出台《关于对外宣传的工作意见》，制作大型画册《德州》和电视系列片《德州》，先后组织了“乐陵金丝小枣节”“宁津蟋蟀节”“平原鸽子节”，组织部分企业参加了1992深圳大型产品展销经贸洽谈会，为推动全区外向型经济的快速发展起到了显著作用。

1992年9月，建立地委对外宣传办公室，具体负责对外宣传工作。1993年，配合德州在国内外举办的经贸技术洽谈、产品展销和各种节庆活动，在境内外报上刊发全面介绍德州综合情况、投资环境和优惠政策的文稿40余篇。1994年，在香港《国际商务报》和《走向世界》杂志发表地委、行署主要负责人署名文章：《中国德州——一方崭新的投资宝地》和《发挥优势，扩大开放，大力发展外向型经济》。拍摄制作了中外文对照的专题片《中国德州》《九达天衢—德州》《中国德州杂技集锦》，编印了画册《中国德州》。

1995年，以撤地建市为契机，集中制作和编发了一批外宣品。摄制了3部上星电视专题片《中国德州》《德州名吃》《今日德州》，电视专题片《乡音》《来自山东德州的报道》，先后在中央电视台播出，并译成外语版在美国熊猫电视台播出。《家住德州》《泥与火的图腾》分别获1995年度山东省外宣传播影视一等奖和三等奖。在青岛市成功举办《奋进中的德州》大型图片展，引起较大反响。1996—1998年，与中央电视台合作摄制4期《金土地》节目，先后在中央电视台二套和七套播出；邀请《中国农村的变迁》摄制组到德州市采访拍摄并在中央电视台四套节目播出；在《人民日报》海外版头版头条刊发系列报道《鲁北三记》，分别以《理解农民》《搭桥》《种枣得枣》为题从不同侧面宣传德州市农村改革开放20年的巨大成就和经验。以农村姑娘袁敬华自费创办聋哑儿语训中心为题材，与中央外宣办五洲传播中心联合摄制电视专题片《乡村女教师》，由中央外宣办译为英语版在美国熊猫电视台等多家海外电视媒体播出；将宁津县红庙李村党支部书记张国华决策讲民主、办事重民意的典型经验在《人民日报》海外版以长篇通讯予以报道。在香港《大公报》开设《今日德州》专版，每月一期，引起良好反响。

1998年，中国德州经贸洽谈会期间，邀请中外30余家新闻单位的记者到会采访，对提高德州知名度，扩大外引内联发挥了很好的作用。1999—2001年，市委宣传部与中央电视台合作拍摄大型电视专题片《凝聚人心启示录》，报道了宁津县计生协会的典型经验，在全国引起强烈反响；与省电视台联合举办“星光”特别节目《崛起的鲁西北》，展示了德州市改革开放后发生的巨大变化；摄制电视专题片《晶华》《山东之旅—德州》，大型政论片《让实践告诉未来》，分别在山东电视台、中央电视台播出。2002—2003年，制作大型综合性多媒体数据光盘《开放的德州》、电视常备片《中国德州》、画册《今日德州》、市情歌曲MTV光盘《德州情韵》。在网上山东创建网页—《中国德州》；在香港凤凰卫视《齐鲁风情》栏目上，播放电视专题片《陈老汉的蟋蟀经》《临邑县的“浙江村”》《怪人、怪才、怪车》。2004年，印制外宣电子名片《新世纪，新德州》，德州电视台制作的《德州春秋》在中国首届“运河文化艺术节”上展播。

2005年，加强在省以上新闻媒体的宣传力度，着力提升城市形象。《人民日报》头版发表《德州的三个不等式》、《经济日报》头版《推进科学发展、建设和谐德州》、《大众日报》头版头条《德州瘦身强体聚活力》等一批重头稿件在省内外产生了广泛影响。在法国《欧洲时报》刊登“今日德州”专版，德州的发展活力引起越来越多国家和地区的关注。2006年，对外宣传突出中国太阳城、中国中央空调城和中国功能糖城三大城市品牌，形成新亮点，为德州市成功申办2010年世界太阳城大会提供了舆论支持。

2007年，设立“宣传德州突出贡献奖”，调动各方面积极性。2008年，在市以上新闻媒体发稿1.8万多件，其中在《人民日报》、中央电视台、中央人民广播电台的用稿量比上年增长10%以上。首次在《人民日报》头版头条刊发《德州挖掘资源潜力大力发展生态经济》。2009年，编辑制作外宣画册《中国太阳城——魅力德州》，拍摄电视《中国太阳城——山东德州》。《一个开采阳光的城市》专题片，在中央电视台四套中文国际频道、九套纪录频道播出；中央电视台《走遍中国》栏目组拍摄反映德州亮点的6集专题片，在央视四套中文国际频道播出；《减排——中国在行动》德州专题片，在中央四套中文国际频道、九套纪录频道和2009联合国环境峰会主会场播出。自2010年起，突出宣传中国太阳城城市形象。至2011年，在中央电视台国际频道、《人民日报》海外版、《商周刊》《南方周末》《农民日报》等对外新闻媒体刊登专版专刊20余个，刊新闻稿件、图片300多篇（幅），摄制、播出电视专题片10余部（集）；日本朝日新闻、德国商报、新加坡海峡时报、韩国KBS国家电视台、荷兰国家电视台、美国电

视台探索频道等媒体记者先后到德州采访报道，香港有线电视台《直通世界》栏目拍摄了电视专题片《走进中国太阳城》。

第四节　理论教育

1986—1990 年，组织全区干部系统学习《科学社会主义原理》《政治经济学概论》《马克思主义哲学概论》《中国社会主义建设概论》《马克思主义概论》，经全省统一命题考试，有 8 万多人次分别获得甲、乙级组单科结业证书。

1991—1992 年，重点组织全区党员干部学习中共十三届四中全会文件、马克思主义哲学原理、社会主义初级阶段理论和新时期党的基层组织建设、领导科学、法律知识和党的基本路线、经济发展战略和经济体制改革、政治体制改革和党的建设等。

1993—1994 年，地委宣传部制发《关于加强全区干部建设有中国特色社会主义理论学习的安排意见》《关于组织全区干部认真学习社会主义市场经济知识的安排意见》《关于学习〈邓小平文选〉第三卷和党的十四届三中全会精神的意见》等文件，通过地、县（市）党校培训班、理论研讨会、知识竞赛等形式，教育广大党员干部坚定建设有中国特色社会主义的信心。

1995 年，市委理论学习中心组每月围绕一个专题集中进行学习讨论的做法受到省委宣传部的肯定，向全省推广德州经验。是年，编写《学习邓小平同志建设有中国特色社会主义理论专题讲座》18 讲；《德州日报》和电台开辟学习《马克思主义哲学学习纲要》（以下简称《纲要》）系列讲座。2 万多名干部参加了《纲要》《中国共产党章程》“双学”知识竞赛和理论考试。1996 年，成立德州市邓小平理论研究会，撰写出版《社会主义思想道德建设论纲》一书。1997 年，邓小平逝世后，组织广大党员干部学习《邓小平伟大光辉的一生》重要文献，收看电视文献纪录片《邓小平》，召开一系列缅怀邓小平座谈会，深刻学习理解邓小平理论，坚定走建设有中国特色社会主义道路的信念。召开迎回归形势报告会和“一国两制”理论座谈会，把学习邓小平理论同迎接香港回归活动结合起来。1998 年，市、县（区）两级理论学习中心组举办学习邓小平理论读书会，邀请 9 位省内外专家举办 3 次大型理论报告会。1999 年，配合“三讲”（讲学习、讲政治、讲正气）教育，印发市级领导班子和领导干部理论学习教材，请省委党校、省社科院专家作辅导报告；各县（市、区）举办党员干部培训班 970 多期，培训党员 23 万余人次。

2000 年，把学习贯彻“三个代表”重要思想作为理论教育的核心内容，着力解决影响经济发展的思想障碍，教育干部群众树立起负重奋起、努力赶超意识。市委书记赵克志亲自为市直领导干部作《领导干部要带头实践“三个代表”重要思想，推动全市经济更快更好发展》的党课报告。2001 年，围绕市委工作主题，邀请国内知名专家做形势报告和国情教育，同时组织理论工作者深入基层进行宣讲，深入推进“三个代表”重要思想学习，提升精神状态。2002 年，突出“超常发展、跨越前进”主题，用中共十六大精神统一思想、凝聚力量、振奋人心。省委书记张高丽亲自到德州宣讲中共十六大精神。2003 年，以《“三个代表”重要思想学习纲要》印发为契机，《德州日报》开设十六大报告学习讲座理论专栏，举办理论讲座近 30 期。组织理论工作者深入基层宣讲。至 2004 年，两年共宣讲 160 多场次，受教育干部群众 15 万多人。2005 年，利用新闻媒体扩大理论教育覆盖面，在德州电视台开设《德州论坛》专题节目，围绕“科学发展观与德州发展”，邀请专家学者和有关部门负责人举办谈话类节目，全年播出

50 多期。

2006 年，加强各级党委中心组理论教育，为领导干部提供学习材料 1 万多册，3 个县级党委中心组、4 个单位分别被评为省级先进理论中心组和先进理论教育工作单位。邀请《瞭望》周刊在平原县举办"新农村建设"论坛，组织理论骨干到基层宣讲 100 多场次，举办理论报告会、理论征文等活动 60 多场次，2 个县被评为全省党员教育工作先进县，3 个单位被评为全省党员教育工作先进单位。2007 年，成立市委党的十七大精神宣讲团，在县（市、区）、市直各部门和企事业单位作宣讲报告 100 多场次，直接听众近 6 万人。举办"实现新崛起、建设新德州"理论学习笔会，收集理论文章 70 多篇。2008 年，邀请中宣部、中国社科院、中央党校等部门的专家教授，为市委中心组举办高层次报告会 10 多场。

2009 年，在全市机关、乡村筛选建立 94 个基层理论宣讲示范基地，成为全省理论教育工作的亮点。2010 年，开展理论宣讲进机关、进社区、进农村、进企业、进学校 600 多场（次）。是年，全省加强党委中心组学习推进学习型党组织建设座谈会在德州市召开，德州市在会上作了典型发言。2011 年，开展"领导干部读书年"和"领导干部、领导班子带头学习、带动学习，争创学习型党组织"（简称"两带一创"）活动，举办理论报告会 80 余场，理论学习覆盖面不断扩大。

第五节　思想政治工作

1986 年，地委出台《关于加强企业思想政治工作的意见》，在广大农村利用冬闲季节开展社会主义教育活动。1989 年 5 月 30 日，全国纺织系统思想政治工作研讨会在德州召开，推广德州棉纺厂靠过硬的思想政治工作促进生产经营，实现企业经济效益跃居全省纺织行业第一利税大户的经验。1990 年，德州棉纺织厂被评为全国优秀政工企业，德州机床厂等 5 家企业获省级优秀政工企业称号。

1993 年，地委宣传部制定《关于加强新形势下思想政治工作的意见》，提出明确的任务要求。在农村，教育引导农民群众树立大农业、大市场、大发展观念，加快奔小康步伐；在企业，宣传社会主义市场经济知识，教育干部职工敬业、爱岗、多做贡献；在学校，对青少年进行爱国主义、集体主义、社会主义教育和国情、国防教育；在机关，对干部进行邓小平理论、市场经济理论知识和廉洁勤政教育。

1994 年，分别制定《德州地区农村思想政治工作条例》和《德州地区企业宣传思想政治工作条例》，在农村开展以普及社会主义市场经济理论和基本知识为主要内容的社会主义思想教育活动；在企业对近 20 万名职工进行"主人翁与市场经济"主题教育。又有一批企业和个人获得全国、全省优秀政工企业、优秀思想政治工作者称号。

1995 年，以爱国主义教育为主要内容，开展纪念反法西斯战争和抗日战争胜利 50 周年活动，市委宣传部、军分区联合编辑出版《德州军民抗日战争：永志不忘》大型史料书；确定爱国主义教育基地 22 处，组织 10 万多名中小学生参加全省观看百部爱国主义影片知识竞赛活动。

1996 年，开展以学习中共十四届五中、六中全会精神为主要内容的城乡社会主义思想教育活动，全市 95% 以上的党团员和 80% 以上的农民群众受到教育。

1997 年，开展迎接香港回归的宣传庆祝活动，对干部群众进行"一国两制"重大意义和爱国主义教育。在全市企业改革工作中，坚持把政治思想工作贯穿于企业生产、经营、管理之中。是年,利用冬闲时间,在农村集中开展了爱国主义、社会主义、集体主义教育,党的路线、方针、政策教育,移风易俗和科普知识教育。1999年,以维护社会稳定为重心,加强理想信念教育和崇尚科学、反对伪科学和封建迷信的教育,收缴非法出版物和宣传品4.8万余件。针对以美国为首的北约野蛮轰炸中国驻南联盟使馆事件,开展了"激发爱国热情,建设美好德州"集中教育活动。

2000年,市委制发《关于进一步加强和改进思想政治工作的实施意见》,市、县均成立领导小组,制定工作职责,建立健全思想政治工作研究会,并确定50个基层单位作为思想政治工作联系点。是年,宁津县红庙李村、山东德棉集团、陵县陵城镇被评为全省思想政治工作先进单位;夏津县西关村党支部书记李建华被评为全省思想政治工作先进个人。2002年,德州市"以企业文化建设为突破口,加强新时期企业思想政治工作针对性和实效性"的经验在全国、全省企业思想政治工作会议上交流推广。2004年,《中共中央、国务院关于进一步加强和改进未成年人思想道德建设的若干意见》发布后,市委、市政府制定贯彻落实意见,提出为未成年人办十件实事,重点是改建、扩建和增设一批爱国主义教育基地,推荐高质量的未成年人思想道德读物、音像制品和电子出版物,办好广播电视少儿频道和少儿栏目,各类爱国主义教育基地和公益性活动场所对未成年人开放,集中开展出版物市场和网吧专项治理活动,减轻中小学课业负担,推出一批未成年人思想道德建设典型,解决进城就业农民工子女就学难问题等。同年,在全市非公有制企业开展以"讲诚信、树形象、塑品牌"为主题的文明创建活动和"争创文明企业、争做文明职工"活动。2005年,华乐集团"加强企业文化建设,创建学习型企业"的经验在全省推广,苏寿堂被评为全省思想政治工作"十佳"个人。市委宣传部、市企业文化协会"加强企业文化建设拓宽思想政治工作渠道"和皇明集团"加强思想政治工作和企业文化建设"的经验在全国民营经济思想政治工作会议上做了典型介绍。是年,全市开展网吧和电子游戏经营场所的专项整治活动,遏制网吧接纳未成年人和非法网吧泛滥的状况。加强文化市场的监管,严厉打击制售淫秽色情书刊、有害卡通读物、不良音像制品等违法行为;建立完善学校、社会、家庭"三结合"的未成年人教育网络。

2006年,把社会主义荣辱观教育融入各项文明创建活动。进一步深化"文明德州"建设十大行动、农村"文明信用创评"、建设"诚信德州"、公民道德建设、未成年人思想道德建设等活动,做到思想政治工作常抓不懈。2007年,着力培育政务诚信、商务诚信、个人诚信"三大诚信主体",制定《市民文明公约》,教育广大市民遵纪守法,文明诚信。2007年,制定完善《关于进一步推进未成年人思想道德建设任务分工》,把全市加强和改进未成年人思想道德建设79项任务具体落实到各有关部门。2009年,制定印发《进一步净化社会文化环境促进未成年人健康成长的意见》,在全市开展互联网低俗之风集中整治月活动。

2010年,大力普及"公民基本道德行为40则"。以禹城市、齐河县、平原县为试点,投资353万元,建成"乡村少年宫"24所;在全市未成年人中开展"向国旗敬礼、做一个有道德的人"网上签名寄语、"我们的节日""清明节,网上祭先烈"等主题活动。是年,德州市获全省未成年人思想道德建设工作先进单位称号。2011年,学校、家庭、社区"三结合"的教育网络进一步健全,4个县(区)获全省未成年人思想道德建设工作先进县区称号,德州市获第十八届全国青少年读书活动优秀组织奖。

第八章　精神文明建设

第一节　公民道德建设

1984年9月，地区“五讲四美三热爱”活动委员会成立，下设办公室。1985年，全区开展“四有”（有理想、有道德、有文化、有纪律）教育活动。1986年，《中共中央关于精神文明建设指导方针的决议》发布，全区各级党组织以“决议”精神为指导，围绕改革开放和商品经济的发展，坚持两个文明一起抓。1987年，地区“五讲四美三热爱”活动委员会改为地区精神文明建设协调委员会，下设办公室。1988年4月，地委批转地委宣传部《关于加强新形势下思想政治工作的意见》，明确提出思想政治工作的根本任务就是培养有理想、有道德、有文化、有纪律的“四有”公民。1989年5月，地委、行署发出关于开展向全国模范检察长党清俊和见义勇为勇士侯庆英学习的号召。同年9月，地区少委会授予德州汽车公司职工子弟学校学生马丽“舍己救人少年英雄”称号。1990年3月，开展“学雷锋、树新风、义务奉献月”活动，全区有160万名青少年上街开展服务活动。

1990年12月，地区精神文明建设协调委员会更名为德州地区精神文明建设委员会。1991年10月，开展“学三明、创三优（优质服务、优良秩序、优美环境）、满意在德州”竞赛活动。活动以思想道德建设为重点，以提高公民素质为目的，进行爱国主义、集体主义、社会主义教育。1992年，开展“学雷锋、学赖宁”活动。全区建立“青少年学雷锋责任区、示范区”216个，有1.8万个“双学”小组、1.4万个服务队上街开展活动。1993年，坚持精神文明重在建设的方针，以学雷锋30周年活动为契机，开展“学英雄、树新风”活动，大张旗鼓地宣传表彰全省十佳青年张荣武、全国公安战线二级英模张信忠等一批学雷锋英模人物。1994年，在全区党政机关、企事业单位干部职工中进行社会公德、职业道德、家庭美德等方面的教育。

1995年，德州地区精神文明建设委员会更名为德州市精神文明建设委员会。是年，召开全市窗口行业职业道德建设动员大会，推广济南交警和德州市工商银行、百货大楼等先进窗口行业文明执勤、规范服务的经验。1996年，开展以加强职业道德教育为重点的“学先进、做表率、树形象”活动，全市培训各类在岗人员10余万人次，27个市直部门、160多个县（市、区）直单位推行了社会服务承诺制度。1997年，以香港回归为契机，开展爱国主义教育系列活动，全市370多所中小学和30多家商业、服务单位开展升国旗、唱国歌活动，10万多名干部、群众和学生参加“庆七一、迎回归”知识问答、知识竞赛、演讲演唱比赛活动；市、县（市、区）举办报告会190多场，演讲会150多场，文艺晚会270多场，受教育近90万人次。1999年，在市区中心广场放映爱国主义题材影片82部，演出文艺节目21场，组织群众性文体活动80场次，德州市中心广场名列全省“十佳文化广场”第一名。

2001年，市委制定《关于学习贯彻〈公民道德建设实施纲要〉的意见》，全市3万多名市民

武城县四女寺道德教育基地　(2011年　摄)

参加《公民道德建设实施纲要》知识竞赛答题。2002年，公布实施《德州市市民文明公约》等8个规范性文件。年内，命名表彰首届"德州市文明市民"100名。2005年，市文明委制发《关于"文明德州"建设的实施意见》，在全市开展"文明德州从我做起""建设文明德州，做文明公民"教育等系列活动。2006年1月26日，首届"感动德州2005年度十佳人物"评选揭晓。2007年，组织首届全国、全省道德模范参评、全市道德模范评选表彰和学习宣传活动，孟祥斌等52人获德州市道德模范称号；孟祥斌、周主信获山东省道德模范称号。

2008年，在全市推广武城县开展的"四德工程"(家庭美德、职业道德、社会公德、个人品德)建设经验。2010年，全省"四德工程"建设工作会议在德州召开，推广德州经验。2011年，普及公民基本道德行为40则，推动"四德工程"建设向纵深发展，涌现出齐河县交警支队和黄平亮等一批重大典型集体和先进个人。

2007年首次开展德州市道德模范评选活动，至2011年共评选3届。评出市级以上道德模范共178人次，其中全国道德模范1人，全国道德模范提名奖1人；全省道德模范5人，全省道德模范提名奖19人；全市道德模范152人。

第二节　精神文明创建活动

一、创建文明城市

1995年撤地设市后，德州市创建文明城市工作逐步展开。1996年，开展以"四优一做"(优质服务、优良秩序、优美环境、优化管理，争做文明市民)为重点的创建文明城市、争做文明市民活动。到1997年，全市建成文明街道26条，标准宣传栏、读报栏百余个，公益广告栏580个。

武城县老城镇司庙社区善行义举四德榜　(2011年　摄)

1998年，成立市区创建文明城市委员会，制定《德州市市区创建文明城市实施意见》，出台《德州市市区市容和环境卫生管理暂行办法》等10个规范性文件，全市创建文明城市活动全面展开。至 2000 年,先后投资 10 多亿元对城区进行大规模环境治理和基础设施建设,实施中心广场等 20 余项“民心工程”,新建大型批发市场 6 处、便民市场和“放心肉”供应网点 10 处。2001 年,制定《德州市文明社区建设管理办法》,把创建文明社区纳入城市精神文明建设的重点。是年,德城区新华街道柴市社区、禹城市洛北社区被命名为“全省文明社区示范点”。

2002 年,全市开展“三城联创”(即:以创建文明城为龙头,进而创卫生城、双拥模范城)活动。年内,围绕创建省级文明城,开展了百名文明市民、公民道德建设先进标兵、公民道德建设示范点、文明行业示范点、公民道德建设实施纲要知识竞赛、文明服务礼仪大赛、文明服务明星大赛等一系列活动;制定颁布《德州市市民文明公约》《德州市居民文明守则》等 8 个市民行为规范文本;开展了雷锋车、文明车、模范党员车等评选竞赛活动;签定“门前五包”(包美化绿化、包卫生整治、包无乱停乱放、包无乱倒乱画、包无店外经营)责任书,拆除不规范牌匾 80 余块,对马路市场、探头市场、店外店、摊贩占道经营和街头乱贴乱画等进行了清除治理;开展群众性灭鼠活动,使城区鼠密度由 9% 下降到 3%,基本达到了国家规定的标准。2003 年,结合抗击“非典”斗争,市委、市政府分别制定《关于在全市广泛开展爱国卫生运动、全民健身运动和科普宣传教育活动的意见》和《德州市城市环境综合整治方案》。2004 年,开展科技、文体、卫生、法律“四进社区活动”;举办首届社区文化艺术节。

2005 年 4 月 2 日,全市建设“文明山东”“文明德州”启动仪式暨创建省级文明城市动员大会在城市中心广场举行。此后,市委、市政府先后制定《关于创建省级文明城市的意见》《德州市创建省级文明城市目标责任分工》《创建文明城市“创城十大工程、为民十件实事”实施方案》,开展文明社区创建等系列活动,全市市场环境、人文环境、生活环境、生态环境等有了明显改善。2008 年 8 月,德州市被省委、省政府授予“全省创建省级文明城市工作先进单位”荣誉称号。2010 年,以创建省级文明城市为重点,在全市开展文明素质养成、优秀文化弘扬、公共秩序维护、城区环境改善、服务水平提高、志愿服务推进“六大行动”。2011 年,以创建全国卫生城市和召开第四届世界太阳城大会为契机,重点开展市容环境、市场环境、交通环境整治活动。全市建立消防、环保、交通、人防等专业志愿者队伍 100 多支,建立各类志愿者协会 18 个,服务站点 500 个,注册志愿者达到 10 万余人。是年,德州市再次被省委、省政府授予“全省创建省级文明城市工作先进单位”荣誉称号。

二、创建文明村镇

1996 年,市委、市政府确定在全市农村每年开展一次评选“十星级文明户、十星级文明村”活动。此后,各县(市、区)相继制定实施意见,明确活动的指导思想、评选标准及考核办法。“十星级文明户”以五爱(爱党、爱祖国、爱社会主义、爱集体、爱家乡)、致富、科教、计生、法纪、团结、新风、济助、勤俭、卫生为内容;“十星级文明村”以政治工作、组织建设、经济增长、农业生产、村户企业、文教卫生、科技应用、计划生育、综合治理、村容村貌为内容。1997 年,全市评选出六星级以上文明村 3216 个,占农村总数的 38.7%,六星级以上文明户 49.2 万多户,占农户数的 35.5%;1998 年,评选六星级以上文明村 3841 个,占总村数的 46.3%,六星级文明户 58.3 万多户,占总农户的 42%。1999 年,评出 8000 多个“新风模范户”。

2000 年,推广宁津县红庙李村计划生育协会经验,开展以创“四化”(村内主干道硬化、四

平原县“好媳妇好婆婆”评选　（2006年　摄）

旁绿化、村容整洁化、饮水自来水化）、“四有”（村名有标记、村内有宣传栏、有文化活动中心、有村规民约）、“四无”（无计划外生育、无上访滋事、无邪教迷信，无赌博或刑事犯罪）为主要内容的先进文明村活动。2001年，全市开展文明示范镇（乡）、文明示范村评选活动，当年评选出德城区二屯镇等市级文明示范镇（乡）12个、德城区运河街道五四村等市级文明示范村34个。其中，临邑县临盘镇被命名为全省文明小城镇示范点。2002—2003年，临邑县临盘镇、宁津县红庙李村、德州商贸开发区运河街道五四村获“全国创建文明村镇工作先进单位”称号，禹城市房寺镇、临邑县临邑镇刘江村获“全省文明村镇建设示范点”称号。2004年，禹城市“文明一条街”建设经验，在全省农村精神文明建设经验交流会作了典型发言。

2005—2008年，围绕“生产发展、生活宽裕、乡风文明、村容整洁、管理民主”的目标要求，开展创建文明村工作。2009年，全市创建文明村镇工作以“四德”工程建设为重点，开展评选“好婆婆”“好媳妇”等精神文明创建活动。2010年，开展创建文明生态村镇、“讲文明、改陋习、树新风”等创建活动，评选表彰了一批“文明生态村”。2011年，在全市农村实施街道硬化、饮水安全、沼气入户、植树绿化、整洁美化、标准卫生室建设、体育器材进村、农家书屋、农民培训、活动场所建设等“十项民心工程”，推进城市文明向村镇延伸辐射。

三、创建文明行业

1995年，推广济南交警和德州市工商银行、百货大楼等先进窗口行业文明执勤、规范服务的经验。1997年，以“为人民服务，树行业新风”为主题，在“窗口”服务行业实行社会服务承诺制。是年，全市评出“文明窗口”2100个、“文明柜台”1800个、“文明班组”60多个。1998年，市文明办与市直电业、邮电等12个行业联合开展争创市级文明服务机关（科室）、文明服务窗口单位和职业道德标兵等活动，全市评选出市级文明服务机关（科室）29个，市级文明服务窗口单位323个，市级职业道德标兵325人。

1999—2000年，把群众“满意不满意、拥护不拥护、赞成不赞成、高兴不高兴”作为窗口服务的出发点和落脚点，扩展社会服务承诺的内容，提高服务质量。2001年，市直有39个部门制定社会服务承诺制，设立监督电话；市人民广播电台开设“承诺热线”专题节目。2002年，从抓窗口行业和执法部门规范文明服务入手，加强干部职工职业道德教育，规范行业部门的服务行为，完善社会服务承诺制、限时办结制、首问负责制、一站式服务制，提高服务质量。市国税局、邮政局被中央文明委评为“全国创建文明行业工作先进单位”；市电业局等3个服务行业单位被省文明委确定为“全省创建文明行业示范点”。

2004年3月,市委、市政府制发《关于开展建设“诚信德州”活动的意见》,市国税局等35个单位向全市各级、各部门和广大干部群众发出全面动员、城乡牵手、共建“诚信德州”的倡议书。2006年,全市卫生、工商、质检、环保、交通等系统行业分别开展“树文明行医新风,创百姓满意医院”“文明诚信民营企业”“文明诚信个体工商户”“规范化文明市场”“文明交通行业”等创建活动。2007—2008年,全市各窗口服务行业开展“职业责任、职业道德、职业纪律”培训教育,规范行业行为和奖罚制度,对社会公开服务承诺20余项2300余条。2009—2010年,开展第四届、五届“德州市文明服务窗口单位、文明服务标兵”评选活动,分别评选出103个和112个文明服务窗口单位,204名和240名文明服务标兵。2011年,加强以诚信为核心的企业文化建设,开展“百家食品企业践行道德承诺网上行”活动。

第三节 未成年人思想道德建设

2004年,《中共中央、国务院关于进一步加强和改进未成年人思想道德建设的若干意见》发布后,市委、市政府制定《关于进一步加强和改进未成年人思想道德建设的意见》。同年,市委、市政府办公室转发市文明委《关于为未成年人办十件实事的意见》,重点是改建、扩建和增设一批爱国主义教育基地,推荐高质量的未成年人思想道德读物、音像制品和电子出版物,办好广播电视少儿频道和少儿栏目,各类爱国主义教育基地和公益性活动场所对未成年人开放,集中开展出版物市场和网吧专项治理活动,减轻中小学课业负担,推出一批未成年人思想道德建设典型,解决进城就业农民工子女就学难问题等。2005—2006年,全市开展网吧和电子游戏经营场所的专项整治活动,遏制网吧接纳未成年人和非法网吧泛滥的状况。加强文化市场的监管,严厉惩治制售淫秽色情书刊、有害卡通读物、不良音像制品等违法行为;建立完善学校、社会、家庭“三结合”的未成年人教育网络。2007—2008年,制定完善《关于进一步推进未成年人思想道德建设任务分工》,把全市加强和改进未成年人思想道德建设79项任务具体落实到各有关部门。

2009年,市文明委制定印发《进一步净化社会文化环境促进未成年人健康成长的意见》,在全市开展互联网低俗之风集中整治月活动。2010年,以禹城市、齐河县、平原县为试点,投资353万元,建成“乡村少年宫”24所;在全市未成年人中开展“向国旗敬礼、做一个有道德的人”网上签名寄语、“我们的节日”、“清明节,网上祭先烈”等主题活动。是年,德州市获全省未成年人思想道德建设工作先进单位称号。2011年,学校、家庭、社区“三结合”的教育网络进一步健全,4个县(区)获全省未成年人思想道德建设工作先进县区称号,德州市获第十八届全国青少年读书活动优秀组织奖。

第九章 统战工作

1986年后，市委（地委）不断加强和改善统战工作，始终贯彻“长期共存、互相监督，肝胆相照、荣辱与共”的基本方针，完善政治协商与民主监督制度，宣传执行党的民族、宗教，对台等各项具体统战政策，发挥“了解情况，掌握政策，协调关系，安排人事”的职能作用，紧密联系民主党派、无党派人士和党外知识分子，建立和完善党外知识分子联络员制度，协助民主党派、工商联搞好换届选举和组织发展，加强自身建设，做好党外干部推荐安排工作，鼓励支持民主党派成员和无党派人士积极参政议政、建言献策，共同为德州经济发展、社会稳定和祖国统一做出应有的贡献。

第一节 民主党派和工商联工作

一、发挥民主党派参政议政、民主监督职能

1987年5月，中共德州地委印发《关于加强统战工作的意见》，全区人民政协和民主党派政治协商、民主监督逐渐走上经常化、制度化轨道。1988年，总结推广武城县“双月座谈会”（每两月召开一次党外人士座谈会）经验，各县（市）通过召开协商座谈会、意见听取会和民主对话会等形式，就本地重大问题向党外人士通报情况，诚恳听取批评、意见和建议。1989年，中共德州地委制定《关于贯彻落实〈中共中央关于坚持和完善中国共产党领导的多党合作和政治协商的意见〉的意见》，进一步完善政治协商与民主监督制度。至1990年，召开各种类型协商会、座谈会40余次，个别谈心500多人次，党员干部交党外朋友近100名。1991—1994年，各级党委逐步建立与民主党派、无党派代表人士及有关团体的民主协商会、通报会和座谈会会议制度，促进执政党与各参政党之间的合作与协商。

1995年撤地建市后，市委不断加强全市统战工作。1999年，市委办公室、市政府办公室印发《关于市委常委加强与党外代表人士联系的意见》和《关于加强政府有关部门与民主党派对口联系工作的通知》，建立市委常委与民主党派和党外人士联系制度和市政府有关部门与民主党派对口联系制度。其间，民盟委员栾文通在省政协八届二次会议上作的《警惕流行讽刺民谣的错误导向，维护社会稳定和长治久安》的大会发言，受到省委、省委统战部领导的高度重视，新华社编发了内参。2000年，市委统战部将《德州市国民经济和社会发展第十个五年计划刚要（草案）》制定和市委十一届八次、九次全委（扩大）会议等情况及时向各民主党派、工商联进行通报，专门听取他们的意见建议。2001年，组织各民主党派开展调研活动10次，党派组织和个人提交议案、提案120多件。2002年，各民主党派撰写调研报告20余篇，提交提案74件。民进德州市委提报中共德州市委《关于污水处理厂出水用于景观用水的建议》得到市委主要负责人的批示。2003年，市人大、市政协“两会”期间，各民主党派提交议案、提案158件，办结142件，办结率为90%。2004年，市各民主党派提交提案、议案217件，撰写各类调研报告39篇，提出合理化意见和建

议480多条。民进市委撰写的《关于我省民营经济的几点建议》被副省长王仁元批示，并由省有关部门承办。

2006年，市委制定《关于进一步加强中国共产党领导的多党合作和政治协商制度建设的实施意见》，进一步规范政治协商的内容和形式，畅通参政议政的渠道。市各民主党派共提交提案、议案252件，提出合理化意见建议370条，撰写各类调研报告56篇，32篇进入省市党委、政府重要决策。2007年，市委统战部会同各民主党派在全市开展"双岗建功"（党外人士既立足本职做好工作，又积极履行职能参政议政）标兵评选活动，对7个先进党派基层组织和13名先进个人进行表彰和奖励。2008年，市委统战部组织各民主党派、市工商联负责人和无党派人士赴西柏坡、贵州、重庆等地参观考察，接受革命传统教育。2009年，举办各民主党派、工商联负责人暑休研讨班，组织有关人员到韶山、井冈山等地参观考察，接受革命传统和爱国主义教育；召开各种形式的党外人士情况通报会、座谈会、民主协商会20多次。2010年，市委办公室印发《中共德州市委同市各民主党派、无党派人士政治协商的实施意见》，明确规定全市政治协商工作的原则、内容、形式、参加范围、程序等。是年，全市各民主党派中有5人被中央部门表彰奖励，26人被省市委各级部门评为先进个人。2011年，民主党派提交的《关于青少年校外实践基地和活动场所设施建设的建议》等提案被中央统战部《零讯》采用；《关于加强和创新我省社会管理的建议》等提案被评为省政协优秀提案；《关于集约化发展新能源产业，培育专业市场的建议》《关于保障和改善民生，促进医疗卫生体系建设的建议》等提案被评为市政协重点提案、优秀提案。

二、协助民主党派、工商联加强自身建设

1986—1989年，地委统战部协助民盟、民进、九三学社等民主党派省委发展地方组织。1993年，地委统战部制定《全区统战干部和非中共人士培训工作的意见》，加强对党外干部的培训工作。1994年，协助各民主党派建立健全学习制度、参政议政日制度等，使党派工作走上了制度化、规范化道路。

1995年撤地建市后，原县级德州市管理的5个民主党派组织随之上划市委领导。1996—1997年，本着"参与不干预，尽力不包办"的原则，先后协助民革德州支部和民盟、民建、民进、九三4个市委会的筹建工作。1998年，协助4个党派市委会完成13个基层支部的组建；协助农工党德州小组组建为德州支部。1999年，协助农工党、致公党筹备建立了德州市支部。2002年，协助民盟、民建、民进、九三学社4个党派市委会，民革、农工、致公3个党派省直支部进行了换届；协助农工党、致公党成立了市委会。2003年，协助民建、九三学社、农工党、致公党4个市委会完成8个支部换届、5个支部成立及届中增补工作。在条件较为成熟的市委会内成立了经济、社会与妇女、参政议政等专门工作委员会。

2004年，全市各民主党派实行市委领导班子成员年度述职评议制度，开展争创"政治思想好、合作共事好、工作创新好、参政为民好、团结协作好、廉洁奉公好"的"六好"领导班子活动。民建、农工党市委在党派中央召开的基层组织工作会议上作了典型发言。民进市直一支部荣获"民进全国先进基层组织"称号。启动各民主党派"基层建设年"活动。2006年，全市各民主党派25个支部达到了"五个一"（有一个务实开拓的好班子，有一片设施完备的好阵地，有一套运转高效的好机制，有一支团结干事的好队伍，有一份实实在在的好业绩）规范化标准，先后有18个支部被民主党派中央、省委、省委统战部评为基层组织建设先进单位。2008

年，继续开展“基层组织建设年”和创建“基层规范化支部”活动，90%以上的支部达到“五个一”规范化标准。2009—2010年，市委统战部组织各民主党派、工商联负责人暑休研讨班，到广东、广西等地参观考察，学习交流，组织部分党派干部赴省社会主义学院进行学习培训。2011年，确定为“县级工商联组织基础建设年”，开展文件精神“宣传月”活动，推动工商联组织领导、机构编制、经费保障等方面的贯彻落实。至2011年年底，在德州的民主党派有中国民主同盟、中国民主建国会、中国民主促进会、九三学社、中国农工民主党、中国致公党、中国国民党革命委员会，共有基层组织42个，成员776人；德州市工商业联合会有会员8764人，会员企业5325个。

第二节　党外干部工作

1986年，全区继续落实党的知识分子政策，为1390人平反了冤假错案，8527人办理了“农转非”手续。同年，中共德州地委印发《关于在调整领导班子中切实搞好对党外人士安排的通知》，翌年全区县（市）人大换届中安排党外副主任10人；县（市）政协换届中安排非党副主席39名。到1989年，全区有副股级以上非党干部1410人，其中副县级47人（县人大常委会副主任10人，政协副主席37人），科级12人，副科级63人，股级540人，副股级748人。1990年5月，地委组织部、统战部联合印发《关于选配党外领导干部的六年规划及措施》。至1991年年底，全区党外干部有32000多人，担任股级职务的1290人（行政股级287人），科级职务409人（行政科级43人），副县级职务51人（政治安排44人，企事业7人）。1993年，推荐党外副县（市）长候选人6名，当选1名，有4人担任了县（市）政协领导职务。1994年5月，地委统战部在调查摸底基础上，督促各县（市）委统战部协同组织部建立起260人的后备干部队伍。1995年年底，全市共有党外干部35887名，实职安排的195名，其中副区长1名，政府各部门副科级以上干部38名，事业单位科级干部83名，企业科级干部73名。

1996年，市委组织部、市委统战部联合下发《关于进一步加强培养选拔党外干部工作的意见》，当年全市安排实职党外干部19名，其中县级2名，科（局）级17名。市政协九届二次会议召开前，统战部会同组织部门对有关人选进行认真考察和推荐，共增补党外政协委员24名，增选副主席1名，常委6名。德城区、禹城市增选党外人大常委会副主任各1名，禹城、临邑、陵县等县市增选党外政协副主席5名。1997年，全市安排实职党外干部23人，其中县级3人，科级20人；推荐全国人大代表3人，全国政协委员6人，省人大代表16人，省政协委员13人，市政协委员189人，市人大常委会委员10人，市、县（区）长党外候选人14人。1998年，在换届选举中，全市选配党外厅级干部7名，县级53名，科级50名。其中德州市党外副市长1名，有9个县（市、区）各配备了1名党外副县（市、区）长。配合市委组织部选拔部分市直部门领导干部工作，选拔1名党外干部在市文化局任正职领导，3名党外干部各在市监察局、市畜牧局、市农业局任副职领导。市委统战部采取培训、到基层挂职锻炼等形式，加强对后备干部的培养，提高他们的政策理论水平和实际工作能力。各县（市、区）共举办中青年党外后备干部培训班5期，受训人员100多人。1999年，乐陵市配备了1名党外副市长，市工商联选配了1名党外干部任会长，各县（市、区）选配党外科级干部62名。全年举办党外干部培训班18期，受训人数达517人。

2000年，在市十届政协委员的增补和调整工作中,增补党外政协委员31名,常委6名。为省委统战部推荐2名党外知识分子联络员,为省工商联推荐2名执委、1名常委。平原县选配了党外副县长。是年,全市11个县(市、区)政府领导班子全部配齐党外领导干部,党外后备干部队伍总数达到297人,其中县级76人,科级221人;共举办党外干部培训班18期,受训人数544人次。2001年,全市任实职副科以上干部179人,其中县级15人,科级164人;做政治安排46人,其中厅级6人,县级40人。建立了优秀党外后备干部队伍,共44人,其中厅级2名,县级42名,并实行了动态管理。市统战部门向省委组织部推荐10名、向市委组织部推荐12名党外后备干部。2002年,全市选配正县级党外干部2名,并全面启动了推荐党外人士担任特约人员工作,向市审计局、市监察局等推荐20名党外人士担任特约审计员和特约监察员。2003年,全市配备党外副市长1名,副县(市、区)长11名,市及11个县(市、区)政府全部配齐党外副职。推荐市党外人大常委会副主任人选1名、政协副主席人选5名;推荐县(市、区)党外人大常委会副主任人选11名、政协副主席人选33名,全部顺利当选。市、县(市、区)各级聘请党外特约人员1000多人。2004年,全市聘请174名民主党派、无党派代表人士担任特约监察员、检察员、审计员、教育督导员,促进政府部门工作的开展。

2005年,市委统战部制定《关于进一步做好培养选拔党外干部工作的意见》,明确培养选拔党外干部工作的目标和任务。2007年,配合组织部门推荐选拔了一大批优秀党外干部,配备党外副市长1名,副县(市、区)长11名,市及11个县(市、区)政府全部配齐党外副职。推荐市党外人大常委会副主任人选1名、政协副主席人选4名;推荐县(市、区)党外人大常委会副主任人选10名、政协副主席人选33名,全部当选;推荐1名党外全国人大代表,1名党外全国政协委员和16名省政协委员。在全市公开选拔党外领导干部5名;选配副县级以上党外干部15名,其中市政府党外副市长1名,市政府部门党外副职7名,县(市、区)政府党外副职7名,全市党外干部安排使用工作实现突破性进展。2008年,在全市范围内选配副县级以上党外干部19名,其中市直部门8名,县(市、区)机关11名,比原有配备职数有了大幅度提高。市监察局、检察院、教育局、税务局等10多个部门单位全部聘请了党外特约人员,市县(市、区)两级聘请特约人员达350多名。

2009年,市委统战部制订《2009—2012年党外代表人士队伍建设规划》,新安排党外政协常委、委员22名,推荐安排省社会新阶层党外知识分子联谊会理事10名。2010年,制定《无党派人士政治引导长效机制意见》,完善重点人物库,形成一支90人的代表人士队伍。

2011年,开展“党外代表人士队伍建设年”活动,在全市建立起2700人的党外代表人士队伍,其中市级600人,县级2100人;举办培训班20余班次,培训党外人士800多名;选派150多名党外干部到基层和企业挂职锻炼;市直单位提拔党外副县级以上干部7名,市政府部门配备党外副职达到8名,各县(市、区)新提拔副科级以上党外干部56名。

第三节 服务经济社会发展

1986年,通过召开经验交流会、组织参观考察等形式,调动全区各界人士为“四化”建设做贡献。至1987年年底,全区个体工商户发展到56251户,从业人员89927人。1988年,地委统战部有计划地开展恢复县级工商联组织的工作。1991—1995年,地委统战部组织民主党派和工商联开展“我为德州经济建设献计献策”

和“品种质量效益年”等活动。九三学社德州支社等5个党派组织与县级德州市二轻局召开“经济效益研讨会”，对企业如何加强科学管理、提高经济效益进行研讨，受到企业重视。

1996—1997年，市委统战部印发《关于组织党外各界人士为发展我市外向型经济做贡献的通知》，号召各民主党派、各级工商联组织、各机关、事业、企业党外人士积极开展“三引进”（引进资金、引进项目、引办企业）活动。成立德州市海外联谊会，吸收152名来自海内外的朋友参加。1998年，全市统战系统共介绍引进“三资”（中外合资、中外合作、外商独资）项目22个，合同金额达7661万元，实际到位资金2073万元，帮助近万名下岗职工实现了再就业。1999年，组织各民主党派、工商联开展经济发展研讨论证、培训办学、咨询服务、科技扶贫、“三下乡”（文化下乡、科技下乡、医疗下乡）等社会活动，全年统战部门联系私营企业130家，促进外地私营企业在当地落户26家，帮助非公企业安排下岗职工3819人。2000年，市委统战部向全市统战系统成员发出《积极响应市委号召，充分发挥自身优势，为实现招商引资的大突破而努力》的倡议，全市各级统战部门全年引进资金1.8亿元，到位资金2402万元。2001—2005年，围绕参与实施两大“天字号”工程，市委统战部成立招商工作领导小组，充分利用工商联（商会）、台办、侨联、海联会、各民主党派优势，全市统战系统共引进项目267个，协议合同金额127亿元，实际到位资金47亿元。

2006年，组织“2006海内外知名企业家齐鲁行活动”，促进德州市与国内外客商达成签约项目77个，总投资额137.7亿元，引进资金105.5亿元。全市统战系统组团赴外地考察招商共420人次，邀请外地客商到德州市参观洽谈项目共310人次。2007年，发挥“齐鲁行”活动的后续辐射效应，推动完成签约项目77个，项目总投资79.7亿元，到位资金43.6亿元。2008年，围绕市委提出的“南融北接、对接央企”战略，市、县两级统战部门共引进项目99个，实施项目45个，实际到位资金18.2亿元。通过慈善总会、红十字会、光彩事业促进会等渠道向四川地震灾区捐款4581.35万元，捐助物资567.2万元。2009年，向全市非公有制经济人士发出《勇于承担社会责任，确保稳定不裁员》倡议书。市海外联谊会与世界华侨华人社团联合总会、荷兰中国商会等20多个商会建立友好关系，并在宁津县捐资建设海联会新农村卫生室。市、县两级统战部门共引进项目59个，实施项目35个，实际到位资金16.2亿元。

2010年，第四届世界太阳城大会在德州召开期间，市委统战部与世界华人华侨社团联合总会共同邀请来自21个国家和地区的61名客商、专家到德州参会；与市发改委联合承办了第四届世界太阳城大会·新能源投资贸易与国际合作论坛；组织开展了海外华商平原行活动。以“服务新农村建设”为主题，开展“双岗建功”活动，市各民主党派分别确定庆云县一个乡镇或社区作为联系点，开展对口帮扶工作。与党派中央、省委，工商联全联、省联及海内外友好商会的联系交流，为全市经济发展引进资金、技术和人才。市、县（市、区）两级统战部门共签订合同项目144个，合同金额达61.65亿元。2011年，市委统战部组织党外人士参与视察、考察活动30多次，召开协商会、座谈会、情况通报会8次，提交提案、建议870多件，撰写各类调研报告30多篇。成立德州市工商联物流行业商会、山大同学商会，市工商联先后与成都市、大连市、安庆、中山市工商联缔结为友好商会。协调中华海外联谊会和霍英东基金会，捐建海联会新农村卫生室5个，资金25万元。

第十章　政法工作

自1986年起，按照地委的统一部署，地委政法委组织领导公安、检察、审判、司法等部门紧紧围绕改革开放和经济建设，深入持久的开展“严打”斗争，依法严厉惩治各类犯罪行为，对犯罪分子始终保持高压态势，实行社会治安综合治理，维护社会稳定，为经济建设保驾护航。

2003年，全市开展创建“平安德州”活动，至2011年年底，11个县（市、区）连续5年获“全省平安建设先进县（市、区）”称号，人民群众对社会治安满意率逐年上升。

第一节　社会治安综合治理

1986年，地委政法委针对当前一些社会丑恶现象死灰复燃，诱发其他犯罪，也危害社会治安的社会现实，组织各级政法机关积极采取行动，实行社会治安综合治理，加强公安基层基础工作，强化对公共复杂场所的治安治理，严厉查处扰乱公共秩序的案件，保证重大节日、重要活动和大型群众性文娱活动不发生重大恶性案件。1990年4月，地委制订《关于1990—1992年社会治安综合治理的总体规划》。1991年6月，动员全社会力量，组织开展为期半年的打击拐卖妇女、儿童犯罪活动专项斗争，查处此类案件670起，抓获人贩子639人，解救妇女488人、儿童32人。1993年2月，地委、行署决定在社会治安综合治理工作中实行“属地管理”和“一票否决权制”，对重大案件的主管领导和直接责任人分别给予行政处分和经济处罚。是年，全区在加强依法治理、严厉打击重大刑事案件的同时，与济南、天津铁路分局共同召开铁路护路联防会议，对维护铁路沿线治安工作做出全面部署并狠抓落实。

1994年，全面贯彻“打防并举、标本兼治、重本治本”的社会治安综合治理方针，强化舆论宣传，治理治安后进村庄、单位，整治油区、铁路治安，安置帮教失足青年和刑释解教人员。1995年，市委、市政府与各县（市、区）党委、政府签订社会治安领导责任书，县以下单位也逐级签订，纵到底，横到边，增强全党、全社会参与综合治理积极性。开展“双基建设年”（基层、基础）活动，重点推进乡镇和村庄的领导机构、办事机构及防范措施落实，强化人防，普及物防，推广技防”。推广了禹城市乡镇治安联防队规范化建设和夏津县乡镇联防队正规化管理的经验。对排查出的治安后进村采取班子、经济、治安一起抓的方法，实行重点治理。1996年，加强情报信息和疏导调处工作，超前工作，妥善处置，把矛盾解决在内部、解决在基层。全年组织调处各类纠纷27705件，调解成功率达93%。组织开展社会治安综合治理“模范县（市、区）”“安全村”“安全小区”活动。至1997年，市委、市政府表彰4个社会治安综合治理模范县市，72个安全文明乡镇，6名社会治安见义勇为先进分子。并查究了17个发生重大案件的单位，处罚责任人31人。1998年，全市安全文明乡镇达到99个，占总数的50%；安全文明单位756个，占总数的45%；安全文明村4177个，占总数的49.2%；安全文明小区56个。

2000年，坚持“打防结合，预防为主”的方针，强化社会治安综合治理各项措施落到实处。整治农村治安，严厉打击扰乱农村工作、干扰落实农村政策和称霸一方的流氓恶势力，全市打击惩处“霸”字号人物168人。治理整顿后进村，229个后进村中有188个治安状况有所好转。对学校及周边治安秩序进行重点整治，彻底取缔学校周围200米以内开设的“四室二厅”（电子游戏室、台球室、录像室、桑拿浴室、歌舞厅、卡拉OK厅），破获涉及学校的案件80余起，抓获犯罪嫌疑人130余人。对油区治安进行了集中整治，破获涉油案件42起，打掉盗油团伙4个，抓获犯罪嫌疑人88人。开展城市（城区）治安防范专项活动，突出对娱乐服务场所的清理整顿，加强对暂住（流动）人口和租赁房屋的管理，清理“三无人员”280多人，登记、办理暂住证18495个，与1946个出租房屋户签订了治安责任书。2001年，全面启动“四五”普法规划和2001—2005依法治市工作。2002年，总结推广齐河县构筑县乡村户四级防范模式、德城区治安防范预警处置机制、临邑县治安防范承包等成功做法，“三防”（人防、技防、物防）措施得到加强，积极构筑打防控管一体化的工作格局。

2004年，根据治安形势特点，适时开展严打整治专项行动，重点打击农村邪恶势力犯罪，抓获各类违法犯罪嫌疑人723人。在全省率先开展为期40天的道路交通治安秩序专项整治行动，德州市治理超限模式在全省推广。2005年，把信息预警作为化解社会矛盾第一位的工作来抓，及时准确的掌握社情民意。完善集打、防、查、堵、控为一体的治安防控体系，在全省率先实现110、122、119“三台合一”，建成16个警务工作站，628处治安卡点。2006年，狠抓社会治安综合治理规范化建设，在全市抓了30个乡镇、30个内部单位、50个村居作为规范化建设试点单位。2007年，全市评定星级综治干部8230名，占总数的82%；在136个社区设立165个社区警务室、320支社区巡逻队、居民治安小组1630个；建立群防群治组织8543个、44021人。2008年5月，全省社会治安综合治理工作会议在德州召开，德州市作典型经验介绍。同年8月，为保卫北京奥运会安全，德州市发挥北京“护城河”作用，加强进京通道安全检查工作，奥运期间检查进京车辆69301台、人员259278名，劝返不符合规定的车辆711台、人员1654人，查截不放心人员920人，抓获违法犯罪嫌疑人11人，创造的奥运期间铁路、桥梁、主要进京路口全天候设岗守护的安保模式在全省推广。

2009年，组织开展“治安防控体系建设年”活动，提出人防抓普及，物防抓巩固，技防抓提升，协防抓合力。县（市、区）组建巡警防暴队，内部单位聘用专职保安，乡镇（街道）组建专职巡逻队，村庄（社区）发展专职或义务巡逻队。全市累计投入1.3亿元，安装监控探头4万余个，其中重点部位的5760个直接接入公安监控平台，实现了城区重点部位、主要交通干道监控探头全覆盖，乡镇驻地、农村新建社区主要出入口监控探头覆盖率达到88%以上，乡镇行政村、自然村主要出入口监控探头覆盖率达60%以上。

2010年，全市132个乡镇（街道）全部建立综治维稳中心，实现了社会治安联合防控、矛盾纠纷联合调处、重点工作联勤联动、突出问题联合治理、基层平安联合创建“五联动”。至2011年年底，全市共建立各级巡逻队伍8572支、队员51556人，建成城乡社区警务室576个，配备社区民警、保安等辅助力量2850人，招募综治志愿者4350人，建成监控探头5万多个，重点部位、街面覆盖率达到100%。

第二节 平安德州建设

2003年11月，按照省委、省政府统一部署，以健全和完善信息预警处置、治安防控、社会矛盾化解、组织保障和责任监督考核“五大工作机制”为主要内容，在全市开展建设“平安德州”活动，实现“六个确保”，即确保不发生到省进京重大聚集滋事事件、不发生影响恶劣的政治性案件、不发生爆炸和投毒等重大恶性刑事案件、不发生造成重大影响的群体性事件、重大活动和节日期间不发生影响稳定的重大问题、不发生重特大安全事故，努力把德州建设成为全省社会政治最稳定、法治环境最规范、投资环境最优良、人民群众最满意的城市。2005年，组织现场会、观摩会、经验交流会、讲评会20余次，外出参观3次，明察暗访2次。2006年，精心设计工作载体，扎实推进平安单位（系统）、平安村居、平安家庭等系列创建活动，抓街道带社区、抓乡镇带村居、抓系统带单位，做到条抓块管、双向互动，促进平安德州建设。是年，德城区、临邑县被省委、省政府命名为平安山东建设模范县（区），4个县市被命名为平安山东建设先进县（市、区）。至2007年年底，全市11个县（市、区）全部达到全省平安建设先进县（市、区）标准。2008年，全市平安乡镇、平安村居、平安社区、平安企（事）业单位达到4306个。与2003年相比，全市刑事案件总量下降40.59%，八类严重暴力犯罪案件下降43.12%，主要可防性案件下降44.01%，群体性事件下降92.73%，信访案件下降35%，人民群众对社会治安满意率逐年上升。

2009年，与河北省沧州市、衡水市联合开展“平安边界”创建活动，互通情报信息，联合行动。在186个少数民族村居中，有126个荣获“平安民族村（居）”称号。德州市探索建立的社会治安防空体系、“四位一体”维稳工作机制、见义勇为管理体制、青少年轻微犯罪“前科消灭”制度、城区管理信息化建设等经验做法受到中央和省部级单位的充分肯定。年底，德城区被中央政法委、综治委授予“全国平安建设先进县（市、区）”称号。至2011年年底，11个县（市、区）连续5年获得“全省平安建设先进县（市、区）”称号。

第三节 执法监督

自1986年，地委政法委切实加强政法队伍建设，顺应形势和任务要求，对广大政法系统干警开展党的纪律、党的优良传统和优良作风教育，完善各项规章制度，加强廉政建设，增强政法干警责任心和荣誉感，争取做到依法办案、文明办案、廉洁办案。1993年，推进政法机关改革调整内部机构，开展“三查、四看”（查思想、查作风、查工作，看坚持四项基本原则的自觉性高不高，看以经济建设为中心的指导思想树立的牢不牢，看支持保卫改革开放的观念强不强，看为经济建设保驾护航的力度够不够）活动。

1995年，政法系统认真落实中央政法委提出的“三条禁令”（绝对禁止政法干警接受当事人请吃喝、送钱物；绝对禁止对告状求助群众采取冷漠、生硬、蛮横、推诿等官老爷态度；绝对禁止政法干警打人骂人、刑讯逼供等违法违纪行为），通过集中教育整顿和经常性监督检查，解决少数干警存在的突出问题。1996年，实行“一岗双责”，全市各级政法部门层层签订“从严治警责任书”，加强纪律作风整顿，把落实“三条禁令”，杜绝要特权、办“三案”（关系案、人情案、金钱案）和“老四难”（门难进、脸难看、话难说、事难办）作为整治重点，狠刹行业不正之风。开展教育培训，提高队伍素质。以各种方式在各类院校学习深造的干警1241人，具有

大专以上学历的干警比例达到46.2%，比上年提高近5个百分点。1998年，严肃查处政法干警中存在的违法违纪现象，全年共查出反映强烈的突出问题440余个，涉及干警339人；查出执法不严、裁判不公等有问题的案件116起，处理违法违纪干警169人，其中给予党纪政纪处分和刑事处罚的29人。

1999年，认真落实《中共中央关于进一步加强政法队伍建设的决定》要求，加强领导，严格管理，内强素质，外树形象。市委政法委制定《关于在全市政法系统开展司法公开活动的意见》，通过公开办事制度、公开办事程序、公开办事结果，聘请执法监督员，建立警民联系制度，把严格执法、秉公执法落到实处。自2001年起，组织开展“一学三抓四创两满意”（学党的十五届六中全会精神，抓基层、抓基础、抓基本功，创无违法、无违纪、无事故、无错案单位，做满意的政法单位、满意的政法干警）活动。

2005年，开展“规范执法行为，促进执法公正”专项整改活动。2006年，结合开展社会主义法治理念教育活动，全市各级政法部门共修订完善制度652项，查摆问题634个，解决实际问题520个。并积极推进干警执法档案建设，适合建档条件的6381名干警全部建立了执法（执业）档案，大大提高了执法质量。是年，全市有2个政法单位被省委、省政府命名为人民满意政法单位，6个政法单位和6名干警分别被省委政法委、省人事厅评为公正执法先进单位和公正执法标兵。2007年，全市广泛开展向全国模范法官、一等功荣立者白光锋，全省公正执法先进个人、一等功荣立者宋善金等英模人物学习的活动，营造学先进、争一流、创佳绩的浓厚氛围。

2009年起，深入开展执法规范化建设，进一步健全完善干警执法档案，积极探索建立执法质量考评体系，加强对各级政法机关领导班子的考察监督。2010年，在全市开展了案件评查活动，共评查案件2119件，发现瑕疵案63件，查纠责任人11名，在全省率先开展执法巡视工作，督办涉法涉诉案件11件，其做法在全省推广。至2011年，全市执法规范化建设取得进展。完成了全市179个公安执法场所规范化建设任务，举办了社会管理创新培训班，对28项重点社会管理工作实行项目化管理，网络化监督。

第十一章　信访工作

第一节　制度建设

1986年，德州地区成立信访工作领导小组，设立地委、行署两个信访处；全区各县（市）明确分管信访工作的领导，各乡镇普遍实行“三定一包”（定案件、定时间、定人员，领导包案）和“分级负责、归口办案”等制度。1988年，地委信访处与行署信访处合并，设立德州地区信访局。1991年，地区信访局印发《信访工作手册》，对办信、接访等工作做出明确规定。1993年，全区县（市）建立健全信访办公室，乡镇（街道）配备专兼职信访干部，村级建立信访民调小组，县、乡、村三级信访网络初步形成。

1994年,地委、行署制定《关于进一步加强信访工作的意见》,各县(市)恢复了信访机构规格,乡镇配备信访助理员,村配备信访民调员,做到人员、责任、制度、活动、待遇五到位。

1995年,市政府印发《关于实行群众逐级上访制度的通知》。1997年,全市信访工作严格逐级上访程序,把推行逐级上访工作纳入信访工作目标管理的考核内容。1998年7月,市委、市政府制定《关于市县两级党委、政府领导成员公开接待群众来访的规定》,对领导干部公开接访工作提出具体要求。

2003年,市委制定《关于加强和改进信访工作、积极推进"两个下移"的意见》;推广平原县经验,要求在全市普遍推行支部书记管理星级化、农村财务管理规范化、信访工作管理法制化,解决好"三农"问题,维护好农村社会稳定,努力争创"三无乡镇"。2004年,市委、市政府把信访工作纳入"平安德州"建设考核体系和干部政绩考核的主要内容,从责任、机制上强化信访工作的地位和作用。全市实行办信工作"三见面"(与承办单位领导见面、与承办人见面、与写信人见面)制度,增强了基层承办信访工作责任感,大量问题化解在初期信访阶段,有效地减少了信访转上访。

2005年,宣传贯彻国务院新修订的《信访条例》,举行《信访条例》研讨班5期,培训全市各级分管负责人和信访干部500余人。2006年,开展乡镇信访办公室"六个一"(一块牌子、一个工作班子、一处接访场所、一台微机、一套制度、一宗规范资料)规范化建设,强化乡镇信访办公室工作职能。市、县两级投入资金190余万元,全市信访信息办公自动化、网络化建设初见成效。至2008年,全市132个乡镇信访工作达到"六个一"规范化建设标准,基层预防、处理和化解矛盾的能力大大增强。

2009年,建立信访督查专员制度,市委、市政府聘任6名正县级督查专员,专门负责重点信访案件的督查。2010年,全市建成14个市、县级信访服务大厅,134个乡级工作站,3123个村级工作室;市级有专职人员29人,县级有专职信访工作人员159人,乡村两级专兼职信访干部4000余人。2011年,全市健全四级群众工作网络和信访事项全程跟踪处理制度,对集中排查的信访积案落实"三方交办"和"三方负责"制度。中央、省、市、县(市、区)开始拨付专项资金,解决疑难信访问题。

第二节　信访办理

1986年,全区信访工作继续抓落实政策,解决历史遗留问题,成立由组织、纪检、政法、劳动人事、公安、检察院、法院等有关部门负责人为成员的信访工作领导小组,定期研究处理信访疑难案件和重点案件。1987年,把处理重点上访老户问题作为重点,逐个摸排,登记造册,并抽调975名干部组成373个包案组,实行"三定一包"责任制,主动地解决问题,绝大多数上访老户的问题得到了妥善解决。1988年,在处理集体上访过程中,采取各级负责人亲自出面做工作,实事求是解决问题,并做好思想疏导工作、搞好信访预测、注重源头预防等方法。1989—1990年,以抓办案效率和质量为重点,做好初信初访和重信重访工作,并采取县(市)多办少转、乡镇只办不转等做法,重信重访率大幅度下降。1993—1994年,贯彻落实信访法规,推广总结平原县"五结合"(贯彻实施信访法规同整顿上访秩序相结合、同坚持"分级负责,归口办理"制度相结合、同加强基层信访工作相结合、同落实信访工作目标责任制相结合、同建章立制、使信访工作走向规范化相结合)的经验。

1995年,全市把控制集体上访和越级上访

作为每年信访工作重点，对基层干部作风、农民负担、土地延包、村委会换届、农村基金会以及国有企业改制等容易引起群众上访的热点问题，采取措施从源头上化解矛盾。1996年，全市越级到省、进京上访案件比上年分别下降17.3%和12.1%。

1999年，开展处结信访积案突击月活动，使集体上访和越级上访得到了有效控制。是年，德州市信访工作进入全省先进行列。2000年4月，全市开展"三访"案件集中整治活动，排查出"三访"案件531件，处结517件。2002年，开展"月结百案"集中治理活动，处结信访案件201件，结服175件。2003年，全市集中开展重复信访问题专项治理活动，重点解决重复上访、上访老户和信访大户问题。市、县两级共受理群众来信来访9021件起。其中，市委、市政府共受理群众来信来访2070件起，同比下降12.9%；接待来访1128起5708人次，同比下降2.5%和12%；到省上访93起，同比下降16.2%；进京上访115起，同比下降22.3%。进京集体上访案件连续4年保持"零"的纪录。是年，德州市信访工作年终考核评比列全省第一位。

2004年，市、县两级共受理群众来信来访8480件起，其中市委、市政府共受理群众来信来访1853件起，同比下降10.5%，到市集体上访同比下降33.4%，到省集体上访下降75%，信访案件结服率上升10%。德州信访工作主要指标在全省实现了"三个第一"（年度考核总分居全省第一，信访老户结服率达标居全省第一，到省集体上访下降幅度居全省第一）。2005年，市、县、乡三级全面开通"绿色邮政"，群众反映诉求的来信，只要在信封正面右上角注明"群众来信"字样，就可享受免贴邮票服务。2006年，全年到省上访53起145人次，同比下降63.7%，其中集体上访3起45人次，同比下降57.1%；进京上访24起40人次，同比分别下降53.8%；到市上访902起3603人次，同比下降9.1%，其中集体上访80起1798人次，同比下降13%；越级致信同比下降17.9%。

2007年，开展信访老户和非正常上访百日整治活动，90%以上重点信访案件、上访老户和进京非正常上访案件实现了结服。2008年，全市先后开展了4次集中排查活动，排查出各类矛盾纠纷5000多件次。所查案件全部登记造册、落实领导包案措施，限期结案。全年到市上访720起3891人次，同比下降20.7%；到市集体上访132起3533人次，同比下降11.4%；到省上访63起225人次，同比下降36.4%；进京集体上访连续8年保持"零"纪录。2009年，开展"民情110"建设，乡镇实现"五个一"，即每个乡镇配备一部便民服务车；每村设置一个意见箱，配备一名群众基础好、责任心强的民调员和民情信息员；每户发放一张印有县（市、区）乡信访电话的便民服务卡和一封公开信。

2010年，全市集中开展信访事项大排查活动，排查出信访积案及信访事项、矛盾纠纷1495件（次），于第四届世界太阳城大会在德州召开前，全部结案。2011年，陵县把信访大厅建在县委大院的做法，被中央联席办总结为"县域信访之陵县模式"，在全国进行推广。是年，全市通过政策解释、思想疏导、法律援助、困难帮扶、资金救助等方式，化解信访难题，办结506件信访积案，结案率100%，群众满意率90%以上。

第三节　领导干部公开接访

1998年7月，市委决定市委、市政府成员和县（市、区）党委、政府领导成员实行公开接待群众来访制度，并制定《关于市县两级党委、政府领导成员公开接待群众来访的规定（试行)》。10月19日,市委书记赵克志在市劳动大厦公开接待群众来访,此为市级领导首次公开接访。是年,市、县领导公开集中接访1215起3672人次,其中市委、市政府负责人接待133起505人。1999年,市委制定《关于在市直部门和乡镇实行领导公开集中接访的意见》,按照"归口办理"的原则,对纪检、政法、农业、经贸系统和经委、法院、公安局、建委等部门所负责的信访范围进行了明确分工。

2000年,市级领导公开集中接访延伸到市直部门,县级领导公开接访延伸到乡镇,建立起了上下一致、左右配合的大信访格局。2001年,市委、市政府制定《关于进一步强化领导公开集中接访工作的有关规定》等文件,市级党政和人大、政协负责人由原来的每两月一次改为每月轮流公开接访两次;市直部门和县(市、区)、乡镇、县直部门负责人由原来的每月一次改为每月两次。是年,市级领导公开接访381起,市直部门负责人接访596起,县、乡负责人接访5077起。

2002年2月,市委制定《2002年各级领导公开(预约)集中接访安排意见》,全年市级负责人公开和预约接待群众来访44起,市直部门负责人接待群众来访521起,县(市、区)党政负责人接待群众来访1364起,乡镇负责人接待群众来访3965起。2003—2004年,市级负责人除正常公开集中接访外,按照工作分工,就干部作风、城建拆迁、农民负担、涉法涉诉等问题分专题公开接待群众来访。2003年,市级负责人公开和预约接待群众来访183起243人次,市直部门负责人接待群众来访1218起,县(市、区)党政负责人接待群众来访838起,乡镇负责人接待群众来访7447起。2004年,市级负责人公开和预约接待群众来访128起177人次,市直部门负责人接待群众来访514起712人次,县(市、区)党政负责人接待群众来访1208起3212人次,乡镇负责人接待群众来访13921起24416人次。

2005年,市委、市政府制定《德州市领导干部信访接待日制度》,对全市领导干部信访接待日进行了规范,建立起各级负责人接访的长效机制。2006年,市委、市政府制定《关于进一步加强和改进领导信访接待日制度的意见》,实行集中接访与预约接访相结合制度、市级分管负责人带案到县(市)接访制度和负责人接访案件结案销号制度。同时规定每次负责人接访的案件需要在1个月内办结。2007年,贯彻落实省委、省政府《关于在市县乡三级建立领导干部定期公开接待群众来访制度的意见》,全市各县(市、区)负责人接访每月至少两次,乡镇负责人每月接访都在4个工作日以上。2008年北京奥运会期间,县(市、区)委书记大接访工作,市里派出巡回督导组到县(市、区)督导接访,130个市直驻村工作组到所驻乡镇(街道)各村(居)巡回接访。接访案件100%办结,结服率达到95%以上。2009年,每月上旬市委分管负责人和政法、维稳、信访、公安、检察、法院、司法等部门主要负责人集中到县市下访,接待上访群众,研究处理意见,督导问题解决。县(市、区)主要负责人每月接访一天,每天都有一名县级负责人值班接访,乡镇党委书记随时接访。

2010年,市县乡三级负责人定期批阅群众来信、接待群众来访、下访,每月至少处理一件信访问题。2011年,市委办公室、市政府办公室制定《2011年领导干部信访接待日和机关干部下访活动安排意见》,要求各级各部门及时公开接访时间、接访地点、接访领导人,敞开门接待群众来访。全市领导干部在定点接访、重点约访、专题接访、带案下访、领导人包案等形式的基础上,推广视频接访、网络接访等形式。是年,市、县(市、区)、乡(镇)三级负责人4649

人次参与接访，9582人次参与下访，接待群众3.3万余人次，2985名市、县直部门负责人接访3754起，群众满意率达90%以上。

第十二章　政策调研　党史研究

第一节　政策调研

1984年7月，地委设立调查研究处，内设秘书科、农业研究科和工财研究科。1987年7月，地委调查研究处改为地委研究室。1995年2月，地委研究室改称市委研究室；1996年12月，市委研究室更名为市委政策研究室。

2001年5月，市委机构改革后，市委政策研究室设秘书科（挂党刊编辑室牌子）、政治社会事业研究科、城市研究科、农村研究科4个职能科室。同年7月，市委农村工作领导小组办公室设在市委政研室。2008年7月，增设党刊编辑室。

一、调研成果

政策研究室成立以后，深入基层调查研究，撰写了大量有价值、有深度的报告、文章，对领导决策，推动全市工作起到了积极作用。有的被上级领导作为参考或批示转发，多篇被省以上报刊采用。

1988年撰写的《黄淮海平原开发之路——禹城、陵县、平原、齐河四县农业开发情况调查》，省委领导指示批转全省。

1991年，署名地委书记赵林山的文章《抓流通转化，促粮食生产》，有5家省级以上报刊采用，获《农民日报》二等奖。

1994年，撰写的《由农业大区向强区跨越》，在省委召开的由农业大省向强省跨越的研讨会上发言。

2000年，撰写的《架起农业科技通向千家万户的桥梁——德州农业高科技园建设情况的调查》，被省委政研室转发后，省领导批示，责成有关部门总结推广。

2002年，向省委政研室总结报送的《德州市精简优化教师队伍，巩固农村税费改革成果》《临邑县积极推进配套改革，确保乡镇机构正常运转》两篇材料，省长张高丽等领导批示在全省推广。

2006年，组织研究县域经济发展的《小县域，大志向》《小县域，大县城》《小县域，大作为》庆云系列调查被“新华网”全文转载。《解读“庆云现象”》一文在《农民日报》整版刊发。

2007年，撰写的《农业发展要破解深层次难题》，得到省、市委领导肯定，呈报中共中央、全国人大、国务院、全国政协等领导参阅。

2010年，撰写的《德州大地上的又一次历史性变革——德州市合村建区纪实》，在《中国新农村建设内参》上登载。

二、刊物编发

《德州通讯》　1988年1月由地委研究室创刊承办。2003年4月，在全国市地党刊研究会第12届年会上被评为“全国城市优秀党刊”。8月，在全国城市党委系统政研联席会暨全国城市党刊研究会上被评为“全国城市十佳党刊”。至2011年年底，共编辑发行637期。

内部刊物　1992—2007年，先后编发内部刊物《德州调研》、《参阅件》（2008年改办为

《决策参考》)、《报阅件》、《领导参阅》。2007年后,编发《调查研究》。截至2011年年底,共编发《调查研究》44期。

第二节 党史研究

1984年3月,成立中共德州地委党史资料征集研究委员会,主要开展党史资料征集研究工作。1995年德州撤地建市后,称市委党史资料征集研究委员会。1996年10月,改称市委党史研究室,党史资料征编、理论研讨、宣传教育等工作全面展开。

德州市(地)党史征研机构自1984年成立至2011年,先后编辑出版党史大事记3部、98.5万字,组织史资料征集编纂3部、202万字,地方党史征集编纂2部、77.9万字,党史丛书征集编纂9部、264.3万字。1983—2011年共编辑期刊《德州》(原名《德州党史通讯》,后改为《德州党史》,1994年改名《德州》)120多期。另有《建设社会主义新农村带头人口述历史——写在大地上的诗篇》、《德州英模》(两卷)、《光辉的历程 辉煌的德州——纪念中国共产党成立90周年》等著述。

这期间,全市各县(市、区)党史部门编纂出版社会主义建设和改革开放时期大事记13本,共350万余字。完成组织史资料26本,1500万余字。编辑出版地方史11本,共230余万字。

第二十一编

DIFANGQUANLIJIGUAN

地方权力机关

- 人大代表
- 德州市人民代表大会会议
- 常设机构
- 权力行使

1984年10月，山东省人大常委会德州地区工作联络处成立。之后，历经德州地区人大联络组、人大工委的机构变化。1995年4月，德州撤地建市，正式建立地级德州市人民代表大会制度。首届地级德州市人民代表大会一次会议于1995年4月12日召开，顺延原县级德州市人民代表大会届次序列，为地级德州市第十三届人民代表大会。德州市第十三届人民代表大会任期3年，自十四届开始任期为5年。至2011年年底，德州市共召开4届人民代表大会。

按照宪法规定，德州市人民代表大会制度建立后，逐步建立健全组织机构，加强自身建设，完善各项制度，依法行使监督权、重大事项决定权、选举任免权等国家权力，保障和促进全市经济和社会各项事业健康、持续发展，人民群众安居乐业。

第一章　人大代表

地级德州市人民代表大会制度建立于1995年4月。按照宪法规定，德州市人民代表大会会议每年至少举行一次，由市人大常委会召集，依法行使职权。至2011年，历经4届，共召开会议18次。其中，首届人民代表大会届数顺延原县级德州市人民代表大会届数，即地级“德州市第十三届人民代表大会”。

第一节　代表选举

1993年以前，县（市）、乡（镇）人大换届选举每3年一次。1993年后，依据《中华人民共和国地方各级人民代表大会和地方各级人民政府组织法》规定，县（市）人大换届选举改为每5年一次。每次换届选举，市（地）人大均制定换届选举实施方案或工作意见，设立换届选举工作办公室，深入基层进行检查指导，保证换届选举工作依法顺利进行。

1995—2011年，市人民代表大会换届选举4次，县（市、区）及乡（镇）人民代表大会换届选举3次。1995年春，进行首届地级德州市人大选举。本次选举从1994年10月开始，到1995年4月结束，共选出市十三届人大代表411名。1997年10月，市、县、乡三级人大进行换届选举，到1998年2月结束，共选出市十四届人大代表443名，县（市、区）人大代表2359名，乡（镇）人大代表9707名。2002年9月，市、县、乡三级人大进行换届选举，到2003年2月结束，共选出市十五届人大代表442名，县（市、区）人大代表2374名，乡镇人大代表7755名。2007年9月，市、县、乡三级人大进行换届选举，到2008年1月结束，共选出市十六届人大代表457名，县（市、区）人大代表2374名，乡镇人大代表7287名。

第二节　代表界别构成

代表界别分为工农、干部、知识分子、军人、民主党派、归侨侨眷和其他7部分；代表构成分为中共、妇女和少数民族3部分。

德州市第十三届至十六届人大代表情况一览表

表21－1　　单位：人

届别	代表总数	代表界别							代表构成		
		工农	干部	知识分子	军人	民主党派	归侨侨眷	其他	中共	妇女	少数民族
十三	411	195	109	81	3	6	7	10	228	110	19
十四	443	200	122	91	3	18	4	5	324	107	15
十五	442	158	197	65	4	16	2	0	362	69	13
十六	457	153	211	51	3	18	1	20	370	71	15

第二章　德州市人民代表大会会议

第一节　德州市第十三届人民代表大会

第一次会议　1995年4月12—16日在市直礼堂召开。会议应到代表411名，出席代表408名。会议听取审议市长莫振奎作的政府工作报告，副市长王存荣作的1995年市国民经济和社会发展计划（草案）报告，副市长苏兴珍作的1995年市财政预算（草案）报告。会议经过各位代表充分讨论，通过相应决议。会议选举31人组成市第十三届人民代表大会常务委员会，选举李荣振为市人大常委会主任，王维义、王克功、解华、齐书芳、王福寿、高登平、高仁人为副主任，戚晓耕为秘书长；选举莫振奎为市人民政府市长，王存荣、苏兴珍（女）、刘富春、金清云、刘奉昌、王根源、郭作富为副市长；选举高金森为市中级人民法院院长，邓辉为市人民检察院检察长（后报经省人大常委会批准）。会议收到代表提出的议案24件，建议、批评和意见73件。

第二次会议　1996年3月18—21日在市直礼堂召开。出席会议代表392名。会议听取审议代市长黄胜作的关于德州市国民经济和社会发展第九个五年计划及2010年远景目标纲要的报告，市计划委员会主任杨振茂作的关于1995年国民经济和社会发展计划执行情况与1996年计划（草案）的报告，市财政局局长戴昭忠作的关于1995年财政预算执行情况和1996年财政预算（草案）的报告，市人大常委会主任李荣振作的市人大常委会工作报告，市中级人民法院院长高金森作的市中级人民法院工作报告，市人民检察院检察长邓辉作的市人民检察院工作报告。会议经过各位代表充分讨论，作出相应决议。会议补选孟宪亮为市人大常委会副主任，马恩岭为秘书长，补选委员2名；选举黄胜为市人民政府市长。会议接受市人大常委会关于接受莫振奎(市长)、戚晓耕(市人大常委会秘书长)辞职的备案报告。会议共收到代表提出的议案17件,建议、批评和意见52件。

第三次会议 1997年3月18—21日在市直礼堂召开。出席会议代表389名。会议听取审议市长黄胜作的政府工作报告,市计划委员会主任杨振茂作的关于1996年国民经济和社会发展计划执行情况与1997年计划(草案)的报告,市财政局局长戴昭忠作的关于1996年财政预算执行情况和1997年财政预算(草案)的报告,市人大常委会主任李荣振作的市人大常委会工作报告,市中级人民法院院长高金森作的市中级人民法院工作报告,市人民检察院检察长邓辉作的市人民检察院工作报告。会议经过各位代表充分讨论,作出相应决议。会议共收到代表提出的议案16件,建议、批评和意见63件。

第二节 德州市第十四届人民代表大会

第一次会议 1998年2月26日—3月2日在市直礼堂召开。会议应到代表443名,出席代表430名。会议听取审议市长黄胜作的政府工作报告,市计划委员会主任李光仁作的关于1997年国民经济和社会发展计划执行情况与1998年计划(草案)的报告,市财政局局长戴昭忠作的关于1997年财政预算执行情况和1998年财政预算(草案)的报告,市人大常委会主任李荣振作的市人大常委会工作报告,市中级人民法院院长高金森作的市中级人民法院工作报告,市人民检察院检察长邓辉作的市人民检察院工作报告。会议经过各位代表充分讨论,作出相应决议。会议选举32人组成德州市第十四届人大常委会,蔚立臻当选市人大常委会主任,王维义、齐书芳(女)、高登平、高仁人、高金森、孟宪亮、耿文猷、王佑成为副主任,马恩岭为秘书长;选举黄胜为市人民政府市长,宁经谋、刘富春、金清云、刘奉昌、王根源、郭作富、史好泉、刘伯哲为副市长;选举耿朝玉为市中级人民法院院长,邓辉为市人民检察院检察长。会议还选举出席山东省第九届人民代表大会代表45名。会议共收到代表提出的议案13件,建议、批评和意见42件。

第二次会议 1999年1月25—27日在市直礼堂召开。出席会议代表417名。会议听取审议市长黄胜作的政府工作报告、市计划委员会主任李光仁作的关于1998年国民经济和社会发展计划执行情况与1999年计划(草案)的报告、市财政局局长戴昭忠作的关于1998年财政预算执行情况和1999年财政预算(草案)的报告、市人大常委会主任蔚立臻作的市人大常委会工作报告、市中级人民法院院长耿朝玉作的市中级人民法院工作报告、市检察院检察长邓辉作的市人民检察院工作报告。会议经过各位代表充分讨论,作出相应决议。会议共收到代表提出的议案4件,建议、批评和意见46件。

第三次会议 2000年1月23—26日在市会展中心召开。出席会议代表411名。会议听取和审议市长黄胜作的政府工作报告、市计划委员会主任李光仁作的关于1999年国民经济和社会发展计划执行情况与2000年计划(草案)的报告、市财政局局长戴昭忠作的关于1999年财政预算执行情况和2000年财政预算(草案)的报告、市人大常委会主任蔚立臻作的市人大常委会工作报告、市中级人民法院院长耿朝玉作的市中级人民法院工作报告、市人民检察院检察长邓辉作的市人民检察院工作报告。会议经过各位代表充分讨论,作出相应决议。会议补选孙嘉祥等2人为市人大常委会委员。会议共收到代表提出的议案4件,建议、批评和意见44件。

第四次会议 2001年2月23—26日在市会展中心召开。出席会议代表418名。会议听取和审议代市长孙永春作的关于德州市国民经济和社会发展第十个五年计划纲要(草案)的报告、市发展计划委员会主任徐怀志作的关于2000年国民经济和社会发展计划执行情况与2001年计划(草案)的报告、市财政局局长陈福祯作的关于2000年财政预算执行情况和2001年财政预算(草案)的报告、市人大常委会主任蔚立臻作的市人大常委会工作报告、市中级人民法院院长耿朝玉作的市中级人民法院工作报告、市人民检察院检察长邓辉作的市人民检察院工作报告。会议经过各位代表充分讨论,作出相应决议。会议接受王维义、齐书芳(女)、高登平、高金森、孟宪亮、耿文猷辞去市十四届人大常委会副主任职务的请求,补选赵志录、李光仁、马恩岭、赵忠新、夏荣恩、王绍荣为市十四届人大常委会副主任,补选王光仁等9人为市大常委会委员。会议选举孙永春为市人民政府市长。会议接受市人大常委会关于接受黄胜辞去市人民政府市长职务。会议收到代表提出的议案18件,建议、批评和意见34件。

第五次会议 2002年2月21—24日在德州市会展中心召开。出席会议代表424名。会议听取和审议市长孙永春作的政府工作报告、市发展计划委员会主任徐怀志作的关于2001年国民经济和社会发展计划执行情况与2002年计划(草案)的报告、市财政局局长陈福祯作的关于2001年财政预算执行情况和2002年财政预算(草案)的报告、市人大常委会主任蔚立臻作的市人大常委会工作报告、市中级人民法院院长耿朝玉作的市中级人民法院工作报告、市人民检察院检察长邓辉作的市人民检察院工作报告。会议经过各位代表充分讨论,作出相应决议。会议接受马恩岭辞去市人大常委会秘书长职务的请求,补选王卫东为市人大常委会秘书长。会议收到代表提出的议案8件,建议、批评和意见60件。

第三节 德州市第十五届人民代表大会

第一次会议 2003年2月18—21日在市会展中心召开。会议应到代表442名,出席代表420名。会议听取审议市长孙永春作的政府工作报告、市发展计划委员会主任徐怀志作的关于2002年国民经济和社会发展计划执行情况与2003年计划(草案)的报告、市财政局局长陈福祯作的关于2002年财政预算执行情况和2003年财政预算(草案)的报告、市人大常委会主任蔚立臻作的市人大常委会工作报告、市中级人民法院院长耿朝玉作的市中级人民法院工作报告、市人民检察院代检察长丁福祥作的市人民检察院工作报告。会议经过各位代表充分讨论,作出相应决议。会议选举36人组成德州市第十五届人民代表大会常务委员会,蔚立臻当选市人大常委会主任,刘奉昌、张成道、王佑成、李光仁、马恩岭、赵忠新、夏荣恩、王绍荣、许兰荣(女)为副主任,王卫东为秘书长;选举孙永春为市人民政府市长,苗仲华、郭作富、李艳华(女)、郭宗治、曹鸿鸣、袁秀和、满春重、李保海为副市长;选举耿朝玉为市中级人民法院院长,丁福祥为市人民检察院检察长(后报经省人大常委会批准)。会议共收到代表提出的议案18件,建议、批评和意见53件。

第二次会议 2004年1月30日至2月2日在德州市会展中心召开。出席会议代表424名。会议听取和审议市长孙永春作的政府工作报告、市发展计划委员会主任徐怀志作的关于2003年国民经济和社会发展计划执行情况与2004年计划(草案)的报告、市财政局局长陈福祯作的关于2003年财政预算执行情况和2004年预算（草案）的报告、市人大常委会主任蔚立臻作的市人大常委会工作报告、市中级人民法院院长耿朝玉作的市中级人民法院工作报告、市人民检察院检察长丁福祥作的市人民检察院工作报告。会议经过各位代表充分讨论，作出相应决议。会议接受市人大常委会关于接受陈焕然辞去市人大常委会委员职务决定的备案报告。会议收到代表提出的议案8件，建议、批评和意见51件。

第三次会议　2005年1月24—27日在德州市会展中心召开。出席会议代表381名。会议听取审议市长孙永春作的政府工作报告、市人大常委会主任蔚立臻作的市人大常委会工作报告、市中级人民法院院长耿朝玉作的市中级人民法院工作报告、市人民检察院检察长丁福祥作的市人民检察院工作报告；审查市政府关于2004年国民经济和社会发展计划执行情况与2005年计划（草案）的报告、关于2004年财政预算执行情况和2005年预算（草案）的报告。会议经过各位代表充分讨论，作出相应决议。会议补选孔庆礼等2人为市人大常委会委员。会议收到代表提出的议案34件，建议、批评和意见48件。

第四次会议　2006年2月7—10日在德州市会展中心召开。出席会议代表427名。会议听取审议市长孙永春作的政府工作报告、市人大常委会主任蔚立臻作的市人大常委会工作报告、市中级人民法院代院长尚洪立作的市中级人民法院工作报告、市人民检察院检察长丁福祥作的市人民检察院工作报告；审查市政府关于德州市国民经济和社会发展第十一个五年规划纲要草案、关于2005年国民经济和社会发展计划执行情况与2006年计划（草案）的报告、关于2005年财政预算执行情况和2006年预算（草案）的报告。会议经过各位代表充分讨论，批准上述报告、纲要并作出相应决议。会议通过关于接受张成道、王佑成辞去市人大常委会副主任职务的请求，补选李康军、王卫东为市人大常委会副主任，侯保军为市人大常委会委员；补选尚洪立为市中级人民法院院长。会议接受市人大常委会关于接受郭作富、曹鸿鸣不再担任德州市人民政府副市长职务请求的决定的备案报告，关于接受耿朝玉辞去德州市中级人民法院院长职务请求的决定的备案报告。会议共收到代表提出的议案28件，建议、批评和意见93件。

第五次会议　2006年5月30日在德州市广电中心召开。出席会议代表416名。会议补选吴翠云为市人民政府市长。会议接受市人大常委会关于接受孙永春辞去市人民政府市长职务请求的决定的备案报告。

第六次会议　2007年1月22—25日在德州市会展中心召开。出席会议代表434名。会议听取审议市长吴翠云作的政府工作报告、市人大常委会主任蔚立臻作的市人大常委会工作报告、市中级人民法院院长尚洪立作的市中级人民法院工作报告、市人民检察院检察长丁福祥作的市人民检察院工作报告；审查关于2006年国民经济和社会发展计划执行情况与2007年计划（草案）的报告、关于2006年财政预算执行情况和2007年预算（草案）的报告。会议经过各位代表充分讨论，批准上述报告并作出相应决议。会议通过关于接受李光仁辞去德州市第十五届人大常委会副主任职务的请求的决定（草案）、关于接受王卫东辞去德州市第十五届人大常委会秘书长职务的请求的决定（草案）。会议补选兰忠良、刘炳义为市十五届人大常委会副主任；史好泉、陈福祯为市人民政府副市长；麻然华为市十五届人大常委会秘书长；陈兰钦、鄂宏达为市十五届人大常委会委员。会议共收到代表提出的议案34件，建议、批评和意见88件。

第四节 德州市第十六届人民代表大会

第一次会议 2008年1月4—8日在市会展中心召开。会议应到代表457名，出席代表449名。会议听取审议市长吴翠云作的政府工作报告、市发展和改革委员会主任徐怀志作的关于2007年国民经济和社会发展计划执行情况与2008年计划(草案)的报告、市财政局局长战士平作的关于2007年财政预算执行情况和2008年预算(草案)的报告、市人大常委会主任蔚立臻作的市人大常委会工作报告、市中级人民法院院长尚洪立作的市中级人民法院工作报告、市人民检察院检察长丁福祥作的市人民检察院工作报告。会议经过各位代表充分讨论，作出相应决议。会议选举32人组成德州市第十六届人大常委会，雷建国当选人大常委会主任，兰忠良、夏荣恩、麻然华、朱昌连、钟玲(女)为副主任，秘书长祖传虎；选举吴翠云(女)为市人民政府市长，史好泉、李希信、满春重、李保海、韩建亭、陈福祯、康志民为副市长；选举尚洪立为市中级人民法院院长，丁福祥为市人民检察院检察长。会议选举出席山东省第十一届人民代表大会代表48名。会议共收到代表提出的议案59件，建议、批评和意见143件。

第二次会议 2009年1月5—8日在德州市会展中心召开，出席会议代表423名。会议听取审议市长吴翠云作的政府工作报告、市人大常委会第一副主任兰忠良作的市人大常委会工作报告、市中级人民法院院长尚洪立作的市中级人民法院工作报告、市人民检察院检察长丁福祥作的市人民检察院工作报告；审查关于2008年国民经济和社会发展计划执行情况与2009年计划(草案)的报告、关于2008年财政预算执行情况和2009年预算(草案)的报告。会议经过各位代表充分讨论，批准上述报告并作出相应决议。会议通过关于设立市十六届人民代表大会专门委员会的决定草案及各专门委员会组成人员人选名单。会议补选齐传海等3

2007年1月，德州市第十六届人民代表大会第一次会议召开

人为市人大常委会委员。会议接受市人大常委会关于接受鄂宏达辞去市人大常委会委员职务请求的决定的备案报告。会议共收到代表提出的议案41件,建议、批评和意见81件。

第三次会议　2010年1月17—20日在德州市会展中心召开。出席会议代表433名。会议听取审议市长吴翠云作的市政府工作报告、市人大常委会第一副主任兰忠良作的市人大常委会工作报告、市中级人民法院院长尚洪立作的市中级人民法院工作报告、市人民检察院检察长丁福祥作的市人民检察院工作报告;审查关于2009年国民经济和社会发展计划执行情况与2010年计划(草案)的报告、关于2009年财政预算执行情况和2010年预算(草案)的报告。会议经过各位代表充分讨论,批准上述报告并作出相应决议。会议通过关于接受麻然华辞去市人大财政经济委员会主任委员和民族侨务外事委员会主任委员职务的请求,朱昌连辞去市人大内务司法委员会主任委员职务的请求,李进忠辞去市人大常委会委员职务的请求的决定的备案报告,市十六届人大有关专门委员会组成人员补充人选名单。会议补选张新波为市人大常委会委员。会议共收到代表提出的议案63件,建议、批评和意见128件。

第四次会议　2011年1月23—26日在德州市会展中心召开。出席会议代表450名。会议听取审议代市长陈先运作的市政府工作报告、市人大常委会第一副主任兰忠良作的市人大常委会工作报告、市中级人民法院院长尚洪立作的市中级人民法院工作报告、市人民检察院检察长丁福祥作的市人民检察院工作报告;审查德州市国民经济和社会发展第十二个五年规划纲要草案、关于2010年国民经济和社会发展计划执行情况与2011年计划(草案)的报告、关于2010年财政预算执行情况和2011年预算(草案)的报告。会议经过各位代表充分讨论,批准上述报告、纲要并作出相应决议。会议通过关于接受雷建国辞去市人大常委会主任职务的请求、夏荣恩辞去市人大常委会副主任职务的请求,补选吴翠云为市人大会常务委员会主任、李传武为市人大会常务委员会副主任;陈先运为德州市人民政府市长;杨旭博、赵泉江为市人大会常委会委员。会议接受市人大常委会关于接受吴翠云辞去德州市人民政府市长职务请求决定的备案报告,关于接受高秀鹏、刘福山辞去德州市人大常委会委员职务请求决定的备案报告。会议共收到代表提出的议案50件,建议、批评和意见156件。

第三章　常设机构

第一节　德州地区人大工作机构

1984年10月7日,德州地区设人大工作联络处,机构规格为副县级,设处长1人,工作人员3名,后增至5名。1987年11月升格为正县级,处长改称主任。1988年9月14日,地区人大工作联络处改称山东省人大常委会德州地区联络组,机构规格为正厅级。联络组设组长、副组长,下设办公室,为正县级单位。办公室下设秘书科、法制科、联络科。机关在职人员15名。1989年1月22日,地区人大联络组改为山东省人大常委会德州地区工作委员会，原联络组组长、副组长改称主任、副主任。同年3月，地区人大工委工作机构增设为“一室四处”，即办公室（下设秘书科、行政科）、代表联络处、财经处、法制处、教科文卫处，均为正县级单位。机关行政编制35名。1992年11月增设正副秘书长各1名。1993年4月始设工委委员5名。至1994年年底，机关在职人员42名。

1984年10月—1995年4月德州地区人大负责人一览表

表21-2

名称	职务	姓名	任职时间
德州地区人大工作联络处（1984.10—1988.9）	处长	姜溪波	1984.10—1987.11
	主任	孙贞先	1987.11—1988.9
	副主任	姜溪波	1987.11—1988.9
山东省人大常委会德州地区联络组（1988.9—1989.1）	组长	吴振齐	1988.9—1989.1
	副组长	王晓华	1988.9—1989.1
		苏凤文	1988.9—1989.1
		盛玉振	1988.9—1989.1
山东省人大常委会德州地区工作委员会（1989.1—1995.4）	主任	吴振齐	1989.1—1992.6
		李荣振	1992.6—1995.4
	副主任	王晓华	1989.1—1992.6
		苏凤文	1989.1—1990.6
		杨振成	1990.6—1993.10
		盛玉振	1989.1—1993.10
		王维义	1994.5—1995.4
		张子德	1992.6—1995.4
		李宝贵	1992.6—1995.4
		张继德	1992.6—1995.4
	秘书长	李华亭	1992.11—1995.4

第二节　德州市人大常委会

一、领导机构

市人大常委会是德州市人民代表大会的常设机构，对德州市人民代表大会负责并报告工作。市人大常委会由主任、副主任若干人、秘书长和委员若干人组成。每届任期与市人民代表大会相同。德州市于1995年4月、1998年3月、2003年2月、2008年1月先后召开第十三、十四、十五、十六届人民代表大会，分别选举产生新一届市人大常委会。

德州市十三届至十六届人大常委会领导人任职情况一览表

表21－3

名　称	职　务	姓　名	任职时间
市十三届人大常委会（1995.4—1998.3）	主　任	李荣振	1995.4—1998.3
	副主任	王维义	1995.4—1998.3
		王克功	1995.4—1998.3
		解　华	1995.4—1998.3
		齐书芳（女）	1995.4—1998.3
		王福寿	1995.4—1998.3
		高登平	1995.4—1998.3
		高仁人	1995.4—1998.3
		孟宪亮	1996.3—1998.3
	秘书长	戚晓耕	1995.4—1996.3
		马恩岭	1996.3—1998.3
市十四届人大常委会（1998.3—2003.2）	主任	蔚立臻	1998.3—2003.2
	副主任	王维义	1998.3—2001.2
		赵志录	2001.2—2003.2
		齐书芳（女）	1998.3—2001.2
		高登平	1998.3—2001.2
		高仁人	1998.3—2003.2
		高金森	1998.3—2001.2
		孟宪亮	1998.3—2001.2
		耿文猷	1998.3—2001.2
		王佑成	1998.3—2003.2
		李光仁	2001.2—2003.2
		马恩岭	2001.2—2003.2
		赵忠新	2001.2—2003.2
		夏荣恩	2001.2—2003.2
		王绍荣	2001.2—2003.2
	秘书长	马恩岭	1998.3—2002.2
		王卫东	2002.2—2003.2

续表 21 - 3

名　称	职　务	姓　名	任职时间
市十五届人大常委会（2003. 2—2008. 1）	主任	蔚立臻	2003. 2—2008. 1
	副主任	兰忠良	2007. 1—2008. 1
		刘奉昌	2003. 2—2008. 1
		张成道	2003. 2—2006. 2
		王佑成	2003. 2—2006. 2
		李光仁	2003. 2—2007. 1
		刘炳义	2007. 1—2008. 1
		马恩岭	2003. 2—2008. 1
		赵忠新	2003. 2—2008. 1
		夏荣恩	2003. 2—2008. 1
		王绍荣	2003. 2—2008. 1
		许兰荣（女）	2003. 2—2003. 6（去世）
		李康军	2006. 2—2008. 1
		王卫东	2006. 2—2008. 1
	秘书长	王卫东	2003. 2—2007. 1
		麻然华（回）	2007. 1—2008. 1
市十六届人大常委会（2008. 1—2012. 2）	主任	雷建国	2008. 1—2011. 1
		吴翠云（女）	2011. 1—
	第一副主任	兰忠良	2008. 1—
	副主任	夏荣恩	2008. 1—2011. 1
		李传武	2011. 1—
		麻然华（回）	2008. 1—
		朱昌连	2008. 1—
		钟玲（女）	2008. 1—
	秘书长	祖传虎	2008. 1—

二、办事机构

市人大常委会建立初期，内设机构有办公室（下设秘书科、行政科）、代表联络处、财经处、法制处、教科文卫处。10 月，增设为“两室

六工委”，即办公室、人事代表工作室、法制工作委员会、财政经济工作委员会、教育科学文化卫生工作委员会、城乡建设与环境保护工作委员会、农村经济工作委员会、民族侨务外事工作委员会。1996 年 12 月增设研究室。各室、工委内部同时增设相应科室，即办公室增设人事科、信访室和机关服务中心，并将行政科改为行政接待科；研究室设立综合科、调研科；人事代表工作室设立选举任免科、代表联络科；六“工委”均设立办公室，为科级单位。2003 年，市人大常委会机关行政编制 44 人，机关服务中心事业编制 24 人。内设办公室、研究室、人事代表工作室、法制工作委员会、财政经济工作委员会、教育科学文化卫生工作委员会、城乡建设与环境资源保护工作委员会、农村经济工作委员会、民族侨务外事工作委员会 9 个处级办事机构。其中，办公室设秘书科、行政接待科、人事科、信访室、招商科、离退休干部科，研究室设综合科、调研科，人事代表工作室设选举任免科、代表联络科，其余 6 个工委均设办公室，均为正科级机构。2005 年，撤销办公室信访室，设人大常委会信访工作室，副县级规格；2007 年调整为正县级机构。2010 年，法制工作委员会增设规范性文件备案审查科，财政经济工作委员会增设预算审查科。调整后，市人大常委会机关行政编制48 名。2011 年4 月，机关服务中心核减 6 名编制，事业编制调整为 18 名。

第三节　德州市人大专门委员会

根据《中华人民共和国地方各级人民代表大会和地方各级人民政府组织法》规定，2009 年 1 月，德州市第十六届人民代表大会第二次会议决定设立：德州市第十六届人民代表大会内务司法委员会、财政经济委员会、教育科学文化卫生委员会、城乡建设与环境资源保护委员会、农业与农村经济委员会、民族侨务外事委员会。

各专门委员会是人民代表大会的组成部分和常设机构，在闭会期间，受市人民代表大会常务委员会领导。

1986—2011 年德州市（地区）人大委室负责人任职情况一览表

表 21 －4

组织名称	办事机构	职务	姓　名	任职时间
地区人大联络组	办公室	主任	孙贞先	1988. 11—1989. 1
地区人大工委	办公室	主任	张茂盛	1989. 3—1992. 11
			唐玉星	1992. 11—1995. 4
	代表联络处	处长	姜溪波	1989. 3—1991. 1
			张茂盛	1992. 11—1995. 4
	法制处	处长	辛中仁	1992. 11—1995. 4
	财经处	处长	缺职	—
	教科文卫处	处长	肖克均	1989. 3—1992. 11
			贾洪林	1992. 11—1995. 4

续表 21－4

组织名称	办事机构	职务	姓　名	任职时间
市第十三届至十六届人大常委会	办公室	主任	唐玉星	1995. 11—1997. 5
			杨丙亮	1998. 5—2001. 2
			侯有喜	2001. 2—2006. 2
			陈兰钦	2006. 2—
	研究室	主任	蒋本兴	1997. 7—1998. 10
			徐乃德	1998. 10—2007. 7
			马建国	2007. 7—
	人代室	主任	张茂盛	1995. 11—1997. 5
			冀相福	1997. 5—2001. 5
			南惠泉	2001. 5—
	法制工委	主任	辛中仁	1995. 11—2001. 5
			魏来印	2001. 5—2007. 7
			侯保军	2007. 7—
	财经工委	主任	李华亭	1995. 11—1998. 2
			王洪绪	1998. 2—2001. 5
			王昌华	2001. 5—2007. 7
			王新华	2007. 7—
	教科文卫工委	主任	贾洪林	1995. 11—2001. 5
			孔庆贤	2001. 5—2003. 9
			王红旗(女)	2004. 1—2011. 4
			郑永华	2011. 4—
	农经工委	主任	郭其礼	1995. 11—1998. 3
			王贵荣	1998. 3—2001. 5
			张端文	2001. 5—2008. 8
			刘　磊	2011. 4—
	城环工委	主任	王洪绪	1995. 11—1998. 2
			展其福	1998. 2—2001. 5
			滕化滨	2001. 5—2008. 8
			张玉鲁	2008. 8—2011. 6
			李俊爽（女）	2011. 6—

续表 21－4

组织名称	办事机构	职务	姓　名	任职时间
市第十三届至十六届人大常委会	民侨外工委	主任	苏天广	1995. 11—2001. 5
市第十三届至十六届人大常委会	民侨外工委	主任	高凤彬	2001. 5—2004. 11
市第十三届至十六届人大常委会	民侨外工委	主任	侯保军	2005. 11—2007. 7
市第十三届至十六届人大常委会	民侨外工委	主任	刘长居	2007. 7—
市第十三届至十六届人大常委会	信访室	主任	李元海	2008. 1—2008. 8
市第十三届至十六届人大常委会	信访室	主任	张晓群	2011. 4—
十六届人大专门委员会	内务司法委员会	主任委员	朱昌连	2009. 1—2010. 1
十六届人大专门委员会	内务司法委员会	主任委员	侯保军	2010. 1—
十六届人大专门委员会	内务司法委员会	副主任委员	侯保军	2009. 1—2010. 1
十六届人大专门委员会	财政经济委员会	主任委员	麻然华(回)	2009. 1—2010. 1
十六届人大专门委员会	财政经济委员会	主任委员	张清昌	2010. 1—
十六届人大专门委员会	财政经济委员会	副主任委员	王新华	2009. 1—
十六届人大专门委员会	教育科学文化卫生委员会	主任委员	齐传海	2009. 1—
十六届人大专门委员会	教育科学文化卫生委员会	副主任委员	王红旗(女)	2009. 1—
十六届人大专门委员会	城乡建设与环境资源保护委员会	主任委员	张玉鲁	2009. 1—
十六届人大专门委员会	农业与农村委员会	主任委员	李和平	2009. 1—
十六届人大专门委员会	农业与农村委员会	副主任委员	张化琴(女)	2011. 4—
十六届人大专门委员会	农业与农村委员会	副主任委员	房玉梅(女)	2010. 1—
十六届人大专门委员会	民族侨务外事委员会	主任委员	麻然华(回)	2009. 1—2010. 1
十六届人大专门委员会	民族侨务外事委员会	主任委员	刘治温	2010. 1—2011. 5
十六届人大专门委员会	民族侨务外事委员会	副主任委员	赵泉江	2011. 4—
十六届人大专门委员会	民族侨务外事委员会	副主任委员	刘长居	2009. 1—

第四章 权力行使

第一节 决定重大事项

1995—2011年，市人大常委会根据全市经济社会发展的实际需要，适时作出重大事项决议决定76项。其中，关系经济建设方面的36项，占47%；教育、城建、环保、农业等方面13项，占17%；涉及法制、制度建设及其他方面的27项，占36%。

德州市十三届至十六届人大常委会重要决议决定统计表

表21-5

届次	决议、决定事项	通过时间和会议名称
十三届	关于德州市1995年市级财政决算的决议	1996年5月17日，市十三届人大常委会第七次会议通过
	关于在全市公民中开展第三个五年法制宣传教育、推进依法治市的决议	1996年9月19日，市十三届人大常委会第九次会议通过
	关于贯彻实施修改后的《刑事诉讼法》的决议	1996年11月22日，市十三届人大常委会第十次会议通过
	关于市级国家机关执法部门实行执法责任制的决定	1997年5月23日，市十三届人大常委会第十三次会议通过
	关于德州市1996年市级财政决算的决议	1997年5月23日，市十三届人大常委会第十三次会议通过
	关于《德州市城市总体规划》的决议	1998年1月21日，市十三届人大常委会第十八次会议通过
十四届	关于切实保护个体私营经济权益的决定	1998年5月28日，市十四届人大常委会第二次会议通过
	关于德州市1997年市级财政决算的决议	1998年5月28日，市十四届人大常委会第二次会议通过
	关于进一步密切国家机关同人民群众联系的决定	1998年7月28日，市十四届人大常委会第三次会议通过

续表 21－5

届次	决议、决定事项	通过时间和会议名称
十四届	关于加快市经济开发区建设的决定	1998 年 9 月 25 日，市十四届人大常委会第四次会议通过
	关于进一步加快市场建设的决定	1998 年 9 月 25 日，市十四届人大常委会第四次会议通过
	关于德州市 1998 年市级财政决算的决议	1999 年 5 月 23 日，市十四届人大常委会第九次会议通过
	关于推广宁津县实行村民自治经验、加强全市农村基层民主法制建设的决定	1999 年 11 月 19 日，市十四届人大常委会第十三次会议通过
	关于建立和完善农村村民代表会议制度的决定	1999 年 11 月 19 日，市十四届人大常委会第十三次会议通过
	关于市本级 1999 年度预算执行和其他财政收支审计工作情况的决议	2000 年 5 月 25 日，市十四届人大常委会第十七次会议通过
	关于批准德州市 1999 年市级财政决算的决议	2000 年 5 月 25 日，市十四届人大常委会第十七次会议通过
	关于进一步深化国有企业改革、加快全市经济发展的决议	2000 年 7 月 25 日，市十四届人大常委会第十八次会议通过
	关于确定德州市市树市花的决定	2000 年 9 月 25 日，市十四届人大常委会第十九次会议通过
	关于修改《德州市人民代表大会常务委员会人事任免和监督办法》的决定	2000 年 9 月 25 日，市十四届人大常委会第十九次会议通过
	关于进一步优化经济发展环境的决定	2000 年 11 月 7 日，市十四届人大常委会第二十次会议通过
	关于德州市 2000 年市级财政决算的决议	2001 年 5 月 28 日，市十四届人大常委会第二十五次会议通过
	关于《德州市 2001—2005 年依法治市规划》的决议	2001 年 7 月 23 日，市十四届人大常委会第二十七次会议通过
	关于在全市公民中开展第四个五年法制宣传教育的决议	2001 年 7 月 23 日，市十四届人大常委会第二十七次会议通过
	关于进一步加强招商引资工作的决议	2001 年 11 月 13 日，市十四届人大常委会第二十九次会议通过

续表 21-5

届次	决议、决定事项	通过时间和会议名称
十四届	关于批准德州市 2001 年市级财政决算的决议	2002 年 5 月 29 日,市十四届人大常委会第三十三次会议通过
	关于加快德州市商贸开发区建设的决定	2002 年 5 月 29 日,市十四届人大常委会第三十三次会议通过
	关于批准《山东省禹城市高新技术产业开发区建设规划》的决定	2002 年 5 月 29 日,市十四届人大常委会第三十三次会议通过
	关于大力推进科学技术进步的决议	2002 年 9 月 27 日,市十四届人大常委会第三十六次会议通过
十五届	关于批准德州市 2002 年市级财政决算的决议	2003 年 5 月 21 日,市十五届人大常委会第三次会议通过
	关于德州市 2002 年财政决算执行及其他财政收支情况审计工作报告的决议	2003 年 5 月 21 日,市十五届人大常委会第三次会议通过
	关于做好城市环境综合整治的决定	2003 年 5 月 21 日,市十五届人大常委会第三次会议通过
	关于进一步加快市属企业改革发展的决议	2003 年 9 月 2 日,市十五届人大常委会第五次会议通过
	关于大力发展林业生产,加快建设绿色德州的决议	2004 年 1 月 17 日,市十五届人大常委会第八次会议通过
	关于批准德州市 2003 年度市级财政决算的决议	2004 年 5 月 12 日,市十五届人大常委会第十二次会议通过
	关于批准德州市 2004 年财政决算的决议	2005 年 5 月 17 日,市十五届人大常委会第十九次会议通过
	关于建设生态市的决议	2005 年 9 月 8 日,市十五届人大常委会第二十一次会议通过
	关于审议批准《德州市城市总体规划(2005—2020)》的决议	2005 年 11 月 13 日,市十五届人大常委会第二十三次会议通过
	关于《德州市 2006—2010 年依法治市规划》的决定	2006 年 9 月 12 日,市十五届人大常委会第三十次会议通过
	关于加快实施碧水蓝天行动规划的决议	2007 年 3 月 9 日,市十五届人大常委会第三十四次会议通过

续表 21 -5

届次	决议、决定事项	通过时间和会议名称
十五届	关于加强人民法院执行工作的决议	2007 年 7 月 12 日，市十五届人大常委会第三十六次会议通过
	关于批准德州市 2006 年市级财政决算的决议	2007 年 9 月 6 日，市十五届人大常委会第三十八次会议通过
十六届	关于加强对法律法规实施情况检查监督的规定	2008 年 3 月 8 日，市十六届人大常委会第一次会议通过
	关于德州市德城区城中村改造项目资金问题的决定	2008 年 5 月 9 日，市十六届人大常委会第二次会议通过
	关于批准德州市 2007 年市级财政决算的决议	2008 年 7 月 14 日，市十六届人大常委会第三次会议通过
	关于推进全市重大项目建设的决议	2008 年 7 月 14 日，市十六届人大常委会第三次会议通过
	关于加快实施“中国太阳城”战略的决议	2008 年 11 月 12 日，市十六届人大常委会第五次会议通过
	关于德州德达城市建设投资运营有限公司康博大道与东风东路道路及配套设施改造项目贷款事项的决定	2009 年 3 月 20 日，市十六届人大常委会第九次会议通过
	关于德州市市区城中村改造项目贷款事项的决定	2009 年 3 月 20 日，市十六届人大常委会第九次会议通过
	关于德州运河经济开发区道路及配套建设项目资金问题的决定	2009 年 5 月 20 日，市十六届人大常委会第十次会议通过
	关于批准德州市 2008 年市级财政决算的决议	2009 年 7 月 20 日，市十六届人大常委会第十一次会议通过
	关于调整 2009 年市本级财政预算的决议	2009 年 7 月 20 日，市十六届人大常委会第十一次会议通过
	关于设立市级扩大内需重点建设项目调控资金事项的决定	2009 年 7 月 20 日，市十六届人大常委会第十一次会议通过

续表 21－5

届次	决议、决定事项	通过时间和会议名称
十六届	关于同意将偿还运河综合开发项目建设资金列入财政专项预算的决议	2009 年 11 月 20 日，市十六届人大常委会第十三次会议通过
	关于同意以投资建设与转让收购模式建设德州市市区城中村改造等项目的决定	2010 年 1 月 12 日，市十六届人大常委会第十五次会议通过
	关于实施工业强市战略、推进重大项目建设的决议	2010 年 3 月 23 日，市十六届人大常委会第十六次会议通过
	关于进一步促进太阳能产业发展、支持保障第四届世界太阳城大会成功举办的决定	2010 年 3 月 23 日，市十六届人大常委会第十六次会议通过
	关于培育扶持农业产业化龙头企业的决议	2010 年 3 月 23 日，市十六届人大常委会第十六次会议通过
	关于批准德州市 2009 年市级财政决算的决议	2010 年 7 月 20 日，市十六届人大常委会第十九次会议通过
	关于构建现代产业体系、推进重大项目建设的决议	2011 年 3 月 22 日，市十六届人大常委会第二十七次会议通过
	关于全民创业促进经济发展的决议	2011 年 3 月 22 日，市十六届人大常委会第二十七次会议通过
	关于扩大招商合作推进对外开放的决议	2011 年 3 月 22 日，市十六届人大常委会第二十七次会议通过
	关于在全市公民中深入开展第六个五年法制宣传教育的决议	2011 年 7 月 20 日，市十六届人大常委会第三十次会议通过
	关于《德州市 2011—2015 年依法治市规划》的决议	2011 年 7 月 20 日，市十六届人大常委会第三十次会议通过
	关于批准德州市 2010 年市级财政决算的决议	2011 年 7 月 20 日，市十六届人大常委会第三十次会议通过
	关于同意将市委招待所及周边地块旧城改造项目纳入国民经济和社会发展年度计划的决定	2011 年 9 月 8 日，市十六届人大常委会第三十一次会议通过

第二节　监　督

一、法律监督

听取审议“一府两院”法律实施情况汇报　1995—2011年，市人大常委会共听取“一府两院”关于20多部(次)法律、法规贯彻实施情况汇报，保障法律法规的正确实施。

开展执法检查　市十三届人大常委会先后对《中华人民共和国药品管理法》《中华人民共和国预算法》《中华人民共和国农业法》《中华人民共和国劳动法》等法律法规贯彻实施情况进行检查、视察。1996年4月，针对群众反映药品管理方面比较混乱的问题，常委会组织部分委员分赴市直和各县(市、区)，重点检查和抽查医院、医药生产企业、医药批发零售部(店)及医药广告制播媒体等77个单位，对发现的问题，责成有关部门依法进行查处。1998年6月，常委会对《中华人民共和国水污染防治法》贯彻执行情况进行检查，在听取市政府汇报的基础上，对重点污染企业进行逐个检查，并研究解决污染的措施和期限。

市十四届人大常委会先后对《中华人民共和国水污染防治法》《中华人民共和国劳动法》《中华人民共和国食品卫生法》等进行检查、视察、调查。

市十五届人大常委会对《中华人民共和国妇女权益保障法》《中华人民共和国农村土地承包法》《中华人民共和国社会保险费征缴暂行条例》《中华人民共和国防洪法》《中华人民共和国老年人权益保障法》等贯彻情况进行执法检查、视察、调研，督促“一府两院”及有关部门依法行政。市十六届人大常委会对《中华人民共和国安全生产法》《中华人民共和国未成年人保护法》《中华人民共和国妇女权益保障法》贯彻实施情况进行执法检查、视察。

推进普法教育和依法治市工作　1995—2011年，市人大常委会先后听取市普法办公室关于“二五”“三五”“四五”“五五”普法工作情况的汇报，分别做出关于在全市公民中开展法制宣传教育、推进依法治市的决议。其中，1997年5月，市十三届人大常委会第十三次会议审议通过《德州市人大常委会关于市级国家机关执法部门实行执法责任制的决定》和《德州市人大常委会对市级国家机关执法部门实行执法责任制的监督办法》。2009年6月，受省人大内司委委托，市人大常委会检查组对全市“五五”普法依法治理情况进行监督检查。2011年7月，市十六届人大常委会第三十次会议听取审议市政府“五五”普法和依法治市工作的全面汇报，审议通过《关于在全市公民中深入开展第六个五年法制宣传教育的决议》和《关于德州市2011—2015年依法治市规划的决议》。

二、工作监督

落实市人代会决议　市人大常委会每年都把落实市人代会关于计划和财政预决算方面的决议、决定，作为监督重点。每年年中都听取审议市政府关于上半年国民经济和社会发展计划执行情况报告和财政预算执行情况报告，必要时对计划及财政预算部分变更作出决议、决定。

听取审议“一府两院”专项工作报告　1995—2011年，市人大常委会共听取审议“一府两院”400多项工作报告，发出审议意见近千条，其中涉及经济方面的占60%以上。

对改革和发展中的重大问题进行监督　1996年，为推动“工业带动战略”的实施，市十三届人大常委会组织调研组历时一个多月的时间，对全市工业“两个根本性转变”的情况进行专题调查，并向市委写出调查报告，提出具体建议。

1998 年 5 月，市十四届人大常委会第五次会议听取审议市政府关于个体私营经济发展情况汇报，提出要大力培育特色产业和骨干大户；加快民营经济园区建设，扩大外引内联；坚决制止“三乱”，优化发展环境等意见和建议。

2000 年下半年，组织开展对全市个体私营经济发展情况的专题视察，并向市委写出报告。

2004 年是德州市实施“村村通油路”工程的第二年，市十五届人大常委会进行两次视察，察看 11 个县（市、区）的 20 多个乡镇、近 100 个村路段，要求主管部门精心组织施工、养护与管理，真正把这项民心工程办好。

2008 年，为实施“中国太阳城”战略，市十六届人大常委会对全市太阳能产业发展情况进行调研，作出《关于加快实施“中国太阳城”战略的决议》。

2009—2011 年，常委会连续 3 年对新能源、生物技术、新材料、体育装备、环保设备等新兴产业进行调研，推动政府加强政策引导，采取有力措施，使产业升级取得实质性进展。

1995 年，市人大常委会开始对政府部门和“两院”负责人进行述职评议。至 2004 年，先后对农业局等 19 个部门主要负责人和“两院”各 1 名副职进行述职评议。2008 年年底，市人大常委会制定《关于进一步加强人大监督工作的意见》，规定对推选部门工作报告实施议后票决监督机制。至 2011 年，先后对市教育局等 21 个部门进行票决。

三、调查视察

1995—2011 年，市人大常委会共进行各类视察和调查活动 500 多项，平均每年 30 多项；大型视察、调查活动，每年都安排 3 ~ 5 项。

1995 年 9 月，对部分县市企业排污和污水防治工作进行调查，实地察看 6 个有污染源的企业和 4 条主要河流的污染状况，并向中共德州市委提交了调查报告，提出防治水污染的意见和建议。

1996 年 7 月，视察“普九”工作，先后对宁津等 6 个县（市）、24 个乡（镇）、90 余处中小学进行实地考察，向市政府提出加大宣传力度，采取有力措施加快学校布局调整和校舍建设等建议。

1997 年 10 月，对全市农业综合开发的“五大工程”（即引黄、农田水利、井泉建设、农田林网、红枣）建设以及发展规划情况进行视察。视察组听取市政府工作汇报，并对禹城等 6 个县（市）及所属的 19 个乡镇重点视察。针对存在的问题，及时向市政府及有关部门提出建议和意见，推动了全市秋冬季红枣工程会战和农田水利基本建设的开展。

1998 年，组织视察组对城市环境综合整治情况进行视察。

1999 年，组织代表对国企改革进行视察，要求政府及有关部门创造条件和改造环境，大力推进国有资产重组，实现跨地区、跨行业、跨所有制的优化组合。

2001 年，组织对全市畜牧业的视察和奶牛业专题调查，向市委报送了《关于加快全市奶牛业发展的几点建议》。

2002 年 7 月 18—23 日、2003 年 11 月 18—23 日，对全市 11 个县（市、区）的人大工作进行全面视察。

2004 年，对城市防汛进行视察，提出建议，推动了城市防汛排水系统的提升改造。

2005 年，对“平安德州”建设进行视察。视察组建议各级各单位围绕建设平安德州、构建和谐社会这一重大课题，进一步深化平

安建设的工作思路和任务措施，做好各项工作。

2007年，组织代表对市、县（市、区）开发区建设情况进行视察。代表们对德州经济开发区综合实力跻身全省经济开发区前10名的好成绩给予充分肯定。

从2008—2011年，每年都对城建工作组织一次视察，支持和促进了城市建设。2008年5月，常委会组织部分省人大代表和常委会组成人员，对城区规划、建设和绿化工作进行视察，就城市发展定位、规划建设、管理经营等问题提出建议。

2009年4月中下旬，对台资台属企业进行调研，建议市政府研究制定有利于台资台属企业发展的具体政策，进一步激发台商到德州投资的热情。2010年4月27日，组织视察组，对德州市创建国家卫生城市工作进行视察。2011年，对全市发展现代畜牧业开展规模化、标准化示范区（场）创建活动情况进行视察。

第三节　人事任免

1995年7月5日，市十三届人大常委会第二次会议通过《德州市人民代表大会常务委员会人事任免办法》，保障人事任免工作规范运行。2003年3月开始，对任命的"一府两院"工作人员实行了面对国徽宣誓制度，增强对国家负责、对人民负责的责任感和使命感。2008年5月9日，市十六届人大常会第二次会议进一步修正完善。对提请市人大常委会任命的人员，严格进行法律职务任职资格审查。市人大常委会举行颁发任命书仪式，由市人大常委会主任或第一副主任，向被任命的人员颁发任命书。

1995—2011年，市人大常委会依法任免、决定任免、批准任免国家机关工作人员2100余名。其中包括市人民政府副市长、秘书长、委（办）主任、局长，市中级人民法院副院长、审判委员会委员、审判员、庭长、副庭长，市人民检察院副检察长、检察委员会委员、检察员，各县（市、区）人民检察院检察长，市人大专门委员会部分组成人员和市人大常委会机关副县级以上干部，补选部分省人大代表。

第四节　议案、建议办理

1995年4月至2011年底，市人大及其常委会共收到市人大代表议案438件，建议、批评和意见2107件。为做好议案、建议办理工作，1995年7月5日，市十三届人大常委会二次会议通过《关于办理人大代表建议、批评和意见的办法》（以下简称《办法》）；2008年5月9日，市十六届人大常委会第二次会议对《办法》进行修订。各承办机关本着实事求是、向人民负责的态度认真办理，并及时答复代表；因受客观条件限制不能办理的，也向代表说明情况；个别办理情况代表不够满意的，市人大常委会责成承办单位重新办理，并与代表见面征求意见，直到办理情况代表满意为止。

德州市第十三届至十六届人代会代表建议、批评和意见情况一览表

表 21－6

届次	次数	件数	办理情况
十三届	一次	97	各承办单位承办建议、批评和意见 117 件(含闭会期间),问题已经解决或基本解决的 23 件;解决中或已列入工作规划逐步解决的 54 件;因种种原因暂难解决的 23 件;留作参考的 12 件。
	二次	69	各承办单位承办建议、批评和意见 105 件(含闭会期间),问题已经解决或基本解决的 42 件;解决中或已列入工作规划逐步解决的 47 件;因种种原因暂难解决的 9 件;留作参考的 7 件。
	三次	79	各承办单位承办建议、批评和意见 100 件(含闭会期间),问题已经解决或基本解决的 29 件;解决中或已列入工作规划逐步解决的 39 件;因种种原因暂难解决的 24 件;留作参考 8 件。
十四届	一次	57	各承办单位承办建议、批评和意见 82 件(含闭会期间),已经解决或基本解决的 27 件;解决中或已列入工作规划逐步解决的 30 件;因条件限制难以解决的 11 件;留作参考的 9 件。
	二次	50	各承办单位承办建议、批评和意见 89 件(含闭会期间),已经解决或基本解决的 28 件;解决中或已列入工作规划逐步解决的 39 件;因种种原因暂难解决的 14 件;留作参考的 8 件。
	三次	48	各承办单位承办建议、批评和意见 98 件(含闭会期间),已经解决或基本解决的 31 件;解决中或已列入工作规划逐步解决的 43 件;因条件限制难以解决的 15 件;留作参考的 9 件。
	四次	52	各承办单位承办建议、批评和意见 115 件(含闭会期间),已经解决或基本解决的 36 件;解决中或已列入工作规划逐步解决的 49 件;因条件限制难以解决的 19 件;留作参考的 11 件。
	五次	68	各承办单位承办建议、批评和意见 99 件(含闭会期间),已经解决或基本解决的 31 件;解决中或已列入工作规划逐步解决的 43 件;因条件限制难以解决的 16 件;留作参考的 9 件。

续表 21－6

届次	次数	件数	办理情况
十五届	一次	71	各承办单位办理的市人大代表建议、批评和意见共 87 件(含闭会期间),已经解决或基本解决的 19 件;解决中或已列入工作规划的 50 件;因客观条件尚不具备、有关政策尚不明确等种种原因暂时难以解决的 13 件;不能采纳的 5 件。
	二次	59	各承办单位办理的市人大代表建议、批评和意见共 68 件(含闭会期间),已经解决或基本解决的 17 件;解决中或已列入工作规划逐步解决的 39 件;所提问题因客观条件尚不具备、有关政策尚不明确等种种原因暂时难以解决的 11 件;与国家有关法规、政策及实际情况相悖,不能采纳的 1 件。
	三次	82	各承办单位办理的市人大代表建议、批评和意见共 93 件(含闭会期间),已经解决或基本解决的 11 件;解决中或已列入工作规划逐步解决的 52 件;因条件限制难以解决的 18 件;留作参考的 12 件。
	四次	121	各承办单位办理的市人大代表建议、批评和意见共 127 件(含闭会期间),已经解决或基本解决的 24 件;解决中或已列入工作规划逐步解决的 83 件;因条件限制难以解决的 15 件;留作参考的 5 件。
	五次	无	无
	六次	122	各承办单位办理的市人大代表建议、批评和意见共 125 件(含闭会期间),已经解决或基本解决的 23 件;解决中或已列入工作规划逐步解决的 81 件;因条件限制难以解决的 2 件;留作参考的 19 件。
十六届	一次	202	各承办单位办理的市人大代表建议、批评和意见共 202 件(含闭会期间),已经解决或基本解决的 42 件;解决中或已列入工作规划逐步解决的 135 件;因条件限制难以解决的 18 件;留作参考的 7 件。
	二次	122	各承办单位办理的市人大代表建议、批评和意见共 138 件(含闭会期间),已经解决或基本解决的 21 件;解决中或已列入工作规划逐步解决的 94 件;因条件限制难以解决的 16 件;留作参考的 7 件。
	三次	191	各承办单位办理的市人大代表建议、批评和意见共 245 件(含闭会期间),已经解决或基本解决的 44 件;正在解决或已列入工作规划逐步解决的 152 件;因条件限制难以解决的 37 件;留作参考的 12 件。
	四次	206	各承办单位办理的市人大代表建议、批评和意见共 218 件(含闭会期间),已经解决或基本解决的 57 件;解决中或已列入工作规划逐步解决的 135 件;因条件限制难以解决的 18 件;留作参考的 8 件。

第二十二编

地方行政机关

DIFANGXINGZHENGJIGUAN

■ 机构

■ 施政方式

■ 施政辑要

■ 外事

■ 侨务

■ 台湾事务

1986—1995 年 4 月，德州地区行署在省委、省政府和地委领导下，坚持以经济建设为中心，以改革总揽全局，在不断巩固农业基础地位的同时，努力搞活国有工业，大力发展乡镇企业，加快发展第三产业；转变政府职能，全力推进改革开放，实施科教兴德战略，多渠道筹集资金，改善城乡中小学校办学条件；加强民主法制建设，保持了社会持续稳定。

1995 年 4 月，德州撤地建市，全市人民选举产生的市人民政府，不负众望，坚持解放思想，抢抓机遇，集中精力推进现代化建设，通过加大基础设施投入，优化发展环境，大力发展民营经济，加大招商引资力度，全市经济综合实力显著增强，投入增加，科教文卫体等各项社会事业协调发展，社会稳定。同年 5 月 2 日，市政府全体会议通过《德州市人民政府关于一九九五年改善城乡人民生活十件实事的决定》，此后至 2011 年，市政府每年集中力量办好“为民十件实事”，一大批关系民生的实际问题得到较好解决，人民群众生活水平不断提高。2011 年，全市实现地区生产总值 1950 亿元，地方财政收入 95.1 亿元，规模以上工业企业实现主营业务收入 5000 亿元、利税 596 亿元，社会消费品零售总额 757.5 亿元，城镇居民人均可支配收入 19771 元，农民人均纯收入 8350 元。粮食生产实现“亩产过一吨、总产超百亿”，连续 8 年居全省第一；粮食高产创建、小农水建设、林下经济发展成为全国先进典型；信访工作、公安机关执法规范化建设成为全国样板。德州被评为（认定）中国太阳城、中国功能糖城、中国中央空调城、中国粮油食品城、中国汽车零部件产业城、中国优秀旅游城市、国家火炬计划新能源建筑应用示范城市、中国压滤机之都、国家交通运输主枢纽城市、国家生物产业高技术产业基地、国家级体育产业基地、低碳中国突出贡献城市、国家新能源示范城市、全国双拥模范城市。

第一章　机　构

第一节　德州地区行政公署

一、领导机构

1986 年 1 月至 1995 年 4 月，德州地区设行政公署，为山东省人民政府派出机关。行署设专员、副专员，均由省政府任命产生。行署机关驻德州市东方红路 64 号。

德州地区行政公署　　（1992 年　摄）

1986年1月—1995年4月德州地区行署负责人任职情况一览表

表22－1

	职　务	姓　名	任职时间
德州地区行署（1986.1—1995.4）	专　员	李荣振	1983.10—1986.12
		赵林山	1986.12—1989.2
		马荣珂	1989.2—1992.2
		杨传堂	1992.2—1994.2
		莫振奎	1994.2—1995.4
	副专员	马荣珂	1986.12—1989.2
		许志玉	1986.12—1988.9
		许红峰	1986.12—1994.2
		董昭和	1989.2—1990.1
		王富昌	1989.2—1990.6
		王维义	1990.6—1994.5
		蔺善宝	1990.6—1994.5
		徐会三	1991.3—1992.6
		王存荣	1994.2—1995.4
		苏兴珍（女）	1992.6—1995.4
		刘富春	1992.6—1995.4
		金清云	1994.5—1995.4
		刘奉昌	1994.5—1995.4
		王根源	1994.5—1995.4
		王久祜（挂职）	1986.1—1988.6
		王永清（挂职）	1989.10—1991.4
		陈明甫（挂职）	1991.5—1992.10
		靳兰香（女，挂职）	1994.3—1995.4
		于建基（挂职）	1994.3—1995.4
		孙立新（挂职）	1994.3—1995.4
		刘海军（挂职）	1994.3—1995.4
		于洪文（挂职）	1994.3—1995.4
		王谦华（挂职）	1994.3—1995.4
		贺文龙（挂职）	1994.3—1995.4

续表 22－1

	职 务	姓 名	任职时间
德州地区行署（1986.1—1995.4）	副专员	王兆武（挂职）	1994.3—1995.4
		刘 怡（挂职）	1994.9—1995.4
	秘书长	张子德	1989.3—1992.6
		周金铭	1992.8—1995.3

二、职能部门

1986年，地区行署设工作机构58个。其中工作部门31个：办公室、计划委员会、经济委员会、科学技术委员会、计划生育委员会、体育运动委员会（12月，由体育运动委员会办公室改称）、财政局、审计局、税务局、劳动人事局、统计局、城乡建设环境保护委员会、民政局、公安处、司法局、工商行政管理局、标准计量处、交通处、物价局、商业局、粮食局、农牧渔业局、林业局、水利局、乡镇企业局、教育局、卫生局、文化局、广播电视处、外事侨务处、民族宗教事务处。直属机构（部门管理机构）16个：档案局（10月由档案处改称）、信访处（4月建立）、职工教育办公室、企业管理领导小组办公室、人民防空委员会办公室、环境保护办公室、科技干部处、油区办公室、农业区划委员会办公室、农业引用外资项目办公室、经济体制改革委员会办公室、地方史志编纂委员会办公室、经济技术协作办公室（12月建立）、经济研究中心、地震办公室、出版管理办公室。直属经济组织10个：供销合作社联合社、机械电子工业公司、纺织工业公司、石油化学工业公司、建筑材料工业公司、第一轻工业公司、第二轻工业公司、对外贸易公司、农业机械公司、物资公司。

1987年7月，设立土地管理局、棉花办公室，列行署工作部门；广播电视处改称广播电视局。11月，设立监察局（1993年3月与地委纪律检查委员会合署），列行署工作部门。

1988年3月，交通处改称交通局；4月，设立驻北京经济联络处（1991年3月改称驻北京办事处）；9月，农业机械公司恢复为农业机械管理局、物资公司恢复为物资局、对外贸易公司恢复为外贸局；环境保护办公室改称环境保护局，同时城乡建设环保委员会改称城乡建设委员会；标准计量处改称标准计量局（1992年12月改称技术监督局）；人民防空委员会办公室为局级单位。11月，地委信访处和行署信访处合并，组建信访局（1991年7月，改为地委工作机构序列，业务工作由地委、行署共同管理）；经济体制改革委员会办公室改称经济体制改革委员会。12月，劳动人事局分设劳动局和人事局；成立对外经济贸易委员会（1992年10月，撤销对外经济贸易委员会和对外贸易局，重新组建对外经济贸易委员会）。

1989年4月，设立调查研究室（1992年10月并入办公室）；10月，设立农业委员会；11月，设立黄淮海平原农业开发领导小组办公室（1994年8月改称农业综合开发办公室），归口农业工作委员会；1990年3月，建立法制局，由行署办公室代管。7月，外事侨务处改称外事侨务办公室，对外分别挂行署外事办公室、行署侨务办公室牌子。11月，机械电子、石油化学、一轻、二轻、纺织、建筑材料6个工业公司分别加挂工业局牌子；医药公司加挂医药管理局牌子。1991年1月，撤销民族宗教事务处，建立民族事务委员会（挂宗教事务局牌子）。3月，设立旅游局，与外事侨务办公室合署办公；7月，出版管理办公室改称新闻出版管理办公室。

1992年4月，建立台湾事务办公室，与地委台湾工作办公室合署办公；9月，地震办公室与地震台合署，改称地震局；1993年1月，商业局改建商业集团总公司（加挂商业局牌子），粮食局改建粮油集团总公司（加挂粮食局牌子），物资公司改建物资集团总公司（加挂物资局牌子），供销社改建供销集团总公司（加挂供销社牌子），第二轻工业公司改建第二轻工业企业集团总公司（加挂二轻工业公司、二轻工业局牌子），医药公司改建医药集团总公司（加挂医药局的牌子）；2月，建立国家安全局；10月，第二轻工业集团总公司加挂城镇集体经济办公室牌子。

1994年2月，撤销农牧渔业局，分别建立农业局、畜牧局、蔬菜局、水产局；7月，成立地质矿产资源办公室；8月，税务体制改革，税务局改建为地方税务局和国家税务局，地方税务局列行署工作部门。

市政府办公楼及广电大楼 （2006年 摄）

第二节 德州市人民政府

一、领导机构

1995年4月，德州市第十三届人民代表大会第一次会议召开，选举产生了首届德州市人民政府市长、副市长。此后，于1998年3月、2003年2月、2008年1月召开第十四届、十五届、十六届人民代表大会，分别选举产生新一届市政府市长、副市长。市政府机关初期仍驻原地区行署所在地；2009年4月17日迁入德州经济开发区市级行政中心。

第十三届至十六届德州市人民政府负责人一览表

表22-2

届 别	职 务	姓 名	任职时间
第十三届市政府（1995.4—1998.3）	市 长	莫振奎	1995.4—1995.8
		黄 胜（代）	1995.9—1996.3
		黄 胜	1996.3—1998.3
	副市长	王存荣	1995.4—1997.5
		宁经谋	1997.7—1998.3

续表 22－2

届别	职务	姓名	任职时间
第十三届市政府（1995.4—1998.3）	副市长	苏兴珍（女）	1995.4—1998.3
		刘富春	1995.4—1998.3
		金清云	1995.4—1998.3
		刘奉昌	1995.4—1998.3
		王根源	1995.4—1998.3
		郭作富	1995.4—1998.3
		靳兰香（女，挂职）	1995.4—1995.9
		于建基（挂职）	1995.4—1995.9
		孙立新（挂职）	1995.4—1995.9
		刘海军（挂职）	1995.4—1995.9
		于洪文（挂职）	1995.4—1995.9
		王谦华（挂职）	1995.4—1995.9
		贺文龙（挂职）	1995.4—1995.9
		王兆武（挂职）	1995.4—1995.9
		刘　怡（挂职）	1995.4—1996.1
		周　齐（挂职）	1995.10—1997.4
		朱晓强（挂职）	1995.10—1997.4
		姜玉山（挂职）	1995.10—1997.4
		刘方会（挂职）	1997.11—1998.3
	秘书长	贾敦成	1995.4—1998.3
第十四届市政府（1998.3—2003.2）	市长	黄　胜	1998.3—2001.1
		孙永春（代）	2001.1—2001.2
		孙永春	2001.2—2003.2
	副市长	宁经谋	1998.3—2001.1
		刘富春	1998.3—2003.2
		金清云	1998.3—2000.10
		刘奉昌	1998.3—2003.2
		王根源	1998.3—2001.1
		郭作富	1998.3—2003.2
		苗仲华	2000.7—2001.1

续表 22－2

届　别	职　务	姓　名	任职时间
第十四届市政府（1998. 3—2003. 2）	副市长	张成道	2000. 10—2003. 2
		史好泉	1998. 3—2003. 2
		刘伯哲	1998. 3—2001. 9
		李艳华（女）	2001. 1—2003. 2
		郭宗治	2001. 1—2003. 2
		曹鸿鸣	2001. 9—2003. 2
		袁秀和	2003. 1—2003. 2
		满春重	2003. 1—2003. 2
		李保海	2003. 1—2003. 2
		刘方会（女，挂）	1998. 3—1999. 3
		宗国英（挂）	1999. 4—2000. 12
	秘书长	贾敦成	1998. 3—1998. 4
		程吉臣	1998. 4—2002. 9
		尚泓海	2002. 9—2003. 2
第十五届市政府（2003. 2—2008. 1）	市长	孙永春	2003. 2—2006. 3
		吴翠云（女，代）	2006. 3—2006. 5
		吴翠云（女）	2006. 5—2008. 1
	副市长	苗仲华	2003. 2—2006. 12
		郭作富	2003. 2—2005. 12
		史好泉	2007. 1—2008. 1
		李艳华（女）	2003. 2—2007. 4
		郭宗治	2003. 2—2008. 1
		曹鸿鸣	2003. 2—2005. 12
		袁秀和	2003. 2—2008. 1
		满春重	2003. 2—2008. 1
		李保海	2003. 2—2008. 1
		张庆伟	2005. 12—2008. 1
		韩建亭	2005. 12—2008. 1
		陈福祯	2007. 1—2008. 1
	秘书长	尚泓海	2003. 2—2008. 1

续表 22－2

届　别	职　务	姓　名	任职时间
第十六届市政府（2008. 1—2012. 2）	市长	吴翠云（女）	2008. 1—2011. 1
		陈先运	2011. 1—
	副市长	史好泉	2008. 1—2008. 11
		袁秀和	2008. 11—2010. 12
		李希信	2008. 1—2010. 12
		满春重	2008. 1—2008. 11
		徐春福	2010. 12—
		李保海	2008. 1—2011. 12
		韩建亭	2008. 1—2010. 12
		陈福祯	2008. 1—2011. 3
		翟长生	2008. 11—
		康志民	2008. 1—
		玄祖香（女）	2010. 12—2011. 12
		黄金忠	2010. 12—
		张世良	2010. 5—2011. 5
	秘书长	尚泓海	2008. 1—2010. 3
		刘兆祝	2010. 3—

二、职能部门

1995 年 4 月德州市人民政府成立后，原地区行署所属委、办、局及企业行政性公司随之改称市级机构。市政府设工作机构 73 个。其中，工作部门 44 个：办公室、计划委员会、经济委员会、经济体制改革委员会、教育委员会、科学技术委员会、计划生育委员会、体育运动委员会、公安局、国家安全局、监察局（与市纪律检查委员会合署）、民政局、司法局、财政局、人事局（机构编制委员会办公室与其合署）、劳动局、城乡建设委员会、交通局、农业委员会、农业局、水利局、林业局、蔬菜局、水产局、畜牧局、棉花工作办公室、农业机械管理局、对外经济贸易委员会、文化局、新闻出版管理办公室（与文化局合署办公）、广播电视局、卫生局、审计局、统计局、工商行政管理局、技术监督局、乡镇企业局、环境保护局、土地管理局、地震局、地方税务局、物价局、民族事务委员会（挂宗教事务局牌子）、外事办公室（侨务办公室与其合署，挂旅游局牌子）。直属机构 18 个：档案局、科技干部处、国有资产管理局、法制局、中医管理处、职工教育办公室、经济技术协作办公室、驻北京办事处、经济研究中心、地方史志编纂委员会办公室、油区工作办公室、农业区划委员会办公室、农业综合开发办公室、人民防空委员会办公室、交通警察支队、技术

行政中心综合楼

改造办公室、铁路工作办公室、地质矿产资源办公室。直属经济组织11个:商业集团总公司、粮食集团总公司、物资集团总公司、供销集团总公司、医药集团总公司、机械电子工业公司、石油化学工业公司、纺织工业公司、建筑材料工业公司、一轻工业公司、二轻工业集团总公司。1996年2月,增设房产管理局(挂住房制度改革办公室牌子)、贸易局(财贸办公室),均为市政府工作部门。

1996年10月,依据《山东省市地机构改革实施方案》,转变政府职能,精简专业经济管理部门,撤销纺织、机械电子、建筑材料、石油化学4个工业公司和医药、粮食2个集团总公司,恢复纺织、机械电子、建筑材料、石油化学4个工业局和医药管理局、粮食局;棉花办公室、蔬菜局并入农业局,挂棉花办公室、蔬菜局牌子;撤销民族事务委员会及所挂宗教事务局牌子,组建民族宗教事务局;撤销市经济研究中心、职工教育办公室,划归市经济贸易委员会领导;以第一轻工业公司(局)、第二轻工业集团总公司为基础,分别组建第一轻工总会、第二轻工总会,为市政府直属正县级事业单位;老龄委员会办公室确定为市政府直属正县级事业单位;市农业机械管理局成建制改为市政府直属正县级事业单位。更改名称的有:城乡建设委员会更名为建设委员会;经济委员会更名为经济贸易委员会;地质矿产资源办公室更名为地质矿产局;新闻出版管理办公室更名为新闻出版局(挂市版权局牌子,与文化局合署办公)。调整为政府部门管理单位的有:人民防空委员会办公室、地方史志办公室(由市志编纂委员会办公室更名)、法制局改由政府办公室管理;物价局改由计划委员会管理;国有资产管理局改由财政局管理;市政公用事业管理局、房产管理局改由建设委员会管理。改变隶属关系的有:档案局由局馆合一改为以馆为主体,挂档案局牌子,为市委办公室领导的县级事业单位,不再列政府工作部门。

1996年12月,建立仲裁委员会秘书处,为正县级事业单位,由市政府办公室代管。1998

年2月，建立经济开发区管理委员会，为市政府派出机构；3月，将乡镇企业管理局、民营经济办公室、工商业联合会（市民间商会）合并，组建民营经济发展委员会，保留乡镇企业管理局、工商业联合会（市民间商会）的牌子；6月，建立市容管理局，为建设委员会部门管理机构；8月，人民防空委员会办公室更名为人民防空办公室，仍由市政府办公室管理；市政公用事业管理局改建为公用事业管理局；9月，市地方税务局实行垂直管理，以上级地税机关领导为主，不再列政府工作部门。12月，市工商行政管理局实行垂直管理，以上级工商行政机关领导为主，不再列政府工作部门；撤销机械电子、石油化学、纺织、建筑材料4个工业局和一轻、二轻2个轻工业总会，改建成纺织、机械电子、石油化工、建筑材料、轻工5个行业管理办公室，隶属市经济贸易委员会。1999年4月，劳动局改称劳动和社会保障局。12月，医药管理局更名为药品监督管理局，列政府工作部门；技术监督局实行垂直管理，以上级技术监督机关领导为主，不再列政府工作部门。2000年5月，组建国内招商局，为全额预算管理事业单位；7月，市国家安全局实行垂直管理，不再列政府工作部门。

2001年2月，根据1999年中共中央、国务院《关于地方政府机构改革的意见》和2000年省委、省政府关于市、县、乡机构改革的意见，德州市进行第二次市级机构改革。更改名称的部门：计划委员会改称发展计划委员会；经济贸易委员会改称经济委员会；教育委员会改称教育局；科学技术委员会改称科学技术局；对外经济贸易委员会改称对外贸易经济合作局；体育运动委员会改称体育局；民族宗教事务局更名为民族与宗教事务局；法制局更名为法制办公室，由市政府办公室管理改为市政府直属办事机构；外事办公室更名为市政府外事办公室（市政府侨务办公室，挂旅游局牌子），为市政府直属办事机构。撤销、合并和新建的部门有：撤销经济体制改革委员会，组建经济体制改革办公室，与经济委员会合署；撤销土地管理局、地质矿产管理局和测绘管理处，合并组建国土资源局（挂测绘局牌子）；撤销农业委员会、农业局、棉花办公室、农业区划办公室，合并组建新的农业局；撤销乡镇企业管理局，组建中小企业局（保留民营经济发展委员会）；撤销贸易局，组建财贸办公室；撤销经济协作办公室、招商局，组建招商促进办公室；撤销城市规划处，组建城市规划局，为市建设委员会部门管理机构；撤销公用事业管理局、市容管理局，组建城市管理局，为市建设委员会部门管理机构；组建安全生产监督管理局，为由市经济贸易委员会部门管理机构；组建调查研究室，为市政府办公室部门管理机构；撤销国有资产管理局和国有资产管理委员会办公室，组建国有资产管理办公室，为财政局内设机构；将油区工作办公室由市政府办公室部门管理机构调整为市政府办公室内设机构；将中医管理处更名为中医管理办公室，为卫生局的内设机构；将畜牧局由市政府工作部门调整为市政府直属正县级事业单位；将广播电视局由市政府工作部门调整为市政府直属正县级事业单位；将房产管理局由建设委员会部门管理机构调整为建设委员会领导的正县级事业单位；人民防空办公室由部门管理机构调整为议事协调机构的办事机构。撤销、合并的行使行政管理职能的事业单位有：将爱国卫生运动委员会办公室和红十字会合并设置，一个机构两块牌子，为卫生局领导的正县级事业单位。撤销蔬菜局、水产局、农业机械管理局，分别组建蔬菜、水产、农业机械管理办公室，为市农业局领导的副县级事业单位。将农业综合开发办公室与农业引用外资项目办公室合并组建农业综合开发办公室(挂农业引用外资项目办公室牌子),为市农业局领导的副县级事业单位。撤销住房委员会办公室,其工作任务由房产管理局承担,保留住房委员会办公室牌子。撤销重点项目办公室,其工作任务由市发展计划委员会承担。撤销经济贸易委员会企业改革管理办公室,其工作任务由经济体制改革办公室承担。撤销财政监督处、驻厂员管理处,其工作任务由财政局承担。

2001 年 5 月,设置旅游局,为市政府直属正县级事业单位;7 月,老龄委员会办公室更名为老龄工作委员会办公室;10 月,建立德州市城市经营建设投资总公司;11 月,药品监督管理局实行垂直管理,以上级药品监督管理机关领导为主,不再列政府工作部门。2002 年 1 月,以市场开发建设管理处为基础,组建德州商贸经济开发区管理委员会,为市政府派出机构;4 月,撤销市国有工业资产经营公司;同年,撤销商业集团总公司,组建城隍庙市场管理经营中心。2003 年 5 月,国内招商局更名为招商局(2009 年 12 月撤销)。2005 年 4 月,成立城市管理行政执法局;8 月,财贸办公室加挂服务业促进办公室牌子(2008 年更名为服务业发展局);同年,设立信息产业局。2006 年 8 月,红十字会由卫生局代管改由市政府领导联系,住房公积金管理中心调整为直属于市政府的副县级自收自支事业单位。2007 年 3 月,发展计划委员会改称发展和改革委员会,计划生育委员会改称人口和计划生育委员会,在外来客商服务中心基础上成立政务服务中心,保留外来客商服务中心和外来客商投诉中心的牌子,为正县级全额预算管理事业单位;人民防空委员会办公室加挂民防局牌子。2008 年 2 月,建立市级机关事务管理局、金融工作办公室,均为市政府直属正县级事业单位。

2010 年 3 月,进行第三次市级机构改革。进一步转变政府职能,按照中央和省推进大部制改革要求,坚持“精简、统一、效能”原则,统筹兼顾,因地制宜,撤销经济贸易委员会、民营经济发展委员会(中小企业局)、信息产业局,组建经济和信息化委员会(挂中小企业局牌子);撤销对外贸易经济合作局、服务业发展局,组建商务局;撤销人事局、劳动和社会保障局,组建人力资源和社会保障局(挂外国专家局牌子);原与人事局合署办公的机构编制委员会办公室单独设置,列党委机构序列;撤销建设委员会、房产管理局,组建住房和城乡建设局;设立正县级事业单位房产管理中心,隶属住房和城乡建设局管理;撤销文化局、新闻出版局、广播电视局,组建文化广电新闻出版局;交通局改称交通运输局;组建文化市场综合执法局,为政府直属正县级事业单位;将原由省垂直管理的食品药品监督管理局列入市政府工作部门;市监察局与市纪律检查委员会机关合署办公,列入市政府工作序列,不计入市政府机构个数;撤销法制办公室,政府办公室加挂法制办公室牌子;城市规划局更名为规划局,由部门管理机构调整为市政府工作部门;人民防空办公室由议事协调机构的常设办事机构调整为政府工作部门,不再挂民防局牌子;外事办公室(侨务办公室)更名为外事侨务办公室,由政府办事机构调整为政府工作部门;调查研究室更名为研究室;农业局管理的农业综合开发办公室(挂农业引用外资项目办公室牌子)整建制划归财政局管理。2011 年 4 月,德州电视台、德州人民广播电台合并组建德州广播电视台,为市政府直属正县级自收自支事业单位。5 月,市政府驻北京办事处更名为市政府驻北京联络处,仲裁委员会秘书处更名为仲裁委员会办公室；设立电子政务办公室，为正县级全额预算管理事业单位，由市委办公室和市政府办公室共同管理，以市政府办公室管理为主。

至2011年年底，市政府设工作机构52个。其中，工作部门32个：政府办公室（法制办公室）、发展和改革委员会、经济和信息化委员会（中小企业局）、教育局、科学技术局、公安局、监察局（与市纪律检查委员会机关合署，不计政府机构个数）、民政局、司法局、财政局、人力资源和社会保障局、国土资源局、住房和城乡建设局、交通运输局、农业局、水利局、林业局、商务局、粮食局、文化广电新闻出版局、卫生局、体育局、人口和计划生育委员会、审计局、环境保护局、民族与宗教事务局、统计局、规划局、城市管理行政执法局、安全生产监督管理局、食品药品监督管理局、外事侨务办公室、人民防空办公室。派出机构2个：德州经济开发区管理委员会、德州运河开发区管理委员会。直属事业单位16个：德州学院、职业技术学院、区域合作办公室（推进黄河三角洲高效生态经济区建设办公室、招商促进办公室）、市级机关事务管理局、文化市场综合执法局、畜牧兽医局、公用事业管理局、旅游局、地震局、住房公积金管理中心、老龄工作委员会办公室、金融工作办公室、德州广播电视台、红十字会、中国国际贸易促进委员会德州市支会、供销合作社联合社。部门管理机构2个：政府研究室、物价局。

1986—2011年德州市（地区）政府各部门主要负责人任职情况一览表

表22－3

部门名称	职务	姓名	任职时间
政府办公室	主任	张子德	1986.1—1989.3
		陈贵廷	1989.3—1994.8
		程吉臣	1994.8—1998.4
		王卫东	1998.4—2002.1
		张清昌	2005.11—2010.2
		张同光	2010.2—
发展和改革委员会	主任	冯宝童	1986.1—1988.11
		杨振茂	1991.3—1997.12
		李光仁	1997.12—2001.1
		徐怀志	2001.1—2008.3
		王立来	2008.3—2010.3
		刘长青	2010.3—

续表 22－3

部门名称	职务	姓名	任职时间
经济和信息化委员会	主任	张兆荣	1986. 1—1991. 4
		贾云岭	1991. 4—1992. 10
		马世新	1992. 10—1995. 4
		刘昭斌	1995. 4—2000. 11
		孙海滨	2001. 1—2006. 9
		李月明	2006. 9—2008. 3
		周天峰	2008. 3—
人口和计划生育委员会	主任	王诚华	1986. 1—1991. 5
		王金兰(女)	1991. 5—2001. 12
		史秀芝(女)	2002. 1—2010. 3
		宋善举	2010. 3—
教育局	局长	李永振	1986. 1—1987. 6
		马胜奎	1987. 8—1992. 6
	主任(局长)	高立泉	1992. 6—2001. 1
	局长	曹和书	2001. 1—2008. 3
		刘志祥	2008. 3—2011. 8
科学技术局	主任	赵炳初	1986. 1—1994. 1
		宋人为	1994. 1—2001. 1
	局长	秦吉升	2001. 1—2007. 7
		许　冰	2007. 7—2009. 3
		才玉璞	2009. 3—2010. 12
		张书鹏	2011. 5—
民政局	局长	齐垂金	1986. 1—1995. 4
		孙嘉祥	1995. 4—2001. 1
		李光德	2001. 1—2005. 11
		刘治温	2005. 11—2010. 3
		史秀芝(女)	2010. 3—

续表 22－3

部门名称		职务	姓名	任职时间
公安局		处长	刘爽庆	1986. 1—1987. 8
			张庆珍	1987. 8—1993. 7
		局长(处长)	孙云昌	1993. 7—1997. 6
		局长	黄增顺	1997. 6—2002. 9
			匡兴华	2003. 3—
司法局		局长	赵逢轩	1986. 1—1987. 8
			于滋如	1987. 8—1992. 10
			张金祥	1992. 9—2007. 1
			马绍省	2007. 1—
人力资源和社会保障局	劳动人事局	局长	张凤亭	1986. 1—1988. 12
	劳动局	局长	葛培斌	1992. 10—1995. 4
			周师平	1995. 4—2003. 3
			郭宝庆	2003. 3—2010. 4
	人事局	局长	张凤亭	1988. 12—1992. 10
			李康军	1992. 10—2006. 2
			朱昌连	2006. 2—2007. 7
			孙军生	2007. 7—2008. 2
			展德明	2008. 2—2010. 4
	人力资源和社会保障局	局长	展德明	2010. 4—
财政局		局长	周文鉴	1986. 1—1995. 4
			戴昭忠	1995. 4—2001. 1
			陈福祯	2001. 1—2007. 1
			战士平	2007. 1—
审计局		局长	曲乃周	1989. 9—1995. 4
			刘聿全	1995. 4—2002. 1
			杨少华	2002. 1—
统计局		局长	王富堂	1986. 1—1993. 12
			耿同金(回)	1993. 12—2002. 1
			刘治温	2002. 1—2005. 11
			孟建军	2005. 11—2011. 11
			何连生	2011. 11—

续表 22-3

部门名称	职务	姓名	任职时间
国土资源局	局长	郭其礼	1987. 11—1995. 4
		郑若林	1995. 4—2000. 1
		刘建中	2000. 1—2010. 8
		曲永山	2010. 8—
环境保护局	主任	卢培校	1986. 1—1989. 4
	局长	展其福	1992. 8—1997. 12
		王越兴	1997. 12—2005. 11
		吴文群	2005. 11—
住房和城乡建设局	主任	苏凤文	1986. 1—1988. 11
		肖金森	1988. 8—1991. 8
		王洪绪	1991. 8—1995. 4
		张立璋	1995. 4—2002. 1
		邵自升	2002. 1—2010. 4
	局长	邵自升	2010. 4—
规划局	局长	杨　毅	2010. 3—2011. 12
交通运输局	局长	范书云	1986. 1—1991. 1
		孙路军	1991. 3—1996. 12
		肖德海	1996. 12—2001. 1
		荆学松	2001. 1—2004. 1
		孙华斌	2004. 1—
商务局	局长	王春利	2010. 3—
农业局	局长	张继德	1986. 1—1992. 10
		陈希武	1992. 10—1996. 10
		李清章	1996. 10—2003. 3
		邵国军	2003. 3—
林业局	局长	宋俊鹏	1986. 1—1995. 4
		高宪春	1995. 4—2001. 1
		张如廷	2001. 1—2002. 1
		李和平	2002. 1—2009. 3
		刘清云	2009. 3—

续表 22－3

部门名称	职务	姓名	任职时间
水利局	局长	侯树华	1986. 1—1988. 6
		王福寿	1988. 6—1995. 4
		王绍荣	1995. 4—2001. 1
		祖传虎	2001. 1—2008. 2
		张英昌	2008. 3—
粮食局	局长	阴　甫	1986. 1—1987. 8
		纪玉慎	1987. 8—1993. 10
		任志健	1993. 11—2004. 1
		张书鹏	2004. 1—2011. 5
		宁玉河	2011. 5—
文化局	局长	姜琛善	1987. 8—1998. 10
		李国琳(女)	1998. 10—2001. 7
		范广礼	2001. 7—2008. 7
		张慧君(女)	2008. 9—2010. 3
新闻出版局	局长	姜琛善(兼)	1996. 10—1998. 10
		李国琳(女、兼)	1998. 10—2001. 7
		范广礼(兼)	2001. 7—2008. 7
		姜立明	2008. 8—2010. 3
广播电视局	局长	田德春	1987. 7—2001. 1
		赵泉江	2001. 1—2010. 3
文化广电新闻出版局	局长	刘福山	2010. 3—2011. 5
		孔祥智	2011. 5—
卫生局	局长	陈祖义	1986. 1—1990. 12
		王光仁	1992. 6—2001. 1
		周建中	2001. 1—
体育局	主任	吕纪华	1986. 1—1987. 8
		史清玉	1989. 9—1994. 5
		赵振环	1994. 5—2001. 2
	局长	赵振环	2001. 2—2002. 11
		李庆丰	2002. 11—

续表 22－3

<table>
<tr><th colspan="2">部门名称</th><th>职务</th><th>姓名</th><th>任职时间</th></tr>
<tr><td colspan="2" rowspan="4">民族与宗教事务局</td><td>处长</td><td>宋桂珍(女)</td><td>1987. 8—1991. 1</td></tr>
<tr><td>主任(局长)</td><td>姜春光</td><td>1992. 6—2001. 1</td></tr>
<tr><td rowspan="2">局长</td><td>刘洪斌</td><td>2001. 1—2002. 1</td></tr>
<tr><td>白兆富(回)</td><td>2002. 1—</td></tr>
<tr><td colspan="2" rowspan="2">城市管理行政执法局</td><td rowspan="2">局长</td><td>赵春雨</td><td>2005. 2—2011. 7</td></tr>
<tr><td>王圣华</td><td>2011. 7—</td></tr>
<tr><td colspan="2" rowspan="2">安全生产监督管理局</td><td rowspan="2">局长</td><td>牛振亚</td><td>2001. 5—2009. 3</td></tr>
<tr><td>马文喜</td><td>2009. 3—</td></tr>
<tr><td colspan="2" rowspan="3">食品药品监督管理局</td><td rowspan="3">局长</td><td>李秀福</td><td>1999. 12—2007. 8</td></tr>
<tr><td>王立民</td><td>2007. 8—2009. 7</td></tr>
<tr><td>马国忠</td><td>2010. 3—</td></tr>
<tr><td colspan="2" rowspan="3">外事侨务办公室</td><td rowspan="3">主任</td><td>侯志英</td><td>1993. 2—1998. 5</td></tr>
<tr><td>周庆云</td><td>1998. 5—2008. 2</td></tr>
<tr><td>宋小美(女)</td><td>2008. 2—</td></tr>
<tr><td colspan="2" rowspan="4">人民防空办公室</td><td rowspan="4">主任</td><td>卢培校</td><td>1989. 3—1993. 5</td></tr>
<tr><td>李宝田</td><td>1995. 6—1998. 8</td></tr>
<tr><td>杨宝庆</td><td>1998. 8—2008. 9</td></tr>
<tr><td>郑洪周</td><td>2008. 9—</td></tr>
<tr><td rowspan="5">中小企业局</td><td rowspan="3">民营经济发展委员会</td><td rowspan="3">主任(局长)</td><td>徐怀志</td><td>1998. 3—2001. 1</td></tr>
<tr><td>杨丙亮</td><td>2001. 1—2008. 2</td></tr>
<tr><td>马国忠</td><td>2008. 2—2010. 2</td></tr>
<tr><td rowspan="2">中小企业局</td><td rowspan="2">局长</td><td>于　喆</td><td>2010. 3—2011. 5</td></tr>
<tr><td>王爱民</td><td>2011. 5—</td></tr>
<tr><td rowspan="6">市区域合作办公室</td><td rowspan="4">市招商促进办公室</td><td rowspan="4">主任</td><td>郭宗治(兼)</td><td>2001. 4—2003. 1</td></tr>
<tr><td>朱昌连</td><td>2003. 1—2006. 2</td></tr>
<tr><td>王春利</td><td>2006. 9—2007. 7</td></tr>
<tr><td>曲春耀</td><td>2007. 7—2010. 5</td></tr>
<tr><td rowspan="2">市区域合作办公室</td><td rowspan="2">主任</td><td>王圣华</td><td>2010. 5—2011. 5</td></tr>
<tr><td>周同恩</td><td>2011. 5—</td></tr>
</table>

续表 22－3

部门名称	职务	姓名	任职时间
物价局	局长	孙连喜	1986. 1—1994. 5
		张书文	1994. 8—2000. 1
		邵自升	2000. 1—2002. 1
		郭洪伟	2002. 1—2008. 2
		尚其鲁	2008. 2—2011. 4
		于　喆	2011. 4—
公路管理局	段长	田　法	1987. 11—1989. 6
		王震山	1990. 8—1992. 9
	局长	王震山	1992. 9—1995. 6
		肖德海	1995. 6—1996. 12
		荆学松	1996. 12—2001. 2
		赵传峰	2001. 2—
畜牧兽医局	局长	许绍华	1994. 4—1997. 12
		谭富清	1997. 12—1999. 11
		杨光来	2000. 1—2003. 1
		焦玉春	2003. 2—
旅游局	局长	侯志英(兼)	1995. 10—1998. 5
		周庆云(兼)	1998. 5—2001. 5
		纪金海	2001. 5—2003. 2
		苏东亮	2003. 2—2004. 10
		宋小美(女)	2004. 10—2008. 2
		扈建军(回)	2008. 2—
地震局	局长	张绍良	1986. 1—1993. 12
		孙连俊	1993. 12—1997. 6
		刘　博	1997. 12—2007. 1
		杨　华	2007. 1—
公共事业管理局	局长	张立璋	1995. 6—1996. 2
		张铭著	1996. 2—2001. 4
		韩泽木	2001. 4—2009. 3
		孙九鹏	2009. 3—

续表 22－3

部门名称	职务	姓名	任职时间
机关事务管理局	局长	穆秀海	2007. 3—
文化市场综合执法局	局长	姜立明	2010. 3—
供销社	主任	许洪军	1986. 1—1993. 11
		刘兴泉	1993. 11—2004. 10
	理事长	宋华原	2004. 10—2010. 4
政府法制办公室	主任	吕爱国(女)	2001. 2—2008. 2
		陶志春	2008. 2—
地方史志办公室	主任	徐洪岭	1987. 8—1997. 6
		张今三	1997. 6—2007. 2
		康志民	2007. 2—2008. 2
		徐登伟	2008. 2—2011. 4
		李其常	2011. 4—
老龄工作委员会办公室	主任	吴相同	1989. 2—1990. 11
		于滋如	1992. 9—1994. 1
		刘法勇	2001. 5—2007. 7
		张卫东	2007. 7—
红十字会	会长	张化琴(女)	2006. 8—2007. 1
		夏爱忠	2008. 1—
招商局	主任	邱东斌	2001. 5—2009. 8
市政府驻天津滨海新区办事处	主任	曲春耀	2007. 7—2008. 8
		王学昌	2008. 8—2011. 5
		乔方红	2011. 5—
仲裁委员会办公室	主任	雷永方	1997. 7—2001. 5
		陶志春	2001. 5—2008. 2
		吕廷德	2008. 2—2011. 5
		刘文元	2011. 5—
住房公积金管理中心	主任	张德生	2009. 3—2010. 3
		王　红(女)	2010. 3—

续表 22－3

部门名称		职务	姓名	任职时间
房产管理中心		局长	王绍孟	1996.10—2003.2
			苏兴泉	2003.2—2007.1
			宁玉河	2007.1—2010.3
		主任	蔺新河	2010.4—
中国国际贸促会德州市支会		会长	孙洪昌	2010.5—
对外贸易经济合作局	对外贸易局	局长	田文兰	1989.5—1992.11
	对外经济贸易委员会	主任	王富昌(兼)	1988.12—1989.4
			朱修坤	1989.4—1996.2
			陈建国	1996.2—1997.12
			秦吉升	1998.1—2000.12
			刘允臣	2001.1—2001.3
	对外贸易经济合作局	局长	刘允臣	2001.3—2007.7
			王春利	2007.7—2010.3
服务业发展局	贸易局	局长	孔庆礼	1996.10—2001.2
	财贸办公室	主任	孔庆礼	2001.2—2004.10
			李月明	2004.10—2006.7
			李玉文	2006.7—2008.2
	服务业发展局	局长	侯有喜	2008.2—2010.3
乡镇企业管理局		局长	李智夫	1986.1—1987.8
			肖金森	1987.8—1988.11
			马秉端	1988.12—1995.4
			徐怀志	1995.4—1998.3
税务局		局长	张宝范	1986.1—1990.1
			李宗林	1990.1—1994.8
商业局		局长	李寿鹏	1986.1—1987.8
			田书孝	1987.8—1993.2
物资局		局长	封佐亭	1986.1—1991.2
			冀相福	1992.10—1993.1

续表 22－3

部门名称	职务	姓名	任职时间
机械电子工业局	局长	王占鳌	1990.6—1992.2
		杜润一	1992.2—1993.5
		崔明磊	1993.5—1999.1
石油化学工业局	局长	宋人为	1990.6—1994.1
		臧建武	1994.9—1995.4
		李清章	1995.4—1996.2
		李树茂	1996.2—1999.1
纺织工业局	局长	马元岭	1990.11—1993.11
		吴玉祥	1993.11—1999.1
第一轻工业局	局长	李一亭	1990.5—1992.12
		高俊峰	1992.12—1993.3
		李福山	1993.3—1993.11
	局长（会长）	张玉鲁	1993.11—1999.1
第二轻工业局	局长	王明奎	1990.11—1999.1
建筑材料工业局	局长	何盛平	1990.11—1995.4
		张惠义	1995.4—1999.1
工商行政管理局	局长	傅振鸣	1986.1—1992.11
		张胜民	1992.11—1998.12
技术监督局	局长	李保生	1986.1—1987.9
		房武汉	1987.9—1994.3
		杨洪泉	1994.8—1998.3
		石开兴	1998.3—2008.5
		郭　萍	2008.5—
职工教育办公室	主任	曹汉玺	1986.1—1992.11
		刘胜利	1992.11—1996.12
经济研究中心	主任	侯兴华	1986.1—1987.8
		刘甦华	1989.6—1992.6
		李茂林	1992.6—1993.11
		杨振茂	1993.11—1995.4
		马世新	1995.4—1997.1

续表 22－3

部门名称	职务	姓名	任职时间
经济体制改革委员会办公室	主任	李荣振（兼）	1986.1—1986.10
		宫传华	1988.9—1990.7
		于士文	1990.9—2001.2
		靳宏伟	2001.2—2005.7
调查研究室	主任	王德椿	1989.3—1992.11
企业管理办公室	主任	贾云岭	1987.11—1992.10
		朱鸿德（兼）	1992.10—1994.8
农业委员会	主任	蔺善宝	1989.9—1993.5
		程彬谋	1993.5—2001.2
农业机械管理局	局长	王庆暄	1988.9—1992.10
		高宪春	1992.10—1995.4
		祖丙岱	1995.4—2001.3
蔬菜局	局长	李和平	1994.4—2001.3
水产局	局长	霍云胜	1994.4—1998.8
		史秀芝（女）	1998.4—2001.3
农业区划办公室	主任	王少波	1995.6—1997.3
		徐乃德	1997.6—1998.10
		宋　华	1998.10—2001.2
经济技术协作办公室	主任	陈路峰	1987.11—1991.1
		许春田	1991.1—1992.8
		崔明磊（回）	1992.8—1993.12
		郝启光	1993.12—2001.2
油区工作办公室	主任	李以顺	1992.11—1996.2
		朱修坤	1996.2—2001.2
农业引用外资项目办公室	主任	石树岳	1986.1—1987.8
		张文波	1994.3—1998.5
		张端文	1998.5—2001.3

续表 22－3

部门名称	职务	姓名	任职时间
棉花办公室	主任	辛庆林	1986.1—1994.8
		张书堂	1994.8—1995.4
		戴遵林	1995.4—1996.2
		李清章	1996.2—2001.2
农业综合开发办公室	主任	张继德	1988.2—1989.12
		高金森	1989.12—1992.3
		张汉东	1992.3—1993.4
		程彬谋	1993.4—1995.4
		王贵荣	1995.4—1997.12
		刘建中	1997.12—2000.2
		程彬谋	2000.2—2001.3

第二章　施政方式

第一节　会议制度

一、行署会议制度

行署全体会议　由专员、副专员、行署调研员和行署序列的委、办、局(处)及局级行政公司,中央、省和地方双重领导的局级单位的主要负责人组成。必要时请县(市)长列席会议。由专员召集和主持,一般一个季度召开一次。

行署常务会议　由专员、副专员、行署调研员和行署秘书长、办公室主任组成,由专员或协助专员抓全面工作的副专员召集和主持。行署办公室副主任列席会议,行署部门的负责人列席有关问题的讨论。一般每月召开一次。

专员办公会议　由专员、副专员、行署调研员组成,由专员或专员委托副专员召集和主持,行署秘书长、办公室主任、有关副主任列席会议。行署部门的负责人列席有关问题的讨论。专员办公会根据工作需要不定期召开,主要任务是研究处理行署日常工作中的重要问题。

二、市政府会议制度

市政府全体会议　由市长、副市长、市政府秘书长、市长助理和市政府组成部门的主要负

责人组成。必要时召开扩大会议，吸收市政府副秘书长、市政府正县级以上事业单位、中央与省驻德单位、市属大型企业的主要负责人参加，视情况邀请军分区、市委有关部门、市人大和市政协专门委员会以及各民主党派、群众团体的负责人列席。会议议题由市长确定，由市长或市长委托常务副市长召集和主持。市政府全体会议原则上每季度召开1次，必要时由市长决定随时召开。

市政府常务会议　由市长、副市长、市政府秘书长、有关党组成员组成，邀请军分区司令员、市长助理、市政府其他党组成员、市政府有关副秘书长、市监察局局长、市法制办主任列席会议。市政府有关部门主要负责人列席相关议题的讨论。市政府常委会议由市长决定召开，由市长或市长委托常务副市长召集并主持，会议组成人数须超过半数时方能召开。市政府常务会议一般每周召开1次。

市长办公会议　由市长、副市长组成，秘书长、有关党组成员列席，由市长召集并主持。主要任务是：交流重要工作情况；研究处理需提交市政府常务会议解决的重要问题；研究市政府日常工作中的其他重要事项。市长办公会议不定期召开。根据会议内容需要安排有关部门、单位主要负责人列席。

市政府专题会议　由市长、副市长或市长、副市长委托市长助理、市政府秘书长、副秘书长召集，市政府有关部门负责人出席。涉及两位以上副市长分管工作的，可共同召集会议。专题会议根据工作需要随时召开。

第二节　政务公开和集中服务

一、政务公开

1996年1月1日开通市长公开电话和政府公开电话，同时要求各县（市、区）政府、市直机关单位公布县长公开电话，机关办公电话，以密切政府与人民群众联系，方便人民群众和企事业单位咨询有关问题，反映诉求和情况，促进“热点”“难点”问题解决。1999年4月，成立德州市市民投诉中心，实行24小时值班，进一步拓宽倾听社情民意的渠道。2005年7月，设立“12345”市长公开电话（2011年9月更名为德州市“12345”市民热线），开通14条线路，配备专职人员，实行24小时值班制，办理群众来电的受理、答复、交办、催办、反馈等工作。2006年，推进政府管理创新，在互联网上开办“市长公开电话”网站，开通“市长信箱”“网上投诉”等栏目。与德州日报联合开办《市长公开电话每周回顾》专栏。

2005年，市政府创办发行《德州市人民政府公报》，主要刊载市政府和市政府办公室适于公开的重要文件、市政府重要工作安排等内容。2007年起，市政府和办公室文件及时在中国德州网站公布，不断扩大人民群众的知情权和参与权。

二、政务服务中心

2001年5月，德州市外来客商服务中心（挂市外来客商投诉中心的牌子）成立，负责外来投资企业和投资者到德州市投资的政策咨询、审批办理等投资所需事项并受理和审理妨碍外来投资企业的违法违规行为的投诉。2005年7月19日，在市外来客商服务中心的基础上，建立市政务服务中心，负责集中办理与企业、投资者和市民密切相关的政务服务事项。是年，德州市政务服务中心网站正式开通，采用全省最先进的现代化电子网络办公系统，采取“一门受理、同步审批、限时办结”的一条龙服务方式，首批进驻部门40个，设办事窗口68个，服务事项405项。2011年11月，政务服务中心由湖滨北大道搬迁至经济技术开发区行政中心东侧。政务服务中心共设置了便民服务区、综合审批服务区、企业设立服务区、建设项目审批服务区和公共资源交易服务区等5个功能服务区，进驻部门107个，设窗口336个，可集中办理各类事项658项。

2011年，服务中心围绕“10+3”产业项目和重点建设项目，落实建设项目联审联办制度，在土地招拍挂、规划许可、施工许可、竣工验收等阶段，实行“六统一”（统一受理报件、统一组织会审、统一收费项目和标准、统一费用减免程序、统一承诺办结时间、统一发放证件）审批办理机制，落实限时办结、超时默认和缺席默认制度，确保建设项目总体审批时限不超过25个工作日，全年共办理各类行政审批事项11.2万件，新设企业近800家，受理建设项目136件。

便民服务　2001—2003年，开展“五项服务”（事前服务、引导服务、延时服务、上门服务和预约服务），并公开各窗口单位的服务内容、办事程序、申报材料、服务承诺、收费标准。自2005年起，实行星期六加班制度，确保广大市民能在节假日办理审批业务。坚持“首问负责制”“一次告知制”“限时办结制”等规范化服务。2008年，对进驻中心的部门和事项进行优化调整，设立城管、劳动、人事等部门组成的便民服务相对集中的功能区。2009年，启动返乡农民工创业服务平台，及时向返乡创业者公布各项优惠扶持政策，提供法律、法规、政策帮助。全年共接受各类咨询1000余人次，帮助近百名返乡农民工实现了当地创业。至2011年，落实一般事项即时办结制度，司法考试报名、会计资格考试、人社局的各类报名考试及退休证核发等近百项便民服务事项全部实现现场受理，即时办结。

公共资源交易　2009年7月，市委、市政府决定在政务服务中心搭建公共资源交易平台，进驻3个部门：政府采购办、建设项目招标办、土地收储中心。市区范围内包括市直各部门及德城区、经济开发区、运河经济开发区所有依法必须进行招标的建设工程、国有建设用地使用权出让、政府采购等交易活动，在市政务服务中心进行公开交易。至当年底，集中进行各类公共资源交易81件，总金额为9.42亿元。2010年，进一步规范交易行为，做到项目、人员和权限“三到位”。全年集中进行政府采购、建设工程招投标、土地交易等各类公共资源交易256件，总金额为31.97亿元。2011年，制定《公共资源交易管理办法实施细则》，规范公共资源交易行为，实行进场受理、报名登记、信息发布、评委抽取、交易规则、收费管理、实施监督“七统一”运行工作机制；实施招投标全过程备案制度、公开制度和终身负责制度，并与市监察局联合实施行政监督，对违规行为及时进行调查处理。全年，进行各类公共资源交易事项200件，总金额52亿元。

三、电子政务

2010年，市政府常务会议决定，实施电子政务提升工程，改进政府办公方式和办公手段，以更加公开、透明、有效的行政流程，提高政府管理效率和公共服务水平。该工程编入市“十二五”规划，并列入2011年十大民心工程。2011年5月，德州市电子政务办公室成立，具体承担全市电子政务的规划建设、项目管理、统筹协调、推进应用和技术支持等工作，计划经过3～5年，使德州市电子政务总体水平达到全省先进行列，最终实现网上一体化政府，一站式服务。全市组建统一的电子政务外网，整合市直各单位互联网出口，避免了各自为政和重复建设。至2011年年底，应用系统重点进行了行政审批、公共资源交易、电子监察系统建设。以“中国德州”为主站，统一后台管理各县（市、区）、市直各部门网站为分站的网站群系统，推广网上办公，实行网上审批，搭建起政务与便民两个服务平台，全力打造“12345，有事找政府”服务品牌。

第三节 依法行政

1987年年底，行署办公室下设法规科，主要承担领导交办的涉法工作，为部门提供法律咨询服务。1990年3月，设立行署法制局，为副县级行政机构。1995年德州撤地建市后，改称市人民政府法制局。1996年12月，明确市政府法制局为市政府办公室管理的副县级行政机构，主要承担政府规范性文件审查，协调执法部门执法纠纷，参与涉及政府的民事、经济纠纷处理等项工作任务。2000年，将市政府法制局更名为市政府法制办公室，为市政府直属办事机构，由副县级升格为正县级。2005年11月，市政府法制办设秘书科、法制监督科、复议应诉科3个职能科室，2008年3月增设备案审查科，全面承担规范性文件审查备案、行政执法监督、行政复议应诉、推进依法行政等工作职能。

一、规范性文件备案审查

2004年，市政府印发《德州市行政规范性文件制定和备案管理办法》，对规范性文件的制定、备案及监督管理等方面做出具体的规定。2005年，市政府印发《关于完善行政规范性文件立、改、废相关制度的实施意见》等6个配套制度，为推进全市依法行政、做好规范性文件备案审查工作提供了制度保障。至2011年年底，合法性审查各类文件959件，各县（市、区）政府及市政府各部门备案文件363件，纠正违法或不适当文件18件。

二、行政执法监督

2004年8月，开展对市级行政许可主体、行政许可项目、行政许可依据和行政许可收费的清理。2007年，对市级实施行政处罚、行政许可的行政机关、法定授权组织和受委托组织（含国务院、省垂直领导机构）等行政处罚主体和行政许可实施主体进行清理。2011年，根据《山东省行政程序规定》，结合机构改革，对73个行政执法主体进行再次确认，市级所行使的行政权力事项4333项，其中行政许可159项，非行政许可审批38项，行政处罚3683项，行政征收75项，行政强制122项，行政确认、征用等其他行政权力256项。

三、行政复议应诉

1999年1月，市政府成立市行政复议委员会办公室，与市政府法制办公室合署办公。涉案类型主要集中在土地行政争议、劳动教养争议、行政处罚争议、城市房屋登记争议、城市房屋拆迁争议、行政收费争议、工伤认定争议等领域。

2011年，依法受理行政复议案件75件，审结69件，行政应诉4件，答复省政府复议案件4件。

第三章　施政辑要

第一节　地区行署施政要点

一、在巩固农业基础地位的同时，实现工作重心的转移

1987年中共十三次代表大会召开后，地委、行署将工作重心逐步由农村转向城市。发展搞活国有企业，同时制定优惠政策，大力发展集体、乡镇、个体、私营、中外合资企业，1988年，地委、行署制订关于加快发展乡镇企业若干问题的24条规定，关于发展乡镇企业的奖惩办法，大大激发了基层发展热情。到1992年，乡镇企业产值达到122.4亿元，个体私营企业产值5.37亿元，分别占全区工农业总产值的61%和2.7%。第三产业发展迅猛。把第三产业作为振兴德州经济的突出重点来抓，组织考察团到先进地市学习取经，制定《关于加快发展第三产业若干政策问题的意见》，优化发展环境，在经营范围、场地、税收等方面提供优惠，各种类型的经济实体纷纷涌现，商业服务网点增多，路域经济高速发展，资金市场、技术市场、生产资料市场、劳务市场、房地产市场、信息市场进一步发展。

二、逐步推进经济体制改革

1986年起，认真贯彻中共十三大、十四大会议精神，以改革总揽全局，积极探索党政分开、政企分开机制。大力推进经济体制改革，为增强企业活力，政府开始对企业放权让利，推行厂长负责制、承包经营责任制或租赁制，建立激励和约束机制，扩大企业自主权，使企业逐步成为自主经营、自负盈亏、自我发展、自我约束的商品生产者和经营者。完善家庭承包责任制，重点抓好农村土地和果园承包合同，建立新型服务体系，促进农村产业结构调整。推广诸城商品经济“大合唱”经验，发展农村商品经济，重点搞好农田种植、畜牧饲养、科技推广、商品流通服务，调整和理顺农副产品和生产资料价格，促进城乡一体化和农工商一体化、贸工农一体化，把分散的农民交通经营同社会化服务紧密衔接起来，实现小康目标。科技、教育、商业、外贸、物资、金融、财税等方面改革有序推进。1994年，齐河、禹城、宁津、庆云先后被省政府确定为改革开放试点县。

三、转变政府职能，由直接管理生产经营逐步转为运用经济手段宏观调控

按照社会主义市场经济和运行机制要求推进政府职能转变，重点加强对产业发展的宏观规划，对行业发展的组织协调，对企业行为的指导监督，对生产经营的跟踪服务。全部取消了农业生产方面的63种指令性计划指标，对工业生产的指令性计划也减为三、四种，金融、税收等经济杠杆的作用明显加强。商业、粮食、供销、物资、石油、医药、二轻等行业主管部门都成建制转为经济实体。1993年，按照省委、地委部署，推进了县(市)、乡党政机构改革的圆满完成，精简机构，兴办实体，分流人员，解决机构庞大、人浮于事、办事效率低下、财政不堪重负问题。改革后全区县市直党政机关工作人员由14658人精简到6531人，减少55.4%。

四、多渠道筹集资金，改善办学条件

针对德州办学条件落后的情况，1985 年，地委、行署联合下发《关于限期完成农村中小学校舍改造任务》的文件。要求调动各方面积极性，千方百计多渠道筹措教育经费，用于农村中小学校舍改造。至 1987 年年底，全区农村中小学校舍改造总投资 2.64 亿元，其中，乡村两级和群众投入 2.38 亿元，占总数的 90% 以上。新建校舍 105.02 万平方米，改建 35.24 万平方米，新购置木质课桌凳 88 万套。达到“六配套”的学校 8270 所，占学校总数的 95.5%。广大农村中小学办学条件发生根本性变化，促进了教学质量的提高。1988 年，根据省委、省政府要求，地委、行署决定，用 3 年时间基本完成城镇公办校舍改造任务。除各级政府增加教育投入外，开辟了依靠社会力量集资办学、鼓励干部群众捐资助学的 10 条集资渠道，全区累计投资 1.62 亿元，提前完成了城镇公办学校校舍改造任务，创出了依靠人民办教育的新经验。1993 年 3 月，全省教育工作会议在德州召开。

1986—1994 年德州地区行署部分文件目录选辑

表 22－4

发文时间	发文机关	文　件　标　题
1986.1.16	地区行署	《关于进一步加强对扶贫工作领导的意见》
1986.5.20	地区行署	《关于认真解决当前企业管理体制中存在若干问题的通知》
1987.5.11	地区行署	《关于小型企业实行租赁经营的暂行规定》
1987.8.4	地区行署	《德州地区“七五”星火计划实施方案》
1987.8.19	地区行署	《关于深入开展严厉打击非法出版活动的意见》
1988.3.29	地区行署	《关于进一步做好地方志编修工作的意见》
1988.6.10	地区行署	《德州地区引进人才、技术优惠政策暂行规定》
1988.6.20	地区行署	《关于进一步放活科研机构放活科技人员的若干规定》
1988.6.29	地区行署	《德州地区关于鼓励企业管理升级的若干规定》
1989.1.9	地区行署	《关于加快发展交通运输的意见》
1989.3.23	地区行署	《关于振兴中医事业的若干规定》
1991.1.3	地区行署	《关于发展经济、实现财政自给的意见》
1991.5.6	地区行署	《关于德州地区“八五”科技发展规定的通知》
1992.7.14	地区行署	《关于实行优惠政策大力招聘人才引进技术的试行意见》
1992.10.13	地区行署	《关于进一步加强城市规划管理的通知》
1992.10.26	地区行署	《关于进一步贯彻改革开放方针加快全区交通事业发展的意见》
1992.11.7	地区行署	《关于在全区开展农村社会养老保险的意见》
1993.2.11	地区行署	《关于打好发展乡镇企业硬仗的实施意见》
1993.2.16	地区行署	《关于加快第三产业发展的决定》

续表22-4

发文时间	发文机关	文件标题
1993.3.3	地区行署	《关于发展企业集团的试行意见》
1993.4.8	地区行署	《关于鼓励发展个体和私营经济的若干规定的通知》
1993.8.23	地区行署	《德州地区农民承担费用和劳务管理规定》
1993.12.7	地区行署	《关于进一步做好农村社会养老保险工作的意见的通知》
1994.1.25	地区行署	《关于大力发展棉花生产的决定》
1994.4.20	地区行署	《深化卫生改革加快卫生事业发展的意见》
1994.5.9	地区行署	《关于选择部分国有企业进行转换经营机制建立现代企业制度的通知》
1994.7.28	地区行署	《印发地区计委"九五"及2010年规划意见》
1994.8.5	地区行署	《进一步加强商品市场建设的意见》
1994.9.12	地区行署	《印发地区畜牧业发展总体规划》
1995.2.23	地区行署	《关于印发进一步加强种子工作的意见的通知》

第二节　第十三届市政府施政辑要

1995年4月，德州撤地改市，首届市人民政府成立，任期3年。市人民政府以经济建设为中心，坚持两个文明一起抓，抢抓机遇，加快发展，全市政治稳定，经济发展，事业兴旺，为实现跨世纪宏伟目标奠定了良好基础。

一、集中精力推进现代化建设，国民经济得到发展

顺利完成"八五"计划，制订并实施了德州市国民经济和社会发展第九个五年计划。1997年，全市国内生产总值达到250.4亿元，年均增长15.4%，高出全省2.9个百分点；地方财政收入完成9.36亿元，同比年均增长23.6%；物价涨幅低于全省平均水平。经济结构进一步优化，第二产业增加值首次超过第一产业。粮食总产连续3年创历史最高水平，棉花总产稳定在6.5万吨左右，多种经营收入增长86%。工业生产速度和效益同步增长，乡及乡以上工业产值、实现利税分别比1994年52%和24%；利税过千万元的企业达到31家，比1994年增加18家。社会消费品零售总额89.4亿元，比1994年增长81%。

二、改革取得突破性进展，开放迈出较大步伐

齐河、禹城、宁津、庆云、夏津、平原6个县(市)被确定为改革开放试点县，乐陵市杨安镇被批准为全国100家综合改革试点小城镇。建立现代企业制度试点工作全面展开。新组建企业集团93家，其中，恒升集团进入全国化工系统百强行列，德棉集团成为全省最大的棉纺织企业。德州刨花板厂、黄河板纸厂已经走出困境，德州二棉、针织厂等一批特困企业出现好的转机。多种形式放开搞活小企业，半数以上的企业进行了不同形式的改制，558家国有集体

企业转为民营，个体私营企业发展到15.8万家，上缴税金占地方财政收入的比重达到17.2%。养老保险、失业保险、住房制度等配套改革也有了重大进展。大力发展开放型经济，成功举办了96中国德州首届经贸洽谈联谊会，与日本新居浜市缔结为友好城市。3年共批准设立“三资”企业160家，实际利用外资1.3亿美元。1997年出口创汇9978万美元，比1994年增长1.3倍。对外工程承包和劳务输出也取得较大进展。积极开展多种形式的联合协作，3年累计引进项目958个，资金22.3亿元，人才3200名。

三、加大基础产业、基础设施和财源骨干项目投入，经济发展的支撑力增强

3年中全社会固定资产投资累计完成165亿元，新建改造公路2482千米，新增供电能力43.1万千伏安，新增电话交换机容量14.3万门。济德、济聊高速公路建成通车，丁东水库、德州市话三分局等项目建成投入使用。恒升化工集团26万吨尿素改造、恒源化工集团20万吨重油催化裂化等一批财源支柱项目相继建成投产。市县新一轮城市规划全面完成，城市基础设施建设取得成效，管理水平有新的提高。小城镇建设步伐加快，黄河滩区群众搬迁任务提前完成。

四、实施科教兴德和可持续发展战略，社会事业全面进步

11个县(市、区)全部进入全国科技先进县行列，科技进步对经济增长的贡献率达到39%。普及九年制义务教育任务全面完成。德州师专、教育学院和市直业大三校合并，组建了德州高等专科学校，教育资源配置进一步优化。教育结构调整有新的进展，各类职业学校在校生达到2.1万人。坚持不懈地抓好计划生育，全市人口自然增长率低于全省平均水平，3年比省下达计划少出生7.7万人。认真落实土地管理法规，土地综合开发利用开始步入良性循环。开展了“德州环保世纪行”活动，实行了环境质量行政首长负责制，加强环境监测和重点治理，关停、取缔了一批重污染企业，环境状况有所改善。多方筹资，建成了市人民医院病房楼和艺术团体综合排练楼，整修了苏禄王墓，开工建设了市中心文化广场。成功举办了全市首届运动会。

五、城乡居民收入提高，生活质量改善

把不断满足人民群众的物质文化生活需要作为施政准则。1995年5月，根据市委“总揽全局，心系群众”，“树立群众观念，为群众办实事”精神，市政府第一次全体会议研究决定，自1995年起，坚持每年为改善城乡人民生活办几件实事。是年决定办好十件实事。小康建设进程加快，综合指标已达到85%，比1994年提高10.6个百分点。1997年，全市城镇居民人均可支配收入4133元，农民人均纯收入2057元，分别比1994年增长47%和79%。城乡居民储蓄余额达到149.3亿元，增长92.6%。国家和省确定的庆云、夏津两个贫困县提前实现脱贫。组织实施了再就业工程和城乡居民最低生活保障制度，3年累计安排下岗失业职工2.6万人，城乡特困居民得到及时救助。城市和农村人居居住面积分别比1994年增加3平方米和0.6平方米。市话普及率由8%提高到24%。各种高档耐用消费品更多的进入城乡居民家庭，人民群众衣食住行条件和生活质量得到进一步改善。

第十三届德州市人民政府重要文件目录选辑

表22－5

发文时间	发文机关	文件标题
1995.5.2	市政府	《关于大力发展棉花生产的决定》
1995.5.12	市政府	《关于深化粮食购销体制改革意见的通知》
1995.5.14	市政府	《关于1995年改善城乡人民生活办好十件实事的决定》
1995.6.16	市政府	《印发关于广泛深入开展管理效益年活动的意见》
1995.10.10	市政府	《关于加强水污染防治工作的通知》
1995.12.29	市政府	《关于设立市长公开电话和组建政府公开电话网络的通知》
1996.1.15	市政府	《关于加强固定资产投资管理的通知》
1996.3.6	市政府	《关于印发德州市妇女发展规划(1996—2000年)的通知》
1996.3.21	市政府	《关于印发德州市"九五"企业技术改造规划的通知》
1996.4.10	市政府	《关于印发德州市重点项目建设管理规定的通知》
1996.4.18	市政府	《印发关于加强农村卫生工作意见的通知》
1996.6.1	市政府	《关于印发德州市国民经济和社会发展第九个五年计划及2010年远景目标纲要的通知》
1996.6.5	市政府	《德州市企业职工基本养老保险社会统筹与个人账户相结合实施意见》
1996.7.3	市政府	《关于印发德州市国家公务员制度实施方案的通知》
1996.7.9	市政府	《关于印发德州市儿童事业发展规划(1996—2000年)的通知》
1996.8.26	市政府	《关于印发德州市农村宅基地用地管理规定和德州市土地监察规定的通知》
1996.9.2	市政府	《德州市鼓励外商投资的规定》
1996.10.9	市政府	《关于印发加快工业企业集团发展的意见的通知》
1996.10.19	市政府	《德州市建筑市场管理规定》
1996.12.26	市政府	《关于印发德州市城市居民最低生活保障暂行规定的通知》
1996.12.27	市政府	《关于印发德州市"九五"期间依法行政规划的通知》
1997.1.9	市政府	《关于建立农村最低生活保障线制度的通知》
1997.1.24	市政府	《关于开展城市管理年活动的通知》
1997.5.5	市政府	《关于实施企业市场化运行工程的决定》
1997.5.26	市政府	《关于加快建筑业发展的决定》
1997.5.29	市政府	《关于加强基本农田保护区管理的通知》
1997.6.4	市政府	《关于进一步加强环境保护工作的意见》
1997.8.13	市政府	《关于在全市县(市)城区加快建立居民最低生活保障线制度的紧急通知》
1997.9.26	市政府	关于印发《德州市环境保护"九五"计划及2010年远景目标纲要》的通知

第三节　第十四届市政府施政辑要

1998 年 3 月，德州市第十四届人民政府成立。本届政府任期内，圆满完成了“九五”计划和“十五”前两年的工作任务，全市经济和各项社会事业均取得较好成绩。

一、以招商引资总揽全局，改革开放实现突破

把扩大招商引资作为加快发展的“牛鼻子”，强化领导，健全机构，出台政策，落实任务，形成了大开放、大招商、大发展的良好氛围。成功举办了五届投资贸易洽谈会，全面启动了市经济开发区建设，争取建立了德州海关。5 年累计引进国内外资金 179 亿元，其中实际利用外资 2.93 亿美元，年递增 19.7%；2002 年自营出口 2.43 亿美元，年递增 19.5%。强力推进以产权制度为核心的企业改革，乡及乡以上企业改革面达到了 99.9%。华鲁恒升股票成功上市，成为全市首家上市企业。宏力集团与北汽福田实现合作，走出一条借助外力搞活企业的成功路子。企业离退休职工养老金实现社会化发放，城镇职工基本医疗保险全面推开，下岗失业顺利“并轨”，社会保障体系初步建立。在全省率先进行了乡镇区划调整，共撤并乡镇 75 个。积极稳妥地推进了农村税费改革，全市农民人均减负 44 元。教育人事制度改革基本完成，建立了农村中小学教师工资发放的长效机制。

二、走富民兴市之路，民营经济优势凸显

坚持“顶天立地、铺天盖地”两手抓，大力实施“五股力量”带动和强企业、强园区、强产业带动战略，民营经济步入成熟发展的快车道。5 年建成各类园区 77 处，累计基础设施投入 30 多亿元，入区项目达到 978 个。齐河、禹城开发区被批准为省级开发区。民营骨干企业快速膨胀，皇明太阳能热水器成为全国驰名商标。2002 年，全市特色产业加工户发展到 7.5 万户，年营业收入近 200 亿元。民营经济总户数发展到 10.6 万户，年递增 13.3%；注册资金 77.3 亿元，年递增 45.7%；上缴税金 13.5 亿元，年递增 53.2%。民营经济已经成为全市经济的半壁江山，财政收入的主体来源，吸纳就业的重要渠道和新增投入的重要支撑。

三、加大投入，经济发展后劲增强

按照市委提出的“全党抓经济、重点抓工业、关键抓投入”的指导思想，做好争取国力、广借外力、启动民力文章。5 年间累计完成全社会固定资产投资 581 亿元，年递增 21%。环城高速、市区供水扩建工程、广电中心、德州污水处理厂等胜利竣工；华能电厂三期、德棉特宽幅色织面料、晶华超薄及镀膜玻璃、皇明太阳能热水器等骨干项目建成投产；新建改造公路 2492 千米，新增供电能力 87.4 万千伏安，新增电话交换机容量 89.8 万门。国家大型商品粮基地、农业综合开发和农村电网改造等项目顺利完成建设任务。中心广场、世纪广场、火车站广场、湖滨路、天衢路、东风路等一批精品工程相继竣工；“还景于民、还湖于民”，高水平建设了新湖风景区。大力实施美化、亮化、绿化工程，积极开展“三城联创”活动，被省委、省政府、省军区命名为“双拥模范城”。经营城市实现较大突破，全市 5 年实现土地资产收益 10 亿元。

四、各项社会事业全面进步，人民生活质量提高

大力实施科教兴德战略，11 个县（市、区）全部跨入全国科技进步先进县行列，科技进步对经济增长的贡献率达到 44%。在基本实现“普九”的基础上，继续抓紧中小学布局调整和危房改造，努力扩大普通高中办学规模，各级各类学校办学条件进一步改善，人民群众受教育的普及程度进一步提高。建立了德州学院，结束了德州没有本科院校的历史。坚持不懈的抓好计划生育工作，加大环境监测和综合治理力度，认真贯彻实施《土地管理法》，“三大国策”得到较好落实。人民生活水平不断提高，2002年，城镇居民可支配收入达到6394元，农民人均纯收入2735元，分别比1997年增长54.7%和33%。

第十四届德州市人民政府部分文件目录选辑

表22－6

时间（文号）	发文机关	文 件 标 题
1998.3.4	市政府	《关于鼓励向德州经济开发区投资享受优惠政策的规定》
1998.3.5	市政府	《关于引进吸纳紧缺专业高层次毕业生的暂行规定》
1998.3.9	市政府	《关于深化流通企业改革的通知》
1998.3.21	市政府	《进一步鼓励外商投资的若干规定》
1998.4.6	市政府	《德州市工程建设监理管理规定》
1998.4.8	市政府	《关于印发〈市属企业改革方案〉的通知》
1998.4.16	市政府	《关于印发〈德州市取消福利性分房实行新房新制度暂行办法〉的通知》
1998.5.21	市政府	《关于印发〈德州市个体私营经济权益保护规定〉》的通知
1998.7.8	市政府	《关于印发〈德州市市区规划建设管理事权划分意见〉的通知》
1998.8.6	市政府	《德州市农业产业化发展规划》
1998.9.3	市政府	《德州市村镇规划建设管理办法》
1998.9.12	市政府	《关于印发〈加快发展我市重点工业企业若干政策规定〉的通知》
1998.9.12	市政府	《关于印发〈进一步开拓市场扩大销售若干政策规定〉的通知》
1998.8.21	市政府	《关于进一步强化社会保险费征缴工作的通知》
1998.11.12	市政府	《关于加快教育改革意见的通知》
1998.12.24	市政府	《关于印发〈德州市民营企业拔尖人才选拔管理工作暂行办法〉的通知》
1998.12.30	市政府	《关于印发〈德州市“九五”期间主要污染物排放总量控制实施方案〉的通知》
1999.1.8	市政府	《德州市科学技术投入暂行办法》
1999.3.9	市政府	《德州市非公有制经济从业人员养老保险管理暂行办法》
1999.3.8	市政府	《关于实行罚款决定与罚款收缴分离制度的通知》
1999.3.16	市政府	《关于加强地质矿产行政管理工作的通知》
1999.4.20	市政府	《印发〈关于加快中心镇和小康示范村建设的实施意见〉的通知》

续表 22－6

时间(文号)	发文机关	文 件 标 题
1999.4.29	市政府	《关于印发〈德州市改革开放试点县工作意见〉的通知》
1999.6.2	市政府	《关于印发〈德州市农村合作基金会清理整顿工作实施意见〉的通知》
1999.12.10	市政府	《德州市县乡公路建设养护的若干规定》
2000.3.9	市政府	《关于引进硕士学位以上毕业研究生的暂行规定》
2000.3.7	市政府	《关于进一步加强和改进企业管理工作的通知》
2000.4.29	市政府	《印发〈关于深化城镇国有土地使用制度改革的意见〉的通知》
2000.6.10	市政府	《关于加快发展农村合作经济组织的意见的通知》
2000.7.31	市政府	《关于进一步扶持高新技术产业发展若干问题的规定》
2000.8.7	市政府	《印发〈关于深化市直学校改革的意见〉的通知》
2000.8.8	市政府	《关于在更高层次上实施企业市场化运行工程的决定》
2000.9.13	市政府	《关于加强城市规划管理的通知》
2000.9.27	市政府	《关于印发〈德州市城镇职工基本医疗保险暂行规定〉的通知》
2001.3.15	市政府	《关于印发〈德州市国民经济和社会发展第十个五年计划纲要〉的通知》
2001.4.17	市政府	《关于在政府系统实行承诺制的意见》
2001.4.25	市政府	《关于全市流通经济工作的意见》
2001.5.18	市政府	《关于印发〈德州市科学技术发展第十个五年计划纲要〉的通知》
2001.5.25	市政府	《关于印发〈关于鼓励国内客商投资的优惠政策〉的通知》
2001.5.25	市政府	《关于印发〈关于鼓励外商投资的优惠政策〉的通知》
2001.5.31	市政府	《关于进一步做好城镇劳动就业工作的通知》
2001.6.7	市政府	《关于印发〈德州市科学技术奖励办法〉的通知》
2001.7.6	市政府	《关于进行市级行政审批制度改革的通知》
2001.7.6	市政府	《关于积极推进小城镇户籍管理制度改革的意见》
2001.9.26	市政府	《关于印发〈德州市“十五”教育发展规划纲要〉的通知》
2001.9.26	市政府	《关于鼓励社会力量办学若干政策的暂行规定》
2001.10.17	市政府	《关于印发〈德州市“十五”林业发展规划〉的通知》
2001.12.7	市政府	《关于印发〈德州市生态环境建设与保护“十五”规划纲要〉的通知》
2001.12.31	市政府	《关于印发〈德州市妇女发展纲要(2001—2010年)和德州儿童发展纲要(2001—2010年)〉的通知》

续表 22－6

时间(文号)	发文机关	文件标题
2001.12.31	市政府	《关于加快全市“十五”期间老龄事业发展的意见》
2002〔6〕号	市政府	《关于公布第七批清理取消和降低标准的收费项目的通知》
2002〔10〕号	市政府	《关于加快民营经济总量扩张的实施意见》
2002〔18〕号	市政府	《关于争创双拥模范城工作的意见》
2002〔21〕号	市政府	《印发〈关于鼓励到商贸开发区投资经营享受优惠政策的规定〉的通知》
2002〔30〕号	市政府	《关于印发德州市农村扶贫开发规划(2001—2010)的通知》
2002〔33〕号	市政府	《关于印发德州市环境保护十五计划的通知》
2002.8.16	市政府	《关于进一步深化政务公开工作的意见》

第四节　第十五届市政府施政辑要

2003年2月，德州市第十五届人民政府成立。本届政府任期5年。任期内，全面完成了市十五届人大一次会议确定的目标任务，全市经济社会保持了平稳、较快、健康发展的良好势头。

一、深化经济体制改革，扩大对外开放

市、县属企业改革和国有粮食企业改革基本完成。农村税费改革全面完成。教育、卫生等社会事业改革进一步深入。财税体制改革逐步深化，市县财政体制得到理顺。开放型经济进入新阶段，“南融北接”战略顺利实施，一批国内外知名企业落户德州。2010年第四届世界太阳城大会申办成功。开发区建设成效明显，12家开发区被认定为省级开发区，市经济开发区被评为全省科学发展示范区，禹城高新区成为省级生物产业基地。2007年，全市进出口总额突破10亿美元，利用外资较快增长。

二、加大基础设施投入，城乡面貌呈现变化

老城区改造步伐加快，铁西开发顺利推进，河东新城建设大见成效。先后新建改造30多条城市主干道和100多条小街小巷，实施了锦绣川、长河公园等景区工程建设。2007年，中心城市建成区面积达60平方千米，城市化水平达41.5%，比2002年提高7.5个百分点。城市管理工作实现较大突破，人居环境日益改善，荣获“中国人居环境奖”。农村面貌发生较大变化，基础设施不断完善，累计建设改造农村公路1万多千米。至2007年，全市公路通车总里程达到1.67万千米，比2002年年底增长3倍，97%的行政村通上了柏油路，村村通客车率达到99.5%；森林覆盖率由12.4%提高到28.5%；7098个村362.6万人用上自来水，农村自来水普及率提高到90.2%，开工建设了宁津、平原、夏津、乐陵、禹城5座中型水库；农村有线电视入户率达65%。

三、加强精神文明建设，全面发展社会事业

科技创新成效明显，2007年，高新技术产业产值占规模以上工业总产值的比重达到20.4%，比2002年增加10个百分点。以县为主的教育保障机制得到较好落实，基础教育、职业教育、高等教育快速发展。5年累计改造农村中小学危房83万平方米。公共卫生“两个体系”建设扎实推进，新型农村合作医疗参合率

达到90.9%。乡镇卫生院建设得到加强，社区卫生服务体系逐步完善。就业再就业、社会保障工作取得新成绩，城市低保基本达到应保尽保，农村低保和廉租住房制度全面启动。

四、转变政府职能，人民生活水平提高

认真贯彻国务院《全面推进依法行政实施纲要》，2004年8月，开展对市级行政许可主体、行政许可项目、行政许可依据和行政许可收费的清理。2007年，对市级实施行政处罚、行政许可的行政机关、法定授权组织和受委托组织（含国务院、省垂直领导机构）等行政处罚主体和行政许可实施主体进行清理。深化行政审批制度改革，组建政务服务中心，实现了行政审批、行政收费及有关行政服务项目集中统一办理。坚持以改善民生为己任，每年办好与群众利益密切相关的“十件实事”，累计投入20多亿元，先后完成了市区防汛设施建设、农村电网改造、乡镇敬老院建设等重点工程，一批事关民生的突出问题得到有效解决。城乡居民收入稳定增长，2007年，全市城镇居民人均可支配收入12300元，农民人均纯收入5058元，均比2002年翻一番，年均增长20%和18.2%。

第十五届德州市人民政府部分文件目录选辑

表22－7

时间(文号)	发文机关	文　件　标　题
2003.2.25	市政府	《关于印发〈德州市人民政府工作规则(试行)〉的通知》
2003.5.28	市政府	《关于进一步推动政府工作提速的实施意见》
2003.6.14	市政府	《关于2003年为改善城乡人民生活办好十件实事的决定》
2003.11.2	市政府	《关于加强今冬明春农村水利建设的意见》
2004.3.10	市政府	《关于大力推进职业教育改革与发展的意见》
2004.3.10	市政府	《关于加快农村教育改革与发展的意见》
2004.2.20	市政府	《德州市安全生产目标管理责任制考核奖惩办法》
2004.3.19	市政府	《关于2004年为改善城乡人民生活办好十件实事的决定》
2004.4.18	市政府	《关于大力实施质量兴市和名牌带动战略的意见》
2004.6.30	市政府	《关于进一步加快中医药事业发展的实施意见》
2004.8.7	市政府	《关于进一步深化市属企业改革的意见》
2004.9.26	市政府	《关于加快畜牧业发展的意见》
2004.12.26	市政府	《关于全面启动乡镇机关事业单位基本养老保险和基本医疗保险工作的意见》
2005.2.25	市政府	《关于2005年为改善城乡人民生活办好十件实事的决定》
2005.10.14	市政府	市政府令《德州市城市管理行政执法暂行办法》
2005.10.14	市政府	市政府令《德州市城市管理相对集中行政处罚暂行规定》
2005.10.14	市政府	市政府令《德州市城市市容和环境卫生管理办法》

续表 22－7

时间(文号)	发文机关	文件标题
2005.10.14	市政府	市政府令《德州市城市绿化管理办法》
2005.10.14	市政府	市政府令《德州市城市市政设施管理办法》
2005.10.14	市政府	市政府令《德州市城市风景区和广场管理办法》
2005.12.5	市政府	《关于完善城镇职工基本医疗保险政策有关问题的通知》
2006.2.21	市政府	《关于2006年为改善城乡人民生活办好十件实事的决定》
2006〔8〕号	市政府	《关于印发〈德州市国民经济和社会发展第十一个五年规划纲要〉的通知》
2006〔10〕号	市政府	《关于实施县乡公路改造工程的意见》
2006.5.16	市政府	《关于进一步完善县乡教育管理体制加快农村教育改革发展的意见》
2006〔15〕号	市政府	《关于印发〈德州市林业“十一五”规划〉的通知》
2006〔18〕号	市政府	《关于印发〈德州市“十一五”科学和技术发展规划纲要〉的通知》
2006〔24〕号	市政府	《关于进一步推进企业上市工作的意见》
2006〔25〕号	市政府	《关于印发〈德州市依法行政五年规划(2006—2010年)〉的通知》
2006〔27〕号	市政府	《关于严格土地利用管理促进节约集约用地的意见》
2006〔28〕号	市政府	《关于印发〈德州市旅游业发展“十一五”规划〉的通知》
2006.11.20	市政府	《关于实施农村义务教育经费保障机制改革的通知》
2007.1.31	市政府	《关于2007年为改善城乡人民生活办好十件实事的决定》
2007.3.7	市政府	《关于加强和改进社区工作的意见》
2007〔7〕号	市政府	《关于印发〈德州市碧水蓝天行动规划〉的通知》
2007.9.15	市政府	《关于做好城镇零就业家庭和农村零转移就业贫困家庭就业援助工作的意见》
2007.12.14	市政府	《关于支持德州国家生物产业基地加快建设若干政策的意见》
2007.12.29	市政府	《关于进一步解决好城市低收入家庭住房困难的意见》

第五节　第十六届市政府施政辑要

2008年1月，德州市第十六届人民政府成立。在中共德州市委的领导下，新一届市政府在任期内以科学发展观统领全局，围绕“实现新崛起、建设新德州”奋斗目标，圆满完成“十一五”任务目标，实现了“十二五”良好开局。

一、综合实力提升

2011年，全市实现地区生产总值1950.71亿元，是2007年的1.7倍，年均增长13.1%；地方财政收入95.1亿元，年均增长22.6%。4年累计完成固定资产投资3954亿元，年均增长20.7%，实施重点项目313个。农业稳步发展，粮食生产实现“亩产过一吨、总产超百亿”，连续8年全省第一；累计造林105万亩，林木覆盖率达30.5%；畜牧业产值占农业总产值的比重增至38%。粮食高产创建、小农水建设、林下经济发展成为全国先进典型。工业提质增效，规模以上工业企业实现主营业务收入5000亿元、利税596亿元，分别增长1.5和1.2倍；中大、通裕、恒升、金能等7家企业销售收入过50亿元，恒源石化超过100亿元，永锋钢铁突破200亿元；新能源等特色新兴产业异军突起，被命名为国家火炬计划新能源特色产业基地、国家生物产业高技术产业基地、国家级体育产业基地；高新技术产业产值占规模以上工业总产值的比重提高到20.5%，国家级研发机构达到8家，新设博士后科研工作站10家。服务业实现突破，社会消费品零售总额757.5亿元，增长近1倍；东北城、黄河生态旅游项目等投资过百亿的商贸物流、文化旅游项目开工建设，成为全省五大物流区域核心城市和六大物流节点城市。县域经济实力增强，形成一批优势明显、支撑有力、富有活力的特色产业。

二、人居环境改善

实施主城带动、城乡一体化战略，2011年，全市城镇化水平达到47%，提高7.5个百分点。中心城市累计投入322亿元，实施城建工程398项，新建改造城区道路73条、背街小巷200多条，完成城中村、旧住宅区和棚户区综合整治改造50个，东部高铁新区全面启动，荣获中国人居环境奖、省级园林城市等称号。城市功能日趋完善，供水管网实现市区全覆盖，供热、供气普及率分别达65%和95%。积极稳妥推进两区同建，全市8319个行政村合并为3070个社区（村），开工并建社区959个、产业园区953个，被列为中国城市化和谐发展典范案例。重大基础设施项目进展顺利，京沪高铁建成通车，滨德高速即将开通，济乐高速和德大、邯济铁路正在建设，新建改造农村公路4000千米；实施骨干河道治理，10年任务3年完成，马颊河治理、引黄济津等重点水利工程取得良好效益。节能减排扎实推进，生态环境日益改善，万元GDP能耗累计下降23.07%，化学需氧量、二氧化硫排放量分别消减17.43%和26.37%。在海河流域7省市、全国9大流域33个代表城市考核中获得“双第一”，被评为低碳中国突出贡献城市、国家新能源示范城市。

三、改革开放卓有成效

市县两级政府机构改革、乡镇机构改革顺利完成。企事业单位、财税体制、金融体制、集体林权制度、综合配套等改革稳步实施。城乡统筹、社会保障领域改革步伐加快。南融北接战略深入实施，济德一体化、黄三角开发有序推进；与天津滨海新区、青岛、绵阳、宜宾等城市建立战略合作关系，与国外8个城市结为友好城市。招商引资卓有成效，引进各类项目1292

2010年11月，保障房分配现场

个，到位资金1057亿元。对接央企力度加大，实施合作项目59个，完成投资160亿元。直接融资实现突破，16家企业上市和场外挂牌，齐鲁股权托管交易中心在德州设立管理服务机构。累计完成进出口总额75.5亿美元，实际利用外资6.2亿美元。成功举办第四届世界太阳城大会、太博会和资本交易大会等重大经贸活动，对外交流合作向更高层次、更宽领域拓展。

四、社会事业全面进步

千方百计提高城乡居民收入水平，让人民共享发展成果。城镇居民人均可支配收入19771元，增长59.5%，农民人均纯收入8350元，增长67.5%，城乡居民人均储蓄增长86.5%；民生支出占财政总支出的比重达到57.9%。每年集中力量办好"为民十件实事"，一批关系民生的实际问题得到较好解决。社会保障扩面提标，累计新增城镇就业30万人，农村劳动力转移就业54万人。城镇居民医疗保险全面启动，城乡居民养老保险实现制度全覆盖，70万城乡老年居民领取养老金。连续7年提高企业退休人员待遇，养老金实现翻番。城市低保标准每人每月增加80元，农村每人每年增加600元。开工建设保障性住房33650套，竣工13310套，农房建设和危房改造超额完成省下达任务。基础教育办学条件和教学质量明显改善，新建改造农村校舍271.8万平方米，补充教师3600余名。医药卫生体制改革扎实推进，政府办基层医疗卫生机构和一体化管理的村卫生室全部实施基本药物制度，建成村卫生室1899个，新农合参合率99.77%。文化体育事业繁荣发展，公共文化服务体系建设、文化体制改革、文化产业发展取得新成效，市博物馆主体竣工，德州大剧院开工，市体育馆、全民健身中心投入使用，专业文化院团建设和群众性文体活动再上新水平。平安德州建设持续推进，2008年，开展行政执法案卷评查活动，在执法机关中推行规范行政自由裁量权工作，制定细化行政自由裁量标准。2009年，制定行政裁量配套制度，同案不同罚、乱处罚等行为得到有效规制。2011年，根据《山东省行政程序规定》，结合机构改革，开展对政府机构改革部门职责调整和行政审批制度改革审批项目调整落实情况进行专项检查，进一步规范执法检查行为。信访工作、公安机关执法规范化建设成为全国样板。援助四川震后重建工作受到省政府表彰。获得"全国双拥模范城"称号。

第十六届德州市人民政府部分文件目录选辑

表22－8

时间(文号)	发文机关	文　件　标　题
2008〔3〕号	市政府	《关于2008年为改善城乡人民生活办好十件实事的决定》
2008〔5〕号	市政府	《印发〈关于重点培植十五家大企业的十条规定〉的通知》
2008〔10〕号	市政府	《关于加快供销社改革发展服务社会主义新农村建设的意见》
2008.9.24	市政府	《关于加快推进企业上市的意见》
2008〔19〕号	市政府	《关于进一步做好促进就业工作的通知》
2008〔21〕号	市政府	《关于做好今冬明春农村水利建设的意见》

续表 22－8

时间(文号)	发文机关	文 件 标 题
2008〔22〕号	市政府	《关于加强水资源管理建设节水型社会的意见》
2009〔2〕号	市政府	《关于实施民营经济“十千万工程”的意见》
2009. 3. 14	市政府	《关于2009年为改善城乡人民生活办好十件实事的决定》
2009〔4〕号	市政府	《关于进一步加快生物产业发展的意见》
2009. 3. 22	市政府	《关于实施标准化战略的意见》
2009. 7. 2	市政府	《关于加快中国粮油食品城建设的意见》
2009. 9. 9	市政府	《关于促进和支持民间投资发展意见》
2010〔1〕号	市政府	《关于加快重点工业企业发展的意见》
2010〔2〕号	市政府	《关于全面推进依法行政的实施意见》
2010. 4. 2	市政府	《关于2010年改善城乡人民生活实施十项民心工程的决定》
2010. 4. 6	市政府	《关于促进中小企业发展的意见》
2010. 5. 24	市政府	《关于加快发展品质牧业打造现代畜牧强市的意见》
2010〔14〕号	市政府	《关于进一步加快供销社改革发展的实施意见》
2010〔15〕号	市政府	《关于整建制推进粮食高产创建的意见》
2010. 11. 26	市政府	《关于加快新能源产业发展的意见》
2010〔21〕号	市政府	《关于实施畜牧蔬菜等五大产业振兴规划的指导意见》
2011. 1. 29	市政府	《关于加快全市民营经济发展的意见》
2011. 3. 3	市政府	《关于2011年改善城乡人民生活实施十项民心工程的决定》
2011. 5. 21	市政府	《关于构建现代产业体系的意见》
2011〔6〕号	市政府	《关于印发〈德州市国民经济和社会发展第十二个五年规划纲要〉的通知》
2011〔12〕号	市政府	《关于印发〈德州市残疾人事业“十二五”发展规划(2011—2015)〉的通知》
2011〔14〕号	市政府	《关于印发〈德州市服务业十二五发展规划〉的通知》
2011. 12. 26	市政府	《关于进一步理顺中心城区城市管理体制的意见》

第四章 外 事

1986—2011年，德州市共接待来自60多个国家和地区的外宾、外商、外国友人、外籍华人及港、澳、台胞；全市因公出国（境）团组共1881批、5635人次，涉及100多个国家和地区；先后与日本新居滨市、韩国始兴市、美国帝王市3个城市结为友好城市，与美国特洛伊市、加拿大查塔姆肯特市、乌克兰尼古拉耶夫市等6个国际城市建立友好合作关系。

1986年后，外事部门充分发挥职能优势，共为基层企业提供现场翻译300余次，翻译文字资料近百万字；为企业牵线搭桥促成合作、合资项目200余个；办理对外专家和技术人员邀请共2038批、4369人次。

第一节 外宾来访

1986—2011年，德州市（地区）共接待参观旅游、访问考察、技术交流、洽谈贸易、合资办厂、安装设备、探亲访友的外国人、外籍华人及港、澳、台胞共计60多个国家和地区15万人次。其中，因公来访团组2458批、5042人次；重要组团181批。

1986年4月6—7日，在北京参加"农村就业战略和政策国际讨论会"的美国、印度、坦桑尼亚、比利时、斯里兰卡等16个国家的33位代表，到禹城、陵县参观农业引用外资项目。8月29—31日，联合国计划开发总署和世界粮农组织高级顾问黑勒斯博士，到陵县、禹城考察棉花生产，同意将禹城作为中国山东棉花研究中心技术开发县之一。

1987年9月，由国际树作物学会澳大利亚办事处派遣的农用林业考察团一行6人，到平原、禹城考察综合防护林体系、改碱措施情况。

1990年6月，应国务院引进国外智力领导小组办公室和中国华泰技术贸易公司的邀请，以色列节水农业专家、能达锋公司董事包垒克，对禹城实验站滴灌工程进行考察。7月17日，应商务部邀请，马来西亚麒麟公司董事长陈闻权一行5人，到禹城县考察鲁西黄牛饲养和活牛出口情况。7月22日，应林业部邀请，澳大利亚农用林业考察组一行3人，到禹城县考察南北庄试验区林业生产情况。

1991年4月13—15日，以新居滨市企划调整部部长伊藤宣为团长的日本爱媛县新居滨市友好考察团一行7人，到德州进行综合考察，双方初步达成两地政府间每年互访、双方民间文化团体和经济团组交流、中小学建立友好校际关系、德州杂技团赴新居滨市进行友好演出、德州黑陶到新居滨展出等5项协议。

1992年5月19—21日，以市长伊藤武志为首的日本新居滨市友好访华团一行到德州，对德州市的经济、文化、体育、市政建设以及市民生活进行考察。11月8—10日，应行署专员杨传堂的邀请，以岩左正次为团长的日本新居滨市经济考察团一行10人，到德州进行经济考察。

1994年5月，以新居滨商工会议所会头藤田秀朋为团长的经济考察团到德州访问，双方确定经济代表团每隔一年互访一次，同时商定

从1995年起，由新居滨商工会议所接受德州研修生。8月24日至26日，以埃及农业研究中心主任戈马博士为团长的棉花专家代表团一行6人，到德州地区进行参观考察和学术交流活动。

1995年3月12—13日，以菲律宾驻华大使罗穆阿多和爱尔兰驻华大使塞尔玛为首的友好使团一行18人到德州访问，参观了德州棉纺织厂和德州印染厂，拜谒了苏禄王墓。4月21日，红十字会国际联合会救灾代表威尔玛·德海杰，到德州实地考察齐河县、禹城市的救灾情况。10月17—18日，荷兰格罗宁根市政府代表团和商务代表团一行12人，对德州进行访问，达成合作意向4个。12月2—5日，以菲律宾苏丹王皇太子伊士卖·基兰为首的代表团一行4人到德州进行友好访问，祭奠祖先，拜访苏禄王在德后裔。此为500多年来菲律宾苏禄王后裔第一次到访。

1996年11月，以菲利普·德·林为团长的菲律宾文化考察团一行4人，到德州了解菲律宾后裔在德州的生活和工作情况。

1997年2月，菲律宾驻华大使罗穆阿多·翁和夫人及印度尼西亚驻华大使尤瓦纳和夫人一行8人到德州进行友好访问。5月，新加坡ATS电脑公司总裁洪天赐一行，受苏禄王后裔皇太子委托到德州访问。

1998年9月，新居滨市长伊藤武志率代表团一行9人和新居滨别子雄狮俱乐部一行7人，到德州进行交流和友好访问，参加9月16—20日'98德州经济贸易洽谈联谊会。

1999年7月2—4日，澳大利亚墨尔副市长李锦球等到德州参观考察。同月，以菲律宾北伊洛戈省省长小费尔迪男·马科斯率领的菲律宾北伊洛戈省代表团一行11人，到德州访问并参观苏禄王墓。9月，菲律宾驻华大使罗穆阿多·翁及夫人一行5人和以新加坡ATS电脑公司总裁洪天赐为团长的菲律宾、新加坡、马来西亚综合经贸考察团一行83人，到德州访问并参加16日至20日99德州经贸洽谈会，同时举行古苏禄国东王访问中国582年周年纪念活动。

2000年6月28—30日，新居滨市议会议长世良贤克率新居滨政府考察团一行8人，到德州进行友好考察和访问。9月，菲律宾驻华公使伊丽莎白一行7人，到德州参加9月16日至18日第四届德州投资贸易洽谈会。

2001年6月25日，马来西亚国家土地发展部副部长陈记光率领工业农业投资考察团到德州考察。12月，韩国地方政府国际化协会驻北京代表处组织韩国企业家代表团一行31人，到德州进行经贸考察。

2003年1月13—14日，韩国驻青岛总领事朴钟先一行2人到德州访问，重点考察了解韩国企业在德州投资经营办厂的情况。10月13—19日，应德州市政府邀请，韩国始兴市市长郑钟欣和议长金旺圭率领的代表团一行18人到德州参观访问，并签署两市《友好合作协议书》。

2004年2月21—23日，美国新泽西州西橘市市长访问团一行3人到德州考察访问，双方就加强交流、拓宽合作领域等有关事宜进行了洽谈，并签订了两市建立友好交流城市意向书。3月23—24日，韩国前总理李寿成偕夫人一行到德州进行考察，与德州市就无公害蔬菜生产基地及农用复合肥生产项目达成协议。9月27—28日，马来西亚沙捞越州第一副首席部长陈康南，在中国机械设备进出口总公司总裁李树智陪同下，到德州参观考察。10月25—27日，以李启长副市长为团长的韩国始兴市政府代表团和文化演出团一行33人，对德州市进行友好访问和考察，其间始兴市传统文化艺术团在古贝春剧场举办了两场文艺演出。

2005年5月21日，菲律宾驻华大使盖威利一行50人到德州访问，参观了苏禄王墓，看望了后裔代表。9月13日，在州长助理乔戈·麦高克率领下，澳大利亚维多利亚州政府代表团一行17人到德州访问。9月13—16日，韩国始兴市议会副议长朴吉秀率部分议员、政府工作人员及经济企业界人士一行17人，对德州市进行了考察访问。德州市人大常委会与始兴市议会签署了开展友好交流协议书。

2006年3月19日，世界太阳能城协会主席大卫·米尔兹和执行主席车尔·布期托就太阳能产业发展情况到德州考察。7月，菲律宾众议院议长、基督教穆斯林民主力量总裁何塞德贝内西亚一行21人到德州访问，参观了苏禄王墓和皇明太阳能集团。7月31日，应德州市人民政府的邀请，韩国始兴市中学生友好交流团，首次到德州进行为期5天的友好访问。11月25—28日，乌克兰尼古拉耶夫市市长符拉基米尔·恰依卡一行4人到德州访问，双方就经贸交流、在乌克兰设立中国商品市场以及建立友好交流关系等事宜进行了洽谈与磋商。

2007年7月23日，由菲律宾苏禄省副省长安娜·沙依都利亚和苏丹依百拉吟·巴金率领的代表团访问德州。9月15日，世界太阳城协会主席克瑞斯·在德维德和执行主席车尔·布斯托到德州进行为期9天的访问，重点考察德州市太阳能产业和2010年世界太阳城大会的筹备情况。11月11日，美国纽约州中小企业发展中心总署署长、美国全国中小企业发展中心联合会主席詹姆斯·金恩率纽约州商务代表团到德州访问。11月29日，由安东尼·乔利福爵士率领的英国商务代表团到德州中大贝莱特集团考察合作项目。

2008年3月24—25日，澳大利亚新南威尔士州工党书记毕卡尔率州访问团访问德州，切磋德州市与黑镇市建立友好城市事宜。4月4日，塞拉利昂民运党总书记安苏·博伊斯·兰萨纳，到德州考察就业、扶贫减困等方面的经验做法。6月27日，德国驻华大使施明贤及夫人来德州访问，参观了2010年世界太阳城大会主会场、太阳能科技博物馆等。7月10—12日，澳大利亚昆士兰州伊普斯维市市长保罗·比萨尔率领政府代表团一行10人到德州参观考察，两市签署了友好城市交流意向协议书。9月2—3日，德国弗莱堡市市长萨洛蒙率领市政府代表团一行6人到德州访问，参观了中国太阳谷、2010年世界太阳城大会主会场、太阳能博物馆、市经济开发区等。

2009年3月17日，美国加州参议员幕僚长法兰克到德州考察太阳能产业。6月14—17日，纽约州中小企业发展中心总署署长詹姆斯·金率美国纽约州商务考察团到德州考察。6月24日，老挝人民革命党中央政治局委员、阿东波省委书记兼省长西耐·明拉万，率考察团到陵县富路车业有限公司考察。10月23日，美国佛罗里达州西迈阿密市市长塞萨尔·劳尔·卡拉萨到德州考察太阳能和风电装备制造企业。

2010年3月13日，联合国国际生态安全合作组织总干事蒋明君到德州考察。3月30—31日，瑞士驻华使馆参赞沃尔特·梅尔率中国—瑞士低碳城市示范项目到德州考察低碳城市建设试点项目。4月14日，奥地利驻华大使马丁·赛迪科博士、商务参赞奥斯卡·安思来博士及所率经济代表团一行28人，到德州就新能源发展及医院、大学等公共服务机构进行考察。6月30日，欧洲30多个国家外交官大型考察团一行70余人由外交部、省外办陪同到德州考察。9月16日，第四届世界太阳城大会在德州市中国太阳谷隆重举行，来自美、德、法、意、俄、澳、加、韩、日等50多个国家和地区的政要、企业家、学者等嘉宾近3000多人参加了大会。11

月4—5日，英国前副首相约翰·普雷斯科特，新洲国际集团董事长杨腾波率团到德州参观考察，就新洲集团与德州市战略合作事宜进行洽谈。德州市政府与新洲国际集团签署战略合作框架协议。11月18日，牙买加驻华大使到德州考察访问。

2011年5月20日，马来西亚中华总商会执行顾问暨国际贸易及工定组主任丹斯里拿督宋兆雄到德州考察。5月21日，马来西亚沙登区会主席拿督廖润强到德州考察新能源产业。5月22—24日，美国俄亥俄州沃伦市市长代表团访问德州市，与德州市签署友好合作关系城市协议书。6月7日，澳大利亚贸易委员会专员、驻华使馆商务参赞杜大维，以及美国威讯公司联合半导体有限公司首席执行官分别到德州考察。6月29—30日，菲律宾中国商会总会会长施万轸率企业家代表团一行27人，到德州考察投资开发苏禄王御园等项目。7月18日，由韩国前总理李海瓒率领的韩中交流协会考察团到德州考察。9月6—8日，美国加州帝王市市长马克·格林率代表团一行18人到德州考察访问，并与德州市签署友好城市意向书。12月7日，英国苏格兰首席部长萨蒙德访问德州。

第二节　公务出访

1992年9月，地委办公室和行署办公室联合下发《关于德州地区因公出国申报审批的规定》，地区外事办公室开始受理因公出国（境）团组办理申请工作。至2011年，德州市（地区）因公出国（境）团组共1881批、5635人次。因公出国（境）团组主要以经贸考察交流、友好交往为主，20世纪90年代中期以后，招商引资成为对外经贸考察交流、友好交往的主要目的。

1992年7月25日，行署专员杨传堂应邀率团对日本新居滨市进行友好访问和考察，并与新居滨市市长正式签署两地（市）“友好交流关系协议”。地区杂技团随访问团进行演出。

1995年7月，市长莫振奎和市人大常委会主任李荣振率团赴日本新居滨市考察访问，双方就正式建立友好城市等事宜进行了磋商。

1997年1月，德州市政府代表团赴日本新居滨市友好访问，两市正式缔结为友好城市。

2001年11月4—5日，以市长孙永春为团长的德州友好考察团一行8人，对日本新居滨市和韩国仁川市进行考察访问。

2004年6月9—16日，市长孙永春率市政府代表团一行6人，对韩国始兴市进行友好访问和考察，两市签署了《行政文化交流协议书》。

2008年2月16—24日，市长吴翠云率市政府代表团赴澳大利亚阿德莱德市参加2008年第三届世界太阳城大会，接受了第四届世界太阳城大会会旗，宣布德州市正式承办2010年第四届世界太阳城大会。

2009年5月1—4日，中共德州市委书记雷建国率团一行6人，赴德国、瑞士考察访问，重点宣传推介2010年9月在德州召开的第四届世界太阳城大会。2009年8月3—12日，市长吴翠云率代表团赴美国、加拿大友好访问，并与美国纽约州沃伦市及加拿大查塔姆肯特市分别签署友好合作城市关系协议书。

2010年5月30日—6月7日，中共德州市委书记雷建国率团赴英国、荷兰、丹麦考察，在三国举办第四届世界太阳城大会推介会，促成德州市与英国邓迪市签署友城交流关系协议，并与邓迪市签署太阳城合作备忘录。2010年6月11—19日，市长吴翠云率团赴德国、法国、西班牙访问，与法国布希圣乔治市签署友好合作城市协议。

第三节　文化交流

1989年,德州文化代表团到日本新居滨市进行书法展览和文化交流活动。

1991年,在日本举办黑陶艺术展览,掀起一股“黑陶热”。

1992年7月,德州地区杂技团随行署专员杨传堂访问日本期间,演出杂技多场,受到当地欢迎。

2001—2003年,德州杂技演出小组远赴40多个国家和地区,演出时间超过2年,演出1000余场次,观众10万余人。

2004年10月25—27日,以副市长李启长为团长的韩国始兴市政府代表团和文化演出团一行33人,对德州市进行友好访问和考察,其间始兴市传统文化艺术团在古贝春剧场举办了两场文艺演出。

2005年5月17—19日,应韩国始兴市政府邀请,市长孙永春率领德州市友好访问团及文化艺术团一行30余人,赴韩国始兴市进行友好访问,与韩国始兴市市长卢承哲签署缔结友好城市协议。截至2011年,两市共举办2届德州·始兴文化艺术交流活动,开展中韩青少年家庭体验交流活动4届145人次,交流互派公务员4批8人次。

2008年9月,德州市杂技团赴澳大利亚演出,当地政府官员以及各界人士近10万观众观看表演,当地主流媒体均大篇幅报道了演出盛况。

2008年,启动华文教育行动,派遣优秀教师赴国外华校任教和接待海外华裔青少年夏令营(冬令营)。

2010年,德州市青少年宫、德州市直幼儿园成为海外华裔青少年山东省华文教育基地,德州董子园成为山东省海外华裔青少年中华文化传承基地。同年,成功接待了海外华裔青少年“中国寻根之旅·孔子故里行”夏令营,来自韩国、德国、美国、加拿大、柬埔寨、挪威等10个国家的130多名海外华裔青少年在德州度过美好的时光。

截至2011年年底,德州市派往泰国、柬埔寨、韩国、牙买加、印尼、菲律宾等国家外派教师15批31人次,位居全省前列。

1992—2011年德州市(地区)外事接待、因公出国情况统计表

表22-9　　单位:个、人

年份	因公出国(境)						来　访					
	团组数			人　数			团组数			人　数		
	总数	非经贸	经贸	总数	非经贸	经贸	总数	非经贸	经贸	总数	非经贸	经贸
1992	113	21	92	429	76	353	86	2	84	173	25	148
1993	147	35	112	448	115	333	73	2	71	183	24	159
1994	107	37	70	345	145	200	84	2	82	201	32	169
1995	111	36	75	326	141	185	85	2	83	187	23	164
1996	98	40	58	314	155	159	63	3	60	191	18	173
1997	165	50	115	436	160	276	107	2	105	381	8	373

续表 22－9

年份	因公出国(境)						来访					
	团组数			人数			团组数			人数		
	总数	非经贸	经贸	总数	非经贸	经贸	总数	非经贸	经贸	总数	非经贸	经贸
1998	112	55	57	314	139	175	93	8	85	267	79	188
1999	123	61	62	341	140	201	52	5	47	89	42	47
2000	113	79	34	226	117	109	71	2	69	186	16	170
2001	111	79	32	321	220	101	105	2	103	217	16	201
2002	98	63	35	293	164	129	131	3	128	267	24	243
2003	65	39	26	154	61	93	221	5	216	232	27	205
2004	75	30	45	185	47	138	121	4	117	251	36	215
2005	74	41	33	285	142	143	132	2	130	243	21	222
2006	72	21	21	139	48	91	145	4	141	267	57	210
2007	54	27	27	219	40	179	168	3	165	385	52	333
2008	55	31	24	139	49	90	223	9	214	349	73	276
2009	54	23	31	196	28	168	145	4	141	270	60	210
2010	69	31	38	237	79	158	154	4	150	370	50	320
2011	65	20	45	288	79	209	199	9	190	333	73	260

1997—2011 年德州市与国外建立友好交往交流关系情况统计表

表 22－10

结好层次	结好单位		签字时间
	中方	外方	
国际友好城市关系	德州市	日本新居滨市	1997. 11. 11
	德州市	韩国始兴市	2005. 5
国际友好合作城市关系	德州市	加拿大安大略省查塔姆肯特市	2009. 8
	德州市	美国纽约州伦瑟利尔地区特洛伊市	2009. 8
	德州市	乌克兰尼古拉耶夫市	2009. 9
	德州市	英国苏格兰邓迪市	2010. 9
	德州市	法国巴黎布希圣乔治市	2010. 7
	德州市	美国俄亥俄州沃伦市	2011. 5
	德州市	美国加州帝王市	2011

第五章 侨 务

1984年3月成立地区行署外事侨务处，负责全区外事侨务工作，加挂地区侨联办事处牌子。1990年6月，改称德州地区外事(侨务)办公室。1995年10月，德州市归国华侨联合会成立。与市政府外事(侨务)办公室合署办公。1997年11月，市归国华侨联合会与市政府外事(侨务)办公室分设。

1998年8月，成立德州市侨联信息服务中心，主要负责海外侨胞、归侨和侨眷的联系及信息沟通，为海外侨胞到德州考察、投资开展咨询服务。

第一节 侨 情

1990年，行署外侨办初步建立在海外重点人物档案和详细卡。2001年，在原有侨情普查的基础上，整理重点人物数据100多份，建立完善了海外侨胞档案库和国外侨情信息数据库。2005年，开展侨情普查，建立侨情档案。至2011年，全市有华侨、华人1796户，6587人；新华侨194户，573人。分布在40多个国家和地区，其中比较集中的是美国、日本、新加坡、加拿大、印度尼西亚、朝鲜、马来西亚、俄罗斯、巴西、法国、德国等。

1990年，行署侨务办公室对全区归侨侨眷及海外侨胞重点人物在国内的亲属进行调查，并逐步建立归侨侨眷档案。2011年，全市有归侨65户，131人；侨眷2713户，8942人。分布在11个县(市、区)，其中数量较多的是德城区、乐陵市、平原县、齐河县、宁津县、武城县等。

1995年10月，德州市归国华侨联合会成立。1997年11月10—11日，德州市第四次(顺延县级德州市届次)归侨侨眷代表大会召开，选举23人组成德州市归国华侨第四届委员会。四届一次全委会议选举11人组成常务委员会，其中主席1人、副主席1人、秘书长1人。至2010年，市侨联四届委员会共召开全体委员会议11次。

第二节 侨 政

一、落实政策

1985年8月至1986年8月，根据中共中央办公厅《关于加快落实华侨私房政策的意见》，全面开展清退华侨私房工作。1992年9月，开始在全区发放“归侨侨眷身份证”。

1986—2011年，各级侨务部门贯彻党的侨务政策，为归侨、侨眷排忧解难，纠正涉侨冤假错案18人；清退华侨私房34户，6238平方米；确认、办理“归侨侨眷身份证”1000多份；帮助100多名归侨、侨眷解决子女升学、招工就业、农村土地、房产纠纷、离退休待遇等实际问题；走访归侨、侨眷959户，发放慰问金40余万元。

二、扶贫救助

1986年后，侨务部门始终把走访归侨侨眷、开展扶贫救助作为一项重要工作来抓，每年筹措资金对贫侨予以救助。1995年起，争取省专项资金用于救济120余户贫困归侨侨眷。2001年开始，市政府每年都在财政预算内专门拨出侨务扶贫救助款。至2011年，全市侨务系统共扶持贫困归侨侨眷17户，其中14户已经脱贫；接受各种培训的贫困归侨侨眷18人，其中有16人已经再就业；用于扶贫和培训的经费达到30万元。1986—2011年年底，累计拨付侨务扶贫救助款40余万元，救助贫困归侨侨眷达到959户。

三、参政议政

1991年后，全市归侨侨眷积极参政议政。截至2011年年底，200多人次在各县（市、区）人大、政协中任代表或委员。在历次会议中，归侨侨眷代表和委员共提交议案150余项。

第三节　侨务经济

1988年1月，齐河县华侨服务公司成立，此为德州地区第一家侨属企业；同年10月，县级德州市华侨实业开发公司成立。1989年5月，德州地区华侨旅游侨汇服务公司成立。

1993年起，侨务工作重点从保护归侨、侨眷权益，落实侨务政策，转到保护侨益与经济建设服务并重上来，先后在泰国、新加坡、马来西亚、美国、法国、德国建立海外联络点22个，促进广大华侨、华人为德州经济发展贡献力量。是年，全区侨资企业127家，占“三资”企业总数的70%；投资额19637万美元，占外资总投资额的81%。

1996年9月，首次邀请海外华侨参加德州经贸洽谈会，共接待来自菲律宾、加拿大等国家和地区的客商70余名。此后，每年邀请海外华侨参加德州经贸洽谈会成为侨务部门重要工作之一。1998年8月，成立德州市侨联信息服务中心，主要负责海外侨胞、归侨和侨眷的联系及信息沟通，为海外侨胞到德州考察、投资开展咨询服务。2006年，促成椰风集团在德州投资建厂。2007年10月24日，市委书记雷建国、市长吴翠云会见由葡萄牙国际龙商联合会会长、浙江同心集团董事局主席陈玉斌率领的欧洲海外华侨投资考察团。2009年，组团参加在菲律宾召开的第十届世界华商大会，结识了大批新的华人华侨，与多个华社建立联系。2011年，组织“10+3”产业小组赴新加坡参加第十一届世界华商大会，拜访了新加坡中华总商会等7个社团组织和近百名知名华商，召开了农业、生物医药等4次分组推介会，并在华商大会上进行了专题推介，是中国参加推介的仅有两个城市之一。至2011年年底，全市共有侨资企业170家，占“三资”企业总数的65%，产值占外资企业的56%；德州市与50多个海外华人华侨社团建立联系，设立海外联谊点100多个，通过侨界人士引进项目资金累计达36亿元人民币。

2006年，市政府出台《关于引进海外留学人才来本市创业服务的暂行规定》，市侨办通过海外华文媒体、侨团网站、国内各级侨务网站、海外人才工作站以及汇编《海外华侨华人来德创业指南》及《企业孵化读本》，将德州有关鼓励投资、科技转化、引导创业的主要政策法规、开发园区概况和投资咨询服务机构作了系统介绍，鼓励、扶持他们以多种形式到德州创业。至2011年，全市共组织华侨华人专业人士来德州进行科技交流200多人（次），达成合作项目意向52项；创办“德州留学人员创业园”和庆云县“山东省华侨华人投资创业基地”两大创业基地，促成新办留学人员企业5家；成功引荐3名海外博士为德州市领军型海归创业人才。

广大海外侨胞身在异乡，心系家乡，亲身感受祖国的发展壮大，许多成功人士纷纷慷慨解囊，无偿捐献大量资金和物资，为家乡献出一片爱心。仅2008年5月汶川特大地震，全市侨界知识分子以及侨资企业共向灾区捐款捐物多达630多万元。

1987—2011 年海外侨胞向德州市(地区)捐款捐物情况表

表 22 - 11

捐赠人	捐赠时间	捐赠资金及物品	受赠对象及用途
美国籍华人杨垂统	1987	4 台显微镜及教科书一宗	禹城县农机中学
加拿大籍华人程显华	1988 年起	每年捐赠人民币 2 万元	武城县高考成绩优异学生奖学金
美国籍华人郭明桥		创建美国洛杉矶感恩基金会并在武城县“明桥小学”设立救助站	每年两次派专人到家乡武城救助贫困学生和孤儿
德国籍华人祁景山	1992	10 万元人民币	改善家乡陵县丁庄乡王蛮村小学办学条件
美国籍华人张茂清	1992	人民币 5 万元	为家乡宁津县张学武乡前张定村铺路和安装自来水
澳大利亚籍华人李福重	1992	人民币 20 万元	支援家乡宁津县红庙李村乡村建设
澳大利亚籍华人李福重	1993	人民币 10 万元	帮助家乡宁津县红庙李村建设面粉厂、安装自来水
德国籍华人祁景山	1993	人民币 3 万元	陵县丁庄乡王蛮村挖鱼塘
加拿大籍华人陈凯	1993	价值 20 万元的医疗设备	禹城市医院
法国籍华人孙晓慎	1994	本田汽车一辆	鲁北疑难病医疗研究所
加拿大籍华人裴少周	1994	日产海狮 12 座面包车一辆	陵县一中
美国籍华人郭明桥	2002	15.25 万美元	在武城县郝王庄乡刘茂庄村兴建“明桥小学”
美国籍华人郭丽丽	2004	人民币 10 万元	修缮武城县滕庄镇四女寺小学校舍
美国籍华人郭明桥	2004	计算机 20 台,修建校际公路及校舍,折合人民币 15 万元	武城县“明桥小学”
美国籍华人朱宝梁	2004 年起	平生积蓄 25 万美元	每年以基金利息捐助平原县品学兼优的贫困学生

续表 22－11

捐赠人	捐赠时间	捐赠资金及物品	受赠对象及用途
菲律宾籍华人林玉燕	2007	人民币 20 万元	乐陵市聋哑学校改善办学条件
美国籍华人朱宝梁	2009 年起	每年 3 万元人民币	奖励平原县经济困难学生中的优秀学生
海外侨胞		利用"黄土计划"助学金每年资助 14 名品学兼优大学生完成学业	德州职业技术学院

第六章　台湾事务

第一节　交往交流

1986 年，接待到德州探亲的台胞 3 人。1987 年，台湾当局有限度地开放台湾民众赴大陆探亲，全年接待到德州探亲台胞 57 人。1988 年 11 月，台湾当局开放大陆民众赴台探病、奔丧，德台人员往来日益频繁。

1989 年，地区、县（市）建立台胞接待站。当年 4 月，接待台湾中华全国广播公司总经理商振山；全年接待台胞 663 人次，指导 12 人赴台，安置返乡定居台胞 5 人。1991 年，临邑县台胞邢昭东向家乡捐款 20 万元人民币用于兴建小学。1992 年，贯彻《中国公民往来台湾地区管理办法》，工作重点转向二、三代台胞和经济界人士。1993 年，台湾中华文化统一促进会两岸大学教授学术、文化、交流访问团一行 76 人到德州开展交流活动；台北市师范学院音乐教授、中华音乐文化教育基金会董事长陈功雄在平原、陵县师范作了《爱的才能，启发教育》幼儿音乐报告。台资企业元济纺织有限公司向省政府捐款 100 万元人民币，用于抗洪救灾。

1994 年，德州地区制订《关于加强对台交往交流工作的几点意见》。当年，接待两岸汽车拉力助残活动团队。1997 年，接待台胞 341 人；3 名台胞向家乡捐款捐物助学、修路，折合人民币 22 万元。1998 年 2 月，德州农业科技交流团首次赴台，考察台湾的农业、畜牧业、养殖业、纺织、汽车等行业，就双方合作进行交流。2001 年，建立市、县、乡三级台胞接待网络。2003 年，元济公司捐款 20 万元支援德州市抗击"非典"。

2008 年后，两岸实现直接通邮、通商、通航。2009 年，开展台胞台企服务年活动，建立德州市台胞台企法律服务中心，妥善调处 2 件台商投诉案件，确保了全年零投诉的目标。9

月24日，由李奇茂等22名艺术家组成的台湾文化艺术团到陵县参加“智圣故里行”文化艺术交流活动。

截至2011年年底，全市共接待来德台胞24485人次，安置定居台胞82人；批准因私赴台3100余人次，全市共组织90个团组、820余人次赴台考察交流。

第二节　台属工作

1986—2003年，全市台属工作主要是帮助台属赴台探亲，引进资金，兴办台属企业，支持鼓励台属勤劳致富。1986年3月，第一次指导台属境外（香港）会亲1人。1990年，向台属发放《如何看待台湾经济的发展》《浅析“台湾经验”及对台工作》等宣传材料。

1995年11月，德州市台胞台属联谊会成立。1996年，组织开展“台属勤劳致富奔小康”活动。到1998年，全市台属企业72家，台属个体户140个，年上缴税金达1400多万元，大多数台属达到小康生活经济指标。1999年，批准2名台胞在德州定居，全市定居台胞达到33人。2003年，对全市台胞、台属进行摸底调查，充实台胞、台属档案。

2004年，密切关注台湾政局的演变，在台属中推行“一封信、一条信息、一个项目、一条致富经验”活动，引导台属走上富裕路。2005年，德州市永盛斋扒鸡实业有限公司被认定为2005年全省十大台属企业。2007年，德州市6名台属企业家被评为“山东省优秀台属企业家”。2008年，6家台属企业被评为全省优秀台属企业，7家台属企业被推荐加入省台属企业家联谊会。2009年，召开全市台胞台属联谊会换届会议，选出了新一届台胞台属理事会，搭建了台胞台属对台招商引资平台。2010年，德州市台胞台属联谊会被省台办评为全省优秀联谊会，两名台属企业家被评为全省优秀台属企业家。2011年6月，市台办被国台办评为“全国对台工作先进集体”。截至2011年年底，德州市有台属1.5万余户，6万余人，台属工作已成为持续推进两岸关系和平发展的重要环节。

第三节　对台经贸

1986年，对台经贸交流合作处于起步探索阶段。至2000年年底，全市累计批准台资项目104个，总投资额16075.26万美元，合同台资额9288.11万美元。

2001年起，全市对台经贸交流合作稳步发展。是年，先后17次组织人员赴全国台商密集区登门招商，邀请26个台商、外商团组320余人到德州考察。2002年，通过入岛招商，达成投资、贸易意向10余项，协议投资额5280万美元；驻外招商人员在广东、福建、江浙与上百名台商进行交流洽谈，推介项目153个，达成投资协议、意向32个。2004年，市级组织5个团组39人赴台开展交流招商活动；利用第八届德洽会、临邑槐花节、乐陵小枣节等活动，吸引各地台商500余人到德州考察洽谈；帮助台商、台企解决土地征用、员工招募、劳务纠纷等各种困难40余件。是年，齐河、临邑两县被评为全省对台招商引资标兵单位。

2005年，组织参加山东省第十一届鲁台经贸洽谈会和首届鲁台（德州）经贸联谊会，邀请到会台商160余名，签订投资项目16个，总投资1.17亿美元。

2006年，有4家台资企业增资增产，增资额达1200万美元。2007年，经省台办批准，平原、齐河两县分别建成省级台湾工业园。

2009年，成立德州市台湾同胞投资企业协会。2011年7月6日，市长陈先运率经贸考察团到台湾开展为期一周的经济交流合作活动，

先后拜访台湾“海峡交流基金会”董事长江丙坤、华新丽华董事长焦佑伦、蓝天集团董事长许昆泰、裕隆集团董事长严凯泰泰，并与台湾新党主席郁慕明、台湾商业总会会长张平沼和旺旺集团副总裁廖清圳进行深入洽谈。其间，参观工业园区和大学，举办山东德州（台北）现代产业合作恳谈会。

至2011年年底，全市累计批准台资企业215家，总投资16亿美元，实际到位资金6.5亿美元，建立或规划在建台湾工业园区4个。

第二十三编

ZHENGXIEDIFANGZUZHI

政协地方组织

■ 政协委员

■ 政协德州市委员会会议

■ 机构设置

■ 职能履行

1986年5月，德州地区政协联络处设立，为政协山东省委员会派出机构。1989年2月，组建政协山东省委员会德州地区工作委员会。1995年4月，德州撤地建市后，按照《中国人民政治协商会议章程》，经过精心筹备，政协德州市第九届委员会（顺延原县级政协德州市全体委员会议届数）第一次全体会议召开，选举产生政协德州市第九届委员会及其常务委员会，政协德州市地方组织正式成立。此后，历届市政协紧紧围绕全市中心工作，切实加强政协机关自身建设，组织带领全体政协委员，认真履行政治协商、民主监督、参政议政职能，围绕市委、市政府中心工作，结合实际，突出重点，深入基层，深入一线，开展调查研究，积极反映社情民意，为党委、政府建言献策，为全市经济建设和各项社会事业发展做贡献。

第一章　政协委员

第一节　委员产生

根据《中国人民政治协商会议章程》的有关规定，政协德州市委员会委员产生的具体运作步骤，一般为：（1）提名推荐。名单由地方各党派、无党派人士、各人民团体、各个界别等协商提出。（2）协商确定建议名单。对各方面提出的推荐名单由中共德州市委有关部门进行综合平衡，充分同各推荐方面协商形成建议名单。（3）审议通过。将委员建议名单提交政协主席会议审议同意后，由常务委员会协商决定，经全体常务委员会组成人员过半数同意予以通过。（4）公布。经常务委员会会议通过的委员，由政协办公厅（或办公室）分别通知推荐单位和本人，向委员发委员证书，并通过新闻媒体向社会公布。

1995年4月，地改市后，政协德州市委员会通过上述方式产生，此前，没有地（市）级政协委员。

第二节　委员界别

政协德州市第九届委员会委员总数271名，其中中共党员108名，占委员总数的39.9%；党外人士163名，占60.1%；妇女66名，占24.3%；少数民族19名，占7%。平均年龄43.9岁，基本形成梯形结构，40岁以下的83名，占30.6%；60岁以上的16名，占5.9%。在知识专业结构上，大中专以上文化程度的232名，占85.6%；具有高中级职称的104名，占38.4%。本届委员会共设界别27个，分别是：共产党、民主同盟、民主建国会、民主促进会、农工民主党、九三学社、无党派爱国人士、共青团、青年联合会、总工会、妇联、工商联、科协、台联、文化艺术界、科学技术界、经济界、农林界、教育界、体育界、新闻出版界、医药卫生界、少数民族、归侨华联、港澳人士、宗教界和特邀人士。

政协委员的产生和结构，充分体现了代表性、民主性，利于多党合作和民主监督、参政议政。

十届市政协委员会由二十七个界别组成。与上届相等。按照有关规定，本届对个别界别作了适当调整。增加了民革界，取消了港澳界，上届农林界改为农业界，委员总数386名，第一次会议安排356名（上届留任179名，本届新增177名），其中共产党员142名，占委员总数的39.9%；党外人士214名，占委员总数的60.1%，其中民主党派委员26名，妇女委员82名，占23%。少数民族（回、满、蒙古）委员23名，占6.5%。平均年龄44.6岁，最大的61岁，最小的23岁。中专以上文化程度的330名，占93.2%，比上届增加8.6个百分点。大专以上文化程度253名，占71.5%，比上届增加了14.3个百分点。有中级技术职称以上的195名，占55.1%，比上届增加16.7个百分点。高级知识分子81名。

政协德州市第十一届委员会委员、第十二届委员会委员情况见表23－1。

第九届至十二届政协德州市委员会委员界别及名额情况表

表23－1

届　次	委员名额（名）	界别设置及委员名额（名）
第九届（1995.4—1998.2）	271	九届一次会议委员：中共14、民盟3、民建2、民进2、农工党1、九三学社2、无党派6、共青团8、青联1、总工会12、妇联12、工商联12、科协4、台联8、文艺7、科技16、经济38、农林26、教育24、体育3、新闻出版2、医药卫生16、少数民族12、归侨4、港澳人士（暂空）、宗教6、特邀30
第十届（1998.2—2003.2）	356	十届一次会议委员：中共19、民革2、民盟4、民建3、民进4、九三3、农工1、无党派爱国人士11、共青团5、工会13、妇联12、青联2、工商联26、科协4、台联11、文化艺术13、科技20、经济61、农业30、教育26、体育3、新闻出版6、医药卫生24、少数民族13、侨联4、宗教9、特邀27
第十一届（2003.2—2008.1）	359	十一届一次会议委员：中共20、民革2、民盟4、民建4、民进4、农工党3、致公党3、九三学社4、无党派14、共青团4、总工会13、妇联12、青联2、工商联32、科协4、台联11、侨联5、文艺12、科技19、经济67、农业22、教育19、体育3、新闻出版5、医药卫生20、社会福利3、少数民族14、宗教9、特邀25
第十二届（2008.1—　　）	420	十二届一次会议委员：中共21、民革3、民盟5、民建5、民进5、农工党4、九三学社5、致公党4、无党派14、共青团4、总工会13、妇联12、青联2、工商联39、科协4、台联10、文艺13、科技22、经济77、农业21、教育26、体育3、新闻出版6、医药卫生24、社会福利和社会保障4、少数民族15、侨联6、宗教9、特邀44

第二章　政协德州市委员会会议

地级政协首届德州市全体委员会议于1995年4月召开，至2011年，历经4届，共召开会议17次。其中政协德州市首届全体委员会议届数顺延原县级政协德州市全体委员会议届数，即地级“政协德州市第九届全体委员会议”。

第一节　全体委员会议

一、九届政协全体委员会议

中国人民政治协商会议山东省德州市（以下简称市政协）九届一次全体委员会议于1995年4月13—17日在德州召开。出席会议委员253名。中共德州市委书记张惠来到会讲话。市政协主席候选人孙清明作关于政协德州市九届一次会议筹备工作情况的报告，蔺善宝代表新选出的常委会作九届市政协常委会今后工作意见的报告，讨论通过本次会议决议。全体委员列席市人大十三届一次代表大会，听取并讨论政府工作报告及其他报告。会议选举市政协第九届常务委员会委员60人，选举孙清明为市政协主席，蔺善宝、周庆芳、李守凤（女）、胡振国、张海潮、戈鸿昌、邹维忠为副主席，王有相为秘书长。

市政协九届二次全体会议于1996年3月17—20日在德州召开。出席会议的委员271名。会议听取审议市政协副主席蔺善宝作的常委会工作报告以及提案工作报告；讨论通过本次会议决议。全体委员列席市人大十三届二次会议，听取并讨论《德州市人民政府关于德州市国民经济和社会发展第九个五年计划及2010年远景目标纲要的报告》和其他报告。会议增选耿文猷、沈鑫为九届市政协副主席，增选常委9名。

市政协九届三次全体会议于1997年3月17—20日在德州召开。会议听取审议市政协副主席蔺善宝作的常委会工作报告，市政协提案委员会主任胡玉兴作的提案工作报告，通过市政协九届三次会议决议。全体委员列席市人大十三届三次会议，听取并讨论政府工作报告和其他有关报告。会议进行了大会发言，9位委员围绕加快德州经济和社会事业的全面发展提出了建议。

二、十届政协全体委员会议

市政协十届一次全体会议于1998年2月25日—3月1日在德州召开。出席会议委员350名。会议听取审议市政协第九届德州市委员会常务委员会工作报告，听取政协第九届德州市委员会提案工作报告。全体委员列席市十四届人大一次会议，讨论协商政府工作报告及其他报告。会议选举市政协第十届常务委员会委员71人，选举李怀喜为市政协主席，官延水、周庆芳、李守凤（女）、胡振国、戈鸿昌、邹维忠、王有相、纪金海、李胜滋为副主席，孙路军为秘书长。

市政协十届二次全体会议于1999年1月25—27日在德州召开。会议听取审议市政协副主席官延水作的常委会工作报告，副主席作的提案工作报告，讨论通过本次会议决议。全体委员列席市人大十四届二次会议。

市政协十届三次全体会议于2000年1月23—25日在德州召开。会议听取审议市政协副主席周庆芳作的常委会工作报告，副主席作的提案工作报告，讨论通过本次会议决议。全体委员列席市十四届人大三次会议。会议增选市政协常委9人。

市政协十届四次全体会议于2001年2月22—25日在德州召开。会议听取审议市政协副主席官延水作的常委会工作报告，副主席王有相所作的提案工作报告，讨论通过本次会议决议。全体委员列席市人大十四届四次会议，听取并讨论关于德州市国民经济和社会发展第十个五年计划纲要（草案）的报告及其他报告。会议增选王根源、陈建国为市政协副主席，增选常委8人。

市政协十届五次全体会议于2002年2月21—23日在德州召开。会议听取审议市政协副主席王根源作的常委会工作报告，副主席王有相作的关于提案工作情况的报告，讨论通过本次会议决议。全体委员列席市人大会十四届五次会议，听取并讨论政府工作报告及其他报告。

三、十一届政协全体委员会议

市政协十一届一次全体委员会议于2003年2月17—20日在德州召开，出席会议委员359名。会议听取审议市政协副主席王根源作的常委会工作报告，副主席李守凤作的提案工作报告，讨论通过本次会议决议。全体委员列席市人大十五届一次会议，听取并讨论政府工作报告和其他报告。会议选举市政协第十一届常务委员会委员83人，选举李怀喜为市政协主席，王根源、李守凤（女）、纪金海、李胜滋、陈建国、孙路军、苏寿堂、孙彦杰、张庆伟为副主席，秘书长张跃中。

市政协十一届二次全体会议于2004年1月30日—2月1日在德州召开。会议听取审议市政协副主席王根源作的政协常委会工作报告，副主席孙路军作的提案工作报告，讨论通过本次会议决议。全体委员列席市人大十五届二次会议，听取并讨论《政府工作报告》和其他报告。

市政协十一届三次全体会议于2005年1月24—26日在德州召开。会议听取审议市政协主席李怀喜作的常委会工作报告，副主席孙路军作的提案工作报告，讨论通过本次会议决议。全体委员列席市人大十五届三次会议，听取并讨论政府工作报告和其他报告。会议增选常委5人。

市政协十一届四次会议于2006年2月7—9日在德州召开。会议听取审议市政协主席李怀喜作的常委会工作报告，副主席孙路军作的提案工作报告，讨论通过本次会议决议。全体委员列席市人大十五届四次会议，听取并讨论政府工作报告、德州市国民经济和社会发展第十一个五年规划纲要及其他报告。会议增选张跃中为市政协副主席，增选常委2人。

市政协十一届五次会议于2007年1月22—24日在德州召开。会议听取审议市政协主席李怀喜作的常委会工作报告，副主席孙路军作的提案工作报告，讨论通过本次会议决议。全体委员列席市人大十五届五次会议，听取并讨论政府工作报告和其他报告。会议增选田玉茂、许传忠、魏学平为市政协副主席，李风臣为秘书长，增选常委1名。

四、十二届政协全体委员会议

市政协十二届一次全体委员会议于2008年1月3—7日在德州召开。出席会议委员420名。会议听取审议市政协副主席陈建国作的常委会工作报告，副主席孙路军作的提案工作报告，通过市政协十二届一次会议决议。全体委员列席市人大十六届一次代表大会，听取并讨论《政府工作报告》及其他报告。会议选举市政协十二届常务委员会委员90人，选举田玉茂

2008 年 1 月，中国人民政治协商会议德州市第十二届委员会第一次会议召开

为市政协主席，陈建国、李胜滋、孙路军、苏寿堂、张庆伟、张跃中、陈焕然、马传先（女）为副主席，李玉文为政协秘书长。

市政协十二届二次全体会议于 2009 年 1 月 5—7 日在德州召开。会议听取审议市政协主席田玉茂作的常委会工作报告，副主席张庆伟作的提案工作报告，讨论通过本次会议决议。全体委员列席市人大十六届二次会议，听取并讨论政府工作报告和其他有关报告。会议增选常委 9 人。

市政协十二届三次全体会议于 2010 年 1 月 16—19 日在德州召开。会议听取和审议市政协主席田玉茂作的常委会工作报告，副主席张庆伟作的提案工作报告，讨论通过本次会议决议。全体委员列席市人大十六届三次会议，听取并讨论《政府工作报告》和其他有关报告。

市政协十二届四次全体会议于 2011 年 1 月 22—25 日在德州召开。会议听取审议市政协副主席陈建国作的常委会工作报告，副主席孙路军作的提案工作报告，讨论通过本次会议决议。全体委员列席市人大十六届四次会议，听取并讨论政府工作报告、德州市国民经济和社会发展第十二个五年规划纲要（草案）和其他有关报告。会议补选史好泉为市政协主席，增选王惠萍为副主席，增选常委 8 名。

第二节 常委会议

政协常委会议是全委会闭会期间行使政协职权的重要形式，一般每季度举行一次，必要时可临时召集。会议由主席或主席委托的副主席主持，主要内容有：1. 研究落实全国、全省和市政协全体会议的决议。2. 审议通过向市委、市政府提出的重要建议案。3. 审议决定政协德州市委员会常务委员会会务工作的重大问题。4. 协商决定政协德州市委员会本届任期内的参加单位、委员名额和人选的增补、调整，协商决定下届市政协的参加单位、委员名额和人选。

5. 决定政协德州市委员会工作机构设置和变动,并任免其领导成员。6. 定期听取并审议市政府关于经济发展情况和工作安排的通报,并对市政府年度重点工作进行讨论、审议,提出建议、议案。政协第九届委员会共举行常委会议13次,十届政协举行常委会议19次,十一届政协举行常委会议23次,十二届政协举行常委会议16次。

第三章 机构设置

第一节 德州地区政协工作机构

1986年5月,五届省政协在德州设立联络组,称"政协山东省委员会德州地区工作联络组"。主要负责德州地区全国政协委员和省政协委员的联络服务工作。1989年2月,经山东省政协第六届五次常委会决定,组建"政协山东省委员会德州地区工作委员会",属于省政协的派出机构,工作委员会由11人组成,设主任1人,副主任4~5人,委员若干人,其成员由省政协常务委员会任免,在地委领导下开展工作。主要任务是:传达贯彻上级精神,检查指导县(市)政协工作;联系德州地区全国政协委员和省政协委员,组织学习、通报情况、视察考察等活动;配合地区统战部门,宣传党的统一战线政策,加强与各民主党派和各界人士的联系与合作;检查督促对全国政协委员和省政协委员有关提案的办理工作;按照地委安排,参与对全区所辖县(市)政协换届的具体组织工作和领导班子的考察工作;对全区县(市)政协工作进行调查研究,提出意见和建议;帮助县(市)政协解决自身建设、工作条件等方面的问题;承办省政协和地委交办的其他工作。工委下设办公室、经济科技处、文教卫生处、社会政法处,均为正县级单位。

1986—1995年政协山东省委员会德州地区工作机构负责人任职情况一览表

表23-2

机构名称	职 务	姓 名	任职时间
政协山东省委员会德州地区工作联络组(1986.5—1988.9)	组长	王兰亭	1986.5—1988.9
政协山东省委员会德州地区工作联络组(1988.11—1989.2)	组长	许志玉	1988.11—1989.2
	副组长	侯树华	1988.11—1989.2
		冯宝童	1988.11—1989.2
		周基勋	1988.11—1989.2
		张国祯	1988.11—1989.2

续表 23－2

机构名称	职务	姓名	任职时间
政协山东省委员会德州地区工作委员会（1989.2—1995.4）	主任	许志玉	1989.2—1992.3
		孙清明	1992.7—1995.4
	副主任	侯树华	1989.2—1991.2
政协山东省委员会德州地区工作委员会（1989.2—1995.4）	副主任	冯宝童	1989.2—1992.7
		周基勋	1989.2—1991.2
		张国祯	1989.2—1991.2
		张兆荣	1991.2—1993.10
		肖金森	1991.2—1992.7
		王同福	1992.6—1995.4
		周文鑑	1992.6—1995.4
		解　华	1992.6—1995.4
		张庆珍	1992.6—1994.1
		蔺善宝	1994.8—1995.4
	秘书长	胡玉兴	1992.12—1995.4

第二节　政协德州市委员会

1995年4月13日，市政协九届一次全体会议召开，选举产生了政协第九届德州市委员会，为政协全体委员会议闭会期间常设工作机构。此后，德州市又于1998年2月、2003年2月、2008年1月召开第十届、第十一届、第十二届政协全体会议，分别选举产生新一届政协德州市委员会。

1995年4月市政协建立之初，内设机构为办公室、经济科技处、文教卫生处、社会政法处。1995年10月，改设办公室和提案、经济、文史资料、学习宣传、科教文卫体、社会法制、祖国统一联谊7个委员会，均为正县级单位，编制为71人。其中，办公室下设秘书科、调研科、行政科、人事科、老干部科、车队。1997年7月，将7个专门委员会调整合并5个专门委员会，即保留提案、经济、科教文卫体3个委员会，将学习宣传委员会与文史资料委员会合并为文史学习宣传委员会，祖国统一联谊委员会与社会法制委员会合并为社会法制联谊委员会，人员编制为61人。2004年2月，增设研究室。2008年9月，设立人口资源环境委员会。2009年，设立委员活动室，主要职责是负责政协委员联络、管理、服务，组织计划市政协视察、调研、考察、研讨，加强与各民主党派、有关人民团体沟通联系，组织市政协委员学习、培训工作等。至此，市政协下设办公室、研究室、委员活动室3个办事机构和提案委员会、经济委员会、文史学习宣传委员会、科教文卫体委员会、社会法制联谊委员会、人口资源环境委员会6个专门委员会。2011年年底，市政协机关行政编制39人，机关服务中心事业编制15人。

第九届至十二届政协德州市委员会负责人一览表

表 23－3

届　别	职　务	姓 名	任职时间
政协德州市九届委员会（1995.4—1998.2）	主　席	孙清明	1995.4—1998.2
	副主席	蔺善宝	1995.4—1998.2
		周庆芳	1995.4—1998.2
		李守凤（女）	1995.4—1998.2
		耿文猷	1996.3—1998.2
		胡振国	1995.4—1998.2
		张海潮	1995.4—1998.2
		戈鸿昌	1995.4—1998.2
		邹维忠	1995.4—1998.2
		沈　鑫	1996.3—1998.2
	秘书长	王有相	1995.4—1998.2
政协德州市第十届委员会（1998.2—2003.2）	主　席	李怀喜	1998.2—2003.2
	副主席	官延水	1998.2—2001.2
		王根源	2001.2—2003.2
		周庆芳	1998.2—2001.2
		李守凤（女）	1998.2—2003.2
		胡振国	1998.2—2003.2
		戈鸿昌	1998.2—2003.2
		邹维忠	1998.2—2003.2
		王有相	1998.2—2003.2
		陈建国	2001.2—2003.2
		纪金海	1998.2—2003.2
		李胜滋	1998.2—2003.2
	秘书长	孙路军	1998.2—2003.2
政协德州市第十一届委员会（2003.2—2008.1）	主　席	李怀喜	2003.2—2008.1
	副主席	田玉茂	2007.4—2008.1
		王根源	2003.2—2006.2
		李守凤（女）	2003.2—2008.1
		许传忠	2007.1—2008.1

续表 23－3

届　别	职　务	姓 名	任职时间
政协德州市第十一届委员会（2003.2—2008.1）	副主席	魏学平	2007.1—2008.1
		纪金海	2003.2—2008.1
		李胜滋	2003.2—2008.1
		陈建国	2003.2—2008.1
		孙路军	2003.2—2008.1
		苏寿堂	2003.2—2008.1
		孙彦杰	2003.2—2008.1
		张庆伟	2003.2—2008.1
		张跃中	2006.2—2008.1
	秘书长	张跃中	2003.2—2006.2
		李风臣	2007.1—2007.5
政协德州市第十二届委员会（2008.1—2012.2）	主　席	田玉茂	2008.1—2011.1
	副主席	史好泉	2011.2—
		张甲太	2011.1—
		陈建国	2008.1—
		李胜滋	2008.1—2011.1
		孙路军	2008.1—
		苏寿堂	2008.1—
		张庆伟	2008.1—2011.1
		张跃中	2008.1—
		陈焕然	2008.1—
		马传先（女）	2008.1—
		王惠萍（女）	2011.1—
	秘书长	李玉文	2008.1—

1986—2011 年德州市(地区)政协委室主要负责人任职情况一览表

表 23－4

组织名称	办事机构	职务	姓　名	任职时间
地区政协工作联络组	办公室	主任	郭书勤	1988.12—1989.2
地区政协工作委员会	办公室	主任	郭书勤	1989.2—1994.11
	经济科技处	主任	(缺职)	—
	文教卫生处	主任	左兴奎	1992.11—1995.4
	社会政法处	主任	王殿甲	1989.9—1995.4
政协第九届至十二届德州市委员会	办公室	主任	齐以军	1995.10—2009.6
			李如民	2011.7—
	研究室	主任	吴振国	2004.1—2007.7
			李如民	2007.7—2011.5
			张永生	2011.5—
	委员活动工作室	主任	(缺职)	—
政协第九届至十二届德州市委员会	提案委员会	主任	胡玉兴	1995.10—1998.3
			刘凤瑞	1998.3—2001.7
			张　华	2001.7—2007.7
			马永祥	2007.7—2011.5
	经济委员会	主任	苏士伦	1995.10—2001.7
			吴振国	2001.7—2004.1
			李端峰	2004.2—2007.7
			王延青	2007.7—
	文史资料委员会	主任	左兴奎	1995.10—1997.3
	学习宣传委员会	主任	李玉春(女)	1995.10—1997.7
	文史学习宣传委员会	主任	李玉春(女)	1997.7—2001.7
			吴炳清	2001.7—2002.2
			卞锡华	2002.2—2011.11
	科教文卫体委员会	主任	石宝玲	1995.10—2001.7
			李桂珍(女)	2001.7—2003.2
			王桂芹(女)	2003.3—2008.11
			马洪柱	2011.7—

续表 23－4

组织名称	办事机构	职务	姓　名	任职时间
政协第九届至十二届德州市委员会	社会法制委员会	主任	王殿甲	1997.7—1998.2
	祖国统一联谊委员会	主任	刘早生(女)	1995.10—1997.7
	社会法制联谊委员会	主任	王殿甲	1995.10—2001.7
			潘森林	2003.3—2007.7
			王国旗(女)	2007.7—
	人口资源环境委员会	主任	张卫东	2008.9—2011.6

第四章　职能履行

1989 年政协德州地区工作委员会成立后，按照中共德州地委要求，参加地委召开的全委会、联席会和一些重要会议，积极围绕党的中心工作任务开展政治协商、民主监督和参政议政工作。参与一些重大经济决策的制定和实施，重大项目的论证和决策，代表政协机关和政协委员发表自己的见解。

第一节　政治协商

1995 年，政协德州市九届一次全体委员会议选举产生政协德州市领导机构，按照市委的安排，政协主要负责人列席市委常委会，政协党员负责人参加市委扩大会议，就全市的一些重大问题参与讨论协商和决策，按照市委分工，市政协领导人分别领导和参与了经济建设、社会治安、工农业生产等方面的工作。坚持开好常委会、主席会及常委专题讨论会、民主协商会、情况通报会等制度，所提意见和建议均进入了党政决策。1997 年，市政协研究制定了《政协德州市委员会关于政治协商、民主监督、参政议政的规定》，明确了政协工作的内容、形式、方法和运作程序，市委予以批转，市政府作出《关于支持市政协履行政治协商、民主监督、参政议政职能的决定》，推进了协商于决策之前、监督于实施之中的原则深入人心。

十届市政协委员会成立后，先后制定《市政协关于加强常委会自身建设的规定》《市政协全体委员会议、常务委员会议、主席会议制度》《市政协委员活动日制度》《市政协专门委员会工作简则》《市政协提案工作规则》等项规章制度，使政协各项工作有章可循，更好的发挥政协作用。1999 年，市委制定《关于进一步加强人民政协工作的意见》，为政协更好的履职尽责提供了保障。至十二届市政协委员会，政协的各项规章制度逐步健全完善，常务委员会议、主席会议的召开日渐制度化、规范化，通过不同重要会议形成决议，与市委、市政府展开协商，促进了市委、市政府的决策更加民主、科学。

第二节 民主监督

政协德州市委员会履行民主监督职责的主要形式和渠道，就是在政协全体委员会议结束以后，围绕市委、市政府工作部署，有计划的组织政协委员考察、视察、调研，发现问题，提出意见和建议，推动市委、市政府决策部署落到实处。

从1989年3月到1995年3月，政协第六届山东省委员会驻德州地区委员共17人，第七届共18人。政协德州地区工委利用参观考察、专题调查、报告会、座谈会等形式，及时向省政协委员通报情况，听取和反映委员的意见、建议；按照全国政协和省政协的统一安排，组织委员进行多层次、多渠道、多种形式的视察和考察活动，共提出合理化建议80多条。1993年，政协德州地区工委组织省政协驻德州地区的12名委员分别视察乐陵市的工业生产、第三产业发展情况和禹城市发展高产高效农业的情况、乡镇企业发展情况、春季农业生产和减轻农民负担等问题，写出两篇视察报告，提出11条意见和建议。

九届市政协期间，组织委员对全市农村科技队伍状况、普及九年制义务教育、禹城化工总厂兼并企业、德州齿轮厂加强领导班子建设等开展各种类型的专题调查23次，重点围绕环境保护法执行情况、济德高速公路建设、丁东水库建设、人民医院病房大楼建设、个体私营经济发展情况等进行专项视察11次，分别形成调查或视察报告。组织对民族工作、宗教工作、农村基层组织和政权建设、各类企业对《中华人民共和国劳动法》的贯彻执行、社会治安综合治理等方面的情况进行调查，提出意见和建议。

十届市政协期间，自1998年起，连续3年对全市百户个体私营企业进行调查和跟踪调查，提出优化环境，促进民营经济向更高层次发展的建议。1998—2002年，组织委员就国有企业改革和管理、创造名牌产品、强化基础管理和管理创新、优势产业应对入世等关系全市工业发展的重大问题进行调研视察；组织委员就乡镇财源建设、防汛工程建设、建立健全农业科技推广体系、农业科技示范园区建设、农村经济合作组织建设等进行调查视察。2001年，就放开搞活、优化经济发展环境情况，在全市14个行政执法单位和14个综合服务部门开展调研，从“环境是吸引力、环境是竞争力、环境是生产力”的高度提出建议。

十一届市政协期间，组织委员就发展民营经济、推进农业产业化、搞好城市化建设、增强企业自主创新能力、加快畜牧业发展、发展循环经济、加快工业园区建设、培植发展优势产业、做好外经外贸工作、支持台资企业发展、创建全国优秀旅游城市等工作开展一系列的调研视察和议政建言活动，形成调研报告80余篇，一些意见建议或转化为工作决策。此外，在关注民生，切实维护群众利益方面，组织委员先后就已判决案件执行难问题、全市宗教活动情况、下岗职工基本生活保障和再就业、医院管理和服务、村村通自来水、村村通公路、药品市场管理、职业教育、人口和计划生育、农村社会保障制度建设、公民道德建设、文化事业发展、促进农民增收等课题进行调研视察；还先后就社会治安综合治理、基层法制教育、安全生产、油区治安管理、公安工作、《中华人民共和国消费者权益保护法》《中华人民共和国环境保护法》贯彻实施情况等事关社会稳定和谐的问题进行调研视察，针对存在的问题提出意见建议。2005年，市政协组织委员围绕《中华人民共和国环境保护法》落实情况，对10个县(市)和市直部分企业进行视察，提出了切实加强对环保工作领导，严格依法治理污染，改善环保执法环境，建立执法监督、目标考核、责任追究并重的长效管理机制等意见建议。

十二届市政协期间，就全市经济社会领域以及事关重大民生问题的各项工作开展调研视察36次，选题范围涉及“10＋3”现代产业、“三农”问题、城乡建设、文化产业、食品安全、社会稳定等各个方面，提出意见建议212条。2008年3—4月，在北京奥运会举办前夕，组织市政协委员对全市体育事业发展情况开展视察活动，写出《关于全市体育事业发展情况的视察报告》。2009年11月，开展关于全市农村社会稳定情况的调查，形成《关于全市农村社会稳定情况的调查报告》。同月，在广泛调研和征求意见的基础上，向市委、市政府提交了《关于设立德州文化艺术节的建议案》。2010年，围绕全市住房公积金管理、生态经济建设、中心城区建设、优质农业发展等课题调研视察，广泛研讨论证，分别以《参政建言专报》的形式报送市委、市政府。由市政协牵头，组织九三、民建、农工等党派在调研的基础上形成的关于改进城区交通管理的《社情民意专报》，得到党政主要负责人的高度重视。2011年，向市委、市政府提交的7篇调研视察报告全部得到市委、市政府主要负责人的批示。

第三节　参政议政

政协德州市委员会在举行全体委员会议时，列席人民代表大会，听取并讨论市政府工作报告以及计划、财政报告，围绕全市政治、经济、文化及社会生活中的重大问题进行协商讨论，通过提案形式提出意见和建议，提交市政府，积极参政议政，引起政府重视，改进政府工作。自政协九届一次全体委员会议至十二届四次全体委员会议，政协累计收集提案4462件，其中立案4300件。政协委员参政议政热情逐年提高，不仅提案数量逐年增多，关注面越来越广，而且件件提案符合实际，重点突出，切中要害，具有很强针对性和可操作性。

1993年4月，在省政协七届一次全会上，驻德州地区的政协委员积极建言献策，其中列入全会目录的优秀提案有：邹维忠委员提出的“应制定优惠政策，努力发展个体私营经济”，赵增助委员提出的“催还公费医疗欠款，缓解医院资金紧缺”，刘丙一委员提出的“农业科技队伍断层问题”，许焕玉委员提出的“理顺全省师专办学经费渠道”，韩来水委员提出的“调整投资结构，增加企业后劲”，孟淑真委员提出的“充分利用乡镇市场”和“关于县级政协组织编制问题”。

九届市政协将提案进入党委和政府决策为重点，不断改进提案工作，逐步实现由追求数量向质量数量并重、由浅层次反映社情民意向抓住社会发展中的重点问题参政议政两大转变。3年中，共收到提案478件，立案451件。其中，“关于加强农村基层干部队伍建设”“建议粮食统筹，保证市民口粮实现凭证，限量限价供应”“总结推广依靠自身力量求发展的企事业经验”“德州市无公害蔬菜基地可持续发展思路”“建议定期召开科技座谈会”“增设急救中心”“文化市场管理混乱，影响中小学生身体健康”“建议在企事业单位与政府职能部门之间建立双向制约机制”“关于黄河滩区搬迁工作建议”“关于减轻农民负担建议”“火车站问事处应安装对外电话，方便市民问询”等一系列重点提案有的直接进入市委、市政府决策，有的引起有关部门和单位的高度重视，立即制定跟进措施，列入工作议事日程，使许多热点、难点问题的快速、圆满解决。

十届市政协期间，修改《提案工作规则》，并以市委文件的形式发放到每个委员手中。5年中，共提出提案841件，立案826件，收到提案和立案总量分别比上届增长75.9%和83.1%。提案落实率达到90%，委员满意率达到98%。围绕调整优化农村产业结构，发展农村经济，增加农民收入，减轻农民负担等方面的提案，在提案总量中占有较高的比重。围绕美化城市、优化硬件、加强城市建设和管理的提案逐年增加，两年中有关加强城市建设和管理的提案达58件。其中，较为重要并引起较强反响的提案有："关于加快企业体制改革步伐，全面搞活国有企业""发展节水型农业，推广农田三灌技术""加大扶持民营科技企业力度""关于重点扶持出口企业、扩大出口产品生产""关于成立软科学顾问团""关于职业教育的目标与结构调整""解决工业经济发展滞后局面需重视提拔懂工业、懂经济干部""建议多组织基层政协委员参与视察"等。

十一届市政协期间，共收到提案1509件。经提案委员会审查，立案1456件，占96.5%。其中，涉及改革开放、经济建设方面的提案437件，占30%；交通、城市建设及公用事业管理方面364件，占25%；科技、教育、卫生、体育方面349件，占24%；有关党建、政法、组织人事、劳动保障、统战和精神文明建设等方面175件，占12%；其他131件，占9%。这些提案分别转交70多个部门办理落实，绝大多数提案者对提案办理和答复表示满意或基本满意。2004年7月和2007年10月，市政协对优秀提案和提案承办先进单位先后进行了表彰。

截至2011年年底，十二届市政协共收到提案1634件，审查立案1567件，全部办复。印发《市政协提案办理实施办法》，规范提案办理的程序步骤；坚持和完善市委、市政府、市政协负责人牵头督办重点提案制度，市委、市政府两个办公室与政协相关部门联合成立提案督办小组，适时对委员提案办理情况进行督促检查。2011年，制定提案工作常态化、数量化、审理化、落实化、考核化"五化推进"机制，同时在德州电视台推出《政协邀谈》专题节目，邀请提案人和提案办理单位主要负责人，就提案办理情况进行探讨，促进工作落实。

第四节　联谊工作

1989年，新成立的政协德州地区工作委员会在不断加强自身建设的同时，以团结统一为宗旨，广泛联谊交友，巩固和发展爱国统一战线。配合地委统战部门，积极宣传党的统一战线及方针政策，不断加强同民主党派和各界人士的联系与合作。把"三胞"联谊工作同经济建设密切联系起来，连续两年召开"祖国统一、三胞联谊"座谈会。倡导和帮助政协委员发挥其对外联系广泛的优势，把以情交友，争取人心与牵线搭桥结合起来，利用宣传德州、介绍投资环境、写一封信等形式，引导"三胞"为家乡贡献力量。1994年，通过调查摸底，掌握"三胞"基本情况，全区共有"三胞"3850人，其中台胞2300人，港澳胞400人，侨胞700人，分布在10个国家和地区。全区有"三胞"家属4100户，17000人。

九届市政协加强同民主党派和各界人士的联系，邀请民主党派负责人、"三胞"眷属代表、定居台胞及社会各界人士举行茶话会、座谈会，畅谈祖国大好形势。召开"反对台独势力，维护祖国统一"各界人士座谈会。举行迎香港回归形势报告会、各界人士座谈会12次，开展了有关香港知识的竞答活动。1996年11月25日，举办德州市政协书画之友社成立大会，以市政协委员中的书画家及书画爱好者为主体，广泛团结书画界人士，繁荣书画创作，为发展爱国统一战线，为社会主义精神文明建设服务，吸收首批社员64名。1997年，市政协承办"'97德州市迎香港回归祖国书画展"，邀请市台办负

责人向各界人士通报了两岸关系和对台工作情况，与市委统战部、台办联合召开反对“台独”势力，促进祖国和平统一各界人士座谈会。同时，加强同德州籍台胞及其亲属的联系，通过发慰问信、贺年卡等形式宣传家乡的新面貌，增进联谊，促使他们把“思乡”之情转化为促进祖国和平统一的具体行动。1999 年，十届市政协先后组织召开批判李登辉分裂祖国、维护祖国统一及各界人士迎接澳门回归座谈会，重申“一国两制”方针的重大意义，坚定全市社会各界维护祖国统一的信心和决心。2005 年，十一届市政协组织召开纪念抗日战争胜利 60 周年暨缅怀抗日爱国将领宋哲元座谈会，激发各族各界群众的爱国热情。

十二届市政协期间，在继续做好祖国统一联谊工作的同时，加强委员之间和地市之间联谊，组织开展“千名政协委员创业德州、建功立业”和“千名政协委员扶危济困、爱心惠民”为内容的“双千”活动，引导委员积极投身经济发展第一线，为社会公益事业奉献爱心。4 年中，全市各级政协委员创办企业的 891 人，初创业委员新增 357 人，新上项目 335 个，吸纳就业人员 1.8 万人；全市各级政协组织和政协委员累计为困难群众捐款捐物折合人民币 5000 多万元，帮扶贫困群众、资助困难学生、救助鳏寡孤独 6000 余人，扶持新上脱贫项目 150 余项，帮助安排就业 2800 余人，组织科技、文化、卫生“三下乡”活动 12 次。举办宏观经济形势讲座，为委员应对金融危机出谋划策、解疑释惑，提高应对危机能力，促进委员企业的健康发展。

2008 年，成立市政协委员企业家联谊会，先后举办应对金融危机的宏观经济报告会、专题联谊会，以及中秋、春节联欢晚会等，增强委员企业家的感情和友谊。同年 11 月，成立市政协文化艺术交流联谊会，内设文学创作部、书画摄影艺术部、表演艺术部、工艺美术部、民间文化艺术部、企业文化部、文物收藏鉴赏部、文化艺术交流部 8 个部门。至 2011 年，联谊会先后举办冀鲁六市和“古韵德州”李伏源书画展，以及德州市政协各界人士迎春文艺晚会等活动。

第五节　文史资料征编

1989 年 3 月至 1995 年 5 月政协德州地区工作委员会期间，全区共征集文史资料 160.8 万字。其中，德州、禹城、平原、临邑 4 个县(市)政协编辑出版了选辑和专辑；齐河县政协出版印刷 3500 册《劳动模范时传祥》；德州市编辑出版的《苏禄王在中国》由中国社会科学出版社出版发行。为整理《山东抗日殉国将士》一书人物传记和附录人员名单，县、市政协与统战、民政、党史等部门密切配合，整理出烈士名单 6684 人，编纂了 7 人传记稿；乐陵、宁津、临邑 3 县(市)政协分别征集到1000 多位烈士的资料。其间，还承担为全国政协征集的近现代回族文史资料和省政协编辑出版的《山东近现代回族风云录》供稿工作。

1995 年，九届市政协在文史工作上，除继续抓紧抢救新中国成立前重点人物和重要历史事件外，征集工作逐步向中华人民共和国成立后延伸。全年共征集史料 162.15 万字，其中新中国成立后史料 72.33 万字。德城区、禹城市、平原县、宁津县、临邑县政协均出版了选辑或专辑。

1997 年 7 月，成立文史学习宣传委员会，开展文史资料的征集、研究、编辑、出版等工作。1998 年 1 月，编辑出版《德州文史》第一辑，共筛选史料 28 篇，分设抗日英烈、人物春秋、历史足音、血泪史痕、伪匪乡霸、名人轶事、史海钩沉、往事追怀、德州揽胜 9 个栏目，21 万字。2000 年 2 月，编辑出版《德州文史》(风物专辑)第二辑，分设历史人物、人物春秋、文物古迹、民间艺术与传说故事、特产与风味名吃、文史纵横、德州新貌7个栏目,26万字。2000年12月,编辑出版《德州文史》第三辑,分设今日德州、委员撷英、历史足音、英模风采、往事追怀、人物春秋、名人轶事、史海钩沉、血泪史痕、艺苑史话、乡风民俗、文史长廊12个栏目,34万字。2002年6月,编辑出版《德州文史》第四辑(德州民营企业家的崛起),19万字。2004年9月,编辑出版《德州文史》第五辑,分设人物春秋、历史足音、史迹寻踪、史海钩沉、抗战烽火、往事追忆、乡风民俗、血泪史痕、地方传说9个栏目,60篇文章,26万字。

2010年4月,按照省政协统一部署,启动《德州文化通览》编纂工作,并委托德州学院地域文化研究中心具体组稿。2011年10月底,完成定稿并交付省政协。全书分上、下两编,共13章52万字。

第二十四编

MINZHUDANGPAI

民主党派

- 中国民主同盟德州地方组织
- 中国民主建国会德州地方组织
- 中国民主促进会德州地方组织
- 九三学社德州地方组织
- 中国农工民主党德州地方组织
- 中国致公党德州地方组织
- 中国国民党革命委员会德州地方组织

1986—2011年，各民主党派德州地方组织，坚持中国共产党的领导，坚持“长期共存、肝胆相照、荣辱与共”的方针，围绕全市（地区）政治、经济和社会事业，履行参政议政职能，建言献策，为全市（区）的改革、稳定、发展发挥了积极作用。至2011年年底，在德州的民主党派有中国国民党革命委员会、中国民主同盟、中国民主建国会、中国民主促进会、中国农工民主党、中国致公党、九三学社7个民主党派地方组织。

第一章　中国民主同盟德州地方组织

第一节　组织建设

1987月8月6日，中国民主同盟山东省直德州支部成立，张海潮任主任委员，时有盟员8人。1992年1月，民盟德州市支部换届，张海潮任主任委员，盟员增至58人。

1997年6月17日，民盟德州市第一次盟员大会召开，中国民主同盟德州市委员会（简称民盟德州市委）正式成立。大会选举产生由5人组成的民盟德州市第一届委员会，张海潮任名誉主任委员，纪金海任主任委员，设副主任委员1人，时有盟员63人。1998年11月，补选市委委员3人。1998年12月，成立市直一、市直二、市直三、德城区4个基层支部委员会。2001年5月，民盟德州市一届二次全会增选市委委员2人；补选副主任委员1人。2002年1月5日，民盟德州市第二次盟员代表大会召开，选举产生由8人组成的第二届委员会，纪金海任主任委员，设副主任委员1人，时有盟员77人。2003年8月、2006年8月，先后成立市直四支部、五支部。2007年4月14日，民盟德州市第三次盟员代表大会召开，选举产生由10人组成的第三届委员会，康志民任主任委员，设副主任委员3人，秘书长1人，时有盟员107人。2008年8月，增选市委委员2人。2011年11月30日，民

2011年6月，民盟德州市委纪念民盟成立70周年大会

盟德州市第四次盟员代表大会召开，选举产生由11人组成的第四届委员会，康志民任主任委员，设副主任委员4人，秘书长1人，时有盟员136人。

截至2011年年底，民盟德州市委会下设市直支部5个，德城区、高教、文教支部3个。共有盟员139人，其中文化教育界47人，科技界23人，政府机关19人，医药卫生界16人，经济界13人，党派机关2人；具有高级职称的58人，中级职称的64人。

第二节　参政议政

民盟德州市委员会成立后，围绕城市建设、科技创新、社会保障、环境保护以及人们普遍关心和迫切需要解决的热点难点问题，参政议政。至2011年年底，共提交建议和提案1250多件，被采纳1100多件。其中，《德州市发展城郊型经济的调查与思考》《关于全市农村义务教育工作和高中教育改革发展情况的调研报告》《来自最基层小学的调查报告——我市农村小学教师“断档断层”现象剖析》《义务教育阶段教育经费紧张的深层次调查》《关于商贸区民营经济发展的调研报告》等调查报告，被中共德州市委、市政府主要负责人批示并予以转发；《关于铁路工作的两项建议》等3件提案被民盟中央采用并提交全国政协；《关于解决紧缩政策下中小企业融资难问题的建议》等11件提案被民盟省委采用并提交省政协。

围绕科技创新、两区同建、节约型社会建设等课题进行调研，形成的《关于开放式路桥收费站收费环境的调研报告》，受到省交通厅的高度重视并批示研究落实；《关于全市民营经济情况的调查》被中共德州市委转发；《增加对实业企业家的支持力度》《落实委员代表提案建议政府各部门要实行首接负责制》等7件建议均被市政府采纳，写入政府工作报告。《关于解决我市交通拥堵问题的调研报告》，通过市政协提报市政府有关部门研究落实。

通过特约监察工作发挥参政议政、民主监督作用。2010—2011年，民盟市委共有22人次担任市监察局、市教育局、市审计局等多个政府部门与法、检两院的特邀监察员、特约监督员、人民陪审员等，在全市优化发展环境、行风评议、机关效能测评、市直单位综合考评等工作中，作为特约监察员参加监督评议达80多人次，参与群众来访及调查17起，撰写报告23篇，提意见、建议60多条。

2011年，全市盟员中任副市长的1人、副县长的1人，担任县政协副主席的2人；担任省、市、区三级人大代表的2人，担任省、市、区政协委员的32人。

第三节　社会活动

法律咨询进社区活动。民盟市委成立后，多次组织科技届、经济届以及新阶层盟员开展公用事业产品安全使用、房产管理和法律法规咨询等活动，免费发放宣传资料约3000份（册），现场咨询人数累计达300余人。

医疗下乡活动。1997—2005年，民盟市委先后组织医药卫生界盟员到德州市黄河涯镇、二屯镇等地开展“送医送药下乡”、育龄妇女体检专项义诊、医疗救助及医学普及讲座等活动，累计义诊473人次，无偿提供10万余元药品。2008年，组织山东中医药大学附属医院博士团到临邑县义诊，并同临邑县中医院达成长期合作协议。

文化教育普及活动。1998—2003年，在德城区、临邑县、陵县等地举办送教下乡现场会，开展远程教育培训，培训农村教师130余人。民盟会员创建的艺术研究中心、民盟小名士学

校，为第四届世界太阳城大会、德州市第二届太博会、德城区特教中心、乡镇社区等创作书画作品300余幅，黑陶微雕作品70余件，“文化长廊”400余米。

“烛光行动”和“春蕾助学”活动。自2003年起，民盟市委每年帮助宁津县部分家境贫困的学生完成学业，资助达160人次，捐资5.2万元。2008年，与民盟省委、山东农业大学联合开展扶贫助学活动，为德城区二屯镇中学捐助电脑80台，价值20余万元。2009年，在德城区特教中心开展“爱心助残”活动，为特教中心师生捐献学习用具80套。

救灾捐助活动。2008年汶川地震发生后，民盟市委发动盟员捐款4.53万元、缴纳“特殊盟费”6850元，全市盟员通过工作单位、德州慈善总会等自愿捐款和献血。在抗击南方雪灾、玉树地震、舟曲泥石流、北方旱灾等自然灾害中，全市盟员也都捐款捐物，解囊相助。

服务新农村建设活动。自2009年开始，民盟市委在全市盟员中启动“民盟同心书屋”工程，以“十万图书送乡亲，智力支援新农村”为宗旨，计划用8到10年时间，在全市各县（市、区）建设10处“民盟同心书屋”。至2011年，先后在临邑县国寨社区、庆云县郭家社区和德城区于西中心小学建成“民盟同心书屋”3处，捐赠图书1.8万册、音响器材2套、移动影库2套，总价值17万元。同时，在临邑县国寨社区建立民盟省委、民盟市委新农村建设社会服务工作联系点，定期举行文化教育、医疗卫生、农牧业科技讲座等活动。

民盟德州市委先后被民盟中央表彰为“纪念中国民主同盟成立70周年先进集体”，被民盟省委、省委统战部先后表彰为“盟务工作先进集体”；7个基层支部被授予省级先进集体称号；2名盟员被授予“全国先进个人”荣誉称号，62人次被授予“省级先进个人”荣誉称号。

第二章　中国民主建国会德州地方组织

第一节　组织建设

1956年12月，中国民主建国会济南市委德州市小组成立，曹万增任组长，时有会员9人。1957年12月，民建德州市小组改由民建山东省委员会领导。1958年1月，汤金波任民建德州市小组组长，副组长2人，有会员9人。1966年“文化大革命”开始后，工作中断。

1980年3月，民建德州市第一次会员大会召开，民建德州市支部委员会成立，汤金波任主任委员；时有会员8人。1984年6月，民建德州市第二次会员大会召开，魏俊杰任主任委员，设副主任委员2人，委员2人。1988年9月26日，增选驻会副主任委员1人。1990年12月，民建德州市第三次会员大会召开，魏俊杰任主任委员，设驻会副主任委员1人，时有会员39人。

1997年6月19日，民建德州市第一次会员代表大会召开，中国民主建国会德州市委员会成立（简称民建德州市委）。大会选举产生由4人组成的第一届执行委员会，胡振国任主任委员，设驻会副秘书长1人，时有会员44人。至2001年年底，市委委员发展至7人；会员60人。

民建德州市委会成立　　(1997年　摄)

2002年1月,民建德州市第二次会员代表大会召开,选举产生由8人组成的第二届执行委员会。李胜滋任主任委员,副主任委员2人,时有会员74人。2007年2月15日,民建德州市第三次会员代表大会召开,选举产生由11人组成的第三届执行委员会。李胜滋任主任委员,副主任委员3人,秘书长1人,时有会员99人。2011年11月26日,民建德州市第四次会员代表大会召开,选举产生由11人组成的第四届执行委员会。吕永忠任主任委员,副主任委员4人,秘书长1人。

截至2011年年底,民建市委会下设8个基层支部、1个小组和4个工作委员会;共有会员156人,其中中高级职称87人,经济界人士125人。

第二节　参政议政

民建德州市委成立后,围绕全市经济社会发展中的重大问题,发挥自身优势,建言献策。2009—2011年,围绕转方式、调结构及德州市"十二五"规划建言献策120余条,70%的提案与经济发展密切相关;组织开展"我为经济发展、结构调整及环境优化献一策"活动,收到高价值信息和建议43条。在各级政协、人大会议上提交提案、议案200余件,其中17件被选为重点提案,10件得到省、市级负责人批示。提交的《农宅整理潜力大、集约水平需提高》的提案得到省委、省政府主要负责人的批示;《适时引导调控,防止楼市动荡》《走农村居民点集约用地之路》《我市城市交通安全设施状况》等提案得到落实;《应建董子读书台》被列为市重点提案并落实;《关于大力发展循环经济,加快生态德州建设》被市政协列为一号提案;《把握机遇,再造优势,全力做大做强太阳能产业》《关于德州市国家新能源产业基地发展建设的几点思考》《抢抓机遇,全力做大做好新能源产业》等提案在市政协会议上做为书面材料交流,受到高度重视。

至2011年年底,会员中人大代表8人;政协委员42人,其中副主席1人,常委12人;社会监督员22人。

第三节　社会活动

全市各级民建组织和会员利用多种途径,开展社会服务工作。2008年,全市民建会员和会员企业为汶川特大地震灾区捐款202万元,捐赠198万元的物资。2010年,为玉树地震灾区捐款捐物46万元。市委会在齐河县宣新屯学校、陵县西门子学校、德州盲校、德州学院进行了困难学生救助结对活动；对庆云县后马社区开展了文明发展和助学帮困活动，并捐助了1所农村文化书屋。民建市委会妇委会12名会员救助了48名贫困生。德城区的会员在德城区建立了2所农村文化书屋。企业会员在德州学院创办了“利尔康奖学金”，1名会员被国务院授予“全国扶残助残先进个人”荣誉称号。

市委会每年组织会员参加“非公论坛”“中国风险投资”论坛，并鼓励会员参加清华大学和山东大学开办的企业家培训班终身培训学习。2011年6月，邀请市劳动局法规科专业人员给会员企业家进行劳动法和物权法培训；同年10月，邀请德州银行专业人员给会员企业家进行融资培训。组织会员企业家参加“百年清华路，祖国万里行”教育培训活动。2009—2011年，组织较大规模会员培训18次。民建德州市委于2009年、2011年先后两次被民建中央授予“社会服务工作先进集体”荣誉称号。

第三章　中国民主促进会德州地方组织

第一节　组织建设

1989年9月20日，中国民主促进会（简称民进）德州市第一次会员大会召开，民进德州市支部成立，沈鑫任主任，时有会员11人。1991年12月25日，民进德州市第二次会员大会召开，选举产生由3人组成的支部委员会，沈

2011年11月，民进德州市第四次代表大会召开

鑫任主任。支部下设德州师专、十三局和德州市直3个小组。

1997年6月13日,民进德州市第一次会员代表大会召开,中国民主促进会德州市委(简称民进德州市委)正式成立。第一届委员会由4人组成,沈鑫任主任委员,设副主任委员1人。1998年9月,民进十三局支部成立。11月,民进德州高专支部成立(后改为德州学院支部)。12月,民进德城区支部成立。2001年8月,民进德州市委直属支部成立。2002年1月10日,民进德州市第二次会员代表大会召开。第二届委员会由6人组成,沈鑫任名誉主任委员,孙彦杰任主任委员,设副主任委员3人、秘书长1人。2004年2月,民进德州市委成立议政调研与宣传、教育文化科技、经济与社会服务、妇女4个专门工作委员会。2006年8月,民进教育支部、民进机关支部成立。2007年3月1日,民进德州市第三次会员代表大会召开。第三届委员会由9人组成,孙彦杰任主任委员,设副主任委员3人、秘书长1人。2008年12月,第三届委员会届中调整,王惠萍当选主任委员,增补副主任委员1人。2011年8月,民进市直支部分为市直一、二两个支部。2011年7月,调整专委会,保留妇女工作委员会,新成立教育工作委员会、文化艺术出版工作委员会、经济科技法制工作委员会、企业家联谊会(筹委会)。2011年11月29日,民进德州市第四次会员代表大会召开。第四届委员会由11人组成,王惠萍任主任委员,设副主任委员4人、秘书长1人。

截至2011年底,民进德州市委共辖基层支部6个,共有会员122人。在全部会员中,教育界54人,公有制经济界19人,新的社会阶层人士16人,政府机关20人,文化艺术界6人,医药卫生界4人,党派机关3人;具有中高级职称的116人。

第二节 参政议政

民进德州市委成立后,围绕全市的经济、文化、教育、科技等方面的重点、热点、难点问题,开展调查研究,履行参政议政职能。至2011年,先后向市政协提交提案660余件,向民进省委、市政府、市政协提交各类调研报告、信息76篇。其中,《关于我市物业管理情况的调查报告》《关于加快我省小城镇和农村污水处理设施建设的建议》等28篇调研报告得到省、市负责人批示;《关于推动省会城市群经济圈与京津冀经济圈对接协作的建议》被省委书记李建国作为重要建议予以批示;《推动滨海新区与黄三角对接合作,防止区域间的恶性竞争》《加大力度积极防治我省农业面源污染的建议》两件提案经民进中央提交全国政协立案;《关于加强和创新我省社会管理的建议》等6件提案被评为省政协优秀提案;《关于集约化发展新能源产业,培育专业市场的建议》《关于加大我市地热资源管理力度的建议》等12件提案被评为市政协重点提案、优秀提案。

民进德州市委2004年、2005年被民进省委、市政协评为“参政议政先进单位”“信息工作先进单位”;2007年被民进省委、市政协评为“优秀提案单位”,20多名会员被上级民进组织和市政协评为“参政议政先进个人”“优秀政协委员”。

第三节 社会活动

全市各级民进组织发挥自身优势,突出重点,开展社会服务工作。2002年到德城区开展“送教育下乡”活动,举办学术讲座两场。2003年,推动“西行助学行动”,促成本省东部4所先进学校与德州市4县7所中小学结为伙伴学校,为全市争取无偿援助资金120万元;在德城区、宁津县和庆云县开展“爱心助学”活动，救助贫困学生50人。2004年，为德州市引进双和焊业等7个投资项目，到位资金2.5亿元。2005年，先后在德城区黄河涯镇、平原县王杲铺镇开展“三下乡”活动，举办科技培训活动5次。2006年，促成德州市与乌克兰尼古拉耶夫市结为友好城市；为平原县引进教育信息网建设项目，实现了全县教育系统内管理模式全程网络化。2007年，联合有关部门到禹城市特殊教育学校慰问，捐赠物品、现金总价值3万余元；促成禹城市与贵州金沙县建立农业科技合作关系。2009年，举办“促进大学生就业、校企合作恳谈会”，促成校企签订合作协议70项，为大学生提供就业实习岗位1500多个。2011年，促成民进山东省委社会服务基地落地临邑县；与民进省委、市政协联合开展“爱心助学”活动，为夏津县特教学校捐款40万元。

2006年，民进德州市委被民进中央授予“民进为全面建设小康社会作贡献先进集体”称号。机关支部、学院支部连续多年被评为市民主党派“双岗建功”活动先进集体，19名会员被评为先进个人。

第四章　九三学社德州地方组织

第一节　组织建设

1987年，九三学社山东省德州直属组成立，组长赵新生；时有社员7人。1989年7月5日，成立九三学社德州支社，高仁人任主委，委员2人，有社员12人。

1997年6月13日，九三学社德州市第一次社员大会召开，九三学社德州市委正式成立。大会选举产生了由5人组成的第一届委员会，高仁人任主任委员，副主委2人。时有社员29名。2002年1月14日，九三学社德州市第二次社员大会召开，选举产生了由7人组成的第二届委员会，高仁人为名誉主任委员，许兰荣任主任委员，副主任委员2人；时有支社3个，社员37名。2003年12月，成立经济与社会服务、科教文卫、参政议政与宣传3个专门委员会。2005年11月26日，九三学社德州市二届二十二次全委（扩大）会议补选钟玲为主任委员，增选副

2008年10月，九三学社在黄河涯镇成立科技服务基地

主任委员1人。2006年7月，增设妇女委员会。2007年2月28日，九三学社德州市第三次代表大会召开，选举产生由9人组成的第三届委员会，钟玲为主任委员，副主任委员3人，秘书长1人；时有支社5个，社员79人。2011年11月24日，九三学社德州市第四次代表大会召开，会议选举产生由11人组成的第四届委员会，钟玲为主任委员，副主任委员4人，秘书长1人。

截至2011年年底，九三学社德州市委辖支社6个，共有社员103人。社员以科技界、高中级知识分子为主，其中具有高级职称的52人。

第二节　参政议政

20世纪90年代初，九三学社德州支社把软科学研究与为经济建设服务联系起来，围绕产品开发、提高经济效益、经济增长方式的转变以及区域经济发展等问题提出调研报告。1993年3月，九三学社德州支社主委高仁人在八届一次全国人大会议上，就“新产品试制费问题”提出议案，财政部专门发文答复，表示予以采纳。先后向全国人代会和地方“两会”提交了《建议设立技术创新国家(地方)基金》《充分发挥科技人员在我市经济建设中的积极作用》《关于对干群进行创新精神、创造能力培训的建议》等。2000年，提交的《精心营造德州旅游新优势》的提案得到落实。中国加入世界贸易组织(WTO)前，社员中的省政协委员提交了《关于及早制定山东省中外合作办学条例和对教育部门领导进行入世知识培训的建议》。社员中的市政协常委提出的《加大投资力度，发展德州学院》的提案，被市政协评为优秀提案。

2002年1月，九三学社德州市二届委员会换届后，提案数量和质量都有明显提高。其中，《德州市粉煤灰资源利用现状与发展对策》《关于做好土地经营文章加快城市建设的调查与思考》《德州市环境质量评价及对策》等提案，引起市政府重视并由市政府《政务通讯》转发。2003年向德州市委提交了《实施河东新区建设，增强城市综合实力》的报告，被批示转发。2004年，制定《关于参政议政调研课题的管理意见》，社员先后申报课题40多件，其中3件被社省委立项。同年，撰写的《关于重点发展农产品加工业的建议》和《关于改革征地制度的建议》，印发市政府班子成员、市直有关部门和县(市、区)政府主要负责人参阅；《教育资源合理配置与基础教育均衡发展的问题》《对科技创新体系中政府职能定位的思考》《如何完善城乡社会保障体系》，被九三学社山东省委列为重点立项课题；《关于组织专家研治烟粉虱办法的建议》，副省长贾万志作了批示；《发展民营经济是实现县域经济跨越发展的必由之路》被列为市政协2号提案。2010年《关于德州市交通设施状况的情况反映》，得到有关部门落实。2010年后，九三学社德州市委主要负责人多次参加中共德州市委、市政府举办的协商会、通报会、座谈会，就中共德州市委工作要点、政府工作报告和五年规划的制定与实施等重大事项积极建言献策。2002—2011年，九三学社德州市委共提交提案、议案和大会发言600余件。其中《突破三大难题 加快小城镇建设》等10余件被市政协评为优秀提案；《鼓励民间公益机构、慈善团体发展，健全社会保障体系》等12件入选社省委《参政议政成果选编》。

2005年，社市委被省委统战部评为“优秀提案先进集体”；2007年，被市政协评为“优秀提案组织单位”。5名社员被社省委聘为“参政议政特约研究员”，1名被社省委评为参政议政先进个人，3名被市政协评为优秀政协委员。

10多名有人大代表、政协委员资格的社员被市纪委、市劳动局、市人事局、市商检局、市公安局、市建委等单位聘请为社会监督员或者行风监督员。

2011年年底，学社社员中有各级人大代表10人，政协委员19人；社会监督员18人；市、县人大常委会副主任3人，副县（市、区）长4人，政协副主席2人。

第三节 社会活动

九三学社德州市委成立后，为培养职业技术人才，扩大城镇就业门路，创办了齐鲁中专德州分部。与地区经委和民进德州市委联合举办了"信息技术培训"和"传统文化与现代企业管理"报告会，组织社员编写了《新产品开发讲义》和《振兴企业100例》；出版语法、写作等专著5部。2000年，社员中的企业家投资6000万元创办的跃华中学，成为山东省示范性、德州市规模一流的学校；创办的平原蓝天学校，招生规模达1000多人。2004年9月，组织农学专家前往夏津县双庙镇葡萄种植专业村崔庄为村民讲解有关病虫害防治知识。同年11月，社员中的大学教授将100多册藏书捐赠给德城区图书馆。2008年10月，九三学社山东省委在德城区黄河涯镇万亩桃园举行"九三学社科技服务基地"揭牌仪式，先后为鑫秋种业等企业引进了新品种，建立30亩示范园和全国桃产业基地。2009年7月，与安然国际企业家俱乐部邀请著名演说训练师兰彦岭，举办以"2009学习型德州"智慧演说与实效口才训练为内容的讲座。2010年，开展了"支教行"活动，聘请山东大学外国语学院特聘教师吴峻岭先后到夏津、庆云、临邑、齐河、陵县、德城的6所重点中学，为2000多名师生作了题为"自信英语五步学习法：学习思路及思想"的讲座。

利用自身优势，开展"三下乡"（文化、科技、卫生）社会服务活动。社市委成立后，多次组织社内医务工作者，联合三易大药房、德药制药厂、修正药业德州办事处等先后到跃华学校、德州一中、德城区前小屯、钱庄、翟时庄老年公寓、陵县糜镇回民村张寨、临邑县理合务乡焦庙村、庆云县周辛村、平原县王凤楼镇等10多个单位和村庄，为3000多名群众义诊，赠送价值2万元的图书、5万多元的药品。2010年6月，在庆云县渤海街道办事处举行九三学社德州市委帮扶庆云捐赠仪式，共捐赠电脑32台、图书5000册；同年11月，争取九三学社山东省委在乐陵市郑店镇举行第二十二届中国"国际科学与和平周""三下乡"活动，为300多名群众现场进行了义诊、健康和法律咨询，社省委为郑店镇捐献电脑5台。2011年8月，在庆云县渤海街道杜树刘社区举办送医药下乡暨捐赠医疗器材活动，共捐赠70套听诊器、血压计以及百姓生活常用药品，价值2万多元。

组织社员开展扶危济困、爱心助残活动。先后两次为菏泽市曹县普连集镇中小学捐款捐物累计资金3498元。在抗击"非典"期间，组织社员捐款3500元。2004年6月，在夏津精华聋儿语训希望学校举行"爱心助残"活动启动仪式，捐款捐物74250元。2008年"5·12"汶川特大地震发生后，社员通过所属单位和其他渠道积极捐款捐物价值达219042元；通过社市委缴纳"特殊社费"11300元；5名社员自发献血1800毫升；社员中的省书协会员将创作的"自强不息""万众一心""友爱互助""风雨同舟"4件书法作品捐赠给德州市慈善总会。2011年，2名社员获得社中央"全国社会服务工作先进个人"称号，1名社员获得九三学社省委"社会服务工作先进个人"称号。

第五章　中国农工民主党德州地方组织

第一节　组织建设

1988年10月，中国农工民主党（简称农工党）德州市小组建立，徐源信任组长，时有党员3人。1999年7月16日成立农工党山东省委德州支部，王章锁任主任委员；时有党员8人。2002年1月，农工党德州第二届支部委员会换届，张庆伟任主任委员，设副主任委员2人，时有党员17人。

2002年10月26日，中国农工党德州市第一次代表大会召开，农工民主党德州市委员会（简称农工党德州市委）正式成立。第一届委员会由5人组成，张庆伟任主任委员，副主任委员2人，时有党员26人。同年11月成立农工党德州市直一支部、二支部、德城区支部。2003年12月，农工党德州市委设立参政议政、医药卫生、组织宣传、经济与社会服务4个工作委员会。2004年4月，成立农工党德州市直第三支部。2007年2月14日，农工党德州市第二次代表大会召开。第二届委员会由9人组成，张庆伟任主任委员，副主任委员3人，秘书长1人。2009年11月，农工党德州市运河经济开发区支部成立。2011年8月，农工党德州市经济开

农工党德州市委会成立

发区支部成立。2011 年 11 月 20 日，农工党德州市第三次代表大会召开。第三届委员会由 9 人组成，商怀君任主任委员，副主任委员 3 人，秘书长 1 人；会议还选举了德州市出席农工党山东省第六次代表大会的代表。

至 2011 年年底，农工党德州市委有党员 94 人。在全部党员中，医药卫生界 51 人，教育界 10 人，文化艺术界 2 人，经济界 15 人，律师 2 人，政府机关 12 人，党派机关 2 人；具有高级职称的 26 人，中级职称的 37 人。

第二节　参政议政

1988—2011 年，农工党德州市组织及党员共向各级人大、政协会议提交议案、提案 700 余件。其中《关于要让城镇居民吃上放心菜的几点建议》《关于加强社会化养老服务体系建设的建议》《农民工参加工伤大病医疗保险存在的问题与对策》《关于完善城镇居民医保管理体制建设的建议》等提案被评为市政协优秀提案、重点提案；《关于加强我市交通设施管理的建议》在较短时间得到了落实。

至 2011 年，全市农工党员中有省人大代表 1 人，省政协委员 1 人，市政协常委 3 人、政协委员 10 人；县(市、区)政协常委 2 人，政协委员 5 人。

第三节　社会活动

2002 年 10 月后，农工党德州市委发挥自身优势，开展扶贫助弱、义诊、医疗法律咨询、健康知识讲座等活动，并组织广大党员为困难家庭、敬老院、慈善事业捐款捐物、奉献爱心，受益居民超过 3 万人次。2005 年，在“国际科学与和平周”活动中，邀请农工党山东省委会医学专家到德州市义诊。同年 5 月，市委统战部、农工党市委会在市中心广场举办医药卫生咨询服务活动。2006 年，经农工党德州市委争取，农工党中央、农工党山东省委为宁津县医院、平原县恩城镇医院捐赠价值 50 万元的药品；农工党山东省委为平原县恩城镇医院捐赠价值 4 万元的治疗高血压药品。2008 年 6 月，农工党市委组织党员为四川地震灾区缴纳“特殊党费”10840 元；全市农工党党员通过各种渠道向灾区捐款捐物折合人民币 44640 元。

2009 年 8 月，邀请山东省立医院副院长陈子江，到平原县恩城中心卫生院就乡镇卫生院的管理、医护技术进行“智力帮扶”，省立医院专家对全县卫生系统 120 名业务骨干进行了院内感染知识培训。11 月，农工党德州市委牵头，市教育局、市科技局、共青团德州市委、德州市科协联合举办“少年科学之家”德州市首届中小学科技创新机器人大赛，为第十一届全国中小学生电脑制作活动选拔人才。2010 年 5 月，举行援建广东惠州邓寅达纪念园捐款活动，全市农工党员捐款 7300 元。2011 年 5 月，举办以“人居环境与健康”为主题的“第四届中国环境与健康宣传周”活动，并现场进行义诊、讲座、法律咨询、发放环保资料等。

农工党市委在全市实施农工党员“关爱行动”。至 2011 年年底，已在宁津县保店中心卫生院、夏津县中医院设立了市级医药卫生社会服务示范基地，定期定点进行技术帮扶；与庆云县徐园子乡结成帮扶对象，服务新农村建设。

2011 年，农工党德州市委会被农工党省委评为“社情民意工作先进集体”，并被农工党中央授予“第四届中国环境与健康宣传周活动突出贡献奖”荣誉称号。

第六章　中国致公党德州地方组织

第一节　组织建设

1999 年 12 月 14 日，中国致公党德州支部成立，并召开第一届支部大会，曹鸿鸣任主委，时有党员 8 人。

2002 年 10 月 28 日，中国致公党德州市委员会第一次大会召开，中国致公党德州市委员会（简称致公党德州市委）正式成立。大会选举产生由 7 人组成的中国致公党德州市第一届委员会，曹鸿鸣任主任委员，副主任委员 3 人，时有党员 26 人。2005 年 11 月，致公党德州市一届四次全体扩大会选举马传先为主任委员，副主任委员 1 人。下设市直和德城两个支部。

2007 年 2 月 27 日，致公党德州市第二届代表大会召开，选举产生了 9 人组成的中国致公党德州市第二届委员会，马传先为主任委员，副主任委员 3 人。秘书长 1 人。2008 年 11 月，有党员 54 人；下设第一、二、三、四支部。

2011 年 11 月 27 日，致公党德州市第三届代表大会召开，选举产生了中国致公党德州市第三届委员会，马传先任主任委员，副主任委员 3 人，秘书长 1 人。有党员 71 人。内设海外联谊、参政议政、社会服务、信息宣传、企业家联谊、文化艺术、妇女工作 7 个专门委员会。下设市直一、二、三、四支部和德城区支部。

至 2011 年年底，致公党德州市委辖基层支部 5 个，共有党员 78 名。在全部党员中，经济界 27 人，教育界 8 人，科技界 1 人，医药卫生界 4 人，政府机关 31 人，社会团体 1 人，其他工作 6 人；高级职称 7 人，中级职称 17 人。

第二节　参政议政

致公党德州市委成立后，为全市经济和各项事业发展建言献策，多篇调研报告和社情民意信息被市党政主要负责人批示或被上级刊物采用。其中，《加强农民工技能培训，提高农民就业能力》《新形势下加强农技推广队伍建设的调查与思考》《关于实施农村小康环保行动的调查报告》《如何提高农村妇女的科技文化素质的几点看法》《乡镇政权建设现状与对策》《关于沼气池建设的建议》《关于农村村支部书记队伍建设的建议》《我市发展生物产业的思考》等调研报告和《把儿童血铅化验列为全市各级医疗机构常规检测项目》《加快完善我市农村社会养老保险制度》《探索职业教育服务于新农村建设的有效模式》《确保禁酒令长期、彻底执行》等 4 篇社情民意信息受到市有关负责人肯定和批示；《加强农作物病虫害防治》《关于提高护士待遇改善护理队伍现状的建议》被转化为省政协提案并在全国政协报发表；《关于设立“网上民声”的建议》被致公党省委采用；《关于标准粮田项目建设问题的建议》《应尽快规范城中村改造工作》《慈善事业应该走“先规范后发展”的路子》《关于省直管县体制改革的几点思考》《关于大力发展品质农业的建议》《关于国家生物产业基地发展的思考和建议》《幼儿“入园难、入园贵”问题亟待解决》《谨防以“低碳”为借口变相搞形象工程》《我国太阳能应用一定不能带着环保隐患推广》《关于提高高职教育校企合作质量的建议》《结合村庄合并农村社区建设，大力加强农村社区维稳工作》等被致公党中央采用；《水是特殊商品，定价不应一刀切》《解决公务接待顽症需标本兼治》《出租车市场亟需整改且宜疏不宜堵》《关于青少年校外实践基地和活动场所设施建设的建议》被中央统战部《零讯》采用；《杜绝剧毒农药违规使用》的议案被市人大列入年度重点议案；《加强农村社会治安管理保障农村和谐社会建设》《关于全力推进德州生物产业发展的建议》《关于制止代币卡(券)领域腐败行为的建议》《把城镇无生育保险的育龄群众纳入免费计划生育技术服务范围的建议》《关于保障和改善民生，促进医疗卫生体系建设的建议》6 篇提案被市政协列为年度重点督办提案。

2006 年 3 月，致公党德州市委在陵县举办三下乡活动

截至 2011 年 12 月，全市致公党员中各级人大代表、政协委员 23 人，市政协副主席 1 人，副县长 1 人，县人大常委会副主任 1 人，县政协副主席 2 人，其他县级干部 3 人。

第三节 社会活动

2002—2011 年，致公党德州市委员会立足侨海特色，发挥智力和资讯优势服务经济，在致公党省委与德州市人民政府之间发挥联络枢纽作用，为促进农村医疗和农村教育进行了深层次的调研和服务，免费培训农村医疗技术人员 1000 多人次；多次组织文化、医疗、科技“三下乡”活动；借助致公党省委、省人事厅力量，在抬头寺乡举办“践行科学发展观专家德州行”等社会服务活动；定点帮扶庆云县中丁乡杨和寺社区；在金融危机期间，积极为企业献计出力。

组织全市致公党员捐款捐物，并争取党派中央和省委管理的面向贫困地区中小学的捐资助学款项，开展助学助困活动。2005 年，为德州经济技术开发区杏园小学争取致公党中央扶持资金 10 万元；2006 年，为陵县卫生、教育事业捐赠价值 50 万元显微镜 100 台。2008 年“5·12”汶川特大地震发生后，通过不同形式为灾区捐款 4 万多元，募集“特别党费”9750 元。2010 年，向庆云县文化馆捐献了大批图书。2011 年，为庆云县中丁乡卫生院捐赠价值数万元的医疗器械。2009—2011 年，在宁津县捐建两所健华图书馆，在临邑县和庆云县捐建 3 所致公爱心图书室。

全市各级致公党组织被各市直部门聘为特约监督员、特约检察员的党员达 30 多人次。

第七章 中国国民党革命委员会德州地方组织

第一节 组织建设

1996年8月20日，中国国民党革命委员会（简称民革）山东省直德州市支部委员会成立会议在德州召开，张伟当选为主任委员，支部委员2人。2001年5月，增选支部委员1人。2002年1月8日，民革德州市第二次党员代表大会召开，选举产生第二届省直德州市支部委员会。张伟当选为主任委员，副主任委员1人，支部委员1人。2003年6月，增选支部委员1人。2007年3月2日，民革德州市第三次党员代表大会召开，选举产生第三届省直德州市支部委员会。张伟当选为主任委员，副主任委员3人，支部委员3人。2011年11月23日，民革德州市第四次党员代表大会召开，民革德州市总支部成立。徐洪波当选为主任委员，副主任委员3人，支部委员3人。

至2011年年底，全市共有民革基层支部3个，共有党员39人。在全部党员中，从事教育工作的3人，医药卫生工作的9人，企业工作的11人，机关工作的6人，法律工作的2人，其他工作的8人；具有高级职称的11人，中级职称的14人。

2010年1月，民革党员开展防治艾滋病宣传活动

第二节　参政议政

1996—2011年，民革德州市支部及党员中的各级政协委员共提出建议和提案550余件。其中，民革德州支部提交的《采取有力措施，抓好水污染治理》《保护我们的生命线——耕地》《建议火车站问事处安装对外电话，方便市民》《电力价格的持续增长将严重制约企业发展》《改善演职员住房条件》《建议市委、市政府主要领导与各民主党派结对子》《关于建议推行政务公开》《加强交通秩序管理》《关于搞好交通标识的建议》《交通部门车辆审查应预先通知本人》《整合教育资源，提升我市职教水平》《齐抓共管，彻底关停自备井》《建议对一次性购买全年养路费者实行优惠》《关于建设生态市，加快城区生活垃圾治理的对策和建议》《关于在德州晶华路建设公交站点的建议》《应把乡镇交管所规范化和农村客运网络化建设工程列为2008年“十件实事”》《关于加强我市对精神卫生专项经费补助提案》《根治城区生活垃圾，是打造区域经济文化高地的基础》《建设综合性市民活动中心是加快建设区域文化高地的迫切要求》《关于加快发展创意农业产业》《关于应加强引导，提升民企自主创新能力的建议》等提案，受到市政府及有关部门的重视，并就落实提案采取了有效措施；提交的《全社会都来关心失业保险》《促进就业重在疏通就业渠道》《发展无公害食品，促进农业提质增效》《建立110社会服务联动指挥中心》《关于促进中小企业社会化服务体系建设的提案》《遏制假冒伪劣食品流向农村市场》被市政协评为优秀提案。其中《全社会都来关心失业保险》被山东省政协编入《山东省优秀提案汇编》向全国出版发行；《发展无公害食品，促进农业提质增效》，被评为山东省十大明星提案。

至2011年年底，全市民革党员担任市、区两级政协委员的14人；被省、市、区二级政府部门和司法机关聘请为各类监察员的18人。

第三节　社会活动

从1997年起，针对农村医疗条件较差的情况，民革省直德州市支部每年组织党员中的医疗专家，上门为烈军属、五保户、教师、儿童、鳏寡孤独，以及行动不便、卧床不起的老病号诊病治病、义务查体。开展“科技、医疗、文化”三下乡活动，发放计生用品、宣传品、预防艾滋病和肝炎等传染病的精致图册；民革党员中的老画家为农民朋友们现场作画、写春联，国家一级和国家二级演员为农民群众演唱京剧唱段、流行歌曲、山东快书和相声、小品等精彩节目，律师则为农民们提供法律服务。为帮助农民致富，多次带农民们去新泰考察中草药种植，还邀请民革新泰支部主委邢蕴春，到德城区为农民们讲解中草药种植和管理技术。

民革省直德州市支部通过党员的国外关系牵线搭桥。1999年和2000年，先后促成陵县和德国黑森州所林根市、平原县和德国图林根州迈宁根市缔结了友好城市。2003年3月，从泰安引进注册资金3000万元的华融担保公司项目，为德州企业从银行贷款进行资金担保。2008年，四川汶川地震发生后，民革德州市支部党员以各种形式捐款捐物价值5万余元；此后，又联系四川北川灾区111名学生到德州汽摩学院就读事宜，精心安排学生生活，邀请德城区卫生防疫站医生为灾区学生全面查体，开展救助活动。同年11月，民革德城小组到二屯镇开展“德城民革卫生下乡活动”，向农民宣传艾滋病防治知识，并进行现场坐诊。2009年6月，德州部分文艺界民革党员到德城区二屯镇开展文化下乡活动。

2010年5月,民革中央、民革省委、民革省直德州市支部负责人向111名北川学生赠送价值10万元的物品。同月,民革德州支部在山东协和职业技术学院免费举办庆云县乡医培训班,为期半个月,200名乡医参加。6月,在市体育局配合下,民革德城小组在德城区新苑社区开展"过敏体质监测活动",免费为800余名居民和200余名小朋友进行体质监测,并根据检测状况为其列出锻炼计划。是年,民革德州市支部开展民主党派帮扶庆云的活动,在东辛店镇推广"秸秆生物反应推"新技术,引进金银花种植技术项目;招商引进的生活垃圾焚烧项目落户齐河,先后投资5000万元,正式建成投产;为遭受特大水灾的台湾同胞捐款3000余元。1996—2010年,德州民革组织党员通过共青团德州市委希望工程办公室捐款10万余元,结对救助近百名失学儿童。2011年8月,德州民革全体党员为家庭经济困难的一位民革党员捐款6700元。

第二十五编

RENMINTUANTI

人民团体

- 工会
- 共产主义青年团
- 妇女联合会
- 工商业联合会

1986—2011年，德州人民团体组织，主要有工会、共产主义青年团、妇女联合会和工商业联合会，构建起了覆盖市、县（市、区）、乡、村和工厂、街道的组织网络。

各群团组织在各级党组织领导下，依据各自的纲领履行职能，开展工作，维护成员的合法权益，分别依托“职工之家”“青年之家”“妇女之家”等组织形式，坚持服务对象在哪儿，组织和服务就要跟到哪儿，积极围绕全市中心任务开展各种形式的建功立业活动，为全市（区）的改革、稳定、发展发挥应有的作用。

第一章　工　会

1986—2011年，全市（区）各级工会承接中共十一届三中全会以后的工会工作思路，围绕工会的“建设、教育、维护、参与”四项社会职能开展各项工作。1988年，开展“跨行业优质服务十佳竞赛”和多种形式的劳动竞赛。1989年，在全区职工中开展“忆十年，话改革”形势教育活动，调动全区广大职工以主人翁的姿态投身于企业的改革和发展。

1992年中共十四大以后，全市（区）各级工会确立和突出工会的维护职能，明确工会工作服务于党的中心工作的切入点和落脚点。是年，全区90%的国有企业建立激励机制，638家企业成立民主管理委员会，805个企业建立职工监督组织。1994年，将送温暖活动拓展为“送温暖工程”，在帮助困难企业扭亏增盈、兴办职工职业介绍所、开展职工互助补充保险和职工互助互济活动、建立“送温暖工程”基金等方面开展工作。1999年起，在全市推行厂务公开民主管理工作。至2001年年底，全市664家国有（国有控股）、集体（集体控股）企业推行厂务公开民主管理制度，推行面达95%。2002年，启动和谐劳动关系创建工作。至2011年年底，全市共有8332家企事业单位参与到创建劳动关系和谐企业活动中来，其中2家企业被命名为“全国模范劳动关系和谐企业”。

第一节　代表大会

地级德州市首届工会代表大会于1998年4月召开，至2011年，历经2届。首届工会代表大会届次顺延原县级德州市工会代表大会届次，即：地级“德州市工会第十四次代表大会”。

一、德州市工会第十四次代表大会

1998年4月27—29日在德城区召开，出席代表226人，特邀代表40人。市委书记赵克志、省总工会党组副书记薄振明等出席会议。会议审议通过《高举邓小平理论伟大旗帜，团结动员全市职工为实现跨世纪宏伟目标而努力奋斗》的工作报告及财务工作报告；选举产生由37人组成的市总工会第十四届委员会和参加省工会第十一次代表大会代表31人。在十四届一次全委会上，选举产生由13人组成的常务委员会，李守凤（女）当选为主席，副主席4人。

二、德州市工会第十五次代表大会

2008年4月26—28日召开，出席代表311人，特邀代表6人。市委书记雷建国、省总工会党组成员王绍钟等出席会议。会议审议通过《围绕党的中心，履行工会职能，努力开创全市工运事业新局面》的工作报告及财务工作报告；选举产生由43人组成的市总工会第十五届全委会及出席山东省工会第十三次代表大会代表36人。在十五届一次全委会上，选举产生由13人组成的常务委员会，陈永华当选为主席，副主席4人。

第二节　组织建设

1986年，山东省总工会德州地区办事处辖县（市）工会13个；全区职工215316人，会员189830人，基层组织1855个，工会积极分子32203人。

1987年，开始在地、县（市）党政机关建立工会组织。至1988年年底，全区新建工会组织327个，发展会员1.7万人。1989年年底，商河、济阳两县工会组织随区划调整划归济南市总工会领导。1991年，地委明确女工委员会主任享受同级工会副主席待遇；各产业工会主任均享受同级党政副职待遇。年内，2个县市工会主席进入县市党委班子，6个县（市）工会主席进入人大、政协领导班子。

1995年，德州地区工会办事处更名为德州市总工会。1997年，市委印发《关于加强工会工作若干问题的意见》，推进新兴企业工会组织建设。是年，全市建立外商投资企业工会48家、乡镇企业工会232家、私营企业工会116家。1999年，开展基层工会组织建设年活动，市、县两级全部建立民营企业工会工作委员会（联合会）；198个乡镇（街道）全部建立乡镇（街道）工会工作委员会。2000年，推行工会主席直选制度，换届的112家基层工会和1425家新建企业工会均实行直接选举。2003年，开展新建企事业工会组建和规范化建设突击月活动，全市基层工会组织达到7962个，企业职工41万人，会员39.6万人。

2004年，把工会组织建设纳入党建目标考核体系，年内德城区58个社区及部分餐饮服务单位、工程项目部等相继建立工会组织。2005年，开展“三级联创”活动，即县（市、区）工会争创先进县（市、区）工会，乡镇（街道）工会争创红旗、优胜乡镇街区工会，基层工会争创信得过基层工会。2006年，基层工会组织建设向劳务输出人员延伸，当年在全市最大的德仁劳务输出集团公司建立工会组织。2007年，开展“企业工会能力提升工程”，确定100家企业工会作为试点单位。2009年，有70家工会获得市级工会组织标准化建设示范点称号。2011年，开展“广普查、深组建、全覆盖”集中建会行动，工会组织向各类开发区（工业园区）新建企业、城区餐饮业、商业零售业等第三产业以及乡镇以下私营企业延伸，形成横向到边、纵向到底的市、县、乡、社区（行业）和基层的五级工会组织网络。

截至2011年年底，德州市总工会辖县（市、区）总工会11个，经济开发区工会工作委员会2个，市级产业工会14个；全市基层工会组织10496个，涵盖单位22413个，工会会员880842人，专职工会工作人员4968人。

第三节　维护职工权益

1986年，贯彻《全民所有制工业职工代表大会条例》,全区建立职代会制度的单位1731个,占基层单位总数的92%。1987年,在改选换届的企业单位普遍实行"两会合一"(工会会员代表大会和职工代表大会合并召开),876个单位还开展了民主评议干部工作。

1989年,围绕《中华人民共和国企业法》贯彻落实,召开全区民主管理工作经验交流会,促进职代会制度化、规范化建设和民主管理工作向高层次发展。1991年,开展民主管理达标升级活动,将民主管理与评先树优结合起来,年内有485个单位验收合格。1992年,全区90%的国有企业建立激励机制,638家企业成立民主管理委员会,805家企业建立职工监督组织。

1999年3月,市委、市政府联合召开全市厂务公开民主管理作会议,提出用3年左右时间在全市推行厂务公开民主管理工作。到2001年年底,全市664家国有(国有控股)、集体(集体控股)企业推行厂务公开民主管理制度,推行面达95%;271家事业单位推行校、院务公开,推行面达67%。

2002年,启动和谐劳动关系创建工作,市劳动行政部门会同市总工会和企业方面代表,建立协调劳动关系三方机制。至2003年,全市建立平等协商集体合同制度的企业6992家,其中134家达到规范化标准,83家达到先进标准,41个乡镇(街道)达到区域性先进标准。

2007年,市委成立劳动关系和谐企业创建工作领导小组,并下发《关于深入推进"劳动关系和谐企业"创建工作的意见》,将劳动关系和谐企业创建活动纳入全市经济社会发展总体布局。2008年1月,市委印发《中共德州市委、德州市人民政府关于健全推动科学发展促进社会和谐综合考核体系的意见(试行)》,将民主管理工作列入对县(市、区)党委政府及市直有关部门政治建设考核中。2009年,创建劳动关系和谐企业领导小组下发《关于深入推进"劳动关系和谐企业"创建工作的意见》,提出争取用3年时间,建立职工工资增长共决机制和支付保障机制、诉求表达机制、矛盾调处机制、主动干预机制。2010年,市总工会制发《关于依法推动企业普遍开展工资集体协商工作的意见》,并在全市开展工资集体协商月活动,加强工资集体协商活动宣传和分类指导,营造开展工资集体协商的浓厚氛围。2011年,市委办公室转发《德州市总工会关于依法推进"两个普遍"工作的意见》,进一步明确企业不分地域、所有制、产业、行业、规模、效益,都必须依法开展工资集体协商的要求。

至2011年年底,全市共有8332家(个)企事业单位参与到创建劳动关系和谐企业活动中来,其中私营企业和外商投资企业7087家(个);2家企业被命名为"全国模范劳动关系和谐企业",17家企业被命名为"山东省劳动关系和谐企业",259家(个)企事业被命名为"德州市劳动关系和谐企业(单位)"。

第四节　劳动竞赛

1988年,开展"跨行业优质服务十佳竞赛"和多种形式的劳动竞赛,各级工会组织职工提合理化建议58367条,采纳并实施14458条,创价值970多万元。1990年,围绕"双增双节"(增产节约、增收节支),开展"七赛、七比、夺七杯"劳动竞赛,全区职工修旧利废38.8万余件,技术革新3814项,技术改造1466项,技术攻关1580项,共计增收节支1.85亿元。1991年,开展以"质量、品种、效益年"为主要内容的劳动竞赛,并与"三技"(技术学习、技术比武、技术练兵)活动紧密结合,全区职工提合理化建议85739条,采纳47480条,实施22767条,创造价值12139万元。1992年,围绕转换企业经营机制,组织职工开展劳动竞赛和合理化建议活动,并与地区劳动局、团地委联合举办第三届工人技术比赛,参加劳动竞赛的企业及职工均达到90%以上;职工提合理化建议49841条,采纳11847条,累计创价值3876.7万元。

1993—1994年,开展"富民兴德"立功竞赛活动,动员职工开展以"优质、降耗、促销、增效"为主要内容的"我为企业振兴献一计""揭榜攻关"和"三技"等活动。1995年,组织开展社会主义劳动竞赛,并与"管理效益年"活动紧密结合,全市职工提合理化建议43186条,采纳实施17475条,创经济效益1288万元。

1996年,市总工会、市委宣传部、市经贸委联合下发《关于在全市职工中开展"我为'九五'计划做贡献"立功竞赛活动的通知》,年内全市职工提合理化建议40321条,采纳实施15432条,创经济效益1073万元。1997年,以"双文明"立功竞赛活动为载体,组织开展技术学练比活动,19万名职工参加技术比武,提合理化建议14万条,采纳实施1.84万条,创经济效益8367万元。1998—1999年,开展以"三杯两创"(安康杯、管理效益杯、优质服务杯,创优秀经营管理者、创杰出职工)为主要形式的劳动竞赛和提合理化建议活动,先后总结德州大坝集团等8个单位的先进典型;组织技术比武20多次,提合理化建议29470条,实施6480条,创经济效益6800万元以上。

2000年,开展群众性经济技术创新工程,6830人参加全市职工计算机知识普及应用大赛,其中89名选手参加市级大赛,5名选手参加省级大赛。2001年,参加经济技术创新活动的企业和职工均达90%以上,实现创新成果106项,其中4项成果被评为全省优秀成果。2003年,选拔德隆集团4名车工、4名铣工,十三局2名电焊工,锅炉厂、恒升集团各1名电焊工参加全省职工职业技能大赛。2004年,举办工交企业第二届职工技术比武,共有14个企业的84名选手参加通用车工、细纱挡车工、络筒挡车工、有梭织机档车工、修布工等6个工种的竞技比赛。2005年,继续开展群众性经济技术创新活动和"富民兴德"立功竞赛活动,实施"职工技能提升、争当首席技师"行动。

2006年,开展以"大学习、大比武"为主要内容的竞赛活动,在县(市、区)行业技术大比武的基础上,市总工会组织机械、纺织、卫生3个行业12个工种技术比武决赛。2007—2008年,联合经委、劳动、团委、妇联等部门开展"实现新崛起、建设新德州、争当新功臣"活动。2009年,开展以"保增长、扩内需、调结构、做贡献,争当科学发展新功臣"为主题的立功竞赛活动,推动企业降低成本、开拓市场、苦练内功、提高效益,努力帮助企业摆脱困境、渡过难关。2010—2011年,联合妇联、团委、残联、公安、商务局、建委、卫生、教育、国税、地税等10个部门开展"建高地、亮绝活、争先锋"活动,全市工会共举办各类培训班4356期,培训职工29.9万人(次)。

至2011年,通过技术创新活动,全市涌现出各类技术能手2360人,有4590名职工晋升职业资格等级,230名职工荣获德州市"五一劳动奖章"荣誉称号,38个班组(科室)被授予德州市工人先锋号。

第五节　帮扶救助

20世纪80年代末,一些企业生产经营陷入困境,部分职工生活面临困难,各级工会组织会同企业行政多方筹措资金,开展以"送温暖做贴心人"为主要内容的帮扶活动。1990年,地、县(市)工会筹措资金11万元,送到1537户困难职工手中。1992年,开展以"进万家门,知万家情,解万家难,暖万家心"为主要内容的送温暖活动。

1994年，将送温暖活动拓展为“送温暖工程”，在帮助困难企业扭亏增盈、兴办职工职业介绍所、开展职工互助补充保险和职工互助互济活动、建立“送温暖工程”基金等方面开展工作。1995年，在武城县总工会和夏津县总工会进行建立送温暖基金会和职业介绍所试点工作。1996年，建立全市特困职工档案，成立职工送温暖互助储金会。春节期间，各级工会筹资290万元对12294户困难职工进行了救助。1997年，在全市工会系统开展“与困难职工结对子、帮助特困职工解困”活动，当年结对1232户。1998年，市总工会及6个县（市、区）总工会建立职业介绍机构。到2003年，市、县两级工会全部建立困难职工帮扶中心，履行信访接待、法律服务、就业援助、生活救助等职能。

2004年，开展向困难职工和劳模“送保险、献爱心”活动，为78名特困职工和112名劳模办理医疗补充保险，开通“12351”热线电话，表彰24名下岗创业带头人、24名下岗创业示范点及15个下岗创业示范点。2005年，组织“下岗失业人员进民企”专场招聘会，117名下岗失业人员到会应聘；开展“零就业家庭”援助活动，提供就业岗位152个，帮助200多名下岗人员再就业。2006年，深入实施促进就业再就业“助岗扬帆“行动，全市开展职业介绍3486人次，安置2350人次。2007年，围绕全省“送温暖、解难事、促和谐”活动，全市工会相继开展了“温馨问候进万家、救急济难进万家、就业岗位进万家、医疗服务进万家、结对帮扶进万家、政策信息进万家、法律服务进万家、平安返乡进万家”等活动。

2009年，开展工友创业行动，市、县两级工会建立15个工友创业实训基地。2010年，深入开展“工友创业”和“千万农民工援助”行动，对下岗失业困难职工和农民工开展减免费技能培训，为5200人（次）提供免费职业介绍，安置3130人（次）；指导151家企事业单位建立职工互助互济组织。2011年，举办各类培训班20期，培训下岗失业人员和农民工1880余人，为6000余名（次）职工提供免费职业介绍服务。是年，德城区总工会被评为全省工会模范帮扶中心。

1991—2011年，全市各级工会累计筹集资金7258.76万元，资助困难职工211951户（次）；累计筹集资金930.84万元，先后资助9734名特困职工及农民工子女顺利完成学业；帮助419户特困职工家庭落实低保待遇。

2005年，市工会组织金秋助学活动

第六节 职工文化建设

1986年,为加强"四有"(有理想、有道德、有文化、有纪律)职工队伍建设和改进企业思想政治工作,根据全国总工会部署,地区工会配合省总工会对德州国棉厂、化肥厂等9家企业的7500名职工进行书面征询问卷调查,对德州市百货公司第二零售门市部的150名职工进行直接谈话调查,初步掌握了职工队伍的思想状况。

1987年,加强职工文化阵地建设,全区县级文化宫达到14个,458个基层工会建起了职工俱乐部,占应建俱乐部基层工会的90%以上;76%的基层工会建立了图书室、文化活动室。是年,德州工人文化宫举办了"德州市第二届消夏文化夜市",历时22天,活动项目26个,参加活动的达1400人,观众10多万人。

1988年,开展"怎样把工会建成职工群众自己的组织"大讨论,地委书记、专员带头参加,全区共写出讨论文章9426篇。1989年,在全区职工中开展"忆十年,话改革"形势教育活动,全区共建"忆、话"领导小组2064个,参加领导小组的各级党政工干部10344人,1047个单位的34.5万名干部职工参加活动,其中1.7万名职工参加知识竞赛,8400名职工对十年改革成就与存在的问题进行口头答辩,1535名职工登台演讲。1990年,地区工会联合地委宣传部组织开展读书演讲活动,参加活动的职工30.5万人,占职工总数的90.8%,17.4万职工参加了"百题知识竞赛"答卷活动。1991年,开展以"爱党、爱国、爱社会主义"为主要内容的"三热爱"主题系列教育活动,全区3000名职工登台演讲、12万名职工参加知识竞赛、举办文艺演唱会423场次。"五一"期间,地区工会组织"咱们工人有力量"文艺晚会暨全区职工文艺调演。1994年,先后举办"主人翁与市场经济"主题系列活动、"市场经济大家谈"征文活动以及"闯市场、讲道德、做主人、多贡献"演讲活动。

1996年,举办德州市第七届"敬业爱岗、职业道德"演讲比赛,并选拔4名优秀选手参加全省比赛,获一等奖1个、二等奖2个,三等奖2个。1997年,围绕爱国主义、集体主义、社会主义和职业道德教育,组织开展"讲文明、树新风"活动和争创"职业道德建设先进集体""职业道德标兵"以及"文明职工""文明职工家庭"活动。1999年,开展"学理论、忆光辉历程;话改革,迎世纪钟声"为主题系列教育活动,评出优秀答卷100份。2000年,组织"企业改革与发展"百题竞答活动,近10万名职工参加。2001年,市总工会与市委宣传部联合举办全市"三新"(新世纪、新起点、新形象)职工演讲比赛,共有35个单位的49名选手参赛。2002年,市总工会选派代表团参加全省职工第四届运动会,跳高选手于英曼获得女子跳高第七名的好成绩,禹城市电业公司篮球代表队获得体育道德风尚奖。2003年,围绕学习贯彻中共十六大精神,组织开展答题竞赛和"我们这样奔小康"为主题的征文活动,职工答题参赛率达到95%。

2004年起,在全市开展创建学习型组织、争做知识型职工活动。2006年,市总工会与市委宣传部、市委讲师团联合编写《德州市职工学习100问》读本,并组织开展全市读书"1+1"(市总工会推荐1本,个人自选1本)系列活动。2007年,德州市立医院妇产科获得全国学习型先进班组,德州市教育局刘民生获得全国知识型职工先进个人荣誉称号。2009年,按照全国总工会和省总工会统一部署,启动职工书屋建设,当年建设全国工会"职工书屋"示范点2个,自建点25个。2010年,以职工书屋为载体,先后在职工中开展"五个一"(读一本好书、写一篇读后感、提一项合理化建议、练一项绝活、提升一个技术等级)读书学习活动和重点项目建设工地农民工流动书屋建设结对捐助活动。2011年,深入开展"创建学习型组织,争做知识型职工"活动,并将4月定为"职工教育培训月"。年内,推荐临邑县工人文化中心、庆云县信誉商厦、恒升大学为全国职工教育培训示范点,建设基层职工教育培训点85处。

附:德州市工人文化宫简介

建于1953年,始称德州市职工俱乐部,隶属县级德州市总工会管理。1978年5月定名为德州市工人文化宫。1995年,上划地级德州市。2000年由德州市三八路中路迁至文化路新湖风景区内。2011年,文化宫有4000平方米活动楼1座,内设培训教室及舞厅、游戏厅、录像厅、茶座、冷饮吧等经营项目;有6000平方米体育场1个,设有塑胶灯光蓝球场、塑胶灯光网球场、露天舞场等。有职工22人,其中高级职称1人,中级职称5人,初级职称4人;下设综合管理部、培训部、文艺部和体育部。

第七节 劳模评选

一、劳动模范评选

1988年后,市(地区)、县两级于每年五一劳动节之前均隆重召开表彰大会,表彰各级劳动模范。其中,全国劳模、全国五一劳动奖章、省劳模、省富民劳动奖章、省富民兴鲁劳动奖状等荣誉,均由上级下达评选指标,市总工会(地区工会)组织层层推荐选拔上报,上级组织审核确定;市(地区)劳模由市政府(地区行署)研究确定年度表彰总人数,市总工会组织各级工会选拔推荐审核,报市政府(地区行署)批准;各县同时组织表彰县级劳动模范。2006年增加"富民兴德"劳动奖状评选,2008年改为德州市五一劳动奖状,并增加德州市五一劳动奖章、德州市工人先锋号评选。

截至2011年年底,经市总工会(地区工会)组织推荐,全市有27人获"全国劳动模范和先进工作者"称号,33人获"全国五一劳动奖章"称号,11个单位获"全国五一劳动奖状"称号,6个单位获"全国工人先锋号";172人获"山东省劳动模范和先进工作者"称号,310人获"山东省富民兴鲁劳动奖章",79个单位获"山东省富民兴鲁劳动奖状",30个单位获"山东省工人先锋号";评选表彰德州市(地区)劳动模范1090人,五一劳动奖章633人,五一劳动奖状154人,"富民兴德"劳动奖状98个,工人先锋号191个。

二、劳动模范褒奖

2005年,市政府办公室印发《德州市劳动模范评选及管理办法》,规定离(退)休劳动模范享受荣誉津贴:全国劳动模范每月100元,省

2011年,德州市庆祝五一节大会召开

级劳动模范每月80元，市级劳动模范每月60元；50—60年代获得劳动模范称号的，在此基础上每月增加20元；70年代获得劳动模范称号的，在此基础上每月增加10元。截至2011年年底，市总工会慰问全国劳模306人次，发放专项帮扶资金255.15万元；慰问困难省劳模822人次，发放慰问金822万元；慰问困难市劳模394人次，发放慰问金19.7万元。

第二章　共产主义青年团

1986年，全区共有基层团委446个，团总支999个，团支部14447个，团员25.3万名。1986年起，各级基层团组织以深化改革为重点，带领青年在经济建设战场上建功立业，先后开展了“争夺七五功勋杯”“青春献‘八五’、奉献在本职”等活动，实施了青年科技致富工程、青年奔小康行动、青春创业行动、青春建功新农村行动。

1993年，开展“青年全优岗”活动。同年，启动希望助学工程。1994年开展创建“青年文明号”活动。1999年，实施创建优秀青少年维权岗活动，针对性地开展青少年维权工作，进一步延伸了维权工作手臂。2009年，联合市委组织部下发《关于进一步深化党建带团建加强全市基层基础工作的意见》，将团的建设纳入党的建设的总体布局。至2011年年底，全市共有基层团委1128个，团总支1018个，团支部8052个，团员31.23万名。1986—2011年，有42项获市级以上表彰，全市共涌现出国家级青年文明号16个，省级青年文明号222个，市级青年文明号512个，县级青年文明号2000多个；共举办各类青年培训班1000多期，培训青年10万多人次，为青年协调贷款6亿多元，帮助2.1万名青年实现再就业；希望工程累计筹集资金达1400多万元，救助学生1.35万名，建成希望小学57所。

第一节　代表大会

地级共青团德州市首届代表大会于1998年9月召开，至2011年，历经3届。首届代表大会届次顺延原县级共青团德州市代表大会届次，即地级“共青团德州市第十八次代表大会”。

一、共青团德州市第十八次代表大会

1998年9月7—9日召开，到会代表216人。市委副书记孙永春代表市委发表题为《肩负起跨世纪的重任，做伟大时代的创业者》的祝词。会议审议通过《高举邓小平理论伟大旗帜，团结带领全市青年为实现跨世纪宏伟目标而奋斗》的报告；选举产生由27人组成的共青团德州市第十八届委员会，候补委员10名。在第十八届一次全体委员会议上，选举产生由11人组成的常务委员会，苏东亮当选为书记，副书记4人。

二、共青团德州市第十九次代表大会

2003年4月26—28日召开，到会代表208人。会议审议通过共青团德州市第十八届委员会工作报告；选举产生由27人组成的共青团德州市委第十九届委员会，候补委员16名。在第十九届一次全体委员会议上，选举产生由11人组成的常务委员会，孙起生当选为书记，副书记

4人。

三、共青团德州市第二十次代表大会

2008年12月24—26日召开，到会代表209人。会议审议通过共青团德州市第十九届委员会工作报告；选举产生由27人组成的共青团德州市第二十届委员会，候补委员18名。在第二十届一次全体委员会议上，选举产生由11人组成的常务委员会，高秀鹏当选为书记，副书记3人。

第二节　组织建设

1986年，共青团德州地委辖基层团委446个，团总支999个，团支部14447个，团员25.3万名。1989年，制发《德州地区团的建设三年规划》。到1992年，全区1/4以上的乡镇配齐两名以上专职团干部，1.3万个团支部健全领导班子。1993年起，重点推荐优秀团员作为党的发展对象，推荐优秀青年人才上岗工作。1994年，全市有2200名优秀团员被推荐为党的发展对象，672名优秀青年人才被提拔重用。

1995年，共青团德州地委更名为共青团德州市委。是年，中共德州市委下发《关于加强共青团工作的意见》，对加强团组织和干部队伍建设等提出了明确要求。是年，全市团员总数已达26.88万人，占青年总数的21.3%；各级团组织向党组织推荐优秀团员3360名，其中加入党组织1875名；全市县以上专职团干部有10人走上新的领导岗位，130名团干部在乡镇换届选举中得到提拔重用。1996年，把发展重点放在农村、中学和乡村办企业中的优秀青年上，全市发展新团员7.76万名，团青比例达21.4%，其中农村团青比例较上年提高了3个百分点。各级团组织向党组织推荐优秀团员3481名，其中加入党组织2808名。1997年，加强新经济组织团的建设，年内新经济组织建团率达到40%。2001年，按照“有班子、有制度、有活动、有作用”和“六无六模范”（团支部内无科盲，做学科技、用科技代表先进生产力的模范；无贫困户，做勤劳致富、帮贫扶困的模范；无邪教，做崇尚科学、破除迷信的模范；无犯罪，做遵纪守法的模范；无集体上访，做促进农村稳定的模范；无纠纷，做化解农村矛盾的模范）的要求，对农村团支部进行整顿。

2005年，市委办公室转发《市委组织部、共青团德州市委关于深化党建带团建进一步加强农村基层团组织建设的意见》，11个县（市、区）均以党委名义下发了团建星级化管理意见。2009年，市委组织部、团市委联合下发《关于进一步深化党建带团建加强全市基层基础工作的意见》，将团的建设纳入党的建设的总体布局。同年，适应村庄合并的新情况，通过村村联建、村企联建、协会建团、产业建团等模式，新建团总支739个、团支部2356个。2010年，启动两新组织团建和驻外团工委工作，当年建立非公有制企业建立团组织242家，新社会组织团支部122家，驻外团工委13个。2011年，以村“两委”换届为契机，将全市8019个村团支部整合为3070个农村社区团组织，两新团组织建团率达87%。

至2011年年底，团市委辖13个区县（市）团委，基层团委1128个，团总支1018个，团支部8052个；全市共有青年867811名（14至28周岁），团员312341名，占青年总数的35.99%；共有专职团干部715名，兼职团干部7720名。

第三节　青春建功活动

一、城市青春建功活动

1986—1992年，各级团组织开展以“争夺七五功勋杯”“双岗双提高”“爱岗、争佳、创一流”“五小智慧杯竞赛”“青春献八五、奉献在本职”等为主要内容的青工建功立业活动，先后举办各类技术比武活动2.63万次，完成小发明、小创造、小革新成果14.5万项，创经济效益18.7亿元。

1993年，以创“十业百岗”活动为总抓手，开展争创“青年全优岗”活动，德州电业局、华能德州发电厂等5个单位获全省“双岗双提高”竞赛活动先进单位称号，有5人被评为全省先进个人。1995年，团市委联合市经委、市劳动局联合制定《关于进一步开展培养青年岗位能手活动的意见》，并成立全市青年岗位能手协调小组。年内，全市创办青工业余培训基地8处，企业创办42处，90%以上大中型企业开展了活动。其中，德州恒升化工集团团委获“全国青年岗位能手活动优秀组织奖”称号。

1998年，配合全市下岗再就业工程，团市委与市劳动局联合下发《关于积极做好下岗青工再就业工作的意见》，要求各级团组织积极扶持下岗青工再就业，培养青年兴业领头人。是年，全市各级团组织共培训下岗青工1400余人，使1000余人走上再就业之路。

2000年，团市委联合有关部门下发《关于在全市企业职工中开展创新创效活动的意见》，要求把创新创效活动融入青年岗位能手、青年突击队、导师带徒、“五小竞赛”、技术比武等活动中。年内，全市青工创造发明60多项，为企业创利500多万元。2003年，推进“学士后流动站”建设工作，建立了山东德棉股份有限公司等重点建站试点企业，其经验在全省推广。2004年，团中央书记处第一书记周强等到德州视察“学士后流动站”建设工作，并给予了充分肯定。

2006年1月，举行青春创业行动开行项目暨全省首个示范点——陵县乐悟集团授牌仪式。年内，通过采取龙头带动、金融扶持模式，乐悟青春创业园奶牛存栏量达3000多头，带动创业青年100余人，建立起5个“青”字号培训基地。

2008年，建成中国青年国际创业计划（YBC）德州办公室，通过动员社会各界特别是工商界的人才资源，为创业青年提供导师辅导以及启动资金、技术帮助、工商网络的支持，并先后在平原、乐陵、宁津等10个县（市、区）成立工作站。是年，以“学士后流动站”为载体拓宽大学生就业渠道，建成省级“学士后流动站”1所，市级“学士后流动站”18所，接纳大众站毕业生800余名，争取青春创业贴息专项资金

2011年德州市青年集体婚礼　　（赵登勤　摄）

5.5 万元。2010 年，加强与金融部门合作，出台《关于强化金融支持助推青年创业的意见》。2011 年，利用 YBC 青年创业计划，全市 78 个项目获得无息创业基金 383 万元。

二、农村青春建功活动

1986—1992 年，在农村团员青年中开展兴建科技“星火”工程，地、县、乡三级科技培训网络累计举办培训班 1.37 万期，培训青年科技“星火”带头人 1.5 万余人，科技示范户 7 万多个。在农田水利基本建设和植树造林、绿化家乡活动中，全区共有 8500 支青年突击队，完成土方 1.6 亿立方米，植树 3.17 亿株，建青年林 2.52 万处，乐陵市团委组织的“十万亩枣园综合开发工程”被团省委命名为“山东省省级共青团工程”。

1993 年，开展培养农村青年科技星火带头人活动，全市涌现出国家级科技星火带头人 3 人，省级科技星火带头人 67 人，市级科技星火带头人 10 人，夏津县被团中央确定为全国 100 个星火项目扩散示范县之一。1995 年，在全市选择 22 个乡、800 个村、2000 个户作为示范单位，开展青年致富工程试点工作。1996 年，在试点的基础上，青年致富工程在全市推开。到 1997 年，创建一大批以青年林、青年路、青少年绿化基地为主的绿化工程，宁津县、乐陵市等 3 处青少年绿化基地被团省委、省林业厅评为省级“青少年绿化基地”。2001 年，深化青年星火带头人活动，按照青年星火带头人“六个一”（围绕一个产业、建立一个基地、领办一个项目、网络一批能人、建立一个组织、惠泽一批农户）的培养模式，培养县级以上星火带头人 127 名，评选 26 名德州市青年星火带头人，9 人被授予山东省青年带头人称号，3 人被评为全国青年星火带头人标兵。

2003 年，市委、市政府办公室下发《关于转发团市委等八部门〈关于在全市开展“青年奔小康”的意见〉的通知》，成立德州“青年奔小康行动”领导小组，并于 4 月 11 日举行德州市“青年奔小康行动”启动仪式。年内，开展各级各类科技培训班 70 期，受训青年近 5000 人；培养青年致富带头人 463 名，其中星火带头人 109 名；建立各类青年标准化生产示范基地 17 个，各类农村青年合作经济组织 61 个。2004 年 8 月 7 日，全省农村青年中心建设现场推进会在德州召开，齐河县、德城区、武城县被确定为全国农村青年中心创建先进县，齐河县表白寺青年中心、陵县张武青年中心被确定为全国农村青年中心重点联系点。到年底，全市共建立农村青年中心 13 个，发展团体会员 121 个、个人会员 11637 人，吸纳 52 名乡镇干部在农村青年中心工作。中心工作人员和会员招商引资 217 万元，为扶持的 31 名创办企业青年、272 名从事个体工商业青年协调贷款近 900 万元，上缴利润 120 万元。

2006 年，启动“青春建功新农村——百千万农村青年创业计划”，探索“龙头企业 + 农户”、“互助会”信贷联保、“一本通”等为主要形式的多样化贷款模式体系，全市落实农村青年创业发展项目 119 个，协议贷款总额 7129.86 万元，市级发放贷款达 5991.66 万元。2007 年，实施“百千万计划——森源”模式，为食用菌等 6 大主导产业的 6700 名创业青年协调贷款 1.21 亿元。2008 年，加强与市农信社、市农行的联系，稳步推进“百千万计划”的实施，联合大中专院校开展免费技能培训工程，免费培训青年 600 多人。2010 年，团市委会同市银监局、市农信社等 7 家单位联合印发《关于强化金融支持助推青年创业的意见》。6 月，全省青年就业创业现场推进会在德州市召开，德州市探索的搭建政策、资金、培训、见习、宣传、信息 6 大平台的典型做法向全省推广。2011 年，加强与相关涉农金融机构的合作，重点推进农村青年信用示范户工作，当年共帮助农村青年争取到创业小额贷款5211万元，1259人获得贷款。

三、创建“青年文明号”活动

自1994年起，各级团组织开展创建青年文明号活动。1995年，争创活动扩展到全市14个窗口行业和系统。2005年后，每年在青年文明号集体中都开展一项主题活动，其中2007年开展了“诚信服务促和谐”活动，2009年开展了“服务企业当先锋促进就业展风采”活动，2011年开展了“创先争优当先锋转变作风促发展”活动。至2011年，全市共涌现出国家级青年文明号16个，省级青年文明号222个，市级青年文明号512个，县级青年文明号2000多个。

第四节　青少年思想教育

1986—1992年，开展以“学习雷锋精神，争当最佳青年，树立文明标兵”为主题的学雷锋系列活动，提出了“岗位学雷锋，行业树新风，社会送温暖”等具有鲜明时代特色的口号。到1992年，全区建立“青少年学雷锋责任区、示范区”216个，1.8万个“双学”小组、1.4万个服务队上街开展活动。与此同时，以培育“四有”新人为目标，自1987年起坚持每年一个主题，先后开展了“富民兴鲁，振兴德州”“树立德州青年新形象”“坚持立国之本，确立人生航标”“高举团旗跟党走，稳定大局做贡献”“党爱青年、青年爱党、爱社会主义”和“学团史、创新业、扬团威”等主题教育活动。

1993年，在大中学生中进行“两史一情”（近代史、现代史及国情）教育，其中开展的“国情知识竞赛”获得中宣部、团中央授予的组织奖，10名同学获个人奖。1994年，以《邓小平文选》《什么是社会主义市场经济》《现代科学技术基础知识》为读本，开展有中国特色社会主义理论、社会主义市场经济和现代科技知识的学习，团员青年受教育面达97%以上。1995年，广泛开展“爱国、立志、成才、奉献”为主要内容的爱国主义主题教育活动，各级团组织举办学习班300多期，60%以上团员青年参加了各种竞赛。1996年，在机关干部中开展以学习理论特色为主要内容的“三学”活动，采用征文、演讲比赛、知识竞赛等形式深刻学习领会邓小平建设有中国特色社会主义理论和中共十四届五中、六中全会精神。1997年，以贯彻落实《爱国主义教育实施纲要》为核心，以香港回归、中共十五大召开为契机，把爱国主义教育与争创青年文明岗、争当岗位能手结合起来，弘扬爱国奉献、无私无畏、热心服务、见义勇为的良好社会风尚。同年，综合性信息刊物《德州共青团》创刊，加强团的信息调研工作。

1999年，团市委与市委宣传部等部门联合下发《德州市青少年新世纪读书计划实施方案》，先后举办德州市青少年“知我国情、爱我中华”国情知识电视大赛、迎澳门回归知识竞赛、高新技术知识竞赛等主题读书活动。2000年9月，举办首届德州市青年集体婚礼，80对新婚夫妇参加。此后，这一活动每年举办一届，成为团市委倡导移风易俗、勤俭节约新风尚的经典品牌活动。2001—2004年，全力加强团员青年的政治理论教育，开展了读书会、演讲比赛、知识竞赛、理论研讨、聘请专家讲座等多种形式的教育活动。2005年，开展“实施三步跨越，建设小康德州”“落实科学发展观，做经济社会发展的排头兵”宣传活动，进一步激发了广大青年投身社会主义建设的激情。

2006年，青少年教育阵地建设工作纳入全市“十一五”规划，当年德州游乐园（希森欢乐岛）被命名为第四批全国青少年教育基地。2007年，德州市青少年宫被授予中国青少年社会教育“银杏奖”称号。2009年，组织优秀创业青年及英雄孟祥斌、胡军胡敏敏兄妹舍己为人事迹巡回报告会，教育引导广大青少年学习先进，立志报国。2010 年，启动分类引导青年试点工作，武城县共青团青年服务平台被团中央收录为全团分类引导典型案例在全国推广。2011 年，推动《青年思想引导大纲》的转化和运用工作，全面把握不同青年群体的实际需求，探索符合德州市实际的引导路径和方法，取得明显成效。

德州青少年宫

建成于 1993 年 6 月，为团市委管理的事业单位。初期内设特色学前园，同时主要开展青少年艺术培训。1994 年建立德州市艺术学校。2004 年接管占地 4.53 公顷的希森欢乐岛。2007 年，被授予中国青少年社会教育“银杏奖”称号。至 2011 年，青少年宫占地面积 1 公顷，教学活动楼建筑面积 4300 平方米，下设文学艺术学校、科技体育学校、特色学前幼儿园、教务中心、青少年服务中心、希森欢乐岛（德州游乐园）等单位和部门。

第五节　志愿者活动

1994 年 8 月，德州地区青年志愿者协会成立，办公室设在团地委。1995 年，在德州农校举行青年志愿者服务队授旗仪式，成立德州大中学生志愿服务总队，约 20 万名青年学生加入志愿者行列。年内，在全市“学雷锋青年志愿者奉献日”活动中，青年志愿者协会建立青年联防队 1886 支，招募志愿者 8400 多人，组建青年志愿者“一助一”助残服务队 1000 多支，与 785 个服务对象结成对子，定期为他们提供生活医疗等志愿服务。中央电视台、山东电视台分别报道了德州志愿者活动。1996 年，团市委把每年 3 月定为青年志愿者活动宣传月，联合《德州日报》、德州电视台开办“青年志愿者风采”专栏。1997 年，把青年志愿者活动与“讲文明，树新风”活动结合起来，开展便民服务 60 多万人次，有 500 多支青年志愿者服务队走进社区服务，参与创建的文明区域达 800 多个。此后，在市党代会、人代会、政协会召开期间，青年志愿者服务队为代表、委员们提供优质服务；在第一至第十届经贸洽谈会及第一届、第二届太阳能博览会期间，有 4000 余名青年志愿者提供翻译、礼仪等服务。

2006 年 11 月，德州市志愿者协会（由德州地区青年志愿者协会改称），奉行和倡导“团结、友爱、互助、进步”精神。2008 年，四川汶川地震发生后，各界志愿者为灾区捐款 28.26 万元，献血 5 万毫升。2009 年，团市委招募 4350 名志愿者，参与十一届全运会志愿服务工作，其中 150 名赛会志愿者在 9 大领域、19 类岗位上，累计上岗 5000 多人次，服务近 5 万小时；200 名城市志愿者、4000 名社会志愿者在全市近 100 个志愿服务岗位上，累计服务超过 42 万小时，成为德州市最靓丽的名片。2010 年 9 月，第四届世界太阳城大会在中国太阳谷召开，3400 名志愿者为大会累计提供服务 12 万小时，解答咨询和接待宾客 10 万人次，发放大会材料和志愿服务导览图 9 万多份，圆满完成各项志愿服务任务，赢得参会嘉宾和社会各界的高度赞誉。2011 年，围绕服务创建国家卫生城、省级文明城，举行“保护母亲河共建生态林”、创卫志愿服务等活动，全市青年志愿者共种植树木 10 万余株，发放创卫健康知识读本 3 万余册。

第六节　青少年维权

1990 年，德州地区未成年人保护委员会成立，办公室设在团地委权益部。1993 年，各级团组织开展《中华人民共和国未成年人保护法》和《山东省未成年人保护条例》(简称一法一条例)的学习宣传活动。1994 年,实施以“孩子、明天、责任”为主题的“保护明天行动”。1999 年,与市公安局、检察院、法院、技术监督局 4 部门联合开展创建优秀“青少年维权岗”活动。当年市工商局德城分局建设工商所、德城区检察院审查起诉科、德州市法律援助中心被授予省级优秀“青少年维权岗”称号,德城区检察院被评为全国未成年人保护工作先进集体。2000 年,德城区检察院被命名为首批省级“优秀青少年维权岗”。2003 年,在全省率先建立青少年维权中心,并确定 4 家律师事务所为德州市青少年维权中心服务单位。2004 年,启动县级青少年维权中心建设,当年建成县级青少年维权中心 9 个,维权站(点)296 个,实现了青少年维权工作的网络覆盖。到 2006 年,全市建成县级青少年维权中心 10 个,维权站(点)350 多个,指定 20 家青少年维权服务单位,构建起以青少年维权中心为龙头,以维权站为纽带,以维权服务中心指定服务单位、优秀青少年维权岗及创建集体为依托的青少年维权服务网络。

2007 年,启动 12355 青少年服务台建设,完善协调联动机制,健全联席会议、维权岗单位驻社区、接待咨询等管理制度,建立青少年成长环境监测评估反馈体系,优化青少年成长环境。2009 年,开展创建“未成年人零犯罪社区”活动。截至 2011 年,全市各级维权中心共接受各类咨询 2778 人次,接受各类侵权投诉 371 起,有效解决 233 起。

第七节 希望工程

希望工程是中国青少年发展基金会发起倡导并组织实施的一项社会公益事业,其宗旨是资助贫困地区失学儿童重返校园,建设希望小学,改善农村办学条件。

1993 年,德州地区希望工程助学基金会成立。是年,通过社会捐赠,结对救助 1104 名失学少年重返校园。1994 年,开展“希望工程献爱心结对救助失学少年”“党团支部献爱心,失学孩子返校园”等活动,接受捐款 180 余万元,救助失学少年 4551 人,筹建希望小学 5 所。1995 年 1 月,由省、地、县三级捐资 70 万元建设的禹城市房寺镇“希望小学”落成。

1996 年,市希望工程办公室与德州电视台联合录制专题片《托起明天的太阳——德州市希望工程纪实》,与德州人民广播电台合作开办“希望之声”专栏节目。1997 年,配合下岗再就业工程,开展“向特困企业下岗困难职工献爱心希望工程特别援助行动”,向 404 名特困下岗职工子女发放每人 200 元特别援助金。1998 年,救助特困下岗职工子女增至 1000 人。1999 年,启动“手拉手”一助一爱心援助计划。

2002 年,启动资助特困大学生“阳光行动”,当年筹款 4 万元资助 50 名特困大学生完成学业。2004 年,联合市民族宗教局设立民族宗教希望工程基金,用于资助家庭经济困难的少数民族学生完成学业,首批捐助 35 名中小学生。2005 年,全省“救助贫困残疾儿童捐赠仪式”在夏津县精华聋儿语训希望学校举行,建立共青希望图书室 1 个,资助 100 名残疾学生 200 元的助学金。2011 年,首次组织 30 名贫困学子参加爱心之旅,实现学子们“出去看看外面世界”的梦想,并在《德州晚报》设置专版集中连续刊载 30 名贫困学子成长经历,共募集捐款 34.86 万元,救助贫困大学生 90 人。

1993—2011 年,全市希望工程累计筹集资金达 1400 多万元,救助贫困家庭学生 1.35 万名,建成希望小学 57 所。

第八节　青少年团体

一、德州市青年联合会

成立于1980年2月。1999年5月25日召开地级德州市首届青年联合会第一次委员会议，即地级“德州市青年联合会第四届一次委员会议”（顺延原县级德州市青年联合会届次）。2005年4月27日、2010年5月4日先后召开第五、第六届委员会第一次会议，分别选举产生德州市青年联合会新一届常务委员会和主席、副主席。至2011年，市青联实行团体会员制，共有5个团体会员，即共青团德州市委员会、德州市学生联合会、德州市志愿者协会、德州市青年企业家协会、德州市青年摄影家协会。

市青联建立初期，工作对象主要是少数民族宗教界人士和科研人员。1985年后，广泛吸收社会各界青年人才，先后举办3届青年书法，美术、摄影作品展览；组织青年与法报告团，宣传社会主义民主与法制。1989年后，开展“立足本职作贡献，争做优秀青联委员”等活动。1994年起，举办德州市十大杰出青年评选表彰活动。至2008年历经12届，共评选出十大杰出青年120名。

二、德州市学生联合会

1990年11月7—8日，德州地区学生联合会第一次代表大会召开，选举产生德州地区学联第一届委员会和主席团。此后，于1999年5月、2005年4月、2010年5月先后召开第二、第三、第四次代表大会，分别选举产生由新一届学联委员会和主席团。

1991年，地区学联与团地委下发《关于在全区大中学生中广泛开展“学史、爱党、奋斗、实践”系列教育活动的意见》，并在全区大中学生中全面展开系列教育活动。自1997年起，连续组织开展科技、文化、卫生“三下乡”活动。

三、中国少年先锋队德州市委员会

1988年11月17—18日，中国少年先锋队德州地区第一次代表大会在德州召开，选举产生了中国少年先锋队德州地区委员会和德州地区红领巾理事会。到1994年，地、县、乡（镇）三级都配备了总辅导员，大中队辅导员27554人，校外辅导员5200人。

少年先锋队成立后，组织全市（区）少先队员开展“争当四有小金星”“学赖宁、戴奖章、争做德州好青年”“学赖宁、学马丽争做金星队员”等活动。1993年，团地委、地区教育局、地区少工委等11家单位联合制发《德州地区少先队劳动实践条例》，使全区劳动实践活动步入规范化轨道。1995年，开展以自理、自学、自护为主要内容的少先队技能达标活动，促进少年儿童全面发展，健康成长。1997年，全面推行“雏鹰奖章争章卡”制度，强化活动的科学性和操作性，并确定3个县、20所学校为市级跨世纪中国少年雏鹰行动示范县和示范学校。到2002年，争章活动普及率达80%，成为推动素质教育的重要力量。

2008年，根据《德州市少先队工作规范化学校评估标准》的规定，命名了50多所市级规范化学校。截至2011年，全市有19所小学被命名为“山东省少先队规范化学校”。

第三章 妇女联合会

1986年以后，全市(区)各级妇联把握推进妇女发展和维护妇女权益两条主线，发挥代表、参与、教育、服务和联谊的社会职能，开展三大主体活动(“双学双比”“巾帼建功”“五好文明家庭”创建活动)和巾帼系列行动，全面实施“一法”“两纲”(一法，即妇女权益保障法；两纲，即德州妇女发展纲要和德州儿童发展纲要)，妇女儿童事业取得全面进步。

第一节 代表大会

地级德州市首届妇女代表大会于1998年10月召开，至2011年，历经3届。首届妇女代表大会届次顺延原县级德州市妇女代表大会届次，即地级“德州市妇女第十三次代表大会”。

一、德州市妇女第十三次代表大会

1998年10月26—28日召开，参会代表219名。市委书记赵克志出席会议并作讲话。会议审议通过《高举邓小平理论伟大旗帜，团结动员全市妇女为实现跨世纪宏伟目标努力奋斗》的工作报告；选举由35人组成的德州市妇女联合会第十三届执行委员会。在十三届一次执委会上，选举常委7人，杨玉娥当选为主席，副主席3人。

二、德州市妇女第十四次代表大会

2004年2月29日—3月1日召开，出席代表220名。省妇联主席赵玉兰出席开幕式并作讲话；市委常委迟丽华向大会致辞。会议审议通过《以“三个代表”重要思想为指导，团结动员广大妇女为全面建设小康德州而奋斗》的工作报告；选举产生由35人组成的德州市妇女联合会第十四届执行委员会。在十四届一次执委会上，选举常委7人，杨玉娥当选为主席，副主席3人。

三、德州市妇女第十五次代表大会

2010年3月2—3日召开，出席代表220名。省妇联主席翟黎明出席开幕式并讲话；市委常委陈永华向大会致辞。会议审议通过《深入贯彻落实科学发展观，团结动员全市妇女为打造区域经济文化高地努力奋斗》的工作报告；选举产生由43人组成德州市妇女联合会第十五届执行委员会。在十五届一次执委会上，选举常委8人，张化琴当选为主席，副主席3人，兼职副主席3人。

第二节 组织建设

1986年，山东省妇女联合会德州地区分会(简称德州地区妇联)辖县(市)妇联13个，乡(镇、街道)妇联262个。是年9月，地委办公室转发地区妇联《关于结合农村整党，进一步加强基层妇女组织建设的报告》。到1987年，全区共建村妇代会9862个，占应建数的97.3%。1989年，在地直党政机关、科教文卫等事业单位建立妇女组织工作，年内共建妇委会380个，占应建的95.3%。1990年11月至1991年3月，结合农村社会主义教育，重点整顿软、散、瘫妇代会和解决空白村问题，全区8239个行政村、635个乡镇企业全部建立了妇代会。

1995年，德州地区妇联更名为德州市妇女联合会。是年，全市有1458名中青年妇女充实进村妇代会班子，其中609名担任村妇代会主任，91.97%的进入村“两委”班子。2000年，开展在非公有制经济组织中建立妇女组织工作，当年建立妇代会474个。至2002年年底，全市基层妇女组织已达9626个，其中市直妇委会108个，民主党派妇工委1个，县（市区）直妇委会563个，市、县女职工委员会449个，专业市场、个体劳协妇委会38个，私营企业妇委会279个，乡镇（街道）妇女联合会124个，村居妇代会8102个，组建率达到100%。。

2003年8月，市委办公室、市委组织部分别批转下发《关于召开县乡两级妇女代表大会的报告》，明确提出县（市、区）妇联班子中30岁以下的干部至少配备1名，全市范围内正职中35岁左右的应有一定比例。督促建工委、商贸开发区党工委建立了妇女组织。2004年9月，制发《关于在全市开展“十佳百优”争创活动，打造创业型妇联组织的实施意见》。到2005年，全市11个县（市、区）妇联，70%以上的乡镇妇联办起了实体性服务机构；村妇代会主任进“两委”班子的达45%。

2008年，市妇联与市委组织部联合出台《关于进一步加强机关企事业单位妇女组织建设的意见》，将妇女组织建设纳入基层党建整体规划。2010年6月，在平原县召开全市“党建带妇建”现场推进会，妇女组织建设进入新阶段。

至2011年年底，全市共有各级各类妇女组织4435个，其中市、区县、乡镇（街道）妇联146个，村（居）妇代会3175个，党政机关、企事业单位妇委会748个，其他366个。市妇联内设办公室、组织联络部、宣传部、权益部、儿童部、发展部6个职能部室；下辖市妇女儿童活动中心1个事业单位。

第三节　妇女合法权益维护

一、维权服务

1986年后，各级妇联采取培训骨干、开展法律知识竞赛、法律咨询等形式，引导广大妇女学法用法。至1990年，乡以上妇联举办法律培训班618期，培训16万人次。

1992年，《中华人民共和国妇女权益保障法》（以下简称《妇女权益保障法》）颁布后，各级妇联成立宣传领导小组，利用电视、广播、报刊等进行宣传，开展《妇女权益保障法》知识竞赛，协调督促有关部门解决妇女在招工、招生、住房分配及婚姻家庭等方面的问题。1995年，开展《妇女权益保障法》实施情况检查，对于普遍存在的妇女参政比例低、就业难及《女职工劳动保护规定》不落实等问题提出了建议。

1996年起，逐步实现被动维权向主动维权和政策性维权的转变。同年11月，筹建“德州市妇联法律服务所”，直接承接协调、代书、办案、咨询等服务业务。1997年，依据省高级人民法院有关规定，建立特邀陪审员制度，全市从妇联干部中选聘222名女特邀陪审员（市级2名、县级22名、乡级198名），依法参与法律审判及法律服务工作。

2002年，按“五有”（有场地、有牌子、有制度、有档案、有收入）、“四统一”（统一名称、统一牌子规格、统一档案标准、统一管理制度）标准，规范法律服务所建设，各级妇联组织建立法律服务中心（站）34处，县以上妇联建立维权协调小组2个，妇女援助中心9个，维权服务热线10条，妇女法律顾问处3个，乡以上法律顾问服务所（站）34个。

2008年，市妇联与市法院协调建立妇女维权合议庭，协调公安局出台《关于建立“110家庭暴力报警服务中心”的通知》，推动公安系统建立家庭暴力案件接警处置系统。2011年,探索建立12338妇女维权综合服务平台,成立项目专家督导委员会、人民调解委员会、妇女维权志愿者协会3个工作机构,将个案处理、民事纠纷调解、来电咨询等工作统一纳入平台。

二、贫困母亲救助

2007年,启动贫困母亲救助行动。2009年,在庆云县召开省暨市妇联“贫困母亲救助行动”现场推进会,100名贫困母亲获得250余万元的救助资金。2010年,争取省妇联20万元资助齐河县100名贫困母亲发展林业种植项目。2011年,省、市妇联为10名贫困母亲发放2万元资金,开展义诊、健康咨询活动。同年,省实施“贫困母亲救助行动”示范推广工程现场推进会在庆云县召开,捐赠贫困母亲生产扶助金40万元,通过400万小额贷款依托肉鸭养殖项目将扶助200名贫困母亲两年内脱贫。截至2011年年底,全市共资助1100余名贫困母亲就业创业,发放各类救助资金720多万元。

第四节 儿童工作

一、家庭教育指导

1986年后,地区妇联牵头先后成立德州地区儿童少年工作委员会、托幼工作领导小组和家庭教育研究会,重点加强全区幼儿园所建设管理及家庭教育工作。1987年,建成德州市儿童乐园。1990年,幼儿教育工作移交地区教育局主管。

1990年后,地区妇联儿童工作主要以全面贯彻落实《九十年代中国儿童发展规划纲要》为重点,以社会、家庭、学校为依托,以“三优”(优生、优育、优教)等为主要内容,做好家庭教育工作。1991年,制订《德州地区儿童少年五年规划》,从优化社会环境、优化家庭环境、优化教育环境出发,开展了各种儿童工作和活动。同期,各级妇联还通过强化妇女儿童活动阵地和妇联自办园所的建设,提升儿童工作的教育引领功能。至1992年年底,全区已有5处妇女儿童活动阵地和6处县以上妇联自办园所。

1994年,为促进“三优”知识的普及,结合省“齐鲁新苗”评选活动,地区少儿委在全区开展“德州新苗”评选活动,评选出100名“德州新苗”和“十佳德州新苗”。1995年,按照“抓阵地、抓服务、抓样板”的“三抓”方案和社区教育阵地的规范化管理条件,各县(市、区)相继进行“一校”(家长学校)、“两站”(三优知识咨询站、校外辅导站)的建设试点工作。到1996年,全市共建社区家长学校1283处,校外辅导站238处。是年,市委、市府召开全市儿童少年工作经验交流暨表彰会,对实施“八五”规划成绩突出的50个先进集体和100名先进个人进行表彰,对《儿童少年事业发展“九五”规划》制订作了部署。

1997年,结合全国、全省开展的家教知识进万家系列活动,在德州广播电台开辟“年轻妈妈科学教子”专题节目,并在全市开展“年轻妈妈读书演讲”“我的教子观”征文、“三优”知识竞赛三项活动,全市近5万名家长参加读书活动。1999年,开展“三优”知识有奖竞赛、“面向21世纪怎样做家长”征文等“三优”知识传播与实践系列活动。2000年,与市教委、卫生局联合开展第二届“德州新苗”评选活动,评选出50名“德州新苗”、10名“十佳德州新苗”,其中3人获“齐鲁新苗”荣誉称号。

2002年,启动“小公民”道德建设计划。联合市委宣传部、市教育局等6个部门成立实施“小公民”道德计划组委会,先后制订《小公民道德建设2003—2005年行动计划》《关于推动小公民道德建设“四进”活动的意见》,在社区、学校、校外活动阵地抓好试点工作。

2008年,市妇联联合市教育局等部门制定

《德州市家庭教育工作实施方案》，成立家庭教育领导协调机构。2009 年，启动“十万父母进课堂”计划。2011 年，在全国家庭教育示范单位推荐评选中，乐陵市获全国家庭教育工作示范县，齐河晏城南北社区获全国家庭教育工作示范家长社区，夏津县第二实验小学获全国农村留守儿童之家荣誉称号。截至 2011 年，全市成立家庭教育指导中心 12 个，咨询站 11 个，村级咨询点 1027 个，各级各类家长学校 4485 所。其中，全国级优秀家长学校 6 所、省级优秀（示范）家长学校 11 所、市级优秀（示范）家长学校 300 所，建立家庭教育基地 102 处，示范基地 30 处，家庭教育指导工作覆盖到全市城乡。

二、实施“春蕾计划”

1994 年，德州地区开始实施“春蕾计划”，动员社会力量救助失学女童重返校园。1996 年，举办“爱心献春蕾”捐赠仪式，一次救助失学女童 153 人。1999 年，在市广播电台开办“春蕾桥”栏目并设救助热线。2002 年，在市政府信息网建立“春蕾”网页，发布 100 名待资助儿童信息。经全国“春蕾计划”办公室的牵线搭桥，西门子工厂自动化工程有限公司出资 20 万元，在陵县陵城镇娄家庙村修建一所可容纳 300 多名学生的“西门子春蕾小学”。推荐 10 名初中毕业家庭贫困的“春蕾女童”免费参加全省的服装裁剪技术培训。3 名贫困生免费参加北京经济管理研修学院的“春蕾大学班”，成为德州市第一批接受“春蕾计划”资助的大学生。推荐 10 名女童参加全省第二期面点技术培训班，并进行就业安置。2004 年，全市筹集资金 39.7 万元，救助贫困女童 2056 人。2005 年，联合有关部门为 510 名 16～20 岁、家庭贫困的“春蕾女童”实行免费实用技术培训并推荐就业。先后向全国妇联“农家女”学校输送 25 名孤贫女童参加酒店管理等实用技术培训并安排在北京等地就业。2006 年，省妇联、波司登股份有限公司为德州市失学女童捐赠羽绒服 500 件。为 564 名孤困儿童办理为期 3 年的国寿平安保险。2007 年，全市第一个“春蕾中专班”在武城县举行开学典礼。2009 年 5 月份，争取到中国儿童少年基金会儿童弱视专项基金资助项目，42 名弱视儿童分两批赴北京接受复明治疗。2010 年，举办阳光爱心行动“六一”特别活动，现场捐款共计 32600 元，结对资助 123 名贫困女童和孤残儿童。截至 2011 年年底，全市累计募集资金 717.6 万元，结对救助春蕾女童 24398 名。

三、关爱留守儿童

2008 年，省妇联将夏津县胜利希望小学、平原县龙门街道鲁庄村列为山东省首批“留守流动儿童快乐成长活动站”示范性站点。2010 年，全市建立各级各类留守儿童活动站 38 个，其中省级活动站 5 个。2011 年，将关爱农村留守儿童工作纳入全市十大民心工程，争取 20 万元留守儿童工作专项资金。是年，德州市被全国妇联、中央综治办、国家发改委、教育部四部门确定为全国唯一一处农村留守儿童关爱服务体系试点市。

德州市妇女儿童活动中心

建于 1987 年 12 月 26 日，始称德州市儿童乐园。内设高空观览车、金鱼戏水、双人飞天等游艺器械 20 余种，是山东省规模最大、设备最好的儿童娱乐园地，也是鲁西北第一座儿童乐园。20 世纪 90 年代开始尝试功能转型，相继建立小记者学校、幼儿园，使儿童乐园成为重要的妇女儿童教育培训基地。

1998 年，正式更名为德州市妇女儿童活动中心。2006 年 10 月，占地 2 公顷、建筑面积 6800 平方米的幼儿园在妇女儿童活动中心建成，共设教学班 21 个，可容纳幼儿 800 人。2008 年，市财政投资 576 万元，围绕“一轴两环四区”的景观结构对园区进行改造，建立关爱

2001 年 9 月 全国妇联主席彭佩云参观德州市儿童乐园

文化广场、大众健身区、少年儿童挑战游戏空间、少儿启智区等多个功能区，使其成为集社会教育、儿童娱乐、大众健身、生态休闲多项功能于一体的公共活动场所。

第五节 “双学双比”竞赛

1989 年，根据全国及省妇联统一部署，地区妇联确定在全区农村妇女中开展学文化、学技术，比成绩、比贡献，争创“十佳”能手的“双学双比创十佳”竞赛活动，并牵头成立由 17 家单位组成的德州地区农村妇女“双学双比创十佳”协调小组。各县（市）也分别建立相应协调组织。到 1992 年年底，全区有 89 万名农村妇女参赛，其中 34 万人接受实用技术培训，并掌握了至少一门实用技术；涌现出地区级女能手 400 名，其中 47 人获省“双学双比”女能手称号，3 人获全国“双学双比”女能手称号。

1993 年，把庭院经济开发作为主攻项目，制定并实施“抓十树百争千创万”竞赛活动三年规划（即抓十个庭院经济重点乡镇；树百个庭院经济开发样板村；争百村中三年内争取庭院经济人均纯收入达千元，创万元女能手）。同年 11 月，地区妇联与地区科协联合制发《关于建立农村妇女专业技术研究会的意见》，利用能人带动、组织协调的办法，帮助农村妇女确立致富项目和学习生产技术。1994 年，坚持“实际、实用、实效”的原则，地区妇联与地区科协创办“农函大妇女班”，组织妇女学习适用技术，把短期零散的培训规范化、系统化、专业化。到 1995 年，全市共创办农函大妇女班 79 个，学员 5200 多人，涉及到蔬菜种植、植桑养蚕、家禽家畜饲养、果树管理、食用菌栽培等 20 多个专业。1998 年 11 月，市妇联主席杨玉娥参加全国妇联和人事部在北京召开的表彰会，并做题为《实施科技联动工程，组织妇女向市场农业迈进》的典型发言。

2001 年 5 月，全省实施“巾帼科技致富工程”现场经验交流会在德州召开，会议期间举行了“德州市农村妇女科技指导中心”启动仪式，全市“科技联动工程”向纵深发展。9 月 8 日，全国人大常委会副委员长、全国妇联主席彭珮云到德州视察妇女工作，为德州市女子农函校取得的成绩给予充分肯定，并为学校题词“办好女子农函校，架起科技致富的金桥”。到 2004 年年底，全市 11 个县（市、区）全部建立科技指导中心，96 个乡镇建立科技指导站；“三八”科技示范基地发展到 1000 多处，以乡镇妇联干部为主建立的“三八”专业合作社 37 处。

2007 年，全面实施“信贷助推农村妇女创

业行动”。至2009年，全市累计为4718名创业妇女发放贷款4.66亿元，创建“妇女教育培训示范基地”20处，“巾帼创业见习基地”10处，“巾帼创业示范基地”85处，“巾帼创业带头人”100名，“巾帼创业指导师”10名。2011年，全市累计为2398名创业妇女发放贷款2.4亿元，“妇女小额贷款创业示范基地”40处，“创业就业杰出女性”100名，“巾帼创业指导师”10名。

开展“双学双比”竞赛活动期间，全市获得市级及以上表彰的先进集体49个(次)，其中获得全国荣誉称号的集体有6个(次)；获得市级及以上表彰的先进个人241人，其中获得全国荣誉称号的个人19人。

第六节　“巾帼建功”活动

一、“巾帼建功”竞赛

1991年，响应全国和省妇联号召，地区妇联牵头成立由17家成员单位组成的竞赛活动协调小组，确定在全区城镇妇女中开展“八五”“巾帼建功”杯竞赛活动。随之，各县(市)也成立相应协调组织。1992年，地区妇联在禹城县召开全区“巾帼建功”现场经验交流会，推广禹城县“行业试点、行业竞赛、以竞争促效益、以竞赛促人才”的经验。1993年，全区组织开展岗位练兵1182场次，参赛者达6.2万人次，有8712名女职工成为不同行业、不同层次的业务技术尖子。其中，有4名女科技工作者获得省“巾帼科技先进工作者”称号，有8名女干部和女职工获地区“巾帼十杰”称号。1994年，全区参加“巾帼建功”竞赛活动的妇女已达11.58万人，占女职工总数的99.8%。1996年3月，对100名“巾帼建功”先进个人、14名“女文明经营户”及妇女工作先进集体进行表彰。

1999年，在金融、工商、财贸等十大窗口行业和部门开展“巾帼文明示范岗”活动，当年评选出6个省级、30个市级、120个县级“巾帼文明示范岗”。2000年，在市建行开展创建“巾帼文明营业室”“爱心储蓄所”试点工作，有2人分别获得全国金融系统点钞比赛冠军和季军。2004年，在全省“巾帼文明示范岗现场知识竞赛”中，由市区国税局办税服务厅组成的5人“德州代表队”一举夺魁。2006年，深化“巾帼文明示范岗”创建活动，通过现场会、推进会、评比竞赛等形式，陵县地税局办税服务大厅、平原县交通局规费征收厅、德州市城市行政管理执法局女子执法大队获全国“巾帼文明岗”称号。2009年，围绕“迎两会，创三城，优质服务靓州城”活动，在卫生、保险、金融、服务业、公用事业五大系统开展“巾帼建功”争创活动，当年评选表彰“巾帼文明岗”50个，“巾帼建功标兵”50名。2010年，在全市女职工开展“建高地、亮绝活、争先锋”活动，10个集体获省级“巾帼文明岗”称号，6人获得省级“巾帼建功标兵”称号。截至2011年，全市已有全国级“巾帼文明岗”17个，省级“巾帼文明岗”69个，市级“巾帼文明岗”406个，县级“巾帼文明岗”千余个。德州市妇联连续3次获全省“巾帼建功”竞赛活动先进单位。

二、“巾帼社区服务工程”

1996年，配合全市下岗再就业工程，市妇联与劳动局联合下发《关于开展“巾帼创业”活动，促进下岗女职工再就业的实施意见》，通过宣传教育、技能培训以及牵线搭桥，120多家企业与80多名下岗女工达成用工意向，3591名下岗女工重新返岗、转岗、再就业。1998年7月，成立德州市下岗女工再就业服务指导中心，协调安置下岗女工1464名。2002年10月，市妇联创办德州市巾帼创业服务中心，开展“热心大姐”家政服务项目和扶助下岗女工创业小额贷款项目，全市先后有6000多名妇女走上家政服务岗位。2008年，德州市巾帼创业服务中心加盟济南"阳光大姐"家政服务公司。至2011年"阳光大姐"公司共有服务员2079人，培训2683人，考取资格证书798人，其中拥有初级证书496人，中级证书213人，高级证书89人，技师4人，首席技师1人。家政服务项目涉及母婴生活护理、养老护理、医院陪护、保洁等12个门类、31种，德州市场占有率达70%。

第七节 "五好文明家庭"创建

全区五好家庭评选活动始于1980年，主要是通过发挥各级妇联组织在家庭领域的工作优势，把思想政治工作渗透到千家万户，以家风促村风、促民风、促文明村镇的建设。1986年，地区妇联召开全区新型"五好家庭"（美好之家、和睦之家、幸福之家、科技之家、小康之家）活动经验交流会，对开展"五好家庭"评比活动作出进一步部署。到1992年，全区县以上妇联共评选出"五好家庭"11万户。

1993年，围绕家庭文化建设，开展"科技进家家家富"竞赛活动，注重开展经常性、层次性、针对性、时效性的以尊老敬老、移风易俗、普法教育、计划生育、科技致富为主要内容的"美好之家""和睦之家""幸福之家""科技之家""小康之家"等评比活动。1994年，在全区评选出100户新型"五好家庭"典型户，树立了10户"五好家庭"标兵户；并组织新型"五好家庭"事迹报告团在全区巡回演讲。

1997年7月，市妇联与市委宣传部等18个部门联合下发《关于深入持续开展'五好文明家庭'创建活动的联合通知》，成立以市委分管副书记为组长及18个部门分管负责人任成员的创建活动协调小组，制订1998—2000年"美在家庭"活动三年规划。1999年，开展"五好文明家庭"创评活动，评选表彰10个"五好文明家庭"标兵户及42个"五好文明家庭""美在家庭"示范户。其中，陵县陵城镇西李村李西栋、时桂珍一家获第二届全国"五好文明家庭"称号。

2001年，市妇联与市文明办联合下发《2001—2005年全市"美在家庭"活动实施意见》。2002年5月，配合全市"三城联创"工作，编印《德州市文明治家格言》一书向全市家庭发放。2003年，围绕家庭道德、家庭文化、家庭健身、家庭环保，引导开展多种形式的道德实践年活动，深化"美在家庭"创建活动。2004—2005年，结合"道德立家""科技立家"主题创建活动，与市纪委联合开展"争做廉内助，树立好家风"活动。2006年，市妇联被全国妇联评为全国家庭助廉教育工作先进妇联组织。

2007年3月，市妇联与文明办联合开展德州市首届"十大优秀母亲"评选活动。同年，平原县王大卦乡花园村被认定为全国"美德在农家"示范点；禹城市齐万端一家被评为全国"绿色家庭"荣誉称号；夏津县霍清莲一家、市水利局张景钰一家获全国"五好文明家庭"荣誉称号。2008年，举办首届社区趣味运动会和好军嫂、优秀兵妈妈评选活动，在全社会倡导健康文明的生活方式和拥军优属的良好氛围。

2009年，在全市范围内开展和谐家庭、美德进万家、绿色环保家庭等各类特色家庭创建活动，评选表彰了十佳优秀母亲、十佳尊老敬老好儿女、十佳好家长、十佳书香家庭、十佳绿色环保家庭、十佳和谐家庭"六个十佳"典型，为全社会树立了尊老爱老、文明和谐的学习标杆。2010年，启动"节能·低碳家庭社区在行动"活动，举行"关注儿童权利，关注低碳生活"的主题论坛、"低碳家庭·时尚生活"知识竞赛、演讲比赛以及“我低碳，我行动”小创意、小创作征集展示等活动。2011 年，联合市文明办开展第三届十大优秀母亲、百名优秀母亲评选活动。德州市获全省“幸福进家”活动先进市荣誉称号。

第八节　女干部培养选拔

一、妇女干部教育培训

1986 年后，市妇联坚持每年举办妇联系统专职干部培训班，并根据形势任务和工作实际，举办各类女干部培训班。1986—1992 年，有 132 名妇联干部获得学历或专业证书，有 273 人参加地区以上短期培训班。1994—1995 年，适应市场经济体制的建立，各级妇联举办专职干部培训班 30 多期。1996 年，市妇联与市委组织部、市委党校联合培训乡镇党政班子女干部和妇联干部 50 名。1997 年 8—10 月，在市委党校举办 4 期计算机培训班，培训副科级以上女干部、女后备干部 166 人。

2007 年，市委办公室、市政府办公室转发《德州市妇联关于加强妇女教育培训工作的意见》，全面加强妇女教育培训工作。2009 年，市妇联与市委组织部、市委党校联合举办全市女领导干部进修班，63 名正科级以上女干部参加培训。同年 6 月，市妇联组织机关工作人员、县妇联主席、部分女领导干部和女企业家近 60 人赴清华大学参加为期 6 天的培训。2011 年，市直部门 45 名正科级女干部参加市妇联与市委组织部、市委党校联合举办的培训班。

二、推动妇女参政议政

1991 年，地委组织部和地区妇联联合下发《关于进一步做好培养选拔女干部工作的意见》，建立女后备干部队伍。1992 年，地委明确规定：“县（市）党政班子和乡（镇）党政正副职中至少要有一名女干部。”到 1993 年年底，全区 216 个乡镇党政领导班子中女干部配备率达到 83.3%，比上届提高 33.5 个百分点；乡镇党政正副职中女干部比例占 67.6%，比上届增长 2.8 倍。1995 年，在市直班子调整中，一次提拔女干部 15 名，实现历史性的突破；全市乡镇党政班子女干部配备率达到 100%。

1999 年，市妇联与市委组织部、市民政局联合下发《关于认真做好农村妇女进村党支部委员会和村民委员会工作的意见》，对农村妇女进“两委”、发展女党员、培养女后备干部等问题提出目标和措施。2002 年，通过县乡村换届，124 个乡镇共配备女性党政领导班子成员 134 人，乡镇女正职 15 人，比换届前增加了 7 人，其中女党委书记 4 人，女乡镇长 11 人。换届后村“两委”班子中共有女性成员 4696 名，在村“两委”成员总数减少 15.3% 的情况下，女性成员增加了 1331 人，女性进“两委”的村已达 69%。2003 年，县（市、区）党政领导班子新提拔女干部 14 人，总计达到了 21 人；平均年龄为 37.9 岁，比换届前下降了 7.1 岁；党政班子各配备 1 名女干部的县（市、区）由换届前的 1 个增加到 10 个。2007 年，女性进“两委”比例达到 33%。2009 年，针对村庄合并及社区建设的新情况，市委、市政府要求把农村女性进“两委”纳入各级党委政府重要议程。截至 2011 年年底，市及县（市、区）党委、人大、政府、政协领导班子中全部配备女领导干部，全市 132 个乡镇（街道）配备女性党政领导班子成员 168 人，其中正职 15 人；全市村庄和社区配备女干部比例均为 100%。

第九节　“两纲”实施

1995 年，德州市妇女儿童工作委员会成立，成员单位 29 个，办公室设在市妇联。1996 年 3 月，市政府颁布《德州市妇女儿童发展规划

(1996—2000)》(以下简称《规划》)。1997年,结合落实《规划》,市、县妇联制定《家庭教育工作实施方案》,并付诸实施。1999年,市委办公室制发《关于进一步加强农村妇女工作的意见》,要求各级党委、政府采取财政专项列支的办法,解决农村妇女科技培训经费;严格配齐配好乡镇妇联干部等。2000年4月,市人大常委会就两个规划的实施情况,对平原、武城、临邑、乐陵4县、市进行重点检查。11月,完成《德州妇女儿童发展规划(1996—2000年)》终期监测评估工作,规划中可量化的80项指标有64项已完成或接近完成,未完成16项。

2001年12月,市政府颁布《德州妇女发展纲要(2001—2010)》《德州儿童发展纲要(2001—2010)》(简称"两纲")。2002年3月,市妇女工委在全市开展两个纲要宣传月活动,组织"实施妇女纲要,促进男女平等"上街宣传活动,与电视台联合录制"实施妇女纲要,提高参政水平"专题片。是年,市委办公室下发《关于进一步加强和改进妇女工作的意见》,对下岗再就业、女童教育及土地延包中妇女权益保障等问题作出明确规定。2003年9月,市人大常委会对全市《中华人民共和国妇女权益保障法》暨"两纲"实施情况进行执法检查。10月,省人大检查组对市及夏津、禹城实施"两纲"情况进行检查。11月,市妇儿工委调整监测评估领导小组、监测统计和专家评估小组,制定监测评估方案和2001—2003年阶段监测评估工作意见。2005年,市妇儿办与市委组织部、宣传部、党校联合下发《关于将男女平等基本策列入全市各级党校教学内容的通知》,推动男女平等基本国策进党校。11月,省妇儿工委检查组对德州市实施"两纲"情况进行了检查指导。市委、市政府以德办发下发了《关于为全市妇女儿童办好十件实事的通知》。2006年8月,市妇联印发《德州市妇女儿童发展第十一个五年规划》。10月,占地2万平方米、建筑面积6800平方米的园林式幼儿园在妇女儿童活动中心建成。2008年,市委、市政府两办作出《关于为全市妇女儿童办好八件实事的决定》。年内,市财政投资576万元,改造妇女儿童活动中心。2009年,陵县被列为全国农村妇女"两癌"免费检查项目试点县。2010年,完成2001—2010年德州市妇女儿童发展纲要终期监测评估工作。2011年9月,市政府颁布《德州市妇女儿童"十二五"发展规划》,并召开新闻发布会向社会正式颁布实施。

第四章 工商业联合会

第一节 组织建设

1993年2月,山东省工商业联合会德州地区办事处恢复,挂靠地委统战部,由统战部副部长兼任办事处主任。

1996年2月,德州市工商业联合会建立,共吸收会员159人,选举胡瑞祥任会长,副会长20人,执委54人。1998年3月,市工商联与市乡镇企业局、市民营经济办公室合并,成立德州市民营经济发展委员会(挂市工商联牌子),委员会下设工商联办公室。2001年2月,德州市

2011 年 1 月，市工商联组织开展感恩行动

工商联恢复独立办公。

2002 年 4 月 25 日，德州市工商联召开第九次会员代表大会（顺延原县级德州市工商联会员代表大会届次），选举苏寿堂为会长，常务副会长 1 人，副会长 37 人，秘书长 1 人，其中非公有制企业家副会长 34 人。2007 年 3 月 23 日，德州市工商联第十次会员代表大会召开，选举产生了由 180 人组成的德州市工商联第十届执行委员会。选举苏寿堂为会长，副会长 30 人，秘书长 1 人，常委 67 人，其中非公有制企业家副会长 27 人。同年，相继成立德州市工商联（总商会）温州商会、德州市工商联礼仪庆典业商会、女企业家商会、建筑业商会。2008 年 5 月，成立市工商联机械行业商会。2010 年，成立眼镜行业商会、德州市工商联红白理事会、德州山大总裁班同学商会。2011 年，成立德州市工商联物流行业商会、山大同学商会、酒店业商会、汽车服务业商会、书画艺术商会 5 个商会组织；与成都市、大连市、安庆市、中山市工商联缔结为友好商会。2011 年 12 月 29 日，德州市工商联第十一次会员代表大会召开，选举产生了由 283 人组成的德州市工商联第十一届执行委员会。选举张洪波为主席，副主席 44 人，秘书长 1 人，常委 151 人，其中非公有制企业家副主席 40 人。

至 2011 年年底，全市工商联各级组织共成立各类同业公会（行业商会）组织 6 家。

第二节　参政议政

1996—2011 年，全市会员共提出议案 700 个、提案 500 个。2004 年，市工商联协调七部门在全市非公有制经济人士中开展“争当中国特色社会主义事业优秀建设者”活动，成为做好非公有制经济代表人士工作新的切入点和有效载体。2007 年，完成 10 多篇调研报告，向人大、政协全体会议递交议案、提案 200 多件。2010 年 12 月，《德州市转变经济发展方式研究》《我市非公经济发展调查与思考》等调研报告，分别被评为全省工商联系统优秀理论调研成果一等奖和优秀奖。

至 2011 年年底，全市会员共有 448 人次担任各级人大代表，740 人次担任各级政协委员。其中，全国人大代表 2 人，全国政协委员 1 人；省人大代表 18 人，省政协委员 6 人；市人大代表 103 人，市政协委员 148 人；县（市、区）人大代表 325 人，县（市、区）政协委员 585 人。

第三节　会员服务

2000 年，与民经委和市总工会等部门配合，在全市 742 家私营企业中建立中共基层组织和工会组织，加强了私营企业思想政治工作。

2002年，坚持服务立会，帮助10家会员企业争取贷款支持4000多万元，帮助200多名企业技术人员办理技术职称评定。2003年，成立民营企业信用担保机构，并在全省率先筹建了“齐鲁工商网站”，拓宽了服务领域。

2006年9月，市委统战部、市工商联和市民经委举办“2006海内外知名企业家齐鲁行”活动，到会客商370人，涉及16个省、市、自治区和美国、英国、法国、德国、新加坡、以色列、阿联酋等10多个国家以及中国台湾、香港地区，共与国外客商达成签约项目77个，总投资额137.7亿元，引进资金105.5亿元。2007年，组织会员参加德州投资贸易洽谈会、山西临汾环渤海地区非公有制经济投资贸易洽谈会、泰安海内外知名企业家“齐鲁行”等活动；为中澳集团、津华集团、发达集团等企业争取银行扶持贷款2.4亿元。同年，与山东九公律师事务所联合成立“德州市工商联法律维权中心”，免费为广大会员提供法律咨询和培训，全年调解和办理案件14起，挽回经济损失500多万元。2008年，组织会员企业参加“2008中国纺织市场品牌企业对接会暨流行面料辅料交易会”“全国地区工商联联席会2008年(淄博)年会暨地区经济协作项目洽谈会”“湖南省投资贸易洽谈会暨第二届湘商大会”等；以市工商联法律维权中心为依托，免费为广大会员提供法律咨询和培训，调解和办理案件30起，挽回经济损失1500多万元；帮助成立山东长河小额贷款有限公司和山东奥阳担保有限公司，为解决企业小额贷款提供强有力的金融支持。2009年，通过金融机构和长河小额贷款公司，为会员企业融资共计1亿多元。同年7月，组织企业家随省联考察团赴台湾进行考察，签定了两项合作协议。

2010年，组织部分会员企业召开“转方式、调结构”座谈会。邀请民生银行、深圳发展银行、浦东开发银行多次到德州考察会员企业，签订贷款意向5000万元，到位资金800万元。2011年，组织会员企业到青岛参加“粤鲁民企经贸合作交流会”，赴苏州参加全国异地山东商会联谊会。

第四节　光彩事业

1997年，全市非公有制经济人士捐助灾区价值达254万元，私营企业接纳下岗职工1515人；个体私营大户与贫困户结对子131对，基本实现脱贫。2001年，全市非公有制企业共安置下岗职工2万多人，捐款3177万元用于修路、办学、建新村等社会公益事业。2002年，全市会员企业吸纳下岗职工2万人，捐助公益事业6000多万元。2003年，组织广大非公有制经济人士捐助公益事业达100多万元，安置下岗职工再就业11800人。2005年，非公有制经济代表人士为社会捐款捐物价值1300多万元，1人获“中国光彩事业奖章”。

2006年，全市非公有制经济代表人士参与“扶危济困献爱心”“慈心一日捐”等活动，捐款捐物150多万元，4名贫困大学生得到“光彩吉利教育资助行动”全额学费资助。2007年，开展“民企帮村”活动，全市2216家企业帮扶1405个村，上项目1211个，投资16.2亿元，帮助农民增收19.7亿元；企业派出员工621人到309个村担任村干部，直接向农村支持钱物3.1亿元；举办提高农民素质培训班1000多期，培训农民1万多人；援助农村建希望小学45所，养老院20所，幼儿园23所，医院和卫生室63所；修建乡村公路141条(计1223千米)，架桥62个，打井410眼，建沼气池741个，铺设自来水管道654千米，共计投资4.1亿元；资助特困户2150个，特困生2300人，帮扶弱势群体5100人。2008年汶川地震发生后，全市会员弘扬

“致富思源，富而思进，扶危济困，共同富裕，义利兼顾，德行并重，发展企业，回馈社会”的光彩精神，向灾区捐款捐物总价值达人民币1650.99万元，其中捐款1064.19万元，捐献物资折合人民币586.8万元。

2009—2011年，市工商联开展“扶危济困献爱心”“向寒门学子送温暖”等活动，先后组织800多名会员救助困难大学生共3000多人。在“慈心一日捐”活动中，会员捐款1000多万元。开展的感恩行动、帮扶“三老”（老革命、老党员、老模范）活动中，全市先后有510名非公企业家帮扶1280名“三老”人员，开展帮扶活动300次，捐赠资金1000多万元。

第二十六编

J U N S H I

军事

■ 军事组织

■ 兵役

■ 民兵

■ 武警部队

■ 拥政爱民

■ 国防教育

■ 人民防空

1986—2011年，德州军事机构有德州军分区、山东陆军预备役后勤保障旅、武装警察部队山东省总队德州市支队、县（市、区）人民武装部以及基层人民武装部。议事协调机构有德州市（地区）人民武装委员会、德州市国防动员委员会。另有驻军、医院和生产基地 、干休所等。

军分区和县、乡人武部门及驻军部队在做好兵役征集和民兵预备役部队建设和战备执勤的同时，拥政爱民，积极参与支持地方经济建设和抢险救灾活动。为国防现代化建设和地方两个文明建设做出了突出贡献。

1986年以后，各县（市、区）以“青年民兵之家”为依托，建立了国防教育基地，对青少年进行国防教育。至2011年，全市国防教育基地达到34处，有8处被命名为“山东省国防教育基地先进单位”。同时，构建起较为完备的人民防空体系，2011年，德州市被评为全省人民防空先进城市。

第一章　军事组织

第一节　议事协调机构

德州市（地区）人民武装委员会　1979年7月恢复建立，由市（地）委、市政府（地区行署）、军分区和有关部门以及工会、共青团、妇联等群众团体负责人组成；武委会主任由市（地）委副书记、市长（行署专员）担任，副主任由军分区司令员、政委和1名分管副市长（副专员）担任。武委会下设办公室，办公室设在军分区司令部，主任由军分区参谋长担任。1997年6月，为协调国防动员和国防后备力量建设，德州市人民武装委员会与新成立的德州市国防动员委员会合并，实行一套班子、两个牌子，作为人民武装与国防动员工作的领导和议事协调机构。

德州市国防动员委员会　1997年6月成立，由市委书记任第一主任，市长任主任，军分区司令员、政委和分管武装工作的副市长任副主任，委员由军分区、预备役部队、市委组织部、市委宣传部以及市计委、经委、建委、教育、科技、民政、公安、司法、财政、统计、交通、公路、文化、卫生、城管、人防、信息产业、工会、共青团、妇联、德州日报社等有关部门和群众团体的负责人担任；下设秘书组、人民武装动员办公室、国民经济动员办公室、人民防空办公室和交通战备办公室（简称“一组四办”）。市国防动员委员会的常务工作由军分区司令员和分管武装工作的副市长负责；军分区参谋长兼任秘书长和办公室主任，市政府副秘书长、办公室主任兼任副秘书长和办公室副主任。2005年4月，对市国防动员委员会组成人员进行第一次调整；同时将秘书组改称综合办公室，增加政治动员办公室，办公室均设在军分区，主任分别由军分区参谋长和政治部主任兼任。2009年6月，对市国防动员委员会组成人员进行第二次调整；

同时新增加科技动员办公室和信息通信动员办公室。2011 年 8 月，对市国防动员委员会组成人员进行第三次调整。各县(市、区)的机构设置基本与此相同。

2002 年 5 月，国防部部长迟浩田(左一)在德州军分区观看军事演练

第二节 德州军分区

1986 年，德州军分区机关设司令部、政治部、后勤部，下辖 13 个县(市)人民武装部、2 个团级干休所、军分区教导队、民兵装备仓库、军分区修理所。同年 7 月，部队精简整编，13 个县(市)人民武装部由中国人民解放军改归地方建制，军地双重领导制度不变。1999 年 6 月，济南军区确定增设德州警备司令部，由德州军分区兼任，按照《警备工作条例》承办警备工作。2004 年 12 月，军分区机关精简，各部撤销科的编制。2006 年 8 月，德州第一离职干部休养所由正团级单位改为正营级单位。

至 2011 年年底，军分区机关设有司令部、政治部、后勤部，下辖 11 个县(市、区)人民武装部、1 个团级干休所、1 个营级干休所以及分区教导队、民兵装备仓库、军械修理所等直属单位。

第三节 人民武装部

1986 年，全区共建有 13 个县(市)人民武装部(正团级，含 1990 年划归济南的济阳县、商河县)。同年 6 月 19 日，军队实行精简整编，县(市)人民武装部改归地方建制，级别为副县级单位，编配部长、政委各 1 人；下设军事科、政工科和办公室，均为正科(局)级。一般干部按主任科员、副主任科员、科员、办事员确定职务等级，仍称参谋、干事、助理员。改制后的区县人武部性质、工作任务不变，既是本县(市)的军事领导指挥机关，又是同级地方党委的军事部，还是同级人民政府的兵役机关，接受地方同级党委、政府和上级军事机关的双重领导。

1996 年 4 月 1 日，根据中共中央、中央军委的指示，县(市、区)人民武装部收归军队建制。收归后的人民武装部为正团级单位，编配部长、政委、副部长各 1 人，下设军事科、政工科、后勤科，并设民兵武器装备仓库和民兵训练基地两个副科级地方事业单位。人武部收归军队建制，只是建制的改变，其性质和工作任务不变，仍为本区县的军事领导指挥机关，是同级地方党委的军事部，兼同级人民政府的兵役机关，接受上级军事机关和同级地方党委、人民政府的双重领导。县(市、区)委书记兼任人武部党委第一书记，人武部的一名主官参加同级地方党委常委会，一名主官参加同级人民政府常务办公会议。2004 年 12 月，根据济南军区编制规定，各县(市、区)人民武装部进行精简，人武部副部长兼任军事科科长。

第四节　山东陆军预备役后勤保障旅

1983年8月29日，组建中国人民解放军德州陆军预备役师，隶属于山东省军区。1986年1月16日，改称中国人民解放军德州陆军预备役步兵师。1998年11月，德州陆军预备役步兵师撤销，改建为中国人民解放军德州陆军预备役后勤保障旅。2000年2月，德州陆军预备役后勤保障旅改称山东陆军预备役后勤保障旅。截至2011年，组建在德州市的预备役部队编制单位有：旅机关及直属分队、物资营、卫生营。

第五节　后勤保障部队及单位

一、空勤及通信保障部队

中国人民解放军空军414部队　1968年组建，初位于德州市东方红路胜利油田临盘指挥部地质调查一大队处，1975年迁址于环城东路（今德城区德兴路）。1986年6月，改隶中国人民解放军87062部队，由87008部队代管。1993年9月，转隶87002部队，为正连级单位。其主要任务是空勤雷达维修、油机维修、雷达架制做等。2005年1月，转隶93498部队，离开德州境内。

中国人民解放军72927部队　1980年移驻德州市，隶属于济南军区司令部通信部。1986年6月，整编为中国人民解放军55325部队。2005年6月，改编为中国人民解放军72927部队，隶属于72556部队。主要担负德州境内部队通信保障任务。

中国人民解放军72420部队　2006年1月移驻齐河县华店乡于楼村西，副团级单位，隶属济南军区72959部队管理。占地面积45.33公顷，营区面积1800平方米。其主要任务是担负通信保障。

二、医院

济南军区第139医院　前身为中国人民解放军陆军第26野战医院，1971年9月移驻德州市运河西岸，正团级单位，隶属于济南军区后勤部卫生部。1984年1月1日，改称中国人民解放军第139医院，改隶济南军区后勤部第九分部。设内一、内二、外一、外二科，精神科、放射理疗科、化验科、药械科、门诊部9个科室；有医务人员204人，其中主任医师15人，医师32人，医士5，初级卫生人员96人。2003年11月，根据济南军区指示，撤销第139医院建制，与德州肿瘤医院联合成立德州市第二人民医院。

三、生产基地、渔场

山东省军区农副业生产基地　位于齐河县县城西南6千米处。前身为山东省军区晏城农场，组建于1966年，正团级单位，隶属于山东省军区后勤部。2003年6月，改称山东省军区农副业生产基地，为正营级单位。该基地区域面积30.29公顷，主要经营农业种植、砖瓦厂、养殖场和大棚种植等项目。

济南军区司令部渔场　位于齐河县晏城镇焦斌屯村东路北。前身为济南军区“五七”干校，成立于1969年8月。2005年12月，改称济南军区司令部渔场。渔场基地主要从事以淡水渔业养殖为主的多种生产经营，占地125公顷，其中水产养殖占地80公顷，农林作物种植面积36公顷。

济南军区基层农副业生产科技示范基地　位于齐河县晏城街道办事处西南3千米处。组建于2003年12月，隶属济南军区联勤部管理。其主要任务是组织开展战区部队农副业生产新品种、新技术引进试验和示范，为战区部队培训农副业生产种植和养殖技术骨干，为军区机关提供副食品生产供应和保障。

四、干休所

中国人民解放军65631部队德州干休所位于德州市天衢中路。始建于1979年3月，1981年10月开始进驻，称中国人民解放军81076部队德州离职干部休养所。基地占地3.93公顷，建筑面积1.01万平方米，其中离休干部住房4229平方米，安置离休干部42户，隶属于第68集团军。1985年9月，改称中国人民解放军81513部队德州离职干部休养所，隶属于赤峰守备区。1992年9月，改称中国人民解放军81054部队德州离职干部休养所，隶属于陆军第40集团军。2000年10月，改称中国人民解放军65631部队德州离职干部休养所。

第二章　兵　役

第一节　兵役登记

1985年9月，根据《中华人民共和国兵役法》和《征兵工作条例》规定，德州军分区在平原县进行兵役登记试点，对12月31日前满18周岁的男性公民进行兵役登记。此后，兵役登记工作在各县（市）推开。兵役登记由各县（市）兵役机关统一组织，乡镇（街道）均设立兵役登记站。适龄公民到户口所在地登记站进行登记（在职职工、单位设立武装部的到武装部登记），经兵役登记和初步审查合格的称应征公民。每年均于9月30日以前完成登记工作。1995年8月，依据新颁布的《山东省征兵工作若干规定》，将适龄青年应服兵役、免服兵役和不得服兵役的情况在户口簿“兵役状况”栏目中标注，并加盖兵役登记专用章。1996年，按照《山东省兵役登记办法》，进一步规范兵役登记程序。每年6月15日前，各县（市、区）都以人民政府名义，发布兵役登记通告。在普通高中学校设立兵役登记站，对适龄男性应届高中毕业生进行兵役登记，在人口较密集的区域设置流动登记站。全市集中兵役登记的时间为每年的7月1日至9月30日。对逃避、拒绝兵役登记或在兵役登记中隐瞒实情、弄虚作假，预征对象不按规定时间参加征兵体检的，依据《山东省征兵工作若干规定》作出相应处理。

1998年12月，新修订的《中华人民共和国兵役法》颁布实施，兵役登记工作步入法制化、规范化轨道。2004年11月，德州军分区在临邑县召开“运用自动化系统管理征兵工作会议”。之后，以各县（市、区）人武部为基础，全市建起“征兵工作辅助决策系统”信息库。至2011年，全市兵役登记工作质量提高，为部队选送优质兵员奠定了良好基础。

第二节　义务兵征集

1986年后，德州征兵工作均根据上级下达的征兵任务和要求，每年冬季组织实施，适龄青年报名率均在92%以上。1989年，注重发挥接兵干部作用，召开征接兵会议，集体介绍情况，通报工作安排，提出希望和要求，安排接兵人员参加征兵各个阶段的工作，及时听取接兵人员意见，形成征接合力。济南军区《民兵工作简报》第33期转发德州地区《密切征接关系，形成征接合力》的文章，推广德州征兵经验做法。

20世纪90年代，随着社会主义市场经济体制的建立，人们的思想观念和价值观念发生较大变化，给征兵工作带来一定冲击。为圆满完成征兵任务，市、县两级均制定相应的地方性行政规章，逐年提高义务兵优抚待遇，确保征兵工作正常运转。1993年，大力挖掘高中生入伍潜力，当年征集新兵中，高中毕业生占征兵总数的30.7%。到1997年，高中毕业文化程度占到新兵的44%。1999年，按照全省提出的“杜绝政治退兵，杜绝责任退兵，提高文化素质，减少非责任退兵”的要求，实行征兵工作责任制，首次实现全市无任何原因退兵的目标。2000年，对高中以上文化程度的适龄青年实行“五优先”（优先确定预征对象，优先确定上站体检，优先家访政审，优先批准入伍，优先选送到需要高文化素质人才的部队）。同年，市政府出台《对进西藏服役士兵的优抚和安置办法》，首次受领征集西藏服役任务。2001年起，扩大专业技术兵征集任务。至2002年，全市连续4年无责任退兵。2003年，各县（市、区）均建立体检自动化站，实现了网络体检和定兵。2004年，首次将原来女兵内部征集改为面向社会公开征集。

2008年以后，总部对征接方式逐步进行改革，除特殊政治条件兵外，绝大部分接兵部队不参与征兵体检、政审工作，新兵质量把关由兵役机关具体负责。2009年，为鼓励大学生应征入伍，德州市在全省率先出台优惠政策，每年拿出一定事业编制安置高学历退伍士兵。2010年，针对“征兵冷”的严峻形势，市政府制定《关于进一步做好征兵工作意见》，将农村籍义务兵优待金由3000元提高到5000元，进藏兵由5000元提高到8000元。2011年，市委、市政府、军分区下发《关于进一步做好新形势下征兵工作的意见》，规定2011年及以后入伍的义务兵，按照“城乡一体、同役同酬”的原则发放优待金；到西藏、新疆等高原艰苦地区服役的义务兵，其优待金按照不低于普通义务兵标准的2倍发放；获得国家教育部门承认的大专以上学历的适龄青年入伍，优待金增发10%。是年，全市适龄青年报名应征率达95%以上。

1986—2011年，除1988年没有征兵外，全市（区）累计征集新兵26次。兵员质量年年有提高，新兵中党团员所占比例由1986年的24%提高到2011年的67%；高中以上文化程度所占比例由1986年的不足10%提高到2011年的65%。

第三节　预备役

1986年7月，根据山东省军区的部署，德

2006年，全军预备役后勤保障旅正规化建设现场会在德州召开

州军分区在商河县264个单位，对32种1056名地方与军事专业对口技术人员进行预备役登记试点，为战时实施快速兵员动员奠定了基础。此后，德州军分区和县（市）人武部对部队确定服预备役的退伍军人和与部队专业对口的技术人员每年进行预备役登记。

预备役部队开展野营训练　　(2007年　摄)

1991年，根据《中华人民共和国兵役法》关于"军官退出现役时，符合服预备役条件的，转入军官预备役"的规定和中共中央组织部、人事部、总参谋部、总政治部关于对转业军官进行预备役登记统计的通知，军分区组织对全区1988年9月1日以后被授予中国人民解放军军官军衔的转业军官，符合年龄规定的（排级职务35岁以下，连级职务40岁以下，营级职务45岁以下，团级职务50岁以下，师级职务55岁以下；初级专业技术职务45岁以下，中级专业技术职务55岁以下，高级专业技术职务60岁以下），由军分区和各县（市）人武部会同地方组织、人事部门进行登记统计，每年3月底前报上级干部部门。1996年7月25日，根据《中华人民共和国预备役军官法》和上级要求，为全市符合条件的预备役军官进行授衔。此后，每年根据部队转业干部在部队时的军衔等级，确定到地方转服预备役军官的军衔等级。

1998年10月后，根据济南军区《预备役军官登记工作实施细则》规定，全市登记服预备役的军官分为军事军官、政治军官、后勤军官和专业技术军官四大类。2000年1月，德州军分区和各县（市、区）人武部均建立军官和士兵预备役系统数据库，将退伍军人类别、专业名称、专业号码及本人所在单位、联系方式等全部输入微机，预备役登记实现数字化管理。2003年，按照"专业对口、突出重点、注重实用、统一规范"的原则，对地方与军事专业对口的电源、特种车辆驾驶、油料、机械修理等17个专业的专业技术人员进行服预备役登记。之后，各兵役机关每年结合民兵整组进行一次登记核对，对政治、身体等情况变化不符合服预备役条件的人员，取消登记；对因户口迁移、工作调动等离开本县（市、区）的注销登记；对新迁入本县（市、区）的，符合服预备役条件的专业技术人员，及时补充登记。

第三章　民　兵

第一节　组织建设

1986年，按照中央“减少数量，提高质量，抓好重点，打好基础”要求，制订《德州地区1986—1990年基干民兵调减规划》，规定凡编入基干民兵组织的人员，必须是退伍军人和经过军事训练的人员，年龄在28岁以下。农村以村编连、营；城市以厂企编排、连、营或团。基干、普通民兵均分别编组。1987年11月，山东省军区在德州进行民兵整组试点，并分别对夏津、齐河两县的民兵整组进行了全面验收。到1990年年底，经过调整，全区基干民兵比1986年减少30%。

1991年9月，依据山东省人民政府、山东省军区《关于进一步加强民兵基层建设的通知》，德州军分区先后在临邑县、齐河县召开民兵活动阵地建设现场经验交流会和民兵组织建设现场会，推广两县抓基层、建阵地的经验。1992年，贯彻中共中央、国务院、中央军委批转总参谋部《关于新时期加强我军后备力量建设的几个问题的报告》精神，进一步扩大民兵编组范围，在乡镇企业发展较快的县（市），实行以乡镇企业为主、行政村为辅的双向管理模式；在与军事专业对口的地方交通运输、邮电、通信、医疗卫生、化工、机械修理等单位，也编组相应的民兵专业技术分队。通过调整、整顿，至1993年3月，全区有1238个基干民兵“空白村”、680个基干民兵“空白点”和76家乡镇企业建起基干民兵组织。1995年，结合民兵整组，大力开展民兵“双争”活动，全市评出先进民兵连队1962个，先进民兵3884人。

1998年6月，市委、市政府、军分区联合下发《关于深化民兵工作调整改革的实施意见》，决定按照“减少数量、合理布局、突出重点、分类建设”的原则，开展组织调整改革工作。一是按照“去虚留实、出入转队、计划调整、分步实施”的原则，适当压缩基干民兵规模，全市基干民兵比原来减少47%。二是扩大基干民兵组建范围，在城市，国有企业、“三资”企业、股份制企业、集体企业和金融、保险等行业，凡党组织健全、生产经营稳定、适龄人员在30人以上均应建立民兵组织。三是优化基干民兵组织结构，在地方与军事专业对口单位，成建制组建邮电通信、防化救援、工程抢修、汽车运输、道桥抢修、车辆维修、军械维修、医疗救护等8种对口专业技术分队。至1999年，全市民兵组织建设日趋正规。

2001—2002年，着眼于适应“战场”需要和“市场”要求，加大科技含量，突出城市重点，合理调整编组，优化组织结构，巩固和深化城市民兵调整改革成果。全市城市基干民兵比例由原来的12%调整为28%。在坚持以国有大中型企业为主体建立民兵组织主渠道不变的基础上，在500家非公有制企业建立民兵组织，编组民兵4.3万人，其中基干民兵4000余人。在坚持以“三支骨干队伍”（应急分队、专业技术分队、对口专业分队）建设为重点不变的情况下，向科技含量比较高的企事业单位扩展。至2003年，全市先后减掉普通步兵分队近200

个，增加10种30余个信息、电子、计算机网络、交通运输、医疗卫生、工程抢修等军民通用技术分队。

2004—2005年，按照“优化编组结构，完善体制编制，充实骨干力量，理顺工作关系，落实各种保障，促进全面建设”的要求，进行组织整顿。一是优化基干民兵组织结构，在保持全市基干民兵规模的基础上，将步兵分队、应急分队、专业技术分队、对口专业分队的构成比例调整为68.4%、7.2%、7.1%和17.3%。二是突出应急分队、专业技术分队、对口专业分队的编组，其中在专业技术分队编组上重点对高机、地面炮兵、侦察、通信、工兵分队进行调整，充实完善了防空分队的编组数质量。三是按照“三减三增”（适当减少步兵分队，逐步增加专业技术分队数量及人数；适当减少低层次专业分队，逐步增加科技含量高的对口专业分队数量及人数；适当减少担负任务不一致的民兵分队，逐步增加与民兵遂行任务相一致的分队数量及人员）的原则，改进民兵编组办法。通过调整，全市专业人员占基干民兵数的31.6%，专业对口率提高到89%。

2007年年初，山东省军区赋予德州军分区民兵组织调整改革试点任务。全市按照“建设一支平时能应急、战时能应战，拉得出、过得硬，关键时刻能起作用的民兵队伍”的要求，对民兵组织进行调整改革试点，13支民兵专业技术分队和8个企事业单位武装部建立，形成了一条“城镇化编组、专业化训练、模块化使用”的民兵组织建设新路子。2008年，贯彻落实《山东省“十一五”期间基干民兵组建计划》和省军区《基干民兵调整计划》，围绕提高民兵队伍“平时服务、急时应急、战时应战”能力，对基干民兵员额进行调整，同时新组建3个作战分队，减少20个步兵分队，将2个便携式地空导弹连纳入防空团建制，民兵组织结构在调整改革中得到优化。德州市探索总结的“城镇化编组、专业化训练、模块化使用”民兵组织建设经验做法被山东省军区推广。2009年，根据山东省军区《民兵预备役部队组织整顿工作指示》要求，全市基干民兵总体规模在保持不变的前提下，减少基干民兵步兵分队9支，新建应急专业救援分队13支，其中铁路救援分队2支，公路救援分队3支，防化救援分队2支，工程救援分队2支，防汛分队4支。

2011年，按照“任务需要什么就编什么，哪里有兵员就编在哪里”的要求，改进编组模式，逐步走出成建制单独编、行业垂直编、对口挂靠编的路子。是年，全市基干民兵调整为应急、支援和储备三支队伍。

第二节 训练 装备

一、步兵训练

1986年起，对基干民兵的训练，以总参谋部颁发的《民兵军事训练大纲》为依据，改变过去冬季一次完成训练任务的做法，实行少数量、多批次，做到训练一批、合格一批、储备一批。是年6月，在山东省军区组织的民兵训练考核中，临邑、济阳分别取得总评一优一良的成绩。

1988年，贯彻总参谋部《关于进一步搞好基干民兵军事训练的通知》，加强民兵规范化训练。至年底，全区各县（市）民兵训练基地相继建成和投入使用。1991年，根据总参谋部《关于“八五”期间全国基干民兵组训任务的通知》和《民兵工作条例》，对步兵分队进行队列、射击、投弹、爆破、单兵战斗动作、战斗勤务等训练，训练对象主要是未服过现役的基干民兵，训练时间为30天左右。至1992年年底，全区完成基干民兵训练14893人，经考核验收合格率均为100%。1995—1997年，民兵训练工作围绕“两个适应”(适应社会主义市场经济、适应新时期军事战略方针),以提高质量为核心,调整改革、严格施训、狠抓落实。

1997年9月,贯彻总参谋部、总政治部《关于深化民兵工作调整改革的意见》,民兵军事训练规模大幅度减少,并由分散训练向集中训练转变,重点抓好民兵干部、应急分队、专业技术兵训练。1998年8月,把“一团三队”(民兵高炮团、应急分队、专业技术分队、对口专业分队)作为德州市民兵训练的重点,统一制订下达训练计划,明确训练时间、任务和重点;对民兵应急分队和专业技术分队的训练,从过去主抓基础训练改变为应用训练;从过去以新入队单个人员训练为主,改变为以按建制训练为主。2000年,科技兴训和战术综合演练全面推开。2005年后,围绕高技术条件下局部战争的特点和战时可能担负的任务,组织全市基干民兵进行了强化训练。2011年,全市基干民兵训练合格率均为98%,优良率为78%,总评成绩均达到良好以上。

二、专业技术兵训练

按高射炮兵、地面炮兵、通信兵、防化兵、侦查兵、工程兵等分别组训。1986年后,专业技术兵多成建制在县(市、区)民兵训练基地集中训练,训练时间和内容按《民兵军事训练大纲》规定进行。民兵高射炮兵始建于1971年。1986年后,民兵高炮分队开始有计划、有重点地向厂企编组训练。炮班训练重点是火炮构造性能、炮手操作和班协同,指挥分队主要是进行侦察、标图和射击技能训练。1993—2002年,主要进行基础技术训练和骨干培训,部分指挥连、指挥排的标图员参加省军区集训。至2011年,在省军区组织的潍北靶场高炮分队实弹射击战术演习中,德州市民兵高炮分队多次取得优秀成绩。其中,2010—2011年,德州市民兵高炮一连连续两年获“实弹战术演习优胜单位”称号。

三、应急救援分队训练

1990年3月,根据省政府、省军区《民兵维护社会治安暂行办法》,德州地区在县、乡两级普遍组建民兵应急分队,并按照步兵分队军事训练科目进行强化训练。其中,县级民兵应急分队由县(市)人武部组织训练,主要进行队列、单兵战术、防暴技术、军事地形学和“三实作业”,训练时间5～7天。1991年,民兵应急分队训练按照每两年1个周期进行,第一年主要进行共同课目和分业训练,第二年主要进行应用训练和综合训练。1995年后,主要突出实兵演练,不断提高快速反应能力。

1998年,按照“精干、可靠、管用”的原则,对全市民兵应急分队的组训工作进行调整改革,增加训练人数和时间,民兵应急连训练每年训练15天,由县(市、区)人武部成建制组织实施,按照先基础后应用、先技术后战术、先分业后协同的方法,每年完成一个训练课题。民兵应急排训练由乡镇、办事处武装部组织实施,县(市、区)人武部组织考核验收。

1999—2005年,市民兵应急分队突出抓应用训练和协同训练,成建制地进行检验性拉动演练,以提高整体遂行任务能力。2002年,济南军区国防动员委员会第三次会议暨民兵预备役部队建设现场观摩会在德州召开,会上200名民兵应急分队队员演示的“仓库守卫时的行动、围捕歹徒时的行动、追歼歹徒时的行动”课目,受到中央军委副主席迟浩田及与会人员的赞扬。

2005年后,按照“贴近任务、贴近实战”的要求,组织全市应急分队队员进行快速动员集结、快速机动为主要内容的适应性演练。在济南军区司令员范长龙到德州调研期间,对德城区民兵应急分队进行了拉动,仅用了1小时25分钟完成了队伍集结,受到军区首长的好评。

2011年,民兵应急队伍着眼于动得快、救得下、通得了,突出抓好处突维稳、抢险救灾、应对公共突发事件等应急性训练。在训练方式上,大力加强基地化、模拟化训练,逐步推开网络化训练,注重在经济社会发展的主战场上用兵练兵,提高遂行多样化任务能力。

四、民兵干部训练

1986年后,基干民兵连排长以县(市)为单位在民兵训练基地组织训练,训练内容为民兵工作业务、共同课目、本级职责和规范化训练的组织实施,训练时间一般15~20天,每年训练在编人数的1/5。1989年后,以突出兵员动员、技战术基础训练和本级战术为主。至1992年年底,全区共完成各类干部训练1593人,其中人武干部946人,专职武装干部647人。

1993年,对人武、专武干部突出新时期民兵预备役工作方针、政策的学习,学习高科技战争条件下兵员动员的组织与实施。1995年,德州军分区以迎接省军区专武干部军事考核为契机,把全面落实专武干部军事训练作为重点,在组织92名骨干集训的基础上,集中力量抓好函授学习和在职训练。

1997—1998年,突出保障战区部队战役机动为主要课题内容,先后组织一期县(市、区)人武部军事科长集训和人武、专武干部培训。2000—2002年,以军事高科技、微机操作、军事地形、轻武器射击、动员业务5项为培训内容,重点抓好专武干部训练。

2006—2009年,全市民兵干部训练主要采取集训和随队训练的方法。训练内容主要有军事理论、基本技能、动员工作、组织指挥等。2010年,德州军分区把基层武装部长比武考核活动作为拉动年度军事工作的“重头戏”。年内,组织13名基层武装部部长参加全省基层武装部长比武考核,取得团体总分第7名,理论第1名、第9名,教学法第9名的成绩。2011年9月,德州军分区组织22名民兵教练员、基层武装部长,进行通信、工兵、防空、应急维稳4类20个科目的“四会”教学比武竞赛,达到了“以比促训”的目的。

五、武器装备

1985年11月起,按照总参谋部、总政治部提出的“民兵武器除保留训练需要的武器外,其余的逐步集中到县以上民兵装备仓库封存保管”的原则,全区民兵武器开始由乡镇武装部集中保管逐步交由县以上民兵装备仓库统一集中保管。

2000年11月,德州市民兵综合装备仓库建成使用。2001年2月始,先后将11县(市、区)保管的民兵武器弹药全部集中到德州市民兵装备仓库统一保管。2005年8月,各县(市)人武部建起“部库合一”式的民兵装备仓库,调配、存储少量民兵训练武器装备。此后,全市民兵武器装备管理实现了规范化、制度化。

第三节　战备执勤

1985年以前,德州民兵长期担负守护铁路、桥梁、仓库、通信线路及其他重要目标的繁重任务,共组建军民联防96处,厂矿、乡镇联防89处,路(铁路、公路)乡联防217处,保卫重要目标600余个,参加民兵达上万人。1986年后,随着铁路桥梁和部分重要目标守卫交由人民武装警察担负后,以民兵为骨干、乡镇治安联防队员配合社会治安防范体系日益加强。1988年3月2日,临邑县宿安乡大杨村民兵董洪,积极协助公安部门排除爆炸物品,保护了群众生命,被德州军分区记二等功一次。1990年5

月，临邑县赵家乡常寨村党支部书记、民兵指导员刘凤鸣，在与持枪歹徒搏斗中光荣负伤，被山东省政府、省军区表彰为“稳定工作先进个人”。

1990年6月，按照山东省委、省政府、省军区的指示精神，德州地区组建起以基干民兵为主体的民兵应急分队，及时处置社会治安突发事件。至1992年，全区动用民兵近万人次，协助公安部门追拿逃犯，抓赌禁赌，为维护社会治安起到了积极作用。1995年和1997年，德州民兵两次配合地方公安部门，开展“严打”斗争和社会治安综合治理，组建民兵治安巡逻分队上千个，形成县乡村三级治安体系，有力地打击犯罪分子。2004年，全市开展打击社会邪恶势力专项整治斗争，德州军分区启动“非战争行动方案”，配合公安部门抓获涉案分子数百人，迫使部分不法分子投案自首。2008年北京奥运会和2009年十一届全运全期间，13支民兵应急分队协助地方公安部门维护社会治安，消除各类事故隐患近300起。2010年9月第四届世界太阳城大会期间，军分区组建10个民兵连、600余人的民兵应急分队承担9座桥梁、6所酒店、16个路口和城区交通要道的执勤任务。2011年11月初，德州军分区严密组织落实“神舟八号”应急搜索预案，民兵快速应急能力在实践任务中得到检验提高。

第四章　武警部队

1983年1月1日组建中国人民武装警察部队山东省总队德州地区支队，由德州军分区独立营及所辖一连、二连和德州地区公安处民警科及所辖1个直属中队、13个县市中队以及各县(市)公安局消防股、4个消防中队合编而成。1995年更名为中国人民武装警察部队山东省总队德州市支队。武警支队组建后，一直担负以警卫、看押、看守、守卫、守护和处置突发事件为主的内卫勤务任务，在维护社会治安、抢险救灾、打击犯罪、执行各种临时勤务等方面做出贡献。

第一节　武装警卫

1986年后，武警德州支队贯彻落实《内卫勤务条例》，不断推进部队正规化执勤、文明执勤、依法执勤，连续多年担负市(地)委、市政府(地区行署)和市公安局(地区公安处)的警卫任务，担负重要会议、重大活动、重大赛事、重要来宾的安全保卫任务，执行城市武装巡逻。2005年8月12日，德州支队出动兵力90人，协助公安机关捕获抢劫机动车团伙犯罪分子4人，收缴大砍刀2把，汽车解码器、管钳等盗车作案工具。2006年先后出动兵力3500余人次，完成了德州投资贸易洽谈会、庆云小商品博览会、中央电视台“乡村大世界”、德州市“八荣八耻”大型歌咏比赛的现场保卫任务。2007年10月13日，德州支队出动兵力10人，协助陵县公安局成功抓获一个8人涉黑犯罪团伙，缴获匕首2把，砍刀1把，车辆解码器1套，赌资50余万元。2008年9月22日，齐河县中队出动5名兵力，协助齐河县公安局在济南泉城宾馆和山东宾馆成功抓获长期在高速公路拦路抢劫的6名犯罪嫌疑人。2009

年,先后出动兵力1800余人次,车辆90余台次,完成中央电视台激情广场“爱国歌曲大家唱”、德州市第十三届投资贸易洽谈会暨“古贝春酒文化节”开幕式等安全保卫任务和长途押解、货币押运、路线警卫以及重大节日武装巡逻等临时性勤务76起,成功处置了德州市恒丰集团千余名职工群体性上访事件。截至2011年,圆满完成全市(区)党代会、人大政协两会及全国、全省在德州召开的各种会议的安全保卫任务共计117次,顺利完成党和国家领导人及重要来宾到德州视察调研警卫任务达39次,完成8届中国(德州)经贸洽谈会、13次县(市)级特色节会、奥运会火炬传递、中央电视台“同一首歌”走进德州文艺演出、2010年世界太阳城大会等大型活动警卫任务累计达93次,承担“96中国青年篮球联赛”、全国超霸杯乒乓球比赛、全国青少年武术邀请赛等大型赛事安全保卫任务72场次。每年元宵节、“五一”、“十一”等节日执行城市武装巡逻,累计使用兵力达800人次。

第二节　看押　看守

武警德州支队担负着德州境内德州监狱、齐州监狱的看押工作,负责全市的看守所的看守任务。按照公安机关统一部署,积极参加严厉打击严重刑事犯罪活动,参与社会治安综合治理。广泛开展争当“执勤先进中队”和“执勤能手”竞赛。2004年,首次开展正规化执勤等级评定,在全市部队叫响“抓好监控员,执勤保安全”的口号。加强与劳改部门相互协同,坚持联席会议制度,及时交流情况,主动听取劳改部门意见,互通情报,及时准确掌握犯情动态。同时不断更新改造看押看守设施,安装先进的执勤监控设备,维修岗楼和照明设施,改善照明条件,对狱墙普遍进行加高。2007年,投资4600余万元用于执勤目标“四防”(物防、人防、技防、联防)一体化建设,看守目标统一安装电视监控,配发传真机。

1986—2011年,共制止罪犯逃脱12起38人次;执行押解各类罪犯1000余名,执行处决任务累计89人次;执行临时性警卫勤务200余次,出动兵力1700余人次,动用车辆200余台次,参加进京要道和山东、河北交界处主要路口设卡堵截任务180余次,协助公安机关抓获犯罪嫌疑人60人。

第五章　拥政爱民

第一节　支援地方建设

1986年后,驻德州部队官兵视驻地为故乡,视人民为父母,积极开展服务地方经济建设活动。1992年“八一”建军节期间,组织驻军、武警官兵1000余人,协助德州市政工程处修筑三八东路公路,完成土方1.3万立方米。1997年,驻德州部队通信营协助邮电局架设农话线路过程中,专业军士范庆海在施工中不幸因公牺牲。

1998年,德州军分区和11县(市、区)人武

部均成立服务地方经济建设领导小组。同年，军分区向全市民兵和复退军人发出公开信，号召民兵和复退军人争当发展个体私营经济的带头人。至2000年，军分区人武系统共派出600余名人武、专武干部驻村包点，先后协调筹措资金400多万元，用于帮助包抓村上项目，修路、打井、架桥等公益事业；县（市、区）人武部为包抓村联系致富项目46个，架桥15座，打机井23眼，为21个村拓宽取直了街道，为23个村铺柏油路6000米，为7个村安装了自来水，建起了3座村委会办公用房，帮助5个村整顿了党支部，为贫困户送钱和送物折合人民币18万多元，使210个贫困户实现脱贫。2001年，启动《服务地方经济建设三年规划》。至2004年，军分区人武系统共培植民兵个体私营经济业户10060个；驻军部队及民兵预备役组织义务帮工队9800多个，出动官兵和民兵预备役人员近3万人次，出义务工11万个，车辆9000多台次。

2007—2011年，响应市委、市政府号召，先后派出600余名人武、专武干部驻村包点，当“红娘”、做“后盾”，发动广大民兵争当致富带头人，扶持民兵个体私营经济大户14193个，引进致富项目54个；先后协调筹集400多万元帮办公益事业，帮助200个贫困户脱贫，铺柏油路3000多米，植树造林200公顷，为德州经济贡献了力量。

第二节　抢险救灾

一、抗洪抢险

1996年夏，暴雨成灾，洪水泛滥，致使黄河、漳卫南运河滩内的35万亩农作物全部淹没绝产。灾情发生后，全市共调集25万名人武、专武干部和民兵预备役人员加固堤防，出动80余万民兵预备役人员疏通沟渠3500多条，确保泄洪万无一失。同年8月，漳卫新河庆云县严务段涵闸大坝背面30米宽的坝底出现严重渗水。武警德州支队和德州军分区634名官兵及乐陵、宁津、德城500余名民兵应急分队迅相继开赴灾区，参加抗洪救灾，排除了险情，保住了大坝。

2001年8月23日，德城、平原、禹城、齐河、临邑、陵县6县（市、区）的17个乡镇、310个村庄遭受风雹的袭击，受灾面积42万亩，绝产9.7万亩。全市出动16.8万民兵、预备役人员参加抢险救灾，救出群众35人，抢救物资5400多吨。

2010年8月，持续强降大雨导致德州市多条河流出现漫溢险情，致使禹城、平原、齐河、陵县、临邑等9个县（市）54个乡镇受灾严重，重要河段沿岸10多万群众身处险境。12日，军分区向各县（市、区）人武部下达集结民兵应急分队的命令。13日，一场暴雨再次降临禹城市，徒骇河及其重要支流赵牛新河面临溃坝危

德州军分区黄河防汛演练　　（2008年　周建新　摄）

险。军分区紧急抽调夏津、武城、临邑、陵县4支共550人的民兵应急分队驰援禹城防汛一线。经过9个半小时的奋战，至14日6时许，险情终于排除。累计防守、加固堤坝7.6千米，为4个自然村修筑护村围堰3500米，围堵漫堤决口4处，排除险情17处，安全转移群众14115户43645人。

二、处置突发事件

1997年9月，济南军区139医院在接到求救电话后，连夜赶到出事地点河北省景县，将27名重伤员接到医院进行救治，成功地完成了跨省、跨地区的救治任务。1998年7月，临邑县人武部迅速出动100多名应急分队队员，将输油管道油气大火扑灭，确保了人民群众无一伤亡。2001年2月，德城区人武部组织成功实施德州第三水厂爆破，炸坝放掉污染水，以最短时间保证了城区人民的正常用水。2001年5月，临邑县人武部成功将一起爆炸险情排除。2002年3月，宁津县人武部连续两次成功排除了爆炸险情。2005年3月，一起空军飞行事故发生后，德州军分区及所属乐陵市人武部迅速行动，及时启动乐陵市人武部应急分队处置突发情况预案，出动应急队员500人，圆满完成了救援任务。

第六章　国防教育

第一节　组织机构

1988年11月，根据中宣部、总政治部《关于在民兵、预备役人员中加强国防教育的通知》精神和山东省政府、山东省军区的要求，德州地区及所属13县（市）相继成立国防教育领导小组，由党委或政府主要领导挂帅，宣传、民政、教育、人武部门和驻军及工、青、妇等群众团体参加，形成“五位一体”抓国防教育的领导体系。德州地区国防教育领导小组由地委副书记、行署专员任组长，军分区司令员、政委任副组长，地委、行署、军分区、驻德州部队有关部门和工会、共青团、妇联以及新闻单位的负责人为成员。

1990年6月，德州地区和所属县（市）国防教育领导小组更名为国防教育委员会。地区国防教育委员会主任由地委副书记、行署专员兼任，副主任由军分区司令员、政治委员和一名副专员兼任，委员由地委、行署、地委宣传部、地区教育局、民政局、广电局、德州日报社、地区工会、团地委、地区妇联和军分区司令部、政治部、后勤部及驻军部队等单位的负责人组成。国防教育委员会下设办公室，设在军分区政治部，主任由军分区政治部主任兼任，副主任由宣传部一名分管副部长兼任。各县（市）国防教育委员会基本与此相同。参照地、县国防教育委员会机构的设置，各乡、镇普遍成立国防教育领导小组，在县（市）国防教育委员会领导下相应开展工作。

2005年4月，依据国家国防动员委员会和山东省国防动员委员会有关决定，德州市和县（市、区）国防教育委员会与同级国防动员委员会合并，成立政治动员办公室，与国防教育办公室一个机构两块牌子，其成员单位纳入国防动员委员会成员单位之中。

第二节 教育阵地

1986年以后,德州辖区以各级人武部门为主,以民兵训练基地为依托,在各县(市、区)建立国防教育基地;以“青年民兵之家”为依托,在基层建立国防教育活动阵地,作为开展国防教育的活动场所。到1988年,全区共建有青年民兵之家6768个,占民兵连总数80%以上。

1988年后,各级党的组织、宣传部门,以各级党校为依托,把国防教育纳入党政干部教育培训计划,使党校成为兼具国防教育功能的重要阵地;各级教育部门,以大、中(专)、小学校为依托,将国防教育列入学校德育教育计划,利用假期创办少年军校,开展国防教育和军事训练;驻军各单位以训练基地、部分营房和荣誉室等为依托,对青年学生进行国防教育;各级民政部门有重点地将烈士陵园作为国防教育阵地;各级新闻宣传部门,以报刊、电台、电视台为依托,开设国防教育专栏或专题节目;各基层单位普遍开设了有关国防教育的宣传橱窗、宣传栏、固定性标语等,国防教育阵地向大范围、广覆盖方面扩展。

2001年起,市委、市政府、军分区加大财政投入,陆续建起功能完备、档次较高的德州市民兵预备役培训基地和德州市革命烈士陵园等国防教育中心。2004年4月5日,德州市革命烈士陵园被命名为首批“山东省国防教育基地”。至2011年,全市国防教育基地达到34处,其中有8处被命名为“山东省国防教育基地先进单位”。

第三节 教育活动

20世纪80年代,德州辖区人民武装部门和党、团组织开始建设集教育阵地和文化娱乐场所为一体的青年民兵之家,对民兵预备役人员进行国防教育。

1992年,在全区广泛开展以爱国主义为核心的争创国防教育先进单位和先进个人活动。1994年,与地区电视台、经济广播电台、德州日报社等新闻单位联合,开辟固定的“长城长”“国防园”等教育栏目。同年,临邑县周道口村离休干部周珩善被山东省国防教育委员会表彰为“山东省关心国防建设十佳个人”。1995年,开展纪念抗日战争胜利50周年系列活动,共举办报告会325场,文艺演出118场次,书画展146次,播放电视专题片、电台专题广播960余次。1996年8月,在全市开展以“强国防、兴中华、爱军队”为主要内容的“德燃杯”国防知识竞赛活动,共印发试卷10余万份,回收答卷8.2万份。

1997年3月,《中华人民共和国国防法》颁布后,全市各级通过多种宣传形式广泛宣传。1999年4月,根据全国人大法工委、教育部、总参谋部等部署,在全市大中小学校开展“迎国庆万校国防教育”活动,共有265所学校、2120个班级的10万学生踊跃参加。德州市获全国组织奖,平原县职业中专获全国先进学校奖。

2001年4月《中华人民共和国国防教育法》颁布实施后,全市国防教育逐步走上社会化、制度化、规范化、经常化发展的轨道。2003年,重点宣传宁津县人武部在职职工周希民个人创办国防教育展室、义务开展国防教育的先进事迹。《中国国防报》、《光明日报》、中央电视台《新闻联播》、中央人民广播电台、《新华每日电讯》和新华网等媒体,先后对周希民的感人事迹进行突出宣传。2004年,围绕“勿忘国耻,强我国防”主题,组织参加全国“爱中华、奔小康、强国防”系列国防教育活动,23个单位和个人在活动中获奖,其中德州市代表队获全国军事技能比赛优胜奖,临邑、夏津县国教办获全省优秀组织奖。

2005年,以纪念抗日战争胜利暨世界反法西斯胜利60周年为契机,开展第五个“全民国防教育日”宣传教育活动和评选关心国防建设“双十佳”“好军嫂”和“优秀兵妈妈”活动。

1994—2011年,全市先后开展“军人好妻子”“优秀兵妈妈”“百佳优秀士兵家庭”“十佳好军嫂”“十佳兵妈妈”和“关心国防建设十佳单位”“关心国防建设十佳个人”等表彰活动11次,表彰先进单位35个、先进个人126名。其中,有7个单位和20名个人受到省以上表彰;2001年德城区第三中学教师王英萍、2010年齐河县刘桥乡刘桥村村民苑秀珍,先后获全国“百佳好军嫂”“百名优秀母亲”称号。

第七章　人民防空

1986年,德州地区行署设人民防空委员会办公室,辖县级德州市人防办。1995年7月,地、市两级人防办合并称德州市人民防空委员会办公室(1998年8月,更名为德州市人民防空办公室)。1999年4月,夏津县人防办成立。此后,各县(市、区)人防办相继建立。2007年、2008年,市和县(市、区)的人防办公室分别加挂民防局牌子,承担应急救援和抢险救灾任务。2009年,全市乡镇和城市社区建立人防(民防)办公室或工作站,实现人防工作向基层有效延伸。至2011年年底,市人防办内设综合科、指挥通信科、工程科(挂法规科牌子)、资产管理科等4个职能科室,下辖人防通信警报站、人防工程管理处、人防工程质量监督站及11个县(市区)和2个开发区人防办。

2011年,德州市被评为全省人民防空先进城市。

第一节　指挥 通信

一、组织指挥

1986年,县级德州市制订《德州市城市防空袭预案》,组建抢险抢修、医疗救护、防化、治安、消防、通信和运输7种专业队,并建立了人防指挥资料室,收集整理人防资料万余份。1991年4月,根据山东省政府、山东省军区《关于加强城市人民防空专业队伍建设的若干规定》,城区正式组建抢险抢修、医疗救护、防化、治安、消防、通信和运输7种人防专业队。

2000年,德州市人防办新办公楼落成,内设微机和大屏幕显示系统及警报无线统一遥控系统,初步建立现代化的人防指挥自动化系统。同年4月,按照人防专业队伍的性质、组建原则、组织建制和具体任务,重新组建由670人组成的7个人防专业大队、17个专业中队。

2007年,编制城市人口疏散地域建设规划,全市确定市直机关疏散基地2个,预备基地3个。2009年8月15日,举行德州市“8·15”防空警报试鸣暨人防专业队伍应急集结演练活动。之后每年8月15日,市县乡都会举行紧急疏散演练活动。

2011年7月,根据国家和省有关要求,依法修订完善《德州市防空袭方案》。至年底,全市初步建成地上、地下和机动“三位一体”人防基本指挥平台和利用人防指挥通信设施服务平时防灾救灾机制,全市152个重要经济目标防

护单位全部实现组织网络、防护方案和训练演练“三落实”。人防专业队伍发展到5000余人。

二、通信警报

1986年10月，新安装供电交换机一部，人防内部安装电话12门，外部放号42门，中继线4条。1990年10月，将原供电交换机更换，新安装程控交换机，铺设人防通信电缆于人防地下干道，增强了战时防空袭人防有线通信的可靠性。到1993年，全区建有人防通信站1处、百门程控交换机1部、单边带无线电台1部、防空袭警报器7台，战时防空袭通讯、警报能力大大加强。

1996年12月27日，首次组织全市防空警报试鸣活动。1999年5月，市政府确定每年6月7日德州解放纪念日为德州市防空警报试鸣日。2003年5月，将防空警报试鸣时间由每年6月7日改为8月15日（抗日战争胜利日）。2004年，各县（市、区）同步试鸣。

2011年，市、县人防机动指挥所全部建成，并实现省、市、县互联互通，指挥功能在全国人防系统位居前列。

第二节　人防工程

1986年以后，贯彻“长期坚持、平战结合、全面规划、重点建设”的方针，编制完成德州地区人防建设和平战结合规划，并在德州市及平原县、禹城市、齐河县、临邑县等几个重点县开工建设了骨干人防工程。1995年，全市人防工程综合利用率占到已建工程的39%。

1999年，德州市人防综合工程建成启用，成为德州人防建设面积最大、质量最好、建设速度最快的窗口工程。2000年，德州市由原来的国家三类重点防空城市上升为二类重点防空城市。是年，全年人防工程在建和立项工程量达到前20年工程累计总量的30%。

2010年，相继开工建设京沪高铁德州站、德州市0701工程、德州市东北商贸物流城、德州学院西路4个大型人防工程，总投资90.85亿元。是年，办理人防报建审批项目197个，10个县（市）分别开工建设了人防工程，工程面积超过10万平方米，率先实现县级均有人防工程的目标，居全省首位。

第二十七编

公安　司法

GONGAN SIFA

■ 公安

■ 检察

■ 审判

■ 司法行政

1986年以后，全市（区）公安、检察、法院、司法行政等部门按照上级机关和市（地）委的统一部署，各司其职，紧紧围绕改革开放和经济建设开展工作，维护社会稳定，保护人民群众合法权益，为全市经济建设和各项社会事业发展保驾护航。

1986年，以反破坏社会治安秩序、反盗窃和打击流窜犯罪为重点，全区公安、司法机关开展"严打"斗争第三战役，遏制了刑事案件上升的势头。1988年，加强公安、司法基层队伍建设，全区262个乡镇和街道全部建成派出所、法庭、法律服务站和司法助理员队伍，提前半年达到省委提出的"一所、一庭、一员、一站"要求。1990年11月，全省社会治安综合治理经验交流现场会在德州召开，推广德州地区"四个一"建设经验。

1992年，强化群防群治，提高综合防范能力，技术防范也在较大范围内推开。2001年，总结推广夏津县除恶治乱、强基固本，齐河县构筑乡镇联防、村级群防、农户自防三级防范模式等成功做法，打防管控一体化工作格局基本形成。2004年，在全省率先实现"110、119、122"三台合一，提高了接处警速度。

2006年，推进平安单位（系统）、平安村居、平安家庭等系列创建活动。到2007年，全市11个县（市、区）全部达到全省平安建设先进县市区标准。2009年，德州市探索建立的社会治安防控体系、"四位一体"维稳工作机制、见义勇为管理体制、青少年轻微犯罪"前科消灭"制度、城区管理信息化建设等经验做法受到中央和省的充分肯定。人民群众对社会治安满意率逐年上升。

1986年以后，检察方面，建立健全了刑事、职务犯罪、民事行政、监所和控告申诉检察体系。审判方面，1986—2011年，全市（区）两级法院共收案633106件，结案631366件，有力维护了社会稳定，保护了国家、集体和公民的合法权益。普法方面，先后开展了6个五年法制宣传教育和第五个依法治市五年规划。在全体公民中营造了良好的学法、知法、守法的社会法治环境。

第一章　公　安

1986年年初，德州地区公安处辖13个县（市）公安局。1987年4月，乡村道路交通管理由交通部门移交公安机关，组建德州地区公安交通警察大队和县市交通警察队。同年开始在全市实行居民身份证制度。1988年，乡镇全部设立公安派出所，并由单纯户口管理逐步扩展为户籍、治安、防范、侦破一般案件等综合职能。1989年，推行承包责任制，层层签订责任书，建立起严密的防范网络和严格的规章制度。1990年11月，全省社会治安综合治理经验交流现场会在德州召开，推广德州地区加强基层治安防控工作的经验。

1995年撤地建市，德州地区公安处改为德州市公安局，原县级德州市公安局上划市局，改称德州市公安局德城分局。1997年8月，推进刑侦体制改革，全市公安机关设立责任区刑警中队、专业刑警中队共97个，将预审职能并入刑侦，实行侦审合一，形成以刑侦队伍为骨干、派出所为依托、各部门和各警种齐抓共管的"大刑侦"格局。同年，市公安局110报警服务中心正式开通。2003年，德州市公安局经济犯罪侦察支队成立，加大对经济犯罪的惩治力度。

2004年1月，全市"110""112""119"报警服务电话"三台合一"正式开通运行，使二级接警转为一级接警，提高了出警速度。同年，全面实施《山东省公安机关治安防控工作规范（试行）》，全市组建10支巡警防暴大队，负责城区主要干道、政府机关、广场、商业闹市及治安场所的巡逻防范和出警工作。到2005年，全市初步建立起以市公安局指挥中心为龙头，以巡警、交警、派出所民警为骨干，以群防群治力量为补充，多警种联动的治安防控体系。

2006年，按照"突出人防、普及物防、推行技防"的工作思路，重点构筑堵截查控、街面巡逻、社会治安、单位内部自防和技防监控报警"五大网络"。2007年，全市13个县（市、区）公安机关、22个城区派出所和部分建制镇派出所全部建立治安动态监控中心，直接监控探头达2531个，纳管社会监控探头18636个，基本覆盖城区重点部位。2011年，在全省率先建成"统一规划布局、统一站点名称、统一建设标准、统一外观标识、统一装备配备"五统一的15个公安检查站、11个二级公安检查站、162个治安卡点，以此为依托构建起环德、环中心城区、环县市城区安保圈及卡点堵截网点。

至2011年年底，市公安局直属经济犯罪侦查支队、治安警察支队、刑事侦查支队、巡逻警察支队、交通警察支队，辖德城区、经济开发区、运河经济开发区3个直属分局和禹城、乐陵、齐河、临邑、陵县、宁津、平原、武城、夏津、庆云10个县级公安局，共有公安干警3900余人。

第一节　侦　查

1986年，德州地区公安处设刑事侦科，各县市公安局设刑事侦察科（股）。1989年5月，地区公安处刑事侦察科改组为刑事警察大队，加强刑侦工作的领导和指挥。

1993年，地区公安处刑侦大队扩建为刑侦支队，各县市公安刑侦科扩建为刑侦大队。1994年，引入竞争激励机制，在公安机关内部实行破案责任制，建立破案基金，实行一案一奖。对侦破重特大案件有功人员实行重奖。1997年，全市公安机关进行刑侦体制改革，设立责任区刑警中队、专业刑警中队共97个，将预审职能并入刑侦，实行侦审合一，形成以刑侦队伍为骨干、派出所为依托、各部门和各警种齐抓共管的"大刑侦"格局。

2000年，积极推进和深化刑侦工作改革，同时市公安局刑警支队相继引进多波段光源、法医PCR、指纹自动识别系统，全市先后共破获各类刑事案件5500起。

2001年，市公安局建立刑事犯罪有奖举报中心，当年接受群众举报破获案件近100起。

2003年，德州市公安局经济犯罪侦察支队成立。

2004年，全市命案侦破率达到86%，15起绑架案件全部破获；追捕上网在逃人员934人，逃犯实有数同比下降21.4%，市公安局被公安部授予追逃先进单位荣誉称号。

2010年，推进指纹、DNA、现场勘验三大库建设，挖掘跨区域办案协作、刑侦情报信息"两大平台"破案潜能，发挥信息引领实战作用。

一、刑事侦查

1996 年 4 月，德州市“严打”斗争动员大会在市体育场召开

1983 年 8 月始，按照中共中央、全国人大常委会的决定，在全区开展为期 3 年零 6 个月的严厉打击刑事犯罪活动的斗争。至 1987 年 1 月“严打”结束，共组织 3 大战役。第一战役（1983.8—1984.7）着重打击浮在面上的犯罪嫌疑分子。第二战役（1984.8—1986.1）重点打击隐藏较深和现行的严重刑事犯罪嫌疑分子。在全区统一开展“打流窜、追逃犯、攻死角、破积案”行动。第三战役（1986 年 2 月—1987 年 1 月）开展以反破坏社会治安秩序、反盗窃和打击流窜犯罪为重点的三次集中统一行动。3 次战役共破获各类刑事案件 10080 起，抓获各类刑事犯罪嫌疑人 7318 人，摧毁犯罪团伙 89 个，抓获团伙成员 461 人。

1987 年 1 月为期 3 年的“严打”斗争结束，全区公安机关把中共十三大期间安全保卫作为中心任务，先后开展了“打击流氓、盗窃、拐骗妇女儿童”等犯罪专项斗争，全年共抓获各类刑事犯罪嫌疑人 1513 人，提请逮捕 378 人，摧毁团伙 90 个，团伙成员 496 人。是年 12 月，成功破获发生在庆云县境内的 7 起重大拦路强奸案件，将犯罪嫌疑人刘某某抓获归案。

1988 年，全区重点开展惩治流窜、盗窃、流氓滋事、抢劫、强奸等刑事犯罪活动。是 6 月，德州市（县级）公安局破获一起系列电击杀人案犯，犯罪嫌疑嫌疑人舒某某先后在 2 省 4 县（市）用电击手段作案 6 起，杀死 5 人。

1990 年 3 月 20 日至 4 月底，按照省委统一部署，在全区开展 40 天的“除六害、打团伙”的专项斗争，共抓获各类犯罪嫌疑人 919 人，摧毁各类犯罪团伙 100 个，挖出团伙成员 575 人，破获各类刑事案件 790 起，其中大案 114 起，缴获赃款赃物计 60 余万元。其中，成功破获宁津县一次杀害 4 人的特大凶杀案，犯罪分子耿某某落网伏法。

1991 年 8—9 月，针对拐卖妇女儿童犯罪活动日益猖獗的情况，按照省里的统一部署，开展严厉打击拐卖妇女儿童和取缔卖淫嫖娼专项行动。

1993 年，在全区先后组织 4 次“严打”统一行动。其中，8 月 20 日至 9 月底，在全区组织开展“追逃犯、打流窜、挖团伙、破大案”专项斗争，共破获各类刑事案件 1024 起，其中重特大案件 141 起，抓获各类违法犯罪嫌疑人 574 人，缴获赃款赃物折款 83 万余元。

1994 年，先后开展 4 次全区性的集中打击和专项治理活动，重点打击盗抢机动车、盗窃大牲畜和“五霸”，共破案 1886 起，摧毁各类犯罪团伙 107 个，提请逮捕 1217 名犯罪分子，收缴赃款、赃物折款 205 万元，重大刑事案件比上年下降 7.4%。

1995 年，组织开展春季严打和打击涉车犯罪专项斗争。是年 8 月 16 日，侦破中华人民共和国成立后本市首起暴力抢劫银行案，禹城市信用社两站街储藏所被一持枪歹徒抢劫现金 7 万元，经 24 小时严密排查，迅速将犯罪嫌疑人马某某抓捕归案。

1996 年 5—7 月，根据中共中央和省委、省政府的部署要求，全市开展严打斗争集中统一行动，重点打击有组织犯罪、带黑社会性质的团伙犯罪和流氓恶势力犯罪；爆炸、杀人、抢劫、绑架等严重暴力犯罪；严重影响群众安全的多发性犯罪；破坏社会主义市场经济的金融犯罪、走私犯罪。1996 年 9 月 2 日 6 时许，在侦破庆云县常家镇迎宾酒店服务员李某某被害案中，击毙拒捕罪犯肖某贵（此人先后在济南、东营等 7 县（市）杀死无辜群众 10 人）。

1997 年，先后开展春季“严打”整治行动、打击黄赌毒、冬季严打等专项斗争。1998 年，开展打击“霸”字号流氓恶势力、围剿流窜犯罪、打击盗抢机动车等专项斗争。同年 5 月 11 日，德城区发生一起影响恶劣的雇佣杀人案件，公安机关仅用 72 小时就将杀人凶手侯某某和幕后操纵者夏某某抓获归案。历时 23 个月，破获以王某某、翟某某为首的两个带黑社会性质的犯罪团伙。

1999 年，开展声势浩大的农村社会治安集中整治专项斗争，先后进行 3 次集中搜捕统一行动，共惩处各类“霸”字号、“痞”字号人物 138 名，清理整治治安后进村 253 个、公共复杂场所 216 处，有效地净化了农村治安。1999 年 7—9 月，全市公安机关开展追逃专项行动，共抓获各类在逃人员 479 人，其中 110 名逃犯慑于“严打”的声威到公安机关投案自首。

2001 年 4 月—2003 年 9 月，按照中央和省委的统一部署，组织开展声势浩大的严打整治斗争。全市公安机关从“打黑除恶”入手，重点惩治有组织犯罪、带有黑社会性质的团伙犯罪；爆炸、杀人、抢劫、投毒、绑架等严重暴力犯罪；盗窃、抢夺等严重影响社会治安安全的多发性案件。此次“严打”斗争，打掉恶势力犯罪团伙 161 个，惩处犯罪分子 693 人，破获涉及邪恶痞霸势力案件 2995 起。其中，2001 年 11 月破获公安部、省公安厅督办的山东德州市石油总公司 600 万元汇票诈骗案。同时对排查出的 102 个治安落后村、3823 处重点地区（市场）和周边治安环境较差的中小学校进行集中整治。

2003 年破获禹城系列破坏军用光缆案件及齐河“4・25”、临邑“7・10”、禹城“11・1”破坏易燃易爆设备案件等 4 起部、省督办案件，公安部、省公安厅发贺电，济南军区、石油部发函致谢。

2004 年，全市共破获各类刑事案件 9031 起，提请逮捕、劳教犯罪嫌疑人 1578 人，追捕网上在逃人员 934 人，年底在逃人员实有数下降 21.4%。全市命案侦破率达到 86%，15 起绑架案件全部破获。

2005 年，破获各类刑事案件 9327 起，提请逮捕 1326 人，移送起诉 1556 人，劳动教养 561 人。全市刑事发案同比下降 6.7%，其中，抢劫案件下降 39.8%，盗窃案件下降 2.1%。全市命案发 84 起，破 80 起，破案率 95.24%，居全省前列。

2006 年，全市刑事立案 10774 起，破案 9106 起，批准逮捕犯罪嫌疑人 1444 人，劳动教养 759 人。全市命案发 62 起，破 57 起，破案率达 91.9%（其中 8 个县市区实现命案全破）。

2007 年，开展烟草市场、电力设施、学校周边、油区环境、铁路沿线治安整治等专项活动，不间断地开展整治混乱区域和部位活动。全市共破获刑事案件 7481 起，抓获犯罪嫌疑人 3989 名，打掉犯罪团伙 233 个，抓获团伙成员 992 人，其中，破获恶势力犯罪团伙 52 个、成员 170

余人;全市共发命案 51 起,破 49 起,破案率高达 96%,另外还破获命案积案 17 起,破获外省命案 13 起。

2008 年,全市共破获刑事案件 6757 起,抓获犯罪嫌疑人 4260 人。全市共发命案 52 起,破 50 起,破案率高达 96%,破命案积案 17 起,抓获外省命案在逃人员 15 人,破外省命案 8 起。与 2003 年相比,全市刑事案件总量下降 40.59%,八类严重暴力犯罪案件下降 43.12%。

2009 年,全市共破获各类刑事案件 5271 起,抓获各类刑事犯罪嫌疑人 3566 人;破获各类犯罪团伙 203 个,抓获团伙成员 871 人,抓获各类在逃人员 1577 人,杀人、爆炸、绑架等有重大影响的恶性犯罪案件全部及时破获,并破获命案积案 4 起,破获外省命案 3 起,抓获外省命案在逃人员 18 人。

2010 年,组织开展“打黑除恶”、命案侦破、网上追逃和打击“两抢一盗”、盗抢机动车、盗窃破坏电力设施等多发性侵财犯罪专项行动。全市共立刑事案件 7574 起,破案 6264 起,抓获各类刑事犯罪嫌疑人 3443 人,其中提请逮捕 1048 人,移送起诉 1221 人;共打掉各类犯罪团伙 162 个,抓获团伙成员 692 人。共发生命案 51 起,破获 49 起;破获历年命案积案 2 起,破外省命案 1 起,抓获外省网上命案在逃人员 13 人。全市“两个系统”信息存储 651 条,利用“两个系统”破获命案 3 起,11 个县(市、区)实现命案全破。2011 年,按照“打防结合、预防为主、专群结合、依靠群众”的方针,建立健全社会治安防控体系,全市共破获刑事案件 6141 起,抓获各类刑事犯罪嫌疑人 3397 人,其中提请逮捕 1043 人,移送起诉 1258 人,打掉各类犯罪团伙 166 个,抓获团伙成员 666 人,带破案件 1759 起。

1986—2011 年德州市(地区)刑事案件立案、破案情况表

表 27-1

年份	立案(起)	破案(起)	抓获犯罪嫌疑人	破获团伙	
				团伙数(个)	人数(人)
1986	777	599	644	10	83
1987	1040	750	1513	90	496
1988	1034	845	3103	196	1239
1989	1326	1064	1548	249	1321
1990	1087	984	2283	219	1206
1991	4562	2688	2081	208	842
1992	4068	2988	2363	90	900
1993	5866	4791	3375	333	1337
1994	6385	5671	3168	328	1258
1995	5188	4959	2051	139	527
1996	4628	4213	3171	275	1081

续表 27－1

年份	立案(起)	破案(起)	抓获犯罪嫌疑人	破获团伙	
				团伙数(个)	人数(人)
1997	5804	7359	2809	241	877
1998	6670	9588	3784	301	1158
1999	6697	5111	3724	259	944
2000	13546	6849	4013	253	1061
2001	13661	7848	4636	273	1154
2002	14945	10543	4313	371	1533
2003	14519	9256	3616	229	872
2004	13764	8821	4299	273	1214
2005	12832	9327	4870	307	1222
2006	11119	9107	4656	281	1198
2007	10378	8573	4404	257	1108
2008	8626	7210	4688	294	1204
2009	8262	6730	4483	243	1045
2010	7574	6264	3443	162	692
2011	7532	6141	3397	166	666

二、经济侦查

1996年前，公安机关管辖的经济犯罪案件，主要有金融、财税诈骗案件，伪造股票、债券等有价证券案件，股票、期货诈骗案件，伪造、贩卖货币案件，各种非法融资、集资案件5类经济犯罪案件。1997年，检察机关管辖的涉税类、走私犯罪类、侵占类等5类经济犯罪案件移交公安机关管辖侦办。1998年，市公安局和平原县、临邑县、宁津县分别成立公安、烟草、盐业联合侦缉队，加大打私、打假工作力度。1999年，刑警支队又成立驻税务局打击涉税犯罪联络办公室。

2003年，德州市公安局经济犯罪侦察支队成立，经侦体制初步理顺。是年，破获经济犯罪案件342起，查处侵害厂长、经理、外商及破坏合法经济案件136起，打击处理市霸、街霸、厂霸等各类霸字号人物100余人。2004年，侦破各类经济犯罪案件472起，贪污贿赂案件161起，其中大要案68起。成功侦破一起特大贩运销售假烟案，抓获犯罪嫌疑人14人。2005年，组织开展打击非法集资、侵犯商标权、涉税、传销和变相传销专项行动，侦破经济犯罪案件373起，挽回经济损失1928万元，其中侦破公安部督办、涉案金额1.5亿元的胡某某特大虚开增值税专用发票案。2007年，开展烟草市场、电力设施、学校周边、油区环境、铁路沿线治安整治等专项活动，破获省公安厅督办的“7·16”特大涉油案件，抓获团伙成员8人。

2008 年，侦破涉油案件 128 起，抓获犯罪嫌疑人员 102 人，其中在逃人员 65 人，挽回经济损失 710 万元，2 起为公安部、省公安厅督办案件，受到中石化、中石油和上级公安机关的通报表彰。2011 年，依法严厉惩治经济领域犯罪活动，共破获经济犯罪案件 283 起，挽回经济损失 1.85 亿元。

第二节　治安管理

一、治安防控体系建设

1986 年，全区 8162 个村庄、2573 个内部单位落实治安岗位责任制，分别占 79.4% 和 80.5%。1988 年，乡镇全部设立公安派出所，并由单纯户口管理逐步扩展为户籍、治安、防范、侦破一般案件等综合职能。1989 年，推行承包责任制，层层签订责任书，建立起严密的防范网络和严格的规章制度。1990 年 11 月，全省社会治安综合治理经验交流现场会在德州召开，推广德州地区加强基层治安防控工作的经验。

1992 年，强化群防群治，提高综合防范能力，技术防范也在较大范围内推开。全区群防群治力量达 59000 余人，其中专业队员 33700 余人；安装农电线路报警器 1700 余台，变压器防盗锁 4000 余套，80% 以上的厂企、内部单位财会室及乡镇财政、银行、粮所、供销等部门安装了报警器或监控设施。同年，各县（市）相继建立城区巡警队及治安岗亭。到 1994 年，全区 11 个县（市）全部建成城市 30 人以上、县城 20 人以上的正规化巡警队，形成以治安岗亭为点、主要道路和治安复杂地段为线、派出所为龙头，覆盖城区的动态专职巡逻网络。1997 年，按照"一警一区、一警多能、责任到人、一包到底"的新型警务制度，全市 209 个派出所依据辖区人口、治安、地理等情况划分 620 个警务区，初步建立起目标量化、监督制约、考核奖惩、竞争激励的新机制，派出所预防、发现、控制、惩治犯罪的能力大大增强。1998 年，推进创建安全文明社区活动，城市居民楼防盗门、农村变压器防盗卡基本普及，财会室"屋中屋""柜中柜"和农村大牲畜防盗链等物防、技防措施应用面不断扩展。2000 年，结合乡镇撤并和机构改革，对农村派出所进行大幅度调整，全市派出所总数由 209 个调整为 144 个。2001 年，总结推广夏津县除恶治乱、强基固本，齐河县构筑乡镇联防、村级群防、农户自防三级防范模式等成功做法，打防管控一体化工作格局基本形成。2003 年，建立维护稳定信息预警处置机制，全市共建立信息预警处置中心 13 个，信息预警站 138 个，信息点 3310 个，有专职信息员 9820 名，有效解决了信息不灵、信息梗阻和处置滞后问题。同年 8 月 14 日，中共中央政治局常委、中央政法委书记罗干在省委书记张高丽等陪同下，先后深入到德州经济开发区和车站街派出所以及新湖风景区实地考察。2004 年，全面实施《山东省公安机关治安防控工作规范（试行）》，全市组建 10 支巡警防暴大队，负责城区主要干道、政府机关、广场、商业闹市及治安场所的巡逻防范和出警工作。到 2005 年，全市初步建立起以市公安局指挥中心为龙头，以巡警、交警、派出所民警为骨干，以群防群治力量为补充，多警种联动的治安防控体系。

2006 年，按照"突出人防、普及物防、推行技防"的工作思路，重点构筑堵截查控、街面巡逻、社会治安、单位内部自防和技防监控报警"五大网络"。到 2007 年，全市 13 个县（市、区）公安机关、22 个城区派出所和部分建制镇派出所全部建立治安动态监控中心，直接监控探头达 2531 个，纳管社会监控探头 18636 个，基本覆盖了城区重点部位。2009 年，开展"治安防控体系建设年"活动，全市各级各部门累计安装监控探头4万余个，实现了城区重点部位、主要交通干道监控探头全覆盖，乡镇驻地、农村新建社区主要出入口监控探头覆盖率达88%以上，乡镇行政村、自然村主要出入口监控探头覆盖率60%。2010年，大力推进社区和农村警务规范化建设，全市共建社区警务室141个、农村警务室435个，配备社区和驻村民警1124人，配备保安等辅助力量1721人，社区和农村警务覆盖率达100%。2011年，针对德州地理区位和治安特点，在全省率先建成“统一规划布局、统一站点名称、统一建设标准、统一外观标识、统一装备配备”五统一的公安检查站15个、二级公安检查站11个、治安卡点162个，以此为依托构建起环德、环中心城区、环县市城区安保圈及卡点堵截网点。同年6月13日，全省公安机关深化加强环鲁公安检查站建设应用现场推进会在德州召开，推广德州市强化治安检查工作的经验。

至2011年年底，全市共建立各级巡逻队伍8572支、队员51556人；建成城乡警务室576个，配备社区民警、保安等辅助力量2850个；建立市县两级监控中心15个，安装监控探头5万余个，重点部位、街面覆盖率达100%，农村地区达90%以上。

二、110报警服务

1997年1月25日，德州市公安局指挥中心110报警服务台成立，担负全市13个县（市、区）的110报警服务工作，当年接警7.83万次，处警3.01万次。是年，市公安局巡警支队组建机动大队，直接受市公安局指挥中心调度指挥。

1998年，市、县110指挥中心与公安机关内部刑警、治安、交警、派出所等各警种配套联动，随时接受机动队移交的警情；金融、医疗、城建、房管、有线电视等有关部门与110指挥中心实现联网，及时满足群众求助需要。2000年，以开展“服务效益年”为载体，实现“有警必接，有难必帮，有险必救，有求必应”承诺，全年共接警22.02万起，处警5.15万起，分别比上年增长34%和24%。2001年，贯彻《山东省110报警服务社会联动工作规范》，政府与联动部门、联动部门与公安机关分别签订责任状和协议书，使110报警服务落到实处。到2002年，110报警服务基本做到城区5分钟、郊区10分钟、农村地区尽快到达现场处警的要求。

2003年，市政府将改造升级接处警系统，实行“110”“119”“122”报警服务电话“三台合一”列入为改善城乡人民生活办好十件实事之一。2004年1月10日，全市“三台合一”正式开通运行，使二级接警转为一级接警，能在接警过程中进行监听和插话，随时掌握重大警情，提高出警速度。2005年起，推行110接处警规范化建设，接处警服务逐步配备配齐单警装备、现场取证设备、救助救援装备、现场勘察仪器等。到2011年，110接处警服务达到“接警指挥流程化、着装携装标准化、现场勘察规范化、警情研判实战化”的标准。是年，全市110报警服务台共接报警65.92万起，处警8.72万起，其中接受群众求助3.06万起。

三、公共场所和特种行业管理

1986年，按照公共场所“谁主办谁负责”的原则，公安机关重点是督促检查旅店业、影剧院、录像点、临时休息室、舞厅、较大的农贸市场、火车站、汽车站等公共复杂场所治安保卫措施落实，规范废品收购站经营行为。是年，全区有旅店业户583户，影剧院、录像点、临时休息室舞厅290余处，火车站、汽车站25处，废品收购业户205户，纳入治安管理的农贸市场76处。1989年，加大车站、市场、剧院、录像厅等公共场所治安秩序整顿，逐步完善城乡治安防范机制。重点治理部分旅馆、旅店不按规定履

行旅客住宿登记手续，个别废品收购站非法收购有色金属等问题。

1992 年，贯彻落实《山东省公共场所治安管理办法》，开展公共场所治安管理专项整治行动。通过旅店业渠道提供线索 594 条，共抓获犯罪嫌疑人 241 人，破获各类案件 19 起。取缔非法收购废旧金属业户 43 户。通过旧货业渠道提供线索 178 条，抓获违法犯罪分子 60 人，破获刑事案件 18 起。有重点地对公共复杂场所治安秩序进行不定期清理整顿，公开惩治违法犯罪人员 218 人，取缔 8 处违法录像点。1995 年，依据公安部颁发的《废旧金属收购业治安管理办法》，对全市特种行业进行重新普查登记，核发全国统一样式的特种行业许可证。全市共检查特行业户 1535 户，审验合格核发许可证 1435 户，查处违法经营户 53 户。查办涉及特种行业的各类案件 62 起，惩治不法分子 56 名，缴获赃款赃物价值 7 万余元。

2000 年，部署开展旅馆治安管理信息系统建设。本着"保护合法、限制非法、打击违法"的原则，依照标准对娱乐服务场所进行重新审核。全市共查处各类场所 1133 处，其中，取缔无照经营场所 283 处，吊销证照 19 处，停业整顿 264 处，限期整改 549 处，罚款和作其他处理 18 处。歌舞娱乐场所减少了 352 处，减少率为 37%。2001 年 6 月到年底，对全市歌舞娱乐服务场所进行多次清理整顿，共检查、规范歌舞娱乐服务场所 4604 处，查封、取缔 764 处，停业整顿、限期整改 3359 处，责令搬迁 481 处。2004 年，继续推进旅馆治安管理信息系统建设，旅馆业协助破获各类案件 28 起，抓获犯罪嫌疑人 4 人。2006 年，改革公共娱乐服务场所管理方式，推行娱乐服务场所治安问题告知、警示等做法，建立有奖举报制度，起到很好的效果。旅馆业管理系统床位覆盖率达 86%，通过信息系统为侦查破案提供线索 23 条，抓获犯罪嫌疑人 4 人。2007 年，先后两次组织重点地区娱乐服务场所大检查，依法取缔练歌房 13 处，责令停业整顿 8 处，处罚 20 余人。全市旅馆业信息系统覆盖率达 100%。加强印章业管理，惩治处理一批制贩假证、非法刻制公章等违法犯罪行为。

2008 年，市公安局制定《娱乐场所分级管理办法》，围绕奥运会安保工作，部署开展娱乐服务场所专项整治行动。实行旅馆业信息系统建设情况通报制度，纳入系统管理的旅馆累计达 573 家。研究制定《印章业暂行规定》，积极稳妥地开展印章刻制、更换工作。2009 年，在全市部署开展为期 3 个月的娱乐服务场所专项整治行动，共登记备案娱乐服务场所 1154 家，检查 2185 家次，查破刑事、治安案件 60 起，惩治处理 204 人，限期整改娱乐服务场所 141 处，停业整顿 28 处。投入 10 万余元对旅馆业信息系统进行全面升级改造。全市纳入系统的旅馆达 602 处。开展废旧金属收购站点专项整治，共排查清理站点 346 个，责令停业整顿 23 处，吊销执照 1 处，取缔 4 处，查破相关案件 4 起，抓获犯罪嫌疑人 5 人。2010 年，检查娱乐服务场所 2050 处次，查破刑事、治安案件 38 起，惩治处理 130 人，限期整改娱乐服务场所 125 处，停业整顿 45 处。全市共纳入系统管理的旅馆共计 971 处，使用宽带传输的 820 余处，安装二代证读卡器 450 余台。系统覆盖率及传输率大幅度提升，新装系统 420 余处，传输率达到 95%，利用管理系统抓获上网在逃人员 41 人。备案登记典当行 9 处。查处未向公安机关备案的废旧收购站点 36 个，吊销营业执照 15 个，关闭取缔 51 个。

截至 2011 年年底，全市共有旅馆 1242 处，正常营业的 1077 处，其中新增旅馆 129 处，管理信息系统覆盖率达 100%，信息传率达 99%，照片采集率达到 90%。

四、涉枪涉爆剧毒化学品管理

2002 年 1 月，德州市销毁收缴的 3700 多支非法枪支

1986 年，公安机关开始对非军事系统的公务用枪和流散在社会上的枪支实行管理。1988 年，重点清理公安保卫机关的自卫枪支，实行枪支登记卡制度，收回一批不该配发的枪支和不能再用的旧枪。1989 年，贯彻《民用爆炸物品管理条例》，借鉴淄博、烟台经验，对爆炸物品实行购、运、储、用“一条龙”管理。1990 年，对所有自卫枪支进行清理、检验、登记、换卡。1992 年，开展枪支、弹药、爆炸物品专项整治，查处涉枪案件 43 起，抓获犯罪嫌疑人 47 人；收缴各类民用枪支 2228 支；没收制造工具 370 余件；收缴各类子弹 570 余发、雷管 2007 枚、手榴弹 8 枚。将 14139 支猎气枪纳入三级管理。

1994 年，集中查缴社会非法枪支，到 1995 年年底，全市共收缴各类枪支 7907 支，有 699 人主动缴枪 703 支。收缴子弹 4498 发，炸药 134 公斤。查处各类涉枪案件 29 起，取缔非法制贩枪支窝点 23 个，查获制贩枪支违法犯罪嫌疑分子 31 人。1997 年，治理整顿爆炸物品管理，收缴非法枪支，铲除社会隐患。审查登记爆炸物品生产、销售、储存、使用业户 733 处，发现并督促整改不安全隐患 225 处，依法取缔不法业户 428 户，查处涉爆违法犯罪嫌疑人 173 人，收缴炸药 405 公斤、雷管 188 枚、其他爆炸物品一大宗。同时收缴、封存各类民用枪支 4120 支，封存违规配置的体育用枪 300 余支，全市制贩枪支活动基本杜绝。

2000 年，开展烟花爆竹管理整治，全市有 8 家企业通过省烟花爆竹生产定点审定，取得常年生产许可；依法取缔无证非法生产、经营、储存业户 1000 余户。自 2001 年始，全市公安机关开展治爆缉枪行动。到 2002 年 1 月，共收缴各类枪支 7266 支、子弹 3.9 万发、各类炸药 6000 余公斤。2004 年，加强公务用枪规范化管理。查处涉枪、涉爆、涉剧毒案件 160 起，抓获违法犯罪人员 162 人，收缴火药 750 余公斤、非法烟花爆竹 1360 余万头、其他原材料 6030 公斤，收缴非法枪支 3 支、子弹 98 发、手榴弹 2 枚、剧毒鼠药 1100 余克。9 月 23 日，组织集中销毁近两年来收缴的非法枪支 1300 余支。是年，烟花爆竹生产企业安全管理职能由公安部门移交给安监部门负责。

2005 年，查处涉枪、涉爆、涉剧毒案件 176 起，抓获违法犯罪人员 389 人，收缴非法烟花爆竹 1500 余万头，其他非法物品一大宗。2006 年，在全市开展集中整治爆炸物品、枪支弹药、管制刀具专项行动。查处涉枪涉爆和违法管制刀具管理规定的案件 42 起、违法犯罪人员 63 人，查缴烟花爆竹成品、半成品 900 余万头，非法枪支 6 支，管制刀具 260 余把。2007 年 4 月，治安支队与有关部门密切配合，认真组织开展治爆缉枪专项行动，共收缴炸药30公斤，黑火药45公斤、枪支32支、仿真枪2支、管制刀具818把、剧毒化学品1.5公斤，烟花爆竹成品半成品292.8万头，防暴弹2枚，手榴弹6枚，子弹1万余发，破获涉枪涉爆案件23起，查处违法犯罪嫌疑人67人。

2008年，建立枪支、爆炸物品管理长效机制，与公务用枪人员、涉爆涉毒从业人员签订保证书及责任状，发动社会力量监督举报，采取集中和不定期形式进行检查整顿，发现隐患及时整改到位。至2011年年底，共查处非法买卖、储存涉爆涉枪等案件69起，涉案人员120人，其中，刑事拘留34人；各类枪支1626支（其中仿真枪1071支），子弹7703发；管制刀具1484把；剧毒化学品2429.45公斤；收缴非法烟花爆竹821.83万头，大型烟花1150个，黑火药748.5公斤，手榴弹86枚，雷管57枚，航空炮弹2枚，迫击炮弹4发，废旧炮弹1枚。并将收缴的枪支弹药和爆炸物品分4次集中销毁。

五、查禁“黄、赌、毒”

自20世纪80年代，随着对外开放步伐加快，受国外生活方式影响，卖淫嫖娼、传播淫秽物品、赌博等社会丑恶现象开始抬头并呈现蔓延趋势。为此，“严打”斗争之后，公安机关决定自1987年7月1日起，开展为期100天的打击流氓、扫除社会丑恶现象专项行动。1990年，全区广泛开展了“扫黄”、“除六害”斗争。

1991年6月，公安机关开展为期半年的打击拐卖妇女、儿童犯罪活动专项斗争，共破获拐卖妇女儿童案件670起，抓获人贩子639人，解救妇女448人、儿童32人。

1992年，全区共查处卖淫嫖娼案件42起，卖淫妇女39人，嫖客422人；查处赌博案件30起，涉案122人；查处传播淫秽物品案件11起，38人。1994—1995年，针对色情案件增多趋势，全区公安机关加大执法力度，两年共查获卖淫嫖娼案件188起，其中团伙5个，成员128人，强迫引诱、介绍容留妇女卖淫人员11人，依法罚款处理306人，治安拘留66人，劳动教养2人，做其他处理10人。共查获制贩传播淫秽物品案件44起，查处违法犯罪人员73人，查缴淫秽录像（音）带330盘，淫秽扑克1002副、画片4074张，淫秽书刊64681册。同时，查获赌博案件111起，查处赌博人员496人，一批以赌博营利为目的的电子游戏场所被依法查封取缔。

1997年，各级公安机关联合文化、工商等有关部门，打击污染社会风气的各类丑恶现象。共查处贩卖、传播淫秽物品案件13起，抓获违法人员17人，查获淫秽书刊3500余册，淫秽录像带、光盘23盒（张）；查处赌博案件90起，参赌人员431人；查处吸食、注射毒品案件2起，吸（注射）毒者11人；查处卖淫嫖娼案件64起，违法人员共160人。收缴赌博性质的电子游戏机70余台，查处涉赌人员40余人，利用电子游戏机赌博活动受到有效遏制。除涉毒案件为市首次发现外，黄、赌、嫖三类案件和违法人员均比上年减少。1999年8月下旬到国庆节前夕，根据上级统一部署，在全市范围内开展禁娼禁赌专项行动，对社会丑恶现象进行集中打击，对以公共娱乐服务场所为重点的行业、场所进行集中整治。与上年同期相比，查处案件起数上升140.7%，惩治违法犯罪人数增涨149.8%。通过集中行动和不间断的查禁，营造对社会丑恶现象强大的震慑声威。

2000年，正确处理放开、管理、服务三者关系，全市共整治重点区域、路段200余处，开展惩治社会丑恶现象等社会治安专项治理3次，有效地净化社会环境。2001年,查获卖淫嫖娼案件704起、1266人,赌博案件272起、952人,涉毒案件41起。2004年,广泛收集违法犯罪线索,加大对部分场所和行业中涉丑案件的惩治查处力度,特别是对上级交办的涉黄涉赌线索,组织力量认真核查,依法惩治。是年,全市共查获涉丑案件608起、2199人。2005年,加大对涉丑案件的查处力度,查获涉丑案件269起、1298人。2006年,分两次组织开展集中惩治黄赌毒等违法犯罪活动、全面整治娱乐服务场所专项行动。共查处涉丑案件335起,惩治违法犯罪嫌疑人1219人。2007年,查处涉黄涉赌案件69起,刑事拘留12人,治安处罚154人,使全市娱乐服务场所逐步纳入规范化管理,进一步净化社会环境。2008年,始终保持对"涉黄、涉赌"案件打击力度,净化社会环境。至2009年年底,两年间共查处涉黄涉赌案件438起,抓获犯罪嫌疑人1284人,取缔赌博窝点20个、非法场所12处,收缴赌博类游戏机466台,收缴赌资79万余元,罚款73万元;破获涉黄案件31起,未成年人案件2起,抓获犯罪嫌疑人44人,破获团伙11个,抓获团伙成员77人,收缴淫秽光盘1112张,淫秽物品2100个,查获涉嫌色情、暴力书籍400余册,取缔非法经营摊点(位)15个。查处涉案人员9人,解救受侵害妇女3人。自2010年,公安机关始终保持对"黄赌毒"等社会丑恶现象高压态势,对卖淫嫖娼、传播淫秽物品、赌博等现象进行严厉惩治。2011年,查处非法经营案6起,涉案金额80余万元,缴获冰毒、麻古等毒品25克,涉案现金15万元。

第三节　安全保卫

一、重点要害部位保卫

1994年,公安机关将维护铁路、油区、高速公路建设治安秩序列入社会治安防范总体布局。在铁路护路联防方面建立领导和办事机构,逐级签订责任书,完成了34座护路房的基础建设,组建了74人的护路联防队,预防和排除铁路事故隐患60起,抓获盗窃、破坏铁路物资器材的违法获罪分子17人;在油区治安方面,两次整治油区治安秩序,彻底拆除取缔150余座土炼油炉,取缔非法收购油田物资站(点)5处;组建济德高速公路治安办公室,逐段召开现场协调会,为高速公路建设创造良好施工环境。1997年,开始部署维护油区、铁路、高速公路正常经营运营秩序工作,联合有关部门多次开展取缔油区"三小一点"(小冶炼、小土炼油炉、小轧钢炉、废旧金属收购点)和窃电、窃油、窃气等专项治理。2004年,破获打孔盗油案件37起,破坏油田设施案件14起,抓获涉案人员34人;破获涉及铁路刑事案件16起,查处涉路治安案件44起,抓获犯罪嫌疑人员38人。2005年,深入开展油区整治行动,共破获涉油刑事案件31起、治安案件12起,抓获涉油违法犯罪人员29人,挽回经济损失30余万元。2006—2009年年底,始终保持打击干扰危害油气田生产秩序行为的高压态势,全市共破获各类涉油案件540起,其中5起公安部督办案件、4起省厅督办案件、6起市局督办案件全部破获;抓获违法犯罪嫌疑人302人,其中在逃人员115人。

2010年,进一步加强重要基础设施、重大工程项目安全保卫工作,查处破坏生产、施工违法犯罪活动90起,抓获犯罪嫌疑人57人;全市输油管道打孔盗油数同比下降50%。2011年,全市破获"三小一点"案件5起,抓获犯罪嫌疑人9人,挽回经济损失3.5万元。全市区域内油区生产经营秩序保持稳定,铁路、高速公路等交通要道安全通畅。

二、大型活动安全保卫

1986年后，每遇全国及省市“人代会”“政协会”“党代会”等重要会议召开，高考、中考等重要活动，五一节、国庆节、元旦、春节等重大节日，公安机关均抽调专门干警，全力做好安全保卫工作，及时处置突发性事件。1997年起，围绕做好每年一届的“德州经贸洽谈会”安全保卫工作，公安机关均提前介入，精心组织，调集充足警力，确保活动顺利进行。2005年，针对旅游黄金周、“同一首歌”德州专场等安全保卫工作，公安机关全警动员，认真落实各项安全保卫措施，确保绝对安全。2007年，建立“谁主办、谁负责”和市场化运作的大型活动安全管理工作新机制，充分发挥保安公司等社会力量作用，出色完成各重大节日及大型活动安全保卫工作任务。2009年，圆满完成山东省首届可再生能源建筑应用高层论坛、十一运德州赛区测试赛、“好客山东”2009全国青年男子篮球联赛、刘老根大舞台小沈阳笑转2009全国巡演德州专场、央视激情广场大家唱赴武城演出等大型活动安保任务。2010年，以第四届世界太阳城大会安保工作为重点，全市共出动警力5.3万余人次，出动车辆2.6万余辆次，圆满完成各类活动安保任务。2011年，出动各类安保力量3.6万余人次，圆满完成德州市第四届全民运动会、中国·德州第二届太阳能开发利用博览会、中国·德州第一届资本交易大会、“古贝春”杯女子篮球邀请赛和国际男子篮球对抗赛等重大安保任务58个，各类大型考试安保任务60个，重要警卫活动17次，跨地区调犯警卫任务6次。

三、校园安全保卫

2005年，加大校园及周边治安秩序维护力度，向校园派驻保安员101名，选派法制副校长或法制辅导员42名，取缔校园周边违法违规场所136家，破获侵害师生人身财产权利刑事案件34起，查处治安案件73起。2006年，向校园派驻保安员3495名，选派法制副校长或法制辅导员1228名，取缔校园周边违法违规场所2583家，破获涉及师生安全的刑事案件18起，抓获犯罪嫌疑人43名，查处治安案件57起。2009年，在复杂路段派员维护交通秩序5350人次，培训法制副校长或法制辅导员626人次，发放法制宣传材料11万余份，悬挂法制宣传横幅253条，设警示牌20块，取缔非法经营摊点113个，收缴各种内容不健康书籍676本，光盘170盘，收缴仿真手枪8把、管制刀具77把，消防检查2785次，整改隐患569处，查处治安案件9起，查处敲诈勒索案件12起，治安处罚4人，行政拘留21人，刑事拘留12人。2010—2011年，开展“平安校园”创建活动，共组织师生防卫演练923次，受训师生20.23万人；查处涉校刑事案件2起，查处涉案人员14人，破获涉校犯罪团伙2个，及时处置2起精神病人滋事事件。全市各类学校及周边环境保持安定。

第四节 户籍管理

一、常住人口管理

1986年，常住人口登记实行户口登记卡制度，做到人人有卡、户户有档，严把人口出生、死亡、迁入、迁出等登记关。1987年开始，在全市实行居民身份证制度，对户口管理制度进行改革，以常住人口登记表取代户口登记簿（户口卡签），用注改卡片取代替换卡片。1991年11月，为强化农村社会治安管理，德州地区在全区推广农村户口城市化管理工作。至1992年6月底，共填发农村户口簿125万本，除个别村庄外，各县（市）均完成了任务。1997年6月，按照公安部部署，启用并换发全国统一标准的新居民户口簿和新常住人口登记表。至1999年年底，全市换发常住人口登记表和户口簿分别占换发总量的88%和92%，基本建立起常住人口登记表、户口簿、身份证“三位一体”户口管理制度。

2000年，建成市级人口信息数据库并与省公安厅联网。2001年，市政府制发《关于推进小城镇户籍制度改革的意见》和《关于改革德州市城区户籍管理制度的实施意见》，户籍管理彻底放开。2002年，改革户口审批程序及手续，对除省外人员迁入德州仍由市公安局审批备案外，其他各类“农转非”审批权限全部下放至各县市。2003年，进一步放宽户口迁移政策，大力支持民营企业发展，服务招商引资及引进人才等。年内，全市共审批城镇居民户口3264个，其中民营企业人员787人，购房入户652人，“三投靠”（父母投靠、夫妻投靠、子女投靠）人员1605人，其他220人。2004年12月，深化户籍管理制度改革，取消农业与非农业户口“二元化”管理，统一登记为城镇居民户口。到2005年，全市正式实行新的户籍制度，公民实现了县域内的自由迁移。

2008年，制定《德州市公安派出所户籍档案建设规范》《德州市公安派出所户籍窗口服务标准和工作规范》等文件，加强户籍管理工作。2009年，制定《德州市公安机关办理户口工作规范》，推出涉及户籍审批、迁移、变更、办理时限、学生就业、投资落户、警务公开等28项深化户籍制度改革措施和便民利民举措。2010年，以“核实人口底数，解决突出问题，规范户口管理，提高人口信息质量”为目标，开展户口整顿工作。2011年，对全市人口数据、人口变动记录及人口图像信息近3000万条数据进行升级改造，圆满完成全省户口登记管理专项清理整治任务。

二、暂住人口管理

1987年始，公民到德州区域长期生活、居住的需办理暂住证。1988年，各公安派出所相继设立暂住人口管理站。1990年居民身份证制度实施后，所有暂住人口须凭居民身份证、用工单位、租住屋合同才能办理暂住证。1994年，全区登记暂住人口63260人，暂住人口发证率达85%。

1995年，针对流动人口增多给社会治安带来的诸多隐患，对离开常住户口所在地、拟在暂住地居住一个月以上年满16周岁的人员，需要办理暂住证。1998年，推行派出所设立暂住人口管理站、警务区设立暂住人口管理分站、用工单位设立协管员或治保小组管理模式。1999年，根据暂住人口特点和活动规律，适时开展清查活动，发现犯罪线索2040条，破获刑事案件108起，治安案件429起，抓获犯罪嫌疑人413人。2001年7—9月，开展为期3个月清理整顿出租屋、规范流动人口专项行动，对“三无”（括注内容）人员予以遣返，同时贯彻“谁主管谁负责，谁出租谁负责”原则，签订《治安责任保证书》，落实责任。此次行动，全市共清查暂住人口36399人，新登记暂住人口13976人，补办新办暂住证10183张，摸排出租房屋17775户，娱乐服务场所2509家，签订治安责任保证书7075份。

2005年，为促进人口合理有序流动，公安机关简化流动人口登记手续，缩短办证时间。2006年，完善流动人口管理工作，及时掌控流动人口和租赁房屋的动态信息。年内，户政部门协助刑侦部门破获刑事案件150余起，查处治安案件224起。2009年，针对流动人口管理，出台5项（括注内容）便民利民措施。2011年，依托德州公安民生服务在线和流动人口服务管理信息系统，健全完善流动人口互联网信息采集点，形成覆盖全社会的流动人口信息采

集网络,实现了流动人口服务管理信息化。到2011年年底,全市登记暂住人口18.07万人,发证10万张。

三、居民身份证管理

1987年8月,地区行署成立居民身份证办理领导小组和办公室,颁发居民身份证工作启动。至1989年年底,共颁发居民身份证376万张,占全区应发证人数的八成以上,提前一年完成身份证颁发任务。同年,开始实行临时身份证制度,对应领而未领到身份证的和因身份证遗失、损坏而申请换证、补证的居民制发临时身份证。1990年,开始实行居民身份证使用查验制度,公民随身携带、依法使用居民身份证的意识逐步增强。至1992年年底,全区居民身份证发证率达85%以上;制发临时身份证3.6万余个。

1993年7月,建成德州地区制证所,并开办"快证"业务,7个工作日内即可取证。1995年7月,启用新的防伪居民身份证。2000年,居民身份证号码由15位升为18位(即第二代居民身份证),全市编制新居民身份证号码399万份。2003年,全市公安机关开展人口基本信息清理纠错工作,共摸清因死亡、当兵、判刑等原因应注销而未注销的户口8221人,因过去手工管理所产生的重复记录2346人,因出生、持证未落常住户口的11237人,纠正户口主要登记项目错误91558项。2005年8月,全市开始换发第二代居民身份证。2008年,德州市提前半年完成省公安厅下达的16周岁以上人员90%的换发二代证任务。至2011年年底,全市所有符合规定的公民均制发第二代居民身份证。

第五节　出入境管理

1986年,公民出国(境)由地区公安处政保科负责受理,然后报省公安厅审批;外国人来德州只限在德州市区活动,如到所辖其他县(市),必须凭地区公安处开具的外国人旅行证。是年,全区出国(境)42人,办理外国人、华侨、港澳台同胞等临时入境人员住宿登记36人。1988年,开始受理公民自费出国(境)旅游申请,当年为79名公民办理出国(境)手续,办理临时入境人员住宿登记52人次。

1991年10月,地区公安处设立外事管理科,具体负责办理出入境审批手续。1997年10月,外管科改称出入境管理科,除办理出入境审批手续外,还担负查处各类涉外案件职责。1998年,陆续开通《山东省公安出入境管理综合信息系统》《境外人员临时住宿管理系统》《特殊身份人员登记备案系统》《不准出境报备人员管理系统》等计算机网络系统。年内,受理公民因私出国(境)申请764件。

2001年5月,出入境管理科改为出入境管理处。2003年12月1日起,公民申领护照由按条件审批改为按需申领制,不再需要提供国外邀请函、担保材料、单位或公安派出所审核证明材料。2006年,开展"出入有境,服务无境"和"创建文明窗口"活动,全年共审批公民出国境申请7577人次,境外人员签证(注)居留许可357人次,实现零差错和零投诉。至2011年,全市公民出(国)境总数达到3.7万余人次,常住德州的外国人150余人,短时居住的3000余人次。

1986—2011 年德州市(地区)出国(境)人数情况表

表 27-2　　单位:人

年份	合计	出国	赴港澳	赴台	年份	合计	出国	赴港澳	赴台
1986	40	3	32	0	1999	730	636	44	50
1987	52	5	47	0	2000	1351	1135	138	78
1988	79	21	55	3	2001	1689	1293	396	—
1989	61	21	28	12	2002	2847	2169	678	—
1990	50	21	15	14	2003	2873	1930	943	—
1991	81	44	14	23	2004	3874	2718	1156	—
1992	71	36	20	15	2005	5454	3297	2157	—
1993	67	41	12	14	2006	7577	4430	3115	32
1994	88	59	5	24	2007	12273	6115	6106	52
1995	106	74	10	22	2008	17499	7612	9703	184
1996	224	154	38	32	2009	18986	5743	11672	1571
1997	401	285	56	60	2010	25759	8189	14645	2925
1998	764	523	132	109	2011	37325	10652	21675	4998

第六节　交通管理

一、交通秩序管理

1986 年,县级德州市、宁津县、陵县、齐河县设有公安交通警察队,负责各自城区交通秩序。1987 年 4 月,乡村道路交通管理由交通部门移交公安机关,组建德州地区公安交通警察大队和县(市)交通警察队。1988 年 8 月,《中华人民共和国道路交通管理条例》开始实施,全区逐步完善交通安全设施,开展交通安全宣传教育,强化路面交通秩序整顿。1989 年 2 月,地区公安交通警察大队更名为交通警察支队,县(市)交通警察队更名为交通警察大队。1991 年 4 月,开展交通安全保险知识演讲比赛。1992 年 7 月,在德州人民广播电台开辟“红绿灯”专栏。1993 年 4—9 月,以专项治理为龙头,先后开展以治理无牌无证、麦收期间道路交通秩序整顿以及大客车、个体车整顿专项治理活动。1994 年,以“压事故、保畅通”为主题,连续开展 5 次交通安全专项治理活动。

1995 年 4 月,地区公安交通警察支队改名为市公安局交通警察支队,原县级德州市交警大队改为市交警直属大队。1996 年,按照省交警总队部署,全市春秋两季先后两次开展交通秩序集中整顿活动,重点整治严重超速超载、违章占道行驶、疲劳驾驶、酒后驾驶,驾驶无牌无证机动车上路,违章占道摆摊设点、打场晒粮,违法在公路主干线设立广告牌匾等现象。1999 年,开展创建“平安大道”活动,以“保安全、保畅通”为目标,加强对国、省道主干线交通秩序管理整顿,重点治理机动车闯红灯、乱停乱放车辆、非机动车占用机动车道等违法行为。2000 年,在 104、205 国道建成 5 个交警中队,对路面

实行24小时监控。

2003年,各县(市、区)公安交通警察大队纳入市公安交通警察支队统一管理。2004年,市交警支队成立4个专门的高速公路大队,每个大队调配民警20人,警车6部,分别管理德城区、平原、禹城、齐河境内的高速公路交通秩序管理。2005年,先后开展百日交通安全集中整治、超载超限违法行为专项整治、清理接送中小学生和幼儿园车辆专项行动、麦收期间道路交通安全管理、创建省级文明城市建设"文明德州"交通秩序专项整治、加强高考期间道路交通安全管理等集中整治行动,全市道路交通安全形势保持平稳态势。2006年,投资800余万元建成104国道全程监控系统,使该路段的交通违法和交通事故同比分别下降35%和30%。

2007年,全面推行非现场执法模式,全市10个县市交警大队全部建立指挥中心,城区主要路口路段安装电子监控和电子警察设施,各大队、中队和警务工作站巡逻警车配全移动电子警察装备。同年3月,建立德州市公安局交警支队高速公路五大队,负责夏津县境内的高速公路交通秩序管理。2008年,重点开展客运车辆交通安全集中整治行动、万名交警上路防事故保奥运集中行动。2009年,重点开展酒后(醉酒)驾驶交通违法集中整治行动、全运会交通安全保卫工作、新中国成立60周年交通安全保卫工作。同年,经过3年持续集中整治行动,全市非法营运三轮车由9200余辆减少到200余辆。2010年2月,市政府下发《关于加快设立道路隔离设施和落实相关规定的通知》,交警支队先后投资1600万元,在市区新河路、东风路、东方红路、天衢路、大学路、晶华大道、广川大道、长河大道、解放大道、湖滨大道等主干道安装中间隔离护栏30余千米;市公路局先后在国道104、105、205、308线和省道254、353线等双向六车道以上公路全部安装中间隔离护栏,降低了事故发生率。

至2011年年底,市交警支队辖21个勤务大队,70个基层交警中队;全市共设立固定岗59个、流动岗65个,安装路口交通指挥信号灯276处、警示信号灯79处;建成集监控、服务、堵截、打击等功能于一体的警务工作站16处,覆盖全部国道和主要省道。是年,德城区被评为部级平安畅通县(区),10个县(市)全部达到"平安畅通县市"优秀等次。

二、车辆及驾驶员管理

1987年4月,地区交通警察大队下设车辆管理所,统一负责全区机动车及驾驶员管理工作。1990年6月,全区第一条现代化机动车安全自动检测线在地区交警支队投入使用,开始对机动车辆及驾驶员进行年审。1993年3月,地区交警支队服务大厅安装2台微机,机动车、驾驶员落户及办证实行微机化管理。2000年,落实公安部《车辆管理所岗位规范》等5项规定,地区交警支队购置驾驶员流动检测车,实行上门服务、限时服务、延时服务、"一条龙服务",方便群众办事。2002年,开展规范化建设和优秀车管所创建活动,加强车辆及驾驶员管理。

2004年,贯彻新颁布的《中华人民共和国道路交通安全法》,机动车安全检测及驾驶员培训实行社会化。是年,全市车辆管理所与安检机构实现联网,并开通检测监管系统应用平台,实现视频和检测数据、检测质量及查验过程、核发检验合格标志等工作的动态实时监管。2005年,强化对车辆和驾驶员的源头管理,对全市公路客运汽车、公交客运汽车、危险化学品运输车辆、出租汽车、单位自备班车及其驾驶人全部实行户籍化管理。2006年,将小型、非营运车辆年审工作下放至各县车辆管理所负责。2008年6月,适应私家车猛增的新形势,将机动车驾驶证审验、到期换证、补证、驾驶人身体条件检测业务全部下放到县级车管所办理。到2009年5月,除中型以上客车、校车、危险品车、进口车外,其他类汽车的新车注册、补牌补证业务全部下放到县级车管所。

2010年10月,在市经济开发区建立车管所服务站,包括设置11个服务窗口的综合业务大厅、可满足全市新增驾驶人考试的现代化科目一、二考场,2条机动车检测线,1个机动车驾驶人身体条件检测中心等服务设施。2011年,全市新机动车注册7.3万辆、挂车0.1万辆、摩托车1.11万辆、农用车0.26万辆;有驾驶员培训学校36所,办理各类驾驶证11.75万个。是年,全市机动车保有量已达到86万辆,驾驶员总数已达到101.7万人。

三、交通事故处理

1987年4月,地区公安交通警察支队设肇事处理科,负责交通事故现场勘查、责任认定、调解处理等工作。是年,全区发生道路交通事故1022起,死亡197人,伤529人,直接经济损失150.84万元。1989年,根据全区机动车数量猛增的实际,交警支队将一般事故处理权下放到各县市公安交警大队。同年8月,为提高快速反应能力,市、县公安交警部门同时开通"122"交通事故报警电话。1990年,将重大交通事故处理权下放县市交警大队。

1998年11月,全市普遍实行交通事故公开处理公开调解机制,各交警大队都设立了调解室,规范公开调解各项程序,防止了执法不公的现象,此项工作走在了全省前列。2004年,"110""119""122"报警电话实现三台合一后,提高了出警速度。2005年,建立预防道路交通事故工作机制,固定岗与流动巡查相结合,严格整治交通秩序;同时建立交通事故救助站,实现事故、救援、医疗三家联动。是年,全市发生交通事故1430起,同比下降6.57%。2006年,加大对交通肇事逃逸事故侦破力度,集中侦破各类交通肇事逃逸案件35起,其中积案5起。2007年,全面加强基层基础建设,全市11个县(市)交警大队全部建成高标准事故处理岗位独立办公场所;同年推进网上办案,实现网上呈报、网上审核、网上审批。2008年,建立交通事故法律援助中心,形成交通事故快速处理机制。2011年,优化各县(市)事故处理岗位执法办案场所设置,严格划分接待、办案、办公、生活4个功能区域,并在办案、接待区域设置声像监控摄录系统,实现执法办案同步录音、录像和网上全程监督。

1986—2011年德州市(地区)道路交通事故情况表

表27-3

年份	事故起数	死亡人数	受伤人数	直接经济损失(万元)
1986	123	55	161	131.52
1987	151	96	201	164.40
1988	188	121	251	205.50
1989	235	152	313	207.00
1990	293	190	391	258.00
1991	364	238	488	322.56

续表 27－3

年份	事故起数	死亡人数	受伤人数	直接经济损失(万元)
1992	455	297	609	403.20
1993	347	262	486	537.60
1994	820	274	512	672.00
1995	709	327	399	592.28
1996	733	377	453	641.34
1997	757	427	506	690.40
1998	893	426	632	666.47
1999	875	537	556	547.60
2000	3902	405	3191	880.00
2001	2974	395	2051	623.00
2002	3170	380	2123	500.00
2003	1587	375	1408	713.46
2004	1524	339	1408	662.31
2005	1430	315	1213	642.47
2006	1261	290	1174	582.31
2007	1136	284	1050	594.48
2008	977	259	937	493.23
2009	833	241	795	479.94
2010	751	246	650	423.32
2011	726	247	576	411.30

第七节　消　防

一、消防监督

1986 年，依据《中华人民共和国消防条例》，消防监督实行分级管理。地区消防支队（大队）负责地直消防重点单位，县（市）消防大队（中队）负责县级消防重点单位，其他单位由乡镇派出所负责。1987 年，对建筑设计实行防火设计审核制，年内地区消防大队发放“建筑设计防火审核合格证”87 个。1993 年，指导重点消防单位增添消防器材 1.8 万台（件）；调查处理 18 火灾事故起，38 名火灾肇事者和责任人分别受到刑事、治安、经济处罚和党纪政纪处分。1994 年，全区 11 个县（市）全部完成城市消防规划方案的编制。1996 年，市政府与各县（市、区）政府签订《消防安全责任书》，全市形成由政府统一领导、行业加强管理、公安消防机构依法监督的消防监督管理机制。1999年9月，贯彻《中华人民共和国消防法》，德州市消防安全工作委员会成立，建立和完善政府决策指导、公安消防依法监督、基层单位自觉履行消防安全职责的社会化消防工作责任体系。2001年，市政府制发《德州市"十五"期间消防工作意见》《德州市各级政府消防安全责任制实施办法》和《德州市消防工作联席会议制度》，进一步明确各级、各部门、各单位消防职责。2002年，市公安局分别与市民政局、市建委联合下发《关于加强城市社区消防建设工作的意见》《关于加快小城镇消防规划建设的实施意见》，加强城市社区消防建设和小城镇公共消防设施规划建设力度。2007年，贯彻国务院《关于进一步加强消防工作的意见》，全市构建起"政府统一领导、部门依法监管、单位全面负责、群众积极参与"的消防工作格局。截至2011年年底，全市建立起重点消防安全单位数据库，5年间组织开展消防安全专项治理15次，检查单位10.7万家次，督促整改安全隐患29.8万处，下发整改通知书6.14万份，责令停产停业整顿1794家，罚款7970万元。

二、灭火抢险

1986年，全区有地区消防大队和平原、禹城、商河、济阳、乐陵、齐河、夏津6个消防中队，消防执勤车辆31辆，其中，水罐车30辆，泡沫车1辆，总载水量85吨，载泡沫量2吨。各县(市、区)消防中队除负责本辖区内的火灾扑救工作外，本着就近原则，负责邻近无现役队县的一般火灾扑救任务；重大火灾由支(大)队统一指挥调度。1998年后，临邑、庆云、陵县、宁津、武城5个县相继建起公安专职消防队，火灾扑救队伍实现了全覆盖。2001年，开通启用"119"火灾接处警系统和无线通讯系统，全市所有执勤车辆全部配备了车载台，实现车与车之间的联网。2004年1月，通信指挥中心升级改造并入市局"三台合一"接处警系统。2011年，全市消防部队在全省率先实现队队有高、中压泵消防车和县级以上城市队队有登高车的目标，共有执勤消防车80辆，其中举高消防车15辆，抢险(含防化)救援车7辆，泡沫车13辆，水罐车45辆，总载水量426吨，载泡沫量41吨。1986—2011年，全市消防部队共参与灭火及救援行动1.44万起，出动兵力9.32万人次，车辆2.16万台次，抢救人员1382人，保护物资价值达30亿元。

1986—2011年德州市(地区)火灾情况统计表

表27-4

年份	火灾起数	死亡人数	受伤人数	直接经济损失(万元)
1986	93	6	18	72.17
1987	95	1	10	57.78
1988	92	7	16	54.28
1989	78	5	11	85.88
1990	97	7	6	200.44
1991	68	6	14	46.20
1992	68	12	19	57.68

续表 27－4

年 份	火灾起数	死亡人数	受伤人数	直接经济损失(万元)
1993	60	16	25	76.93
1994	69	3	13	51.65
1995	45	4	18	124.90
1996	46	5	13	403.97
1997	273	4	20	259.40
1998	358	7	19	446.54
1999	325	17	27	542.63
2000	543	18	27	540.80
2001	584	8	14	439.01
2002	528	1	12	1089.00
2003	487	0	8	475.90
2004	330	0	3	268.30
2005	362	0	4	345.50
2006	247	0	0	273.60
2007	222	0	0	255.18
2008	144	0	0	214.60
2009	101	6	3	305.30
2010	539	0	0	692.68
2011	98	1	0	699.63

附:火灾事故选录

德州美丽华大酒店特大火灾 2000年4月6日凌晨1时30分左右,德州市美丽华大酒店主楼客房部10楼因旅客酒后吸烟引起大火。过火面积400余平方米,烧死12人,摔死1人,烧伤2人,直接财产损失12.4万元。德州消防支队接警后迅速调集市区一、二中队9部消防车(其中7部水罐车、1部照明车、1部53米登高车)、50余名官兵迅速赶到现场,从起火的10楼成功解救出18名被困旅客,从9楼以下安全疏散旅客180余人,经过40分钟扑救将大火扑灭,保护物资价值近亿元。

京福高速(齐河段)特大液化气槽车火灾

2001年5月15日22时55分左右,一辆车号为冀J32211运输液化气的斯太尔槽车(内装22吨液化石油气)由北向南行至京福高速公路与济聊高速公路交汇处北路口1000米(齐河段)处,与一辆车号为鲁Q91072运输玉米的解放142半挂车(30吨)相撞并起火。液化气槽车驾驶员唐长城(男,33岁)被烧伤,副驾驶员史建设(男,27岁)当场死亡,液化气槽车被烧毁,解放车被撞坏,直接经济损失64万元。火

2002年2月27日凌晨，德州市百货大楼发生重大火灾

灾发生后，德州市消防支队与济南市消防支队先后出动17部消防车、150余名消防官兵赶赴现场，冒着随时都有可能发生爆炸的危险，置个人安危不顾，强忍烈焰的炙烤，苦战20多个小时，于16日17时30分彻底扑灭大火，并全部堵漏完毕，随后将该罐移至安全地带，避免了一场恶性爆炸事故。

德州百货大楼特大火灾 2002年2月27日凌晨，德州百货大楼发生特大火灾。全市11个公安消防中队，市区5个企业专职消防队以及济南市消防支队，共39部消防车、290名指战员参加灭火战斗。经过近8小时奋力扑救，于当日上午10时30分彻底扑灭。在这次火灾扑救中，疏散人员11人，抢救和保护物资价值6500万元。

山东皇明太阳能集团热水器厂火灾 2003年2月26日11时47分，该厂施工人员用电焊切割机违章切割车间墙体铁板引燃内部放置泡沫发生火灾，消防支队接警后迅速调集二个中队10部消防车，41名参战官兵前往灭火。12时50分彻底将大火扑灭，保住了仓库西部的真空管储区，保护物资价值千余万元。

平原"4·20"爆炸事故 2004年4月20日上午10时，平原县永恒橡胶厂单甲醚生产车间发生重大爆炸事故，当场造成3人死亡、3人重伤(后经抢救无效2人死亡)，5人轻伤。平原消防大队到达现场时，整个车间及方圆30米内弥漫着呛人的烟雾和毒气，并有11名职工被困在车间。大队长姜大宁组织官兵用2支水枪驱散烟雾毒气，并亲自带领人员深入车间救人。当发现车间内职工被埋压在楼板下时，他们冒着生命危险，采取杠撬、手抬等方法，共救出3名重伤人员，5名轻伤人员，抬出3具尸体。

庆云县火灾事故 2009年11月19日2时15分，庆云县清真津南肥牛城发生火灾，庆云消防大队接警后立即赶赴现场，德州市消防支队同时调集乐陵、特勤、宁津等共计9部消防车(2部登高车、6部水罐车、1部照明车)、62名消防官兵前往增援。3时40分将火灾彻底扑灭。该起火灾共造成6人死亡、3人受伤，过火面积150平方米，火灾直接财产损失23.88万元。

第八节　看守所管理

1986年，全区有德州市、禹城、乐陵、齐河、夏津、临邑、陵县、平原、武城、宁津、济阳、商河、庆云等13个看守所，收押各类案犯1504人，其中逮捕918人，拘留157人，收审191人。各看守所坚持组织收听广播、读书看报，对犯人进行监规教育、法律教育和形势教育。每逢在押人员亲属会见、新年和春节，要求亲属进行各种形式的亲情规劝。在押人员检举揭发他人犯罪有立功表现的，看守所报请有关司法机关，作为其减轻处罚或减免余刑的依据。1990 年，商河、济阳看守所随区划调整划归济南管辖。1992 年，守所工作实现了第三个安全年，保障了对 4199 名人犯审讯、审判工作的顺利进行和 27 名死刑犯的安全交付执行。

1995 年，原县级德州市看守所上划地级德州市公安局。1996 年，配合“严打”斗争，深入开展交待余罪、检举揭发犯罪的深挖犯罪攻势活动，促使在押人员交待余罪 184 条，揭发犯罪线索 430 条，查破案件 119 起（其中大案 17 起），追缴赃款 10 万余元。1997 年，开展教育揭发犯罪线索 114 条，查证破获案件 39 起。1998 年，在全市看守所开展“严格执法、文明管理”看守所的创建活动，通过教育感化深挖犯罪揭发线索 184 条，破案 89 起（其中大案 1 起），追赃 6.6 万元。1999 年，制发《关于进一步加强监管工作的意见》，共深挖犯罪线索 133 条，破获各类刑事案件 79 起（其中大案 4 起），抓获犯罪嫌疑人 28 人，查获网上在逃人员 3 人。2000 年，进一步加强看守队伍建设，全年深挖犯罪线索 58 条，破获各类刑事案件 13 起，抓获犯罪嫌疑人 9 人，追缴赃款及赃物折合人民币 4.6 万元。2001 年，看守所与武警支队开展“共建共管共保安全”活动，为看守目标统一安装了电视监控，配发了传真机，解决多年一直未能解决的执勤设施简陋问题，实现了人防和技防的有机结合。

2002 年，位于开发区大学东路的新建德州市看守所投入使用，将原德州市看守所改为德州市第二看守所。同年，省、市、县三级监管信息系统联网成功，实现了看守所在押人员信息网上传输、查询、比对。2005 年，市公安局制发《关于进一步加强看守所工作的实施意见》，全面加强和改进看守所工作。同年，先后启用新建的夏津县看守所和乐陵市看守所。2007 年，启用新建庆云、宁津看守所、拘留所。2008 年，陵县看守所新建办公大楼投入使用。2009 年，先后开展监管执法专项检查活动和国庆全运安保专项工作，圆满完成了羁押管教任务。德州市看守所被公安部监管局评为全国公安战线苦练基本功活动先进集体。2011 年，开展各类专项、规模大检查累计 200 余次，排查整改隐患、问题 1000 余项，开展防暴狱、防脱逃等突发事件演练 100 余次，指导全市各监所救治重病被监管人员 130 余人次，预防非正常死亡事故 15 起。先后投资 1700 多万元建设武城县看守所、拘留所和投资 2000 多万元建设禹城市看守所、拘留所。全市女性在押人员实现了集中羁押。

至 2011 年年底，全市共有地级德州市看守所 1 处，武城、禹城、庆云、宁津、夏津、乐陵、陵县、齐河、平原、临邑县级看守所 10 处。

第二章　检　察

1986 年，山东省人民检察院德州分院辖 13 个县（市）检察院，共有检察干警 795 人。1987 年，检察机关与地区税务局联合成立税务检察室，坚决查处偷税抗税和税务人员利用职权贪污受贿等案件。

1991 年，突出反腐败查办大要案、打击严

1995 年 4 月，德州撤地建市，成立德州市人民检察院

重刑事犯罪和执法监督 3 项重点工作。1993 年，按照中共中央关于进一步加强党风廉政建设的部署，检察机关重点查办党政机关贪污贿赂案件，特别是领导干部犯罪要案。1995 年，德州撤地建市，成立德州市人民检察院，行使省辖市级人民检察院职权。1997 年，全市两级检察机关把查办职务犯罪案件作为“一把手工程”，立查贪污、贿赂等职务犯罪案件 476 件，立查渎职侵权案件 85 件，其中立查县处级以上领导干部贪污受贿等犯罪大要案 5 件，创历史之最。1999 年，为提高出庭公诉水平，全市检察机关广泛开展“一庭一议一评”活动，这一做法得到最高检察院和省检察院充分肯定。2000 年，市检察机关设计的《行政执法人员渎职犯罪切入坐标图》被省检察院推广。

2002 年，全面推进检察改革，以公诉引导侦查取证、普通程序简化审、多媒体示证为内容的公诉改革和审查逮捕方式改革、侦查监督改革等相继进行，工作效率明显提高。全市检察机关相继建立预防职务犯罪工作专门机构，个案预防、行业预防、专业预防全面进行。2003 年，严格依法查办职务犯罪案件，共立案侦查贪污贿赂等职务犯罪案件 184 件，当年全部侦查终结。2005 年，在立查职务犯罪案件中，注重把握办案数量质量和办案效率辩证关系，提升起诉率和判决率，其做法得到省院肯定。2007 年，侦查监督工作总评列全省第一。2008 年，认真总结职务犯罪发案特点和规律，开展“一案一调研、一案一建议、一案一堂课、一案一回访”活动，研究提出防范对策，推动防范体系建设。2010 年，不断深化打黑除恶等专项斗争，对严重影响发展稳定和人民群众安全感的黑恶势力犯罪、严重暴力犯罪、多发性侵财犯罪、涉众型经济犯罪等，坚持依法快捕快诉，营造“严打”强大声势。至 2011 年年底，市人民检察院辖县（市、区）人民检察院 11 个，共有检察干警 896 人。

第一节　刑事检察

一、侦查监督检察

1986 年，在严厉打击刑事犯罪的第三战役中，全区检察机关把打击严重刑事犯罪作为批捕工作的首要任务，贯彻依法“从重从快”的方针，坚持“稳、准、狠”的原则，严格区分罪与非罪的界限，提高审查批捕案件质量。年内，全市检察机关受理公安机关提请批捕人犯 778 人，批准逮捕 649 人，不批准逮捕 100 人，退回公安补充侦查 43 人。1988 年 8 月，开始受理检察机关自侦的经济案件和法纪案件。到 1992 年年底，共受理公安机关提请批捕的刑事案件 7937 人，批准逮捕 6770 人；受理移送起诉案件 7510

人,决定起诉5702人。

1993年,推行办案责任制和案件质量检查制度,对侦查活动中的违法现象提出纠正意见124次,作出不予逮捕决定95人,追捕漏犯26人。1994年,突出惩治杀人、抢劫、强奸等恶性暴力犯罪和盗窃、拐卖妇女儿童等重大犯罪以及车匪路霸、流氓团伙特别是带有黑社会性质的犯罪团伙,当年受理提请逮捕1530人,审查批捕1372人,批捕准确率为100%。1996年起,实行年终对口评比制度,全市检察机关无一例错捕现象发生。

2000年,审查批捕处更名为侦查监督处,其主要职责是审查批捕、刑事立案监督、侦查活动监督3项。2001年,全市推行审查逮捕方式改革,普遍采用微机制作《审查逮捕案件意见书》,综合分析、判断、归纳、运用证据的能力明显提高。是年4月,参加"严打"整治斗争,共批准逮捕781件1267人,其中批捕重特大犯罪嫌疑人616人。2003年,重点惩治严重破坏社会治安秩序和市场经济秩序的刑事犯罪,全年共依法批准逮捕898件1400人,分别比上年增长17%和8%;批捕准确率为100%。加强立案监督,全市共监督有关机关立案129件136人,起诉后法院均作出判决,其中判死刑1人,无期徒刑2人,10年以上有期徒刑7人。依法监督纠正不应立案而立案的3件;决定不捕、不诉105人,追捕、追诉176人,维护了法律尊严。2004年,批捕各类刑事案件899件1650人,其中批捕杀人、强奸、抢劫、绑架等严重暴力犯罪嫌疑人465人;依法监督有关部门立案128件128人,依法纠正不应立案的案件16件16人,不批准逮捕184人,追捕100人。2005年,共受理公安机关提请批捕各类刑事案件1033件1578人,经审查批准逮捕874件1326人;依法监督立案122件130人,监督撤案28件31人。2006年,共受理公安机关提请批准逮捕的各类刑事案件1103件1742人,批捕934件1454人,其中批捕杀人、强奸等严重暴力犯罪和抢劫、抢夺、盗窃等多发性犯罪案件834人。刑事立案监督工作以防止和纠正打击不力为重点,监督有关部门立案查办该立案不立案的案件99件,依法纠正不应立案而立案的案件36件。侦查监督工作以防止错捕错诉、漏捕漏诉为重点,对应当提请逮捕而未提请、应当移送审查起诉而未移送的,依法纠正漏捕51人,追加起诉38人,对不符合逮捕、起诉条件的,依法决定不批准逮捕280人,不起诉5人。2007年,共审查批捕899件1611人,监督该立案不立案的案件84件,依法纠正不应立案而立案的案件18件,依法纠正漏捕27人,对不符合逮捕,依法决定不批准逮捕253人,批捕准确率100%。侦监部门积极探索建立不捕案件后续监督常态性机制,注重对人权的保护,全市所有侦查监督部门对未成年人犯罪案件都实行专人办理制度。年终侦查监督工作总评列全省第一。

2008年,把打击杀人、绑架、抢劫等严重暴力犯罪,盗窃、抢夺等多发性、系列性犯罪,黑恶势力、痞霸分子以及其他严重破坏市场经济秩序、影响群众安全感的犯罪活动作为重中之重,从重从快批捕起诉。全年共批准逮捕各类刑事案件犯罪嫌疑人1774人,批捕准确率保持100%。其中,查办禹城市伦镇村民刘某某横行乡里、寻衅滋事、为害一方案例被评为全省十佳逮捕案例。2009年,受理提请批捕案件1141件1775人,批准逮捕961件1455人。对重大案件实行讯问过程同步录音录像,及时固定证据,重视引导侦查,批捕起诉准确率保持100%。加强立案监督和侦查活动监督,共监督有关部门立案62件,监督撤案37件,追捕追诉漏犯146人,监督立案、追捕追诉的案件,有40人被判处10年以上徒刑。2010年,坚持保稳定为第一责任,深入推进平安建设,不断深化打黑除恶等专项斗争，全年共批准逮捕各类刑事案件906件1365人，审查起诉1236件1854人，其中批捕杀人、抢劫、绑架等严重暴力犯罪嫌疑人430人，起诉555人。积极参与整顿规范市场经济秩序专项行动，严厉打击合同诈骗、偷税骗税、金融诈骗、侵犯知识产权、制售伪劣商品等犯罪活动，批捕此类犯罪94人。监督立案80件，监督撤案52件；决定不捕317人，不诉9人；追捕追诉176人。同时，市人民检察院与公安、法院等部门密切配合，建立健全逮捕必要性审查机制，规范对刑事拘留案件的监督，加强对民事案件执行活动的监督，都取得良好效果，省人民检察院在德州市召开现场会，向全省检察机关推广德州市人民检察院做法。

2011年，积极参与"打四黑除四害"("四黑"：黑作坊、黑工厂、黑市场、黑窝点。"四害"：害百姓、害家庭、害社会、害国家。)等专项行动，落实检察环节的社会治安综合治理措施，共批准逮捕各类刑事案件犯罪嫌疑人814件1215人，审查起诉975件1381人，批捕起诉准确率保持100%。积极参加整顿规范市场经济秩序专项行动，开展行政执法机关移送涉嫌犯罪案件专项监督，共批捕偷税骗税、金融诈骗、非法集资、侵犯知识产权和制售假冒伪劣商品犯罪28件49人，起诉31件53人。

1986—2011年德州市(地区)检察机关审查批捕犯罪嫌疑人情况表

表27－5

年份	公安机关提请批捕(人)	自侦部门移送逮捕(人)	审查结果(人)									复议复核	
			批准逮捕			不批准逮捕		退回补充侦查		撤案			
			公安机关报批	检察院追捕	自侦部门移捕	公安机关报批	自侦部门移捕	公安机关	自侦部门	公安机关	自侦部门	改变原决定	维持原决定
1986	778	—	649	3	—	100	—	43	—	6	—	—	—
1987	770	—	621	9	—	110	—	37	—	12	—	—	—
1988	1121	—	937	11	—	128	2	38	—	20	—	—	—
1989	1285	115	1139	5	103	100	6	53	2	21	2	—	—
1990	1219	72	1063	14	37	101	2	51	1	12	—	—	—
1991	1530	70	1352	11	69	114	—	69	1	14	—	—	—
1992											—	—	—
1993	1137	84	993	4	80	90	5	64	—	5	—	—	—
1994	1530	90	1372	7	88	83	—	103	1	7	1	—	—
1995	1311	59	1124	15	83	72	3	104	1	13	1	—	—
1996	1714	64	1487	66	60	133	2	164	2	34	—	—	—
1997	1243	53	1033	28	50	181	1	2	—	30	—	—	—

续表 27－5

年份	公安机关提请批捕（人）	自侦部门移送逮捕（人）	审查结果（人）									复议复核	
			批准逮捕			不批准逮捕		退回补充侦查		撤案			
			公安机关报批	检察院追捕	自侦部门移捕	公安机关报批	自侦部门移捕	公安机关	自侦部门	公安机关	自侦部门	改变原决定	维持原决定
1998	1368	45	1047	5	42	295	3	112	—	35	—	1	2
1999	1368	41	1053	2	37	304	3	58	—	11	1	—	9
2000	1490	30	1294	38	30	266	—	92	—	17	—	—	7
2001	1366	50	1267	42	47	78	3	24	—	21	—	—	2
2002	1399	7	1295	25	6	68	—	15	—	—	—	—	—
2003	1518	19	1400	76	19	94	—	15	—	—	—	—	—
2004	1622	28	1427	100	28	184	—	107	—	31	—	—	—
2005	1578	26	1326	38	23	250	—	96	1	—	—	—	1
2006	1742	13	1454	51	12	280	1	15	—	—	—	—	—
2007	1604	7	1360	27	6	253	1	10	2	—	—	—	—
2008	1757	17	1484	78	17	272	—	9	—	—	—	—	—
2009	1754	21	1437	94	18	317	—	11	—	—	—	—	—
2010	1633	23	1344	110	21	287	2	13	—	—	—	—	—
2011	1568	29	1187	93	28	378	1	17	—	—	—	—	—

二、公诉检察

1986 年“严打”结束后，在普遍加强预审监督、审判监督及申诉案件审查工作同时，广泛开展优秀公诉人评选活动和典型疑难案件的分析研究工作，提高起诉准确率。1988—1993 年，完善对重特大案件提前介入制度，缩短办案时限，提高办案质量，起诉到法院的案件，全部作了有罪判决。1994 年，共受理移送起诉 894 件 1549 人，审查提起公诉 676 件 1108 人，审查起诉结案时间平均为 5.2 天。

1997 年，贯彻新的刑事诉讼法，当年提起公诉 596 件 907 人，追诉 111 人，准确率为 100%。1999 年，开展“一庭一议一评”活动，组织观摩庭 340 个，提高出庭公诉水平。2000 年，推行主诉检察官办案制，选拔任命 46 名主诉检察官。2002 年，坚持依法“从快从重”的“严打”方针，突出“三类”重点案件（有组织犯罪、带黑社会性质的团伙犯罪和流氓恶势力犯罪；爆炸、杀人、抢劫、绑架等严重暴力犯罪；盗窃等严重影响群众安全的多发性犯罪）的审查起诉。是年，起诉各类刑事案件 857 件 1340 人，其中“三类”重点案件 185 件 325 人，分别占 20.69% 和 22.92%。2003 年，突出惩治严重破坏社会治安秩序和市场经济秩序的刑事犯罪，全年依法提起公诉997件1578人，分别比上年增长25%。是年3月，省人民检察院在德州市召开公诉案件质量现场会，推广德州市提高公诉案件质量的经验做法。

2004年，以强化主诉主办检察官责任制为龙头，优化刑事诉讼资源配置，全市80%以上的案件由主诉检察官承办，重特大案件介入侦查率为100%。2005年，受理公安机关移送起诉的各类刑事案件1147件1862人，审查后提起公诉1002件1556人。2006年，受理移送审查起诉1120件1771人，起诉1026件1550人。对严重暴力犯罪和抢劫、抢夺、盗窃等多发性犯罪起诉825人，有力遏制了刑事犯罪高发势头。

2007年，审查起诉1140件1727人，追加起诉31人，依法决定不起诉12人，起诉正确率100%。2008年，全年共审查起诉1827人，起诉准确率保持100%；追捕追诉漏犯108人，不起诉9人，提起刑事抗诉2件2人，均获改判。临邑县人民检察院在审查起诉李某“涉嫌故意伤害、侮辱妇女”一案过程中，发现侦查机关定性有误，遂以“故意杀人罪（未遂）、强奸罪（未遂）”起诉，李某被从重从快判处有期徒刑6年，该案被评为全省“贯彻宽严相济刑事政策优秀案件”。

2009年，开展刑事审判法律监督专项工作，对全市2008年后的公诉案件逐一进行审查分析，确定抗诉和提请省院抗诉4件6人，并建立对公诉案件判决的监督制约机制，有效防止刑事判决畸轻畸重。2010—2011年，积极探索完善刑事和解、检调对接、轻微刑事案件快速办理等机制，对未成年人犯、初犯、偶犯等轻微犯罪人员，依法作出不捕不诉决定或建议法院从轻处理，调处化解各类矛盾纠纷80余件。

1986—2011年德州市（地区）检察机关受理公安机关移送起诉案件审查情况表

表27－6

年份	受理		提起公诉		免予起诉		不起诉		退回补充侦查		追诉	撤案		移送其他单位	
	件数	人数	件数	人数	件数	人数	件数	人数	件数	人数	人数	件数	人数	件数	人数
1986	559	700	468	560	32	58	8	15	36	38	4	3	4	15	19
1987	496	559	430	511	40	72	2	2	28	36	7	3	3	14	19
1988	636	940	531	757	51	88	7	9	36	49	5	1	3	22	30
1989	727	1236	611	955	49	127	3	4	40	89	13	6	6	34	77
1990	712	1219	562	918	58	142	4	5	27	54	5	2	2	48	78
1991	934	1562	757	1189	87	201	2	5	42	92	21	2	4	64	106
1992	735	1186	516	758	103	209	5	5	44	76	2	3	4	87	174
1993	652	1045	475	727	61	118	3	3	37	85	2	2	2	70	133
1994	894	1549	676	1108	70	147	5	10	61	139	1	1	1	105	219
1995	800	1392	593	925	34	120	—	—	90	184	1	7	12	84	203
1996	993	1723	803	1314	88	195	4	5	68	155	7	6	6	107	222

续表 27－6

年份	受　理		提起公诉		免予起诉		不起诉		退回补充侦查		追诉	撤案		移送其他单位	
	件数	人数	件数	人数	件数	人数	件数	人数	件数	人数	人数	件数	人数	件数	人数
1997	605	930	596	907	1	2	8	11	59	132	11	2	2	48	71
1998	827	1187	713	1028	—	—	—	—	108	172	9	4	4	73	108
1999	808	1251	766	1085	—	—	5	6	99	174	51	5	5	57	94
2000	897	1383	815	1211	—	—	7	9	108	170	49	5	8	73	119
2001	1174	1671	915	1390	—	—	8	13	147	216	35	2	2	93	206
2002	1105	1741	857	1340	—	—	5	5	155	202	43	8	8	89	183
2003	1054	1705	997	1578	—	—	13	20	157	215	43	25	33	69	172
2004	1084	1697	931	1414	—	—	7	10	83	145	26	12	14	99	201
2005	1147	1862	1002	1556	—	—	6	7	101	222	47	1	2	96	219
2006	1120	1771	1026	1550	—	—	7	9	77	157	37	—	—	92	203
2007	1140	1727	1036	1571	—	—	9	12	81	160	31	—	—	71	127
2008	1146	1827	1016	1579	—	—	6	9	70	166	30	2	5	91	166
2009	1188	1811	1083	1631	—	—	9	10	85	195	47	—	—	84	161
2010	1206	1828	1106	1640	—	—	8	9	107	231	66	1	3	90	180
2011	1128	1680	1023	1399	—	—	7	9	126	336	71	—	—	68	168

第二节　职务犯罪检察

一、贪污贿赂犯罪检察

1986 年，全区检察系统继续贯彻全国人大常委会《关于严惩严重破坏经济犯罪的决定》，把依法严厉打击贪污贿赂等严重经济犯罪作为检察机关的主要任务。是年，全区共立查各类经济犯罪案件 392 件 448 人，其中立查棉花系统经济案件 255 件 288 人，为国家挽回经济损失 833 余万元。1987 年，检察机关与地区税务局联合成立税务检察室，当年立查偷税抗税案件 28 件，查缴偷、抗、漏、欠税款 959 万余元。1989 年 8 月，依据最高人民法院、最高人民检察院《关于贪污、受贿、投机倒把等犯罪分子必须在限期内自首坦白的通告》，分院和县（市）院都设立专项办案组，在限期内有 289 名经济违法犯罪分子到检察机关投案自首。1991 年，围绕群众反映强烈、举报较多的重点行业和单位，共取缔较大犯罪窝点 14 个，立案 86 件。

1996 年，市、县两级人民检察院相继成立反贪污贿赂局，强化了打击经济犯罪工作力度。是年，立查贪污贿赂等经济案件 446 件 490 人，其中大要案 32 件。1997 年，贯彻新修订的刑法和刑事诉讼法，全市共立查贪污贿赂等职务犯罪案件436件504人，办案数量列全省检察系统第二位，创历史最高水平。

2000年，全市检察机关积极探索打防并举、标本兼治、预防职务犯罪工作新路子，采取多种形式深入机关、企事业单位开展警示教育，受教育群众达9.25万人次。2003年，查办大要案131件，占立案总数的71%，同比提高18%；提起公诉107件，作出判决98件，同比提高34%和33%。2004年，省检察院在德州市召开反贪、渎检工作座谈会，对德州市反贪污贿赂工作给予充分肯定。2005年，正确把握办案数量、质量和效率的辩证关系，办案质量得到提高，起诉率、判决率都有较大提升。是年，立查贪污贿赂等职务犯罪案件162起190人，起诉135起162人，法院判决125起152人；立查玩忽职守、滥用职权、徇私舞弊等渎职侵权案件31起45人，起诉25起38人，判决25起38人。

2006年，深入查办热点行业和热点领域的职务犯罪案件，共立案查办发生在医疗、教育、建筑、民政等涉及民生领域的职务罪案32件41人。2008年，集中查办民生领域的职务犯罪案件，全市共立查各类职务犯罪案件127件162人，其中贪污贿赂案件109件124人。2009年，检察机关主动与83家市县重点企业、中小企业和民营企业建立联系，积极帮助协调解决相关问题131个，帮助5家企业走出困境。齐河县酿酒厂是一个老国有企业，因部分干部问题，职工开始上访，企业濒临倒闭。检察机关获情后，立即派员进入该厂，清产核资，梳理账目，查办了厂长尚某贪污案件，移交违纪线索5件。

2010年，着眼于维护公平竞争的市场秩序，积极参与整顿规范市场经济秩序专项行动，严厉打击合同诈骗、偷税漏税、金融诈骗、侵犯知识产权、制售伪劣商品等犯罪活动。至2011年年底，全年共立查贪污贿赂案件90件，其中大要案44件。

1986—2011年德州市(地区)检察机关立查经济犯罪案件情况表

表27－7

年份	立案(件)								大要案(件)		挽回直接经济损失(万元)
	合计	贪污	贿赂	挪用公款	偷税抗税	投机倒把	假冒商品	其他	合计	其中要案	
1986	392	303	63	—	1	6	19	—	—	—	213.30
1987	103	49	7	—	28	3	8	8	—	—	150.93
1988	226	61	38	4	24	73	4	22	9	2	205.26
1989	342	95	84	5	97	15	3	43	23	6	365.24
1990	260	89	44	34	75	—	10	4	4	—	482.21
1991	254	102	65	33	36	—	17	1	11	—	137.88
1992	278	93	34	22	53	—	73	3	4	—	241.31
1993	281	132	64	21	28	—	35	1	3	—	434.86
1994	219	121	45	24	32	—	2	5	6	—	576.30

续表 27－7

<table>
<tr><th rowspan="2">年份</th><th colspan="8">立 案 （件）</th><th colspan="2">大要案(件)</th><th rowspan="2">挽回直接经济损失（万元）</th></tr>
<tr><th>合计</th><th>贪污</th><th>贿赂</th><th>挪用公款</th><th>偷税抗税</th><th>投机倒把</th><th>假冒商品</th><th>其他</th><th>合计</th><th>其中要案</th></tr>
<tr><td>1995</td><td>294</td><td>111</td><td>49</td><td>38</td><td>60</td><td>—</td><td>7</td><td>19</td><td>17</td><td>—</td><td>785.49</td></tr>
<tr><td>1996</td><td>446</td><td>149</td><td>71</td><td>47</td><td>158</td><td>—</td><td>12</td><td>9</td><td>31</td><td>1</td><td>956.91</td></tr>
<tr><td>1997</td><td>436</td><td>227</td><td>58</td><td>98</td><td>80</td><td>—</td><td>11</td><td>2</td><td>46</td><td>1</td><td>1269.89</td></tr>
<tr><td>1998</td><td>236</td><td>145</td><td>25</td><td>65</td><td>—</td><td>—</td><td>—</td><td>1</td><td>18</td><td>1</td><td>537.14</td></tr>
<tr><td>1999</td><td>273</td><td>150</td><td>54</td><td>69</td><td>—</td><td>—</td><td>—</td><td>—</td><td>49</td><td>2</td><td>1331.73</td></tr>
<tr><td>2000</td><td>346</td><td>176</td><td>69</td><td>102</td><td>—</td><td>—</td><td>—</td><td>1</td><td>84</td><td>5</td><td>1368.35</td></tr>
<tr><td>2001</td><td>300</td><td>179</td><td>46</td><td>75</td><td>—</td><td>—</td><td>—</td><td>—</td><td>53</td><td>5</td><td>955.76</td></tr>
<tr><td>2002</td><td>212</td><td>120</td><td>41</td><td>51</td><td>—</td><td>—</td><td>—</td><td>—</td><td>113</td><td>—</td><td>1165.27</td></tr>
<tr><td>2003</td><td>182</td><td>107</td><td>44</td><td>31</td><td>—</td><td>—</td><td>—</td><td>—</td><td>131</td><td>—</td><td>880.84</td></tr>
<tr><td>2004</td><td>160</td><td>99</td><td>26</td><td>35</td><td>—</td><td>—</td><td>—</td><td>—</td><td>77</td><td>—</td><td>523.33</td></tr>
<tr><td>2005</td><td>162</td><td>93</td><td>28</td><td>41</td><td>—</td><td>—</td><td>—</td><td>—</td><td>97</td><td>—</td><td>548.56</td></tr>
<tr><td>2006</td><td>188</td><td>110</td><td>59</td><td>19</td><td>—</td><td>—</td><td>—</td><td>—</td><td>66</td><td>—</td><td>337.70</td></tr>
<tr><td>2007</td><td>137</td><td>89</td><td>20</td><td>28</td><td>—</td><td>—</td><td>—</td><td>—</td><td>63</td><td>—</td><td>653.54</td></tr>
<tr><td>2008</td><td>109</td><td>53</td><td>30</td><td>26</td><td>—</td><td>—</td><td>—</td><td>—</td><td>74</td><td>—</td><td>1226.47</td></tr>
<tr><td>2009</td><td>91</td><td>56</td><td>19</td><td>16</td><td>—</td><td>—</td><td>—</td><td>—</td><td>49</td><td>—</td><td>947.78</td></tr>
<tr><td>2010</td><td>99</td><td>65</td><td>27</td><td>7</td><td>—</td><td>—</td><td>—</td><td>—</td><td>41</td><td>—</td><td>2012.08</td></tr>
<tr><td>2011</td><td>90</td><td>53</td><td>16</td><td>21</td><td>—</td><td>—</td><td>—</td><td>—</td><td>44</td><td>—</td><td>383.14</td></tr>
</table>

二、渎职侵权犯罪检察

1986 年，省人民检察院德州分院设立法纪检察科，重点查办机关单位工作人员渎职、侵权等案件，当年立案 19 件，其中大要案 2 件。1991 年，突出刑讯逼供、非法拘禁、徇私舞弊、玩忽职守和重大责任事故等 5 类重点案件的查处，全年立查各类法纪案件 146 件，其中 5 类重点案件 138 件，大案 28 件。1993 年，针对重大责任事故频发实际，对 9 起重大责任事故责任人进行立案查处。1996 年，法纪检察工作引入竞争机制，受理法纪案件 209 件，立案 196 件，其中重大责任事故 35 件，渎职 78 件，侵权 79 件，查办案件数量居全省各市地首位，是历史上查办案件最多的一年。

1998 年，市、县两级相继组建渎职犯罪侦查局，加大对渎职犯罪的查办力度。2000 年，市人民检察院渎侦局设计的《行政执法人员渎职犯罪切入坐标图》被省人民检察院推广。2002 年，渎侦部门受理案件 124 件，立案 104 件，其中立查司法、行政执法人员贪赃枉法、徇私舞弊等犯罪案件47件。临邑县人民检察院查处滨海公安局临盘分局干警8人刑讯逼供致人死亡特大案件。

2003年，全市检察机关始终把握反腐败重点，全年立查国家机关工作人员滥用职权、徇私舞弊等渎职侵权犯罪案件25件，其中重特大案件8件，占立案数的32%；提起公诉17件，法院作出判决17件。2004年，坚持以程序规范保证案件质量和办案安全，全年立案查处渎职侵权案件23件45人。庆云县人民检察院通过立查一起乡镇干部非法拘禁案，解救受害人10名，避免一起进京上访事件的发生。2006年，开展查办破坏市场经济秩序渎职犯罪专项行动，共立案10件18人。2007年，立查渎职侵权案件23件45人，为国家挽回直接经济损失393.3万元。2008年，集中查办民生领域的职务犯罪案件，共立查各类职务犯罪案件127件162人，其中渎职侵权案件18件38人。

2009年，突出查处政府投资、重大项目建设、能源资源、生态环境和司法、行政执法等重点领域的职务犯罪案件，全年立查渎职侵权案件21件43人。2010年，开展危害能源资源和生态环境渎职犯罪专项行动，全年立查渎职侵权案件17件44人，其中严肃查办因失职渎职导致严重破坏环境资源的犯罪案件8人。

2011年，着力推进工程建设、国土资源领域突出问题专项治理和查办涉农及危害民生民利渎职侵权犯罪等工作，共查处专项案件47件98人。其中，根据中央电视台报道的庆云县输冀肉羊中检出“瘦肉精”事件，庆云县人民检察院迅速批捕两名涉案犯罪嫌疑人，同时立查该县4人玩忽职守案。

1986—2011年德州市（地区）检察机关查处渎职侵权犯罪案件情况表

表27-8

年份	立案（件）	案件分类（件）				重特大案件（件）
		侵权	渎职	重大责任事故	其他	
1986	19	8	6	1	4	2
1987	45	24	7	8	6	1
1988	158	84	25	12	37	4
1989	122	52	20	8	42	7
1990	142	106	19	12	5	14
1991	146	126	6	12	2	28
1992	99	75	15	6	3	13
1993	71	41	15	9	6	13
1994	63	37	13	12	1	14
1995	142	79	42	16	5	32
1996	196	79	78	35	4	40
1997	88	36	36	13	3	15
1998	11	5	6	—	—	4

续表 27－8

年 份	立案(件)	案件分类(件)				重特大案件(件)
		侵权	渎职	重大责任事故	其他	
1999	48	15	33	—	—	7
2000	100	35	59	1	5	15
2001	104	37	64	—	3	10
2002	104	46	53	3	2	9
2003	25	12	13	—	—	8
2004	23	15	8	—	—	11
2005	31	22	9	—	—	16
2006	27	16	9	—	—	21
2007	23	12	11	—	—	11
2008	18	4	24	—	—	18
2009	21	5	16	—	—	17
2010	17	9	8	—	—	11
2011	47	4	26	—	17	14

三、职务犯罪预防

2001 年，市人民检察院增设职务犯罪预防处。2003 年，部分县（市）成立预防职务犯罪协会，推动金融、工商、税务、交通、建筑等重点行业系统预防工作的全面开展。是年，全市查办侵权渎职案件仅 25 件，比上年减少 79 件。2004 年，协助发案单位建章立制 209 项，对全市 104 个重大建设项目提出专项预防建议、调查报告等 53 份。2005 年，结合典型案例研究防范对策，开展个案预防 62 项，深入重点行业和领域开展系统预防 36 项，在重大公共投资和国家建设工程项目中开展专项预防 30 项。

2008 年，开展“一案一调研、一案一建议、一案一堂课、一案一回访”活动，选择案件易发多发的行业系统建立协同预防网络 79 个，向 117 个重大建设项目提供预防咨询 720 次，向党委、政府及主管部门提出加强监督管理的对策建议 69 份。2009 年，针对国家项目投资密度加大的实际，选择 34 项重点工程项目开展专项预防，共向发案单位和有关行业部门提出预防检察建议 84 件，帮助落实预防措施 112 项；受理预防咨询 258 件，受理行贿犯罪档案查询 731 次。同年，市县两级检察部门专门建立警示教育基地，选择正反两方面典型以案说法，开展警示教育活动，受教育人数总计达 62000 余人。2010 年，立足教育在先、警示在先、预防在先，开展法律宣传和预防咨询 779 次，警示教育活动 509 次，提供行贿犯罪档案查询 1931 次，开展案例剖析 172 件，向发案单位和有关行业部门提出预防检察建议 134 件，帮助发案单位制定和完善各项规章制度 865 项，对全市 35 个重点工程建设项目开展同步预防。2011 年，围绕保障政府投资安全，对全市 31 个重点工程建设项目开展同步预防；组织举办全国检察机关惩治和预防渎职侵权犯罪德州巡展,全市机关干部1.5万余人观看接受教育。

第三节　民事行政检察

1991年4月,德州检察分院成立民事行政检察处,依法对人民法院的民事审判活动和行政诉讼活动实施法律监督。到1993年,共受理民事行政抗诉案件25件,向法院提改判建议2件,改判1件。

1994年,各县(市)人民检察院全部成立民事行政检察科,当年全区共受理民事行政申诉案70件。1998年,民行检察工作狠抓办案效率、抗诉案件质量和抗诉效率3个基本环节,受案数量逐年增加,办案质量明显提高。2000年,在坚持办理民行抗诉案件的同时,探索以支持起诉的方式办理国有资产流失案件。到2002年,共办理国有资产流失案件1163件,为国家挽回经济损失2200多万元。是年6月,山东省检察机关民行支持起诉经验交流会在德州召开,推广德州市检察机关民行支持起诉的经验做法。

2003年,对当事人反映强烈、严重侵害群众和社会公共利益、显失公平的民事案件重点监督纠正,全年提起民事抗诉96件,法院已再审改判22件,调解改变原判决28件,维持原判5件。2005年,坚持抗诉与息诉并重,依法维护人民法院的正确裁判,对280余件申诉案件认真做了服判息诉工作;对国家和社会公共利益受到严重损害的88起案件,通过支持起诉的方式给以司法救济,协助国有资产管理部门挽回经济损失300余万元。2006年,以抗诉工作和通过检察建议启动再审程序为重点,共提起抗诉90件,提请省检察院抗诉26件,法院已审结53件,改变原审判决43件;提出检察建议161件,法院采纳并再审各类民事纠纷案件161件。2007年,强化质量意识,全年收到法院再审结果71件,其中改判和调解结案60件,原审改变率达到84.5%。2008年,立案审查不服法院生效民事判决裁定案件190件,提出抗诉89件,提请省院抗诉25件。提出抗诉和提请抗诉后,经法院再审108件,维持原判16件,改判和调解结案92件,原审改变率达85%。向法院提出再审检察建议69件,法院采纳69件。2009年,以国有土地出让金流失问题为突破口,办理民事督促起诉案件51件,追缴土地出让金3.3亿元,收回土地120亩。2010年,加强对行政执法工作的检察监督,督促有关部门追缴土地出让金、水资源使用费、财政周转金等各类税费1.5亿元;向5个行政执法部门发出检察建议。

2011年,立案审查不服法院生效民事判决裁定案件66件,提请抗诉35件,提出抗诉21件,发出再审检察建议10件,其间共收到法院再审结果12件,改变原审判决9件,改判率75%。

1991—2011年德州市(地区)民事行政检察办案情况表

表27-9　　单位:件

年份	受理	立案	提请抗诉	建议抗诉	提出抗诉	再审改判	审查和解	检察建议	建议再审
1991							—	—	—
1992							—	—	—
1993							—	—	—
1994							—	—	—

续表 27－9

年份	受理	立案	提请抗诉	建议抗诉	提出抗诉	再审改判	审查和解	检察建议	建议再审
1995	38	13	6	—	7	3	—	—	—
1996	51	16	7	—	9	3	—	—	—
1997	78	35	13	—	22	9	—	—	—
1998	99	33	15	—	21	11	2	—	—
1999	112	44	14	—	29	9	4	—	—
2000	213	159	51	—	108	16	7	—	—
2001	227	142	52	—	90	32	11	—	—
2002	243	118	26	—	93	28	19	—	—
2003	644	213	127	55	96	22	28	59	1
2004	543	250	165	50	101	24	18	19	—
2005	490	399	160	84	98	23	15	51	86
2006	378	367	165	42	90	25	18	11	170
2007	263	255	123	39	90	39	21	—	110
2008	185	175	91	29	88	13	22	8	69
2009	162	162	104	42	83	6	13	1	40
2010	158	158	67	25	45	10	18	1	80
2011	80	78	38	28	26	2	2	3	18

第四节　监所检察

1986 年，贯彻执行最高人民检察院颁布的《劳改看守所检察工作细则》，依法对全区 13 个看守所、1 个劳改队进行检察。是年，自行检察 54 次，联合检察 65 次，提出检察建议 135 条。1987 年，协助监管改造单位加大对在押人犯的政策法制教育，共组织集体教育 269 次，受教育人数 9506 人次，个别提审 1198 人次，使 102 名劳改人员和未决犯检举犯罪线索 286 条，挖余罪、漏罪 63 条，侦破积案 9 起，对 11 人追究刑事责任。1988 年，严格监督监管场所管理，防止逃跑、自杀、行凶等重大事故 23 起。

1990 年，以确保监所安全为重点，开展驻狱所检察 2658 人次，检察长检察 102 次，召开联席会议 68 次，联合清狱 171 次，纠正违法 126 次，清除隐患 26 件，防止重大事故 16 起。1993 年，协助有关单位依法纠正超期羁押 17 案 30 人，办理被监管人员重新犯罪案件 4 件 6 人，参与劳改单位对犯人的减刑、假释研究 7 次 667 人，受理犯人及其家属申诉 9 件，对外执行罪犯进行检察 494 人次，制定、落实帮教措施 293 条，对监管改造场所进行安全检查 1528 次，检察纠正未按期交付执行的已决犯 15 名，提出检察建议 179 条。1995 年，组织对全市监外执行情况普遍检察，将6名失去监外执行条件的罪犯依法收监。纠正违法41件，立查徇私舞弊案1件。

1996年，开展为期3年的监管秩序治理整顿，重点加强对羁押人员入所、出所、提审、会见等环节以及服刑犯人减刑、假释、保外就医报批等方面的监督。到1998年，监所检察工作实现“三个转变”：在检察内容上由帮教为主向执法监督为主转变；检察对象由监外执行罪犯为主向执法机关为主转变；检察形式由检察院自行检察向公、检、法三机关联合检察转变。2001年，开展驻所检察室规范建设定级达标活动。至2002年，全市2个驻所检察室被评定为二级检察室，3个被评定为三级检察室。

2003年，加强对减刑、假释、暂予监外执行等刑罚执行情况的监督，针对监狱、看守所存在的一些违法违规问题，提出检察建议104件次，纠正违法31件次，立案查处1件监管人员私放罪犯的犯罪案件。2004年，纠正错误计算刑期2人次，并监督将1名失去保外就医条件的罪犯收监执行。2005年推动监管场所网络化管理，加强动态监督，及时对刑罚执行和监管活动中的违法情况提出纠正意见120余件次，纠正错误计算刑期19人次。

2006年到2007年年底，两年提出检察建议229份，消除事故隐患58起，转化重危分子34人，纠正脱、漏管罪犯734人，审查服刑人员减刑、假释、保外就医材料1003份，对呈报不当的提出纠正意见112份，均被采纳。2008年，开展清理纠正超期羁押，违法减刑、假释、保外就医等专项检查活动，共发出书面纠正刑罚执行及监管改造活动违法行为86件，全年无超期羁押。审查监狱提请减刑、假释罪犯材料1492份，进行安全防范检察1347次，发现事故苗头17起，提出检察建议13份，消除事故隐患17起，转化重危分子33人。2009年，排查出有“牢头狱霸”苗头的在押人员36名，对其采取严管措施，并配合看守所进行集体教育，收到良好效果。2010年，加强对监外执行人员的监督，深入开展刑罚变更执行同步监督工作，依法监督纠正减刑、假释、暂予监外执行不当裁定4件，纠正刑罚执行及监管改造活动违法行为为99件，消除事故隐患18起，转化重危分子14人。2011年，加强刑罚执行和监管活动监督，书面纠正违法209件，其中纠正变更执行违法9件，纠正监管活动违法77件，纠正监外执行违法123件，对监狱提请减刑、假释不当5人提出书面纠正违法意见，对1起德州中级人民法院裁定不当进行了纠正。全市安全防范检察1320次，消除事故隐患16起，转化重危分子8人。

第五节　控告申诉检察

1986年，依据最高人民检察院《关于加强信访工作的决定》，全区检察机关建立健全控告申诉备案审查上报制度。是年，全区受理信访1245件次，办理信访案件78起，从人民来信来访中为打击刑事犯罪和经济犯罪提供线索928条。1988年，根据《人民检察院控告申诉工作细则》，控申检察部门直接受理复查不捕、不诉、免予起诉的案件，改变由原来办案部门直接复查案件做法。是年8月，地、县两级检察机关相继成立经济、法纪犯罪举报中心（站），受理群众对贪污受贿、侵权渎职等犯罪事实的举报。1991年，全区共受理各类举报控告申诉1135件，其中属检察机关管辖内举报850件，立查申诉案件10件，纠正5件。1993年，为适应反腐败斗争的形势需要，将经济、法纪犯罪举报中心（站）统一改为举报中心，增设举报电话和举报箱。是年，全区共受理来信来访1681件，其中属于检察部门管辖内的举报1487件（次）；共

办理各类申诉案件 69 件，立查 5 件，基本做到了件件有着落。

1995 年，《中华人民共和国国家赔偿法》颁布实施，全市检察机关先后设立刑事赔偿办公室，依法对检察机关办理的逮捕、不诉、撤案、退还赃款等案件进行核查。1998 年，举报中心加强与新闻媒体和信访部门的联系，形成集宣传、受理、移送（分流）、管理、查处、督办、反馈、保护、奖励于一体的举报工作体系。1999 年起，将每年 6 月的最后一周作为“举报宣传周”，设立检察长接访日。2000 年开展争创“文明接待室”活动，当年禹城、临邑人民检察院被最高人民检察院授予“全国基层检察院文明接待室”，德城、武城人民检察院被山东省人民检察院授予“全省检察机关文明接待室”称号。

2002 年，在德城、临邑、禹城 3 个检察院进行控申举报首办责任制试点工作。2004 年，推行申诉案件公开审查制，禹城市人民检察院适用公开听证程序，使一起缠诉 5 年的案件得以息诉。2005 年，坚持检察长接访制度，完善首办责任制，全年受理群众来信来访 924 件，及时妥善处理集体访、告急访等重大信访案件 27 件。2006 年，对多年积累下来的缠访缠诉案件全面梳理，使属于检察机关管辖的 16 件涉法涉诉信访案件全部办结。

2007 年，着力排查化解信访苗头，高度重视和正确处理人民内部矛盾，共受理来信来访 648 件（次），妥善处理集体访 4 次。2008 年，依法妥善处理信访申诉案件 548 件，使涉检信访持续下降，信访总量保持在全省较低位次。2009 年，综合运用预约接访、下访巡访、联合接访、公开听证等方式，共受理各类来信来访 609 件，均予以妥善处理，连续 4 年保持涉检进京“零上访”。

2010 年，着眼于畅通听民声、察民情的“绿色通道”，在全市 135 个乡镇设立民生检察联系点；完善民生检察服务热线，共接听处理热线电话 2884 个。是年，临邑县检察院控申举报接待室被评为全国检察机关“文明接待示范窗口”，德城区、齐河县、夏津县的基层院控申检察部门被评为全国检察机关“文明接待室”。2011 年，深化“事前防范、事中处置、事后修复”的三段式涉检信访处理机制，完善巡回接访、下访巡访、联合接访、检察长接待日和阅批群众来信等制度，共受理信访 522 件次，全部予以妥善解决。

第三章 审 判

1986 年，德州地区中级人民法院辖 13 个县（市）基层人民法院，县（市）人民法院派出常设人民法庭 86 处，全区人民法院共有干警 866 人。是年，全区法院继续贯彻中央“严打”斗争部署，坚持依法从重从快的方针，严厉惩处严重危害社会治安的犯罪分子。1989 年，全区法院推行“一公开、三为主”（公开审判，当事人举证、庭审调查和合议庭三为主）的民事审判方式改革。1990 年年底，全区共设立人民法庭 196 处，基本实现一乡一庭。

1995 年 4 月，德州地区中级人民法院改为德州市中级人民法院，原县级德州市人民法院改为德城区人民法院。1996 年，按照每 3 至 5 个乡镇设立一处中心法庭的布局，对基层法庭进行调整重组。1999 年 3 月,中院增设国家赔偿委员会办公室。2000 年,全市法院实行“三改联动、配套推进”改革,一是改革人事管理机制,实行审判长选任制,同时制定《审判委员会议事规则》《合议庭议事规则》,进一步规范审判长与合议庭、合议庭与审委会的关系。二是改革审判管理机制,实行审判案件流程管理,明确案件从立案、审理、裁判、执行、结案到归档各个环节的操作细则、实施期限。三是改革审判监督管理机制,实行“一案三公开”制度(立案公开,开庭公开,裁判结果公开)。2002 年 1 月起,按照“大民事”审判格局,全市两级法院相继进行审判体制和机构改革,市中院机关新设立执行局、机关事务服务中心,政治处改为政治部,将原经济庭撤销,其经济、金融、破产、知识产权、涉外、涉港、涉澳、涉台、房地产等项审判业务纳入民事审判序列。2004 年,全市人民法庭由 54 处调整撤并为 43 处。2004—2006 年,全市法院建成便民诉讼网络,诉调对接功能得到加强。2007 年 9 月,市中院作为省院试点,率先成立独立建制的未成年人综合审判庭,综合审判涉及青少年刑事、民事、行政等案件。2011 年,设立德州经济开发区法院。至 2011 年年底,中院辖德城区、禹城、乐陵、齐河、临邑、平原、宁津、陵县、夏津、武城、庆云、经济开发区 12 个基层法院,共有干警 1500 人。

1986—2011 年,全市(区)两级法院共收案 633106 件,结案 631366 件,有力维护了社会稳定,保护了国家、集体和公民的合法权益。

第一节　刑事审判

一、危害社会治安案件审理

1986 年,全区法院系统深入贯彻中央“严打”斗争部署,坚持依法从重从快的方针,严厉惩处杀人、放火、爆炸、投毒、抢劫、强奸、重大盗窃 7 类严重危害社会治安的犯罪分子。至 1987 年,两年共审结一审刑事案件 1570 件。1988 年,开展“打流窜”“挖逃犯”“扫黄”“除六害”等专项斗争,严惩拐卖妇女儿童、引诱容留强迫妇女卖淫等犯罪活动。至 1992 年年底,共受理一审刑事案件 6318 件,审结 6301 件,审理 214 起拐卖妇女儿童犯罪案件,判决发生法律效力的人犯 6187 人,其中判处无期徒刑以上刑罚的 362 人,判处 5 年以上有期徒刑的 2140 人。

1993 年,重点审判车匪路霸、重大盗窃、拐卖人口、破坏电力设备等刑事犯罪案件。1994 年,共受理各类刑事案件 1260 件,审结 1251 件,分别比上年增长 42.05% 和 39.31%,判决发生法律效力的人犯 1898 人,其中有 59 名犯有杀人、抢劫、强奸、重大盗窃等严重罪行的罪犯被依法判处死刑。1995 年,继续坚持“严打”方针,严惩严重扰乱社会治安和严重扰乱市场经济秩序的犯罪分子。至 1996 年,共审结刑事犯罪案件 846 件、罪犯 2105 人,判处 5 年以上有期徒刑直至死刑的占 55.1%。其中,审结集团犯罪案件 13 件,最大的一起抢劫、盗窃、销赃案罪犯达 25 人,依法判处两名主犯死刑。

1997 年 1 月 1 日新刑诉法正式实施后,对依法应当公开审理的案件全部公开审理,能当庭宣判的当即宣判。同年 10 月 1 日,新刑法正式实施,审理刑事案件均严格按新刑法定罪量刑,公正裁决。1998 年,重点审判杀人、抢劫、强奸、重大盗窃、拐卖妇女儿童等严重刑事犯罪以及带有黑社会性质的团伙犯罪、流氓恶势力,全年审结一审刑事案件 1206 件,判处罪犯 1626 人。其中判处 5 年以上有期徒刑直至死刑的 273 人,占 24.6%。1999 年,依法打击利用反动会道门、封建迷信进行的各种犯罪活动,全年召开审判大会 46 场次,旁听群众 20 多万人。2000 年,对一批大要案进行大张旗鼓的公开审

理，市中院依法公开审判震动全市的“5·11”雇佣杀人一案，以故意杀人罪判处主犯工某某死刑，剥夺政治权利终身。

2001年，开展“严打”整治专项斗争，依法从重从快严厉惩治严重犯罪分子以及带有黑社会性质的团伙犯罪和流氓恶势力犯罪。到2002年，共受理一审刑事案件2232件，审结1059件，判处罪犯2306人；召开公判大会40场次，直接受教育群众近30万人次。2003年4月起，继两年“严打”斗争结束后，又开展以打击“一盗双抢”（盗窃、抢劫、抢夺）为重点的严打整治专项斗争；同时认真总结开展“严打”整治斗争的经验，探索“严打”斗争的长效机制。2004年，积极参与整顿和规范道路交通秩序和打击农村邪恶势力斗争，审结一审刑事案件1202件，二审刑事案件61件，判处罪犯1501人。

2007年，最高人民法院变更死刑案件审批复核程序，市中院严把死刑案件一审质量关，力争把死刑案件办成“铁案”。2009年，市中院刑事附带民事调解工作推出“两对接”（与便民诉讼网络站和人民调解机制对接）、“三见面”（与被告人见面，与受害人和受害人家属见面，与被告人家属见面）、“四公开”（调解过程，赔偿标准，认定证据，量刑程序公开）调解新机制，提高刑事附带民事调解率。

1986—2011年，全市（区）共审结一审刑事案件29207件，判处犯罪分子37603人。

二、经济犯罪案件审判

1986年，全区法院把依法惩处经济犯罪作为一项重要工作，全力为经济发展保驾护航。1989年8月15日，最高人民法院、最高人民检察院《关于贪污、受贿、投机倒把等犯罪分子必须在限期内自首坦白的通告》发布后，促使一批经济犯罪分子主动投案自首。至1992年年底，全区法院共审结一审经济犯罪案件1873件，判决发生法律效力的人犯1882人，为国家挽回直接经济损失433.3万元。1993年，针对资金拆借混乱、部分贷款逾期不能收回，造成银行信贷部门资金周转困难及不依法纳税、企业拖欠等情况，相继开展了依法清贷、依法清税、依法清欠等专项审判活动，共为462家企业清理拖欠款1.78亿元，为税务机关收回拖欠税款873万元，为金融部门启动沉淀资金2460万元。1995年，以维护社会主义市场经济秩序为重点，全年审结购销合同案3337件，居各类经济纠纷案之首，审结企业破产案6件，企业联营、承包、租赁经营兼并案81件，农村承包合同案1565件。1994—1996年，配合有关部门严厉打击投机倒把、诈骗、偷税抗税犯罪，虚开、伪造和非法出售增值税专用发票犯罪，以及制售假冒伪劣商品犯罪，3年共审结经济犯罪案件407件，判处罪犯624人，为国家挽回经济损失633.04万元。

1997年，贯彻实施新修正的刑事诉讼法和刑法，全市法院依法审理贪污贿赂、挪用公款和诈骗等经济犯罪案件。至1999年，累计审结一审经济犯罪案件292件，惩处犯罪分子372人，为国家挽回经济损失1229.61万元。2001年，依法严惩制售伪劣商品、诈骗、制贩假币等破坏市场经济秩序犯罪和贪污、贿赂等职务犯罪，审结各类经济犯罪案件81件，惩处犯罪分子118人，为国家挽回经济损失677.1万元。2002年，共受理破坏市场经济秩序犯罪案件20件，判处犯罪分子31人，其中审理制售假冒伪劣商品犯罪、走私犯罪、金融诈骗犯罪、侵犯知识产权犯罪、虚开增值税专用发票犯罪案件23件。2003年后，加强对假食品、假药品犯罪打击力度，并对那些针对投资者、企业家及其他生产经营者的绑架、敲诈、勒索、抢劫、哄抢等犯罪，依法予以从快从严惩处。2011年，成功审结某犯罪团伙生产、销售有毒、有害食品案，及时追回已流入市场的192只“瘦肉精”山羊。

2007 年 10 月，德州中院少年审判庭正式挂牌成立　　（郑春笋　摄）

1986—2011 年，共审结各类经济犯罪案件 3730 件，判处犯罪分子 4487 人。

三、审理未成年人犯罪案件

2007 年 10 月 19 日，市中级人民法院少年审判庭揭牌仪式举行。作为省院试点，该审判庭为独立建制的未成年人综合审判庭，具体负责审判涉及青少年刑事、民事、行政等案件。截至 2008 年年底，全市 11 个基层法院均设立少年审判庭，其中乐陵、禹城等 8 个基层法院成立独立建制的少年审判庭，临邑、齐河法院成立独立建制的少年刑事审判庭，宁津法院成立少年刑事案件合议庭。

按照“教育、感化、挽救”和将“未成年人利益最大化”理念，全市法院审理涉少刑事案件实行 5 个“三位一体”（以涉少刑事、民事和行政案件三位一体的少年综合审判模式；以诉前、诉中和诉后三位一体的惩教结合机制；以法制教育、咨询和辅导三位一体的预防体系；以家庭、学校和社会三位一体的维权体系；以人民陪审员、社会调查员、心理咨询师三位一体的社会参与司法体系）少年审判工作模式。此模式得到共青团中央、最高人民法院等有关部门的肯定，并在 2008 年 7 月召开的全国少年法庭工作座谈会上作了典型发言。2010 年 4 月 17 日，中国特色少年司法制度的探索与建构研讨会在德州召开；同时，全国首家预防青少年犯罪研究基地在德州中院挂牌。2011 年，进一步完善青少年犯罪“前科消灭”制度和专职社会调查员制度，推出社会监督员评议案件和司法服务回访制度，对 1440 件案件的 2558 名当事人进行回访，回访率 29%；322 名人民评审员参审案件 3791 件，参审率 53.2%。

2007—2011 年，全市共审理未成年人犯罪案件 399 人，其中免予刑事处罚 6 人，判处无期徒刑以上 4 人，5 年以上有期徒刑 79 人，5 年以下有期徒刑 97 人，缓刑 213 人。

1986—2011年德州市(地区)两级法院一审刑事案件情况表

表27－10

年份	收案（件）	结案（件）	判决		宣告无罪（人）	免予刑事（人）	给予刑事处分（人）				
			件	人			总计	无期徒刑以上	5年以上有期徒刑	5年以下有期徒刑	其他
1986	887	868									
1987	680	702									
1988	820	816									
1989	1003	1002									
1990	901	896									
1991	1140	1135									
1992	887	882									
1993	887	898									
1994	1260	1251	648	1022	9		1013	86	391	339	197
1995	1268	1235	711	1087	11		1076	68	420	310	278
1996	1440	1444	949	1510	3		1507	148	614	402	343
1997	1042	1030	648	965	4		961	78	305	242	336
1998	1212	1206	844	1108	7	106	995	61	212	320	402
1999	1279	1283	934	1269	24	77	1168	52	233	400	483
2000	1180	1202	922	1329	43	62	1224	74	290	413	447
2001	1160	1164	892	1261	12	77	1172	62	257	381	472
2002	1069	1060	699	1045	9	30	1006	67	271	288	380
2003	1261	1282	998	1558	2	81	1475	83	350	487	555
2004	1202	1217	996	1501	2	67	1432	88	295	445	604
2005	1310	1328	1146	1652	1	105	1546	78	261	422	785
2006	1268	1269	1104	1600	0	96	1504	77	305	407	715
2007	1271	1261	1182	1736	0	115	1621	68	314	417	822
2008	1214	1209	1129	1703	2	105	1596	45	299	386	866
2009	1268	1243	1176	1726	0	64	1662	35	349	501	777
2010	1160	1179	1157	1717	0	111	1606	55	315	427	809
2011	1146	1126	985	1409	0	53	1356	38	227	363	728

1998—2011 年德州市普通刑事罪犯年龄情况表

表 27－11

年份	判处犯罪人数	不满 18 岁的青少年		18～25 岁的青年	
		人数	占比(%)	人数	占比(%)
1998	1108	35	3.16	204	18.41
1999	1269	29	2.29	257	20.25
2000	1329	36	2.71	264	19.86
2001	1261	24	1.90	241	19.11
2002	1045	44	4.21	146	13.97
2003	1558	43	2.76	212	13.61
2004	1501	48	3.20	233	15.52
2005	1652	99	5.99	193	11.68
2006	1600	76	4.75	244	15.25
2007	1736	104	5.99	275	15.84
2008	1703	130	7.63	438	25.72
2009	1726	92	5.33	340	19.70
2010	1717	43	2.50	383	22.31
2011	1409	44	3.12	214	15.19

第二节　民商事审判

一、民事案件审理

1986 年，全区两级法院均设民事庭负责民事案件审理，当年共受理一审民事诉讼案件 8035 件，判决 7913 件。1987 年 1 月 1 日《中华人民共和国民法通则》颁布实施，民事审判工作得到加强。1988 年，全区乡镇和街道全部建成法庭并派出巡回法庭 714 次，主动配合有关部门深入农村和工商企业，指导基层调处各类纠纷。1989 年，推行以“公开审判”和“当事人举证、庭审调查及合议庭三为主”的审判方式，取得初步成效。至 1992 年年底，全区法院共受理一审民事案件 44604 件，审结 44485 件，其中婚姻家庭案件 20234 件，债务、房产分别为 13225 件和 852 件，土地、林木、水利等纠纷案件 3389 件。1994 年，民事审判本着“有告即理，依法收案”的原则，对各类民事案件做到快阅卷、快承办、快研究、快结案，全年共审结各类一审民事案件 11853 件，比上年增长 21.6%。1995 年，全市法院分别建立民事审判工作指导小组和中心人民法庭，加强对基层法庭民间纠纷调处的指导，全年受理各类一审民事案件 13664 件，审结 13734 件(含上年转来案件)。1997 年，依法及时妥善处理农民集团诉讼案

2009年6月，全省法院行政审判圆桌式庭审现场观摩会在齐河召开

（郑春笋　摄）

件，至1998年共审理此类案件570余件。1999年，加快审判方式改革步伐，凡依法应当开庭审判的案件均开庭审判。同年11月，市中院组织开展百案庭审观摩活动，邀请部分人大代表和政协委员参加旁听，并与德州电视台合办《法庭纪实》栏目。其中，中院审理的两起民事案件被中央电视台《今日说法》播出。2000年，对全市基层人民法庭进行整合，基层法庭由196处合并为54处。2002年，撤销经济庭、破产庭，并将商事纠纷案件纳入民事审判序列，形成大民事的新格局，进一步提高“判前评断”应用层次。2003年，针对法庭撤并调整后群众打官司不方便的实际情况，全市法院以43处中心法庭为中心，在107个乡镇建立便民诉讼站，在319个中心村设立便民诉讼点，并辅助以车载式流动审判庭，构成覆盖全市每个角落的便民诉讼网络。2004年3月，全市便民诉讼网络进入规范运作阶段，两级法院共成立45个“巡回审判合议庭”，全年审结权属、侵权、合同、婚姻家庭和继承等民商事一审案件16211件，二审案件1307件，其中调解结案10142件，调解率达到57.9%。同年5月，省法院在德州召开便民诉讼现场会，向全省推广这一经验。2007—2008年，全市法院共巡回办案6786人次，开展普法宣传154场次，接受群众法律咨询3860人次，巡回审判案件4720件，其中调解结案率为81%，案件上诉率、改判发回率分别下降13.4和7.8个百分点。通过延伸便民诉讼功能，全市民事案件呈现出“调解增多、判决减少；撤诉增多、上诉减少；自动履行增多、强制执行减少；案件数量增多、涉诉上访减少”的良性发展态势。2009年2月，德州中院印发《司法便民三十条》，对便民诉讼网络进一步完善。《人民法院报》在头版头条予以报道并加评论员文章。2010年，探索以“诉调对接”为主要内容的矛盾纠纷解决机制，中院出台《关于加强委托调解与委托协助调解的实施意见》和《关于推动建立多元纠纷解决机制的意见》，邀请人民调解员、便民诉讼站点联络员、基层组织负责人参与协助调解、委托调解，使司法审判与社会力量优势互补，形成合力，使法院的司法调解与人民调解、行政调解等各种调解组织形成良性互动，携手解决矛盾纠纷。是年，审理一审民事案件10809件，调解撤诉率达到73.63%，及时化解了社会矛盾，促进了案结事了人和。2011年，积极开展司法救助，对刑事被害人、特困申请执行人、信访老户救助达62万元，为127名困难当事人减缓免诉讼费49万余元。

二、商事案件审理

1986年起，两级法院通过经济审判，为经济建设和深化改革搞好服务。1988 年,派出巡回法庭 714 次,指导基层调处各类纠纷 3441 起,为 183 个工商企业单位收回外欠款 382.6 万元,为农村集体收回承包费 1006 万元。1989 年,开展经济纠纷专项治理,重点协助农业银行系统开展依法收贷工作,共为国家收回逾期陈贷 461.9 万元。1990 年,拓宽服务领域,开展超前服务和延伸服务,“三条战线”(为乡村集体理顺土地、果园承包法律关系,为城乡企业清理债权债务及“三角债”,为农行信用社清收逾期陈贷)同时作战。1992 年,依法开展清债、清欠、清贷、清税和执行会战等活动,共为全区地方经企单位清理各类债务逾万起,清债金额达 2.54 亿元,审结各类一审经济纠纷案件 9604 件,经济诉讼标的额首次突破亿元大关,创经济审判工作新纪录。

1993 年,正确处理民事审判与发展市场经济的关系,两级法院集中力量为金融系统集中清收逾期贷款 2460 万元;为 462 家企业清理拖欠款 1.78 亿元,为税务机关收回拖欠税款 873 万元;为 142 家企业举办法律讲座、培训班 68 场次;提出经济司法建议 857 条。《人民日报》、《法制日报》、山东电视台等媒体都专题报道德州法院通过经济审判活动促进经济建设发展的做法。1994 年,开展国有企业承包、租赁、转让、兼并中的纠纷治理工作,稳妥慎重地审理一部分企业破产案件,为一大批国有、集体和个体私营企业追回大量外欠资金,其中有 51 家频临倒闭的企业经法院为其追回巨额债款后得以起死回生。1996 年,密切联系全市改革开放和经济发展实际,为国有企业提供优质高效法律服务,对特困企业起诉的案件受理费、财产保全费、委托鉴定费及执行费等费用允许缓交、减交。是年,全市法院减缓受理费达 240 多万元;审结企业破产案件 25 件,破除债务 5 亿多元,涉案企业的职工基本得到安置。1997 年,围绕国有企业的改革发展,市中院出台《为国有大中型企业搞好法律服务的意见》。翌年,组建企业破产审判庭,重点审理企业破产案件,全市法院共受理破产案件 246 件,破除债务 27.8 亿元,受案和诉讼标的额均创全市法院开展破产案件审判后的最高纪录。2000 年,对涉及企业破产、改组、转让、借款、购销合同等纠纷案件,开辟审判绿色通道,促进国企改革顺利进行及国有资金流转。

2002 年,经济案件改称商事案件,全市法院全面加强商事审判工作,为经济发展创造良好的法治环境。2004 年,积极参与整顿规范市场经济秩序活动,切实审理好各类涉农案件,涉及国有企业改革以及涉及民营经济的案件。2011 年,选派 200 名优秀法官到重点企业上门服务,中院班子成员每人至少联系一家企业,推广平原县法院司法联络员协会的做法,深入 210 多家企业调研走访,向有关部门提出 21 条司法建议,为企业挽回经济损失达 2.94 亿元,为 230 多家企业改制、劳动用工、争取项目、签订合同等涉法工作提供法律帮助。2002—2011 年,全市法院共审结各类初审商事案件 71174 件。

三、知识产权案件审理

2003 年,市中院组建民事四庭,专门负责知识产权审判工作。2006 年后,通过司法程序,先后认定“古贝春”“亚太”“贝莱特”“永乐”“洛北春”为中国驰名商标,有效保护了企业的品牌。

2008 年,按照最高人民法院《民事案件案由规定》及其他司法文件规定,对知识产权案件的范围进一步进行明确、规范和拓展,将诉前临时措施、特许经营、特殊标志、网络域名、企业名称、知识产权代理、垄断等民事案件,明确纳入知识产权审判范围。至年底,受理包括商标、著作权、专利、不正当竞争、技术合同及其他知识产权纠纷在内的各类知识产权案件类型,已

基本涵盖所有知识产权领域。至2011年,全市共审理各类涉及知识产权案件325件。

四、涉军案件审理

2006—2011年,两级法院共受理涉军案件437件,其中涉及民商事案件283件。所审案件全部案结事了,维护了军人军属合法权益。2009年7月22日,中央政法委与解放军总政治部联合召开表彰大会,德州中院被表彰为全国维护国防利益和军人军属合法权益工作先进单位。

1986—2011年德州市(地区)两级法院一审民商事案件情况表

表27－12

年份	受理数(件)	审结数(件)						
		总计	调解结案	占比(%)	撤诉结案	占比(%)	判决结案	占比(%)
1986	8035	7913						
1987	7448	7408						
1988	6061	5926						
1989	7957	8028						
1990	6665	6738						
1991	13788	13699						
1992	21586	21462						
1993	19591	19541						
1994	23011	23087	16411	71.08			3027	13.11
1995	26644	26527	17155	64.67			3417	12.88
1996	25478	25662	16321	63.60			5181	20.19
1997	24686	24502	15821	64.57			5766	23.53
1998	24810	24891	14554	85.47	2848	11.44	5242	21.06
1999	20984	20425	11967	58.59	2498	12.23	5416	26.52
2000	19564	19939	10352	51.92	2578	12.93	6135	30.77
2001	19697	19715	9630	48.85	2655	13.47	6833	34.66
2002	17343	17753	7622	42.93	2856	16.09	6492	36.57
2003	17080	17213	6409	37.23	2486	14.44	7415	43.08
2004	16133	16211	8106	50.00	1915	11.81	5892	36.35
2005	16136	16027	7592	47.37	2327	14.52	5806	36.23
2006	15675	15799	8343	52.81	2286	14.47	4850	30.70

续表 27-12

年份	受理数（件）	审结数（件）						
		总计	调解结案	占比（%）	撤诉结案	占比（%）	判决结案	占比（%）
2007	15855	15691	7985	50.89	2467	15.72	4851	30.92
2008	19008	18471	8512	46.08	3410	18.46	6142	33.25
2009	20673	20970	10176	48.53	4777	22.78	5586	26.64
2010	20925	19810	10370	52.35	4217	21.29	4917	24.82
2011	23623	23095	11519	49.88	5380	23.30	5982	25.90

第三节　行政审判

1987年，地区中院和县级德州市及临邑县法院分别组建行政审判庭，开展行政审判试点工作。到1989年，全区基层法院均设立了行政审判庭。1990年10月1日《中华人民共和国行政诉讼法》颁布实施，行政审判工作得到加强。至1992年，全区累计受理一审行政诉讼案件394件，审结389件，其中维持行政机关决定的占47%，撤销行政机关决定的占7.7%，变更行政机关决定的占2.8%，撤诉的占37%，作其他处理的占5.4%。1993年10月，省高级人民法院在临邑县召开全省法院行政审判现场会议，推广临邑县人民法院经验。

1994年，按照“积极、大胆、放手审理”的方针，扩大收案范围，扭转“群众不敢告、政府不愿当被告、法院不愿受理”的被动局面，全年审结348件，比上年翻了一番还多。1995年，受理一审行政案件505件，审结497件，分别比上年增长45.53%和42.41%，其中审理治安行政类案件50件，土地类案件90件，城建类案件41件，环保类案件39件。1999年开始，全市法院对行政审判实行目标管理，受理行政案件数量连续上升，当年审结一审行政案件817件，较上年增长1.7倍；2000年首次突破千件大关，达到1081件，较上年增长32.3%，并呈现出平稳上升的势头，案件的质量和效率都有明显提高。2003年之后，全市法院围绕解决百姓告官难、行政机关当被告难、法院审理难的“三难”问题，进一步加大法律宣传力度，尤其对涉及村委会、劳动保障、农民负担、企业改制等方面的新型案件，通过依法审理和公正裁判，做好疏导和协调工作，化解行政争议，维护社会稳定。该年有6个基层法院收案超百件。2005年，改进行政审判抗干扰机制，对社会影响大、基层法院审理难度大的案件，由市中院直接立案审理，有效缓解了行政案件“告状难”的状况。

2007年7月12日，德州市人大常委会通过《关于加强人民法院行政审判工作的决议》。年内，结合贯彻最高人民法院《关于行政诉讼撤诉有关问题的规定》和《关于行政诉讼管辖有关问题的规定》，中院对矛盾较为突出的案件进行依法指定管辖，同时制定行政诉讼以和解方式结案的规范化程序和方式，全年协调和解结案率达62%。2008年，尝试在行政审判中运用圆桌模式开庭。2009年6月，省高院在齐河县法院召开现场观摩会推广德州的经验。

1987—2011 年,全市法院共审结各类一审行政案件 19051 件。

第四节 案件执行

1986 年,地区中院设执行庭受理属于法院管辖的执行案件。1992 年 5 月,全区开展“执行工作大会战”,执结各类执行案件 1718 件,执行标的额 1851.22 万元,一批长期悬而未结和异地执行案件得到清理。

1993 年,全区基层法院执行机构相继建立,执行力得到强化。1997 年,实行审执分立改革,进一步规范执行秩序。年内,为市供销社金纺羊绒制品有限公司从新疆执行回 161 万元;为德州市第二棉纺厂从长春执行回 230 万元。1998 年 9 月至年底,开展以集中清理执行积案为主要内容的执行会战,全市法院共执行积案 3436 件,占积案总数的 96.7%,执结标的额 1.97 亿元。1999 年,深入开展“执行年”活动,在清理执行积案、建立新的执行工作机制、改善执行环境方面取得新的进展。2000 年,清理诉讼执行积案 864 件,实现收结案的良性循环。

2001 年,探索执行听证、提级执行、挂牌督办、执行债权凭证制度的改革,防止超执限案件反弹,全年受理执行 6794 件,执结案件 6857 件,执结率为 100.9%。2002 年,全市两级法院均设立执行局,建立完善统一管理、统一指挥、统一协调“三统一”的执行工作新机制。2003 年,全面实施以执行裁决权与执行实施权相分立的改革和执行工作流程管理制度;同时主动加强与公安、检察机关的沟通,加大了对拒不执行生效裁判罪的处理力度,使抗法者受到法律追究。是年,全市两级法院共执结案件 6761 件,标的额 3.68 亿元。2004—2005 年,开展集中清理未结执行案件、清理执行款物、清理执行案卷的“三清理”活动,对暴力抗法、拒不履行执行义务以及抗拒、阻挠法院执行的行为,在依法处理时进行跟踪报道和公开曝光,营造执行工作舆论氛围。

2006 年,市十五届人大常委会 26 次会议审议通过《关于加强人民法院执行工作的决议》,促进了执行工作的全面开展。全年共执结各类案件 6064 件,标的 2.5 亿元,清理执行积案工作走在了全省同级法院的前列。2008 年,建立执行联动机制和与全国联网的执行案件信息管理系统,完善执行案件提级管理、易人易厅和易地执行等工作机制,对重点案件挂牌督办,适时开展集中执行会战,促进了整个执行工作的全面开展。全年共执结各类案件 5942 件,标的额 3.02 亿元,执案率高、存案少处于全省前列。11 月 28 日,市中院作为全省法院系统唯一代表在全省清理执行积案电视电话会上作了经验介绍。

2010 年,成立案件执行指挥中心,推行提级执行、交叉执行、易人易庭、当事人选法官为主要内容的执行激励工作机制,当年清理执行积案 15315 件,涉案金额 2.92 亿元,清积工作进入全省先进行列。2011 年,开展反规避执行专项行动和“无执行积案法院”创建活动,执结“钉子案”122 件;武城、庆云、宁津、陵县等 4 个法院荣获“无执行积案法院”殊荣。

1986—2011年德州市(地区)两级法院执行案件情况统计表

表27－13

年份	收案(件)	结案(件)	标的金额(万元)
1986—1992		1718	1851.20
1993	1523	1559	1569.82
1994	1824	1831	4029.81
1995	3724	3555	7671.93
1996	3751	3525	6923.46
1997	3447	3298	9606.52
1998	6453	6454	20222.68
1999	4771	4456	17360.16
2000	5929	6714	17392.30
2001	6794	6857	19359.45
2002	6060	6058	42673.50
2003	6846	6761	36843.55
2004	6379	6528	67556.39
2005	5549	5360	77046.09
2006	6147	6064	24963.90
2007	5995	6033	25135.05
2008	5848	5949	30153.23
2009	8933	8628	33764.98
2010	6405	6324	50389.08
2011	7329	7089	65632.09

第五节　审判监督

1989年，全区两级法院相继建立告诉申诉审判庭，专门负责处理人民群众来信来访和申诉案件。1993年，全年处理人民来信来访9734件(人)次，其中申诉1815件(人)次，告诉5561件(人)次，反映其他问题的2358件(人)次，审结各类申诉案件118件。1994年，以杜绝赴省进京或集体上访为重点，全区法院实行院长接访、分片负责、包案到人、限期处理的办法，强化告申工作。1995年起，实行立审分离、审执分离、原审与再审分开制度，规范立案工作，全年受理申诉案件138件，审结136件，其中改判22

件、维持原判29件。1996年，普遍推行院长接待日制度，全市共接待群众来访8433件，处理1998件。1998年，加强上级法院对下级法院的审判监督，建立和完善案件评查、错案追究、案件情况通报等制度，全年共审结刑事、民事、经济、行政二审案件1097件，其中改判和发回重申235件，占21.4%，审结申诉案件106件，改判和发回重申37件，占34.9%。

1999年，撤销告申庭，分别设立立案庭和审判监督庭，当年共处理人民来信7067件次，接待来访22927人次。2000年起，推行审判流程管理，案件从立案、开庭、结案、送达、归档全过程实行系统化管理机制。2001年，市中院成立督查室，具体负责对上级法院改判发还的案件、批示案件、当事人来信来访、院长交办的案件及反映出的问题等，及时进行审查。2004年，出台《关于完善审判监督机制，加强审判质量管理的意见》，定期开展案件质量评查，坚持对改判发还案件和批示交办案件进行逐件审查分析制度。全年召开各类审判实务会议12次，市中院答复基层法院适用法律的问题173件，发布规范性文件10余件。

2005年起，以实现“零错案、零投诉、零上访”为目标，建立以岗位目标考核为中心的管理机制。2006年，在实行院长预约接访和分管院长每周轮流接访的基础上，每月20日院长带领立案庭、信访办、审监庭、纪检组有关人员实行集中接访，解决了18件多年缠诉上访的老大难问题。2007年，新修定的《中华人民共和国民事诉讼法》发布，全市法院把司法为民、保障民生作为审判监督工作的出发点和落脚点，重点对涉及老人、妇女儿童及农民工、下岗职工等弱势群体，追索赡养费、抚养费、抚育费及劳动报酬、保险金等再审案件，在审判资源上予以倾斜。2008年，建立信访责任倒查、领导包案责任制、重点案件挂牌督办、涉诉信访情况月通报等制度，凡访必查、查必有果、取信于民。创立的排查、分流、听证、协调、终结“五步法”化解上访老户的经验做法得到省法院推广。2010年，把涉诉信访工作作为促进社会和谐稳定的重要任务来抓，坚持每月28日院长亲自接访，副院长每周轮流接访，党组成员定期下访等制度。2011年，强化立案信访窗口建设，建立涉诉信访信息化管理系统，信访工作步入全省先进行列。是年，全市共审结刑事、民事、经济、行政二审案件1674件，其中改判和发回重审212件，占12.66%，审结申诉案件23件。

1986—2011年德州市(地区)两级法院二审案件情况统计表

表27-14　　单位:件

年份	刑事		民事		行政	
	收案	结案	收案	结案	收案	结案
1986	92	91	215	220	—	—
1987	77	79	242	247	14	14
1988	66	66	276	266	12	11
1989	50	50	353	354	9	10
1990	43	43	366	375	8	8

续表 27－14

年份	刑事		民事		行政	
	收案	结案	收案	结案	收案	结案
1991	53	52	454	455	11	10
1992	46	47	489	489	18	19
1993	55	55	532	524	13	13
1994	49	46	658	650	23	23
1995	74	70	699	649	36	36
1996	45	52	787	852	34	34
1997	67	64	874	879	28	25
1998	66	68	1005	992	36	37
1999	78	74	1036	1058	20	16
2000	57	62	1045	1045	56	61
2001	81	77	1133	1132	56	55
2002	51	55	1206	1207	77	77
2003	72	72	1240	1235	55	56
2004	63	61	1303	1307	60	60
2005	56	53	1395	1184	39	39
2006	52	55	1385	1589	37	37
2007	48	50	1284	1281	63	60
2008	37	36	1315	1326	61	64
2009	37	38	1530	1509	48	48
2010	55	55	1426	1356	93	93
2011	60	58	1610	1480	136	136

附：案例选录

拐卖妇女案 王某明、杜某忠、田某忠、高某生等均为夏津县人。自1987年夏至1988年3月11日，冒充治安联防队员，以驮脚、查人贩子为名追赶、拦截公共汽车，将四川、山西、云南到夏津的受害人劫持到侯堤、宋楼路口等处，采用威胁、搜身、殴打等暴力手段抢劫13起（其中1起未遂），共抢劫现金6590元。自1986—1988年3月，王某明等人与四川、陕西、云南等地人贩子相勾结，以营利为目的，先后拐卖妇女47人，共得赃款81505元，其中王某明、杜某忠、田某忠、高某生在拐卖妇女过程中实施了强

奸。以上人员在1988年3月11日在夏津县宋楼乡实施抢劫后先后被公安机关抓获。德州地区中级人民法院审理认为,以上人员目无国法,伙同他人拦截公共汽车,抢劫他们钱财,已构成抢劫罪,应依法予以惩处;以营利为目的,勾结外地人贩子,大肆拐卖妇女,已构成拐卖人口罪;王某明、杜某忠、田某建、高某生等人道德败坏,在拐卖妇女过程中乘人之危,强奸妇女多人已构成强奸罪,依法判处王某明、杜某忠、田某忠、高某生死刑。

抢劫案 曹某歧、张某明、李某春3犯均系吉林省九台市人。1992年12月9日下午5时许,该3犯携带匕首在临邑县夏口镇窜上由济南开往德州的长途公共汽车。曹某歧首先挑起事端,用匕首捅伤乘客周某某的面部,3犯又对周进行殴打。其后,3犯又持匕首对乘客苗某等人进行威胁、殴打并抢劫现金1700元。抢劫中造成1人重伤,2人轻伤。曹某歧、张某明、李某春3犯公然在长途客车上持刀伤人,洗劫乘客财物,使乘客的生命财产受到严重威胁,其犯罪手段恶劣,社会危害极大,实属“车匪路霸”。3犯均被依法从重判处死刑,剥夺政治权力终身。经山东省高级人民法院核准,1993年8月12日在临邑县执行枪决。

雇佣杀人案 1998年5月11日晚8时许,德州市城市信用社副主任苗某某独自一人骑自行车回家,途经中原输气公司南侧菜市场胡同时,被一男子用铁棍击打头部数下,在送往医院途中死亡。经市区两级公安部门全力侦破,将犯罪嫌疑人侯某福和幕后主谋人夏某华抓获,但另两名主犯王某流、刘某臣潜逃。经审理,夏某华、侯某福分别以故意杀人罪被判处死刑,剥夺政治权力终身。公安部将王某流作为重要案犯向全国发出通缉令,并将王某流、刘某臣作为部级督捕对象,在全国范围内排查追捕。2000年2月11日晚市公安局专案组民警将刘某臣在武城抓获归案,同年2月22日18时,专案组民警将潜逃一年半之久的王某流抓获。2000年7月4日,德州中院对王某流一案进行公开审理,以故意杀人罪、虚开增值税发票罪、故意伤害罪判处王某流死刑,剥夺政治权力终身,并处没收财产人民币20万元,赃款10万元予以追缴,上交国库。刘某臣被判处有期徒刑12年。2000年12月22日,王某流在夏津县被执行枪决。

故意杀人案 苗某显,男,1963年4月18日出生于山东省临邑县,汉族,高中文化,农民。吴某昌,男,1970年6月17日出生于山东省临邑县,汉族,小学文化,个体经营户。2人均系“三班仆人派”成员。2003年3月29日下午,邹城市石墙镇邱庄村“东方闪电”成员邱某某到滕州市界河镇赵辛街村王某某(系“三班仆人派”成员)家传教,双方发生争执。苗某显、吴某昌2人得知此事后,遂赶到王某某家,将邱某某双手反绑,用毛巾、胶带封住邱的嘴、眼,拘禁在一地窖内。后苗、吴2人接到“上级”指示,驾车将邱某某拉至曲阜市孔孟新道廖河桥上,将被反绑双手、封住嘴眼的邱某某抛至桥下,致其机械性窒息死亡。2003年3月31日晚,苗、吴2人接到指示,误认为禹城市辛店镇郭店村村民王某某是“东方闪电”派成员,遂将王的口鼻用胶带缠住,装入编织袋中,拉到滨州市滨城区梁才乡韩墩干渠闫牛桥上扔到河中,致王溺水死亡。苗某显、吴某昌2人为发展所谓“三班仆人派”目的,竟受他人唆使,两次实施杀人行为,造成两人死亡,杀人情节特别恶劣,手段特别残忍。2005年9月28日,德州中院以故意杀人罪判处2人死刑立即执行,剥夺政治权力终身。

故意杀人案 孙某亭,平原县人。孙某亭于2001年与被害人杜某某相识,后一直保持不正当男女关系。自2003年起,孙某亭发现杜人员交往复杂，遂又与另一女子关系暧昧，便疏远了杜，杜便与孙某亭进行纠缠。2004年8月13日晚，孙某亭与杜见面后，因杜又对其进行纠缠，便产生杀死杜之恶念。当2人行至平原县邓庄村西北一棉花地旁时，趁杜不备，孙某亭猛掐其颈部，将其掐昏后拖至棉花地内，恐其不死，又猛掐其颈部，致杜洪玉窒息死亡。孙某亭身为公安干警人员，非但不模范遵纪守法，反与他人长期保持不正当两性关系，发生纠纷后行凶杀人，手段残忍，后果严重，社会影响极坏。2004年12月24日，依法判处孙某亭死刑立即执行，剥夺政治权力终身，赔偿附带民事诉讼原告人经济损失人民币69298.50元。

抢劫案 陈某，户籍所在地黑龙江省方正县，暂住河北省景县后留名府乡后留名府街。2001年曾因盗窃罪被黑龙江省方正县法院判处6年徒刑，2005年10月14日刑满释放。2006年10月25日至11月8日期间，被告人携带铁锤、斧子等作案工具，窜至河北省景县、衡水市、山东省德州市德城区、黑龙江省方正县、宾县、公主岭市等地，使用暴力手段，抢劫作案7起，导致3人死亡，4人重伤。被告人行为已构成抢劫罪，并构成累犯，2007年11月20日，经德州市中级人民法院审判，判处被告人陈某死刑，剥夺政治权力终身，并处没收个人全部财产。

第四章　司法行政

1980年10月，地、县两级司法局相继恢复重建后，国家赋予司法行政的职能不断增多，司法行政事业步入健康发展时期。

1986年，德州地区司法局辖13个县（市）司法局，共有司法干警538人。是年起，按照中共中央统一部署，在全区公民中实施普及法律常识的第一个五年计划。1998年成立德州市法律援助中心，开展法律援助工作，开通“148”法律服务咨询电话专线，成立刑释解教人员安置帮教工作协调小组。1999年，在陵县进行调解中心试点工作。翌年10月，司法部在德州召开全国乡镇司法调解中心建设现场会，陵县乡镇司法调解中心按照党委领导、多方参与、依法调处的原则和宜调则调、宜分则分的方法，化解矛盾的经验开始推向全国。2000年，推进公证机构体制改革，逐步建立自主开展业务、民主管理、独立承担法律责任和具有自律机制的公证机构。同年，推进符合条件的律师事务所脱钩改制，创建合作制和合伙制律师事务所。2003年，德州方正司法鉴定中心成立，为德州市首家司法鉴定机构。2009年10月，社区矫正工作正式启动。

第一节　普　法

1986—1990年，按照中共中央统一部署，在全区公民中实施普及法律常识（简称普法）的第一个五年计划。普及法律的内容是“十法一条例”，即《中华人民共和国宪法》《中华人民共和国刑法》《中华人民共和国刑事诉讼法》《中华人民共和国民法通则》《中华人民共和国民事诉讼法》《中华人民共和国婚姻法》《中华

人民共和国继承法》《中华人民共和国经济合同法》《中华人民共和国兵役法》《中华人民共和国民族区域自治法》和《中华人民共和国治安管理处罚条例》。地区及各县市均成立普法工作领导小组，并建立办事机构。普法对象是一切有接受教育能力的公民，按照先干部后群众、先城区后农村的原则，重点抓好干部和青少年的法律常识教育。5 年中，全区共举办各种不同层次的干部法律培训班 2000 余期，7.5 万名干部全部轮训一遍，350 万名普法对象参加普法学习。领导干部学法用法“中间（县级）开花、三头延伸（向上——地区、向下——乡镇、向左右——地直机关）”及“派农村普法宣传队的做法”，在全省、全国进行了推广。地区普法办公室被评为“全国普法先进集体”。

1991—1995 年，开展第二个五年普法教育。结合第一个五年依法治区规划，以各级领导干部、执法机关工作人员和青少年为普法重点，在坚持深入学习宣传“十法一条例”的同时，把各类专业法律、法规纳入普法内容，重点学习《中华人民共和国全国人民代表大会和地方各级人民代表大会选举法》《中华人民共和国行政诉讼法》《中华人民共和国国旗法》《中华人民共和国集会游行法》《中华人民共和国义务教育法》《中华人民共和国土地管理法》《中华人民共和国环境保护法》《中华人民共和国水法》《中华人民共和国森林法》《中华人民共和国矿产资源法》《中华人民共和国食品卫生法》《中华人民共和国文物保护法》《中华人民共和国军事设施保护法》《中华人民共和国残疾人权益保障法》《中华人民共和国未成年人保护法》以及山东省《未成年人保护条例》《计划生育条例》和全国人大常委会《关于加强社会治安综合治理的决定》。“二五”普法期间，全区各级共发放普法教材 60 多万套，举办各类普法培训班 1.2 万余期，培训各类普法骨干 98 万人次，有 1260 名县级干部、13150 名科级干部参加学法用法活动，1.5 万余名厂长、经理和经营人员参加经济法律法规系统学习，8700 多所学校开设法制课。

1996—2000 年，开展第三个五年普法宣传教育和依法治市第二个五年规划。把干部（特别是县处级以上领导干部和乡镇领导干部）、司法人员、行政执法人员、青少年和企业经营管理人员列为普法重点，主要学习《中华人民共和国宪法》《中华人民共和国刑法》《中华人民共和国刑事诉讼法》《中华人民共和国行政处罚法》《中华人民共和国国家赔偿法》《中华人民共和国农业法》《中华人民共和国公司法》《中华人民共和国反不正当竞争法》《中华人民共和国合同法》《中华人民共和国劳动法》《中华人民共和国消费者权益保护法》《中华人民共和国妇女权益保护法》《中华人民共和国香港特别行政区基本法》《中华人民共和国澳门特别行政区基本法》《中华人民共和国村民委员会组织法》《中华人民共和国消防法》《中华人民共和国工会法》《中华人民共和国老年人权益保障法》《中华人民共和国保守国家秘密法》《中华人民共和国审计法》《中华人民共和国行政复议法》《中华人民共和国预防未成年人犯罪法》和山东省《消防管理办法》。“三五”普法期间，全市征订普法教材 150 余万册，2746 所中小学校聘请了法制副校长和辅导员，在校生受教育面达到 100%，青少年违法犯罪率同比下降 30.4%；推行行政执法责任制和政务公开工程，各级执法部门将职责、任务在新闻媒体上公布，并作出承诺，公开接受社会各界监督；市人大常委会制定任前考法制度，提高领导干部法律意识和依法行政水平。

2001—2005 年，开展第四个五年普法宣传教育和依法治市第三个五年规划。普法对象为一切有教育能力的公民，重点是各级领导干部、司法人员、行政执法人员、青少年学生和企业生产经营管理人员，主要学习内容有：《中华人民共和国宪法》《中华人民共和国村民委员会组织法》《中华人民共和国行政复议法》《中华人民共和国婚姻法》《中华人民共和国教育法》《中华人民共和国合同法》《中华人民共和国产品质量法》《中华人民共和国土地管理法》《中华人民共和国预防未成年人犯罪法》《中华人民共和国刑法》以及与打击邪教、维护社会稳定等有关的法律法规。“四五”普法期间，全市中小学全部开设法制课，97%的学校配备法制副校长或辅导员；采用集中宣传、知识竞赛、报刊专栏、法律征文等多种形式开展机关干部法律普及宣传活动，组织全市1.6万余名科级以上干部参加普法考试；组织规模以上企业重点学习宣传《中华人民共和国合同法》《中华人民共和国公司法》等法律法规；采用设置宣传站、组织宣讲团、制作法制图版等群众喜闻乐见的形式开展大规模宣传活动，受教育群众达210万人次。

2006—2010年，开展第五个五年法制宣传教育和第四个依法治市五年规划。重点以领导干部、公务员、青少年学生、企业经营管理人员、农村“两委”成员和农民工为普法宣传教育对象，普法主要内容为：《中华人民共和国宪法》《中华人民共和国反分裂国家法》《中华人民共和国居民委员会组织法》《中华人民共和国公务员法》《中华人民共和国行政处罚法》《中华人民共和国国家赔偿法》《中华人民共和国治安管理处罚法》《中华人民共和国道路交通安全法》《中华人民共和国传染病防治法》《中华人民共和国药品管理法》《中华人民共和国房地产管理法》《中华人民共和国民法通则》《中华人民共和国合同法》《中华人民共和国继承法》《中华人民共和国预防未成年人犯罪法》《中华人民共和国农业法》《中华人民共和国土地管理法》《中华人民共和国气象法》《中华人民共和国妇女权益保护法》《中华人民共和国个人所得税法》《中华人民共和国刑法》《中华人民共和国刑事诉讼法》以及《艾滋病防治条例》《突发公共卫生事件应急条例》《物业管理条例》《城市房屋拆迁管理条例》《信访条例》等。以“法律五进”（法律进机关、进企业、进学校、进农村、进社区）为载体，组织宣讲团34个，开展大规模普法宣教活动71次，受教育群众达80余万人次；全面开展以整顿市场秩序、强化税收征管、打击制假售价、优化投资环境为重点的法制宣传教育活动，宣传市场经济法规59个；针对土地承包、征地拆迁、企业改制、民族宗教、三农问题，发放《维护稳定法律知识》读本55万余册；开展“民主法治村（社区）”创建活动，全市90%以上的农村、社区落实普法依法治理责任制，德城区七西村、陵县芦坊村先后荣获“全国民主法治示范村”荣誉称号；开展“依法治企”活动，全市2000余家企事业单位推行厂务公开、民主管理，95%的规模以上企业建立法律顾问制度；开展“关爱明天、普法先行”青少年普法教育系列活动，学校师生依法治校、安全防范意识普遍增强。

2011年始，开展第六个五年法制宣传教育和第五个依法治市五年规划。是年，深入开展“法律五进”活动，发放法律知识读本和普法资料54万余份。

第二节　公　证

1986年，全区13个县（市）均设有公证处，有公证员47人。至1992年年底，公证机关办理各类合同公证100余万件，其中围绕农业和农村工作开展的土地及果园承包合同、棉花生产销售合同、计划生育合同、老年人赡养协议及水利出工合同等大批量、大面积公证事项80余万件。1992年5月29日至6月1日，全国农村公证工作现场会在德州召开，推广德州公证工作服务"三农"经验。司法部部长蔡诚、副部长鲁坚，省委副书记高昌礼等中央及山东省有关单位负责人出席会议。

1992年10月，德州地区公证处成立，为德州地区首家地级公证处。1993年，各乡镇相继建立健全公证室，全区形成地、县、乡三级公证网络。1994年11月，德州地区公证员协会成立。1995年，德州地区公证处更名为德州市公证处。年内，在围绕为农业和农村服务的同时，加强企业公证工作，全市共办证7863件（不含批量公证），其中经济合同公证6090件，涉外公证277件，其他1496件，涉及标的额15亿元。1996年，首次开展交通事故、医疗费、养路费收缴协议、职工保守商业秘密等新的公证项目。全年共办理公证事项6211件，其中国内经济公证事项4883件，国内民事公证事项841件，涉外公证487件。1997年，围绕企业改制和发展民营经济，全市公证机关办理公证8371件（另外，办理批量公证5万多件），其中办理经济合同公证6367件，涉及金额3亿多元；其他公证2004件，制止不法经济活动34件。1998年，推广宁津县公证处与律师事务所、法律服务所联合开展法律服务的做法，进一步开辟了证源，弥补了经济欠发达地区证源不足的问题。至1999年，全市公证机关新开辟婚前财产公证、企业财产租赁公证、电视现场公证、义务教育合同公证、植树固堤合同公证等20多项。是年，全市公证机关共办理公证事项20335件，同比增长106.9%。其中，经济类公证6392件，为当事人挽回经济损失3100万元；办理涉外公证1030件，同比增长54.7%。

2000年，推进公证机构向市场过渡，逐步建立自主开展业务、民主管理、独立承担法律责任和具有自律机制的公证机构。2002年，全市公证处普遍实行竞争上岗、双向选择，激发了公证活力。2004年，制定完善公证质量保证制度，推行公证质检员制度。2005年，推广使用"天正公证信息管理系统软件"，实现公证质量网络化管理。2007年7月1日，德州市公证处更名为山东省德州市鲁北公证处，德州市第二公证处更名为山东省德州市众信公证处，两处均以德城区行政区划为执业区域。

2009年，市公证员协会组织全市12家公证处签订非竞争协议，开展公证质量调卷检查活动，避免不正当竞争，维护公证秩序。2010年，市公证员协会与德州银行签署《合作协议》，运用公证手段为信贷安全提供法律保障，引导公证机构为全市产业升级和经济转型提供优质服务。2011年，加强公证质量监管体系建设，完善公证复查制度，组织开展"零错证、零投诉、零上访"竞赛活动，从源头上减少错证，杜绝假证。截至2011年年底，全市有市属公证处2处（德州市鲁北公证处、德州市众信公证处），县属公证处10处；有公证员51人，其中一级公证员1人、2级公证员4人、3级公证员20人。全年共办理学历、经历、技术证书、涉外股权转让、劳务输出营业执照等涉外公证事项2.7万余件。

1986—2011 年德州市(地区)公证业务统计表

表 27 - 15　　单位:件

年份	民事公证	经济公证	涉外、涉港澳台公证	年份	民事公证	经济公证	涉外、涉港澳台公证
1986			—	1999		6392	1030
1987			—	2000	4086	5596	1245
1988			—	2001	4178	10639	2178
1989			—	2002	3316	13730	2000
1990			—	2003	4764	14289	3458
1991			—	2004	5863	15636	3726
1992			141	2005	6326	15042	4057
1993	4707	6506	167	2006	5018	14533	4324
1994				2007	4952	14374	3644
1995	1496	6090	277	2008	5528	12218	4363
1996				2009	6472	12632	3519
1997	1481		517	2010	6327	12013	4419
1998	2739	6425	666	2011	6318	13617	4667

注:此表不包含批量公证数

第三节　律　师

1986 年,全区共有法律顾问处 14 个,其中地级 1 个、县级 13 个,共有执业律师 105 人。1991 年,全区“法律顾问处”全部改为“律师事务所”。至 1992 年,共为 218 家政府部门和 594 家企业担任常年法律顾问,为聘请单位办理经济事务 1 万余件,索回欠款 5000 多万元;承办婚姻、家庭、宅基、财产、赡养、继承等各类民事案件 2852 件,承办刑事案件 2766 件,承办各类非诉讼事件代理 2200 余件,解答法律咨询 114367 件,代写法律文书 9678 件,接待群众来信来访 4 万人次。

1993 年,改革国家包办律师事务的状况,成立合作制律师事务所 2 处(实行独立核算、自负盈亏,人员不占国家编制)。是年,首次进行全区律师专业职务评聘工作,共评聘二级律师 3 人,三级律师 4 人,四级律师 18 人,律师助理 3 人。1994 年 11 月 30 日,德州地区第一次律师代表大会召开,选举产生德州地区律师协会第一届理事会。至 1995 年,全市律师事务所发展到 29 家,各类执业律师 252 人;受聘 732 家政府和企事业单位担任常年法律顾问,全年办理各类法律服务事项 45027 件,同比增长 9.8%。

1996 年 5 月,《中华人民共和国律师法》颁布,律师工作步入法制化轨道。1997 年,在全

市开展争创文明律师事务所活动，推行法律服务承诺制度，规范律师执业人员的行为。1998年，全市40多名律师成立法律顾问团，积极参与国有企业改制工作，全年举办企业改制法律培训班120多期，为各级党委、政府提出法律建议1000多条，起草修订各类规范性文件300余份，办理企业拍卖、租赁、联合、兼并等法律服务事项1000多件。同年，有1600余户农民和个体工商户聘请私人律师。中央电视台曾专题报道德州市农民和个体工商户聘请私人律师现象。

2000年，推进符合条件的律师事务所脱钩改制，创建合作制和合伙制律师事务所。2003年4月29日，为规范法律服务市场，展示律师良好形象，增强律师的使命感和神圣感，市律师协会组织全市180多名律师着律师袍面对全国律师协会会徽进行宣誓。2004年，推行错案责任追究制、法律服务人员诚信档案制，规范律师执业行为。2007年，贯彻《法官与律师在诉讼活动中双向监督暂行办法》，向社会公布举报电话、建立举报箱，建立健全社会监督及信息反馈制度，促进诉讼活动规范开展。

2008年6月，贯彻新修订的《中华人民共和国律师法》，全市7家合作制律师事务所变更为合伙制律师事务所。2009年4月3日，德州众成仁和律师事务所与山东鲁旺集团联合成立德州市知识产权服务中心，成为德州市第一家服务知识产权的专业中心。同年5月19日，成立德州市台胞台企法律服务中心，面向广大台企、台胞提供法律服务。2010年11月22日，德州市律师协会官方网站正式开通。是年，德州市有7名律师被选为“黄河三角洲高效生态经济区律师服务团”和“半岛蓝色经济区律师服务团”成员。

至2011年年底，全市律师事务所发展到44个，其中国资所11个，合伙所21个，个人所12个；共有律师工作人员561人，其中专职律师453人。

1986—2011年德州市（地区）律师机构、人员情况表

表27－16

年份	律师事务所（个）					律师工作人员（人）				
	合计	国资	合作	合伙	个体	合计	专职	兼职	特邀	辅助人员
1986	13		—	—	—	109	54	39	6	10
1987	13		—	—	—	117	64	36	7	10
1988	13		—	—	—	119	63	40	4	12
1989	13		—	—	—	137	77	51	—	9
1990	11		—	—	—	124	76	35	—	13
1991	16	12	—	4	—	64	49	7	8	—
1992	15	12	—	3	—	137	69	14	6	48
1993	16	13	2	1	—	145	65	14	7	59
1994	24	18	6	—	—	245	65	57	34	89
1995	39	23	5	11	—	269	104	50	26	89

续表 27－16

年份	律师事务所(个)					律师工作人员(人)				
	合计	国资	合作	合伙	个体	合计	专职	兼职	特邀	辅助人员
1996	38	25	5	8	—	215	117	52	20	126
1997	28	25	3	—	—					
1998	25	22	3	—	—					
1999	25	22	3	—	—					
2000	26	22	3	1	—					
2001	26	12	7	7	—	210	180	—	—	30
2002	27	12	7	8	—	235	205	—	—	30
2003	27	12	7	8	—	271	216	—	—	55
2004	27	11	7	9	—	240	284	—	—	44
2005	27	11	7	9	—	252	294	—	—	42
2006	27	11	—	16	—	291	251	—	—	40
2007	27	11	—	16	—	293	263	—	—	30
2008	28	11	—	17	—	308	273	—	—	35
2009	35	11	—	18	6	360	319	—	—	41
2010	41	11	—	21	9	514	394	—	—	120
2011	44	11	—	21	12	561	453	—	—	108

第四节　基层司法行政

一、司法所

20世纪80年代初期，在乡镇创建以司法助理员为骨干的法律服务站。至1986年，全区共建基层法律服务站98个，工作人员246人，其中司法助理员98人。1989年，依托乡镇法律服务站，在齐河县马集乡建成全区首个乡镇司法所。乡镇司法所既管理基层司法行政工作，又开展有偿法律服务；司法助理员既是司法所所长，又是法律服务站主任。到1996年，全区在乡镇法律服务站的基础上，建立乡镇司法所198个，工作人员372人。

2004年，市委、市政府下发《关于进一步加强乡镇(街道)司法所建设的意见》，对司法所编制、级别、经费、人员、管理、领导等方面作出明确规定。2006年，以乡镇人员调整、司法所长配备为契机，加大对司法所人员的教育培训力度以及司法所硬件建设。2007年，在禹城市召开加强基层司法所建设、提高社会矛盾纠纷化解能力现场会，有针对性地总结工作、查找问题、制定对策。2010年，市司法局与市编办联合下发《关于进一步理顺全市司法所管理体制的通知》，构建以县(市、区)司法局为主的司法管理体制。2011年，开展规范化司法所创建活

动，着力完善组织机构、人员队伍、运行机制和规章制度。至2011年年底，全市132个乡镇（街道）司法所全部立户列编，每所3~5人。

二、人民调解

1986年，全市共有基层调解委员会8778个，调解员25762人。1986年后，人民调解工作坚持“调防结合，以防为主的方针”，以防止民间纠纷激化为重点，认真探索民间纠纷的规律、特点和对策。到1992年，覆盖全区城乡基层、具有“参谋、管理、宣传、服务、预防”5种职能的司法助理员、法律服务站、乡（镇、街道）司法所、人民调解委员会、纠纷信息员、法制宣传员6支队伍，成为乡村两级法制建设、法律服务、综合治理、维护社会安定的重要力量，共调解民事纠纷149362件，调解成功率达到92%，防止可能发生的非正常死亡1382件2978人，防止“民转刑”案件571件980人。

1993年，突出调解组织整训工作，全区普遍建立起乡镇有调解领导小组、管区设调解网（片）长，村（居）有调解委员会，村（居）民小组设调解员或纠纷信息员的四级调解网络。1995年，开展“双基建设年”活动，利用冬春农闲季节对3791个基层调解委员会进行整训，占总数的42.6%。到1996年年底，全市一类调委会达5000个，二类调委会达3267个。1997年，推广夏津镇司法所在全镇调解组织中实施的“五心”（人民调解员对调解工作要热心，调解纠纷要处于公心，对当事人要耐心，了解情况要细心，对有困难的人要关心）、“四抓”（抓好普法教育，提高公民遵纪守法自觉性；抓好防激化，把问题解决在初发阶段；抓好矛盾焦点，防止事态扩大；掌握好基层民间纠纷发生的规律，争取工作主动性）、“三早”（早发现、早调查、早解决）、“两为止”（直到纠纷解决为止，直到双方当事人和好为止）工程。年内，全市民调人员共受理民间纠纷19620起，调处18554起，调解成功率达94.5%，避免非正常死亡59起88人，防止民转刑162件271人。1998年10月，齐河县司法局副局长兼马集乡司法所长李开运被人事部授予“全国人民满意的公务员”称号。

1999年，在陵县进行建立乡镇司法调解中心试点工作。调解中心以司法所为主体，吸收派出所、计生、土管、经管、法庭、民政、财政所、律师等参加，中心主任由乡镇分管政法的副书记兼任，司法所所长任常务副主任。调解中心按照党委领导、多方参与、依法调处的原则和宜调则调、宜分则分的方法，化解矛盾，宣传法制，取得了良好的效果。一年时间共调处农村财务、计划生育、宅基地规划、统筹提留及婚姻、赡养等各种疑难矛盾纠纷527起，解决了多年的陈欠问题，防止“民转刑”案件109起384人，防止到县以上上访63起，信访量同比下降40%以上。到2000年6月底，全市125个乡镇（街道）全部建立了司法调解中心。同年10月28—29日，司法部在德州召开全国乡镇司法调解中心建设现场会，总结推广陵县乡镇司法所调解中心建设经验，陵县经验开始推向全国。2001年，全市司法行政机关推进司法调解中心建设向城镇社区、农村、新兴经济组织“三个延伸”。至2002年，全市88%的司法调解中心建立了规范的调解庭，并建立健全了调解规章、档案管理、信息报送、情况分析报告等11项管理制度；全市基层调解组织达8764个，应建率达99%，其中一类调委会4979个，二类调委会3197个，三类调委会588个，分别占总数的57%、36%、7%。

2003年11月，市委、市政府批转《关于进一步加强新形势下人民调解工作的意见》，全市本着“由上及下，先建设再规范”的原则，在乡镇建立健全人民调解委员会；突出抓好队伍、硬件、规范化、法制化四项建设，全市乡镇司法调解中心基本实现了“六有”（有调解庭、有调委会印章、有调委会牌子、有调解档案柜、有调解、回访等记录簿、有统计台账)、“四规范”(规范组成人员、规范工作制度、规范调解程序、规范调解文书)。2004 年,本着“抓创新促发展,抓完善促提高”的原则,在乡镇建立流动调解厅,采取定期轮回到农村现场办公、就地解决问题的方式,变坐堂等案为主动上门服务;同时针对农村基层中存在复杂的矛盾纠纷难以化解的问题,在司法调解工作中引入代理制,让当事人明事理、懂政策、晓法律的亲朋好友以代理人身份参与调解过程,促进了矛盾纠纷的合理解决。同年 7 月,宁津县保店镇红庙李村被司法部授予“全国民主法制示范村”称号。到 2007 年,全市矛盾调解成功率达 97%,基本达到一般矛盾不出乡、小矛盾不出村的要求。

2008 年始,村(居)每周、乡镇(街道)每半月、县(市、区)每月进行一次矛盾纠纷排查,做到县不漏乡、乡不漏村、村不漏户。2009 年,建立人民调解联席会议制度,通过与法院、土地、城建、公安等部门的密切配合,构建矛盾纠纷“大调解”工作格局。2010 年 10 月,市司法局在武城县召开全市人民调解现场会,推进人民调解与司法调解、行政调解有机结合的大调解格局。2011 年,建立 6 项人民调解工作机制,创新“五会”人民调解工作法,推动人民调解工作的标准化、程序化和规范化;开展“争创人民调解能手”活动,组织广大调解员深入到村组、社区、企事业单位,深入到困难人群多、纠纷问题多、工作难度大的地方,围绕涉法涉诉、土地征用、房屋拆迁、社会保障等矛盾纠纷开展大排查、大调处活动,全年调处较大复杂矛盾 1.7 万余起。截至 2011 年年底,全市共有基层人民调解组织 3643 个,其中村(居)调委会 3339 个,社区调委会 120 个,行业性、专业性及企业调委会 184 个;人民调解员 15850 人。

1986—2011 年,共调解各类纠纷 35.8 万余件,调解成功率始终保持在 95% 以上,其中婚姻家庭、赡养、扶(抚)养、宅基、邻里、债务纠纷占 64%;防止因民事纠纷引起的自杀死亡 2960 起 3880 人,防止“民转刑”案件 6640 起 10440 人。

三、法律服务

1986 年,全区法律服务站与司法所一个机构、两个牌子,主要职责是调解民间纠纷,提供法律服务。1993 年 7 月,对乡镇法律服务机构进行改革,全区乡镇法律服务站更名为“法律服务所”,并推行所长聘任制、工作人员招聘制、工作目标责任制、效益浮动工资制、财务独立核算制和聘员社会保险制。1994 年 10 月,德州地区首家个体法律服务所——洪河法律服务所成立。至 1997 年,全市基层法律服务所达 228 个,基层法律服务工作者达到 999 人;为企事业单位和个人担任常年法律顾问 5121 家,全年办理法律服务事项 76329 件。

1998 年,适应民营经济发展的需要,采取“四放开”(发展机构、队伍、管理模式、发展模式)政策,全市新建法律服务所 23 个;通过考试、考核,吸收轮岗人员、下岗职工、待业法律大中专毕业生 226 人充实到基层法律服务所。2000 年 7 月,首次组织全市法律服务工作者考试和考核工作,共有 395 人获得省司法厅授予的基层法律服务工作者资格。2001 年 4 月,全市基层法律服务所全部转制为合伙制法律服务所,在人员、财务、业务与所挂靠的乡镇政府、街道办事处司法行政机关脱钩。2002 年,全市基层法律服务改革全面深入,严格市场准入,凡达不到条件的法律服务所和法律服务人员一律不准注册。2006 年,围绕社会主义新农村建设,市司法局组织 67 名精通法律、熟悉基层的律师、公证员、基层法律工作者,组成新农村建设法律服务团,通过开办法律培训班,讲解与农民生产生活关系密切的法律知识,担任基层乡村法律顾问，修改村民自治章程457个。

2007年，出台《关于进一步加强法律服务队伍管理的实施意见》，全市以法律服务机构年检注册为契机，加强监督检查，对达不到要求的不予注册。2008年12月，整合法律服务资源，推进司法所与法律服务所合署办公。截至2011年年底，全市共有基层法律服务所53个，执业法律服务工作者213人；基层法律服务人员担任法律顾问1257家，代理民事诉讼19343件，调解经济纠纷21939件，协办公证2831件，避免和挽回经济损失1.3亿元。

四、刑释解教人员安置帮教

1998年11月，德州市社会治安综合治理委员会成立刑释解教人员安置帮教工作协调小组，之后各县（市、区）综治委也都成立相应机构。2003年，对2002年后的772名刑满释放人员、81名解除劳教人员进行排查，对有重新违法犯罪倾向的人员实行重点帮教。2004年4月15日，市综治委、市司法局、市公安局、市劳动和社会保障局、市民政局、市财政局、市国税局、市工商局8部门联合转发中央8部门《关于进一步做好刑满释放、解除劳教人员促进就业和社会保障工作的意见》，重点加强对刑满释放、解除劳教人员出狱（所）后直接流散社会、不落户或人户分离以及“三假”（假姓名、假身份、假地址）人员的查找，落实帮教措施，强化动态管理，防止脱管漏管。2006年，市司法局下发《关于建立刑释解教人员危险系数评估体系意见》的通知，进一步落实安置帮教工作协调小组成员单位联席会议和重大问题协调制度，最大限度地预防和减少重新违法犯罪。2007年，统一启用刑释解教人员调查摸底专用软件，对2004—2006年的3252名刑释解教人员进行调查摸底，对2758名刑释解教人员登记造册。

1998—2011年，全市共接收刑满释放人员5441人，解除劳动教养人员3134人，安置率达到93.9%，重新犯罪率为2.3%。

五、社区矫正

2009年10月，中共德州市委成立由法院、检察院、公安局、司法局、劳动保障局、民政局、财政局、编委、工会、共青团、妇联等部门参加的社区矫正工作领导小组，正式启动社区矫正工作。领导小组办公室设在市司法局，各县、乡成立相应领导工作机构，形成由党委统一领导、司法局组织实施、相关部门协作配合、全社会广泛参与的工作格局。

社区矫正机构对矫正对象实行“四包”（即包管、包教、包扶、包人）、“四定”（定期组织谈话、定期听取思想汇报、定量公益劳动、定工作标准）。2011年5月，市司法局与德州电信公司合作建成社区矫正监管系统，通过手机定位技术，实现对矫正对象的位置监管和信息化管理。至年底，已在德城、禹城、武城、宁津4个县（市、区）127名社区服刑人员中进行试点，未发生脱管、漏管现象。

第五节　法律援助

一、法律援助

1998年8月24日，德州市法律援助中心成立。随后，各县（市）也相继成立相应机构，开展法律援助工作。2000年，全市法律援助机构共办案1800多件，减免各类法律服务费用90万余元，其中市法律援助中心办案件数180多起，减免各类法律服务费用25万余元。2001年，德州市法律援助中心积极为在押犯提供法律援助的做法，引起中央新闻媒体的关注，中央电视台《今日说法》栏目连续3天进行报道。

2002年，市法律援助中心在德州学院政治系设立法律援助志愿者工作站。同年10月，联合德州电视台制作并播出《法律援助在德州》

专题片，扩大法律援助影响力。2003 年，市法律援助中心把为“三农”提供法律援助工作确定为工作重点，实行绿色通道制度，当年办理涉农案件 320 件。2005 年，市司法局与财政局联合出台《法律援助办案补贴经费管理办法》，为促进法律援助工作开展提供经济支持。2006 年，针对农民工维权，建立市、县两级法律援助机构业务联动机制，凡是农民工申请法律援助的，简化程序，放宽条件，对涉及追索工资、工伤赔偿、劳动合同补偿案件，以及工会、妇联、残联、老龄委等移交的弱势群体维权案件，均不再审查申请人的经济困难标准，直接予以援助。全年办理法律援助案件 1597 件，为贫者、弱者、残者免除法律服务费 342.7 万元。2008 年，市、县两级法律援助机构积极为下岗职工、妇女儿童、残疾人等弱势群体和经济困难的群众提供法律帮助，全年办理援助案件 2156 件，减免收费 481.5 万元。2009 年，开展“法律援助便民服务年”主题实践活动，畅通申请渠道，在网络媒体上公布法律援助热线值班电话，使法律援助便民措施落实到实处。全年办理法律援助案件 2691 件，维护了弱势群体的合法权益。

2010 年，依托基层司法所，在乡镇设立法律援助工作站，在村（居）设立法律援助联络点，将县（市、区）法律援助中心的部分职能下放到基层法律援助工作站和联络点，构建市、县、乡、村 4 级法律援助网络，有效维护弱势群体的合法权益。2011 年 6 月，在全市组织开展以“建设幸福德州，法律援助服务民生”为主题的大型宣传活动，围绕乡村社区居民、在校师生、企业员工等重点人群，老、弱、妇、残等社会弱势群体，发放法律援助绿卡、法律援助便民服务手册，现场解答群众咨询，营造法律援助维护公平正义、服务保障民生、促进和谐稳定的良好氛围。全年办理案件 2658 件，其中代理刑事辩护 131 件，代理民事诉讼 2477 件，代理行政诉讼 18 件，公证 32 件，代书 1358 件，义务咨询 6000 人次，挽回、避免经济损失 7300 万元，免收法律服务费 758 万元。

截至 2011 年年底，全市法律援助机构 12 个。其中，市级法律援助机构 1 个，工作人员 8 人，专业律师 5 人；县级法律援助机构 11 个，工作人员 18 人，法律援助志愿者 20 人，专业援助律师 15 人。

1999—2011 年德州市法律援助业务统计表

表 27－17

年份	刑事辩护代理（件）	民事诉讼代理（件）	行政诉讼代理（件）	公证（件）	代书（件）	义务咨询（人次）	挽回、避免经济损失（万元）	减免代理费（万元）
1999	12	96	0	0	120	700	360	78.2
2000	23	150	0	0	236	1400	420	90.0
2001	36	320	0	0	300	2000	1000	160.0
2002	51	400	2	0	360	2600	1300	210.8
2003	63	520	0	0	410	3000	2100	278.0
2004	65	620	0	0	500	3600	2700	297.0

续表 27－17

年份	刑事辩护代理（件）	民事诉讼代理（件）	行政诉讼代理（件）	公证（件）	代书（件）	义务咨询（人次）	挽回、避免经济损失（万元）	减免代理费（万元）
2005	78	700	0	0	570	3900	3200	315.0
2006	80	897	0	0	620	4100	3600	342.7
2007	89	907	2	0	720	5000	4000	437.7
2008	96	1150	0	0	910	5200	5000	481.5
2009	102	1489	0	0	1100	5500	5500	538.0
2010	119	1968	13	0	1200	5600	6200	670.0
2011	131	2477	18	32	1358	6000	7300	758.0

二、“148”服务

1998年9月18日，按照司法部统一部署，市、县两级全部开通“148”法律服务咨询电话专线。1999年3月，成立德州市“148”协调指挥中心，当年接受咨询电话1.9万多个，接待来访4129人次，提供上门服务、解决纠纷1970件，移送有关部门处理2668件，防止民转刑案件286件，减少上访471人次，为当事人避免和挽回经济损失900多万元。至2011年，“148”专线共接到咨询电话53043个，当场解答52300人，移交有关部门处理6042件，提供上门服务3213次。通过“148”工作，减少纠纷13676件，减少信访8211件，避免和挽回经济损失6170万元。

第六节　司法鉴定

2003年12月2日，德州市方正司法技术鉴定中心成立，填补了全市面向社会司法鉴定机构的空白。2005年，依据全国人大常委会《关于司法鉴定管理问题的决定》，全市新成立司法鉴定机构6个。

2007年，全市司法鉴定机构共办理各类司法鉴定1791件。2008年，开展“司法鉴定质量年”活动，鉴定结论采用率达95%以上。2009年，市司法局组织司法鉴定机构认证认可试点和能力验证工作，并制定《关于进一步规范司法鉴定文书及司法鉴定档案的规定》，统一规范鉴定文书和档案格式。为切实履行好对司法鉴定活动的监督管理职责，制定《关于进一步维护鉴定秩序，确保鉴定质量的若干规定》，对鉴定辅助人员参加鉴定活动、二次鉴定检查、鉴定人执业、敏感事件鉴定作出明确规定。2010年，组织全市符合要求的7个鉴定机构参加司法部司法鉴定科学技术研究所开展的能力测评及能力验证现场集中测评活动，全部通过能力验证。全市鉴定质量居全省前列。同年11月7日，市恒信法医司法鉴定中心通过省资质认定评审组现场评审，成为市首家省级资质认定现场评审的司法鉴定机构。截至2011年年底，全市共有司法鉴定机构13个，其中医学类（法医临床鉴定）11个，交通事故类鉴定1个，建筑工程鉴定1个；共有人员108人。

2003—2011年，全市司法鉴定机构累计办理司法鉴定业务13590件，鉴定结论采信率在97%以上。

2006—2011 年德州市司法鉴定机构业务统计表

表 27－18

年份	2006	2007	2008	2009	2010	2011
鉴案量(件)	892.00	1219.00	2162.00	2469.00	3390.00	3458.00
收费(万元)	62.44	85.33	90.67	81.14	175.36	252.05

第七节　监狱管理

一、山东省德州监狱

位于德州市解放北路与天衢路交会地段，建于 1948 年，始为渤海军区沧南专署公安局劳动教养所。1950 年迁往德州更名为德州专区公安处劳改大队。1973 年更名为山东省德州劳动改造管教支队，隶属于山东省监狱管理局。1994 年 5 月定名为山东省德州监狱。主要关押对象为德州市所属县市刑期 7 年以上及德城区全部已经审判的男犯，是鲁西北地区重要的高度戒备监狱之一。2011 年，监狱下设 27 个监区（科室）；共有干警、职工 501 人，其中干警 354 人、职工 147 人。

德州监狱（劳改支队）建立后，贯彻执行“改造第一、生产第二”的劳改工作方针，不断加强对在押犯人的教育改造。2010 年后，以“争当全省监狱系统先进单位”为目标，着力推进平安、文明、品牌、和谐“四型”监狱建设，连续实现近 22 个监管安全年和第 27 个安全生产年，被司法部记集体一等功一次，先后被评为“全国监狱劳教工作先进集体”“平安山东建设先进基层单位”“2011 年度省级文明单位”和“全省监狱劳教系统规范化管理年活动先进单位”。

二、山东省齐州监狱

位于齐河县和济阳县交界处，2011 年 5 月前属于驻德州单位。其前身为 1961 年建立的地方国营六一农场，1967 年改为山东省革命委员会齐河五七干校，1970 年改为山东省生产建设兵团二师九团，1975 年恢复山东省六一农场建制。1994 年改为山东省齐州监狱，隶属于山东省监狱管理局。2011 年 5 月，注册地由德州变更至济南。至 2011 年年底，监狱辖区总面积 853 公顷，下设 9 个监区、15 个科室。

第八节　仲　裁

1996 年 12 月，建立德州仲裁委员会秘书处，为正县级事业单位，编制 10 人，暂由市政府办公室代管。1997 年 8 月成立德州仲裁委员会。2011 年 5 月，德州仲裁委员会秘书处更名为德州仲裁委员会办公室，下设受理科、仲裁科和综合科。

德州仲裁委员会根据中国法律对国内各类民、商事纠纷进行仲裁；亦可根据中国法律、中国参加的国家条约、国际公约以及参加的国家惯例裁决各种涉外民事、商事争议。1997 年 9 月 8 日，仲裁庭受理德州市第四建筑工程公司与德州果品盐业采购供应站建筑工程欠款纠纷案，根据查明的事实和有关法律规定于 1998 年 7 月 20 日作出终局裁决。这是仲裁委成立以后办理的第一例仲裁案件。当年，共受理各类仲裁案件 6 件，涉及标的额 129 万元，审结 3 件。2000 年，加大《中华人民共和国仲裁法》《中华人民共和国合同法》宣传力度，依法及时审理仲裁案件 13 起，涉案标的额近 300 万元，

审结 11 起。至 2011 年年底，德州仲裁建立 20 多家办事处和联络处，有仲裁员 200 名，为企业（单位）担任法律顾问 500 多家；全年审理仲裁案件 65 起，涉案标的额近 10789 万元，审结 47 起。

1997—2011 年，共受理各类仲裁案件 3177 件，涉及标的额近 20 亿元。其中以建筑纠纷、房产纠纷、保险纠纷为主，调解结案率 60% 以上。

德州市志

（1986—2011）

上册

德州市地方史志编纂委员会　编

方志出版社
Publishing House of Local Records

图书在版编目（CIP）数据

德州市志. 1986-2011 / 德州市地方史志编纂委员会编. -- 北京 : 方志出版社, 2018.11
ISBN 978-7-5144-3415-6

Ⅰ. ①德… Ⅱ. ①德… Ⅲ. ①德州－地方志－1986-2011 Ⅳ. ①K295.23

中国版本图书馆CIP数据核字(2018)第261381号

德州市志(1986—2011)

编　　者：德州市地方史志编纂委员会
责任编辑：刘　珊

出　　版：方志出版社
地址　北京市朝阳区潘家园东里 9 号(国家方志馆 4 层)
邮编　100021
网址　http://www.fzph.org
发　　行：方志出版社图书经销中心
电话(010)67110500
经　　销：各地新华书店
印　　刷：山东德州新华印务有限责任公司

开　　本：889×1194　1/16
印　　张：116
字　　数：2615 千
版　　次：2018 年 11 月第 1 版　2018 年 11 月第 1 次印刷
印　　数：0001～12000 册(全三册)

ISBN　978-7-5144-3415-6　　定价：1600.00 元

德州市地方史志编纂委员会

（2012 年）

名誉主任　吴翠云
主　　任　陈先运
副 主 任　韩建亭　朱昌连　康志民　杨光来　曹　光
　　　　　李其常
委　　员　刘长青　陈璞平　穆修海　牛玉胜　周玉刚
　　　　　何连生　江德勇　杨　杰　郑玉宽　周天峰
　　　　　王爱民　张同光　张书鹏　扈建军　牛洪春
　　　　　刘清云　张千华　刘宝良　梁希忠　王立云
　　　　　夏传玉

德州市地方史志编纂委员会

（2017 年）

名誉主任　陈　勇
主　　任　陈　飞
副 主 任　刘长民　陈璞平　崔书强　李其常
委　　员　王震秀　高吉刚　穆修海　袁希君　梁希忠
　　　　　郑玉宽　何连生　杨　杰　邵清泽　王爱民
　　　　　张书鹏　姜　刚　刘清云　张千华　李纪三
　　　　　李士新　郭德生　姜立明　王立云

《德州市志(1986－2011)》编纂人员

主　　　编　李其常

执行副主编　王德河　翟京德

副　主　编　韩维新　王玉玺　王立云

编　　　辑　马淑华　郑　琳　李　文　刘　振

韩红秀　陈庆明　肖冠林　彭　蔚

曾参与编辑　夏传玉　杨海峰　孔祥龙

顾　　　问　王笃银　徐洪岭　刘承智　季桂起

德州市地图

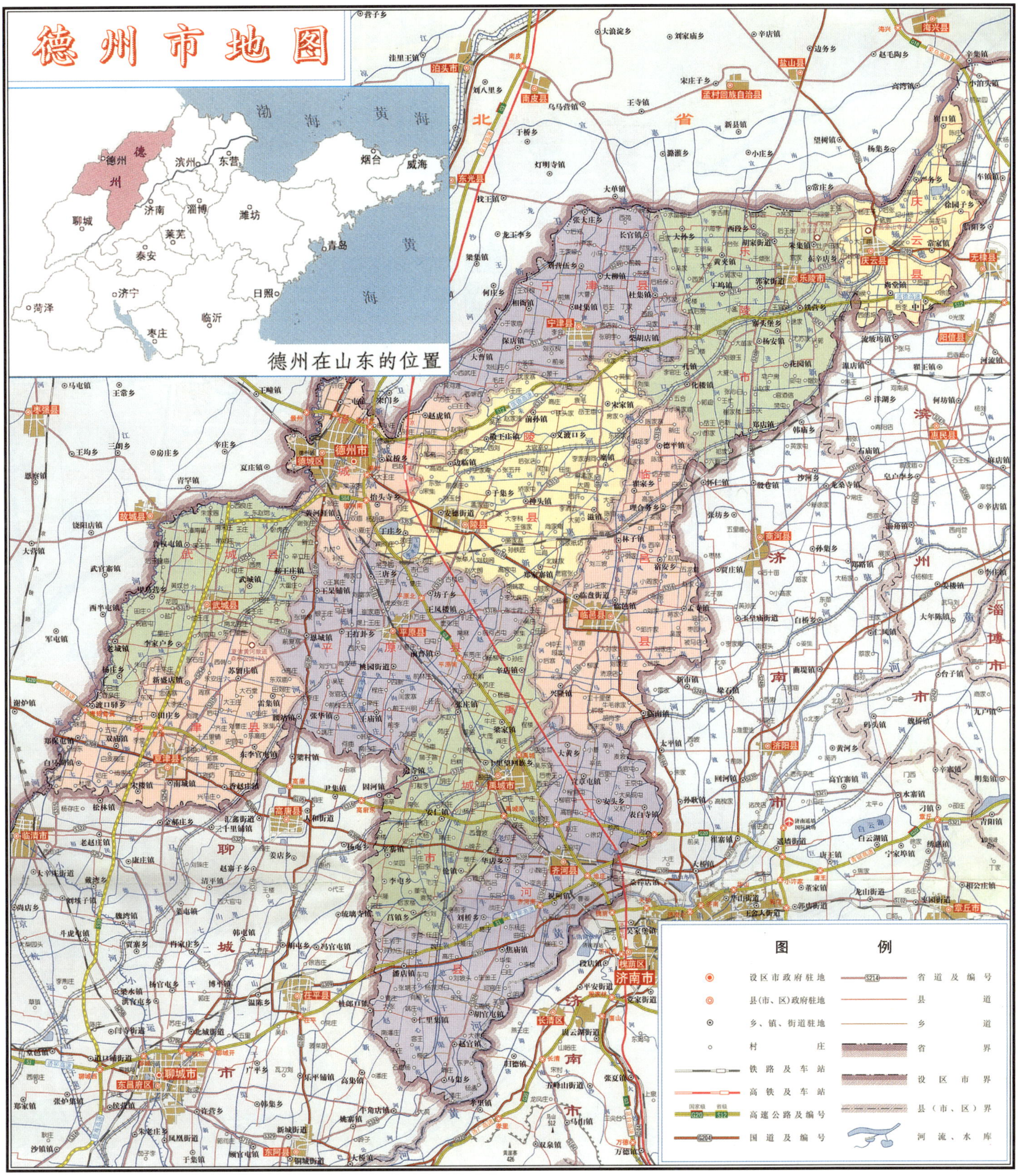

审图号：鲁SG（2014）127号 （2015年）

德州中心城区图

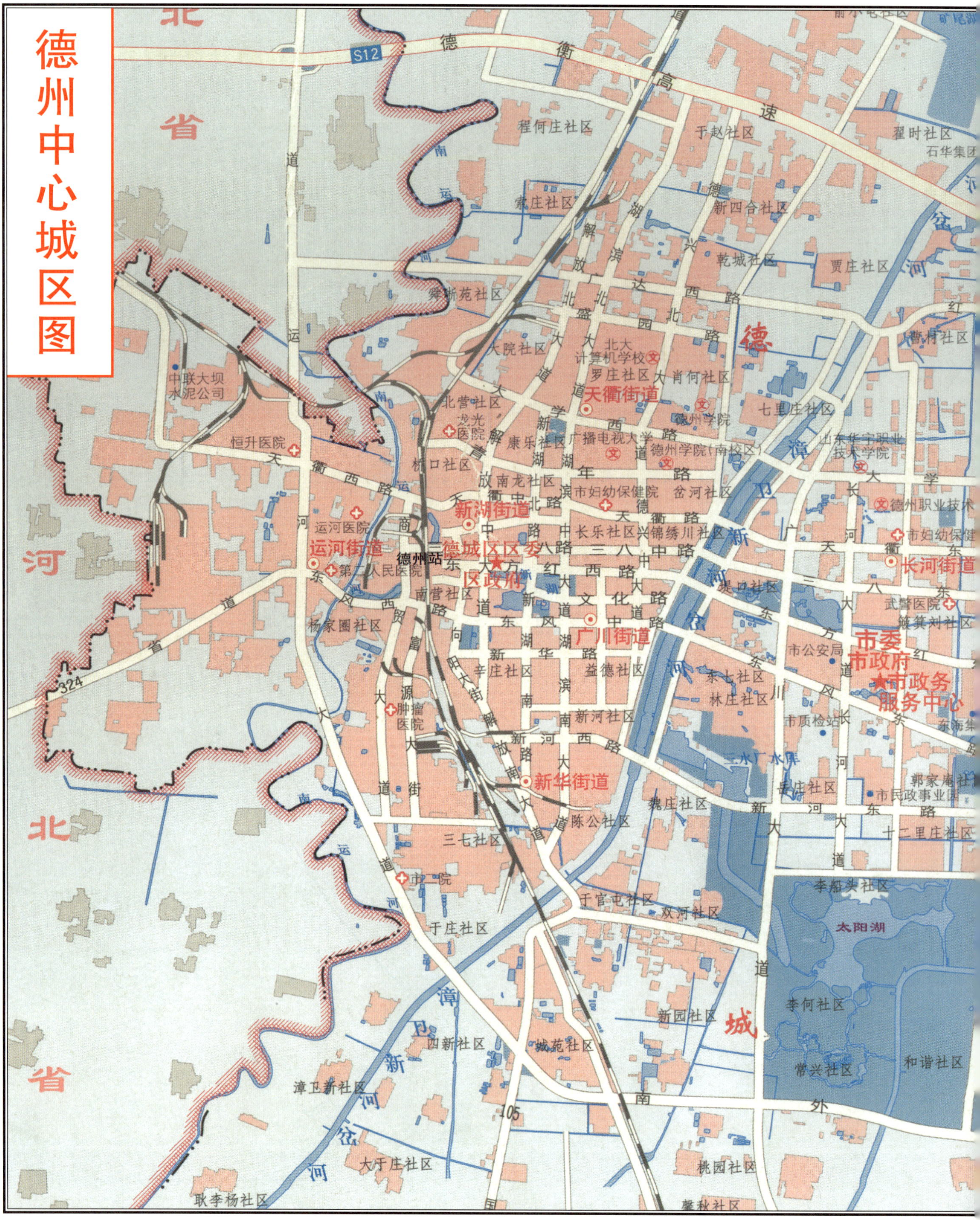

河北省
德州中心城区
S12
德衡高速
程何庄社区
于赵社区
翟时社区
石华集团
索庄社区
新四合社区
乾城社区
贾庄社区
舜新苑社区
大院社区
北大计算机学校
罗庄社区
大肖何社区
曹村社区
中联大坝水泥公司
北营社区
龙光医院
天衢街道
德州学院
七里庄社区
山东华宇职业技术学院
恒升医院
康乐社区
广播电视大学
德州学院(南校区)
桥口社区
南龙社区
市妇幼保健院
岔河社区
天衢西路
新湖街道
运河医院
长乐社区
锦绣川社区
德州职业技术学院
市妇幼保健院
运河街道
德州站
德城区区委
区政府
第二人民医院
长河街道
南营社区
堤口社区
武警医院
簸箕刘社区
杨家圈社区
广川街道
市委
市政府
市公安局
市政务服务中心
辛庄社区
益德社区
东七社区
林庄社区
肿瘤医院
新河社区
市质检站
东海集团
三八中路
东方红路
东风中路
新湖大道
新华街道
三水厂水库
岳庄社区
郭家庵社区
市民政事业园
魏庄社区
陈公社区
新河东路
十二里庄社区
三七社区
市二院
于官屯社区
双河社区
李家坝头社区
太阳湖
于庄社区
新园社区
李何社区
西新社区
城苑社区
常兴社区
和谐社区
漳卫新河
漳卫新社区
南外环
105
大于庄社区
桃园社区
耿李杨社区
馨秋社区
324
国道
岔河
南运河
德城区

李牌社区
赵虎镇
郝庄社区
湾东社区
赵虎社区
郭家庵
大高店社区
河
减
漳
张官屯社区
王英社区
贾庄社区
景美石油有限公司
王庄社区
S12
德
滨
赵宅
小高家店社区
李芳社区
避雪店社区
阎王张社区
姜庄社区
天泉公司
尹庄社区
北
外
环
路
李尧社区
大刘
文一村有限公司
江口生物
恒辉钢铁
孟集社区
大柳树董
京城环保
沃克机电
袁桥社区
金杰机械
军高
王德庄
机关服务中心
袁桥镇
袁桥镇中学
郑庄社区
德程庄
律王庄
王陈庄
洼李
金光集团
杨庄社区
胡庄社区
西宋
汇一物流
远大科技
香坊赵社区
海华电器
生金刘社区
飞天工贸
德药制药
冯家寨
高道仁
真空管二厂
奥宇电源
北纪
阎庄
刁李贵
嘉德实业
小刘庄社区
后赵社区
马赞庄
胡家寨
西于架
皇明大雁综合体
台湾悠活园
王官社区
魏集
西张
中纪
德州东站
河北
大王社区
程官屯社区
牟庄社区
任桥
综合客运站
钱屯社区
纪庄社区
前刘社区
乔庄社区
官道魏社区
宋集社区
发展社区
清源社区
张集社区
吉祥社区
抬头寺镇
马
颊
屯街道

(2011年)

德州地区简图

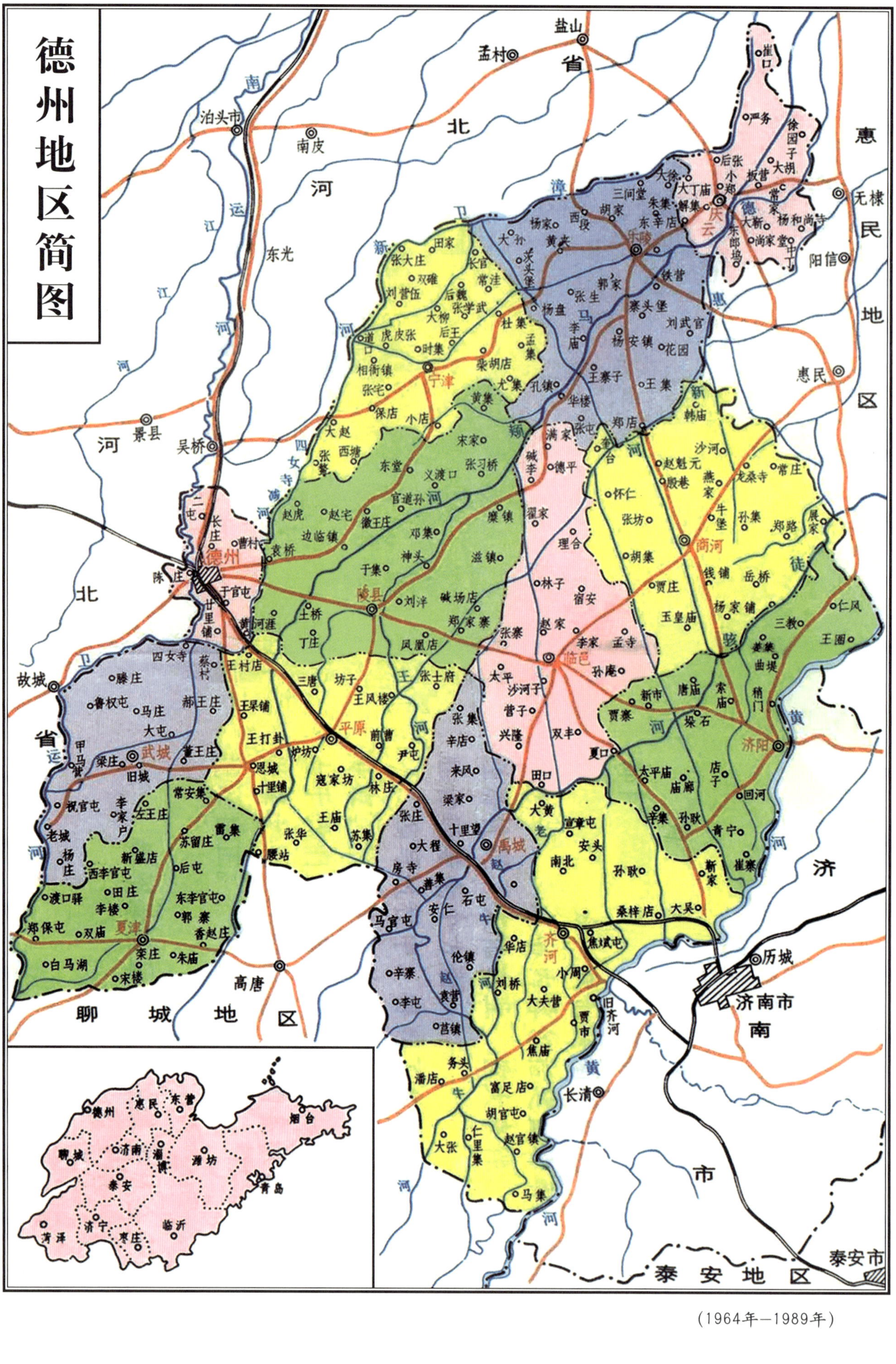

(1964年—1989年)

德州地区区划图

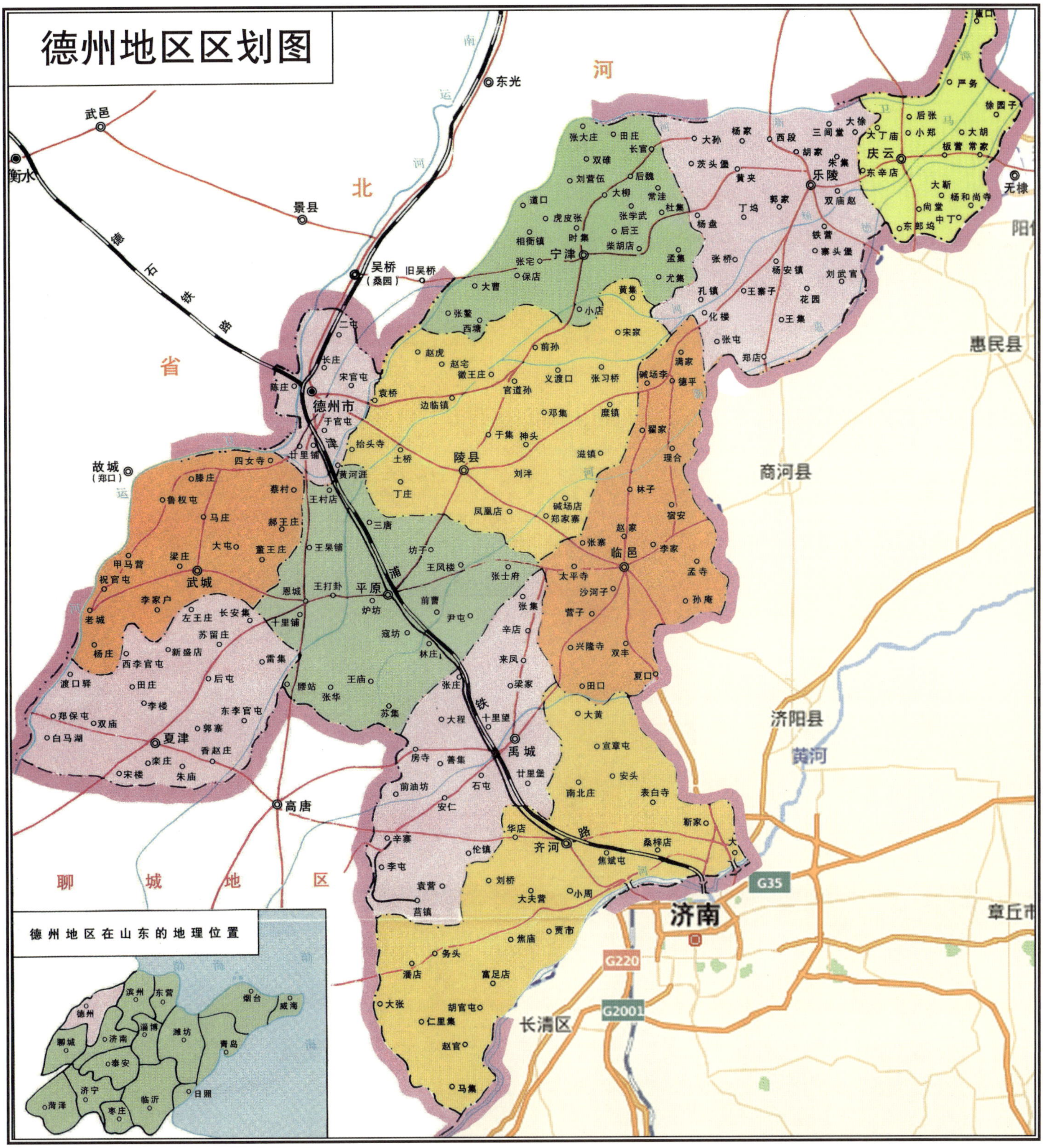

(1990年—2013年)

1995年4月11日，德州市撤地设市揭牌仪式

2002年2月19日，商贸开发区成立揭牌仪式

2014年12月19日，陵城区撤县设区揭牌仪式

2010年9月，第四届世界太阳城大会在德州召开

2018年8月，国际太阳能十项全能竞赛在太阳能德州小镇举办。 （2018年 杨海 摄）

锦绣川风景区连接德城区与经济技术开发区的桥梁　（2008年　摄）

新湖风景区　（2008年　摄）

德城区　（2017年　摄）

长河公园　(2017年　摄)

运河经济开发区西陈沟湿地　(2017年　摄)

经济开发区启动开发初期　（1998年　摄）

市行政中心建筑群　（2011年　摄）

经济技术开发区　（2013年　王强　摄）

减河湿地和太阳谷　（2016年　摄）

高铁德州东站和综合客运站　（2017年）

汽车客运中心　（2014年　摄）

德州火车站　（2005年　摄）

德州北高速公路枢纽立交桥　(2012年　王强　摄)

齐河黄河大桥　(2017年　周建新　摄)

湖滨大道 （2005年 摄）

尚德十一路 （2015年 摄）

康博大道 （2011年 摄）

华鲁恒升公司厂区　(2012年　摄)

华能德州电厂　(2012年　摄)

小麦丰收　（2009年　摄）

引黄水库　（2013年　摄）

第一届庆云小商品博览会　（2002年　摄）

德州百货大楼　（2008年　摄）

德州体育馆和大剧院　（2014年　王强　摄）

董子文化园景区　（2009年　摄）

德州学院　（2016年　摄）

德州太阳城小学　（2017年　摄）

乐陵第一中学　（2017年　摄）

齐河县晏城镇李官社区　（2011年　摄）

迁建的经济开发区小申新村社区　（2005年　摄）

大型住宅小区唐人公馆　（2017年　陈建平　摄）

德州市70万60周岁以上老人领取养老金
（2011年 摄）

庆云县严务乡东左耳村接通自来水 （2007年 摄）

德州市人民医院 （2016年 摄）

武城花杠舞　（2015年　赵登勤　摄）

德平秧歌　（2017年　常言　摄）

德州跑驴　（2013年　摄）

元宵节舞龙　（2012年　摄）

德州扒鸡 (2010年 摄)

德州菊花 (2010年 摄)

德州黑陶 (2010年 摄)

乐陵小枣 (2008年 摄)

1986--2011年德州市（地区）国内生产总值（GDP）

单位：亿元

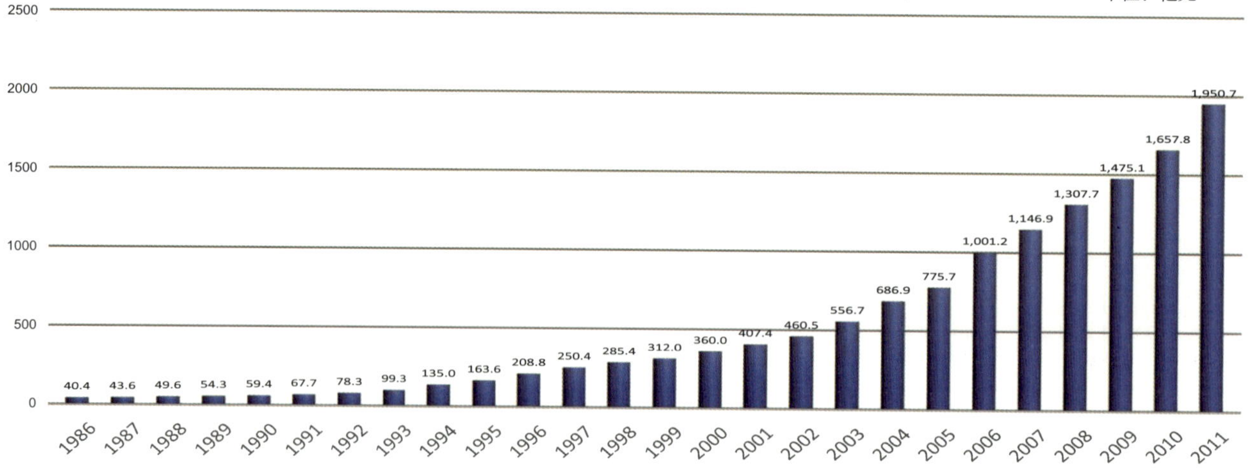

1986--2011年德州市（地区）工业总产值

单位：亿元

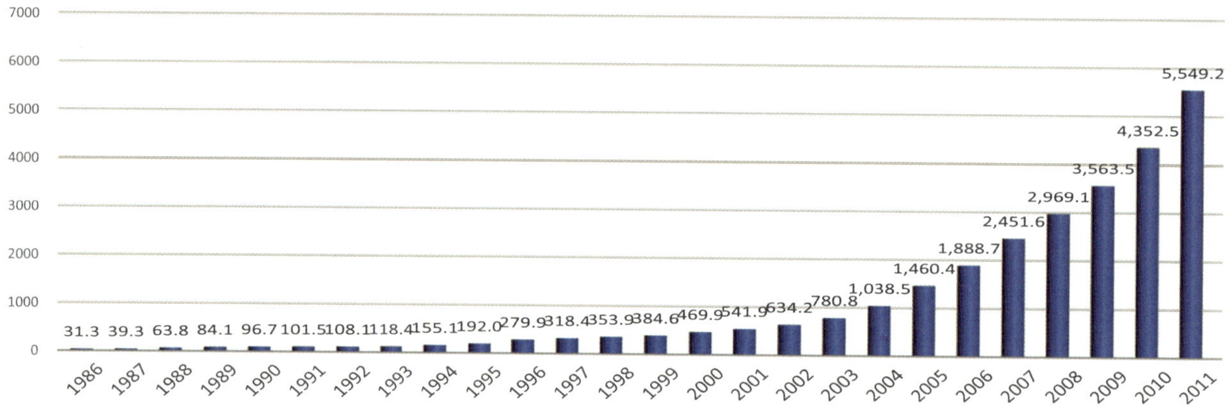

1986--2011年德州市（地区）农业总产值

单位：亿元

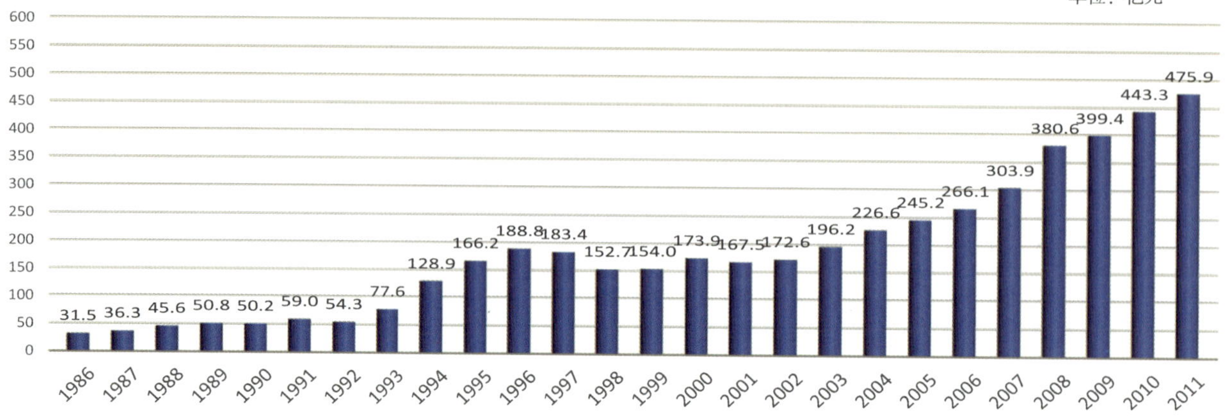

1986--2011年德州市（地区）财政收入

单位：亿元

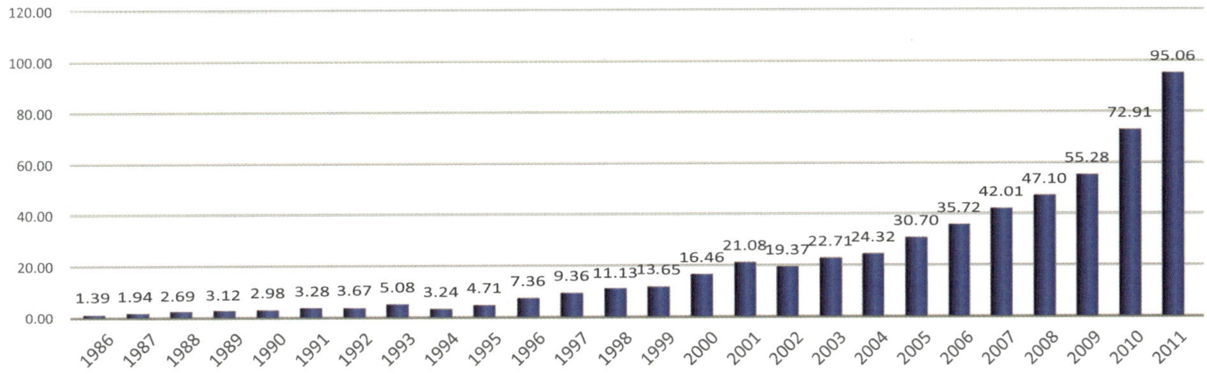

1986--2011年德州市（地区）农民人均纯收入

单位：元

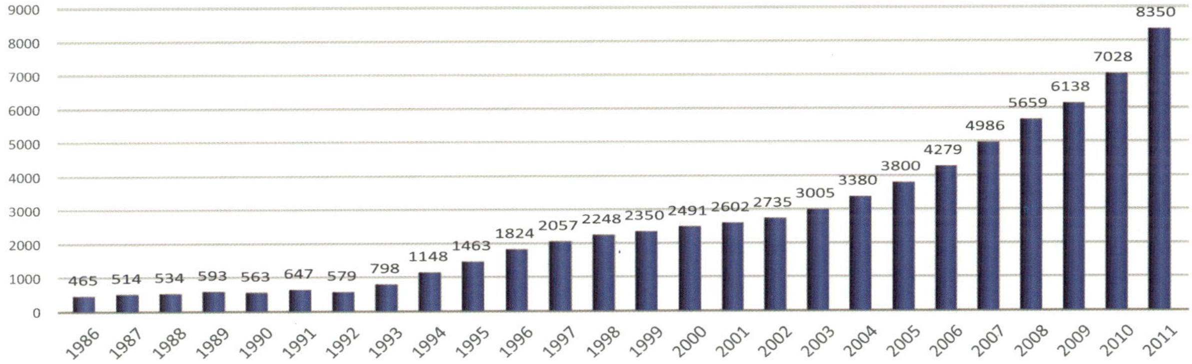

1986--2011年德州市（地区）城市居民人均可支配收入

单位：元

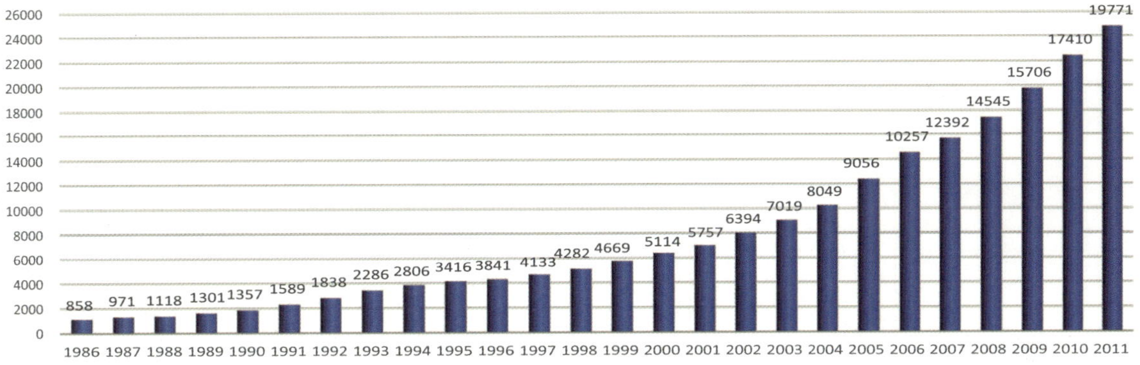

德州市（地区）三次产业结构比例示意图

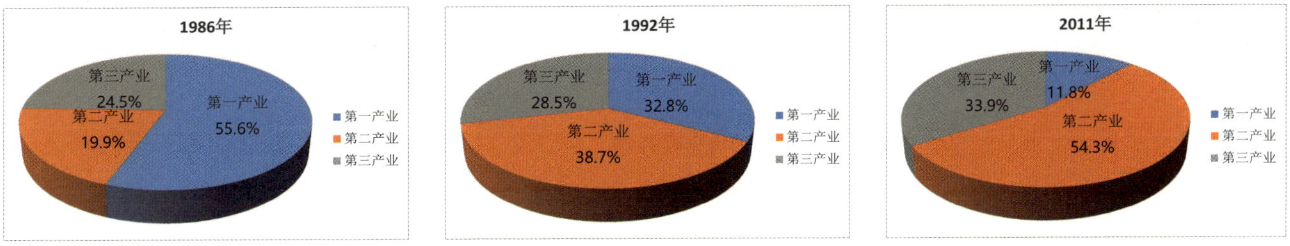

德州市地方史志编纂委员会成员　（2015年　周坤 摄）

前排左起：李其常　张　岩　康志民　韩建亭　吴翠云　陈　飞　朱昌连　刘长青　陈璞平

中排左起：郑玉宽　刘宝良　梁希忠　周玉刚　何连生　姜立明　穆修海　邵清泽

后排左起：夏传玉　张千华　牛洪春　张慧君　王爱民　张书鹏　扈建军　刘清云　王立云

德州市地方史志编纂委员会成员　（2018年　周坤 摄）

前排左起：李其常　崔书强　刘长民　陈　勇　陈　飞　陈璞平　王震秀

中排左起：李士新　姜立明　何连生　高吉刚　袁希君　梁希忠　李纪三

后排左起：张千华　张书鹏　邵清泽　穆修海　郑玉宽　王爱民　刘清云　王立云

主编人员　（2015年　摄）
左起：韩维新　王玉玺　李其常　王德河　翟京德

《德州市志》编辑人员　（2015年　摄）
前排左起：韩维新　翟京德　夏传玉　李其常　王立云　王德河　王玉玺
后排左起：郑　琳　马淑华　韩红秀　陈庆明　李　文　肖冠林　孔祥龙　刘　振　孙耜耕

序

在全市上下深入学习贯彻习近平新时代中国特色社会主义思想和党的十九大精神之际，历经六年编纂完成的《德州市志(1986—2011)》付梓。这是记载德州发展历程的一件大事、喜事。

编史修志，是中华民族的优良传统，是传承文明的重要载体。此次修志自2012年启动以来，始终坚持“开门修志”“众手成志”工作理念，社会各界集思广益，专家学者参与始终。全体修志工作者牢记使命，直笔著信史，彰善引风气，精益求精、精雕细琢，六易其稿而成书。全书计260余万字，图照400余幅，卷帙浩繁、体例完备，内容丰富、资料翔实，多维展示了德州历史长河中一帧全景图，是了解德州、研究德州重要的资料性著述，是昭示人们热爱家乡、建设家乡的生动教材。

德州既是一座历史悠久、文脉深厚的文明古城，也是一座朝气蓬勃、充满活力的现代新城。齐风鲁韵、燕赵豪情的双重滋养，铸就了德州人文荟萃、贤人辈出的辉煌历史，激励着一代又一代人在这片热土上砥砺奋进。新修《德州市志》断限内的1986—2011年，是我国深入推进改革开放、加快建设中国特色社会主义市场经济的重要历史时期。这一时期，历届市委(地委)市政府(行署)在省委省政府的坚强领导下，团结带领广大干部群众全面贯彻党中央一系列决策部署，深化改革、扩大开放，经济社会发展和党的建设取得显著成绩。市志客观翔实记载了德州人民的奋斗历程、改革发展的巨大变化，为我们在新时代继续前进提供了强大精神动力。

习近平总书记指出，“要高度重视修史修志，让文物说话、把历史智慧告诉人们。”地方志是资政之典、教化之书。为当代提供资政辅治之参考，为后世留下可资借鉴之智慧，是修志的初衷。新修的《德州市志》，既可从中聆听到过去全市人民艰苦创业、孜孜以求的坚定步伐，也从中寻觅到今天全市人民从严从实、奋发有为的精神源泉。希望社会各界积极读志用志，鉴往知今、继往开来，在习近平新时代中国特色社会主义思想和党的十九大精神指引下，认真践行新发展理念，加快推进高质量发展，奋力谱写建设协同发展示范区、全面建成小康社会的新篇章。

值此书出版之际，谨向关心、支持、参与修志工作的专家学者和修志工作者，致以诚挚的谢意和慰问！

2018 年 11 月

（陈勇　中共德州市委书记）

序

欣闻《德州市志(1986—2011)》付梓,不胜感慨。作为土生土长的德州人,为家乡文化建设再结硕果感到无比振奋,作为在史志战线奋战多年的老兵,为德州史志同仁再创佳绩感到由衷钦佩。

德州素有“九达天衢”“神京门户”之称,自古以来便是人文荟萃、昌明繁盛之地。新中国成立后,特别是改革开放以来,德州发展日新月异,取得令人瞩目的巨大成就。每次回到家乡,亲眼看到德州经济社会又好又快发展,亲身感受人民群众幸福感和获得感不断提升,不禁为家乡骄傲和自豪。

前事不忘,后事之师。地方志书是传承文明的重要文化典籍,编史修志是中华民族绵延至今的优良传统。新时代奋斗征程上,需要认真总结历史规律,不忘初心,砥砺前行。《德州市志》在改革开放四十周年之际出版,可谓恰逢其时,是对这个伟大时代最好的献礼。这部260余万字、图片400多幅的皇皇巨著,全面系统记述了德州人民在党的领导下,推进改革开放、发展进步的奋斗历程,客观反映了德州经济社会发展的历史成就。志书观点正确、体例完备、资料翔实,是部时代特征突出、地方特色鲜明、既堪存又堪鉴的精品佳志。

盛世修志,志载盛世。通过这部志书,能让人们更好地了解德州改革开放的历史脉络,更清晰地把握“从哪里来,到哪里去”时代主题,更加坚定全面深化改革、扩大对外开放的信心和决心。作为系统展示德州的百科全书,为传承优秀文化、弘扬社会主义核心价值观、服务地方经济社会发展诸多方面提供了有益参考。相信这部志书必能切实发挥“存史、资政、教化”功用,深入党政机关、学校企业、乡村社区,乃至千家万户,极大满足社会各界的精神文化需求,引发大家的广泛共鸣。

史志工作是“为党立言、为国存史、为民修志”的崇高事业,也是“艰苦、辛苦、清苦”的工作。这部《德州市志》三次启动，在编纂过程中遇到很多困难，但是德州的史志同仁凭着对党对人民对事业高度负责历史使命感，求真务实、敢于担当、主动作为、攻坚克难，确立“加强队伍建设、强化主体业务、创新史志成果”的发展思路，践行“开门修志，快乐修志”的工作理念，精诚团结、秉笔直书、无私奉献，六年磨一剑，最终顺利完成编纂出版任务，为党和人民交上了一份优秀的答卷。

党的十九大吹响了新时代推进中国特色社会主义伟大事业的嘹亮号角，相信家乡的父老乡亲在市委、市政府正确领导下，定能开启新征程，再创新辉煌！相信德州的史志同仁，将以此为新起点，继续发扬“修志问道，直笔著史”的方志人精神，在新时代展现新作为，续写新篇章！

是为序。

劉秋增

2018年11月

（刘秋增　齐河县人，原山东省地方史志办公室主任）

凡　　例

一、指导思想：以马克思列宁主义、毛泽东思想、邓小平理论、“三个代表”重要思想、科学发展观和习近平新时代中国特色社会主义思想为指导，坚持辩证唯物主义与历史唯物主义的立场、观点和方法，突出时代特点和地方特色，全面、客观地记述26年间德州地区（市）自然、经济、政治、文化和社会诸方面的历史与现状，力求做到资料性、科学性和思想性的统一。

二、志书断限：上限起于1986年，承接《德州地区志（1840—1985）》，下限止于2011年。为保持史实的连续性，部分内容酌情上溯或下延。大事记、人物下限延至2017年12月底。

三、体裁结构：述、记、志、传、图、表、录等体裁并用，以志为主。由概述、大事记、专业志和人物及附录5部分组成。概述总揽全书，大事记以编年体为主，兼用纪事本末体。专业志遵循“事以类聚”“类为一志”的要求，采用编、章、节、目的结构形式，记述力求横不缺要项，竖不断主线。专业志外的其他部分不纳入编的序列。

四、行文规范：①采用现代语体文、记述体。常用词语以2012年版本《现代汉语词典》为准。②数字用法、标点符号以国标《出版物上数字用法》《标点符号用法》为准。③机构名称、人员职务（职称）初次出现用全称，并在后面括注简称，以后在不产生歧义的情况下一律用简称。④德州撤地建市时间：统一为1995年4月地级德州市成立大会召开为准。此前德州市指县级德州市，此后指地级德州市，行文中不再另行注明。⑤行文中“国民经济五年计划（规划）”的简称，分别是“七五”（1986—1990）、“八五”（1991—1995）、“九五”（1996—2000）、“十五（2001—2005）、“十一五”（2006—2010）、“十二五”（2011—2015）。

五、人物：收录标准以贡献突出和影响重大者为主。收录范围为本籍在当地乃至在全国有影响的和客籍为德州做出贡献且具有一定知名度的领导干部、模范人物、行业精英、社会名人等。

六、数据和地图：所用数据以统计部门提供的数据为准，统计部门没有的，以主管部门提供数据为准；计量单位以国家法定计量单位为主，个别涉农的地方，沿用习惯用法。经济统计数据采用当年价。使用不变价格时加括号注明。地名的使用，均为时间发生时的称谓，必要时括注今名。所用地图资料以测绘部门的公开资料为准。

七、纪年：采用公元纪年，以阿拉伯数字表示。特殊情况使用历史朝代纪年的，括注公元纪年。

八、表格：数字类表格中缺失的数字用空格表示，无此数字者用“—”表示。

九、资料来源：主要由市直各单位、企业和县（市、区）提供，部分资料来自档案、文献和公开媒体，文中不再注明出处。

总　目　录

第四编　城乡建设

第五编　环境保护

第六编　交通运输

第七编 邮政 电信

第八编 经济综述

第九编 农 业

第十编　林　业

第十一编　水　利

第十二编 工 业

中 册

第十三编 建筑业

第十四编 商贸服务业

第十五编 粮油贸易

第十六编 财 政

第十七编 税 务

第十八编 金 融

第十九编 经济管理

第二十编　中国共产党德州地方组织

第二十一编 地方权力机关

第二十二编 地方行政机关

第二十三编　政协地方组织

第二十四编　民主党派

第二十五编　人民团体

第二十六编 军 事

第二十七编 公安 司法

下　册

第二十八编　人力资源和社会保障

第二十九编　民　政

第三十编 科学技术

第三十一编 教 育

第三十二编 文 化

第三十三编　体　育

第三十四编　医疗　卫生

第三十五编 社 会

第三十六编 县(市、区)概况

GAISHU

概述

德州，古称安德。隋开皇九年（589年）于安德故地置德州，沿用至今。德州地处鲁西北边缘，冀鲁交界之地，受齐鲁文化与燕赵文化双重滋养，文化底蕴深厚，民风淳朴，勤劳务实，崇德尚贤，是一方人情厚重的热土，投资兴业的理想之地。

德州位于山东省西北部，黄河下游北侧，北纬36°24′25″～38°0′32″、东经115°45′～117°36′之间。东与滨州市相连，南与济南市毗邻，西南与聊城市相接，西与西北和河北省邢台市、衡水市隔京杭大运河相望，北与河北省沧州市接壤。市区距首都北京310千米。距山东省会济南120千米。境域东西宽200千米，南北长175千米，总面积10356平方千米，占山东省总面积的7.55%。

自然环境优越、历史悠久、交通便利，是中国太阳城、国家交通运输主枢纽城市

德州市地处黄河冲积平原下游，历史上境内曾有两次黄河大迁徙，上千次决口，造就了西南高、东北低的地形，平原之中起伏不平，岗、坡、洼相间分布。全市有耕地64.35万公顷，适宜于多种作物生长，农林牧渔多业发展。跨省大河主要有黄河、卫运河、漳卫新河；跨市骨干排涝河道有徒骇河、德惠新河和马颊河。流域面积大于1000平方千米的支流2条，30～1000平方千米的179条，经多年治理形成了干支相通，流域相连，能排能调的河流水利系统。德州市气候特点是季风影响显著，四季分明、冷热干湿界限明显。光照资源丰富，日照时数长，光照强度大，且多集中在作物生长发育的前中期，有利于作物光合作用的进行。全年平均日照时数2592小时，日照率为60%，太阳总辐射量为124.8千卡/平方厘米。平均无霜期长达208天。年平均降水量为535.87毫米，东部多于西部，南部多于北部。已探明的自然资源有石油储量1.08亿吨、天然气4.27亿立方米、可开采煤炭储量1亿吨。

德州自古有“九达天衢”“神京门户”之称。京杭大运河有140多千米流经境内，历史上曾是重要的漕运通道，南北文化交流融合之地。明清时期是全国33个工商业城市之一。如今是全国交通运输主枢纽城市，（北）京沪（上海）铁路、石（家庄）德（州）铁路、（北）京沪（上海）高铁、石（家庄）济（南）客运专线和德（州）龙（口）烟（台）5条铁路干线的交汇点，济（南）邯（郸）铁路在境内禹城、齐河两县市穿越而过。公路有（北）京福（州）、青（岛）银（川）、德（州）衡（水）、德（州）滨（州）、济（南）聊（城）、济（南）乐（陵）、德（州）上（饶）等高速公路，104、105、205、308、309国道和101、102等14条省道。德州已经进入高铁时代，“一小时上天（济南机场），两小时进京，半天转遍全市”早已成为现实。

德州是大汶口文化和龙山文化的发祥地之一。今境域夏商时隶属兖州，西周以及春秋时期属齐国。战国时分属齐、赵两国。秦废分封制改郡县制，在今德城区置鬲县。西汉置安德县，隋开皇九年（589年）改安德为德州，后经唐、宋、元、明、清及民国时期2200余年，德州六易其治所，各时期地域大小不一。德州有着深厚的历史文化底蕴。现存有秦汉墓群、东方朔画赞碑、苏禄国东王墓、四女寺、文昌阁、定慧寺等众多历史古迹。“三过家门而不入”的大禹、“射日”英雄后羿等动人的传说在德州家喻户晓。汉代“罢黜百家、独尊儒术”的董仲舒、“滑稽之雄”东方朔，北魏开国功臣崔宏，隋末农民起义领袖窦建德、刘黑闼，唐大书法家颜真卿，明代书法家邢侗，清代文学家、藏书家田雯、著名抗日将领宋哲元。当代有著名哲学家任继愈，著名历史地理学家侯仁之，著名作家邓友梅、刘真和全国劳动模范时传祥等彪炳史册。这些可跻身于中华民族之林的著名人物，为德州留下了熠熠生辉的印迹、宝贵的文化遗产和丰厚的精神财富。

抗日战争和解放战争时期，德州曾经是冀鲁边区和冀鲁豫边区根据地的一部分，在硝烟弥漫的战争年代涌现出许多英雄模范人物和可歌可泣的动人事迹。

中华人民共和国成立后，1950 年 5 月中央人民政府政务院批准设立德州专区（由原渤海区的沧南、泺北两专区合并而成），时辖 16 个县。此后历经多次区划变更，德州境域大小不一。1994 年，国务院批准撤销德州地区，设立地级德州市。2011 年，德州市辖德城区、陵县、禹城市、乐陵市、临邑县、平原县、夏津县、武城县、庆云县、宁津县、齐河县 11 个县（市、区）和德州经济技术开发区、德州运河经济开发区。总面积 1.036 万平方千米。年末全市户籍总人口 576 万人，其中农业人口 401.30 万人，非农业人口 174.70 万人。总人口中，劳动力人口 386 万人，占 67.0%。全年出生人口 6.97 万人，出生率 12.30‰；死亡人口 3.22 万人，死亡率 5.7‰；人口自然增长率 6.6‰。有 39 个少数民族，80369 人，占总人口的 1.4%。其中，回族 77963 人，占少数民族总人口的 97%。

德州是中国太阳城、中国功能糖城、中国优秀旅游城市以及国家交通运输主枢纽城市。处于环渤海经济圈、京津冀经济圈、山东半岛蓝色经济区以及黄河三角洲高效生态经济区交汇区域，已定位为京津冀协同发展示范城市。

德州扒鸡、金丝小枣、保店驴肉、德州黑陶、德州黑驴、德州菊花等地方特产驰名海内外，其中，德州扒鸡、保店驴肉、乐陵金丝小枣被称为“德州三宝”。

改革开放激发活力，实现了由农业大区向现代化工商业大市转变，三产结构渐趋合理，经济实力日益增强

德州是传统农业地区，以盛产粮棉著称，是全国重要的粮棉生产基地。优越的自然环境，丰富的土地资源，充足的农村劳动力，为农业持续发展提供了有力条件。农业是全市经济的支柱产业，农民收入的主要来源。1978 年中共十一届三中全会的召开，拉开了中国改革开放的序幕，德州与全国一样，进入了一个新的历史时期。1986—2011 年的 26 年间，德州逐步实现了由传统农业区逐步向着工农商并进，城乡同步谐调发展的现代化城市转变。

1991 年以前，第一产业产值在国民经济中占绝对位置。1986 年全区国内生产总值（GDP）40.39 亿元，其中第一产业增加值 22.46 亿元，第二产业增加值 8.03 亿元，第三产业增加值 9.9 亿元，分别占 55.60%、19.88%、24.51%。人均产值 868 元。工业基础相对薄弱，县乡工业多是围绕农业兴办的小化肥、小化工和粮油加工、棉纺织业为主的农产品深加工业，产品档次、技术含量、附加值都比较低。全区经济处于全省下游位次。

“七五”（1986—1990 年）期间，国家改革重点由农村转向城市，鼓励粮棉生产的一些优惠政策逐步取消或减少，第一产业增加值增速下降。各级党政组织开始逐步转变观念，跳出农业抓农业，由主要精力抓农业生产开始围绕农产品增值，兴办乡镇企业，发展个体私营企业，带动全区经济发展。1986 年 8 月 8 日，地委、行

署召开1000多人参加的全区乡镇企业工作会议，研究加快乡镇企业发展步伐，振兴农村经济问题。提出了加强领导，放宽政策，加速发展乡镇工业，振兴农村经济的措施。在发展工业方面，地委、行署制定了《关于进一步搞活企业若干政策问题的试行规定》，开始在企业内部，推行厂长（经理）任期目标责任制，激活企业发展活力。经过5年的发展，到1990年国内生产总值59.4亿元，其中第一产业增加值24.7亿元、第二产业增加值19.3亿元、第三产业增加值15.4亿元、人均生产总值1189元，一、二、三产业的比例由1986年的55.6∶19.9∶24.5发展到1990年的41.6∶32.5∶25.9。在工农业结构中，工业比重迅速上升，由1986年占工农业总产值的45.9%提高到1990年的67.3%。

1992年，邓小平视察南方谈话和中共十四大召开以后，地委、行署带领全区人民进一步解放思想，抓住机遇，确立了“面向国内国际两个市场，坚持开放开发两大战略，内引外联，整体推进，重点突破，加快发展”的指导思想，全面实施“外向带动”战略，全区改革开放和经济建设进入新的时期。到1995年，短短3年时间完成国内生产总值163.60亿元。“八五”期间年均增长16.1%，比“七五”高出5.9个百分点。其中一、二、三产业增加值分别达到59.70亿元、61.20亿元和42.70亿元，年均分别增长8.39%、24.6%和14.1%。人均国内生产总值3158元。三次产业比例由“七五”末的41.6∶32.5∶25.9，优化调整为“八五”末的36.5∶37.4∶26.1。

1995年4月，德州撤地建市，进入又一个新的发展时期，逐步实现了由农业经济为主的地区向以工业经济为主的城市化蜕变。

各届党政领导班子转变观念，调整工作思路。把“解放思想、放开搞活、加快发展”作为全部工作的主题。“全党抓经济，重点抓工业，突出抓民营”，成为历届党委、政府工作的指导思想。到2000年，全市国内生产总值（GDP）达到360亿元，按可比价格比1995年翻一番，年均增长15%，高于全省4个百分点，三次产业年均分别增长6.3%、17.7%和19.5%；人均GDP达到6748元，年均增长14.3%。三次产业结构由36.5∶37.4∶26.1调整为26.1∶42.8∶31.1，实现了“二三一”排序。

2001年后，在全市实施以“发展民营经营和招商引资”为主要内容的“天字号”工程，大力发展民营经济和广泛开展招商引资活动。2005年全市完成生产总值775.7亿元，年均增长15.1%。2005年粮食总产443.5万吨，达到历史最高水平；工业发展实现历史性跨越，销售收入、利税、利润提前一年实现“三年翻番”目标，规模以上工业销售收入突破千亿元。三次产业结构由2000年的26.1∶42.8∶31.1调整为2005年的16.4∶54.1∶29.5。

2007年，实施工业强市、科教兴市、民营推动、开放带动战略，重点推进“南融（济南）北接（京津）”战略。一系列工作措施，进一步促进了经济发展和产业结构优化。

1995—2011年间，以对内搞活、对外开放和招商引资为重点的经济发展高潮迭起。在重点抓工业的同时，不放松对农业的投入，农业连年丰收，到2011年粮食已经实现“九连增”。德州市逐步实现了由农业大区向着工业化、城镇化和农业现代化的转变。

2011年，全市实现地区生产总值（GDP）1950.71亿元，是1986年的48.30倍；第一产业增加值229.57亿元，是1986年的10.22倍；第二产业增加值1059.8亿元，是1986年的131.98倍；第三产业增加值661.34亿元，是1986年的66.80倍，人均生产总值34905元，是1986年的40.21倍。产业结构进一步优化，三次产业比例为11.8∶54.3∶33.9。

农业实现产业化，农民收入增加，工商业培育出一批产业集团，财政收入稳步增长，金融体系逐步建成

农林牧渔协调发展，产业化程度进一步提高，农民收入增加。德州地区是全国最早推行农业“承包制”的地区之一。1986年，在此前探索土地承包经营的基础上，不断完善土地承包责任制。1999年年底，农民土地承包经营期限延长到30年。2006年，全面取消农业税，种地不再缴纳税费，并继续享受国家粮食直补等各种补贴和优惠，进一步激发调动了农民群众的生产积极性。

随着农村土地使用权的确立，陆续实行政社分开，建立农村经济合作组织。同时，由于农村二三产业和市场经济发展，以及机械化程度提高，农民非农就业机会增加，农村劳动力加速从传统种植业向非农产业转移。鼓励合作社等民间组织参与土地流转。截至2011年年底，全市建立乡镇土地流转服务中心113个，成立农村土地流转合作社128家，2011年年底全市土地流转面积达到78.43万亩。

在不断探索中，逐步形成了包括龙头企业带动型、中介组织带动型、市场带动型、科技服务带动型、“公司+合作组织+农户”、“公司+基地”等多种农业产业化经营形式。构成了农林牧副渔齐发展，产供销一条龙的良性农业发展体系。2011年，全市主要农作物总产量分别是粮食总产735万吨、棉花总产量14万吨、蔬菜产量450.2万吨，肉蛋奶产量141万吨。植树造林6949万株，林木覆盖率达到14.5%。农林牧渔及服务业总产值475.85亿元，是1986年31.5亿元的15.1倍，其中农业产值251.06亿元，是1986年25.8亿元的9.73倍；林业产值11.43亿元，是1986年1.3亿元的8.79倍；牧业产值180.79亿元，是1986年的42倍，渔业产值11.90亿元，是1986年的79.2倍。农林牧渔及服务分别占总产值的52.76%、2.40%、37.99%、2.50%、4.34%。农民人均纯收入8349.5元，是1986年465元的17.96倍。2011年粮食总产达到735.0万吨，是1986年233.8万吨的3.14倍。

工商和建筑企业改革出活力，培育出一批全国知名企业集团。1986—2011年，德州市国有和集体所有制工商业和建筑业经济改革发展大致经历了以租赁制、承包制、厂长负责制为主的经营体制改革阶段，以组建和发展企业集团、进行股份制试点阶段和企业产权制度改革阶段。逐步建立起归属清晰、权责明确、保护严格、流转顺畅的现代产权制度和充满活力的企业新体制。相继培育出华鲁恒升、恒源石化、德建集团、德百集团、德州扒鸡集团等一批在全省、全国有影响的企业集团。与此同时，以武城玻璃钢及空调、禹城生物产业、平原化工和家庭号商厦、天元建设集团、德兴建设集团等民营和股份制工业企业成长起来。尤其是以数字化、网络化、智能化为特征的智能制造成为新生力量，涌现出一批节能环保、信息技术、生物技术、高端装备制造等战略性新兴产业，占工业主营业务收入比重逐年提高。

2011年，全市工业企业达45210家，其中规模以上3144家，全部工业总产值（按当年价格计算）5562.75亿元，是1986年的31.27亿元的177.89倍。其中规模以上企业5186.75亿元、规模以下企业376亿元。全市规模以上工业实现主营业务收入5189.72亿元，增长34.3%；实现利税596.45亿元，增长33.8%；实现利润327.82亿元，增长34.9%。全市主营业务收入过10亿元的企业54家，实现利税过亿元的企业69家。全市规模以上工业企业高新技术产业实现总产值1059.51亿元，占规模以

上工业总产值的比重达到20.5%。

2011年，全市营业收入过亿元的商贸流通企业达到24家，实现销售收入122.7亿元。年交易额过亿元的商贸流通市场113处，全市亿元市场贸易成交额1208亿元。各类市场发展到1008处，2011年实现市场交易额2660亿元。全市实现社会消费品零售额757.5亿元，是1986年13.21亿元的57.35倍。其中，城镇消费品零售额469.6亿元，是1986年8.38亿元的56.04倍；农村消费品零售额287.9亿元，是1986年13.21亿元的59.6倍。住宿餐饮业实现零售额47.9亿元。全市限额以上批发零售和住宿餐饮业达到1607家。电子商务异军突起，全市网民数已达236万人，普及率约为42%；30%规模以上的企业使用办公自动化、ERP管理等信息化软件，中小企业电子商务年交易额突破160亿元，网上银行用户达到150万户。商贸流通服务业改革使得产业结构比重由1986年的12.38上升为33.9。第三产业已经接近第一产业的三倍，占全市地区总产值的三分之一强。

2011年，全市资质内建筑企业369家，完成总产值201.47亿元，增长26.71%。完成建筑工程产值128.4亿元，增长23.2%；完成安装工程产值22.6亿元，增长1.8%；全年房屋建筑施工面积1646.74万平方米，其中，本年新开工面积948.1万平方米。

财政收入持续增长，金融业建立起较为完备的多元体系。2000年，地方财政收入达到16.46亿元，年均增长28.4%，高于全省7.5个百分点。社会消费品零售额达到123亿元，年均增长13.5%。

2001—2007年间，财政收入持续增长，其中，2005年地方财政收入完成30.7亿元，年均增长24.6%。

2011年，全市财政总收入167.25亿元，其中地方财政收入95.06亿元，是1986年1.39亿元的68.39倍。金融业从当初政企不分的人民银行独家经营逐渐发展成为央行、银监会、商业银行和保险、证券等组成的金融体系。金融机构年末各项存款余额1420.02亿元，是1986年17.55亿元的80.91倍，年末各项贷款995.17亿元，是1986年44.57亿元的22.33倍。全市证券交易从无到有，2011年有证券交易所3处，股民达到7.9万户，客户保证金余额5.79亿元，年交易额428.2亿元。保险业从德州地区人保公司独家经营，到2011年年底，全市共有25家保险机构，其中财产保险12家、人寿（健康）保险13家。全年实现保费收入48.6亿元。

个体私营经济成长迅速，总量占据“半壁江山”，招商引资推动经济增长

1986—2011年，个体私营经济和招商引资是继产权制度改革之后，又一推动全市经济发展的重要引擎。逐渐形成了禹城生物产业、平原化工、武城玻璃钢及空调、夏津棉花加工、宁津纺织配件和桌椅生产、乐陵小枣加工、庆云小商品经营等几大产业群。涌现出皇明、华乐、克代尔、中大、亚太等一批营业收入过亿元、利税过千万元的私营企业。个体私营企业先后拥有“皇明”太阳能、“忘不了”脑保健品、“亚太”空调设备、“泰山”体育器材等全省著名商标。滕永乐面粉（夏津）、保龄宝淀粉糖（禹城）、古贝春白酒（武城）、龙力生物制药（禹城）、颜浩面粉（陵县）、洛北春白酒（临邑）等中国驰名商标。到2011年年底，全市民营经济户数、从业人员、注册资金为14.41万户、56.74万人和622.7亿元，民营经济总收入达到6500.41亿元，上缴税金81.15亿元。民营经济已经成为全市国民经济的重要组成部分和名副其实的

“半壁江山”、地方财政收入的重要来源、吸纳就业的主渠道、全社会固定资产投资的主力军。

自1995年开始，每年一次的德州经贸洽谈会，吸引了国内外商家企业参会，提高了德州知名度、美誉度。凡有国内外举办的商贸会议，市、县主要领导均带队组团参加。据不完全统计，1986—2011年，市、县两级组团参加国内外的商贸会议和定向招商活动达5000多场次，引进一批大项目。“文化搭台，经贸唱戏”是各县（市、区）创造的具有自身特色的招商引资形式，各自利用当地的资源、文化优势，举办各式各样的节庆招商活动。1998—2011年间，各县（市、区）共举办节庆招商活动51届（次），仅乐陵市就举办了22届金丝小枣节，其中有两届在北京举办，扩大了乐陵的知名度。2002年8月，平原县600名农民自费包专列赴温州招商曾经成为轰动全国的新闻。截至2011年，全市招商引资范围遍及国内外，先后引进山东景津压滤机（经济开发区）、史丹利化肥（平原）、中化公司（平原）、玲珑轮胎（武城）、德州沪平永发造纸、泉林纸业（夏津）、晨鸣板纸（齐河）、华芳纺织（夏津）、山东康博（开发区）、旺旺食品（齐河）等一批国内外知名企业落户德州。

固定资产投入持续增长，硬件设施完备，交通发达出行便捷，电信业发展迅速，信息通畅

1986年，全区固定资产投资10.01亿元，此后逐年增加，2011年固定资产投资完成1153.6亿元，是1986年的115.24倍。而且投资额度越来越大，2011年同比增长23.8%。其中，第一产业投资25.26亿元，增长19.7%；第二产业投资637.47亿元，增长20.5%，其中工业投资618.46亿元，增长20.1%；第三产业投资490.93亿元，增长35.6%。三次产业投资比例由上年的1.5:57.9:40.68调整为2.2:55.2:42.6。基础设施投资122.4亿元。工业投资中，技术改造投资370.2亿元。固定资产投资规模亿元以上施工项目272个，完成投资414亿元，其中，当年开工亿元以上施工项目134个，完成投资196.8亿元。全市第三产业投资提高明显，对地方贡献和劳动就业起到较大促进作用。

2011年，完成房地产开发投资117.64亿元，其中住宅投资95.88亿元。90平方米以下的住宅投资26.27亿元。商品房施工面积1357.46万平方米，商品房销售面积450.12万平方米。

2011年，市区建成面积129平方千米，自来水年供水量2650万立方米，其中生活用水1347.18立方米；天然气供气量1.26亿立方米，液化气供气总量6800吨。市区集中供热面积1800万平方米。城区主要街道419.8万平方米。拥有公交运营车辆327辆。全年开工保障性住房10209套，竣工率达到85.6%。全市实施排污工程28个，其中，水污染物减排工程17个，大气污染天物减排工程11个。环境质量好于以往。

2011年，全市实有公路通车里程2万千米（不含村级公路），其中高速公路223.89千米。公路密度为202.19千米/百平方千米。134个乡镇3192个行政村实现了村村通公路。形成了以高等级公路为主轴，以国省道为主骨架，以市县乡为主通道，以农村公路为大网络的现代化交通大格局。全市公路客运量10853万人，客运周转量59.9亿人/千米。货运量15707万吨，货运周转量327亿吨/千米。全市邮政业务总量4.42亿元，电信业务总量29.96亿元。移动电话用户420.38万户，固定电话用户48.8万户，互联网用户50.47万户。

城市建设大步跨越，人居环境显著改善，服务功能日臻完备

1986年以后，随着经济建设的发展，城市建设进入快车道，特别是地改市以来，坚持高标准规划，高标准建设，老城改造和和新城建设同步进行，投资逐年增加。中心城市建成面积由1990年的31平方千米，扩展到2011年的50多平方千米。人口由29.8万人发展到50多万人，城市绿化水平由20%发展到40%。建设了40多条城市主干道，50千米环城高速公路，构筑了畅通便捷的城市交通网络。高标准建设了锦绣川风景区、新湖风景区、长河公园、减河湿地公园等。特别是2001年市委搬迁，还湖于民，建成的新湖风景区获“山东省人居环境范例奖”，营造了良好的城市人居环境和创业环境。配合2010年第四届世界太阳能大会召开，新建成了凤冠假日大酒店、富豪康博大酒店、柳湖书院酒店、太阳谷国际会议中心等一批高档次商贸服务设施。

科教文卫体同步推进，人民生活水平不断提高，民生保障协调发展

经济发展和财力增长为社会事业进步，人民生活提高和民生保障提供了有力保障。1986—2006年，财政对科技三项（新产品试制费、中间试验费和重大科研项目补助费）投入27594万元，其中2006年投入4620万元，是1986年160万元的28.88倍；对文教卫生事业投入共计1174528万元，其中2006年投入150369万元，是1986年10448万元的14.39倍；对科学事业投入共计18000万元，其中2006年投入2784万元，是1986年144万元的19.33倍；对抚恤和社会福利救济投入共计167796万元，其中2006年投入20897万元，是1986年1735万元的12.04倍。2007年开始，统计口径变化，2007—2011年，财政用于教育支出共计1384903万元，其中2011年417660万元，是2007年158505万元的2.63倍；用于科学技术支出共计78976万元，其中2011年26049万元，是2007年9699万元的2.69倍；用于文化体育与传媒支出共计91853万元，其中2011年19104万元，是2007年12034万元的1.59倍，用于社会保障和就业的共计736237万元，其中2011年214880万元，是2007年82489万元的2.60倍。

*科研成果丰硕，科普效益显著。*1986年3月，地委、行署出台《关于科技改革的试行意见》，对科技先进集体、个人、项目进行奖励。1988年上半年取得重大科技项目120项，其中国际领先4项，国际先进水平20项，国内领先80项。此后，市委、市政府陆续出台一系列鼓励科技发展和普及政策。2011年，全市取得重大科技成果156项。专利申请量2944件，其中发明专利申请量407件。专利授权量1754件。拥有各类技术贸易机构732个，签订技术贸易合同1740件，完成技术贸易合同额2.4亿元。

一大批科技项目的普及促进了工农业经济的持续发展。以禹城生物产业为代表的全市高新技术产业群发展起来。粮食、棉花、蔬菜等优良品种和科学种田知识的推广应用，对农业丰产、农民增收、农村走向文明富裕发挥了重要作用。以鲁棉1号、鲁棉6号和中棉系列、鲁棉研系列为代表的棉花良种，以鲁麦、济麦为代表的小麦良种，掖单、鲁玉、登海为代表的玉米良种，这些优良品种的大面积推广产生了巨大的经济效益和社会效益。

*教育梯次结构趋于完善合理，升学率稳步提升。*1986年，全区各级各类学校13001所，在校生21.9万人。其中，幼儿园3897所，小学

8383 所，普通高中、初中 664 所，农业、职业中学 27 所，普通中专 10 所，技工学校 3 所，成人中专 10 所，成人高校 4 所，普通高校 2 所，特教学校 1 所。

1986 年 3 月，地委、行署提出“在巩固普及小学前提下，有步骤分阶段实施九年制义务教育”。到 1993 年，九年义务教育入学率达 99.99%。2000 年 3 月，以德州高等专科学校为基础，整合全市教育资源，组建德州学院。2005 年，建成德州职业技术学院。2008 年，全部免除农村义务教育阶段学生教科书费。这些带有里程碑式的成就标明，德州已经建立健全起较为合理的包括基础教育、职业教育、成人教育、高等教育在内的，大中小学和幼儿园配套、大中专职业教育齐全的教育体系。至 2011 年，全市有各级各类学校 3480 所，在校生 132.30 万人。其中，幼儿园 2230 所，小学 982 所，在校生 46.18 万人；初中 180 所，在校生 18.62 万人；普通高中 20 所，在校生 7.63 万人；职业高中（中专）27 所，技工学校 14 所，普通中专 7 所，成人中专 2 所，普通高校 4 所，特教学校 14 所，在校生 1211 人。2011 年，全市平均每万人口中有初中生 323 人，小学生 802 人。幼儿园幼儿入园率达到 95% 以上。学龄儿童入学率 100%。小学毕业生升学率 99% 以上，初中毕业生升学率为 43%。高中毕业生 28333 人，高考录取人数占报考人数的 64.48%。

文化广播电视事业繁荣，节目丰富多彩，旅游事业方兴未艾。2011 年，全市有群众文化馆、站共计 145 个；各类艺术表演场所 10 处，各类艺术表演团体 10 家。科技、文化、卫生“三下乡”活动持续演出不断。随着文化经营管理体制改革不断推进，以“一勾勾”“马堤吹腔”等被列入国家和省非物质文化遗产的民间艺术团体演艺活动活跃起来，久演不衰。电影放映向高端化和普惠化分化，商业性电影放映主要集中在城市影剧院。公益性电影放映多在广场、街道和农村社区，颇受广大群众欢迎。广播电视节目实现了全覆盖，节目从转播到自办，多彩纷呈，人口覆盖率达到 100%。新闻出版创办了以《德州日报》为代表的多种报纸刊物，为全市经济繁荣和社会发展搭建了良好的舆论阵地。

2011 年，全市有公共图书馆 12 座，藏书 112.6 万卷（册）；博物馆、纪念馆 5 座；国家、省非物质文化遗产 9 处。旅游业从无到有，陆续开发出苏禄王墓、黄河故道森林公园等一批景点，成为人们休闲旅游的好去处。境内共有国家 A 级旅游景区 27 处，其中 AAAA 级 4 处、AAA 级 4 处、AA 级 19 处。2011 年，接待国内游客 1236.1 万人次，收入 45.44 亿元。接待入境游客 5.77 万人次，收入 1.75 亿美元。

医疗卫生水平渐次提高，防疫机制完备。1986 年，全区共有医疗卫生机构 556 个，病床 8691 张，医疗卫生人员 15397 人。到 1989 年，全区已建立乡镇预防保健站 250 个，成为全省建立乡镇防保站最早、数量最多的地区。1996 年起，对乡镇卫生院和农村卫生室实行镇办镇管、村办镇管的乡村医疗卫生机构一体化管理。2001 年，启动城市社区卫生服务站（中心）建设。2002 年 11 月至 2003 年春夏之交的“非典”疫情爆发期间，全市上下齐动员，群策群防，建立了完备的防堵机制，全市无一例疑似病例和诊断病例发生。

至 2011 年年底，全市共有各类医疗卫生机构 3448 个，医疗床位 17524 张，千人占有床位 2.79 张；医疗卫生技术人员 21027 人，千人占有技术人员 3.81 人。能够开展一些高难度和疑难病症的诊疗。全市连续 27 年无白喉、26 年无脊髓灰质炎发生，麻疹、百日咳、乙脑、新生儿破伤风等严重危害儿童身体健康的传染病发病率大幅度降低。2011 年，全市新型农村合作

医疗参加人数430.79万人，参合率达到99.77%，住院补偿封顶线提高到10万元。政策范围内住院报销比达到76.39%。是年，德州市获“国家卫生城市”称号。

群众体育扎实推进，全民健身风生水起，竞技体育连连夺冠。1986年，贯彻《国家体育锻炼标准》，到1992年学生体质合格率已由1986年的22%上升到53%。到2011年，全市中小学学生体质健康标准达标率98%。1987年，全区有各类职工球队1236个，经常参加活动的1.4万余人。实施“乒乓球进机关工程”“篮球进村工程”，利用体育彩票公益金，为部分村庄配置了健身设施。自1988年起，开展争创全国、全省体育先进县、乡镇活动，至2011年全市共创建全国体育先进县3个，涌现出一批省、市先进体育活动乡镇。1998年开始在实施“全民健身工程”。2011年5月4日，在全市“群众体育健身展示大会”上，1000多人展示了秧歌、腰鼓、太极拳等群众喜闻乐见的体育健身项目。2000—2011年，全市共开展3次国家国民体质检测，对象为3～69周岁公民，合格率梯次上升，分别为83.9%、85.4%和87.9%。国民体质监测总体合格率呈上升趋势。

至2011年年底，全市共有各类社会体育团体130个，建成一批全民健身设施。学校体育、职工体育、农民体育、残疾人体育、老年人体育和全民健身运动等丰富多彩。以广场舞、太极拳为代表的群众性文体健身活动空前活跃。2000年前后兴起的、以中老年妇女为主体的广场舞风靡全市城乡广场、公园和大街小巷，成为城乡一景。

1986—2011年，在全国性体育比赛中获金牌67枚，在国际体育比赛中获金牌21枚。2011年承办2项国家级体育比赛，1项省级体育比赛。在省级以上体育比赛中共获得22枚金牌、24枚银牌、17枚铜牌。

城乡居民收入增长幅度大，社会保障体系完善。2011年与1990年相比较，城市居民人均可支配收入由1357元，增加到19771元，增加18414元，增长13.6倍。2011年，城市居民人均消费性支出12347.28元，同比增长9.6%。人均住房建筑面积32.55平方米。农民人均纯收入由1990年的563元增加到8350元，增加7787元，增长13.83倍。农村居民人均居住面积37平方米。

2011年，全市企业职工养老保险参保人数38.7万人，企业职工养老保险金收缴17.00亿元，增长39.54%。享受养老保险的企业离退休人员8.07万人，增长7.03%，支付养老金13.89亿元，增长21.10%。全市失业保险参保人数27.8万人，享受失业保险人数3388人，发放失业保险金4115万元。城镇职工医疗保险参保人数66.71万人，收缴医疗保险和大额医疗保险救助金7.6亿元，支付医疗保险费3.57亿元。全市享受最低生活保障人员23.94万人，其中，城市5.14万人，农村18.80万人。“五保”对象1.31万人，供养支出3492万元。收养性社会福利单位188个，床位1.84万张。社会福利企业29家，安置残疾人471人。构筑起了较为完善的社会保障体系。

正视差距，立志创新图强，共同谱写幸福德州新篇章

1986—2011年26年间，德州取得的成就有目共睹，前所未有。纵向比较，进步显著。横向比较，差距不小。放眼全国、全省，德州尚属于欠发达地区，2011年全市地区生产总值1950.71亿元，地方财政收入95.06亿元。

往者不可谏，来者犹可追。承认落后是进步的起点。差距是长时期、多方面因素形成的。究其原因主要还是思想观念的差距。传统农业大区的天然优势，几千年日出而作日入而息，自给自足的小农生产方式，使人们的观念偏于固守，欠缺开拓创新精神，满足于小富即安，甚至不富也安。努力缩小差距，带领全市人民摆脱旧的思想观念束缚，使德州由一方人情热土，成为开拓创新、投资兴业的理想之地，是各级党委、政府和全市人民的共同责任。中共德州市第十四次代表大会已经向全市人民发出号召，市委、市政府郑重承诺，在党中央和山东省委的正确领导下，充分利用处于环渤海经济圈、京津冀经济圈、山东半岛蓝色经济区以及黄河三角洲高效生态经济区交汇区域的地理优势，全力实施产业兴市、文化立市、生态美市、惠民安市的战略，坚持改革促动、开放带动、创新驱动、实干推动，全面加快工业化、城镇化和农业现代化进程，着力加强和改进党的建设，推动科学发展，立志创新图强，共同谱写幸福德州新篇章。

大事记

DASHIJI

1986 年

1月16日 德州地区行署印发《关于进一步加强对扶贫工作领导的意见》。该意见要求,建立健全县乡(镇)扶贫领导小组,制定扶贫计划和措施,帮助农民种好责任田,搞好多种经营、家庭副业,传授技术,积极扶持他们发展生产,改善生活。

同日 中国人民解放军德州陆军预备役师改称德州陆军预备役步兵师。

1月 中共德州地委、德州地区行署印发《关于认真贯彻落实中共中央1986年1号文件的意见》。该意见要求:继续搞好农村产业结构的调整,深入改革流通体制,促进商品经济发展,改进和完善农产品的合同订购制度,继续完善农村合作制,继续完善土地承包制度,进一步加强土地管理,努力减轻农民负担,依靠科学技术促进农业稳定发展。

3月4日 地委、行署制定《关于贯彻执行〈中共中央关于教育体制改革的决定〉的意见》。意见从本地区实际出发,要求“在巩固普及小学义务教育的前提下,有步骤分阶段实施九年制义务教育”。

3月7日 地委、行署召开全区科技工作会议。会议传达贯彻中央和省委关于科技体制改革的精神,行署副专员马荣珂传达地区《关于科学技术体制改革的试行意见》。会议对27个科技进步先进集体、46名先进个人、8个尊重知识尊重人才先进集体和个人、53个科技进步项目进行奖励。

3月下旬 按照中共中央统一部署,在全区公民中实施普及法律常识(简称普法)第一个五年计划。全区配备法制宣传员14707名,培训1万名;有2163个村庄建立法制夜校,参加学习的干部群众85538人;参加学习的职工27103人。

4月11日晨 德州市(县级,至1995年4月改称德城区)第二运输公司“解放牌”大客车载53名游客去泰山,行至长清县平安镇大刘村附近,与停靠在公路右侧的一辆货车侧撞,客车违章携带的60公升汽油起火爆炸,死亡33人、烧伤19人,车辆报废,酿成了震惊全国的“4·11”特大交通事故。

4月19日 地区邮电局在德州市开通4000门自动电话,结束了德州手摇磁石电话机的历史。

4月下旬 德州电子仪器厂制造的台式呼吸监护仪、袖珍式呼吸监护器、贝克曼电子温度计,在第十四届日内瓦国际发明与新技术博览会上,分别获得特别奖中的二等奖和金牌。

6月19日 全区13个县(市)人民武装部改归地方建制交接工作全部结束。

7月16日 地委、行署制定《关于进一步搞活企业若干政策规定》。(1)企业在完成国家下达的主要计划指标和财政任务的前提下,通过挖掘潜力所取得的增收部分,实行企业与地方比例分成。(2)县属集体企业以工代干的负责人,现行工资低于同级工人的,可实行同级工人工资,或实行岗位补贴,补到同级工人的工资水平。(3)凡实行厂长(经理)任期目标责任制的企业,按年度规定目标每年考核一次,完成和超额完成当年目标的,予以奖励。(4)企业主要负责人工作变动时,由审计部门对该企业进行审计,澄清经营底子。(5)对长期亏损企业,凡扶持一下能活起来的,银行要给予一定贷款扶持。对限期扭亏增盈的企业负责人,给予适当奖励。(6)对经营管理有方,经济效益显著,逐年超额完成计划,有特殊贡献的企业主要负责人,经过县委、县政府考核、批准,可以提升职务和级别。

7月30日 全区落实知识分子政策工作

基本结束。按照中央和省委关于落实知识分子政策指示精神，自1982年开展工作，截至7月底，全区“文化大革命”期间及以前的2065件冤假错案全部平反纠正，并得到妥善处理。

8月10日 农业部批准夏津县为“全国优质棉生产基地县”。

10月7—11日 中菲（菲律宾）合拍的历史故事片《苏禄国王与中国皇帝》在德州拍摄外景。菲律宾演员在清真寺为东王举行伊斯兰葬礼仪式，拜访居住在北营村的东王后裔。

11月 德州地区确定将12个项目作为“七五”期间“星火”计划开发重点：（1）棉花副产品综合加工利用技术；（2）粮食加工和综合利用技术；（3）枣、蜜系列产品综合加工利用技术；（4）瓜、菜储藏保鲜和综合加工利用技术；（5）农村建材技术开发；（6）水产精养技术开发；（7）畜禽养殖及产品综合加工利用技术；（8）饲料品种及加工技术开发；（9）纺织新产品及服装技术开发；（10）为大工业配套的新产品及关键设备开发；（11）新颖日用小商品技术开发；（12）合成新材料及电子应用新技术开发。

12月5日 省委批准，马仲才任中共德州地委书记。25日，地委、行署领导班子其他成员调整。赵林山、张宗亮、吴振齐任副书记。赵林山任行署专员，许志玉、马荣珂、许红峰任副专员。

12月24—27日 中日学术联合考察团一行8人到平原县考察义和团起义和清末农民社会情况。代表团分别由中方团长路遥（山东大学历史系教授、中国义和团研究会常务副主席）和日方团长左左木（日本山口大学教授）带领，重点考察了平原义和团起义旧址苏集乡杠子李庄。

12月30日 德州人民广播电台举行开播典礼。

是年 全区全部废除“内招”和“子女顶替”制度，开始推行劳动合同制度，启动开展企业养老保险、待业保险。

是年 乐陵县中国燕陵酒厂研制的中华蜜酒获全国第二届发明展览会金质奖，并列入“世界名酒录”。

1987年

1月 严厉惩治刑事犯罪活动的斗争结束。按照中共中央、全国人大常委会的决定，1983年8月至1987年1月，德州地区先后组织3大战役，共破获各类刑事案件10080起，抓获各类刑事犯罪嫌疑分子7318人，摧毁犯罪团伙89个，抓获团伙成员461人。

2月12日 德州市被中央绿化委员会授予“全国绿化先进单位”称号。

2月16日 德州地区体育运动学校建立。

3月 全区第四批整顿党的组织（整党）工作结束。1984年12月至1987年3月，全区23.65万名党员分四批参加整党，965人受组织处理；清理“文化大革命”的影响。

4月 德州地区公安交通警察大队建立。

5月7日 地委、行署提出《关于深化企业改革、增强企业活力的试行意见》，共9点意见：（1）继续认真贯彻落实搞活企业的各项政策规定，使企业真正享有自主权。（2）改善企业的经营机制，按照“两权”适当分离的原则，积极推行各种形式的经营承包责任制。（3）贯彻按劳分配的原则，进一步理顺企业内部的分配关系。（4）普遍推行厂长（经理）负责制，做到责、权、利相结合。（5）采取坚决措施，保护企业的合法权益不受侵犯。（6）积极发展横向经济联合，建立生产要素市场。（7）进一步简政放权，抓紧清理、撤销行政性公司。（8）抓好企业技术改造，增强企业发展后劲。（9）积极做好思想政治工作，使干部职工自觉投身于改革。

5 月 29 日 德州地区计划生育协会成立。1991 年,县、乡计生协会相继成立。

5 月 职称改革工作在全民事业单位和集体事业单位专业技术干部中先后推开。至当年底,共评出高、中、初级专业技术人员 42182 人。

6 月 9 日 国务院有关部门确定华鲁电厂继续建设。总投资 10 亿元,由国家华能公司和山东省各负担 50%。山东负担的 5 亿元中,由胜利油田投资 2.5 亿元,德州地区集资 5000 万元。

6 月 地委转发地委组织部《关于选拔管理拔尖人才的试行意见》,决定每两年选拔一次,以地委、行署的名义命名表彰。

同月 德州地区机关、事业单位职工养老保险工作启动,地直机关事业单位劳动合同制职工作为首批人员纳入社会统筹。

8 月 6 日 中国民主同盟山东省直德州支部成立。

8 月 13 日 山东省第一家国营股份制金融企业——德州信托投资公司开业。信托投资公司为天津证券交易中心会员、中国证券协会会员。

8 月 全区颁发居民身份证工作启动。从本年第三季度开始对全区 16 周岁以上公民颁发居民身份证,到 1992 年年底全区发证率达 85% 以上。

10 月 14 日 德州市与辽宁省抚顺市结为友好城市。

10 月 25 日至 12 月中旬 全区开展以维修配套和更新改造水利设施为中心内容的冬春季节农田水利基本建设。全区有 85 万名劳力参加,新挖干支斗沟渠 628 条,清淤 1759 条;新建干支斗沟渠建筑物 2296 座,维修加固 1445 座;新建扬水站 55 处,改建维修 92 处;新打机井 4000 眼,维修旧井 4000 眼,完成 4000 眼机井的配套工程。工程完成后,扩大灌溉面积 20 万亩,改善灌溉面积 76.4 万亩,扩大除涝面积 30 万亩,治理盐碱地 16.4 万亩,新建旱涝保收田 37.8 万亩,治理水土流失面积 270 万亩,解决 109 个村 6.61 万人饮水困难的问题。

11 月 10 日 地委、行署作出《关于加快公路建设的决定》。该决定明确提出干线公路建设的目标:1990 年前,完成北郑、青石、济盐 3 条国道和省道建设任务,把 410 千米干线建成为二级路,把 7 处穿越县城的干线建成为一级路,完成济德路复线前期工程和一批大中修项目,使全区公路面貌有较大的改观。

12 月 1 日 德州电视台正式开播。

12 月 26 日 德州儿童乐园举行建成开园典礼。全国政协副主席、全国妇联主任康克清为儿童乐园题词“造福后代”并致贺电。航空兵某部为儿童乐园捐赠退役飞机 1 架。该园是当时山东省面积最大的儿童乐园。

12 月 德州地区首届文学艺术工作者代表大会召开,德州地区文学艺术联合会正式成立。

是年 九三学社山东省德州直属组成立。

是年 全区 13 家企业被评为省级先进企业。

是年 全区取得地区以上科技成果 72 项,其中填补省内空白和达到国内先进水平的 24 项。工业技术改造项目完成 130 项,农业实施省以上“星火计划”和地区以上开发项目 9 项,引进人才 1019 人。

1988 年

1 月 13 日 苏禄国东王墓被国务院定为全国重点文物保护单位。

春季 全区开展惩治制售假冒伪劣商品的专项斗争。全区共发现有问题的企业(包括个体工商户)585 家,查出假玉米种 14.5 万公斤,假棉种14万公斤，假化肥5458吨，假农药30吨，劣质柴油40吨。在重点查处生产资料假冒伪劣商品的同时，对副食品和其他商品也进行了检查，销毁一批假冒商品。

2月25—28日 中科院副院长李振声带领全国100多名科技人员到德州，与德州地区签订黄淮海平原农业科技开发合作意向协定250多项，帮助德州地区制订中低产田开发治理规划和实施方案。

5月 国家邮电体制改革，自上而下陆续实行邮政、电信分营。10月，德州地区邮电局拆分为德州地区邮政局、德州地区电信局，原地区邮政局的移动通信业务划归德州地区电信局，地区电信局统一经营固定电话、移动电话和互联网业务。

6月16—18日 国务院总理李鹏、国务委员兼国务院秘书长陈俊生、中共中央农村政策研究室主任杜润生等，到禹城县对旱涝碱综合治理实验区考察。当看到实验区取得的成果时，李鹏指出："中国农业的发展寄希望于黄淮海平原。"还指出：要搞好黄淮海平原农业开发，就得建立资金投入新机制，用经营的办法搞好治理和开发。投入资金，要有偿使用，流动周转，逐步形成良性循环体系。李鹏题词"开发禹城"。

9月1日 经国务院批准，撤销乐陵县建制，设立乐陵市（县级）。

9月2日 经山东省政协第六届三次常委会研究通过，省政协在德州地区设立联络组，为厅级单位。许志玉任组长，侯树华、冯宝童、周基勋、张国祯任副组长。

9月7日 济阳、陵县、临邑、武城、夏津、平原遭到特大风雹袭击，35个乡镇的917个村庄受灾。农田受灾面积7.569公顷，成灾面积6.21公顷，刮倒树木23867株，倒塌损坏房屋4207间，造成少量人畜伤亡。

9月14日 山东省第六届人大常委会第30次会议研究决定，将德州地区人大工作联络处（正县级）升格为省人大常委会派出机构——山东省人大常委会德州地区联络组（正厅级）。吴振齐任组长，王晓华、苏凤文、盛玉振任副组长。

10月 中国农工民主党德州市小组建立。

11月1日 《德州日报》创刊。

11月6日 中共中央委员、国家体委主任李梦华在地委书记马仲才、行署专员赵林山的陪同下，考察德州体育馆和地区体育运动学校。

11月 全区在平原、陵县等8个县（市）79个乡镇、544个行政村进行宅基地有偿使用试点，制止农村乱占滥用土地建房。

同月 德州市人民电影院经改造，成为德州地区首家道贝尔立体声电影院，填补德州地区无立体声电影院的空白（该影院1989年2月3日正式开业，1989年3月8日因故被烧毁，1990年11月8日重新对外开放）。

12月3日 地委、行署命名表彰地区级首批专业技术拔尖人才37名。

12月8日 行署命名表彰地区级首批乡镇企业拔尖人才100名。

12月14日 山东省医学科学院与齐河县人民医院成立全省第一家科研医疗联合体，齐河县人民医院挂"山东省医学科学院齐河医院"的牌子。

是年 经省人民政府批准，中外合资企业德州德达申家具材料有限公司成立。该公司立足区内丰富的棉秆资源，投资2.3亿元引进德国设备，生产刨花板和饰板等深加工产品，是国内最大的生产刨花板企业。2001年因产品销路及经营问题破产倒闭。

1989 年

1 月 3 日　由全区人民集资兴建的德州体育馆落成开馆。体育馆坐落于德州东方红路，德州二中北侧，总投资 190 万元，建筑面积为 2688 平方米，可容纳观众 3500 人。2013 年 3 月，该体育馆建筑拆除。之后，德州二中扩建北延至东方红路。

1 月 22 日　经山东省人大常委会批准，省人大常委会德州地区联络组改为山东省人大常委会德州地区工作委员会。吴振齐任主任，王晓华、苏风文、盛玉振任副主任。

2 月 17 日　地委、行署领导班子调整。赵林山任地委书记，吴振齐、马荣珂、袁文光任副书记；马荣珂任专员，董昭和、许红峰、王富昌任副专员，宫传华为行署调研员。

2 月 22 日　山东省政协德州地区联络组改为山东省政协德州地区工作委员会。许志玉任主任，侯树华、冯宝童、周基勋、张国祯任副主任。

2 月 22—24 日　全区乡镇企业工作会议召开。省委副书记、副省长赵志浩到会讲话。会议提出，充分利用机遇，发挥自身优势，4 个轮子齐动，以发展个体和私营企业为重点，优化结构，搞好联合，发挥群体优势，突出经济效益，增强企业活力，在治理整顿中发展，在深化改革中前进，促进全区乡镇企业稳定、持续、健康发展。

3 月 15 日　行署制定扶持和奖励棉花生产办法。在认真执行国务院和省政府新制定的棉花政策的基础上，结合全区实际，实施 3 条扶持和奖励办法：(1)对开荒植棉实行优惠政策。每开荒 1 亩棉田，优先供应 25 公斤化肥、5 公斤柴油，5 年不交提留，不缴农业税。(2)地、县(市)建立棉花生产奖励基金，实行层层奖励。(3)地区着重抓好 50 个重点产棉乡镇，在资金、良种、化肥、柴油、农药、技术等方面给予扶持，力争这 50 个乡镇的棉花产量占全区产量的 1/4。

4 月　民政部授予乐陵市杨家乡梁锥子村农民梁希森“义重德高”匾牌。梁希森投资 30 万元先后为全村修建学校、安装自来水、架设高压电线、修便民桥和卫生室，并兴办敬老院，使 6 个乡镇的 14 名鳏寡老人得到赡养。全国 17 个新闻单位先后采访报道梁希森的事迹。

5 月 12 日　地委、行署发出《关于开展向党清俊、侯庆英同志学习的通知》。临邑县人民检察院检察长党清俊廉洁勤政，执法如山，被最高人民检察院授予全国“模范检察长”光荣称号。夏津县渡口驿东村女青年侯庆英在生死关头挺身而出，与持刀行凶的歹徒英勇搏斗，用鲜血保护了两名儿童，被共青团中央授予“见义勇为勇士”荣誉称号。

5 月 30 日　全国纺织系统思想政治工作研讨会在德州棉纺织厂召开，纺织部部长吴文英参加会议，充分肯定德州棉纺织厂深入进行形势教育的经验。《人民日报》5 月 9 日曾发表长篇报道介绍“德棉”的做法。

5 月　从北京航空风力研究中心引进的 150 瓦微风发电机，在夏津县新盛店镇东屯村试验成功。这是德州地区投入试用第一台风力发电机，日发电量 3.5 千瓦时以上，经 4 个月的试运转，效果良好。

6 月 2 日　平原、陵县、临邑、商河、宁津、乐陵、济阳 7 县(市)的 89 个乡镇遭受冰雹和暴雨袭击，286.1 万亩农田受灾，倒塌房屋 1 万间，死亡畜禽 5000 余头(只)，直接经济损失 1.8 亿元。

6 月　全区夏粮喜获丰收，单产平均 323 公斤(列全省第一名)，总产 16.9 亿公斤，均达历史最高水平。平原、陵县、禹城、德州市小麦单产超过350公斤，武城、商河、庆云、济阳、齐河、禹城6个县单产、总产比历史最高水平增长10%以上。

7月5日 九三学社德州支社成立。

8月1日 华鲁发电厂正式开工建设。一、二期工程建设安装4台30万千瓦国产亚临界燃煤机组，1991—1994年相继建成投产。该厂历经电力体制改革、资产重组后，于2000年12月31日更名为华能国际电力股份有限公司德州电厂。

8月9日 全区清理整顿文化市场工作全面展开。到9月底，共清理47家印刷厂、241个图书报刊经销点、49家音像制品销售点、112家放映点、72家文化娱乐场所。取缔无证经销点37个，查缴非法、黄色书刊20661册、音像带2846盒，查封书刊经销点102家，音像放映点51家。

8月上旬 全区百万人投入抗旱保秋活动。进入7月后，全区基本无雨，旱情持续发展。截至8月10日，严重干旱面积达420.5万亩。

9月1日 第一届乐陵金丝小枣节开幕。共接待外地客人1300人次，销售小枣100万公斤。此后，金丝小枣节每年举办一次。

9月1—2日 地委在夏津县召开现场会，推广夏津农村党支部达标升级管理做法。

9月20日 中国民主促进会（简称民进）德州市第一次会员大会召开，民进德州市支部成立。

9月 德州火车站广场扩建竣工，面积由7000平方米增至3.3万平方米。

10月15日 冬春水利建设大会战开始。重点是引黄干渠清淤和开挖机井。地区统一组织出工22万人，到11月15日结束。

11月12—13日 国务院副总理田纪云在省长赵志浩、副省长王乐泉的陪同下，实地考察平原县境内的引黄三级沉沙池清淤工作。

11月上旬 德州地区16个“星火”计划项目在全省“星火”成果展览交流评比中获奖，其中有6项获得金奖，5项获得银奖，5项获得铜奖，其中有4项达到国内先进水平。

是年 本区黄淮海中低产技术开发取得显著成果。被列入全区1989年黄淮海平原农业科技开发项目的106.6万亩中低产夏玉米，平均亩产479.5公斤，比开发前3年平均每亩增产163.1公斤，增长51.5%。按现行价格算，新增产值1.4亿元。被列入农技开发项目的125.05万亩中低产棉花，平均亩产皮棉80.1公斤，新增产值6130.7万元。

是年 全区严打斗争见成效。按照全省的统一部署，自1989年年初，全区开展了3次以惩治暴力犯罪、团伙犯罪和流窜犯罪为重点的专项斗争，进行了5次集中打击活动。据统计，共破获各类刑事案件808起，抓获各种犯罪分子3293人；依法逮捕1062人，判刑865人。

1990年

1月1日 山东省政府调整德州地区部分行政区划。省政府决定，并报请国务院批准，将济阳县、商河县（除奎台乡划归乐陵外）及齐河县的桑梓镇、大王乡、靳家乡划归济南市管辖。桑梓镇的油房赵村、大漠刘村仍归齐河县。

1月 德州地区摄影家协会成立。

2月13—14日 中共中央委员、济南军区司令员李九龙中将到德州地区考察征兵工作。

3月9—10日 全区科技工作会议召开。确定“科技兴德”战略目标、任务和措施，对上年度优秀科技成果进行表彰奖励。

3月27—30日 全国玉米高产开发研讨会在德州召开。来自全国科研、教学和技术推广等部门的60多名专家、教授共商玉米高产开发大计。农业部确定1990年为农业科技推广年,粮食要增产,玉米挑重担,德州是样板。德州地区粮食连续10年增产。1989年10万亩高产开发田单产达633.8公斤,涌现出许多吨粮田、吨粮乡,为玉米高产积累了经验。

4月8日 全国政协主席李先念为“小枣之乡”乐陵市题词:“因地制宜,艰苦奋斗,建设社会主义新农村。”

4月15日 国家体委“争创全国体育先进县”检查验收团一行8人到齐河县检查工作。当年,齐河县被命名为全国体育先进县。

4月27日 位于德州市三八路与解放路交会处的德州城隍庙大殿发生火灾,近600年的古建筑化为灰烬,德州城隍庙的残迹全部消失。德州城隍庙于明永乐九年(1411年)由知州何源建,是城区内仅存的古建筑。

5月中旬 截至5月中旬,全区共清理撤并各类公司204家,其中撤销116家,占56.9%;合并13家,占6.4%;取消公司名称改为其他企业75家,占36.7%。这些撤并的公司,有的属于不具备开办条件,有的是党政机关开办的,有的属于非法经营、资不抵债。

5月20—24日 全国“三夏”(夏收、夏种、夏管)现场会在德州召开。总结和推广德州地区以粮保棉、以棉促粮、夺取粮棉双高产的经验。国家计委、人事部、商业部、中国农行、国家气象局、总后军需部、济南军区,全国30个省、自治区、直辖市的农业厅(局)长、处长,山东省及德州地区有关部门负责人100多人出席会议。行署副专员董昭和作典型发言。

6月22—23日 全区经济体制改革工作会议召开。会议明确经济体制改革的主要任务是稳定农村政策,继续深化农村改革;坚持和完善企业承包经营责任制,做好第二轮承包工作;坚持和完善厂长(经理)负责制,切实加强企业党的建设;积极妥善地发展企业集团,推进企业兼并;整顿市场秩序,深化流通体制改革;积极推行各项改革试点工作。

7月21日 地委、行署召开紧急会议,部署抗灾救灾工作。入夏后,全区11个县(市)普遍遭受风、雹、虫、涝等多种自然灾害,重灾乡镇82个,重灾村庄4040个,受灾人口347万多人;受灾农田610万亩,占耕地面积的70%,其中重灾面积313万亩,绝产粮田110万亩、棉田97.4万亩、菜田10万亩。加上房屋、牲畜、道路、水利设施等损失,总经济损失12亿元。到7月底,已有近万名干部到乡、村、户,发动群众生产自救。向灾区返还粮食133.7万公斤,发放救济款和物资折款164万元。

8月 德州师范专科学校被评为全国优秀师范专科学校,受到国家教委表彰,获奖金30万元。

9月3—4日 中共中央政治局委员、国务院副总理田纪云在山东省副省长王乐泉陪同下,到德州调研。田纪云接见地委、人大、行署、政协和军分区负责人,听取关于农业生产和抗灾自救情况的汇报,并察看了平原、禹城、齐河秋季作物的生长情况。

9月17日 亚洲运动会在北京召开,全国举行亚运圣火传递仪式。是日,圣火在德州11个县(市)传递点燃。德州地区邮票公司发行纪念明信片1000枚,是地区邮票公司首次发行纪念明信片。

9月 夏津县获农业部授予的“全国优质棉基地建设先进县”称号。是年,夏津县被国务院命名为“粮食生产先进县”。

11月16日 德州地区1990年人口普查主要数据公布:截至1990年7月1日,全区总人口为506.81万人,其中城镇人口54.82万人。男性为256.04万人,占50.5%;女性为250.77万人,占49.5%;汉族500.21万人,占98.7%;少数民族66009人,占1.30%;大专文化程度以上的27467人，高中（含中专）文化程度的270316人，初中文化程度的1188031人，小学文化程度的2144792人。

11月19日 地委召开全区农村社会主义教育（简称社教）动员大会。此次农村社教主要内容是开展社会主义优越性、集体主义、爱国主义、精神文明和坚持党的领导等6个方面的教育。时间从11月初至1991年2月初。

11月20日 齐河县邱集煤矿正式开工。该矿位于齐河、东阿两县交界处。煤田东西长6千米~8.5千米，南北宽6千米~8千米，煤炭储量3.25亿吨，设计能力年产45万吨，服务年限为80年。

11月 德州市人民政府拨款14.5万元，对苏禄王墓建筑群进行修缮。

12月12日 禹城县东方化学试剂厂生产的“502”常温瞬时强力万能胶粘剂，在广州第二届国际专利产品展览会上获国际金奖。

1991年

1月 全区有38家工业企业进入全省第一批大中型企业行列。其中大（二）型2家，中（一）型11家，中（二）型25家。

3月14—15日 中国科学院“八五”黄淮海平原农业综合开发工作会议在禹城县召开。中科院副院长李振声、农业项目办公室主任刘安国和副主任吴长惠及24个研究所的63名专家、教授参加会议。

5月 德州地区作家协会成立。

6月1日 华鲁电厂主要配套工程之一丁庄水库开始蓄水。该水库位于陵县西部丁庄乡，占地8899亩，总投资7000万元。1989年动工兴建，是全国火电厂最大的专用水库。

7月11日 临邑县宿安乡高辛中心小学15岁的少先队员魏保明，为抢救两名落水儿童英勇献身。省政府、德州地委和临邑县委、县政府分别作出决定，追认他为烈士，开展学习魏保明的活动，并将高辛中心小学更名为“保明小学”。

8月16日 首届“中国宁津蟋蟀节”在宁津举办。《农民日报》《经济参考》《信息日报》、山东电视台、山东人民广播电台等10多家媒体报道蟋蟀节的盛况。

10月26日晚 国务院总理李鹏在赴山东考察途中停经德州，德州地委、行署主要负责人汇报工作。

12月10日 地委、行署印发《关于建立和完善国营工业企业内部激励机制的若干规定》。规定的主要内容：全面贯彻落实《中华人民共和国企业法》。实现能上能下的干部人事制度，坚持和完善工效挂钩办法，实行向一线工人倾斜的分配政策，全面推行科技开发项目承包，鼓励销售人员扩大销售，逐步推广“进档达标”承包经营责任制。

12月14日 华鲁电厂一期工程投产发电。由山东电建二公司承建的华鲁电厂一期工程两台30万千瓦机组，经过29个月的建设，提前投产发电，创出全国同类机组建设工期的最新纪录。

12月底 全区“打拐”（打击拐卖妇女儿童的犯罪活动）取得初步胜利。自6月下旬开始，共抓获拐卖妇女儿童的犯罪嫌疑人691人，破获犯罪团伙41个，取缔窝点、转运站22处，破获此类案件696起。

是年 夏津县现代食用生物技术研究所完成大面积食用菌无霉菌污染生产栽培技术项目，实现了150吨食用菌无霉菌污染，该项技术填补一项国内空白。

1992年

1月3日 鲁北图书交易会暨德州出版发

行大厦落成典礼在德州举行。

1月9日 德州地区与济南市经济技术协作签字仪式在济南市舜耕山庄举行。地区与济南市各县(市、区)和20多个乡镇建立协作关系,落实协作项目40多个。德州地委书记赵林山、济南市委书记翟永溥出席签字仪式并讲话。

2月15日 经省委批准,杨传堂任德州地委副书记、行署专员。

3月15日 济德科技协会在德州举行。山东大学、山东工业大学、山东师范大学、山东省科学院等50多个单位的110名专家、教授及项目负责人和德州地区各县(市)、有关部门、各乡镇负责人、企业代表2500多人参加会议。

3月28日 全区深化改革扩大对外开放会议召开。地委副书记、行署专员杨传堂在会上讲话。他要求:(1)解放思想,增强改革开放的自觉性、危机感和紧迫感;(2)以打破“一大三铁”(大锅饭、铁交椅、铁工资、铁饭碗)为突破口,加快企业经营机制转变;(3)加快对外开放步伐,大力发展外向型经济;(4)加强领导,转变职能,保证改革开放积极稳妥地进行。会议讨论修改了《关于深化企业改革,扩大对外开放的意见》。

4月末 地区直属机关和德州市各界人士3000多人参加全省“齐鲁儿女保护环境十万人签名、绘画”活动。签名活动结束后,将这块长达650米的白丝绢,赠送给6月5日在巴西召开的“世界环境与发展”大会,以纪念世界《人类环境宣言》发表20周年。

5月20日 首届中国临邑邢侗书法艺术节在临邑县邢侗纪念馆举行。

5月22日 全区科技奖励大会召开,地委、行署对获得1991年度国家及省、地科技进步奖、星火计划奖的集体和个人进行表彰奖励。在896项科技成果中,有18项、168项和124项分别达到国家、国内和省内先进水平;2项获国家星火计划奖;3项、67项、433项分获国家、省、地科技进步奖;4项获省星火计划奖。

5月29日—6月1日 全国农村公证工作现场会在德州召开。司法部部长蔡诚和有关部、委负责人及各省市、自治区司法厅(局)长、公证处处长等共150多人参加会议。山东省委副书记高昌礼,省委常委、政法委书记陈建国,德州地委、行署领导杨传堂、莫振奎、蔺善宝等出席会议。蔡诚在会上讲话指出,德州地区针对农业和农村工作的老大难问题,积极开展大批量、大面积公证的做法,为全国开创农村公证工作新局面闯出了一条新路子。会议要求,全国司法行政机关学习推广德州的经验,推动全国公证工作的全面开展。

6月30日 乐陵师范学校撤销。

7月初 全区农村户口实行城市化管理。为适应开放搞活的新形势,强化农村社会治安管理,自上年11月开始,在全区推广农村户口城市化管理工作。

7月15日 德州扒鸡公司将6666只扒鸡送往参加巴塞罗那奥运会的中国体育代表团。德州扒鸡被国家体委列为中国体育代表团首选专用食品。

7月下旬 胜利油田在临邑县临南镇一带发现高产油田,石油资源量1.4亿吨,为1991年探测储量的7倍。

7月25日 行署专员杨传堂应邀率团对日本新居滨市进行友好访问和考察,并与新居滨市市长正式签署两地(市)“友好交流关系协议”。地区杂技团随访问团进行演出。

7月 在首轮国有企业改革中,行署批复成立德州地区粮油集团总公司,隶属于地区粮食局,为全民所有制中型(二)企业。以德州粮食转运站、地区粮油议价购销公司、地区粮油食品工业公司为核心层;以地区饲料公司、地区粮油器材采购供应站、地区粮食局汽车队为紧密层;以禹城粮食转运站为半紧密层;以区内各县、市粮油总公司为松散层组建而成。

9 月 5 日 地委、行署对为全区经济社会发展作出突出贡献的科技人员和主管人员给予重奖,并授予"德州科技明星""科技兴德伯乐奖"称号。

9 月 6 日 德州市程控电话零时割接开通。市话号码由 5 位升为 6 位。

9 月 28 日 全省最大的技术改造项目——德州化肥厂年产 10 万吨合成氨、2 万吨甲醇工程正式开工兴建。

10 月 1 日 经上级批准,全区放开城镇居民粮油销售价格,实行随行就市。

10 月 4 日 在第四十届国际军事五项锦标赛中,齐河籍运动员黄光泉与其他 3 名队员获男子五项全能冠军。

10 月 5 日 山东省十六届运动会德州地区庆功会在地区体育馆举行。德州地区代表队夺得 12 枚金牌、11 枚银牌和 15 枚铜牌,总分 266 分。在全省排名由上届的第 15 位跃至第 11 位,同时获得省体育道德风尚奖。

10 月 10 日 地委、行署和德州军分区在齐河县召开大会,为抢救落水青年而献出生命的宣章屯乡李振屯村共青团员杨玉根追记一等功,号召全区人民掀起向杨玉根学习的活动。

10 月 22 日 中共中央政治局委员、国务院副总理田纪云一行 9 人到庆云考察工作,对庆云的农业生产和养殖业给予充分肯定。田纪云指出:"要全面发展庆云经济,不仅要发展养殖业,还要办好乡镇企业,大力发展第三产业",并题词"坚持改革开放,振兴庆云经济"。

10 月 25 日 第一届"中国平原鸽子节"在平原县开幕。北京、天津、上海等全国 10 多个省市的经贸界人士及美国、英国、加拿大、澳大利亚、德国、新西兰、坦桑尼亚等国家的 2500 多人参加了盛会。国务院副总理田纪云为中国平原鸽子节题词。

10 月 德州地区公证处成立。

同月 夏津县精华聋儿语训希望学校建立,为德州市首所民办聋儿语训学校。

11 月 3 日 水利电力部第十三工程局举行国务院总理李鹏题词纪念碑揭幕仪式。李鹏为十三局建局三十周年题词"疏洪导水、造福人民"。该纪念牌由汉白玉大理石制成,高 3 米,宽 3.88 米。

11 月 德州青少年宫建立。

12 月 经省委批准,张惠来任中共德州地委书记。

是年冬 50 万民兵奋战"三河两灌区"。入冬以后,全区人武系统按照地委、行署和军分区的统一部署,成建制动用民兵团 11 个,民兵营 213 个,民兵连 8234 个,打井队 400 多个。他们不畏严寒,奋战在徒骇河、马颊河、德惠新河及潘庄、李家岸两大灌区。共修建工程 1822 处,投资 3076 万元。总参谋部和济南军区、山东省军区分别加按语,转发本地区这一做法。

是年 全区开始实行"国家政策指导下的市场就业"方针,破除统包统配的就业体制,建立企业自主用工、个人自主择业、主体双方选择、市场竞争就业的新机制。

1993 年

2 月 1 日 地委召开全委扩大会议。明确全区经济发展的 3 年奋斗目标是三个"千方百计":千方百计争取工农业总产值翻一番;千方百计提前一年实现国民生产总值第三个翻番;千方百计争取不低于全省经济的增长幅度。

2 月 6—8 日 首届德州扒鸡美食节在德州体育馆举办,中外来宾 300 多人参加。

2 月 21 日 中共中央政治局常委、国务院副总理朱镕基带领化工部、商业部、农业部、国

务院办公厅等 8 个部委的负责人，在山东省委书记姜春云，省长赵志浩，副书记、副省长李春亭及德州地区负责人等陪同下，到禹城视察工作，考察了禹城县房寺镇南小刘村。

2 月 23 日 德州振华玻璃玛赛克股份有限公司成立，成为全区第一家股份制企业。

同日 德州地区第一部移动电话（手机）开通。该手机是地区邮电局网络部内部保障信号测试的摩托罗拉 8900，手机号 900112。

3 月 1 日 地委、行署决定实施“双五〇”工程，带动全区经济发展。“双五〇”工程是在全区范围内选出 50 家 1992 年产值过 1000 万元、利税过 100 万元的工业企业，用 3 年时间，投入技改资金 41.4 亿元，安排技改项目 154 个。

3 月 2 日 地委、行署召开表彰奖励大会，为有突出贡献的科技人员、优秀厂长（书记）、优秀乡镇干部和首批享受政府特殊津贴人员在内的 40 多位有功人员授奖。

3 月 10 日 由德州市承办的中国儿童少年第五届“金牛奖”暨“童鸡奖”评选揭晓。

3 月 22 日 全区 8 个县（市）城镇校改达省优秀标准。共投资 2.15 亿元，新建楼房 121 幢，平房 3985 间，总建筑面积 57.4 万平方米。

3 月 24 日 全区“基础设施建设年”活动启动。从 1993 年开始，在全区开展为期三年的“城乡基础建设年”活动。抓好 6 个重点：（1）交通运输；（2）邮电通信；（3）能源动力；（4）水利；（5）商业服务；（6）环境卫生和绿化。

3 月 26 日—4 月 1 日 德州地区组团参加在香港举行的 1993 年山东省投资招商及进出口贸易洽谈会。共签订利用外资合同 24 个，总投资 9107.3 万美元，合同外资金额 5066.9 万美元；签订利用外资协议 27 个，总投资 141163 万美元。签订出口合同 10 项，合同出口金额 600.6 万美元，签订出口协议、意向 10 项，金额 1000 万美元；签订出口供货合同 3 项，811.8 万美元；签订进口协议 1 项，280 万美元；签订国内贸易 1 项，987 万元人民币。

4 月 5 日 德州地区与海口市缔结为友好地市。

5 月 7 日 德州地区“横向经济联合”恳谈会在济南南郊宾馆举行。共签订意向合同项目 472 个，引进外资 8900 万美元，引进人民币 4.75 亿元，引进人才 1482 人。

5 月 14 日 在北京举办的首届中国国际服装服饰博览会上，陵县颜陵毛纺织厂的 12207 混纺大衣和德州金泰制衣有限公司的女套装分别获得银奖。

5 月 18 日 德州地区经济广播电台开始（试）播音。电台覆盖半径 150 千米以上。节目以新闻、经济信息为主，同时设有文艺、游戏、热线点播、咨询等节目。

5 月 23—25 日 全国篮球四强（八一队、前卫队、沈阳军区队、济南军区队）在齐河县举行比赛。亚洲巨人、八一队教练穆铁柱带队参加。

5 月 由德州行署主办、地区史志办公室编辑的大型综合地情资料工具书《德州年鉴》创刊。

5 月 胜利油田在临邑县兴隆寺乡勘探表明，该乡有丰产油田，含油面积至少 3 平方千米，储量 2000 万吨。

6 月 7 日 陵县神头镇发现汉太中大夫东方朔墓碑。

6 月 13 日 德州地区新华书店被国家新闻出版署定为全国首家改革试点单位。

6 月 17—19 日 全国人大常委会副委员长、民盟中央主席费孝通到德州地区考察指导工作，听取地委书记张惠来工作汇报，走访农村和乡镇企业，了解农村经济发展情况。

6 月 22 日 17 时 40 分至 18 时 12 分，夏

津县境内自西北向东南遭受特大风暴袭击，风力10级以上，持续半小时。全县受伤63人，死亡1人。10万亩果园落果率达42%～50%，严重的达80%。同日，禹城县也遭受罕见的特大暴风雨袭击，最大风力达10级，暴风雨和冰雹造成3人死亡，300多人受伤，经济损失3200万元以上。

7月 《德州地区志》由齐鲁书社出版发行。《德州地区志》记述了德州地区1840—1985年间自然、政治、经济、军事、文教等方面的历史史实，共计123万字。

9月4日 经国务院批准，撤销禹城县，设立禹城市（县级），其行政区域不变，不增加机构和人员编制。禹城县于10月18日举行撤县设市庆祝活动。

同日 地委决定公开选拔地直有关单位主要负责人。公开选拔的单位有地区供销社、粮油集团总公司、机械电子工业公司、纺织工业公司、第一轻工业公司。10月22日，新选拔的5名干部上任。

10月14日 全国公安战线二级英模张信忠事迹报告大会在宁津县举行。会上宣布公安部关于追授张信忠全国公安战线二级英模称号的命令，以及中共德州地委追授张信忠“优秀共产党员、廉洁自律模范”称号的决定。

10月26日 庆云水库开工建设。至1995年12月30日竣工，结束了库区长期缺水的历史。

10月 丁东水库项目正式破土动工。该水库从潘庄引黄总干渠引水，经马颊河、小庄沟入库，引水线路总长度为130千米。入库泵站位于水库西北角，设计提水能力20立方米/秒。1997年10月12日，丁东水库竣工蓄水。总面积8.51平方千米，蓄水面积7平方千米，总库容5000万立方米，年调蓄水量1亿平方米，每年可为华能德州电厂供水2555万立方米，为城区工业和居民生活供水4380立方米，还可以对潘庄引黄灌区下游的农业供水进行调蓄。1998年正式投入使用。丁东水库是德州有历史记载的最大人工蓄水设施。

11月16日、17日 夏津、武城等县遭受罕见的寒流袭击。16日白天气温为11℃，夜间突降大雪。17日低气温骤降到－26℃。果树遭受严重冻害。

11月22日 德州地区水利工地20万民工撤出风雪大包围。11月中旬，全区连降中到大雨。11月15日，由雨转雪，气温骤然降至－9℃，之后气温持续下降，最低达－20℃。一场罕见的大雪降临在引黄清淤工程工地，坚持施工的20万名民工被困，处境困难。行署紧急命令各县（市）和地直有关部门，不惜一切代价抢运民工。全区各级负责人随即奔赴工地组织撤离。水利、交通、气象、公安等部门通力协作，紧急调动车辆1500辆（次）。至22日，民工全部撤离工地。这一突发事件，成为水利施工由人海战术向机械化施工转折点。

12月 德州地区和平原县分别被林业部授予“全国平原绿化先进单位”称号。

是年 德州地区希望工程助学基金会成立。

1994年

1月18日 由中央电视台、山东省电影电视剧制作中心、山东电视台联合录制的8集连续剧《大地缘》首映式及座谈会在陵县举行。该剧以治理黄淮海平原为背景，以著名土壤学家王守纯等一批农业科学家为原形，真实反映了20世纪60年代至80年代末活跃在鲁北平原改碱治涝第一线的老、中、青三代科学家的工作生活情况。

2月1日 武城县玻璃钢生产获全国“六

连冠”。据中国玻璃钢工业协会确认:武城县自1988年被国家授予“第一个玻璃钢县”之后,产量、产值连续6年名列全国县级单位榜首,获得第一。

2月23日 全省实现村村通电工作会议在德州召开。1994年3月28日,德州地区8530个行政村实现村村通电。

3月5日 《德州日报》头版发表《李明星发明果蔬保鲜技术在新疆一炮打响》的消息。被团中央和国家科委命名为“全国农村青年星火带头人”的平原县平原镇巩庄村43岁的农民李明星,经8年间上百次的反复试验,成功地发明了“三元无乙烯气调果蔬贮运保鲜概论和应用技术”,并试制出“多功能乙烯净化器”,获第二届国际新技术产品优秀奖并被国家授予专利权。1993年8月,李明星携技术北上出塞,使新疆葡萄南运深圳万里行试验成功。

5月13日 中华人民共和国济南卫生检疫局德州办事处成立。

5月17日 经司法部和省编委批准,山东省德州劳改支队正式更名为德州监狱,并举行更名挂牌仪式。

5月27日 德州通力实业有限公司成立,主要制造经营农用三轮车、汽车配件。生产的“德宝”牌三轮车远销省内外。

5月29日 《人民日报》报道:德州地区把发展工业的重点放在抓现有企业的技术改造上,1991—1993年,全区完成技改投资16亿元,增加年产值能力30亿元,利税能力5.3亿元,创汇能力1亿美元。全区有41家企业跨入大中型企业行列。德州国棉厂、德州振华玻璃厂、德州通力实业总公司、乐陵木制工艺品总厂、乐陵金麒麟刹车片有限公司等十几家企业,1993年生产规模、经济效益、全员劳动生产率等主要经济技术指标均居全国同行业前列。

5月 在上海召开的全国图书发行工作会议上,德州图书发行改革经验被称为“德州模式”向全国推广。

同月 德州人才智力市场正式挂牌。

6月7日 全区县、乡机构改革基本结束。自本年春开始,各县(市)、乡(镇)相继进行机构改革,至本日已基本结束。应精简的机构全部实行“转、并、撤、归”,人员实行分流。全区县(市)直党政机构由769个合并为331个;211个乡(镇)合并为193个;县(市)直机关工作人员由14658人减少到6531人,精简幅度为55.5%;乡(镇)党政机关工作人员由11541人减少到6227人,精简幅度为46%。

6月16日 德州市政府召开紧急会议,针对自5月下旬,黄河开始断流,全区大旱,要求启动市区内“自备井”,解决居民吃水、用水的燃眉之急。铁路给水所、石油化工厂、水电部十三局等29个单位的54眼“自备井”迅速并网,无偿向居民供水。

6月22日 德州地区首家股票交易市场——工行山东省信托投资公司德州办事处证券产权交易营业部开业,专门办理股票的发行、托管、登记过户、支付和代收股票的本息红利、投资及股票咨询等交易业务。

6月 德州市实验小学逸夫教学楼竣工。此楼由香港著名爱国人士邵逸夫捐赠40万港币建成,总建筑面积2213平方米。1995年,他又捐款80万元港币建成德州一中逸夫楼。

7月6日 全区普降暴雨,齐河、禹城、临邑、宁津、平原5县(市),52个乡镇,1020个村庄遭受水灾,有615个村庄农户屋内进水。倒塌房屋2万余间,死亡牲畜14900头,农作物受灾面积200万亩。禹城市个别村庄积水0.5米以上;齐河县死亡2人,直接经济损失3.9亿元。

7月 地委书记张惠来率招商引资团一行28人赴澳大利亚及新加坡开展招商引资活动。

9月11—12日 中共中央政治局常委、国务院副总理朱镕基到德州地区考察棉花生产。朱镕基到夏津等县(市),深入田间地头,观察棉花长势,向农民详细了解生产、生活等方面情况,同时向农民宣传国家的棉花政策,保证棉花收购不打"白条"。

9月13—14日 行署召开全区公路建设工作会议。地委副书记、行署专员莫振奎强调,公路现代化规划目标分三步实施:1995—1997年修建高等级公路与改造老油路并举;1998—2000年以提高公路等级为主,完成老油路改造;2001—2010年完善高等级公路网。

9月17日 在第八届全国发明展览会上,德州地区的18个参评项目,有15个获奖。其中,获得金牌3枚、银牌4枚、铜牌8枚。金牌获得总数与济南、烟台并列第一。

9月22日 《人民日报》报道夏津县双庙乡范楼村农民范士芳的植棉事迹。范士芳从1984年开始承包114亩荒地植棉,10年间向国家交售籽棉25万公斤,收入30多万元,先后被评为"全国植棉大户""山东省劳动模范"。

9月26日 中国青少年发展基金会拨专款救助齐河县50名失学少年。国务委员、国务院秘书长罗干,国务院副秘书长罗韶华、何祚芝分别与齐河县小周乡后甄小学的王凤国、王凤伟和富足店乡杨道口小学的杨继华结对,每人救助300元。

11月8日 京福(京台)高速德州段开工建设。为德州境内第一条高速公路,境内长93.1千米,1997年建成通车,双向四车道,沥青混凝土路面,南接济南黄河二桥,北连京福高速河北段。

12月17日 经国务院批准,撤销德州地区和县级德州市,设立地级德州市,市人民政府驻原德州地区行署驻地。德州市设立德城区,以原县级德州市的行政区域为德城区的行政区域。德州市辖原德州地区的乐陵市、禹城市、陵县、宁津县、庆云县、临邑县、齐河县、平原县、夏津县、武城县和新设立的德城区。

是年 地区妇联开始实施"春蕾计划",动员社会力量救助失学女童重返校园。

1995年

2月10日 中央电视台在《新闻联播》中播出北京军区总医院为临邑县小姑娘杨晓霞免费治病的新闻。同时播放了北京市各界人士踊跃捐款60余万元的消息,引起反响。杨晓霞身患肤体溃烂性疾病,转入该院后得到热情关怀和精心治疗。杨晓霞治愈后,刻苦学习,后被北方交通大学免试录取,毕业后从事残疾人康复工作。

2月17日 省委决定,撤销"中共德州地区委员会",成立地级"中共德州市委员会"。市委常委由张惠来、莫振奎、徐会三、王存荣、许红峰、蔚立臻、官延水、李怀喜、张松泰、王克功10人组成。张惠来任书记,莫振奎、徐会三、王存荣、许红峰、蔚立臻任副书记。德州原地委书记、副书记、委员职务自然免除。原地委各部门和各人民团体改为市委各部门和各人民团体。20日上午,中国共产党德州市委员会(地区级,以下简称德州市委或市委)揭牌,正式对外办公。市委决定,撤销县级"中共德州市委员会",成立"中共德州市德城区委员会"。

4月12—16日 德州市第十三届人民代表大会(延续原县级德州市的届次)第一次全体会议在德州举行。出席会议代表404人,莫振奎作《政府工作报告》。李荣振当选市人大常委会主任,王维义、王克功、解华、齐书芳(女)、王福寿、高登平、高仁人当选副主任,戚晓耕当选为秘书长;莫振奎当选德州市(地级)人民政府首任市长,王存荣、苏兴珍(女)、刘富

春、金清云、刘奉昌、王根源、郭作富当选副市长;高金森当选市中级人民法院院长,邓辉当选市人民检察院检察长。会议选举产生市人大常委会委员22名。

4月13—17日 政协德州市九届(延续原县级德州市的届次)一次会议举行。253名委员出席会议。会议选举孙清明为市政协主席,蔺善宝、周庆芳、李守凤(女)、胡振国、张海潮、戈鸿昌、邹维忠为副主席,王有相为秘书长。

4月18日 上午,地级德州市建市大会在市直礼堂举行。中共中央委员、济南军区原政委宋清渭,中共中央对台办公室和国务院对台事务办公室副主任、海峡两岸关系协会常务副会长唐树备,省委常委、统战部部长韩寓群,省人大常委会副主任赵林山,省政府副省长邵桂芳,省政协副主席孔令仁,省军区副司令员秦江昌,省人大常委会原副主任卢洪,省政协原副主任周振兴以及省直有关部门和单位的负责人出席大会表示祝贺。中共德州市委、市人民代表大会常务委员会(以下简称市人大常委会)、市人民政府、中国人民政治协商会议德州市委员会(以下简称市政协)、中国共产党德州市纪律检查委员会(以下简称市纪委)、德州军分区的负责人;在德州工作过的地专级离退休老干部;市直各部门、各单位副科级以上干部;中国人民解放军驻德部队代表;工人、农民、学生代表;德城区六大班子的负责人,以及中央、省驻德(州)单位的负责人1500多人,参加大会。

5月2日 撤地设市后的第一次市政府全体会议召开。会议通过《德州市人民政府关于一九九五年改善城乡人民生活十件实事的决定》。

6月5日 中共中央政治局委员、国务院副总理姜春云到齐河县视察黄河防汛工作。

6月17日 由陵县和省县级经济管理研究会共同举办的“发展冬季农业,振兴农村经济”研讨会在陵县召开。来自国家和省、市的农业问题专家、教授就该县在全国首创“棉田绿色越冬,农业增产增收”种植制度改革经验进行论证。翌年12月,国家“九五”科技攻关“冬季农业”项目万亩试验示范区在陵县建立。

6月23日 德州元济纺织公司开工剪彩仪式举行。全国人大常委会副委员长吴阶平,山东省省长李春亭及国务院台办、省人大、省政府、市委、市政府有关负责人和台湾裕隆企业集团董事长吴舜文参加剪彩。该公司是国内规模较大的牛仔布生产厂。

6月24日 15时30分至18时30分,德州市发生80年未遇的严重风雹灾害。降雹时间12分钟左右,最大冰雹直径6厘米,积雹厚度20厘米。灾害发生后,市委、市政府紧急部署抗灾自救。

6月 原县级德州广播电台与地区经济广播电台合并,组建德州人民广播电台。

8月12日 德州振华集团公司在全国首家引进的彩色空心玻璃砖生产线通过国家级论证。

8月16日 市公安机关侦破持枪抢劫银行案。禹城市信用社东站街储蓄所被一持枪歹徒抢劫现金7万元,经24小时严密排查,迅速将罪犯马某军抓捕归案。

8月31日 经省委批准,莫振奎任德州市委书记。

8月 市政府印发《德州市实施再就业工程的意见》,开始在全市实施再就业工程。

同月 在全市范围内推行企业职工基本养老保险一体化,将国有、集体、私营企业职工和个体劳动者全部纳入养老保险范围,逐步建立各类企业和劳动者统一制度、统一标准、统一管理和统一调剂使用基金的养老保险体系。

9月12日 市十三届人大常委会举行第3次会议,通过关于接受莫振奎辞去德州市市长职务的请求和关于黄胜代理德州市市长职务的决定。

9月18—23日 由市委宣传部、市科协、市科委牵头举办首届科技周活动。

11月 德州市台胞台属联谊会成立。

12月2—5日 以菲律宾苏丹王皇太子伊示卖·基兰为首的代表团一行4人,对德州市进行访问。基兰皇太子此行,是500多年间远在菲律宾的苏禄王后裔们的首次到访。代表团到苏禄王墓祭奠祖先,在墓旁栽下一棵象征中菲人民友谊的常青树,拜访了苏禄王在德州的后裔。

12月15日 中共中央政治局候补委员、书记处书记温家宝到庆云考察农村工作。

是年 德州有线电视台成立。

1996年

1月1日 市政府设立市长公开电话,同时组建政府公开电话网络。

2月 德州市工商业联合会成立。

3月3—5日 在湖滨路举办撤地设市后首届德州市元宵节灯展,共展出大型彩灯70余盏,参观人数达60多万人次。

4月1日 全市11个县(市、区)人民武装部收归军队建制。

4月8日 德州市急救中心正式运营,并开通“120”急救电话。

4月26日 德州市劳动力市场投入使用,实行用工登记、求职登记、失业登记、职业介绍一条龙服务。

4月30日 全市“严打”斗争动员大会召开。“严打”斗争惩治的重点是严重暴力犯罪、车匪路霸、盗抢机动车辆、盗抢金融、财会部门的犯罪分子,带有黑社会性质的犯罪团伙和流氓势力,负案在逃的重大犯罪分子,非法组织宗教活动的犯罪分子。6月8日,德州市暨德城区召开万人大会,依法对58名严重刑事犯罪嫌疑人进行公开逮捕、公开审判。

4月 农村最低生活保障制度工作启动。

5月10—19日 全国青年篮球联赛德州赛区比赛在德州市体育馆举行,此为德州市举办的首次全国性正式比赛。

6月2日 市委、市政府作出《关于授予李开运同志模范称号并开展向其学习活动的决定》。齐河县马集乡司法所所长李开运是一位全心全意为人民服务的优秀干警。是年4月4日,他被司法部授予全国司法行政系统二级英雄模范称号。6月7日,李开运英模表彰大会在齐河举行。

6月16日 国家文物局、广电部等联合拍摄的12集系列片《中华五千年》摄制组到陵县文博苑拍摄第7集,主要内容有东方朔画赞碑,颜真卿、东方朔像,唐代城墙遗址等。

7月21日 德州市首次国家公务员过渡考试分别在德州实验小学、德州五中和技工学校举行。参加考试的共计2251人。

7月下旬到8月初 由于黄河中下游和卫运河上游连降暴雨,从8月6日开始,黄河和卫运河出现洪水漫滩、冲击堤坝的险情,威胁着沿河人民生命财产安全。全市各行各业全力支援抗洪救灾。

8月20日 中国国民党革命委员会山东省直德州市支部委员会成立。

9月1—4日 中国共产党德州市第十一次代表大会在德州召开(延续原县级德州市的届次)。来自11个县(市、区)的422名代表出席会议。莫振奎作《奋发图强团结实干为实现本世纪末的宏伟目标而奋斗》报告,赵志录作市纪委工作报告。大会选出中共德州市第十一届委员会委员39名、候补委员6名和市纪委委员27名,通过了关于市委工作报告、市纪委工

作报告的决议。4 日下午，中共德州市第十一届委员会举行第一次全体委员会议，选举莫振奎、黄胜、王存荣、蔚立臻、李怀喜、官延水、张松泰、赵志录、高儒林、兰忠良、张成道为市委常务委员。莫振奎当选市委书记，黄胜、王存荣、蔚立臻、李怀喜当选市委副书记。赵志录当选市纪检委书记，陈希武、王嘉齐、陈焕然当选市纪检委副书记。

9 月 23—27 日　1996 中国德州经贸洽谈联谊会在德州五环体育馆举办。全国工商联副主席保育钧、中共山东省委副书记韩喜凯出席开幕式，有 2400 名中外宾客应邀出席联谊大会。洽谈会共签订项目合同、协议 108 个，总投资额 53.7 亿元，其中引进资金 41.3 亿元；签订贸易合同额 36.8 亿元。

9 月 29 日　市委、市政府作出《关于德州师专、德州教育学院、德州市直业大联合办学的决定》。三校合并办学，实行一步到位、一体办学，三块牌子暂保留不变。一套班子，一支教师队伍，承担普通高等教育和成人高等教育两项任务，合并内部相关机构，集中在师专内办学，实行党委领导下的校长负责制。

10 月 19 日　德州市人民检察院成立并举行揭牌仪式。

10 月 30 日　济（南）德（州）高速公路济南黄河大桥开工典礼仪式在济南举行。此为山东省黄河上建设规模最大、标准最高的桥梁。省委副书记、省长李春亭，交通部副部长李居昌等为大桥工程奠基。

11 月 4 日　国家计划委员会、农业部、水利部作出决定，“九五”期间在德州市建设国家大型商品粮生产基地。基地采取中央和地方联合投资的办法进行建设，总投资为 1 亿元，中央和地方投资比例为 1∶1。

12 月　全市机关事业单位全员社会养老保险改革正式启动，企业离休人员养老金全部通过社会保险机构直接发放。

同月　在取得试点经验的基础上，德州市在市直、德城区、宁津县先期启动城镇职工基本医疗保险制度。

是年　德州市特殊教育学校建立。

1997 年

1 月 1 日　城市最低生活保障制度工作启动。

1 月 16 日　市委、市政府决定，1997 年为群众办十件实事。一是建成丁东水库，提高供水能力；二是完善基础设施，美化市容市貌；三是实施保障制度，扩建安居工程；四是提供报警服务，维护交通安全；五是加快公路建设，提高交通水平；六是规范市场管理，整顿市场秩序；七是强化打假力度，维护群众权益；八是加强文化建设，丰富精神生活；九是完成“三校”合并，扩大高中招生；十是提高医疗水平，改进服务工作。

1 月 25 日　德州市公安局指挥中心 110 报警服务台建成，担负全市 13 个县（市、区）的 110 报警服务工作，当年接警 7.83 万次，处警 3.01 万次。

4 月 1 日　德州市建立新的婚姻登记管理体制，实行由县（市、区）集中办理婚姻登记制度。

4 月 13 日　中共中央政治局委员、全国人大常委会副委员长田纪云到庆云县视察工作，参观庆云县乡工业产品展览，视察庆云水库，听取庆云县委工作汇报。

4 月 24 日　由德州市委、市政府和新华社山东分社主办的“97 香港 · 百年沧桑话回归”大型图片巡回展在德州市展览馆开展。7 月 1 日晚，德州市举行盛大的焰火晚会庆祝香港回归。

4月 首次面向社会公开招考国家公务员和机关工作人员。

5月8—10日 第五次全国农区发展畜牧业座谈会在德州市召开,国务院总理李鹏向大会致贺信。国务委员陈俊生到会讲话,省委书记吴官正,省委副书记、省长李春亭到会看望与会人员。国家有关部委办局和各省市、自治区农业、畜牧等部门的200多人参加会议。会议总结交流5年间秸秆养畜、过腹还田的工作经验,表彰1996年度全国农区秸秆养畜十佳示范县。会议期间,与会人员参观了德城区、陵县、临邑、宁津、夏津、禹城等县(市、区)的青贮氨化、黄牛市场、黄牛育肥小区和有关龙头企业生产情况。

5月22日 全市住房制度改革工作会议提出建立住房公积金制度,全面启动房改工作。

6月13日 民进德州市第一次会员代表大会召开,中国民主促进会德州市委正式成立。

同日 九三学社德州市第一次社员大会召开,九三学社德州市委正式成立。

6月17日 民盟德州市第一次代表大会召开,中国民主同盟德州市委员会正式成立。

6月19日 民建德州市第一次会员代表大会召开,中国民主建国会德州市委员会成立。

7月11日 市气象局消息,自5月中旬,全市降水稀少,持续异常高温,最高达39.7℃,地下水位普遍大幅度下降,水源短缺,农作物受灾十分严重。截至7月下旬全市旱灾面积800多万亩,重灾400多万亩,近40万亩因旱灾未能出苗,100多万亩因旱情严重未能播种,旱情持续。

7月22日 德州市小麦产量创历史最高水平。539.96万亩小麦平均亩产417公斤,总产达到22.37亿公斤。单产、总产分别再创历史最高水平,实现了连续10年持续增产。

8月5日 山东德棉集团成立。

18日 山东黑马集团成立。

9月3日 德州市实验中学建立。

9月22日 宁津县发现唐代古墓。出土的大量文物陶罐、陶车等,对研究鲁西北地区的历史发展有一定参考价值。

9月24日 德州市第一届运动会结束。运动会从5月开始,历时5个月,共设15个项目,11个县(市、区)、华能德州电厂、市教委、德州师专代表团的3142名运动员参加比赛,德城区、平原、陵县、齐河、禹城、宁津代表团获金牌总数前6名。

10月 全市市级机构改革任务基本完成,市直党政群机关由85个压减到63个,精简25.9%。

11月2日 济(南)德(州)、济(南)聊(城)高速公路德州段建成通车。省委书记吴官正,省委副书记、省长李春亭,省人大常委会主任赵志浩,省政协主席陆懋曾,省委常委、省纪委书记谭福德,交通部副部长胡希捷,济南军区副司令员刘伦贤等出席通车仪式。

11月11日 德州市与日本新居滨市结为友好城市。

11月18日 市委作出《关于开展向王为民同志学习活动的决定》。王为民是胜利油田临盘采油厂一矿副矿长,9月14日下午,在采油厂41-274号井执行技术革新调试任务中不幸殉职,时年48岁。王为民生前曾被授予"全国五一劳动奖章""全国劳动模范"等50多个荣誉称号,被中国石油天然气总公司命名为"铁人式的好工人"。

12月7日 全市党员领导干部会议召开,宣布中共山东省委关于德州市委主要负责人职务调整的决定。赵克志任德州市委书记,莫振奎调任泰安市委书记。

12月19日 市政府出台《德州市城市居民最低生活保障暂行规定》,决定从1997年1

月 1 日起实施城市最低生活保障制度。

12 月 28 日 德州市人民医院病房大楼启用。

12 月 全市通过省政府“两基”(基本普及九年制义务教育,基本扫除青壮年文盲)验收,实现了九年制义务教育。全市小学适龄儿童入学率达到 100%。

1998 年

1 月 6—7 日 全市经济工作会议召开。会议提出 1998 年德州市经济工作的主要任务:实施工业带动战略,加快企业的改革和发展;强化农业基础,加快产业化进程;全方位扩大对外开放,增强经济发展的外向度;加快结构调整,大力培植新的经济增长点和制高点;动员全社会参与,大力发展个体私营经济。

1 月 21 日 市委、市政府决定 1998 年为全市人民办十件实事:一、建设城区供水工程;二、加快城市建设步伐;三、提高城市管理水平;四、增强城市服务功能;五、积极发展文化事业;六、健全社会保障体系;七、进一步改善办学条件;八、继续搞好交通建设;九、提高城乡供电能力;十、完善邮电基础设施。

2 月 20—21 日 全市推进农业产业化经营工作会议召开。会议强调,一要把产业化经营作为搞好农业和农村工作的总抓手;二要克服“抓农业就是抓生产”的旧观念,跳出农业抓农业,实现种养加一体化,产供销一条龙;三要把个体私营经济作为农村经济的重要增长点;四要把农田水利建设作为推进农业可持续发展的保障。

2 月 25 日—3 月 1 日 政协德州市第十届委员会第一次会议召开。会议选举李怀喜为主席,官延水、周庆芳、李守凤(女)、胡振国、戈鸿昌、邹维忠、王有相、纪金海、李胜滋为副主席,孙路军为秘书长。

2 月 26 日—3 月 2 日 德州市第十四届人民代表大会第一次会议召开。大会选举蔚立臻为人大常委会主任,王维义、齐书芳(女)、高登平、高仁人、高金森、孟宪亮、耿文猷、王佑成为副主任,马恩岭为秘书长;选举黄胜为市长,宁经谋、刘富春、金清云、刘奉昌、王根源、郭作富、史好泉、刘伯哲为副市长;选举耿朝玉为市中级人民法院院长,邓辉为市人民检察院检察长。

3 月 18 日 全市个体私营经济工作表彰大会召开。大会表彰奖励了 20 个个体私营经济工作先进单位、70 家先进私营企业、30 户模范个体工商户。赵克志作《解放思想,放开搞活,大力发展个体私营经济》的讲话。

3 月 24 日 全市对外开放会议召开。会议确定 1998 年为对外开放年。会议要求对外开放要突出重点加快步伐,一要把招商引资作为实施开放带动战略的重中之重;二要深化外贸体制改革,大力发展对外贸易;三要以争取外援和劳务输出为重点,积极扩大对外经济合作;四要加快开发区建设。

3 月 25 日 经国家教委批准,德州师范专科学校、德州教育学院、德州市直机关业余大学合并组建德州高等专科学校。

3 月 30—31 日 中共中央政治局委员、山东省委书记吴官正到宁津县张宅乡红庙李村检查指导工作。

3 月 德州经济开发区正式启动建设。12 月,省政府批准升级为省级经济开发区。开发区管辖面积 320 平方千米,基础设施实现了道路、供水、供电、排水、天然气、通信、有线电视、信息宽带网、集中供热、土地平整“九通一平”。先后有江苏波司登集团、上海光明乳业集团、河南双汇集团、山东皇明集团、鲁银投资集团、日本明治机械株式会社、日本三和电子有限公司、德国攀帕博格集团、香港华宇集团、韩国宇星饲料株式会社、韩国逸真电子株式会社、韩国厚成电子株式会社等国内外知名企业在区内落户。初步形成新能源利用、空调、医药、机械、纺织、食品、建材、物流八大基础产业。2012 年 3 月，德州经济开发区升级为国家级经济开发区。

4 月 3 日 全市深化产权制度改革动员大会召开。会议动员全市上下立即行动起来，齐心协力打好企业改制攻坚战，并就深化企业产权制度改革作出具体部署。

4 月 21 日 德州市房改新政《德州市取消福利分房，实行新房新制度暂行办法》《德州市房改售中部分产权向全部产权过渡暂行办法》发布。

4 月 27—29 日 地级德州市首届工会代表大会召开。

5 月 8 日 以全市最大的百货零售企业德州市百货大楼为核心组成的山东德百集团正式挂牌。

5 月 11 日 德城区发生一起雇佣杀人案件。公安机关仅用 72 小时就将杀人凶手侯某福和主谋夏某华抓获归案。到 2000 年 4 月，破获了幕后操纵者、以王某流、翟某利为首的两个带黑社会性质的犯罪团伙。

7 月 4—5 日 中共德州市委十一届四次全体（扩大）会议召开，会议讨论通过《中共德州市委关于进一步解放思想、放开搞活、加快发展的决议》《中共德州市委关于解决当前农村几个突出问题的决定》《德州市产业结构调整规划》。

7 月 10 日 全市党政群机关干部职工轮岗分流动员大会召开，号召机关广大干部职工，奔向经济建设主战场，推动全市经济发展。

7 月 市政府印发《关于加速发展高新技术产业的决定》，明确农业高新技术、机电一体化技术、新材料技术、生物技术、电子信息技术等五大技术为重点发展领域。

8 月 3 日 市委、市政府授予盖荫宝等 26 名来自农村生产第一线的优秀科技人才为首批“德州市农村科技大王”荣誉称号。

8 月 24 日 德州市法律援助中心成立。9 月 18 日按照司法部统一部署，市、县两级全部开通“148”法律服务咨询电话专线。

8 月 德州市侨联信息服务中心成立，主要负责海外侨胞、归侨和侨眷的联系及信息沟通，为海外侨胞到德州考察、投资开展咨询服务。

9 月 3 日 由中央、省 8 个新闻单位组成的联合采访团到德州采访。主题为“解放思想，放开搞活，加快发展”和“工贸带动、农业产业化、扩大开放、发展个体私营经济”以及精神文明建设。

9 月 7—9 日 地级共青团德州市首届代表大会召开。

9 月 14 日 市委召开加快国有集体企业改革发展大会。市委书记赵克志在会上提出“要讲政治，顾大局，促增长，做贡献，全面推进国有集体工业改革与发展”要求。

9 月 16—20 日 1998 中国德州经贸洽谈联谊会在德州举行。由省外经贸委、省台办和德州市人民政府联合举办，德州市人民政府承办。洽谈联谊会共签订投资合同项目 222 项，总额 93.1 亿元。

9 月 18 日 市委、市政府颁布《关于加快民营经济发展的暂行规定》。其主要内容是牢固确立民营经济在全市经济中的主体地位，动员社会各界人士投身于民营经济，为民营经济创造良好的发展环境，为民营经济发展提供优质服务，努力提高民营企业家的政治地位。

10 月 19 日 市级领导干部首次公开接访。市委书记赵克志在市劳动大厦公开接待群众来访。是年 7 月，市委决定市委、市政府成员和县（市、区）党委、政府班子成员实行公开接

待群众来访制度。当年市县(市、区)两级共受理来信来访9194件次,处理8978件次,结案率为97.6%。其中市委、市政府受理群众来信来访2690件,处结2534件,结案率为94.2%。据统计,市县(市、区)两级负责人公开集中接访1215起3672人。其中市委、市政府领导干部接待133起505人,处结率达96%。

10月26—28日 地级德州市首届妇女代表大会召开。

11月28日 山东省最大的图书音像市场——德州新华集团图书音像城于市中心广场南侧开工兴建,2000年年底建成开业。

12月24日 全市经济工作会议决定:从1999年开始,在全市抓好“三个一批”,实施好“五个百万”工程。即抓好一批,增资德棉、恒升、晶华、宏力、恒源、绿源、箱板纸、兴禹化工、禹王亭、古贝春10个财源支柱项目,力争到2000年各企业年销售收入达10亿元、利税达亿元,其中恒升、德棉、恒源、箱板纸厂利税确保超亿元;储备一批,确定无线电三厂、华乐集团、东港五金、低聚糖、科海电子、皇明太阳能等10个具有一定规模、市场前景好的企业,两三年内利税达到5000万元,5年超亿元;开发一批,5年内研究开发一批高科技项目,增强工业发展的后续力量。用3年左右实现“五个百万”工程,即100万吨尿素、100万吨复合肥、100万吨造纸、100万吨炼油、100万台(套)太阳能热水器。同时,力争达到30万台拖拉机、400万套刹车片、600万套小五金、1000万只回扫变压器的生产能力。

12月28日 山东省人民政府正式批复同意《德州市城市总体规划(1996—2010)》。德州市区将以京沪铁路和岔河为界,分为铁西、市中、河东三片。河东片设有省级德州经济开发区。

12月 第六届村民委员会换届选举工作启动。此次选举首次实行由村民直接提名候选人,直接选举村民委员会成员。

是年 全市企业改革取得突破性进展。大部分市、县(市、区)属企业纳入“放小”范围,因地制宜,多种形式改制,全市乡及乡以上企业改制面达95%,其中采取股份制、股份合作制和资产转出、出售涉及产权的占86.5%,共盘活资产19.6亿元,新增股本金10.1亿元。

是年 在山东省第十九届运动会上,德州皮划赛艇队共获得11枚金牌、6枚银牌、7枚铜牌,震惊全省皮划赛艇界。

是年 济聊高速齐河段建成通车,德州境内长40.115千米,双向四车道,设有齐河西、晏城、齐河南共3个收费站。

1999年

1月6日 德州汽车总站投入使用。该站位于迎宾路与东风路交会处,停车场面积达5万平方米,日发车可达2400余班次,时为全省地市级汽车站之最。

1月10日 市委、市政府决定年内为改善城乡人民生活办十件实事:一、健全社会保障体系;二、加强城市道路建设;三、搞好城市美化绿化;四、改善城市生活环境;五、提高污水治理能力;六、搞好交通设施建设;七、加强市场建设;八、改造建设农村电网;九、完善文化教育设施;十、提高住房建设管理水平。

1月 按照国务院有关文件精神,市政府组织有关部门组成工作组,分赴各基金会开展内部清产和外部核资工作,妥善处理善后问题。

2月8日 德州市获1996—1998年度全省“齐鲁杯创建现代化城市优秀市”(齐鲁杯最高奖)称号,乐陵、禹城获“先进城市”称号,临邑、齐河获“优秀县城”称号。

2月25日 全市1998年度总结表彰大会

召开,专题部署开展全市“万名干部下农村”活动。从3月开始,全市选派市县(市、区)各级干部10297人,自带行李、炊具,组成工作组,进村入户,帮助农民解决实际问题,促进农民增收,保持农村经济稳定发展。活动连续进行3年,干部每年轮换一次。3月16日,首批309名市直机关下派干部奔赴基层。7月7日,《人民日报》以《让农民过上“五个好日子”——德州万名干部下农村带来经济新变化》为题报道德州市万名干部下乡的经验做法。

3月18日 市委、市政府决定用5年左右的时间,实施以能源、交通、通信为重点的“十大兴德”工程。一、德州华能电厂三、四期扩建工程;二、220千伏输变电站及城市、农村电网建设工程;三、城区道路及环城一级公路建设工程;四、境内公路交通体系建设工程;五、全市综合信息网及邮电通信工程;六、市区十大专业批发市场工程;七、新湖风景区建设工程;八、河东新区建设工程;九、德州高专扩建工程;十、农业科技创新园及水利建设工程。

4月2日 市级领导班子和领导干部“三讲”(讲学习、讲政治、讲正气)教育动员大会召开。

4月 德州市市民投诉中心成立,实行24小时值班,进一步拓宽倾听社情民意的渠道。

5月28—29日 中共中央政治局委员、全国人大常委会副委员长、中国计生协会会长姜春云到德州视察计划生育工作,参加在宁津召开的纪念中国计划生育协会成立19周年暨读书知识竞赛颁奖大会。

6月4—5日 由《人民日报》、新华社《经济参考报》和中央电视台3个新闻单位组成的采访团,对德州市“万名干部下乡与三讲教育一致”专题进行采访。

6月28日 “德州人民好公仆”命名表彰大会举行。会议宣读德州市人大常委会关于授予百名“德州人民好公仆”和“德州十佳公仆”荣誉称号的决定。

6月30日 德州警备司令部成立。

7月12日 齐河县刘桥乡生产的“刘桥”牌脱毒马铃薯获国家“绿色食品”证书,这是全国首家获得“绿色食品”证书的马铃薯生产基地。

7月19日 中国计生协会在宁津举办“农村基层计生协会发展理论研讨会”,来自全国的80多名专家学者就宁津计生协会现象从理论上进行研究和探讨。

7月16日 农工党山东省委德州支部成立。

8月28日 中国移动通信公司德州分公司成立。

8月 市委书记赵克志率代表团,对澳大利亚莫那须市和新西兰塞尔区进行考察访问,洽谈经贸项目。

9月16日 由中共德州市委选派的100名优秀青年干部分赴南京大学、南开大学参加为期一年的研究生课程进修班学习。自此,市委用3年时间,投资1039万元,共选派300名中青年干部赴南京大学、南开大学、新加坡南洋理工大学学习培训。

9月16—20日 1999中国德州经贸洽谈联谊会在德州会展中心举办。到会客商2000人,应邀客户有海尔公司、厦门华侨电子股份有限公司、湘酒公司、希望集团、双星集团等国内知名大企业。大会累计签约合同投资项目158项,引进资金31.6亿元。协议签约投资项目50项,引进资金16.3亿元;累计签约贸易项目总额13.8亿元,其中外贸9800万美元。

9月 中国联通公司德州分公司暨所属县市支公司成立。

10月19—21日 中共德州市十一届七次全委(扩大)会议在市会展中心举行。会议研

究部署解放思想，推动国有企业改革等重大问题。

10 月 济南绕城高速齐河段建成通车，境内长 11.08 千米，双向六车道，沥青混凝土路面。

11 月 1—2 日 中共中央党建工作领导小组副组长、“三讲”教育（讲学习、讲政治、讲正气）联席会议负责人张全景到德州检查指导工作。

12 月 10 日 德州市药品管理局成立。

12 月 14 日 中国致公党德州支部成立。

是年 按照省政府《关于发布 1999 年企业工资指导线的通知》要求，开始对全市城镇各类企业实行工资指导线制度。

2000 年

1 月 4 日 潘庄引黄灌区续建工程通过由省、市、县三级组成的验收委员会验收，工程质量达到优良等级。该工程是 1972 年潘庄灌区开灌后第二次规模较大续建改造工程，可改善灌区灌溉面积 11 万亩，年节水 660 万立方米。

1 月 8—9 日 全省个体私营经济会议在德州召开。副省长林书香讲话，副省长林廷生、省长助理臧海强分别主持会议，市委书记赵克志致辞，市政府负责人介绍德州全市发展个体私营经济的经验做法。与会人员代表先后到德州经济开发区、德城区和武城县的 14 个单位参观指导。

1 月 13 日 平原县被国务院、中央军委命名为“全国双拥模范县”。

1 月 29 日 市委、市政府作出《关于 2000 年为改善城乡人民生活办十件事的决定》：一、健全社会保障体系；二、加快发展广播电视事业；三、完善城市景观体系；四、改造城区道路；五、规划建设城区市场；六、加快环保投资建设；七、提高城区供气供水能力；八、搞好公路交通建设；九、改善文化教育条件；十、抓好农村电网改造和邮电、消防设施建设。

2 月 17 日 由德州市政府主办的《德州年鉴》获得全省一等奖。

2 月 22 日 德州大坝水泥（集团）厂的大坝牌普通硅酸盐 525 号水泥、德州一棉有限公司的豪威牌棉纱和皇威牌棉布、德州恒丰纺织有限公司的恒宇牌精梳纱、皇明太阳能有限公司的皇明牌太阳能热水器等 5 种产品被省经贸委认定为“山东名牌产品”。至此，德州“山东名牌产品”总数达 9 个。

2 月 29 日 全市年度总结表彰大会召开。会议强调：各级把抓好经济结构调整作为保持经济持续快速增长的战略举措，坚持在调整中发展，在发展中提高，千方百计促进经济结构转换、产业结构升级、产品结构更新换代。进一步调整优化农业结构，增加农民收入。全市确立粮棉、畜牧、蔬菜、林果、水产、花卉 6 大主导产业，按照“三扩三压”（即扩大优质专用粮食生产，压缩普通粮食生产；扩大优质高效经济作物生产，压缩普通经济作物生产；扩大出口创汇产品生产，压缩缺乏市场竞争优势的农产品生产）的思路进行农业结构调整，初步形成“北枣西棉，中牧南菜”的发展框架。

2 月 乐陵市被国家林业局、中国经济林协会命名为“中国金丝小枣之乡”。

3 月 经教育部和山东省政府批准，德州高等专科学校升格为德州学院。10 月 26 日，举行挂牌仪式。副省长邵桂芳，省政协副主席、青岛海洋大学校长管华诗，省教育厅厅长滕昭庆，省高校工委副书记、教育厅副厅长刘凤龙，山东大学校长展涛及德州市委书记赵克志等出席。

4 月 6 日 凌晨 1 时 30 分，德州市美丽华大酒店因住宿人员酒后吸烟引发特大火灾，烧毁建筑400多平方米，造成13人死亡、2人受伤，直接财产损失12.4万元。

4月12日 宁津县“人口文化促进会”成立。中国人口文化促进会常务副会长王夫棠为宁津县“人口文化促进会”揭牌，并赠送中共中央总书记江泽民题写的“人口文化促进会”题词。

4月13日 皇明太阳能集团通过ISO 9002国际质量标准体系认证。这是全国太阳能行业首家通过该认证的企业。

4月25日 “山东华鲁恒升化工股份有限公司”成立。由原德州化肥厂改制而成。

4月28日 市委、市政府出台《关于实施民营经济“1123工程”的意见》。“1123工程”实施范围是根据上年综合排序情况，按1∶1.5的比例入选实施单位，通过年终考核，把列全市前10名的乡镇、前10名的村、前20名企业和3个工业园区列入第二批“1123工程”奖励范围，享受各类扶优扶强政策，实行动态滚动管理，每两年为一个实施期。

5月8日 德州市乡镇行政区划进行调整。至7月31日，率先在全省完成乡镇调整工作。全市原有乡镇（街道）198个，合并后减少到125个。其中街道由5个增至11个，乡镇由193个减至114个。合并前平均每个乡镇（街道）2.51万人，合并后平均3.98万人，比合并前增加1.47万人，增加比例为58.6%。省委、省政府在德州召开现场会，推广德州市乡镇行政区划调整的做法。

5月17日 山东德棉股份有限公司成立。由山东德棉集团有限公司联合德州恒丰纺织有限公司等5家公司共同发起设立。

6月18日 山东德百集团有限公司成立。由德州百货大楼几经改制发展而成。

同日 山东黑马集团有限公司成立。由山东黑马集团再改制而成。

7月16—18日 中共中央政治局候补委员、书记处书记、中央组织部部长曾庆红到德州调查研究。

7月22日 仙人湖畔水上项目训练基地被国家体育总局水上运动管理中心命名为“中国赛艇协会高水平后备人才基地”。

9月9日 全国第一座环卫工人纪念馆——时传祥纪念馆，在时传祥的家乡齐河县落成开馆。纪念馆占地2万平方米，收藏照片380幅和实物100多件。

9月15日 德州海关正式开关。是年6月经国务院批准设立。

9月16—18日 第四届中国德州投资贸易洽谈会举办。国家和省的有关老干部谭启龙、苏毅然、梁步庭、李振、陆懋曾、程飞，副省长陈延明、省政协副主席潘广田，市委书记赵克志等出席开幕式。洽谈会签约的15个重点投资项目总投资12.9亿元，其中引进资金7.3亿元。

9月19日 德州市本科录取人数首次突破3000人大关，创历史最高纪录。

10月3—5日 中共中央政治局委员、山东省委书记吴官正考察德州经济开发区。

10月12日 国务院副总理温家宝到德州考察水利工程，并听取山东省副省长陈延明关于水利工程情况汇报。

10月24日 德州市东风路（堤岭桥至迎宾路）综合改造工程获得2000年国家市政工程“金杯奖”。

10月26日 （北）京福（州）高速公路德州南连接线暨104国道德吴段、314省道德宁段竣工通车。

10月28—29日 司法部在德州召开全国乡镇司法调解中心建设现场会。总结推广陵县乡镇司法调解中心建设经验。市委书记赵克志

向与会人员介绍德州的基本情况和全市乡镇司法调解中心建设的主要做法和体会。

11 月 1 日 第五次全国人口普查统计，全市人口为 529.37 万人。

12 月 9 日 《大众日报》讯，齐河县潘店镇曹庙村退休教师孙立银 43 年坚持为乡亲们义务送报，被上海大世界吉尼斯总部评为“义务送报时间最长的人”。

12 月 11 日 京福高速公路德齐段二期工程竣工通车。同时鲁冀（德州）收费站正式启用。

12 月 25 日 全市经济工作会议召开。市委书记赵克志讲话强调，要突出“一个主题”，即千方百计把经济搞上去，一心一意为群众办实事。抓好两件大事：一是更有效地开展结构调整、大上工业活动，促进经济和社会事业更快更好的发展；二是深入开展转变干部作风、密切干群关系、使人民群众安居乐业活动，为加快发展创造一个稳定的社会环境。

12 月 妥善处置“阳信事件”。8 日，滨州市阳信县河流镇发生一起违反民族政策、伤害回族群众感情的事件。12 月 12 日，在少数人串联、组织下，河北省孟村回族自治县数百名回族群众乘车前往阳信县，在阳信县境内与劝阻民警发生冲突。德州市委、市政府按照上级统一部署，采取周密措施，市级主要负责人一线指挥，调集市县乡干部和公安干警，劝阻和制止外地回民群众到滨州聚集，防止事态蔓延扩大，积极做好善后工作，受到省委、省政府充分肯定。

12 月 在取得试点经验的基础上，德州市在市直、德城区、宁津县先期启动城镇职工基本医疗保险制度。

2001 年

1 月 10 日 市委召开全市干部会议。宣布省委关于德州市级领导班子调整的决定：黄胜任中共德州市委书记。同时增补：刘富春任中共德州市委常委、副书记；田玉茂任中共德州市委委员、常委、副书记，兼任市纪检委书记；刘焕立任中共德州市委委员、常委、副书记；苗仲华、李传武、张甲太任中共德州市委委员、常委。

1 月 16 日 德州广播电视中心大楼落成。

2 月 8 日 总投资 1.496 亿元，年产 2 万吨 IMO900 异麦芽低聚糖建设项目，在禹城市山东保龄宝生物技术有限公司开工建设。建成后成为全国最大的生物糖源开发基地。

2 月 21 日 德州市十四届人大常委会举行第 22 次会议，决定任命孙永春为德州市人民政府代市长。26 日，德州市第十四届人民代表大会第四次会议选举孙永春为德州市人民政府市长。

2 月 市委、市政府发布《关于中共德州市委机关改革的实施意见》和《关于德州市人民政府机构改革的实施意见》。改革调整后，市委设工作部门 9 个，部门管理机构 2 个，派出机构 3 个。市政府设立工作机构 38 个，其中工作部门 31 个，办事机构 2 个，议事协调机构的办事机构 1 个，部门管理机构 4 个。

同月 市供水总公司第三水厂发生水质污染事故。事故的直接原因是：横河芦家河泵站通过泵管向钩盘河水库泄露污水；钩盘河水库冬季硅藻繁殖，污染水库水质。事故发生后，市委、市政府立即决定第三水厂停止供水，同时组成工作组，监测水质污染情况，积极组织抢险。经采取有效措施，第三水厂于 3 月 2 日晚 8 时恢复正常供水。

3 月 7 日 夏津县精华语训希望学校创办人袁敬华获国际青少年消除贫困奖一等奖。该奖由联合国开发计划署和中国青少年发展基金会设立，旨在表彰在消除贫困领域做出杰出贡献的青少年。袁敬华 8 年间立足农村特殊教育,使120名聋哑儿童开口说话。

3月18日 市委、市政府举行农村税费改革报告会,全市费改税工作启动。

3月30日 经山东省教育厅批准,德州学院2001年首次面向全省计划招生3300人。

3月 市政府制定《关于发展德州市城市社区卫生服务的若干意见》,提出以构建新型城市社区卫生服务体系为目标,以政府购买公共卫生服务为保证,加强社区卫生服务网络建设。

4月30日 德州世纪广场举行竣工典礼。

4月 经省政府批准,并报教育部备案,山东大禹专修学院升格为德州科技职业学院,列入全国统招计划的普通高等院校。山东大禹专修学院前身是成立于1988年的禹城县农业机械化学校,1992年改为德州地区农业机械电子工程学校,2000年10月,升格为高等学历教育院校,改名为山东大禹专修学院。

同月 庆云籍运动员郝凌云在上海举行的世界武术博览会上获得跆拳道55公斤级冠军。

5月1日 德州市正式取消市镇粮食供应转移证和农转非粮食审批证、地方城镇户口供应粮审批凭证、农村粮食关系转移证明。粮食供给全面市场化。

5月1—15日 首届中国临邑槐花节在红坛寺森林公园举行。

5月31日 齐河县刘桥乡被农业部命名为"中国脱毒马铃薯之乡",是全国唯一获此殊荣的乡镇。

5月 德州市外来客商服务中心(挂市外来客商投诉中心的牌子)成立,负责外来投资企业和投资者到德州市投资的政策咨询、审批办理等投资所需事项并受理和审理妨碍外来投资企业的违法违规行为的投诉。

7月27日 第二个市级经济技术开发区——德州黄河经济技术开发区在齐河县成立。

8月1日 中共德州市委机关由新湖南岸的文化路迁至三八西路。旧址拆除围墙,融入新湖风景区,办公用房改为市文化中心和图书馆、老干部活动中心等。

8月29日 在广东南海市举行的第九届全国运动会武术散手比赛中,德州运动员刘龙获75~80公斤级比赛全国冠军。这是德州市在历届全运会中夺得的第一块金牌。

9月8—9日 全国人大常委会副委员长、全国妇联主席彭珮云到德州视察妇女工作,并为德州市女子农村函授学校题词"办好女子农函校,架起科技致富的金桥"。

9月9—12日 中共中央政治局委员、山东省委书记吴官正到德州调查研究,提出进一步解放思想,增强加快发展的压力感和紧迫感,不断开创改革建设新局面。

9月16—20日 中国德州第五届投资贸易洽谈会召开。省政协主席韩喜凯、副省长林书香等为大会剪彩。市长孙永春致开幕词。该届洽谈会室内外展区面积达到8000多平方米,共设摊位300个。洽谈会共签订项目合同181个,总投资68亿元,引进资金58亿元。签订外贸出口合同26个,外贸出口额1.8亿美元;签订内贸合同36个,国内贸易成交额5.7亿元。

9月 市委、市政府批复建立禹城高新技术开发区。

10月26日 德州市杂技团《快乐的炊事员》节目在中国文联、中国杂技家协会联合主办的第一届中国杂技艺术节上获优秀节目奖。

11月 德州市菊花在全国第七届菊花品种展览会上获百菊赛一等奖、室外景点布置一等奖、展台布展二等奖及其他3个三等奖。

12月1日 2001年中国乒协超霸赛"三星·贝莱特杯"德州赛区比赛,在德城区五环体育馆举行。

12 月 18 日 平原县德齐龙化工集团投资 1.2 亿元的 13 万吨尿素和 3 万吨甲醇项目竣工投产，该集团跃居全国小氮肥行业十强行列。

2002 年

1 月 自 2001 年开始，全市公安机关开展治爆缉枪行动，一年间共收缴各类枪支 7266 支、子弹 3.9 万发、各类炸药 6000 余公斤。

2 月 1 日 德州市首次举行国有土地使用权拍卖会。公开拍卖德州市地毯厂、橡胶厂和造纸厂破产后的 156 亩国有土地，11 家房地产企业参加竞拍，3 块土地拍得 8870 万元，比起拍价高出 2755 万元。

2 月 19 日 德州商贸开发区举行成立挂牌仪式。该开发区位于德州市区西部。

2 月 27 日 凌晨，德州百货大楼发生特大火灾。全市 11 个消防中队和市区 5 个企业专职消防队及济南市消防中队，共出动 39 部消防车、290 名消防队员，历经 8 小时扑救，终将大火彻底扑灭。4 月 16 日，新百货大楼在原址开工建设，德州市直机关干部职工及部分企业和职工捐款支援。到 12 月 29 日，德百集团新百货大楼重新开业。

同日 全市“三城联创”暨 2002 年城建工程动员大会召开，动员部署创建全国卫生城市、省级文明城市和省级双拥模范城以及城建工作。

4 月 29 日 德州经济发展报告会在北京人民大会堂隆重举行。全国政协副主席经叔平及全国工商联、中央和国家有关部委办以及北京市有关部门负责人出席报告会。

5 月 8—9 日 中共中央政治局委员、山东省委书记吴官正到庆云县、临邑县的部分市场和企业考察，了解经济发展、财政收入、社会就业及农村税费改革等情况。

5 月 8—10 日 中共中央政治局委员、中央军委副主席、国务委员兼国防部部长迟浩田上将、解放军副总参谋长钱树根上将一行到德州考察指导工作。

5 月 20—21 日 全国政协副主席、中华全国供销社总社理事会主任白立忱就供销社的改革与发展到德州调查研究。

5 月 21 日 浙江客商以 4200 万元取得市工人文化宫原址 27 亩国有土地使用权。开创外地客商在德州参加挂牌方式获得国有土地使用权的先例。

6 月 20 日 德州第一支上市公司股票“华鲁恒升”在上海证券交易所挂牌交易。6 月 5 日，“华鲁恒升”股票由上海证券交易所首次公开发行。至 6 月 11 日，实际发行 A 股 6000 万股，每股发行价 6.28 元，配售中签率 0.093%，扣除发行费用，共募集资金 3.558 亿元。

6 月 26 日 禹城市政府平息职工卧轨事件。禹城市棉纺厂改制，未兑付拖欠职工的工资、养老保险金和集资款等，致矛盾激化，全体职工卧轨抗议，导致京沪铁路、济郸铁路停运达 55 分钟。事后，禹城市政府协调补发欠款，事件平息。

7 月 15 日 德州城区最高气温达 42.6℃。这是 1955—2002 年间德州 7 月中旬的最高气温纪录。

8 月 6 日 德州首例试管婴儿在市人民医院手术室降生。

8 月 24 日 平原县 600 名农民自费包专车 Y319 次“山东平原号农民专列”赴温州学习民营经济。此次活动历时 7 天，从平原火车站启程直达温州。考察团分 5 组，分别到鹿城、瓯海、乐清、瑞安、苍南、平阳等地参观考察。中央电视台《新闻联播》报道了相关活动。

8 月 25 日 夏津县农民孙忠岐，携带自行设计改造的“怪车”，参加在英国盖特县玛格特镇举行的有英、美、德、日、俄等12个国家选手参加的世界“怪车”大赛，获得第5名。他的“怪车”被英国伦敦“怪车”博物馆永久收藏。

9月4日 在全省第二十届运动会上，德州代表队23名选手，共夺得4块金牌、2块银牌、1块铜牌，获团体总分第4名，并获得体育道德风尚奖。刘勇在古典式摔跤比赛中，获得甲组130公斤级冠军。

9月16—20日 中国德州第六届投资贸易洽谈会在德州会展中心举行。该届德洽会共签订外联合同项目56个，合同引进外资额7.4亿美元；内联合同项目228个，合同引进资金67亿元人民币。

10月18日 中国庆云小商品博览会开幕。博览会是集投资、贸易、洽谈于一体的区域性大型会展。2000年举办首届中国庆云市场商品交易会，2002年更名为博览会。

10月22日 全市危桥改造工程启动开工仪式在陵县大田生产桥施工现场举行，全市三大干流河道、两条引黄总干渠危桥改造工程正式启动。到2005年11月全部完工，共改造危桥168座，其中重建83座，维修加固85座，完成投资9519万元。危桥改造工程受到群众欢迎，成为当时最大的民心工程，中央电视台做专题报道。

10月26日 中国农工党德州市第一次代表大会召开，农工民主党德州市委员会正式成立。

10月28日 致公党德州市第一次代表大会召开，致公党德州市委员会正式成立。

11月 由香港龙图实业公司和德州亚太集团共同投资兴办的德州华宇职业学院动工。2003年9月招收中职生。2004年5月，经省政府批准，并报教育部备案，成为全日制民办高等职业学校，纳入国家统招计划。

是年 庆云恢复重建海岛金山寺。

2003年

1月29日 德州扒鸡集团有限公司通过山东检验检疫局专家组评审，获HACCP食品安全保障体系认证和出口食品卫生注册，“德州扒鸡”有了迈向国际市场的“通行证”。

同日 由国家气象中心投资20多万元兴建的全市第一座地面气象测报自动站在陵县建成投入使用。

2月12—14日 中国共产党德州市第十二次代表大会在德州会展中心召开。会议通过德州市委书记作的《超常发展、跨越前进，为全面建设小康社会而努力奋斗》报告，提出三步跨越的构想和目标。十二届一次全委会议选举黄胜、孙永春、田玉茂、刘焕立、兰忠良、苗仲华、刘炳义、史好泉、李传武、张甲太、姜忠玉、迟丽华（女）、许传忠为市委常委；黄胜为市委书记，孙永春、田玉茂、刘焕立、兰忠良、苗仲华为副书记。全会还批准市第十二届纪律检查委员会第一次全体会议选举结果：中共德州市纪律检查委员会书记田玉茂，副书记王嘉齐、陈焕然、李学根。

2月17日 中国人民政治协商会议德州市第十一届委员会第一次会议召开。会议选举李怀喜为主席，王根源、李守凤（女）、纪金海、李胜滋、陈建国、孙路军、苏寿堂、孙彦杰、张庆伟为副主席，张跃中为秘书长。

2月18—21日 德州市第十五届人民代表大会第一次会议召开。会议选举蔚立臻为市人大常委会主任，刘奉昌、张成道、王佑成、李光仁、马恩岭、赵忠新、夏荣恩、王绍荣、许兰荣（女）为副主任，王卫东为秘书长；孙永春为德州市人民政府市长，苗仲华、郭作富、李艳华（女）、郭宗治、曹鸿鸣、袁秀和、满春重、李保海为副市长；耿朝玉为德州市中级人民法院院长；

丁福祥为德州市人民检察院检察长。

3月30日 德州市"村村通油路"工程开工典礼仪式在禹城举行。当年完成农村公路改造4621千米、2442个村庄已通油路。10月9日全市村村通客车工程全面启动。到2005年年底,全市所有的行政村都实现通车。

4月12日 全省50个重点建设项目之一的山东国际物流中心在齐河县落户,项目总投资15亿美元。

同日 德州百名律师代表全市359名律师着袍宣誓。中华全国律师协会决定从4月1日起,律师出庭要佩带会徽、着律师袍,以增强律师责任感和形象感。

4月 岔河(锦绣川)风景区开工建设。风景区全长10千米,水面宽200米,当年年底完成一期工程。

5月2日 市委召开县(市、区)委书记紧急会议,总结防治"非典"工作,研究部署下一阶段任务,力争实现"不输入、不扩散、不死人"的目标,坚决打好防治"非典"这场硬仗。至7月,全市无诊断病例和疑似病例发生,疫情解除。

5月 德州市舞蹈家协会成立。

6月26日 德州经济发展恳谈会在上海召开。会上举行长江三角洲分片招商集中签约仪式。共有38个招商项目签约,合同引资额84.2亿元,其中外资2.3亿美元。客商投资过亿元或过千万美元的项目达23个,占60%。

6月 中国电信山东公司德州分公司(简称"德州电信")成立。

7月 依据国务院《城市生活无着的流浪乞讨人员救助管理办法》和民政部《城市生活无着的流浪乞讨人员救助管理办法实施细则》规定,德州市开始对流浪乞讨人员进行救助。

夏 德州市建成气象综合观测系统,由国家天气观测网、国家专业气象观测网、区域气象观测网组成。

8月6日 全国围棋甲级联赛(山东—云南)在德州贵都大酒店举行。

8月14日 中共中央政治局常委、中央政法委书记罗干到德州调研。先后深入到德州经济开发区和车站街派出所、新湖风景区实地考察。

8月15—19日 德州(深圳)经贸合作恳谈会召开。共有29个合同项目签约,总投资46.8亿元,其中客商投资43.8亿元。投资过亿元的项目20个。港台投资项目10个,投资金额2.44亿美元。

8月23日 中国乒乓球俱乐部超级联赛(山东—上海)在德州五环体育馆举行。

9月16—21日 中国德州第七届投资贸易洽谈会在德州举办。洽谈会共邀请客商2459人。

9月 德州市首次面向社会进行认定教师资格考试,当年全市共认定2574人。

10月13—19日 韩国始兴市市长郑钟欣、议长金旺圭率领的代表团到德州访问。德州市与韩国始兴市正式签署友好合作协议。

10月19—24日 德州市第二届运动会举行。主赛区设在德城区,平原、乐陵、临邑、齐河等设有分赛场。11个县(市、区)和16个单位代表团参赛,2133名运动员在20个比赛项目中展开了528个小项的角逐。获金牌总数前8名的代表团依次为齐河、平原、德城区、禹城、乐陵、夏津、临邑、德州学院。

11月8日 德州跆拳道运动员王磊在苏州"2003全国跆拳道冠军赛"上获男子72公斤级冠军。这是王磊连续两年获该赛事冠军。

11月20日 德州市首届农民艺术节开幕。

11月 德州市音乐家协会成立。

12月2日 德州市方正司法技术鉴定中

心成立,填补了德州市面向社会司法鉴定机构的空白。

12 月 16 日 德州新湖风景区被授予“山东人居环境范例奖”。新湖风景区占地 140 公顷,其中水面 40 公顷。

12 月 由原市肿瘤医院、市精神病医院、解放军 139 医院整合成立德州市第二人民医院,加挂肿瘤医疗中心、精神卫生防治中心和感染(传染病)控制中心牌子。

是年 德州市佛教协会成立。

是年 以产权制度改革为核心,以调整所有制结构、建立现代企业制度为目标,采取有效措施,推进企业改革的深化和完善。截至年底,全市乡及乡以上企业 2020 家,进行不同形式改革的 2019 家,占总数的 99.9%。其中股份有限公司 8 家、有限责任公司 535 家、股份合作制企业 341 家、出售拍卖企业 948 家、兼并企业 52 家、送出企业 41 家、实行租赁制经营的 31 家,采取其他改革形式的 63 家、破产的 321 家。在改制后的 2019 家乡及乡以上企业中,国有、集体资产全部退出的 1676 家,占 83.01%。国有资本已基本退出流通领域,股份制已成为流通资本的主要实行方式。

2004 年

1 月 8 日 宁津杂技团的小演员登上中央电视台戏曲春节晚会舞台,演出《金猴闹春》。

1 月 10 日 全市“三台(110、119、122)合一”开通。将原来的二级接警转为一级接警,能在接警过程进行监听和插话,随时掌握重大警情,提高出警速度。

2 月 24 日 德州首座斜拉式大桥——新河路岔河大桥开工建设。大桥采用独塔 A 型斜拉桥方案,跨径 360 米。大桥概算投资 5500 万元,2005 年 5 月竣工通车。

2 月 经人事部批准,山东德棉股份有限公司博士后科研工作站成立。这是德州市首个博士后科研站。

3 月 29—30 日 济南军区司令员陈炳德上将率考察组到德州对新时期国防后备力量建设进行专题调研。

4 月 5 日 德州市革命烈士陵园被山东省国防动员委员会国防教育办公室命名为首批“山东省国防教育基地”。

6 月 9—16 日 市长孙永春率市政府代表团一行 6 人,对韩国始兴市进行访问和考察,两市签署《行政文化交流协议书》。

6 月 19 日 德州市首届全民健身节开幕,万名群众冒雨参加开幕式。健身节至 10 月底结束。

7 月 10—11 日 2004 中国德州专利及高新技术成果展洽会举行。80 余所高等院校、科研单位的专家、学者 236 人,专利发明人 80 余人参会。61 个重点项目达成技术合作协议,集中签约。

7 月底 经省政府批准,德州市高级技工学校更名为德州市技术学院。德州市技术学院始建于 1958 年,现有在校生 3350 人,开设大专班、高级技工班和中级技工班 3 个层次,近 20 个专业。

9 月 15—20 日 中国德州第八届投资贸易洽谈会召开。会期 5 天,共签订外联项目 26 个,合同引进外资 4.3 亿美元;内联项目 278 个,合同引进资金 139 亿元;外贸出口合同 31 个,贸易额 2.86 亿美元;内贸合同 12 个,贸易额 15.9 亿元。

10 月 22—25 日 2004 年全国汽车场地越野锦标赛(德州站)举行。

10 月 26—28 日 2004 年中国德州国际怪车邀请赛在德州举行。来自中国、美国、英国、新西兰、澳大利亚、斯洛文尼亚 6 个国家的 16

辆怪车参加比赛。

11 月 市药品监督管理局改名为德州市食品药品管理局。

12 月 7 日 德州市商业银行成立。

12 月 16 日 武城县获中国轻工业联合会、中国少数民族用品协会授予的“中国民族毯业城”称号。

12 月 27 日 德州新湖风景区获“中国人居环境范例奖”。

12 月 28 日 山东华鲁恒升集团化工股份有限公司年产 30 万吨大氮肥国产化装置一次性开车成功，实现了首套以煤为原料的年产 30 万吨合成氨装置的自主化。

12 月 30 日 德州市 5 家企业入选全省民企百强，分别是皇明集团、华乐集团、照东方纸业集团、泰山体育器材有限公司和中大集团。乐陵、齐河被评为全省发展民营经济先进县（市、区）。

12 月 禹城高新技术产业开发区正式挂牌，此为山东省第一家设在县级市的省级高新区。

12 月 庆云县被国家林业局命名为“中国金丝小枣之乡”。

是年 德百集团年销售额突破 10 亿元，综合经济效益进入全国百强行列，连续保持全省同行业前 10 名。

是年 平原县启动“初中进城”工程，把 18 处农村中学的初中教育全部集中到县城，让农村初中生全部进县城读书。到 2007 年，工程全部完成。五年间，累计有 3 万多名农村初中生进城读书，进城率 100%。

2005 年

1 月 26 日 德州接轨京津推进区域经济合作恳谈会暨迎新春联谊会在天津举行。天津市人大、天津港务局、天津新技术产业园区等单位负责人，以及来自法国、韩国、日本、马来西亚及中国台湾地区和京津地区的部分著名企业家、社会各界知名人士等 300 多人出席会议。德州市委副书记、市长孙永春，副市长郭作富、李艳华、郭宗治出席会议。

1 月 按照中共中央部署，从 1 月开始，用一年半左右的时间，在全市行政机关事业单位开展以实践“三个代表”重要思想为主要内容的保持共产党员先进性教育活动。

2 月 28 日 由德州皇明集团董事长、全国人大代表黄鸣为主提案人的《中华人民共和国可再生能源法》，在第十届全国人民代表大会常务委员会第十四次会议上通过，2006 年 1 月 1 日正式实施，奠定了缓解能源环境危机和常规能源替代的法律基础。

3 月 1 日 宁津县被中国轻工业联合会和中国工艺美术学会授予“中国工艺毯之乡”称号；被中国食品土畜进出口商会授予“中国工艺毯出口第一县”称号。

4 月 22 日 全国政协副主席、全国工商联主席黄孟复等到德州调研。

4 月 庆云县中澳集团被国务院扶贫办评为“国家扶贫龙头企业”，被农业部等 8 部委认定为“农业产业化国家重点龙头企业”。

5 月 17—19 日 应韩国始兴市政府邀请，市长孙永春率领德州市政府友好访问团及文化艺术团一行 30 余人，赴韩国始兴市进行访问，与韩国始兴市市长卢承哲共同签署缔结友好城市协议。

6 月 4 日 全市村村通自来水工程启动仪式在宁津举行。

6 月 5—10 日 德州招商团赴香港参加 2005 山东经贸合作项目推介会。共签订项目合同协议 19 个，总投资 10.4 亿美元，合同利用外资 7.4 亿美元。协议意向 9 个，总投资 7.8

亿美元，协议利用外资5.4亿美元。签订贸易合同2个，合同出口额6280万美元。

6月9日 德州—京津地区经贸合作恳谈会在德州举行。来自京津地区的120多名客商和嘉宾出席。会上，共签约项目33个，合同金额3.7亿美元。其中超千万美元的项目达到12个，外贸项目10个，合同引进外资5580万美元。

7月19日 德州市政务服务中心、德州市行政效能投诉中心揭牌，正式投入使用。同时，外商服务投诉中心并入政务服务中心办公。市长公开电话改号为“12345”后，在政务服务中心正式开通。首批进驻34个市直部门，设59个窗口，提供394项服务事项。

8月26日 香港同胞“健康快车”驶入德州站，“健康快车2005光明行”德州站活动正式启动。在3个月时间里，为德州市1000名贫困白内障患者免费实施复明手术。

9月4日 德州籍运动员耿文博在徐州举行的第十届全国运动会铁人三项赛赛场上，以1小时54分21秒的成绩获得男子个人组冠军。

9月16日 中国太阳能学会、中国资源综合利用协会可再生能源专业委员会和中国农村能源行业协会太阳能热利用专业委员会联合命名德州为“中国太阳城”。

同日 晚，中央电视台《同一首歌》——“走进德州·相约波司登”大型文艺晚会在市经济开发区波司登股份有限公司德州分厂上演。

9月16—18日 中国德州第九届投资贸易洽谈会在会展中心举行。大会共签订重点项目80个，合同引进资金109亿元，内贸合同30.8亿元，外贸合同2.9亿元。

10月1日 德州市首个省级健身工程——锦绣川景区健身路径建成并对外开放。该工程占地6000多平方米，分为儿童区、成人区、老年区、分散区等4个区，省、市共投资58万元，安装大型健身器材159件。

10月29日 德州市中心医院新院举行开诊庆典仪式。新院占地210亩，于2004年9月16日开工建设。

11月11日 经省政府批准，以德州技术学院为基础，吸收德州广播电视大学、德州财贸经济学校、德州粮食学校、德州经济学校5校合并组建德州职业技术学院。2006年1月9日，德州职业技术学院举行揭牌仪式。

11月18日 中国轻工业联合会、中国发酵工业协会授予禹城市“中国功能糖城”称号。

11月 乐陵市希森新村落成，省委书记张高丽题词“集约土地、利用资源、以人为本、共同富裕，建设社会主义新农村”。

12月15日 市委、市政府下发《关于加快实施“中国太阳城”战略的意见》，就实施“中国太阳城”战略的指导思想、基本原则、发展目标及工作重点，提出具体意见。

12月24日 德州市政府在北京召开“希森模式：传统农区建设社会主义新农村实践和探索高层研讨会”。农业部、财政部等16部委的负责人及专家学者，德州市市长孙永春、副市长袁秀和，乐陵市政府负责人共50多人参加研讨会。

是年 市政府印发《德州市首席技师选拔管理办法》，确定从2005年开始在全市范围内开展首席技师评选活动，每2年评选一次，每次选拔30人。

2006年

1月26日 首届“感动德州2005年度十佳人物”评选揭晓：十运会上勇夺铁人三项金牌的德州籍运动员耿文博，功能糖产业的领军人物之一刘宗利，心系下岗职工、掀起家政市场革命的焦文玉，与疾病顽强抗争的作家田毅，公安战线一级英模范素云，带领村民走向文明富足的村支书任廷水，为聋哑群体倾注满腔爱心的贾淑梅，靠轮椅“走”路的矢志创业者刘奇，19 年扎根禹城治沙富民的中科院高级工程师施来成，用亲情陪伴孤寡老人 20 个春秋的保安员王成。

3 月 1 日 全市领导干部会议召开，宣布关于调整市政府主要负责人的决定。省委决定，吴翠云任市委副书记、市政府党组书记，推荐为市政府市长人选。

3 月 3 日 德州市十五届人大常委会召开第二十六次会议，任命吴翠云为德州市副市长、代理市长，接受孙永春辞去德州市市长职务的请求。5 月 30 日，市第十五届人民代表大会举行第五次会议，补选吴翠云为德州市市长。

3 月 19 日 世界太阳能城协会主席大卫·米尔兹和执行主席车尔·布期托就太阳能产业发展情况到德州考察。

3 月 31 日 齐河县被国务院、全国绿化委员会授予“全国绿化模范县”称号，成为 2006 年山东省唯一获此殊荣的县。

4 月 7 日 临邑县地方剧种“一勾勾”被国务院批准为“国家非物质文化遗产”。

4 月 省人民政府批准，在原商贸开发区基础上设立省级德州运河经济开发区。

5 月 5 日 德州中南集团“中南控股”（在新加坡市场为“中南控股有限公司”）在新加坡主板发行 8500 万股（新股）。首发（IPO）共筹集资金 3750 万新加坡元(2380 万美元)。

5 月 14 日 全国政协副主席陈奎元率全国政协大运河保护与申报世界文化遗产工作考察团到德州考察大运河文化。

5 月 22 日 山东省“十大优秀母亲”评选结果揭晓。乐陵市特教学校校长贾淑梅榜上有名。

5 月 中国工业经济联合会公布全国 447 个工业行业排名前 5 位的排头兵企业，德州市 8 家企业入选，其中金麒麟集团有限公司列特种陶器制品制造业第一位。

7 月 10 日 郭澄清文学创作全国研讨会在德州召开。中共中央组织部原部长、全国党建研究会顾问张全景出席会议并讲话。著名作家、诗人贺敬之致信祝贺，中国作家协会副主席、中国当代文学会会长张炯讲话。市委副书记、市长吴翠云致辞。

7 月 17 日 全市干部大会召开。会议提出继续实施民营经济和招商引资两大“天字号”工程，继续倾力培植中国太阳城、中国功能糖城、中国空调城三大“国字号”品牌。

7 月 31 日 德州市慈善总会正式成立。

7 月 国务院对在重大技术装备国产化工作中作出突出贡献的 41 个单位和 30 名先进个人进行表彰。华鲁恒升化工股份有限公司总经理杨振峰，因在大氮肥装置国产化项目中作出开创性贡献而受表彰。

8 月 21 日 德州获“中国人居环境奖”（水环境治理优秀范例城市）。

8 月 23 日 地级德州市科学技术协会首次代表大会召开，会议审议通过市科协《努力创造科教兴德新业绩，为赶超全省平均发展水平贡献力量》的工作报告，选举产生了由 71 人组成的市科协委员会。

9 月 4 日 作家、文学评论家蒋子龙、阎纲、程树榛、杨匡满、张曰凯等和《人民日报》《市场报》《人民文学》《三月风》、中新社以及省内知名媒体的编辑、记者到乐陵参加“枣都文化采风”活动。

9 月 16—18 日 “2006 海内外知名企业家齐鲁行”暨中国德州第十届投资贸易洽谈会举行。全国政协副主席、全国工商联主席黄孟复，全国工商联副主席谢伯阳，山东省副省长王仁元，省政协副主席、省委统战部部长齐乃贵，省政协副主席、省工商联会长苗淑菊等出席开幕式。大会签订重点合作项目148个，引进资金118亿元。会上，中国制冷空调协会授予德州市“中国中央空调城”称号。

9月25日 武城县实现村村通自来水。成为山东省第九个、德州市第一个整建制实现全县393个行政村全部村村通自来水的县。至12月中旬，全市有269万农村群众喝上自来水，农村自来水普及率达到67%。

9月30日 全市“中国名牌”和“中国驰名商标”表彰暨实施名牌战略工作会议召开。表彰2006年度中国名牌和中国驰名商标企业。

10月15日 德棉集团魏凤珍、王金红、周俊平在全国棉纺织行业织布工（喷气织机）职业技能大赛上，分获比赛综合第一、第三、第五名。

10月16日 在山东省第二十一届运动会上，德州代表团共获得22.5枚金牌、12.5枚银牌、10枚铜牌。

11月18日 第一届海内外高端人才德州行活动举办，55名外国专家、留学博士和国内博士后到德州进行项目对接和实地考察，达成合作意向19项，投资协议100万美元。

12月22日 乐陵市特教学校校长贾淑梅获第二届“中国十大杰出母亲”和首届“全国百名优秀母亲”称号。

12月26日 首届山东省农村文化艺术节暨德州市第二届农村文化艺术节开幕式在禹城市举行，并在该市张庄镇黎济寨村举行首场演出。

12月 德州市“一勾勾”“东方朔的民间传说”等7项非物质文化遗产项目入选全省首批省级非物质文化遗产名录。

是年 全面取消农业税，农民种地不再向国家缴纳税费，并能享受各种惠农补贴。

2007年

1月5日 全市所有县（市、区）全部纳入省级新农合试点，建立起覆盖全市农村居民的新型农村合作医疗制度。

1月6日 市委常委、德州经济开发区管委会主任许传忠被授予第六届“中国改革十大杰出人物”称号。德州经济开发区失地农民安置模式被评为“中国改革十大创新案例”。

1月14日 “关于复建德州‘董子读书台’的议案”在市第十五届人大六次会议通过。9月，在德州经济开发区开始复建董子读书台，并以此为核心，建成具有丰富文化内涵的董子文化园，总占地49.5公顷。一期工程主体建筑董子读书台、“三策固本”牌坊，2008年完成。二期工程主要是董子文化街、景区东部生态湿地，2009年基本完成。

1月 德州市入选“全国投资环境百佳城市”。

2月27日 山东龙力生物科技有限公司“玉米芯酶法制备低聚木糖”项目获国家技术发明二等奖。山东武城康达化工有限公司“重要农药、医药中间体的绿色化工生产技术集成”项目获国家科技进步二等奖。

3月5日 德州市义务教育阶段农村中小学学杂费全部免除。共涉及56万多名学生，共计1.37亿元。

4月5日 市委召开全市领导干部会议。宣布中共山东省委关于中共德州市委主要负责人调整的决定，雷建国任中共德州市委委员、常委、书记兼市委党校校长，黄胜不再担任德州市委书记、常委、委员和党校校长职务。

4月20—23日 中国共产党德州市第十三次代表大会召开。雷建国作《坚持科学发

展,构建和谐社会,为实现新崛起、建设新德州而努力奋斗》的报告,确定了大力实施工业强市、科教兴市、民营推动、开放带动战略,重点推进"南融(济南)北接(京津)"战略。市委十三届一次全体会议选举雷建国、吴翠云(女)、刘焕立、史好泉、李艳华(女)、李传武、张甲太、邹德家、袁秀和、陈永华、孙成良、李希信、杨军为常务委员会委员。雷建国为书记,吴翠云(女)、刘焕立为副书记。全会还批准中共德州市纪律检查委员会第一次全体会议选举结果:中共德州市纪律检查委员会书记孙成良,副书记李学根、孙秀河、王胜强。

4 月 25—28 日 第七届山东省少数民族传统体育运动会在德州举行,来自全省 17 市和济南大学 18 个代表团约 3800 多人参加比赛。中共中央候补委员、国家民委党组副书记、副主任杨传堂出席开幕式。省委书记李建国、省长韩寓群致贺信。东道主德州代表团,共获得 4 枚金牌,5 枚银牌,4 枚铜牌和男子武术短器械一等奖,金牌总数在全省列第三名。

4 月 26 日 乐陵市被中国调味品协会授予"中国调味品产业城"称号。

4 月 27—28 日 德州市对接天津滨海新区恳谈会在天津滨海新区举行。双方签订"缔结友好市区关系协议"和"战略合作框架协议"。德州市委书记雷建国,市委副书记、市长吴翠云,市委副书记史好泉等出席签字仪式。

4 月 29 日 德州市被交通部确定为国家公路运输枢纽城市。

6 月 5 日 德州市融入济南、服务省会共同发展恳谈会在济南舜耕山庄举行。省委常委、济南市委书记焉荣竹,济南市委副书记、市长张建国及德州市雷建国、吴翠云、蔚立臻、李怀喜等出席会议。双方签订《德州市融入济南服务省会共同发展战略合作协议》。还举行了友好县(市、区)签约和重点合作项目签约仪式。

6 月 8 日 德州第一批市级非物质文化遗产名录公布,包括临邑县"一勾勾"在内的 7 大类共 29 项非物质文化遗产入围。

6 月 9 日 德州运动员吕勇绪在上海开幕的 2007 年全国武术套路精英赛暨奥运选拔赛中,为山东队夺得两枚金牌。

6 月 14 日 德州首次被卫生部、中国红十字会、解放军总后勤部联合授予"全国无偿献血先进城市"称号。

6 月 19 日 全国青年男子柔道锦标赛在德州市五环体育馆举行。来自全国 22 个省(市、自治区、直辖市)的 37 支代表队 193 名运动员参加比赛。

7 月 5 日 德州市"120"医疗急救调度指挥中心在市经济开发区天衢东路投入运行。中心建筑面积 640 平方米,建有"120"调度大厅、领导指挥厅、机房等,实现了全市"120"急救电话统一受理、统一调度。

同日 市委、市政府决定,自 2007 年开始,在全市范围内广泛开展招商引资、二次创业活动。制订《关于进一步推进招商引资工作的意见》,要求做好"南融北接""东引西联"("南融北接""东引西联":向南融入以济南为核心的省会城市群经济圈,向北对接以天津滨海新区为核心的环渤海经济圈,向东引进黄河三角洲生态经济区和山东半岛蓝色经济区资金项目人才,向西连接以邯郸为核心的中原经济区和山西能源综合试验区)工作,承接京津辐射,当好配角,错位发展,互利共赢,把德州打造成两地的产业转移基地、制造业配套基地、商贸物流基地、农副产品供应基地和劳动力输出基地。

7 月 8 日 中国人民武装警察部队司令员吴双战上将、后勤部部长何映华少将一行到武警德州支队检查工作。

7 月 10 日 省科技厅在禹城举行国家糖

工程技术研究中心禹城分中心揭牌仪式。省委常委、副省长王军民,市委书记雷建国为中心揭牌,市长吴翠云讲话。

7月11日 “两院”(中国科学院、中国社会科学院)院士德州行暨产学研合作恳谈会在德州召开。德州市先后与天津工业大学、天津农科院、山东省科学院、济南大学等大专院校和科研院所签订合作协议。

8月22日 德州运动员李燕在全国首届水上运动会上夺得两项冠军。

9月8日 德州首次荣登《福布斯》2007年中国大陆最佳商业城市榜,列第88位。

9月8—26日 中国德州第十一届投资贸易洽谈会2007新能源论坛暨第六届古贝春酒文化节开幕。共邀请国内外客商724人,除各县(市、区)签约项目外,集中签约69个重点项目,总投资140亿元,引进资金125亿元。

9月23日 周主信获“全省道德模范”称号。周主信为庆云县优秀教育工作者,2007年4月27日,因劳累过度、积劳成疾,突发疾病在工作岗位上去世,年仅44岁。

9月28日 德州市第三届运动会闭幕。本届运动会自8月2日开始,历时58天。主赛场设在德城区,齐河、平原、禹城设有分赛场。11个县(市、区)及德州经济开发区、德州运河开发区、禹城高新技术开发区、德州学院、德州职业技术学院等17个参赛单位的2000多名运动员参加了比赛。这次运动会为迎接2008年北京奥运会和2009年在山东省举办的十一届全运会而举办,是1986年以来规模最大、层次最高的一次综合性运动会。获金牌总数前8名的代表团依次是德城区、平原县、禹城市、夏津县、齐河县、武城县、临邑县、陵县。

10月14日 中国纺织产业科技论坛暨山东省棉纺织名城授牌仪式在夏津举行,夏津县被命名为“山东省纺织名城”。

10月30日 山东省首个生物基地——禹城山东生物产业基地揭牌。

11月20—12月2日 市长吴翠云率德州市大型招商团赴韩国进行经贸考察和招商活动,其间举办了中国德州(首尔)投资说明会,签约项目11个,其中贸易项目1个,贸易额800万美元,外商投资项目10个,合同外资额6800万美元。

11月28日 国家旅游局公布《关于命名钦州市等31个城市为“中国优秀旅游城市”的决定》,德州市名列其中。

12月1—4日 齐河县时传祥纪念馆演出团自编导自演的现代京剧《时传祥》,在北京全国政协礼堂上演。

12月15日 乐陵金麒麟集团国家级企业技术中心揭牌。

12月27日 德州供电公司售电量103.1亿千瓦时,首次突破百亿大关。之后连续五年保持10亿千瓦时以上的增幅,市场占有率稳居全省前列。

是年 孟祥斌被评为2007年“感动中国”年度人物。孟祥斌(1979—2007)出生于齐河县刘桥乡一个农民家庭,1997年高中毕业后参军。2007年11月30日,孟祥斌因奋不顾身搭救一跳江女青年而壮烈牺牲,年仅28岁。德州市文明委员会办公室、市总工会、共青团德州市委、市妇女联合会作出决定,追授孟祥斌“德州市道德模范”荣誉称号。

是年 德州市在全国率先提出建设“吨粮市”。当年粮食总产58亿公斤,被评为“全国粮食生产先进市”。

是年 莱钢永锋钢铁有限公司年纳税3.7519亿元,跻身全国私营企业纳税百强,位列第五。

2008 年

1 月 1 日　德州市实施老年人优待乘坐市内公共汽车办法。65 周岁至 69 周岁老年人享受半价乘车优待,年满 70 周岁及以上老年人享受免费乘车优待。

1 月 3—7 日　中国人民政治协商会议德州市第十二届委员会第一次会议召开。选举田玉茂为市政协十二届委员会主席,陈建国、李胜滋、孙路军、苏寿堂、张庆伟、张跃中、陈焕然、马传先(女)当选为副主席,李玉文为秘书长。

1 月 4—8 日　德州市第十六届人民代表大会第一次会议召开。选举雷建国为市十六届人大常务委员会主任,兰忠良、夏荣恩、麻然华、朱昌连、钟玲(女)为副主任,祖传虎为秘书长;选举吴翠云(女)为德州市人民政府市长,史好泉、李希信、满春重、李保海、韩建亭、陈福祯、康志民为副市长;选举尚洪立为德州市中级人民法院院长,选举丁福祥为德州市人民检察院检察长。

1 月 23 日　经济开发区建设中失地农民“五位一体”安置模式在全省建设工作会议上推广。失地补偿、发展经济、社会保障、拆迁安置、培训就业,是德州市在河东新城建设中探索出的确保失地农民安居乐业的“五位一体”安置模式。

1 月　庆云县残疾女孩杨蓉当选为全国“关爱之心”十大人物,并被授予北京奥运会“志愿之星宣讲团”成员证书。

2 月 16—24 日　市长吴翠云率代表团赴澳大利亚阿德莱德市参加 2008 年第三届世界太阳城大会。吴翠云在会上发表演讲,接过世界太阳城协会会旗,宣布德州市正式承办 2010 年第四届世界太阳城大会。

2 月　市委、市政府作出“双城联创”(国家卫生城市、省级文明城市)的决策,提出用 3 年时间争创国家级卫生城市目标。

同月　武城运河新桥开工建设,全长 617.08 米,宽 16 米。双向四车道。2009 年 6 月竣工通车。

3 月 12 日　德州市人民医院为一名严重心衰竭伴频发室速患者成功植入心脏再同步治疗复律除颤器,填补了山东省空白。

4 月 5 日　第一届夏津黄河故道森林公园梨花节开幕。

4 月初　全市开展“全民健身迎奥运、体育强市促和谐”活动。此次健身月活动至 5 月中旬结束,其间开展了第 9 套大众广播体操、5000 米越野跑、乒乓球、围棋、游泳等比赛和托球赛跑、原地跳绳、踢毽子、协同跑、自行车慢骑等趣味活动。

4 月 25 日　“2007 年度感动德州十佳人物”评选活动揭晓,孟祥斌、周主信获“2007 年度感动德州十佳人物”特别奖,张星南、吴福增、梁希森、魏学香、周培荣、姚汝勇、鲁英杰、宋善金、齐桂芝、张风雷获“2007 年度感动德州十佳人物”称号。

4 月 29 日　德州市召开实施“南融北接”战略,打造京津济地区主要畜产品生产基地研讨会。中国农业大学生物学院院长、中国工程院院士李宁,国务院发展研究中心研究员潘耀国,中国社会科学院农村发展研究所研究员刘玉满,中国农业科学院农经所畜牧室主任王济民及天津市、山东省有关专家学者应邀参加研讨会。市委书记雷建国致辞,市长吴翠云讲话。

4 月 30 日　“迎奥运、庆五一”全市万人健步行活动在市中心广场举行。市领导雷建国、吴翠云等及社会各界万余人参加。

4 月　京沪高速铁路(德州段)2008 年 4 月开始建设。2011 年 6 月 30 日全线建成通车,全长 1318 千米,德州段 87.8 千米,在德州经济技术开发区设德州东站。

5 月 1 日　德州市人民公园、植物园开始免费对社会开放。

5 月 12 日　四川汶川发生特大地震。20日,全市召开支援四川抗震救灾电视会议。第一批由政府采购的赈灾物资、100 多吨食品装车运往灾区四川绵阳市。28 日,根据全省统一安排,德州市对口援建北川县白什乡,以副市长满春重为指挥的援建指挥部赶赴灾区。截至6月17 日,全市共有 16.12 万名中共党员缴纳“特殊党费”1795.8 万元。这些“特殊党费”用于支援四川地震灾区人民重建家园。6 月 26日至28 日,市长吴翠云率团赴四川省成都市、绵阳市地震灾区,考察指导德州援建过渡安置房及对口支援北川县白什乡工作,代表市委、市政府和全市人民看望慰问战斗在抗震救灾一线的德州干部职工。截至 7 月底,全市仅各级慈善组织共接受捐赠款物折合 8731 万元。11 月14 日　全市汶川地震抗震救灾表彰大会召开。在抗震救灾工作中做出突出成绩的 75 个先进集体、241 名先进个人、10 个先进基层党组织及31 名优秀共产党员受到表彰。

6 月 1 日　国家马铃薯工程技术研究中心在乐陵市希森中联马铃薯产业集团成立。副省长李兆前,德州市委书记、市人大常委会主任雷建国为中心揭牌。

6 月 19 日　全国政协副主席孙家正率领全国政协委员视察团到德州视察和谐社区建设工作。

6 月 20 日　世界太阳城协会主席克瑞斯·在德维德、秘书长车尔·布斯托到德州考察 2010 年第四届世界太阳城大会筹备情况及太阳能推广应用工作。

6 月　夏津县被中国纺织工业协会、中国棉纺织行业协会授予“中国棉纺织名城”“中国纺织产品质量放心县”荣誉称号。

7 月 21—23 日　德州 8 名火炬手代表 560万德州人民,分别参加临沂、泰安、济南站的北京奥运圣火传递活动。

7 月 31 日　中国可再生能源学会、中国资源综合利用协会可再生能源专业委员会等联合命名“皇明太阳谷”为“中国太阳谷”。

同日　市委常委扩大会议确立“坚持以人为本,发展生态经济,建设和谐德州”的总体思路,实施“南融北接”战略,做大邻边经济,推进现代农业,发展生态经济,促进全民创业,繁荣发展文化,保障改善民生等重点工作,力争尽快建成区域性经济文化高地,实现富民强市新跨越。

7 月　德州市的山东华乐实业集团有限公司、德州元济纺织有限公司、德州华源生态科技有限公司、山东德棉集团有限公司 4 家企业成功跻身于 2007—2008 年度中国纺织服装企业竞争力 500 强,分列第 69 名、第 281 名、第 288名和第 351 名。

8 月　德州市曲艺家协会成立。

同月　禹城保龄宝生物股份有限公司、陵县谷神生物科技集团公司、山东禹王实业有限公司 3 家高新技术企业建立博士后科研工作站。至此,德州市已拥有博士后科研工作站4 个。

同月　泰山体育产业集团为 2008 年北京奥运会提供体操、柔道、跆拳道、摔跤、拳击和田径等 6 大类 200 多种体育产品,成为奥运史上一次性提供器材最多的企业。

9 月 1 日　禹城市被中国食品工业协会正式授予“中国食品馅料城”称号。

同日　富豪康博大酒店奠基。总投资 5 亿元,是落户德州的第一家五星级酒店。

9 月 2 日　庆云县被中国市场学会命名为“中国商贸名城”,庆云县商场被授予“中国市场学会专业批发市场示范实验基地”称号。

9月12日 电影《花开有声》在德州举行首映仪式。电影以全国人大代表、夏津县精华聋儿语训希望学校校长袁敬华事迹改编，由八一电影制片厂历时半年拍摄完成。

同日 山东德工机械有限公司自主研发的WB525路面冷再生机，获国家科学技术委员会等四部委联合授予的“2007年国家重点新产品”称号。

9月26日 德州市被中国围棋协会授予“中国围棋城”称号。

9月28日 德州国际陆港揭牌仪式在天津举行。

9月28—30日 中国德州第十二届投资贸易洽谈会暨第四届鲁台科技交流合作周活动举行。应邀参加的国内外贵宾1650名。洽谈会期间，50个项目集中签约，项目合同投资总额146亿元。

9月 全市古树名木复查工作开始。普查结果显示，全市共有古树名木255112株。

10月10日 山东德棉股份有限公司王晓菲在2008年全国棉纺织行业“经纬——常山杯”细纱工职业技能大赛上夺得冠军。

10月17日 德州市体育舞蹈运动协会成立大会暨2008年全国国标舞公开赛在五环体育馆举办，来自全国28支代表队的500余名舞蹈爱好者参加比赛。

11月3日 市政府制订《德州市城镇居民基本医疗保险暂行办法》，德州市城镇居民医疗保险工作正式启动。

11月17日 德州举行“中国京剧城”授牌仪式暨京剧专场晚会。

11月 为实现人才资源本土化向国际化转变，市政府在留学人员相对比较集中的美国、法国、日本、德国建立4处“德州市海外人才工作站”。

12月 青(岛)银(川)高速公路德州段建成通车。境内全长79.55千米，双向六车道，沥青混凝土路面，途经齐河县、禹城市、夏津县，设有禹城南、夏津、主线鲁冀收费站共3个收费站。

是年 德州市按照中央和省委省政府的有关要求，把农民居住社区建设和产业园区建设(概括为两区同建)作为推进城镇化的总抓手，大力推动，坚持社区、园区同步推进、同步建设，结合县域、镇域产业布局，优化农村产业园区规划，扩大园区规模，推动工业向园区集中、就业向城镇集中、居住向社区集中，取得“两区同建”和经济发展新成效。

是年 全市分三批将31家(含医药商业企业)市属工业企业实行属地管理，分别划归德城区18家、夏津县1家、经济开发区7家、运河开发区5家。

2009年

1月6—8日 德州市第十六届人民代表大会第二次会议指出，2008年“南融北接”战略深入实施，对外开放迈出坚实步伐。全市350多家企业与天津、济南的大企业结成上下游配套关系。2009年要抓住北京、天津、济南等地产业规划和产业布局调整的机遇，重点围绕全市优势产业和骨干产业加强合作。发挥传统产业的比较优势，吸引京津冀、济南等地的劳动密集型产业向德州转移，把德州建设成为这些地区的产业园和创业园。

2月26日 2009年全国粮油产销企业订货会暨全国粮油经销商联谊会在德州开幕，德州获“中国粮油食品城”称号。

3月4日 减河治理与湿地修复工程(山东段)防洪评价报告审查会召开。减河湿地风景区建设启动。减河生态湿地风景区全长11千米，一期投资2.1亿元，全长4.5千米，3月开工建设，2010年4月26日建成纳客。二期投资2亿元，全长6.5千米，2009年5月启动，2011年9月底全部竣工。

3月7日 市委、市政府制定《关于推进全市村庄合并和农村社区建设的意见》。主要任务是争取每年全市减少1000个左右的行政村，连续工作3年，实现预期目标。基本原则是因村制宜，分类指导；积极稳妥，注重实效；以人为本，尊重实际；依法操作，确保稳定。主要模式是分为农村社区整合型、城中村改造聚合型、强村带动型、产业联结型、自然村恢复型、邻近村合并型等。

3月 夏津县被中华环保联合会、中国城市科学研究会、中国农业生态环境保护协会、中国社会科学院数量经济与技术经济研究所授予"中国绿色名县"称号。

4月3日 德州扒鸡集团与北京京铁投资管理中心签订德州扒鸡总代理框架协议，德州扒鸡正式列为北京铁路局列车食品。

4月17日 市级党政群机关迁入经济开发区行政中心综合楼办公。原分散在德州市三八西路的中共德州市委、德兴北路的市人大常委会、东方红路的市政府和市政协机关迁入经济开发区行政中心综合楼。

4月22日 德州市政府与铁道部签署《关于京沪高铁德州东站合作建设协议》，将德州东站面积由6000平方米改为2万平方米。

5月4日 临邑县女孩程佳薇成功捐献眼角膜，成为德州市首例眼角膜捐献者，也是山东省红十字眼库首例眼角膜捐献者。

6月1日 庆云县与山东影视剧制作中心联合拍摄全省首部数字电影《春雨沙沙》举行开机仪式。影片以庆云县教育工作者周主信为原型进行艺术创作，塑造了一个呕心沥血、教书育人，热诚、质朴的乡村教育工作者形象。先后获得山东精品工程奖、泰山文艺奖、第十届长春电影节"金麦穗"提名奖和第七届圣地亚哥国际儿童电影节"外语电影最佳演艺奖"。

6月7日 德州市博物馆开工奠基。2012年8月8日落成开馆。

6月30日 德州市人民政府与四川省宜宾市人民政府在宜宾签署友好城市战略合作协议，德州市委书记、市人大常委会主任雷建国，宜宾市委书记、市人大常委会主任杨冬生出席签约仪式。

6月 德州市体育中心建成使用，填补全市无国际化体育场馆的空白。中心占地面积65.34万平方米，总建筑面积47586平方米。当年体育馆举办了第十一届全国运动会艺术体操、男子篮球9～12名决赛两项赛事。

8月10日 德州市被中国制冷空调工业协会授予"中央空调城"称号。

8月28日 山东保龄宝生物股份有限公司在深圳证券交易所正式挂牌上市。"保龄宝"成为中国功能糖行业发行的第一支股票。

9月15日 首届中国德州董子文化旅游节开幕。

9月16日 中国德州第十三届投资贸易洽谈会暨第四届世界太阳城大会倒计时一周年活动在市会展中心隆重开幕。

10月9日 中华人民共和国第十一届运动会"中石化杯"火炬传递活动在德州市体育中心广场举行。本次活动由国家体育总局、第十一届全国运动会组委会主办。德州市人民政府、第十一届全运会德州赛区组委会承办。共有90名（德州市50名、省指派40名）火炬手参加火炬传递。火炬传递路线的起、终点均为市体育中心，全长约4500米。是德州市举办规格最高、规模最大的全国运动会火炬接力活动。

10月13日 在第十一届全运会男子刀术棍术全能比赛中，山东代表队的德州选手吕勇续以总分19.64分的成绩获得冠军，为德州勇

夺第一枚金牌。

10 月 16 日　市委、市政府制定《关于进一步促进旅游业又好又快发展的意见》。该意见提出全市旅游业发展的总体布局是“一核心(主城区)、一主轴(京沪高铁、京福高速沿线)、两翼(一翼为主城区至武城、夏津,一翼为主城区至宁津、乐陵、庆云)”。主要内容是在全市实施“旅游大项目建设三年行动计划”;合理配置旅游目的地产业要素;强化旅游宣传促销工作;完善加快旅游业发展的优惠政策。

10 月 17—20 日　第十一届全运会艺术体操比赛在德州市体育馆举行。来自山东、辽宁、浙江、四川等 15 支代表队的 174 名运动员参加,共决出团体总分、个人全能和团体全能 3 块金牌。

10 月 19 日　在第十一届全国运动会赛艇女子 2000 米单桨无舵手的比赛中,由德州选手李燕等 4 名选手组成的东道主山东队以 7 分 19 秒 12 的成绩获得冠军。

10 月 27 日　时传祥纪念馆(北京馆)开馆,全国人大常委会原副委员长何鲁丽,全国政协原副主席郝建秀,以及全国总工会、国家有关部门、北京市、北京市总工会、北京市崇文区部分负责人和时传祥家人出席开馆仪式。市委副书记史好泉应邀代表市委、市政府出席仪式。

10 月 30 日　武城县被中国食用菌协会授予“中国食用菌之乡”称号。

11 月 1 日　德州生产的具有自主知识产权的塔架式组合传动抽油机,通过中国工程院、中国石油大学专家组成果鉴定,技术水平达到国际领先。

11 月 9 日　在第二届全国石油和化工行业职业技能竞赛中,首次参赛的山东华鲁恒升化工股份有限公司代表队,在化工总控比赛 16 支代表队中夺得团体第一,三名选手包揽前三名,同时被授予“全国技术能手”称号。

11 月 27 日　德州市与中央企业联谊会在北京钓鱼台国宾馆举行,集中签约重点项目,搭建与中央直属企业对接合作的平台。中共中央组织部原部长张全景,解放军军事科学院原副院长、中将糜振玉,国家发改委党组成员、副秘书长杨伟民,海军总装备部副部长何洁等出席。德州市委书记、市人大常委会主任雷建国,市委副书记、市长吴翠云分别致辞。

12 月 8 日　市委召开全市农村社区建设工作现场会议。会议确定将工作重心由村庄合并转移到加快农村社区规划建设、实现农民群众集中居住上来。原定三年的村庄合并任务一年完成,全市由原来的 8319 个村庄合并为 3070 个社区(村),村均人口由 547 人增加到 1353 人,2233 个新建农村社区全部依法选举产生农村社区党组织、村委会及配套组织,社区选民平均参选率达到 85% 以上。

12 月 15 日　德州市被中国轻工业联合会、中国陶瓷工业协会正式命名为“中国黑陶城”。

12 月 18 日　武城县被中国传统文化促进会命名为“中国状元之乡”。

12 月 29 日　德百集团澳德乐时代广场开业。澳德乐时代广场由澳大利亚澳力美国际有限公司、厦门市亚大工贸有限公司和德百集团共同投资兴建,总投资 8 亿元,面积 23.8 万平方米。

是年　全年粮食总产 72.1 亿公斤,小麦、玉米单产合计 1061.4 公斤,成为全国首个“亩产过吨粮、总产过百亿(斤)”的地级市。

2010 年

1 月 14 日　农业部、山东省政府在德州召开亩产过吨粮经验总结会议,奖励德州市政府 100 万元,给德州市农业局记集体一等功。德州市在全国率先提出整建制县高产创建。

1月23—27日 世界太阳城协会主席克瑞斯·在德维德到德州市考察2010年第四届世界太阳城大会筹备情况，并做“如何组织一次有影响力的国际性会议”专题讲座。

1月26日 德州市获首批“国家新型工业化产业示范基地”称号，成为全国唯一的生物产业示范基地。

3月1日 中国太阳城（德州）全民低碳生活行动启动仪式举行。雷建国、吴翠云等分别为第四届世界太阳城大会会徽、吉祥物揭彩。

3月 市委、市政府制定《关于德州市人民政府机构改革的实施意见》。该意见明确按照精简统一效能、因地制宜、统筹兼顾的原则，转变政府职能，完善管理体制，优化组织结构，规范机构设置，设工作部门32个、部门管理机构2个，并对其“三定”规定的范围、内容和要求，制定和审批程序做出明确规定。

5月10日 市委、市政府制定《关于加快低碳经济发展的意见》，将发展低碳经济提升为重要发展战略，全市上下以转方向、调结构、降低碳排放为着力点，大力发展低碳经济，努力建设低碳社区，积极创建低碳生态环境，将德州打造成国内一流的低碳经济示范区。

5月30日—6月7日 市委书记雷建国率团赴英国、荷兰、丹麦考察，在三国举办第四届世界太阳城大会推介会，促成德州市与英国邓迪市签署友城交流关系协议，并与邓迪市签署太阳城合作备忘录。

6月29—30日 全国人大常委会原副委员长周光召带领中科院专家到德州就农业信息化建设进行调研。

7月5日 市委、市政府制定《关于加快经济发展方式转变若干重要问题的意见》。总的要求是把转方式、调结构作为推动科学发展的重要目标和战略举措，大力发展低碳、循环、绿色、生态经济，推动全市经济争创新优势、实现新发展。要求在6个方面实现重大进展：1. 在扩大总量、提质增效上实现重大进展；2. 在现代产业体系建设上实现重大进展；3. 在创新型城市建设上实现重大进展；4. 在绿色德州建设上实现重大进展；5. 在一体化发展上实现重大进展；6. 在加强社会建设上实现重大进展。

7月6日 南水北调东线一期鲁北段工程建设动员大会在武城县召开。国务院南水北调办公室主任张基尧、副省长贾万志分别讲话。南水北调东线一期工程鲁北段包括聊城和德州两段。德州段投资19.93亿元，工程由七一河、六五河输水工程，大屯洼蓄水工程、灌区影响处理工程、截污导流工程组成。

7月8日 环保部正式公布2009年度全国重点流域水污染防治规划实施情况考核结果。该次考核是“十一五”期间国家对海河流域水污染防治规划实施情况进行的第二次考核。德州市代表山东省参加考核，最终得94.3分，在海河流域7个省市考核代表城市、全国9大流域33个考核代表城市中取得“双第一”的优异成绩。

8月1日 由武城县山东汽车制造有限公司与清华大学联合研发的首辆新能源客车成功下线。该车以电能为动力，最大续航里程200千米，与普通燃油客车相比，节能效果可达85%。这是德州市首辆有自主知识产权的新能源汽车。

8月11日 乐陵市申报的国家级体育产业基地获得国家体育总局批复，成为继成都、深圳、晋江、北京龙潭湖之后的全国第5个，也是山东省第一个国家级体育产业基地。

8月11—14日 全市连降大到暴雨，徒骇河及其重要支流赵牛新河面临溃坝危险。德州军分区紧急抽调2500余名现役干部和民兵应急队员驰援禹城抗洪救灾。广大干部群众奋力

抗洪抢险。

9月14日 台湾新党主席郁慕明、台湾海峡两岸合作发展基金会董事长张世良到德州参加海峡两岸太阳能产业交流合作恳谈会。

9月15日 《德州晚报》(试刊)发行。该报由原《德州日报·长河晨刊》与《德州广播电视报》合并而成。

9月16—18日 第四届世界太阳城大会在德州中国太阳谷隆重举办。全国人大常委会副委员长华建敏,全国政协副主席、科技部部长万钢,中共山东省委副书记、省长姜大明,爱尔兰前总理伯蒂·埃亨,韩国前总理李海瓒,世界太阳城协会主席克瑞斯·在德维德,人力资源和社会保障部副部长兼国家外国专家局局长季允石,中国人民对外友好协会会长陈昊苏,住房和城乡建设部副部长仇保兴,省人大常委会常务副主任高新亭,副省长李兆前,以及德州市委书记雷建国、市长吴翠云等出席开幕式。华建敏宣布大会开幕,吴翠云等先后主持。万钢、姜大明、伯蒂·埃亨等分别致辞,仇保兴作主旨演讲。开幕式上还举行授牌仪式,财政部、住房和城乡建设部联合授予德州市"国家可再生能源建筑应用示范城市"称号。

9月26日 德州市代表队在山东省运动会上共获得32.5枚金牌、6枚银牌、12枚铜牌,总分809.50分,位居综合排行榜第11位,取得参加历届省运会最好成绩。

10月5日 市委、市政府制定《关于加快统筹城乡发展的意见》。总体步骤:用10年的时间,完成"三步走",实现"六转变"。第一步,变革农村行政管理体制,由原来以自然村为基本管理单元向新型农村社区管理体制转变。第二步,变革农民的生产生活方式,由原来农民分散居住向集中居住转变,由分散经营向集约经营转变。第三步,变革农村社会管理制度,基础设施公共服务制度由政府单向投入城市向城乡全覆盖转变,公共福利制度包括教育制度、卫生制度、社会保险制度由城乡不均衡向城乡均等转变,户籍管理制度由城乡二元化管理向城乡一元化管理转变。

10月8日 德州东北商贸物流城奠基,建设用地总面积约为700万平方米,规划总建筑面积约1500万平方米。德州东北商贸物流城以中国城乡发展有限公司为投资主体,首期投资约80亿元。建成运营后将成为辐射华北、华东、中原等地区的工业原材料和农业生产资料中心、商品集散中心和现代综合物流中心。

10月9日 全国政协副主席何厚铧率澳门特区全国政协委员考察团到德州考察。

10月17日 在山东省首届"非物质文化遗产"博览会上,德州市参展的8个"非遗"项目的15个"非遗"传承人均获"优秀传承人"称号。他们是:德州扒鸡制作工艺传承人崔长清、张树林、崔岭,德州黑陶制作工艺传承人梁立霞、毛军,蛋壳陶、彩云陶制作工艺传承人王宪利,齐河龙山黑陶制作工艺传承人王志水,平原通德醋酿造技艺传承人任万平、任博,古贝春酒配制工艺传承人周晓峰、赵殿臣、吴兆征、董福新,夏津小磨香油(郇香牌)制作工艺传承人黄勤勇、宁津剪纸传承人张长俊。

10月24日 引黄济津潘庄线路应急输水工程通水。引黄济津潘庄线路应急输水工程投资1.44亿元,2010年6月5日开工建设,10月10日主体工程完工,19日通过验收。22日,2010—2011年度引黄济津应急输水开始,至2011年4月11日止,历时170天,潘庄闸引水11.84亿立方米,天津九宣闸接水4.2亿立方米。

10月26日 中共德州市委党校在经济开发区新河东路南举行新校区建设奠基仪式。2012年9月竣工。新校区占地9.93公顷,规划建设主要有综合办公楼(包括图书馆、信息中心)、教学楼、报告厅、学员公寓及餐厅、文体馆等,总建筑面积6.1万平方米,可同时容纳600人食宿和上课。

11月1日 全市第六次人口普查全面展开,零时起进入正式入户登记阶段。普查结果显示,全市常住人口为556.82万人。

11月4—5日 英国前副首相约翰·普雷斯科特,新洲国际集团董事长杨腾波率团到德州参观考察,德州市政府与新洲国际集团签署战略合作框架协议。

11月22日 市中心城区第七批保障性住房公开分配选房仪式举行,270户符合条件的低收入住房困难家庭通过公开抽号购买到经济适用住房。从2005年起,全市逐步实行经济适用房、廉租房办法。

11月30日 齐河黄河国际生态城省级旅游度假区获省政府批复。度假区位于齐河县城南部的黄河北展区内,东至李家岸干渠,西至北展堤东侧,南至黄河大堤北侧,北至北展堤南侧,规划总面积29.95平方千米。

12月15—16日 首届中国(德州)生态文明高层论坛在德州举行。全国政协副主席、农工民主党中央常务副主席陈宗兴,国家环保总局原副局长、党组原副书记祝光耀,中国科学院院士、中国科普作家协会理事长、地质学家刘嘉麒和有关专家出席。会议通过《德州倡议》。

12月18日 德州市盲人田径运动员王玉芹,在广州亚残运会女子400米T12级决赛中,以1分00秒21的成绩夺得冠军。这是她继17日在女子200米T12级决赛夺冠后,收获的第2枚金牌。

12月18—20日 德州市获2010年中国城市化地级以上"十大活力城市"、2010年"中国城市化和谐发展典范案例"称号。

12月19日 北京·德州高铁时代产业合作发展峰会在北京钓鱼台国宾馆举行。全国人大常委会原副委员长顾秀莲,国家发改委副主任徐宪平等和德州市吴翠云、田玉茂、兰忠良、袁秀和、张世良出席。

12月20日 宁津县红庙李村被国家人口与计划生育委员会、中国计划生育协会授予"全国计划生育协会先进单位"和"首批全国人口和计划生育基层群众自治示范村"称号。

12月21日 全市对口支援北川灾后恢复重建总结表彰大会召开。援川办公室(前线指挥部)等69个"德州市对口支援北川灾后恢复重建工作先进集体",王圣华等49名二等功获得者、郭长君等66名三等功获得者、徐达晖等62名嘉奖获得者受到表彰。

同日 经全国旅游景区质量等级评定委员会评定,夏津县黄河故道森林公园为国家AAAA级旅游景区。

12月26日 中国太阳谷入选十大齐鲁文化新地标,董子文化街入选齐鲁文化特色新地标。

年底 全市将合并后的3070个社区(村)规划为1184个并建社区,并全部完成选址和规划设计,部分社区启动建设,近5万农户告别平房,搬进新楼房。

2011年

1月14日 德州市委、市政府主要负责人调整。吴翠云任德州市委委员、常委、书记兼市委党校校长,提名为德州市人大常委会主任候选人。雷建国不再担任德州市委书记、常委、委员、市委党校校长和市人大常委会主任职务,另有任用。陈先运任德州市委副书记,提名为德州市人民政府市长候选人。吴翠云不再担任德州市委副书记、市长职务。

1月24—26日 德州市第十六届人民代表大会第四次会议召开。会议补选吴翠云为市

人大常委会主任,陈先运为德州市人民政府市长。

2月9日 全市2010年度科学发展表彰暨解放思想加快发展动员大会召开。会议确定2011年全市工作的总体要求是:以科学发展为主题,以加快转变经济发展方式为主线,以继承创新、务实求进、跨越发展为主基调,以打造区域经济文化高地为奋斗目标,以建设幸福德州为新的追求,全力推进思想大解放、项目大建设、对外大开放、全民大创业、民生大改善、作风大转变,努力构建和谐社会,实现富民强市跨越,确保"十二五"开好局起好步,以优异成绩迎接中国共产党建党90周年。争取地区生产总值冲刺2000亿元,固定资产投资冲刺1500亿元,城镇居民可支配收入和农民人均收入分别达到2万元和8000元。

2月19日 德州市政府确定2011年10项民心工程:完善社会保障、改善城乡居民住房条件、增加城乡居民收入、加快教育事业发展、提高医疗卫生水平、发展文化体育事业、保障居民食品安全、扩大就业规模、完善城乡基础设施、完善政务服务体系。

2月25日 乐陵507亩枣林生态旅游区、夏津黄河故道森林公园、德州世纪风科技创新示范园被确定为山东首批42处景区自驾游示范点。

3月7日 德州首例造血干细胞捐献成功。这是德州市首例非血缘关系造血干细胞配型成功。德州市第一例造血干细胞捐献者董林,在山东省立医院血液科接受造血干细胞采集,采集的造血干细胞被空运至武汉为一名19岁女孩进行移植治疗。

3月30日 全国农业标准化示范区建设德州启动仪式暨平原县优质蔬菜标准栽培现场会在坊子乡七彩庄园种苗基地举行。平原县七彩庄园种苗项目入选全国农业标准化示范区。

3月31日 《德州晚报》正式创刊。

4月13日 农业部确定在全国开展整乡整县建制推进粮食高产创建试点,齐河县、乐陵市被列为国家级整建制项目县。

4月15日 德州人民广播电台、德州电视台合并组建德州广播电视台,5月7日举行揭牌仪式。

4月18日 中共中央政治局委员、国务院副总理回良玉到禹城、齐河考察小麦苗情长势及夏粮生产和食品企业加工情况。农业部部长韩长赋,全国供销合作总社理事会主任李成玉,国务院副秘书长丁学东等随同考察。

4月下旬至月底 德州市集中开展市级行政权力事项清理工作,确认市级所行使的行政权力事项4333项,其中,行政许可159项,非行政许可审批38项,行政处罚3683项,行政征收75项,行政强制122项,行政确认、征用、给付、奖励、裁决、备案等其他行政权力256项。行政审批由清理前的495项压缩为197项,取消136项,下放4项,合并减少83项,改变管理方式75项,比清理前减少298项,减幅达到了60%。

5月21日 德州大剧院开工奠基。2013年10月建成。德州大剧院地上5层、地下3层,主体高度23.7米(局部38.2米),建筑面积3.92万平方米,包括一个1500座的歌剧院、一个600座的多功能可变剧场、一个150座的影像报告厅以及排练厅等配套设施。

5月 德州市电子政务办公室成立,具体承担全市电子政务系统的建设管理、统筹、协调、推进和技术支持等工作。

6月30日 京沪高速铁路全线通车,德州东站启用。从德州1小时进京,3小时抵沪成为现实。德州东站是京沪高铁沿线地级城市中规模最大、等级最高的车站。设5台13线,站房建筑面积19971平方米。无站台柱雨棚面积

32270平方米，总高度14.292米。并设有航空港连接济南机场，可实现铁路、公路、航空、出租车、公交车等多种运输方式无缝衔接。日发班次可达到1300班次，日均发送旅客3万人次，年发送旅客1100万人次。

7月2—3日 首届中国德州围棋文化节举行。内容有千余名小学生围棋友谊赛、国家女子围棋队选手对德州围棋爱好者围棋多面打、两省四市围棋邀请赛、山东省围棋十强邀请赛等一系列活动。本届围棋文化节由德州市政府主办，德州市体育局、德州市体育总会、德州市围棋协会承办，山东长河豪门集团协办。

7月6日 市委、市政府下发《关于推进"两区同建"构建生态文明乡村的意见》。总体要求是以科学发展观为指导，以统筹城乡发展为统领，以实现农村"三生三化"(生活方式城市化、生产方式集约化、生活环境自然化)为目标，以"两区同建"为总抓手，实施清洁家园工程，着力构建城乡一体的公共服务体系、城乡联动的产业体系和城乡对接的基础设施体系，努力把农村社区建设成为产业生态高效、环境优美宜居、生活文明健康的美好家园。

8月29日 全球最大集太阳能光电、景观艺术、照明亮化为一体的人文生态雕塑园，在德州太阳谷正式启用。该雕塑园汇集了百余款太阳能光电雕塑产品。

8月30日 第六届全国辣椒产业大会暨德州国际辣椒节在武城县开幕。

8月 市政府印发《关于全面推进城乡居民社会养老保险工作的通知》和《德州市2011年城乡居民社会养老保险全覆盖工作方案》，全面启动城乡居民养老保险工作。到年底，全市适龄人员参保289万人，参保率达95%以上，征缴保费3亿元，为70万名城乡老年居民发放基础养老金2.64亿元。

同月 开展征集"德州精神"表述语活动。由市委宣传部、市委讲师团、德州晚报社组织，为期4个月，共收到来自全国24个省份的5000多条表述语，最终将"厚德、包容、创新、图强"确定为"德州精神"。

9月2日 《中共德州市委德州市人民政府关于建设幸福德州的实施意见》发布，基本内涵是立足德州实际，通过增强经济实力，不断满足群众新需求，提高群众满意度，增强群众幸福感。(1)发展经济、增加收入，让人民群众有富足感。(2)安居乐业、衣食无忧，让人民群众有稳定感。(3)公平正义、安定有序，让人民群众有安全感。(4)实现自我、受人尊重，让人民群众有成就感。(5)环境优美、生活方便，让人民群众有舒适感。(6)崇文尚德、守望相助，让人民群众有归属感。

9月16—19日 中国德州第二届太阳能开发利用博览会(延续世界太阳城大会顺序，并入经贸洽谈会的内容)在中国太阳谷低碳国际会议中心隆重举行。该届太博会，集中签约项目37个，其中国家级协会战略合作协议7个、科研机构技术合作项目5个、实体项目25个。实体项目总投资790.3亿元人民币、11亿美元、5亿欧元。同时，按照国家产业政策要求及德州市"十二五"产业发展重点，筛选重点推介项目103个，总投资1761.05亿元人民币、4000万美元。

9月16日 中国机械工业联合会命名德州市为"中国压滤机之都"。

9月17—19日 中国·德州第一届资本交易大会举办。主题为"资本创造未来"，旨在推进金融创新和资本市场发展，拓宽融资渠道，进而打造立足德州、面向全省乃至全国的长期资本交易平台。全国200多家名气大、实力强、业绩多的投资机构参会，德州市有600多家重点企业参加。现场签约项目55个，融资额118.3亿元；各县(市、区)签约项目38个，融资

额68.7亿元；在谈项目53个，融资额107.7亿元；意向项目49个，融资额106.2亿元。总计融资额401亿元。签约项目中，银行投资占18%，基金、创投占59%，融资租赁、融资担保、资产管理、信托投资等占23%。

9月29日 德州市第四届运动会闭幕。该届运动会自7月30日开始，共设比赛项目15个大项681个小项，11个县（市、区）及经济开发区、德州学院、德州市教育局、德州武警支队、德州市房管中心等16个代表团的3000余名运动员参加比赛。获金牌总数前8名的代表团依次是：德城区、齐河、禹城、平原、夏津、武城、市经济开发区、陵县。

9月 德州市12345市民热线开通。前身是市长公开电话，于1996年1月开通，2005年5月改用统一受理号码“12345”，2011年9月更名为德州市“12345”市民热线。

10月14日 中国家具协会授予宁津县“中国家具优秀产业集群奖”。

10月28日 “龙行齐鲁”世界龙斗争霸赛在市体育中心体育馆举行。来自英国、泰国、瑞典、法国、加拿大、俄罗斯、日本和中国8个国家的20名选手参赛。德州德泰拳馆被省武术院授予“山东省唯一泰拳训练基地”称号。

11月22日 “金满田杯”2011山东粮王大赛冠军揭晓，临邑县农民魏德东以夏玉米亩产973.4公斤的优异成绩获得全省总冠军，成为2011年度“山东粮王”。

11月24日 德州市获国家卫生城市称号。

11月 总投资3.25亿元的德州市社会福利中心建成。

12月15日 全市两区同建工作现场会议在齐河县召开。市委、市政府下发《关于推进2012年“两区同建”工作的实施意见》，确立了社区建设、园区建设、土地挖潜“三位一体”的工作思路，将两区同建与城乡建设用地增减挂钩政策相结合，既为农村百姓谋福祉，又为经济发展腾空间。至2011年年底，全市启动建设294个农村社区，10万户农民搬入新居，规划建设工业、农业、商贸等农村产业园区1538个。

12月26日 齐河、陵县、临邑、平原4县被评为“全国粮食生产先进单位”，中央财政对4个产粮大县每县奖励1000万元。齐河县段学涛被评为“全国粮食生产先进工作者”，临邑县翟家镇农技站齐宝平、陵县粮食购销中心技术员李万军被评为“全国粮食生产突出贡献农业科技人员”，临邑县德平镇魏德东、陵县縻镇张怀河被评为“全国种粮售粮大户”。

12月30日 全市2011年社会保险扩面征缴取得历史性突破，征缴基金首次突破40亿元大关，达到43亿元，增长幅度首次进入全省前3名。

12月31日 全市国税收入首次突破60亿元。

是年 德州市被认定为国家级“双拥模范城”。

是年 在全省2011年度小型农田水利重点县和现代农业小麦产业项目县考评验收中，德州市10个项目县全部获得优秀等次，继2009年、2010年度考核均夺得全省第一后再次夺魁，成功实现“三连冠”。

是年 全市实施“10+3”主导产业集群推进计划〔“10”是指以农产品（食品）加工、装备制造、纺织服装、化学工业、新能源（节能环保）、新材料、生物技术、现代物流（现代商务）、文化旅游（体育）、城市综合体（房地产业）；“3”是电子信息、交通装备和现代服务业〕。按照“集中优势率先突破、着眼未来顶层设计”的要求，全力实施“10+3”主导产业集群推进计划。市政府班子成员在抓好日常工作的同时，分工负责10个重大产业，各自组建工作机构组织实施推进千亿级产业集群为目标,3 年时间,每个产业年均投入不低于 100 亿元。

是年 德州市蝉联"中国城市化地级以上十大活力城市"称号。中央电视台《新闻联播》《朝闻天下》《午间新闻》和新华社、《人民日报》《农民日报》《中国经济导报》等高层主流媒体先后报道,省内外 200 多批次考察团、1 万多人先后到德州参观考察。

是年 德州市 70 万名 60 周岁以上老人领取基础养老金。

2012 年

1 月 7 日 市委书记吴翠云,市委副书记、市长陈先运赴天津开展商贸洽谈对接合作活动。中共中央政治局委员、天津市委书记张高丽出席有关活动,听取汇报,并就深化交流合作提出要求。

2 月 2—5 日 中国共产党德州市第十四次代表大会召开。吴翠云向大会作题为《推动科学发展,励志创新图强,共同谱写幸福德州建设新篇章》的报告。大会选举产生中国共产党德州市第十四届委员会委员 48 人、候补委员 10 人,中国共产党德州市第十四届纪律检查委员会委员 35 人,德州市出席省十次党代会代表 43 人。市委十四届一次全体会议选举吴翠云(女)为市委书记,陈先运、满春重为副书记,徐春福、韩建亭、孙成良、杨军、王培明、翟长生、刘子玉、张传忠、刘兆祝为常务委员。会议还批准市第十四届纪律检查委员会第一次全体会议选举结果:刘子玉任德州市纪检委书记,孙秀河、刘清云、刘国亭任副书记。

2 月 8—11 日 中国人民政治协商会议第十三届德州市委员会第一次会议举行。会议选举袁秀和为政协第十三届德州市委员会主席,丁福祥、马传先(女)、王惠萍(女)、邵自升、杨光来、李世民、商怀君当选为副主席,李学根当选为秘书长。

2 月 9—13 日 德州市第十七届人民代表大会第一次会议举行。会议选举吴翠云(女)为德州市第十七届人大常委会主任,兰忠良、朱昌连、钟玲(女)、邓光亮、战士平为副主任,史秀芝(女)为秘书长。大会选举陈先运为德州市人民政府市长,徐春福、翟长生、康志民、黄金忠、许绍华、杨玖庆(女)、董绍辉为副市长;选举尚洪立为德州市中级人民法院院长,李万堂为德州市人民检察院检察长。

2 月 14 日 山东龙力生物科技股份有限公司"玉米芯废渣制备纤维素乙醇技术及应用"项目获 2011 年国家技术发明二等奖,"嗜热真菌耐热木聚糖酶的产业化关键技术及应用"项目获 2011 年度国家科学技术进步二等奖。

2 月 15 日 董子文化街入选第三批山东省文化产业示范基地。

2 月 24 日 山东鼎力枣业食品集团有限公司、武城县英潮经贸有限公司和山东飞达集团有限公司被农业部认定为农业产业化国家重点龙头企业。

2 月 29 日 市政府确定 2012 年民生实事。涉及优化教育资源、提高公共卫生服务水平、完善社保体系、增加城乡居民收入、积极扩大就业、加强住房保障、健全城市安全保障功能、抓好食品安全、改善农村生活环境、丰富文体生活 10 个方面,共 40 件实事。

2 月 平原县、禹城市、宁津县、陵县、齐河县、临邑县、乐陵市、德城区被列为全国蔬菜产业重点县。

3 月 25 日 德州市 9 个项目被国家发展改革委员会列入 2012 年第一批中央预算内投资计划,争取国家无偿资金 5070 万元,项目个数和资金额居全省之首。

3月27日 全国首个硅烷气项目在临邑县建成投产，年可生产硅烷气3000吨。

3月 市委下发通知，加强机关作风建设。发布“八条禁令”：严禁工作时间安排和参加娱乐活动、上网聊天、炒股、玩游戏、看电影，严禁工作日中午饮酒，严禁搞边界迎送、警车开道。

4月1日 全国小麦春季田管暨高产创建现场会议在德州召开。德州在全国率先启动实施百万亩玉米免费统一供种项目；被确定为全国5个整建制推进粮食高产创建试点市之一。2011年，全市粮食总产81.4亿公斤，实现“十连增”，再次被评为“全国粮食生产先进市”。

4月13日 “中国德州”政府门户网站英文版（http://www.dezhou.gov.cn/n690685/）正式开通运行。中文版同时改版升级。

5月2日 夏津发达面粉集团有限公司和山东禹王实业有限公司入选“中国粮油企业100强”。夏津发达面粉集团有限公司、山东永乐食品有限公司和山东峰宇面粉有限公司入选“中国小麦粉加工企业50强”。

5月5日 德城区被科技部批准为国家可持续发展实验区，这是德州市获批的首个国家可持续发展实验区。

5月18—19日 中国·德州第二届资本交易大会在太阳谷低碳国际会议中心召开。大会的主题是“资本创造未来”。来自北京、上海、天津、济南、深圳等省内外的500多家投融资机构参会，德州市600多家重点企业参加。集中签约项目52个，合同协议金额近150亿元。

5月26日 第二十六届“黄河杯”全国业余围棋公开赛在德州市开枰，70支队伍、360名五段以上棋手参赛。吸引来自日本、韩国、泰国、加拿大等国外棋手参加。

5月 由山东泰山集团牵头组建的新型健身器材产业技术创新战略联盟被科技部批准为国家级联盟，是德州创建的首家国家级产业技术创新战略联盟。

6月3日 国强五金工业园落成典礼暨中国建筑五金产业基地授牌仪式在乐陵举行。乐陵市被中国五金制品协会认定为“中国建筑五金产业基地”。

6月7日 国务委员兼国务院秘书长马凯到德州视察德龙烟铁路建设情况。铁道部部长盛光祖陪同。

6月10日 滨（州）德（州）高速公路建成通车。东起滨州市无棣县，西至德州市鲁冀边界，总长144.062千米，其中德州境内全长约117千米，途经庆云、乐陵、宁津、陵县和德城区。

6月 全市小麦收割结束，小麦总产达38.48亿公斤，比2011年增长0.98亿公斤，实现连续第10年增产，种植面积、单产、总产均创历史最高水平。

7月1日 全市首条城际公交线路105路（德州至平原）开通。

7月 7月下旬至8月中旬，德州市共出现4次暴雨天气，全市平均降水量379.9毫米。最大降雨量出现在7月30日—8月1日，平原县前曹镇降雨量为417毫米。11个县（市、区）和两个开发区全部遭受洪涝灾害，受灾人口近300万人，农作物受灾面积99.4万公顷，直接经济损失16.9亿元。

同月 德州高铁新区完善基础设施，“六纵五横一外环”路网初具规模。2012年为“基础设施建设年”，全市投资166亿元，用于6大类、83个城建项目基础设施建设。截至7月底，城区面积达到270平方千米，德州也将成为能够容纳300万人口的城市，框架扩大近两倍。2014年，德州市高铁新区东方红路、天衢路、站前路、东风路、纵二路等5条道路及基础设施工程、建设项目工程列入全国市政金杯示范工程名单。

8月7日 中国城市竞争力研究会发布2012中国城市分类优势排行榜，德州荣膺“中国最具幸福感城市”和“中国最具竞争力100强城市”两项殊荣。位居“中国最具幸福感城市”排名第96位。

9月15日 全国首届郭澄清农村题材短篇小说大奖赛在宁津颁奖。大奖赛由《小说选刊》《山东文学》《齐鲁晚报》与宁津县委、县政府联合举办，共收到来自国内外的1326篇参赛作品，最终评选出大奖1个、优秀奖8个、提名奖16个。

9月16—18日 第三届中国·德州太阳能开发利用博览会暨投资贸易洽谈会在德州举行。大会以洽谈、推介为主，由国际气候组织、中国资源综合利用协会、中国新能源科技协会、山东省太阳能行业协会和德州市人民政府主办，主题为“新能源——创新与合作”，旨在巩固提升“中国太阳城”品牌，搭建新能源开发利用、经济贸易合作平台，全面展示德州发展优势与潜力，促进德州市新能源产业乃至整个现代产业跨越发展。该届太博会集中签约项目37个，总投资额367亿元。

9月25日 德州市被教育部中国教师发展基金会命名为全国首个“全国师德建设示范基地”。

10月24日 齐河县泉城海洋极地世界被国家旅游局正式批准为国家AAAA级旅游景区，是继海岛金山寺、太阳谷景区、黄河故道森林公园、董子文化街之后，德州市第5个国家AAAA级景区。

10月28日—11月8日 中国·德州首届梁子黑陶文化艺术节举办。全国人大常委会委员、全国人大常委会外事委员会主任委员李肇星，外交部联谊会主席秦小梅，市委书记、市人大常委会主任吴翠云出席开幕式。

10月31日 德州市首届“百佳孝贤”评选颁奖典礼举行。共有181位候选人参加此次评选，最终评选出百名孝贤典范。

12月27日 德州市获“2012年度全国粮食生产先进市”称号。齐河、临邑、陵县、平原、禹城5个县（市）获评“全国粮食生产先进县（市）”，市农业局郑光辉获“全国粮食生产先进工作者”，陵县农业局祁士军、乐陵市农业局刘建国被评为“全国粮食生产突出贡献农业科技人员”，临邑县德平镇魏家村魏德东、翟家镇翟家村李庆民、齐河县大黄乡石碑杨村王成亮、平原县张华镇梨园村辛秀明4人被评为“全国种粮大户”。

是年 全市地方财政收入首次突破百亿元，达到120亿元，增幅列全省第一。

是年 德州市高标准、高起点规划了“三河六岸”（运河、岔河、减河）的景观和道路交通系统。从四女寺水利枢纽开始，向北延伸至省界，规划从中心城区、河流全段和重要节点3个层次对“三河六岸”滨河路景观规划设计。到2013年重点实施岔河、减河“两河四岸”道路建设，开工重点部位的景观工程，启动德州外滩建设。

是年 全年新开工建设农村社区123个，建设面积达到1400万平方米，是历年来农村建房数量最多的一年。10万名农户入住新社区，社区集中供暖供气、垃圾污水处理、社区服务中心等配套设施逐步完善。启动建设农村产业园区405个，拆除旧房4.2万户，涉及原行政村351个，复垦土地2万亩。德州市获“中国城市化典型案例奖”；德城区、禹城市被评为全省生态文明乡村建设先进县，33个农村社区被评为全省生态文明乡村建设示范社区。

2013 年

2 月 22 日 德州市第四次获全国无偿献血先进城市奖，有 723 位市民获无偿献血个人奖项。

2 月 25 日 全市领导干部会议召开。会议传达省委关于德州市政府市长调整的决定。杨宜新任中共德州市委委员、常委、副书记，提名为德州市人民政府市长候选人。陈先运不再担任德州市人民政府市长和德州市委副书记、常委、委员职务。

3 月 1 日 德州市被水利部和全国节约用水办公室授予第二批“全国节水型社会建设示范区”称号。

3 月 16 日 “华晨实业杯”2013 年（德州）全国象棋公开赛开赛。有来自全国 12 个省市的 107 名棋手参加，其中包括 1 位国家特级大师、5 位象棋大师，此次公开赛是德州市举办的最高水平象棋赛事。

3 月 18 日 德州唐人中心城市综合体开工暨主力商家进德签约仪式举行。项目由上海立天唐人投资集团有限公司投资 30 亿元建设，总建设面积约 56 万平方米，其中地上建筑面积约 45 万平方米，在全国首创绿色城市综合体开发模式，是标准的复合型城市综合体项目。

3 月 全长 77.07 千米的德州中心城区大外环快速通道建成通车。2011 年 1 月开始施工，总投资 17.2 亿元，穿越德州经济技术开发区、德城区、运河经济开发区和陵县，连接境内的 16 条主干道和京福、滨德高速公路的 5 个出入口，形成一个闭合的路网系统。为构筑“一心四极、组团发展”的城市格局创造了空间。

同月 陵县入选农业部中国绿色食品发展中心公布的第 13 批创建全国绿色食品原料标准化生产基地名单，成为德州首个入选全国绿色食品原料标准化生产基地的县。

4 月 14—15 日 德州市第十七届人民代表大会第三次会议召开，补选杨宜新为德州市人民政府市长。

4 月 19 日 德州突遇罕见的 4 月飞雪，系有气象纪录以来最晚的一次降雪天气。4 月 19 日中午前后，先是小雨，继而雨夹雪，随后大片雪花从天而降，场面如同冬季降雪天。18 时 30 分，市气象局发布暴雪橙色预警信号和道路结冰橙色预警信号。截至 19 日 20 时，全市平均降水量 12.6 毫米；最大降水量出现在乐陵，为 22.3 毫米；宁津积雪深度最大，为 11 厘米。

同日 德州市被评为全国首批、全省唯一“农村留守儿童关爱服务体系示范市”。

5 月 5—6 日 全国政协副主席、民盟中央常务副主席陈晓光率民盟中央调研组到德州，就“全面优化制度安排，实现社会保障定型、稳定、可持续发展”课题进行考察调研。

5 月 18 日 中国·德州第三届资本交易大会在太阳谷低碳国际会议中心开幕。省部分金融部门有关负责人，以及来自境内外 500 多家机构的高管人员，企业负责人共计 2500 余人参加开幕式。开幕式上举行项目集中签约仪式，42 个合作项目签约。

6 月 18 日 全国首届大型“微世界”论坛暨移动互联网应用行业峰会在德州太阳谷国际会议中心举行。

9 月 14 日 全市推进省会城市群经济圈和西部经济隆起带建设动员大会召开，进一步贯彻落实全省“一圈一带”建设规划。“一圈一带”即省政府启动的“省会城市群经济圈”和“西部经济隆起带”两大战略规划。规划在 2013—2020 年，设立总规模分别为 100 亿元和 200 亿元的“一圈一带”投资基金，并出台财税、土地、投融资等优惠政策，力争“补齐”中西部发展“短板”。德州被纳入“一圈一带”建设规划。

10月8日晚 第十届中国艺术节展演剧目民族歌舞诗剧——《呼伦贝尔大雪原》在德州大剧院上演。这是德州大剧院建成后承办的首场演出。

10月15—16日 围棋世界冠军争霸在德州开赛,海峡两岸四地棋王争霸赛同时举行。

10月16日 德州市推荐的国家星火计划重大项目——"麦棉两熟组装技术产业化",被科技部批复立项,获无偿资金300万元。这是德州首次承担国家星火计划重大项目。

同日 中国农业发展银行总行下达《关于山东省德州市列为支持农村新型城镇化建设试验区的批复》,德州成为全国唯一被农发行列为支持农村新型城镇化建设的试验区。

10月17日 全国政协副主席、民革中央常务副主席、民革中央"三农"委员会主任兼土地制度研究中心主任齐续春率调研组就土地制度改革暨新型城镇化到德州进行专题调研。探讨通过推进两区同建,在农村改革特别是土地改革、土地流转和小城镇建设上的新路子。

10月17—19日 "2013德州(上海)区域战略合作恳谈会"在上海举办。恳谈会以"抢抓战略机遇、实现合作共赢"为主题,旨在加强与长三角经济圈的战略合作,互利共赢,共谋发展。上海现代服务业联合会,上海市政府交流合作办公室,马来西亚驻沪总领事馆,山东省政府驻上海办事处以及长三角区域的企业家、金融家、专家学者和项目签约代表,共计300余人出席。

10月22日 德州市创建省级文明城市动员大会召开。市委书记吴翠云,市委副书记、市长杨宜新等出席动员大会并讲话。继成功创建国家卫生城市、迎接国家园林城市验收之后,德州市随即启动的省级文明城市创建活动。

10月25日 第四届全市道德模范表彰会在会展中心举行。孟庆胜等51人获全市道德模范称号,周宪海等95人获得全市道德模范提名奖。

10月 德州市作为山东省承办第十届中国艺术节重点主办城市之一,承担了参赛和办赛两重任务。参演的大型舞台剧目京剧《东方朔》、音乐剧《后羿与嫦娥》、杂技剧《家乡》全部入选山东省优秀展演剧目;男声独唱《亲亲的老百姓》夺得"群星奖",市艺术馆(现市文化馆)获集体二等功;参展国画《铁流》入选全国优秀美术作品。同时,承办了"全国京剧优秀青年演员折子戏展演",市政府获文化部颁发的"组织工作奖"。圆满完成十艺节"文华奖"4台8场参评剧目及6台试演剧目的比赛演出任务。德州被评为"第十届中国艺术节最佳演区",市文化广播电视新闻出版局获"第十届中国艺术节筹办组织工作先进集体",德州大剧院获"十艺节优秀场馆"称号。

11月22日 德州融入首都经济圈合作恳谈会暨北京德州商会揭牌仪式在北京举行。主题为"京韵厚德、合作共赢"。此是全市"百日招商"的主要内容,旨在加强德州与首都经济圈的战略合作,实现互利共赢。市委书记吴翠云出席活动并在恳谈会上致辞。

11月 农业部认定77个第二批国家农业产业化示范基地,乐陵市农业产业化示范基地成功入选,这是德州市首个国家农业产业化示范基地。

12月22日 德州市委、市政府在天津滨海新区举行德州·天津环渤海经济圈区域合作恳谈会。主题是"对接滨海,服务天津,深度融合,共谋发展",旨在加强德州与渤海经济圈的区域合作,推进与天津滨海新区的深度融合,积极促进项目建设和招商引资、招财引智工作,不断提高对外开放水平。天津滨海新区政府及有关部门负责人,天津大学、河北工业大学的负责

人，众多企业家、专家学者、合作项目签约代表等200多人出席活动。吴翠云、杨宜新会见天津市副市长、滨海新区区长宗国英。

12月31日 全市城乡供水一体化工作总结会在临邑县召开。自2011年市委、市政府实施“利用三年时间，整建制实现城乡供水一体化”规划。截至2013年年底，全市累计完成投资53.8亿元，建成平原水库13座，万吨以上集中供水水厂18个，铺设管道5.2万千米，3年解决了312万人饮水安全问题。城乡供水一体化率由2010年的38%提高到93%，530万名城乡居民喝上“同源、同网、同质”的黄河水，比国家计划提前7年完成建设任务，成为全国第一个整建制实现城乡供水一体化的地级市。

是年 德州在全国率先提出“玉米千亩吨粮”增产模式攻关理念，粮食总产83.25亿公斤，实现“十一连增”，连续十年全省第一，连续五年“亩产过吨粮、总产过百亿”，第三次被评为“全国粮食生产先进市”。全市用占全省8.1%、全国0.5%的耕地，生产出占全省18.4%、全国1.4%的粮食。

2014年

1月16日 德州市获国家园林城市称号。自2010年德州市提出创建国家园林城市目标，全市上下掀起一场全民创城大会战。特别是2012年以后，中心城区1000余个单位、区，2万余人积极参与实施的9大类2134项绿化工程，共种植乔木420万株、灌木1062万株，新增改造绿地面积2152公顷，建成区绿地率达35.54%，绿化覆盖率达38.78%。形成了以单位、小区、街头绿地绿化为点，以道路、水系绿化为线，以公园、景区绿化为片，以环城防护林带为环，点、线、面、环结合，水绿相映、分布合理的园林绿化格局。

2月7—15日 举办首届德州董子文化街庙会。

2月24日—10月15日 全市开展党的群众路线教育实践活动。按照中共中央和省委的部署要求，全市共有1.4万个基层党组织、29万名党员参加这次以为民务实清廉为主要内容的党的群众路线教育实践活动。总要求是“照镜子、正衣冠、洗洗澡、治治病”，对照检查纠正“四风”（形式主义、官僚主义、享乐主义和奢靡之风）问题。全市坚持认真精神，从严从实要求，整个活动深入扎实健康开展，取得重大成效。

3月2—3日 第九届全国粮油产销企业（春季）订货会暨全国粮油经销商联谊会在德州举行。这是德州市自2009年连续承办六届的全国性盛会。大会分为粮油产销企业洽谈订货会、大型全国粮油营销管理讲座、粮油产销企业发展战略交流、粮油行情走势及市场走势分析、粮油金奖产品评审发布、全国优秀粮油经销商评审发布6部分，参展产品涉及粮油产品类、粮油精加工食品类、粮油机械设备类、粮油技术类、粮油相关行业产品等五大门类。共有来自全国各地的400余家粮油产销企业的300多种产品参展，签订粮油购销合同480余万吨。

3月26日 全国人大常委会副委员长、全国妇联主席沈跃跃到德州调研。

3月28日 德州市政府与上海市张江高新技术产业开发区管委会签署战略合作框架协议，确定共同建设张江·德州高新科技合作示范园区。

3月 德州市入选全国首批新能源示范城市。由国家能源局组织的全国首批新能源示范城市和产业园区评选结果揭晓：共评出81个新能源示范城市和8个产业园区。德州因太阳能利用广泛而榜上有名。

4月10日 全国人大常委会副委员长、民进中央主席严隽琪到德州视察工作。她先后到德州经济技术开发区、夏津县和民进德州市委机关实地视察。全国政协副秘书长、民进中央副主席朱永新，省政协副主席、民进山东省委主委栗甲，德州市委书记吴翠云，市委副书记、市长杨宜新陪同。

5月18日 中国·德州第四届资本交易大会暨融入首都经济圈投资洽谈会在德州举行。会议主题为“打造资本优势，承接产业大转移，促进企业转调创，融入首都经济圈”，旨在深化科技金融融合创新，推动德州市发挥区位交通优势，主动融入首都经济圈，着力打造资本交易、招商引资、招才引智一体化平台。来自中国证监会、中国证券业协会、境内外各类金融机构和德州市重点企业负责人等各界嘉宾1600余人参会。共签约招商项目322个，合同金额1050亿元。

5月19日 德州市第四水厂启用通水。第四水厂位于德州经济技术开发区抬头寺镇吴寨村，由丁东水库提供水源，设计日供水能力25万吨，一期工程设计日供水能力11万吨。该水厂的正式运行，彻底解决了中心城区长期以来仅靠第三水厂单一水源供水的问题，成功构建起覆盖德城区、德州经济技术开发区、运河经济开发区和高铁新区的“四区联网、双厂联供、东西平衡、互为补充”新格局。第四水厂一年内建成，一次性运行成功，安全、质量、速度、效益在国内水厂建设史上少见。

6月12日 夏津黄河故道古桑树群入选中国重要农业文化遗产，这是山东省首个入选的项目。

6月22日 中国申报的大运河项目通过第三十八届世界遗产委员会审议，正式列入《世界遗产名录》。作为大运河保护与申遗点段，南运河河道德州段正式成为世界文化遗产。京杭大运河德州段由卫运河和南运河组成，南端起于武城县四女寺水利枢纽，流经武城县、德城区和运河经济开发区，北端至德城区二屯镇第三店村西北出山东入河北境，流程约45千米。德州作为大运河沿线重要城市，2006年开始参加申报世界文化遗产工作，经过8年的努力，南运河河道德州段原真性生态和河道环境得到有效保护，传统运河工程技术得到真实体现。

7月24—25日 中共中央政治局常委、国务院总理李克强到德州视察。他先后到陵县雨污分流工地、景津环保股份有限公司、袁桥社区和德强农场视察，与工人农民交流，听取意见。他强调，政府要加大投入，更要通过改革，创新投融资方式，吸引社会资金进入，加快建设，造福当代，惠及子孙；要大力发展劳动密集型产业，带动更多农民就近就业，在城市安居和发展；要尊重农民意愿，尊重发展规律，保障农民合法权益，推进新兴城镇化一步一步往前走，对进城农民的就医、社保、上学等配套服务都要跟上。他对德强家庭农场创新经营模式给予肯定。李克强希望德州统筹城乡发展中稳速提质增效升级。中共中央书记处书记、国务委员兼国务院秘书长杨晶，省委书记姜异康，省委副书记、省长郭树清，市委书记吴翠云陪同。

7月 全市夏粮生产再创大面积高产纪录、实现“十二连增”。据市农业局测算，全市小麦收获面积770.6万亩，比上年增加23.6万亩；单产541.8公斤、增产8.6公斤、增长1.6%；总产41.75亿公斤、增产1.9亿公斤、增长4.8%。齐河县20万亩粮食增产模式攻关核心区小麦平均单产715.97公斤，再创全国冬小麦大面积高产纪录。

8月2日 市档案馆通过国家档案局测评组测评，晋升为国家一级档案馆。国家档案局局长、中央档案馆馆长杨冬权为市档案馆授牌，市委书记吴翠云出席授牌仪式。

9月11日 德州火车站站房和广场拆迁改造工程正式启动。德州火车站是京沪线上的一等站，站区全长5.65千米，拥有19条专用线，集客、货运于一体综合性一等区段站，日发送旅客一万余人。拆除的旧站房建成于1958年，总建筑面积3957平方米，经过50余年的使用，服务设施落后等问题日益突出。德州站站房改造工程投资总额为2.27亿元，工程包括拆除既有站房及雨棚，新建站房综合楼1万平方米，建设总工期为15个月。2017年11月10日，德州火车站新站房正式启用。

9月16日 冀鲁边区革命纪念馆在乐陵市正式落成开馆。纪念馆总建筑面积3000平方米，馆内设计突出重大事件、重大活动和著名人物，以图版、文字、实物及绘画、模型、场景、展柜、多媒体等形式，全面反映了边区军民在中国共产党领导下的革命历史。冀鲁边区是山东省抗日武装发动最早的地区，也是山东省抗战时期的六大战略区之一。主要包括当时的乐陵、宁津、庆云、临邑、陵县、平原、商河、阳信、盐山、东光、南皮等24个县市，面积约3万平方千米。乐陵是冀鲁边区的核心区，为开创华北敌后抗战新局面，建立山东省抗日根据地，促进全国解放做出了突出贡献。2015年4月28日，冀鲁边区革命纪念园人民英雄纪念碑落成。

9月20日 第四届中国·德州太阳能开发利用博览会在德州市举行。大会以“推动新能源科技创新，促进城市雾霾治理”为主题，签订合同33个，总投资额454.3亿元。签订协议13个，协议金额133.7亿元。签订产品购销合同42个，成交额44.7亿元。其中，京津冀地区项目占签约项目的41.3%。

同日 首都企业家德州论坛在德州举行。主题是“京津冀一体化与企业创新发展”，300名企业家出席。

9月28日 德州市在京举行“2014德州·京津大院大所对接会”。对接会以“融入首都经济圈，推动科技金融产业融合创新”为主题，旨在加强德州与京津的战略合作，努力打造京津冀协同发展产业转移承接基地、科技创新成果转化基地。科技部原副部长韩德乾，中国科协副主席、书记处书记张勤，中国科学院副院长施尔畏，国家知识产权局原局长王景川，军事科学院原副院长、中将葛东升，德州市委书记吴翠云，市委副书记、市长杨宜新等出席对接会。

10月16日 国际太阳能供热制冷大会奇威特“技术之旅”论坛交流会在德州举行。来自近20个国家的30余位太阳能光热专家及行业负责人参会。

10月28日 德州市交警支队直属一大队荣膺全国爱民模范集体称号。市公安局交警支队直属一大队坚持“用心管理，用情服务”的工作理念，创新工作措施，热情帮扶群众。特别是在2014年年初，帮助38名安徽民工安全返乡的事迹，受到国务委员、公安部部长郭声琨的高度赞扬，被省公安厅和市委、市政府分别记集体二等功。

10月 乐陵千年枣林游览区被定为省级原生态旅游景区，成为德州市唯一省级原生态旅游景区。

11月1日 齐河县入围全国经济百强县，位列96位，是山东省唯一新进入的经济发展强县。

11月 德州市代表山东省参加海河流域水污染防治现场考核，取得了海河流域7省市及全国9大流域25个代表城市“双第一”。

12月3日 德州市成为首个住房城乡建设部城市地下管线综合管理试点城市。住建部城市地下管线综合管理试点工作在德州签约。德州市自2011年开始，投资1552万元，普查地下管线4980千米，建设“地下管线综合管理系统”。

12 月 8 日 德州市首家农村综合产权交易中心在武城县成立。中心主要交易品种为农村土地承包经营权、农村集体经济组织四荒地使用权、农村集体经济组织养殖水面承包经营权、农村集体经济组织林地使用权和林木所有权、农村集体经济组织小型水利设施承包经营权、农业类知识产权、农村集体经济组织股权、农村房屋所有权、农村闲置宅基地使用权、农业生产性工具及设施使用权等 10 类。

12 月 19 日 德州市举行陵城区成立大会。市委书记、市人大常委会主任吴翠云,市委副书记、市长杨宜新,省民政厅副厅长冯建国,市人大常委会第一副主任兰忠良,市政协主席袁秀和出席大会,并为新成立的陵城区委、区人大常委会、区政府、区政协、区纪委揭牌。10 月 20 日,国务院下发《国务院关于同意山东省调整德州市部分行政区划的批复》,12 月 4 日省政府下发《山东省人民政府关于调整德州市部分行政区划的通知》,将陵县整建制撤县设立“德州市陵城区”。行政区划调整后,德州市中心城区总人口数超过 120 万人,总面积为 1752 平方千米。

12 月 28 日 德州东站至烟台高速动车开通。青(岛)荣(成)城际铁路正式开通后,北京南至烟台、北京南至荣成首开高速动车组列车,停靠京沪高铁德州东站,德州至烟台时间约 4.5 小时。

2015 年

1 月 1 日 济(南)乐(陵)高速公路正式通车。主线全长 115 千米,总投资 75 亿元,双向 6 车道,设计时速 120 千米。

1 月 8 日 2015 年好客山东(德州)贺年会启动。贺年会突出元旦、春节、元宵节三大节日文化特色,围绕“到山东过大年”“乡村贺年民俗游”等主题,重点培育冬季特色游、民俗文化游、研修旅行等旅游产品。此外,贺年会还推出美术陈列设计大赛评选、春节记忆评选、春节华服征集展示营销、摄影大赛、微信微景大赛 5 项评选活动。活动持续至 3 月 5 日。

1 月 17 日 由山东卫视和宁津县委、县政府以及北京海润影视公司联合拍摄的电视剧《大刀记》,在山东卫视和黑龙江卫视播出。《大刀记》改编自著名作家郭澄清的同名小说。

1 月 22 日 夏津黄河故道森林公园晋升为“山东夏津黄河故道国家森林公园”,这是德州市首个国家级森林公园。1 月,黄河故道森林公园入选山东省休闲农业与乡村旅游示范点名单,成为德州市首家全国休闲农业与乡村旅游示范点。公园内有百年以上古树 3 万多棵,被誉为“中国北方落叶果树博物馆”,其中以古桑椹树资源最为独特,夏津县因此被命名为“中国椹果之乡”,“夏津椹果”被命名为国家地理标志性商标。

2 月 9 日 宁津县被山东省机械工业协会命名为山东省电梯设备制造业基地,成为全省唯一一个电梯产业制造业基地。

2 月 德州(乐陵)省级农业高新技术产业示范区晋升“国家级”,命名为山东德州国家农业科技园区,这是全省第 7 家、全市首家国家农业科技园区。

3 月 18 日 “2014 感动德州十大人物”颁奖典礼举行,欧阳竹、孙天国、任桂香、孙洪新、陈树新、秦国庆、吴玉光、王静霞、孙洪香、孙海英、薛长赳、薛长虎 12 人受表彰。

3 月 27 日 2015 年中科院院士专家德州行活动启动仪式在德州市举行。该次活动以“融合推动发展、创新引领未来”为主题,旨在进一步加强德州市与中科院的战略合作,加快京津产业转移承接基地、科技成果转化基地建设。

4 月 11 日 首届中国·德州微电影艺术节在德州大剧院举行颁奖仪式。

4 月 30 日 市十七届人大常委会第二十二次会议接受杨宜新辞去德州市人民政府市长职务的请求，选举并决定任命陈飞为德州市人民政府副市长、代市长。

5 月 15 日 由德州、滨州、聊城、沧州、衡水 5 市共同主办的鲁冀边 5 城市旅游联盟成立大会在夏津县举行。联盟城市签署《鲁冀边五城市旅游联盟宣言》，并发布 9 条旅游精品线路。

5 月 17 日 全国人大常委会副委员长吉炳轩率全国人大常委会《中华人民共和国农业法》执法检查和调研组到德州市了解《中华人民共和国农业法》贯彻落实情况，并就农业农村工作开展专题调研。

5 月 18 日 中国·德州第五届资本交易大会暨融入京津冀协同发展金融创新高峰论坛举行。大会由中国证券业协会、山东省金融办和德州市政府共同主办，参加机构、企业 1000 余家，共计 1200 余人参会。开幕式签约 50 个项目，金额 226 亿元；台下签约 106 个项目，金额 140.5 亿元，实现了融资多品种、多渠道、多元化。大会的主题为“资本·创新·未来”，着重探讨德州如何融入京津冀协同发展，进一步做好金融创新等系列问题。举办“新常态新金融”主题论坛等 5 个专场。

5 月 28 日 德州广播电视台奏嘛手机台上线。

5 月 庆云商城被认定为“全国百强著名品牌市场”，是德州市唯一获此殊荣的市场。

6 月 30 日 齐河县委书记孟令兴入选全国优秀县委书记，到北京参加表彰会议。

6 月 德州市出台《2015 年德州市农村土地承包经营权流转实施方案》，到 2015 年年底，全市新增土地流转面积 50 万亩以上，总面积超过 300 万亩，占耕地总面积的比重达到 30% 以上；全市农村土地流转面积的合同签订率达 90% 以上。

7 月 3 日 德州市 8 处文化遗产入选山东省首批“乡村记忆”工程名单。传统文化村落（街区）有武城县李家户镇魏庄村、四女寺镇四女寺村，临邑县德平镇闫家村。传统民居有宁津县相衙镇村 27 号民居、宁津县刘营伍村民居，宁津县柴胡店镇闫集村 25 号民居、齐河县赵官镇北一村孟氏民居。乡村（社区）博物馆有德州市梁子黑陶博物馆。

7 月 22 日 市委召开全市领导干部会议，宣布省委对德州市委主要负责人调整决定：吴翠云不再担任中共德州市委书记、常委、委员和市委党校校长职务，陈勇任中共德州市委委员、常委、书记兼市委党校校长。

7 月 德州作为全省唯一纳入京津冀协同发展规划的城市，“一区四基地”战略地位正式确立。中共中央、国务院印发《京津冀协同发展规划纲要》，明确提出“支持山东德州建设京津冀产业承接、科技成果转化、优质农产品供应、劳动力输送基地和京津冀南部重要生态功能区”。

同月 德州市作为全省唯一联系点成功入围国家发改委、国家体育总局颁布的国家体育产业联系点城市名单。乐陵市国家体育产业基地被确定为全国 10 个国家体育产业联系点单位之一。

同月 国内首家辣椒技术研究院——中椒英潮辣椒技术研究院在武城县揭牌，该研究院由农业产业化国家重点龙头企业中椒英潮辣业发展有限公司与湖南省农业科学院、德州市农业科学院共同建立。

8 月 5 日 全市农村土地确权登记颁证工作会议召开。德州市 6994 个村庄完成农村土地承包经营权确权登记颁证，占应开展村庄总数的92.78%，完成确权登记颁证耕地面积751万亩，确权农户103万户。

8月7日 德州市召开“韩三明全国五十部公益微电影”山东启动仪式新闻发布会。其中5部作品将在德州市选景拍摄，集中展现德州市“国家园林城市”“国家卫生城市”“中国宜居城市”风采。

8月12日 德州市政府与腾讯公司战略合作协议签约仪式暨“互联网+”主题讲座活动举行。市委副书记、代市长陈飞出席签约仪式和座谈活动。

8月17—18日 德州市第十七届人民代表大会第六次会议选举陈勇为市人大常委会主任，陈飞为市人民政府市长。

8月24日 乐陵市冀鲁边区革命纪念园入选第二批100处国家级抗战纪念设施、遗址名录，成为德州市唯一入选单位。

8月31日 京沪高铁德州综合客运站试运行。当天开通5条线路，分别发往宁津、庆云、临邑、陵城和乐陵。京沪高铁德州综合客运站东西长480米，南北宽96米，总建筑面积12万平方米，旅客日发送能力3.5万人次。

同日 纪念中国人民抗日战争暨世界反法西斯战争胜利70周年首届德州合唱艺术节在德州大剧院举行。9月2日，全市纪念抗日战争暨世界反法西斯战争胜利70周年文艺演出在德州大剧院举行。

8月 德州市正式获得地方立法权。山东省人民代表大会常务委员会发布决定，自2015年12月1日起，德州市人民代表大会及其常务委员会可以制定地方性法规。

9月6日 德州市关心下一代工作委员会（关工委）获得“全国关心下一代工作先进集体”荣誉称号，这是继2010年后市关工委又一次获得该项荣誉。

9月11日 德州市制定《关于加快推进中国新能源和生物产业引智试验区建设的意见》，市政府决定每年投入2000万元作为引智专项资金，以人才引进培养与使用激励并重，计划在5年内引进高端外国专家200人。对于特聘岗位的外国专家，在德州工作超3个月的，每年给予10万元岗位津贴。9月18日，中国新能源和生物产业引智试验区揭牌仪式暨外国专家德州行活动在德州举行。

9月23—24日 首届中国黑陶艺术创新设计大赛在德州市举行。德州市参赛选手获得5金10银。

9月24日 德州星凯国际广场项目复工。德州房屋建设综合开发集团总公司接管原豪门集团旗下星凯国际广场项目。豪门集团因非法吸收公众存款无力偿还，引起群体事件，德州星凯国际广场等项目因此停工。

9月28日 德大铁路（德州至潍坊大家洼）正式开通运营，陵城站和临邑站同时启用。铁路自2010年6月起开工建设，2014年8月铺通，全长255.6千米，自德城区黄河涯站引出，东至潍坊市大家洼站。其中，在德州市境内66千米，途经德州市德城、平原、陵城、临邑。在陵城和临邑设火车站，并在乐陵市郑店镇和济南市商河县之间设立商河站。该铁路按一级铁路等级设计，为双线客货两用，规划输送能力为每年4000多万吨货物、每日10对客车，该铁路按近期单线、远期双线设计。铁路运行后，将通过大莱龙铁路与龙烟铁路、海（天）青（岛）铁路相连。

9月 德州市10家景区被评为国家A级旅游景区。至此，全市A级旅游景区达55家。新增的10家A级旅游景区中，齐河县泉城欧乐宝梦幻世界被评为AAAA级旅游景区，庆云县庆云宫、夏津县德百温泉度假村、武城县金水湾生态园3家景区被评为AAA级旅游景区；德城区新街口文化产业园、陵城区源盛泰风景旅游区、陵城区薛庄生态农业观光园、齐河县泉城四

月天休闲度假农场、齐河县荷盛源有机莲藕产业园、运河经济开发区普利森机床博物馆 6 家景区被评为 AA 级旅游景区。

9 月 市委部署开展为期一个月的“抓住机遇、加快发展”大讨论。市委、市人大常委会、市政府、市政协领导班子成员带头到基层一线调研，深刻把握德州发展阶段性特征，深入分析存在的突出矛盾和问题，立足发展基础、区位优势、重大机遇，认真谋划新形势下全市经济社会发展的目标定位、总体思路、工作重点和推进措施。

28—29 日，市委举办理论学习中心组“抓住机遇、加快发展”大讨论专题研讨会，市委、市人大常委会、市政府、市政协领导班子成员结合一个月的调研，围绕“抓住机遇、加快发展”这一主题交流发言。会议确定，实施协同发展战略，建设协同发展示范区。决定 10 月 10 日召开解放思想抢抓机遇努力建设协同发展示范区动员大会。会议强调，要牢固树立“政府创造环境、企业创造财富”的理念，把加快发展工业作为优先选项。要正确把握解放思想与讲政治守纪律讲规矩的关系，树立“三严三实”干部导向，敢于为敢于担当者担当，推动全市解放思想、抢抓机遇、加快发展。

10 月 10 日 市委、市政府召开解放思想抢抓机遇努力建设协同发展示范区动员大会，动员全市全面实施协同发展战略，努力建设协同发展示范区。市委书记陈勇讲话，强调围绕“践行‘三严三实’、坚持改革创新、大力提升工业、推进新型城镇化、关注民生关心群众”五项工作重点，在全市迅速开展“解放思想抢抓机遇、招商引资招才引智、优化发展环境”三大行动，推动经济结构明显优化，创新能力明显增强，群众生活质量明显提高，生态环境明显改善。市纪委、市委组织部负责同志分别就治理“庸懒散”问题、树立“三严三实”干部导向讲了意见。会议出台了《关于解放思想抢抓机遇努力建设协同发展示范区的意见》《关于加快融入京津冀协同发展的实施意见》《关于抓大扶强加快工业转型升级的意见》等 7 个文件。

10 月 31 日 德州盲人姑娘王玉芹及队友在 2015 年世界残疾人田径锦标赛上，获得女子 4×100 米接力项目金牌。王玉芹成为德州市首位获得世锦赛冠军的残疾人运动员。

10 月 国务院正式批准德州高新区升级为国家高新技术产业开发区，定名为德州高新技术产业开发区，这是全省首家设在县一级的国家高新技术产业开发区。德州高新区前身是 1999 年 3 月成立的禹城高新区。2002 年 9 月被省政府批准为省级高新区，2014 年 7 月更名为德州高新区。

11 月 12 日 中央电视台《焦点访谈》栏目播发题为“协调补短板促平衡决胜纲领”的报道，以宁津县大柳镇大柳社区为例，对德州市以两区同建为载体推进新型城镇化、促进城乡协调发展的经验模式进行详细介绍。

11 月 20 日 市委、市政府印发《德州市建设协同发展示范区人才支撑计划》，推出扶持人才创新创业的 30 条新政。该计划规定，到 2020 年，全市引进培养高层次创新创业团队 100 个、高层次创新创业人才 300 名，引进博士硕士 5000 名、大学生 10 万名；建成人才公寓 300 万平方米、孵化器 300 万平方米，着力打造鲁北人才改革试验区，把德州市建成全国一流的人才汇聚之州、创新创业之城。

11 月 23 日 齐河县再次入围 2015 年度中国中小城市综合实力百强县市，位列第 85 位。禹城市首次入选 2015 年度中国中小城市最具投资潜力前 100 个县市。

11 月 德州市 4 家企业获批成立博士后科研工作站。德州市共有 13 家博士后科研工作站。新批准设立的博士后科研工作站，每家将获得一次性建站资助20万元。

11月 省文化厅公布第四批省级非物质文化遗产代表性项目名录，德州市蹦鼓舞、木刻刀笔书画、鲁北木板大鼓、古贝春酒传统酿造技艺、齐河黑陶制作技艺、王家园子醋传统酿造技艺6个非物质文化遗产项目入选。截至2015年，德州市共有国家级非物质文化遗产项目4个，省级非物质文化遗产项目23个，市级非物质文化遗产项目90个。4个国家级非物质文化遗产项目为：临邑一勾勾、宁津杂技、德州扒鸡烧制技艺、德州黑陶制作技艺。

11月 乐陵枣林复合系统入选第三批中国重要农业文化遗产名单，这是继夏津黄河故道古桑树群后，德州市第二个中国重要农业文化遗产项目。

12月7日 市委、市政府授予于佃平、王咏梅、朱波、朱超、刘俊升、刘锡潜、姜桂廷、贺洪军、程吉东、蔡文晓10人"第三届德州市十佳科技工作者"荣誉称号，记个人二等功，每人奖励1万元；授予王万玲等49人"第四届德州市优秀科技工作者"荣誉称号，记个人三等功。

12月10日 德州首次启动重污染天气应急响应Ⅰ级（红色）预警。在已施行的应急减排措施基础上，实施交通应急限号，停止所有大型户外活动，停止除保障群众基本生活必需之外的一切生产活动，另外，中小学、幼儿园临时停课。

12月12日 市委、市政府在北京举行以"主动融入、精准对接、合作共赢"为主题的融入京津冀协同发展推介会暨重点项目签约仪式，42个项目在现场集中签约，总投资达434.6亿元。

同日 市教育局与市编办、财政、人社等部门联合出台《关于推进县（市、区）域义务教育校长教师交流轮岗的办法》，提出用3—5年时间实现县（市、区）域内校长教师交流轮岗的制度化、常态化，力争到2020年基本实现全市城乡义务教育师资配置基本均衡。

12月23日起 德州市及聊城市、东营市、滨州市连片出现1天及以上极严重污染天气（AQI在400以上，部分时段达到500），主要污染物为细颗粒物（PM2.5），按上级指令，德州等4市再次发布重污染天气Ⅰ级（红色）预警。全市积极应对，严格落实措施，共限产企业31家，停产企业520家，停工工地162家，停工商混企业18家。26日6时起，重污染天气应急响应级别由Ⅰ级（红色）降为Ⅲ级（黄色）。

12月24日 宁津县张大庄镇入选"2015年中国淘宝镇"，为德州市首个获此殊荣的乡镇，同时该镇双碓村、刘庄村、清明寺村入选"2015年中国淘宝村"，成为德州市第一批入选的3个淘宝村。

12月27日 "2015中国知识产权（电梯产业）创新创业大赛"决赛在宁津县举行。大赛以"创新发展安全舒适"为主题，来自广东、上海、山东、浙江、江苏、福建、河南等9个省市的15个入围项目参赛。石家庄五龙制动器股份有限公司的电梯制动器PWM控制电路项目获得大赛一等奖。大赛决赛举办地宁津县，是中国三大电梯制造基地之一，产品涵盖客梯、货梯、杂物梯等九大整梯品种和3000多个品牌的电梯零件，销往多个国家和地区。

同日 德州军分区营区迁驻新营区，机关战备、训练、工作、生活条件得到改善。德州军分区老营区始建于1964年，位于东方红路与湖滨大道交汇处东侧，处于市中心。新营区于2013年6月动工，2015年12月竣工，位于德州经济技术开发区。

2016年

1月18日 禹城市由山东省知识产权试点单位上升为示范单位，临邑经济开发区成为

山东省知识产权示范园区，宁津银河经济技术开发区、德州天衢工业园成为省知识产权试点园区，全市省级知识产权试点示范单位（园区）达9个。

同日 陵城区颐寿园居家养老服务中心启用，这是德州市首家居家养老服务中心。

1月 中国文化发展指数首次发布中国文化城市100强榜单，德州排名第70位。

1月31日 原位于德州市区的德州监狱整体搬迁到经济开发区。

2月2日 德州阳光大姐家政服务有限公司家政服务员陈盈盈、德州天元集团有限责任公司砌筑班组长范海军、山东金麒麟股份有限公司数控操作工孟祥超3人获得“全国优秀农民工”称号。

2月4日 国家卫计委公布《全国爱卫会关于2015年国家卫生城市（区）和国家卫生县城（乡镇）复审结果的通报》，德州市被重新确认为国家卫生城市。

2月18—20日 政协第十三届德州市委员会第五次会议召开。大会选举翟长生为市政协主席。

2月19—21日 德州市第十七届人民代表大会第七次会议召开。大会表决通过了关于接受兰忠良辞职请求的决定，选举韩建亭为市人大常委会副主任，选举孟祥刚为市中级人民法院院长。

2月26日 德州被确定为京津冀协同发展示范区。

3月4日 “中国武城英潮辣椒价格指数”项目启动仪式在武城县举行。“中国武城英潮辣椒价格指数”是全市唯一列入山东价格指数平台、全国辣椒行业唯一在编价格指数。

3月24日 平原县举行平原至青岛港海铁联运集装箱班列开通仪式，德州首列海铁联运集装箱班列“平原号”首发出站。

3月25—26日 首届中国（德州）对接京津冀优质农产品博览会在德州举办。农博会以“产销对接、保障流通、促进消费、合作共赢”为主题，由全国城市农贸中心联合会主办，旨在搭建德州市优质农产品对外合作交流平台，加强产销合作与对接。德州市200余家名优新特农产品生产加工企业参展，来自京津冀和全国各地的300余家农产品批发市场和采购商代表应邀参加。

4月17日 德州首部数字院线电影《棉花白了》在中央电视台电影频道播出。该影片根据德州市女作家董爱红原著《苜蓿花开》改编。

4月19日 新西兰黑斯廷斯市市长劳伦斯·尤尔到访德州市，并与德州市签订友好城市协议。

4月 夏津黄河故道古桑树群、乐陵枣林复合系统入选世界重要农业文化遗产预备名单。

5月16日 德州东至北京南高铁市域列车“德州号”（G8935/6次）自德州始发，在德州东至北京南间运行，每日开行，沿途停靠沧州西、天津南、廊坊3个车站。市委书记、市人大常委会主任陈勇，北京铁路局天津西站站长孙景强出席始发仪式并为“德州号”揭牌。

5月18—19日 中国·德州第六届资本交易大会暨京津冀协同发展金融创新高峰会在德州市举行。山东省人大常委会原副主任何宗贵，中国证券业协会副会长葛伟平，市委书记、市人大常委会主任陈勇，市委副书记、市长陈飞等参加开幕式。参会机构、企业1000余家，参会人数1200人次，集中签约项目30个，大会期间现场洽谈合作签约项目129个。

5月 《德州市公务用车制度改革实施方案》和《关于做好市级党政机关取消车辆封存、移交及保留车辆实行标识化管理的通知》正式印发，标志着全市公务用车制度改革工作进入全面实施阶段。

6月1日 德州市月最低工资标准由1300元调整为1390元,小时最低工资标准由13元调整为13.9元,德州市已连续7年上调最低工资标准。

6月11日 首届德州—东盟产业合作论坛暨德州—东盟项目中心揭牌仪式在德州市举行。活动旨在加强德州与东盟国家的交流合作,将德州市打造成中国北方对接东盟的重要节点城市。马来西亚国际贸易与工业部第二部长黄家泉,中国—东盟商务协会(马来西亚)主席、发林控股有限公司主席林玉唐,德州市委书记、市人大常委会主任陈勇,市委副书记、市长陈飞等出席。

同日 宁津县杂技团选送的《绸操》获第九届山东国际大众艺术节·第十届山东杂技魔术大赛暨"泰山文艺奖"一等奖。

7月16日 德州市在天津举行以"全面推介、精准对接、同频共振、合作共赢"为主题的德州(天津)融入京津冀协同发展合作恳谈会暨重点项目签约仪式。共有7组42个合作项目集中签约,其中14个人才技术合作项目,共引进各类高端人才48名;28个产业项目,合同总金额约260亿元,大部分为高新技术产业项目,且单体投资均在亿元以上,投资5亿元以上的达16个,50亿元以上的3个。

7月26日 德州、沧州、衡水行政边界地区环境执法联动工作第一次联席会议在德州市召开,德州、沧州、衡水3市环保局签署行政边界地区环境执法联动协议,此为德州市签署的首个跨省行政边界地区环境执法联动协议。

同日 德州市蝉联全国双拥模范城,庆云、临邑、乐陵、宁津、夏津、平原、齐河、禹城、武城9个县(市)荣获省级双拥模范城。

7月 德州恒丰集团首次入围全国棉纺织行业主营业务收入10强,排名第10。在"化纤短纤混纺纱行业主营业务收入30强"排名中连续两年位列第一。

同月 德州市入选国家工业领域煤炭清洁高效利用示范城市。

同月 乐陵市郑店镇奎台村土地股份专业合作社挂牌成立,这是德州市首家以土地经营权入股、具有合作互助性质的经济组织。

9月5日 禹城市徒骇河水利风景区成功入选水利部公布的第16批国家水利风景区名单,这是德州市唯一获此殊荣的景区。

9月7日 2016鲁台(德州)现代产业合作恳谈会举行。德州市同与会台商签订合作协议13个,总投资21亿元,达成合作意向32个,涉及现代农业、装备制造、食品加工、新能源等领域。

9月18日 德州人民公园动物园闭园,36只猴子和部分猛兽、食草类及禽类动物迁至德州动植物园。29日,德州动植物园试营业。动植物园分为植物园、动物园与游乐园3大主题园区,设有植物展示区、水景景观区、湿地涵养区等6个功能分区,植物品种达384种,动物品种120多个品种、1000多头(只)。10月1日,德州动植物园正式营业。

9月22日 中国·德州首届京津冀鲁技术交易大会召开。此次大会以"协同发展创新共赢"为主题,由省科技厅、德州市人民政府主办。30家中科院系统研究院所,30家军工科研院所,109家国内知名科技服务机构、科技金融机构,京津冀鲁587家高等院校、科研院所,共1000余人出席大会。此次大会集中签约336个项目,共涉及228家企业与130所高等学校、105个科研机构、29个科技金融机构,共有111项科技成果参加拍卖,最终有48项拍卖成功,成交金额1.85亿元。

9月24日 德州市禹王实业有限公司的《大豆内源复合酶酶解蛋白关键技术及应用》

获得中国科学技术协会主办的全国科技工作者创新创业总决赛金奖。中新科农生物科技有限公司一生物农药项目获得铜奖,新营红枣研究所的《一种促果器的生产及使用方法推广》获得优秀奖。

9月24—26日 首届中国·德州太阳能(空气能)产品博览会在市会展中心举行。此次展会共有来自18个省份的300余家企业参展,成交合作项目200余个,总成交额3.5亿元。

9月28日 德州市与荷兰维斯特兰市签署《建立友好合作关系协议书》,双方正式缔结为友好合作关系城市。荷兰南荷兰省副省长安德瑞·布姆·莱姆斯塔,维斯特兰市副市长魏福林,市委副书记、市长陈飞出席活动。

9月 德州市入选国家物流标准化试点城市,获得中央财政扶持资金8000万元,入选全国肉菜流通追溯体系示范城市,到位资金2000万元。

10月11日 德州市创梦空间获得团省委主办的首批山东省青年众创空间评审中总成绩第一名。创梦空间位于德州经济技术开发区电子商务产业园,自2015年9月成立后,已吸引了124家企业入驻,涉及互联网、金融、科技、跨境电商、食品生鲜、咨询、文化创意等诸多行业。

10月12—15日 中国山东第九届海内外高端人才交流会暨首届"智汇德州"人才创新创业周在德州举行。德州市共签订人才引进、技术合作项目365个,其中协议91个,意向274个。

10月 德州市德城区二屯镇、陵城区糜镇、宁津县柴胡店镇、庆云县尚堂镇、临邑县德平镇、齐河县赵官镇和潘店镇、平原县恩城镇、夏津县双庙镇、武城县老城镇和鲁权屯镇、乐陵市朱集镇、禹城市房寺镇共13个乡镇入选全国重点镇。

11月1日 德州市政府办公室印发《关于调整重污染天气预警分级标准的通知》,即日起德州市实行与京津冀分级标准相统一的重污染天气预警分级标准。

11月 在2016年中国中小城市综合实力百强县市排名中,齐河县位居第80位,禹城市首次跻身全国百强县,位列第100位。

同月 德州市文化馆创作的相声作品《特殊对话》获"中华颂"第七届全国小戏小品曲艺大展优秀剧目铜奖。

12月9日 济南海关批复德州宏运通国际物流股份有限公司监管场站投入运营,这是德州市首家海关监管场站。

12月10日 乐陵市黄夹镇梁锥希森新村入选"2016中国名村影响力排行榜"。

12月13日 山东德建集团有限公司承建、深圳市科源建设集团有限公司参建的"京沪高铁德州综合客运站、公交枢纽"获2016至2017年度"中国建设工程鲁班奖"。

12月21—22日 中国—东盟中小企业合作会议在德州市召开,大会以"共建海上丝绸之路中国—东盟中小企业合作发展"为主题。会议成立中国—东盟中小企业合作委员会,并将秘书处设在德州,通过《关于加强中国—东盟中小企业合作共赢德州共识》,德州市5家企业与东盟国家企业分别签署合作备忘录。

12月 德州市新建的69个环境空气自动监测站进入调试运行阶段。全市空气监测站数量达到100个,实现空气监测站点全覆盖。

2017年

1月1日 德州市政务服务平台正式运行。该平台覆盖全市所有行政许可部门的4000多项行政许可事项,方便了公众,提高了效率。

1月4日 市委、市政府决定在全市选择180余家重点企业，实施“护航、远航、起航”培植计划（简称“三航”计划），为实体经济注入金融资本“给养”。

1月9日 山东龙力生物科技股份有限公司与北京林业大学联合申报的“木质纤维生物质多级资源化利用关键技术及应用”项目，获国家技术发明二等奖。

1月 德州冀鲁边区革命纪念园入选《全国红色旅游经典景区名录》。

同月 德州市入选工业和信息化部公布的国家产融合作试点市名单。

同月 德州市“全面改薄”（全面改善贫困地区义务教育薄弱学校基本办学条件）和解决大班额两项工程累计开工面积达477万平方米，占规划总面积的108%。其中“全面改薄”工程141所学校全部竣工，解决大班额工程新建、改扩建学校开工251所，竣工178所，新增学位10万个。

2月12—13日 “中国—东盟中心”秘书长杨秀萍到德州访问，就推动与东盟国家交流合作进行商讨。市委副书记、市长陈飞会见客人。

2月15—18日 中国共产党德州市第十五次代表大会召开。参会代表435名。市委书记陈勇代表中共德州市第十四届委员会向大会作《践行新理念实现新发展奋力夺取全面建成小康社会新胜利》的报告。会议选举出中共德州市第十五届委员会常委10名，委员52名、候补委员10名。常务委员会委员陈勇、陈飞、刘贵堂、张传忠、杨玖庆、刘长民、单传海、彭小毛、景文新、赵艺丁。书记陈勇，副书记陈飞、刘贵堂；选举出中共德州市第十五届纪律检查委员会常委9名，委员37名，书记单传海，副书记江辉、刘国亭、周立志；推选出德州市出席中国共产党山东省第十一次代表大会代表43名；通过《中国共产党德州市第十五次代表大会关于十四届市委工作报告的决议》和《中国共产党德州市第十五次代表大会关于十四届市纪委工作报告的决议》。

2月22—25日 中国人民政治协商会议第十四届德州市委员会第一次会议召开。参会委员410人。会议选举产生政协第十四届德州市委员会常务委员71名，主席翟长生，副主席许绍华、康志民、马传先、王春利、崔树强、吕永忠、辛志才，秘书长魏增新。审议通过了市政协十四届一次会议提案审查情况的报告；审议通过了市政协十四届一次会议决议。

2月23—26日 德州市第十八届人民代表大会一次会议召开。参会代表457名。会议选举产生德州市第十八届人民代表大会常务委员会委员31名，主任韩建亭，副主任魏洪祥、钟玲、周玉刚、陈璞平、冯如胜；表决通过专门委员会组成人员人选名单；表决通过《德州市制定地方性法规条例》；表决通过关于政府工作报告的决议、关于市中级人民法院工作报告的决议、关于市人民检察院工作报告的决议等6项决议。

2月 乐陵市跃马河湿地公园、平原县马颊河湿地公园分别被批准为国家级湿地公园和省级湿地公园。

3月1日 《德州市重大行政决策程序规定》实施。这是德州市获得地方立法权后，制定的第二部政府规章。

3月10日 第一届全市文明家庭表彰大会召开。

3月14—15日 山东省委常委、省纪委书记陈辐宽到德州市，就学习贯彻中央纪委七次全会和省纪委八次全会精神、推进党风廉政建设和反腐败工作等进行调研。市委书记陈勇，市委常委、市纪委书记单传海等参加活动。

3月16日 中北大学副校长、中国3D打

印技术产业联盟副理事长白培康到德州，就合作办学、共建院所、人才交流、成果转化等情况进行考察洽谈。市委副书记、市长陈飞，副市长董绍辉出席活动。

3月29—30日 市委副书记、市长陈飞率团赴杭州市银江集团、颐高集团，考察特色小镇的投资运营模式和先进的园区管理经验。市政府秘书长王震秀及有关县区、市直部门、企业负责人参加。

4月6日 山东金麒麟股份有限公司A股在上海证券交易所上市，成为德州市第六家上市企业。

4月7日 全省法院家事审判改革推进会在德州市召开。省高级人民法院副院长张开兴，市委常委、政法委书记杨玖庆，市中级人民法院院长孟祥刚出席。

4月13日 国家性药物分析检测研究中心在临邑县山东欣博药物研究有限公司成立。该中心的成立填补了山东省在国家性药物安全性评价领域的空白，也是山东省唯一一家以第三方检测角色踏入该领域的专业机构。

4月16日 临邑县兴隆镇、陵城区边临镇以及乐陵市黄夹镇梁锥希森新村、陵城区陵城镇张此刚村、齐河县赵官镇锦川社区和临邑县宿安乡邢仙龙村入选山东省第四批“美丽宜居小镇、美丽宜居村庄”名单。

4月24日 由德建集团施工总承包的赞比亚国民卫队2000套经济适用房项目在德州签约。

4月27日 德州市政府与中兴通讯股份有限公司、中国联通山东省分公司举行战略合作签约仪式，三方就共建德州大数据研究院、大数据产业园等工作签订战略合作框架协议。

4月28日 德州高新区建设推进暨科技创新人才大会在禹城举行。中科院原副院长杨柏龄，市委书记陈勇等出席会议。

同日 德州市政府与山东省地质矿产勘查开发局签署《共同推进地热资源勘查开发利用与保护战略合作框架协议书》。

4月28—29日 泰国商业部部长顾问披萨努·连玛哈善到德州考察访问。市委副书记、市长陈飞会见客人。

4月 新华社发表题为《“离得开、进得来、留得住、过得好”——产城融合推进就地城镇化的“武城模式”》的分析报告，将“武城模式”推向全国。

5月3日 “五一”期间，德州市8个省级旅游重点监测景区(点)共接待游客55.16万人次，实现旅游收入1.1697亿元。

5月4日 市委副书记、市长陈飞会见到德州市开展经贸交流的印度尼西亚驻华大使苏更·拉哈尔佐。

5月5日 《德州市重污染天气红色预警期间公交免费实施方案》发布，在重污染天气红色预警期间，全市统一实施免费乘坐公交车政策。

5月11日 德州市家政服务业行业协会成立。由德州恩慈家政服务有限公司、平原县向萍家政服务有限公司等30余家家政服务公司共同发起。

5月15日 德州经济技术开发区“创梦空间”入选山东省科技厅评出的首届“山东省品牌众创空间”。

5月24—26日 2017全国职业院校技能大赛中职组汽车营销大赛在德州举办。来自全国34个省、自治区、直辖市、计划单列市的61所学校122名选手参赛。共产生1个全国冠军，5个一等奖，12个二等奖，18个三等奖。德州交通职业中等专业学校选手邓瑶、李康宁获冠军。至此，本市已在全国职业院校技能大赛中获得6个全国冠军，23个一等奖，28个二等奖，7个三等奖，成为全国唯一连续十一年获得一等奖的学校。

5 月 26—28 日 第二届中国(德州)对接京津冀优质农产品博览会在德州召开。

6 月 2 日 德州市政府与清华大学化学工程系签署合作备忘录,进一步推动双方开展战略合作。市委副书记、市长陈飞,清华大学化学工程系主任赵劲松出席签约仪式。

6 月 7 日 市委副书记、市长陈飞在德州会见荷兰维斯特兰市市长范·德·塔克,客人此行旨在深化双方在现代农业等领域的交流与合作。

6 月 18 日 德州市夏津县德百旅游小镇、乐陵市枣林生态休闲旅游小镇入选山东省首批服务业特色小镇试点单位。

6 月 29 日—7 月 8 日 由德州市人民政府、中国—东盟商务理事会及相关中国驻外机构组织的德州对接东盟“百企下南洋”代表团,在市委副书记、市长陈飞的带领下开展为期 10 天的泰国、柬埔寨、菲律宾考察拜访活动。这是迄今德州历史上最大规模的外事商务活动,参加的德州企业达 51 家,先后与 3 个国家的 500 多家企业进行对接。本次出访共签订合同、协议和谅解备忘录 16 个,涉及清洁能源、新材料、体育器材、新兴纺织、现代农业、旅游、食品加工等行业,其中最大一单为泰山体育与泰国体操协会签署的《智能化体育器材东南亚推广战略合作协议》,总额 2 亿美元。

6 月 夏津黄河故道生态旅游区基础设施建设项目、乐陵市千年枣林旅游扶贫建设项目,入选 2017 全国优选旅游项目名录。

同月 截至 6 月底,全市棚户区改造任务完成率 154.3%。新开工 34184 套,开工率 73.52%;连同往年结转项目基本建成 19771 套,任务完成率 131.8%;新增补贴发放 324 户。

7 月 9 日 德州学院理事会成立。

7 月 11 日 黎巴嫩国家部长代表团团长阿波德·马尔万·汗纳等到德州市考察合作事宜。市委常委、常务副市长张传忠等参加相关活动。

7 月 18—19 日 省委副书记、省长龚正就生态环保、化工产业安全生产转型升级、黄河防汛等到德州市调研。

7 月 26—27 日 副省长、省公安厅厅长孙立成到德州市调研河长制工作。市委书记陈勇,副市长于松岩等分别参加活动。

7 月 27 日 中国德州京津冀鲁资本技术交易大会在德州市委党校开幕。该届大会将中国·德州第七届资本交易大会和第二届京津冀鲁技术交易大会两大品牌盛会合二为一,旨在发挥资本和技术作用,服务新旧动能转换。会期 3 天。来自国家协会,省、市领导,境内外参会机构和省内各市参会机构、企业 1000 多家,约 1200 人参加大会。会议举行重大科技、金融合作项目签约仪式,42 个项目分 5 轮进行集中签约。金融部分共有 22 个项目成功签约,总金额 697.1 亿元,其中战略合作协议金额 497 亿元,项目签约金额 200.1 亿元。

8 月 1 日 德州市成为双价人乳头瘤病毒吸附疫苗(又称宫颈癌疫苗)进驻中国的第一站城市。接收到了第一批共 300 人份疫苗。

8 月 14—17 日 市委副书记、市长陈飞率德州代表团参加 2017 香港山东周经贸活动。

8 月 21—25 日 “德州·神通杯”第二届全国机器人运动大赛在德州举办。来自全国 20 多个省(区、市)和解放军以及 10 多个大专院校代表团,共 180 个代表队,1000 多名运动员参加了本次大赛。山东省代表团共获得了 3 金 3 银 4 铜的成绩。

8 月 25 日 交通运输部部长李小鹏到德州市调研交通运输工作。副省长王书坚,市委副书记、市长陈飞等参加活动。

8 月 29 日 2017 鲁台(德州)现代产业合

作恳谈会在禹城市举行。

9 月 1 日 德州市工商局签发首张全程电子化登记模式的营业执照。标志营业执照申领进入“无纸化”时代。

9 月 5 日 全市市、县、乡、村四级河长体系全面建立,7000 余名各级河长全部上岗到位。

9 月 6—15 日 市委书记陈勇率代表团先后对澳大利亚、新西兰、日本进行访问,考察了澳大利亚 ACC 牛肉制品、新西兰恒天然、日本瑞纳等世界知名企业,开展了系列经贸洽谈活动。

9 月 9 日 2017 年山东(乐陵)红枣暨健康食品产业博览会开幕,3000 余名枣商参会。

9 月 11 日 第二十届全国推广普通话宣传周山东省启动仪式在德州市举行。

9 月 13 日 菲律宾华裔青年联合会、菲华历史博物馆代表团到德州市举办“超越时空 600 年”中菲苏禄文化交流展。

9 月 16 日 第四届德文化论坛暨董仲舒学术研讨会举行。市委常委、宣传部部长景文新出席。

9 月 26 日 2017 中国(德州)—“一带一路”国家经贸合作洽谈会召开,来自阿塞拜疆、白俄罗斯、埃及、加纳等 17 个“一带一路”国家的 45 名商协会及政府经贸部门代表参加会议。中国贸促会培训中心主任凌凤杰,山东贸促会副会长李文光,市委常委、常务副市长张传忠出席会议。

9 月 29 日 德州市政府与北京北辰实业集团举行战略合作签约仪式。市委副书记、市长陈飞等出席。

10 月 12—16 日 第六届中国创新创业大赛新能源及节能环保行业总决赛在德州举行。第六届大赛共计 28147 家参赛企业。最终,有 55 家初创企业和 146 家成长企业入围新能源及节能环保行业总决赛。威隼汽车科技(宁波)有限公司与深圳市依思普林科技有限公司分别摘得初创、成长企业组桂冠。市委副书记、市长陈飞,副市长马俊昀等出席活动。

10 月 17 日 山东百多安医疗器械有限公司特聘美国专家侯文博,成功申办 A 类外国人工作许可证,成为德州市首位获得 5 年期 A 类外国人来华工作许可证的高端外籍人才。

10 月 23 日 德州市首个智慧农业大棚——占地 105 亩的临邑县智慧农业大棚正式投入运营,完成首次定植,共计定植番茄苗 114781 株,达产后年产量将达 5100 吨,年产值 8000 万元。

10 月 25 日 德州市医疗保险正式实现跨省异地就医联网结算。

11 月 2—5 日 第二届“智汇德州”人才创新创业周京津冀鲁高技能人才联盟成立大会暨交流合作研讨会在德州举行。参加人员包括两院院士、“千人计划”专家、泰山学者等 700 人左右,德州市“三个 100”“三航”计划企业主要负责人和有关领导等 500 人左右。

11 月 6 日 德州市希森马铃薯产业集团有限公司、索通发展股份有限公司入选山东省首批品牌国际科技合作基地。

11 月 7 日 山东德建建筑科技股份有限公司,在北京全国中小企业股份转让系统中心“新三板”挂牌。

同日 丁东水库通过国家级水管单位考核验收,成为全国第二个获得国家级水管单位资质的平原水库。

11 月 8 日 德州市举行纪念关心下一代工作委员会成立 25 周年大会。

11 月 10 日 德州火车站新站房启用。德州火车站站房改造工程由北京铁路局和德州市共同投资,总投资超 2 亿元,总建筑面积约 1 万平方米,年发送旅客将由目前的 200 多万人次增加至350万人次。

11月24日 夏津黄河故道古桑树群批准入选全球重要农业文化遗产保护名录。

11月30日 全市深入学习贯彻中共十九大精神，认真开展“大学习、大宣讲、大调研、大落实”活动动员会召开。

12月1日 2017中国大气超级监测站联盟技术交流会暨京津冀及周边地区大气重污染成因研讨会在德州市召开。中国环境监测总站、国家大气污染防治攻关联合中心、中国环境科学研究院，北京大学环境科学与工程学院，以及中国工程院院士张远航、刘文清，市委副书记、市长陈飞出席。

12月14日 市委书记陈勇，市委副书记、市长陈飞会见到德州市考察的山东交工、山东重工集团党委书记、董事长，潍柴动力股份有限公司董事长兼CEO谭旭光。

12月18日 2017年全省大气污染防治工作会议在德州市召开。

12月22日 德州市政务服务中心管理办公室获得“2017中国智慧城市（互联网+政务服务）创新实践单位奖”。

12月27日 德州市政府与中国铁塔山东省分公司举行战略合作协议签约仪式。市委副书记、市长陈飞，中国铁塔山东省分公司党委书记、总经理张权等出席。

同日 德州市重污染天气应急指挥部发布重污染天气橙色预警，28日零时启动重污染天气Ⅱ级应急响应。

12月28日 上午9时16分，石（石家庄）济（南）高铁（石济客运专线）首趟列车（石家庄至青岛北）抵达德州东站。石济高铁全长298公里，在德州市境内设德州东站、平原东站、禹城东站3个车站。2014年4月开工建设，2017年9月联调联试。石济高铁的开通，使德州至石家庄，由原来的两个半小时缩短到一个半小时。石济高铁与京沪高铁交会于德州东站，提升了德州作为高铁枢纽城市的地位。

第一编

JIANZHI QUHUA

建置 区划

- 建置
- 区划

德州之“德”源于“德水”。德水为古黄河别名，德州是古黄河流经之地。秦始皇二十六年（前221年）更黄河名为“德水”，以为水德之瑞。西汉初年，取“德水安澜”之意，置安德县。南北朝置安德郡。隋开皇九年（589年）于安德郡故地置德州，此为德州地名之初始。

德州市位于山东省西北部，是大汶口文化和龙山文化发祥地之一。自西汉初年置安德县至今已有两千多年的历史。

现行政区起始于抗日战争及解放战争时期中国共产党领导的冀鲁豫边区和冀鲁边区部分属县。1950年5月正式设立德州专区，辖德县、陵县、平原、德平、商河、齐河、禹城、宁津、乐陵、庆云、临邑、济阳、吴桥、东光、南皮、盐山16个县。此后，区划不断变更，部分县随即划入划出。1956年3月德州专区撤销，1961年7月复设。1967年2月，德州专区更名为德州地区。1995年4月，撤地设市，设立地级德州市。2011年年底，德州市辖德城区、禹城市、乐陵市、宁津县、齐河县、陵县、临邑县、平原县、武城县、夏津县、庆云县11个县级政区。全市总面积10356平方千米，约占全省总面积的7.55%。设27个街道、86个镇、21个乡，共134个乡级行政区。总人口576万人。

德州自古就有“九达天衢”“神京门户”之称，京杭大运河有140多千米流经境内，历史上曾是主要漕运通道，全国重要交通枢纽。明清时期是全国33个工商业城市之一。进入20世纪90年代以后，德州是中国太阳城、中国优秀旅游城市以及国家交通运输主枢纽城市。

第一章 建 置

第一节 地理位置

德州市位于山东省西北部，黄河下游冲积平原左岸，是山东省的西北大门。地理坐标为北纬36°24′25″～38°0′32″，东经115°45′～117°36′。东与滨州市（无棣县、阳信县、惠民县）相连；南与济南市（商河县、济阳县、济南市区、长清区）毗邻；西南与聊城市（东阿县、茌平县、高唐县、临清市）相接；西与西北隔京杭大运河，与河北省邢台市（清河县）、衡水市（故城县）相望，北与河北省沧州市（吴桥县、东光县、孟村回族自治县、盐山县）接壤。西南至东北最宽距离200千米，南北距离175千米。全市总面积10356平方千米，约占全省总面积的7.55%。

德州市区距首都北京310千米，距山东省会济南120千米。

第二节 建置 隶属 沿革

德州市现行政区范围始建于1950年。由此上溯，建置隶属沿革如下：

一、先秦（公元前22世纪—前221年）区划概念尚处于传说和分封时期。

夏商和西周　属兖州、冀州、幽州地。境内存在有鬲(今德城区南)、有穷(今平原县北)氏等著名部落(侯国)。

东周及春秋战国　分属齐、晋。战国分属齐、赵。今夏津、武城一带属赵国。

二、秦至南北朝(前221—581年)为郡、县时代。秦实行郡、县两级制。魏、晋、南北朝大致是州、郡、县三级政区。

秦(前221—前206年)　实行郡、县制,分天下为36郡。今市境初属齐郡、后属济北郡,西境属清河郡、巨鹿郡,在今德州境内设漯阴、平原、鬲县。

西汉(前207年—23年)初　始置平原郡(治在今平原县西南,此为德州辖区设郡之始),辖平原、鬲、高唐、重丘、平昌、羽、般(今陵县附近)、乐陵、祝阿(今齐河一带)、瑗、阿阳(今禹城西,东汉省)、漯阴、富平、安德、合阳、楼虚等县。今市境大部分属平原郡,部分县(市)分属济南郡,鄃县(夏津)、东武城(武城)属清河郡,宁津、庆云属渤海郡。

西汉新莽(公元9—25年)　托古改制,区划滥封滥置,郡、县数量急剧增减,变化不定。

东汉(公元25—220年)　恢复西汉郡(国)、县制。平原郡(国)辖平原、鬲、祝阿、安德、厌次等10县。冀州清河郡(国)之鄃县(今夏津一带)、绎幕(今平原县王杲铺镇一带)、东武城(今武城一带)和冀州渤海郡(国)庆云、宁津等也在今境内。

三国曹魏(220—265年)　分属青州平原郡、乐安郡和冀州渤海郡。勃海州乐陵郡(国)初治,所属厌次、乐陵、庆云,清河郡(国)所属贝丘、鄃县、东武城在今境内。魏文帝时一度改平原郡为国,辖平原、安德、般、鬲等县。

两晋南北朝(265—581年)　西晋时分属冀州广川郡、平原郡、清河郡、乐陵郡;北朝(386—581年)时分属青州东平原郡、济南郡,冀州乐陵郡(郡治乐陵),辖乐陵、阳信、厌次等4县。另,北魏析平原郡、清河郡地置安德郡(治平原县),辖平原、安德、绎幕、鬲县4县。临邑属东魏郡。

三、隋、唐、五代、宋、辽、金(581—1234年),约700年,为道、路、县区划时代。由郡县两级逐步过渡到道(路)、州、县三级政区。

隋朝(581—618年)　统一全国后,隋开皇三年(583年)废郡,改为州、县两级。同年,废安德郡。废乐陵郡为县,改属沧州。隋开皇九年(589年)于安德郡故地置德州(此为德州地名之始)。复置广川县(县治遗址在今德州城区,后避炀帝杨广讳改名为长河县),初属冀州,隋开皇九年属德州。开皇十六年(596年),析置鬲津县(大业初年又废)入乐陵县;复置鄃县(北齐废,入平原县),析清河县别置夏津县;大业三年(607年)改州为郡,实行郡、县两级。是年,改德州为平原郡。济阳郡、济北郡、平原郡、清河郡的部分县在今德州境内。齐河、临邑属齐郡。

唐朝(618—907年)　武德四年(621年)复置德州,属河北道,仍治安德(今陵县),领安德、平原、长河、将陵、平昌5县。是年,于德州置总管府。贞观元年(627年)废总管府,省鬲津县入乐陵县,省源阳县入祝阿县。天宝元年(742年)德州改属平原郡(治安德),阳原县改名禹城县。乾元元年(758年)复为德州,仍辖安德、平原、长河、安陵、将陵、平昌5县。祝阿(齐河)、禹城、临邑属齐州。夏津、武城等属河北道贝州清河郡(后改称贝州),乐陵、庆云属棣州。

五代后周(958—960)　长河县废为镇,并入将陵县。

北宋(960—1127年)　行政区划为路、府(州、军、监)、县三级。今德州所辖大多县(市)属河北东路、京东东路,分属恩州、棣州、大名府、永静军等。德州仅辖安德、平原2县。北宋景祐元年(1034年)将陵县徙治于长河镇(今德州市区),次年废安陵县并入将陵县,熙宁6年(1073年)省德平县为镇,划属安德县。乐陵属沧州,宁津属景州。齐河、临邑、禹城等县属京东东路齐州(后升为济南府)。夏津县、武城县属河北东路恩州。

金朝(1115—1234年) 统治北方,地方行政区划与北宋略同,采用路、府(州)、县三级制。今临邑、齐河、禹城属山东西路济南府(治历城),安德、平原、德平属山东西路德州(治安德,今陵县)。夏津、恩州、武城属大名府路大名府。金天会五年复置临津(次年改称宁津),属沧州。

四、元、明、清、民国(1206—1911年) 为行省、州、县时代。

元朝(1206—1368年) 实行行省制,行省之下有路、府、州、县四级。元初,德州(治安德,今陵县)、恩州(恩县)为直隶州,直属京师大都。大名路清平、济南路齐河划归德州。是时,德州辖安德、平原、齐河、清平、德平5县。宁津、临邑属中书省河间路。禹城划属曹州;宪宗三年(1253年)宁津、临邑还属济南路。至元2年(1265年)复属河间路;同年,陵县划属河间府,是年升为陵州,属济南路,至元2年(1265年)降为陵县,次年复置为州,属河间路。夏津、武城元初属东平路,至元七年(1270年)改属高唐州。

明朝(1368—1644年) 初期沿用行省制,后改置为13个布政使司,其性质与行省同,一般仍称“省”。地方行政建制为省、府(直隶州)、县(散州)三级。明初德州治安德(今陵县),洪武七年(1375年)将安德(陵县)县省入德州,不久移州治于原安德城西(今德州市区),辖德平、平原2县。齐河、禹城、临邑、陵县属山东布政使司(省)济南府;恩县、夏津、武城3县隶属高唐州。乐陵属济南府武定州。洪武六年初置庆云县,与宁津同属北平布政使司(行省)河间府河间州。

清朝(1644—1911年) 地方行政建置与明代略同。省下设府和直隶州,以下为散州和县。清初,德州降为散州,与齐河、乐陵、陵县、德平、平原、禹城、临邑同属济南府。清雍正二年(1724年),乐陵属武定直隶州。

雍正七年(1729年),平原、禹城、临邑、陵县4县划归高唐直隶州。雍正十二年(1734年),高唐直隶州降为散州,所辖平原、禹城、临邑、陵县仍划归济南府。武定直隶州又升为武定府,乐陵县属之。

恩县、夏津、武城清初属东昌府。乾隆三十九年(1774年)临清州升为直隶州(治所在临清县)恩县、夏津、武城随属之。庆云县、宁津县清初属直隶省河间府。雍正七年(1729年),属沧州直隶州,九年(1731年)沧州直隶州降为沧州,庆云县改属直隶天津府。

中华民国(1912—1949) 民国元年(1912年),山东省共辖3道、10府、3直隶州、8属州、96县。今德州辖区德州(属州,规制略同于县)和齐河、德平、禹城、临邑、平原、陵县等隶属于济东泰武临道济南府;恩县隶属泰武临道东昌府;武城、夏津隶属于济东泰武临道临清直隶州。

民国2年(1913年)1月8日,北洋政府发布《划一现行各省地方行政官厅组织令》,将地方政区确定为省、道、县三级,山东省改划为岱北(民国3年改称济南道)、岱南(民国3年改称济宁道)、济西(民国3年改称东临道)、胶东四道。随着府、州的裁撤,县也作了调整。德州改为德县。齐河、济阳、乐陵属济南道;恩县、武城、夏津、德县、德平、平原、禹城、陵县、临邑属东临道(驻聊城县)。庆云属直隶省津海道。

民国14年(1925年)10月22日,山东省改济南、济宁、东临、胶东等4道为11道。今德州辖区之齐河属济南道，德县、德平、平原、陵县、临邑、禹城、武城、夏津、恩县等属德临道(治临清)，乐陵属武定道。

民国17年(1928年)6月，中华民国山东省政府成立，行政区划乃实行省、县两级制，全省107县均由省直辖。民国25年(1936年)，山东省政府制定《山东省分区设置行政督察专员公署暂行规程》。全省共设七个行政督察区。平原、禹城、齐河、恩县、德县、夏津、武城等13县属第四区(专署设临清)，未列入行政督察区的县仍直隶于省。庆云直隶河北省。

抗日战争初期，民国山东省政府将全省划为17个行政督察区。平原、恩县、德县、禹城、齐河、高唐、夏津、武城等属第四区。乐陵、德平、临邑、陵县等属第五区。民国32年(1943年)7月，民国山东省政府被迫退出山东，流亡安徽阜阳，山东大部已非国民政府的行政范围。

附：日伪统治区

1938年年初，日军全面入侵山东，省以下区划实行道、县制，将全省划分为鲁东、鲁西、鲁南、鲁北4道和济南、烟台2市。今德州辖区的齐河县、德县、乐陵县、临邑县、平原县、禹城县、恩县、武城县、夏津县、德平县、陵县属伪鲁北道。

1940年6月，重新划全省为10道。德州辖区之德县、禹城、平原、恩县、夏津、武城划入伪东临道(道公署驻临清，一度驻禹城、德县)，将齐河划归伪济南道(道公署驻济南市)。临邑、乐陵、德平、陵县划入伪武定道(道公署驻惠民)。

1941—1945年，除去日伪政府控制所谓的“治安区”及设有据点的村庄外，大部分区域分别为共产党领导的抗日民主政府和国民党的民国县政府，或者其他地方抗日势力所控制。到抗战后期绝大部分成为共产党领导的抗日政府控制区，日伪军猥集于县城。到1945年8月日本宣布无条件投降前夕，日伪政权已不复存在，其政区架构随之消亡。

第三节　现行政区建置演变

现行政区划的特点是从战争体制向和平体制转变，从频繁变动向相对稳定转变，从专(地)、县体制向市、县(市)体制的转变。

一、缘起

德州市现行政区起源于抗日战争时期的抗日根据地及解放区。大致包括中国共产党领导的冀鲁豫边区所属禹城、平原、恩县、夏津、武城和冀鲁边区所属商河、庆云、乐陵、振华(宁津)、齐河、德平、禹城、临邑、商河、济阳、匡五(乐陵)、德县(陵县)等县。抗战期间，为便于开展活动，根据形势变化，共产党组织还在其控制区域设立了平(原)北县、齐(河)禹(城)县、惠(民)济(阳)县等一些临时县级政区。

1937年9月，日本侵略军入侵山东，1938年春夏之交，全省主要城镇和交通干线沦陷。中共山东省地方组织在全省发动抗日，组建武装，开展游击战争，创建抗日根据地。今德州辖区的平原(西部)、禹城(西部)、夏津、武城、齐河(南部)属津浦铁路以西的冀鲁豫边区，德城区、乐陵、禹城(东部)、临邑、平原(东部)、庆云、宁津、陵县、齐河(北部)和1989年12月划属济南的济阳、商河两县属津浦铁路以东的冀鲁边区。解放战争时期，大致沿袭了抗战时期形成的区域范围。

冀鲁豫边区属县　1938年春，禹城、平原、恩县、夏津、武城初属中共鲁西区鲁西北特委领导。1939年3月，鲁西北特委撤销，武城、夏津、平原、恩县属鲁西区三地委，又称卫东地委(指卫运河以东)。1940年年底，该区抗战形势日趋恶化，与鲁西区党委联系不便，中共中央北

方局于1941年1月将该地区划归中共冀南区党委领导,组建卫东地委,2月建立运东专署,下辖恩县、平原、夏津、禹城、武城等县。同年11月,卫东专区撤销,禹城县划归冀鲁豫第四专区,其余各县划归冀南第六专区。1949年8月1日,平原、恩县、夏津、武城随之划入新成立的河北省衡水专区。1949年10月,平原县划回山东,隶属于渤海区泺北专区。1952年10月,恩县、夏津、武城划回山东省隶属于德州专区。

冀鲁边区属县　1938年9月,中共中央北方局在冀鲁边区设立冀南行政区第六专区,辖乐陵、庆云、宁津、无棣和今属河北沧县、东光、盐山、南皮8县。1940年9月,冀南第七、八专署建立。其中七专署辖平原(铁路东)、齐河(铁路东)、德县、陵县、临邑、德平、济阳。

1941年1月,冀鲁边区划归中共中央山东分局领导。1944年1月,清河区与冀鲁边区合并为渤海区,划分为6个专区。乐陵、庆云、振华(1941年6月,为纪念在宁津抗战牺牲的津南地委书记马振华,将宁津县改名为振华县)等县属第一专区。德平、德县、平禹、济阳、匡五(1943年为纪念抗日牺牲的吴匡五县长,改陵县为匡五县)等属第二专区。商河、庆云等属第三专区。1945年10月,渤海区辖区合并为四个专区。1948年7月,渤海区四个专区更名,其中一专区改称沧南专区,二专区改称泺北专区。其间,乐陵、振华(1949年5月复名宁津县)等县属第一专区(沧南专区,专署机关驻乐陵)。齐河、德平、禹城、临邑、商河、济阳、匡五(1949年10复名陵县)、德县属第二专区(泺北专区,专署机关驻临邑)。1949年8月,冀鲁豫边区的齐(河)禹(城)县和河西县划归渤海区泺北专区。德州市直属渤海区管辖。同年10月,平原县由河北省衡水专区还属山东,亦隶属于渤海区泺北专区。

二、演变

1949年10月1日,中华人民共和国成立。全国行政建置和政区划进行大调整。

1. 德州专区设立(1950年5月—1956年3月)　1950年5月9日,中央人民政府政务院批准设立德州专区(设德州专员公署),由原渤海区的沧南、泺北两专区合并而成。辖德县(1950年3月,德州市并入德县,称德县城关区)、陵县、平原、德平、商河、齐河、禹城、宁津、乐陵、庆云、临邑、济阳、吴桥、东光、南皮、盐山16个县。1951年3月,山东分局决定恢复德州市(县级)建制。

1952年10月,政务院批准将原属山东省,1949年8月划属河北省衡水专区的恩县、武城、夏津划归山东德州专区。同时,将原属河北省的吴桥、东光、南皮、庆云、宁津、盐山6个县划回河北省。撤销陵县并入德县。区划调整后,德州专区辖德州市和乐陵、商河、临邑、济阳、德平、德县、平原、禹城、齐河、恩县、武城、夏津12个县。

1954年10月,德州市由专区辖市升格为省辖市,由德州专员公署督导。

2. 德州专区撤销(1956年3月—1961年7月)　1956年3月,德州专区撤销,将乐陵、临邑、商河、济阳4县划属惠民专区;齐河、平原、禹城、夏津、武城、德县6县和德州市划属聊城专区。同时,撤销德平县,所属各区分别划归临邑、德县、商河、乐陵;撤销恩县,所属各区分别划归平原、武城、夏津。德州专员公署于3月15日停止办公。

1958年12月,将原属于德州专区1956年划归惠民专区的商河、临邑、乐陵、济阳4县划归聊城专区(12月29日国务院批准)。同时,对县市建制进行撤并,其中撤销禹城县建制,所属地区并于高唐县、齐河县。撤销德县建制,将减河以北地区全部划归德州市;漳卫新河以东之9个人民公社并入平原县。撤销乐陵县建制,所属地区全部并于商河县(国务院1960年1月4日批准,商河县改名为乐陵县)。撤销济阳县的建制,所属地区全部并于临邑县。撤销武城县建制,所属地区全部并于夏津县。

3. 德州专区恢复(1961年7月—1967年2月) 1961年7月,国务院批准,恢复德州专区,将1956年划属惠民地区,1958年12月又划属聊城专区的乐陵县、临邑县、商河县、济阳县,1956年划归聊城地区的齐河县、平原县、夏津县、武城县、禹城县、德县和德州市划回德州专区。同年10月5日,国务院批准,恢复禹城县、陵县(德县)、武城县、济阳县和商河县的行政建制。德州专区共辖11个县级政区。

1965年3月,将河北省的宁津县和庆云县划属德州专区。德州专区辖德州市、乐陵县、禹城县、临邑县、平原县、夏津县、武城县、庆云县、宁津县、陵县、齐河县、济阳县、商河县13个县(市)。

4. 德州地区(1967年2月—1995年4月) 1967年2月,德州专区更名为德州地区,设立德州地区革命委员会(简称"地革委"),辖区不变。

1978年7月10日,德州地区革命委员会更名为德州地区行政公署,作为省革命委员会(1979年年底改为省人民政府)的派出机构。

1988年9月,国务院批准,撤销乐陵县,设立乐陵市(县级)。以原乐陵县的行政区域为乐陵市的行政区域。

1989年12月22日,经国务院批准,将商河、济阳两县和齐河县的桑梓店、大王、靳家3个乡划归济南市。

1993年9月,经国务院批准撤销禹城县,设立禹城市(国务院1993年9月9日批准)。

5. 地级德州市(1995年4月—) 1994年12月17日,国务院〔国函132号〕批复:①同

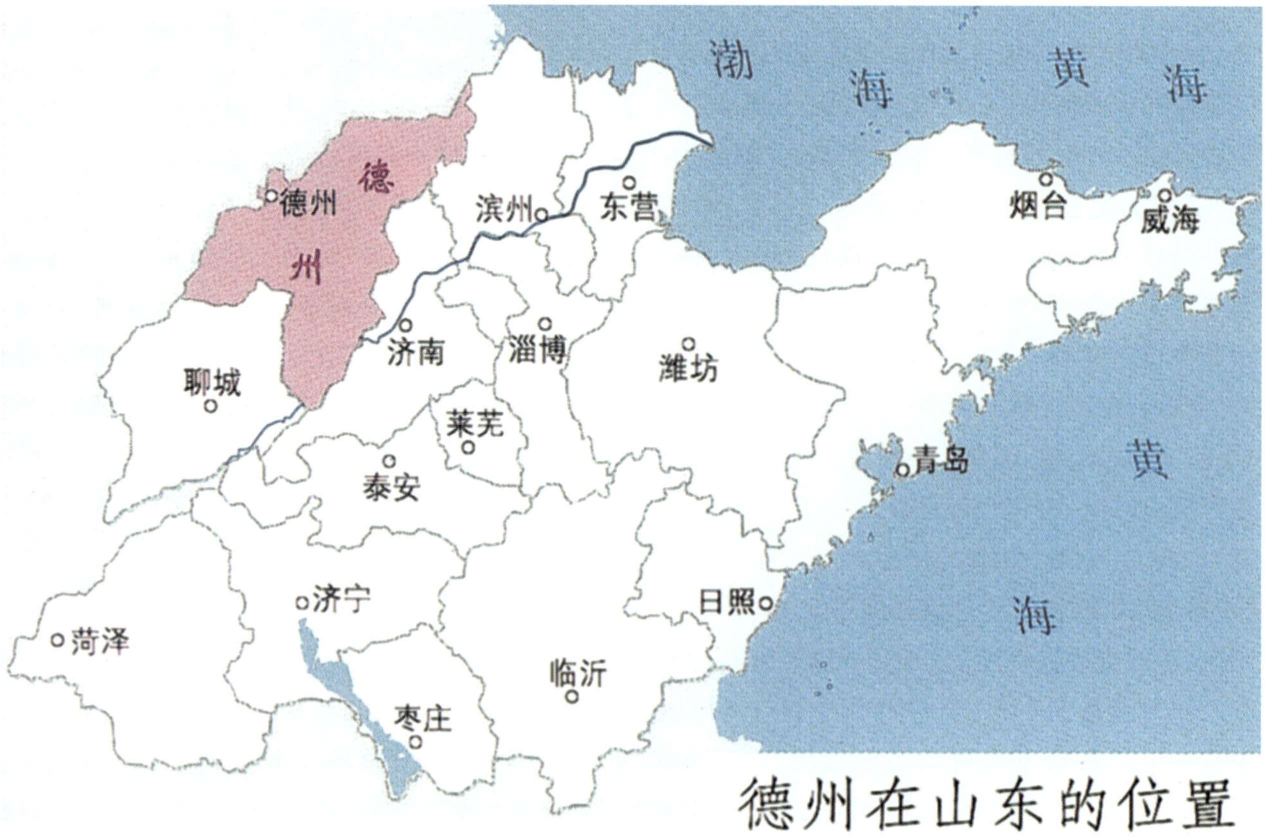

德州市位置图

意撤销德州地区和县级德州市,设立地级德州市,市人民政府驻原德州地区行署驻地。②德州市设立德城区,以原县级德州市的行政区域为德城区的行政区域,区人民政府驻原县级德州市人民政府驻地。③德州市辖原德州地区的乐陵市、禹城市、陵县、宁津县、庆云县、临邑县、齐河县、平原县、夏津县、武城县和新设立的德城区。1995 年4 月12 日,地级德州市建市大会召开。

1998 年 12 月,山东省人民政府批准设立省级德州经济开发区。

2006 年 4 月,山东省人民政府批准设立省级德州运河经济开发区。

2011 年年底,德州市辖德城区、禹城市、乐陵市、宁津县、齐河县、陵县、临邑县、平原县、武城县、夏津县、庆云县 11 个县级政区和德州经济开发区、德州运河经济开发区。

第二章 区 划

第一节 县级区划

1950 年 5 月,德州专区成立以后,县级行政区划经历了多次划入划出,裁撤析并。其中,跨省调整 4 次,跨市(区)调整 3 次,市(区)内调整 8 次。

一、跨省调整

1953 年 9 月,将山东省德县所辖原属河北省景县的宋道口、叶家园、李门楼、东营、西营 5 个村重新划归景县。

同年 11 月 12 日,将山东省德州市(县级)的桑园镇和德县的刘池庄、大兴庄、罗辛庄、第五、第六、小第八、大第八、小丁庄 8 个村划归河北省吴桥县。

1965 年 3 月 12 日,国务院[国内字 75 号]批复:同意山东、河北两省原则上以卫运河、四女寺减河为省界的具体调整意见。其中第一条第三款:将山东省武城县所属卫运河左岸的饶阳店、武官寨、祖阳庄 3 个公社和甲马营公社东排等 14 个自然村,共 244 个自然村划归河北省故城县。同时,将河北省故城县所属郑口公社的甘泉村划归山东省武城县。第二条:将河北省宁津、庆云 2 个县的建制及宁津、庆云、吴桥、东光、盐山、故城 6 个县的各一部分行政区域划归山东省。即:①将河北省宁津县的建制连同宁津县所属四女寺减河右岸的田庄、长官、双碓庄、刘营伍、后魏、大柳、常洼、张学武、杜集、后王、孟集、柴胡店、尤集、小店、城关、相衙镇、保店、张宅、时集、虎皮张 20 个公社和道口公社的楼子李等 18 个自然村,龙潭公社的周巴斗等 10 个自然村,共 770 个自然村划归山东省。宁津县的其余行政区域分别划归吴桥、东光 2 县。②将河北省庆云县的建制连同庆云县所属四女寺减河右岸的东郎坞、尚堂、大靳、中丁、杨和尚、中王、板营、解家集、东辛店、小郑、大丁庙、大胡、徐园子、严家务 14 个公社和城关公社的东周庄等 28 个自然村,刘范公社的周尹家等 6 个自然村,共 249 个自然村划归山东省。庆云县的其余行政区域划归河北省盐山县。③将河北省吴桥县所属四女寺减河右岸的大赵、西堂、张敖 3 个公社共 75 个自然村划归山东省,并入宁津县；吴桥县四女寺减河右岸的赵富容、赵虎、刘汉、赵宅4个公社共75个自然村，划归山东省陵县。④将河北省东光县所属大张庄公社，计13个自然村划归山东省，并入宁津县。⑤将河北省盐山县所属四女寺减河右岸崔家口公社的齐家务等11个自然村，划归山东省，并入庆云县。

二、跨市调整

1958年4月18日，内务部批准：将齐河县的梅花山村、山东村、山西村、月牙坝4个自然村划归济南市历城县。

1989年12月2日，国务院〔国函76号〕批复：将德州地区的济阳、商河两县划归济南市，齐河县的靳家乡、大王乡和桑梓店镇划归济南市历城区管辖。

1990年1月1日，山东省人民政府批准，商河县奎台乡划归乐陵市管辖。

三、市(区)内调整

1954年12月31日，山东省人民政府批准：恩县的耿家、李家、杨家3个村划归平原县。

1956年3月20日，山东省区划调整，撤销德平县的建制，将糜镇、张习桥、堤后刘、史官寺、常庄、三刘、周家、兴隆、赵家、后王、张寨、姜家、大王、陈家、麻坊子、黄集、厚家、高牛、宋家、峰李、马庙、桑林、义渡口、果园、双庙25个乡划归德县；炊家、刚家、洼李、伯言、马家、黄家、奎台、全家、赵集9个乡划归商河县；谭家、阎家、郭寺、茂梧、张屯、刘集、张家、井子、化楼、孔镇、四合11个乡划归乐陵县；大刘、炉房、新庄、邓家、夏家、北林、茄李、丁家、王河头、蔡家、德平镇、翟家、前屯、孙镇、理合、蔺家、王寨、谢家、扎李19个乡划归临邑县。

撤销恩县的建制，将城关区(一区)的洞子头、军营、北站、王大庄、萱庄、孙庄、徐庄、肖家牌、辛庄、马五、城关镇11个乡镇，四女寺区(七区)的张家寺、丁王庄、佛堂、肖营、齐馆、草屯、头屯7个乡，吕庄区的史堂、桃花店、小河庄、吕庄、董王庄、李善屯、岳觉寺7个乡划归平原县；滕庄区(三区)的堤口、苏屯、邢屯、大史屯、桑屯、张郭泰、刘屯、傅家坊、滕庄、鲁权屯10个乡划归武城县；将苏留区(六区)朱庄、傅庄、康寺、蔡庄、陈屯、左王庄、马官屯、常安集、尤王庄、大兴、前肖11个乡划归夏津县。

1965年9月，平原县所属四女寺、郝王庄、蔡村、董王庄、大屯5个公社划归武城县。

1972年11月，平原县的黄河涯、二十里铺2个公社划入德州市。

1992年10月，经省政府批准，将陵县的赵宅乡、赵虎乡、袁桥乡、抬头寺乡和平原县的王村店乡划归德州市管辖。

四、现行县级区划

2000年夏，全市对乡级行政区划进行调整合并，由原来的67个镇126个乡5个街道，调整为77个镇37个乡11个街道。2004年，又进行了小范围调整。

截至2011年年底，全市11个县(市、区)，设27个街道、86个镇、21个乡，共134个乡级行政区(详见表1－1)。

2011 年德州市各县(市、区)街道、乡镇统计表

表 1－1　　　　单位:个

县市区	街道		镇		乡	
	个数	名称	个数	名称	个数	名称
德城区	7	新华、新湖、天衢、广川、宋官屯、长河、运河	5	黄河涯、二屯、赵虎、袁桥、抬头寺		—
禹城市	1	市中	8	张庄、安仁、辛店、房寺、梁家、伦镇、辛寨、十里望(回族)	2	莒镇、李屯
乐陵市	4	市中、云红、胡家、郭家	9	化楼、朱集、杨安镇、花园、丁坞、黄夹、郑店、孔镇、铁营	3	大孙、西段、寨头堡
宁津县	2	宁城、津城	9	相衙、大曹、大柳、长官、柴胡店、保店、杜集、时集、张大庄	1	刘营伍
齐河县	2	晏城、晏北	9	表白寺、胡官屯、焦庙、赵官、宣章屯、潘店、祝阿、仁里集、马集	4	安头、大黄、华店、刘桥
陵县	2	安德、陵城	8	边临、糜镇、神头、郑家寨、滋镇、前孙、徽王庄、宋家	3	丁庄、义渡口、于集
临邑县	3	临盘、恒源、邢侗	8	临邑、林子、德平、翟家、兴隆、临南、孟寺、理合务	1	宿安
平原县	2	龙门、桃园	8	恩城、王凤楼、腰站、王杲铺、前曹、王庙、张华、王打卦	2	坊子、三唐
武城县	1	广运	7	武城镇、老城、鲁权屯、四女寺、甲马营、李家户、郝王庄		—
夏津县	2	银城、北城	10	南城、宋楼、香赵庄、东李官屯、雷集、苏留庄、新盛店、双庙、郑保屯、白马湖	2	渡口驿、田庄
庆云县	1	渤海路	5	崔口、庆云、尚堂、常家、东辛店	3	严务、中丁、徐园子

注:德城区统计数据含经济开发区和运河经济开发区所属街道、镇

第二节　乡镇区划

2000年5月8日，省政府（鲁政函民字〔2000〕33号）批复同意：德州市禹城等3市县调整乡镇行政区划

禹城市　撤销张集乡，将其行政区域并入辛店镇；撤销大程乡、善集乡，将其行政区域并入房寺镇；撤销来凤乡、梁家乡，以原来凤乡、梁家乡的行政区域设立梁家镇，镇人民政府驻原梁家乡人民政府驻地；撤销袁营镇，将其行政区域并入伦镇；撤销前油坊镇、辛寨乡，以原前油坊镇、辛寨乡的行政区域设立辛寨镇，镇人民政府驻原辛寨乡人民政府驻地；撤销廿里堡乡、禹城镇，以原廿里堡乡、禹城镇的行政区域设立市中街道办事处，办事处机关驻原禹城镇人民政府驻地；撤销石屯镇，以原石屯镇的行政区域设立禹石街道办事处，办事处机关驻原石屯镇人民政府驻地。

临邑县　撤销赵家乡、李家乡、沙河子乡，将其行政区域并入临邑镇；撤销营子乡，将其行政区域并入临盘镇；撤销满家乡、碱李乡，将其行政区域并入德平镇；撤销田口乡，将其行政区域并入兴隆镇；撤销孟寺乡、孙安乡，以原孟寺乡、孙安乡的行政区域设立孟寺镇，镇人民政府驻原孟寺乡人民政府驻地。

武城县　撤销郝王庄乡、蔡村乡，以原郝王庄乡、蔡村乡的行政区域设立郝王庄镇，镇人民政府驻原郝王庄乡人民政府驻地；撤销四女寺镇、马庄乡，将原四女寺镇的行政区域和马庄乡的胡家洼、潘庄、代官屯、南郑庄、小史庄、张郭秦、小贾庄、朱庄等8个村划归滕庄镇管辖，将原马庄乡的其它村划归鲁权屯镇管辖；撤销董王庄乡、大屯乡，将其行政区域并入武城镇。

2000年6月15日，省政府（鲁政函民字〔2000〕46号）批复同意：德州市夏津等8县（市、区）调整乡镇行政区划

夏津县　撤销李楼乡、朱庙乡、栾庄乡、郭寨乡，将其行政区域并入夏津镇；撤销后屯乡，将其行政区域并入苏留庄镇；撤销西李官屯乡，将其行政区域并入新盛店镇；撤销常安集乡、雷集乡，合并设立雷集镇，雷集镇人民政府驻原雷集乡人民政府驻地。

齐河县　撤销南北乡、焦斌屯镇，将其行政区域并入晏城镇；撤销大张乡、仁里集乡，合并设立仁里集镇，仁里集镇人民政府驻原仁里集乡人民政府驻地；撤销潘店乡、务头乡，合并设立潘店镇，潘店镇人民政府驻原潘店乡人民政府驻地；撤销贾市乡，将其行政区域并入焦庙镇；撤销大夫营乡，将其行政区域并入祝阿镇；撤销胡官屯乡、富足店乡，合并设立胡官屯镇，胡官屯镇人民政府驻原胡官屯乡人民政府驻地；撤销宣章屯乡，设立宣章屯镇，其行政区域和人民政府驻地不变。

陵县　撤销凤凰店乡、土桥镇、刘泮乡，将其行政区域并入陵城镇；撤销郑家寨乡、碱场店乡，合并设立郑家寨镇，郑家寨镇人民政府驻原郑家寨乡人民政府驻地；撤销张习桥镇，将其行政区域并入糜镇；撤销宋家乡、黄集乡，合并设立宋家镇，宋家镇人民政府驻原宋家乡人民政府驻地；撤销徽王庄乡、官道孙乡，合并设立徽王庄镇，徽王庄镇人民政府驻原徽王庄乡人民政府驻地；撤销邓集乡，将其行政区域并入神头镇。

平原县　撤销寇家坊乡、炉坊乡，将其行政区域并入平原镇；撤销张士府乡，将其行政区域并入王凤楼镇；撤销前曹乡、尹屯乡、林庄乡，合并设立前曹镇，前曹镇人民政府驻原前曹乡人民政府驻地；撤销十里铺乡，将其行政区域并入恩城镇；撤销王庙乡、苏集乡，合并设立王庙镇，

王庙镇人民政府驻原王庙乡人民政府驻地。

乐陵市　撤销城关镇，以原城关镇的行政区域设立市中街道办事处，办事处机关驻原城关镇人民政府驻地；撤销胡家乡，以原胡家乡的行政区域设立胡家街道办事处，办事处机关驻原胡家乡人民政府驻地；撤销双庙赵乡，以原双庙赵乡的行政区域设立云红街道办事处，办事处机关驻原双庙赵乡人民政府驻地；撤销郭家乡，以原郭家乡的行政区域设立郭家街道办事处，办事处机关驻原郭家乡人民政府驻地；撤销三间堂乡，将其行政区域并入朱集镇；撤销杨家乡、茨头堡乡，将其行政区域并入黄夹镇；撤销丁坞乡、杨盘乡，合并设立丁坞镇，丁坞镇人民政府驻原丁坞乡人民政府驻地；撤销花园乡、刘武官乡，合并设立花园镇，花园镇人民政府驻原花园乡人民政府驻地；撤销郑店乡、王集乡、奎台乡，合并设立郑店镇，郑店镇人民政府驻原郑店乡人民政府驻地；撤销化楼乡、张屯乡，合并设立化楼镇，化楼镇人民政府驻原化楼乡人民政府驻地；撤销张桥乡，将其行政区域并入孔镇。

庆云县　撤销后张乡，将其行政区域并入庆云镇；撤销大胡乡，将其行政区域并入常家镇；撤销大靳乡，将其行政区域并入尚堂镇。

宁津县　撤销小店乡，将其行政区域并入宁津镇；撤销孟集乡、尤集乡，将其行政区域并入柴胡店镇；撤销田庄乡，将其行政区域并入长官镇；撤销常洼乡、张学武乡，将其行政区域并入杜集镇；撤销张宅乡，将其行政区域并入保店镇。

德城区　撤销陈庄乡、盐店口街道，以原陈庄乡的行政区域设立运河街道，将原盐店口街道的管辖范围划归运河街道管辖，街道办事处机关驻原陈庄乡人民政府驻地；撤销于官屯乡、马市街道，以原于官屯乡的行政区域设立新华街道，将原马市街道的管辖范围划归新华街道管辖，街道办事处机关驻原于官屯乡人民政府驻地；撤销建设、丰华两个街道，合并设立新湖街道，街道办事处机关驻原建设街道办事处机关驻地；撤销长庄乡，以原长庄乡行政区域设立天衢街道，街道办事处机关驻原长庄乡人民政府驻地；撤销赵虎乡、赵宅乡，合并设立赵虎镇，赵虎镇人民政府驻原赵虎乡人民政府驻地；撤销王村店乡，将其行政区域并入黄河涯镇。

2002 年 7 月 2 日，省政府批复同意

夏津县　撤销双庙乡，设立双庙镇；撤销香赵庄乡，设立香赵庄镇。以上 2 乡撤乡设镇后，其行政区域和人民政府驻地不变。

2003 年 12 月 15 日，省政府批复同意

庆云县　设立渤海路街道。将庆云镇的文西、文中、青北、新建、新中、新兴、光明、庆东、庆中、庆西等 10 个居民区和任店、范庵、洼于、小郑、杨习武、东歪柳树、西歪柳树、信家、东周、乔万、解集、姜杨李、窦家、柳家、刘南纯、甄家、齐家、都家、小李、东胡岭、西胡岭、养马王、撒家、小解、李云曲、东杜树刘、西杜树刘、郭家楼等 28 个村及常家镇的中石官堂、东石官堂、西石官堂等 3 个村，共 41 个村（居）划归渤海路街道，办事处机关驻渤海路 20 号。

2004 年 9 月 30 日，省政府批复同意

武城县　设立广运街道、武城镇政府驻地迁移。设立广运街道，将武城镇的振华、兴武、兴隆、振东、漳南、贝州等 6 个居民区和棘围、果里、沙西、沙中、沙东、姜官屯、黄花园、曲庄、梁庄、钱庄、林尔庄、祝庄、张庄、西刘庄、北关、东关、西关、南关、东赵庄、高庄、东刘庄、前王立屯、后王立屯、东林庄等 24 个村，划归广运街道，办事处机关驻振华街；武城镇政府机关驻地迁至县城东北六六河与德商路交叉处桥头西南侧。

2005 年 1 月 13 日，调整部分行政区划

夏津县　设立银城街道，银城街道办事处机关驻工艺街 53 号；设立北城街道，街道办事处机关驻城北商贸区中山北街；将夏津镇更名为南城镇，镇人民政府驻栾庄村。

陵县　设立安德街道，安德街道办事处机关驻迎宾路 159 号。

临邑县　设立邢侗街道，邢侗街道办事处机关驻开元大街 171 号；设立恒源街道，恒源街道办事处机关驻永兴大街 269 号；临邑镇人民政府驻民族工贸园；撤销临盘镇，设立临盘街道，办事处机关驻原临盘镇人民政府驻地。

平原县　撤销平原镇，以原平原镇的行政区域设立龙门街道和桃园街道。

第二编

自然环境

ZIRANHUANJING

- 地质
- 地貌
- 气候　物候
- 水文
- 土壤　植被
- 自然资源
- 自然灾害

德州市地处黄河冲积平原，历史上境内曾有两次黄河大迁徙，上千次决口，造就西南高、东北低的地形。由于黄河泛滥与流速所致，加之风力堆积之因素，形成平原之中起伏不平，岗、坡、洼相间分布的多像地貌，一是高地类，由河流、河床沉积而成，占土地总面积的34.66%；二是坡地类，由黄泛漫流沉积而成，占土地总面积的53.03%；三是洼地类，占12.16%。

德州市跨省大河主要有黄河、卫运河、漳卫新河；跨市骨干排涝河道有徒骇河、德惠新河和马颊河。除黄河外，以上河流均系海河流域南系。除跨省、市大河外，市内有流域面积大于1000平方千米的较大支流2条，300～1000平方千米的支流12条，100～300平方千米的支流53条，30～100平方千米的支流114条，基本形成了干支相通、流域相连、能排能调的河流水利系统。

德州市气候特点是季风影响显著，四季分明、冷热干湿界限明显，春季干旱多风回暖快，夏季炎热多雨，秋季凉爽多晴天，冬季寒冷少雪多干燥，具有显著的大陆性气候特征。光照资源丰富，日照时数长，光照强度大，且多集中在作物生长发育的前中期，有利于作物光合作用的进行，德州市年平均日照时数2483.6小时，日照率为60%，太阳总辐射量为124.8千卡/平方厘米。

德州市年平均降水量为535.87毫米，东部多于西部，南部多于北部。降水量的时间分配以7月最多，平均降水量190毫米，1月最少只有3.5毫米。按季节分，春季占12.8%，夏季高达67.7%，秋季占16.9%，冬季只占2.6%。自然灾害主要有旱灾、涝灾、冰雹、霜冻，尤其是旱、涝灾害对农业生产影响最大。

德州市已探明石油储量1.08亿吨，天然气4.27亿立方米，可开采煤炭储量1亿吨。石油集中产地在临邑县，煤炭集中在齐河县。

第一章 地 质

第一节 地 层

德州市为广阔平坦的平原区，地表无基岩露头。自中新生代以后，受差异性升降运动的影响，一直缓慢下沉，沉积了厚度>3500米巨厚的新生代地层。第四系覆盖下的基底地层主要有新生界新古近系湖相红色碎屑岩，含油、石膏盐岩地层；中生界白垩、侏罗系陆相碎屑岩夹火山碎屑岩；古生界石炭、二叠陆相碎屑岩夹煤系地层；寒武、奥陶系浅海相碳酸盐岩；前古生代（太古界）变质岩系。

一、基岩地层

太古界太山群（Art）变质岩系　主要分布区在境内东北部埕宁隆起和西南角的腰站—堂邑凸起构造单元内，隐伏于新生界第四系和上第三系地层之下，顶界面埋深1000～1500米，岩层为片麻岩、片岩夹大理岩及混合片麻岩等变质岩系，厚度>1500米。

古生界寒武—奥陶系　主要分布在区内东北部的埕宁隆起区宁津凸起构造单元内的陵县义渡口、乐陵市的黄集、孔集等地和西南临清坳陷区腰站、堂邑构造单元内的平原县腰站等地及西北部沧县隆起区武城凸起构造单元内的武城县旧武城、滕庄等地。隐伏于新生界第四系和新近系地层之下，顶界面埋深为1100～1500米，地层为浅海相碳酸盐岩。寒武系岩性主要为页岩、鲕状灰岩、厚层灰岩、竹叶状灰岩，厚度500～780米；奥陶系岩性主要为含燧石白云质灰岩、厚层灰岩夹薄层钙质页岩、豹皮状灰岩、泥质灰岩，厚度300～800米。

古生界石炭—二叠系主要分布在区内东北部埕宁隆起区宁津凸起区的宁津县柴胡店、乐陵市杨盘、庆云县的大徐家和西南临清坳陷区腰站堂邑凸起区的夏津县东南的香赵庄及南部鲁西台背斜山前坳陷区的齐河、禹城西南的部分地区。隐伏于新生界第四系和新近系之下，顶界面埋深在南部为200～1200米，在西南部及东北部为1000～1500米，岩层为陆相碎屑岩夹煤系地层。石炭系岩性多为泥岩、页岩、粉砂岩、砂岩夹薄层灰岩及煤层，厚100～250米；二叠系岩性主要为红色砂岩、砂砾岩、泥岩及杂色黏土岩含薄层煤，厚150～700米。

中生界侏罗—白垩系主要分布在区内东北角黄骅坳陷区盐山凹陷区内，隐伏于新生界第四系和新近系之下，顶界面埋深1300～1500米，其余均深埋在济阳坳陷、临清坳陷区的古近系之下，顶界面>3500米，地层为陆相碎屑岩及火山碎屑岩等。侏罗系主要岩性为灰、灰绿、紫红色泥岩、页岩夹含砾砂岩，厚100～500米；白垩系岩性主要为红色泥岩、砂岩、砾岩及酸性火山碎屑岩类砂岩、砾岩，厚200～800米。

新生界古近系　在区内发育比较齐全，广泛分布于济阳坳陷区、临清坳陷区内，顶界面埋深1300～1600米，底界面埋深>3500米，岩层为河湖相红色碎屑岩含石油、石膏、盐岩地层。

孔店组（Ek）：上部紫红、棕红色砂岩、泥岩、砂砾岩；中下部灰色块状安山岩、凝灰质砂岩、泥岩及玄武岩等火山岩，厚250－700米。

沙河街组（Es）：沙三段（Es3）：上部灰色泥岩、薄层粉砂岩、生物灰岩、泥灰岩；下部灰色砂岩，厚200～500米。沙二段（Es2）：中上部粉红、紫红色泥岩、粉砂岩夹薄层灰绿色泥岩；下部灰色砂岩、泥岩互层夹薄层生物灰岩、油页岩、玄武岩，厚100～300米。沙一段（Es1）：上部灰、灰绿色砂泥岩；下部灰黄色灰岩、生物灰岩、油页岩夹数据层玄武岩，厚100～200米。

东营组（Ed）：上部为棕红、灰白色含砾砂岩夹灰绿色泥岩；中部为紫红色泥岩与灰白色细砂岩互层；下部为浅灰色粉细砂岩与灰绿、紫红色泥岩互层，厚度200～500米。

新生界新近系

馆陶组（Ng）：岩性在上部为棕红、灰绿色泥岩和灰白色细砂、中细砂岩为主，呈互层状，泥岩含钙质结核与锈染，细砂岩单层厚度为8～18米，胶结性差，磨圆度中等。下部为灰白色含砾粗砂岩、砂砾岩为主夹棕红色泥岩。砂砾岩和含砾砂岩的单层厚度大，一般为8～24米，最厚可达32米，分选性差，磨圆度中等。砾石粒径为1～10毫米，呈次棱角状－次圆状，成分以石英、长石为主，泥岩质纯，含少量钙核。

明化镇组（Nm）：岩性为土黄、棕黄、棕红色的泥岩和灰白、浅灰色的粉砂岩、细砂岩。泥岩压性结构面发育。泥岩在上部以土黄色为主，富含钙核及锈染，成岩性差，见水膨胀，下部以棕黄、棕红色为主，成岩性较好，质纯，性脆。细砂岩胶结疏松，为钙质和泥质胶结。上部颗粒细，以粉细砂岩为主，单层厚度为8～13米，下部细砂岩颗粒粗，单层厚度8～25米，分选性较好，磨圆度中等。成分为石英、长石，次为少

量暗色矿物。层底埋深500～1164米。

二、第四纪地层

自中生代末期,特别是喜马拉雅运动以后,地壳以沉降为主,接受了巨厚的新生界沉积物。沉降中心在平原、武城、德城区及临邑一带。区内第四系更新统为一套氧化—还原交替沉积,全新统为冲积湖积相,其次为冲积－风积及现代河床沉积,齐河、乐陵一带夹有滨海相。第四系堆积物为棕黄色黏性土、褐黄色砂性土、夹砂层。富含钙质结核,属河湖相沉积。第四系厚度一般在200～320米左右,平原、武城、德城区及临邑一带,其厚度超过280米,是德州市第四纪以后沉积较厚的地区;而在本市齐河的西南部、南部边缘一带,第四系厚度仅为100～170米左右。层底微微向北倾斜,不整合于老地层之上。

第二节　岩浆岩

据钻孔资料揭露,德州市在第三纪火山岩较发育,大体有四期岩浆活动:第一期在始新世早期(相当于孔店组二段)见有近百米厚的火成岩,主要为基性玄武岩安山岩,凝灰岩及凝灰质砂岩;第二期在始新世末期(相当于孔店组三段)火成岩有10层,累计厚度100米以上,主要岩性为中基性安山岩玄武岩;第三期在渐新世(相当于沙河街组中部)有7.5米厚的玄武岩;第四期在渐新世后期(相当于沙河街组第一段)见多层玄武岩与生物灰岩互层。

第三节　构　造

一、地质构造单元

(一)构造单元划分

德州市在大地构造单元上属华北地台(Ⅰ)级。齐河—广饶大断裂将其分为二个Ⅱ级构造单元,断裂之北为辽冀台向斜(Ⅱ1),断裂之南为鲁西台背斜(Ⅱ2)。辽冀台向斜在区内的Ⅲ级构造单元有沧县隆起区(Ⅲ1)、黄骅拗陷区(Ⅲ5)、临清拗陷区(Ⅲ2)、济阳拗陷区(Ⅲ3)、埕宁隆起区(Ⅲ4)。按区域构造形态特征和断裂运动差异性升降运动,其次级断裂构造又将Ⅲ级构造单元分割成凸起凹陷Ⅳ级构造单元;区域西部沧东大断裂以西为沧县隆起(Ⅲ1),Ⅳ级构造单元为故城—武城凸起(Ⅳ1)的部分地区;临清拗陷区(Ⅲ2)有德州凹陷(Ⅳ2)、腰站—堂邑凸起(Ⅳ3);济阳拗陷区(Ⅲ3)有临邑凹陷(Ⅳ4)、滋镇凹陷(Ⅳ5);在埕宁隆起区(Ⅲ4)有宁津凸起(Ⅳ6)、庆云凸起(Ⅳ7);东北部边临镇羊二庄断裂之北为黄骅拗陷(Ⅲ5),Ⅳ级构造单元为盐山凹陷(Ⅳ8)和黑龙村凸起(Ⅳ9)的部分地区;鲁西台背斜(Ⅱ2)在本区的Ⅲ级构造单元为鲁西隆起(Ⅲ6)。

(二)构造单元主要特征

1. 二级构造单元特征

辽冀台向斜(Ⅱ1):位于齐河—广饶断裂北部,总面积8494平方千米。占区域总面积的82%,该区为华北地台一级构造单元在新生代形成的断陷沉降带。上伏新生界新古近系沉积层,层底埋深1000～1600米,其下伏基底岩层除部分地区为太古界、古生界、中生界地层外,绝大部分地区为新生界古近系沉积地层,呈不整合接触。鲁西台背斜(Ⅱ2):位于齐河—广饶断裂带以南的地区,总面积1847平方千米,占区域总面积18%,基底构造以紧密褶皱为主要形式。广泛发育古生界寒武、奥陶、石炭、二叠系地层,中新生代形成规模不等由断裂带所控制的断陷盆地或拗陷带。伴随有岩浆活动及火山喷发,盖层构造以平缓单斜为主。新生界一般缺失古近系。新近系底界面埋深为200～1000米。

2. 三级构造单元特征

沧县隆起区(Ⅲ1):位于区域西部德城区、

武城部分地区。分布范围东以沧东断裂为界，总面积约229平方千米。新生界缺失古近系，新近系底板埋深1200～1500米。下伏寒武—奥陶系地层，呈不整合接触。

临清拗陷区（Ⅲ2）：位于区域西、西北部的夏津、武城、平原县的全部或部分地区。分布范围为西、西北界为沧东断裂与沧东隆起区，东及东南界为边临镇—羊二庄断裂，西南至夏津县界，东北界在陵县东堂、宁津保店与河北黄骅拗陷相通，总面积约2103平方千米。新生界新古近系发育齐全，新近系底板埋深1200～1600米，古系底板埋深>3500米，呈北东向延伸，沉积厚度东西薄、中间厚。下伏基底为中生界侏罗—白垩系地层，呈不整合接触。

济阳拗陷区（Ⅲ3）：位于区内东及东南部的陵县、临邑、平原、禹城市的全部或部分地区，分布范围是北界为陵县—渤海农场断裂，南部为齐河—广饶断裂，西界为平原县的刘屯及禹城市房寺等，东界至济南的商河县界，总面积约3158平方千米。按石油钻探、地震勘探资料，区内新生界新古近系发育齐全，新生界厚度最大，新近系底板埋深为1400～1700米，古系底板埋深>3500米。下伏基底为中生界侏罗—白垩系地层。呈不整合接触。

埕宁隆起区（Ⅲ4）：位于区域东北部的陵县、宁津、乐陵、庆云等县市的全部和部分地区。其主要范围是北界以边临镇—羊二庄断裂，南界为陵县—渤海农场断裂；西界在陵县土桥、平原刘屯一线，东部伸延滨州地区无棣、埕子口，东北部延伸至河北省盐山、海兴等县境内，总面积为2699平方千米。据石油钻探及地震勘探资料，区内普遍缺失新生界古近系，新近系厚度300～700米，底板埋深在1000～1500米，超覆于古生界石炭二叠系、寒武奥陶系地层和太古界变质岩之上，呈不整合接触。

黄骅拗陷区（Ⅲ5）：位于区域西北角，总面积约305平方千米。鲁西隆起区（Ⅲ6）：位于区域南部的齐河、禹城部分地区。其范围是北以齐河—广饶大断裂为界，南界为德城区边界，总面积约1847平方千米。区内古近系缺失，新近系底板埋深200～1100平方千米，下伏地层为古生界石炭二叠系，呈不整合接触。

（三）断裂区内断裂发育

主要受新华夏构造体系的影响，断裂主要发育方向为南南东（NNE）、南东（NE）向，其次为南西（NW）与近东西（EW）向，断裂构造均隐伏于新近系地层之下。按断裂带和规模大小，可分为一、二、三、四级。一级断裂为齐河—广饶断裂，是Ⅱ和Ⅲ级构造单元的分界断裂，对第三系地层的沉积起控制作用；二级断裂主要有沧东断裂、边临镇—羊二庄断裂、陵县—渤海农场断裂，是Ⅲ级构造单元的分界断裂，对隆起区和拗陷区的沉积起控制作用。三级断裂主要为临邑断裂、白庙—津期店断裂、宁津—胡家断裂、龙潭庄—武家断裂对Ⅳ级构造单元凹陷与凸起边界起控制作用。四级断裂一般在凸起、凹陷内，多为古近系的同生断裂。

1. 齐河—广饶大断裂

位于区域南部，是Ⅱ级构造单元辽冀台向斜与鲁西台背斜的分界断裂，也是Ⅲ级构造单元济阳拗陷与鲁西台隆起分界断裂。其分布西南端起于禹城县的韩屯，沿南东东（NEE）向经禹城南向济阳北至广饶南，呈弧形分布。走向南东东（NEE），倾向南西（NW），新生代活动性强。北盘下降沉积巨厚的新生界地层，厚度>3500米，南盘上升，缺失古近系，第四系和新近系覆盖，沉积厚度为200～1000米。

2. 沧东大断裂

位于区域西北部，该断裂属超壳断裂，断裂深度切割到上地幔，属新生代以来的活动断裂，其延伸方向北起天津宁河地区，向南经沧州、德州至河北省大名县与南西西（NWW）向断裂相交。走向南南东(NNE),倾向北东(SE),形成于中生代,是沧县隆起与黄骅、临清拗陷的分界断裂。断裂带由一系列阶梯状西侧上升、东侧下降的张性断裂组成,在西侧的隆起区第四系和上第三系覆盖,缺失下第三系地层,沉积厚度1000~2000米;东侧的拗陷区内发育巨厚的新生界地层,凹陷区沉积厚度3000~7000米。断裂带在深层落差大、浅层落差小,属边断边沉积的长期活动性断裂带。其活动性特征是始新世时南强北弱,有多次基性喷发岩,德州凹陷区基性喷发岩厚度达200米,渐新世以后,为南弱北强。

3. 边临镇—羊二庄断裂

该断裂位于区域东北部,由平原刘屯、陵县土桥经边临镇到宁津县的保店折转南东(NE)向延伸到黄骅县的羊二庄至渤海。断裂带走向南东(NE),倾向南西(NW),形成于中生代,深度切割到古生代寒武奥陶系及太古界变质岩系,为Ⅲ级构造单元埕宁隆起与临清、黄骅拗陷的分界断裂。南盘上升,北盘下降的正断裂。南盘上升的隆起区,缺失古近系地层,为第四系和新近系地层覆盖,沉积厚度1000~2000米,北盘下降的拗陷区沉积巨厚新生界地层,沉积厚度>3500米。

4. 陵县—渤海农场断裂

位于区域东部,其分布为西起平原刘屯,经陵县城南、乐陵市的孔集,折自东南至郑店南又转为南东(NE)向经庆云县的尚堂南东(NE)向延伸入渤海。断裂走向南东(NE),倾向北西(SW),是Ⅲ级构造单元埕宁隆起与济阳拗陷的分界断裂。北盘上升,缺失下第三系,第四系和上第三系覆盖,沉积厚度1000~1500米,南盘下降,沉积发育齐全的新生界地层,沉积厚度>3500米,该断裂带有新生代玄武岩。

二、地震构造

根据1990年中国地震局《中国地震烈度区划图》(山东省地震烈度区划图),德州市除夏津县以东、武城县以东、德城区、平原县及其以东、禹城、齐河县以西等地区地震烈度为七度外,其余地区地震烈度属六度区,其地壳稳定性与地震烈度相对应六度区为稳定区,七度区为较稳定区。根据《华北平原北部地质模型与强震迁移》,德州地区位于华北平原地震构造带、沧东地震构造亚带与石家庄—安丘地震构造带交会地区。华北地震带地震活动特点是频率高、强度大、范围广,沧东地震构造带历史上发生过一系列中强地震,沧东断裂为一条串通性较强断裂,在德州附近发育了新生代的断陷盆地,差异运动强烈。深部在黄骅的北东处于上地幔隆起的边缘地区,花岗岩层和结晶变质岩系有拉薄和转折现象。向北张开的黄骅拗陷及沧东断裂、埕北断裂、埕南断裂等在该区收敛。在构造上形成一较大的闭锁区。

第二章 地 貌

德州市地处黄河冲积平原下游,地域广阔,地势平坦。海拔高度由34米降至7米,地势由西南向东北缓缓倾斜,地面坡降变化于1/1000~1/10000之间。由于黄河等几条河道的多次泛滥、改道,塑造了境内呈南西—北东向展布的岗、坡、洼相间的微地貌景观。高地和洼地的高差一般在3米左右。依据平原区地貌形态及成因类型特征,可分为高地、坡地、洼地三种形态类型，八种形态成因类型。

第一节　高　地

一、古河滩高地

主要分布于夏津—德城区—宁津—乐陵、平原—陵县、张庄—宿安镇、禹城—夏口一线。为黄河古河道主流沉积形成的高地。呈条带状由西南～东北向展布。地形上一般高出两侧2～4米，宽不等，最宽处约20千米，一般4～5千米。表层岩性多为粉砂、粉细砂组成。由于风力作用，形成一些风沙再造地貌，如沙丘、沙岗。地下水位埋深一般3～6米，不易受涝碱威胁，但易旱。地面坡降1/1000～1/4000。分布面积3139.9平方千米，占全市面积的30.32%。

二、现代河滩高地

位于黄河、卫运河堤内，洪水期滩面行水，仍处于沉积过程中。二河为地上河，汛期水位比其两旁的地下水位高，河流补给地下水或阻碍地下水的排泄。从而抬高地下水位，导致或加强沿黄一带的土壤盐渍化。面积90.90平方千米，占全市面积的0.88%。

三、决口扇形地

主要分布于黄河北岸，齐河县境内。黄河决口支流堆积而成，一般近决口处地形高亢，沉积物多为粉砂，向前呈扇形扩散，组成物质变细，地形变得低缓，地面坡降1/2000～1/5000。分布面积不大，由于保水能力小，旱情突出，并常有风沙危害，易形成砂岗、砂丘。面积358.10平方千米，占全市面积的3.46%。

第二节　坡　地

一、缓平坡地

为黄河泛滥漫流沉积形成。地表岩性由砂性土夹黏土组成，局部为粉砂。多为单斜坡地，地形上近河道高，远离河道低，地面坡降1/3000～1/5000。地下水位埋深2～3米，排水条件一般，易出现轻度涝碱灾害。主要分布于夏津西部、德城区、宁津大部；平原、陵县、禹城、齐河等地。面积3432.90平方千米，占全市面积的33.14%。

二、低平坡地

黄河泛滥漫流沉积形成。地表岩性由砂性土夹黏土组成，位于缓平坡地下端，地面坡降1/5000～1/7000，地下水位埋深2米左右，潜水矿化度一般偏高，土壤盐碱化严重，客观上制约了农业生产的发展。分布面积2059.60平方千米，占全市面积的19.89%。

第三节　洼　地

境内有万亩以上洼地53个，著名的大洼有四女寺洼、莲花池、白马湖、大黄洼等，面积均在33.3平方千米以上，乐陵市城东的铁营大洼面积达100平方千米以上。洼地分为三种成因类型：

一、河槽洼地

古黄河的溜道或决口冲刷的大溜。岩性由粉砂及砂性土组成。呈槽形、带状分布。地下水位埋深浅，不易形成涝碱。主要分布于高地上，分布面积338.50平方千米，占全市面积的3.27%。

二、浅平洼地

古黄河泛滥尾闾缓流或静水沉积形成。以黏堆积为主，形状似碟，有明显洼底，地势低于平地0.5～1.5米，无排水出路，为封闭形洼地。潜水埋深一般0.5～1.5米，易积水易涝。但由于静水作用，表土黏重，盐分极少于地表聚集，具有涝而不碱的特点。分布面积617.40平方千米，占全市面积的5.96%。

三、背河槽状洼地

主要沿古黄河堤下，呈带状分布，一侧与高地相接，一侧与缓平坡地相接，表层岩性多为黏性土，潜水呈滞流状态，埋深1～2米，易形成土壤盐化。沿黄一带受降水及黄河侧渗补给，积水排泄不畅，涝灾严重，分布面积303.70平方千米，占全市面积的2.93%。

第三章　气候　物候

第一节　气　候

德州市气候属暖温带大陆性季风气候，四季分明，干湿季节明显。全市年平均气温13.2℃，各县市在12.6℃（庆云）～13.8℃（德城区）之间。年内降水偏少且过分集中，降水主要集中在夏季。全市年平均降水量535.87毫米，各县市在486.5毫米（武城）～563.5毫米（临邑）之间。1小时最大降水量137.9毫米，24小时最大降水量220.8毫米，连续3天最大降水量300.8毫米。光热资源丰富，光照充足，全市年平均日照时数2483.6小时，各县市在2347.5小时（齐河）～2598.7小时（陵县）之间。

全市年平均降水日数62.2天，各县市在55.9天（齐河）～65.2天（禹城）之间。全市年平均大风日数5.8天，各县市在1.5天（齐河）～10.5天（庆云）之间。全市年平均雾日数23.8天，各县市在16.6天（宁津）～31.4天（夏津）之间。全市年平均霜日数73.7天，各县市在55天（齐河）～86.9天（乐陵）之间。日最高气温≧35℃的日数全市平均9.4天，各县市在8.1天（庆云、宁津）～10.9天（德城区）之间。日最高气温≧35℃的最长连续日数全市平均7.8天，各县市在7天（夏津）～9天（4个县）之间。日最低气温≦～0℃的日数全市年平均105.9天，各县市在94.9天（德城区）～114.9天（庆云）之间。日最低气温≦－15℃的日数全市年平均1.0天，各县市在0天（德城区）～1.7天（宁津）之间。日最低气温≦－15℃的最长连续日数全市年平均4.5天，各县市在1天（德城区）～5天（8个县）之间。

2001—2011年德州市降水量统计表

表2－1　　　　单位：毫米

年份	1月	2月	3月	4月	5月	6月	7月	8月	9月	10月	11月	12月	全年
2001	2.9	18.4	2.7	19.2	7.4	117.5	138.6	65.3	33.3	18.8	8.1	1.3	459.2
2002	0.9	0.0	4.2	21.9	41.2	86.9	46.6	44.3	30.6	17.9	0.0	9.9	304.5
2003	1.5	1.5	7.8	86.7	30.6	42.3	224.1	70.7	56.7	191.6	22.0	4.9	740.3
2004	2.1	8.9	0.0	22.6	62.1	157.0	146.8	119.2	46.3	8.9	11.5	7.3	592.7

续表 2－1

年份	1月	2月	3月	4月	5月	6月	7月	8月	9月	10月	11月	12月	全年
2005	0.0	16.5	0.4	5.8	57.3	72.2	112.6	126.7	94.9	14.0	5.8	1.2	507.4
2006	0.3	5.4	0.0	14.5	86.4	77.2	100.4	137.8	13.0	2.9	16.1	1.7	455.6
2007	0.4	6.3	47.9	5.2	42.1	79.3	96.2	81.6	45.6	42.3	0.0	1.7	448.6
2008	3.9	3.0	7.8	37.8	65.8	51.7	123.7	88.5	43.3	21.3	0.0	0.4	447.3
2009	0.0	15.2	15.0	42.8	95.5	109.5	149.1	160.3	113.6	23.0	18.9	1.8	744.5
2010	4.5	2.2	18.2	10.8	15.8	50.7	182.6	312.7	47.8	6.4	0.0	1.8	653.5
2011	1.1	7.6	0.1	15.9	45.2	55.3	116.0	160.2	74.7	10.0	50.7	4.1	541.0

2001—2011 年德州市逐年蒸发量情况表

表 2－2　　单位：毫米

年份	蒸发量	年份	蒸发量	年份	蒸发量
2001	834.1	2005	845.8	2009	777.4
2002	889.4	2006	819.9	2010	755.9
2003	670.3	2007	796.6	2011	885.6
2004	992.7	2008	768.6		

第二节　四季特征

德州市各季气候特点明显不同，春季气温回升快，日差较大，多风少雨，气候干旱，有十年九旱的特点。全市春季平均气温 14.0℃，各县市在 13.2℃（庆云）～14.6℃（德城区）之间。全市春季平均降水量 79.2 毫米，占年降水量的 15%，各县市在 70.3 毫米（德城区）～90.6 毫米（禹城）之间。夏季炎热多雨，全市夏季平均气温 25.9℃，各县市在 25.6℃（宁津、乐陵、庆云）～26.3℃（德城区）之间。全市夏季平均降水量 347.9 毫米，占年降水量的 66%，由于降水时空分布不均，易发生干旱、洪涝灾害。7 月最热，全市平均气温 26.9℃，各县市在 26.6℃（宁津）～27.2℃（德城区）之间。年极端最高气温主要出现在 6—7 月，各县市在 40.8℃（乐陵）～42.6℃（德城区）之间。秋季空气湿度小，降水比夏季明显减少，呈现出风和日丽、秋高气爽的天气。全市秋季平均气温 14.0℃，各县市在 13.3℃（宁津、乐陵、庆云）～14.4℃（德城区）之间。全市秋季平均降水量 85.6 毫米，占年降水量的 16%，各县市在 75.5 毫米（乐陵）～97.2 毫米（临邑）之间；冬季盛行西北风，气候寒冷干燥，雨雪较少，1 月最冷，全市平均气温 －2.5℃，各县市在 －3.4℃（乐陵、庆云）～－1.8℃（德城区、禹城、齐河）之间。年极端最低气温主要出现在 1 月，各县市在 －21.6℃（武

城、乐陵)~-17.4℃(德城区)之间。全市冬季平均降水量13.6毫米,占年降水量的3%,各县市在12.0毫米(陵县)~16.3毫米(禹城)之间。

第三节 时令与物候

春夏秋冬,四季分明。以日平均气温>3℃为春季开始,>19℃为夏季,<19℃为秋季,<10℃为冬季,以此为标准划分春、夏、秋、冬四季,又将4个季节划分为初春、仲春、季春,初夏、仲夏、季夏,初秋、仲秋、季秋,初冬和隆冬11个季段(此划分方法非气候标准)。

一、春季

平均65天,占全年总天数的17%。气温回升快,日差较大,大风多,降水少,气候干燥。

初春 日平均气温>3℃~5℃时,为初春时令。物候指标为榆树和垂柳花芽开放。多年平均日期为3月2—12日,历时11天。日平均气温3.8℃,冬小麦及其它越冬作物开始返青、生长,莎草、马蔺萌芽,麦蒿展叶,雪基本终止。主要农事活动:开始春耕,冬小麦划锄、浇水。

仲春 日平均气温>5℃~10℃,为仲春时令。物候指标为榆树开花始期。多年平均日期为3月13—27日,历时15天。日平均气温7.1℃,主要物候现象是旱柳、加拿大杨和杏树花芽开放,垂柳开始展叶,麦蒿进入展叶盛期,冬小麦起身。主要农事活动:春耕备播,植树造林。

季春 日平均气温>10℃~19℃,为季春时令。物候指标为加拿大杨、杏树开花盛期,垂柳始花。多年平均日期为3月28日—5月5日,历时39天,占春季总天数的60%。日平均气温14.1℃。其时物候现象最多,旱柳、桃树等大部分树木开花、展叶,枣树发芽,家燕归来,蛙始鸣,霜终。此时遍地花开,垂柳飞絮,冬小麦拔节、孕穗。

二、夏季

平均143天,占全年总天数的39%。

初夏 日平均气温>19℃~24℃为初夏时令。物候指标为冬小麦开花、授粉、籽粒形成到灌浆,刺槐开花盛期。多年平均日期为5月6—30日,历时25天。日平均气温为21.2℃,升温快,日差较大,降水略有增加,常有干热风出现。物候现象是杜鹃(布谷鸟)鸣叫,枣树、葡萄开花,旱柳飞絮,桑椹成熟,麦蒿、莎草、千叶紫苑等种子均已成熟。农事活动:浇小麦灌浆水,喷施小麦叶面肥,防治小麦蚜虫,棉田定苗、治虫。

仲夏 日平均气温>24℃~27℃时为仲夏时令。物候指标为紫穗槐开花末期。仲夏多年平均日期为5月31—8月9日,历时71天。降水多、湿度大、温度高,平均气温为26.2℃,平均最高气温常达32℃以上。>35℃的最高气温平均每年出现15.6天,>40℃的最高气温平均每年出现0.5天,都出现在仲夏。平均降水量320毫米,占全年总降水量的54%。高温高湿,天气闷热。此时令,合欢、槐树、栾树、木槿等次第开花,刺槐和紫穗槐种子也相继成熟,蚱蝉始鸣,布谷鸟终鸣,冬小麦成熟,棉花现蕾、开花,夏玉米从播种到抽穗大部分生长发育在此期间。主要农事活动:夏收夏种,秋作物的田间管理。

季夏 日平均气温<27℃~19℃,为季夏时令。物候指标为木槿开花盛期,栾树开花末期。季夏多年平均日期为8月10日—9月25日,历时47天。平均气温22.9℃,溽暑渐消,初期天气比较热,但早晚已有凉意。合欢和栾树种子成熟,枣和苹果成熟,棉花裂铃吐絮,玉米成熟。主要农事活动:早秋作物开始收割。

三、秋季

平均有39天,占全年总天数的11%,是四季中最短的一季。气温下降,降水减少,天气晴朗,秋高气爽,气候宜人。秋作物相继收获,树木、花草的果实、种子成熟,树木开始变色、落叶。

初秋　日平均气温<19℃~16℃时为初秋时令。物候指标为泡桐种子成熟。初秋多年平均日期为9月26日—10月7日,历时12天。此时平均气温17℃,桃树叶开始变色,个别年份可出现初霜。农事活动:冬小麦播种最为适宜。

仲秋　日平均气温<16℃~13℃时为仲秋时令。物候指标为栾树叶开始变色。多年平均从10月8日—10月20日,历时13天,平均气温14.7℃。合欢、枣树、紫穗槐、桑树等叶子相继变色,加拿大杨、桃树开始落叶,槐树种子成熟,蚱蝉终鸣,蛙绝见。

季秋　日平均气温<13℃~10℃时为季秋时令。物候指标为旱柳叶开始变色。季秋多年平均日期为10月21日—11月3日,历时14天。日平均气温11.4℃,刺槐、紫穗槐、合欢、枣树、栾树等开始落叶,继而榆树、苹果、杏树等叶开始变色。草本植物开始黄枯,蟋蟀终鸣,北雁南飞。初霜,棉花停止生长,冬小麦分蘖。

四、冬季

平均118天,仅次于夏季,约占全年总日数的33%。冬季风盛行,天气寒冷干燥,雨雪稀少,树木落叶,野草枯黄,有些动植物进入冬眠。

初冬　日平均气温<10℃~5℃时为初冬时令。物候指标为旱柳和泡桐开始落叶。初冬多年平均日期为11月4日—11月19日,历时16天。此时日平均气温7.2℃,槐树、苹果、垂柳叶全部变色,杏树、木槿、葡萄和桑树已为落叶末期,干叶紫菀完全枯黄。

隆冬　平均气温低于5℃到次年回升到3℃时为隆冬时令。物候指标为槐树、垂柳落叶末期。隆冬多年平均日期为11月20日至次年3月1日,平均102天,为全年最长的季段,占全年总天数的28%。此时日平均气温-1.2℃,极端最低气温历年平均-16.5℃。此时令,落叶树叶子次第落尽,土壤开始冻结,河流湖泊封冻,冬小麦停止生长。

第四章　水　文

据2004年德州市水资源评价计算:全市1980~2004年系列水资源可利用总量为97575.2万立方米,其中地下水可开采量为91593.4万立方米,不计跨流域引水形成的地下水可开采量,全市多年平均可利用总量为72206.4万立方米。全市1956—2004年系列水资源可利用总量为112210.2万立方米,其中地下水可开采量为97310.5万立方米,地表水资源可利用量为16686.8万立方米。不计跨流域引水形成的地下水可开采量,全市多年平均可利用总量为86841.4万立方米。

1956—2004年德州市多年平均天然径流量为42554.3万立方米,折合径流深41.1毫米,1980—2004年为28546.7万立方米,折合径流深27.6毫米,1980—2004年的多年平均天然径流量仅为1956—2004年多年平均天然径流量的67.1%,可以看出地表水资源量减少趋势明显。同时,随着社会经济的发展,各行各业的需水量逐渐增大，当地水资源的利用率将逐步提高，再加上拦蓄利用水量加大，弃水量减少，故此，出、入境水量呈减少趋势。

第一节 河 流

德州市跨省河流主要有黄河、卫运河、漳卫新河。跨市的骨干排涝河道有徒骇河、德惠新河和马颊河。以上河流除黄河外，均系海河流域南系，因此，德州虽处于黄河冲击平原，但属海河流域。除跨省、市河流外，市内有大于1000平方千米流域面积的较大支流2条：一是新牛赵河，位于禹城南部，齐河西部，属徒骇河流域；二是六五河，位于陈公堤西侧，属漳卫新河流域。流域面积300～1000平方千米的支流有12条，其中徒骇河流域有苇河、四新河、管氏河、老赵牛河和邓金河，全部位于徒骇河之南；马颊河流域有笃马河、宋家河、宁津河；德惠新河流域有禹临河、临商河。除以上主要支流外，还有流域面积100～300平方千米的支流53条，30～100平方千米的114条，基本形成了干支相通，流域相连，能排能调的河流水利系统。

境内河流均属雨源型河流，其水量与上游地区及本市降水量分布极不均匀的气候特点密切相关。多年平均降水量为561.89毫米（1952—2015年），最大年降水量为1033.7毫米（1964年），最小年降水量为为28.56毫米（1968年），最大值是最小值的3.6倍。汛期（6—9月）降水量占全年的77.0%，7、8月两月占全年降水量的56%左右，发生局部暴雨较多，往往形成暴雨洪水，导致一些河道水位上涨，出现洪峰，甚至漫溢成灾。到枯水期，多数河道先后断流。

黄河齐河段 （2011年 摄）

黄河 是德州与聊城、济南的界河，上下界分别与聊城东阿县、济南市天桥区相邻。黄河在齐河县马集镇刘营村入德州市境，呈西南东北流向，流经齐河县马集、赵官、胡官、焦庙、祝阿、晏城6个乡镇，在油房赵村出境进入济南市境。德州境内全长63.4千米，纵比降约为万分之一。河道自上界潘庄险工至南坦险工河段是左岸建有堤防，右岸为无堤防控制的长平滩区，河道宽5～10千米；南坦以下河段为两岸都有堤防控制的弯曲性窄河道，堤距0.7～1.5千米，河槽宽0.44～0.7千米，曹家圈铁路桥处两岸险工坝岸距离仅为444米。德州市境内有滩区7处，耕地面积2.94万亩。

境内临黄大堤长62.384千米；险工14处；坝岸621段，长26.168千米；控导工程4处；坝垛36段，工程总长度2.135千米；引黄水闸4座，设计引水流量230立方米每秒；分洪（凌）闸一座，2008年已取消分洪（凌）任务。

由于河床逐年淤积，已高出背河地面3～5米，防洪水位高于背河地面8～10米，是典型的地上悬河。进入20世纪90年代，黄河断流频繁，淤积加重，泄洪能力下降，漫滩机遇增多，境内河段险工险段工程老化，北展工程不配套，大量分洪道尚未开挖，一旦发生超标准洪水，防洪形势严峻。

漳卫南运河 德州市位于该河中下游，由卫运河、南运河、漳卫新河（包括减河、岔河）组成，流经夏津、武城、德城区（包括经济开发区、运河开发区）、宁津、乐陵、庆云6个县（市、区）。河道长316.6千米。

卫运河 漳河、卫河于徐万仓相汇后称卫运河。卫运河在夏津县白庄流入德州市境内，左岸属河北省，右岸是夏津、武城两县，自徐万仓至四女寺枢纽河长共157千米。卫运河在德州市境内长82.8千米，河槽宽140～250米，堤距400～2700米，设计流量4000立方米/秒，校核流量5500立方米/秒，排涝流量1150立方米/秒。堤防长度83.58千米，堤高5～8米，顶宽8米，堤高超过6米段落，加筑戗台，土质较差或险工段，顶宽为10米。共有堤防险段3处，险工15处。

恩县洼滞洪区位于卫运河下游，武城县北部，北靠卫运河右岸大堤，东以陈公堤，西以自然地形，南以恩武公路为界，面积约为325平方千米，最大滞洪量7.0亿立方米，最高滞洪水位26.0米（大沽）。滞洪区内有鲁权屯、武城镇、四女寺3个镇和广运街道，共计152个村庄，人口14.55万人，耕地35万亩。西郑庄分洪闸是恩县洼滞洪区分洪口门，位于武城县西郑庄村，设计流量1200立方米/秒，上游设计水位27.77米，上游校核水位29.27米，校核流量1640立方米/秒。牛角峪退水闸是恩县洼滞洪区退水口门，有五孔闸、两孔闸、低水涵洞组成，位于武城县四女寺镇减河右岸堤防，三闸设计流量合计为378立方米每秒。

南运河 南运河自四女寺节制闸向北，跨子牙新河于东淀入大清河，河道长332千米，河道蜿蜒曲折，弯道明显。南运河在德州市境内长44.8千米，河槽宽72米，堤距60～120米，限泄流量300立方米/秒，堤防长度39.306千米，堤高4～5米，顶宽5～6米。共有险工26处。

漳卫新河 漳卫新河自四女寺南、北进洪闸向东至大河口入渤海，河道长度244千米，是一条人工开挖的比较顺直的微曲型河道。漳卫新河上段分为岔河、减河两支，河长分别为44千米、53千米。岔河在德州市境内长22.5千米，河槽宽110米，堤距350米，设计流量2000立方米/秒，校核流量2800立方米/秒，排涝流量780立方米/秒；减河在德州市境内长53千米，河槽宽150～180米，堤距300～550米，设计流量1500立方米/秒，校核流量2200立方米/秒，排涝流量400立方米/秒。岔河、减河于

大运河武城段 （2011年 摄）

马颊河禹城段　　　　　　　　　　　　　　　　　　（2011 年　摄）

大王铺汇合，漳卫新河大王铺以下，德州市境内长度 114.4 千米，河槽宽 120 ~ 130 米，堤距 410 ~ 1100 米，设计流量 3500 立方米/秒，校核流量 5000 立方米/秒，排涝流量庆云闸上 1200 立方米/秒，以下 1250 立方米/秒。漳卫新河共有险段 8 处，险工 10 处，堤防高度一般为 4 ~ 5 米，个别堤段 8 ~ 9 米，并加有戗台，堤顶宽 8 米，德州境内堤防总长度 243.825 千米。

马颊河　马颊河发源于河南省濮阳市，流经山东省聊城市，在夏津县周哈庄进入德州市境内，经夏津、平原、德城、陵县、临邑、乐陵、庆云 7 县（市、区），于庆云县小淀村北流入无棣县后入渤海。马颊河干流在陵县仙人桥分两股，左侧一股称老马颊河，长 16.5 千米，右侧一股称仙人桥分洪道，长 15.4 千米，两股在陵县马才闸下汇流。德州市境内马颊河长度 205.25 千米，河槽宽 60 ~ 89 米，设计行洪能力 538 ~ 1009 立方米/秒，排涝能力 358 ~ 661 立方米/秒。堤防长度 327.3 千米，沿岸排水闸涵 98 座，险工 11 处，拦河闸 11 处。支流有笃马河、大宗旱河、尹家洼干沟、朱家河、宁津新河、跃马河、前进沟等，控制面积 3704 平方千米，是德州市中部、北部主要的排水河道。

徒骇河　徒骇河发源于鲁豫边界，东北流向，在禹城市各户屯入德州市境内，于临邑县夏口入济南市济阳县境。河道长度 59.9 千米，河槽宽 79 ~ 139 米，设计行洪能力 750 ~ 1104 立方米/秒，排涝能力 492 ~ 725 立方米/秒。堤防长度 114.7 千米，沿岸排水闸涵 34 座，险工 9 处，拦河闸 2 座。一级支流有苇河、赵牛新河、老赵牛河、六六河、齐济河等，二三级支流有四新河、管氏河、圣经河、中心河、巴公河、邓金河、施女河、温聪河、倪伦河、十八户河、柳官干沟等，控制市域面积 1963 平方千米，是承接上游洪水和市域南部主要排水河道。

德惠新河　德惠新河及其支流是 1968—1970 年新建立的水系。德惠新河干流发源于德州市平原县王凤楼，流向东北，经陵县、临邑、乐陵、庆云流入无棣县，在沙头堡上与马颊河汇流入渤海。德州市境内河道长度 127.6 千米，河槽宽 16 ~ 85.5 米，设计行洪能力 141 ~ 417 立方米/秒，排涝能力 48 ~ 316 立方米/秒。堤防长度 203 千米，沿岸排水闸涵 68 座，险工 2 处，拦河闸 5 座。支流有赵王河、洪沟河、张丰池沟、禹临河、引徒总干、备战河、临商河、大胡楼沟等，控制面积 2139 平方千米，是德州市中部低洼易涝地带的主要排水河道。

2011年德州市支流河道情况表

表2-3

单位:千米、平方千米

序号	支流河道名称	流经区域	境内长度	流域面积
1	六五河	夏津、武城	73	1066
2	七一河	夏津	21	114
3	城北改碱河	夏津	13	69.20
4	青年河	夏津	27	195.10
5	堤下旧城河	夏津、武城	29	217.10
6	六六河	武城	18	153.40
7	利民河	武城	34	205.23
8	幸福河	武城	18	51
9	沙河沟	武城	8.30	94.81
10	利民河南支	武城	19	64.8
11	利民河东支	武城	13	84.05
12	利民河北支	武城	32	102
13	宁北河	宁津、乐陵	29	211
14	宣惠河	德城、河北	10.88	159
15	六马河	夏津	12	106
16	马碱竖河	德城、平原、夏津	26.70	118.50

注:(1)河流长度指在德州市的长度。(2)流域面积包括德州市上游汇水区。(3)资料来自第一次全国水利普查

2011年德州市干流流域面积情况表

表2-4

单位:平方千米

县市(区)	总面积	徒骇河	马颊河	漳卫新河	德惠新河	宣惠河	黑龙港	钩盘河	黄河及滩地
全市	10356	1986	3708.16	2329.10	2142.21	123.99	23.35	5.51	37.18
德城区	539	—	63.78	327.88	—	123.99	23.35	5.51	—
陵县	1213	—	1031.62	—	181.38	—	—	—	—
平原	1047	—	643.84	—	403.16	—	—	—	—
夏津	882	—	229.95	652.05	—	—	—	—	—
武城	751	—	—	751	—	—	—	—	37.18

续表 2－4

县市(区)	总面积	徒骇河	马颊河	漳卫河	德惠新河	宣惠河	黑龙港	钩盘河	黄河及滩地
齐河	1411	1361.61	—	—	12.21	—	—	—	—
禹城	990	621	—	—	369	—	—	—	—
乐陵	1172	—	833.81	203.63	134.56	—	—	—	—
临邑	1016	3.89	147.81	—	864.30	—	—	—	—
宁津	833	—	533.90	299.10	—	—	—	—	—
庆云	502	—	223.45	95.44	177.60	—	—	—	—

2011 年德州市马颊河流域主要支流(流域面积 50 平方千米以上)情况表

表 2－5

单位:千米、平方千米

序号	河道名称	流经区域	境内长度	流域面积
	马颊河		205.25	3704
1	城东干沟	夏津	15	73.89
2	雷苏干沟	夏津	12	54.80
3	朱庄沟	夏津	11	57.79
4	堤上旧城河	武城、平原	15	145
5	沙杨河	德城	8.50	56
6	马碱横河	德城、陵县	7.90	50.10
7	沙河沟	高唐、夏津	34	197.70
8	笃马河	平原、陵县	68	772.70
9	平陵河	德城、平原、陵县	9.20	61
10	老赵王河	平原、陵县	12	75.70
11	新鬲津河	陵县	27	115.50
12	李塔子河	陵县	16	59.10
13	马颊河故道	陵县	37	208.40
14	杨庄沟	德城、陵县	12	56.86
15	碧雪店沟	德城、陵县	15	114.50
16	大宗旱河	陵县	30	153.40
17	北四分干	临邑、陵县	19	111
18	尹家洼干沟	临邑	19	120

续表2-5

序号	河道名称	流经区域	境内长度	流域面积
19	朱家河	陵县、宁津、乐陵	37	414.81
20	赵芙蓉沟	德城、陵县	14	115
21	前刘沟	陵县	15	55.30
22	张西干沟	宁津	28	72.50
23	小官寨沟	陵县	11	68.60
24	宁津新河	宁津、乐陵	40	673
25	李士固沟	宁津	19	87
26	宁南河	宁津	39	136.50
27	跃丰河北段	乐陵	25	80.50
28	跃马河	乐陵	27	309
29	跃丰二干	乐陵	18	59.70
30	马家沟	乐陵	20	110
31	跃丰一干	乐陵	27	127
32	四南干	庆云、乐陵	17	110.50
33	甄家洼干沟	庆云	10	53.50
34	前进沟	乐陵、庆云	32	213.50
35	跃丰河南段	乐陵	14	132.50
36	马家干沟	庆云	19	52
37	大淀干沟	庆云	20	76.10

注:(1)河流长度指在德州市的长度。(2)流域面积包括德州市上游汇水区。(3)资料来自第一次全国水利普查。(4)朱家沟、大宗旱河流域面积与省普查资料不同

2011年德州市徒骇河主要支流汇总表(50平方千米以上)

表2-6

单位:千米、平方千米

序号	河道名称	流经区域	境内长度	流域面积
	徒骇河干流		439	13902
1	赵牛新河	聊城、齐河、禹城	51.07	1202.90
2	中心河	东阿、齐河	14.14	285.90
3	老巴公河	齐河	20	77

续表 2-6

序号	河道名称	流经区域	境内长度	流域面积
4	新巴公河	东阿、齐河	21.49	139.40
5	圣经河	齐河、茌平	17	86
6	老赵牛河	齐河、禹城	63.38	937.80
7	团结河	高唐、禹城	26	92.20
8	新十八河	齐河	13	54
9	施女河	禹城	11	63.50
10	温聪河	齐河	26	184
11	邓金河	齐河、禹城	9.60	371
12	晏黄河	齐河	16	73
13	苇河	聊城、齐河、禹城	32.73	649.60
14	四新河	聊城、禹城	5.80	111.20
15	友谊河	高唐、禹城	8	102.50
16	六六河	齐河、济阳	26.08	158
17	齐济河	济南、齐河	8.76	230

注:(1)河流长度指在德州市的长度。(2)流域面积包括德州市上游汇水区。(3)资料来自第一次全国水利普查

第二节 地下水

一、地下水水质

(一)浅层地下水

德州市浅层淡水化学类型大部分为重碳酸盐型水;浅层咸水化学类型大部分为氯化物型水。浅层地下水的污染区主要分布在污水河道两侧、工业生活点污染源附近。

(二)深层地下水

深层地下淡水水化学特征表现有明显的规律性,从水平分布上看,重碳酸盐型水、氯化物型水和硫酸盐型水从北向南呈并列的分布规律,其方向大致为南西—北东向。据深层地下水水质监测结果表明,总硬度普遍偏软,氟化物普遍超标。污染区主要分布在工业和生活集中取水点,污染类型为点污染。

(三)水质评价

德州市地下水水质仅齐河县、禹城市小部分地区水质类别为Ⅲ类,Ⅲ类水面积442平方千米,占德州市总面积的4.3%;齐河县、禹城市大部分、临邑县、平原县、乐陵市小部分区域为Ⅳ类水,Ⅳ类水面积2318平方千米,占德州市总面积的22.4%;德州市地下水水质类别大部分区域为Ⅴ类水,Ⅴ类水面积7596平方千米,占德州市总面积的73.3%。

二、地下水开发利用

德州市城市供水的主要水源为地下水和引

黄水。德州中心城区、庆云、宁津、平原、夏津等县(市、区)地下水和引黄水并用,地下水是工业用水的主要水源之一。20世纪80年代末90年代初,随着城市的发展,加之黄河断流,城市地下水的开采量总体呈上升趋势,浅层地下水由于高强度的不均匀开采,出现夏津—武城、宁津两个超采区,面积分别为915平方千米、809平方千米;深层地下水由于高强度的不均匀开采,形成以德州漏斗为中心的大小不一的深层地下水漏斗。

据1992年城市地下水实际开采量调查,1986—1990年,地下水年均开采量60585.28万立方米,其中工业6314.18万立方米,城市生活1668.12万立方米;1991—2000年,地下水年均开采量79299.67万立方米,其中工业12820万立方米,城市生活2458.67万立方米;2001—2010年,地下水年均开采量81436.57万立方米,其中工业8959.77万立方米,城市生活1892.12万立方米。

三、地下水保护

1990年以前,德州境内地下水基本处于无序开采阶段;1990年以后,随着地下水开发利用量的增加,对地下水保护的意识不断增强,1996年编制完成《德州市地下水资源开发利用规划》,2004年编制完成《德州市地下水超采区划定》;对地下水取用水户下达用水计划,安装计量设施,实行计划管理;对管水人员进行节水宣传教育和技术培训,帮助企业进行节水技术改造,加强用水管理。为保护地下水,2001年德州市政府下发《德州市人民政府办公室关于关停市区自备井的通知》、2008年市政府下发《德州市人民政府关于关停德州城区生活自备井的通知》,先后封停生活自备井144眼。

第五章 土壤 植被

第一节 土 壤

德州市土壤共划分为3个土类、8个亚类、25个土属、87个土种。全市土壤总面积777239.11公顷,占土地总面积的75.05%。

一、土壤质地

德州市土壤由黄河冲积母质形成,存在“紧砂慢淤”“近河粗、远河细”的分布规律,具有“砂、壤、黏”相间分布的特征,而且在生产属性上有很大差别。根据全市土壤的理化性状,把质地划分为5个等级,即砂土、砂壤土、轻壤土、中壤土和重壤土。

2011年德州市土壤表层质地分级表

表2-7

表层质地	物理性黏粒(%)	面积(公顷)	占土壤面积(%)
砂土	0~10	5518.42	0.71
砂壤土	10~20	80211.18	10.32

续表 2-7

表层质地	物理性黏粒(%)	面积(公顷)	占土壤面积(%)
轻壤土	20~30	422506.71	54.36
中壤土	30~45	233016.58	29.98
重壤土	45~60	35986.22	4.63
合计	—	777239.11	100

(一)沙质土

包括沙土和壤土,系河流决口歧流堆积或河床沉积而形成的土壤质地,面积85729.6公顷,占土壤总面积的11.03%,主要分布在沙丘、决口冲积扇形地、沙质河槽地及河滩高地上,以齐河、夏津、宁津等县居多。沙土以砂粒为主,粒径大,粒间孔隙大,通气透水性好,无黏结性,黏着性和可塑性弱,不宜耕作。砂壤土,保持着沙土的优点,在保水保肥能力上,因物理黏粒多而略有改善,养分含量有所增加,春季土温容易上升,对幼苗出土、全苗及生长有利,但到作物生长的中期和后期,因水肥不足而影响生长,必须及时灌水和施肥,而且要少量多次,避免水肥浪费。该类质地所处的地形较高,潜水埋藏深,物理性砂粒多,易漏水漏肥。耕性良好,作物易出苗,但长势差,易受风砂危害。土壤容重偏大,总孔隙度较小,易干旱,降水和灌溉后易板结,但不起坷垃。土壤养分含量低,理化性状差,水肥气热状况不协调,供肥速度快,但肥效期短,属于低产土壤。在因地种植上,选择种植抗旱耐瘠薄的作物,如芝麻、花生、地瓜、谷子等。

(二)壤质土

包括轻壤土和中壤土,它是河流泛滥漫流沉积而形成的土壤质地,是德州市分布面积最大、最广的一类土壤,面积655523.29公倾,占土壤总面积的84.34%。主要分布在河滩高地、缓平坡地及背河槽状洼地上,以武城、平原、临邑最多。轻壤土在一定程度上保持了沙土的优点,养分含量和保水保肥能力都有明显提高,宜在适宜的含水量范围内(宜耕期内)耕作,否则易起坷垃。中壤土黏粒的性状明显增强,透水变慢,通气减弱、黏结性、黏着性和可塑性增强,宜耕期较短,耕作阻力大,耕后易出现坷垃和犁条。该类质地沙黏适中,理化性状良好,保肥保水性能强,水肥气热比较协调。耕性良好,宜于各种农作物生长。

(三)黏质土

包括重壤土和黏土(德州市只有重壤土),是河流决口泛流静水沉积形成的土壤质地,面积35986.22公倾,占土壤总面积的4.63%。主要分布在浅平洼地内,在河流下游的缓平坡地上也有较多分布,以齐河、禹城、乐陵、庆云面积最大。重壤土比中壤土难以耕作,通气透水能力差,保水保肥能力强,少沙偏黏,土层紧实,作物早期扎根困难,耕性不良,易起坷垃,适耕期短,雨后易泥涝,干时易龟裂,一般无盐化威胁,物理性状不良,水、肥、气热不协调,有机质含量高,养分释放缓慢,因而农作物前期多生长不良,后期徒长,易贪青晚熟,群众有“白土地看苗,黑土地吃饭”“黑地拿苗难,后劲足”“发老苗,不发小苗”的说法。

二、土壤类型

德州市土壤类型分布较多,沙壤黏不均,有

的土壤是还原性的，有的是充分氧化的，土体构形也不同。在保肥保水性能上有很大差别，主要分为潮土、盐土和风砂土。

（一）潮土类。全市分布面积747393.09公顷，占土壤总面积的96.16%。按照成土过程的不同可分为潮土、湿潮土、脱潮土和盐化潮土4个亚类。

（二）盐土类。主要分布在背河槽状洼地及滨海洼地，与潮土和滨海潮土呈插花分布，面积为23472.65公顷，占土壤总面积的3.02%。

（三）风砂土类。主要分布在冲积扇形地和砂质河槽地沿岸，除德城区和庆云县外，其余各县均有分布，以夏津县东北部居多。面积6373.37公顷，占土壤面积的0.82%。

三、土壤分布规律

德州市属区域性土壤其分布成以下特点：

（一）徒骇河南近代黄河冲击扇土壤分布　该区主要包括齐河全部和禹城一小部分。土壤受近代黄河决口支流堆积影响，成土时间短。沿徒骇河南岸河滩高地及分布于齐河县的河滩高地土体无褐土化发育；两片冲击扇形地带（齐、济交接处冲击扇）广泛分布着沙质潮土，并兼有风砂土分布；西南部多为壤质潮土和壤质盐化潮土。受黄河侧渗和冲击扇地形影响，沿黄河两冲击扇边缘地带集中分布有盐化潮土，形成盐碱地沿黄分布一条线的特点。

（二）徒、马河间地带土壤分布　徒骇河、马颊河之间地带为古黄河摆动时间最长的区域。该区地形复杂，高中有洼，洼中有高，高洼相间，互相分割，故各类土壤具有插花分布的特点。壤质潮土遍布于高坡和平坡地，壤质潮土间断分布于临、商东西砂河两侧的垄岗形河滩高地上。该区洼地居多，洼地边缘分布有不面程度的盐化潮土和潮盐土。

（三）沿卫、沿马和马西、北地带土壤分布　沿卫运河、沿马颊河及马颊河以西以北地区为古黄河影响最早地区。受古黄河长期影响形成集中连片的三大高地，即马西高地、漳南高地和卫东高地，是本区脱潮土集中分布地带，沿高地方向呈带状分布。马西高地为本区地势最高处，两侧与高地背临差3~5米地形明显下降为背河槽状洼地，是本区盐化潮土和潮盐土最集中分布的地方。由于地形地貌影响，沿卫、沿马和马西地带形成了脱潮土、盐化潮土和潮土相间的分布趋势及分布规律。马西地带因“王莽故道”在宁津保店镇转为东西向，陈公堤消失，水流失控，到乐陵、庆云两县水势大衰，除漳南高地和沿马颊河高地集中分布脱潮土外，广泛分布着壤质潮土。

（四）渤海退海地带土壤分布　渤海退海地带系指庆云县崔口、严务、徐园子、大胡、常家等乡镇。该地带属流域下游，地势低洼，土质黏重。土壤表层质地多为中壤土和重壤土，是本区滨海潮土、滨海盐化潮土和滨海盐土的分布地带。

第二节　植　被

德州市属于暖温带半湿润季风气候，植被类型多为暖温带落叶阔叶林带。由于垦植历史悠久，原始植被早已荡然无几，所见几乎全是次生自然植被，且除了盐碱荒地和农田隙地上有分布外，其余早已被人工植被所代替。

一、人工植被

人工植被由人工栽培植物组成，包括作物、林木、牧草，种类繁多，群体量大。

农作物植被　全市栽培农作物已达到80多种，主要以小麦、玉米、棉花为主，占土壤种植面积的60%以上。其次为谷子、高粱、大豆、甘薯，局部有水稻、向日葵、芝麻、花生，还有瓜类、蔬菜、药材及牧草等作物。豆类、绿肥等固氮养地作物面积有所减少，枣粮、枣棉、麦棉、菜棉套

种面积有所增加，复种指数达130%左右。粮食作物多为一年两作或两年三作，棉田为一年一作。

林木植被　林木栽培种类152种，分属35个科，主要有杨、榆、槐、柳、桐、白蜡、桑、松、柏、芙蓉、椿、枣、苹果、梨、桃、山楂、李子、葡萄等。森林覆盖率2011年达到30.5%。

牧草植被　主要有紫花苜蓿、黑麦草等。

二、自然植被

德州市植被属于平原草甸植被类型，但由于人类在劳动中干扰强烈，自然植被已被人工植被所替代，仅残存于农田隙地和未利用地中。在人工植被中，主要有农作物植被、林果植被和牧草绿肥植被；自然植被分为典型草甸、盐生草甸、沼泽草甸和沙丘草甸四种。

盐生草甸：黄须菜群丛，碱蓬群丛，马绊草群丛。

典型草甸：白茅群丛，一年生禾草群丛包括马唐、虎尾草、狗尾草、稗草、画眉草、车前、马齿苋、地锦、麦蒿、莎草、苍耳等。

沼泽草甸及沙丘草甸：芦苇群丛，酸枣群丛并伴生有砂打旺、蒺藜、狗尾草、白茅等。

第六章　自然资源

第一节　土地资源

一、土地适宜性评价

全市土地可分为宜农土地、宜林牧土地、宜其它利用土地三类七等12级。

宜农土地类包括一、二、三等地面积，共计61.24平方千米，占参评土地面积的78.8%，是种植业生产用地，在全区分布广泛。其中宜农一等地面积为5.88平方千米。这类土地不仅是粮棉作物最好的基本农田，而且也是适宜发展林果、瓜菜等经济作用的优良基地；宜农二等地面积为25.44平方千米，该类土地对种植业发展价值很大，是重要的粮棉生产基地；宜农三等地面积为29.91平方千米。这类土地面积比率较大，是重点综合开发和管理的对象。

宜林牧土地类面积共有15.20平方千米，占参评土地面积的19.5%，在全市分布比较零散，其中宜林牧一等地面积为10.99平方千米，是德州市主要的后备耕地资源；宜林牧二等地4.21平方千米，该类土地应重点治理和发展林牧业生产。

宜其他类土地面积共有128.41平方千米，适于水产养殖和水生植物种植。

二、土地利用分区

依据土地资源调查成果及土地资源评价、农业区划、土壤普查和国民经济统计资料，在综合分析土地利用现状特点及地貌、土壤、水文等自然条件和社会经济条件基础上，将全市的土地划分为6个大的土地利用区。

（一）卫东坡、洼地农林区　该区位于卫运河以东，陈公堤口以西，包括夏津县的9个乡镇和武城县的12个乡镇，土地总面积1009.42平方千米，占全市土地面积的9.7%，是范围比较小的一个土地利用区。

（二）西北高、坡地城郊果菜区　位于德州市西北部。包括德城区的12个乡，5个街道和陵县的2个乡镇。土地面积为654.13平方千米，占全市土地总面积的6.3%，是面积最小的一个土地利用区。

（三）马西高地农果区　地处马颊河以西的陈公高地上，南与聊城接壤，北至四女寺减河，包括平原的6个乡镇，夏津的11个乡镇，武城的3个乡镇，区域面积为958.54平方千米，占全市土地总面积的9.3%。

（四）东北坡、洼地农枣区　位于德州市东北部马颊河下游两侧，北临漳卫新河，南靠德惠新河。包括乐陵市27个乡镇，宁津25个乡镇，庆云16个乡镇，陵县7个乡镇，区域面积为2904.68平方千米，占全市面积的28.0%。

（五）中部高、坡、洼地相间农业开发区　位于德州市中部，包括马颊河、徒骇河之间的4个县，其中陵县11个乡镇，平原12个乡镇（街道），禹城10个乡镇（街道），临邑18个乡镇（街道），区域面积2914.80平方千米，占全市土地面积的28.2%。

（六）徒骇河南高、坡地农林渔区　位于德州市南部，南临黄河，北靠徒骇河，包括禹城9个乡镇，齐河全部21个乡镇。土地总面积为1914.73平方千米，占全市总面积的18.5%。

第二节　水资源

德州市属贫水区，除黄河外各河均为雨源型河流，全市多年平均径流量为5.26亿立方米，径流深51.1毫米，在全省各水文区中是最少的。年径流的时空变化受降水量影响，呈现3个特点：(1)年际变化大；(2)年内产流集中，80%以上在6—9月；(3)各流域间分布不均匀。

全市水资源数量虽少，但引黄方便，客水资源较为丰富。全区一般年份地表水可利用量1.86亿立方米，浅层地下水年可采量9.52亿立方米，可引黄河水量14.20亿立方米，共有可利用水资源25.58亿立方米，可供农业灌溉水资源量为21.47亿立方米，偏枯年19.20亿立方米，对农业发展十分有利。

第三节　矿产资源

德州市的矿产资源以沉积矿产为主，已探明的有石油、天然气、煤炭、黏土（砖瓦黏土、黑陶用黏土、水泥添加剂用黏土）、矿泉水、地热、天然卤水、石英砂、CO_2气等，根据其性质和工业用途分为能源矿产、非金属矿产和水气矿产3大类。

一、能源矿产类

石油、天然气主要分布在临邑、禹城等县（市），在惠民凹陷临邑断裂带中段和东段，分为商河油气田（德州市一部分）和临盘油气田，都是断块型砂岩油气藏，埋深在1369～3100米之间。石油储量有10783万吨，天然气储量为4.27亿立方米。

煤炭资源主要分布在齐河、禹城等县（市），属黄河北煤田含煤区，已知矿产地8处，分别为旦镇井田、赵官屯井田、袁庄井田、齐东井田、津店（东部）含煤区、齐北（西段）含煤区等，为石炭一二叠纪含煤岩系，有煤层13～14层，有可采煤层4～7层，可采煤层总厚度达6米多，煤炭储量有1亿吨，煤质以无烟煤、焦煤、贫煤、肥煤、气煤为主。可开采的煤炭储量有1亿吨，主要分布在齐河县境内，埋深在600～1000米左右。省属邱集煤矿建成试产，设计年产量45万吨。济西煤矿正在建设之中，设计能力年产量50万吨。

二、非金属矿产类

非金属矿产主要是黏土、石英砂等。德州市处于黄河冲击平原，黏土资源分布广泛，储量

居全省首位，主要用于烧制砖瓦、黑陶工艺品或用作水泥添加剂。据统计全市有砖瓦窑厂410家，每年开采黏土近600万立方米，年创产值2.1亿元。

石英砂资源主要分布在庆云县境内，储量有待进一步勘探，将来可以开发利用发展盐类化工业。

三、水气矿产类

矿泉水是德州市主要水气矿产资源。深层地下水为含碘矿泉水，其碘含量0.35～0.45米G/L，形成于300万年前，产自于地下400米以下新生界第三系明化镇组粉细砂、含砾中砂岩含水层中，属深层承压孔隙水。德州市矿泉水资源是一种不可再生的矿产资源，天然含碘和苏打，而且不含硝酸等致癌物质，多种矿物质比例协调，口感清爽甘甜。

第四节　生物资源

一、野生动物资源

据1997年1月至2000年7月开展的野生动物调查，全市共有陆生脊椎动物105种，其中：兽类9种、鸟类84种、爬行类7种、两栖类5种。其中：列入国家重点保护的野生动物12种（黑鹳、白鹳、大天鹅、中华秋沙鸭、苍鹰、红隼、灰鹤、大鸨、长耳鸮、短耳鸮、鹛鸮、纵纹腹小鸮）；列入省重点保护的野生动物14种（狐、黄鼬、苍鹭、草鹭、白鹭、普通秋沙鸭、灰斑鸠、四声杜鹃、棕腹啄木鸟、星头啄木鸟、凤头百灵、黑枕黄鹂、红点颏、黑斑蛙）。列入市保护名录的共计29种，其中兽类9种，鸟类8种，爬行类7中，两栖类5种。

2000年德州市列入国家重点保护野生动物资源名录表

表2－8

纲、目、科	学名	保护级别	数量级
鹳形目			
鹳科	白鹳 黑鹳	Ⅰ Ⅰ	+ +
雁形目			
鸭科	大天鹅 中华秋沙鸭	Ⅱ Ⅰ	+ +
隼形目			
鹰科 隼科	苍鹰 红隼	Ⅱ Ⅱ	+ +
鹤形目			
鹤科	灰鹤	Ⅱ	+
鸨科	大鸨	Ⅰ	+

续表2-8

纲、目、科	学名	保护级别	数量级
鸮形目			
鸱鸮科	长耳鸮 短耳鸮 雕鸮 纵纹腹小鸮	Ⅱ Ⅱ Ⅱ Ⅱ	+ + + + + +

2000年德州市列入山东省重点保护野生动物资源名录表

表2-9

纲、目、科	学名	数量级
兽纲		
食肉目 犬科 鼬科	狐 黄鼬	+ +
鸟纲		
鹳形目 鹭科	苍鹭 草鹭 白鹭	+ + + +
雁形目 鸭科	普通秋沙鸭	+ +
鸽形目 鸠鸽科	灰斑鸠	+ +
鹃形目 杜鹃科	四声杜鹃	+ +
列形目 啄木鸟科	综腹啄木鸟 星头啄木鸟	+ + +
雀形目 百灵科 黄鹂科 鹟科	凤头百灵 黑枕黄鹂 红点颏	+ + +

续表 2－9

纲、目、科	学名	数量级
两栖类		
无尾目 蛙科	黑斑蛙	＋＋＋

2000 年德州市野生陆生脊椎动物资源名录表

表 2－10

兽类			
目	科	种	数量级
食虫目	刺猬科	刺猬	＋
		小麝	＋
翼手目	蝙蝠科	普通伏翼	＋＋＋
		东方蝙蝠	＋＋＋
兔形目	兔科	野兔	＋＋＋
齿目	鼠科	黑线姬鼠	＋＋
	仓鼠科	仓鼠	＋＋
食肉目	犬科	狐	＋
	鼬科	黄鼬	＋
鸟类			
目	科	种	数量级
鸊鹈目	鸊鹈科	小鸊鹈	＋＋
鹳形目	鹭科	苍鹭	＋＋
		池鹭	＋
		草鹭	＋
		白鹭	＋
		紫背苇升鸟	＋＋
		大麻升鸟	＋
	鹳科	黑鹳	＋
		白鹳	＋

续表 2-10

兽类			
目	科	种	数量级
雁形目	鸭科	大天鹅	+
		鸿雁	+
		赤麻鸭	+
		绿头鸭	+ +
		普通秋沙鸭	+ +
		中华秋沙鸭	+
隼形目	鹰科	鸢	+
		苍鹰	+
		普通鹰	+
	隼科	红隼	+
目	科	种	数量级
鸡形目	稚科	鹌鹑	+
鹤形科	鹤科	灰鹤	+
	秧鸡科	黑水鸡	+ +
	鸨科	骨顶鸡	+ +
		大鸨	+
鸻形目	鸻科	凤头麦鸻	+
		金眶鸻	+
		红胸鸻	+
		白领鸻	+
	鹬科	林鹬	+
		三趾鹬	+
	反嘴鹬科	黑翅长脚鹬	+
鸥形目	鸥科	黑嘴鸥	+
鸽形目	鸠鸽科	山斑鸠	+
		灰斑鸠	+ +
		珠颈斑鸠	+ +
鹃形目	杜鹃科	四声杜鹃	+ +
		大杜鹃	+ +

续表 2－10

鸟类			
目	科	种	数量级
鸮形目	鸱鸮科	长耳鸮	＋＋
		短耳鸮	＋＋
		雕鸮	＋
		纵纹腹小鸮	＋
雨燕目	雨燕科	楼燕	＋＋
		白腰雨燕	＋
佛法僧目	翠鸟科	普通翠鸟	＋
	戴胜科	戴胜	＋＋
鴷形目	啄木鸟科	黑枕啄木鸟	＋
		大斑啄木鸟	＋＋
		棕腹啄木鸟	＋
		星头啄木鸟	＋＋
雀形目	百灵科	小沙百灵	＋
		凤头百灵	＋
		云雀	＋
	燕科	家燕	＋＋＋
		金腰燕	＋＋
	鹡鸰科	山鹡鸰	＋＋
		灰鹡鸰	＋
		白鹡鸰	＋＋
	鹎科	白头鹎	＋
	伯劳科	红尾伯劳	＋
		虎纹伯劳	＋
		棕嘴伯劳	＋
	黄鹂科	黑枕黄鹂	＋
	卷尾科	黑卷尾	＋
	椋鸟科	灰椋鸟	＋＋
	鸦科	灰喜鹊	＋＋
		喜鹊	＋＋
		寒鸦	＋
		大嘴乌鸦	＋

续表 2－10

鸟　类			
目	科	种	数量级
雀形目	鹟科	红点颏	+
		红胁蓝尾鸲	+
		北红尾鸲	+
		斑鸫	+
		大苇莺	++
		极北柳莺	+
		暗绿柳莺	+
		乌鹟	+
	山雀科	大山雀	++
	绣眼鸟科	暗绿绣眼鸟	+
	文鸟科	[树]麻雀	+++
	雀科	燕雀	++
		金翅雀	++
		锡嘴雀	++
		三道眉草鹀	++
		小鹀	+
龟鳖目	鳖科	鳖	+
有鳞目	壁虎科	无蹼壁虎	+++
	蜥蜴科	丽斑壁虎	++
	游蛇科	黄脊游蛇	++
		虎斑游蛇	++
		赤链蛇	+
		白条锦蛇	+
两栖类			
目	科	种	数量级
无尾目	蟾蜍科	中华蟾蜍	+++
		花背蟾蜍	++
	蛙科	泽蛙	+
		黑斑蛙	+++
		北方狭口蛙	+

有动物105余种，其中国家、省重点保护野生动物26种，鸟类12种；属省重点保护的兽类2种，鸟类11种，爬行类1种；兽类主要有赤狐、狸、獾、黄鼠狼、草兔、刺猬等，鸟类主要有白玉鸟、喜鹊、乌鸦、麻雀、戴胜、黄雀、布谷鸟、啄木鸟、猫头鹰等。鱼类主要有马岔鱼、甲鱼、草鱼、鲤鱼、鲢鱼、鲫鱼、鳙鱼、鲶鱼、泥鳅、乌鳢等，马岔鱼是德州特产。

二、植物资源

有植物130多种，分属20科，其中树木类杨、柳、榆、槐、桐等分布广、数量大。有林业用地21.74万公顷，占幅员面积的21.1%。森林覆盖率为30.5%。经济林木面积1.74万公顷，占林业用地的7.2%。林果类主要有：梨、桃、杏、枣、苹果、葡萄、桑椹、樱桃等。

1997年1月—2000年7月，开展的野生植物调查中，德州市列为国家和省重点保护的野生植物目的物种，只有银杏1种。

第五节　地热资源

德州市地热资源分布在华北盆地临清断陷小盆地中，属构造沉陷区热传导类型，地表无地热显示，主要埋藏在1500～2000米之间，赋存在新生界第三系碎屑沉积岩中，主要岩性是砂岩、砂砾岩。热储层顶部以上的盖层（保温层）平均地温梯度3℃/100米，热储温度50℃～70℃，热储层中赋存的地下热水是古沉积水。德州市地热田分布范围广，面积大，厚度稳定。主要开发地下1500米深的馆陶组地热资源，馆陶组热储层中热水总量为8970×1018焦耳，有长期开发利用价值，可用于供暖、生活洗浴、热水理疗、温水养殖、温室种植、温池游泳等一系列综合利用项目。

第七章　自然灾害

第一节　气象灾害

一、干旱

1986年，德州地区普遍干旱。德城区年降水量376.8毫米，比常年少33%，全年旱。河道断流，井水干涸，禾苗枯槁；临邑县全年干旱，成灾面积占全县总耕地面积的92.6%；禹城全年大旱，年降水量274.6毫米，10万亩农田受灾，其中绝产达5万亩，部分乡镇村庄人畜用水困难；夏津全年降水量明显偏少，降水量328.8毫米，为常年值的60%，春播期4月降水量仅11.4毫米，需浇水播种。夏季伏旱严重，7—8月没下一次透雨，秋季逢旱，降水量33.4毫米，占常年降水量的1/3，秋播面积减少，实播25万亩，干旱造成棉花早衰，影响质量和产量，果树成果率降低，产量明显下降。由于大量开采地下水，造成地下水位下降约2米，全县有70个村庄饮水困难。

1992年，德城区6—7月降水仅64.4毫米，比常年少7～8成，出现多年不遇的黄河断流现象。7月8日调查，夏播田重旱面积增至6.5万亩，干土层厚度7～8厘米。

2002年，乐陵市大旱。1—5月共降水35.4毫米，比常年偏少55.8%。成灾面积为40万亩。

2002年1—5月，庆云县降水总量仅为39.0毫米，而蒸发量为765.9毫米，受灾面积达35万亩，成灾25万亩，绝收15万亩。

同年夏季，陵县共降水128.5毫米，同时，出现41.7℃的高温天气，创历史次高值。致使全县12个乡镇遭受不同程度的旱灾，成灾24.123万亩，绝产5.847万亩，受灾人口27.24万人。

2008年11月至2009年2月5日，全市平均降水量不足1毫米，是1961年后同期降水最少的年份。全市平均气温1.7℃，比常年偏高0.9℃，为1961年后的第7个高值年份。全市共有156万亩小麦受旱，占小麦播种面积的23%，其中重旱面积22.5万亩，重旱地块有死苗现象。旱情主要分布在夏津、乐陵、武城、陵县、平原、庆云、齐河等地，其中夏津经济损失最重，约2100万元。

二、洪涝

1988年7月1—5日，7月14—21日连续降水，禹城辛寨、李屯、袁营、石屯、张集、辛店、来凤、房寺等8乡镇降水量100~170毫米，农田内涝积水一般3~5天，共有13个乡镇受灾，受灾面积5.9万亩，其中绝产8600亩。

1988年7月18日6点至19日6点，乐陵出现特大暴雨。涝灾面积21万亩，受伤4人，死亡1人，死亡牲畜57头，猪羊210头(只)。

1988年7月18日夜间，平原县暴雨，张士府乡最大102.5毫米。部分乡镇农田出现涝灾，全县积水面积23万亩，成灾面积10万亩。

1988年7月18—19日，临邑县满家、碱李、德平、理合、林子5乡镇出现大暴雨，受灾面积14.6万亩，冲毁桥梁17座，涵洞69处，倒房2529间，大牲畜死134头(只)。

1989年7月17—19日，临邑县平均降水170.5毫米，兴隆镇达252.7毫米，全县农田积水44万亩，倒塌房屋480间，院墙1.23万米，断折线杆60余根，树木4.09万株，死亡牲畜2400头，8人受伤，1人死亡。部分乡镇交通、通信一度中断。

1990年7—8月，平原县降水集中，暴雨以上的过程有4次。出现在7月6日、7月10日、7月29日、8月26日。降水量分别为172.3毫米、93.5毫米、52.7毫米、162.1毫米。7月6—7日，受灾总面积16.84万亩，倒塌房屋96间，伤1人，砸伤牲畜4头。

1990年大涝，禹城年降水量1012.3毫米，为20世纪50年代后第3个年降水量超过1000毫米的年份。汛期降暴雨7次，7月30日暴雨中心在前油坊乡，日降水量达128毫米。

1990年7月6—23日17天的时间，乐陵市连续降雨13次。全市27个乡镇平均累计降雨量达413毫米，为历年同期降雨量的3.2倍，其中降雨量500毫米以上的有8个乡镇，600毫米以上的有4个乡镇。累计受灾面积85万亩，成灾面积41万亩，绝产面积24.8万亩，倒塌房屋1.12万间，伤亡牲畜1240头，家禽37万只，冲毁桥涵639座。

1990年7月1日、6日、7日，武城县分别降3次暴雨，降水量分别为56.8毫米、81.2毫米和69.3毫米，累计降水207.3毫米，全县大多数农田严重积水2~3天。

1990年7月15日21点至16日凌晨1点，庆云县16个乡镇遭受特大暴风雨袭击，全县平均降水量60毫米以上，风力8~9级，阵风10级，持续4个小时。全县受灾人口25.3万人，成灾人口12万人，其中1人死亡，2人失踪。农作物受灾面积45万亩，成灾面积20.07万亩。全县倒塌房屋2.82万间。

1990年8月26日11—19时，夏津县普降暴雨，全县平均降雨量115毫米，左王庄多达170毫米，北部10个乡镇降雨量较大，堤下农田被淹。受灾面积8.6万亩，其中棉田5.4万

亩，粮田1.2万亩。绝产棉田6100亩，粮田2400亩。倒房186间，倒墙82处，冲毁桥8座，涵闸1座。

1991年7月28日7点40分至11点，宁津县遭受暴雨袭击，全县平均降水量96毫米，其中降水超过100毫米的有长官、常洼、田庄、张大庄、双碓等15个乡镇，最多的达130毫米，造成农作物大面积积水，低洼地积水一般在10～30厘米，低洼地段深的达1米以上。全县总受灾面积7.30万亩，部分村级公路被冲坏，交通中断，倒塌房屋720间。

1992年7月23日夜间至24日凌晨，庆云县普降特大暴雨，平均降水量201毫米，部分乡镇达到300毫米以上，县气象局所在地观测降水量200.9毫米，创历年最高值。31万亩农作物被淹；房屋损坏9万余间。电视卫星地面接收站、关波调频发射机遭到雷击，设备损坏。

1994年6月24日—7月7日，临邑县出现7次较大雷雨天气，累积降水342.7毫米。受灾总面积53万亩（其中绝产2.4万亩），折倒树木5.2万株，死亡牲畜8000头。

1994年6月25日—7月13日不足20天的时间，禹城连降3次暴雨，总降水量370毫米，伦镇、石屯、袁营、李屯、安仁、二十里铺等乡镇156个村被水淹没，75个村被水围困。受灾面积达65万亩，其中积水28万亩，泥涝37万亩，绝产18万亩，冲毁鱼池800多亩，公路23千米，低压线路10千米，电信线路10千米。

1997年8月19日夜间至20日15时30分，暴雨、大风侵袭庆云县，各乡镇平均降水量76.1毫米。风力9～10级，阵风11级。全县23万亩玉米全部倒伏，减产3525万公斤。房屋损坏、倒塌110间，院墙倒塌2600米，造成3个35千伏变电站停电，27条10千伏变压器停电，农机市场大棚被大风刮倒。

1998年8月4日，平原县日降水量228.8毫米，农田积水面积60万亩，成灾35万亩，绝产12万亩。倒塌房屋1200间，冲毁鱼塘8700亩，冲毁桥、涵闸787座，冲毁乡间公路8400米。

2003年7月24日—8月1日，庆云县连续出现降水，总量为392.4毫米，全县农作物受灾面积43万亩，成灾面积30万亩，绝产8万亩。

2003年10月9日夜间至12日上午，临邑县普降大到暴雨，并伴有东北风，风速17.5米/秒，过程降水量达到196.1毫米，最大的理合务乡达到255毫米。气温急剧下降，13日最低气温降至5.2℃。全县粮田受灾总面积29万亩，成灾面积10.8万亩，倒塌房屋4028间，院墙2.1万米，蔬菜大棚2397个，倒伏树木10.93万株。

2003年10月10日夜间至12日上午，平原县降水累计175.8毫米，11个乡镇880个村庄遭受罕见的暴雨大风袭击，田间积水达40多万亩，倒塌房屋920间，刮倒树木10多万株，折断各种电线杆500余根，损坏桥涵80余座，刮倒蔬菜大棚1000多个。

2007年7月18日12—22时左右，德州全市自北向南先后出现强降水，大部分县市达到大到暴雨，平均降水量46毫米。其中齐河、德城区最大，分别为136毫米、123毫米。由于降雨集中雨量大，齐河县祝阿、潘店、刘桥、胡官、焦庙、仁里6乡镇受灾，部分农田发生内涝，农田积水30厘米左右，受灾人口4.7856万人，农作物受灾面积8.5万亩，绝产9260亩，倒塌房屋67间，损坏房屋68间，倒塌院墙106米，损坏树木1.9079万株，损坏大棚202个，冲毁路面600米，冲毁桥涵27座。

2009年5月9—10日，齐河、夏津、禹城、临邑、平原5县市出现大暴雨天气，其他县市出现暴雨，全市平均降水量102毫米。齐河降水量最大（194毫米），德城区降水量最小（56毫米)。降水主要集中在9日夜间,这次降水量之大、范围之广,创德州市1951年有气象纪录以后的历史同期极值,是5月份常年平均值的2.7倍。同时全市出现了4~5级东北风,阵风6~7级。全市农作物受灾面积超过60万亩。

2010年7月19日5时至20日8时,全市累计过程平均降水量121.5毫米,其中乐陵降水量最大,达203.7毫米,突破了乐陵有降水量纪录的极值。乐陵市农作物受灾面积32.3万亩,倒塌损坏房屋2891间;临邑县12个乡镇(街道)全面受灾,受灾人口14.5456万人,共造成51.6万亩农田受灾,倒塌房屋517间,冲毁桥涵29座。

2010年8月8日零时至8月14日8时,德州市出现连续性暴雨天气过程,全市平均降水量156.2毫米,平原降水量最大,为330.2毫米。禹城、平原、齐河、夏津、临邑、乐陵、庆云、武城8县市出现暴雨洪涝灾害。其中,禹城市受灾最重,徒骇河禹城段出现险情,转移人口6.7645万人。禹城市受灾农作物86.3万亩,成灾37.2万亩,绝产12万亩;平原县55万亩农田受灾,2524间房屋倒塌和157座桥梁被毁;齐河县冲毁桥涵8座,水闸25座,灌溉设施63座,路基塌方796处,倒塌房屋1500间,损坏房屋1413间。农作物受灾62.1万亩;夏津县总受灾面积为35万亩,成灾21万亩,房屋损坏236间,倒塌177间;临邑县农田受灾49.3万亩。倒塌房屋9467间;乐陵市花园、铁营、郑店等6个乡镇115个村庄不同程度出现灾情。农作物受灾19.4万亩,成灾14.7万亩,绝产4.65万亩,损坏房屋852间,倒塌房屋323间;庆云县农作物受灾9.9万亩,蔬菜受灾4100亩,成灾1950亩,绝产1065亩。房屋倒塌受损594间,损失324万元,桥梁损坏59座。武城县杨庄乡累计降雨量达269毫米,内涝耕地面积2万亩,绝产8070亩,受灾人口1.7万人,暴雨造成地面雨水聚集排泄不畅,有16个村庄街道积水30厘米以上,1127户村民屋内进水。李家户乡27个村内涝,全乡内涝耕地面积1.8万亩,减产1.1万亩,绝产7005亩,受灾人口1400人,倒塌房屋46间;全县受灾人口总计1.84万人,绝产面积1.5万亩。

2011年8月15日零时到16日8时,出现降水天气过程,全市平均降水量64.3毫米,庆云县降水量最大为103.4毫米,区域站中庆云崔口最大为188.6毫米。部分县市出现强降水的同时伴有7~8级阵风。德城区、宁津、平原、庆云、乐陵、陵县等县市出现不同程度的灾情。全市受灾人口25.718万人,受灾农作物78万亩,其中绝产6万亩。

三、冰雹

1986年6月21日19时30分,庆云县遭到冰雹袭击,冰雹大如核桃小似枣,持续时间20分钟,全县农作物受灾面积8.5万亩,受灾的成年树木5万亩(100万株),损坏房屋500间,猪羊圈、牲口棚200个,倒塌围墙6000米,损坏广播线路122千米,折断树木2500株。

1986年7月16日19时25分,平原县王凤楼乡南部、前曹乡北部、尹屯乡大部出现风雹灾害,阵风达8级。降雹15分钟。雹径5~30毫米,个别的鸡蛋大小。受灾面积4.1万亩,重灾3.4万亩,其中7000亩绝产,2.7万亩减产50%。

1987年5月16日3时52分开始,乐陵大徐、三间堂、西段、胡家4个乡镇的80多个村先后遭受冰雹严重袭击。降雹8~15分钟,冰雹大如鸡蛋,小如杏。受灾面积7万余亩,成灾面积6.5万亩。

1987年7月21日10点左右,乐陵县茨头堡、黄夹两个乡镇13个村遭受冰雹袭击,受灾面积7万亩左右,成灾5万亩。

1987年8月17日23时30分,夏津县普遭暴雨袭击,6个乡镇的32个村遭受雹灾,伴有大风,风力8~9级,最大10级,持续约30分钟,80万亩农作物倒伏,3万余亩果园掉果率达50%以上,左王庄乡等6个乡镇的32个村遭雹灾,冰雹如玉米粒,持续10分钟,受灾棉田3.7万亩,粮田1.8万亩。

1988年6月19日18时左右,宁津县宁津镇、张大庄乡、保店镇、张宅乡、小店乡遭受雹灾,持续时间15分钟左右,受灾面积1.3万亩。

1988年9月7日,济阳、陵县、临邑、武城、夏津、平原遭到特大风雹的袭击,35个乡镇的917个村庄受灾。受灾面积119.34万亩,成灾面积93.25万亩,减产8成以上至绝产的47.74万亩,刮倒树木23867株,受灾果树34500株,倒塌损坏房屋4207间,并造成少量人畜伤亡。

1989年5月17日夜间,庆云县出现冰雹,大如鸡蛋,小如玉米粒,平均密度200个左右/平方米,并伴有5~6级大风,阵风8级以上。

1989年7月2日18时40分至19时,夏津县左王庄乡、新盛店镇、朱庙乡、栾庄乡共55个村遭受雹灾,冰雹持续15分钟,伴有7级以上东北风,降雨30毫米,冰雹大如杏,小如玉米粒,密度大,受灾面积6.65万亩,其中棉田5.8万亩,粮田7000亩。

1990年5月12日18时15~20分,庆云县16个乡镇遭受大风、冰雹袭击,风力8~9级,阵风10级,小麦受害最为严重,倒伏10万亩。棉花除部分棉田缺垄断苗外,全县1万多亩夏播营养钵炕,因风大揭膜灌水,造成钵体焚毁。蔬菜3万亩秧苗有断径、掉心现象。广播、通信、电力等有5处杆倒线段,部分群众房屋揭瓦、院墙刮倒。

1991年4月25日凌晨零点20~30分,宁津县遭受了较严重的风、雹袭击,持续时间10分钟左右,阵风8~9级,阵雨10~20毫米,雹粒密集,最大直径30毫米,受灾面积52万亩,其中麦田受灾36万亩,棉花受灾11万亩,直接经济损失达2300多万元。

1991年6月21日19时,齐河县潘店乡、务头乡、焦庙镇、贾市乡、仁里乡、马集乡受冰雹大风袭击,范围广,颗粒大,密度高,大的如大枣,小的如杏核,平地厚达两厘米,受灾15万亩,成灾13万亩,损坏树木1500株。部分房屋受损害,部分在地里干活的群众被砸伤,棉花成灾11.5万亩,严重减产的果树9500亩,绝产瓜菜5500亩。

1991年7月11日19时,宁津县遭受风、雹灾害,降雹持续时间10~15分钟,且雹粒密集,并伴有阵风7~8级大风。柴胡店、刘营伍、道口、尤集、后魏、张宅、田庄、双碓8个乡镇受灾,受灾面积3.5万亩,成灾2.9万亩。

1992年7月23日17时,乐陵市孔镇、化楼两乡镇遭受冰雹袭击,冰雹大的如鸡蛋,小的如小枣,降雹时间长达12分钟,受灾面积5.2万亩,成灾面积8000亩。

1993年7月8日夜间,庆云县遭受龙卷风和冰雹袭击。风力8~9级,阵风11级,冰雹一般大似核桃,小似小枣,持续时间15分钟。全县受灾人口25.3万人,受灾面积35万亩,成灾21万亩,重灾15万亩,绝产8万亩。折断通信、电力线杆230根,23条输变电线路和一些通信线路断线,造成全县停电24小时。

1995年6月22日20时15~30分,23日6时25~40分,24日16时左右,庆云县徐园子、大胡、严务、崔口、常家5个乡镇,3天受灾3次;后张、东辛店先后两次。风力8~9级,阵风10级,暴风雨来势迅猛,持续时间长,冰雹大如核桃,小如小枣,地面积雹达30毫米。受灾面积1.5万亩,瓜菜1万亩,180万株各类果树绝产,112万棵用材林刮折;死亡1人,伤250人,死伤家禽6000多只。

1995年6月24日15时30分至18时30

分，德州市发生80年未遇的严重风雹灾害。先后有5个冰雹云单体侵入德州市，其中最严重的冰雹云中心强度达60分贝，云顶高度1.7万米。从河北的安国县开始，沿途经历了9县（市），到禹城北近200千米，宽度8~12千米范围内出现了风雹灾害，农作物绝产范围从河北的龙华到德城区的黄河涯镇近40千米，宽3千米，约120平方千米。降雹时间12分钟左右，最大冰雹直径6厘米，积雹厚度20厘米。

1996年7月6日，临邑县临南、林子、宿安、田口、沙河、李家、孟寺、兴隆、赵家、临盘10个乡镇遭风雹袭击，受害面积14.45万亩，刮倒树木6.536万株，倒损房屋3149间，院墙倒损7276米，受灾果树3100株（临南镇价值30多万元的菜市场大棚全部倒塌）。

1998年6月18日14时30分，宁津县张大庄、田庄、长官、大柳、常洼、张学武、杜集、孟集、柴胡店等9个乡镇，受冰雹灾害影响，农作物受灾面积17万亩，重灾7.5万亩。

1999年5月25日，临邑县宿安、李家、孟寺、孙安、沙河、临盘、临南、城关8个乡镇出现雷雨、大风、冰雹天气（其中孟寺、孙安、城关灾情较重），受灾总面积11.5万亩。

2001年5月30日22时10分，武城县滕庄镇的前、后九屯，桑庄、南宋、代官屯、礼西（中）、礼东，东、西佛堂，卧虎庄、庙留庄、李庄等13个村遭受雹灾袭击，降雹15分钟左右，雹粒小如玉米粒，大的似枣。受灾面积8000亩。

2001年6月15日3时，禹城市的石屯、房寺、莒镇、禹石、十里望、安仁、辛寨7个乡镇、街道，587个村庄遭受强烈风雹袭击，出现风雹时，阵风达8级以上，冰雹大的如核桃，小的如豆粒。造成农作物受灾面积达20余万亩，重灾16.65万亩，大风刮倒树木，造成1人死亡。

2003年6月28日夜间1时30分至2时，平原县前曹、平原镇等8个乡镇遭受不同程度的雹灾，冰雹最大直径40毫米。全县受灾面积30万亩，成灾面积23万亩，重灾面积18万亩，砸死家禽2000余只，砸伤5人，刮倒树木2万多株，损坏房屋5000余座，倒塌房屋300多间。

2004年7月7日17时45分，齐河县大黄乡出现冰雹，冰雹持续时间约10~15分钟，伴有大风，全乡受灾面积3.5万亩，成灾面积2.4万亩。同时，宣章屯镇降冰雹，持续时间约10分钟，极个别冰雹大如鸡蛋，受灾面积约3.2万亩，成灾面积约1.2万亩，重灾面积约4500亩，主要受灾作物为玉米、棉花、西瓜、辣椒等。

2006年7月5日20时30分至22时，宁津县长官镇、时集镇、刘营伍乡、相衙镇的68个村庄降雹持续8分钟，阵风最大风力达11级，受灾人口5.8230万人，作物受灾面积10.3万亩，院墙倒塌4150米，树木倒折6750株，电线杆倒折210根。

2011年7月15日19时42分，宁津县杜集镇小段、东段、谢庄、杜集、普刘村遭受冰雹大风袭击，瞬时风速达9级，冰雹大如玉米粒，30分钟降水量33毫米。棉花受灾面积480亩，玉米受灾面积300亩，倒塌院墙260米，损坏树木26株。

四、霜冻

1993年4月3日，庆云县出现5~6级偏北风，并伴有0.6毫米的降水。24小时内日平均气温下降8.7℃，4日最低气温达到-0.9℃。当时果树正处于花期，全县果树总面积23433亩普遍发生冻害。

1993年4月3日、6日各有一次较强冷空气侵入临邑县，出现大风降温天气。3日降温达10.7℃，4日地面最低-4.3℃，8日地面最低-7.6℃，全县18个乡镇47万亩麦田受不同程度冻害。

1993年11月16—17日，一场历史上罕见的寒流夹大风雪席卷冀鲁交界地区。受灾严重的夏津、武城等县，16 日白天气温为 11℃，夜间天气骤变，突降大雪。17 日最低气温骤降到 -26℃。果树遭受严重冻害，大部分树体主干和主枝基部树皮内形成层冻死成褐色。次年，干枯死亡。

2010 年 4 月 13 日，齐河最低气温 0.7℃，最低地温 -1.1℃，致使大田塑料弓棚中西瓜苗遭受低温冻害，灾情主要分布在齐河县祝阿镇的西保村、东保村、杨井村、西郑村，共计 8445 亩西瓜苗受灾。

五、风灾

1986 年 7 月 25 日，临邑张寨、城关、孟寺 3 个乡镇遭几十年一遇 10 级以上狂风袭击，且伴有暴雨、冰雹，3 万亩农作物受灾，倒树 1 万株，倒塌房屋 100 间，院墙 5000 米，砸死 1 人，伤 20 人（其中重伤 8 人）。

1987 年 7 月 12 日，乐陵县城关、郭家、朱集、三间堂、西段、胡家、黄夹、杨家、双庙赵、大孙、铁营、刘武官 12 个乡镇，354 个村遭受大风严重袭击，风力在 9 ~ 10 级以上，刮倒、断树木 10 万多株。刮倒高压线杆、广播线杆 5000 余根，刮断各类输电及通信线路 1.6 万余米。伤 54 人，牲畜 900 多头。造价 50 万元的县中心市场 4000 平方米的钢架全部倒塌，砸伤 3 人。

1987 年 8 月 17 日 23 时，夏津县暴雨伴随 8 ~ 9 级大风，阵风达 10 级，造成 80 万亩农作物倒伏，其中重灾棉田 42 万亩，重灾粮田 21 万亩，3 万余亩果园掉果率在 50% 以上，刮倒刮断各种树木 3.5 万株，各种线杆 173 根，高压线 8 处，电话线 6 处，空播线 212 处。约 250 间房顶的瓦被掀掉，倒塌墙头 1200 米。

1990 年 7 月 15 日 21 点 20 分到 23 点 20 分，乐陵市 20 个乡镇遭受 10 级大风袭击。受害面积 76 万亩，成灾面积 61 万亩，刮倒、折断各种用材约 8 万株。全市 37 条输电线路被损坏，造成全市停电，12 个乡镇和市直 20 个单位电话线路中断，全市 140 万株结果枣树和 16.6 万株其他果树全部成灾。

1993 年 6 月 22 日 17 时 40 分至 18 时 12 分，夏津县境内自西北向东南遭受特大风暴袭击，风力 10 级以上，持续半小时。瞬时最大风速 28 米/秒，天昏地暗，电线中断，房屋落瓦，30 厘米至 40 厘米直径的树木被拦腰折断或连根拔起，折倒树木 1 万多株。受伤 63 人，死 1 人。全县 10 万亩果园落果率达 42% ~ 50%，直接经济损失 2200 万元。同日，禹城县也遭受罕见的特大暴风雨袭击，最大风力达 10 级，暴风雨和冰雹造成 3 人死亡，300 多人受伤，直接经济损失 3200 万元以上。

2001 年 8 月 23 日凌晨 5 ~ 6 时，德城、齐河、平原、禹城、临邑、陵县 6 县（市、区）的 17 个乡镇、301 个村庄遭受不同程度风雹袭击。全市玉米、棉花、蔬菜、果园等主要农作物受灾面积达到 42 万亩。平原县 4 乡镇的 155 个村庄成灾面积 12.4 万亩，重灾面积 9 万亩，绝产 2.53 万亩，刮倒树木 6 万亩，损失房屋 500 余间。

2008 年 5 月 3 日，德城区、经济开发区、运河经济开发区出现雷雨大风天气，平均最大风速 9.3 米/秒，极大风速 14.6 米/秒，全区平均过程降水量 55.8 毫米。大风造成全区约 4.4 万亩小麦倒伏。

2009 年 4 月 15 日 4 ~ 16 时，全市自北向南先后出现大风天气。早晨前后，东北风 6 ~ 7 级，阵风 8 ~ 10 级，8 时后，东北风一般在 5 级左右，阵风 6 ~ 7 级。平原、齐河、宁津三县出现风灾。全市受灾乡镇 25 个，刮坏冬暖式塑料大棚 5000 多个，刮倒树木 10 万多株，造成直接经济损失 1800 余万元。其中平原县受灾最重，共有 13 个乡镇的 600 多个村庄受灾，3000 多个冬暖式塑料大棚和大中拱棚遭受惨重损失，刮倒直径 15 厘米以上的树木近 5000 株。齐河县受灾乡镇11个,受灾人口1.6534万人,损坏房屋5间,损坏高温种植、养殖大棚2168个,死亡鸡苗4300只,损坏小拱棚472个,西瓜、蔬菜、棉花地膜7980亩,倒折树木101232株,倒塌院墙50米,部分输电线路受损,烧毁变压器两台。宁津县柴胡店镇52个钢架大棚和28个土建冬暖大棚受灾,受灾面积161亩,直接经济损失62万元。

2009年7月23日傍晚到夜间,全市出现雷雨大风、局部冰雹天气过程,其中乐陵出现大风、冰雹灾害,宁津、庆云、齐河出现风灾。全市直接经济损失4亿多元。大部分县市阵风7~8级,乐陵最大,阵风达10级(25.7米/秒)。

六、雷击

2004年5月16日12时30分,平原县多处设施遭雷击。县人民银行办公楼楼角被击毁;有线电视通信线路放大器遭损坏;十号路的几家网吧计算机被击毁。公安局程控交换机和大门控制系统被击坏。

2004年6月24日上午,夏津县出现雷雨天气,苏留庄防雹炮点办公室突然有3个滚球雷(1个稍大,2个较小)从门口窜入室内,一台电视机被击毁,所幸没有人员伤亡。

2004年7月7日,平原县平原镇大芝坊一村民遭雷击身亡。

2004年8月10日凌晨5时许,夏津县出现强雷暴天气,锦川酒业有限公司的6个水泥储酒罐遭雷击,引燃原酒着火。

2006年7月14日上午,庆云县遭雷阵雨天气,徐园子乡东安务村有一村民在喷洒农药时,遭雷击身亡。

2007年5月15日17时,夏津县郑保屯镇砖瓦窑场一工人作业时,遭雷击身亡。

2008年6月29日11时30分,临邑县德平镇六股路村一村民在田间灌溉时,遭雷击身亡。

第二节 地质灾害

一、地面沉降

自20世纪80年代始,区内广泛抽取深层地下水作为工业及生活用水水源,在各地下水集中开采区形成了深层地下水降落漏斗,诱发地面沉降。范围包括德州市的德城区、武城、平原、陵县、宁津和河北省的吴桥、景县、故城诸县的部分地区,与周边的沧州、衡水地面沉降区连为一片。根据2007年测量数据显示,整个监测区均存在地面沉降现象。形成一个以德州国棉一厂为中心的较明显的沉降区域,中心点16年累计沉降量为1081毫米,多年平均沉降速率为67.6毫米/a,-300毫米等值线以内的沉降面积为2900平方千米,2006—2007年沉降量达到了89毫米。城区各观测点多年平均沉降总量(1991—2007年)为710.5毫米,年均沉降量为47.4毫米。城区东南部木材公司院内和东部农药厂厂区累计沉降量分别为553毫米和538毫米,年沉降量(16年平均值)分别为34.6毫米和35.9毫米。市区外围(除西线外)累计沉降量明显小于市区沉降量,但在平原县城累计沉降量(464毫米)明显大于县城外围沉降量(349毫米)。

二、地裂缝和地面塌陷

20世纪80年代后,德州市产生地裂缝及地面塌陷多是由于过量开采地下水,或开采石油、煤炭等矿产资源引起的。因抽取地下水导致土体变形产生的地裂缝主要分布于松散的第四系地层中。其产生原因主要为人工长期开采地下水引起水位下降,使得土体的黏性土失水收缩;而在雨季降水入渗水位升高,土体吸水后又复膨胀,土体收缩、膨胀的结果致使地面出现裂缝。地面塌陷主要是由于煤矿开采,使地下形成采空区;因地面上的震动,雨水下渗及人为

活动等原因，引起的采空塌陷，主要发生于煤矿开采区。

（一）乐陵地裂缝

2003年7月26日，乐陵市荣家村南农田中发现2处地裂缝。其中1条裂缝长300米，裂缝呈月芽状，缝宽0.3～1米，最深处约1米。另一条长约10米多。两条裂缝相距500米左右。没有造成人员伤亡和直接经济损失，但严重影响农田耕作。据初步调查，该地裂缝主要因民井长期大量抽水，泥砂随水带出，局部形成地下空洞，上部地层遇水黏结力降低而陷落形成。

（二）齐河采煤地面塌陷

邱集煤矿首采区自2004年进行开采，由于煤矿开采，地下形成了一定面积的采空区。造成地面塌陷1000亩，塌陷范围包括齐河县赵官屯乡梅庄、石庙杨和后郑村。地面塌陷范围内夏季积水，积水深度达0.3～0.4米，导致夏秋作物减产甚至绝产，年造成直接经济损失60余万元。随着煤炭开采的延续和开采煤层数的不断增加，地面塌陷深度和面积不断增大。至2011年，已发生地面塌陷0.754平方千米，最大塌陷深度0.6米。其中季节性积水面积0.14平方千米，积水期为每年的7—9月，影响了部分农田的正常耕作。

（三）临邑地裂缝和地面塌陷

1998年7月27日17时30分左右，临邑县临盘镇西十二里村内地面出现断断续续的裂缝，冒喷水、油、气混合液体及气体。地面裂缝共12条，组成两条裂缝带，最大延伸长度为221.7米。坐落于裂缝处的房屋墙壁及地面，可见不同程度裂痕，主冒喷点附近有房屋倒塌。冒喷期间，村内发现多处地面下陷的现象，最大面积约6～8平方米，下陷深度一般在10～30厘米之间，个别处深达2米。范围南北宽100米，东西长250米。灾害现场发生火灾，烧毁房屋两间，倒塌房屋4间，45户受灾，直接经济损失500余万元。临邑地面塌陷及地裂缝发生后，采取了关停周围油井注水井等措施，使地面塌陷及地裂缝得到了有效控制，到8月14日，喷冒现象基本停止。

2008年7月，临盘镇西十二里庄村再次发现地裂缝，村内十多户村民房屋开裂。此次发生地裂缝与浅、深土层不均匀沉陷有关。一是5处喷油口由于当时喷（流）出大量泥砂，造成浅、深部土层出现空洞。二是附近石油井只采油不注水，地下水位不断下降，土层不均匀压缩而造成的。

自2008年7月开始，对地裂缝现场24小时专人轮流监测。到2011年未监测到明显变化。

三、地震

1992年7月30日19时47分，夏津县西北部发生3.8级地震。其中田庄乡、西李官屯乡震感强烈，伴有地声。没有形成灾害。

第三编

人口与计划生育

RENKOUYUJIHUASHENGYU

1986 年，全区人口为 467.2 万人；1990 年人口为 499.2 万人；2000 年人口为 535.7 万人（济阳、商河划归济南市）。

2010 年，第六次人口普查全市常住人口为 556.82 万人，家庭户 162.38 万户，男性 281.87 万人，女性 274.95 万人。地区分布：德城区 67.95 万人；陵县 56.90 万人；宁津县 44.99 万人；庆云县 29.47 万人；临邑县 51.11 万人；齐河县 60.20 万人；平原县 44.29 万人；夏津县 50.05 万人；武城县 37.61 万人；乐陵市 65.24 万人；禹城市 49.00 万人。

2011 年年末，德州市户籍总人口 576 万人，其中农业人口 401.30 万人，非农业人口 174.70 万人。全年出生人口 6.97 万人，出生率 12.3‰；死亡人口 3.22 万人，死亡率 5.7‰；人口自然增长率 6.6‰。

德州市是山东省散杂居少数民族人口较多的市。2011 年，有 39 个少数民族，人口共 80369 人，占德州市总人口的 1.4%。其中，回族 77963 人，占少数民族总人口的 97%。

20 世纪 70 年代末，德州市逐步建立健全计划生育队伍。实施人口计划生育以后，人口生产得到有效控制，1991—2011 年，连续 20 年完成省下达人口控制发展计划目标。计划生育政策的实施，使全市人口再生产类型实现由高出生、低死亡、高增长到低出生、低死亡、低增长的历史性转变。1978—2011 年 34 年间，全市少出生人口 310 多万人。同时，2007 年，全市人均受教育年限达 8.25 年，比 1978 年提高近 4 年；平均人均寿命达 75.02 岁，比 1978 年提高近 6 岁。

第一章　人　口

第一节　人口总量与分布

一、人口总量

1986—2011 年，德州市参加统一组织的全国人口普查 4 次，普查结果显示，全市区域人口逐年增长，年平均增长 0.5% 左右。

第三次（1982 年）全国人口普查，全区人口为 551.39 万人。

第四次（1990 年）全国人口普查，全区人口为 506.8 万人。

第五次（2000 年，济阳、商河划归济南市）全国人口普查，全市人口为 529.37 万人。

第六次（2010 年）全国人口普查，家庭户 162.38 万户，全市人口为 556.82 万人。男性 281.87 万人，女性 274.95 万人。与第五次全国人口普查（2000 年）529.37 万人相比，10 年共增加 27.45 万人，增长 5.19%，年平均增长 0.51%；全市共有 42 个民族，其中少数民族 41 个，共 74226 人，比第五次人口普查（2000 年）增加 6800 人。

二、人口分布

2010年年底，德城区（含经济开发区、运河开发区）67.95万人；陵县56.90万人；宁津县44.99万人；庆云县29.47万人；临邑县51.11万人；齐河县60.20万人；平原县44.29万人；夏津县50.05万人；武城县37.61万人；乐陵市65.24万人；禹城市49.00万人。

第六次人口普查（2010年）与第五次人口普查（2000年）德州市常住人口分布情况比较表

表3－1　　单位：人

县（市、区）	第六次人口普查（2010年）人口数	第五次人口普查（2000年）人口数
总人口数	5568235	5293674
德城区	679535	552445
乐陵市	652415	615833
禹城市	490031	494301
齐河县	602042	593341
宁津县	449891	432880
陵县	569007	529537
平原县	442948	439701
临邑县	511105	508213
武城县	376063	361179
夏津县	500514	479817
庆云县	294684	286427

第六次人口普查（2010年）德州市各县（市、区）户籍人口情况表

表3－2　　单位：人、%

地区	合计	农业户口人口	非农业户口人口	非农业户口占总人口比重
德城区	676425	299617	376808	55.71
陵县	567489	488928	78561	13.84
宁津县	443038	401313	41725	9.42
庆云县	290181	258378	31803	10.96
临邑县	507100	421148	85952	16.95
齐河县	600059	539941	60118	10.02

续表 3－2

地区	合计	农业户口人口	非农业户口人口	非农业户口占总人口比重
平原县	441060	382613	58447	13.25
夏津县	494878	435464	59414	12.01
武城县	373264	319120	54144	14.51
乐陵市	648516	576999	71517	11.03
禹城市	487762	424251	63511	13.02

注:德城区人口数包括经济技术开发区和运河开发区人口数

2011 年年末,全市常住人口为 575.98 万人,其中城镇人口 174.68 万人,农村人口 401.30 万人,全市人口密度为 556 人/平方千米,人口出生率 13.77‰,人口自然增长率 8.87‰,人口性别比为 109.8。从家庭户人口看,从户数变化情况看,从 2000 年全市常住居民户数由 1517297 户,增长到 2010 年的 1641170 户,但户均人口数有所下降,已由 1990 年的 4 人/户,2000 年的 3.40 人/户,减少到 2010 年的 3.26 人/户。

第六次人口普查(2010 年)德州市家庭规模情况表

表 3－3　　单位:户、人

地区	户数		平均家庭户规模人数
	家庭户	集体户	
德城区	210534	6263	2.96
陵县	166978	854	3.27
宁津县	124928	650	3.45
庆云县	89004	718	3.20
临邑县	153891	628	3.26
齐河县	175019	2297	3.39
平原县	136636	1081	3.05
夏津县	147652	1669	3.19
武城县	107587	882	3.24
乐陵市	167666	1457	3.58
禹城市	143916	860	3.29

注:德城区人口数包括经济技术开发区和运河开发区人口数

2011 年年末,全市常住人口 575.98 万人,其中德城区 38.15 万人;禹城市 52.69 万人;乐陵市 69.68 万人;宁津县 47.18 万人;齐河县 62.77 万人;陵县 59.30 万人;临邑县 54.19 万人;武城县39.19万人;平原县46.56万人;夏津县52.36万人;庆云县31.42万人;经济技术开发区14.19万人;运河开发区8.2万人。

1986—2011年德州市户籍人口统计表

表3-4 单位:万人

年份	总人口数	农业人口	非农业人口
1986	467.2	422.8	44.4
1987	472.2	425.0	47.2
1988	486.2	431.9	54.3
1989	485.3	430.6	54.7
1990	499.2	422.3	56.9
1991	507.6	448.8	58.8
1992	512.3	451.8	60.5
1993	515.6	453.0	62.6
1994	515.8	448.4	67.4
1995	517.8	445.0	72.8
1996	519.3	426.8	92.5
1997	523.2	427.1	96.1
1998	527.5	428.5	99.0
1999	531.2	429.3	101.9
2000	535.7	426.2	109.6
2001	540.4	425.3	115.0
2002	543.6	424.9	118.8
2003	546.0	420.1	125.9
2004	549.3	419.0	130.3
2005	552.6	407.2	145.4
2006	557.9	402.6	155.2
2007	561.7	401.9	159.8
2008	564.2	403.6	160.6
2009	569.0	402.4	166.6
2010	570.2	401.9	168.3
2011	576.0	401.3	174.7

第二节　人口结构

一、性别结构

第四次（1990）人口普查，全区常住人口中，男性为256.03万人，占总人口的50.52%；女性为250.77万人，占总人口的49.48%，总人口性比（以女性为100，男性对女性的比例）为102.1。

第五次（2000）人口普查，全市常住人口中，男性为266.66万人，占总人口的50.36%，女性为262.75万人，占总人口的49.64，总人口性比（以女性为100，男性对女性的比例）由1990年的102.1下降为101.47。

第六次(2010年)全国人口普查，全市常住人口中，男性为281.87万人，占总人口的50.62%；女性为274.95万人，占总人口的49.38%，总人口性别比（以女性为100，男性对女性的比例）由2000年的101.47上升为102.52。

二、年龄结构

第六次(2010年)全国人口普查，从年龄构成看，全市常住人口中，0～14岁的人口为92.69万人，占16.65%；15～64岁的人口为414.68万人，占74.47%；65岁及以上的人口为49.45万人，占8.88%。同2000年第五次全国人口普查相比，0～14岁人口的比重下降了4.05个百分点，15～64岁人口比重上升了2.49个百分点，65岁及以上的人口的比重上升了1.56个百分点。

1997—2011年德州市户籍人口性别构成情况表

表3－5　　　　单位：人

年份	总人口数	男	女
1997	5231958	2645129	2586829
1998	5274514	2661075	2613439
1999	5312398	2682695	2629703
2000	5257684	2652243	2605441
2001			
2002	5436018	2746532	2689486
2003	5460227	2760028	2700199
2004	5493008	2775476	2717532
2005	5526252	2791602	2734650
2006	5578451	2819909	2758542
2007	5616713	2838642	2778071
2008	5641993	2849190	2792743
2009	5690063	2874795	2815268
2010	5701757	2884414	2817343
2011	5759836	2915383	2844453

第四次人口普查(1990年)德州市人口年龄、性别构成表

表3-6 单位:人、%

年龄(岁)	人口数		占总人口比重		性别比(女=100)
	男	女	男	女	
总计	2560288	2507711	50.52	49.48	102.1
0~4	277599	251983	5.48	4.97	110.17
5~9	224532	208888	4.43	4.12	107.49
10~14	245765	231789	4.85	4.57	106.03
15~19	262709	258597	5.18	5.1	101.59
20~24	265954	270449	5.25	5.34	98.34
25~29	201139	208546	3.97	4.11	96.45
30~34	183811	175384	3.63	3.36	104.8
35~39	209238	203244	4.13	4.01	102.95
40~44	166002	158920	3.28	3.14	104.46
45~49	108853	96951	2.15	1.91	112.28
50~54	103738	97258	2.05	1.92	106.66
55~59	99069	100845	1.95	1.99	98.24
60~64	78792	83230	1.55	1.64	94.67
65~69	60769	67009	1.2	1.32	90.69
70~74	40151	47422	0.79	0.94	84.67
75~79	21765	28791	0.43	0.57	75.6
80~84	8291	13547	0.16	0.27	61.2
85~89	1856	4142	0.04	0.08	44.81
90~94	228	640		0.01	35.63
95~99	25	71			35.21
100岁及以上	2	5			40

第五次人口普查(2000年)德州市人口年龄、性别构成表

表3-7　　　　单位:人、%

年龄(岁)	人口数		占总人口比重		性别比
	男	女	男	女	(女=100)
总计	2666155	2627519	50.36	49.64	101.47
0~4	131952	121189	2.49	2.29	108.88
5~9	129321	119852	2.44	2.26	107.9
10~14	302927	290279	5.72	5.48	104.36
15~19	219527	218858	4.15	4.13	100.31
20~24	206094	203900	3.89	3.85	101.08
25~29	239423	233223	4.52	4.41	102.66
30~34	291960	284736	5.52	5.38	102.54
35~39	214148	222204	4.05	4.20	96.37
40~44	175412	167650	3.31	3.17	104.63
45~49	207853	202648	3.93	3.83	102.57
50~54	164152	160980	3.10	3.04	101.97
55~59	108979	98787	2.06	1.87	110.32
60~64	97885	92277	1.85	1.74	106.08
65~69	77083	83093	1.46	1.57	92.77
70~74	52907	61522	1	1.16	86
75~79	29471	38341	0.56	0.72	76.87
80~84	12743	19345	0.24	0.37	65.87
85~89	3501	6702	0.07	0.13	52.24
90~94	669	1682	0.01	0.03	39.77
95~99	132	238			55.46
100岁及以上	16	13			123.08

第六次人口普查(2010年)德州市人口年龄、性别构成表

表3-8

年龄(岁)	人口数(人)		占总人口比重(%)		性别比（女=100）
	男	女	男	女	
总计	2818739	2749496	50.62	49.38	102.52
0~4	177657	150805	3.19	2.71	117.82
5~9	173443	155256	3.11	2.79	111.71
10~14	140148	129523	2.52	2.33	108.2
15~19	145151	136015	2.61	2.44	106.72
20~24	270751	266131	4.86	4.78	101.74
25~29	209552	198566	3.76	3.57	105.53
30~34	225382	210899	4.05	3.79	106.87
35~39	242575	232869	4.36	4.18	104.17
40~44	285546	279930	5.13	5.03	102.01
45~49	207310	218247	3.72	3.92	94.99
50~54	168220	165177	3.02	2.97	101.84
55~59	193649	194583	3.48	3.49	99.52
60~64	147250	149071	2.64	2.68	98.78
65~69	88904	86158	1.60	1.55	103.19
70~74	65840	68937	1.18	1.24	95.51
75~79	45459	57685	0.82	1.04	78.81
80~84	21952	32003	0.39	0.57	68.59
85~89	7650	13236	0.14	0.24	57.80
90~94	1819	3637	0.03	0.07	50.01
95~99	451	754	0.01	0.01	59.81
100岁及以上	12	14			85.71

第四次人口普查(1990)德州地区15岁及以上人口婚姻状况表

表3-9

单位:人

地区	15岁及以上人口	未婚	有配偶	离婚	丧偶
德州市	248646	57055	178886	1171	11534
陵县	424658	97997	299269	1732	25660
宁津县	316809	69909	224396	1375	21129
庆云县	192307	39470	139844	991	12002
临邑县	342409	78986	239145	1458	22820
齐河县	428635	94696	300244	2564	31131
平原县	331365	70286	237540	1305	22234
夏津县	333377	67355	241184	1263	23575
武城县	250551	49380	182858	1019	17294
乐陵市	420608	90769	299339	1844	28656
禹城市	338078	72368	240740	1467	23503

第五次人口普查(2000)德州市15岁及以上人口婚姻状况表

表3-10

单位:人

地区	15岁及以上人口	未婚	初婚有配偶	再婚有配偶	离婚	丧偶
德城区	42105	8983	30384	786	302	1650
陵县	40314	7659	29424	688	213	2330
宁津县	34232	6847	24688	478	153	2066
庆云县	21947	4986	15224	394	109	1234
临邑县	39545	8348	28259	526	168	2244
齐河县	47110	9056	34161	641	238	3014
平原县	34862	6318	25705	521	186	2132
夏津县	36220	7245	25806	600	196	2373
武城县	27651	5484	19960	420	142	1645
乐陵市	45653	10144	32192	461	241	2615
禹城市	38071	7719	27368	523	135	2326

注:此表人数为以户抽取10%的比例得出

第六次人口普查(2010)德州市15岁及以上人口婚姻状况表

表3-11

单位:人

地区	15岁及以上人口	未婚	有配偶	离婚	丧偶
德城区	53425	10311	40301	585	2228
陵县	44723	7123	34857	265	2478
宁津县	35044	6209	26368	222	2245
庆云县	23754	4403	17816	141	1394
临邑县	41366	6027	32333	287	2719
齐河县	51419	8870	38698	296	3555
平原县	34511	4360	27748	232	2171
夏津县	38028	5491	29631	291	2615
武城县	29196	4518	22670	187	1821
乐陵市	48309	8724	36122	304	3159
禹城市	39804	6395	30424	222	2763

注:此表数据是抽取10%户调查数据,非全部人口

三、民族结构

1990年,第四次人口普查显示,全区人口总数5067999人,共有民族40个。汉族人口5020371人,少数民族人口过1000人的民族两个:回族44465人、满族1758人;过100人的两个:蒙古族144人、苗族111人。另有未识别民族4人,外国人加入中国籍5人。

2000年,第五次人口普查显示,全市人口总数5293674人,共有民族40个,其中汉族522.62万人、回族62659人、满族1850人、藏族198人、彝族194人、白族191人、朝鲜族190人、苗族156人。其余少数民族人口在100人以下。

2010年,第六次人口普查显示,全市人口总数为5568235人,共有民族42个,其中少数民族41个、共74226人,比第五次人口普查(2000年)增加6800人;其中人口过1000人的民族有3个:汉族、回族和满族。汉族人口549万多人,占98%以上;回族70559人,占1%左右;满族人口2195人、占0.04%。少数民族过100人的还有蒙古族、朝鲜族、壮族、彝族、苗族、土族等。

第四次人口普查(1990年)德州市民族构成情况表

表3-12

单位:人

民族	男	女	合计
汉族	2541312	2479059	5020371
蒙古族	36	108	144
回族	23521	20944	44465
藏族	2	15	17
维吾尔族	—	3	3

续表 3－12

民族	男	女	合计
苗族	23	88	111
彝族	22	51	73
壮族	80	96	176
布依族	14	37	51
朝鲜族	31	64	95
满族	910	848	1758
侗族	17	13	30
瑶族	1	4	5
白族	19	430	449
土家族	14	52	66
哈尼族	—	30	30
哈萨克族	—	1	1
傣族	—	18	18
黎族	—	10	10
傈僳族	—	19	19
佤族	—	18	18
畲族	1	1	2
高山族	2	4	6
拉祜族	3	44	47
水族	—	4	4
东乡族	—	2	2
纳西族	—	14	14
土族	—	5	5
达斡尔族	2	7	9
仫佬族	—	10	10
羌族	7	5	12
布朗族	—	2	2
毛南族	—	1	1
仡佬族	2	0	2
锡伯族	1	4	5

续表 3－12

民族	男	女	合计
怒族	—	3	3
俄罗斯族	1	1	2
鄂温克族	—	3	3
京族	—	1	1
鄂伦春族	—	3	3
其他未识别民族	2	2	4
外国人加入中国籍	—	5	5

第五次人口普查(2000 年)德州市民族构成情况表

表 3－13

单位:人

民族	男	女	合计
汉族	2633255	2592990	5226245
蒙古族	331	1008	1339
回族	31059	31600	62659
藏族	87	111	198
维吾尔族	61	43	104
苗族	54	102	156
彝族	75	119	194
壮族	64	70	134
布依族	38	51	89
朝鲜族	93	97	190
满族	937	913	1850
侗族	19	17	36
瑶族	4	6	10
白族	9	182	191
土家族	24	39	63
哈尼族	—	19	19
傣族	—	26	26
黎族	—	4	4
傈僳族	3	18	21

续表 3－13

民族	男	女	合计
佤族	5	17	22
畲族	6	2	8
高山族	3	2	5
拉祜族	—	27	27
水族	2	0	2
东乡族	—	3	3
纳西族	—	9	9
景颇族	—	2	2
土族	3	3	6
达斡尔族	6	9	15
仫佬族	—	3	3
羌族	5	3	8
毛南族	1	1	2
仡佬族	1	1	2
锡伯族	2	2	4
塔吉克族	6	8	14
怒族	1	2	3
鄂温克族	—	5	5
独龙族	1	2	3
珞巴族	—	1	1
鄂伦春族	—	2	2

第六次人口普查(2010年)德州市民族构成情况表

表 3－14 单位:人

民族	男	女	共计
汉族	2781640	2712369	5494009
回族	35320	35239	70559
满族	1108	1087	2195
蒙古族	234	206	440
朝鲜族	71	80	151

续表 3－14

民族	男	女	共计
壮族	67	75	142
彝族	72	68	140
苗族	40	73	113
土家族	60	49	109
哈萨克族	20	22	42
藏族	13	25	38
布依族	13	22	35
黎族	11	23	34
羌族	15	10	25
傈僳族	2	21	23
哈尼族	4	15	19
白族	1	14	15
瑶族	8	6	14
傣族	2	16	18
土族	2	9	11
锡伯族	5	6	11
维吾尔族	4	7	11
佤族	2	6	8
畲族	4	1	5
拉祜族	1	4	5
东乡族	3	2	5
纳西族	—	2	2
景颇族	—	6	6
柯尔克孜族	—	1	1
达斡尔族	1	4	5
仫佬族	1	—	1
撒拉族	2	2	4

续表 3－14

民族	男	女	共计
仡佬族	3	4	7
怒族	2	2	4
乌孜别克族	1	—	1
俄罗斯族	—	2	2
鄂温克族	3	3	6
德昂族	—	1	1
裕固族	2	3	5
京族	1	2	3
鄂伦春族	—	2	2
赫哲族	—	1	1
其他未识别民族	1	3	4
外国人加入中国国籍	—	3	3

注：本表德城区人口数包括经济技术开发区和运河开发区人口数

四、文化结构

总的趋势是全市人口受教育程度逐年提高。第六次全国人口普查显示，全市常住人口中，具有大学（指大专以上）程度的为 28.62 万人；具有高中（含中专）程度的为 69.52 万人；具有初中程度的为 246.11 万人；具有小学程度的为 151.33 万人（以上各种受教育的人包括各类学校的毕业生、肄业生和在校生）。同 2000 年第五次全国人口普查相比，每 10 万人具有大学程度的由 1870 人上升为 5140 人；具有高中程度的由 8350 人上升为 12486 人；具有初中程度的由 38142 人上升为 44198 人；具有小学程度的由 37012 人下降为 27178 人。全市常住人口中，文盲人口（15 岁及 15 岁以上不识字的人）为 17.83 万人，与 2000 年第五次全国人口普查相比，文盲人口减少 22.85 万人，文盲率由 7.69% 下降为 3.20%，下降了 4.49 个百分点。

第四次人口普查（1990 年）德州市人口受教育程度表

表 3－15　　单位：人

年龄（岁）	未上过学	小学	初中	高中	中专	大学专科	大学本科
6～9	—	295315	—	—	—	—	—
10～14	—	411802	60907	194	19	—	—
15～19	—	201244	274920	24626	9591	4	

续表 3 - 15

年龄(岁)	未上过学	小学	初中	高中	中专	大学专科	大学本科
20 ~ 24	—	203949	265849	33928	10476	31	5
25 ~ 29	—	125366	197661	52075	9664	30	8
30 ~ 34	—	135971	128813	50630	6160	25	2
35 ~ 39	—	205342	107994	27235	5175	30	1
40 ~ 44	—	186496	59947	10116	5296	18	
45 ~ 49	—	107874	40186	5631	4431	14	2
50 ~ 54	—	95106	22998	3365	4846	9	1
55 ~ 59	—	73303	13925	1781	2478	3	
60 ~ 64	—	46336	7161	917	591	1	1
65 岁及以上	—	57360	7272	854	351	1	1

第五次人口普查(2000 年)德州市人口受教育程度表

表 3 - 16　　单位:人

年龄(岁)	未上过学	小学	初中	高中	中专	大学专科	大学本科	研究生
6 ~ 9	6706	205643	362	—	—	—	—	—
10 ~ 14	3054	422568	165545	1668	370	—	1	
15 ~ 19	1808	71157	285408	55470	21164	2801	568	2
20 ~ 24	2632	67617	262895	28853	32058	13915	1818	32
25 ~ 29	4015	99014	292768	29360	25561	17868	3637	90
30 ~ 34	6223	160559	339296	34898	16191	13781	4902	145
35 ~ 39	6107	114716	237364	48719	12991	11332	4124	168
40 ~ 44	10987	125346	140769	47033	8087	6052	1649	76
45 ~ 49	24237	205951	132297	28518	6982	4654	1306	44
50 ~ 54	36704	184879	70687	11347	6161	2872	959	29
55 ~ 59	33421	101190	43309	6201	4794	1512	973	12
60 ~ 64	47814	83951	25245	4010	4784	1326	859	8
65 岁及以上	177851	116711	23190	3600	3211	976	488	18

第六次人口普查(2010 年)德州市人口受教育程度表

表 3－17　　　　单位:人

年龄(岁)	未上过学	小学	初中	高中	大学专科	大学本科	研究生
6～9	10141	248362	4294	—	—	—	—
10～14	1636	155931	106945	5159	—	—	—
15～19	875	17612	130232	114808	10371	7239	29
20～24	1612	29755	318376	105743	53077	27772	547
25～29	1443	24963	265083	70345	29702	15577	1005
30～34	1994	38111	280598	77239	26885	10848	606
35～39	2866	57916	306141	74271	24623	9214	413
40～44	5403	105978	360158	68958	17230	7410	339
45～49	5602	94257	244217	63197	12758	5298	228
50～54	10446	116965	149847	47449	6674	1922	94
55～59	21634	187249	141305	31891	4634	1461	58
60～64	26897	173206	76120	16033	2977	1037	51
65～69	22777	99792	40393	9533	1702	839	26
70～74	30492	75151	20966	6044	1378	722	24
75～79	35494	52973	10653	2944	708	306	16
80～84	24359	24273	4020	1013	181	104	5
85 以上	14313	10821	1730	569	98	39	3

第三节　人口变动

一、自然变动(出生死亡)

1986 年,出生人口数 81531 人,出生率 14.15‰,死亡人口 36238 人,死亡率 6.29‰,自然增长率 7.86‰。

1990 年,全市人口出生进入高峰期,全年出生人口数 97560 人,出生率 19.25‰,死亡人口 32182 人,死亡率 6.35‰,自然增长率 12.90‰。此后,由于推行人口目标责任制,加强计划生育管理工作,人口过快增长势头得到有效遏制。

1994 年,全市出生人数 28405 人,死亡 30828 人,自然增长率为－0.47‰,成为唯一负增长的年份。

1995 年,出生人口数 36871 人,出生率 7.13‰,死亡人口 32548 人,死亡率 6.30‰,自然增长率 0.83‰。

2000 年,出生人口数 58366 人,出生率 10.94‰,死亡人口 32909 人,死亡率 6.17‰,自然增长率 4.77‰。

2005 年,出生人口数 67045 人,出生率 12.20‰,死亡人口 30686 人,死亡率 5.60‰,自然增长率 6.60‰。

2007 年,出生人口数 70871 人,出生率

12.70‰,死亡人口43272人,死亡率7.70‰,自然增长率5.0‰。

2010年,出生人口数74785人,出生率13.12‰,死亡人口62717人,死亡率10.99‰,自然增长率2.12‰。

2011年,出生人口数69700人,出生率12.30‰,死亡人口32200人,死亡率5.70‰,自然增长率6.60‰。

第六次人口普查(2010)全市育龄妇女总和生育率为1243.5‰(2000年第五次人口普查为1234.5‰),其中城市育龄妇女总和生育率896.8‰,镇育龄妇女总和生育率1189.25‰,乡村育龄妇女总和生育率1372.5‰;全市育龄妇女平均活产子女为1.36人(2000年第五次人口普查为1.25人)。全市60岁及以上人口77125人,其中,男36255人,女40870人;城市8524人,镇19309人,乡村49292人。

1986—2011年德州市人口自然变动情况表

表3-18

年份	出生人口(人)	出生率(‰)	死亡人口(人)	死亡率(‰)	自然增长人口(人)	自然增长率(‰)
1986	81531	14.15	36238	6.29	45293	7.86
1987	101987	17.12	34931	5.86	67056	11.26
1988	62122	12.88	28884	5.99	33238	6.89
1989	93741	19.05	30645	6.23	63096	12.82
1990	97560	19.25	32182	6.35	65378	12.90
1991	87668	17.42	30132	5.90	57536	11.43
1992	63212	12.40	32155	6.31	31057	6.09
1993	35775	6.96	31727	6.17	4048	0.79
1994	28405	5.51	30828	5.98	-2423	-0.47
1995	36871	7.13	32548	6.30	4323	0.83
1996	39629	7.64	32406	6.25	7223	1.39
1997	48465	9.30	30853	5.92	17612	3.38
1998	53936	10.27	30059	5.72	23877	4.55
1999	52341	9.89	29474	5.57	22867	4.32
2000	58366	10.94	32909	6.17	25457	4.77
2001	65001	12.00	28300	5.20	36701	6.80
2002	64208	11.85	32607	6.02	31601	5.83
2003	59634	10.95	37184	6.83	22450	4.12
2004	69243	12.60	30192	5.50	39051	7.10
2005	67045	12.20	30686	5.60	36359	6.60

续表 3－18

年份	出生人口(人)	出生率(‰)	死亡人口(人)	死亡率(‰)	自然增长人口(人)	自然增长率(‰)
2006	70514	12.80	26849	4.90	43665	7.90
2007	70871	12.70	43272	7.70	27599	5.00
2008	70740	12.54	50152	8.89	20588	3.65
2009	70520	12.39	30279	5.32	40241	7.07
2010	74785	13.12	62717	10.99	12068	2.12
2011	69700	12.30	32200	5.70	37500	6.60

二、机械变动(户口迁移)

通常指人口在两个地区之间的空间移动，通常涉及人口居住地由迁出地到迁入地的永久性或长期性的改变。人口迁移受社会经济因素影响，多是为摆脱贫困、促进就业、改善生活，或为追求致富、谋求事业。经济布局的改变也会造成大量人口的迁移。沿海发达城市、东部经济发达地区，都吸引大量人口的迁入。同时，交通和通信的发展，相对缩小了地区之间的距离，减少了妨碍人口迁移的各种困难，也促进了人口的迁移。人口迁移还受文化教育水平、婚姻家庭等因素的影响。随着户籍制度改革的不断深入，户籍问题已不再是限制个人流动的主要原因。

据第六次人口(2010 年)普查统计，年末迁移外乡(镇、街道)人口累计 389770 人，其中，男 206915 人，女 182855 人。从迁移原因看，务工经商的 109940 人，工作调动的 28552 人，学习培训的 68657 人，随迁家属的 75678 人，投亲靠友的 11872 人，拆迁搬家的 34924 人，寄挂户口的 6400 人，婚姻嫁娶的 16725 人，其他原因 37022 人。

2008—2011 年德州市户籍人口迁移情况表

表 3－19　　单位：人

年份	户籍人口迁入	户籍人口迁出
2008	36636	41461
2009	32604	30811
2010	38498	36764
2011	29207	28893

三、人口流动(自由流动)

人口流动是人口在短期离开后又返回原居住地的现象，一般指离家外出工作、读书、旅游、探亲和从军一段时间，未改变定居地的人口移动。人口流动分为周期流动和往返流动。人口流动具有一定规律性，一般是从农村进入城市，从小城市进入大城市。德州市人口流动的形式主要体现在季节性流动，多是农闲季节，农民到城市或外地打工，农忙时再返回本乡生产。人口流动还有一定的地域特征。乐陵市、宁津县农民外出务工多去天津滨海新区，夏津县农民务工多去江苏等地，经商多到北京、青岛等地。同时，随着人们生活水平不断提高，外出旅游、度假等不断增多，也产生短期人口流动。

2000—2011 年德州市出国(境)人数情况表

表 3-20　　单位：人

年份	合计	出国	赴港澳	赴台
2000	1273	1135	138	
2001	1689	1293	396	
2002	2847	2169	678	
2003	2873	1930	943	
2004	3874	2718	1156	
2005	5454	3297	2157	
2006	7577	4430	3115	32
2007	12273	6115	6106	52
2008	17499	7612	9703	184
2009	18986	5743	11672	1571
2010	25759	8189	14645	
2011	37325	10652	21675	4998

注：2000 年以前出境由省公安厅审批，2006 年以前赴台由省公安厅审批

第二章　计划生育

德州市计划生育工作最早可上溯到 20 世纪 60 年代。1962 年计划生育列入卫生系统的一项工作，由地、县卫生局负责。1963 年 7 月，德州专区计划生育委员会成立，具体负责全区计划生育工作。此后，机构名称几经变化，工作力度不断加强。到 1990 年，已经逐步建立健全计生站(室)、计生指导中心和基层计生队伍，组建了以计生协会为主的组织网络，实行群众自治。工作始终坚持"三为主"(宣传教育为主、经常工作为主、避孕节育为主)、"四化"(经常化、法制化、科学化、制度化)的方针，实施"避孕节育优质服务、出生缺陷干预、生殖道感染防治"等生育关怀措施，开展独生子女困难家庭救助活动，有效控制全市人口的过快增长，使人口增长与社会进步协调同步发展。

1991—2011 年，德州市连续 20 年完成省下达人口控制发展计划目标。2009 年获得全省人口与计划生育目标管理达标奖；2010 年、

2011 年,德州市人口和计划生育目标管理责任考核获得全省一等奖。

计划生育政策的实施,使全市人口再生产类型实现了由中华人民共和国成立初期的高出生、低死亡、高增长到低出生、低死亡、低增长的历史性转变。人口年增长速度由 1949—1978 年的 10.33‰,下降到 1978—2007 年的 8.88‰;人口出生率、自然增长率由 1978 年的 17.67‰、10.91‰,下降到 2007 年的 12.70‰、5.66‰;符合政策生育率由 1978 年的 60% 以下,提高到 2007 年的 93% 以上,2010 年以后达到 98% 以上。剔除经济社会等因素对人口再生产的影响,通过实行计划生育,1978—2011 年的 34 年间,全市少出生人口 310 多万人。同时,2007 年,全市人均受教育年限达 8.25 年,比 1978 年提高近 4 年;人均寿命达 75.02 岁,比 1978 年提高近 6 岁。

第一节 政策措施

一、政策规定

1986 年 2 月,全区贯彻落实省委、省政府《关于二胎生育政策的暂行规定》,并根据在部分县、乡试点情况,作出《关于农村独女户实行有间隔地生育第二胎的决定》,明确农村独女户生育二胎时,母亲必须年满 30 周岁以上。

1987 年,在全区连续开展了 3 次以落实节育措施为重点的计划生育集中活动。地委、行署规定:凡是无特殊病症的计划外怀孕要全部流引产;凡是已生两个孩子以上的夫妇一方要全部采取绝育手术;凡是已生一个孩子适合放置节育环的要全部放环;凡是没有安排生育计划的要全部采取避孕措施;凡是遗留的历史问题要按政策全部处理。据统计,全年共做 4 种节育手术 265736 例。

1988 年 7 月,山东省第七届人民代表大会常务委员会第四次会议通过《山东省计划生育条例》。1996 年对该条例进行修订,提倡晚婚、晚育、一对夫妻只生育一个孩子,对确有实际困难和特殊情况、符合条例规定条件之一的夫妻、女方年满 30 周岁者,经本人申请要求生第二个孩子的,可按计划予以安排,但无论什么情况都不准生第三胎。对违反条例规定计划外生育的公民,根据违法生育情况的不同,征收不同数额的计划外生育费。

2002 年 9 月,山东省第九届人民代表大会常务委员会第 31 次会议通过《山东省人口与计划生育条例》,鼓励公民晚婚晚育、少生优生,提倡一对夫妻生育一个子女;符合条例规定条件的公民,经批准可以生育第二个子女。男年满 25 周岁、女年满 23 周岁初婚的为晚婚;已婚妇女年满 23 周岁妊娠生育第一个子女的为晚育。男女双方晚婚的,除国家规定的婚假外,增加婚假 14 日。女方晚育的,除国家规定的产假外,增加产假 60 日,并给予男方护理假 7 日。增加的婚假、产假、护理假,视为出勤,工资照发,福利待遇不变。农民、城镇失业人员实行晚婚晚育的,由乡(镇)人民政府、街道办事处或者村(居)民委员会给予适当奖励,并提供优先优惠的计划生育技术服务。

2004 年 12 月,市政府办公室印发《关于落实企业独生子女父母计划生育奖励政策的意见》,明确企业独生子女父母奖励费和退休后一次性养老补助金的发放标准、方法和资金渠道。一是企业独生子女父母从申请"独生子女父母光荣证"当月起至子女满 14 周岁止,每月领取不少于 10 元的独生子女父母奖励费,奖励费由夫妻双方所在单位各发 50%。二是企业独生子女父母退休时由所在单位按照德州市上一年度职工年平均工资的 30% 发给一次性养老补助。三是企业独生子女父母的计划生育奖励费及一次性养老补助由所在单位从企业公益金中列支。2005年，市委办公室、市政府办公室出台《关于积极应对第四次生育高峰进一步抓紧抓好人口和计划生育工作的意见》，加大晚婚晚育工作力度，全面遏制违法生育。

2006年6月，市政府办公室印发《关于对农村部分计划生育家庭实行奖励扶助制度的实施方案的通知》，规定奖励扶助对象的条件、确认程序以及奖励扶助金的发放标准等，在全市范围实行计划生育家庭奖励扶助政策。对符合条件的农村居民，年满60周岁后，每人每月发放不低于50元的奖励扶助金，直到亡故为止(2009年，将奖励扶助标准提高到每人每月不低于60元)。

2008年9月，市政府办公室印发《关于全面实行长效避孕节育措施双签三奖制度的意见》，对在规定时间内自愿采取结扎手术的农村双女户，给予1000元的现金奖励，办理保费100元的计划生育手术保险，提供夫妻双方及子女加入新型农村合作医疗个人筹资的资金；对在规定时间内自愿采取结扎手术的其他计划生育群众，办理保费100元的计划生育手术保险。同年，全市贯彻落实省人口计生委《关于印发〈山东省计划生育家庭特别扶助对象具体确认条件的政策性解释〉的通知》要求，全面实行计划生育家庭特别扶助制度。对符合条件的家庭、女方年满49周岁后，独生子女死亡的家庭每人每月发放不低于100元的特别扶助金，独生子女伤残的家庭每人每月发放不低于80元的特别扶助金。

2010年11月，市委、市政府印发《关于全面建立人口和计划生育利益导向政策体系的意见》，基本内容包括7项奖励激励政策，21项优先优惠政策和10项保障扶助政策。12月，市政府办公室印发《关于认真落实企业退休职工中独生子女父母养老补助有关规定的实施意见》。

从2011年开始，将一方为农村居民、一方为城镇居民的夫妇中符合条件的农村居民一方，纳入农村奖励扶助制度。

二、奖惩措施

1986—1990年期间，全区计划生育工作坚持“宣传教育为主，避孕为主，经常性工作为主”的方针，由于奖惩措施不到位，一度出现偷生、抢生的超计划生育现象。

1991年，德州地委、行署为摆脱计划生育工作的被动局面，调整充实了地区计划生育领导小组和计生委领导班子，明确规定各级党政“一把手”在计划生育工作中要亲自抓，负总责，实行“一票否决”和追踪奖惩制度。1991—1992年，德州地委、行署连续两年召开计划生育人口目标责任奖惩兑现大会。对计生工作搞得好和工作开展较差长期被动的县市及乡镇分别给予奖励和经济处罚。1992年全区第一次完成省分配的人口计划，有效地控制了人口的过快增长。1992年，德州对1980年后计划生育工作中所遗留的问题全部进行清理。据统计，共清理出违纪超生的干部、职工3400多人，分别给予党、政纪处分和经济处罚。对以往审批的1611名病残儿进行复核鉴定，其中1300名不符合规定标准，全部进行处理。

2004年8月，市委、市政府发布《关于进一步落实计划生育一票否决制的若干规定》，对在党委、政府集体、机关、团体和各行业系统集体以及个人的综合性评比和机关、团体、企事业单位工作人员晋升职务中予以否决的条件及时限进行了明确规定。

2006年，户籍管理制度改革在全省展开，城乡“二元化”户籍管理制度取消。同年2月，市人口与计划生育领导小组印发《关于在深化户籍制度改革后切实做好人口和计划生育工作的意见》，对农村居民申请再生育的条件、政策作出进一步界定。

2007年7月，市政府下发《关于切实加强和规范社会抚养费征收与管理工作的通知》，进一步规范征收程序，严格征收标准及“收支两条线”的规定，加强对社会抚养费的管理及监督检查。

2011年2月，市人口计生委、计生协和山东省农村信用社联合社德州办事处联合下发《关于深入开展生育关怀行动实施计划生育家庭“双千帮扶”工程的意见》，明确帮扶对象条件、贷款政策、程序等要求，每年对全市1000户计划生育家庭提供低息贷款扶持，实现被扶持户年人均增收1000元目标，市县政府每年贴息105万元，被列入全市惠民“十件实事”。

2003—2011年连续8年对全市480多名独生子女贫困生进行救助，向107名独生子女贫困户发放助学金，累计发放助学金110万元。

三、技术措施

1986年，计划生育的结扎、放环等由卫生部门承担。

1990年，乡镇、村计生服务站（室）逐步建立，负责计生对象的每年4次进站查体和放（取）环、流产等节育手术服务。

1986—1992年，全区共做节育手术135万多例，其中男女性绝育手术近30万例。

1993年，全区99万已婚育龄妇女有92万多人落实节育措施，节育率已达92.8%。

2006年，落实《山东省避孕方法知情选择服务规范》，全市以市科研所为龙头，以县乡村计划生育服务网络为依托，围绕生育、避孕、节育和不育强化生育调节等系列服务，围绕孕前、孕中、产前、产后开展优生系列化服务，围绕妇科病诊治搞好生殖健康系列化服务，使服务更加人性化。

2011年，全市落实长期避孕节育措施77578例。到2011年年末，全市共建立800多个免费避孕药具发放网点，实现城区避孕药具发放网络化、服务规范化和手续简捷化。计划生育药具应用率由2001年的85%提高98%，药具发放到位率由33.28%提高到98%，药具使用有效率达98%以上，群众满意率由以前的85%增长到98%以上。

第二节　宣传教育

20世纪80年代中期开始，计划生育宣传主要采取集中宣传与经常性宣传相结合的方法，不断加大对计生宣传的投入。1986—1992年期间，全区各级投资500多万元。统一购置各类宣传品，印制各类宣传材料及小册子。

1993年，各县（市）在县城、乡镇驻地、主要街道都设置过路横标，主要交通要道两侧的线杆挂起计划生育标语牌，在电视台、电台开设计划生育专题节目。6月25日，国务委员兼国家人口计生委主任彭珮云一行到德州市黄河涯乡、武城县李家户乡以及武城县计划生育服务站视察。

1994年，各县（市）、乡镇利用计生服务站和人口学校，对不同层次的育龄人群进行人口知识、生育政策、避孕节育、优生优育等方面的宣传教育。全区育龄群众受教育面达95%以上，受教育人数达100万余人。

1995年，开始进一步扩大宣传教育的覆盖面，市委党校和各县（市、区）党校都开设了人口理论课程，电视台、广播电台、《德州日报》等定期开设计划生育栏目。在全市开展的送文化下乡活动中，组织文艺团体，利用群众喜闻乐见的形式大力宣传计划生育。

1996年，出台《德州市计划生育宣传教育规范化管理工作意见》，进一步优化计划生育社会舆论环境，广泛开展计划生育宣传品进村入户活动并进行3次大规模的计划生育知识竞赛。

1998 年,把人口理论及计划生育方针、政策纳入党委中心组学习内容,纳入各级党校的教学计划;邀请省计划生育宣教中心录制计划生育专题片 15 部,在省电视台播放率居全省之首。宁津县、德城区编排的文艺节目参加全省计划生育业余文艺调演获得二等奖。

1999 年,中央电视台在宁津县进行一个多月的采访,制作了 57 分钟的专题片《凝聚民心启示录》,山东电视台摄制了 50 分钟的专题片《面对面,心连心》节目,分别在中央和省电视台播放。利用电视台和广播电台等新闻媒介,广泛宣传计生干部的楷模——武城县甲马营乡原计生服务站业务站长周风森。省计生委、中共德州市委先后作出决定,分别在全省计生协及德州市党员干部中开展向周风森学习活动。

2000 年,建立由市委宣传部牵头的计划生育宣传教育协调会制度,形成多方参与、密切配合、共同努力的计划生育宣传工作机制。先后培植了武城县的村级人口文化大院,德城区、宁津县的人口文化促进会等典型,9 月 24 日在武城县召开全市计划生育双进活动经验交流现场会。年内全市农村有 4000 多对有一女孩的夫妇表示终生只要一个孩子。

2001 年,在农村围绕“少生优生快富”,深入开展“宣传教育进村、婚育新风进家”活动,在德城区围绕“少生优生成才”,开展“建设社区新型生育文化,建设现代文明幸福家庭”活动。全市已有 4300 多对有一个女孩的夫妇表示终生只要一个孩子,共有 16 个单位和 10 名个人被国家计生委评为“婚育新风进万家”活动先进集体和先进个人,26 个单位和 30 名个人被省委宣传部、省计生委评为“双进”活动先进集体和个人。

2002 年,继续推进宣传教育进村、婚育新风进家和建设社区新型生育文化、建设现代文明幸福家庭活动。在全国人口文化工作现场研讨会上,德城区、宁津县、武城县应邀到会作典型发言,在 5 个典型中占 3 席,跨入全国人口文化建设先进市行列。9 月上旬,全国人大常委会副委员长彭珮云、中国人口文化促进会常务副会长王夫棠到德州视察人口文化工作,给予肯定。武城县依托“村级人口文化大院”开展宣传教育、传播科技知识、提供致富信息、活跃群众文化的做法引起中宣部的关注,中央电视台、《人民日报》、《中国人口报》均对此作了详细报道,并作为经验在全国推广。

2003 年,创新宣传教育机制。实施新型人口文化扎根工程,推动基层创建集传播科技知识、开展宣传教育,提供致富信息于一体的人口文化大院 1000 多个,成立人口文化宣传队 2686 个。市及德城区、武城县、宁津县被树为全国典型,应邀到全国人口文化建设座谈会作典型发言。4 月,人口文化大院工作获“全省计划生育综合改革

乐陵市计划生育宣传活动 (2002 年 摄)

十大创新奖”。2004年，德州人民广播电台增加“计生风景线”栏目，确定每周三、五、六为栏目播出时间，主要内容是宣传有关计划生育的政策法规、工作动态、独生子女困难家庭救助以及计划生育系列保健知识等。

2005年，将农村人口文化大院纳入小康村建设总体规划，对已建成的3500多个人口文化大院进行扩能改造，使其成为引导和教育农民掌握技能、遵纪守法、提高修养、崇尚科学、移风易俗的科技学校、文化学校、德育学校和法制学校。

2006年4月6日，国家人口计生委副主任赵白鸽一行5人到德州考察计划生育工作，深入武城县郝王庄镇张官寺村考核人口文化大院，对德州新型生育文化建设工作取得的成绩给予肯定。9月中旬，武城县委书记邓光亮应邀参加中宣部、农业部、国家人口计生委等九部门联合召开的全国新农村建设和人口计划生育工作座谈会，并作题为《彰显人口文化大院活动，全力助推社会主义新农村建设》的典型发言。

2008年1月28日，省委宣传部、省人口计生委、省文化厅、省广电局、省文联、省人口文化促进会、省计生协会7个单位举办以“人口、和谐、发展”为主题的全省人口和计划生育文艺调演汇报演出颁奖晚会。经省专家评审，德州市6件作品全部获奖，其中一等奖一件，二等奖三件，三等奖一件，优秀奖一件。

2009年，在《德州日报》开设人口与发展专栏，将新闻宣传纳入人口和计划生育目标管理责任制考核。组织共产党员、共青团员召开座谈会，重温《中共中央关于控制人口增长问题致全体共产党员、共青团员的公开信》（简称《公开信》）等。

2010年9月20日，举办纪念《公开信》发表30周年座谈会暨文艺会演，就《公开信》发表30年来的有关情况进行通报，对带头实行计划生育的优秀共产党员、人口计生工作先模人物、计划生育家庭成才青年、幸福之家、和谐发展村等先进典型进行表彰。

2011年，在全市开展“六进”活动：人口文化进公园、宣传标语进街道、计生知识进社区、优生科普知识进企业、国策宣传进校园、新型生育文化宣传进村庄。截至年底，全市先后创建人口文化大院3526个、人口文化长廊1000多个，成立人口文化宣传队3000多支，刷新宣传标语5万多条，设置广告灯箱5000多个，设置人口文化宣传一条街3200多条。

第三节　流动人口计生管理

1991—1992年，国家、省《流动人口计划生育管理办法》相继颁布后，德州市制定流动人口计划生育管理操作规程，对流动人口已婚育龄妇女纳入重点管理人群。农村管理流出，城区管理流入，及时掌握流动人口已婚育龄妇女出入情况。

1995年，执行“出具和审验流动人口计划生育证明制度”，并由查体单位出具查体证明。1995年流出已婚育龄妇女的发证率达97.1%，流入已婚育龄妇女的建档率及验证率分别达到98%和98.5%以上。

1998年，针对城镇出现的非法婚姻、未婚先孕、停薪留职、下岗职工、流动人口、人户分离增多等新的问题，逐步建立实行“单位负责、条条保证、以块为主、条块结合”的管理体制。建立由政法委牵头，公安、税务、工商、卫生、城建、劳动、民政和计生部门参加的流动人口计划生育管理联席会制度，定期通报情况，各负其责，密切协作，共同把好计划生育关。全市流出已婚育龄妇女的发证率、流入已婚育龄妇女的建档率及验证率均达到98%以上。

2002年，推广德城区对特殊人群实行“属地管理、户口找线、辖区见人、一方为主、多方把关”的经验，落实街、居、企事业单位和社会组织法定代表人计划生育责任制，理顺属地管理体制，完善分类管理机制，最大限度地堵塞管理漏洞。武城县进行“城市计划生育与城市社区相结合”试点，在县城街道办事处和社区居委会，对下岗、停薪留职、人户分离、进城务工经商人员等特殊人群按照常住人口、暂住人口、人户分离3种类型，分别建立管理档案，落实管理单位，纳入正常计生管理范围。

2003年7月，建设流动人口信息平台，进行省内省外的流动人口信息交流，流动人口管理开始步入信息化阶段。

2005年11月，全省企业流动人口计划生育协会建设经验交流暨理论研讨会在德州召开，推广中国网通公司德州分公司、皇明太阳能集团、经济开发区金华茶城3家企业的计生管理先进做法。皇明太阳能集团创立的“法人负责、两职合一、三级建制、全程服务”的民营企业计划生育管理服务机制，于2005年9月20日在青岛召开的全国人口和计划生育新机制建设工作会议上作经验交流。

2007年12月，德州市与北京市昌平区签订《流动人口计划生育双向服务管理协议书》，之后，陆续与省外24个地市，省内16个地市签订协议书，建立协作关系。对协作单位采用一县主导、多县参与的协作方法，由全市各县（市、区）在外流人口相对集中的地区建立流动人口计生服务管理联络处和流动人口计生协会，专职负责采集、通报、交流德州籍流动人口信息，落实计生服务管理责任。截至2011年年底，全市在天津、北京、浙江等地设立的9个办事机构运转正常，同时配备工作人员，且每年增加经费投入，破解了流动人口服务与管理中的诸多难题。

2009年5月，市计生、房管、民政、公安、财政、工商6部门联合下发《关于切实加强住宅小区人口和计划生育管理服务工作的意见》，就住宅小区人口和计划生育管理服务工作提出意见、明确职责。为激发各县（市、区）争先创优的积极性，市委、市政府每年评选计划生育“十佳小区”，并进行表彰。通过以点带面，形成部门、街道、社区、物业、业主“五位一体”齐抓共管的住宅小区人口和计划生育管理服务工作格局。

2010年5月，市政府下发《关于在城镇拆迁改造过程中进一步加强人口和计划生育管理工作的意见》，对进一步提升城镇拆迁改造过程中人口和计划生育水平提出指导意见。各县（市、区）加强涉及房屋拆迁村（居）民的计划生育管理，建立“以原社区（村）管理为主，现居住地管理为辅、信息互通、双向管理”为核心的计

流动人口健康服务年活动　（1998年　摄）

划生育管理服务机制，把城镇拆迁改造过程中的计划生育管理工作情况纳入人口和计划生育目标管理责任制进行考核，确保各项计划生育管理服务措施落到实处。

2010 年 9 月，京津冀鲁区域协作联谊会在德州召开。会上，德州市与北京、天津、河北等周边省市相关地区签署流动人口计划生育服务管理区域协作协议书，搭建起一个多省市相互了解、加强交流、增进友谊、促进合作、共同做好流动人口管理和服务工作的平台。

2010 年 12 月，市政府下发《关于进一步加强企业人口和计划生育工作的意见》《德州市城市社区计划生育管理服务办法》，提出县级计生、民政、卫生、公安、工商、教育、统计 7 部门建立信息交换平台，并与本市外流人口相对集中的省内 12 市、省外 11 个市地签订双向服务管理协议，建立信息定期交换机制。在城区推进社区网格化建设，配齐配全社区计生网长（计生办主任）、格长（信息员）、楼门院长（志愿者）覆盖各家各户的信息采集和上门服务的队伍体系；健全工作制度，落实人员报酬，实行绩效挂钩。人口计生与公安、工商、住建等部门协作，多线联合，齐抓共管，城区计划生育工作形成了住宅小区“以房管人”，单位企业“以业管人”，街面市场“以证管人”的“三管齐下”的管理模式。真正形成“无盲点、全覆盖”的服务管理网格。

2011 年 12 月，市人口计生委与市工商局联合下发《关于认真做好个体工商户计划生育管理服务工作的意见》，立足工商部门职能优势，通过建立日常监管机制、双向协作机制以及考核奖惩机制，推动个体工商户人口计生管理经常化、制度化、规范化。

第四节 技术服务

一、计生服务站（室）

1986 年之前，县计生服务站负责计生宣传教育和避孕药具发放。1988 年开始，部分乡镇招聘退休医生和计生放环员。1991 年以后，乡镇、村计生服务站、室逐步建立起来。1992 年，德州地区共投入 6000 多万元用于计划生育服务站（室）建设，全区 90% 的服务站已达标，85% 以上的村建起服务室。

2000 年，全市投入 500 万元，用于乡级以上计生服务站建设和医疗设备更新，做到宣传教育、干部培训、技术服务、药具管理“四项”服务功能齐全，形成技术服务不出乡镇、咨询查访服务不出村的科技服务格局。

2003 年，在全市开展创建乡镇计划生育优质服务示范站活动，有 24 个乡镇计划生育服务站被命名为“市级计划生育优质服务示范站”。

2004 年，推进全市计划生育服务系统工作标准化、规范化、程序化和制度化，在市计划生育指导中心、县级计生服务站及部分乡镇计生服务站（示范站）开展 ISO 9001:2000 标准质量管理体系培训认证工作。到 2005 年，市县两级计生服务站全部顺利通过 ISO 9001 国际质量管理体系认证。

2006 年，对服务站进行重建和改扩建。在全市组织评选全国计划生育优质服务先进县（市、区）活动。2007 年德城区评为国家级优质服务先进县。

2010 年、2011 年，全市连续两年投入资金 7150 万元，新建计生服务站 41 个，改扩建服务站 22 个，占服务机构的 96%，基本满足计划生育宣传教育、技术服务、优生监测、培训指导、药具管理以及计划生育事故求助等全程服务需要。

二、计划生育指导中心

原名为德州地区计划生育技术指导所，始建于1978年。1984年8月更名为德州地区计划生育科学技术研究所。2003年4月更名为德州市计划生育指导中心。2011年年末，有工作人员25人，设有综合门诊（含内科、儿科）、妇科门诊、优生咨询门诊、优生遗传室等15个科室、床位30张。主要开展计划生育四术及术后并发症的鉴定及治疗，各种避孕节育新技术的推广及应用、妇科及产科常见病的诊治，围产期保健，优生遗传筛查、医学亲子鉴定、PCR检测等项目。

三、基层计生队伍

1986—1990年，基层计生队伍成员多是乡（镇）、村妇女干部兼职，临时培训上岗。1990年以后，陆续招聘卫生院校毕业生充实计生队伍。2002年开始，全市计生技术服务人员实行统一持证上岗。2004年开始，每年组织计划生育技术服务人员合格证考试。据统计，截至2004年年底，全市服务站共有计生服务人员1278人，其中卫生技术人员1170人，具有大学学历的25人，高级职称的有33人。

2006年以后，落实国家人口计生委“三千人才工程”和全国计划生育科技大练兵活动，全市共安排技术人员外出进修800余人，其中到省级医院进修12人、市级医疗单位300余人、县级医疗单位500余人。

2011年年末，全市县乡服务站共有工作人员1744人，其中技术人员1481人（占85%）；大专及以上学历467人（占31%）；中专986人（占67%）；高级职称31人（县27人、乡4人），占2.1%；中级职称421人（县208人、乡213人），占28%；取得市级审批合格证1221人，占81%；取得执业医师资格354人（其中县181人、乡173人），占23%。

第五节　计划生育协会

一、组织网络

德州地区计划生育协会成立于1987年5月29日。2008年，市计划生育协会列入正县级群团序列，设会长1人，副会长2人。2010年，市计划生育协会机关工作人员参照公务员法管理登记。

1991年，县、乡计生协会相继成立。2007年，各县（市、区）实施基层协会组织建设的“六好”要求，即“推选一名好会长、组建一支好理事会、成立若干好会员小组、建立一支好会员队伍、制定一套好工作机制、创建一个好活动阵地”。至2007年年底，全市计生协会发展基层组织9258个、会员50多万人。

2010年，面对流动人口逐年增多的趋势，配合计生委在外流人口相对集中地北京、天津、浙江，建立起10个计生服务管理联络处和流动人口计生协会，专门负责采集、通报、交流德州籍流动人口信息，落实计生服务管理责任，协助办理计划生育证明、证件，帮助解决流动人口就业、就医、子女入托等问题。

2011年，全市计生协会组织达9269个，其中村居协会8276个，社区协会118个，企业协会794个，市场流动人口协会81个，共计会员62.3万人，其中社区（村居）57.7万人。各计生协会坚持组织群众自我教育、自我管理、自我服务，实现了计划生育由少数人做多数人工作向多数人做少数人工作的根本转变，被中国计生协树为全国的一面旗帜。

二、群众自治

2000年，全市推广计划生育群众参与计划生育民主管理、民主监督，参与村民自治和合同化管理的经验，基本形成了“两委负总责、协会当骨干、家庭为中心、群众做主人”的计划生育

运行机制。全市基层协会组织参与制定《村民自治章程》或《计划生育村民自治章程》和《计划生育村规民约》，实行村民计划生育自治的村(居)达100%。至2010年，全市计生村民自治合格村已达到95%，模范村达到16.6%，有力地促进了全面村民自治的进程。

2011年年底，全市共有计划生育基层群众自治示范村(居)全国级23个、省级30个、市级89个。全市计生协90%以上示范村(居)均建有人口学校或会员之家，并制定有相应工作机制和制度等。

三、生育关怀

2000年，全市实施"避孕节育优质服务、出生缺陷干预、生殖道感染防治"三大工程。

2002年，全市逐步推开"知情选择"节育措施，在坚持国家指导与个人自愿相结合，选择自己避孕效率高、适合自己的避孕方法。德城、齐河、临邑3县(区)"知情选择"村的比例达90%以上，其他县市都达到70%以上。并对农村实行计划生育的育龄夫妻免费提供避孕节育技术服务。

2003年1月，德州市全面启动救助独生子女特困家庭活动。市、县、乡三级计生部门与中国太平洋人寿保险公司德州中心支公司及其各县分支机构联合组成慰问小组，分赴11个县(市、区)，利用6天时间对全市首批564户独生子女特困家庭进行走访慰问，同时向他们发放总值20余万元的慰问金及生活用品，还向每户赠送保额达2万元的家庭意外伤害保险，保额总值达1128万余元。2003年8月，全市计生协会参与独生子女特困家庭救助活动，市直13个部门联合推出24项优先优惠政策，先后对1000多户计生困难家庭进行帮扶、对480名独生子女贫困生进行救助。

2003年9月，由中国人口福利基金会、国家人口计生委政策法规司联合主办的全国计划生育困难家庭救助活动现场座谈会在德州召开。来自全国13个省市的代表等50多人参加会议。

2006年，中国计生协发起"生育关怀行动"，全市各县(市、区)按照实施方案的要求，开展系列专题活动，如"人口关爱——圆梦行动"、"幸福工程救助贫困母亲活动月"、救助贫困大学生助学金发放、元旦春节走访慰问计生特困家庭等活动。

2007年9月13日，山东省"人口关爱——圆梦行动"帮扶金发放仪式暨生育关怀行动德州观摩现场会在德州市举行。会议号召学习推广德州经验，加强交流，相互借鉴，把"生育关怀行动"的德政善举做大做强。

2009年5月，全市开展"幸福工程——救助贫困母亲行动活动月"活动，帮助贫困母亲改善生存环境和发展环境。截至2011年年末，已对1100名贫困母亲实行救助，发放救助金68万元，提供小额贷款4800多万元；救助独生子女贫困生470人，累计发放助学金89万元。

2011年，市人口计生委、计生协会与省农信社德州办事处联合启动实施计生家庭"双千帮扶工程"，即每年筛选1000户具有致富潜力的计生家庭，向其提供3万元~5万元的贴息贷款帮扶，帮助他们实现年人均增收1000元的目标，同时确定5个优先：对农村独女户、独子户、双女户家庭优先，对第一次使用贴息贷款的农户优先，对有致富项目的农户优先，对从事绿色种植、特色养殖和农副产品加工项目的优先，对村级计生干部和计生协会会员优先。贷款使用周期1年，利息由市县乡三级人口计生部门承担60%，个人承担40%。经过严格的个人申报、村级推荐、乡级初审、县级复审、市级审批程序，共有1174户计生家庭获得贴息贷款，贷款总额达4107万元。

附：

先进典型简介

全国计生工作的一面旗帜——宁津县计生协会

1990年，宁津县在德州地区率先建立健全了县、乡、村三级计生协会组织，依靠群众自管自治，计划生育群众自治工作走在全市的前头。1999年8月，德州市委书记赵克志总结宁津县经验时概括出计生协会的5个作用：村务管理中的自治作用，联系群众的桥梁作用，精神文明建设的载体作用，化解矛盾、保持稳定的“调节”作用，发展经济的互助作用。

红庙李村是宁津县基层计生工作先进典型之一。党支部把做好村民的思想工作作为搞好计划生育的“法宝”，尊重农民意愿，面向群众把道理讲明白，引领群众致富。该村18名党员，每人都掌握1～2项实用致富技术，90%以上都搞起了农副业加工服务项目。党支部要求，每个党员和村干部要联系2～3个贫困户，带动他们走向共同致富的道路。同时，充分发挥村计生协会作用，让村民参与村务政治、成为真正的主人，调动村民配合计生工作的积极性。红庙李村获得“全省计划生育带头村”荣誉称号，成为全省4个获此殊荣的行政村之一，也是鲁西北地区唯一全省计生带头村。

1996年11月20日，宁津县委书记李光仁代表山东省在全国计生协会工作会议上就计生协会基层组织建设作典型发言，受到国家领导人宋平、国家计生协会常务副会长刘汉彬及与会人员一致好评。

1997年11月29日，中央电视台《焦点访谈》栏目系统介绍宁津县计生协会工作经验。

1999年5月29日，中国计生协会为庆祝成立19周年，把集中活动日地点定在宁津。中共中央政治局委员、全国人大常委会副委员长、中国计生协会会长姜春云、中国计生协会常务副会长刘汉彬和国家计生委副主任张玉芹，各省市计生协会常务副会长先后到宁津参加纪念活动。姜春云高度评价宁津抓好协会的经验和红庙李村的做法，号召全国向他们学习。

1999年7月19日，中国计生协会在宁津举办“农村基层计生协会发展理论研讨会”，来自全国的80多名专家学者就宁津计生协会现象从理论上进行研究和探讨。同时，中央电视台在宁津县进行一个多月的采访，制作了长达57分钟的专题片《凝聚民心启示录》。山东电视台摄制了一部50分钟的专题片《面对面，心连心》，分别在中央和省电视台播放，此后《凝聚民心启示录》被制成光盘17500张，发至全国各县(市、区)。1999年10月7日，中国计生协会在宁波召开部分省级会长研讨会，德州市委书记赵克志、宁津县委书记夏荣恩、红庙李村党支部书记张国华等作典型发言。

1999年12月14日，中国计生协会在北京召开四届五次理事会会议，市委书记赵克志作为特邀代表到会作经验介绍，会议决定2000年在全国推广德州的经验。

2010年12月20日，国家人口与计划生育委员会、中国计划生育协会授予红庙李村“全国计划生育协会先进单位”“首批全国人口和计划生育基层群众自治示范村”称号。

武城县人口文化大院

1996年，武城县甲马营乡前玉皇庙村筹资3万余元，建起了集科技之乡、开展宣传教育、提供致富信息、组织文化娱乐为一体的“人口文化大院”。至1998年，全村没有一例计划外生育、无一起上访和刑事治安案件、无聚众赌博

等不良现象。

1998年，武城县委、县政府向全县总结推广玉皇庙村的经验，投资350万元，在全县393个村陆续建起计生服务室、宣传展览室、娱乐活动室、图书阅览室和人口文化学校、会员之家的“文化大院”。并把人口文化长廊、文艺宣传队、服务室、图书室、娱乐室、宣传栏、人口学校等定为基本硬件，实行星级化评定。购置电视机、VCD机、乐器、图书，配备优生优育、生殖保健等科技知识录像带。组建宣传队、秧歌队、锣鼓队163个，编排文艺节目738个，累计演出1200余场。

在计划生育工作中，武城县逐步建立起以“人口文化大院”为载体，以部门协作为保障的新型生育文化建设格局，深化宣传教育，转变群众观念，推动婚育新风进万家，促进群众婚育观念转变。2001年，国家人口计生委召开基层人口文化工作研讨会，肯定武城县人口文化大院的做法。《人民日报》、中央电视台、《中国人口报》先后作专题报道。2004年4月28日，在中国文化促进会全国年会上，全国人大常委会原副委员长彭珮云对德州市人口文化建设实施“以点带面、辐射全市”的经验给予肯定。2005年，武城县被评为“全国婚育新风进万家先进县”。2006年9月中旬，武城县委书记邓光亮在全国新农村建设和人口计划生育工作座谈会上，作了题为《彰显人口文化大院活动，全力助推社会主义新农村建设》的发言。2009年6月，武城县被列为全省人口文化建设示范县。

第四编

CHENGXIANGJIANSHE

城乡建设

1986年，德州市区面积26平方千米。1986年以后，城市向四方扩张，相继启动建设经济开发区、运河经济开发区、河东新城、高铁新区三大片区，中心城区（德城区、经济开发区、运河经济开发区、高铁新区）建成区面积扩大到60余平方千米，逐步形成了“东西对接、南北拓展、中间隆起、一城四区”的城市格局。

1995年撤地建市，德州把加快城市建设作为促进经济社会发展的战略举措，城市建设步入发展快车道。1998年，实施《德州市城市总体规划（1996—2010）》，德州经济开发区启动建设。2000年，一次性完成面积达29.6平方公里的河东新区控制性详细规划编制。2001年，在市区新湖北岸建成世纪广场。同年，市委将办公区迁出新湖中位置，对风景区改造提升。这一时期，先后实施湖滨大道、东风路、东方红路等16个道桥建设改造工程，形成畅通的城市道路骨架。市区主干道的各种架空线路全部转入地下，消灭空中“蜘蛛网”。

2003—2008年河东新城建设拉开城市东进序幕。由于德州市区位于鲁冀边界，虽然运河经济开发区（初期称商贸开发区）设立后，基础设施建设不断加大，区内主干道路拓展，大型小商品市场、粮食市场、蔬菜市场、果品市场建成，但发展空间狭小。2003年2月，市委、市政府提出“两个东进、三区联动”（城区跨越岔河，经济开发区跨越京沪高速路向东发展）战略。同年12月，河东新城全面启动。2011年，市委、市政府搬迁至河东新城，以市政务综合楼为中心，各类配套设施逐步完善。

2009年初，以京沪高铁建站为契机，市委、市政府提出“改造提升老城区，建设完善新城区，规划启动高铁新区”的城市发展思路。在新城建设的同时，大力实施老城改造与环境提升。对群众反映较多的新岭路等160多条背街小巷进行便民建设。新建、改造三八路、东方红路、东风路、新河路、康博大道、长河大道等30多条道路，其中天衢路、三八路、东方红路、东风路东扩延展至高铁东站，成为贯穿整个中心城区的通衢大道。构建起便捷完善的交通网络。

2010年后，启动建设高标准高铁新区“六纵五横”、南部生态新区“三纵一横”等主干道路。77千米大外环拉开框架，减河、岔河“两河四岸”的滨河路、堤顶路120公里全线拓展。

26年间，德州市区环境发生巨大变化，相继建设了明月湖、长河公园、河东绿地、董子文化园、太阳谷、锦绣川、减河湿地等景区或景点及博物馆、体育中心、太阳谷国际会议中心等大型文体会展场馆，填补各项领域的空白，德州市城市功能和品位大幅提升。城乡居住条件改善，人均居住面积由6.5平方米提高到30平方米，翻了近5翻。

德州市先后获省“齐鲁杯”创建现代化城市“优秀城市奖”、“全省城市环境综合整治先进城市”等称号，城市综合环境跃居全国前50强。2004年新湖风景区荣获“中国人居环境范例奖”，2006年新城建设获“山东省人居环境范例奖”，德州市荣膺全国城市环境建设最高奖项—“中国人居环境奖（水环境治理优秀范例城市）”，2009年6月获“中国最佳人文宜居品牌城市”，2011年德州市太阳能利用项目获住房城乡建设部“中国人居环境范例奖”。

第一章 城市规划

1990年,《中华人民共和国城市规划法》颁布,德州根据相关法律法规以及技术规范的要求,完善各项规划管理制度,先后制定城乡规划技术管理规定、城乡总体规划审查工作规则、城乡规划编制暂行办法、日照分析审查工作规程等30余项符合地方实际的城市规划管理规定和技术标准,初步建立起覆盖规划编、审、管、查各个层面的制度体系。

1991年10月,成立德州市(县级)城市规划处,对乡村规划实行业务指导,初步确立了规划部门的职能框架。1995年德州撤地建市后,规划处更名为德州市规划管理处。2001年3月,成立德州市城市规划局。同年,改革城市管理行政执法体制,规划执法职责划归新成立的德州市城市管理行政执法局。

2008年年初,调整为市政府工作部门,同时成立德城区规划分局和经济开发区规划分局。2010年,德州市城市规划局更名为德州市规划局,具有村镇规划管理和对县市规划部门的监督指导职能。

自1986年起,先后于1989年、2005年、2007年、2011年4次组织编制城市总体规划和专项规划。

第一节 总体规划

自1986年—2011年,德州市先后4次编制城市总体规划。

一、1989年版城市总体规划

1989年,为适应城市社会经济发展要求,落实德州地区"八五"规划设想,对德州市(原县级市)总体规划进行重新编制。

城市性质定为:德州地区政治经济文化中心、鲁西北地区交通枢纽,以经贸为主的多功能、开放型、现代化综合性城市。

人口规模:近期(1989—1995)30万人,中期(1996—2000)40万人,远期(2001—2010)50万人。

用地规模:近期用地规模40平方千米,建

2008年4月,德州市城市发展战略论证会召开

设用地以调整、完善、补齐为主，做好旧城改造，用地控制在30千米以内；中期用地50平方千米，在岔河以西安排，向北发展为主，并考虑二屯工业区的发展，总用地面积40平方千米；远期用地向东跨岔河，开发建设东区，城市用地控制在65平方千米左右。随着城市的发展，重新布局城区，逐渐开发岔河以东为新城区，中部为老城区，铁路以西为铁西区。

二、1997年版城市总体规划

1995年4月，编制1997年版城市总体规划。

城市（城区）性质：冀鲁交界地区的交通枢纽和经济中心，鲁西北重要的工贸城市。

人口规模：近期（1996—2000）36万人，远期（2001—2010）50万人。

用地规模：近期30平方千米，远期50平方千米。用地指标：在近期每人108平方米，远期每人100平方米。首次提出城市未来“向东发展”，初步奠定以后的城市格局。

城市职能：德州市域的政治经济文化中心，鲁西北和冀东南的物资集散、交通运输中心、信息枢纽，鲁西北和冀东南两省交界地区的商贸金融中心，山东省重要的电力能源基地，市区主要工业和第三产业的承载地。

城市建设目标：建立起现代化的交通通信网络、开放式的商贸流通大市场和多功能的社会综合服务体系，建成鲁西北、冀东南最大的交通、商贸和金融中心。

三、2005版城市总体规划

2003年，委托中国城市规划设计研究院编制新一轮城市总体规划（2005—2020年），2005年完成。2006年年底通过省政府行政审查。

规划期限：近期2005—2010年，远期2011—2020年，远景2020年以后。

规划区范围：市域城镇体系规划范围为德州市行政区域，面积10356平方千米；城市规划区范围为原德城区行政区域，面积539平方千米。

城市性质：鲁西北地区重要的交通枢纽和以工贸为主的区域中心城市，将太阳城战略纳入城市性质中。

四、2011版城市总体规划

随着城市快速发展，2005版城市总体规划确定的规划用地布局和城市结构已不适应经济社会发展，对城市发展的制约逐步显现。加之东部新区开工建设的京沪高速铁路及德州高铁站进一步凸显德州市的区位优势，为适应形势发展，2009年，委托上海复旦规划设计研究院对德州市城市总体规（2011—2020）进行修编。

规划期限：近期：2011—2015年；远期：2016—2020年；远景：展望到2050年左右。

城市发展目标：以特大城市发展框架为要求，加快城市产业升级，促进人口和产业的聚集，扩大中心城区规模；内联外引，继续推进南融北接，争取在环渤海经济圈发挥重要作用，立足成为环渤海经济圈内重要的制造业生产基地；提升城市基础设施层级，在国家公路枢纽城市、鲁西北和冀东南重要交通枢纽基础上，利用高速铁路“一横一纵”交通枢纽及济南半小时交通圈的优势，创建中国北方重要交通枢纽城市。作为济南都市圈西北门户城市，完善公共设施配套，为区域生产、生活提供综合服务，塑造成为区域经济、文化中心。

城市空间布局：空间布局上以东西向依托原东风路为主要发展轴，形成“一带三心三城”、水绿天然分隔的组团发展结构。“一带”即东西向发展带，主轴从西向东依次串联老城中心区、河东新城中心区、高铁新区中心区，并远景延展至陵县城区。“三心”为三个市级发展核心，即老城区商贸中心、河东新区公共服务中心、高铁新区商务中心，其中河东新区公共服务中心为未来德州城市发展的中心区，是德州

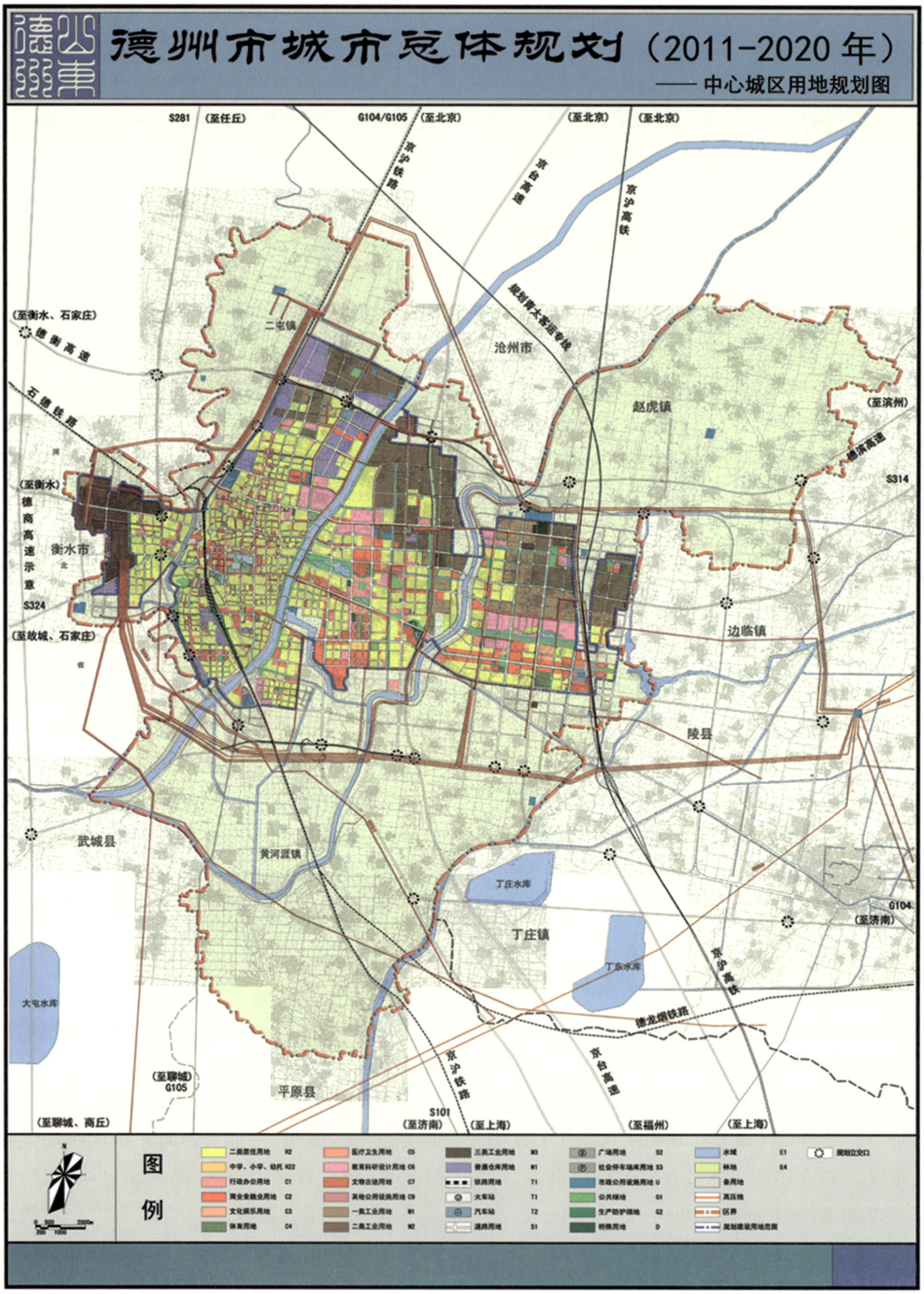

德州市城市总体规划（2011-2020年）
——中心城区用地规划图

行政中心、文化中心、体育中心、展览中心、商务中心的所在地。“三城”指从西到东由河流天然分隔形成的老城区、河东新区、高铁新区三大城区。三城以河流为自然分隔自成组团，组团间依托运河、岔河、减河、马颊河四条河流形成滨水生态廊道及景观廊道。

市域城镇体系空间结构：“一轴、两带、三区”。“一轴”指依托京沪铁路、京沪高铁、京台（京福）高速形成的与京津、济南等城市对接（“南融北接”）的区域发展轴。该轴沿线形成德州城镇密集带，包括德城、陵县、平原、禹城和齐河5县（市、区），以及边临镇、房寺镇、伦镇、祝阿镇等多个中心镇，为市域名副其实的经济发展走廊，也是济南都市圈德州济南泰安发展主轴的重要组成部分。“两带”指依托德滨高速、德商高速连接线形成的以德州中心城区为中心的东、西两条经济带。东翼经济带，即德滨城镇发展带，由德州市区、宁津、乐陵、庆云延伸至滨州，为商贸产业带；西翼经济带，即德商城镇发展带，自市区辐射至夏津，并进一步拓展至临清市，为生态经济发展带。德滨和德商城镇发展带是德州市域仅次于德济城镇发展轴的两条城镇密集带。“三区”指中心综合经济区（中心城区、陵县、夏津、平原、武城，辐射夏津）、黄三角示范经济区（乐陵、庆云）以及济德经济协作区（齐河、禹城、临邑）。中心综合经济区，重点包括以德州中心城区为发展中心，以陵县、宁津、武城和平原四个城市为副中心，构建成的德州都市发展核心区，简称德州都市区。都市区的主要辐射范围为中心城区半小时经济区，包括都市区的陵县、宁津、武城和平原外，夏津以及河北的故城、景县、吴桥3县也在其内。

五、河东新城发展规划

2003年年初，中共德州市第十二次党代会把加快实施城市化战略作为重点之一，提出“两个东进”发展战略（即市区跨过岔河向东发展，经济开发区跨过京福高速向东挺进），决定全力启动建设河东新城。

河东新城位于德州老城区和经济开发区之间，西起锦绣川景区，东至新兴路（2005年更名为康博大道），北起北园路（2005年更名为大学路），南至横河，总面积约17平方千米；辖东七里铺、簸箕刘等14个自然村，总人口1.7万人。根据《德州市河东中心区规划设计》及市政府会议纪要，新兴路以东300米，新河路以南至南外环为市政府控制范围。

规划坚持“高起点定位、高标准起步，建设现代化、园林式、生态型新城区”的目标。先后有两位国内设计大师，美国、德国、加拿大、日本4家国外设计单位，国内8所著名高校，30家设计院参与规划设计，陆续编制了包括整体设计、详细规划、专项规划、景观规划、单体建筑设计等50余项规划。重点项目均提供两个以上方案。聘请青岛建筑工程学院对河东新城城市整体设计，并在此基础上由上海同济大学进行详细规划。这两项设计规划确定了河东新城城市定位、布局框架、用地性质等内容。（参见本编第八章河东新城规划建设第一节规划）

第二节　专项规划

自20世纪80年代末期开始，德州市相关部门为规范和指导城区市政基础设施建设，按照统一规划、配套建设的原则，依据德州市总体规划，先后组织编制各项主要专项规划20项。1995年前后，完成各项专项规划编制。

一、城市综合交通规划

2008年6月，委托北京清华城市规划设计研究院和德州市城市规划设计研究院编制。规划期限：近期2008—2010年，远期2010—2020年，远景展望至本世纪中叶。规划范围分二个层次，第一层次为现状中心城区及规划东部新区范围，面积约150平方千米，主要对城市交通发展战略、骨架道路网络、公交、停车等重大基础设施进行规划布局；第二层次为市域10356平方千米，主要对区域交通设施进行规划布置。

（一）1996—2010年道路规划

根据德州用地规模及布局结构，参照《城市道路交通规划设计规范》，将德州城市道路划分为三个等级，即主干路、次干路和支路

1. 主干路。红线宽度40～60米，设计车速40～60千米/时，道路断面采用机非分隔的三块板或四块板形式。机动车双向4～6车道，非机动车单向6～7车道，人行道每侧5～7米。规划城市主干路25条，总长95.3千米，用地面积430公顷，主干路网密度1.83千米/平方千米。东西向的长庄路、北园路、天衢路、三八路、东风路和新河路是贯穿城市东西、连接铁西、市中与河东三区的主要通道。

2. 次干路。红线宽度30米，设计车速30千米/时，道路断面采用一块板，视需要可选用隔离墩实现机非分离。主要担负主干路的交通分流及临区间和各分区内的交通服务。机动车双向2车道，非机动车单向4车道。规划次干路15条，长度36.7千米，用地面积111.65公顷，次干路网密度0.82千米/平方千米。

3. 支路。红线宽度为15～25米，全部为机非混行的一块板断面，设计车速30千米/时，支路主要担负干路交通的集散任务，并服务于局部的交通。

规划货物流通中心2处。一处集装箱中转站，位于东风东路南连接线之间，济德高速公路大申庄互通立交处，是公路货运集疏中心的重要场站，占地18.6公顷。一处为七中综合货运站，位于德州市城区的西南部，东面紧靠京沪铁路，主要进行铁路集装箱的集散、木材接运和铁路整零货物的发送到达，将来大运河复航，可进行公路—水路、铁路—水路的联合运输，其占地面积15公顷。

（二）道路交叉口规划

规划过境型立交：承担过境交通不同流向的枢纽任务4个，北连接线1个，南连接线两个，商贸大道1个。

规划城区内外联系型立交：承担各组团与过境公路联系、城市进出交通的联系。共9个立交：商贸区2个，德城区1个，河东新城2个。

二、供水规划

1996—2010年供水规划

近期：2000年在第三水厂一期扩建工程（增加供水能力3.0万立方米/日）投入生产的基础上，进行二期扩建工程，使第三水厂供水能力达到14万立方米/日。扩建钩盘河水库，使其调蓄能力达到1350万立方米，以充分利用非灌溉季节引黄水。由于地下水源的水质问题，待第三水厂二期工程扩建竣工以后，第一、二水厂及社会井群的供水转向为工业供水，不再并入城市管网。与此同时，城市需调整和新扩建供水管道10千米。

远期：2010年深层地下水的开采达到采补平衡（地下水开采量2.3万立方米/日）。为满足城市供水要求，从丁东水库铺设输水干管20千米，向德州城区供水。继续扩建第三水厂，使其供水规模远期达到28万立方米/日，占地12公顷。继续扩建钩盘河水库，使其调蓄能力达到1650万立方米。同时调整和新建供水管网25千米。

三、热力规划

1996—2010年供热工程规划

规划原则与目标根据德州市供热现状，近远期相结合，既符合现状又便于今后发展。2000年城市集中供热率达到30%，2010年达到85%。

供热负荷以民用建筑60瓦/平方米、公共建筑70瓦/平方米、工业厂房80瓦/平方米计，

加权平均,单位建筑面积的供热负荷确定为64瓦/平方米。

四、燃气规划

1996—2010 年燃气工程规划

以中原油田天然气和液化石油气作气源,以管道供气为主,辅以瓶装液化石油气,大力发展城市燃气事业,保护环境,造福人民。规划后期可根据引陕天然气工程实施情况,决定是否采用陕北气田天然气为气源。

城市燃气管道供应以天然气为主气源,液化石油气混空气(46∶54)为辅助及调整气源。由于德州市气源成本较高,液化石油气混空气负荷调节能力大,城市应主要发展民用和公福用户,除个别情况外,可暂不发展工业用户。

液化石油气储配灌瓶站仍采用现有液化石油气南站及北站,近期在南站建设第一液化石油气混空气辅助及调峰气源。北站规划占地1.5 公顷,南站规划占地 1.4 公顷。

天然气门站采用原有门站,站内建设高中压调压站,规划后期建设第二液化石油气混空气辅助及调峰气源。规划占地 1.4 公顷。到2000 年,城市人口为 36 万人,燃气气化率近60%,气化人口 21 万人,居民用户耗热定额为2.52 吉焦/人·年。远期到 2010 年,城市人口50 万人,燃气气化率达到 90%,气化人口 45 万人,居民用户耗热定额为 2.73 吉焦/人·年。居民耗气量、公福耗气量与不可预见量分别占总耗气量的 85%、10% 和 5%。

五、公交规划

1996—2010 年公交规划

以优先发展城市公共交通为原则,公交车辆保有率达到 6 标准车台/万人,城市主次干路均设置公交线路。

2005 年,公共汽车数量不低于 286 标台,人均公交标准车 6.5 标台/人,根据实际情况配备部分空调车。2010 年,公共汽车数量不低于470 标台,人均公交标准车 9.4 标台/万人。2005 年出租车不超过 2750 辆,千人拥有率 6.2 辆,出租车要高、中、低档相互配合,以中高档为主,逐步淘汰面包型出租。2010 年,出租车不超过 3200 辆,千人拥有率 6.4 辆。规划 2010 年公交线路 20 条,线路长 206 千米。

六、排水规划

期限为 2010—2030 年,其中近期为 2010—2015 年,中期为 2016—2020 年,远期为 2021—2030 年。规划范围为德州市中心城区,北起德滨高速,南至南外环路,东起东处环路,西至运河经济开发区边界,规划面积 301 平方千米。

规划期内,城市将逐步改造、利用现有排水管道,规划建设完善的雨污分流排水系统。雨、污水排放充分利用地形条件,城市污水采用分区汇流入污水干管,然后汇流入岔河西侧的城市污水总干管,再送达污水处理厂,处理达标后排放于岔河。

在城区东北部苹果园路与长兴路之间,建设城市污水处理厂,采用二级处理工艺。近期处理规模 10 万吨/日,占地 6.6 公顷;远期处理规模 24 万吨/日,占地 15 公顷。工矿企业排入城市污水道的工业废水,必须在厂内进行预处理,达到《污水排入城市下水道水质标准》(GB 18-86)后方可排入城市污水管道。

七、电力规划

1996—2010 年供电规划。

供电设施规划重点建设华能德州电厂三期工程(120 万千瓦),争取于规划近期内并网发电。预测用电负荷,至 2000 年全市供电最大负荷为 100 万千瓦,2010 年全市用电总负荷为220 万千瓦。规划近期完善 220 千伏骨干网架及其布局,加强 110 千伏电网结构建设,扩大35 千伏电网的供电能力和覆盖面。规划远期(2010 年)建设 500 千伏变电站,位于陵县和临邑交界处。增加电源点,远期每个县市争取拥有220千伏变电站1处，110千伏变电站2～3处。

电力工程规划近期2000年市区供电负荷为27万～30万千瓦，供电量14亿～17亿千瓦时，预测远期(2010年)供电负荷58万～60万千瓦，供电量32万～35亿千瓦时。在电网建设方面，规划建立220千伏送电网和110千伏配电网，建设2座和扩建1座220千伏变电站，即付庄变电站(2×150兆伏安)、北桥变电站(2×180兆伏安)和赵庄变电站(1×120兆伏安)，新建和扩建110千伏变电站9座，使变电总容量达到92万千伏安。城区送电网电压为220千伏，配电电压110千伏和10千伏，取消35千伏电压等级。发展热电联产，配合城区建设，推行集中供热采暖。新建市区10千伏配电干线，一律采用双回路同杆一次建成方式。建立可靠实用的多种通信方式并存的电力专用通信网。调度以计算机在线运行为中心，进行城网监控。

八、绿化规划

1996—2010年绿化规划

根据城市地理特点，其绿地系统采用块状与带状的布局形式，形成点(公园和游园)、线(沿河带状绿地、道路绿地和防护林带)、面(环境绿地和郊区风景林)相结合的绿化布局结构。在市域范围内以平原地区纵横交错的河流、公路、铁路防护林带为骨架，以农田防护林为网络，形成城乡一体的绿化系统。保护城区周围水体、林地、果园和农田，加强对风景资源和文物古迹的保护，开展植树造林，建设城市大环境绿地系统。以穿越城区的运河、岔河绿带为轴线，结合河流沿岸治理和旧城改造，建设带状滨河公园和小型公园绿地。以城区的几条主要道路为骨架，形成各具特色的、植物景观丰富多采的城市景观走廊。充分改造市区原有公园，同时将德州市名胜古迹和历史纪念地纳入绿地系统，使城区形成一个完整的、有机的绿地空间系统。

城市道路绿化在植物选择和配置上应有不同的风格，绿化中注意与城市空间结构相协调，乔灌木与地被植物合理搭配，树种宜选择冠大浓荫，便于管理、突出当地特色的乡土树种。

生产防护绿地规划在现市苗圃的基础上，另外新建西苗圃、南苗圃、北苗圃以保证城市绿化用苗的生产和分配，苗圃的总面积按建成区2%～3%规划。

建设城市防护林带1. 路防护林带，在铁路的城区地段，沿铁路两侧种植防护林带。2. 河防护林带，沿运河两侧各种植15～30米防护林带，在城区运河南端建运河公园。3. 岔河防护林带，在河两岸种植宽30～50米防护林带，以及在河两岸建若干公园，形成一条完整的防护绿带。4. 过境国道防护林带，沿国道两侧建宽20～30米防护林带。5. 工业区与居住区之间的卫生防护绿带，按工厂污染源的污染物质不同，选择抗污树种进行绿化防护，宽度为50～100米。6. 水源防护林带，水源地周围种植宽度200米的防护林带。

郊区环境绿化体系德州市地处华北平原，运河、岔河穿越其间，以上述两条河流为基础，将城市外缘的林地、河湖等统一纳入到城市大环境绿化之中，与市区绿地系统共同组成具有地方特色的大环境绿化体系。

九、通信规划

制定1996—2010年通信规划

邮电通信规划以调整布局为主，近中期新建控制电话局；远期在岔河东区南北段修建电话支局，总容量4000门。通信线路采用架空和地下电缆2种。

城区2000年市话普及率达到25%左右，电话交换机总容量达到11万门，公用电话普及率1部/千人；2010年，市话普及率达到35%，

电话交换机总容量达到37万门,公用电话普及率1.8部/千人。本地网的公用网部分全面实现交换程控化,传输数字化,远期逐步实现由准同步数字系列向同步数字系列过渡,局间中继形成光缆环路。

十、风景区规划

1996—2010年风景区规划

近期到2000年,城市人口36万人,规划城市公共绿地面积达到196公顷,人均公共绿地面积5.4平方米/人,绿化覆盖率达到30%。到规划末期,德州市人口将达50万人,城市公共绿地总面积为476公顷,人均占有公共绿地面积为9.6平方米/人,绿化覆盖率达到40%。

规划布局市域范围内以平原地区纵横交错的河流、公路、铁路防护林带为骨架,以农田防护林为网络,形成城乡一体的绿化系统。保护城区周围水体、林地、果园和农田,加强对风景资源和文物古迹的保护,大力开展植树造林,建设城市大环境绿地系统。以穿越城区的运河、岔河绿带为轴线,结合河流沿岸治理和旧城改造,建设带状滨河公园和小型公园绿地。以城区的几条主要道路为骨架,形成各具特色的、植物景观丰富多采的城市景观走廊。城市道路绿化,在植物选择和配置上,绿化注意与城市空间结构相协调,乔灌木与地被植物合理搭配,树种选择冠大浓荫,便于管理、突出当地特色的乡土树种。

公共绿地规划改造旧城公园,使之设施齐全、功能完善。城市新区建设市级公园、专类公园、区级公园和居住区级公园,使之服务半径合理,环境景观优美。沿运河、岔河建设带状游憩绿地空间。

城市景观风貌规划城市景观轴线6条,分别位于东方红路(迎宾路至湖滨路段)、湖滨路(天衢路至东风路段)、三八路(河东区路段)、东方红路(河东区路段)、河东大街和东风路(河东区路段)。6条轴线连接城市主要出入口、商业金融中心、行政中心和主要广场,是城市形象的主要体现。对沿线建筑的形式、高度和风格进行控制性规划,城市具有标志性的建筑将集中于这些轴线上。

沿运河和岔河,结合防护绿带和农田,营造2条自然景观走廊。结合国家恢复大运河航运建设计划和德州古运河历史文脉,疏通运河和岔河,治理河两岸环境,对其两河公园进行详细规划设计,协调处理好园林绿化同建筑小品、雕塑和水面之间的关系,保护好生态环境。

规划城市景观点12处,即新湖公园、苏禄王陵园、人民公园、运河公园、德城公园、儿童乐园、植物园、站前广场、中心广场、市政广场、新城广场和城隍庙。重点改造、扩建站前广场和中心广场、新建河东区市政广场和新城广场,对广场周围的建筑形式、高度和色彩进行统一规划与控制。规划确定多个景观节点,规划建设中注重城市空间形态和标志性建筑,协调处理好城市道路与建筑群体的空间比例关系。强化城市入口形象设计,对站前广场、高速公路立交桥、公路入口重点进行城市设计,体现城市风貌。

新湖风景区改造提升规划:2007年10月,委托北京、上海、广州三家设计单位对新湖风景区改造提升进行方案设计竞标。经过设计方案的反复论证和广泛征求相关部门的意见,为更好地提升方案设计水平,又邀请西湖综合保护工程的主要设计单位—杭州园林设计院开展新湖风景区改造提升方案的深化工作。规划提出“嫦娥奔月、柴市古街、南门遗韵、澄碧望月、朴园秋色、玉带晴空、寒绿浮影、行宫夕照”八大景观和“两轴四核”的景观结构,“两轴”即柴市街人文景观轴和草坪—嫦娥湖自然景观轴;“四核”即“朴园秋色、澄碧望月、柴市古街、行宫夕照”。

第二章 市政基础设施

1986—2003年，市级基础设施建设重点是德州老市区（德城区），之后，相继启动经济开发区、河东新城、运河开发区基础设施建设（参见本编第七、第八章）。

第一节 道 路

1986年，德州市城区（德城区）共有主要道路南北方向6条，分别是迎宾路、解放路、新湖路、湖滨路、东地路、德兴路。东西方向7条，分别是东风路、文化路、东方红路、三八路、天衢路、共青团路、北园路。道路狭窄弯曲。1995年后市区道路建设步伐加快，投入大幅增加，到2011年，主要街道几经拓展，有的已经拓展过2次，道路功能逐步完善，通行能力基本满足生产生活的需要。

1998年，德州经济开发区设立后，区内路网以晶华大道为主，逐步建成。2003年，河东新城建设启动，在减河新建扩建桥梁5座，相继延长改造北园路、天衢路、三八路、东方红路、东风路，连接起旧城区与河东新城区以及经济开发区。同时，新修了新兴路、杏园中路、河东大街，新建新河路等，河东新城共新建改造主要道路11条。

2005年，对城市道路命名进行统一规范，东西方向称为“路”，南北方向称为“大道”。

2008年，随着京沪高铁的正式开工建设，德州高铁新区建设逐步开展。2009年，跨减河对东风路、东方红路东延，建设东风路大王庄至牟庄段，长5000米，建设东方红东路减河至德宁路段，长5000米，均按照按照城市主干路标准建设，总投资2亿元。2010年，启动东风东路、东方红东路及两路连接线、中傲大道等道路建设及配套设施完善，投资5亿元，2011年全部完成。2011年，对高铁新区核心区内5条道路进行建设，完善配套管网，投资1.2亿元。

湖滨大道 （1998年 摄）

到2011年年底，德州市老城区（含运河经济开发区）主要东西方向道路已达11条。自北向南依次是萱蕙路、格瑞德路、苹果园路、大学西路、共青团路、天衢西路、三八西路、东方红西路、东风西路、新华路、新河西路。主要南北方向道路已达7条。自西向东依次是西外环路、商贸大道、迎宾路、向阳路、解放大道、新湖大道、湖滨大道、东地路、德兴路。基本形成纵横交错、四通八达的城市路网结构。

主要街道简介

一、南北方向道路(自西向东)

迎宾大道　北起青年路,南接东风路,全长2530米,宽14米,两边人行道各7米。1959—1987年,分段铺沥青和混凝土路面。1990年,对迎宾路中段铺设混凝土路面5244平方米,沥青路面6100平方米,人行道7500平方米。2000年,对天衢路至共青路段整修改造,长900米,宽30米,建设14米快车道。2009年,对东风路至天衢路进行拓宽改造,长1525米,道路红线40米,新建快慢车道、人行道、排水、绿化等。2011年,改造天衢路至大学路段,长2000米,建设道路、排水、路灯、绿化等。

向阳路　北起东风路,南至新河路于官屯大桥与德恩路连接,始建于1958年。1981年定名向阳路。1986—1978年,修建东风路至于官屯桥路段,后逐段铺成沥青路面。1997年,对北起新湖路、南至鲁北贸易实业公司南侧加油站路口处进行改造,全长1800米,三块板式结构,中间快车道15米,两侧慢车道各5.5米,建设非机动车道。1998年,对解放路至新河路段进行拓宽改造,全长606米,将路面拓宽为40米,形成15米混凝土机动车道,两侧各7米沥青非机动车道。2002年,对解放路至东风路进行拓宽改造,全长1270米,建筑红线宽30米,快车道14米,两侧各4米慢车道及4米人行道,22米主车道由公路部门负责建设配套工程总投资2090元。2005年,对东风路至于官屯铁路大桥进行改造,长4700米。

解放大道中段　(2000年　摄)

解放大道　市区中心的主干道。1951年拆除南城门,由原二郎庙街、当铺街、南门里街、南关街、枣市街、忠义街连接而成。1981年,定名解放路。2005年,更名为解放大道。1969—1983年,分期拓宽铺成沥青路面。1987年由东风路向南拓宽延伸至向阳路。1983—1989年,由二郎庙角向北延伸拓宽至轴承厂,逐段铺成沥青路面。1989年对东方红路至共青团路段进行整治,投资110万元,改造整修。1992年对解放南路进行整治。1997年,对天衢路至东方红路段拓宽改造。1998年,对东方红路至东风路段拓宽改造,长811米,将路面由15米拓宽为23.3米。2005年,对东风路至天衢路段进行综合改造,长1800米。2010年,对天衢路至大学路段进行拓宽改造,长1550米,道路红线40米,配套建设路灯、绿化等设施。

新湖大道　北起北园路,南至新河路,全长4900米,红线宽30米,为南北向的一条生活性干道。1957年沿东城墙旧址铺砖渣路面，命名环城路，1978—1983年，环城东路向南延伸至向阳路，分段铺成沥青路面，2005年，更名为新湖大道。1999年，分两段进行改造：新华路至新河路段，长1200米，宽30米；共青团路至北园路段，长900米，宽30米，等。2003年，对东风路至新华路段进行改造，全长450米，红线宽度30米。2006年，对三八路至天衢路段进行改造，长900米，规划宽度30米。

湖滨大道　南北向主要干道，全长5595米，宽40米。是市区最富代表性的景观主干道路。1964年开始修建，因中段沿新湖东侧，故名湖滨路。1966年铺部分沥青路面。1983—1987年逐段拓宽，道路红线40米，三块板形式。1992年对新岭路至新河路段进行改造，长860米。1998年，对东风路至北园路段进行高标准改造，长3000米。2000年，对振华玻璃厂至向阳南路段进行改造，长750米、宽40米，建设14米宽混凝土快车道及排水工程；是年，被评为“山东省市政工程优质奖”。2002年对东风路至新河路段进行修建，全长1600米，规划道路红线50米。2003年，对新河路至于官屯大桥段进行改造，长2150米，红线宽50米。同年，对萱惠路至北连线进行改造，全长2200米，道路红线50米。2005年更名为湖滨大道。

德兴大道　中心城区南北向主干道之一，北起大学路，南至东风路，全长2895米，宽40米。始建于1974年，初名移风路，北起北园路，南至堤岭村，1981年更名为德兴路。1996年对天衢路至三八路段进行改造，重点对道路绿化。1998年对三八路至东风路段进行改造，拓宽至40米，将德兴路与东方红路交叉线型由“丁”字型调整为“S”型，配套完善了道路排水等设施。2005年德兴路更名为德兴大道。2010年，进行重新罩面改造，对道路配套设施进行完善。

二、东西方向道路（自北向南）

大学路　市区北部东西向主干道，东起晶华大道，西至后园桥，是进出德州市区和通往京津的重要通道。原名北园路，2005年更名为大学路。1986年铺成沥青路面。1990年拓宽陵西路地道桥至湖滨路段，路面宽14米。1996年，对以东段改造拓宽，建成14米宽混凝土路面。2000年，对东起湖滨路、西至后园桥北公路界段进行综合改造，长2100米，宽60米，交通部门修建23米宽快车道；城建部门修建两侧各6米慢车道。2005年，对湖滨路至岔河桥段进行改造，长2700米，红线宽60米。2011年，对康博大道至学院东路进行改造完善，长2700米，建设排水、路灯、绿化等设施。

湖滨大道改造　　（2005年　摄）

共青团路　东起德兴路，西至迎宾路，全长2946米。1978年，共青团德州市委发动青年义务劳动修路，并命为共青团路，2005年更名为青年路。1990年，由7米拓宽为14米，将湖滨路至造纸厂段铺成沥青路面，造纸厂至迎宾路段为混凝土路面，铺设人行道1.69万平方米。2000年，对湖滨路至德兴路段进行改造，长1050米，拓宽改造成14米快车道，配备建设排水、路灯、绿化等设施。2011年，对湖滨大道至迎宾大道段进行改造，长1900米，完善配套设施等。

天衢路　贯穿中心城区东西向大动脉，西接京德公路，向东横穿8条城市道路，接济德高速公路，全长7千米，宽40米。1988—1989年，打通、铺设湖滨路至迎宾路一段，结构为三块板：快车道为混凝土路面，宽14米；慢车道为沥青路面，两边各6米；人行道两侧各5米，绿化带两侧各2米。1989年重修迎宾路至化肥厂一段沥青路面，宽12米、22米不等。1990年铺成湖滨路至通衢桥一段，为三块板式路面。2000年，对迎宾路至顺河路段进行综合改造，长1200米，宽35～43米，主要包括天衢地道桥、天衢运河桥和道路三部分。2002年，对天衢路进行综合整修和改造，使其成为一条标志路、形象路、景观路。2006年对岔河至康博大道段进行改造，长2450米，道路红线宽60米，绿线100米，配套建设排水、路灯、绿化、消防等设施。

三八路　市区东西向生活性主干道，西起迎宾大道，东至岔河，长3710米，宽21米。始建于1949年秋，时任市长张持平组织干部义务劳动拆墙填护城河，筑大车道命名为新乡大道。1961年，市妇联发动全市妇女干部义务劳动，将大道展宽延长，至1964年完成，定名三八路。1978年铺成沥青路面。1987年，拓宽德兴路至新湖路段，路宽18米，两边人行道各6米。1992年，对解放路至迎宾路段进行改造，长860米，铺设沥青路面8400平方米，人行道6600平方米。1996年，对解放路至新湖路段进行拓宽改造，长710米，红线宽30米，修建15米沥青混凝土路面。1997年，结合三八中路两侧商住楼开发，对道路拓宽。2008年建设长河大道至康博大道段，建设快慢车道、人行道、排水、路灯等。2009年，对京沪铁路桥涵至康博大道进行全面改造，长6850米，岔河以西红线40米，岔河以东绿线100米。

东方红路　东起岔河西大堤，西至迎宾路，全长3375米，宽20米。东方红路于1951—1958年拆城墙时，填护城河筑成煤灰渣路面。1997—1998年，对湖滨路至解放路段进行改造，增加绿化面积6000平方米。2000年，对解放路至德兴路段进行改造，长2100米，宽40米。2002年，对德兴路至岔河桥段进行改造，长650米，宽30米。2006年，建设刁李贵至减河大堤段，长500米。2008年，实施东方红路东延至高速铁路，建设减河大桥。

东风路　贯穿市区东西的一条主干道，全长10千米，宽40－60米，西起华鲁电厂，东至济德高速公路口，是联系河东区（经济开发区）、市中区（中心城区）、铁西区（运河经济开

三八东路　（2011年　摄）

东风东路 （2011年 摄）

发区）的一条重要交通线。1964年兴建，1965年建成。1968年，铺成沥青路面，宽15米。1990年，将堤岭桥至湖滨路段拓宽为三块板式路面，快车道宽14米，慢车道两边宽各6米；快车道两侧设绿化带。1995年，对东风中路进行改造。1997年，修建堤岭桥至高速公路段60米宽主路面。1998年，配套建设慢车道、人行道。1999年，对堤岭桥至胜利桥全长4.3千米路段进行综合改造，将架空线路转入地下，铺装花砖人行道以及盲人专用道，安装不锈钢护栏和路灯，道路两侧种植了广玉兰等名贵树种。是年，被评为“山东省市政工程优质奖”；翌年，被建设部市政工程协会授予国家市政工程“金杯奖”。2001年，配合胜利桥的建设，进行改造，长1150米，宽50米。2003年，对东风路立交桥至河北、山东交界处段进行改造，道路总长4.1千米，市区2.7千米，红线宽50米，主车道34米，剩余道路按一级公路标准建设，路面宽24米。2009年，对堤岭桥晶华大道段进行罩面改造，全长4800米。

新华路　东起堤岭村，西与向阳路相接，长2400米，宽12米。1965年，将向阳路至解放路段铺成沥青路面，宽12米。1987—1990年，分期将解放路南路至湖滨路一段铺成沥青路面，宽12米。1992年，对新湖路至湖滨路段进行拓宽改造。长500米，宽25米，铺设沥青路面6600平方米，人行道7150平方米，路牙石1100米。2002年，对东地路至湖滨路段进行改造，全长520米，规划道路红线为30米，为一块板式结构。2010年，对晶华大道至商贸大道段实施全面改造、完善。

新河路　西起西外环，穿越市中区，跨过岔河，向东经杏园路、河东大街、新兴路、沙王沟，止于晶华南路，全长9460米。成为穿越德城区、运河开发区和经济开发区的南端交通大动脉。1999年，对新河东路进行改造，长950米，红线宽40米，修建14米宽混凝土路面机动车道、排水工程及湖滨路至东沟的排水工程。2002年，对向阳南路至铁西南路段改造，全长1260米，规划红线宽30米，主要建设12米宽沥青混凝土主车道。2004年，新城建设范围为湖滨路至新兴路段，全长4920米，岔河以东宽100米，以西宽40米。河东段断面形式为22米主车道，两侧各20米绿化带，10米慢车道，9米人行道；市区段断面为21米主车道，两侧各9.5米人行道。2005年，新建湖滨南路至晶华路段，长6110米，建设新河路岔河桥。同年，对湖滨南路至向阳南路段进行改造，长950米。2008年，建设铁路桥涵至商贸大道段。

第二节 桥 涵

1986年年初,德州市区共有桥梁7座。此后,随着经济社会的迅速发展,新建桥梁逐渐增多。

明月桥 1987年建设,位于新湖风景区西侧,钢筋混凝土结构3孔拱桥,桥长4米,宽7米。桥体用红色花岗石饰面。桥面用多段反曲线圆滑连结,为新湖风景区特有景观。

步云桥 1990年建设,对位于东方红路西段南侧,新湖水面狭窄处的步云桥改建为成砖石混凝土结构,桥面为水泥坡道。

天衢桥 2000年,对天衢桥进行拓宽改造,拆除原10米宽旧桥,建设28米宽新桥,配套建设引道、泵站、绿化、照明等设施,将地上架空线路全部转入地下铺设。同年,拆除岔河东关桥兴建新桥。新桥按高速公路桥标准设计,设计荷载为汽-超20、挂120,桥长340米,采用12孔跨度,预应力混凝土工字架,桥面宽28米,中央14米为双向四车道,两侧为宽5米的自行车道,外侧为宽2米人行道,铺设广场砖,设栏杆及路灯,人行道下设集水、排水管。

胜利桥 2001年,对胜利桥实施拆除新建,新桥为预应力混凝土斜腿钢构结构,跨径组合为23+36+23米、桥面宽36米,双向6车道,是慢车道、人行道、路灯齐全的高标准桥梁。对堤岭桥进行全面改造,在原桥北侧加宽10.3米,上部为24孔13.3米普通混凝土简支梁桥,下部为柱式墩台,钻孔灌注桩基础,改造后的新桥全长320米,全桥总宽32米,两侧各建设1.5米人行道,栏杆选用莱州产的仿汉白玉石料。同年,开工建设东方红路岔河桥。建成后的岔河大桥上部为45米+3×75米+45米预应力混凝土变截面连续箱梁桥,下部为钻孔灌注桩基础、空心薄壁墩,全长315米,桥面宽26米,设计荷载为汽—超20、挂120。

通衢桥 2002年,建设改造天衢路通衢桥、东方红路岔河桥、东风路堤岭桥。

新河桥 2005年,东西方向新建新河桥,成为岔河上第七座跨河大桥。新河桥采用独塔双索斜拉桥桥型,由索塔、主梁、斜拉索等组成。桥面宽度31米,车行道宽度为24米,总高度约为75米。2004年2月开工建设,2005年12月竣工通车。

杏园桥 2006年,南北方向建成杏园桥。杏园桥为单跨式钢结构混凝土组合式拱桥,全长75.4米,净跨50米,净宽26米。中间部分为钢筋混凝土拱桥,净宽14米,双向四车道,按城市主干道Ⅱ级标准设计修建;两侧各为5.5米宽钢结构拱桥,内侧各为3.5米宽电瓶车游览通道,可直达湖岸,外侧各为1.5米宽人行通道,凭栏观景,实现了交通、景观、游览等多种功能的和谐统一。杏园桥因地处原杏园村而得名,原为废弃池塘边的农耕土路。2005年4月作为长河公园景观的一部分而修建,扩池成湖,上面修建杏园桥。

到2011年,德州市主城区桥梁已达14座,其中,立交桥2座,人行天桥1座。有穿京沪铁路人车共用的建地道桥涵10处。自北向南有萱蕙路、大学西路、共青团路、天衢路、东风西路、新河西路、七东等8座人车公用地道桥。人行涵洞有2处,分别是三八路、运粮路涵洞。

第三节 照 明

1986年,德州市区42条街道,有路灯1091盏,线路总长为41.2千米。其中,第三代光源高压钠灯179盏,第二代光源高压汞灯666盏,第三代光源白炽灯225盏。灯型也已发展到10多种。亮灯率已达96%。1989年发展到1861盏。灯型也已发展到10多种。亮灯率已达96%。1989年发展到1861盏。1992年,全市路灯发展到2454盏,其中钠灯851盏,汞灯1449盏,白炽灯154盏,完好路灯2381盏,路灯完好率97.03%。(建设部颁布的亮灯率为95%)。1993年路灯总数发展到2652盏,其中钠灯1046盏,东灯1469盏,白炽灯137盏。1995年路灯总数已达2968盏,亮灯率达97.8%。2002年,市区共有路灯3018基5647盏,其中第三代光源4560盏,第二代光源391盏,节能灯696盏。线路长度达160千米,20多种灯型,并逐步向路灯智能化控制方向发展。2005年路灯达到7494盏,2007年路灯设施达到9155盏。

2010年,市区路灯引进了太阳能、LED绿色照明,路灯总量为4178基、10006盏。2011年路灯达到7116基、14723盏。

第四节　排　水

一、排水

1990年排水管道敷盖率78%,1991年敷盖率79.5%,1992年全市排水管道全长67千米,敷盖率81%。1993年排水设施全长70.1千米,排水管道完好率87%。1995年经全市政设施普查,市区排水设施总计70837米,检查井总共979座,雨水井2862座,混凝土排水管总长25793米,砖沟总长11310米,砖涵总长2250米,石沟总长21034米,土明沟全长10450米。市区现有的排水体系为雨污合流制,截至2002年,建成区现状共有排水管渠186千米,其中,管涵109千米,石砌明沟40千米,土明沟37千米,纵管长度计95193.7米。城市排水系统服务面积24千米2,排水设施覆盖率80%。检查井1205座,雨水井4996座。市区排水干沟主要是“一渠五沟”,即三干渠、新华沟、大东关沟、北沟、中沟、东沟。市区南部,新河路以南和湖滨南路、新湖南路、向阳南路没有排水设施。规划控制路,无排水管道,包括陵西路、新岭路、东地南路、东地北路等。2005年排水管网为138.59千米,2006年事权划分后,2007年排水管网为121.35千米,2011年管线长度328.5千米,检查井2131座,雨水井10022座。

二、泵站

1986年,市区共有10座排水泵站,1989年新建堤岭泵站,投资380万元,堤岭泵站肩负着城区南半部的排水重任。1997年成立专门的泵站管理所,专人负责泵站管理事务。1997年成立了专门的泵站管理所,专人负责泵站管理事务。1999年实施新湖截污工程时,新建五中、新湖两座泵站,2000年由德城区管辖的小东关泵站和陈公堤口泵站上划市级管理,由市政设施管理处负责管理。市政设施管理处管辖的排水泵站共15座,其中外排泵站5座,分别是向岔河排水的陈公堤口泵站、堤岭泵站、小东关泵站和向运河排水的胜利桥泵站和桥口泵站,总机排能力为12米3/S;铁路地道桥泵站8座,分别是后园泵站、北园泵站、造纸厂泵站、天衢泵站、水塔小道泵站、193泵站、194泵站、196泵站;污水泵站2座,分别是新湖泵站和五中泵站。共有自流排水出口6处,其中向岔河排水的自流口有3处。分别是陈公泵站自流口、小东关泵站自流口、七里庄涵洞;向运河排水的自流口有3处。分别是芦庄泵站自流口(归德城区管理),胜利桥泵站自流口、桥口泵站自流口。6个出水口的日排水能力为247万立方米。2005年增加七里庄泵站管理,管辖泵站达到16座,机排能力达到310.32万立方米/天,自排能力达到33.2万立方米/天。2011年管辖15座泵站,机排能力292万立方米/天,自排能力达到453万立方米/天。

第五节 广场 园林 绿化

一、广场

1995年前，德州市区城市广场仅有火车站广场等几处，面积较小，功能单一，绿化不足。

1996—2000年内，相继建成城市中心广场、世纪广场等精品工程，改造人民公园，建设植物园，重新规划和改建火车站广场，新立“九达天衢、神京门户”牌坊，建设医药大楼绿地、卖马营绿地等街头绿地、小游园20余处，建成区绿化覆盖率达31.26%，人均公共绿地面积由1.5平方米增加到4平方米。

到2011年底，德州城区共建成大中型广场绿地5处。

德州市中心广场　位于市区新湖风景区东畔，1998年8月建成，前身为东地体育场。中心广场北起东方红路，南至文化路，南北长400米，东西宽120米，占地总面积4.8万平方米。其中建筑面积1.12万平方米，绿地面积3.15万平方米。广场由体育广场、文化广场、休闲广场三部分组成。体育广场包括一个高标准草坪足球场和400米环型看台围合成半封闭空间，设置有瀑布、旱喷泉及演出舞台，可供举办文娱活动。休闲广场以绿化为主，配以跌落式绿地及小型喷泉，突出一个“静”字。中间的文化广场，通过过街天桥与新湖相连，在天桥探入新湖水面处建有小码头，使城市中心广场与新湖风景区有机地联系在一起。广场东侧为7米高的阶梯式露天看台，看台中间部分是高达十几米的背景墙，墙上是反映德州历史文脉的大型浮雕，有后羿射日、嫦娥奔月的神话传说，有董仲舒德州苦读13载的董子读书台，有象征中菲友谊的苏禄王朝觐图。广场东侧上方的柱体长廊，中心部分的环型看台及过街天桥等所有制高点都装饰有各类射灯、彩灯，总计3000多盏，

中心广场　　（2005年　摄）

夜幕降临，霓虹闪烁，五光十色，斑斓多姿。成为集文化、休闲、娱乐、体育于一体的健身活动场所。

世纪广场　位于新湖公园北岸，东西长270米，南北宽80米。整个广场从东向西依次为铺装树林广场、下沉式主题广场、绿地休闲广场三部分。其中铺装树林广场占地6400平方米，以落叶乔木为主，主要功能是完成与中心广场的过渡与分割。低于地面60厘米的下沉式广场，其核心部分位于南端的主题雕塑“世纪风”。雕塑高21米，象征21世纪德州美好的明天。

下沉广场面积不大，景点众多。主题雕塑北面的信息池是一个略带斜度的玻璃平台，下设7组14台29寸彩色电视机和两组音箱。夜晚，灯光和7组不同的电视画面使整个平台成为舞池，为广场增添一丝灵性。信息池两边，对称的是两组旱喷泉。两组喷泉，具备两项全国之最：喷泉种类最多，科技含量最高。在几十平方米的平面上，有喷泉、跑泉、升降菊花泉、光亮喷泉，几乎集中了当时最先进的喷泉种类。

下沉广场的东西与铺装树林广场相接地方有一金字塔形成的水晶屋，形体取意于晶莹透亮的天然水晶，寓义恒定与永久。西端与水晶屋遥相对称的是一风水球。球直径1.8米，由巴西进口的整块石料雕磨而成，重9.15吨。石球在底部水柱的喷力下能够悠悠转动。水晶屋的方与风水球的圆遥相呼应，蕴含中国传统文化上的万形之源、万体之基，显示了广场博大的包容性。

世纪广场是2000年市委、市政府为改善城乡人民生活所办的“十件实”之一。于2000年6月开工，2001年元旦建成开放。

二、公园

1986年，德州市区仅有新湖公园、儿童乐园2处公园。到2011年年底，德州市（四区）拥有城市公园9个，公园绿地总面积1284公顷。

人民公园　位于东风路、向阳路、新华路、解放路围合的区域，占地12公顷。其前身北端为乾隆行宫遗址。始建于1958年，1960年10月建成开放，分花卉、动物、儿童乐园3个游览区。

1988—1989年，对东湖4公顷水面进行清淤，修筑湖岸和沿湖长廊。1996年建设形式多样的几何图形花坛12处，新建一座与湖心岛相连的三曲桥，改建了四座游园桥；1999年将西

世纪广场　（2010年　王强　摄）

人民公园 （2010 年 王强 摄）

门口外的土丘改造成由太湖石堆砌的假山 1 座；结合东风路综合改造，对公园北大门及门前广场进行改造，建成高 5.5 米的白色欧式风格大门。

2011 年，市委、市政府将人民公园水系改造工程定为重点民生工程，新建亲水平台、仿古六角亭、荷花池、木拱桥等园林小品，在湖中首次引入湖中人工生态浮岛，种植水生植物 2 万余株，营造出水清碧绿、波光粼粼、湖岛相映的园林新景观。

公园内动物园主要动物有熊、猴、狼、狐狸、孔雀、八哥等十多个品种。1988—1992 年，在公园最南面，相继建设猴山、鹿苑、百鸟馆、孔雀馆、水禽馆、骆驼圈等动物笼舍，形成动物集中观赏区。1993 年春，在笼舍周围建成院墙，形成一个面积 1.22 万平方米的小型园中园动物园。到 2004 年，动物园已有东北虎、麋鹿、梅花鹿、孔雀、狼、熊、蓝马鸡、骆驼、牦牛等各种动物 48 种。

新湖公园　始建于 1960 年，位于中心区域（东起解放路，西至湖滨路，北起东方红路，南至东风路）。1986 年，砌筑湖北岸石护坡、七曲桥；在湖东北角修筑仿古建筑“梅园”；沿东岸修筑“梅荫亭”“迎旭亭”“寻月舫”“平湖曲廊”；1987 年，筑起三孔“明月桥”，修筑装饰园内走廊及路径，环湖畔立雕塑 4 座；叠翠山下，湖西岸塑一少女晨读坐像；湖东岸莲步町水域内塑一女跳水运动员腾身欲跳雕塑；湖东岸中部知春台内塑有白天鹅群一组；北岸花坛内草坪上塑有 3 只形态各异的梅花鹿。

新湖全景 （2011 年 摄）

1994年，拆除沿岸民宅，实施“东、中、西”三湖连体工程。2000年在湖北岸建设世纪广场绿地。2001年德州市委将机关迁出，对遗留的建筑进行景观装修改造，建成文化中心。2002年，建成清风苑、艺术中心、安静休闲区和运动区。希森集团投资在月亮河以西建成希森欢乐岛。

2009年，建成玉带晴空和南门遗韵。“玉带晴空”位于景区东南角地段，占地3.25万平方米，由拱桥、码头与湖、路、牌坊、广场等建筑物相映衬，常绿苗木与落叶苗木相搭配。“南门遗韵”位于景区西北角地段，占地1.005万平方米，建设老城门遗址纪念广场、地下空间下沉广场与地下商场，恢复德州的历史景观和建筑风貌特色。

2010年，为迎接世界太阳城大会”，安装59基太阳能灯，采用新型的LED七色渐变点光源灯和投光灯，对百鸽亭、龙凤亭进行亮化。

植物园　位于北园路和湖滨路交岔口西南角总占地面积70亩，其中水面面积1600平方米，硬化面积3000平方米。植物配置以乡土树种为主，共有44个科、82个属、150多个植物品种，辟有多个分类园区。1999年从河南、菏泽、泰安等地引入多种异地植物进行引种、驯化。

园内植物绿化以道路为界划分为5区（松柏区、常绿树丛区、悬玲木区、乡土树种区和灌木区），8园（石榴园、海棠园、桃园、丁香园、月季园、盆景园、名贵树种园和樱花园）。植物配置为：阔叶区、针叶区中有海桐、火棘、珍珠梅、锦熟黄杨、大叶黄杨、法国冬青、小檗、千头柏、侧柏、龙柏、河南桧等。樱花区中主要为樱花，桃园区中种有红叶桃、绿桃、寿星桃。丁香区中有紫丁香、白丁香、暴马丁香。海棠园中有西府海棠、垂丝海棠、木瓜海棠、贴梗海棠、海棠果。该园建于1998年，2000年建成对外开放。

锦绣川风景区　位于市区东侧，前身为钩盘河故道，1971年疏通作为防洪的岔河，后成为上游排污河道，水质严重污染，河岸杂树丛生。2003年，市委、市政府把岔河改造作为一项民心工程实施，规划控制范围10千米。一期工程兴建堤岭桥至东方红桥700米段，同年9月竣工开放，成为德州市第一个开放式景区。主要景点有木香码头、荷花莲池、千年博弈平台、观光走廊等景点。

2004年向南北拓展，从东方红桥至三八路桥450米，建成体育健身区。南至堤岭桥南1000米，修建人文石刻、农家小院等景观。

2005年，在三八路桥至天衢路桥东西两岸修建藕池40亩。2006—2007年，在三八路桥西岸南侧建成停车场一座，在东方红路桥至天衢路桥西岸堤项路设置回型护栏。在东方红路桥西岸北侧建成草花基地12亩，在天衢路以北建立苗木繁育基地39亩，实现了以绿养绿、以林养景。2008年，完善三八桥下硬化工程和主园路硬化对接2140平方米；完成东风路桥西堤南堤顶路封闭工程；完成天衢桥至北园桥段道路修筑、场地平整的园林科技竞技场绿化改造工程，景区一、二、三期硬化园路实现全面贯通。2009年，打造“东岸竞技场、西岸堤顶路、天衢桥头节点、堤外绿化工程”四处绿化新景观，引进社会投资建设生态鱼类养殖基地，开展生态水体治理工程。

长河公园　始建于2004年，位于河东新城，总体规划面积120万平方米，水域面积40万平方米。公园自西向东由山地景观区、自然生态区、桥梁景观区、现代休闲区四部分组成，是国内第一座光伏供电的太阳能公园。2006年，完成湖体蓄水工程。2007年，以公园出入口和主要游览路线为重点，种植胸径12厘米以上的大树100余株，种植灌木1.5万余株，种植草坪200平方米，地栽花卉5万余株。2008年，完成“一线两片”绿化提升工程，共新植各类绿

东方红路 （2009 年 摄）

化苗木 1.6 万株，完成大树入园工程，购进胸径达 30 厘米的大树 28 株。2009 年，建成长河文化广场，主工程含硬化、绿化、亮化、雕塑（马踏飞燕主题雕塑）、喷泉工程和接待中心工程。2010 年，完成文化广场停车场、长河升降钢桥工程、长河公园雨水处理站工程等基础建设，完成沿湖沿路观光带苗木增植工程、水生植物引种示范园工程、公园东北角景观苗圃建设工程等园林绿化建设。

九龙湾公园 位于运河经济开发区东风西路与运河交汇处，占地 2.4 万平方米。

2008 年，对德州自来水公司弃用的一水厂进行大面积改造建设，在保留原貌植被、存留历史遗迹的基础上，建成九龙湾公园。公园名字取义古运河德州段九曲回转、气势磅礴，宛如一条巨龙，寓意好运，加“九”与“久”谐音，故定名为九龙湾公园。是一处开放式森林公园，园区建有养鱼池供游客垂钓。还修建了古井亭、静怡轩、厚德亭、闻莺水榭、牌坊、长廊等古建筑，建筑风格古朴别致，明清北派建筑特色鲜明；铜质民俗雕塑点缀其间。传统的门、亭、廊、榭、轩、坊和茂密的自然植被、湖水长廊、环园堤道等多种文化元素，共同构成九龙湾六景：叠翠揽胜、沁雨樱园、紫藤花雨、绿苑群芳、静水清心、葳蕤旷野。

三、绿化

1986 年，市区绿化覆盖面积不足 50 公顷。1995 年，城市公共绿化面积 96 公顷，人均占有公共绿地 4.6 平方米。2000 年，城市建成区绿化覆盖面积 1044 公顷，城市公共绿地面积 128.9 公顷。2005 年，城市建成区绿化覆盖面积 1616 公顷，城市公共绿地面积 521 公顷。

2011 年，中心城区绿化覆盖面积 2889 公顷，绿化覆盖率 40.69%，人均公共绿地面积 20.66 平方米。

道路绿化 20 世纪 70 年代和 80 年代，道路绿化范围逐步延伸到每条道路。进入 90 年代，特别是地改市以后，大规模的城市改造，原来的道路绿化被取而代之以更具现代化的道路综合绿化模式，绿化分车带、道路绿化带广泛出现在道路绿化中。

1996—2002 年间，先后对市区 20 多条城市道路进行全方位绿化，增加道路绿化面积 6 万多平方米。在 104 国道两侧建设了近 2 万平方米的绿化带，成为城市绿色长廊。2000 年实施“大树进城”工程，向城区主要干道、绿地游园、广场等地段移植各类大树 15000 余棵，丰富了城市园林绿化景观。

2000 年以后，道路绿化形式转变为行道树、分车带、绿化带、乔灌草相结合的综合绿化模式，道路绿化更加注重实用性和美观性，形成城市一道道亮丽的风景线。2001 年，实施大树进城工程，共在东风东路（晶华大道—堤岭桥）、东方红路（湖滨路—德兴路）、北园路（湖滨路—北园桥）种植法桐等各类大规格乔木 5106 株。2002 年，对东风路、三八路等 9 条道路进行大树移植，共移植各类大规格乔木和灌木1万余株。2003年，对共青团路、向阳路、天衢路、东方红路、湖滨南路、新湖南路6条道路共种植白蜡、国槐、法桐、合欢等大规格乔木2400余株；种植西府海棠、紫薇、紫叶李、龙柏球、丰花月季等花灌木和小灌木14万株。2004年，对东风东路、(体育路—堤岭桥)、河东大街(东风路至东方红路)、东方红东路(岔河桥—杏园路)进行绿化改造。绿化以植物造景为主，乔灌花草合理搭配，营造复层混交的植物群落。2005年，主要实施了河东大街二期绿化工程，该路段全长1500米，绿化面积9.3万平方米，采用“四板三带”绿化形式，以植物造景为主，注重季相变化，建成后形成三季有花，四季常青的绿化效果。

2006年，实施东风路、湖滨路、新湖路的改造提升工程和河东大街三期道路绿化建设工程。河东大街三期新增绿化面积2.9万平方米，种植乔灌木20万多株。2008年，主要实施市区13条道路的绿化改造提升工程。主要采取增种行道树、建设树下绿带、增加墙基绿地建设等措施，共种植各类乔灌木28万株，新增绿化面积5万平方米。2010年，实施湖滨大道、解放大道、天衢路、新河路4条主干道绿化改造提升工程。道路绿化呈现出“绿量大、密度厚、规格高、品种多、色彩丰、层次明”六大特点，共种植各类乔灌木40万株，新增绿化面积5.8万平方米。

2011年，实施大学路绿化改造工程，调整分车带3320平方米，增加树下绿带3365平方米，种植乔灌木9463株，小龙柏、草花及宿根花卉25676平方米。同年在德城区建设第一个林荫停车场。

公共绿地　1986年以前，市区绿化形式主要以树木林带为主。1986年后，开始在街头空闲地带规划建设种植形式多样的植物，形成公共绿地。至2011年，先后建设了火车站广场游园、大东关绿地、厚德园、和谐园、怡馨苑等40多处街头公共绿地，面积由33.6公顷增加到1140公顷。绿地植物以草坪为主，配以灌木、四季花卉和矮小观赏乔木等。

庭院绿化　自1981年起，开展争创“花园式单位”和“绿化先进单位”活动。到1994年全市共评选出市级“花园式单位”92个，“绿化先进单位”124个，省级“绿化先进单位”5个，“省级花园式单位”2个。1995—2011年，全市共评选出新湖家园小区、新城市花园等市级花园式单位、小区110个；德州学院、东方家园等省级花园式单位、小区15个。

第三章　公共建筑与住宅

第一节　公共建筑

改革开放初期，德州城区办公、医疗、学校、商业等公共用房大多是平房或者三层以下的楼房。1995年前，德州仅有德州大酒店、德州学院办公楼等少数高层建筑，经过10多年发展，各式各样的公共建筑拔地而起。至2011年年底，城区内高层公共建筑数量大幅增加，有代表性的是德州广电大厦(广电中心)、德州百货大楼、德州市人民医院病房楼等。

2011 年德州城区重点公共建筑一览表

表 4－1

名 称	位 置	建设时间	建筑面积（万平方米）	结构特点
德州百货大楼	新湖南岸	1983 年	6. 2	主楼 5 层、塔楼 16 层、高 66 米
德州美丽华大酒店	解放大道中段	1989 年	6	由宾楼、皇冠楼、香港城三楼组成有标准间、豪华间、部长套房、商务客房、总统套房等计 218 间
德州大酒店	东方红路与湖滨路交叉路口	1994 年 3 月	1. 8	主楼地下 1 层，地上 19 层，总高 60 米，18 层为旋转餐厅，直径 21 米，透过环窗可眺望全城景致
德州市会展中心	河东新城区	1999 年 8 月	1. 3	建筑高度 2 层，局部 3 层
德州广电大厦（广电中心）	德州新湖北岸	2000 年 12 月	20. 6	主楼高 21 层，86. 2 米
德州市人民医院新病房大楼	市人民医院内，新湖风景区对面	2010 年 3 月	4. 3	地下 1 层，地上 23 层，高度 96. 6 米
德州学院整体建筑工程	德州市区东北片	2001 年 10 月	22. 8	北院为教学区，南院为教工生活区
德州学院综合楼	德州学院内	2001 年 5 月	2. 5	主楼地下 1 层，地上 16 层，裙楼 8 层，框架结构
德州银座商城	解放北路与三八路路口	2008 年	6	集购物、餐饮、休闲、娱乐、服务为一体

德州大酒店　德州市第一座高层建筑，位于东方红路与湖滨路交叉口。主楼地下 1 层，地上 19 层，建筑总高 60 米。主楼建筑面积 1. 1 万平方米，裙房高二、三层，建筑面积 6860 平方米。总建筑面积 1. 8 万平方米。主楼下部 2 层和裙房是酒店的公共部分，设有大厅、餐饮、娱乐、购物、商务等多种服务用房。3 ~ 14 层为客房；10 ~ 17 层设有豪华大套房；18 层为旋转餐厅，直径 21 米，透过环窗可眺望全市景致。主楼采用三角形平面，建筑造型新颖，可使酒店大

部分客房有好的朝向,观赏新湖风景区风光。1991年2月至10月由德州地区建筑设计院设计(获山东省优秀设计三等奖),中建八局承建,1994年3月建成。

德州广电大厦　德州新湖北岸象征跨21世纪的标志性高层景点建筑。位于东方红路64号。中广国际广播电视工程设计所设计,德建集团施工,1998年11月开工,2000年12月竣工。占地7850平方米,建筑面积2.06万平方米,主楼高21层,86.2米,是集文化与办公为一体的综合性建筑。主楼从18层开始退台,形成逐级向上、挺拔的气势。在建筑顶部与入口处均以金属和玻璃作为建筑造型中的共通语汇,并加以强化与变形,表现现代建筑的优雅、简洁。裙房演播区分两部分,靠外侧是800平方米多功能演播厅,内侧是150平方米的电视会议室和150平方米的演播室。各区各设有出入口,互不交叉,流线简洁。

德州广播电视大楼　(2011年　摄)

市人民医院新病房大楼　位于东方红路中段,德州新湖风景区对面,2006年8月开工,2010年3月竣工。由山东省建筑设计研究院设计,德建集团总承包施工。建筑面积43091平方米,地下1层,地上23层,建筑总高度96.6米,为当年德州市同类建筑中单体面积最大、高度最高的建筑物。因工程距周围建筑物较近,为防止对邻近建筑物基础造成影响,采用S米W地下连续墙支护,保证工程周边原有建筑物的稳定。同时还运用清水混凝土模板、外墙自保温体系施工、预拌高强高性能混凝土、粗直径钢筋连接等技术,被评为山东省新技术应用示范工程。获2011年度山东省建筑质量最高奖"泰山杯"和"国家级优质工程"奖。

第二节　住　宅

20世纪80年代初期,城区居民住房以房管局直管房和单位自建房为主。这些房屋多为砖木或砖混结构矮小平房,空间狭小。

80年代中期起,住宅建设开始实行统一建设、综合开发,逐步实行商品化。1985年,建成首个住宅小区——罗南街坊小区。小区以2-5层砖混结构住宅楼为主。1986年,城区住宅建筑面积不足150万平方米。1990年,城区住宅建筑面积达252万平方米,其中房管局直管公用住宅18万平方米;单位自管职工住宅174万平方米;私人住宅60万平方米。1994年,德州医药公司建成首个高层住宅楼小区,其中17层2座、16层1座。此后,高层住宅小区逐渐兴起。到2011年,德州市区较大的住宅小区市直小区、东方家园、邹李小区,东方明珠、绿景家园、阳光花园等。城镇居民人均住房面积32.55平方米。

2011年德州城区部分住宅小区一览表

表4－2

名　称	区　位	建筑幢数（幢）	建筑面积（万平方米）	竣工时间(年、月)
罗南街坊小区	湖滨北路西，天衢东路北	30	2.35	1985
富荣街坊小区	共青团路北、解放北路西	33	3.87	1985
北营住宅小区	苏禄王墓以东、北园路以	20	3.02	1987
北园住宅小区	解放北路东、新湖北路西	82	18.72	1990
邹李住宅小区	新湖南路以西，邹李庄东首		4.20	续建
市直小区	三八中路以北、勤奋街以南	33	12.00	2002
岔河小区	天衢东路北，锦绣川以西	90	24.20	2004
天华锦绣园小区	共青团路东、锦绣川景区西	15	6.00	2004
天华小区	共青团路东、学院西路东	20	8.00	2001.12
解放南路住宅小区	解放南路514号	16	8.00	2003.3
新湖家园	新华路与新湖路交界处	19	12.00	2003.9
青龙潭小区	南起勤奋街、北至天衢路、		10.70	2002.8
丰华小区	东起解放北路、西至吕家街		10.20	2005.5
新湖小区	新华路中段		12.00	
五环庄园	东靠五环体育场	16	5.00	2004.3
天宝嘉园	天衢路中段	22	6.50	2004.12
月亮潭花园小区	新湖风景区西南、北临柴市		18.60	1998
和平公寓	解放北路		8.00	1998
绿景家园	北园路与解放北路交会处		6.00	
阳光花园	湖滨南路以东、新华路以南		15.00	2005.11
嘉诚景园	新湖南路	25	7.00	2004.3
东方家园	东方红路、东地路交叉口	24	11.00	2002.3
八一住宅小区	天衢东路		5.00	2000

第四章　公用事业

第一节　城区交通

1962年，德州始有公交客运，由市（县级）城建局管理，1970年改由市政工程队代管。1976年5月，成立德州市人民汽车公司，1978年，更名为德州市公共汽车公司。到1985年，有营运车辆14部，1990年，有公交车33辆，至1997年，营运车辆只有62部，其中40余部已达报废年限，正点率不足60%，车辆间隔长达30～60分钟。到2000年3年融资1400万元，新购中巴客车150余辆，车辆全部更新，实行单线承包经营，正点率达95%以上，车辆间隔时间缩短为10～15分钟，基本实现了城区条条街道、郊区乡乡通公交车。2003年，投资130万元新增公交车9部，更新19路10辆中巴为无人售票豪华中客。2004年下半年内部进行整顿，逐步收回线路承包权。拥有公交车158部，营运线路23条，营运线长407.9千米。2009年5月，公司整建制划转市交通局管理，筹资2500余万元，购进30部天然气豪华空调公交车和42部天然气普通公交车，开通了101、102、103空调车线路。2011年7月京沪高铁通车后，公司开通德州汽车总站至高铁德州东站106路空调车运营线路。2011年有营运车辆327台，营运线路28条，线路总长520.6千米，年输送乘客2600万人次，共有站点620个，港湾停靠点55个。

一、市内公交

1962年，运营初始仅有客车2辆，开辟第一条公交线路，1972年定名为1路。1985年，有营运车辆14部，营运线网长度19.8千米，年运客达230万人次。到1990年7月，共开通城区公交线路8条，市区1—5专线平均站距1.37千米，总平均站距0.837千米。到1997年年底，城区公交营运车辆40部，营运线网长度达39.1千米。1997年年底至2002年，随着外来资金的引进和职工承包的实施，营运车辆增到150部，其中城区客运车辆为110部。2003年4月底，19路首开全市第一条无人售票线路，原有中巴车全部更新为中型无人售票客车。至2004年12月，城区公交营运车辆158部，线路23条，营运线网长度达407.9千米。2009年5月，开通了101、102、103空调车线路。2011年，德州城区主要公交线有13条。

1990年德州市城区公交线路情况表

表4－3

路别	线长（千米）	站数	站　　名
1	7.4	13	二塑/十三局/百货大楼/体育场/人民医院/市政府/百货一零/火车站/市立医院/三中/针织厂/国棉厂/一三九医院

续表 4－3

路别	线长（千米）	站数	站名
2	7.6	14	火车站/百货一零/一中/生建机械厂/无线三厂/建行/人民医院/医专/教育学院/农校/农科所/水文队/肖何庄/师专
3	7.2	13	火车站/市中医院/汽车站/筑机厂/农机公司/机床厂/食品公司/石油公司/纺织品仓库/锅炉厂肉联厂/七中村/精神病院
4	7.7	15	烟厂/木材公司/市物资局/人民公园/汽车站/二职中/火车站/市立医院/三中/玻璃厂/苏禄王墓/痔瘘医院/保险公司/中原公司/儿童乐园
5	8.5	15	农药厂/变电所/汽修厂/东方宾馆/百货大楼/电业局/公安局/汽车站/交通饭店/火车站/市建委/针织厂/化肥厂宿舍/二建材/德州电厂
6	14	10	火车站/汽车站/陈公堤口/于官屯大桥/于官屯汽车站/新庄/前寨村/金庄/崔庄/黄河涯
7	14	10	火车站/百货一零/北园小区/齿轮厂/二屯乡宿舍/后苑/索庄/于庄/造纸二厂/二屯乡政府
8	13	13	火车站/市立医院/生建机械厂/人民医院/中医院/二棉/杏园/染料化工厂/簸箕刘/宋官屯/苗庄/陈段庄/袁桥
专线	1	2	火车站/汽车站

注：总站数 105 个，市区 1—5 专线平均站距 1.37 千米，总平均站距 0.837 千米

2010 年德州市城区部分公交线路情况表

表 4－4

线路	起点站	中间站点	终点站
16	火车站	城隍庙/贵都大酒店/医药大楼/青少年宫/十三局医院/汽车配件城/金都花园小区/市中医院/九中/市工商局/水文队/月秀家园/富电电子/天中集团/中原集团/现代职业学校	永兴碳素
17	火车站	火车站/汽车总站/人民公园/医药大楼/青少年宫/新湖风景区/二中/园林绿化公司/燃气总公司/二棉/杏园/簸箕刘/宋官屯/中大集团/艾得公司/皇家乳业/前董/力量集团	力量集团
18	火车站	汽车总站/医药大楼/十三局医院/德百家居广场/市交通局/行政中心/澳德乐/开发区管委会/汽摩学院/金华茶城/中心医院/岔河小区/农校/棉麻总公司/工商银行/天衢小区/迎宾大市场	开发区

续表 4-4

线路	起点站	中间站点	终点站
19	公交公司	保龙仓超市/十中/美丽华大酒店/城隍庙/火车站/汽车总站/人民公园/医药大楼/德苑宾馆/新华南路小学/中心广场/美食城/建行/大东关/国税局/阳光大厦/罗庄路口/公交公司	火车站
20	火车站	汽车站/人民公园/区物资局/木材公司/鲁北公司/新华办事处/胜利油田德州转运库/陈公堤口/于官屯/于官屯车站/前寨/崔庄/金庄/黄河涯/王村店	王村店
22	中心广场	天宝家园/棉麻公司/扒鸡美食城/中心广场/希森大酒店/医药大楼/汽车站/火车站/迎宾大市场/金谷园小区/针织厂/化肥厂/故城机场	故城机场
23	火车站	火车站/市立医院/迎宾路小学/金谷园商贸城/纺织宾馆/劳改队/邮电三分局/北园小区/劳服技校/宏力集团/闸子/附马营/程何庄/胡官营/丰乐屯	丰乐屯
25	火车站	汽车站/人民公园/区物资局/木材公司/鲁北公司/新华办事处/胜利油田德州转运库/陈公堤口/于官屯/蓝盾化工厂/富达玻璃钢集团/福山陵园/二十里铺/三十里铺/新村/蔡村/大王集团	大王集团
26	火车站	汽车站/人民公园/区公安局/电业局/十三局医院/一汽服务站/锦绣川风景区/农药厂/十二里庄/白桥/抬头寺/杨胡店/仙人桥/仙人湖/丁庄乡政府/丁庄水库	丁庄水库
28	生金刘	袁桥/陈段庄/宋官屯/染料化工厂/人民二院分院/杏园/二棉/中心医院/东方家园/中心广场/人民医院/区政府/步行街/贵都大酒店/五中/人民公园/汽车总站/火车站/三联家电/城隍庙	火车站
29	火车站	火车站/汽车站/黑马大市场/罗家院/闸管处/四女寺	四女寺
30	火车站	火车站/汽车总站/黑马大市场/胜利桥/运河公园/华能生活区/华能电厂/冀鲁大市场/田王庄	田王庄
33	火车站	火车站/汽车站/人民公园/区物资局/木材公司/鲁北公司/新华办事处/胜利油田德州转运库/陈公堤口/于官屯/蓝盾化工厂/富达玻璃钢集团/福山陵园/二十里铺/三十里铺/王杲铺/大冯庄	大冯庄

二、市郊公交

1988 年年底,第一条市郊线路德州火车站至黄河涯开通试运营,投入中型客车一部,线路全长 15.3 千米。之后陆续开通火车站至二屯、火车站至袁桥、火车站至四女寺、火车站至祝辛庄。1997京沪年,新增汽车站至张官屯、火车站至前仓、火车站至王杲铺、火车站至大王庄、线路延伸至城区周边的陵县、平原、武城3县。截至2004年,市郊线路达11条,营运车辆50部,营运线网长达231.6千米,基本形成了以火车站为中心向各乡镇的辐射网线。

德州至平原城际公交105路开通

截至2011年,市郊线路达23条。

2004年德州市城区线路始末站表

表4-5

线路	起始站	终点站	线长(千米)
1 路	华北农机厂	大刘庄	16
2 路	火车站	亚佳制冷	11.6
3 路	火车站	肉联厂	5.56
4 路	人民公园	德森集团	8.1
5 路	酒水大市场	冀鲁大市场	13.8
6 路	市中医院	第二人民医院	12.5
8 路	陶瓷市场	天华小区	9.5
9 路	跃华中学	闫庄	22.5
10 路	中环城线		16.8
17 路	北外环线		30.5
18 路	东环城线		23
19 路	环城线路		14.5

2004 年德州市郊区公交线路始末站表

表 4 – 6

线路	起始站	终点站	线长（千米）
20 路	火车站	王村店	17.6
21 路	火车站	祝辛庄	17
22 路	火车站	张官屯	11
23 路	火车站	丰乐屯	14
25 路	火车站	蔡村	23
26 路	火车站	许辛	34
27 路	火车站	许庄	15
28 路	火车站	生金刘	14
29 路	火车站	四女寺	16
31 路	火车站	大王集团	23
33 路	火车站	大风庄	33

三、票价

1962 年运营初始，零票最大面额 1 角 5 分，最小 3 分，共 6 种面额。1986 年取销 3 分、8 分零票。1990 年 7 月，郊区票价 4 站以下为 4 角，4 站以上为 7 角；同年 12 月，市区 1—5 路公共汽车车票进制由 3 站一进改为 4 站一进，5 分进制改为 1 角进制。1998 年改为一票制，上车即 1 元。2010 年普通公交票价 1 元，空调公交票价 2 元。月票初为 2 元 5 角，1978 年调整为 3 元 5 角。学生票于 1979 年 4 月开始出售，票价为成人的一半。1990 年 7 月，成人市区月票调整为每人每月 10 元，成人郊区月票每人每月 16 元，学生月票每人每月 6 元。1997 年后，不再办理月票。2008 年 10 月，公司推行 IC 卡乘车，刷卡 9 折优惠。2009 年，持卡乘车优惠幅度进一步加大，实行刷卡 8 折。2011 年，市区公共汽车票价基准价 1 元/次。

四、出租车

1986 年以前，客运车出租业务基本由二等车（载人自行车）和三轮车载客为主。1980 年

德州市区出租车 （2000 年 摄）

9月,德州市汽车出租公司成立,时有吉普车3辆。1981年,德州市公共汽车公司成立了公交公司出租车队。到1986年,以上两家公司承担着全区的客运出租业务。此后,随着市场运输市场放开,陆续出现了单位和个体经营的出租车。客运出租市场发展初期,政府采取先发展,后规范的政策,经营者无须额度审批即可进入市场,客运出租进入快速发展时期。1992年以后,一些人纷纷购买老旧汽车投入客运出租运营。到1996年德城区出租汽车达到450辆。

1996年11月起,开始对客运出租汽车统一安装计程计价器,喷涂门徽,实行严格管理。1997年8月,统一安装由市运管处监制的出租车灯、强制安装使用计程计价器、喷涂门徽标志、公里计价标志、设立服务公约和监督电话。到1997年年末,德城区客运出租企业达到14家出租车辆、2000多辆。2000年达到2400多辆,市场饱和。2001年4月1日起,德城区出租车控制在2405辆。

到2011年年末,全市客运出租汽车发展到4062辆(含县城),出租公司近40家,其中车辆超过1000辆的公司有3家。德城区出租车继续控制在2405辆。

第二节 供 水

1986—1995年,供水由单位自备井水塔供水和自来水公司供水,逐渐向全部自来水公司供水转变。2011年,市中心城区供水管网总长度已达627千米,年供水量2650万立方米,日供水能力达到13.5万立方米,供水水质综合合格率达100%。

一、水源

1986年以前,城区供水主要依靠开采地下水。由于长期开采形成深层地下水位沉降漏斗,地下静水位年平均降落2.7~3.4米。1985年禁止对200~400米深度内的地下水增设开采井,1990—1993年,降落幅度有所减少。1993—2011年,水位年平均降落达5~6米,深层地下水成为消耗型有限资源。深层地下水属高氟、高碘、低硬度型淡水,长期饮用不利于人体健康。2000年静水位105米。2001年,市政府办公室下发《关于关停市区自备井的通知》,地下水资源成为水源严重紧缺时的救急水。2008年市政府将关停市区生活用水自备井列为当年"为民办的十件实事"之一,当年共关闭43家单位48眼井。

在减少地下水开采的同时,逐渐开辟利用地上水。1995年10月,扩建钩盘河水库工程,后经几次扩挖和整治,库深达到21.50米,蓄水能力550万立方米。2002年后,先后投资3810万元对水库周边进行综合整治。1998年,投资修建丁东水库,蓄水量4800万立方米,引黄河水调节钩盘河水库水量。至2011年年底,市自来水公司共有水源地1处(即钩盘河水库)。

二、水厂

1986年,市自来水公司共有水厂3个,日供水能力6万立方米。

第一水厂位于运河经济开发区水厂路。1970—1986年,陆续打井13眼,日供水量1.4万立方米。至1990年,仅有6眼深井可供采水,其余因水位较浅,开采过量,陆续报废。2003年5月,建成以"九衢泉"命名的系列直饮水生产基地。2009年,一水厂改造成运河经济开发区加压泵站,缓解运河经济开发区的供水压力。

第二水厂位于市南郊七里铺村南,1974年10月兴建,1976年12月竣工。厂内及附近打井10眼,1977年1月正式送水,设计规模日供水1.5万立方米,实际日供水1万立方米。

第三水厂位于七里铺村,1981年10月动工,1984年7月1日竣工投产。第三水厂是中心城区的主力水厂。20世纪80年代的制水工艺流程和设备比较落后,水质不达标。1991

德州市区供水管网平面图

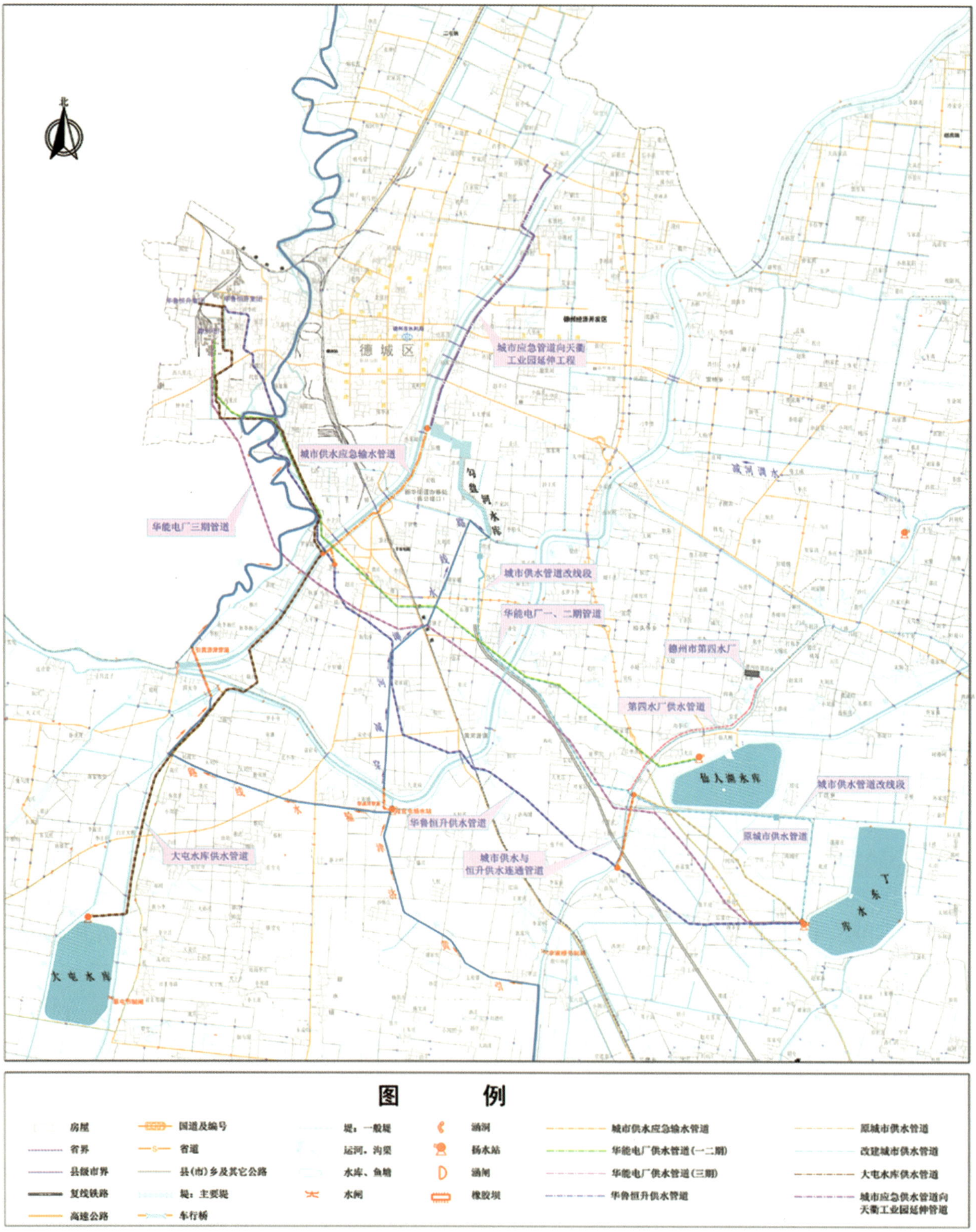

年，市自来水公司对第三水厂进行扩建，新建平流沉淀池及新一泵房，继续改扩建基础设施、增加蓄水能力，进一步提高供水质量。1992年后，以《德州市城市供水工程暨市区管网调整初步设计》的出台为标志，三水厂进入改扩建工程的全面实施阶段。到2001年，三水厂改扩建工程进入技改投入的高潮时期，2002年，被列为市政府民心工程，共投资3000多万元，先

使用自动压力设备前的供应自来水的水塔

（2010年　摄）

后完成取、送水泵房、氯站控制中心、平流沉淀池及钩盘河整治等十几个关键性项目。2002年9月扩建工程正式竣工。竣工后的第三水厂占地面积达10万平方米，工艺技术采用法国德利满V型滤池及美国自动加氯、自动加药系统，供水能力达到12万吨/日，实现了自动化水质在线监测与控制功能。

至2011年，市自来水公司共有水厂3个，日供水能力达到13.5万立方米，年供水量2650万立方米。

三、供水管网

1985—1995年，铺设北园小区、新湖南路、天衢新河路、新湖路等输水干管及配水管网。1992年，实施三水厂出水管网穿越岔河工程。2001年以后，实施三水厂扩建及管网配套、河西区并管网工程，铺设晶华路、开建小区、凯元度假村、天恩集团、国源电力、第四粮库等输水管道24千米；实施向阳南路、东方红路、共青团东路、建设街、新湖风景区等DN100～500的管网铺设及改造16.8千米，铺设铁西大道等管网工程；铺设天衢工业园供水管道（德兴北路DN300，湖滨北路DN200）10.5千米。2003年，供水管网覆盖老城区、经济开发区、商贸开发区、天衢工业园，DN100以上供水管网达到265千米。2010年，在经济开发区建设完成了加压泵站，缓解河东日趋增大的供水压力。至2011年，德州市区供水管网总长度已达627千米。

四、水价

随着社会发展，水价经过多次调整。2010年，执行的水价：居民用水每立方米1.70元、代收排污费1元、水资源费0.25元，总价为2.95元；非居民用水每立方米2.60元、代收排污费1元、水资源费0.25元，总价为3.85元；特殊行业用水每立方米3.50元、代收排污费1元、水资源费0.25元，总价为每立方米4.75元。

第三节　供　气

德州市燃气事业始于20世纪70年代末。到2011年，市区燃气管网总长度达到927千米，年供气量达到1.26亿立方米，日供气能力达34.52万立方米，正在运行的8个加气站日压缩能力达16万立方米，城镇燃气普及率达95%。

一、气源与管网

液化气　1979年2月，德州市燃气公司成

立，开始供气，气源主要来自天津大港、沧州大化等周边城市所产的液化石油气。当年供应用户500户，供应液化气32.4吨。到1986年供应用户达8500余户，年销售液化气250余吨。一直到80年代中后期，液化气先后经历凭证、凭票供应阶段，供应价与市价两种价格分开。1985年，煤气公司对初建厂址进行扩建，至1990年，厂区一次性液化气贮存能力达到110余吨，供应用户2.1万余户，并销往外省市县十余家单位。1988年在北郊建设一座占地20.4亩，贮存能力为150吨，日灌装能力为1200瓶的贮罐站。1990年前后，市煤气公司平均月销售液化气达到30吨左右。

至2011年，中心城区共有液化气站6家，年液化气销售量6800吨。

天然气　1995年12月28日，德州市天然气工程正式破土动工。1996年德州市天然气筹建处成立。先后投资中原油田至沧州的中沧线德州段开口，修建日输气能力为15万立方米的门站，铺设管道引入市区。1996年5月18日，德州市天然气通气点火，开创山东省第一家城区居民使用管道天然气的先例。1996年铺设管道干线4.7千米，到1998年10月完成铺设主支干线38.7千米，其中中压主干线23.4千米，中压支干线15.3千米；庭院管线39.1千米，基本实现主干线全市环网，覆盖城区面积约15平方千米。

1998年9月18日，德州市天然气筹建处和德州市煤气公司合并组建德州市燃气总公司，属中型二级企业。同年，德州经济开发区燃气有限公司成立，隶属于德州经济开发区公用事业局。

2000年3月，德州市燃气总公司天然气管网二期工程获得国债专项转贷资金4000万元。10月，天然气管网一、二期工程完工。输气主干线穿越运河，形成供气双回路，使供气能力由6万立方米/日提高到12万立方米/日。

2003年国家西气东输工程中，中石油管线陕京二线联络线经德州进入山东，建设德州支线可以给德州市提供第二气源，由武城白庄分输站向德州市区铺设供气支线，在黄河涯镇果子李村建设末站，全部由中石油负责。同时，市燃气总公司将毗邻中石油德州末站建设南门站和连接管线。2006年9月南门站正式向市区供气，设计年供气量为9000万立方米，日供气能力可达30万立方米。至2007年，已建成中压主干线58千米，中压支干线136千米，庭院管线291千米，形成了覆盖市区全长480余千米的燃气管道网络。

2007年8月，德州市燃气总公司与中国燃气控股有限公司、海峡经济技术科技合作中心合资组建成立德州中燃城市燃气发展有限公司。2011年，德州中燃公司管网总长度681千米，共有居民用户13.44万户，商业用户1134家，日均供气量为27万立方米。

2011年，中心城区共有德州中燃城市燃气发展有限公司、德州市燃气总公司、德州经济开发区燃气有限公司3家天然气供气企业，管网总长度927千米，共有居民用户16.53万户，商业用户1286家，日均供气量为34.52万立方米，城镇燃气普及率达95%。

二、燃气价格

1996年市场发展初期，为拓宽市场，争取用户，天然气售价定为2元/立方米，价格一直维持15年未变。自2001年开始国家先后五次上调天然气进气价格。为此，德州市非民用天然气销售价格于2009年8月，由2.20元/立方米调整为2.60元/立方米；2010年7月，再次调整为每立方2.90元/立方米，车用天然气销售价格调整为每立方3.80元/立方米。

第四节　供　热

德州市区集中供热始于1989年，由德州发电厂（现山东华鲁恒升集团德州热电有限责任公司)首先在京沪铁路以西实施,当年供热面积20平方米。经过20多年发展,截至2011年,德州市区(含经济开发区、运河开发区、高铁新区)集中供热面积达到1800万平方米,新增集中供热合同面积300万平方米,集中供热普及率达65%,位居全省前列。

一、供热企业

集中供热实行划片分工由各供热公司负责,主城区主要供热企业有:

德州市热力公司　于1992年成立。1994年,投资建设以印染厂为热源的供热工程,供热主管线由沿共青团路至广川小区,敷设管网2.2千米。2001年,投资建设以南郊热电厂为热源的南部区域供热工程,当年增加供热面积35万平方米。2004年,投资建设以北郊热电厂为热源的北部城区供热工程,当年增加供热面积11万平方米。2008—2009年,市政府批准华能德州电厂机组改造配套管网建设项目。市热力公司建设完成了以华能德州电厂为热源点的市区供热管网一期、二期工程,设计供热能力1200万平方米,增加供热面积212.2万平方米。2009年10月,市热力公司投资建设市区供热管网三期(一)—岔河以东沿新河路北侧绿化带内正式开工,敷设管网3.6千米,设计供热能力500万平方米。2010年4月30日,市区供热管网三期(二)—岔河以西(新河路北侧绿化带—新华东路管网接口)工程段开工建设,新增集中供热面积350万平方米。

华鲁恒升德州热电公司　原为德州发电厂,1992年实现热电联产,改称德州热电厂,1997年成建制划入德州恒升集团。供热区域共两片,一是市区(供热范围主要在北园路以南、湖滨路以西、东风路以北),二是德州运河经济开发区。中心城区采暖集中供热面积已达500多万平方米。

德州凯元热电有限责任公司　2001年5月成立,供热干、支线总长度达35千米,蒸汽热用户冬季有65家,夏季10家。主要给经济开发区用户提供热源,最远热用户距离电厂有8千米,可满足居民采暖200万平方米的需求。

德州恒源热力有限公司　2007年8月成立,供热管网主干线管径为DN1020,供热方式为利用节能高效的低温循环水余热直供,设计供热能力300万平方米;供热范围为岔河以东、经济开发区热水采暖用户。截至2011年,合同供热面积已达150万平方米,实际供热面积60万平方米。

华能德州电厂　1989年8月开工建设。2008年投资8500余万元,对2、3#机组实施供热改造,同年11月14日成功实现向市区提供集中供热热源。

新源热力有限公司　2011年3月成立,以华能德州电厂为热源点,以供热北线管网为主,主要承担城区大学路以北及东北城物流园区域居民、商业等用户采暖。供热主管网管径为D1200,主管网长度约为15千米。德州市中心城区集中供热始于1989年,由德州发电厂(现山东华鲁恒升集团德州热电有限责任公司)首先在京沪铁路以西实施,经过20多年发展,截至2011年,中心城区集中供热面积达到1800万平方米,新增集中供热合同面积300万平方米,集中供热普及率达到65%,位居全省前列。

2008—2011年,精选帝景苑小区、名苑小区等35个小区,实行供热分户计量改造,已完成供热计量改造面积132万平方米,超额完成省下达任务。集中供热实行划片分工由各供热公司负责,主城区主要

高铁新区热力公司　2011年8成立月,主要负责高铁新区内供热。

二、供热价格

2003—2008年,居民价格17.5元/平方米,非居民24元/平方米;2008—2011年居民价格22元/平方米,非居民30元/平方米。

第五章 城市管理

1986年，环境卫生、园林绿化、市政设施隶属德州市城乡建设委员会管理。

1995年撤地设市以后，城市管理职能划归德州市建设委员会下属单位市政公用事业管理局。1996年重新组建市城建监察大队，主要管理市区“三纵三横”主干道的市容市貌。1997年，管理区域增加到五纵六横11条主干道。

1998年6月，德州市市容管理局成立，2005年4月，成立德州市城市管理行政执法局，下辖新湖风景区管理处、市城市管理行政执法支队、市环境卫生管理处、市市政设施管理处、市园林管理处、市中心广场管理办公室、市新湖设施维护所。2006年，增设长河公园管理办公室，组建成立市城市管理行政执法警察支队，隶属市公安局和市城市管理行政执法局双重领导。2011年年底，形成三区统一管理，执法全覆盖的“大城管”格局。

第一节 市容整治

1986年，市容整治由德州市城乡建设委员会集中管理，1988年4月城建委设城市管理监督大队。1995年4月德州撤地设市，10月原城管大队解散。1996年，重新组建德州市城建监察支队，2004年更名为德州市城市管理行政执法支队，2005年隶属于德州市城管执法局，管理区域为市区“七纵六横”13条主干道，主要行使市容环境卫生、城市规划、城市绿化、市政管理、环境保护、工商行政、公安交通、建设规划监管和城市客运8大项99小项行政处罚权。

1996—1998年初步治理时期。重点治理窗口路段，监察乱摆乱放、违章经营摊贩及违章占压路面。同时，对10多年无人管理，经营状况非常混乱，各类摊贩云集的4条老街（商业街、太平街、马市街、黎明街）进行初步整治。监察乱摆乱放、违章经营摊贩及违章占压路面。1997年，提出“坐商归店、摊点归区、农贸归市、广告归栏、停车归点、建筑归线”的六归标准；初步建立与公安、工商等职能部门协同作战的管理方式；探索出市区沿街各单位“门前三包责任制”。经过3年多不断探索治理，市容市貌有了较大改观。

1999—2005年，相继开展了以“优化城市环境”“创建国家卫生城市、省级文明城市和省级双拥模范城市”“提高城市生活环境”等主题的城市环境综合整治活动。对占道经营、店外摆放、探头市场、乱搭乱建、自制坡道等影响市容环境的现象进行有效治理。同时，对户外广告牌匾、马路市场、火车站广场、露天烧烤、各类营销亭、城区出入口、占道修车、乱贴乱画等方面进行专项整治。彻底取缔新河路、文化路、东方红路、共青团路、三八路、新湖北路、湖滨南路、新华东路、迎宾北路、东地路的马路市场。

2006—2011年，围绕创建优秀旅游城市、国家级卫生城，迎接世界太阳城大会等重大活动，积极开展综合整治、专项整治，探索长效管理工作机制。组织实施建筑物立面、公共设施、马路市场、车辆撒漏、车辆停放、养犬管理、施工工地、广告牌匾、道路综合改貌等多项整治活动，市容环境发生了根本性变化。

市城市管理行政执法支队 （2006年 吴涛 摄）

2006年，对三八路、新华路、新湖北大街等3个“马路市场”实施迁移，，往日拥堵的道路畅通无阻。为迎接第十届经济贸易洽谈会，实施了整修残墙断壁、清洗广告牌匾、漆饰透景墙等为主要的“遮丑”工程。同年，开始实施“门前五包”政策，与市区6380家沿街单位、个体工商户签订了“包卫生整治、包绿化美化、包无乱停乱放、包无乱贴乱画、包无店外经营”的《门前五包责任书》。

2007年，围绕创建中国优秀旅游城市，重点治理脏、乱、差，取缔青年路花卉、宠物市场，对城隍庙市场及其周边区域进行彻底整治。2008年，市容管理上推行“四定”（定岗位、定职责、定人员、定奖惩）工作方案，管理责任进一步明确，市容管理精细化由一级路段向二、三级路段延伸。妥善解决城隍庙市场、证券市场、人民医院门前、九中西侧、一中门前、华联商场、鲁北大厦、女人街商场、扒鸡美食城等自行车停放秩序以及侵占盲道问题；利用较宽的人行道区域施划停车泊位1500余个，设置隔离墩180多个，保证人行道畅通。

2009—2011年，配合创建国家卫生城市活动，对市容环境开展了大规模的综合整治。2009年，拆除市区主干道违建“三亭（彩票亭、报亭、电话亭）”，迁移马路，彻底取缔露天烧烤。加强违法建设查处力度，查处规划案件170起，查处违建面积4.3万平方米。2010年，组建特勤分队，对车辆撒漏进行专项治理，严管重罚，撒漏染污问题得到遏制。查处噪声污染，超时限施工噪音得到有效治理。开展“三农三进”活动，发放便民服务卡，组织瓜农、菜农进入小区、市场经营。协调工商、交通、公安等部门，对239家修车点、42家洗车点实施联合整治，全面取缔占道修车、洗车行为。开展机动车、非机动车人行道停放规范管理集中整治，施划停车泊位6500余个，非机动车线9万余米。

2011年，对78处建设工地实施五位一体监管（批后跟踪、施工围挡、施工噪声、防尘降尘、净车上路），共办理违法建设案件69起，拆除案件39起，拆除房屋面积1.6万余平方米。当年，德州市被评为国家卫生城市。

第二节 环境卫生

1979年，德州市环境卫生管理处成立，先后隶属于市城乡建设委员会、市政公用事业管理局、市容管理局和城市管理局，2005年后隶属于市城管执法局。负责城区19条主次干道357万平方米的道路保洁，生活垃圾和粪便的收集、清运、无害化处理，建筑垃圾管理，以及环卫执法和环卫设施的管理维护。

道路保洁　自20世纪80年代始，市区道路保洁采取分级负责的方式，城区主次干道均由市环卫处负责，小街小巷由街道办事处负责。1985年，清扫队人员增加到73人，负责市区15条道路、22.6万平方米的保洁任务，实行一日两清扫，人均保洁面积约3100平方米。1986年，道路清扫以组划段，作业时间为每天5小时，清扫工具为扫帚、单轮小铁车等。1987年，道路清扫细化分工，调整为每人清扫一段。1994年，道路保洁员实行"一化两挂"（道路保洁标准化和职工挂牌上岗、路段挂牌监督）计时工资制，要求道路达到"五净六无"（五净：道路净、道路牙净、水箅子净、隔离墩净、果皮箱净；六无：无果皮纸屑、无砖头瓦块、无牲畜粪便、无垃圾、无柴草棍棒、无污水）的标准。1996年，道路保洁实行一日两普扫管理制度。1998年，按事权划分意见，市环卫处负责市区9米以上道路的保洁清扫，保洁面积为267万平方米。1999年保洁面积达到305万平方米，购置大型扫地机1辆，对湖滨路、天衢路、解放路、东方红路等主要路段实行机械化清扫。2004年，市环卫处负责道路保洁面积增至388万平方米，保洁人员为526人，人均保洁面积为7376平方米，道路清扫率达到100%。2006年，开展"净化年"活动，全面清理市区卫生死角、无主垃圾和乱贴乱画，共清理垃圾6000余吨，清理"城市牛皮癣"15000余处。2007年，开展"垃圾围城攻坚战"活动，清理无主生活、建筑垃圾，迁移、撤销露天垃圾点42处。2008年，开展"无主垃圾""绿化带""车辆撒漏"三项整治活动，清理垃圾1552吨。2009—2011年创建国家卫生城市期间，开展"乱倾乱倒专项整治""保洁年"等一系列活动。2011年，全市城区道路清扫保洁面积357万平方米，道路清扫机械化作业率55%，主干道一天两次洒水，累计清除垃圾近4万吨；清理绿化带200万平方米、洒水作业5000万平方米，道路洁净度大幅提升。

生活垃圾收集与运输　1986年，开始使用大型的翻斗自卸大货车运送垃圾。同年，在一般道路、居民小区设置砖制和铁制垃圾箱，要求居民按照规定的时间倾倒垃圾，由环卫人力收集车运至指定垃圾转运点，再由专用车辆运往垃圾处理场。2001年，对已建成的居民小区，没有规划、建设配套环卫基础设施的，实行上门收集，统一清运；2005年，在市区"三纵四横"7条主要道路的重点路段推行流动式袋装垃圾收集车。2006年8月，市环卫处对市区天衢路以北、大学路以南、东沟以西、德兴路以东共计105万平方米的垃圾清运权进行了竞拍，探索垃圾清运市场化道路。2010年，创建国家卫生城市期间，市政府投资购置了60辆电动袋装垃圾收集车，至此，垃圾上门收集的人力三轮车全部被电动三轮车所替代。2011年，市区实现袋装垃圾收集车、压缩车巡回收集垃圾，所有通过垃圾箱、地嵌箱和垃圾收集车等设施收集的生活垃圾运至就近的垃圾压缩站，经压缩后由垃圾密闭运输车全程运输。

生活垃圾处理　2005年，垃圾综合处理厂（一期卫生填埋工程）开工建设，生填埋工艺处理生活垃圾。2009年，投资对渗沥液处理系统进行升级改造，处理后水质由原二级排放标准提升至一级排放标准。城市生活垃圾无害化处理率达98%以上。2009年，在市城管执法局牵头下，由市政府投资约1800万元对三座旧垃圾厂进行了封场、改造和迁移，彻底解决了垃圾围城难题。同时招商引资2.6亿元建设生活垃圾焚烧发电项目。至2011年该项目正在建设中。

建筑垃圾管理　1991年，将城市建筑垃圾管理纳入市环卫处职责范围。1997年，市环卫处设立建筑垃圾管理站，实行全天候24小时不间断、无缝隙巡查，对建筑垃圾的审批、运输、处

置、监管四个环节进行全程监督检查。2009年成立建筑垃圾处理中心，利用拆迁的建筑垃圾生产建材，年消纳建筑垃圾10万余吨，变建筑垃圾为再生资源。

环卫设施　1991年市首座垃圾中转站——北园小区中转站投入使用，生活垃圾开始实行密封化运输。1995—1996年购置垃圾筛选机4台，实现了机械化筛选。1999年市区内有6座垃圾中转站，环卫专用车辆100多辆。至2002年，已建设17座全封闭式地下垃圾中转站，全部为地坑集装箱举升式中转站。2006年，购置7辆机动三轮车，更换20辆保洁车、21辆垃圾收集车。2007年，在解放路北园小区建成第一座压缩式垃圾转运站，在东地路与东方红路交叉口修建了第二座压缩式垃圾转运站。同时，在全市设置地嵌式垃圾收集箱，。2009年创建国家卫生城市进入关键阶段，购置了摆臂车、压缩车、吸粪车、密闭车等环卫专用车辆共58部。至2010年年底，正在使用的专业环卫车辆达81部，环卫作业机械化、现代化水平不断提高；同时建设了14座压缩式中转站、100余座地嵌式垃圾收集站等基础设施。2011年，市区主干道内共有果皮箱1122个，由保洁公司安排专人每日进行清理和擦拭。同年，购置大型环卫机械14部，建成环卫专用车库。

公厕管理　1987年，市环卫处管理的公共厕所有214座，其中96%为旱厕，水冲式公厕8座。1989年，投资新建了3座水冲式公厕，改造3座深坑厕所为简易水冲式公厕。1990年，将汽车站水冲式公厕作为收费试点，首次对公厕实行收费管理。1995年，首批经过改装的12辆粪罐车投入使用，毛驴粪便车全部淘汰。1999年，市委、市政府发出创建国家级卫生城市、省级文明城市和省级双优模范城市的“三城联创”活动号召，市环卫处利用两年的时间，建成青少年宫公厕等4座公厕，其中青少年宫公厕是德州市第一座一类水冲式公厕。2002年，市环卫处招商引资建设4座一类水冲式公厕。2006年，《德州市城市专项规划——公厕规划》出台，目标确定为：建立布局合理、使用方便、形象优美、整洁有序的现代公共厕所服务体系。2007年，创建中国优秀旅游城市期间，维修二类水冲式公厕16座，新建一类水冲式公厕2座，改造3座公厕，招商引资建设13座泡沫式移动环保公厕；同年，第一座招商引资建设的一类水冲公厕—湖滨北路公厕投入使用，该公厕被山东省旅游局厕所评定委员会评为3A级公厕。2009—2011年按照“创卫”要求，改建旱厕800余座，告别旱厕时代，陆续建成81座水冲式公厕。其中太阳能公厕、长河公园公厕、三八路科委绿地公厕等多数公厕采用自动感应式冲水设备等现代化人性化措施，达到准星级公厕标准。太阳能公厕，作为全市乃至全省第一座利用太阳能光电、光热能源工作的公厕，成为2010年世界太阳能大会的一个亮点。

第三节　城市防汛

德州市区地势南高北低，中心区低于运河、岔河大堤约6米，略呈盆地状。鉴于市区地形、地貌特点及流经河道情况，德州市被确定为全省重点防汛城市和全国防汛城市之一。

一、防汛规划设施

1991年编制《德州市防洪排涝规划》，至1996年市区形成两大排水系统，即东排水沟和邹李排水沟。1999年再次对城市排水进行规划修订，投入大量人力、物力、财力，按规划加强治理，城市防汛设施逐具规模。

2005—2007年，完成东沟、荣庄沟、青年路沟、新华沟等清淤工程41项，完成东沟、天衢沟等5条沟渠封盖，对五中、194和水塔小道泵站进行改造。

2009 年，完成东沟防汛分流遗留工程即小东关出口沟小桥砌筑、出口沟封盖工程及天衢路东沟节制闸建设工程，实施防汛西出口改造等多项工程。同年，投资 40 余万元购置了第一台防汛抢险泵车，提排能力为 800 立方米/小时。

2011 年，市政府拨 50 万元专款，建立城区防汛物资储备库，投资 150 万元购置新型移动泵站。

二、防汛队伍及抢险

1987 年 8 月，成立城区防汛办公室（设在市政设施管理处），负责市区防汛抢险工作，落实防汛物资储备。1988—2002 年，坚持“未雨绸缪，防抢结合”的原则，每年建立一整套围绕防汛抢险的保障制度，编制《德州市市区防汛排涝应急方案》，制订了大汛时防汛抢险措施。2003 年，城区经历了“7・30”和“10・10”两次特大暴雨，降雨量分别达到 218 毫米和 208 毫米，特别是 7 月 30 日 17 时至 18 时 30 分，短短 90 分钟降雨量就达到 158.6 毫米，降雨量和降雨强度均为德州有水文气象资料以后最高，市区内低洼地段严重积水，部分铁路立交桥交通阻断。2003 年两场特大暴雨后，加快建设城区防汛清淤及排水设施改造、泵站改造等防汛工程，城区防汛基础设施逐步完善。

2009 年，组建 7 个防汛抢险突击队。2009 年、2011 年组织两次“德州市城市防汛应急预案演练”，防汛抢险能力得到较大提高。

第六章　房产管理

1995 撤地设市后，将原德州市房产管理局及所属部门整体上划，1996 年 12 月，设置德州市房产管理局。1998 年 4 月，《德州市取消福利性分房，实行新房新制度暂行办法》和《德州市房改售房中部分产权向全部产权过渡暂行办法》发布。同年，市房产管理局的行政管理职能由城区延伸到县（市），负责全市房屋产权产籍和物业管理指导检查等工作。将市住房委员会办公室由市建设委员会管理改为市房产管理局管理。1999 年 9 月，在德城区范围内换发全国统一房屋所有权证。

2008 年，经市政府批准，“健全完善全市廉租住房制度，解决低收入住房难问题”列入 2008 年改善城乡人民生活“十件实事”之一。

2010 年，撤销市房管局，成立市房产管理中心。2011 年 3 月，市政府办公室印发《关于加快发展公共租赁住房实施细则》，建立了保障性安居工程建设用地储备制度。

第一节　住房制度改革

1992 年 12 月，经省房改领导小组批准印发《德州地区城镇住房制度改革试行方案》。全区 11 个县（市）有 10 个县（市）成立房改机构，基本上形成自上而下的房改工作体系。

1993 年 4 月，全区 10 个县（市）的房改方案全部出台，住房制度改革工作在全区全面展开。同年 6 月，德州地区住房制度改革领导小组印发《地直机关及中央、省驻德单位关于公有住房提租补贴若干问题的暂行办法》和《地直机关及中央、省驻德单位关于向个人出售公有住房的管理办法》配套政策。提租补贴实行

政府、单位、个人共同负担和“多提少补”的原则,对提高租金标准及分类、住房补贴发放范围与标准、超标准住房加收房租、减免政策等作了明确规定。出售公有住房的价格分为标准价和市场价。改革起步阶段出售住房标准价格为:砖混结构单元式楼房235元/平方米;砖木结构平房190元/平方米。市场价按现行商品房向个人出售价计算。职工按标准价所购住房拥有部分产权。同年,德州地直住房评估事务所成立。全市319个单位普遍制定本部门的具体实施意见,同年12月底,57个单位向职工出售公有住房1246户,73616.86平方米,占全市总数的6%;建立住房基金42.8万元;国家直管公房提租2874户,15.18万平方米,占全市总量的12%。

1996年10月,德州市住房制度改革领导小组印发《德州市实行住房公积金制度暂行办法》《德州市公有住房提高租金暂行办法》《德州市向个人出售公有住房暂行办法》3个配套办法。对公积金缴纳、使用等作了明确规定。出售公有住房价格分为标准价、成本价和市场价。考虑到职工的经济承受能力,售房实行标准价504元/平方米,以后逐渐过渡到成本价。

1997年8月,印发《德州市97年按成本价向职工出售公有住房暂行办法》,德城区砖混一等住房按成本价698元/平方米出售,职工以成本价购买的公有住房享有全部产权。执行1.3元/平方米的提租标准,对市区和新建住房的56个单位3000余户7.8万平方米的住房办理了提租手续,累计提租面占应提租面积的76%。

1998年4月,出台《德州市取消福利性分房实行新房新制度暂行办法》《德州市房改售房中部分产权向全部产权过渡暂行办法》《德州市职工所购公有住房上市交易管理暂行办法》三个配套文件。同年10月,印发《德州市98年按成本价向职工出售公有住房及提高公有住房租金暂行办法》,按成本价768元/平方米出售公有住房,公房租金提高到1.62元/平方米。

1999年4月,印发《德州市房改售房〈九五方案〉部分产权向全部产权过渡操作办法》。为按“95方案”购房的100多个单位,8000余户职工办理过渡手续,占应过渡的60%。5月,组织全市范围内的清理和纠正住房不正之风活动,清房工作涉及400多个单位,达5万多户,清理出市直机关多占住房1324套,市区清理多占住房2800余套,并将清理出的住房全部分配给单位的无房户和住房困难户。

2000年7月,《德州市2000年按成本价向职工出售公有住房及提高公有住房租金暂行办法》出台,取消工龄优惠和一次性付款优惠,砖混一等住房按房改成本价850元/平方米出售。城区内砖混一等成套公有住房月租金提高到2.8元/平方米。

2002年1月,出台《德州市2002年公有住房出售方案及提高租金暂行办法》,德城区范围内砖混一等住房房改成本价为935元/平方米,市场价为1100元/平方米。城区内成套公有住房月租金提高到3.1元/平方米。

自2003—2007年,房改工作注重新老政策衔接,新房实行新制度,旧房实行老办法。至2007年年底,全市累计完成部分产权向全部产权过渡单位127个,11716户,112.8万平方米;出售公有住房25667套,186.1万平方米。

第二节 房地产开发管理

1981年,德州市(县级)区住宅开始实施统一建设,综合开发,逐步实行住宅商品化。

1985年3月,德州市(县级)城市建设综合开发公司成立(隶属于市城乡建设委员会),负责市区规划范围内的城市建设开发。开发内容包括各类建设的征地、拆迁、安置、勘测、设计、场地平整等前期工程;道路、给排水、供电等基础设施建设;住宅、商业服务、办公楼等各类房屋建筑,以及相应的绿地、环卫等配套公共设施建设。

1993年,随着社会经济的进展,德州房地产综合开发走上快速发展的轨道。是年,全区共有房地产开发经营机构58个,其中中外合资企业8家,完成房地产开发投资2.4亿元;房屋施工面积56万平方米,其中住宅35万平方米。地区建委房地产开发公司引进资金2100万元,实施德州服装城开发建设,占地面积2万平方米,建筑面积3.2万平方米。开发了美食一条街、九州商城、和平街个体私营商业区、湖滨北路综合开发区等开发项目。

1994年7月,贯彻国务院《关于深化城镇住房制度改革的决定》,行署出台《关于鼓励外商投资房地产开发的意见》,11个县(市)全部成立城建开发公司。年内,行署先后制定出台一系列优惠政策,吸引国内10余家大公司集团,投资参与旧城区开发改造。1998年,住房制度改革基本完成,国家停止房屋实物分配,房地产业进入新的发展时期。1999年,开始实施开发项目许可证管理、综合验收、商品房预售许可制度。1996—2000年内,市区房地产完成投资26亿元,先后实施了三八路商贸街、和平街、新湖北路、火车站北市场、城隍庙市场、岔河小区等大型房地产开发项目。

2000年以后,随着居民对住房更新换代需求的增加,房地产市场进入快速发展阶段,开发投资和规模大幅增加。2001年,加强房地产开发管理,实行商品房预售许可证制度、房地产开发经营许可证制度,房地产开发行为逐步规范。2004年,出台《关于在城市拆迁中切实维护居民利益的实施方案》,建立健全了拆迁备案、拆迁上访通报、拆迁管理责任追究等一系列规章制度,拆迁工作逐步实现规范化、制度化。

2005年,出台《德州市人民政府关于稳定住房价格促进房地产市场持续健康发展的意见》《德州市经济适用住房管理办法》。2008年,出台《德州市房地产开发项目建设条件意见书制度》《德州市房地产开发经营权证明管理办法》和《德州市房地产开发项目综合验收备案管理办法》。全市房地产完成投资63.8亿元,完成施工面积、竣工面积、销售面积分别为615万、158万、206万平方米。1—12月全市房屋(含二手房)销售价格为2092元/平方米,销售价格在全省列第14位。2009年,全市房地产开发企业数量达到221家,一级资质1家,二级资质开发企业7家,三级资质开发企业35家,外来资本在德州市注册的开发企业达到41家。全市房地产开发完成投资72亿元,施工面积730万平方米,销售面积288万平方米,全市房屋销售价格(含二手房)为2209元/平方米。

2011年,随着市委市政府招商引资力度不断加大和“10+3”现代产业体系进程的快速推进,全市房地产开发住宅投资保持持续快速增长,商品房销售、房屋施工面积、新开工面积大幅增长。全市房地产开发企业达219家,完成房地产开发投资80多亿元,全市房地产开发投资的主体仍是住宅,并开始大力推进城市综合体(房地产业)建设。当年,制定《德州市中心城区城中村(居)旧住宅区和棚户区改造用地公开出让实施意见》及实施细则。完成《2011—2013年德州市房地产业发展规划》中期成果编研。全市房地产开发完成投资117.6亿元,施工面积1357万平方米,销售面积450万平方米。全市完成总拆迁面积506.61万平方米,中央电视台《焦点访谈》栏目、新华社、

《人民日报》等媒体对德州市阳光拆迁进行了宣传报道。

第三节　产权产籍与交易管理

一、产权产籍管理

1986年2月，城乡建设环境保护部下发《关于开展城镇房产产权登记核发产权证工作的通知》，要求在房屋普查工作结束后，抓紧时间进行城镇房屋产权登记、核发产权证的工作。1987年6月，市房管局私房管理所改为德州市（县级）房地产管理局交易监理所，由过去单纯的私房交易管理变为全市公私房产的全面监理。同年开始，历时3年，对当时市区574万平方米房屋进行逐单位、逐院、逐户产权登记，共核发22510份房屋所有权证，产权面积525.4万平方米，其中私房19960户，产权面积74万平方米，自管公房2550多份，产权面积455.4万平方米。私房发证率达95%，公房发证率达91%。

1988年6月，根据国务院文件，市政府批转市房产管理局等部门制定新的出售旧公房办法，正式开展售房业务。到1990年，全市有91个单位出售旧公房3761间，6.16万平方米。其中，市房管局直管公房1356间，1.99万平方米；单位自管房2405间，4.17万平方米。全市公有住房建筑面积537万平方米，其中单位自管房517万平方米；房管部门直管公房20万平方米。全市私有房屋建筑面积已发展到60万平方米，其中国家机关、企事业单位职工新建私房16.1万平方米，市区人均住房面积7平方米。

1998年7月，在全市范围内换发全国统一房屋所有权证书。同年12月，市房管局投资建设3200平方米房地产交易中心，该中心集交易、管理、信息服务为一体，为改善德州市房地产交易环境、规范房地产交易行为，激活房地产二、三级市场起到重要作用。

2009年2月，对多年各开发企业已备案的商品房及尚未登记办证情况进行全面摸底核查，对涉及到的57个房地产开发企业所属的110个小区或地段的1250余套商品房进行集中办理。同年，共完成产权登记12319件，建筑面积210.03万平方米。

自1986年到2011年年底，各单位及个人共颁发房屋产权证281083个，建筑面积3931.02万平方米，建立房屋登记簿46500多份，房屋档案馆藏量已达18万卷。

二、交易市场管理

1988年，建立房地产市场管理服务中心，1996年建立德州市房地产评估事务所。2007年年初，房地产市场信息系统建成投入

1999年12月，德州市房地产交易中心落成

使用，建成了包括房地产开发管理、房产交易、房产变更、档案查询等业务在内的数据中心。

2008年，共办理房地产交易6367宗，交易面积141.87万平方米。2010年，受国家推动内需等因素的影响，房产交易量直线上升。是年，贯彻《中华人民共和国物权法》和《房屋登记办法》，共办理房产交易10008宗，交易面积176.75万平方米。

2011年，共计办理房地产交易9167宗，交易面积189.03万平方米。

第四节　保障性住房与直管公房管理

一、保障性住房

2005年5月，市政府办公室印发《德州市城镇最低收入家庭廉租住房管理办法》，德州市廉租住房制度建立住房保障体系初步形成。同年6月至11月，开始对市区低保家庭住房困难户的住房情况调查、登记和建档，共登记人均住房10平方米以下的低保家庭210户。2006年7月，市政府办公室印发《关于认真做好廉租住房租金补贴发放工作的通知》，市区廉租住房租金补贴发放工作启动。

2007年6月，市政府确定启动德州市市区廉租住房实物配租，明确从2007年起，按3%～5%的比例从土地出让净收益中提取廉租住房资金，逐步建立起稳定规范的廉租住房资金来源渠道。同年8月，市政府办公室印发《关于加快推进全市廉租住房制度建设的意见》，德州市10县（市）全部建立廉租住房制度，廉租住房租金补贴发放全部启动，全市廉租住房制度实现无缝覆盖。德州市公布城区城镇低收入家庭人均收入线标准为年人均可支配收入6120元以下。

2008年，将健全完善全市廉租住房制度，解决低收入家庭住房难问题列为改善城乡人民生活的十件实事之一，对市区廉租住房政策进行调整。2009年12月，首批廉租住房实物配租摇号仪式举行，共220个家庭申请，通过摇号产生选房顺序。2011年6月，政府办公室印发《关于加快发展公共租赁住房实施细则》的通知，标志着全市公共租赁住房制度正式建立。同年，在德城区领秀天衢小区开工建设公共租赁住房136套。

二、直管公房管理与维修服务

公房主要包括两部分：房产部门直接管理的公产（通称直管公房）和由机关、企事业单位自行管理的公房（通称单位自管公房），直管公房又分为住宅用房和非住宅用房（营业用房）。1986年6月，德州市政府印发《德州市城市直管公有房产管理的暂行办法》，对市区直管公房实行“管养合一”体制。1988年6月，印发《关于直管公房配套设施的维修办法》，对因住户使用不当造成上下水道堵塞等配套设施损坏，房管部门采取有偿服务进行维修。1989年，直管公房的维修采取房管员报修制度。1992年，对直管公房非住宅用房租金进行调查测算，适当调整非住宅用房的租金标准。1996年3月，对市区直管公房和部分单位宿舍用房房改调租并换（核）发租赁使用证。对不宜管理、维修的部分房屋以市场重置价向现住户出售，重点出售砖木结构二等以下房屋。

2001年年底，市房管局共管理直管公房1756户，建筑面积114782.23平方米。2002年3月，市政府印发《关于市直管公有住房出售实施方案的通知》，允许直管公有住宅向个人出售。直管公有住房的出售工作从2002年年初开始至2003年5月结束，共出售公房1523户，出售公房建筑面积83883.48平方米，收售房款20947974元。2006年4月，市政府印发《德州市职工住房货币分配暂行办法》和《德州市直管公有住房出售实施方案的通知》。根据文件精神,对德州市的直管公房进行租金调整。2007年年底,德州市房产管理局住房保障处管理的直管公房共有476户,建筑面积41131.35平方米。

2009年开始,逐步完善公房管理办法,坚持依法和按合同管理公房,坚持市场化经营,根据市场行情及时调整租金,并严肃查处擅自转租转让、长期空闲和擅自装修改造。同年租金征收计划310万元,实际收取320万元,综合收租率达到96.38%。2010年8月,市房管中心印发《关于存量直管公房与保障性住房衔接问题的通知》,以加强存量直管公房的管理,做好存量直管公房与保障性住房的政策衔接。同年,为配合"创卫"、市区旧道改造及城市综合整治工作,进一步做好公房维修养护,全年共维修房屋291户,工程合格率达到91%。2011年,根据《中华人民共和国合同法》有关条文,对房屋租赁户的承租合同中的部分条款进行调整,明确租赁双方的权利和义务,租赁合同更加严谨。

三、安居工程

1995年,《德州市安居工程实施方案》出台,安居工程成为当年开发重点之一。当年城区开发建设的小区有:湖滨南路安居住宅小区,总建筑面积21万平方米;岔河安居住宅小区,总建筑面积24万平方米,解决人均6平方米以下困难户住房困难问题。2011年,德州市投资7.37亿元用于保障性安居工程建设。全市的保障性住房新建公共租赁住房5000套、廉租住房1350套、经济适用住房3250套、城市棚户区改造2190户,另外,新增廉租住房补贴保障653户。到2011年年底,德州市区实有住宅登记总建筑面积1841.53万平方米,其中私人住宅1140.19万平方米,公用住宅701.34万平方米。

第五节　住房公积金管理

1998年,德州市启动住房公积金制度,首先在市直和中央、省驻德企业全面展开。2001年3月,市住房公积金管理中心成立,隶属市财政局为正科级单位,市直累计缴存额1000万元。2006年8月,市住房公积金管理中心升格为副县级事业单位。2009年3月,市住房公积金管理中心升格为隶属市政府的正县级事业单位。2009年年底,全市住房公积金累计归集总额10.6亿元,公积金管理工作逐步规范化,步入良性循环。

2010年,全市11个县市区住房公积金制度全面建立,住房公积金累计归集总额达15.3亿元。

2011年6月,市政府成立住房公积金机构调整理顺工作领导小组,完成对10个县、市、区(除

2010年11月22日,德州市中心城区第七批保障房分配现场

乐陵）管理部的机构调整工作，实现全市住房公积金机构的垂直上划和统一管理，人员编制72个。当年全市住房公积金累计归集总额达22.9亿元。

第七章　经济开发区基础设施

1998年2月，市委、市政府决定将市区西郊鲁冀交界处的德州开放开发综合试验区迁至市区东郊，岔河以东、京沪高速公路以西区域。同年6月，山东省人民政府批复将德州开放开发综合试验区更名为德州经济开发区。规划面积7.95平方千米，起步区面积1平方千米。

2003—2008年，为加快经济开发区建设，设立河东新城建设办公室，负责岔河以东、康博大道以西16.8平方千米的规划建设（参见本编第八章）。到2011年年底，经济开发区建成区5平方千米。2011年，高铁新区正式启动，西邻减河、东至东外环、北至北外环、南至104国道，规划面积50余平方千米。

1998—2011年，经济开发区（东部高铁新区、河东新城）修筑完成或开工建设道路20条，总长近200千米；建设管径300毫米以上供水管线100.55千米，；高、低压电用户共计12.72万户；敷设供热中压主管线120余千米、低压管线90余千米，用气量发展至500万立方米/年。住建、房产部门累计建设商品房300万平方米、公用楼宇90万平方米、旧村改造安置面积86.5万平方米。

经济开发区管委会办公楼及中心大街（晶华大道）（1999年　张志勇　摄）

第一节　市政设施建设

一、道路

1998—2011年，经济开发区（河东新城和东部高铁新区）共修筑主干道20条，支道50余条。2008年之后，主要是延展建设河东新城道路，高标准新建高铁新区道路。道路命名沿袭市区命名规则，东西方向干道道路，以“路”命名。南北方向为新开辟道路，以“大道”命名。主要道路情况分别是：

东西方向　经济开发区岔河至东西方向主要道路自北向南有4条，

广川大道南延工程 (2010 年 摄)

依次为:天衢东路、三八东路、东方红东路、东风东路(过减河后称崇德十一大道)。

南北方向 经济开发区岔河至高铁东站范围内南北方向主要道路有 12 条。高铁片区道路初期按"经""纬"命名,不久改为按"崇德"命名。自西向东依次为:广川大道、长河大道、康博大道、晶华大道、崇德一大道(太阳谷大道)、崇德二大道、崇德三大道、崇德四大道、崇德五大道、崇德六大道、崇德七大道、崇德八大道。

晶华大道是经济开发区建设最早、主要的中心道路,始建于 1998 年,2008 年 8 月,实施晶华路南延工程。北接晶华南路,南至减河大堤,全长 500 米,路宽 11 米。2010 年 5 月,实施晶华路改造工程。工程南起 104 国道,北至大学路,道路全长 4.2 公里。

二、供水 供热

供水 2001—2011 年,经济开发区以钩盘河水库为水源地,由德州市供水总公司第三水厂进行供水。1998—2011 年,累计投资 1.1 亿元,建设管径 300 毫米以上供水管线 100.55 千米。

2010 年 1 月,调整供水基本水价,综合供水价格为:居民生活用水 2.95 元/立方米,非居民生活用水 3.85 元/立方米,特殊行业用水 4.75 元/立方米,社会福利单位用水 2.95 元/立方米,城市低保户生活用水仍执行 1.95 元/立方米。

供热 2002—2007 年,供热以德州凯元热电有限责任公司为主,供热区域为岔河以东,东风路以北,崇德一大道以西,红都路以南,担负着经济开发区的居民采暖和工业用热,基本满足经济开发区的供热需求。2007 年,德州恒源热力有限公司进驻经济开发区,供热区域为三八路南北两侧区域、晶华大道西侧区域、东方红路南侧区域、沿太阳谷大道东侧部分区域、三八路至天衢路部分区域、长河大道东侧部分区域,由德州凯元热电有限责任公司为其提供热源。2009 年,德州市热力公司开始为经济开发区提供供热热源,供热区域为岔河以东、东风路以南、广川大道以西、横河以北区域及晶华大道以西、东风路以南、太阳湖路以北区域。

2002—2006 年,敷设蒸汽管道 24.78 公里,建设新奥站、兆光站、湘江站、开建站 4 座换热站,全区供热面积 53.68 万平方米;2007—2011 年,敷设蒸汽管道 16.31 千米,建设苗庄、宋官屯、嘉诚尚东、新城市花园等 47 处换热站;全区供热面积 219.57 万平方米。收费按建筑面积居民取暖费为 22 元/平方米,非居民取暖费为 30 元/平方米,城市低保户取暖费为 15 元/平方米。

三、供电　供气

供电　在供电区域上，经济开发区以减河为界分为河西新区及高铁新区两大供电片区。1998 年前，仅有 1 座 110 千伏的东郊站，1999 年，建成 1 座 220 千伏的苗庄变电站，2001 年，建成 1 座 110 千伏的刘集变电站，2004 年，建成 1 座 110 千伏的辛庄变电站，2008 年，建成 1 座 110 千伏的康博变电站，2009 年，建成 1 座 110 千伏的永兴变电站。1998 年，经济开发区有 12 条配电线路。2011 年，随着城市化进程的推进和农村改革的不断深入，配电线路达到 59 条，线路总长 210 千米。

1998—2001 年，经济开发区用电以农村照明及建筑用电主。2002—2011 年，逐渐变为以工业用电为主，用电量大幅增长。全区社会用电量比例为：工业用电量占 61.94%，农林牧渔业用电量占 2.32%，建筑业用电量占 1.97%，交通运输业用电量占 10.02%，商业住宿餐饮行业用电量占 4.62%，居民生活用电量占 9.26%，其他行业用电量占 9.87%。用电价格为：居民生活 0.5469 元/千瓦时，农业生产 0.56 元/千瓦时，一般工商业 0.7639 元/千瓦时，大工业用电 0.6474 元/千瓦时。

供气　1998 年，德州经济开发区燃气公司设立，从晶华路开始，随路敷设燃气管道。2002 年，成立德州经济开发区昊达燃气安装工程有限公司，负责燃气管道的敷设、燃气设施的安装。陆续为 5.8 万户居民用户，557 家商业用户，168 家工业用户通上天然气。

第二节　公共建筑与住宅

一、公用楼宇

1998—2007 年，随着经济开发区经济的发展，公用楼宇建设规模逐年扩大。先后有经济开发区管委会、德州行政中心建筑群、德州华宇学校教学楼、中国人民银行德州市中心支行服务楼、袁桥中学、艾家坊便民市场等 20 余个项目开工建设，累计建设公用楼宇 16.7 万平方米，年均 1.67 万平方米。1998—2011 年，主要公共建筑物行政中心综合楼、市体育馆、市博物馆、康博富豪大酒店、凤冠假日酒店、柳湖书院酒店等落成使用。行政中心建筑群、德州职业技术学院建筑群、华宇职业技术学院建筑群相继建成。

2011 年经济开发区重点公共建筑一览表

表 4-7

名　称	位　置	建设时间	建筑面积（万平方米）	结构特点
德州市会展中心	河东新城区	1999.8	1.30	建筑高度 2 层，局部 3 层
经济开发区管委会办公楼	晶华大道	1998.8	1.2	单体
德州市行政中心综合楼	经济开发区核心标志建筑	2005	9.27	中间主楼 16 层，四角裙楼 5 层，均带地下室，建筑高度 74.95 米

续表 4-7

名　称	位　置	建设时间	建筑面积（万平方米）	结构特点
太阳谷微排国际会议中心（日月坛·微排大厦）	德州经济开发区	2007.12	7.50	框架结构，弧形布局，地下 1 层，地上 11 层，高 46.2 米，集太阳能光热、光伏、建筑节能于一体
德州市体育馆	德州经济开发区	2007.10	4.76	一层为大型商业性服务设施、二层为体育馆
德州大剧院	德州开发区文体中心东	2011.5	3.81	地上 5 层、地下 3 层，主体高度 23.7 米（局部 38.2 米）
德州市富豪康博大酒店	德州经济开发区	2009.3	4	豪华客房及套房、会议及多元化餐饮服务及康乐设施
德州市凤冠假日酒店	开发区东风路与晶华大道交叉口	2009.3	5.4	高级间、豪华间、商务间、豪华套房、行政套房等 9 种不同类型的客房 236 间及 4 幢独立豪华别墅
德州市柳湖书院	董子文化街东北侧	2009.3	2	滨湖而建，20 余间全私密性中餐贵宾厅房，近百间中西格调各异的客房
德州市澳德乐时代广场	市行政中心东南侧	2006	23.8	分地下 1 层、地上 4 层，每层建筑面积 3.28 万平方米
德州市博物馆	德州经济开发区文体中心	2009.6	2.1	以写意字“德”作标饰，由序厅、基本陈列厅、临时展厅、学术报告厅、3D 影视厅、藏品库房等组成
高铁德州东站站房	德州经济开发区	2010.3	1.98	5 台 13 线，总建筑高度为 29.7 米

主要建筑简介

市行政中心综合楼　2005 年 8 月开工，2009 年竣工。中国建筑设计研究院设计，山东德建集团承建。集办公与会议为一体，由主楼和裙楼两部分组成，中间主楼 16 层，四角裙楼 5 层，主楼和北侧裙楼带地下室，总建筑面积 9.27 万平方米，建筑高度 74.95 米。整体设计新颖，形体独特，成为德州河东新区乃至德州全市的标志性建筑。工程采用钢骨柱—钢梁—钢筋混凝土剪力墙核心筒结构；玻璃、石材、铝板幕墙外装饰面；石膏板吊顶、瓷砖墙、地面。工程 9 层以下空旷，若干层均无楼板，竖向构件计算长度较长，框架柱、核心筒在无任何侧向支撑的情况下，既要承受 9 层以上所有竖向荷载，还

行政中心综合楼　　（2011年　摄）

要承受由风荷载、地震作用引起的轴力、弯矩与扭矩。9层以下采用钢骨柱（钢框架梁）—钢筋混凝土剪力墙结构，9层以上采用钢框架—钢筋混凝土剪力墙结构，利用钢筋混凝土与钢结构的各自优势，达到确保结构安全、降低造价、方便施工的目的。2010年获得全国建筑工程最高奖“鲁班奖”。

德州市体育中心　位于新城区行政中心北侧，占地面积65.34万平方米。体育中心一期工程占地面积12.86万平方米，建有体育馆和全民健身中心，总建筑面积4.76万平方米。德州市体育馆是山东省承办第十一届全运会男子篮球比赛的重点场馆，该项工程是山东省政府2005年确定的重点建设项目，填补德州市没有国际化体育场馆的空白。体育馆设计为两层结构：一层为大型商业性服务设施，面积1.4万平方米；二层为体育馆，建筑面积11300平方米，由比赛馆和训练馆组成。比赛馆可容纳4600名观众，东、南、西三面略成扇形，北面直线排列均为活动座席；座席后面设有电动分隔幕，电动分隔幕后面为训练馆。体育馆中可举办手球、篮球、排球、网球、乒乓球、体操等多项国际、国内体育比赛。体育馆内还设有辅助用房，包括运动员、裁判员、兴奋剂检查、竞赛管理、计时计分、新闻媒体、电视广播、技术设备等用房。体育馆中设置有同译声会议室。体育馆和全民健身中心于2007年开建，2009年8月全面竣工。

德州市博物馆　位于德州市东方红东路文体中心内，占地72亩，主体建筑面积2.1万平方米，布展面积7785平方米。市博物馆以写意字“德”字作为标志性装饰手法，突出体现德州宽厚、包容情怀。功能区由序厅、基本陈列厅3个、临时展厅2个、学术报告厅1个、3D影视厅1个、公共休息区、藏品库房、技术室及办公用房组成。其中，以“历史足迹”“文明遗珠”“城市记忆”为主题的三个基本陈列厅是馆内重点，立足于历史文脉回顾、文物精品展示、文化遗存及民俗风情再现，对德州各个历史时期做纵向全景式展示。

序厅作为显示博物馆主题理念的基础，总面积1580平方米，位于博物馆入口的公共空间，除参观导入、人群集散、票务咨询、休闲消费等各项公共功能外，还有以《九河图》为底衬，“九达天衢”和《德州赋》为主题内容的大型浮雕墙，传达着“德水安澜”和“九达天衢”的德州历史文化精髓。2009年6月开工建设，2012年8月落成开馆。

德州大剧院　位于德州市文体中心东南角，东临康博大道，南临东方红路。工程总建筑面积3.81万平方米，地上5层、地下3层，主体高度23.7米（局部38.2米），广泛应用太阳能光伏系统等新能源、新技术、新材料。设计突出“流动的音符，张开的帷幕，绽放的浪花”的艺术效果。德州大剧院包括一个1500座的歌剧

院、一个600座的多功能可变小剧场、一个150座的影像报告厅以及排练厅、化妆室等配套设施。工程于2011年5月开工，2013年10月落成。

太阳谷微排国际会议中心　位于德州经济开发区太阳谷大道东侧，2006年12月开工，2007年12月竣工。总建筑面积达7.5万平方米，为框架结构，呈弧形布置，外形美观，造型独特，地下一层，地上十一层，裙楼二层，建筑面积2.71万平方米，建筑高度46.2米。全球最大的集太阳能光热、光伏、建筑节能于一体的高层公共建筑。2010年第四届世界太阳城大会的主会场，采用全球首创太阳能热水供应、采暖、制冷、光伏发电等与建筑结合技术16项以上，其中5项专利，建筑整体节能效率高达88%（建筑节能70%以上，加60%采暖、制冷），充满独特的未来感。符合节能环保、人性化、生态等未来时尚角度的“绿色五星级”建筑标准，是太阳能综合利用技术与建筑节能技术结合的典范工程。设计灵感源于释放光热、恩泽万物的太阳以及中国古代的计时工具“日晷”，寓意能源替代不断前进而时间紧迫；建筑主色调为三原色之白色，寓意广泛采用清洁能源和孕育自然原生态的“人文主义”情怀；太阳能集热器的基色为黑色，寓意广袤宇宙中有更广阔的能源替代空间等待人类开发利用。

二、商品房开发（住宅小区）

建区前，辖区房屋多为民宅。建区后，商品房建设速度不断加快。1998—2007年，主要有湘江小区、开建公寓、新城市花园、新城家园、国税小区等8个项目开工建设，累计建设商品房43.24万平方米，年均4.32万平方米。2008—2011年，主要有外海江南水郡、中建华府、龙元世纪广场、东建德州花园等60个项目开工建设。

1998—2011年德州经济开发区主要住宅小区建设情况表

表4－8

工程名称	建筑面积（万平方米）	竣工时间
湘江小区	7.90	2002.10
怡景花园	12	2003
嘉诚尚东	20	2007
新城市花园	23.40	2007.7
蔚来城	58	2010
中建华府	25	2010
新湖春天	5.75	2010
高地世纪城	28	2010

三、保障性住房

2011年，经济开发区启动河东安居苑保障性住房项目建设。位于德州经济开发区晶华大道东侧，京福高速公路西侧，小翟庄南侧，太阳湖大道东首北侧。规划用地总面积4.16公顷，规划总建筑面积144864平方米，其中住宅建筑面积95844平方米，配套商业、公寓、服务中心、幼儿园、公厕、地下储藏室和车位等。总投资

3.72亿元，共建设保障性住房12幢1721套，其中公租房9幢1211套，经济适用住房3幢510套，户型分45平方米、55平方米和65平方米三种。设计地下2层（为储藏室和车位），地上17层。分两期建设，其中，一期于2011年9月开工，建设公租房4幢629套，2013年年底单体工程基本建成。

第三节　公园 景区

减河湿地公园　减河湿地公园总体规划建设范围大体是自武城县四女寺至德州经济开发区赵虎镇，全长40千米，截至2011年，已建成城区段减河湿地公园。

2009年3月，减河湿地公园开工建设。由经济开发区管委会组织实施，总投资4.2亿元，园区长11千米。一期投资2亿元，建设范围从104国道桥以南500米到314省道袁桥以北500米，全长4.5千米，宽度350米，规划建设面积160公顷。种植各类乔灌木、水生植物、地被等共60多个品种、120万余株，绿地面积146.67公顷，绿地率达到92%以上，绿地覆盖率达到95%以上。减河湿地二期南延工程于2010年5月底动工，工程投资2.2亿元。东岸长6.5千米，西岸长4千米，自南橡胶坝至京福高速桥3千米为湿地景观区，是一期4.5千米的再延续，自京福高速桥至353省道桥，定位为自然保护区。减河主河道平均水深3米，又因为整个河道呈一个U字形，在河道中央水最深的位置甚至可达到7米。减河生态湿地公园是国家海委首次批准的海河流域生态湿地示范项目，是德州市十二五海河流域水污染防治规划的重点建设项目之一。利用现有的自然景观与自然资源将整个园区与河道有机结合起来，将湿地恢复、人与自然融为一体。减河湿地公园建成后，呈现“河坡植绿生态变，野禽戏水飞渡涧”的湿地景观，免费对市民开放。减河湿地公园以自然、生态、和谐为主体，达到生态、社会、文化、经济相互依存的理念。是全市一项重要的民生工程。成为海河流域湿地保护与利用的示范区，山东湿地建设的标志区和德州文化传承的品牌区。

董子文化园景区　位于德州经开区中心地带，沙王沟中段，是沙王沟绿化带的核心景区。

减河湿地公园　（2011年　王强　摄）

沙王沟纵贯德州经济开发区南北，是1976年开挖的灌溉沟渠，全长1.2万米，宽35米，深5.5米。

2005年，对沙王沟进行局部改造，两岸用石质墙板安装，种植各种花草树木，配置庭院灯、广场灯、草坪灯、花灯，两岸绿化宽度40米，绿化面积84公顷，

2007年，复建董子读书台，以此为核心，建成具有丰富文化内涵的景区公园，一期工程建成完工，配套开挖湖面，铺装广场，修建桥梁、廊桥、湖心亭、坊、音乐喷泉、水幕电影等精品工程；同时，完成风景区泊岸、景观石、路灯、亮化等工程，对外开放。建成的董子园风景区总占地49.53公顷，绿化面积10.67公顷，水域面积28公顷，种植各类乔灌木、地被植物等60余种，120万余株。绿地率达到90%以上，绿地覆盖率达到95%以上，总投资5亿元。

2008年11月，完成读书台景区董子文化街的建设。董子文化街是以儒家文化思想为主题的仿古文化商业区。南北方向长约1千米，分为名人字画区、民俗艺术区、古玩玉器区、美食茶艺区，辅以德州历史展览馆、德州陶瓷览馆、奇石展览馆、古典家具馆等，并建有1000多平方米的书画展示大厅和拍卖交易大厅。

2009年6月，完成董子读书台大殿、董子祠装饰装修工程及董仲舒雕像。10月，完成柳湖书院酒店建设，同时增设文化石，完成提字雕刻，新建音乐跑泉，完善月亮广场等配套设施。

第四节　城中村改造

2003年，经济开发区推行旧村改造，探索四位一体安置失地农民的旧村改造开发模式，（变货币补偿为开发式补偿、让失地农民不失业、确保农民失地不失居、为失地农民提供生活保障），让失地农民失地不失利、不失业、不失居、终身有保障。5月以小申庄旧村改造项目为试点拉开序幕。该项目涉及居住户数180户，人口586人，建设安置楼262套，安置面积3.05万平方米。

2006年，开工建设艾家坊、大申庄、小温庄3个旧村改造项目。涉及居住户数656户，人口2105人，建设安置楼1241套，安置面积11.84万平方米。2007年，开工建设苗庄、付庄、李相庄、岳庄、杨庄5个旧村改造项目。涉及居住户数1408户，人口4825人，建设安置楼2654套，安置面积24.39万平方米。2008年，开工建设前董旧村改造项目。涉及居住户数165户，人口465人，建设安置楼320套，安置面积3.47万平方米。

2009年，开工建设东、西刘集村、袁桥村、赵辛庄、堤口村、簸箕刘村5个旧村改造项目。涉及居住户数2141户，人口7441人，建设安置楼3452套，安置面积40.54万平方米。2010年，开工建设郭家庵、八里庄、刁李贵村、陈段庄4个旧村改造项目。涉及居住户数2374户，人口7392人，建设安置楼4564套，安置面积37.83万平方米。2011年，开工建设小辛庄、大王庄、牟庄、白桥村4个旧村改造项目。涉及居住户数1029户，人口3100人，建设安置楼1830套，安置面积16.6万平方米。

至2011年，经济开发区9年间开工建设25个村的旧村改造工程，完成24个，涉及2.95万人，8637户，共计建设安置楼约1.43套，安置面积15.4万平方米，改善了居民的居住条件。

第八章 河东新城规划建设

1998年后，市委、市政府作出旧城改造与新城建设并举，跨越岔河向东发展的战略决策。在建设德州经济开发区的同时，2003年成立河东新城建设办公室，启动建设集行政办公、商业服务、文化教育、经济开发于一体河东新城区。河东新城位于德城区与经济开发区之间，至2008年，规划目标基本实现。同年，河东新城建设办公室撤销，河东新城划归德州经济开发区管理。5年间，新建改造新河路、东风东路、东方红东路等7条道路和新河桥、杏园桥等3座桥梁，新建改造长河公园、河东绿地、锦绣川3个景区，植树8万多株，植绿90多万平方米，绿化率达50%左右。行政中心、教育中心、医疗中心、体育中心和部分商务、住宅项目建成使用，多家单位办公楼入驻新城。河东新城生态环境建设被评为“山东省人居环境范例奖”。

第一节 规 划

2003年，市政府制订《河东中心区规划建设实施方案》。5月规划范围确定后，先后进行行政中心、河东风景区、道路景观等21项规划设计，共有来自3个国家的4个境外设计单位（2家美国公司、1家加拿大公司和1家日本公司），2名国家级设计大师、6所著名高校、8家设计院参与规划设计，引进了国际一流的设计理念。

新城规划范围　由岔河、北园路、新兴路（含金融一条街）、横河围合的区域（不含凉水井、前魏、后魏、张八棍4个村），面积16.8平方公里，规划定位为现代化、园林式、生态型新城区。

规划框架　两条轴线、一个中心、六个功能分区。两条轴线：以东风路为东西商贸设施轴线和以河东大街（暂定名）为南北公共设施轴线，长河公园风景区生态东西轴线。一个中心：行政中心，位于两条轴线的交会处，为市委、市政府及部门行政办公用地。六个功能区：行政区、文化区、生态区、商务区、居住区、教育区。

规划建设目标　按照《德州市河东区城市设计》，通过建筑群落、街道、广场、公园绿地等不同要素的有机结合，形成一个城市功能齐全、充满生机活力、富有地方特色、人居环境优美的新城区，努力创造现代化、园林式、生态型的全新城市景观，使河东新城成为21世纪新德州的标志区，成为鲁西北、冀中南的一颗美丽的城市明珠。

新城定位　“现代化、园林式、生态型”的新城区，东风路以北主要规划一个中心、三条轴线和六个功能分区。

一个中心　即新行政中心。三条轴线，由河东大街形成公共设施轴线；由东风路形成商贸设施轴线；由东方红路、三八路之间地块，形成生态景观轴线。

六大功能区　1. 园林化的行政办公区，主要为市委、市政府及部门行政办公用地。由东风路、东方红路、新兴路、河东大街四条道路围合而成，总面积约1000亩。区内安排了市委、市人大、市政府、市政协和部分委办局及相关服务设施如档案管理、规划展览等建筑。

2. 文化艺术区位于行政办公区的北侧，生态风景区的东面，用地700余亩。规划艺术中心、博物馆、科技馆、美术馆、儿童活动中心和公共图书馆等文化设施。

3. 高级商贸区共分三块，包括沿东风路两侧的商贸带、沿天衢路北侧的商贸带和天衢路以南、三八路以北、河东大街以东、新兴路以西的商贸区，总用地2000亩左右。区内规划建设大型商贸城、写字楼、星级酒店等商贸项目。

4. 生态风景区位于东方红路以北、三八路以南，东与文化中心相接，西与岔河风景区相连，面积约1800亩。规划设计中坚持人工与自然、水体与绿化相结合，水、山、树、桥、建筑、游园有机结合，形成以大面积水面为主的生态休闲景区。

5. 高级居住区规划用地3000余亩，其中位于风景区南北两块居住用地总面积2300余亩，属高档居住区。在东风路南北两侧分别规划了一处村民安置小区，总面积900余亩。居住区规划日照间距系数1∶1.6，绿地率达35%以上，部分地段可达50%～60%。

6. 教育区位于岔河以东、新兴路以西，北园路两侧，用地2500亩，主要布置高等或中等职业教育院校。

第二节　建　设

一、村庄拆迁

为使新城农民安居乐业，新城建设者大胆实践，积极探索，初步建立起“失地补偿、培训就业、居住安置、社会保障、开发建设”五位一体的安置模式，走出一条维护失地农民利益、实

2008年簸箕刘村旧貌

簸箕刘新社区　　（2011年　摄）

现失地农民可持续发展经济的道路。

搬迁安置　河东新城共辖14个行政村，总面积16.8平方千米，总人口1.9万人，共5700户。根据新城建设的安排和部署，14个村均需整体搬迁安置。总投资21亿元，人均11.2万元。其中，住宅拆迁8.8亿元，人均4.7万元；安置差价(补贴)6.8亿元，人均3.6万元；集体占地补偿5.5亿元，人均2.9万元。新城各村总拆迁面积160万平方米，安置总面积需100万平方米。

拆迁补偿　按宅基地面积(集体土地使用证标注面积)补偿。宅基地面积在0.03公顷(含0.03公顷)以上的，每个院落(包括所有附属设施)最高协商价不超过15万元，宅基地面积在0.03公顷以下的，每少于0.01公顷扣减3万元，或按重置价评估，依评估价格进行补偿。安置房本村村民购买按平均价格680元/平方米计算。

2003—2008年，河东新城共依法征用土地约670公顷，完成房屋拆迁约100万平方米。

二、重点建设项目

2003年12月，河东新城建设正式奠基启动。之后的5年多时间，着力推进8项重点工程。

行政中心　2005年建成，2008年启用。处于河东大街、东方红路、新兴路、104国道4条道路围合区域，主要建设行政综合楼、部分单位办公楼、市政广场和园林景观。行政主楼采取4拖1组合形式，配备地下人防工程，总高度16层，造型新颖，庄严大气，成为德州标志性建筑。在行政中心以西，陆续建设了市国土局、市质监局、市建设局、市气象局、市公安局、武警支队办公楼，在行政中心东，建设为民众提供集中服务的市政务中心。

长河公园风景区　2004年兴建，2009年完成。东至河东大街，西侧与锦绣川景区连为一体，南起东方红路，北至三八路，占地120公顷。景区以杏园路为界，东侧以水面、广场和高档次宾馆为主体，西侧以山丘和绿地为特色，山丘、水面、绿化、建筑、雕塑有机融合，是一幅“山青、水秀、岸绿、景美”的现代园林景观，是集文化、休闲、生态、旅游为一体的大型“城市绿洲”。

商务中心　天衢路以南、三八路以北、河东大街以东、新兴路区域，完成建设德建集团办公楼。德州银行，金鑫大厦等启动规划建设。

教育中心　规划在河东大街、北园路、新兴路、教育路围合区域，后规划调整，将计划建设的体育中心(包括体育馆)等移至康博路与东方红路交汇处建设，2009年建设完成。

医疗中心　位于河东大街以东、新兴路以西、教育路以南、天衢路以北区域，相继建成市

长河公园　(2010年　摄)

中医院东区、市妇幼保健院、市疾病控制中心等集医疗、保健、防疫、急救为一体的现代化、综合性、多功能医疗中心。

村民安居小区　陆续启动了4个安置小区建设,村庄改造成效显著。在东七里铺村和八里庄村建设2处村民安居小区,总建筑面积50多万平方米。

高档住宅区　建成高地世纪城,、嘉城尚东、德州东建花园等小区等开发项目相继建设60余栋建筑。,形成湖光山色、人居佳境的怡人景象。

基础设施　主要是新建天衢东路、新河路、长河大道、广川大道、康博大道。完成东风路景观改造。新河路(东至晶华南路,西至铁西大道)建成后将成为市区又一条横跨东西的主干道。

截至2011年,河东新城中心区完成了规划方案中大部分项目建设。行政中心建筑群、长河公园景区、德州体育中心、德州博物馆、德州大剧院等一批建筑物和景观,在河东新城中心区域相继建设完成,成为代表德州形象的现代化、园林式新城区。

第九章　村镇建设

第一节　规　划

1986年编制完成德州地区农村规划。村镇道路规划一般为棋盘式道路网,主要街道宽度为10～20米,胡同为4～6米,村庄道路拓宽10～15米,多数为“十”字大街。学校、办公室、卫生室、幼儿班居中,村办工业在村外,结合道路规划对绿地、给排水、电力、电信等都作规划布局。

1986—1992年,全区各县(市)对“六五”期间编制的粗线条村镇规划进行修订、补充、完善。累计编制乡镇域总体规划13个,占乡镇总数的7%,调整集镇建设规划34个,村庄规划716个。

1995年,编制及调整完善乡镇规划37个,占乡镇总数(193)的19%。编制及调整村庄规划400个,占村庄总数(8652个)的5%。德城区黄河涯镇、二屯镇邀请高等院校的规划专家编制城镇建设总体规划,并制定规划管理制度。1997年,重新调整完善,编制新一轮总体规划的乡镇75个,占乡镇总数的40%,累计调整完善村庄规划2428个。1998年,调整完善编制新一轮总体规划的乡镇96个,占总数的53%;编制村庄规划2510个,占总数的31%。乐陵、宁津、临邑全部完成乡镇驻地规划的编制和调整完善,村庄规划编制完善率70%以上。

1999年,全市编制完成乡镇总体规划145个,村庄规划3818个,分别占乡镇、村庄总数的80%和46%。平原、乐陵、临邑、德城区、宁津全部完成乡镇总体规划编制任务,并全面展开乡镇驻地详细规划编制。市建委拨出专项资金,对市政府确定的35个中心镇和11个小康示范村的规划编制予以补助。同年,编制《德州市城镇体系建设规划》。

2000年,全市累计编制完成乡镇总体规划157个,村庄规划3920个,分别占乡镇、村庄总数的86%和47%。由市建筑勘察规划设计研究院编制的德州市黄河涯镇、平原县王凤楼镇总体规划，在山东省优秀村镇规划建设项目评选中获三等奖。2001年，全市累计编制完成乡镇总体规划96个，村庄规划8192个。

2004年，82.6%的建制镇、90.9%的集镇、98.0%的村庄完成规划编制。全市14个中心镇均完成总体规划的编制工作，在此基础上，加快商业街、集贸市场和各类园区的详细规划编制，中心镇详细规划覆盖率达15%。

第二节　建　设

1985年，全区215个乡、42个镇，集体用地面积26万亩，建筑面积410万平方米。建立健全了供销社、粮店、饭店、旅馆、学校、卫生院(所)、兽医站、银行、邮电所、供电所、农机修配厂、砖瓦窑厂等企事业，同时注意服务网点的合理布局，向市镇型发展。全区乡镇修建拓宽道路7300千米，其中铺整沥青路面250千米。245个乡镇将街道加宽取直，铺筑沥青路面。100个乡镇用上自来水，占乡镇总数的40%。240个乡镇通了电，架设了照明路灯。

在1985年建设的基础上，1986—1992年，随着农村经济的迅速发展，村镇建设整体水平开始向高层次迈进。全区基础设施建设投资1.12亿元，其中用于道路建设8960万元，占80%，新修乡村道路4万千米。自来水受益集镇86个，受益村庄312个。1992年，全区211个乡镇、8066个村庄通了电，分别占乡镇村总数的100%、93%。全区44万户农民新建、改建、翻建住宅3696万平方米，经抽查验收，合格率98%以上。经济实力雄厚的村镇，按小康生活水平，规划建设新一代农民住宅。

1992年，新修乡村公路3888千米，其中硬化264千米。自来水受益集镇31个，村庄89个。新装路灯2210盏。建立各种村镇建设服务组织14个，开展有偿服务，促进了村镇建设社会化服务体系的完善。全区开展争创全省乡村振兴“十百千”(10个县、100个乡镇、1000个村)活动，评出明星村镇建设先进县2个(齐河、陵县)，新型乡镇15个，明星村60个。

1993年，全区村镇建设完成投资12.6亿元，其中小城镇完成投资5.8亿元；新修道路1154千米；新建住宅面积318万平方米，人均居住面积13平方米；自来水受益集镇114个，普及率60%，受益村庄403个；建设集贸市场52个；开发建设乡镇工业小区22个。是年，全区有小城镇193个，其中建制镇44个，建制镇占乡镇总数的23%。小城镇常驻人口38.71万人，平均每个建制镇3500人，每个集镇1800人。小城镇建城区总面积80.61平方千米，平均每个建制镇0.74平方千米，每个集镇0.3平方千米。全区小城镇实有道路1483千米，建制镇全部通水、通电，乡驻地集镇62%通了自来水、100%通了电。全区小城镇实有住宅面积943万平方米，其中楼房17万平方米，占1.8%。小城镇住宅建设逐步由土坯房、瓦房向楼房和小区化发展，一批小城镇居民住上新颖别致的“小康屋”。建成达标街22条，花园式单位40多个。全区8652个村庄、193个小城镇整修拓宽道路2720多条，植行道树39万株，拆除残墙断壁1500多处，修排水沟500多千米，200多个村镇铺设了1～5条沥青或混凝土路面。在全省开展的村镇建设“十百千”活动中，有10个乡镇、60个村被省政府授予“村镇建设新型乡镇”“村镇建设明星村”称号。在全区村镇改貌活动中，3个县(市)、6个乡镇、4个村庄被德州地委授予村镇改貌先进单位称号。

1994年，实有道路1483千米，62%的集镇通了自来水，100%的村镇通了电。有各级村镇建设社会化服务机构37个，服务内容由集中乡

村能工巧匠帮助农民建房，逐步发展到提供建材、综合开发建设商品房，以及规划设计、质量监督等一条龙服务。德州市黄河涯镇率先成立村镇建设开发公司，完成了一条商业街的开发建设。全区11个试点乡镇都成立了3～4人的村镇建设办公室或村镇建设服务站。全区抓了不同类型、不同经济发展水平的城镇建设试点31个，其中国家级试点2个，省级试点5个，地级试点21个。武城县加快小城镇建设、加强农村建筑队伍管理的经验，陈庄乡"小康屋"建设的经验，对全区小城镇建设起了示范带头作用。抓好"小康屋"农居试点，"小康屋"农居试点310户，建筑面积4.6万平方米。

1995年，全市村镇建设投资总额9亿元，其中住宅5.3亿元，公建1.86亿元，生建0.62亿元。新建住宅229万平方米，楼房率6%，人均住宅使用面积17.8平方米。新建公建56.97万平方米，生产性建筑33.51万平方米，新增道路长度690千米。新增自来水供水设施400处（乡镇17处，村庄383处）；受益人口35万人，其中乡镇3.4万人，村庄31.6人。新上自来水的乡镇、村50个，新增供水管道150千米，8652个行政村全部通了电；新建住宅220万平方米，2万户农民喜迁新居，村镇新建住宅楼房率9%。武城县鲁权屯镇、滕庄镇、德城区黄河涯镇、二屯镇、临邑县临盘镇5个建制镇被列入省"百新工程"建设试点。在省政府开展的村镇建设"十百千"活动总评验收中，武城县被评为山东省村镇建设先进县市，武城县鲁权屯镇等6个乡镇被评为山东省村镇建设新型乡镇，齐河县晏城镇红庙朱村等75个村被评为山东省村镇建设明星村。

1997年，全市村镇建设投资11亿元，硬化村镇道路总长度3万千米，乡镇自来水普及率达60%以上，所有村镇都通了电，人均居住面积17平方米。6个"百新工程"试点镇投入建设资金2020万元，基础设施不断完善，综合功能进一步增强。在小城镇建设示范镇评选活动中，武城鲁权屯等10个小城镇被评为德州市小城镇建设示范镇。

1998年，全市村镇建设完成投资9亿元，新建道路200千米，硬化率90%；乡镇自来水普及率80%；新建各类房屋面积351万平方米，人均居住面积17平方米。小城镇发展速度加快，2个乡撤乡建镇，建制镇达63个，占乡镇总数的33%。村镇建设"十百千"活动成效显著。在全省村镇建设"十百千"活动中，乐陵市被评为先进县市，6个乡镇、75个村庄被评为新型乡镇和明星村。

1999年，全市村镇建设完成投资10.1亿元，其中道路、给排水、电力、通信等基础设施投资1.5亿元。新增道路面积550万平方米，村镇道路硬化率20%；新增自来水受益人口12万人，自来水普及率21.4%；新建住宅面积196万平方米，人均居住面积达17平方米。黄河滩区村庄搬迁工作自1997年开始至1999年全面完成。需要搬迁的10个村庄已全部搬出，共投入资金5900万元，新建房屋20万平方米，安置搬迁人数4200人，新建学校7所。齐河县被评为全省黄河滩区村庄搬迁先进单位。市政府出台《关于加快中心镇和小康示范村建设的实施意见》，成立中心镇和小康示范村建设领导小组。中心镇和小康示范村以道路、供水、排水等公用设施建设为重点，完成投资9000万元，硬化路面35万平方米，新建房屋20万平方米。

2000年，全市共完成村镇建设投资10.9亿元，其中道路、供水、电力、电信等基础设施建设投资4.2亿元；新建住宅307万平方米；生产性建筑52万平方米；公共绿地80公顷。乐陵市新建各类住宅4000多处，建筑面积70万平方米，拓宽村镇主要街道70条，安装路灯2000

盏,新修排水管道 20 千米。齐河县投资 4400 万元,新建、改建 46 千米长的县乡公路,新建 7 个 GS 米移动通信基站,完成农村电网改造工程。村镇建设综合开发工作全面启动。全市村镇拆迁房屋面积 45 万平方米,综合开发面积 50 万平方米。齐河县赵官镇等 5 个乡镇拆迁达 4.5 万平方米,新建各类商住用房 10 万平方米。夏津县东李官屯镇开发建设一条长 520 米、宽 34 米的镇区商业街,总投资 1000 万元;宁津县柴胡店镇投资 2339 万元,改造镇中心大街,共拆迁住户 14 家,房屋面积 1.6 万平方米,新建二层以上楼房 159 幢,建筑面积 1.9 万平方米。14 个中心镇共新建、改建、扩建 44 个建设项目,建设规模 176.7 万平方米,总投资 1.9 亿元,工程竣工率 98.7%。协助部分中心镇申请省农行贷款资金 1900 万元。

2001 年,全市村镇建设完成投资 10.9 亿元(其中建制镇 3.88 亿元、集镇 1.30 亿元、村庄 5.73 亿元),新建住宅 307 万平方米,生产建筑 52 万平方米,公共绿地 80 公顷。中心镇建设完成投资 2.7 亿元,占全市村镇建设投资总额的 24.8%。各地结合实际,探索出加快小城镇建设发展的成功路子。武城县鲁权屯镇依托玻璃钢优势产业,投资 5000 余万元建成占地 2000 亩的镇级工业园;临邑县德平镇、乐陵市杨安镇、朱集镇坚持走以市兴镇的路子,在市场建设方面实现新的突破;德城区二屯镇加强基础设施建设,加快招商引资步伐,促进了小城镇建设。全市涌现出一批工业主导型、市场带动型、交通枢纽型、旅游开发型、国企服务型等各具特色的小城镇。

2002 年,全市村镇建设完成投资 12.6 亿元,增长 15.7%,其中小城镇建设完成投资 5.8 亿元;新建住宅 318 万平方米,生产建筑 52 万平方米,公共绿地 80 公顷。禹城市制定村镇建设工作目标考核办法,形成小城镇建设热潮,临邑县在全县 10 个乡镇设立建设服务站。武城县鲁权屯镇被评为全省中心镇建设示范中心镇。

2004 年,全年总投资 14.27 亿元,比上年增加 0.67 亿元。其中住宅占 54.31%,公建占 10.51%,生建占 19.48%,基础设施占 15.7%,乡镇投资占总投资的 44.78%。人均住宅建筑面积 29.95 平方米,人均使用面积 20.96 平方米,人均居住面积 19.47 平方米。中心镇完成住宅项目 187 个,投资 2668 万元;公建项目 2 个,投资 2631 万元;生建项目 8 个,投资 45420 万元;基础设施项目 6 个,投资 5029.5 万元。总计完成建设项目 203 个,投资 5.6 亿元。至 2004 年年底,在大规模乡镇调整后,德州市村庄由原来的 8313 个调整为 8043 个,其中中心村 7774 个;乡镇由原来的 193 个合并为 102 个(不包括县城城关镇,),其中建制镇 69 个,集镇 33 个。乡镇建成区面积 103.3 千米。村镇总人口 447.1 万人,其中建制镇人口 35.6 万人,集镇人口 11.4 万人,村庄人口 400.1 万人。住宅建筑面积 13388.3 万平方米,其中楼房面积 156.9 万平方米,人均住宅建筑面积 30 平方米,人均使用面积 21 平方米,人均居住面积 19.5 平方米。农民建房开始由低标准向高标准、由平房向楼房发展,住房条件显著改善。村镇现状占地面积 1443.8 千米,人均占地面积分别为建制镇 233 平方米,集镇 178.8 平方米,村庄 335.1 平方米。公共建筑面积 1338.3 万平方米,生产建筑面积 904 万平方米。自来水受益集镇 93 个,占集镇总数的 91.2%;受益村庄 2017 个,占村庄总数的 25.1%;受益人口 117 万人,占村庄总人口的 29.2%。村镇自来水人口普及率 32.5%,比上年增加 0.4 个百分点。村村通工程的实施,使乡村道路硬化突飞猛进。截至 2004 年年底,乡村道路 3.5 万千米,实有道路面积 17572 万平方米,道路硬化率按长度计算为23.2%,按面积计算为21.2%。大多数县(市、区)实现乡镇相通、村村相连。

2005年,全市有7个建制镇被评为全国重点镇(德城区二屯镇,平原县王凤楼镇、平原镇,乐陵市朱集镇,宁津县时集镇,陵县陵城镇,宁津县宁津镇)。14个镇被评为省级中心镇(德城区黄河涯镇、二屯镇,乐陵市朱集镇、杨安镇,齐河县焦庙镇、赵官镇,禹城市张庄镇,陵县边临镇,宁津县时集镇,庆云县尚堂镇,临邑县德平镇,平原县王凤楼镇,夏津县李官屯镇,武城县鲁权屯镇)。12个镇被评为市级中心镇(德城区黄河涯镇,乐陵市朱集镇,禹城市房寺镇、伦镇,陵县边临镇,平原县恩城镇、王凤楼镇,夏津县东李官屯镇,齐河县赵官镇,临邑县德平镇、临南镇,庆云镇尚堂镇)。全市中心镇镇域总面积1024.3千米;建成区总面积42.7千米,比1999年增加17.4千米;中心镇镇域总人口42.6万人;建成区总人口14.8万人。

2005年,全市村镇建设完成投资约16亿元,比上年增长12%,自来水普及率33%。各县市区加大对村镇的总体规划力度,德城区二屯、黄河涯两个中心镇、武城县鲁权屯、滕庄等中心镇和36个村庄、齐河县10个村完成规划编制工作。

2006年,完成总体规划编制的乡镇40个、村庄1400个,分别占乡镇和村庄总数的50%、30%。规划局、设计院编制了农民住房建筑标准图集和绿化样本图集。

2007年,围绕社会主义新农村建设,开展了全市村镇规划编制大检查,完成总体规划编制的乡镇60个、村庄2600个,分别占乡镇和村庄总数的64%、32%,中心镇、重点镇、小康示范村规划编制已基本完成。编制农民住房建筑标准图集和绿化样本图集,举办了全市社会主义新农村规划设计建设展。城乡环境综合整治力度加大,村庄整治率达到70%。村镇基础设施建设投入不断加大,全市村镇建设完成投资16.8亿元,其中小城镇建设完成投资约6.5亿元。

2008年,完成中心村规划1143个,占总数的85%。以村容整洁为切入点和工作目标,通过实施"三清、四改、五化"(清理粪堆、清理垃圾堆、清理柴草堆;改水、改厕、改灶、改圈;硬化、净化、亮化、绿化、美化)工程,村庄整治率达到70%。积极争取省级小城镇规划建设专项资金,23个城乡环境综合整治项目获得补助资金330万元。结合全省"百镇千村"示范活动和本市开展的"小康村"建设,在全市选择100个示范村、12个示范镇作为示范。

2009年,全市小城镇建设投入33.3亿元,其中房屋建设投入29.2亿元,基础设施建设投入4.1亿元。全市新建农房户数8.9万户、面积1208万平方米,其中整村迁建村庄(社区)156个,集中建设农房户数5.7万户,面积838.4万平方米;分散建房3.2万户,面积370万平方米;改造危房1.37万户,面积135.9万平方米。

2010年,全市所有县市区均完成了农村社区规划,覆盖率达到100%,德州市由全省村庄规划落后城市一跃成为先进城市。全市小城镇建设总投资51.6亿元,片区详细规划覆盖率达到40%。开展了小城镇建设示范创建活动,涌现出平原县恩城镇、齐河县华店乡、禹城市房寺镇、临邑县临南镇、武城县鲁权屯镇、德城区黄河涯镇等先进典型。全市新建农房户数12.8万户,其中,实施整村迁建项目512个,涉及行政村2496个,建设户数10.3万户,完成总投资125.6亿元,另改造危房1.5万户。

2006—2010年,全市村镇建设完成投资240亿元,新建改造农村道路3235千米,新增供水管道5926千米,排水管道和沟渠2721千米,绿地面积155公顷,普通农村自来水普及率已达76%,农村生活环境明显改善。

2011年,市政府制定《关于加快推进小城镇建设的意见》和《2011 年度全市小城镇建设工作考核办法》,在 2011 年全省“百镇千村”建设示范评选活动中,全市 76 个农村社区获得山东省农村社区建设示范村,7 个中心镇被评为全省小城镇建设示范镇。全市新建农房 14.9 万户,改造危房 2.5 万户。

第五编

HUANJINGBAOHU

环境保护

■ 环境质量

■ 环境监测与治理

■ 生态保护

■ 环境监管

1986年以前，德州地区工业企业规模小、数量少，机动车保有量不多，工业排放、机动车尾气排放和生活污染物有限，环境自净能力可降解污染。全市河流、湖泊水质清洁，大气和噪声无明显污染。以塑料包装品为主的"白色"垃圾少见，在农村生活垃圾还可以沤制肥料还田。

"七五"（1986—1990）期间，是德州环境保护工作起步时期，按照国家经济建设、城乡建设、环境建设同步规划、同步实施、同步发展的总要求，实施环境保护治理。1989年开始实施国务院规定的排污许可制度、城市环境综合整治定量考核制度、污染集中控制制度、污染限期治理制度、环境目标责任制。

"八五"（1991—1995）期间，伴随着工业的发展，特别是一些土小落后企业的兴办，以及机动车辆、生活垃圾的增多，污染源、污染物不断增加，防治任务日趋严重。国家将环境保护主要指标纳入国民经济和社会发展规划，加大环境保护力度，污染治理不断加强，全市环境恶化趋势得到控制。全市各级投入6000余万元，建成市县两级环境监控中心，形成了一套较为完整的环境管理体系和处置方法。

"九五"（1996—2000）期间，按照可持续发展要求，从严控制污染物总量，以水和大气污染防治为重点，强化环境保护。德州市影响大气质量的主要因素有：工业污染、扬尘污染和机动车污染。

"十五"（2001—2005）、"十一五"（2006—2010）期间，建立健全了市、县、企业"三级"环境管理和防控、预警、处置、保障及问责"五大"体系。对重点企业车间排污口、企业排污口、入河排污口、河流断面四道监控防线实行分级监测预警制度。落实应急处置措施，建设了企业应急事故水池、企业应急控制闸门、河流节制闸、橡胶坝和拦河闸等四级应急处置体系。一旦发生环境突发事件，可将危害控制在最小范围内，确保不对下游造成危害。同时，实施环境保护一票否决制度，按照产业政策和总量控制要求，加强项目管理，不断巩固防治污染成果。1986—2011年26年间，德州环境保护工作稳步推进，取得较好的治理效果，得到省和国家环保总局肯定。

第一章　环境质量

第一节　大气环境质量

一、工业废气排放

德州市自1986年开始调查和上报大气污染源排放污染物的情况。1989年全市工业废气排放量已达172.5亿标立方米，二氧化硫排放量4.93万吨，烟尘排放量达2.35万吨。1989年7月推行环境目标责任制，加大对大气污染的管理和治理力度，到"八五"前期各种污染物排放量明显降低。随着华能德州电厂的投产发电，"九五"期间各种污染物又呈逐年上升的态势。2000 年随着“一控双达标”工作的落实，“十五”前期各种污染物的排放量明显回落。2008 年开始实施“总量减排”，除工业废气排放总量指标外，二氧化硫、烟尘及工业粉尘排放量均呈逐年下降趋势。

1986—2011 年德州市工业废气及主要污染物排放量统计表

表 5－1

污染物 年份	工业废气排放总量 （亿标立方米）	二氧化硫排放量 （万吨）	烟尘排放量 （万吨）	工业粉尘排放量 （万吨）
1986	131.0	4.04	1.92	2.50
1987	177.8	5.06	2.43	3.74
1988	165.4	4.83	2.28	2.71
1989	172.5	4.93	2.35	1.31
1990	174.9	4.96	2.39	2.19
1991	122.4	2.56	1.09	0.42
1992	222.2	6.60	1.25	0.44
1993	240.6	7.74	1.09	0.45
1994	514.0	9.33	2.84	1.01
1995	424.7	7.73	1.74	1.59
1996	627.8	10.51	2.09	1.76
1997	731.4	12.12	3.48	1.93
1998	684.4	10.03	3.16	1.89
1999	689.3	8.47	2.85	2.04
2000	668.8	8.21	2.33	1.63
2001	722.9	8.53	2.32	0.93
2002	743.9	8.29	2.23	0.85
2003	915.5	10.97	2.48	0.86
2004	966.7	13.45	3.72	1.71
2005	1337.3	14.79	4.09	2.06
2006	1320.3	13.85	3.94	2.00
2007	1496.1	13.81	3.73	1.76
2008	1523.1	12.39	3.69	1.45
2009	1605.3	10.67	3.22	1.40
2010	2902.52	9.61	1.51 2.0（烟粉尘）	0.50
2011	2249.13	8.98	1.51 1.92（烟粉尘）	0.50

二、环境空气质量

环境空气质量以德城区为代表。1981 年开始监测空气中二氧化硫（SO_2）浓度；1982 年增加监测项目氮氧化物（NO_X）；1985 年增加监测项目总悬浮颗粒物（TSP），并计算上报大气污染综合指数（P）；1996 年监测二氧化氮（NO_2）代替氮氧化物；2002 年监测可吸入颗粒物（PM_{10}）代替总悬浮颗粒物。环境空气质量最差的年份是 1989 年，空气中二氧化硫浓度超过 0.1 毫克/立方米，环境空气污染到了比较严重的程度。1988 年春季出现黄土高原远距离输送的“沙尘暴”天气，总悬浮颗粒物浓度很高，属于外来污染因素。1989 年，随着《中华人民共和国大气污染防治法》的实施和环境目标责任制的落实，特别是一些企业污染大户均安装废气处理设施，至“八五”期间，环境空气质量明显好转。

“十五”期间，德城区城市环境空气污染属于煤烟型污染，可吸入颗粒物污染负荷占 50%，二氧化硫污染负荷占 32%，二氧化氮污染负荷占 18%，主要污染物是可吸入颗粒物，其次是二氧化硫。可吸入颗粒物浓度 5 年平均值超标 0.17 倍，二氧化硫浓度 5 年平均值不超标。污染物浓度变化规律有比较明显的季节性变化特征，以冬季取暖期浓度为最高，春季和秋季过渡取暖期浓度次之，夏季浓度最低。2001—2005 年间没有出现酸雨。2001—2002 年全市多次出现沙尘暴天气，2003—2005 年没有出现沙尘暴天气。2006—2011 年，市内沙尘天气时有发生，总体呈下降趋势。沙尘暴主要是外来输送所致，是受蒙古高原的气旋和渤海气旋的影响造成的。

1986—2011 年德州市环境空气中污染物年均值统计表

表 5－2　　　　单位：毫克/立方米

污染物 / 年份	二氧化硫 SO_2	氮氧化物 NO_X	二氧化氮 NO_2	总悬浮颗粒物 TSP	可吸入颗粒物 PM_{10}	空气污染综合指数 P
1986	0.080	0.029	—	0.525	—	3.37
1987	0.053	0.021	—	0.546	—	2.91
1988	0.071	0.036	—	1.092	—	5.68
1989	0.126	0.039	—	0.635	—	4.61
1990	0.054	0.031	—	0.339	—	2.34
1991	0.056	0.036	—	0.280	—	3.05
1992	0.051	0.038	—	0.424	—	3.31
1993	0.064	0.039	—	0.415	—	3.40
1994	0.062	0.038	—	0.393	—	3.39
1995	0.053	0.039	—	0.348	—	3.42
1996	0.057	—	0.029	0.362	—	3.12
1997	0.047	—	0.032	0.360	—	2.98
1998	0.044	—	0.033	0.397	—	3.12

续表 5－2

年份＼污染物	二氧化硫 SO_2	氮氧化物 NO_X	二氧化氮 NO_2	总悬浮颗粒物 TSP	可吸入颗粒物 PM_{10}	空气污染综合指数 P
1999	0.047	—	0.036	0.379	—	3.13
2000	0.039	—	0.038	0.313	—	2.69
2001	0.043	—	0.049	0.328	—	2.97
2002	0.045	—	0.037	—	0.162	2.83
2003	0.050	—	0.030	—	0.114	2.35
2004	0.056	—	0.032	—	0.107	2.40
2005	0.040	—	0.030	—	0.084	1.89
2006	0.060	—	0.026	—	0.086	2.18
2007	0.051	—	0.027	—	0.093	2.12
2008	0.059	—	0.029	—	0.122	2.56
2009	0.058	—	0.037	—	0.099	2.42
2010	0.047	—	0.036	—	0.09	2.13
2011	0.049	—	0.038	—	0.092	2.15

三、城市空气质量

20世纪80年代中期，德州工业欠发达，废气、烟尘排放量小，机动车保有量少，加之城市人口居住分散，不足以对空气质量产生大的影响。随着工业的发展和机动车增多以及城市人口大量增加，空气质量变差，逐渐引起对城市空

空气质量优良　　（陈建平　摄）

气质量重视。2011年年底，开始在德州中心城区设立环境空气质量自动监测点3个，人工监测点6个，监测项目包括可吸入颗粒物、二氧化硫、降水、硫酸盐化速率、降尘。二氧化硫年平均值为0.049毫克/立方米，达到国家环境空气质量二级标准。二氧化氮均值为0.038毫克/立方米，达到国家环境空气质量二级标准。可吸入颗粒物0.092毫克/立方米，达到国家环境空气质量二级标准。自然降尘年均值14.7吨/平方千米·月。硫酸盐化速率年均值为0.887毫克/(100平方厘米碱片·日)，超过国家推荐标准2.5倍。总降水样本37个，pH值范围为5.91~7.82，未现酸雨，市区降水偏中性。2011年全年中心城区空气质量良好率为90.4%。

第二节 水环境质量

一、城市酸性降水

1986—1990年，城区冬季采暖期有酸性降水(pH值小于5.6为酸雨)，此后监测未检出酸雨(雪)。

1981年起，开始监测上报工业废水及主要污染物的排放情况。全年工业废水排放量有逐年上升之势，其主要污染物化学需氧量(COD)排放量亦呈逐年上升趋势，至2000年化学需氧量(COD)排放量出现明显下降。

1986—2011年德州市工业废水及主要污染物排放量统计表

表5-3

年份＼污染物	工业废水排放量(万吨)	化学需氧量(吨)	年份＼污染物	工业废水排放量(万吨)	化学需氧量(吨)
1986	2546	28104	1999	5093	67737
1987	2891	26471	2000	6957	42532
1988	3488	34654	2001	9275	33770
1989	2990	25623	2002	8610	30397
1990	3186	33770	2003	8750	26584
1991	3058	51237	2004	12716	44917
1992	3006	51211	2005	15187	52551
1993	2201	37090	2006	17199	49101
1994	2340	24221	2007	18726	52839
1995	3791	93499	2008	18195	47907
1996	3773	94346	2009	17977	39263
1997	6561	190466	2010	8256	8416
1998	5873	148268	2011	7858	8421

二、地表水

20世纪80年代初，境内绝大多数河流水质较清洁或是仅受到轻微污染。“七五”期间有73.3%的河流监测断面水质劣于国家地表水V类标准，“八五”期间有81.2%的河流监测断面水质劣于国家地表水V类标准，“九五”及

“十五”期间所有河流监测断面水质劣于国家地表水Ⅴ类标准。河流在枯、丰、平水期均有污染，只有在引黄河水进行农田灌溉时的河流监测断面，监测水质较好。其主要污染物为化学需氧量(COD)，属于有机物污染类型。河流污染的主要因素：一是流域上游下泄废水污染严重，危害过境河流；二是排放的废水污染河流。“十一五”后期进行“总量减排”以及“海河迎查”，河流水质明显改善。德州新湖主要污染源是生活污水，1999年对排入新湖的污水进行截流，并且对新湖进行清淤底泥，引黄河水补充后，新湖水质有明显改善。

2011年，境内5条河流出境断面水质基本能够达到《碧水蓝天行动规划》的目标要求(地表水Ⅴ类标准)饮用水源地水质良好。

1990—2011年德州市跨界河流出境断面水质化学需氧量(COD)监测结果年均值统计表

表5-4　　单位：毫克/升

年份	徒骇河(夏口桥)	马颊河(任家桥)	德惠新河(十里铺)	南运河(第三店)	漳卫新河岔河(田龙)
1990	38.4	70.1	—	149	178
1991	36.4	56.2	—	417	123
1992	59.1	40.6	—	607	126
1993	51.6	55.4	—	938	150
1994	47.6	77.5	—	449	120
1995	63.8	149	—	981	405
1996	117	36.8	—	674	89.3
1997	67.1	49.2	—	948	178
1998	119	70.5	—	397	131
1999	166	69.8	—	114	279
2000	104	75.4	—	110	230
2001	173	118	—	171	253
2002	82.0	89.0	—	200	279
2003	84.0	116	—	153	305
2004	72.5	133	—	159	268
2005	146	136	—	130	284
2006	122	70.4	151	110	165
2007	100	90.3	171	87.8	161
2008	68.7	56.1	84.7	62.4	109
2009	47.4	43.5	44.4	50.5	64.7
2010	45.5	36.9	39.9	35.4	52.8
2011	35.4	32.7	28.2	21.9	45.6

三、地下水

根据地质结构和地貌，全市地下水含水层分三层，上层浅水层，咸、淡分布情况复杂；中层咸水（几十米到二百米）；深层淡水。1981 年，境内开始监测，局部地下水已受到污染。受自然本底因素，深层淡水突出特点是硬度小、含氟含碘高，不宜长期饮用。

四、城市饮用水源

中心城区饮用水源几乎依赖黄河水，黄河水质年际变化不大，水质较好。引黄河水沿途采取保护措施，中心城区引黄水库（主要是第三水厂水库）历年监测结果表明，水质保持良好。

第三节　声环境质量

一、城市功能区噪声

“七五”期间，中心城区居民文教区、混合区噪声超过国家标准。“八五”期间，居民文教区、混合区、交通干线道路两侧区域噪声超过国家标准。“九五”末，功能区噪声达到国家标准。2011 年，城市功能区 5 个噪声监测点的监测达标率均为 100%。

二、城市道路交通噪声

中心城区主要道路交通噪声年际变化不大，大部分年份噪声超过城市考核标准。“十五”末，道路交通噪声达到城市考核标准。2011 年，德州市区道路交通噪声共监测 10 条道路 20 个监测点，交通噪声等效声级加权平均值为 66.7Bd（A），能够达到《声环境质量标准》。

1993—2011 年德州市道路交通噪声监测结果统计表（昼间）

表 5－5　　单位：分贝（dB）

年份	等效声级平均值	城市考核标准	年份	等效声级平均值	城市考核标准
1993	81.2		2003	66.2	
1994	68.9	68	2004	67.6	68
1995	71.1		2005	67.7	
1996	72.7		2006	66.9	
1997	73.0		2007	67.1	
1998	76.1	68	2008	67.6	
1999	71.2		2009	67.4	68
2000	69.4		2010	67.0	
2001	69.8	68	2011	66.7	
2002	68.0				

三、城市区域环境噪声

城区区域环境噪声年际变化不大，大部分年份噪声达到城市考核标准。“九五”末，区域环境噪声达到城市考核标准。

1993—2011年德州市城区环境噪声监测结果统计表(昼间)

表5－6　　单位:分贝(dB)

年份	等效声级平均值	城市考核标准	年份	等效声级平均值	城市考核标准
1993	53.6	56	2003	54.3	56
1994	53.8		2004	54.3	
1995	53.9		2005	54.4	
1996	56.0	56	2006	54.9	56
1997	57.2		2007	53.9	
1998	56.2		2008	55.1	
1999	57.5		2009	54.8	
2000	55.4		2010	55.1	
2001	52.6	56	2011	55.5	
2002	52.8				

第二章　环境监测与治理

第一节　环境监测

自1978年6月开始对河水进行监测,以后逐步扩大监测要素和监测范围。先后开展了环境空气、降尘、降水、地表水、地下水、噪声、底质、污染源废水废气、室内空气、辐射等要素的监测。任务来源包括国家、省、市环境例行监测、环境影响评价、建设项目“三同时”竣工验收、排污收费、污染源监督、污染事故应急、委托服务监测等,监测均采用国家标准分析方法及相应的质量控制措施,为环境管理和环境执法提供科学依据。

2008年4月,建成使用在线自动监测监控系统,该系统是山东省“三级五大监控网络”的组成部分。全市共投入6000余万元,建成市县两级环境监控中心,在93家市控以上重点废水污染源、38家市控以上重点废气污染源、17家城市污水处理厂、8个河流出入境断面、6个环境空气自动站、1个城区饮用水源地安装自动监测设备,全部与省、市、县监控中心联网,实现了对重点点位和区域的自动监控。

一、检测项目

地表水监测　1978年上半年,对境内漳卫南运河、徒骇河、马颊河进行全程勘探,布设监测断面,开始提供上述河流的水质监测数据。1986年,地表水监测扩展到5条河流、6个湖泊,共布设22个监测断面,每个断面监测24个

项目。1994 年,对 5 条河流、1 个湖(新湖)、1 个水厂(三水厂)共 17 个监测断面,进行布点优化并通过省认证,每个断面监测 20 个项目。2004 年 3 月,《山东省水环境监测网优化布点德州辖区监测断面技术报告》,通过省环境监测中心站验收,确定 5 条河流、1 个湖、1 个水库共 15 个监测断面,每个断面监测 31 个项目。2003 年,在徒骇河前油坊、马颊河董姑桥建设河流水质自动站,2004 年年底建成通过省验收,2005 年 1 月开始正式向省站上报周报数据。2006 年开始,执行《山东省"十一五"环境监测计划》和《环境监测计划》,布设国控断面 1 个,省控断面 9 个,总量控制及跨界断面 6 个,饮用水源地断面 2 个,湖泊断面 1 个,入河排污口 16 个,市控河流断面 5 个,污水处理厂 7 个,风景区断面 2 个,共 49 个监测断面。

城市环境空气监测　1979 年,开始对区环境空气进行季度监测,每季度 5 天监测,每天 4 次采样。1982 年,开始对区降水和降尘进行监测。1988 年 7 月—1989 年 6 月,对区环境空气以硫酸盐化速率进行第一次优化布点监测,优化出生资站、电机厂、液压机具厂 3 个监测点。1990 年 1 月开始进行隔日连续采样监测。1999 年 3 月 1 日,开始发布"区环境空气质量周报"。1999 年 9 月—2000 年 8 月,第二次对区环境空气进行硫酸盐化速率、二氧化氮、可收集尘优化布点监测,优化出市环境监理站、公交公司、黑马集团 3 个监测点。2002 年 1 月,在新优化出的 3 个监测点进行隔日连续采样监测。2003 年 6 月 1 日,分别在市环境监理站、公交公司两个监测点建成自动监测站,进行每日自动采样监测,并发布"环境空气质量日报"。黑马集团监测点仍为隔日连续采样监测。2004 年 3 月 1 日,开始发布"环境空气质量预报"。2005 年 2 月 1 日,区 3 个监测点均进行每日自动采样监测。2008 年 4 月 1 日,区增加华宇技术学院、市环境监测站、双一集团三 3 监测点,进行每日自动采样监测。

城市环境噪声监测　1982 年,开始对区进行 5 个功能区噪声监测。1986 年,进行区域环境噪声和 10 条道路交通干线噪声监测。1996 年 5 月,在区 30 平方千米内,确定调整区域环境噪声监测点 120 个。1998 年 5 月,在区 30 平方千米内,调整区域环境噪声监测点 103 个。2002 年 5 月,在区 42 平方千米内,设区域环境噪声监测点 200 个,达标区噪声监测点 300 个。2006 年 1 月,功能区噪声监测频次由每年 2 次,改为每季度监测 1 次,每年监测 4 次。

地下水监测　1988 年,首次对各县(市、区)及徒骇河沿岸居民饮用水源进行普查。2005 年 3 月,根据省环境保护局要求,对 11 个县(市、区)及两个乡镇进行地下水调查。

污染源监测　1986 年,对德州地区工业污染源进行调查,对省控市控重点污染源进行监督监测,相继开展了工业废水、废气、噪声、锅炉烟尘等要素的监测。1992 年,对区锅炉进行冬季普查与监测。2008 年,对省控市控重点污染源废水废气进行在线监测监控。

底质监测　1997 年 5 月,开始在马颊河的张习桥布设一个监测点,为省控水体底质监测网点,监测底质中的 7 个项目,每年 5 月监测一次。

汽车尾气检测　1999 年 9 月,对进京汽车尾气排放进行检测发证,省环保局在德州设检测点(铁路西五四停车场),对汽油车检测 CO 和 CH 浓度、柴油车检测烟气黑度,检测合格发放进京车辆尾气检测合格证。2001 年 10 月,进京汽车尾气检测工作结束。

室内空气监测　2002 年 6 月,开展室内空气监测,监测项目为甲醛和氨。

辐射监测　2009 年 4 月,市环保监测站成立辐射监测科，专职负责辐射监测及日常监督检查。7月，市政府印发《辐射事故应急预案》，明确环保、公安、卫生、安监、财政等部门在处理辐射事故中的职责分工。2010年，市环保局成立环境安全管理科，加挂辐射安全管理科的牌子，开展辐射监测，辐射安全管理逐步规范化。

二、监测报告

1986年3月，开始编制年度《德州地区环境监测年鉴》(1985年度)。1987年4月，开始编制年度《德州地区环境质量年报》(1986年度)。1991年8月，开始编制年度及五年《德州地区环境质量报告书》(1986—1990年)。1997年，开始进行点对点电话拨号上网，微机传输上报监测数据。1998年5月，受山东晨鸣纸业集团齐河板纸厂委托，首次为污水处理工程竣工编制验收监测报告，正式开始对建设项目进行验收监测工作。1998年9月，受市建设委员会委托，首次为污水处理厂工程编制环境影响报告书，正式开始对建设项目进行环境影响评价工作。2002年，接入虚拟宽带网，建立站内局域网，初步实现办公自动化。2008年4月，在线自动监测监控系统建成并投入使用。2010年3月，建成"环境安全预警监测防控体系"。

第二节 污水治理

一、治理项目

造纸污染治理　造纸行业是污染大户，污染负荷占全市污染负荷90%。1996—2011年，全市着力加大造纸工业调整力度，相继关闭42家5000吨小造纸、4家万吨造纸企业和4家万吨以上造纸厂，制浆造纸企业数量由1995年62家减少为7家，造纸行业化学需氧排放量由18.5万吨减少到2011年的2.8万吨。

2001年10月22日，山东省人民政府办公厅印发《关于转发山东省关闭年产2万吨及以下造纸企业草浆生产线实施方案的通知》，关闭时限为2001年10月底前，德州市山东晨鸣纸业集团齐河板纸厂、齐河纸业公司、齐河县冠军造纸厂、武城县郝王庄造纸厂列入关闭名单，关闭标准是彻底拆除麦草制浆生产设备：拆除切草备料系统、喷放仓、洗浆、漂白、打浆设备，销毁蒸球，推倒、爆破浆池。2003年1月8日，山东省人民政府办公厅又印发《关于转发山东省关闭不能稳定达标排放的造纸企业麦草浆生产线和5000吨及以下酒精生产线实施方案的通知》，此次关闭不能稳定达标排放的麦草浆生产线造纸企业共8家(分上半年和下半年两批进行)，其中武城伟达纸业公司列入2003年6月底前完成关闭的企业名单，山东正大纸业有限公司列入2003年年底前完成关闭企业名单。

工业污染物治理　1998年，贯彻国务院《建设项目环境保护条例》，落实环保"一票否决权""第一审批权"，市政府成立项目论证委员会，对污染严重的项目，即使引进资金再多，经济效益再好，也实行环保部门一票否决权。严格执行环境影响评价和"三同时"制度，控制新污染源的产生。推行ISO 14000环境管理体系认证，鼓励企业采用清洁生产工艺和设备，实行污染全过程控制。德州印染厂投资1100万元，对原有污水处理设施进行彻底改造，采用物化、生化、光化学处理工艺，实现印染废水的达标排放。德州染料化工厂引进全套韩国污水处理设备，取代原来污水处理设施。

2011年，对103家市控以上企业、16家城市污水处理厂、8个河流断面进行实时监控，发现预警及时处置。对涉重金属、危险废物处理企业建立台账，规范管理，全部纳入三级管理五大环境安全防控体。

位于湖滨南大道的实华化工公司拆迁

生活污水处理　2001年6月，总投资1.83亿元的德州污水处理厂主体工程竣工投入使用，建设规模日处理污水10万吨，不但使城区东部中部污水得到处理，而且处理后污水大部分回用于工业生产和景观用水。漳卫南运河污水改排工程是国家“三河三湖”重点工程，建成后彻底解决南运河德州与吴桥长达十几年的水污染纠纷。2001年3月，陵县污水处理厂竣工投入运行，日处理污水3万吨。2001年对德州新湖明月桥景区周围排污管线进行改道修缮，截断向新湖排污的所有排污口，引进黄河水，改善新湖水质，经监测其水质已优于地表水五类标准。2011年年底，全市11个县（市、区）已建成16座污水处理厂，5座橡胶坝，16座河道节制闸，8处潜流与表流相结合的人工湿地，基本满足了生活污水处理的需要。

二、实施污染源治理达标工程

2000年，实施工业污染源污染物排放全面达标工程。2000—2001年，共投入资金3.85亿元，有26家企业完成再提高工程，改造完善企业水污染治理设施，提高工业污染防治整体水平。重点推进造纸、酿酒等行业结构调整。2001年，在先后关闭50家麦草造纸企业的基础上，又分两批关闭5家2万吨及以下草浆生产线。通过关闭、转改和调整，削减草浆生产能力37万吨。先后关闭5条酒精生产线，削减酒精生产能力2.1万吨。对造纸、酿造业结构性污染治理，减轻了对水环境的污染，德州新湖水质达到旅游景观区功能要求，南运河污染基本解决，徒骇河、马颊河、漳卫南运河的水质在境内均得到明显改善。

第三节　空气污染治理

一、燃煤脱硫工程

2009年,市政府颁发《关于对城区燃煤锅炉进行集中整治的通告》,对城区10吨以下燃煤锅炉进行全面集中整治,拆除300余台,生活烟尘排放量比2005年下降5.1%。全市26家燃煤电厂全部建成脱硫工程,关停8家燃煤电厂机组共计14.6万千瓦;共淘汰10条立窑生产线和10多家小炼钢企业。

二、机动车尾气污染防治

2007年,在全市实施机动车“先环检、后安检”基本制度。2008年,以保障北京奥运会环境质量为契机,开展环检机构建设和运行试点,市政府出台《关于对全市机动车实施环保标志管理的通告》《在用机动车环保检测机构建设方案》,逐步推行机动车尾气第三方独立检测制度和保障措施。2009年,机动车尾气检测线通过省环保厅验收投入使用,机动车尾气污染防治取得突破,工作走在全省前列。按照国家标准审核黄标车,实行以旧换新,截至2010年12月,全市完成以旧换新975辆,完成补贴889万元,其中黄标车465辆,完成补贴772.4万元。

三、“蓝天工程”

2011年,市政府发布《实施“蓝天工程”加强大气污染防治的实施意见》,成立了以分管副市长为组长,各有关部门为成员的市“蓝天工程”领导小组,建立了各成员单位大气污染综合防治联席会议制度,协调解决污染综合治理中遇到的问题,形成大气污染防治齐抓共管的大格局。

在能源结构上,实施煤炭消费问题控制,城区划定高污染禁燃区,加快淘汰使用高污染燃料锅炉,加大集中供热力度。在产业结构上,引导企业主动调整原料结构、能源结构、产品结构,淘汰落后生产工艺和设备,严格控制工业领域新增污染物排放。在工业点污染源治理上,突出抓好49家企业脱硫、脱硝、除尘设施升级改造,严格工业园区准入条件审批入驻项目,完善各类工业园区内配套基础建设。加强施工地扬尘治理,建筑工地所有出入口全部安装视频监控系统。加强秸秆焚烧环境监管,促进秸秆资源化利用。全市农作物秸秆综合利用率达到90%以上,位居全省前列。在环境信息公开上,建立重点污染企业、涉及有毒废气排放信息强制披露制度,接受社会监督。

2011年,全市完成机动车尾气检测站点布点建设,实现“一县一站”布点,形成年检测50万辆车辆的能力,超过35万辆汽车保有量,完全满足全市检测需求。市环保、公安、物价三部门联合出台《关于在用机动车尾气定期检测有关工作的通知》,全市全年检测车辆约12万余辆次,核发环保标志10万余个。在全省率先实行外地转入高污染车辆限制政策。一段时期内,由京津冀大量淘汰下来的“黄标车”、老旧车等高污染车辆转入德州落户,导致机动车污染防治工作面临严峻形势。市环保局与公安部门配合,在全市范围内实行机动车转入控制政策,开发了《转入机动车环保自动审查软件系统》,对全市审查工作进行统一规范。经环保部门审查,尾气排放达不到国4标准的“黄标车”、老旧车,以及尾气检测不合格车辆,公安交警部门一律不予办理转移登记手续,共审查车辆近3000辆,一大批不符合转入政策的车辆拒之门外。

第四节　水源 河湖治理

一、城市生活饮用水源

中心城区居民饮用水源主要依靠市第三自

来水厂供应。“十五”(2001—2005)期间，市第三自来厂水库水质监测，评价因子为：pH 值、溶解氧、化学需氧量、高锰酸盐指数、五日生化需氧量、总磷、氟化物、挥发酚、石油类、粪大肠菌群、氨氮、硫酸盐、氯化物、铁、锰、硝酸盐氮、铜、锌、硒、砷、镉、六价铬、铅、汞、阴离子表面活性剂、氰化物、硫化物 27 个项目，监测项目年平均值均达到标准要求，达标率为 100%，符合 GB3838—2002《地表水环境质量标准》Ⅲ类标准。

1995 年春季，由于城区调饮的黄河水受到污染，中心城区出现长达 3 个月的“水荒”，严重影响居民的生活。丁东水库、庆云严务水库、宁津小店水库、德城区钩盘河水库在调引黄河水过程中，都存在不同程度污染隐患。经过全面紧急治理，很快达到饮用水标准。

二、湖泊

“十五”(2001—2005)期间，德城区新湖明月桥水质断面水质监测，评价因子为：pH 值、溶解氧、高锰酸盐指数、氨氮、粪大肠菌群 5 个项目，监测项目年平均值均达到标准要求，达标率为 100%，符合 GB3838—2002《地表水环境质量标准》Ⅴ类标准中一般景观要求水域。“十一五”(2003—2010)期间，加强新湖风景区的管理，切断所有流入新湖的污水排污口，每年在 9 月份经贸洽谈会前，引黄河水向新湖补充新鲜水，保证新湖水质稳定达标。

三、河流

“十五”(2001—2005)期间，境内 4 条河流 15 个监测断面，可比监测项目超标率统计结果，主要超标项目是：化学需氧量(COD)、氨氮、生化需氧量、高锰酸盐指数、溶解氧 5 项，其监测样品 5 年平均超标率分别为 90.6%、76.4%、75.9%、69.9%、56.9%，而化学需氧量、生化需氧量、高锰酸盐指数均是反映有机物污染指标，氨氮和溶解氧均反映水体的自净能力。可以看出，境内河流水质污染属于有机物污染类型，河流水体自净能力较小。而化学需氧量监测样品超标率高达 90.6%，说明河流在枯、丰、平水期均有污染。只有在引黄河水进行农田灌溉时的河流监测断面，监测水质较好。境内河流水质污染属于有机物污染类型，所有河流监测断面水质均超过Ⅴ类水质标准。主要超标项目为化学需氧量，其次是氨氮，化学需氧量年平均值范围为 65.2～1221 毫升/升，以马颊河境内辛桥断面最低超标 0.63 倍，德惠新河发源王凤楼断面最高超标 29.5 倍。氨氮年平均值范围为 2.2～44.8 毫升/升，以马颊河境内辛桥断面最低超标 0.1 倍，徒骇河入境前油坊断面最高超标 21.4 倍。“十一五”(2003—2010)期间，境内 4 条河流主要河流监测断面，入境化学需氧量、氨氮污染均呈下降趋势，出境氨氮污染均呈上升趋势，徒骇河、德惠新河、漳卫南运河出境化学需氧量污染均呈下降趋势。马颊河、漳卫南运河岔河出境化学需氧量污染呈上升趋势。

第三章　生态保护

第一节　生态城市建设

一、编制规划

2003年开始，市委、市政府确定启动生态城市建设，聘请中国社会科学院生态环境研究中心、山东大学环境工程研究所联合编制了《生态市建设规划》。2004年7月29日，市政府组织召开德州生态城市建设规划研讨会，对生态城市建设规划进行论证研讨。2005年5月9日，《德州生态城市建设规划》（以下简称《规划》）通过生态省建设厅领导小组组织的专家组论证，随后，市政府办公会议研究批准报送市人大常委会通过。生态城市建设目标：以“靓丽”的环境使人安居、“和谐”的环境使人乐业为理念，全力打造“鲁北田园、运河明珠、江北林城、生态德州”新形象。

二、生态县建设

生态县建设是生态市建设工作基础。2003年，德州市启动生态县建设，坚持规划编制和创建工作两手抓、两手都要硬的原则，做好环境优美乡镇，绿色社区、生态居住小区的创建工作；抓好秸秆综合利用和畜禽养殖污染防治工作，推行无公害食品，推动绿色食品、有机食品示范基地的建设。以改善农村生态环境和创建生态乡镇为重点，提升鲁北田园品位。到2011年，全市共建成国家级生态乡镇11个，省级生态乡镇41个，市级生态乡镇52个，市级生态社区23个。生态乡镇创建率为78%，其中省级以上创建率为39%，创建工作在全省处于中等水平。禹城、夏津、乐陵被国家环保总局分别命名为国家级生态示范区试点县，临邑、武城、平原被省环保厅命名为省级生态示范区试点县。齐河县省级生态农业示范区通过验收。临邑黄河故道生态功能保护区被省政府命名为省级生态功能保护区，在该功能保护区内通过种草、种树、挖塘养鸭、湿地保护等措施，生态、经济效益取得成效。禹城房寺生态观光园、夏津黄河故道森林资源保护与建设初见成效；德城、临邑、乐陵、禹城、夏津生态观光旅游迅速兴

2010年12月，德州市举办中国（德州）生态文明高层论坛

起，生态林业、生态农业已成为德州重要旅游资源。规模化畜禽污染防治工作取得成效，全市建设家庭、畜禽粪便沼气池2000多个，规模化畜禽养殖粪便综合利用率达95%以上。逐步形成了枣粮间作，林粮菜间作，立体种植、养殖和综合利用等七大生态农业模式；乐陵市200万亩枣粮间作生产基地、临邑县1万亩黄河故道综合开发水塘—养鸭—防风固沙生态保护模式，齐河、临邑林果—鸡鸭种养模式，禹城市禹西2.5万亩涝洼地台田—鱼塘种养模式，以光明乳业为主体的秸秆—养牛—乳业发展模式、畜禽—粪便—沼气—有机肥综合利用模式，齐河县速生林—食用菌、蔬菜种植模式等均取得明显环境效益和经济效益。全市通过认证的无公害、绿色、有机食品生产基地达160多万亩，产品达102个。

三、实施绿化工程

2000年开始，陆续在德州城区全力打造江北林城，大力实施绿色通道工程、冀鲁边界绿色屏障建设工程、绿色围城围村工程、速生丰产林工程、特色经济林建设工程、农田林网化工程、城镇园林化工程等七大重点工程建设。林地面积从2000年的133万亩，增加到2010年的496万亩，增长3.73倍；森林覆盖率从2000年的12.4%提高到2011年的28.9%；城市绿化覆盖率从2000年的31.5%提高到2011年的40.17%。林木产业迅速发展，已形成速生林—刨花板—家具，速生林—造纸等产业体系，产业链不断拉长、增宽。

四、新湖风景区改造

2001年，德州市委机关搬出新湖风景区，还湖于民，还绿于民，经过3年的综合改造，形成占地2100亩、拥有水面600亩的集文化、体育、休闲、娱乐、自然景观于一体的城市标志性景区。2004年，该景区获中国人居环境范例奖，城市综合环境跃居全国第43位。

第二节 农村环境保护

农村环境保护涉及面广，起步晚，治理难度大。2008年，为解决农村存在的突出环境问题，国家出台“以奖促治”“以奖代补”政策，以中央投入带动地方和社会各界投入，以建制村为基本治理单元，有重点、分批次促进农村环境综合整治，重点支持农村饮用水源地保护、生活污水和垃圾处理、畜禽养殖污染和历史遗留的农村工矿污染治理、农业面源污染和土壤污染防治。德州市贯彻国家“以奖促治”“以奖代补”的农村环保奖励政策，筛选部分项目在全市实施，取得明显成效。2008年、2009年分别获的国家奖励130万元、620万元。至2010年，市级示范项目均建立起长效管理运行机制，运行期间的资金费用实行政府补助与群众参与相结合的办法采取三级联运机制，生活垃圾由县进行处理，垃圾中转清运由县环卫处管理，垃圾收集由社区居委会负责，居民收取的物业管理费除用于收集费用外，其余交县环卫处，不足部分由县财政补贴。这个办法实行后，农村环境问题得到有效解决。

一、农村生活污染整治

农村普遍存在生活环境污染。全市近400万农村人口的生活污水已经对环境造成不良影响。原来单一性的蔬菜、食品废弃物，能就地沤制堆肥，也变得越来越复杂多样化。商品包装废弃物、一次性用品、农药瓶罐、废旧电池等呈现出城市生活垃圾的特点。根据生活垃圾产生系数（0.255吨/人年）计算，农村生活垃圾年产生量在100万吨左右，而农村环境基础设施比较落后，农村生活污水、生活垃圾收集、处理设施的缺失，环境污染治理能力有待提高。

为统筹解决农村居民的生产生活问题，

2008年，结合全市农村“两区同建”工作，通过村庄合并，为集中统一治理农村环境问题奠定了基础。截至2011年，所有县城所在地建有污水处理厂，临邑县和德城区还建有无害化垃圾处理厂。

二、畜禽养殖污染整治

农村畜禽养殖，正由过去传统的庭院式、量小散养型向场区化、量大集中型转变。在养殖方式上虽呈现现代化、集约化的特点，但养殖主体仍基本以农户为单元，形不成企业主体，缺乏必要的污染治理设施。1990—2011年，全市年均生猪存栏量为250万头、羊190万只、鸡鸭等家禽4200万只、大牲畜160万头，畜禽养殖产生的污染物，屠宰、加工产生的大量污水得不到有效处理，乱堆、乱放、乱排，造成严重水、气环境污染。

三、乡镇企业污染整治

由于环境质量标准和污染物排放标准体系存在差异，加之全市降雨量小，地表径流少，一些分散、零星建设的化工、印染、电镀、炼油等企业即使做到达标排放，其外排废水得不到有效稀释，排入河道、渗入地下，仍对周边环境和地下水形成污染。

1990年年末，逐步加大对污染严重的企业进行治理，增加污水治理设施，新建污水处理场，改进生产工艺，污染得到有效控制。

四、土壤污染整治

由于农村测土配方施肥普及率低，化肥施用量过大，施肥结构不合理，施肥方法不当和施用高毒性、持久性农药的现象比较普遍。20世纪80年代以后，大量的蔬菜大棚生产反季节蔬菜加重了农药和化肥的滥用。种植花生、黄瓜、芹菜等使用农膜，残膜率高达40%，白色污染遍布乡村。大部分化肥、农药的流失，不仅造成农业投入的巨大浪费，同时造成土壤、地表水、地下水污染，土壤和水体富营养化，危及食品安全，对农村环境和农业生态系统造成污染与危害。

2000年以后，加大对农膜、农药、化肥等使用量控制，土壤质量得到逐年改善。

第四章　环境监管

1987年，德州地区环境保护监测站内设置水质监测室和大气监测室。1989年年初，德州地区环境保护办公室更名为德州地区环境保护局。1992年12月，德州地区环境保护科研所成立，与监测站一套机构两块牌子。1995年9月，德州地区环境保护监测站更名为德州市环境保护监测中心站（环境保护科研所），2008年4月，增设环境监控中心，2010年1月，又内增设辐射监测科。2010年，全市已有监测站11个，其中市级站1个，县级站10个。2011年，全市县级监测站全部通过计量认证。

第一节　环境监察

机构设置　环境监察支队始建于1986年，前身为排污收费站，1995年更名为环境保护监理站，2002年更名为环境监察支队，内设综合科、监理科、收费科、稽查大队4个科室。主要职责是：对辖区单位和个人执行环保法规进行监督检查；对各项环境保护管理制度的执行情况监督检查;对生态破坏情况进行监督检查;调查环境污染事故和污染纠纷并参与处理;全面实施国家排污收费制度。

2011 年,环境监察支队拥有各种执法装备取证器材 126 台(套),员工 36 人,大专以上学历达 90%,持证上岗率达 100%。先后被省环保厅、省环境监察总队评为“打击不法排污企业,保障人民群众健康专项行动先进集体”“排污收费先进集体”“环保系统先进集体”。

排污收费 1995 年以前,每年征收数额不足 200 万元。1995—1997 期间先后对建筑施工噪声、餐饮服务行业开征排污费,每年新增排污费 30 多万元。1995—2002 年,共计征收排污费 2000 多万元。2003 年 7 月 1 日,国务院《排污费征收使用管理条例》实施。2006 年使用排污费征收系统,排污费征收标准、排污者排放污染物的种类、数量,应缴排污费数额通过系统产生,并定期公告。2009—2011 年,共计征收排污费 16722.25 万元,排污费征收达到以收促治,减少或消除污染物排放的目的。

现场监察 1996—2011 年,共处罚污染环境案件 743 起,罚款 887.5 万元;2003 年开始,根据全国整治不法排污企业,保障群众健康环保专项行动的统一要求,开展环保专项行动 15 次,出动人员 4000 人次,检查企业 2000 家次,立案 63 起,共罚款 115 万元,对 71 家企业进行限期治理,关停取缔企业 20 余家。

2007 年,对市控以上 92 家污水排放企业规范排污口建设,实施排污口统一管理。

2008 年后,每旬对 8 家排放重金属污染物企业进行一次监察,防止出现环境污染事故。2009 年对重点排污企业实施环保驻厂员制度,加强企业监管;2010 年对平原县、禹城市、齐河县进行环境监察稽查试点工作。

2001 年,开通“12369”环保投诉热线,截至 2011 年年底,共受理群众信访投诉案件 6325 件,受理率达 100%,查处率 100%。

第二节 项目管理

2003 年 9 月 1 日起,《中华人民共和国环境影响评价法》颁布施行。市县环保部门依法对规划和建设项目环境影响进行评价。

一、建设项目审批

1996 年,共审批建设项目 15 个,1997 年 3 个,1998 年 7 个,1999 年 20 个,2001 年 44 个,2002 年 29 个。2003 年 63 个,2004 年 103 个,2005 年 130 个,2006 年 288 个,2007 年 222 个,2008 年 281 个,2009 年 257 个,2010 年 309 个,2011 年 324 个。

二、建设项目竣工验收

2001 年 12 月起,贯彻国家环保总局发布的《建设项目竣工环境保护验收管理办法》,是年共验收建设项目 5 个,2002 年 16 个,2003 年 21 个,2004 年 26 个,2005 年 38 个,2006 年 41 个,2007 年 69 个,2008 年 90 个,2009 年 75 个,2010 年 79

德州市生活垃圾综合处理厂 (2006 年 唐洁 摄)

个,2011 年 86 个。

三、重点企业清洁生产

2003 年 1 月 1 日,《中华人民共和国清洁生产促进法》实施。2005 年 11 月 7 日,市清洁生产中心成立。2008 年 12 月 5 日,贯彻省环保厅下发的《关于公布山东省第二批重点企业清洁生产审核咨询机构试点单位的通知》,市清洁生产中心正式成为有资质的清洁生产审核咨询机构。截至 2011 年年底,共有 23 家企业清洁生产审核通过省环保厅验收,4 家企业已完成审核报送省环保厅待验收,14 家企业正在审核;共有 34 家企业清洁生产审核通过省环保厅验收。

第六编

JIAOTONGYUNSHU

交通运输

- 公路
- 铁路
- 水路

德州自古就有"九达天衢""神京门户"之称。历史上,德州是京杭大运河的一个重要码头,是南北文化交流、交通之要地。明成祖定都北京后,一直到19世纪中叶,德州是南方9省(冀、鲁、豫、苏、皖、浙、湘、鄂、赣)通往北京的重要漕运通道。德州是京沪铁路、石德铁路、京沪高铁、石济客运专线(在建)和德龙烟铁路(在建)5条铁路干线的交会点,邯济铁路(在建)穿越境内的禹城、齐河两县市。截至2011年,有京福高速、青银高速、济聊高速、济南绕城高速、S84德州连接线、德滨高速(在建)等高速公路,104、105、205、308、309五条普通国道和14条普通省道,京杭大运河穿越辖区140余千米。2007年4月,德州被确定为全国交通运输主枢纽城市。

2011年6月30日,京沪高速铁路(德州段)全线通车。

2011年,全市共计完成交通建设投资60多亿元,全市公路通车总里程达到2.08万千米,其中高速公路231.5千米。公路密度达到每百平方千米199千米,居全省第一。全市有运输货场154个,运营汽车达6.08万辆,交通运输业从业人员1.5万人。全市道路运输完成客运量1.08亿人(次),旅客周转量59.9亿人千米,货运量1.57亿吨,货物周转量327亿吨千米。

第一章 公 路

1986年,全区干线公路通车里程为1136千米,多为20世纪70年代修建的沥青渣油路面。1987年全区干线公路实现油路化。1988年,德州地委、行署实施"公路建设3年三大

济德高速公路德州东立交 (2008年 摄)

2011年德州市交通运输路网图

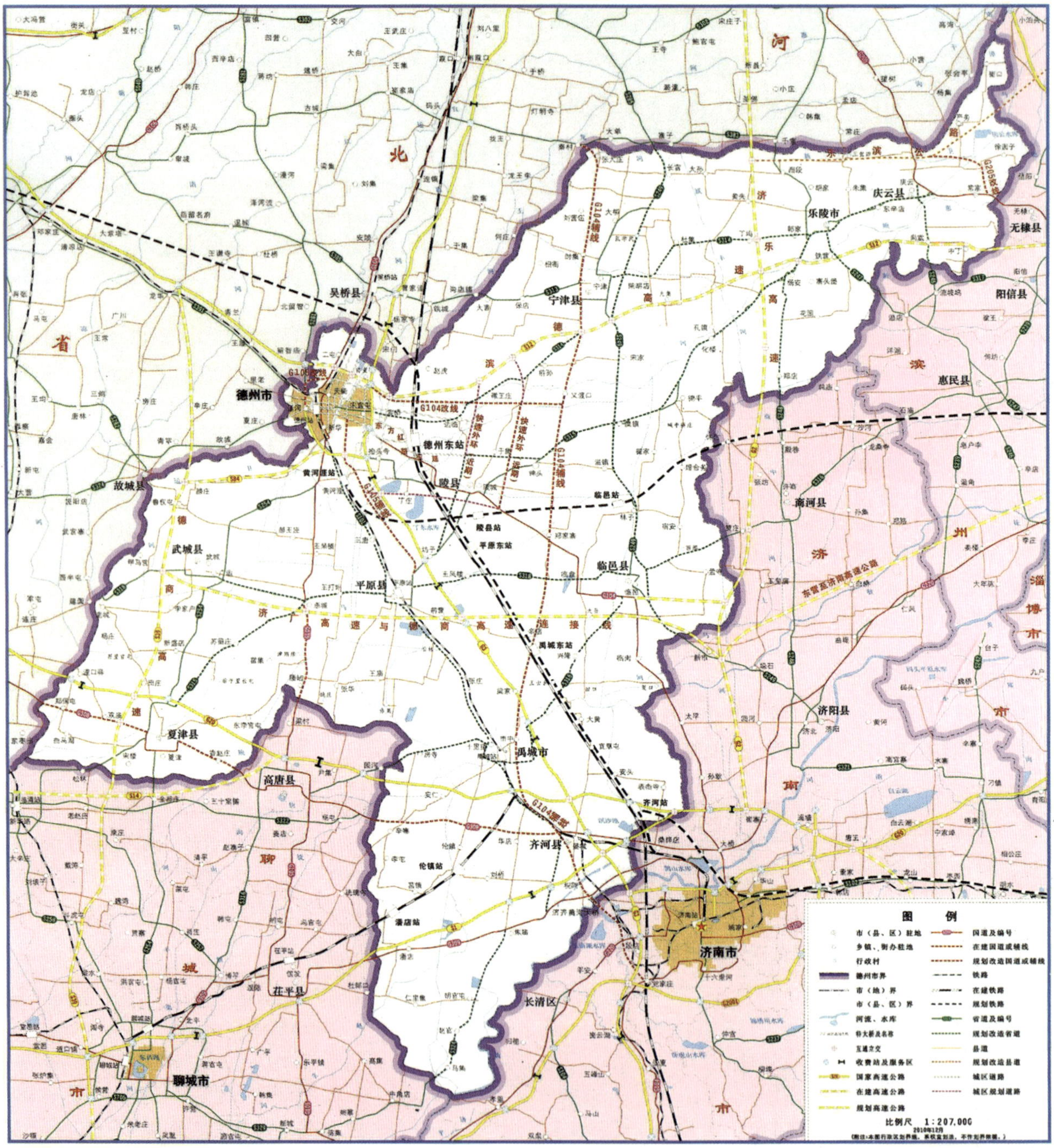

德州市交通运输局制

步”，把公路建设作为带动经济振兴、加快扶贫致富工程，先后对国道104、105、309线老油路进行改造，新建国道308线齐河至高唐段。1990年，国、省干线通车里程达到1035千米。1995年起，全省公路建设实施以高等级公路为主的战略转移，先后对国道104、205、105线实施规范化、标准化、美化为内容的“GBM”工程建设和文明样板路建设。1997年，济聊高速公路全线贯通。2000年，京福高速公路德州南连接线竣工通车。

1986—2011年，全市交通公路基础设施建设累计投资160多亿元，新增公路里程1.76万千米，全市公路通车总里程提前实现突破2万千米的目标，公路密度达到每百平方千米199千米，位居全省第一。形成了以高等级公路为主轴，以国省道为主骨架，以市、县、乡道为主通道，以农村公路为大网络的现代化交通大格局。

2011年年末，全市有104、105、205、308和309附线5条普通国道和14条普通省道，通车里程1117.3千米，其中一级公路184.5千米，二级公路903.6千米，三级公路29.2千米。有县道56条，全长1262.2千米；乡道101条，全长1054千米，村道1万多千米。全市8389个行政村全部通了沥青路，400多万名农民群众出行难的问题彻底解决。2011年年末，德州市境内有高速公路5条，通车总里程为231.5千米。在建的有德（州）滨（州）高速公路（2012年建成）、德（州）上（饶）高速公路夏津段（2015年建成通车）、济（南）乐（陵）高速公路（2014年年底建成通车）。

第一节 高速公路

京福（京台）高速德州段 1994年11月8日开工建设，为德州境内第一条高速公路，境内长93.1千米，1997年建成通车，双向四车道，沥青混凝土路面，南接济南黄河二桥，北连京福高速河北段。京福高速公路济南黄河大桥于1999年7月建成，北岸起自齐河县池庄，南岸于济南市槐荫区杨庄险工。大桥是一座同时连通京福、京沪、济南环城高速3条高速公路的特大型公路桥，长5750米，宽35.5米，双向六车道。京福高速公路在平原段设有一条战备飞机跑道。途经德城区、陵县、平原县、禹城市、齐河县。共有桥梁123座（大型桥梁11座，中型桥梁46座，小型桥梁66座）。设有德州、德州南、平原、平原南、禹城、禹城南、齐河7个收费站。

青银高速德州段 2008年建成通车，长

1994年11月8日济德高速公路正式开工建设

79.55千米，双向六车道，沥青混凝土路面，经过齐河县、禹城市、夏津县。建桥梁176座，其中特大桥3座，大桥11座，中桥24座，小桥138座。设有禹城南、夏津以及主线鲁冀收费站共3个收费站。S84德州连接线：里程为7.668千米，建设于2000年，四车道高速公路、沥青混凝土路面，位于德城区S84上的桥梁共21座，其中大桥2座、中桥1座、小桥18座。

济南绕城高速齐河段 1999年10月建成通车，境内长11.08千米，双向六车道，沥青混凝土路面，经过齐河县。桥梁共计15座，其中特大桥1座，大桥3座，中桥3座，小桥8座。

济聊高速齐河段 1998年建成通车，2006年改建，境内长40.12千米，双向四车道，沥青混凝土路面，经过齐河县。桥梁共102座，其中大桥2座，中桥11座，小桥89座。设有齐河西、晏城、齐河南3个收费站。

第二节 普通国道

国道104线（北京—福州）德州段（陵县、临邑境内） 1995年前为沥青碎石路，路面宽8米。1995年启动全国104国道文明样板路建设，德州—陵县段、临邑—临盘段大修。全线实施“GBM”工程，通过交通部验收。1997年，德州东出口5.5千米由油路改建拓宽为水泥混凝土路面，路面宽30米，双向六车道，按一级路标准施工。1997—2000年，临邑至夏口段、陵县至临盘段按“GBM”工程标准大修。2002年，陵县南环5.1千米拓宽改造，双向四车道。2003年，德州（白桥）至夏口段全长76千米改建为一级公路。白桥至陵县段按城市道路标准建设，路面宽24米，为德州经济开发区东延、陵县城区西扩提供交通条件。改建段分别为陵县外环11千米（路面宽30米）、临邑外环15千米（路面宽24米），均为沥青混凝土结构，公路实施乔灌花木加林带的立体绿化模式，成为鲁西北第一条生态公路。

国道105线（北京—珠海）德州段（德城区、平原、夏津境内） 1988年，全区实施公路建设3年三大步战略，德州—恩城段改建为二级公路。1994年恩城—腰站段改建，1995年德城区陈公堤口至小高堤段3.2千米升级改建，路面宽30米，以于官屯大桥为界，桥南为水泥混凝土路面，桥北为沥青碎石路面。1996年德州城管界至陈公堤口1.8千米改建为水泥混凝土路面，路面宽24米，两侧设护栏、半封闭式。是年，全省实施文明样板路建设，达到“GBM”工程标准。2004年，改建一、二级公路，全长45千米，路面宽15～24米，两侧各5米绿化带。2004年，完成德州至津期店大桥段长38.34千米，2005年完成津期店大桥至高唐段6.66千米。2010年，新建国道105附线德州开发区至平原东环，起点位于德州市经济开发区广川大道与东风路交叉口，终点位于省道315线（平原东环）交岔口，路线全长29.963千米，一级路，路面宽21米。全线设大桥3座，中桥4座，互通立交桥1处。

国道205线（山海关—广州）德州段（庆云境内） 1993年，庆云段20.4千米二级汽车专用公路开工，1995年竣工。1996年，实施“绿色通道”文明样板路，全线达到“GBM”工程标准。2002年改建为一级公路，路面宽21米，双向四车道，两侧各5.5米绿化带。2004年新建一级路，全长5.6千米，路面宽24米，两侧各5米绿化带。

国道308线（青岛—石家庄）德州段（齐河、禹城、夏津境内） 1988年，齐河—高唐段按二级公路建设，1989年晏城至大吴段拓宽改建。1995年，夏津段36.5千米油路改建，穿城段改线为夏津环城段7.5千米，路面宽15米，沥青碎石路面。2002年，济南界至高唐界42

千米按二级路进行改建，路面宽：齐河城穿城区段8千米为33米，其他路段15米，两侧各5.5米绿化带。2009年新建，二级路标准，全长5.55千米，路面宽21米，两侧各设5米绿化带。

国道309线（荣城—兰州）德州段（齐河境内） 1995年11月28日开工，1997年11月2日竣工通车。该路是全省“三纵三横一环”公路主框架的组成部分，它东接京福高速，连通省会济南，西经聊城与河北连接，整个德州路段全部在齐河境内，全长40.115千米。该路技术标准为双向四车道，全封闭、全立交一级公路，路基平均高度3.59米，其主要技术指标为：路基宽24.5米，路面宽21米，全线桥梁33座，涵洞82道，通道68道。

国道104线与国道105线连接线（新河路）德州段 2004年新建，一级路，全长11.9千米，路面宽24米，含新河斜拉桥1座，两侧各10米绿化带。新河斜拉大桥：主桥为独塔双面跨式预应力混凝土斜拉桥，半漂浮体系，跨径组合90米+90米，桥面总宽31米，引桥为预应力混凝土连续梁，跨径3×30米，桥面总宽28米，桩柱式桥墩。2004年大桥开工建设，2005年路面和大桥全部完成。路面结构为18厘米石灰土+2×16厘米二灰碎石+4厘米中粒式沥青混凝土+2.5厘米细粒式沥青混凝土。

国道104线与省道315线连接线（陵县外环） 2007年新建，二级路，全长18千米，路面宽18米，两侧各设5米绿化带。2007年，完成路基及桥涵施工，2008年完成路面。

第三节 普通省道

德州境内共有省道14条（段）：101、246、247、248、249、254、313、314、315、316、318、324、353、804线（国道309附线）。

省道101线济南—德州段 1986年禹城河北刘庄至秦店段改线2.5千米。1989年，于官屯火车站至平原西外环29.6千米由三级路改建为二级路，其中平原西外环为新建7.6千米，由原来穿城路段改为城外。1991年，平原南段14千米由三级路改建为二级路。1993—1994年，全线按二级路标准改建，起点改为齐南路与济德路的交会点308国道，止点改为于官屯火车站。1997年于官屯火车站至前寨子段废弃，改线为前寨子—小高堤与国道105线斜交，改建里程1.6千米，路面宽10米。2001年，自齐河晏坡路北端至德州小高堤89.92千米按二级路改建，公路两侧绿化带4～5米。

省道246线（庆云—淄川）德州段 1991年，全线大修，基层灰土16厘米，油层3厘米。1999—2000年，路基加宽，桥涵配套，按二级公路标准改建，本次改建改线3.8千米，由原路线与315省道交点东移700米，新建东周大桥、李家店大桥。

省道247线乐陵—胡集段 1991年乐陵玉皇堂村—中医院2.1千米改建。1999年按二级公路标准改建，路面宽9米，公路两侧各3米绿化带。2002年，乐陵南外环3千米拓宽改造，主路面宽22米。

省道248线（济阳—盐山）德州段 1987年，乐陵王乐天—苏家三岔口12.38千米新建油路，路面宽7米；1988年，乐陵—乐陵商河界改建为二级路；1990年乐陵西外环改建；1993年，乐陵北段13千米改建升为二级路；1996年，乐陵—杨安镇由乐陵交通局修建西幅，路面宽9米。2002年，乐陵南段全线改建为沥青混凝土路面，本次改建杨安镇街里路段迁出街外，改线段为6千米，共改建里程45.7千米。2007年改建二级路（乐陵西环段），全长7.858千米，路面宽21～30米，两侧各设5米绿化带。

省道249线（宁津—济阳）德州段 1990年，临邑—济阳界10.9千米改建为二级路。

1995年，临邑—林子段11千米按二级公路标准改建，林子街里废弃，改建3千米。1996年，临邑林子—宁津南环路口41.2千米改建为二级路。1999年，宁津县城—河北界按二级公路标准改建。2006年改建全长37.9千米，路面宽12米，两侧设5米绿化带。

省道254线（德州—商丘）德州段 起点为105国道三十里铺大桥，通过武城、夏津两县，管养里程64.6千米。2000年由县乡公路提升为省养干线；1992—1993年3月，武城境内32千米，路面宽9米；1997年夏津段开发区—武城界22.9千米新建油路，三级公路标准。2003年夏津南段7千米拓宽改建，路面宽12～21米。2004年改建二级路，全长10.864千米，（夏津外环）路面宽21米，两侧各5米绿化带。2004年完成8.313千米，2005年完成2.551千米。2005年完成路面基层和桥涵，2006年完成路面面层施工。2007年改建为一级路（夏津至武城外环段），全长33千米，路面宽24米，两侧各设5米绿化带。

省道313线宁津—吴桥段 1994年按二级公路标准建设，加宽加高路基；1995年铺筑沥青碎石路面。2008年翻修，全长17.1千米，路面宽12米，两侧各设3米绿化带。

省道314线乐陵—德州段 1990年，德州—袁桥段7千米改建为二级路。1991年，陵县段、宁津南段大修。1992年，宁津棉厂—烟筒吕段11千米改建为二级路，乐陵丁乌街1千米改建。1995年，德州城西段4.5千米划归建委管养。1996年，宁津南环—乐陵界25千米改建为二级路。2000年，德州（经济开发区）—宁津段51千米按超二级路改建，沥青混凝土路面，路面宽15米。公路两侧绿化带各5米。2004年省道314改建，全长47.3千米，路面宽15～22米，其中乐陵城区5千米，路面宽21米，宁津东外环8千米，两侧各5米绿化带。2011年新建省道314乐德线宁津县城至滨德高速公路段，起点位于宁津县城正阳路与省道314交岔口处，终点位于滨德高速公路宁津互通A匝道起点，南北走向。路线途经大祁、八里堂、跨李家河，全长5.4千米，一级路，路面宽30米，全线设中桥1座。2010年完成袁桥—德州杏园桥路面翻修57千米，路面宽20米。

省道315线（永安—馆陶）德州段 全长181.6千米。1986年，平原—恩城段改建为二级公路。1987年，临邑（德平）段改建老油路13.2千米。1990年乐陵临邑界—陵县城段改建为二级公路。陵县—糜镇段30千米和夏津罗庄—时庄段7千米改建为二级路。1991年，夏津县常安集段2.4千米大修，路面宽10×14米。1992年，夏津西关桥、岳庄桥改建，桥面宽15+1.25x2米两桥长均为60米。1993年，夏津西段8千米改造，路面宽10米。1994年，乐陵新建东外环1.82千米。夏津段平原界—罗庄22千米改建。1995年陵县—平原段改建，里面宽10米。1997年，庆云—乐陵—临邑段56千米按二级公路标准改建，路面宽10米，庆云、乐陵城区宽21米。2003年，平原—恩城15千米拓宽改建，路面宽15米。平原东环城路5千米为新建，均为沥青混凝土路面，公路两侧绿化带各5米。2008年，对省道315线进行翻修，二级路，全长23.9千米，路面宽10～21米，两侧各设3米绿化带。2010年，完成恩城—聊城界改建48千米，完成庆云—乐陵改建38.1千米。

省道316线（永安—莘县）德州段 1988—1993年，先后对临邑东段、临邑—禹城、禹城—贾庄按二级公路标准改建，临邑东段路面宽12米，临邑—禹城—贾庄段路面宽9米。1997—1998年，禹城京福高速连接线5.065千米（京福高速出口—汉槐街）改建。1988—2000年，禹城城区先后3次改线。2000年，禹城南环新建6.5千米，路面宽24米，沥青碎石路面。2004年，改建二级路14.27千米，路面宽18～21米，两侧各5米绿化带。2005年完成商河界—临邑城区段路面翻修26.2千米。2010年，完成临邑城区—禹城立交段路面翻修26.609千米，完成禹城立交—商河界路面翻修52.8千米。

省道318线临邑—武城段 1987年，武城两生官屯—大邢王庄2千米油路改建。1988年，武城龙湾—田庄改线1.1千米。1993年武城—老武城段18.1千米改建为二级公路，路面宽10米。1996年，平原城东—张士府窑厂按二级公路标准改建，路面宽10米。同年，临邑城西三里河—平原张士府窑厂15千米老油路改建升级为二级路。1997年，武城棉厂—古贝春酒厂2千米改建为二级路。1998年，恩城西（平原段）6千米按二级路标准改建，路面宽9米。2000年，武城平原界—武城棉厂按三级公路标准大修，路面宽7米，此次大修对两生官屯、侯王庄改线1.5千米，线型趋于合理。2001年，武城城区段4千米扩宽改建，路面宽32米，双向6车道。2010年，完成武城大桥—德商路路口段改建17千米，路面宽15米。

省道324线（齐河—南乐）德州段 分三段组成：晏城—坡赵段，1987年前为县乡路；坡赵—焦庙段，原为309国道（荣成—兰州段）；焦庙—马集段，1987年前为县乡路。1988年，两县乡路合并提升为省养干线，1997年三段合并称为齐南路。1984—1985年，对晏坡段、焦庙至马集段铺筑沥青碎石路面。1985年，赵坡至焦庙段按二级公路改建，沥青碎石路面，路面宽10米。1999年，晏城晏坡段12千米按二级公路标准改建，路面宽15米。2003年，修建坡赵—焦庙段，路基宽21米，路面宽12米。2006年，翻修二级路，全长28.6千米，路面宽9米，两侧各设5米绿化带。

省道353线（德州—石家庄）德州段 南连接线路起自京福高速德州南立交，跨津浦铁路、101省道、105国道、京杭大运河、东风西路，止于天衢路西首，全长16.4千米，为京福高速德州南连接线。设减河大桥、漳卫新河大桥、京杭运河大桥三座，中桥一座，小桥三座，设跨津浦铁路立交、黄庄互通立交、魏庄分离立交各一处。自起点至魏庄立交桥15.2千米，1998年12月动工，2000年10月竣工通车。2002年自魏庄立交—天衢路（市区称通力路）1.2千米改建。2004年新建一级路，全长15千米，路面宽24米，两侧各5米绿化带。

省道804线（309附线济南—馆陶）德州段 1985年，晏坡路南段至茌平县界油路改建升级为二级公路。该路1997年前称309国道，1997年济聊高速通车该路称309国道附线，省道编号804线，重合324线赵坡—焦庙段。本路线1985年按二级公路标准改建为沥青碎石路面，路面宽10米。2003年改建，路基宽21米，路面宽12米，两侧绿化带各4.5米。

德（州）衡（水）一级公路德州段 2002年3月征地拆迁实施路基土方工程，2003年12月竣工通车，东接京福高速，西接运河大桥通往河北省，整个路段全部在德城区二屯镇境内，经于庄、头百户、程合庄、胡官营4个自然村，跨京沪铁路、104国道和京杭大运河，全长3.3千米。双向4车道，路基宽26米，桥涵设计标准为汽超－20，挂120，设计时速100千米/小时。全线路基土方49万立方米，桥梁4座，互通立交1座，箱涵3道。

1990—2011年德州市公路统计表

表6-1　　单位：千米

年份	合计	高速公路	一级公路	二级公路	三级公路	四级公路
1990	2670.9	—	—	375.3	752.9	1542.7
1991	2686.5	—	—	403.1	727.7	1555.7
1992	2743	—	—	477.2	674.6	1591.2
1993	2790.3	—	—	591.6	586.9	1611.8
1994	2865.4	—	—	651	581.2	1633.2
1995	3049	—	—	758.3	542	1748.7
1996	3172	—	—	871.5	496.3	1804.2
1997	3378.5	89	45.7	957.7	509.9	1776.2
1998	3650.4	129.1	17.2	997.8	482.9	2023.4
1999	3705.3	132.7	17.2	1069.1	442.2	2044.1
2000	3735.9	142.7	35.4	1136.7	445.6	1975.5
2001	3740.2	142.7	37.7	1141.2	441.2	1977.4
2002	3822.4	142.7	50.2	1161.5	366.4	2101.6
2003	3911.2	142.7	129.7	1113.7	350.7	2174.4
2004	3929.5	142.7	159.4	1102.3	347.9	2177.2
2005	4023	208.2	185.9	1095.7	350.5	2182.7
2006	20335.7	208.2	202	1254.2	749.6	17379.5
2007	20335.3	208.2	234.7	1239.4	731.3	17921.7
2008	20640	236.6	310	1176.4	748	18169
2009	20677	236.6	322	1154.4	744	18220
2010	20743.7	231.5	341.4	1160.3	751.1	18259.4
2011	20827.1	231.5	369.1	1159.4	764.1	18303

第四节　县乡公路

1985年，全区13个县(市)257个乡镇全部建有公路，234个乡镇达到晴雨通车，占91.1%。德州市和临邑、禹城、宁津、庆云、陵县5个县乡乡通沥青路。全区通公路的村庄6724个，占全区村庄的63.31%。全区干线公路四通八达,县乡公路纵横交错的交通网框架已初具规模。1988 年,全区各县(市)乡镇驻地全部通沥青路。

2002 年 10 月,实施县际及农村公路改造工程,让农民群众走上沥青路或水泥路。2003 年 5 月,全省农村公路改造工作会议在德州召开,推广德州农村公路建设的做法和经验。在全省 8 万千米农村公路改造的计划中,德州争取到 1.3 万多千米,占到总里程的 1/6 强,争取农村公路改造无偿补助资金近 10 亿元。2003—2005 年连续 3 年德州在全省农村公路改造工程评比中获得第一名。2006 年,全市完成划时代的历史工程——“村村通(沥青路)”工程任务。2007 年 2 月 26 日,《中国交通报》用整版报道《全国农村公路建设的一面旗帜——解读农村公路建设养护的“德州模式”》,介绍德州农村公路建设经验。树立起农村公路建设“全国看山东、山东看德州”的旗帜。2005—2007 年 3 年间,全市新改造农村公路 1 万多千米,建设大中桥梁 500 多座,创造了德州历史上农村公路改造投资规模最大、建设速度最快、建设里程最长、工程质量最好的“四个新高”,交通公路基础设施建设投资 80 多亿元,建设规模相当于中华人民共和国成立到“九五”末的 4 倍。截至 2011 年年末,全市有县道 56 条,全长 1262.2 千米;乡道 101 条,全长 1054 千米,村道 1 万多千米。全市 8389 个行政村全部通沥青路。

第五节　桥　梁

1986 年后,随着公路建设的发展,桥梁不断增多,截至 2011 年,全市境内共有国、省道桥梁 407 座,其中一类 150 座、二类 216 座、三类 31 座、四类 10 座(详见表 6－2“德州市国、省干线公路桥梁技术状况统计表”)。

第六节　公路养护

1986 年后,德州市(地区)干线公路日常养护和管理分别由各县(市、区)公路局(站)负责。养护资金由市公路局根据养护里程按计划拨付。

1996 年,根据养护机械化程度、路面等级、养护难易程度的变化和公路分布状况等,合理设置养护公路站,实行大工区作业。2002 年,改革公路养护运行机制,各县(市、区)公路局成立养护中心,实现养护体制由事业型向企业化转变,养护生产由计划养护向招投标承包养护的转变,由定员养护向定额养护转变,收入分配向记件工资转变,养护组织形式由分散道班向专业队转变,推行养护管理、养护生产分离,完善管理制度,200 万元以上大修专项工程在全省公路

2004 年,全省农村公路改造工作会议在德州召开

2003 年 10 月，德州市村村通客车启动仪式

系统进行公开招标，100 万元以上的中修工程及 50 万元以上的桥梁构造物工程，实行系统内和社会公开招标，聘请社会监理，推行项目业主责任制、工程招标制、工程监理制和合同管理制。

1998 年 5 月、2000 年 10 月济聊高速公路德州段和京福高速公路德州南连接线竣工通车后，各自负责辖管路段的日常养护。1997 年 10 月，山东高速德州分公司成立，负责所辖路段的运营收费、基建养护施工、资产安全保护、路政管理以及综合管理、配套服务等。2011 年，机构改革，京台高速山东段德州、济南、泰安、枣庄 4 家分公司撤并为山东高速公路运营管理有限公司京台分公司，原德州分公司更名为山东高速公路运营管理有限公司京台分公司德州管理处（简称“京台德州管理处”）。

1986—2011 年，德州市贯彻“建养并重，强化管理，深化改革，调整结构，依靠科技，提高质量，依法治路，保障畅通”的方针，加强经常性养护工作的检查监督，公路养护达到经常化、规范化、制度化。推进管养一体化建设，以原有公路站为基础，组建 22 个公路分局，建立起市、县、分局三级养护管理体系，推进养护生产和管理分离。推进日常管理养护精细化，加强日常巡路、路面保洁、绿化抚育等养护基础工作。2011，全年完成养护投资 2.65 亿元，完成国省干线公路修罩面 113.5 千米，路面大修 3.7 千米，一级公路增设中央隔离护栏 48.8 千米，桥梁维修改造工程 15 座。

2011 年德州市国、省干线公路桥梁技术状况统计表

表 6－2

管养单位	技术状况	数量（座）	桥梁名称
德城区公路局	一类	8	堤岭桥（新桥）、白桥大桥、王村店桥（新桥）、王村店桥（老桥）、李家大桥、黄河涯大桥、孙庄桥（新桥）、宋官屯桥（新桥）
	二类	8	堤岭桥（旧桥）、于官屯桥（新桥）、孙庄桥（老桥）、前寨桥（新桥）、前寨桥（老桥）、牌子沟桥、袁桥大桥、宋官屯桥（老桥）
	三类	2	堤岭桥（老桥）、卅里铺桥
	四类	1	于官屯桥（老桥）

续表 6－2

管养单位	技术状况	数量（座）	桥梁名称
宁津公路局	一类	12	小高桥（新桥）、小高桥（老桥）、长官桥（新桥）、大柳桥（新桥）、滕张桥（新桥）、詹庄桥、杜集桥（新桥）、小刘家桥、闫集桥、柴胡店桥（新桥）、柴胡店桥（老桥）、蔡家桥
	二类	8	老官桥（老桥）、后魏桥、大柳桥（老桥）、东卢桥、西关桥（新桥）、张宅桥（新桥）、杜集桥（老桥）、小店桥
	三类	1	滕张桥（老桥）
	四类	2	西关桥（老桥）、张宅桥（老桥）
乐陵公路局	一类	21	兴隆镇桥、杨桥、洼中桥、三里庄桥（新桥）、杨家桥、胡家桥、双狮桥、西段桥、小史家桥、北关桥、善化桥（新桥）、关庙李桥、郑店桥（新桥）、胜利桥、郭机耕桥、纪楼桥（新桥）、杨盘桥（新桥）、洼里贾桥（新桥）、三岔口桥、白家桥（新桥）、于肖桥（新桥）
	二类	16	桑庄桥（新桥）、桑庄桥（老桥）、三里庄桥（老桥）、善化桥（老桥）、郑店桥（老桥）、纪楼桥（老桥）、田河桥、洼里贾桥（老桥）、小田家桥（新桥）、小田家桥（老桥）、徐三堡桥（新桥）、沈家桥、兴华桥、白家桥（老桥）、大王桥、于肖桥（老桥）
	三类	2	杨盘桥（老桥）、徐三堡桥（新桥）
	四类	0	
庆云公路局	一类	8	东窑桥（新桥）、G205 甄家桥（新桥）、G205 甄家桥（老桥）、石官堂桥（新桥）、前王大桥（新桥）、杜树刘桥（新桥）、范庵小桥、西吴桥
	二类	11	东窑桥（老桥）、G205 小刘桥（老桥）、杜树刘桥（老桥）、石官堂桥（老桥）、前王大桥（老桥）、马西干桥、官庄大桥、李店桥、尚堂桥、东辛店桥（新桥）、东辛店桥（老桥）
	三类	2	S246 小刘桥、前乔大桥
	四类	0	
临邑公路局	一类	13	盘河桥、马平水桥（新桥）、沙河中桥、双丰桥、崔刘桥、大周桥（新桥）、夏口大桥（新桥）、北关桥（新桥）、新寨桥（新桥）、郭湾桥（新桥）、戚家桥（新桥）、苗屯桥（新桥）、柳行桥（新桥）

续表6-2

管养单位	技术状况	数量（座）	桥梁名称
临邑公路局	二类	19	孟寨桥（新桥）、孟寨桥（老桥）、马平水桥（老桥）、大周桥（老桥）、夏口大桥（老桥）、赵龙岗桥、新寨桥（老桥）、小季家桥（新桥）、小季家桥（老桥）、朱家桥、北关桥（老桥）、中店子桥、戚家桥（老桥）、邢家桥（新桥）、一桥（新桥）、梨行桥（老桥）、大孙桥（新桥）、兴隆桥（新桥）、柳行桥（老桥）
	三类	5	邢家桥（老桥）、李元寨桥、大孙桥（老桥）、兴隆桥（老桥）、郭湾桥（老桥）
	四类	1	苗屯桥（老桥）
陵县公路局	一类	16	土桥大桥（新桥）、雨淋店大桥、雨淋店小桥、慈家桥、兴国桥、鬲津桥、陵东桥（新桥）、西蔡桥、果里桥、纸坊桥、双丰桥、西华桥、四号路桥、侯家桥（新桥）、东关桥、褚家桥
	二类	21	小王沟桥（新桥）、陵西桥、陵东桥（老桥）、王寨桥、小王寨桥、张习桥、白布张桥、李家楼桥（新桥）、李家楼桥（老桥）、韩家桥（新桥）、韩家桥（老桥）、王洪开桥、大于家桥、桥头孙桥、冯寨桥、西宋桥、李家楼沟桥、抬头铺桥（新桥）、侯家桥（老桥）、王举人桥、黑龙庙桥（新桥）
	三类	5	朱官屯桥、三刘大桥、糜镇桥、抬头铺桥（老桥）、黑龙庙桥（老桥）
	四类	0	
平原公路局	一类	13	腰站桥、后谢大桥（新桥）、笃马河桥、大蔡闸桥（2001 年桥）、大蔡闸桥（1994 年桥）、小万桥（2001 年桥）、小万桥（1994 年桥）、啤酒厂桥（2001 年桥）、啤酒厂桥（1994 年桥）、军屯桥、辛桥、恩城北关桥、胜利桥
	二类	22	道口桥、曹庄桥（新桥）、曹庄桥（老桥）、吕井桥（新桥）、吕井桥（老桥）、津期店桥、后谢大桥（老桥）、姚屯桥（新桥）、三里杨桥、刘庄桥（新桥）、刘庄桥（老桥）、大蔡闸桥（1973 年桥）、小万桥（1977 年桥）、啤酒厂桥（1977 年桥）、公路局桥（新桥）、公路局桥（老桥）、辛寨桥（新桥）、辛寨桥（老桥）、王凤楼东桥（新桥）、王凤楼东桥（老桥）、郝庄东桥（新桥）、郝庄东桥（老桥）
	三类	2	姚屯桥（老桥）、王凤楼西桥
	四类	0	

续表 6－2

管养单位	技术状况	数量（座）	桥梁名称
禹城公路局	一类	17	姚宋桥 1（新桥）、姚宋桥 1（老桥）、韩庄桥（老桥）、韩庄桥（新桥）、牌子桥、姚宋桥 2（新桥）、苇河大桥（新桥）、魏寨桥、任庄桥、任陈庄桥（新桥）、果林桥（新桥）、前王庄（新桥）、油坊桥（新桥）、省道 316 线 7 号（新桥）、省道 316 线 7 号（老桥）、引黄桥（新桥）、房寺桥（老桥）
	二类	13	姚宋桥 2（老桥）、苇河大桥（老桥）、任陈庄桥（老桥）、果林桥（老桥）、孔庄桥（新桥）、前王庄（老桥）、油坊桥（老桥）、庞桥（新桥）、庞桥（老桥）、河口赵桥（新桥）、引黄桥（老桥）、河口赵桥（老桥）、房寺桥（老桥）
	三类	3	王桥（老桥）、杨庄大桥、孔庄桥（老桥）
	四类	2	王桥（新桥）、张汉桥大桥
齐河公路局	一类	15	齐河公铁立交、新六六河（2002 年建板桥部分）、新六六河（1983 年）、郭庄桥（2002 年部分）、引黄桥（G308 线 2002 年部分）、引黄桥（S308 线 1992 年建板桥部分）、张博士桥（2002 年建板桥部分）、王辛小桥、李家岸中桥、引黄桥干中桥（新桥）、引黄桥干中桥（新桥）、伊伦河小桥、双庙屯小桥、东虹桥、务头桥
	二类	7	新六六河（1991 年建板部分）、引黄桥（（G308 线 1982 年建板桥部分）、张博士桥（1989 年建板桥部分）、郭庄桥（1989 年建板桥部分）、西卫桥（新桥）、西卫桥（老桥）、马集小桥
	三类	3	赵官桥、马集大桥、十八户河桥
	四类	0	
夏津公路局	一类	1	纪庄桥
	二类	8	董沟桥、六五河桥、七屯桥、新盛店桥、韩庄桥、大李庄桥、岳庄桥、西关桥
	三类	2	范楼桥、任育官庄桥、
	四类	1	茶屯桥
武城公路局	一类	1	果里桥
	二类	7	东杨桥、文胜桥、侯王庄桥、棉纺厂桥、龙湾桥、祝官屯桥、武城大桥
	三类	3	谢庄桥、白庄桥、李庄桥
	四类	0	

续表6-2

管养单位	技术状况	数量（座）	桥梁名称
济聊高速公路德州段齐河管理处	一类	17	十二里阁公铁立交桥、齐晏分离立交桥、双庙干桥、温聪河中桥、沉沙池大桥、引黄干渠小桥、田庄立交跨线桥、通道1、通道4、通道5、通道12、通道45、通道47、通道48、通道50、通道53、通道54
	二类	81	齐晏分离立交西桥、大杨东桥、大杨南桥、输油管桥、八里庄北桥、老倪伦河桥、王辛立交跨线桥、王辛互通立交桥、王辛西桥、电缆桥高屯桥、前营桥、流洪立交跨线桥、棉焦路桥、陈楼西桥、焦西桥、三合桥、三五桥、赵牛河中桥、苇叶桥、引黄干大桥、田庄东桥、马庄桥、张楼东桥、张楼南桥、圣经河桥、通道2、通道3、通道6、通道7、通道8、通道9、通道10、通道11、通道13、通道14、通道15、通道16、通道17、通道18、通道19、通道20、通道23、通道25、通道26、通道27、通道28、通道29、通道30、通道31、通道32、通道33、通道34、通道35、通道36、通道37、通道38、通道39、通道40、通道41、通道42、通道43、通道44、通道46、通道49、通道51、通道52、通道55、通道56、通道57、通道58、通道59、通道60、通道61、通道62、通道63、通道64、通道65、通道66、通道67、通道68、通道69
	三类	1	通道22
	四类	3	三合桥、通道21、通道24
京福高速公路德州南连接线管理处	一类	21	察王桥、田家铺桥、黄庄互通立交跨线桥、漳卫新河大桥、七西桥、芦庄桥、京杭运河大桥（主桥）、魏庄立交桥、通道1、通道2、通道3、通道4、通道5、通道6、通道8、通道10、通道11、通道13、通道17、通道19、通道20
	二类	2	津浦铁路立交桥、京杭运河大桥（引桥）、通道18
	三类	0	
	四类	1	减河大桥

一、路面养护

1984年以后修建的油路，根据路况及使用年限，进行周期性罩面，一般采用稀浆封层处置，待3～4年以后再行罩面，既经济又提高路况质量。2003年新购置进口先进养护设备和专用养护设备，高质量的完成路面封面、灌缝和挖补，有效防止路面裂缝和透水问题。养护大修工程执行《德州市公路养护大中修工程管理办法》，全面推行项目业主责任制、工程招标制、工程监理制、合同管理制“四制管理”模式，加强质量控制和交通管制，旬安排、周调度，将任务层层分解细化，确保大修工程按期高质量完成。大力开展和应用新技术、新材料、新工艺。2006—2011年，在省道314线、济聊高速公路采用新材料“沥青再生”技术进行实验，提高养护管理的科

技含量。

二、路基养护

德州市部分区、县属含盐量较高的粉砂性土壤，抗冲刷能力差。20 世纪 90 年代开始，主要采用大搞平台围堰、定期修剪野草护好路肩、高填土路段设泄水槽和制定雨季防护等措施，全面推行标准路基建设，使路基全部达标，平交道口全部硬化，穿村公路全部进行路宅分家。2011 年年末，全市干线公路标准路基达到 100%，做到了路肩整洁，特征线清晰，边坡饱满、稳定，常年处于完好状态。

三、路桥养护

20 世纪 80 年代开始，桥梁养护实行市、县站三级检查维修报告、验收程序。对采用新技术、新材料、新工艺对病害较重的四类桥梁采取 24 小时专人监控制度，有条件的采取加固措施，对过桥车辆实进限载、限速、专人指挥交通，并设立明显标志。委托省桥梁检测中心对全市干线公路桥梁进行定期检查、评定，建立完整的桥梁档案，对病害较重的桥梁进行特检，检测结果作为桥梁加固或改造的设计依据。加强桥梁的预防性养护工作，做到小病害及时维修，大病害由市公路局依据特检结果研究制定维修方案，安排专业队伍进行维修。对 20 世纪 50 年代修建的武城特大桥下部采用打入板柱、片石护砌等措施对 5#、6#墩进行加固；对上部构造采用粘贴钢板、碳纤维等措施对桥梁进行加固；吊杆采用曾设应力钢筋的方法，提高应力储备；最后采用高强防水涂料对全桥进行涂装。通过以上措施提高大桥的荷载等级，经省桥检中心监测认定，此桥已完全达到汽－20、挂－100 的设计荷载等级。2003 年，德州市干线公路桥梁 20404 米/354 座。其中特大桥 4584.2 米/6 座，大桥 7417 米/34 座，中桥 4880.3 米/95 座，小桥 3525.5 米/219 座。2011 年年底，全市公路系统配备专职桥梁工程师 14 人，专职桥梁巡查员 53 人及一些主要桥梁检测仪器设备。桥涵完好率达到 90.18%。

2011 年德州市国省干线公路养护里程表

表 6－3　　　　单位：千米

路线名称	路线编号	起点地名	起点桩号	终点地名	终点桩号	路段长度	所属县（市区）
北京—福州	G104	山东与河北交界点	327.011	城建入口	337.691	10.680	德城区
		城建入口	337.691	城建出口（堤岭桥）	344.156	6.465	城建路段
		城建出口（堤岭桥）	344.156	德城区与陵县交界点	356.888	12.732	德城区
北京—福州	G104	德城区与陵县交界点	356.888	陵县与临邑交界点	389.231	32.343	陵县
		陵县与临邑交界点	389.231	临邑与济南交界点	421.432	32.201	临邑县
	合计		—	—	—	94.421	
北京—珠海	G105	山东与河北交界点	327.011	城建入口	337.691	10.680	德城区
		城建入口	337.691	城建出口	344.188	6.497	城建路段
		城建出口	344.188	德城区与平原交界点	359.454	15.266	德城区
		德城区与平原交界点	359.454	平原与高唐交界点	392.2	32.746	平原县
	合计		—	—	—	65.189	

续表 6-3

路线名称	路线编号	起点地名	起点桩号	终点地名	终点桩号	路段长度	所属县(市区)
山海关—广东	G205	冀鲁界碱河大桥南	454.733	庆云无棣界	475.101	20.368	庆云县
青岛—石家庄	G308	齐河与济南交界点	369.805	齐河与禹城交界点	390.608	20.803	齐河县
		齐河与禹城交界点	390.608	禹城与高唐交界点	411.793	21.185	禹城市
		夏津与高唐交界点	439.316	鲁冀界卫运河大桥	475.579	36.263	夏津县
	合计		—	—	—	78.251	
荣城—兰州	G309	京福路齐河南立交	566.631	德州聊城界	606.746	40.115	齐河县
济南—德州	S101	G308 与 S101 重合起点	9.144	G308 与 S101 重合终点	21.29	—	齐河县
		G308 与 S101 重合终点	21.29	齐河与禹城交界点	30.832	9.542	齐河县
		齐河与禹城交界点	30.832	禹城与平原交界点	56.832	26	禹城市
		禹城与平原交界点	56.832	平原与德城区交界点	89.405	32.573	平原县
		平原与德城区交界点	89.405	小高堤村	103.397	13.992	德城区
	合计		—	—	—	82.107	
庆云—淄川	S246	冀鲁界漳卫新河老桥南	0	庆云阳信界	20.16	20.160	庆云县
乐陵—胡集	S247	乐陵新汽车站十字路口	0	乐陵阳信界	13.588	13.588	乐陵市
盐山—济阳	S248	冀鲁界千童大桥南端	0	乐陵商河界	46.763	46.763	乐陵市
宁津—济阳	S249	冀鲁界寨子桥南头	0	宁津陵县界	32.681	32.681	宁津县
		宁津陵县界	32.681	陵县临邑界	62.614	29.933	陵县
		陵县临邑界	62.614	临邑济阳界	93.659	31.045	临邑县
	合计		—	—	—	93.659	
德州—商丘	S254	德州市华联	0	城建区出口	1.954	1.954	市辖区
		S254(0.000)	1.954	S254(13.110)	13.11	11.156	德城区
		德城与武城交界点	13.11	武城与夏津交界点	44.389	31.279	武城县
		武城与夏津交界点	44.389	夏津与聊城交界点	76.769	32.380	夏津县
	合计		—	—	—	63.659	

续表 6－3

路线名称	路线编号	起点地名	起点桩号	终点地名	终点桩号	路段长度	所属县（市区）
宁津—吴桥	S313	棉油一厂十字路口处	0	沟店铺大桥	16.880	16.880	宁津县
乐陵—德州	S314	S314(0.000)	0	乐陵宁津界	19.228	19.228	乐陵市
		乐陵宁津界	19.228	宁津陵县界	52.392	33.164	宁津县
		宁津陵县界	52.392	陵县德城界	81.809	29.417	陵县
		陵县德城界	81.809	S314(94.946)	94.916	13.107	德城区
		城建界	94.916	德州华联十字路口	99.678	4.762	市辖区
	合计		—	—	—	99.678	
永安—馆陶	S315	S315(113.149)	113.149	庆云乐陵界	135.104	21.955	庆云县
		庆云乐陵界	135.104	乐陵临邑界	178.186	43.082	乐陵市
		乐陵临邑界	178.186	临邑陵县界	191.399	13.213	临邑县
		临邑陵县界	191.399	陵县平原界	230.869	39.47	陵县
		陵县平原界	230.869	平原夏津界	267.819	36.95	平原县
		平原夏津界	267.819	夏津临清界	307.110	39.291	夏津县
	合计		—	—	—	193.961	
永安—莘县	S316	临邑与商河交界点	178.747	临邑与齐河交界点	216.821	38.074	临邑县
		临邑与齐河交界点	216.821	齐河与禹城交界点	221.966	5.145	齐河县
		齐河与禹城交界点	221.966	禹城与高唐交界点	256.549	34.583	禹城市
	合计	—	—	—	—	77.802	
临邑—武城	S318	S318(0.000)	0	临邑与禹城交界点	14.961	14.961	临邑县
		临邑与禹城交界点	14.961	禹城与平原交界点	16.161	1.200	禹城市
		禹城与平原交界点	16.161	平原与武城交界点	62.174	46.013	平原县
		平原与武城交界点	62.174	鲁冀界（武城大桥）	94.673	32.499	武城县
	合计		—	—	—	94.673	
齐河—南乐	S324	倪伦河大桥	0	齐河与东阿县交界点	49.523	49.523	齐河县
德州—石家庄	S353	德城区抬头寺村	0	S353(15.200)	15.200	15.200	德城区
荣兰附线	S804	齐河与历城区交界点	563.562	齐河与茌平交界点	609.699	46.137	齐河县

注：表中 G 为国道符号，S 为省道符号

四、GBM 工程

实施 GBM 工程(即规范化、标准化、美化)是公路建设、养护管理提高服务水平,推动公路养护与管理工作规范化的一项重大举措。1991年2月21日交通部发布《国省干线 GBM 工程实施标准》,1993年3月,省制定《山东省国、省道 GBM 工程实施标准》,首先安排在德州地区辖国道104、308、205,省道248、101、314等路线的部分或全部路段上组织实施,新改建路段同步实施 GBM 工程。GBM 工程的实施,是采取多种措施和手段,使路线的路面、路基、桥涵构造物、沿线设施、公路绿化、管理等6个方面必须保持和达到《国省干线 GBM 工程实施标准》的规定要求,达到路、景、物交织协调,构成流畅、安全、舒适、优美的公路交通环境。

第七节 运 输

1986年,全地区拥有货运车辆2717辆、101871吨位,挂车1170辆,5140吨位。经过20多年的发展,到2011年年末,全市运输企业拥有货运汽车5.5万辆,客运汽车1493辆,公交车1449辆;货运量15707万吨,货运周转量3270878万吨·千米,客运量10853万人次,客运周转量599396万人·千米。公路运输站场166个,拥有独立法人的运输企业410家,营运汽车2.2万辆,公路运输从业人员15万人,客货运量在全市综合运输体系中的比例分别达到94%和96%,在鲁西北冀东南城市群中位居前列,交通公路产业对地区生产总值的贡献率达到5.6%。

一、客运

1986年全区有客运汽车站、点485个,其中车站17个、代办站55个、代办点409个。运营路线151条,运营里程5512千米,其中跨省29条,跨地区43条,地区内59条,县内20条。客车运输量709.1万人次,周转量39719万人·千米。2004年,全市客运量1744万人次,客运周转量124098万人·千米。其中,国有运输企业客运量458万人次,周转量34446万人·千米;个体运输户客运量1286万人次,周转量89652万人·千米。2011年年末,全市共有公路客运站场104个,其中二级以上客运站11个。客运线路498条,其中跨省线路79条、跨市线路136条。营运客车1876辆,3.8万个座位,中高档客车比例达到62%。10条市内和6条跨市快客线路投入运营,以“航空式服务”闻名遐迩的“德运快客”(德州至济南)成为全省亮点。对德州汽车总站进行改扩建工程。

“德运快客”投入运营 (2009年 摄)

2009年5月,城市公交划归交通部门管理。2011年年末,中心城区新增新型公交车143部,开通市内线路283条,年公交客运量3000万人次。德州至平原县幸福大道建成通车,开通德州汽车总站、德州站至京沪高铁东站的106、107和112路公交路线。

2011年年末,全面实现村村通客车,年客运量7714万人次,客运周转量34亿人·千米,实现城乡客运一体化。投资7亿元新建改造公路1000千米,建设大中桥梁40座,改造公路渡口2处。是年年末,全市共有出租汽车3036辆,其中德州市区2405辆,各县(市)631辆,轿车比例达到95%。

二、货运

1986年,德州地区联合运输分公司设7个车队,23个联运站,拥有货车317辆,1509.5吨位,挂车283辆,1270吨位,营运路线172条。2004年,全市货运量2279万吨,周转量216555万吨·千米。其中国有企业90万吨,11025万吨·千米,个体私营企业2189万吨,205530万吨·千米。

2011年年末,全市共有货运站场62个,其中二级以上货运站33个。货运运输企业183家,货运汽车1.65万辆,11.2万吨位,厢式货车和集装箱车比例达到25%。年货运量15707万吨、货运周转量327.08亿吨·千米。

1998—2009年德州市营运机动车统计表

表6-4

项目＼年份	1998	1999	2000	2001	2002	2003	2004	2005	2006	2007	2008	2009
载货汽车(辆)	7544	8966	9381	9480	10337	11557	14068	15547	16864	20853	27508	32538
载货汽车吨位		41744	41298	43781	50668	54101	88279	110068	150619	217143	258276	325580
拖拉机(辆)	3554	4148	3974	3963	2509	2101	2263	2116	1332	1385	2966	2099
拖拉机吨位		11720	13558	13266	8995	8114	7532	6993	5118	5362	7110	6999
其他机动车(辆)	6293	8751	11763	12301	8942	8821	8918	9897	9807	13030	20008	20586
其他机动车吨位		5081	8884	12721	9865	9393	9593	10383	10515	12539	17106	19034
载客汽车(辆)	3092	3784	4546	4714	4808	5068	4829	4793	5309	5513	5896	6828

续表6-4

项目\年份	1998	1999	2000	2001	2002	2003	2004	2005	2006	2007	2008	2009
载客汽车座位(个)		47255	53421	52144	50342	54933	56169	56373	57662	59701	63328	88333
其中:出租客车(辆)	1816	2157	2938	2891	3268	3190	3013	3036	3492	3650	3968	4062
出租客车座位(个)		12364	16541	16001	18209	17131	15484	15173	17200	17932	19626	20121

1991—2011年德州市运输量年报统计报表

表6-5

年份	客运量(万人)	旅客周转量(万人·千米)	货运量(万吨)	货运周转量(万吨·千米)
1991	839	56186	362	21984
1992	1279	76321	1294	94995
1993	1093	59765	776	69070
1994	884	48196	1225	97937
1995	678	47118	1324	107047
1996	538	35432	929	77318
1997	753	56399	1053	79694
1998	943	50269	1107	82790
1999	1372	63133	1077	86078
2000	1208	70675	1570	123935
2001	1355	82446	1739	134509
2002	1429	74892	1617	120557
2003	1590	91305	1871	163184
2004	1744	124098	2279	216555
2005	2155	159937	3261	311073
2006	5445	155975	4568	472148

续表 6-5

年份	客运量(万人)	旅客周转量(万人千米)	货运量(万吨)	货运周转量(万吨千米)
2007	7003	254959	6240	585478
2008	7714	345685	8827	933544
2009	9433	540000	13000	2880000
2000	10006	569750	14303	3031842
2011	10853	599396	15707	3270878

第八节　规费征收

1988 年 2 月，公路养路费征收执行交通部《贷款修建高等级公路和大型公路桥梁、隧道收取车辆通行费规定》。1992 年 9 月，执行《山东省公路养路费征收管理规定》。2008 年年底，根据《国务院关于实施成品油价格和税费改革的通知》规定，将养路费纳入成品油价格内，在全市范围内统一取消公路养路费征收。2009 年 2 月 28 日，根据国务院办公厅《关于转发发展改革委交通运输部财政部逐步有序取消政府还贷二级收费实施方案的通知》，停止二级收费公路收费站。

2011 年，全市完成通行费征收 1.35 亿元；高速公路电子收费业务增量明显，全年完成收入 1770 万元，发售鲁通卡 4190 张，安装 OBU（电子标签）2092 个。

1986—2008 年德州市汽车养路费征收情况表

表 6-6

年份	收入(万元)	年份	收入(万元)
1986	3284.20	1997	10432.14
1987	3447.60	1998	10700.40
1988	4483.10	2000	11127.50
1989	5151.60	2001	11311.07
1990	4528.30	2002	13611.58
1991	5549.50	2003	15860.03
1992	6090.70	2004	20535
1993	7054.30	2005	32919
1994	7872.10	2006	38353
1995	9212.79	2007	47139
1996	9575.23	2008	50910

1986—2008 年德州市五项交通规费征收情况汇总表

表 6－7　　单位：万元

年份	市局计划数						完成情况					
	公路运输管理费	公路养路费	公路客运附加费	公路货运附加费	车购税	小计	公路运输管理费	公路养路费	公路客运附加费	公路货运附加费	车购税	小计
1986	—	—	—	—	—	—	34.09	—	—	—	147.15	181.24
1987	—	—	—	—	—	—	42.93	174.62	—	—	257.65	475.20
1988	—	—	—	—	—	—	66.57	415.11	191.82	—	191.72	865.22
1989	—	—	—	—	—	—	70.37	564.47	187.48	—	373.82	1196.14
1990	—	—	—	—	—	—	104.83	471.36	102.35	763.58	314.46	1756.58
1991	—	—	—	—	—	—	471.42	576.01	177.77	823.67	311.14	2360.01
1992	—	—	—	—	—	—	600.08	632.74	422.63	1070.13	616.55	3342.13
1993	—	—	—	—	—	—	956.57	762.29	543.51	1065.6	1172.28	4500.25
1994	—	—	—	—	—	—	984.45	883.86	1026.79	1333.58	2495.87	6724.55
1995	605	642	1655.80	1575.30	1367	5845.10	1105.90	1246.10	1154.78	1598.88	2650.28	7755.94
1996	642.50	710	1590	1647	2000	6589.50	1009.26	1536.94	1266.44	1747.52	2700.62	8260.78
1997	832.70	1084	2191	1610	2354.	8072.50	1051.52	1572.18	1570.11	1965.19	2959.58	9118.58
1998	816.10	1136	1471	1669	2850	7942.10	836.56	1395.20	1770.09	1770.13	3827.08	9599.06

续表 6－7

年份	市局计划数					小计	完成情况					小计
	公路运输管理费	公路养路费	公路客运附加费	公路货运附加费	车购税		公路运输管理费	公路养路费	公路客运附加费	公路货运附加费	车购税	
1999	877.90	1193	1514	1751	3000	8335.90	910.12	1714.19	1915.30	1887.57	4127.63	10554.81
2000	924	1284	1567.80	1836	3730	9341.80	910	1985.24	3827.42	2231.16	4887.04	13840.86
2001	1020.40	1386	1662.80	1982	3730	9781.20	1050.58	2321.10	3793.38	2312.20	5554.86	15032.12
2002	1050.40	1527	1749.80	2098	3730	10155.20	1126.03	2353.09	4351.26	2777.77	7440.99	18049.14
2003	1127.40	1645.00	1823.60	2222.00	3730.00	10548.00	1272.07	2109.41	4096.24	3297.77	9313.37	20088.86
2004	1107.80	2049.50	1875.00	2506.30	11000.00	18538.60	1699.39	2606.56	4532.08	3942.44	14199.08	26979.55
2005	1395.70	2617.20	2068.40	3004.50	—	9085.80	2042.14	2998.60	4561.63	5725.23	—	15327.60
2006	1747.90	5033.50	2482.90	3735.70	—	13000.00	2151.54	4587.40	4306.25	6287.59	—	17332.78
2007	1957.40	6794.30	1862.60	5832.80	—	16447.10	2127.28	6739.55	4434.91	7561.05	—	20862.79
2008	2433.20	7145.40	1950.40	8471.60	—	20000.60	2550.00	7536.18	4590.66	8505.32	—	23182.16
合计	16538.40	34246.90	25465.10	39941.20	37491.80	153683.40	23173.70	45182.20	48822.90	56666.38	63541.17	237386.35

国道(干线)公路收费站 经省政府批准,1994年7月,开设国道104线白桥收费站(2003年9月迁址更名为国道104线陵县收费站)、国道105线于官屯大桥收费站(2002年10月迁址更名为国道105线甜水铺收费站)。

1996年11月,开设国道205线庆云收费站(2011年12月30日取消)。1998年5月,开设济聊高速公路王辛收费站。1999年4月,开设国道308线夏津收费站(2009年2月取消)、国道248线乐陵收费站。2002年10月,开设省道101线三唐收费站(2009年6月10日取消)。2004年,设立国道309附线齐河收费站(2009年2月取消)、国道104线临邑收费站(2011年迁址)、德衡路运河大桥收费站(2011年12月30取消);2006年设立省道353线德城南收费站;2007年设立省道254线武城收费站。

高速公路收费站 1997年,山东高速集团德州分公司成立,负责辖内路政管理、收费等事务。京福高速公路设立德州、德州南、平原、平原南、禹城、禹城南、齐河收费站。济聊高速公路共设立齐河西、齐河南、大扬、王辛、流洪、田庄共6处收费站。青银高速公路设禹城南、夏津、主线鲁冀收费站共3个收费站。2011年,德州分公司完成电子收费额名列山东高速集团第一。

1994—2011年德州市国、省道通行费收入情况统计表

表6-8

年份	收入(万元)	年份	收入(万元)
1994	565	2003	9757.81
1995	466	2004	14052.51
1996	1699	2005	19635.90
1997	4735	2006	15392.63
1998	4992	2007	17518.98
1999	3810	2008	14092.34
2000	5714	2009	14092.34
2001	6312	2010	1508.26
2002	6908	2011	1678.36

第二章 铁 路

1995 年 9 月，为做好邯济铁路、德大铁路建设工作，成立德州市铁路工作办公室（隶属市计委），主要职责是协调地方与铁路部门关系，会同有关部门协调处理路经德州铁路建设的征地拆迁和施工环境保障，保障铁路建设项目顺利进行。

2011 年年末，德州境内的过经铁路有京沪铁路、京沪高速铁路、邯济铁路、石德铁路和在建的石德铁路客运专线（德州段）、德（州）大（潍坊大家洼）铁路。

第一节 铁路线

京沪铁路（德州段） 德州境内北起吴桥站—许官屯站间 K219 + 480 米处，南至齐河县黄河铁路大桥。黄河涯以北属北京铁路局管理，设许官屯、长庄、德州、于官屯、黄河涯 5 个车站；黄河涯以南属济南铁路局管理，设三唐、平原、张庄、禹城、晏城北、晏城 6 个车站。

1986—2005 年，京沪铁路先后经过既有线扩能、第三线建设、电气化建设，成为Ⅰ级铁路网干线。电气化改造（2005 年 7 月—2006 年 7 月）涉及津浦线德州段约 100 千米，主要工程项目包括：铁路电气化、通信、信号、电力及与之相配套的改造工程。电气化改造后，部分列车由原来的内燃机车牵引改为电力机车牵引。

济邯铁路（德州段） 西起京广线邯郸南站，东至津浦线晏城北站，并连接济南站。1996 年 11 月开工。2000 年 4 月开通运营临管，2002 年 12 月通过国家验收。是国家“九五”重点工程，由铁道部、山东省、河北省三方共同投资修建，为国家Ⅰ级铁路干线。全长 232 千米，德州段长 53 千米。在德州境内途径禹城、齐河两市县，设晏城站、潘店站、伦镇站 3 个车站。2010 年 9 月开工建设邯济铁路复线。

2007 年 4 月 18 日北京始发首列“和谐号”动车组列车停靠德州站

（宋维中 摄）

石德铁路（德州段）

电气化改造 西起石家庄，东至德州，线路全长 181.9 正线千米。2006 年 6 月—2007 年 12 月，进行电气化改造，包括通信及信号、电力及牵引供电、配套房屋等项目。改造后，货物列车牵引将达5000吨，客运列车时速由66千米提高到160千米以上，石家庄至德州间客车运行时间由126分钟缩短至74分钟。

德大铁路（德州段） 西起京沪铁路德州黄河涯站，终到潍坊市大家洼站。德大铁路（在建）正线256千米，德州段约67千米。德大铁路是德龙烟铁路的一部分，全线总投资93.2亿元，德州段投资约20.8亿元。2010年7月开工建设（计划2014年完工，2015年通车）。德州境内设德州、陵县、临邑、乐陵4个车站。

石济客运专线（在建） 石（石家庄）济（济南）客运专线是国家“四纵四横”客运专线网的其中“一横”——太（原）青（岛）客运专线的一段。2011年完成设计方案送审（山东段计划于2013年开工建设，2017年年底竣工）。全长约316千米，设计时速250千米，总投资420.5亿元，其中，德州段104千米，总投资121亿元。石济客运专线由石家庄经衡水、吴桥进入高铁德州东站，在齐河境内向东连接胶济铁路客运专线。全线共设11个车站，在德州境内设德州东及平原东、禹城东、齐河4个车站。

京沪高速铁路（德州段） 由北京南站至上海虹桥站，2008年4开始建设，2011年6月30日全线建成通车，全长1318千米，总投资约2209亿元，设计速度为350千米/小时，设24个车站。德州段87.8千米，投资88亿元，在德州经济技术开发区设德州东站。

2010年4月，京沪高铁济南黄河大桥贯通。全长5143.4米，跨度728米，宽31米，共有144个桥墩。中间柔性拱共三跨，每跨拱架设有10个节段。

第二节 车 站

德州境内共有火车站12个，其中隶属北京铁路局的3个（德州站、长庄站、许官屯站）和高铁德州东站；隶属济南铁路局的8个（于官屯、黄河涯、三唐、平原、张庄、禹城、晏城北、晏城）。德州站为一级站，禹城站为二级站，平原、晏城北、晏城为三级站，其余长庄、许官屯和

20世纪80年代的德州火车站广场

于官屯、黄河涯、三唐、张庄为四级站。德州东站为高铁站。

德州火车站 全称为北京铁路局沧州车务段德州站。为三级五场一等站，车站境内长5.163千米。承担天津、济南、石家庄3个方向客货列车接发，区段列车、摘挂列车的解体编组以及货场、专用线的取送任务。

1999年，德州站共有道岔265组，2011年德州站共有道岔272组，其中站内联锁230组，南集中楼控制159组，北集中楼控制41组，上行驼峰控制23组，下行驼峰控制7组。非联锁道岔6组，货场专运线36组。

1986年、1988年、1990年3次实现安全生产300天，1990年实现了历史上第一个安全年。1991年两次出现安全下滑。至2011年12月31日，德州站连续安全生产7343天，同时实现第20个安全年，创造德州站安全纪录。

2011年，运输总收入指标完成4.51亿元，完成计划的117.05%，其中客运收入完成2.33亿元，发送完成323.01万人次，货运收入完成2.18亿元，发运143.59万吨。春运高峰时日均1.2万人次左右。截至2011年12月31日，连续安全生产7343天，实现了第20个安全生产年。

1986—2011年德州火车站客货运输情况表

表6-9

年份	发送人（人次）	发送吨（吨）	运输收入（元）
1986	2085400	376300	23756200
1987	2411300	434500	27952000
1988	2848300	449000	31722600
1989	2655400	386400	34010400
1990	2219000	383000	45417800
1991	2299575	380448	48588259
1992	2322485	409213	52276669
1993	2380793	427284	58412115
1994	2383445	516637	65481993
1995	2194262	1034753	77709588
1996	1968088	1103368	96131740
1997	1958676	804024	95615073
1998	2009118	914238	114813330
1999	2052200	1136880	129793394
2000	2174631	1470937	150241647
2001	2231283	1392324	190544353
2002	2171387	1387150	192798018

续表 6－9

年份	发送人(人次)	发送吨(吨)	运输收入(元)
2003	2035122	1639817	205307074
2004	2363660	1820762	231293645
2005	2381846	1742072	230496882
2006	2626218	1798936	252914584
2007	2676641	1936506	265504359
2008	2958711	1611771	318814358
2009	3195503	1556587	340270848
2010	3423086	1625472	391100176
2011	3230146	1435865	451461235

高铁德州东站　　　　（2010 年　摄）

高铁德州东站　位于德州经济技术开发区，中心里程 K314＋957，京沪高速铁路 24 个客运站之一，沿线地级城市中站房规模最大、等级最高的客运站。京沪高速铁路和青（岛）太（原）客运专线交汇于此，是北京铁路局与济南铁路局的分界站。站房建筑高度 29.7 米；无站台柱雨棚覆盖面积为 32270 平方米，总高度 14.292 米，采用线侧下式站型、上进下出旅客流线模式进行设计。设候车室 2 个，其中二层候车室面积 1340 平方米，三层候车室面积 2793 平方米。2010 年 3 月 22 日开工建设，总投资 3.9 亿元，2011 年 5 月底交付使用。

京沪高铁德州综合客运站　位于德州东站前广场南邻，占地 20 万平方米，总建筑面积 12.66 万平方米，投资 6 亿多元。按照国家一级客运站标准设计建设，主要由长途候车大厅和长途停发车场、公交枢纽中心、综合服务大厦、地下停车场组成，并设有航空港连接济南机场，可实现铁路、公路、航空、出租车、公交等多种运输方式的无缝衔接。2010 年 12 月 9 日开工建设，2011 年 7 月建成启用。日发车班次可达到 1300 班，日均发送旅客可达 3 万人。

第三章 水 路

历史上德州是京杭大运河水路运输必经之要道。加之四通八达的陆路交通,故有“神京门户”“九达天衢”之称。

20 世纪年 70 代末,京杭大运河德州段断流停航。20 世纪 80 年代后,德州水路运输主要有沿黄河的齐河县、济阳县黄河渡运。黄河中没有船只长途运输。80 年代末,两县共有渡口 27 处。1990 年 1 月,济阳县划归济南市,水上运输管理随之划归。90 年代,齐河县沿黄 5 个乡镇有渡口 19 个,船舶 50 余艘。后逐步被跨河桥梁和舟浮桥替代。

第一节 卫运河桥渡

卫运河德州段曾经是一条排洪、灌溉、航运兼用河道。设有多处渡口和浮桥,建有武城运河大桥。20 世纪 70 年代运河断流以后,多数渡口废弃,仅武城县境内流域存有少数民用生产渡口。2005 年开始,国家和省实施“渡改桥”惠民工程,先后争取上级拨款补助,修建修复了武城县甘泉、甲马营浮桥和多处渡口。

运河武城大桥位于武城县老城镇与河北省故城县建国镇之间。始建于 1958 年。1972 年、1974 年运河裁直展宽,大桥加长,新老桥共 44 孔,总长 687 米。该桥是国道 105、106、107、308 线和青银、京沪、石沧、东青高速的关键接点。由于修建时间早、标准低,至 2006 年,封桥停止使用。

2008 年 2 月,武城运河新桥开工建设,2009 年 6 月竣工通车。新运河大桥位于原运河大桥下游,属特大型桥梁,全长 617.08 米,宽 16 米,设计荷载为公路一级。行车速度每小时 80 千米,双向四车道。大桥及配套工程总投资 8600 万元。大桥东与 318 省道临武路相接,西经河北省故城县建国镇与故城至清河公路相接。是晋煤东运、鲁西北与河北省农副产品运输的主要通道。

第二节 黄河桥渡

20 世纪 80 年代前后,开始在黄河上兴建浮桥。2009 年,黄河齐河段登记发证浮桥 7 座。分别是齐(河)槐(荫)济齐浮桥、长(清)齐(河)荆龙口浮桥、长(清)齐(河)阴河浮桥、齐(河)长(清)友谊浮桥、长(清)齐(河)平安黄河浮桥、长(清)齐(河)马头黄河浮桥,长(清)齐(河)长齐浮桥等。

黄河浮桥经省交通厅航管局批准,取得经营资质,由各浮桥有限公司依法经营。浮桥水路运输管理费由县地方海事处征收,年均征收 7 万 ~ 8 万元,主要用于港航海事办公补助经费。

2002 年,沿黄的齐河县拥有渡口 10 处,其中浮桥渡口 7 处,民间渡口 3 处;登记在册的各类船舶共计舟船 59 组(对),持证船员 10 人。2002 年 10 月,齐河县政府发布《关于取消部分渡口及取缔不符合技术规范船舶的通告》,撤销沿黄 14 处渡口,13 艘船舶被收回牌证。浮桥逐步取代船舶渡运。

齐河县主要黄河渡口 20 个:祝阿镇红庙渡

黄河泺口浮桥　　(2002年　摄)

口、赵官镇荆庄渡口、马集乡顾道口渡口、马集乡李渡口、马集乡南潘渡口、胡官镇阴河渡口、胡官镇于庄渡口、桑梓店乡朱河圈渡口(1990年划归济南市)。到2011年年末,黄河渡口大多已撤销,有的改为浮桥。

1990年1月,济阳县划归济南市之前,该县有黄河渡口7处,分别是回河沟杨渡口、青宁乡大柳树店渡口、崔寨邢家渡口、祝阿镇北关渡口(北店子)、焦庙镇东袁渡口、焦庙镇豆腐窝渡口、焦庙镇谯庄渡口、焦庙镇曹营渡口、焦庙镇水牛赵渡口、焦庙镇邢庄渡口、赵官镇刘庄渡口、赵官镇小马头渡口、赵官镇枯河渡口、赵官镇水坡渡口、赵官镇尹庄渡口、王圈时圈渡口、稍门葛店渡口、王圈小街子渡口、三教张辛渡口。7处渡口中,除回河沟杨渡口由省黄河航运局横渡队经营外,其余均由个体私(联)营户经营。

第七编

YOUZHENG DIANXIN

邮政 电信

- 邮政
- 电信
- 无线电管理

1986年，德州地区邮路长度2519千米（单程），农村投递线路总长度15856千米（单程）。1998年10月，自上而下实行邮政体制改革，邮政、电信分营。2011年，邮路总长度3353千米（单程），农村投递线路总长度16592千米（单程）。首次实现报刊零售、账单、个性化邮票收入翻番，机要通信第27个质量全年红。物流分销业务收入规模连续两年保持全省第一，收入规模、完成进度均居全省第一。

电信业务，经过1998年的邮电分营和此后的几经拆分组合，形成了德州移动、德州联通、德州电信三大电信运营商共同竞相发展的局面。2011年，全市电信业务总量29.96亿元，增长22.8%；移动电话业务总量6.32亿元。移动电话用户420.38万户，固定电话用户48.8万户，计算机互联网用户50.47万户。

第一章 邮 政

第一节 邮路 网点

一、邮路

1986年，全区邮路长度2519千米（单程），农村投递线路总长度15856千米（单程）。1989年邮路总长度2651千米（单程）。1997年5月，德州—滨州省内二级邮路开通，该邮路单程200千米，当日往返，计有陵县、临邑、惠民、滨州4个交接点。2008年邮路总长度3361千米（单程），农村投递线路总长度（单程）18678千米（单程）。2009年，邮路总长猛增到5463千米（单程），农村投递线路总长度17080千米（单程）。2011年邮路总长度千米3353千米（单程），农村投递线路总长度16592（单程）。

20世纪90年代的湖滨路邮电大楼

二、网点

1986年,德州地区邮电局下辖陵县、宁津、乐陵、庆云、临邑、齐河、禹城、平原、武城、夏津、济阳、商河12个县(市)邮电局,共有局(所)246个。1989年12月随着行政区划调整,济阳、商河两县局划归济南市邮电局。1995年,德州市邮电局内设中层机构43个,全市有邮电局所236个。

1998年10月,自上而下实行邮政体制改革,邮政、电信分营,德州市邮政局成立,市邮政局下辖10个县(市)邮政局,共有邮政局(所)243个。2004年,有邮政局(所)265个,邮路总长度2600千米(单程)。

2008年1月,中国邮政储蓄银行德州市分行暨所属10个县(市)支行成立。同年9月,山东邮政速递物流公司德州市分公司成立。

2011年年末,全市有邮政局(所)233个。

第二节　函　件

一、函件业务

是邮政经营的主体业务。按性质分为信函、明信片、印刷品、盲人读物。按收寄手续分为平常信函、挂号信函、特种挂号信函、保价信函和保价印刷品。

1986年,办理函件业务327.87万件。所收函件执行国内信函外埠0.08元,本埠0.04元,挂号函件另加0.12元的资费标准。1987年5月,德州地区邮电局开始办理国内有声信函寄递业务。1987年11月,在湖滨南路邮电营业厅设专台办理国内邮政快件信函业务。1988年7月,执行山东省人民政府规定,收取邮电地方性资费,以筹措邮电通信建设资金,函件收取的附加费主要有:给据邮件每件附加0.20元;印刷品附加费按重量加收。1988年12月,发行“德州风光”明信片1套,每套12张,发行量5万张。1989年1月起对盲人读物平常邮件实行免费寄递。1990年7月,根据国家物价局、邮电部《关于提高国内邮政资费的通知》,调整部分国内邮件资费,其中平信资费每重20克或其零数由0.08提高到0.20元,印刷品资费每重100克,或其零数有3分提高到8分,函件挂号费每件有0.12元提高到0.302元,其他邮件资费相应提高,同时取消给据邮件和印刷品的地方性收费。1988年全年办理各类函件283.75万件,1990年全年办理函件243.38万件。

1998年10月后,实施“科技兴邮”战略,信函类业务的处理逐步告别繁重的手工操作模式,账单连续打印机、账单高速打印机、智能化邮资过戳机、数据库商函名址管理系统、信函名址打印系统、电子化支局系统、信函捆扎机等,智能化、高速化、微机化的设备陆续投入使用。信函类业务的日处理能力成倍提高。2004年达到2990万件。随着移动电话、互联网等现代化通信工具的普及,函件这一传统通信方式受到冲击,函件收寄量成下降趋势,2011年德州市邮政函件广告局日处理信函2万余件。全年处理函件2559.68万件。

二、机要文件

是函件的一个特殊分支,负责党政军以及国民经济各部门的秘密载体传递工作和新华社机要内参的发行工作。1961年6月成立德州地区邮电局机要科,此后名称屡次变更,2010年更名为德州市邮政局机要通信分局。1985年开始使用汽车投递。1986年出口机要文件7.93万件。1988年7月,执行部颁《机要文件封发关系建立标准》和《省际机要文件封发经传关系》,全区机要文件实行统一凭证交接。1989年后,随着办公自动化程度的提高,机要文件的传递呈逐年减少的趋势。

1996年12月,机要文件一律改为按挂号

信函资费标准计费。每件机要文件，每重 20 克或其零数收 0.5 元，挂号费 1 元，机要保密费 1 元。1997 年，机要文件封发和投递使用微机登单，告别了手工登单的历史。1999 年，根据国家邮政局《机要规则》，文件类限重 2000 克，刊物类限重 5000 克；资费 20 克以内由 0.5 元调为 0.8 元，挂号费由 1 元调为 2 元。2008 年，安装视频监控系统，对机要生产场地和走廊进行监控。2011 年，出口（出德州邮政局的简称）机要文件 1.81 万件，实现了机要通信连续 28 个质量全红年。

第三节 包 件

包件又称包裹，分为普通包裹、脆弱包裹、保价包裹和过大包裹 4 种。邮件按处理手续、运递方式或寄递时限等又分为挂号邮件、快递邮件、航空邮件、保价邮件、代收货价邮件等。邮局在收寄时开给收据，处理时加以登记，投递时要收件人签收的邮件，统称为给据邮件。

1986 年 7 月 1 日起，执行邮电部规定将包裹分为民用包裹、纸质品包裹和商品包裹，民包限重 5 公斤/件，商包限重 15 公斤/件。是年全区出口包件业务量 3.47 万件。

1987 年 11 月，随着商品流通的增加，增大商包业务，限重 25 公斤/件。同年 11 月，德州地区邮政局对全国 196 个城市开办了邮政快件业务。1997 年 5 月，德州—滨州省内二级邮路开通，该邮路单程 200 千米，当日往返，计有陵县、临邑、惠民、滨州 4 个交接点。1998 年出口包件 23.5 万件，1999 年 6 月，德州邮区中心局体制正式投入运行，出口邮件中函件总时长提前了 10～30 小时，包件处理时限提前 2443 小时。2001 年 8 月，实施投递体制改革，并实施“户籍工程”。2002 年 1 月，德州邮政局被划为国家二级邮区中心局。2009 年 4 月，德州邮政局联合德州市妇联、市慈善总会、团市委，配合中国扶贫基金会发起的“5·12 灾区学生六一关爱行动”，启动“寄一份包裹，送一份关爱”全市爱心包裹捐赠活动。

2001 年，出口达到 35.80 万件，达到历史最高峰。此后，随着社会物流业的发展，邮政包件逐年下滑，到 2011 年，出口 14.31 万件。

第四节 汇 兑

1986 年以前，全市邮政局所均办理普通汇兑业务。电报汇款只在县（市）局营业网点办理。1986 年全区邮政汇兑出口汇票 8.89 万张。1988 年 5 月开办普通汇款快件业务。1993 年在较大营业窗口开发汇票使用汇票智能开发机。2002 年，在全市各局所网点开办电子汇兑业务，同时开发汇兑增值业务。2004 年，全市出口汇票 57.70 万张。2009 年，出口汇票 57.69 万张，2010 年出口汇票 62.60 万张。2011 年出口汇票 56.43 万张。

第五节 报刊发行

报刊发行是邮政主营业务，包括报刊订阅、零售服务。1986 年累计订销杂志 399.01 万份、累计订销报纸 6857 万份。随着报刊发行引入竞争机制，一些报刊相继自办或委办发行。1991 年 4 月，报刊发行系统投入生产，告别纯手工操作，开启信息化时代。2000 年 8 月，发行与投递分离，成立报刊发行局，10 月被省公司定为邮区中心局集中要数的试点单位。是年订销杂志累计数 188.10 万份，订销报纸累计数 6114.50 万份。2002 年 10 月，报刊零售公司和报刊发行中心正式合并为德州报刊发行局。2003 年 4 月，成立“山东邮政发行公司德州分公司”，负责组织全市邮政报刊、图书、音像业务的经营和管理工作。2004年，订销杂志累计数164.50万份，订销报纸累计数6835.40万份。2006年9月，全国报刊统版工程试点上线，德州局被国家局定为试点单位，参加系统的全面测试工作。同年1月，成立发行投递中心，实现发行投递合一。2007年7月，全国报刊统版正式上线工作，报刊专业实现全国统一版本的信息处理系统。2010年8月，德州报刊发投局被省书刊发行业协会评为“守法诚信先进单位”。2011年8月，实现全国报刊出版物统一版本信息处理。2011年，订销杂志累计数168.30万份，订销报纸累计数6799.26万份。

第六节 集 邮

1986年4月，德州邮电通信大楼建成投产启用，德州邮票公司印制发行纪念封一枚，刻制纪念戳一方，并在一楼营业厅设立集邮专柜。同年11月28日，德州地区集邮协会成立，同日举办德州邮政和集邮历史上的首届集邮展览。邮电部原部长、中华全国集邮联合会名誉会长朱学范为邮展题词——“德州邮展”。1989年5月，地区邮电局、地区邮协联合举办“德州首届邮品拍卖会”。1990年年底，全区各县（市）全部成立集邮协会。

1996年12月，邮电局开始在全市更换邮政日戳，邮票公司97式新日戳启用。1997年5月，由市邮电局邮票公司牵头建设，投资20万元的国内第一个由邮电部门管理的邮票市场——德州市邮币藏品交流中心建成开业。2001年11月，为庆祝市邮政局综合楼竣工启用，市邮票公司、市集邮协会在新楼联合举办大型“德州市历届获奖邮集回顾展览”，并刻启“邮政大楼启用”和“获奖邮集回顾展览”纪念戳各一方。2005年11月4日，德州市邮票公司、德州市集邮协会在德州农校举办报告会，正式启动“集邮文化进校园”业务宣传推介计划。2007年4月25日，山东省第七届少数民族传统项目运动会在德州市举办，市邮票公司开发、印制并发行个性化邮票小版票一版。

2008年5月28日，市邮票公司、市集邮协会举办“极限集邮、关爱灾区、重建家园”邮品义卖会，支援四川汶川灾区。同年8月8日，为庆祝第二十九届奥运会在北京隆重举办，市集邮协会、市邮票公司举行“弘扬奥运精神、普及集邮知识”德州6县（市）集邮联展启动仪式，并印制烫金加印片一套、启用“奥运会开幕”和“集邮联展”纪念戳各一方。9月1日，市邮票公司及各县局邮票公司名称统一改称为集邮公司。2010年9月，为庆祝第四届世界太阳城大会在德州召开，市邮政局在太阳谷太阳城大会会场举行“世界太阳城大会”系列邮品首发式，并刻启纪念戳三方、宣传戳一方。中国邮政邮票印制局呼振源、任国恩等6位著名邮票设计家出席首发仪式并现场签售邮品。2011年6月，庆祝中国共产党建党九十周年山东省集邮展览在济南举办，由集邮公司选送的五框极限类邮集《红色记忆》，获邮展银奖。

第七节 特快专递 物流业务

一、特快专递

1992年7月，地区邮政局开始办理邮政特快专递业务，设速递站，地点在德州火车站广场南侧一支局东首，配有电话、电传、速递车各一部。1993年7月1日，陵县、宁津、临邑、平原、武城、夏津、禹城、齐河8县（市）始办特快专递业务，1994年1月1日，乐陵、庆云开办速递业务。各县（市）局均设有专门机构——速递公司，配有专职人员和专用设备。1997年1月，市局速递跟踪查询系统正式并网投入运行，该系统连接152个城市速递点，可直接查询德州

至联网城市的邮件经转和投递情况。1998 年,开办邮件直运速递业务,鲜花礼仪速递业务。1999 年 5 月,为进一步适应市场经济条件下加快发展特快专递业务的需要,在全市范围内试办邮政特惠箱邮件(EMS Magic Box)业务。2001 年,德州局开办特快专递代收货款、特快专递限时递邮件、国内直递航空邮件、省内特快专递寄递护照、省内邮政特快专递送法律文书业务。2003 年 3 月,德州局开办特快次晨递业务,2004 年更名为“ENS 限时专递—次晨达”业务。

二、物流业务

2000 年,德州邮政物流配送有限责任公司成立,主要业务是配送牛奶、纯净水、收订报刊、投递。建设 28 个社区配送站,配送站除以上业务外,经营部分日常用品,为周边住户提供便民服务,服务宗旨“拨打 11185,产品配送到家”。2002 年,在原有业务基础上,不断改进、创新,从原来的便民服务,延伸到农资、酒水项目的配送。2003 年 5 月,成立山东中邮物流有限责任公司德州分公司,各县(市)成立分公司,同时新增一体化物流业务。2005—2007 年,陆续将社区配送站关停,市局物流公司撤销现业,收订报刊、投递单独成立投递局。市局物流公司负责全市经营指导、宣传策划、服务支撑、项目洽谈及管理。2008 年 9 月,与速递公司合并,成立速递物流公司。2009 年 1 月,从速递物流划出,合并到市局市场部,由市局市场部监管。5 月,从市场部划出,单独成立科室。2010 年,成立对内称分销业务局,对外称山东中邮物流有限责任公司德州分公司。

随着改革开放的不断深入,邮政独揽快递、物流业务的局面被打破,加之互联网购物迅速普及,包裹业务大量增加,公路、铁路、航运等交通企业纷纷涉足物流业,本地民间物流机构乘势兴起,外地快递物流公司进驻德州,使整个快递物流业呈现出百舸争流,以速度取胜,以服务为本的竞争局面。2011 年,全市物流主营业务收入完成 460 亿元,同比增长 51%;物流产业投资 85.6 亿元,同比增长 52%。非邮政行业物流占市场份额达 80% 以上。

1986—2011 年德州市邮政业务主要指标统计表

表 7-1

年份	邮电局、所合计(个)	邮路长度(单程/千米)	农村线路度(单程/千米)	函件(万件)	机要文件(万件)	包裹(万件)	汇票(万张)	杂志累计数(万份)	报纸累计数(万份)
1986	246	2519	15856	327.87	7.93	3.47	8.89	399.01	6857.02
1987	246	2484	15837	312.29	7.66	3.01	8.29	279.80	6754.36
1988	246	2542	15566	283.75	7.58	3.10	9.19	265.30	6625.01
1989	246	2651	15582	298.83	6.56	2.99	8.74	242.70	6215.39
1990	246	2374	15579	243.38	5.98	2.58	8.72	287.50	5975.81
1991	246	2386	15346	285	5.76	2.33	8.73	236.90	3325.60
1992	246	2372	15522	292.30	5.45	2.53	9.34	245.30	4539.80

续表 7－1

年份	邮电局、所合计(个)	邮路长度(单程/千米)	农村线路度(单程/千米)	函件(万件)	机要文件(万件)	包裹(万件)	汇票(万张)	杂志累计数(万份)	报纸累计数(万份)
1993	246	2507	15369	413.17	4.39	4.57	9.64	198.70	4521.04
1994	246	2507	15498	401.33	4.28	3.26	9.21	159.27	4438.58
1995	236	2636	15405	451.06	4.07	3.26	9.62	160.34	5526.01
1996	236	2759	15111	1348.37	3.76	28.10	36.83	27.97	29.31
1997	241	2866	15435	1648.44	3.05	23.87	34.93	136.53	5741.31
1998	243	2772	15742	1946.86	2.79	23.50	35.08	131.60	5452.53
1999	242	2867	14103	1908.00	2.40	23.50	33.20	162.70	5619.30
2000	235	2394	13373	1765.30	2.20	24.20	32.70	188.10	6114.50
2001	254	2400	13687	1332.30	2.31	35.80	30.90	38.50	5814.20
2002	254	2415	16413	3831.46	1.92	30.40	30.03	184.31	6683.03
2003	257	2698	16356	4133.95	1.41	28.20	26.23	166.44	6341.07
2004	265	2600	16893	2900.00	1.00	23.20	57.70	164.50	6835.40
2005	265	2589	16656	6458.09	1.36	24.20	38.90	166.80	7036.90
2006	247	2552	17489	7405.92	1.71	24.50	26.52	167.60	7677.40
2007	248	3123	18565	2869.20	1.40	21.30	44.31	160.60	7771.80
2008	237	3361	18678	2566.19	1.46	18.55	57.74	238.48	7834.45
2009	235	5463	17080	2770.51	1.61	17.72	57.69	117.93	8146.31
2010	234	4108	15773	2503.59	1.77	14.67	62.60	190.53	7732.36
2011	233	3353	16592	2559.68	1.81	14.31	56.43	168.23	6799.26

第二章　电　信

第一节　电信业经营体制

1998 年以前，全市（地区）电信业务由市（地区）邮电局、各县市邮电机构统一经营。

1998 年 5 月，国家邮电体制改革，自上而下陆续实行邮政、电信分营。10 月，德州市邮电局拆分为德州市邮政局、德州市电信局，市电信局统一经营固定电话、移动电话和互联网业务。12 月，根据邮电部将邮电系统经营的无线寻呼业务同其他电信业务剥离组建无线寻呼集团公司的决定和山东省邮电管理局关于无线寻呼改制的实施办法,将市电信局的无线寻呼业务全面剥离,成立山东国信寻呼有限责任公司德州分公司(简称"德州寻呼"。1999年10月更名为山东国信通信有限公司德州市分公司)。

1999年7月,德州市电信局进行拆分,撤销市电信局移动通信维护中心,成立山东省移动通信公司德州分公司(简称"德州移动"),负责中国移动通信集团公司在德州地区的网络运营及营销服务,8月,正式挂牌独立运营。拆分后的德州市电信局主营固定电话业务。9月,中国联合通信公司德州分公司(简称"德州联通")成立运营。同时,德州寻呼并入德州联通。

2001年1月,德州市电信局更名为山东省电信公司德州市分公司,实行主业与副(附)业剥离,将电信所属的副业及后勤部门剥离出去,成立德州市电信鲁通有限责任公司。

2001年11月,中国铁通德州分公司(简称"德州铁通")成立,隶属于中国铁通天津公司,2004年划归中国铁通山东公司。自此,全市移动电话业务由德州移动、德州联通、德州铁通运营。

2002年5月,国家对中国电信拆分,组建中国电信集团公司和中国网络通信集团公司。德州电信公司隶属于中国网通(集团)有限公司山东省通信公司。2003年6月,按照中国网通集团和山东省通信公司的要求,将德州市吉通有限公司纳入网通公司管理。11月,按照山东省通信公司统一部署,德州市通信鲁通有限公司重组融合,人员及资产全部划归德州市通信公司管理。2004年11月,山东省通信公司德州市分公司改称为中国网通(集团)有限公司德州分公司(简称"德州网通")。

2003年6月,中国电信集团北方有限公司在德州布点,成立中国电信山东公司德州分公司(简称"德州电信")。

2008年5月,国家电信运营商重组,中国联通的CDMA网与GSM网拆分,前者并入中国电信,组建为新的中国电信。后者与中国网通合并成立中国联合网络通信集团有限公司(仍简称"中国联通")。中国铁通则并入中国移动成为其全资子公司,中国卫通的基础电信业务并入中国电信。从此,德州电信市场形成了德州移动、德州联通、德州电信三家经营的格局。

德州移动 全称"中国移动通信集团山东有限公司德州分公司",组建于1999年7月。下设11个县级分公司。主要经营移动话音、数据、IP电话和多媒体业务。除提供基本话音业务以外,还提供传真、数据IP电话等多种增值业务,拥有"全球通""动感地带""神州行"等著名客户品牌。用户号码段包括139、138、137、136、135、134、159、152、150、158、182、183、187、188、151、147、178。

德州联通 全称"中国联合网络通信集团

德州联通公司办公大楼　　(2008年　摄)

有限公司德州分公司”,成立于1995年9月,下设11个县级分公司。经营范围包括两个移动通信网络(GSM和CDMA)、数据通信、长途电话、互联网与电子商务、各类电信增值业务以及通信电路出租等。并开展165拨号上网、17910(17911)IP电话、专线接入、虚拟主机和主机托管等业务。2008年9月28日,电信重组,CDMA业务及网络改由德州电信经营。服务号码段为130、131、132、155、156、185、186、145、176。

德州电信 全称“中国电信集团公司山东省德州市电信分公司”,2003年10月正式成立。下辖11个县级分公司,主要经营国内、国际各类电信网络与设施(含本地无线环路)以及基于电信网络的语音、数据、图像、互联网等电信基础业务及增值业务。2008年9月28日,电信重组,德州电信承接了原由德州联通经营的CDMA业务及网络。从10月1日起,CDMA的经营主体由中国联通变更为中国电信,意味着,德州电信不仅能够经营宽带、固话等业务,还能经营个人移动通讯业务,德州电信业进入“全业务”时代。主要经营CDMA、CDMA1X、CDMA2000网络,服务网号为:133、153、189、180、181、177。另外1349为中国电信集团卫星通信有限公司卫星电话号段。

第二节 固定电话

1986—2002年,全市固定电话业务先后主要由德州地区(市)邮电局、德州市电信局、德州电信公司经营,包括市内电话、长途电话、公用电话及传输网络建设等全方位电信业务。2003—2011年,主要有德州联通(包括德州网通)、德州电信经营。

2011年,全市固定电话用户为43.51万户,其中德州联通38.22万户,德州电信5.29万户。

一、交换与传输网络

长途电话传输网络 1986—1992年11月,境内传输网全部为模拟载波电路。1988年12月,京沪“214”数字微波干线开通,德州至济南利用边际电路开通60路数字电路,并于1993年8月开通140Mb/s数字微波线路1条。

1993年4月,利用津宁光缆开通德州至天津、沧州、东光、泊头、济南共1740条电路。

1995年扩容,德州至北京、沧州、吴桥传输线路,共增开1140路,德州至济南增开360路光纤电路。在此其间,随着数字电路的大量开通和全网技术的发展,传输信号由原来的电报、电话信号,增加了数据、数字、图像、可视信号。

1985年前,长途交换设备为人工手摇磁石长途交换机。自1986年4月,4000门纵横制自动交换机投入使用后,陆续开通部分长途自动、半自动交换设备。1994年12月,全市长途交换实现程控化和自动化。

1995年12月随着C3本地网的形成,11个县(市)的人工长途台及陵县、临邑、宁津、乐陵、庆云、平原、禹城、齐河、武城、夏津10个县(市)的长途自动交换机全部撤销。

1997年10月,德州长途局扩容,缓解长途出口紧张状况,各县(市)相继进行长途交换机扩容版本升级,提高综合通信能力。

1996年10月,全市新增长途电路1232路,分别达到5460路和2114路。1997年10月,部管一级干线传输工程,济南—石家庄—太原—银川光缆投入使用,为德州—济南—石家庄两个方向长途电路7596条。

1998年后,德州长途传输网络相继建成并投入使用的国家一级干线有:北京—天津—上海直埋光缆波分复用系统、青岛—济南—石家庄—太原直埋光缆SDH传输系统、中国电信高速传输环网。省内干线有:山东省SDH西环光缆传输网、山东省SDH传输网ATM配套设备、山东省电信高速北环传输网、山东省电信高速西环传输网。

手摇磁石电话机

自动拨号盘电话机

2000年，山东省电信对数字同步网进行扩容，为德州开通上下话路。德州通信对C3本地传输网进行了光纤数字爱立信传输系统一期、二期扩容改造工程。2001年，全部为NO.7信令电路，德州形成既有连接南北、东西的国家干线，又有通达省内的二级干线，并建成了覆盖全市全部乡镇、中心村的大容量、高速率、高质量的传输通信网络。2003年年底，全市交换机总容量达到120万门，拥有长途电路1万余条，本地光缆传输网已覆盖到中心村。

市话网络　市话网络包括德城区、开发区和10县（市）所有的市内电话和农村电话网络。

1993—1994年，各县（市）相继建成C4本地电话网。1995年12月实现了以各县为中心的C4网向以德州市为中心的C3网过渡。

1995年12月17日，德州建成C3本地网，全市统一使用“0534”长途区号，全市市话网络在传输和交换实现数字化基础上，所有电话号码由6位升至7位。1996年6月进行C3本地网优化改造，完成了德州—乐陵—庆云，德州—武城—夏津两个方向光缆电路1.54万条。1993年4月，德州电信局引进DSM100程控交换机1.06万门。1999年，完成夏津、庆云、乐陵等8个县（市）市话交换机进行扩容改造及交换机版本升级。

1990年，全区共有18个乡镇开通了自动电话，1993年12月，德州城区建成全区第一个数字本地网。同月，陵县建成模拟本地网。1995年，全市农话总容量达到7.17万门，拥有中继线路5554条，用户2.09万户。1998年完成了德州—禹城—夏津，德州—陵县—临邑—乐陵光缆建设（16芯，200千米）。1999年，投入全市市农话线路工程投资1.6亿元，引进先进的SDH光缆传输设备，对原有传输网络进行大规模改造建设，完成了两个市到县光缆SDH自愈环网和14个县到乡光缆SDH自愈环网。光缆到达全市所有乡镇，并延伸到100多个中心村。德城区先后开通爱立信SDH传输8个环网，网络结构采用有自愈能力的环形网，取代了原有的PDH传输体系。2000年，完成线路投资2.66亿元，全市共审批线路工程项目705个。6月，完成了163、169并网工程。完成市到县SHD传输网二期扩容工程，新建385个中心村模块局。

1998—2003年，完成全市所有农村支局交换机扩容改造，共新建模块点792个，完成全市5ESS、S1240、DMS、STP、ZXJ、HARRIS交换机版本升级或补丁输入工作，全市农村交换机容量达到76.1万门。2003年6月，全市光缆长度累计达到6123皮长千米，电杆26.12万根，杆路13万千米，人井4489个，管道2.3万孔千米，分线箱以上电缆3万余皮长千米。本地网（市、农）电话业务主要办理普通电话（正机）装机、电话副机及附件、分机、中继线、专线、临时电话及临时专线、用户终端服用设备、租杆挂线及代维设备、移机、改名、过户等业务受理，以及程控电话宿位拨号、热线服务、呼叫等待、三方通话、闹钟服务、追查恶意呼叫、来电显示等服务功能受理等。以上业务，各营业厅均能办理。

2003—2008年，固定电话网络迅速发展，到2008年全市固定电话达到198万户。此后，随着手机普及，固定电话呈逐年下降趋势。2008—2011年，固定电话由TDM（电路交换）承载的交换网发展成为IP交换网，实现了固定网络的语音VOIP。

二、固定电话业务

1986年以前，固定电话只有长途电话、市内电话、农村电话、电报4项业务。交换设备是人工磁石交换机。

1986年4月，4000门纵横制自动电话开通，手摇磁石电话成为历史。电话号码升至5位。1992年9月，开通7000门程控电话，实现长途电话、市内电话、农村电话合一。电话号码升至6位。

到1995年年底，全市市话、农话交换机总容量达到16.62万门，是1985年交换机总容量的5.5倍。全网中继传输电路达到7410路，是1985年的38倍。传输和交换全部实现数字化。实现了国内、国际电话直拨。全市实装电话达到10.25万部。话机普及率为1.98部/百人，长途电话业务量达到2132.8万张，住宅电话发展到3.96万户，公用电话达到2247部。1996年9月，开通长途局。2008年，固定电话用户达到112万户。此后，随着移动电话的进一步普及，固定电话用户呈现逐年下降趋势，2010年全市固定电话用户降为59.52万户，2011年再降为43.51万户。

长途电话业务　1986年4月，长途电话执行邮电部《长途电话业务规范标准》，业务种类为：（1）代号电话，是指特定的机关，因处理特殊重要事项所挂发的长途电话。（2）特种电话，是指防汛、地震、气象、森林或工矿企业、交通运输等机构和卫生防疫机关因处理危及国家财产、人民生命安全的特种电话。（3）紧急调度电话，是指航空、电力、防汛、地震、负责人工降雨、防雹等机构因处理紧急生产调度所挂发的长途电话。（4）政务电话，是机关首长因公挂发的长途电话。（5）普通电话，是机关、厂矿、部队、团体、学校、乡镇以及个人挂发的长途电话。（6）公务业务电话，是经指定的邮电机构因公挂发的长途电话。1995年12月，各县市及德州长途人工台撤销，对已安装市话、农话的用户提供国际、国内直拨业务。1996年3月，执行新的《长途电话业务规程》，长途业务主要包括：国内长途自动电话业务、国内长途人工电话业务、200电话卡业务、电话会议业务、会议电视业务。

2003年，全市长话业务电话总数为184路，长途电话为3587.66万次。2004年，长话业务电话总数为187路，长途电话为3071.45万次。2009年，全市长话业务电话总数为249路，长途电话为5356.21万次。2010年，长话业务电话总数为247路，长途电话为3630.25万次。2011年，长话业务电话总数为247路，长途电话为2906.76万次。

公用电话　1994年，开始在公共场所安装公用电话，使用的是磁卡电话，大部分安装在宾

馆酒店。1995年在全市城市和乡村开办公用电话代办点。1996年,发展公话累计达到1007部,其中磁卡电话18部。1997年3—8月,开始安装2套上海产APMS型IC卡公用电话管理系统,在德州市区和各县(市)主要街道、繁华地带安装IC卡公话亭。随着通信技术的不断发展,相继开通了智能公话、校园卡公话、公话超市等。随着手机和互联网普及,公用电话逐渐淘汰,2002年12月,磁卡公用电话全网停止使用。

小灵通手机 “小灵通”是一种基于无线环路发射基站支持的无线手机。其号码与固定电话绑定,是固定电话的另一种功能,具有绿色环保,手机功率小,无辐射,单向收费、按市话计费等特点。免费办理“小灵通”入网。

2001年9月,德州电信开始在德州市区建设无线市话小灵通网络,采用中兴公司生产的无线市话设备,2002年1月20日无线市话一期设备安装调测完毕,通过验收。开始在市区放号。2003年1—5月,将无线市话小灵通向10县(市)延伸,各县(市)具备放号能力,实现了全市小灵通联网。2003年小灵通电话超过10万户,到2006年小灵通业务达到最高点。此后,随着移动通信的迅速发展,和小灵通本身存在的只能在本地使用和信号弱的缺陷,业务逐渐萎缩,到2011年基本退出市场。

三、德州电信公司(新)固定电话

2003年6月,中国电信集团公司德州分公司(简称德州电信)成立运营,主营直联通、汇线通、广汇通等固定电话业务。利用“购买、租用、自建、共建”相结合的方式,建立了覆盖全市的长途传输网、交换网。到2006年,交换机容量72320线,交换机实占用户数量达到6.25万户。2007年用户数量5.33万户,2008年用户数量为5.29万户,2009年为6.10万户,2010年为6.46万户。2011年,交换机容量78752线,实装5.29万户。

第三节 有线电报 短波通信

一、有线电报

电报电路 1985年济南电信局256路自动转报设备投产,1986年1月,德州至济南电路济南端接至自动转报中心,实现了德州至济南发往全国各地的电报转报自动化。德州至济南电路进入256路自动转报网后,德州至天津电报电路关闭,德州至河北方向的电报改由济南接转。同年4月,德州至平原、禹城、乐陵、夏津、陵县、武城、济阳电报电路由幻线改为明线载波插报电路。

1986年11月,开通地区工商银行至山东省工商银行出租电报电路1路。

1987年2月,德州至临邑、齐河、宁津、商河电报电路由幻线改为插报电路。1987年5月,德州所属各县电报电路全部进入济南256路自动转报网,实现了全区电报转报自动化。各县电报电路进入256路自动转报网后,原各县直达德州的12路电路改为经德州直达济南的转接电路。

1987年5月,德州至故城机场电报电路由明线载波改为实线。9月,增开东风西路邮电支局电传电路1路。1992年年底,王村店、袁桥、赵虎、赵宅、抬头寺5个支局划归德州局,1993年1月,开通了以上5个支局的市内电路5路。1994年3月,德州至济南2条电报电路由载波改为光缆电路。至1995年年底,德州市邮电局有线电报电路19路,其中省内二级电路3路,市(县)内16路。1998年,邮电分营后,电报网点150个。各营业点均能办理电报业务。随着各种通信工具的不断增多,电报业务逐年下降。

电报设备 1986年3月,安装上海电信设备三厂产BL01型电报测量台1部,南京通信设备厂产 BHI。03 型 24 路转换设备 1 部，BHI，02C 型载幻转换设备 2 部。4 月，由省局调入南京通信设备厂产的 BZP01A 型四路插报机 7 部，55 型电传打字机 10 部，双机头自动发报机 6 部，由省调拨南京通信设备厂产 BZP01A 型四路插报机 5 部。10 月，由省局调拨南京通信设备厂产 BSSOIC 型 46 路载报机 1 部，11 月，由省局调拨上海通信设备三厂产全电子电传机 4 部。

1987 年 5 月，德州地区 12 县局进入 256 部自动转报网后，德州局调往陵县、宁津、平原、禹城、武城、商河、庆云、乐陵、临邑、济阳、齐河县邮电局电传机共 11 部。调往庆云、宁津、禹城双机头各 1 部。调往商河、乐陵、济阳、临邑、夏津、平原、武城、齐河、陵县双机头自动发报机各 2 部。1988 年 9 月，新购进南京通信设备厂产 BZP01A 型 4 路插报机 2 部，作为备用。1990 年 6 月，电报通信改用中英文电报智能终端机。截至 1995 年年底，德州市邮电局共有载报机 14 部，中英文电报智能终端 10 部。

电报业务　1985 年 4 月，国内电报改称国内公众电报，根据不同的传递方式和业务性质分为：国内电报、国内船舶无线电报、传真电报、用户电报。国内电报业务种类，根据不同的服务和业务性质分为 8 种（天气、水情、公益、政务、新闻、普通、汇款、公电）。办理特别业务有 3 种：特急业务、加急业务、邮送业务。依据电报的类别，电报的服务对象、电报的性质和交发的先后来确定电报的传递顺序和时限。根据邮电部规定：电报实现自动转报后，在全程时限不变的前提下，适当调整 3 ~ 4 级电报的转报和投递时限，各类加急电报、去报为 60 分钟，转报 30 分种，投递 150 分种，全程最大时限 240 分种。各类普通电报：去报 90 分种，转报 60 分种，投递 210 分种，全程最大时限 360 分种。

1985 年年末，德州市内电报营业网点为市内营业室一处。1986 年 4 月，湖滨南路营业厅始办电报业务，10 月，火车站电信所开业，市内电报营业点增至 3 处，其中火车站和湖滨南路网点为昼夜 24 小时服务。东风西路支局 8 ~ 22 点。1985 年，德州市郊区支局有黄河涯、二屯、曹村、二十里铺 4 处办理电报业务，1993 年 1 月，王村店、袁桥、抬头寺、赵宅、赵虎 5 个支局分别从平原局和陵县局划归德州局，德州市郊区电报网点增加至 9 处。1994 年廿里铺支局停办电报业务，1995 年 5 月新建东七支局开办电报业务。同年年底郊区电报网点为 9 处。郊区电报营业时间为每天 8—18 点，夜间停办。各县（市）局城关至少有一处昼夜办理电报业务的局所，农村支局实行夜间值班制度，为有急事者办理报、话业务。1988 年 9 月 25 日，德州局开办礼仪电报业务，各县（市）局于 1992 年 1 月 1 日起开办礼仪电报业务。1994 年 4 月 28 日，德州局在市区开办了鲜花礼仪电报业务。

进入 21 世纪后，随着电话、手机（移动电话）和互联网的普及，除特殊业务外，电报已不再使用。

二、短波通信

电台是电报通信的备用手段，一旦有线电路阻断，无线报路立即开通。为应付突发事件，为抢险救灾服务，电台值机人员平时在规定时间内保持正常联络，节日和汛期则昼夜值班。汛期过后，无线报路恢复正常工作，每天定时联络定时作报，联络规定及时间由济南市电信局统一部署。1995 年 12 月，省局配发 100 瓦短波收发信机各 1 部，当月安装使用。截至 1995 年年底无线电路 11 条，其中济南 1 条，平原、禹城、齐河、临邑、陵县、宁津、乐陵、庆云、武城、夏津各 1 条，按省局规定时间定时会晤联络。

第四节 移动电话

移动电话即手提电话,俗称“手机”。德州第一部移动电话开通于 1993 年 2 月 27 日,是德州地区邮电局网络部内部保障测试使用的摩托罗拉 8900,手机号为 900112。

最早的手机是直板式模拟机(俗称大哥大、半头砖)。先后经历了模拟手机、数字移动通信手机、3G 手机 3 个阶段。手机式样日趋丰富,相继出现了翻盖式、滑盖式、键盘式、彩屏、超大屏式、触摸式智能手机。手机功能日益多元化,从最初只能接打电话,后来逐渐发展到发短信、玩游戏、听音乐、拍照录像等。3G 数字智能手机功能更加丰富,上网、导航、代缴费用、飞信、聊天、视频、下载、电话会议、电子商务等信息服务都可以通过手机完成。

移动电话业务包括电话业务、紧急呼叫业务、数据/传真业务、IP 电话、上网、彩信、GPS 定位等。

1993 年,德州市电信局开通移动电话,第一年有用户 543 户,1996 年放号 10033 户,到 1999 年 7 月移动与固定电话业务拆分前,累计放号达到 62560 户。1999 年 8 月德州移动公司独立运营,到 2011 年年底移动电话达到 328 万户,德州联通公司移动电话用户达 87 万户。2003 年 6 月,中国电信进入德州,德州电信公司成立,2011 年年底发展用户 5.29 万户。

一、德州移动公司移动电话

模拟移动通信网 1993 年 3 月,德州地区邮电局开通 900 兆移动电话,设备为美国摩托罗拉公司生产的模拟 EMX100 + 交换机,首期开通德州、平原、陵县、禹城、夏津 5 个基站,容量为 5600 门,40 个语音信道,总投资 1488.57 万元。1995 年 3 月,全市 10 个县(市)全部开通移动电话业务,语音通道 70 个,容量 2.40 万门。到 1997 年 9 月,德州 7 期模拟移动通信基站工程开通运营,扩容 9 个基站,新建 12 个基站,新增 456 个信道。全市模拟基站达到 23 个,信道总数达到 714 个。2001 年 12 月,模拟移动通信设备全部退网。

GSM 数字移动通信网 1996 年 2 月,德州第一个 GSM 数字移动通信基站开通运营,在德州 26 局建设数字移动基站 1 个,2 个载频。至 1999 年 8 月,德州移动通信公司独立运营之前,GSM900MHZ 数字移动通信网在网运行爱立信 AXE－10 交换机 1 台,容量 11.5 万户,基站控制器 1 台,基站 97 个,载频数量 431 个。AXE－10 交换机到济南开通 24 个 2M 系统,到固定网长途局交换机开通中继电路 10 个 2M 系统,到固定网市话交换机开通中继电路 30 个 2M 系统。

2011 年,GSM 工程建有交换局 26 个、HLR4 个、基站 2265 个、载波数 26283 个、客户容量 612.2 万户。主要设备为爱立信、诺基亚等。

移动电话业务 1999 年,德州移动公司独立初期,发展移动客户 7 万户,到 2011 年达到 328 万户,是 1999 年的 46.9 倍。年平均增长 24.7 万户。1999 年营业收入 1.19 亿元,到 2011 年底达到 11.1 亿元,增长 9.32 倍。2000 年,仅拥有 10 个自建营业厅,2011 年,拥有自建营业厅 45 个,合作营业厅 206 个,城市代销点 2857 个,乡镇营业厅 154 个,农村代销点 1.16 万个。

1993 年移动电话开通初期,每部收取入网费 3000 元;无线占频费每年每部 50 元;基本月租费每部 60 元;通话费和漫游费为双向收费,业务区内每分钟 0.50 元,其中 0.40 元为通话费,0.10 元为附加费。

1999 年,德州移动独立运营初期,开办了数字“全球通”和“模拟普通电话”,月租费 60 元,基本通话费 0.50 元/分钟。

2005年,德州移动主要业务资费:(1)月租费:全球通50元,神州行无月租;(2)本地通话费:全球通0.4元,神州行0.6元:(3)漫游费:全球通0.6元,神州行0.8元。(4)国内长途通话费:每6秒0.07元,港澳台长途电话费每6秒0.2元,国际长途电话费0.8元。点对点短消息:全球通网内0.1元,网间0.15元;神州行网内0.15元,网间0.20元。

1999—2011年德州移动公司主要经营指标一览表

表7-2

年份	用户数(万户)	市场占有率(%)	业务收入(亿元)	企业利润(亿元)	平均业务收入(元/户年)
1999	7.32	92.43	1.19	0.27	1625.68
2000	14.54	82.13	2.03	0.33	1396.15
2001	23.48	74.51	2.86	0.52	1218.06
2002	28.64	69.28	2.92	0.79	1019.55
2003	40.12	71.37	3.37	0.77	839.98
2004	63.68	73.62	3.93	0.80	617.15
2005	96.06	76.30	5.01	1.27	521.55
2006	135.04	80.59	6.63	1.60	490.97
2007	181.04	84.99	8.40	2.25	463.99
2008	221.82	87.70	11.10	3.25	500.41
2009	256.33	86.31	12.50	3.97	487.65
2010	300.08	84.81	13.49	3.90	449.55
2011	328.09	81.57	14.20	3.90	432.81

二、德州联通公司移动电话

1999年9月,德州联通公司成立运营,当年建成32个基站,发展用户1.05万户。经过多年经营发展,德州联通重点进行了CDMA、GSM移动业务发展工作,实施“世界风、新势力、如意通、新时空”四大品牌营销战略。

2007年,德州网通完善和优化传输网络结构,投资建设DWDM波分传输工程,满足多种业务的传输需求,为3G业务的发展提供了传输基础资源。

2008年,德州网通与德州联通合并成立新的德州联通公司,拥有的移动电话用户达到42万户。2008—2009年,新联通进行大规模网络建设,移动网络规模扩大了近50%。德州联通以当时全球应用最广泛、用户数量最多、产业链最成熟的WCDMA技术,建成覆盖城区及各县区的高质量3G移动通信网络;并进行3G业务运营典型场景测试验证工作,在全市重点范围内进行了深入的3G业务测试与优化。将东风路营业厅改建3G品牌店,在全市13个营业厅

建设厅建设3G体验、销售专区。

2009年8月,3G WCDMA网络正式启动,德州通信业进入到3G时代。2009—2011年,德州联通以3G为主导进行大规模的移动网络建设与优化,3G对高铁、动车覆盖率达到100%,2G(GSM)对主要交通干线覆盖率均达到了99%,行政村覆盖率达到98%,移动电话用户87万户,其中3G(WCDMA)用户达到8万户。

三、德州电信公司移动电话

2003年6月,中国电信德州分公司筹建。2008年6月,中国电信与中国联通重组。德州电信以1.76亿元购买德州联通的C网资产。10月,德州电信全面接收CDMA网络。136个C/G共用基站、1个C网专用基站、16个G网专用基站,33个直放站、54个室内分布系统等资产划归德州电信。2005年,生产能力已初具规模,全市模块局数量达到170个。交换端口容量累计达到66224线。交换机实占用户数量达到5.19万户,交换实装率年底达到76.96%。

2006年,交换机容量72320线,交换机实占用户数量达到6.25万户。2007年,交换机容量74528线,实装6.01万户。2008年,交换机容量74144线,实装6.07万户。2009年,交换机容量76218线,实装6.31万户。2010年,交换机容量78752线,实装5.57万户。2011年,交换机容量78752线,实装5.29万户。

第五节 互联网业务

20世纪90年代初,德州市电信公司首次开通互联网接入业务,1999年9月,德州联通成立开通互联网业务。2004年,新德州电信完成IP网二期、三期的建设工作和宽带认证割接工作,实现县(市、区)骨干机房间的双GE连接。互联网接入业务主要承载各种方式的拨号上网、WLAN上网、专线接入、虚拟专网、二次拨号的IP电话业务,并为短信、彩信、WAP等增值业务系统提供互联网的接入。

到2011年年末,参与互联网运营接入有中国移动、中国联通、中国电信3家电信企业。全市互联网用户从无到有,至2003年达5.64万户,此后呈现快速增长,2010年27.84万户,2011年50.47户。

德州联通互联网 2002年5月,德州电信拆分,德州网通成立,承继原德州电信的互联网络运营。

2003年,德州网通实施宽带互联网进行城域网、光缆接入网、ADSL端口接入等工程,解决宽带上网最后一千米瓶颈问题,为宽带上网用户提供强有力的保障,各类上网用户超过4万户。

2004年,德州网通配合省公司完成德州段的全省检察院广域虚拟网二期及三期工程、全省城域网二期工程、山东省政府宽带专用网络数据工程、山东省宽带应用平台二期工程、宽带认证计费及网络安全工程;完成数据机房传输设备扩容工程、全市10G本地传输网工程,新建宽带小区近百个,完成全市宽带业务PPPoE改造和IP地址合法化,提高对宽带用户的可管理性。2005年,德州网通进行10县(市)光缆骨干网扩容建设。

2007年德州网通对全市城域网主体进行改造,提高数据业务的传送速率。2008年,德州网通开展网络由窄带向宽带的演进工作,建立一个覆盖全网、高带宽、大容量的宽带通信网络。同年实施一、二、三期“光进铜退”工程,累计改造网点数百个,新增下沉点千余个,城区光缆覆盖率基本达到100%,农村光缆入村率达到80%;到2008年年底德州网通宽带用户达到19万户。

1999年9月,德州联通成立开通互联网。

2000年实施政府上网、企业上网、校园上网工程，乡镇以上基本实现上网，有2400余家企业、6所学校实现上网，并以信息化小区建设为主要方式，启动家庭上网工程。2001年上网用户达到3.2万户。

2008年5月，德州网通与德州联通合并后的德州联通加大基础设施建设力度，2010—2011年，宽带网络建设呈现出高速度、大容量的发展态势，先后实施骨干光缆网、城域网和NGN网、视频监控平台、光进铜退等工作。

2011年，德州联通重点推动全光网络、宽带网络升级提速和3G网络建设等重点工程。截至2011年年底，德州联通互联网宽带接入用户达到40万户，全市宽带普及率为29%。互联网出口带宽达到220G，已通过备案审核的网站总数为310个。

德州移动互联网 WLAN 2009年，开始WLAN工程建设。当年对全市的星级酒店进行WLAN覆盖试点，年末完成AP建设183个，全市用户达到620户。2010年，完成德州学院北校区、南校区、职业技术学院教学楼、齐河农干院、大禹学院、汽摩学院、平原师范学校的WLAN的AP设备的安装及开通，共安装877个AP，3700面室分天线。全年建设WLAN热点数量276个，AP数量5227个，全市活跃用户达1.51万户。

2011年，完成小区WLAN建设170套，楼宇1000幢，AP5000个，全市活跃用户达1.87万户。

德州电信互联网 2004年，完成IP网二期、三期的建设工作和宽带认证割接工作，实现了县(市、区)骨干机房间的双GE连接。网络可利用率达100%、长途网络接通率达98%。

2005年，数据ADSL端口已达11474线；LAN端口已达1892个，ADSL实装用户已达7679户，ADSL实装率达到66.92%。2006年，数据容量达到17496线，数据实装1.35万户，2007年，数据容量21994线，数据实装1.83万户。2008年，数据容量28070线，数据实装2.41万户。

2003年6月，德州市邮政局首先开通宽带业务，成为德州电信的第一个宽带用户。2006年，宽带用户达到1.52万户，2007年，宽带用户达到2.23万户，2008年，达到2.94万户，2009年，达到4.1万户，2010年，达到6.3万户。2011年，实施项目共计形成生产能力宽带45612线，FTTH覆盖用户数达到3.71万户。同年2月，实施“宽带中国，光网城市”战略，推进铜缆网向光纤网的升级换代，2011年年底德州电信宽带用户达到8.6万户。

第六节 信息服务

一、德州移动信息服务

1993年1月底，(德州邮电)开通160人工信息服务台。1995年2月德州开通168自动台，安装广州新大众公司生产的168声讯台，中级电路30条。1995年C3本地网建成，为全市11个县市提供自动电话声讯咨询服务。

1999年7月，独立运营初期，开办了数字“全球通”和“模拟普通电话”。月租费60元，基本通话费0.50元/分钟。

2000—2004年，相继推出信息点播、手机声讯、IP电话、WAP、12590手机寻呼、172拨号上网、移动梦网、GPRS无线上网、彩信、无线POS、企业信息发布系统、移动梦网卡、12586娱音在线、小区短信、WLAN、移动及时呼、语音短信等新业务。

2005年，陵县交警队和临邑县恒源石化集团、临盘采油厂运输大队分别使用德州移动的GPS定位项目。为乐陵市烟草公司、德州大酒店等单位开通无线POS业务。12所学校开展

了家校通业务，使用学生数量达到2500多人。

2006年，与德州市公安局协同推进市级天网工程，实现民警办案远程化信息查询。

2007—2008年，与德州市政府合作电子政务等项目，推进政务电子化进程。

2009年开始，与德州市政府合作智慧城市等项目工程。

2010年，平原县公安局、临邑县公安局分别使用德州移动的集团专线业务，开通“天网”工程。

2011年，为德州邮政储蓄银行开通全市网点传输互通业务。

二、德州联通信息服务

2001年8月，德州联通向社会推出IP电话业务。2005年，实施固网智能化改造工程，开发现有设备功能，受理固网悦铃、预付费、移机不改号、一号通等增值业务的能力，开通固话悦铃、一号通、一号双机新业务。

2007年，德州网通被德州市政府指定为电子政务网络建设单位，完成了德州政务网100M提速工程，承担了主要市直部门的网站建设工作，搭建了权威新闻门户网站“德州宣传网”。同时，争取党委、政府支持，农村党员远程教育站点接入率上升到77.7%；完成村级网页572个，夏津分公司达到了100%的建站/网页率。同年，德州网通完成平安德州专用网络视频监控平台工程，搭建起全市监控平台，为在全市推广信息化监控业务建立了基础资源。

2008年，德州网通全方位多层次地推进电子政务网、农村信息化试点、大型视频监控项目等信息化建设，推出亲情系列产品、宽带、增值业务等创新型业务，提升固话等传统语音业务内涵；在全国范围内首创114电话导航失物招领业务，建设“好找网”，并被集团公司在全国推广。同年，新联通公司围绕移动、宽带等主导产品开展全业务运营，构建“固话+宽带+移动”的融合业务产品体系，两网融合优势体现，提供包括互联网、移动电话、固定电话、小灵通等基础电信业务和增值电信业务，以及与上述业务相关的系统集成、技术开发、技术服务、信息咨询、工程设计施工等服务，拥有“精彩在沃”“宽带专家”“亲情1+”等固网业务品牌及“世界风”“新势力”“如意通”等移动业务品牌。

2009年，基于互联网和3G技术，合并后的德州联通相继投资建设政务服务中心平台、114政务信息一号通；承办应急中心等市政府重点信息化项目；推出“车务通”“税务通”等信息化深度应用产品。在“村村通电话”的基础上，通过实施“光进铜退”和宽带提速工程，实现了“村村通宽带”。

2011年，推进“智慧城市”“数字德州”建设，相继为政府、金融、教育、城市执法及上千家中小企业，提供深度信息化综合服务，推进重点领域的信息化进程，开发建设了全市电子政务外网、“12345”市长热线升级、工商局“数字工商”、京沪高铁综合客运站信息化建设等60多个大型信息项目，有效提升全市信息化水平，强化信息资源整合能力，推动经济高速发展。

三、德州电信信息服务

2008年，德州电信与天衢工业园管委会合作，打造基于第四代无线移动技术实现的工业化与信息化融合示范园，通过一揽子信息化解决方案，改变示范园内企业的产业模式和经济增长模式，提升政府科技服务含量。

2009年4月，德州电信成为德州市首家开通3G服务的运营商。

同年，与皇明集团合作，利用物联网射频技术等信息化手段，实现了蔚来城小区的现代化、科技化、生态化和人性化，打造集“低碳经济”与“物联网”于一体的标志性智能化示范小区，成为房地产行业的典范工程。

2010年，与德州市烟草专卖局合作，利用烟草E通行业应用平台，获取及时准确的零售商订单数据、进销存信息以及需求信息，降低成本，自动实现了信息采集和调度管理等功能。2011年，利用应急联动信息化应用技术，与市政府应急办合作，通过应急平台实现辅助政府进行日常应急管理工作、处置突发事件的信息化系统，提高应急处理的管理水平。

2011年，与德州市司法局合作，利用司法E通，通过中国电信CDMA1X独具优势的gpsSONE手机定位技术实现对矫正对象位置的监管，同时具备完善的矫正对象电子档案，查询统计功能，并包含矫正对象的管理考核，为矫正工作人员日常工作提供信息化、智能化的高效管理手段。

第三章　无线电管理

第一节　无线电频率、台(站)管理

1988—1989年，对全区所有无线电台(站)进行核查并核发新无线电台(站)执照。1990年后，微波通信、单边带、无线电传呼(BP机)、无线电传真、自动拨号无线电话、太阳能自动供电、无人职守自动中继接力基地台、有线电话和无线电话联网、遥控遥测装置、900兆无中心电台等较为先进的通信方式相继建成运用。无线电使用范围扩展到石油电力、金融保险、水文地震、邮电气象、工商税务、水利防汛、公检法系统、消防武警、护林防火、交通运输、文教卫生、城建管理、党政机关、厂矿企业等30多个系统。被服务单位达500多家。

1993年，根据国家对无线电频率实行“统一规划、合理开发、科学管理、有偿使用”的原则，联合公安、工商、安全等部门对全区设置销售的大功率无绳话机进行查处，共查处没收大功率无绳话机20余部，规范无线电发射设备销售市场。

1996年，根据国家无线电管理委员会《2000MHz频段部分地面无线电业务规划及有关问题的通知》精神，明确对蜂窝移动、无线接入、扩频、多路微波有线电视传输系统、无线电定位、微波接力通信、工科医疗设备无线电等频段划分，对使用情况进行登记和清查。

1999年9月，为新建德州联通分公司建台(站)办理、颁发公众通讯网有关台(站)执照等有关手续。同年，对德州区域内的所有无线电台站的技术参数进行登记，建立内容翔实、数值准确的台站管理资料。

2000年，与德州移动、德州联通发放实施移动电话使用证的协议，做到“一卡一证、卡证对应”，使新增注册用户数量与发放使用数量完全一致。对境内的国信、旅游、鲁能、铁通4家寻呼台、14个频点进行重新登记，进一步改善电磁环境。

2001年，对全市9家寻呼台站进行重新登记，规范寻呼市场。截至年底，各种台(站)数量达135430台(部)。

2002年，对全市40多个设台单位进行摸底、检查、验证，进一步掌握了实际电台数量。对卫星地球站进行清理整顿，共报批地球站11

座。共录入53个单位的数据资料。设备总数达1154部。

2003年上半年，对450－470MHz频段进行清理，进一步完善台站数据库系统。按照《山东省广播台站管理办法》要求，对广播电视台进行清查，加强对民用航空无线电专用频率的保护，增强社会各界对民用航空无线电专用频率重要性的认识。加强对150、230、450、800频段防汛专用频率的监测，消除干扰隐患。至2003年年底，全市无线电设备达52万部。其中：专业寻呼台4个、发射基站55个，手持机43.5万部，基站474座，微波站42座，集群网4个，无线电寻呼（BP机）用户1.6万户，卫星地面地球站11个，雷达站3个。

2004年，对电信运营商所设基站进行全面摸底，重点清理150MHz、450MHz、800MHz和短波电台。800MHz模拟集群频率除保留武城滞洪区一组频率外，其余全部退出，为数字集群应用做好准备。

2005年，清理检查150MHz、450MHz和350MHz频率使用，全年共清理150 MHz、450 MHz电台380余部，公安武警使用的350 MHz频率电台270部。核发、换发电台执照300余张。

2006年，共清理核查单位73个、电台3015部，采集数据量达到15万条，核查中查处非法设台5起，补发电台执照208张。有11个单位全部或部分报停设备85部。

2007年1月，固定站和移动站联网并投入使用。10月，查处严重违规使用无线电对讲机单位（用户）30多个，没收对讲机百余部，对随意使用无线电对讲机的50多个单位（用户）给予警告，并责令其按期办理手续。解决了150MHz、450MHz频段在频率指配使用方面存在的问题，尤其是对450MHz高端的频率进行清理，使宾馆饭店、小区保安、建筑工地等违规设置使用对讲机问题起到有效的解决。2011年，对全市新建914个通信基站进行了验收。完成2011年德州移动通信公司485个基站建设规划的初审上报。

第二节 无线电监测监督

1987年7月，建立地区无线电监测计算站，开始对无线电台（站）实施监测和常规检查。

坚持每个工作日正常开机监测，全年监测开机900多小时，在全频段扫描的基础上，重点监测航空通信频段、广播电视频段、业余电台频段等，按要求填写监测日志。每年按要求检测无线电设备的主要技术指标，对当年新建公众网基站全部测定，对旧基站的测定数量不少于总数的3%。1997年6月，对全市寻呼台基站的各项技术参数进行检查测试，对其中两台发射输出功率大于100瓦的设备进行调整，对因布局不合理使电磁环境变化而产生干扰的寻呼台进行更换。2002年，加强对军用、民用航空频率的监测。

2003年，与国家安全部门配合，对非法设台现象进行联合检查，查获在德州境内擅自设置的无线电通信设备3起。解决移动通信公司、联通公司GSM900基站受到“移动电话屏蔽器”干扰事件。查封德州预备役旅、德城区区委购置的“移动电话屏蔽器”3部。

2004年，查处乐陵市电业公司非法设置无线扩频设备和德州某电信运营商非法设置微波设备，全年共查处非法设台5起。

2005年5月，根据德州移动公司举报，查处某汽车煤气加气站蔽屏器干扰移动公司基站1起，当场拆除蔽屏器。10月，查处齐河新世纪汽车出租有限公司受干扰案件，查处涉案人员3人，收缴干扰源电台2部。

2007 年 12 月，查处外省流动商贩擅自安装微波干扰器，干扰宁津县广播电视局卫星电视接收事件。

2008 年 1 月，查处在全国研究生入学考试期间，利用无线设备进行考试作弊的行为。9 月，查处在国家司法考试期间，利用无线设备进行考试作弊的行为。10 月，查处对河北省沧州、南皮、泊头等市、县有线电视信号干扰事件。

2009 年 1 月全国研究生入学考试、3 月公务员考试笔试和 4 月公务员考试面试以及在全国高考期间无线电保障任务中，查处利用无线电设备进行考试作弊案 2 起，配合公安机关抓获涉案人员 5 人。

2010 年 3 月，查处空军河北故城飞机场无线电微波通信受到严重干扰事件。5 月，查处在全国会计专业技术资格考试期间，用笔记本电脑、对讲机作弊事件。2011 年，进一步加大检测监督力度，净化无线电频率市场秩序。完成了全国硕士研究生统一考试、市公开选拔领导干部等共计 8 类考试的无线电监测。查获作弊案件 9 起，抓获涉案人员 7 人，查扣作案用无线电设备 3 套。

第八编

JINGJIZONGSHU

经济综述

- 国民经济运行
- 经济结构
- 民营经济
- 招商引资

德州是传统农业大区。20世纪80年代，第一产业在国民经济中占绝对支配位置。1986年，全区国内生产总值（GDP）为40.39亿元，其中第一产业增加值22.46亿元，第二产业增加值8.03亿元，第三产业增加值9.9亿元，分别占55.6%、19.9%、24.5%。人均产值868元。整个经济状况处于全省下游位次。

1986年以后，随着改革开放向纵深发展，各级党政组织开始逐步转变观念，跳出农业抓农业，围绕农产品增值，兴办乡镇企业，发展个体私营企业。工商方面，逐步推行厂长（经理）任期目标责任制，激活企业发展活力。

1995年4月，德州撤地建市，成为德州由农业经济为主的地区向以工业经济为主的城市化蜕变的起点。特别是1998年，新一届党政领导班子进一步转变观念，调整工作思路，确立了“全党抓经济，重点抓工业，突出抓民营”的指导思想，并成为此后历届党委、政府的工作中心。与此同时，市、县工业企业大部分完成产权制度改革，生产活力进一步增强，盈利能力不断提高。到2000年，全市国内生产总值（GDP）达到360亿元，按可比价格比1995年翻一番，年均增长15%，高于全省4个百分点，三次产业年均分别增长6.3%、17.7%和19.5%；人均GDP达到6748元，年均增长14.3%。三次产业结构由36.5∶37.4∶26.1调整为26.1∶42.8∶31.1，实现了“二三一”排序。

2003年，在全市大力实施“发展民营经济”和“招商引资”工程，推动全市国民经济向着快速度、高质量运行。2007年，市委、市政府决定，在全市广泛开展招商引资、二次创业活动。经过20多年的发展，全市工业经历了由计划经济向市场经济、单一经济主体向多元化经济主体、公有制经济为主向私营制经济为主的转变。民营经济的兴起，工业经济体制改革的深入和招商引资活动的广泛开展，膨胀了工业规模，实现了量的突破和质的提升。民营经济在发展中不断“反哺”农业，农业的基础地位不断巩固，按可比价格计算，2011年实现农业总产值229.57亿元，是1986年22.46亿元的10.23倍。

2011年，全市实现地区生产总值（GDP）1950.71亿元，是1986年的48.30倍；第一产业增加值229.57亿元，是1986年的10.23倍；第二产业增加值1059.8亿元，是1986年的131.98倍；第三产业增加值661.34亿元，是1986年的66.80倍，人均生产总值34905元，是1986年的40.21倍。产业结构进一步优化。三次产业比例为11.8∶54.3∶33.9。全年固定资产投资完成1153.66亿元，其中，第一产业投资25.26亿元，第二产业投资637.47亿元，第三产业投资490.93亿元。基础设施投资122.4亿元。房地产开发投资完成117.64亿元，其中住宅投资95.88亿元，房屋施工面积1357.46万平方米。商品房销售面积450.12万平方米，销售额180.2亿元。实现社会消费品零售额757.52亿元。全市财政总收入167.25亿元。年末金融机构各项存款余额2152.78亿元。

第一章 国民经济运行

第一节 发展速度

一、“七五”(1986—1990)时期

1990年全区国民生产总值按1990年不变价计算(下同),完成59.4亿元,比1986年增长47.1%,平均年递增10.2%。国民收入完成59.4亿元,比1986年增长30%,平均年递增6.8%。工农业总产值144.4亿元,比1986年增长70.9%,平均年递增14.3%。在经济总量增长的同时,经济效益有所提高。1990年地方财政收入3亿元,比1986年增长1.5倍,平均年递增26.3%。一、二、三产业的比例由1986年的55.6:19.9:24.5发展到1990年的41.6:32.5:25.9。在工农业结构中,工业比重迅速上升,由1986年占工农业总产值的45.9%提高到1990年的67.3%。1990年,农业总产值达到47.2亿元,粮食总产量达到253.8万吨,棉花总产量达到15万吨,肉类总产量达到13.3万吨,分别比1986年增长3.2%、8.6%、-33.6%和2.6%。1990年全区工业总产值达97.2亿元,比1986年增长5.4倍,平均年递增20.3%。

二、“八五”(1991—1995)时期

1995年完成国内生产总值163.6亿元,“八五”期间年均增长16.1%,比“七五”高出5.9个百分点。其中一、二、三产业增加值分别达到59.7亿元、61.2亿元和42.7亿元,年均分别增长8.3%、24.4%和14.1%。人均国内生产总值3158元。三次产业比例由“七五”末的41.6:32.5:25.9,优化调整为“八五”末的36.5:37.4:26.1。1995年全市粮食总产369.4万吨,棉花5.8万吨,蔬菜225.5万吨,肉类48.6万吨,多种经营总收入达到198.5亿元。非农产业比重达到41.5%。1995年,全市乡及乡以上独立核算工业增加值达33.7亿元,年均增长22.3%,其中独立核算工业实现利税8亿元。工业增加值占国内生产总值的35.5%,对地方财政收入的贡献达48%以上。1995年全社会消费品零售总额达65.3亿元,年均增长17.2%。1995年地方财政收入完成4.7亿元,加上划中央两税总收入达到8.08亿元,按可比口径计算“八五”期间年均增长16.7%。城乡居民储蓄余额达104亿元。“八五”期间,国有单位5年累计投入90亿元,其中交通、通信、水利、能源建设的投资占45%。公路通车里程达到4149千米,比1990年增加1655千米。长途电路新增2280条;电话交换机总容量达到16.5万门,是1990年的6.2倍;电话机总部数达到10.2万部,是1990年的5倍,电话普及率达到1.98部/百人,完成了大本地网的建设。1995年出口创汇5370万美元,其中“三资”企业3203万美元。“八五”期间实际利用外资累计达12565万美元。全市共取得科技成果664项,其中32项达到国际先进水平,290项达到国内先进水平;科技对经济增长的贡献率达到36.5%。1995年农民人均纯收入达1463元,年均增长21%;城市居民人均生活费收入达3416元,年均增长20.3%,全市人均储蓄余额达到2000多元,比1990年增长2.2倍。

三、“九五”(1996—2000)时期

2000年,全市国内生产总值(GDP)达到360亿元,按可比价格比1995年翻一番,年均增长15%,高于全省4个百分点,三次产业年均分别增长6.3%、17.7%和19.5%;人均GDP达到6748元,年均增长14.3%;地方财政收入达到16.46亿元,年均增长28.4%,高于全省7.5个百分点,境内财政总收入达25.1亿元。社会消费品零售额达到123亿元,年均增长13.5%。三次产业结构由36.5∶37.4∶26.1调整为26.1∶42.8∶31.1,实现了“二三一”排序。累计完成全社会固定资产投资405亿元,是“八五”的2.5倍,年均增长19.1%。全市出口创汇达到1.26亿美元,年均增长18.6%;实际利用外资累计2.1亿美元,比“八五”增加1倍。全市5年间共取得重要科技成果694项,科技进步对经济增长的贡献率达到42%。年均人口自然增率降为3.7‰。城市居民人均可支配收入、农民人均纯收入分别达5114元和2491元,年均增长8.4%和11.2%;城乡居民人均储蓄存款余额达3744元,年均增长13.2%。

四、“十五”(2001—2005)时期

2005年,全市完成生产总值775.73亿元,年均增长15.2%,人均达15098元。地方财政收入完成30.7亿元,年均增长24.6%。2005年粮食总产443.5万吨,达到历史最高水平;工业发展实现历史性跨越,销售收入、利税、利润提前一年实现“三年翻番”目标,规模以上工业销售收入突破千亿元。社会消费品零售总额年均增长13.9%。三次产业结构由2000年的26.1∶42.8∶31.1调整为2005年的16.4∶54.1∶29.5。2005年民营经济增加值占生产总值比重、上缴税金占地方财政收入比重、新增就业人员占全部新增城镇就业人员比重均超过75%。2005年出口总额达5.5亿美元,是2000年的4.4倍;实际利用外资5年累计达9.1亿美元,是“九五”的4.4倍。“十五”期间累计开工建设过亿元项目563个,其中竣工380个。全社会固定资产投资累计完成1633亿元,是“九五”的4倍,年均增长39.1%。城市化水平由2000年的30.5%提高到2005年的38.5%。5年累计植树3.8亿株,森林覆盖率达28.3%。在全省率先启动了农村公路改造工程,累计完成农村公路改造1.2万千米,基本实现了村村通柏油路、通客车。自来水受益村比重、农村有线电视入户率分别达40%和35%。5年间共取得重要科技成果779项,申请各类专利1491项,授权专利878项。2005年,城市居民人均可支配收入达9056元,农民人均纯收入达3800元,年均分别增长12.1%和8.9%。城乡居民人均住房面积分别达22.2平方米和31.2平方米。固定电话普及率达22部/百人,移动电话用户达138万户,计算机互联网用户达8.6万户。

五、“十一五”(2006—2010)时期

主要经济指标实现翻番,连续5年位居全国综合实力百强城市。地区生产总值达1658亿元,是2005年的2.1倍,人均GDP近3万元;境内财政总收入和财政总支出均达130亿元以上,是2005年的2倍多;地方财政收入72.9亿元,是2005年的2.4倍;投资和消费强劲增长,全社会固定资产投资年均增长14.4%以上,社会消费品零售总额年均增长18%,5年累计总额均是“十五”时期的2.4倍以上。三次产业比例调整为12.7∶54.3∶33.0。工业总量快速膨胀,规模以上工业主要指标实现翻番,实现了过百亿元企业“零”的突破,销售收入过50亿元的企业达到5家。高新技术产业产值占规模以上工业总产值比重较“十五”末提高12个百分点。高效、优质农业成为新亮点,粮食连续八年稳定增产,成为全国首个“亩均过吨粮、总产过百亿斤”的地级市,181个农副产品获“三品”

认证。城镇化率提高到45%,5年累计投入220亿元,市区面积扩大到60平方千米。水网规划全面实施,新增平原水库4座、库容6790万立方米。医药卫生体制改革全面展开,基本药物制度在7个县(市、区)先行实施。资本市场不断完善,8家企业成功上市、融资38亿元,私募股权融资19亿元。5年累计完成进出口总额68亿美元,累计引进利用外资6.7亿美元。园区建设成效明显,13个开发区全部被认定为省级开发区。取得重要科技成果500多项,授权专利3300多项。城镇登记失业率控制在3.5%以内,全市累计新增城镇就业28.79万人,新增农村劳动力转移就业52.1万人。城乡居民收入稳定增长,城镇居民人均可支配收入年均增长14%、农民人均纯收入年均增长13%。全市林木覆盖率达到29.2%。建成8处人工湿地,1.8亿立方米河流水体得到净化涵养,岔河、减河、运河变为"景观河"。节能减排和污染防治工作取得成效,"十一五"减排目标全面完成,在海河流域和全国9个流域水污染防治考核中均名列第一。

第二节 经济总量

一、国内生产总值

"七五"(1986—1990)时期,1987年10月中共十三大确定了"三步走"①的经济社会发展战略,全区顺应改革形势,从政企分开、权力下放到厂长经营负责制再到股份制等,各项改革逐步深化,乡镇企业迅速膨胀。国内生产总值由1986年的40.39亿元,上升到1990年的59.40亿元,年均增长10.2%,人均国内生产总值由1986年的868元,提高到1990年的1189元,提高了321元。

"八五"(1991—1995)时期,全市工作重点突出农业多种经营、基础工业和基础设施的建设。农业以增加农产品有效供给和农民收入为中心,调整产业结构,以"一牧一菜两水"②为重点的多种经营迅速发展;工业骨干行业、骨干企业得到加强,经济规模进一步壮大;济德、济聊高速公路建成通车;电信通信事业得到发展,形成了现代化的通信网络;新建扩建了丁庄、丁东、严务水库等水利设施,德州的经济发展环境明显改善。1994年,德州国内生产总值突破100亿元,达135亿元。"八五"期间,国内生产总值年均增速高达16.1%,1995年,国内生产总值达163.60亿元,是1990年的2.75倍。人均生产总值由1990年的1189元,提高到1995年的3158元,提高了1969元。

"九五"(1996—2000)时期,全市上下抓住地改市的机遇,强化城市意识、工业意识,紧紧围绕"解放思想、放开搞活、加快发展"的工作主题,在优化结构、深化改革、扩大开放的基础上,把放手发展民营经济作为兴市富民的重要路子,经济和各项社会事业持续快速健康发展。国内生产总值以年均15.0%的速度增长,2000年国内生产总值达360.0亿元。人均国内生产总值达6748元,比1995年增加3590元。

"十五"(2001—2005)时期,全市按照"放得更开、搞得更活、干得更实、发展得更快、前进得更稳"的工作要求,围绕跨入全省中等发展水平的奋斗目标,解放思想、干事创业,提前一年完成主要计划指标。2003年入选中国城市

① "三步走"是1987年召开的中共十三大提出的中国经济建设的战略部署。第一步,实现国民生产总值比1980年翻一番,解决人民的温饱问题。这个任务已经基本实现。第二步,到本世纪末,国民生产总值再增长一倍,人民生活达到小康水平。第三步,到下个世纪中叶,人均国民生产总值达到中等发达国家水平,人民生活比较富裕,基本实现现代化。

② "一牧一菜两水"即地委提出的抓好"一鸡"(牧)"一菜"(蔬菜),带动"一果"(水果)"一鱼"(水产)的发展规划。

综合实力百强城市。2005 年,全市完成生产总值 775.73 亿元,是 2000 年的 2.15 倍,年均增长 15.2%。人均生产总值达 15098 元,比 2000 年增加 8350 元。

"十一五"(2006—2010)时期,全市上下全面贯彻落实科学发展观,围绕建设区域经济文化高地,坚持以人为本、发展生态经济、建设和谐德州,大力实施生态立市、工业强市、科教兴市、民营推动、开放带动、服务业拉动战略,"十一五"规划确定的主要目标和任务如期完成。2008 年,受国际金融危机的影响,全市经济发展受到一定抑制,仍然保持了平稳较快的发展态势。2006 年,德州地区生产总值跃上千亿元台阶,2010 年达 1657.82 亿元,年均增长 14.0%。人均生产总值由 2005 年的 15098 元,提高到 2010 年的 29858 元,提高了 14760 元。

2011 年,全市生产总值 1950.71 亿元,同比增长 11.7%,人均生产总值 34905 元。

1986—2011 年德州市(地区)国内生产总值情况表

表 8-1

年份	生产总值(亿元)	增长速度(%)	第一产业(亿元)	第二产业(亿元)	第三产业(亿元)	三次产业结构(%)		
						一产	二产	三产
1986	40.39	5.1	22.46	8.03	9.90	55.6	19.9	24.5
1987	43.64	15.2	23.85	9.74	10.05	54.7	22.3	23.0
1988	49.56	12.4	24.78	12.94	11.84	50.0	26.1	23.9
1989	54.29	9.5	26.00	13.79	14.50	47.9	25.4	26.7
1990	59.40	9.3	24.70	19.30	15.40	41.6	32.5	25.9
1991	67.70	14.2	28.70	21.70	17.30	42.4	32.1	25.5
1992	78.30	12.7	25.70	30.30	22.30	32.8	38.7	28.5
1993	99.30	26.6	36.70	36.50	26.10	37.0	36.8	26.2
1994	135.00	17.5	49.10	48.90	37.00	36.4	36.2	27.4
1995	163.60	10.0	59.70	61.20	42.70	36.5	37.4	26.1
1996	208.80	17.8	75.20	78.50	55.10	36.0	37.6	26.4
1997	250.40	16.8	84.90	95.70	69.80	33.9	38.2	27.9
1998	285.40	15.1	88.50	113.00	83.90	31.0	39.6	29.4
1999	312.00	12.5	87.00	129.00	96.00	27.9	41.3	30.8
2000	360.00	13.0	94.00	154.00	112.00	26.1	42.8	31.1
2001	407.40	12.3	90.60	187.80	129.00	22.2	46.1	31.7
2002	460.50	12.6	93.00	221.00	146.50	20.2	48.0	31.8
2003	556.68	16.6	102.60	279.89	174.19	18.4	50.3	31.3
2004	686.90	17.1	118.24	360.74	207.92	17.2	52.5	30.3

续表 8－1

年份	生产总值(亿元)	增长速度(%)	第一产业(亿元)	第二产业(亿元)	第三产业(亿元)	三次产业结构(%)		
						一产	二产	三产
2005	775.73	17.2	127.10	420.05	228.58	16.4	54.1	29.5
2006	1001.17	16.4	140.73	563.61	296.83	14.1	56.3	29.6
2007	1146.93	15.2	158.73	645.40	342.80	13.8	56.3	29.9
2008	1307.70	13.0	169.73	734.53	403.44	13.0	56.2	30.8
2009	1475.08	12.7	191.05	811.55	472.48	13.0	55.0	32.0
2010	1657.82	12.9	210.51	899.55	547.76	12.7	54.3	33.0
2011	1950.71	11.7	229.57	1059.80	661.34	11.8	54.3	33.9

二、三大产业增加值

(一)第一产业增加值

“七五”(1986—1990)时期,国家改革重点由农村转向城市,鼓励粮棉生产的一些优惠政策逐步取消,第一产业增加值增速下降。“七五”时期,第一产业增加值年均增长4.7%,1990年达到24.70亿元,在国内生产总值中的比重为41.6%。

“八五”(1991—1995)时期,除1992年受干旱影响,秋季农作物出现减产,造成第一产业增加值增速放缓外,其他年度增加值均保持了较快增长,5年年均增速8.3%,1995年第一产业增加值达59.70亿元,占国内生产总值的比重为36.5%,比1990年下降5.1个百分点。

“九五”(1996—2000)时期,在稳定主要农产品产量的同时,大力调整农业生产结构,加快传统农业向现代农业的转变。继续推进农业产业化进程,农业商品化、社会化程度也不断提高,农业生产稳定增长,农民收入逐步提高。2000年第一产业增加值达94.0亿元,5年年均增长6.3%;占国内生产总值的比重为26.1%,比1995年下降10.4个百分点。

“十五”(2001—2005)时期,全市继续巩固农业的基础地位,加快调整生产结构,虽然2002年遇到较大旱情,但第一产业仍保持稳定增长。2005年全市实现第一产业增加值127.10亿元,5年年均增长5.2%;占地区生产总值的比重为16.4%,比2000年下降9.7个百分点。

“十一五”(2006—2010)时期,2006年,国家全面取消农业税,全市农业农村经济发展,取得历史性的突破。2006年粮食总产突破100亿斤,成为全国20个粮食总产达50亿公斤地级市之一,2009年在全国率先实现整建制亩产过吨粮的“吨粮市”,粮食总产已连续7年位居全省第一,2010年粮食总产突破75亿公斤,占全省粮食总产量的1/6以上。2010年,全市实现第一产业增加值210.51亿元,5年年均增长3.4%;占地区生产总值的比重为12.7%,比2005年下降3.7个百分点。

2011年,全市实现第一产业增加值229.57亿元,同比增长2.4%,占地区生产总值的比重为11.8%。

(二)第二产业增加值

“七五”(1986—1990年)时期。乡镇集体经济得到长足发展,特别是乡镇企业的崛起,成为全市工业的推动力量。同时,以企业所有权与经营权相分离为重点的企业改革逐步深化,长期存留的“大锅饭”“铁饭碗”被打破,使企业焕发新的生机和活力。德州挖掘自身资源优势新上了一批重点项目,华能电厂、德州11万吨

尿素、刨花板厂、齐河箱板纸厂、临邑炼油等重点项目相继开工,初步形成以轻纺工业为主体,机械建材等为辅,加工工业、原材料工业协调发展的新格局。1990年第二产业实现增加值19.30亿元,5年年均增长12.4%;第二产业占GDP的比重达32.5%,比1985年提高12.5个百分点。1988年,第二产业增加值首次超过第三产业,产业结构排序由“一三二”转变为“一二三”。

“八五”(1991—1995年)时期。坚持扩总量、抓投入,培养专业村镇以及市县,新上马一批较大投入的工业项目,工业骨干行业、骨干企业得到加强。5年对纺织、化工、机械、玻璃和水泥等行业投资20多亿元,占同期县以上技改投资的42%。通过重点投入,逐步形成以纺织、化工、轻工、机械和建材为支柱产业的局面。“八五”期间,第二产业增加值以年均24.4%的速度增长,1995年第二产业增加值达61.20亿元;第二产业占GDP的比重达37.4%,比1990年提高4.9个百分点。1992年,第二产业增加值首次超过第一产业,产业结构实现了由“一二三”向“二一三”的转变。

“九五”(1996—2000)时期,国有和集体企业的改革、改制不断加大。产业化分工越来越突出,各级开发区和工业园区开始启动。1998年,市委、市政府印发《关于进一步搞好企业改革的意见》,全市企业改革工作全面展开。经济成份由单一的国有(集体)所有制变为多种经济成分的股份制、股份合作制以及个体私营,实现了投资主体多元化。2000年,第二产业完成增加值154.0亿元,5年年均增长17.7%;第二产业占GDP的比重为42.8%,比1995年提高5.4个百分点。

“十五”(2001—2005)时期,各级开发区上档升级,省级开发区、高新区开始设立,对外开放、招商引资力度加大。莱钢永锋、晨鸣板纸、波司登、双汇、金锣等一批知名企业落户德州市。2002年6月华鲁恒升股份公司在上海证券交易所挂牌上市,成为德州市第一家上市公司。2005年,第二产业完成增加值420.05亿元,5年年均增长19.2%;第二产业占GDP的比重为54.1%,比2000年提高11.3个百分点。

“十一五”(2006—2010)时期,全市坚持以科学发展观统领全局,工业经济呈现出结构持续优化、活力明显增强、能耗不断降低、效益大幅提高的良好态势,尤其是2007年4月召开的中共德州市十三次代表大会,把工业强市作为加快发展的第一战略。第二产业在国民经济中的主导地位进一步巩固。2010年,第二产业完成增加值899.55亿元,5年年均增长15.0%;第二产业占GDP的比重达54.3%。

2011年,第二产业完成增加值1059.80亿元,同比增长13.8%,占GDP的比重达54.3%。

(三)第三产业增加值

“七五”(1986—1990)时期,随着改革的进一步深化,第三产业的发展越来越快,在国民经济中的地位也越来越重要。1990年,第三产业完成增加值15.40亿元,比1985年年均增长12.8%,占GDP的比重达25.9%,比1985年提高2.0个百分点。

进入20世纪90年代,第三产业步入迅猛发展时期,在邓小平南方重要谈话和中共十四大以及中共中央、国务院《关于加快发展第三产业的决定》精神指引下,全市抓住机遇、深化改革、扩大开放,扶持和引导第三产业加快发展,改革开放步伐明显加快,使以批发零售贸易餐饮业、交通运输仓储及邮电业为代表的传统第三产业和以金融保险业、房地产业、旅游服务业为代表的新兴第三产业迅速崛起。1999年,第三产业增加值首次超过第一产业,三次产业结构实现了“二三一”的排序,成为推动国民经济发展的重要力量。

“八五”(1991—1995)时期，第三产业增加值增加到1995年的42.70亿元，年均递增14.1%；占国内生产总值的比重由25.9%提高到26.1%。

“九五”(1996—2000)时期，第三产业增加值年均增长19.5%，2000年达112.0亿元，占国内生产总值的比重达31.1%，比1995年提高5.0个百分点。

“十五”(2001—2005)时期，第三产业增加值年均增长13.6%，2005年达228.58亿元，占国内生产总值的比重为29.5%。

“十一五”(2006—2010)时期，第三产业增加值年均增长16.7%，2010年达547.76亿元，占地区生产总值的比重达33.0%，比2005年提高3.5个百分点。

2011年，第三产业增加值661.34亿元，同比增长11.7%，占地区生产总值的比重达33.9%。

第二章 经济结构

第一节 产业结构

一、“三产”结构

1986年后，工业投资规模膨胀，伴随着一批重点项目相继开工并发挥效益，二、三产业比重提高，产业结构发生显著变化(如图1和表1)，以1995年和1999年为节点，呈现明显的阶段性特征。其中，一产比重持续下降，二产比重呈扩大趋势，三产比重稳步提高，产业结构由“一、三、二”逐步调整优化为“二、三、一”。

1986—1995年，除个别年份外，第一产业占GDP比重始终高于第二、三产业比重。“八五”时期第二产业高速增长(如图2)，以可比价计算平均增长24.4%，高于“七五”时期12个百分点，反映到产业结构变动上，自1990年开始第二产业占GDP比重显著提高，由1986年的19.9%提高到1994年的36.2%。

“七五”至“十一五”期间德州市(地区)三大产业年均增长情况对比表

表8-2

年份	地区生产总值(%)	第一产业(%)	第二产业(%)	第三产业(%)
“七五”时期	10.2	4.7	12.4	12.8
“八五”时期	16.1	8.3	24.4	14.1
“九五”时期	15	6.3	17.7	19.5
“十五”时期	15.2	5.2	19.2	13.6
“十一五”时期	14.1	3.4	15.0	16.7

1995年以后，第二产业增加值比重开始稳定地超过第一产业跃居主导地位，产业结构呈现为“二、一、三”格局。“九五”时期，第三产业增长加快，以可比价计算平均增长19.5%，增速均高于一产和二产。到1999年，第三产业增加值占比（30.81%）开始超过第一产业（27.9%），产业结构调整为“二、三、一”。“十五”时期，由于工业快速增长推动第二产业增长迅速，平均增长19.2%，而同期第三产业增长较前期出现明显回落，2000—2003年三产占比维持在31%左右，变化不大。2003年第二产业占比达到50.3%，开始占据半壁江山，以第二产业为主导的产业格局一直延续下来。2011年，第一产业占GDP比重11.8%，较1986年的55.6%下降43.8个百分点，第二产业占GDP比重54.3%，较1986年的19.9%提高34.4个百分点，第三产业占GDP比重33.9%，较1986年的24.5%提高9.4个百分点。

随着三次产业结构变动，就业结构也逐渐变化。第一产业就业占全部就业比重明显下降，由1986年的76.8%下降到2011年的45.2%，其中1986—2000年就业比重下降较快，2001年以后就业比重下降趋缓。1986—1991年第二、三产业就业比重变化不大，均维持在11%上下，1991年以后非农就业比重增长加快。由于工业基础薄弱，尽管工业经济增长迅速，但吸纳就业人口的能力持续低于第三产业。截至2011年，三次产业就业比重由1986年的76.8∶10.5∶12.7转变为45.2∶22.6∶32.2，其中三产就业比重高于二产就业比重约10个百分点，一产仍是吸纳就业最多的产业。

第二节 所有制结构

1986—2002年，随着经济发展和体制改革的较快推进，德州市积极调整、完善所有制结构，逐渐改变了“一大二公”的所有制结构格局，国有和集体经济比重逐年下降，非公有制经济成分特别是民营经济的比重及影响力均逐年上升，逐渐成为推动全市经济发展的主力军，全市所有制结构发展巨大变化，形成了国有经济、集体经济、股份制、股份合作制、个体私营企业、港澳台商投资企业、外商投资企业等多种所有制成分共同发展的局面。

根据工业经济中各种经济成分变动情况来看，1986—2011年，全市所有制结构变动大致可划分为3个阶段。

第一阶段，1986—1992年，工业经济以公有制为主，集体所有制经济比重高于全民所有制经济，非公有制经济比重很小，几乎忽略不计。“七五”“八五”时期，随着农村改革步伐的加快，乡镇企业异军突起，全市集体经济发展迅猛。1986年、1987年全民所有制和集体所有制经济总计占比几乎达100%。1992年全民所有制经济比重为40.39%，较1986年降低1个百分点，集体所有制经济比重为59.35%，较1986年提高1.3个百分点。外资经济和私营经济刚刚起步，占全部工业比重很小，例如中外合营企业产值占比不到0.2%。

第二阶段，1993—1997年，非公有制经济成分竞相发展，公有制经济比重不断降低，其中集体经济比重下降幅度较快。“九五“时期，全市加快构建现代企业制度，集体企业普遍改制，以产权制度改革为核心的市属企业改革拉开帷幕，所有制结构多元化格局开始形成。1997年各种经济成分占全部工业比重分别为：国有企业占45%，集体企业占35.36%，股份制企业占0.02%，外商及港澳台商投资企业占19.8%，联营企业为0.13%，私营企业为1.95%。与1992年相比，工业经济中的国有经济比重略有上升，集体经济比重较1992年下降约14个百分点，非公有制经济比重约提高19.8个百分点,达到20.1%。

第三阶段,1998年后,工业经济中非公有制成分特别私营经济发展迅速,一跃成为全市经济发展主力军,国有及集体经济比重则持续下降到个位数。2011年,以现价计算的全部工业总产值中,国有企业比重为4.92%,集体企业比重为0.52%,股份合作企业占比0.54%,股份制企业比重为20.8%,外商及港澳台投资企业比重为4.42%,私营企业比重为66%,其他经济成分为2.8%。全市规模以上非国有企业产值占全部工业比重约为95%,民营经济成为推动国民经济发展的主要力量。

第三节　固定资产投资结构

一、"七五""八五"时期(1986—1995)

"七五"时期固定资产(基本建设)投资累计完成60.71亿元,其中规模以上三产分别完成0.99亿元、21.05亿元、5.17亿元,建成德州刨花板厂一期、丁庄水库、华能德州电厂2×30万千瓦等一批重点项目,开工建设李家岸引黄工程、齐河箱板纸厂等项目。

"八五"时期全社会固定资产投资累计完成162.46亿元,是"七五"时期的2.7倍,其中基础工业和基础设施建设项目共计42.4亿元,开工建设济德高速公路、济聊一级汽车专用公路德州段等大型交通项目,新建扩建丁庄、丁东、严务、小店、钩盘河水库等一批水利设施项目。

二、"九五""十五"时期(1996—2005)

"九五"时期,全社会固定资产投资累计完成405亿元,是"八五"时期的2.52倍。共建设超亿元重大项目68项,项目总投资301亿元;组织实施了"十大跨世纪工程",一批交通、通信、供水、供电、城市公用工程和工业重点项目相继建成投产。

"十五"期间,全社会固定资产投资累计完成1633亿元,是"九五"时期的4.03倍。共建设超亿元项目543项,完工370项,完成投资727.4亿元;5000万元~1亿元项目872项,完工580项,完成投资595亿元。

三、"十一五"时期及2011年

"十一五"时期固定资产投资累计完成3971.45亿元,是"十五"时期的2.43倍。引进德州东北商贸物流城、东盟现代生态旅游城等一批重大服务项目,建成岔河风景区、减河湿地、董子文化园、九龙湾公园等一批精品城建项目,德百集团澳德乐大型商贸中心、德州粮食物流中心项目等商贸物流项目,德州市体育中心、市人民医院新建病房楼等民生项目,京沪高铁、德滨高速等交通基础项目建设加快。2006年,开工市级重大项目71个,累计完成投资131亿元,2008年实施市级重大项目64个,当年完成投资185.6亿元,竣工投产项目25个。2009年,开工市级重大项目103个,当年完成投资291.9亿元。2010年,开工市级重大项目131个,完成投资437.5亿元,完工项目68个。

2011年,全市固定资产投资完成1153.66亿元,增长23.8%。其中,第一产业投资25.26亿元,增长19.7%;第二产业投资637.47亿元,增长20.5%;第三产业投资490.93亿元,增长35.6%。三次产业投资比例由上年的1.5∶57.9∶40.6调整为2.2∶55.2∶42.6。全市基础设施投资122.4亿元,增长5.5%。固定资产投资规模亿元以上施工项目272个,完成投资414亿元,其中,当年新开工亿元以上的施工项目134个,完成投资196.8亿元。

第三章 民营经济

民营经济是改革开放以后出现的一个词汇，只是俗称，不是规范的法定概念。规范的说法应当是个体私营经济。

民营经济在不同的时期，有着不同的内涵外延，从最初的个体业户、合作联营业户，到乡镇企业改制后的私营企业、股份制企业以及国企改制时破产、拍卖的中小企业等相继汇入了民营经济发展的洪流。这个变化也可以从管理民营经济的政府部门名称变换看出其发展的不同历程和内涵。其间经历了社队企业局、乡镇企业局、民营经济发展委员会（民营经济发展局），到2011年改称为中小企业局。

改革开放30多年间，全市民营经济的发展大致经历了以乡镇企业为主的初始发展期、个体私营工商业户集中发展期和中小企业膨胀期三阶段。主要由乡镇企业及其改制后的股份制企业、私营企业，改革开放后涌现出来的个体私营工商业户，以及国有和集体所有制小企业改制脱胎而来的股份制和私营工商业户三部分构成。民营经济已经成为全市国民经济的重要组成部分和名副其实的"半壁江山"、地方财政收入的重要来源、吸纳就业的主渠道、全社会固定资产投资的主力军。

2004年，全市有民营经济业户17.55万户，从业人员78.13万人，注册资金268.61万元。

2011年，全市民营经济业户、从业人员、注册资金分别为14.41万户、56.74万人和622.7亿元，分别比上年增长14.0%、14.1%和26.0%。民营经济总收入达到6500.41亿元，增长24.6%；上缴税金81.51亿元，增长24.3%。

第一节 乡镇企业

乡镇企业即人民公社时期的公社办和生产队兴办企业。20世纪80年代初期，人民公社改为乡镇，社队企业随之改称乡镇企业。

1997年9月，全国乡镇企业服务体系建设工作座谈会在德州召开

社队企业(以下统称乡镇企业)起源于20世纪70年的人民公社时期,发展于改革开放以后,1986—1992年,是全区乡镇企业集中发展期。

1986年年初,全区乡(镇)企业达45569家。其中乡镇办企业为1872家,村办企业为16238家,部分农民联营和其他形式的合作企业25304家,个体企业为2155家。全区乡镇企业从业人员302259人,占农村总劳力的13%。其中:乡镇办企业86739人,村办企业122425人,部分农民联营和其他形式的合作企业81917人,个体企业11178人。全区乡镇完成企业总产值166431万元。其中,乡镇办企业完成58253万元,村办企业完成56898万元,部分农民联营和其他形式的合作企业完成47144万元。个体企业完成4136万元。有8个乡镇总收入超千万元,35个村企业总收入超百万元。全区工业总产值为28.9亿元。其中,乡镇工业总产值为8.7亿元,占全区工业总产值的30%。

1988年1月,德州地委、行署制定《关于加快发展乡镇企业若干问题的暂行规定》,强调全区上下乡镇企业要坚持乡(镇)办、村办、联办、户办等多层次共同发展。确立了"全党全民齐动手,各行各业都支援,四个轮子一齐转,户户联办为重点"的发展路子。1987年、1988年两年乡镇企业出现发展热潮。1988年,全区乡镇企业的增长速度达到84.75%,其中乡镇工业增长90%,增长速度在全省居各地市第二位,全区乡镇企业产值增加到39.8亿元,比1986年增长2.2倍。据统计,1987年、1988年两年新上项目3128个。

为了激励和规范乡镇企业发展,1988年12月6日,由农民企业家和优秀厂长(经理)组成的全区乡镇企业社团组织——德州地区农民企业家协会成立。12月8日,行署隆重表彰了100名乡镇企业拔尖人才。

1989—1991年为乡镇企业的调整提高阶段。1989年2月22—24日,地委、行署召开全区乡镇企业会议。省委副书记、副省长赵志浩到会讲话。会议提出,充分利用机遇,发挥自身优势,四个轮子齐发动,以发展个体和私营企业为重点,优化结构,搞好联合,发挥群体优势,突出经济效益,增强企业活力,在治理整顿中发展,在深化改革中前进,促进全区乡镇企业稳定、持续、健康发展。1989—1991年3年新上项目1500个,保持年均20%以上的速度。

乡镇企业在快速发展的同时,出现了数量多,规模小,效益低的现象。同时,乡镇企业在不断发展中,诸如产权不清、机制不活、平均主义等国有企业存在的问题在乡镇企业中也日益显现出来。1990年,按照地委、行署统一安排,各级党政组织对75个乡村工业产值不足500万元的乡镇实行重点管理,使其中19个乡镇提前二年达标。1992年,有30个乡镇跳出了重点管理范围,1993年全部达标。1992年,全区乡镇企业开始由"资源主导型向市场主导型"转变;在产业结构上,由加工业为主,向二、三产业协调发展转变;在经营方式上,由小生产经营向现代化规模经营转变;在企业布局上,由分散向相对集中转变。

1995年,市委、市政府开始在国有大中型企业推行股份制,建立现代企业制度的同时,各县(市)的乡镇企业继续推行股份制改革。1995年,宁津县大曹乡推行股份合作制改革,截至1996年6月,全乡13家乡办企业已经有8家完成股份合作制改造。通过监督、引导、激励、扶持、督促等做法,提高企业经营效益,1996年前5个月,改制企业实现销售收入1200万元,实现利润118万元,分别比上年同期增长48%和51%。随着经济体制改革,特别是企业产权制度改革逐步推进,到2000年前后,绝大部分乡镇企业改制成为股份制或个体私营企业,汇入民营企业队伍行列,乡镇企业名称逐渐淡出历史。

第二节 个体私营企业

民营经济中的个体私营业户萌生于人民公社时期的家庭副业,是与乡镇企业相伴而生的,真正发展起来,称其为个体私营企业是在改革开放之后。

1992—1997年为个体私营经济大发展时期。1992年邓小平视察南方谈话后,结束了长期以来"姓资姓社"的争论,掀起新一轮思想解放的热潮。长期处于夹缝中的个体私营企业得以放开发展。德州地委、行署适时提出"乡办、村办、联办、户办四个轮子一齐转,户办、联办为重点"的民营经济发展举措,把民营经济确定为与改革开放、三次产业平列的三大工作重点之一,实施一乡一业、一村一品的"一品带动"战略,出台《关于鼓励发展个体私营经济的若干规定》,确定了民营企业发展的"四放开"(放开经营主体、放开经营方式、放开经营范围、放开管理权限)、"四不限"(不限发展速度、不限发展比例、不限经营规模、不限经营方式)原则,在经济上把个体私营企业同国有、集体企业一视同仁,在政治上把个体工商户和私营业主同其他公民同等对待,并在法律法规允许的范围内,对民营经济用地、用电和税收等方面给予最大限度的优惠。将一些街道、市场划为特区,赋予更加特殊的政策。通过政府推动,个体私营经济得到较快发展,到1997年,全市民营经济总户数发展到5万多家,从业人员28万人,形成了武城玻璃钢、夏津棉花加工、宁津纺织配件、乐陵小枣加工、庆云小商品经营等几大产业群。

1997年9月中共十五大召开,把个体私营经济作为社会主义市场经济重要组成部分。德州市委、市政府把个体私营经济提升到"第一增长点"的战略地位,在思想发动、领导力量、政策放宽、环境优化等方面超过以往任何一个时期。在全市叫响"发展是硬道理,欠发达是最大的实际,加快发展是最大的政治"三句话,广泛开展解放思想大讨论,大规模组织外出参观学习,召开万人大会,为做出突出贡献的民营企业家披红戴花,大造劳动致富光荣、个体纳税有功的社会氛围。1998年3月,将乡镇企业局、工商联和工商局的个体私营管理职能进行整合,建立民营经济发展委员会,"三马一车"齐心协力抓发展。修订完善了一系列鼓励发展民营经济的政策规定,26个部门出台支持民营经济发展的配套文件,把武城、庆云、夏津、德城区定为放开搞活试点县,赋予更大的自主权,鼓励探索,先行一步。动员广大干部群众投身个体私营经济主战场,实施机关干部、复转军人、大中专毕业生、科技人员和各类能人"五股力量带动"战略,每年选派万名干部驻村帮扶,迅速扩大民营经济发展主体。组建了个体私营企业权益保护办公室和"经济110",分5批取消或降低收费项目142项,每年减轻基层和企业负担3亿多元。到2000年,全市个体私营经济经营业户总户数达到6.5万家,注册资金43亿元,从业人员30万人,分别比1997年增长14%、45%和32%,上缴税金年递增14%,限额以上私营企业达243家,涌现出了皇明、华乐、克代尔、中大、亚太等一批营业收入过亿元、利税过千万元的私营企业。个体私营经济已经成为全市经济的"半壁江山"。

2001年,市委、市政府把服务体系建设作为发展个体私营经济工作的重要内容。先后建立了贷款担保、信用评价、电子商务、行业协会、人才培训五大服务体系,初步形成政府部门调控监督、市场主体自主经营、中介组织提供服务的市场经济新格局。全市成立了玻璃钢、地毯、家具、面粉、调味品、工艺品6大行业协会；建立起各类担保公司20多家，注册资金2亿多元；在全省率先建起贯通市县两级的个体私营经济担保体系。

2001—2009年，市委、市政府提出发展个体私营经济“两手抓”的工作方法和“五化演进”的工作思路，即一手抓铺天盖地，膨胀群体规模，一手抓顶天立地，培植骨干企业；推进个体私营经济加速向个体私营企业园区化、园区城镇一体化、乡镇经济产业化、特色产业规模化和产品质量标准化方向演进。实施强企业、强产业、强园区“三强”带动战略实施“50强”工程。2002年，限额以上民营企业、销售收入过亿元的企业和上缴税金过百万元的企业分别达到580家、28家和116家；有37家通过ISO 9000质量体系认证；省级以上高新技术企业发展到32家。“皇明”太阳能热水器获得全国同行业唯一的中国驰名商标，“忘不了”脑保健品、“亚太”空调设备、“泰山”体育器材等20多个品牌获得全省著名商标。

2003年5月20日，贯彻中共十六大精神，进一步凸现个体私营经济的发展地位，市委召开8万人参加的“5·20”大会，把个体私营经济列为全市各项工作中的“天字号”工程，提出在全市开展以“四提升”（提升发展速度、技术水平、产业层次、经济效益）、“三加快”（加快骨干企业膨胀、特色产业成势、工业园区升级）、“两打造”（打造发展新环境、发展新优势）为主要内容的“比赶超”活动。

2010年，市政府出台《关于进一步加快民营经济和中小企业发展的意见》，组织全市乡镇、社区、自然户、企业4个层面的60多个先进典型组成全民创业报告团，以县市区为单位分11个专场到各县（市、区）巡回报告，现身说法带动全民创业。

2011年，围绕“全民大创业”，市人大常委会形成《关于开展全民创业促进经济发展的决议》，市委、市政府出台《关于加快全市民营经济发展的意见》和《关于鼓励和促进全民大创业若干政策的意见》，成立了以市长为主任，有关副市长为副主任，市直28个部门为成员单位的全民创业推进委员会。在市政务服务中心组建了全省首个中小企业（创业）公共服务中心，为全民创业提供法律、融资、咨询等社会化服务。在全省率先实施金融顾问制度，为全市438家中小企业开展金融顾问对接服务。到2011年年底，全市注册个体私营经济总户数14万户，其中私营企业17400家；从业人员56.7万人；注册资金622.7亿元；民营经济实现销售收入6500亿元；实现增加值1600亿元，上缴税金81.5亿元，同比增长24.3%。

2004年德州市各县（市、区）民营经济主要指标（1-3）

表8-3

	民营经济户数（户）			民营经济从业人员（人）			民营经济注册资金（万元）		
	2003年	2004年	同比增减（%）	2003年	2004年	同比增减（%）	2003年	2004年	同比增减（%）
德城区	12769	15514	21.5	68669	92635	34.9	168405	286457	70.1
经济开发区	1322	1721	30.2	4919	11590	135.6	108798	180823	66.2

续表 8－3

	民营经济户数(户)			民营经济从业人员(人)			民营经济注册资金(万元)		
	2003 年	2004 年	同比增减(%)	2003 年	2004 年	同比增减(%)	2003 年	2004 年	同比增减(%)
陵县	14126	15750	11.5	97076	61158	－37	215483	174326	－19.1
宁津县	15666	15870	1.3	104252	65887	－36	222594	147819	29.1
庆云县	10999	13012	18.3	55302	58731	6.2	89871	135346	50.6
临邑县	15302	15547	1.6	126454	78781	－37.7	230562	168310	－27
齐河县	15772	16151	2.4	136606	84969	－37.7	235543	184901	－21.5
平原县	12914	13030	0.9	76760	48589	－36.7	171081	132759	22.4
夏津县	11085	11395	2.8	84762	52044	－38.6	148446	134195	－9.6
武城县	14814	15510	4.7	118615	80658	－32	170612	217701	27.6
乐陵市	14639	15634	6.8	104986	75065	－28.5	239504	199028	－16
禹城市	13812	15525	12.4	90253	67315	－25.4	216679	167276	－22.8

2004 年德州市各县市区民营经济主要指标(4－5)

表 8－4

	民营经济营业收入(万元)			民营经济上缴税金(万元)		
	2003 年	2004 年	同比增减(%)	2003 年	2004 年	同比增减(%)
德城区	1406580	1925608	36.9	12566	17027	35.5
经济开发区	893911	1678756	87.8	5805	9125.8	34.1
陵县	1506683	1901434	26.2	10026	10968	9.4
宁津县	1258687	1930826	53.4	12581	10958	－12.9
庆云县	1232259	1901376	54.3	2987	4003	34
临邑县	1412116	1913417	35.5	17121	23542	37.5
齐河县	1354494	1926090	42.2	17030	21271	24.9
平原县	1410537	1922562	36.3	10322	12975	25.7
夏津县	1330275	1923577	44.6	9324	10461	12.2
武城县	1409004	1902155	35	9677	11545	19.3
乐陵市	1258149	1930000	63.4	7381	10319	39.8
禹城市	1442144	1926664	33.6	15329	16141	5.3

2011年12月德州市各县(市、区)个体、私营经济经营情况表

表8-5

	个体、私营户数(户)		个体、私营从业人员(人)		个体、私营注册资金(万元)		个体、民营经济营业收入(万元)		民营经济上缴税金(万元)	
	本月止累计(户)	比上年同期(+-%)	本月止累计(人)	比上年同期(+-%)	本月止累计(万元)	比上年同期(+-%)	本月止累计(亿元)	比上年同期(+-%)	本月止累计(万元)	比上年同期(+-%)
德城区	24394	20.09	88373	18.19	1470850	35.20	505.33	25.7		
经济开发区	6358	40.60	22299	23.16	577696	14.16	553.57	22.3		
运河开发区	4773	12.12	9748	11.69	29266	62.53	338.68	25.6		
陵县	8180	9.39	23447	12.29	529619	19.42	500.22	19.8	45582	13.2
宁津县	10167	5.96	60728	9.57	364414	42.24	506.04	25.7	32114.92	32.4
庆云县	11520	3.11	52581	3.41	361428	31.18	419.32	34.0	29878.5	21.8
临邑县	10799	6.63	32007	1.82	484575	52.99	528.68	20.8	59203.96	7.9
齐河县	11703	13.45	58750	5.62	298032	55.43	561.63	18.3	90550.36	29.9
平原县	8894	21.22	38444	25.38	322830	758.90	520.69	28.5	40573.96	19.3
夏津县	8119	-7.35	22190	21.01	303254	19.40	504.48	27.9	37970.54	11.9
武城县	83604	5.17	19671	10.28	433431	21.46	586.97	27.4	35818.94	33.0
乐陵市	19215	31.56	84077	29.64	609062	37.35	524.04	24.9	42631.3	28.6
禹城市	11709	17.09	55132	10.78	442027	55.96	550.75	26.5	66162.4	23.8

第三节　特色产业

民营经济发展初期，是以当地资源为原料，以服务群众生产生活为主兴办的产业，主要集中在粮油加工、食品加工、商贸服务、建筑建材（砖瓦、石灰）等低端传统产业。

20世纪90年代中后期，市委、市政府从当地实际出发，把特色产业作为企业来抓，选择玻璃钢、地毯、面粉食品、纺织、木器加工、太阳能热水器、保健和调味品、枣制品、机械制造、扒鸡等10个市场容量大、便于千家万户参与的特色产业，实行一个产业、一套班子、一套规划、一套政策、一套考核办法的“五个一”工作法，构筑起小企业、大群体、小商品、大市场的特色经济发展格局。截至2002年年底，全市特色产业加工业户7.54万户，实现营业收入171亿元，利税16.9亿元，上缴税金3.4亿元，吸纳劳动力36.5万人。特色产业产值占民营经济的比重达到70%以上。太阳能热水器、“三糖一药”（木糖醇、低聚糖、低聚木糖和福田药业）、玻璃钢、调味品、枣制品、地毯等特色产品的市场占有率居全国第一。到2008年，已经形成食品加工、纺织服装、制粉和植物油、机械装备、新材料、中央空调、木材加工、新能源、生物技术、文化体育十大特色产业。十大特色产业企业1.9万家，从业人员40.8万人，营业收入1791亿元，营业收入5000万以上的企业达到215家。

2010年，全市10大特色产业总销售收入2800亿元、利税306亿元。涌现出国家级区域冠名产业集群28个；获省级认定的中小企业产业集群1个；省级特色产业镇12个，占全省的1/20，其中，新增宁津县时集镇、乐陵市杨安镇、经济开发区宋官屯街道3个省级特色产业乡镇；农业部认定的全国农产品加工创业基地2个。以产业集群为依托，规划建设特色产业镇39个、产业园区35个、民营企业集中区37个。武城县鲁权屯镇、宁津县宁津镇党委书记获得山东省特色产业镇领军人物称号，金光集团获得山东省特色产业镇明星企业称号。

2011年，围绕“全民大创业”和构建“10+3”现代产业体系的总体目标，大力实施特色产业提升计划，编制了30个地方特色产业发展规划，出台了市级地方特色产业认定办法，依托30个地方特色产业新增个体工商户3698户，新上企业985家。加强特色产业公共技术服务平台、特色产业镇和特色产业园区建设，全市共建成公共技术服务平台30个，省级8个；特色产业镇51个，省级12个；特色产业园区52个。2011年，全市中小企业特色产业总销售收入3290亿元，利税265亿元，同比分别增长28%和29%。乐陵市体育用品产业集群和武城县汽车零部件产业集群列入省级产业集群进行重点扶持，获省级产业集群专项资金1000万元。截至2011年年底，拥有产业集群：省级7个、市级15个；特色乡镇：省级12个、市级59个；公共技术服务平台：省级8个、市级37个。

2011年德州市特色产业园区一览表

表8－6

县（市、区）	2008年认定的园区	2010年认定的园区	2011年认定的园区
德城区	天衢工业园纺织服装产业加工区、新华办事处空调及复合材料产业园	—	天衢纺织产业园

续表 8-6

县（市、区）	2008 年认定的园区	2010 年认定的园区	2011 年认定的园区
禹城市	市中街道羊绒加工产业园、十里望乡食品产业园	镇特色产业园	房寺镇机械制造园区
乐陵市	郭家街道办事处五金工具工业园、市中区街道办粮油加工产业园、杨安镇调味品产业工业园	寨头堡乡帆布产业园区	寨头堡乡帆布工业园、亚星工业园区
宁津县	时集镇机械制造产业园、张大庄乡清明寺木器加工产业园、长官镇食品特色产业园、宁津镇洼刘铸造产业园区	电梯工业园、五金加工产业园	保店镇五金制品特色园区、大曹镇超高分子聚乙烯特色园区
齐河县	晏城镇机械加工产业园、华店乡面粉加工产业园、泮店镇绣品纺织产业园、大黄乡服装加工产业园、马集乡民营经济园	晏城镇建筑机械制造工业园、胡官屯镇食品加工创业园	安头乡康安花生产业园区
陵　县	陵城镇农产品加工产业园、陵城镇土工材料产业园、边临镇木业加工产业园区	糜镇新型纤维产业园区、陵城镇农产品加工特色园区	陵城镇农产品加工特色园区
临邑县	临盘街道办事处塑编工业园、临南镇农产品加工产业园、兴隆镇木业加工园区	兴隆镇木业加工基地	恒源机械电子产业园区
平原县	龙门街道办事处机械加工产业园、前曹镇木材加工产业园、桃园街道办事处机械加工产业园、恩城镇食品加工产业园	腰站镇工业园	龙门机械加工特色园区、张华镇特色产业园区、王庙镇装饰板特色园区
武城县	武城镇辣椒加工产业园、滕庄镇龙腾玻璃钢产业园、鲁权屯镇玻璃钢产业园、杨庄乡棉花加工产业园	武城镇辣椒加工产业园区、杨庄银山棉业基地	中国武城玻璃钢中央空调产业园、老城镇棉花产业园、广运汽车零部件特色产业园
夏津县	东李镇植物油加工园区、郑保屯镇汽摩配件产业园、香赵庄镇棉纺工业园区、宋楼镇纺织工业园	南城镇棉纺织产业园区、东李镇植物油特色产业园区	东李镇植物油特色产业园区

续表 8-6

县（市、区）	2008 年认定的园区	2010 年认定的园区	2011 年认定的园区
庆云县	庆云县民营（金属制品）创业园	崔口镇体育器材产业园	崔口镇体育器材产业园
开发区	—	—	抬头寺农副产品深加工产业园

第四章　招商引资

1978 年中共十一届三中全会召开后，特别是进入 20 世纪 90 年代中后期，德州市委、市政府把扩大对外开放、招商引资作为发展经济，振兴德州的重大举措，出台了一系列优惠政策，动员各级党政组织，发动全市人民齐心协力做好招商引资工作。

1998 年以后，实行坦诚对外开放，真诚招商引资，开放搞活力度进一步加大。各级党政主要负责人带头，采取"走出去"招商、"请进来"洽谈、"筑巢引凤"建立开发区和召开经贸洽谈会以及"文化搭台、经贸唱戏"举办各种节庆活动等措施，招商引资取得令人瞩目的成就。

德州经贸洽谈会是德州对外开放，招商引资的重要窗口。自 1997 年创办，每年一届，时间在每年的 9 月中旬。至 2011 年已经举办了 15 届，每届虽因重点不同而名称有所改变。但核心内容一样：对外开放、招商引资。先期名为经贸洽谈会，第四至第九期名为投资贸易洽谈会。此后，相继名为"2006 海内外知名企业家齐鲁行"暨中国德州第十届投资贸易洽谈会、中国德州第十二届投资贸易洽谈会暨第四届鲁台科技交流合作周活动、中国德州第十三届投资贸易洽谈会、第四届世界太阳城大会、中国德州第二届太阳能开发利用博览会暨中国·德州第一届资本交易大会。根据历届经贸洽谈会议会后成果粗略统计，累计签订项目合同（协议）1710 个，金额 2248.5 亿元，引进资金 486.5 亿元，外资 7.8 亿美元，贸易合同金额 76.2 亿元。

第一节　政策措施

1994 年 8 月，地委、行署印发《关于进一步扩大对外开放加快发展开放型经济的意见》，鼓励个体私营企业引用外资兴办合资项目；加速老企业利用外资嫁接改造；扩大第三产业利用外资力度。

1998 年 3 月 24 日，德州市委召开的全市对外开放会议，将 1998 年定为对外开放年。会议强调，对外开放要突出重点，加快步伐，把招商引资作为实施开放带动战略的重中之重；深化外贸体制改革，大力发展对外贸易；以争取外援和劳务输出为重点，积极扩大对外经济合作；要加快开发区建设。同年 7 月 4—5 日，中共德州市委十一届四次全体（扩大）会议，通过了《中共德州市委关于进一步解放思想、放开搞活、加快发展的决议》，进一步强调要解放思想，更新观念，始终坚持以经济建设为中心不动摇；放宽政策，优化环境，创造聚集生产要素的新优势；深化改革，扩大开放，增强经济发展的活力。此后，全市各级党政组织都把招商引资列入重要议事日程，作为工作的重中之重抓紧抓好，出台了一系列的优惠政策。在执行国家优惠政策基础上，对引进的企业，“高看一眼，厚爱一层”。与此同时，“筑巢引凤”，建起了一批条件优惠、环境优美、服务优良的经济开发区。开发区实行路通、电通、水通“三通一平”，实行“扎口式”管理，不经许可，任何人、任何单位不得进入开发区征税、收费和从事与开发区无关的活动。各地树立起“县（市、区）以外都是外”的观念，各县（市、区）之间，发挥各自优势，互相借鉴，加强招商引资力度。

2000 年 3 月，市委、市政府印发《关于进一步扩大对外开放全面实施经济国际化战略的意见》，要求加快经济结构战略性调整，重点调整农业和农村经济结构，加快工业结构调整，全面繁荣第三产业，发展民营经济；以扩大开放、搞好招商引资为突破口，重点扩大出口、加大招商引资力度，发展对外劳务合作和境外工程承包，搞好开发区和各类经济园区建设；全面深化各项改革，重点完善农村经营管理体制，深化国有集体企业改革，建立科学高效的行政管理体制，健全完善人才保障机制；进一步优化环境，重点营造良好的政策、法制、服务环境。

2003 年 3 月，市委常委扩大会议将招商引资、发展民营经济作为 2003 年全市事关全局的两大“天字号”工程。

2007 年 4 月，市委、市政府印发《关于加强与天津滨海新区经济技术合作交流的意见》，提出主要是承接产业转移，加强对口部门的合作交流，参与滨海新区各类经贸活动。5 月，市委、市政府印发《关于进一步优化发展环境的意见》，提出重点开展“优化环境整、建、创”活动，建设政务服务中心、综合招投标中心，健全行政执法责任制、行政收费和处罚制、检查审核备案制，塑造诚实守信、城市文明、安全和谐和生态宜居品牌。7 月 5 日，市委、市政府决定，自 2007 年开始，在全市范围内广泛开展招商引资、二次创业活动。印发《关于进一步推进招商引资工作的意见》，要求转变招商理念，突出招商重点，做好“南融北接”“东引西联”工作。向南融入以济南为核心的省会城市群经济圈，向北对接以天津滨海新区为核心的环渤海经济圈，向东引进黄河三角洲生态经济区和山东半岛蓝色经济区资金项目人才，向西联接以邯郸为核心的中原经济区和山西能源综合试验区。

2008 年 5 月，市委、市政府印发《关于进一步扩大对外开放促进经济社会又好又快发展的意见》，决定此后 5 年在全市持续开展“对外开放年”活动，围绕实施“南融北接”“东引西联”战略，加大政策扶持力度，改善投资环境，承接京津冀和沿海地区的产业转移，实现借力发展。

2010 年 8 月，市委、市政府印发《关于加快全市外经贸发展的意见》，按照“三年倍增”的任务目标，以完善产业招商机制、扶持骨干外资企业、鼓励企业境外上市、创建出口品牌、创新开发区管理体制等重点工作为抓手，力争到 2012 年全市实际利用外资在 2009 年基础上翻一番，达到 3 亿美元；全市外经贸进出口总额在 2009 年基础上翻一番，达到 30 亿美元；对外工程承包实际完成额、企业境外投资额、直接外派劳务人数在 2009 年基础上翻一番。

优惠政策要点：

设施优惠　开发区“七通一平”（道路通、通信通、供水通、排水通、供气通、宽带网、有线电视通，场地平整）。土地出让价格优惠，无偿

2002 年 8 月平原县农民乘专列到温州学习

划拨国有土地,依法办理 50 年国有土地使用证。

税负优惠　企业所得税享受“两免三减”(项目投产之日起,前两年财政给予上缴企业所得税的地方留成部分等同等奖励;后三年给予上缴企业所得税的地方留成部分 50% 奖励)优惠以外,根据项目实施性质、规模、产能、利税等情况,对项目实行奖励。

收费优惠　县以下实行行政零收费。需向县以上行政部门缴纳的费用,由外商投资服务大厅依据核定的最低标准,一个“窗口”一次性收取。

环境优惠　由外商投资大厅负责办理有关手续,从收到所需文件之日起,县内两个工作日办理完毕,县以上的手续在 15 个工作日内予以答复。根据外资企业需求和经营状况,可以由政府协调金融部门按有关借贷程序为企业提供适量的流动资金贷款。

特殊优惠　对投资 8000 万元以上或及时投资到位 500 万美元以上的项目或国内外知名品牌企业,可采取“一事一议”的办法,给予更加优惠的政策。

第二节　招商方式

“走出去”招商　凡是国内外举办的经贸会议等重大商贸活动,市委、市政府均组团参加,书记、市长带队参会。据不完全统计,1986 年后,不包括县(市、区),仅地市级组织的招商活动 150 多次,其中主要负责人带队外出招商、参加经济协作会等 70 多次,足迹遍及山东省各地市和北京、天津、上海、浙江、广东、重庆、四川、河北、陕西、宁夏、海南等省市的上百个城市以及香港、台湾。出国招商和参加经济协作会议到过的国家有美国、澳大利亚、新西兰、日本、韩国、德国、荷兰、瑞典、意大利、英国等的几十个城市。

2002 年 8 月 24 日,平原县 600 农民自费组团包乘“平原号”专列,南下温州取经。考察团分 5 组详细考察了温州的 5 个县(市、区)。温州人艰苦创业的精神感染着平原人。到 2004 年在不到两年时间内,全县个体民营企业由 2002 年的 167 家猛增到 790 多家,民营业户由 3900 多户猛增到 18000 多户,5 万多名农民实现了向二、三产业的转移。民营企业交税由占财政收入的不到 50% 猛增到 80%。与此同时,两年间,共有 1230 多名温州及浙江的客商先后到平原参观考察。有 20 多名温州企业家在平原投资建厂,投资总额 15 亿多元。

2009 年,市委、市政府组织了“南融北接”大型商务活动。先后多次在济南、天津、北京举行洽谈会和以一系列招商活动。

“请进来”洽谈　每年都要组织一批有潜

力的招商引资项目，主要是以举办经贸洽谈会的形式，邀请外地客商前来考察洽谈。据不完全统计，共计签订意向合同项目1301个，总投资2308.9亿元，引资475.3亿元，合同利用外资11亿美元、5亿欧元，签订国内贸易合同金额817.95亿元。引进落地的主要项目有康博德州有限公司、华芳集团夏津纺织有限公司、景津压滤机有限公司、中化（平原）化肥有限公司等。

“筑巢引凤”建立开发区 从1998年开始，市委、市政府把园区建设作为的重要载体和落脚点。到2003年，全市建立各类工业园区77处，其中县属工业园区11处，乡镇工业小区42处。园区用地减免土地使用费，税费征收优惠，实行“扎口式”一站管理。有3处被批准为省级开发区，有8处被批准为全国乡镇企业科技园区。

“文化搭台，经贸唱戏” 各县（市）充分利用当地旅游资源，以“文化搭台，经贸唱戏”的方式，举办了多种样的节庆活动。主要节庆活动有：乐陵的小枣节、夏津的黄河古道旅游节、临邑的槐花节、宁津的蟋蟀节、平原的鸽子节、武城的玻璃钢节、辣椒节等。通过举办节庆活动，邀请和吸引外地企业到境内观光考察洽谈业务，建立经济合作关系。

德州市"文化搭台"招商节庆活动一览表

表8-7

名称	举办单位	首届举办时间（年、月、日）	举办地点及特色	举办届数
中国乐陵金丝小枣节	乐陵市委市政府	1989.8	乐陵万亩枣园，品尝鲜果，演出文艺节目，开展经贸活动	23
中国临邑槐花节	临邑县委县政府	2001.5.1	以花为媒，宣传推介临邑优势和招商引资政策，力促全县经济发展。	10
中国德州董子文化旅游节	德州经济开发区	2009.9.16	突出文化特色，举办书画、奇石、工艺品展览，集聚人气宣传德州	3
德城区万亩桃园赏花节	德城区委区政府	2009.4.12	赏花、游园，激发德州人游德州的热情	4
黄河故道森林公园梨花节	夏津县委县政府	2008.4.3	以花为媒，文化搭台，经贸唱戏，宣传夏津的经济发展优势	4
黄河故道森林公园椹果采摘节	夏津县委县政府	2008.5.18	品尝新鲜椹果，开展群众文化活动，游园赏景，带动旅游业发展	4
黄河故道森林公园香梨采摘节	夏津县委县政府	2008.9	采摘香梨，踏青游园，放松心情，享受大自然美景	4

续表 8－7

名称	举办单位	首届举办时间（年、月、日）	举办地点及特色	举办届数
黄河故道森林公园槐花节	夏津县委县政府	2011.5.6	欣赏千亩槐林美景，踏青游园，以花为媒，促旅游发展	1
中国宁津蟋蟀节	宁津县委县政府	1991.8.16	以蟋蟀为媒介，吸引顾客，彰显宁津招商引资环境	每年一届
中国平原鸽子节	平原县委县政府	1992.9.25	观看信鸽放飞、物资交流、以鸽为媒招商引资	连续举办 4 届，后改为每年正月初八，由恩城镇政府主办

注：举办届数截止到 2011 年

第三节　主要成果

一、引资情况

1986—2011 年间，全市通过一系列招商活动，一大批招商项目落户德州。

2011 年利用外资情况，项目 28 个，合同金额 25861 万美元，实际利用 19033 万美元。

二、主要项目

机械电子类：德州宏力集团、天宇汽车电子有限公司、德州实华有限公司、山东景津压滤机有限公司等；

化工橡胶类：史丹利化肥（平原）有限公司、中化平原有限公司、宁津晋煤国辉化工有限公司、德州玲珑轮胎有限公司等；

造纸类：德州沪平永发造纸有限公司、泉林纸业夏津有限公司、晨鸣集团齐河板纸有限公司等；

纺织服装类：德州元济纺织有限公司、华芳夏津纺织公司、山东康博实业有限公司等；

食品饮料类：齐河旺旺食品有限公司、光明乳业、双汇食品、金锣肉食等；

钢铁、材料类：有莱钢永锋钢铁有限公司、山东临亿新潮装饰材料有限公司、德州中联大坝水泥有限公司等；

商场类：山东（禹城）国际商贸港、乐陵义乌（国际商贸城）等。

1986—2011 年德州市部分招商引资项目一览表

表 8－8

项目名称	投（合）资双方名称	时间（年、月、日）	合作方式	所在地	备注
德州沪平永发造纸有限公司	平原县板纸厂、香港永发印务集团	1987	合资	平原	
山东临亿新潮装饰材料有限公司	恒源石化集团、香港亿贝有限公司	1992.8	合资	临邑	

续表 8-8

项目名称	投(合)资双方名称	时间(年、月、日)	合作方式	所在地	备注
德州元济纺织有限公司	德州三棉纺厂、台湾台元纺织有限公司	1993	先合后独	德州	合资后三棉纺厂撤
德州宏力集团	江苏武进柴油机厂	1995		德州	解散
山东康博实业有限公司	康博集团	2001. 7	独资	德州	
齐河旺旺食品有限公司	台湾旺旺集团	2001. 6	独资	齐河	
山东景津压滤机有限公司	景津集团	1988	独资	德州	
泉林纸业夏津有限公司	泉林纸业集团	2001	控股	夏津	
晨鸣集团齐河板纸有限公司	晨鸣纸业集团	2002	租赁	齐河	
莱钢永锋钢铁有限公司	莱钢集团	2002	独资	齐河	
华芳夏津纺织公司	华芳集团	2003	独资	夏津	
天宇汽车电子有限公司	德州大众电子有限公司、河南天海集团	2005	控股	德州	
德州实华有限公司	中国化工新材料公司	2007. 8	划拨	德州	
史丹利化肥(平原)有限公司	史丹利化肥公司	2008. 5	独资	平原	
中化平原有限公司	平原德齐龙集团、中化化肥股份有限公司	2009. 6	控股	平原	
德州中联大坝水泥有限公司	中国建材集团有限公司	2007	控股	德州	
宁津晋煤国辉化工有限公司	宁津永兴有限公司、山东晋煤日化有限公司	2009	合资	宁津	
德州玲珑轮胎有限公司	玲珑集团	2011. 4	独资	武城	
山东(禹城)国际商贸港	香港本旺发展公司、山东光华置业公司	2010	投资	禹城	
乐陵义乌(国际商贸城)	乐陵义乌(国际)商贸城有限公司	2010	投资	乐陵	

第四节　主要活动

一、1987 年招商活动

德州、济南对口支援商讨会　4 月 11 日，德州地区与济南市召开对口支援商讨会。地委书记马仲才、行署专员赵林山，省委副书记兼济南市委书记姜春云、济南市市长翟永浡，德州、济南两市的有关部门负责人参加会议，会议就济南对口支援德州的具体事宜做了安排。5 月 4 日，济南市市长翟永浡到德州市（县级）回访，经双方商讨，决定在纺织、食品、酿造、造纸、化工、建材、信息、人才、技术、资金等方面对口支援。

组团参加“华东地区第二届商品交易会”　9 月 16—21 日，组织全区 30 多家企业，携 9 个类别 300 多个花色品种的产品参加南京“华东地区第二届商品交易会”，成交额达 130 万元。

二、1991 年招商活动

5 月 28—30 日，由德州地区倡导并首先组织的京沪铁路中小城市联谊暨经济技术协作会议在德州召开，来自京沪沿线三市四省的 34 个市（县）和天津铁路分局、济南铁路分局的 119 名代表汇聚德州，共商经济振兴大计。会议的召开标志着京沪铁路沿线中小城市经济技术协作带的建立。

三、1992 年招商活动

1 月 9 日，德州地区与济南市经济技术协作签字仪式在济南市舜耕山庄举行。德州地区与济南市 10 个县（市、区）和 20 多个乡镇建立了协作关系，落实协作项目 40 多个。德州地委书记赵林山，济南市委书记翟永浡出席签字仪式并讲话。

四、1993 年招商活动

12 月 2—4 日，1993 年德州（深圳）对外经济贸易洽谈会在深圳市环宇大酒店举行，地委、行署领导带领地直有关部门、各县（市）部分企业负责人 105 人参加会议。会议期间，共签订利用外资合同、协议、意向 60 项，总投资 21707 万美元，其中合同、协议、意向外资金额 11199 万美元；签订出口合同协议 67 项，总金额 5700 万美元。

五、1997 年招商活动

10 月 23—26 日，德州（厦门）经贸洽谈会在厦门富山国际商贸展览城举行。海内外客商 500 多人参加会议，共签订合资、合作和资产交易项目 352 项，投资意向协议金额 8 亿元。

六、1998 年招商活动

7 月 8—13 日，德州市参加 1998 青岛对外经济贸易洽谈会，签订进出口贸易 39 项，进出口成交 28 项，合同额 5105 万美元，洽谈利用外资项目 31 项，外资额 6614 万美元。

七、1999 年招商活动

8 月 28 日—9 月 8 日，德州市委书记、市人大常委会主任赵克志带领市计委、民经委、外事办和新华集团、皇明太阳能公司的主要负责人，到澳大利亚、新西兰有关市区考察访问，洽谈经贸项目。

八、2002 年招商活动

参加悉尼中国山东经贸洽谈会　4 月 1—13 日，德州组团参加在澳大利亚举行的 2002（悉尼）中国山东经贸洽谈会，并顺访德州的友好城市——维多利亚省莫那须市，开展招商活动。

参加“西交会”　4 月 6—10 日，德州市组团参加西安第六届中国东西部合作与投资贸易洽谈会（简称“西交会”），全市参会各方共签订合同金额 1.4 亿元。

组团参加大阪山东出口商品洽谈会　5 月 12—21 日，以副市长郭宗治为团长的 6 人代表团赴日本参加日本（大阪）中国山东出口商品洽谈会,达成贸易合同协议8项,合同协议金额538万美元。

在沪召开德州经济发展恳谈会　6月26日,德州市在上海召开德州经济发展恳谈会。会上举行了长江三角洲分片招商集中签约仪式,共有38个招商项目签约,合同引资额84.2亿元,其中外资2.3亿美元。客商投资过亿元或过千万美元的项目达23个,占60%;外资项目8个,占22%;工业项目28个,占74.3%;商贸流通项目9个,占23.1%。

德州(深圳)经贸合作恳谈会　8月15—19日,在深圳举行的德州(深圳)经贸合作恳谈会上,共有29个合同项目签约,总投资46.8亿元,其中客商投资43.8亿元,投资过亿元的项目20个。港台投资项目10个,投资金额2.44亿美元,合同利用港台资金实现新的突破。

承办首届全省肉牛产销洽谈会　10月18—19日,首届全省肉牛产销洽谈会在德州召开,京、津、沪等地和省内的肉牛加工、饲料、兽药等30多家企业的负责人,全省肉牛养殖场、养殖大户、合作组织的负责人等共300多人参加洽谈会。德州借机招商,据不完全统计,洽谈会共达成合作意向260多个,意向贸易额1.2亿元。

九、2004年招商活动

德州(杭州)区域经济交流与协作恳谈会　5月19日,德州(杭州)区域经济交流与协作恳谈会暨合作项目签约仪式在杭州举行。有43个招商项目集中签约,合同引资56亿元。

市政府代表团赴韩国招商　6月9日至16日,应韩国始兴市政府邀请,市委副书记、市长孙永春率市政府代表团赴韩国开展友好交流招商活动。

在京举办德州国际投融资项目洽谈会　8月12日,由市委、市政府组织的德州国际投融资项目合作洽谈会在北京举行,签订投资意向25个,总投资额2.1亿美元。

十、2005年招商活动

在天津举办接轨京津推进区域经济合作恳谈会　1月26日,德州接轨京津推进区域经济合作恳谈会暨迎新春联谊会在天津隆重举行。天津市人大常委会、天津港务局、天津新技术产业园区、天津市经协办公室、天津国际商会、天津贸促会、天津铁路、海河委员会有关负责人,以及来自法国、韩国、日本、马来西亚等国家及台湾和京津地区的部分著名企业家、社会各界知名人士等300多人出席会议。德州市委副书记、市长孙永春等出席会议。

组团赴香港参加2005山东经贸合作项目推介会　6月5—10日,德州市组成招商团赴香港参加2005山东经贸合作项目推介会。9日,德州在香港举办"2005德州投资环境暨(香港)新闻发布会",香港30多个机构40余名客商参加。会议期间,共签订项目合同协议19个,总投资10.4亿美元,合同利用外资7.4亿美元。协议意向9个,总投资7.8亿美元,协议利用外资5.4亿美元。签订贸易合同2个,合同出口额6280万美元。

德州—京津地区经贸合作恳谈会　6月9日,德州—京津地区经贸合作恳谈会在德州举行。来自京津地区的120多名客商和嘉宾出席。会上,共签约项目33个,合同金额3.7亿美元。其中超千万美元的项目达12个,外贸项目10个,合同引进外资5580万美元。

第一届鲁台(德州)经贸合作联谊会暨项目签约仪式　9月2—4日,鲁台(德州)经贸合作联谊会暨项目签约仪式在德州举行。德州市有关单位和县(市、区)与台商就涉及电子电器、食品加工等产业的16个项目签约,共引进台资1.16亿美元。

市组团赴韩国招商　11月29日—12月7

日，德州市赴韩国招商代表团一行24人在韩国进行了为期9天的招商活动。共洽谈签订重点项目23个，项目总投资6500万美元；签订贸易合同11个，贸易额3560万美元。

十一、2006年招商活动

市政府与省建行举行区域合作签字仪式　2月15日，德州市人民政府与建设银行山东省分行区域经济发展战略合作暨中小企业金融服务合作签字仪式举行。合作协议总额3.50亿元，中小企业合作贷款总需3.20亿元。

第二届鲁台（德州）经贸合作联谊会　9月3日，由德州市政府主持的第二届鲁台（德州）经贸合作联谊会在德州举行。台湾工商建研会、澳门闽台总商会、晋亿实业股份有限公司等客商出席会议。

十二、2007年招商活动

参加天津十四届商洽会　4月18—19日，市委书记雷建国，市委副书记、市长吴翠云，应邀出席天津市第十四届商品交易投资洽谈会开幕式，并参观考察天津市滨海新区，会见天津市有关负责人，重点就对接滨海新区，加强双方战略合作，实现两地经济的相互促进与融合进行洽谈磋商。

德州对接天津滨海新区恳谈会　5月27—28日，德州市对接天津滨海新区恳谈会在天津滨海新区举行。双方签订《缔结友好市区关系协议》和《战略合作框架协议》。天津市委常委、滨海新区管委会主任皮黔生、天津市人大常委会副主任陈洪江，德州市委书记雷建国，副书记、市长吴翠云等出席签字仪式。

全市启动二次招商、创业活动　7月5日，市委、市政府决定，自2007年开始，在全市范围内广泛开展招商引资、二次创业活动。制定了《关于进一步推进招商引资工作的意见》，要求转变招商理念，突出招商重点，做好“南融北接”“东引西联”工作，承接京津辐射，当好配角，错位发展，互利共赢，把德州打造成两地的产业转移基地、制造业配套基地、商贸物流基地、农副产品供应基地和劳动力输出基地。据统计，截至7月初，全市共与天津、济南签订合作项目177个，合同引资额131亿元，有19个项目已开工建设。下半年，德州海关与天津港的“属地报关、口岸放行”正式开通，天津口岸办公室和天津港决定在德州建设“无水港”。

组团赴上海、浙江等地考察招商　8月4—6日，市委副书记、市长吴翠云率领市直有关部门和部分县（市）政府负责人赴上海、浙江等地考察招商。考察团参加2007商帮文化论坛，举办德州经济发展投资说明会。

组团赴香港招商　12月5—8日，市委书记雷建国率领招商团赴香港开展招商活动，举行2007年山东德州（香港）投资说明会，签订重点合作项目2个，合同利用外资5亿多美元。

2007年4月，德州对接天津滨海新区恳谈会在天津举行

十三、2008年招商活动

参加世界太阳城大会　2月16—24日，市委副书记、市长吴翠云率代表团赴澳大利亚阿德莱德市参加2008年第三届世界太阳城大会。吴翠云在会上发表演讲，接过世界太阳城协会会旗，宣布德州市正式承办2010年第四届世界太阳城大会。

经贸考察团赴台招商　2月22日—3月3日，市委副书记刘焕立率领德州经贸考察团赴台湾参观考察并开展系列招商活动。

市经贸考察团赴台考察招商　8月25日—9月3日，市委常委、常务副市长史好泉率领市经贸考察团赴台湾开展经贸考察和招商活动。

组团在杭州开展城建项目推介活动　9月18—20日，德州市组团在浙江省杭州市开展城建暨服务业项目推介和考察活动。共推出城市建设和服务业两大领域5大类106个项目，达成合作项目3项。市委书记、市人大常委会主任雷建国，市委常委、常务副市长史好泉等参加推介会。

十四、2009年招商活动

德州代表团赴德国、荷兰推介德州太阳能大会　5月1—4日，市委书记、市人大常委会主任雷建国率领代表团赴德国、瑞士访问，推介德州2010年第四届世界太阳城大会，推进德州太阳能产业发展和利用对外合作。

经贸考察团赴台考察招商　5月17—24日，市委副书记、市长吴翠云率经贸考察团赴台湾进行考察招商。共洽谈、签约和推进重点项目76个，达成协议意向51个，利用台资9亿多美元。

德州代表团赴美国、加拿大考察招商　8月3—12日，市委副书记、市长吴翠云率团赴美国、加拿大友好访问和考察招商，分别与加拿大安大略省查塔姆肯特市市长兰德霍普，美国纽约州伦瑟利尔地区行政长官凯思琳、特罗伊市市长哈利图特坚签署协议，缔结友好合作关系。

经贸招商团赴上海招商　8月16—18日，市委书记、市人大常委会主任雷建国率领德州经贸招商团赴上海开展系列招商活动。8月15日，在江苏省昆山市举行德州（昆山）台商投资说明会。

2009鲁台（德州）经贸合作恳谈会投资说明会　9月3日，市政府主持召开2009鲁台（德州）经贸合作恳谈会举行投资说明会，投资说明会共重点推介新能源、生物技术、新材料、文化旅游体育等十大类116个项目，总投资1020亿元，涉及装备制造等四大传统优势产业、新能源等四大新兴产业。150余位台商参加投资说明会。

在京举行德州市与中央企业联谊会　11月27日，德州市与中央企业联谊会在北京钓鱼台国宾馆举行，集中签约重点项目，搭建与中央直属企业对接合作的平台。

十五、2010年招商活动

组团赴美国、加拿大考察招商　4月2—11日，市政府组成德州经贸代表团赴美国、加拿大开展考察招商。

组团参加“鲁渝相互支援经济合作展”　4月9日鲁渝相互支援经济合作展在重庆市三峡博物馆开幕，德州市展区展出27家企业的7大类40多种产品。

组团参加博鳌亚洲论坛　4月9—11日，德州组团参加博鳌亚洲论坛。市委常委、常务副市长袁秀和，市委常委、秘书长满春重分别会见了微软公司全球副总裁张亚勤、通用公司全球副总裁陈然峰等十几家世界著名企业和组织的负责人。

市考察团赴成都参观考察　4月11日，市委书记、市人大常委会主任雷建国率考察团赴成都市青白江区及西南交通大学学习考察，并代表德州市与西南交大签署合作协议。

组团赴台举办太阳能产业合作项目恳谈会 4月14—21日，德州考察团赴台湾举办第四届世界太阳城大会暨海峡两岸太阳能产业交流合作恳谈会推介会。

德州代表团赴英国、荷兰、丹麦考察 5月30日—6月7日，市委书记雷建国率团赴英国、荷兰、丹麦考察访问，宣传推介第四届世界太阳城大会，诚邀国外政府及部门、企业负责人和各界知名人士参会，并就生态环境建设、城市规划建设以及商贸、科技、文化、教育合作与有关方向进行深入交流洽谈。

十六、2011年招商活动

德州经贸代表团香港招商 5月8—13日，在2011（香港）山东周活动期间，市委书记、市人大常委会主任吴翠云率领德州经贸代表团开展招商活动。

经贸考察团赴台开展经贸交流 7月6日，市委副书记、市长陈先运率经贸考察团到台湾开展为期一周的经济交流合作活动，举办了山东德州（台北）现代产业合作恳谈会。

山东德州（深圳）现代产业合作台商对接会 9月3—4日，市委副书记、市长陈先运率团参加在深圳举行的山东德州（深圳）现代产业合作台商对接会，并考察华南国际工业原料城（深圳）有限公司、深圳长城投资控股股份有限公司以及亚历山卓家私集团。

第五节 历届经济贸易洽谈会

1996中国德州经贸洽谈联谊会 1996年9月23—27日，在德州五环体育馆举办。有2400名中外宾客应邀出席联谊大会。洽谈会共签订项目合同、协议108个，总投资额53.7亿元，其中引进资金41.3亿元；签订贸易合同额36.8亿元。

1998中国德州经贸洽谈联谊会（第二届经贸洽谈会） 1998年9月16—20日，在德州五环体育馆举办。有1520多人出席开幕式。洽谈联谊会共签订投资合同项目222项，总金额93.1亿元。

1999中国德州经贸洽谈联谊会（第三届经贸洽谈会） 1999年9月16—20日，在德州市会展中心举办。到会客商2000名，其中应邀来自美国、韩国、俄罗斯、日本、新加坡、德国、澳大利亚、菲律宾等国家和地区的外宾900名。应邀内宾有海尔公司、厦门华侨电子股份有限公司、湘酒公司、希望集团、双星集团等国内知名大企业。大会累计签约合同投资项目158项，

1998年第二届德州经贸洽谈联谊会开幕式 （1998年 张志勇 摄）

引进资金31.6亿元。协约签订投资项目50项，引进资金16.3亿元；累计签约贸易项目总额13.8亿元，其中外贸9800万美元。

德州第七届投资贸易洽谈会（2003年 摄）

中国德州第四届投资贸易洽谈会 2000年9月16—18日，第四届中国德州投资贸易洽谈会在德州市会展中心举办。洽谈会签约的15个重点投资项目总投资12.9亿元，其中引进资金7.3亿元。

中国德州第五届投资贸易洽谈会 2001年9月16—20日，在德州市会展中心举办。应邀到会的客商共2526人，其中外宾795人，分别来自美国、加拿大、澳大利亚、日本、新加坡等20个国家和地区。洽谈会共签订项目合同181个，总投资68亿元，引进资金58亿元。签订外贸出口合同26个，外贸出口额1.8亿美元；签订内贸合同36个，国内贸易成交额5.7亿元。

中国德州第六届投资贸易洽谈会 2002年9月16—20日，在德州市会展中心举办。此次德洽会共邀请客商2900余人，到会的外宾分别来自英国、澳大利亚、日本、新加坡、韩国、俄罗斯等31个国家和地区。德洽会共签订外联合同项目56个，合同引进外资额7.4亿美元；内联合同项目228个，合同引进资金67亿元人民币。

中国德州第七届投资贸易洽谈会 2003年9月6—21日，在德州市会展中心举办。洽谈会共邀请客商2459人，重点洽谈签约项目近300个，总投资达200亿元，拟引进外资5亿多美元，内资120亿元以上。同时，有30个招商引资项目投产运营，近百个项目开工建设。

中国德州第八届投资贸易洽谈会 2004年9月15—20日，在德州市会展中心举办。共签订外联项目26个，合同引进外资4.3亿美

太阳能发电设备展销（2007年 摄）

新能源汽车展览　　(2007年　摄)

元；内联项目278个，合同引进资金139亿元；外贸出口合同31个，贸易额2.86亿美元；内贸合同12个。

中国德州第九届投资贸易洽谈会　2005年9月15—18日，在德州市会展中心举办。应邀参会的国内外贵宾共1819名，其中外宾1100名，内宾719多名。大会直接销售额3600万元，共签订重点项目80个，合同引进资金109亿，内贸合同30.8亿元。

“2006海内外知名企业家齐鲁行”暨中国德州第十届投资贸易洽谈会　2006年9月8—26日，在德州市会展中心等地举行。签定重点合作项目148个，引进资金118亿元。会上，中国制冷空调协会授予德州市“中国中央空调城”称号。

中国德州第十一届投资贸易洽谈会　2007年9月8—26日，中国德州第十一届投资贸易洽谈会2007新能源论坛暨第六届古贝春酒文化节在德州举办。其间组织古贝春酒文化节、百名浙商德州行、百强企业对外合作恳谈会、鲁台(德州)经贸合作恳谈会、新能源论坛、中国功能糖发展论坛等活动，共邀请国内外客商724人。集中签订69个重点合作项目，总投资140亿元，引进资金125亿元，涉及生物工程、IT产业、新材料加工等。

中国德州第十二届投资贸易洽谈会暨第四届鲁台科技交流合作周活动　2008年9月28—30日举行，应邀参加的国内外来宾1650名。50个项目集中签约，项目合同投资总额146亿元。

第四届世界太阳城大会(第一届太阳能开发利用博览会)　2010年9月16—18日，在德

2011年9月，第一届资本交易大会

州中国太阳谷隆重举办。来自美国、日本、英国、德国、加拿大、俄罗斯等50多个国家和地区的近2981名专家、官员和企业家参会。大会组织了节能减排和新能源领域的新技术、新产品等28个参展项目,104个重点推介项目,总投资额达780亿元。

中国德州第二届太阳能开发利用博览会暨中国·德州第一届资本交易大会 2011年9月16—19日,在中国太阳谷低碳国际会议中心举行。共计700余人出席开幕式。本届太博会集中签约项目37个,其中国家级协会战略合作协议7个、科研机构技术合作项目5个、实体项目25个。实体项目总投资790.3亿元人民币、11亿美元、5亿欧元。同时,按照国家产业政策要求及德州市“十二五”产业发展重点,筛选了重点推介项目103个,总投资1761.05亿元人民币、4000万美元。17—19日,中国·德州第一届资本交易大会举办。全国各地200多家投资机构参会,德州市有600多家重点企业参加。总计融资额401亿元。签约项目中,银行投资占18%,基金、创投占59%,融资租赁、融资担保、资产管理、信托投资等占23%。

第六节 工业(经济)园区

从1998年开始,市委、市政府把园区建设作为招商引资和发展民营经济的重要载体和战略措施,引导民营企业走园区化发展的路子。在投入上,实行政府和社会相结合,抓好基础设施建设;在管理模式上,实行行政辖区与园区域“建管合一”的体制;在发展环境上,定位成“地方经济特区”,实行“扎口管理”。

经过十几年的发展,全市工业园区从无到有、从小变大、从大变强,成为全省的一大亮点,在欠发达地区创造了发达现象,工业园区数量、质量都位居全省前列,得到省委、省政府充分肯定。到2003年,全市建立各类工业园区77处,其中县属工业园区11处,乡镇工业小区42处。基础设施投入30多亿元,固定资产投资210亿元。入园项目941个,有3处被批准为省级开发区,有8处被批准为全国乡镇企业科技园区。园区对经济增长的贡献率达10%以上。11个县属工业园区总规划面积达187平方千米。齐河黄河经济技术开发区三年时间由一个乡镇工业小区迅速建成为省政府批准的省级开发区。禹城高新技术开发区被批准为省级高新技术产业开发区,成为继即墨之后全省第二个建在县域的省级高新技术开发区。另有5处工业园被农业部批准为全国乡镇企业科技园区。2008年后,随着园区经济逐渐成熟和特色产业强劲发展,各级加强特色产业园区和民营企业集中区建设。到2011年年底,全市共认定特色产业园区58个,民营企业集中区47个。

从1997年开始,各县(市、区)开发区不断发展和规范,到2006年,经省政府最后核定,形成12个省级园区的格局:运河经济开发区、禹城高新技术产业开发区、天衢工业园、陵县经济开发区、宁津经济开发区、庆云经济开发区、临邑经济开发区、齐河经济开发区、平原经济开发区、夏津经济开发区、武城经济开发区和乐陵经济开发区。

2011年,全部经济园区实现基础设施建设投入369亿元,实现地方财政一般预算收入69.4亿元,税收93亿元,完成规模以上工业增加值811亿元,进出口额23.9亿美元,实际到账外资1.67亿美元。全市省级开发区在7.3%的土地面积上,承接了75%的固定资产投资、87%的实际到账外资,实现了73%的财政收入、81%的规模以上工业增加值、89%的进出口额。

重点经济园区简介:

德州经济开发区 省级经济开发区。始建

于1992，当时为德州地区开发开放综合实验区，位于京沪铁路以西。1997年，市委、市政府决定将开发区东迁至德州老城区以东。1998年3月正式启动建设，管辖面积320平方千米，建成区23平方千米，总人口29万人。基础设施投入累计15.2亿元，截至2011年，入区企业已达514家，总投资193亿元；建成投产项目216个，总投资75.3亿元。江苏波司登集团、上海光明乳业集团、河南双汇集团、山东皇明集团、鲁银投资集团、日本明治机械株式会社、日本三和电子有限公司、德国攀帕博格集团、香港华宇集团、韩国宇星饲料株式会社、韩国逸真电子株式会社、韩国厚成电子株式会社等国内外知名企业在区内落户。初步形成了新能源利用、空调、医药、机械、纺织、食品、建材、物流八大基础产业。

随着德州市行政中心迁入和京沪高速铁路开通，德州经济开发区已经建设成为鲁西北、冀东南改革创新的先导区、先进制造业的聚集区、高新技术产业的孵化区、区域物流的集散区、各类人才的创业区、和谐宜居文明的新城区。

禹城高新技术产业开发区　位于禹城市区东部，1999年3月启动建设，总面积68.15平方千米。2002年9月被省政府批准为省级高新区，2003年2月，科技部批准建立国家火炬计划生物技术产业基地，2004年12月正式挂牌，是山东省第一家设在县级市的省级高新区。有入区企业287家，其中，上市企业3家，场外挂牌交易3家，科技部备案的高新技术企业14家，有生物、装备制造、新能源、新材料、绿色食品、高档纺织六大特色产业。是国家高技术(生物)产业基地核心区、全国百佳科学发展示范园区、山东省最佳投资园区、山东省科技兴贸出口创新基地、山东省生态经济十佳开发区、山东省县域经济十大规模企业聚集园区。

齐河经济开发区　1999年7月开工建设，规划面积39.9平方千米，分为高新技术工业园、电子工业园、纺织工业园、化工工业园、公园游乐区、生活服务区、仓储区。2011年入区企业已达136家，总投资340亿元，其中美国、韩国、加拿大等国家和中国台湾、香港、澳门地区的独资、合资企业15家，过亿元的项目有10家。山东晨鸣集团、山东鲁抗集团、山东莱钢集团、中国石油集团、台湾旺旺集团、台湾鸿运电子集团6家上市企业，以及山东坤华集团、山东农业实业集团、北京国科集团、澳门名嘉集团等20多家国内外知名企业。

陵县经济开发区　省级经济开发区。成立于2001年5月，规划面积16平方千米，开发面积6平方千米。位于县城西部，西临德州城区。入区企业涉及纺织、化工、农副产品加工、新材料等以四大行业，有企业149家。谷神、东奥生物科技、博诚制药等12家生物技术及紧密配套企业，产品涵盖大豆蛋白、维生素、植物油、卵磷脂、添加剂、医药中间体等30多个品种，形成了年产50万吨低温脱酚棉蛋白、40万吨变形蛋白、10万吨分离蛋白、10万吨组织蛋白、12万吨谷氨酸、6万吨味精的生产规模，年生产能力达50亿元，年可实现利税5亿元。

庆云经济开发区　位于县城东部和北部，1999年6月启动建设，规划面积20平方千米，2006年3月被省政府批准为省级开发区。已建成“六大区中园”（中澳工业园、金诺工业园、鼎力工业园、民营创业园、渤海羽绒工业园和北城创业园）、形成“四大主导产业”（以中澳集团、鼎力集团、婴儿乐公司为龙头的农副产品深加工产业；以鑫和化工、华龙化工、天庆化工为龙头的化工产品加工产业；以联发不锈钢、四达不锈钢、六合通管业为龙头的机械加工产业；以君庆纺织有限公司、天意制衣有限公司、云海制衣有限公司为龙头的纺织加工产业）。

临邑经济开发区　位于临邑东西城区结合

部。始建于1998年8月。规划面积40平方千米。金锣集团、北京索通碳素、江苏雨润、金德管业、如意集团等一批知名企业落户开发区。清华大学、南开大学、山东大学等知名科研院所在区内建有产学研合作项目。1999年被省政府评为"省级民营企业示范区",2002年被农业部命名为"国家级民营企业科技园区"。

平原经济技术开发区　位于县城东北侧,1999年启动建设,规划面积15平方千米。2006年被批准为省级开发区,开发区共有入区企业83家,总投入56亿元,台湾晋亿集团、志诚化工等一大批知名企业相继落户,已形成新型包装材料、生物、服装、机械、化工、食品、建材、家具等六大主导产业。主要企业有晋德公司、史丹利化肥(平原)公司、东鸿制膜公司、信谊制药、福洋生物科技公司等。

宁津经济开发区　位于县城东南部,1999年启动建设,2006年被批准为省级开发区。规划建设面积30平方千米,建成面积12平方千米,入区企业已达276家,其中规模以上企业158家,外资企业26家,涉及家具制造,汽车零部件、电梯、健身器材、机车弹簧、现代农机、衡器、高性能阀门、食品机械等五金机械制造业和精细化工、新能源产业、纺织业、农副产品深加工等几十个产业,几百种产品。

夏津经济技术开发区　位于县城北部,1999年启动建设,2006年被批准为省级开发区。规划面积4平方千米,由清华大学建筑学院城市规划系设计。入区企业40多家。项目总投资超亿元,一批科技含高、经济效益好、发展潜力大、市场前景广阔的项目已在区内落户,基本形成了以工艺品、纺织、食品加工、化工等为支柱的科工贸基地。2011年实现工业总产值51.5亿元。利税5.46亿元。

武城县经济开发区　位于武城县城东部,总面积35平方千米,建成区12平方千米。始建于1998年年初,是德州市最早的工业园区之一。2006年3月,被批准为省级开发区。累计投入资金67.8亿元。入区主导产业为汽车及汽车零部件、玻璃钢、中央空调、新能源、新材料和农副产品深加工。主要入区企业有德州玲珑轮胎公司、金正大公司、天池纬达公司、北京天元公司等。

乐陵经济开发区　位于城区东北部,始建于2000年2月,总规划面积15.75平方千米,总投资76亿元。入区项目涉及刹车片、高档纺织、枣制品、木制品、生物化工、建筑建材等行业。形成了"体育产业、汽车零部件产业、食品加工产业、生物化工产业、纺织服装产业"五大特色产业园区。入区企业达290家,固定资产总投资110亿元。有5种产品居世界领先水平,17种产品居全国领先水平,拥有金麒麟集团、泰山集团两家国家级技术研发中心。

德州运河经济开发区　即原德州商贸开发区,位于德州市区西部,鲁冀两省交界处,面积32平方千米(建成区11平方千米)。成立于2002年2月。2006年4月30日,经省政府正式批准,更名并晋升为省级开发区。区内拥有较大规模的鞋帽、五金灯具、农贸、果品、木材及机动车等大型专业批发市场18处,交易辐射11个省市、50多个地市。区内有华能德州电厂、恒升集团、德棉集团、德隆集团等中央、省、市驻区单位78个,涉及能源、化工、纺织、机械、建材等产业,年产值150亿元,利税22亿元。

2011年德州市民营企业集中区一览表

表8－9

名称	2009认定的园区（37个）	2010认定的园区（10个）
德城区	新华项目集中区、天衢德惠管理区、希望工业园、二屯镇民营经济产业园	陈公创业园
禹城市	房寺镇民营工业园、市中街道办事处民营企业园、十里望中小企业创业园	伦镇民营企业集中区
乐陵市	胡家工业园、寨头堡乡民营工业园、铁营乡民营工业园	市中街道办事处民营企业集中区
宁津县	时集民营企业园、刘营伍乡工业园、清明寺民营企业园	长官镇吉杨民营企业集中区、柴胡店镇民营企业集中区
齐河县	晏城镇工业园区、华店乡民营创业园、赵官镇工业园、宣章屯镇民营工业园	祝阿镇经济开发区
陵　县	陵城镇民营企业园区、边临镇德东中小项目区、丁庄乡民营企业工业园	徽王庄镇官道孙工业园区
临邑县	临盘民营企业园区、翟家乡民营经济园、临邑镇工业园	恒源民营企业集中区
平原县	恩城镇食品工业园、龙门民营经济园、腰站温州食品工业园、王凤楼镇民营工业	龙门街道办郭庄工业园区
武城县	鲁权屯经济创业园、尚庄辣椒制品加工区、郝王庄辣椒工贸区	双庙民营企业集中区
夏津县	宋楼镇工业园、香赵庄镇工业园区、郑保屯镇工业园区	
庆云县	北城创业园、经济技术开发区民营创业园	
经济开发区	袁桥乡民营企业园区、抬头寺民营企业园区	

第九编

NONGYE

农业

德州市地处鲁西北黄河冲积平原，沃野千里，适宜多种农作物生长，耕地占总面积的70%左右，是全国的粮食主产区之一和著名的优质棉花产地。1986年，全区农业人口422.8万人，占总人口467.2人的90.50%。农业总产值25.8亿元，占全区生产总值的81.90%。农业是全市经济的基础产业和农民的主要收入来源。

德州地区是全国最早推行农业"承包制"的地区之一。1978年4月，在陵县凤凰店和夏津东李等部分村队开始试点实行承包责任制，到1982年，全区农村普遍实行了"大包干"，逐步确立了以家庭联产承包为主，统分结合的农业双层经营体制。此后，随着国家各项重农惠农强农政策和农业基本建设项目的实施以及农技推广体系的逐步振兴，龙头企业、合作经济组织、专业批发市场等农业产业化经营模式的发展，农村、农民逐步走向了兴旺发达和富裕之路。至2011年年底，全市建立乡镇土地流转服务中心113个，成立农村土地流转合作社128家，全市土地流转面积达到78.43万亩。

粮食生产在农业和农村经济中占据着举足轻重的地位。农作物主要有小麦、玉米、棉花、谷子、大豆等。畜牧养殖是改革开放以后发展形成规模的。1995年德州市被列为第一批(6个)"全国秸秆养牛示范区"之一。蔬菜生产自1988年起步，经过十几年发展已成为集栽培、贮藏、加工、销售(出口)于一体，具有产业化经营规模和特色的优势产业。

2011年，全市农业人口401.3万人，占总人口576.0人的69.67%。全市农林牧渔及服务业总产值达到475.85亿元，占全市生产总值的52.76%。全市农作物播种面积1976.41万亩，其中，粮食面积1380.27万亩，棉花面积153.47万亩。全市粮食总产量达到735万吨，棉花产量14.31万吨，蔬菜产量450.2万吨。肉类产量65.65万吨，生猪年末存栏369.396万头，羊年末存栏198万只。全市农业机械用电量总动力1362.69万千瓦，拖拉机25.33万台，联合收割机2.3万台，农村用电量7.85亿千瓦时，塑料薄膜使用量2.5万吨，化肥使用量(实物量)114.0万吨。早在2000年前后，就实现了村村通电通邮通电话，通广播电视。2011年，通汽车的村庄5755个，通自来水的村庄5044个。

第一章　农村经济体制改革

第一节　土地使用制度改革

20世纪80年代初，德州地区开始实行以家庭联产承包责任制为主的农村土地使用制度改革，即在坚持生产队主体地位和基本生产资料集体所有制的前提下，将土地按人口承包到户，以家庭为基本单位进行生产经营，社员（全称是农村人民公社社员）按规定向国家缴纳农业税、向生产队交集体提留款（粮），剩余部分全归社员自己所有，并以合同形式，一定几年不变。这种形式俗称“大包干”。农民习惯叫作“交够国家的，留足集体的，剩下都是自己的”。家庭联产承包责任制的实行，打破了人民公社体制下土地集体所有、集体经营的农业耕作模式，实现集体土地所有权与经营使用权分离，建立起新型的农业耕作模式——以家庭承包为主，统分结合的双层经营体制。1981年年底，全区91.6%的农村生产队对集体土地实行了“大包干”。1984年开始实行土地承包责任制，承包期15年不变。

1987年，中共德州地委下发《关于完善土地承包制的试行意见》，对土地承包的形式，承包地调整的原则，土地承包合同内容等进一步规范。在当时，实行包干到户主要有两种土地分配方式：一种是按人均分土地（包括当时集体经济组织的全体在册人口，不论年龄、性别），实行“均田制”；一种是按劳分地，即对各户以家庭为单位按人分口粮田、按劳分责任田，实行“两田制”。对分配剩余的少量边角地和地力较差的地也按人或按块等承包到户，菜地、自留地、机动地等，主要用来调整新增人口缺地的矛盾。实际操作中，在土地承包期间，为调节生死嫁娶造成的人地矛盾，多数地方形成村规民约，对分配到户的耕地实行三五年一小调整或十年一大调整。

1998年4月，德州市委在夏津县召开全市农村集体资产管理暨稳定完善土地承包关系工作现场会，市委办公室下发《关于进一步稳定和完善农村土地承包关系的通知》，对农村土地开展第二轮承包工作。第二轮承包坚持“大稳定、小调整”的原则，在稳定原有承包关系的基础上，以顺延承包为主，把家庭承包方式的土地承包期再延长30年，对承包土地的农户重新签订承包合同，并发放土地承包经营权证书。有些地方实行的“两田制”和一些地方随意扩大“机动地”比例的现象，中央、省明确提出不再提倡“两田制”，已经实行的要按规定进行整顿，全部实行按家庭人口分配的“均田制”。原则上不再留机动地，已留有机动地的地方，机动地面积不得超过总耕地面积的5%，主要用于调节人地矛盾。到1999年4月，全市8323个村中第一轮承包到期的8312个村，有7926个村将承包期延长30年，占总村数的95.23%，发放土地承包经营权证99.5万份，占总户数的87%；实行“两田制”的村庄由1997年的986个降至150个。1999年年底，二轮土地延包工作基本结束，全市签订承包合同116.75万份，全市农村土地进入第二轮承包期，农民土地承包经营权被延长到30年。

2003年3月《中华人民共和国农村土地承包法》颁布,2004年10月《山东省实施〈中华人民共和国农村土地承包法〉办法》实施,规定承包期内,发包方不得调整承包地,不得收回承包地。将农民对土地的承包经营权以法律形式固定下来,赋予农民长期而有保障的土地使用权。以法律形式规定,国家实行农村土地承包经营制度;农村土地承包采取农村集体经济组织内部的家庭承包方式,不宜采取家庭承包方式的荒山、荒沟、荒丘、荒滩等农村土地,可以采取招标、拍卖、公开协商等方式承包;国家依法保护农村土地承包关系的长期稳定;耕地承包期为30年。

2006年,德州市全面取消农业税,种地农民不再向国家缴纳税费,并享受各项惠农补贴,土地承包经营权流转价格越来越高,农民种地收益提高。另外,第一轮土地承包后,部分村庄形成每三五年一调整土地等与法律相违背的村规民约等,有的因产业结构调整等重新调地,导致有的地方出现土地承包合同不规范,土地承包经营权证内容与实际地亩不符等问题。2007年6月,农业部等七部委下发《关于开展全国农村土地突出问题专项治理工作的通知》,德州市政府连续下发《关于进行农村土地突出问题专项治理工作的通知》《关于开展农村土地突出问题专项治理工作的意见》《关于换发补发农村土地承包经营权证实施方案》等文件,成立农村土地突出问题专项治理工作领导小组,对全市农村土地承包存在的突出问题开展全面治理。对农村土地承包情况重新入户调查摸底,对符合条件的换发全省统一印制的“农村土地承包经营权证书”,对存在问题的村庄采取整改一批,颁发一批。到2007年年底,完成摸底的村已达7694个,占总村数的92.4%,共清理整顿“两田制”的村26个,纠正违法调整土地的村80个,依法解决多留机动地面积4.2万亩,全市违法调整土地现象得到有效控制。2009年6月《中华人民共和国农村土地承包经营纠纷调解仲裁法》颁布实施,为调解仲裁工作提供了法律依据。到2011年年底,各县(市、区)均建立土地承包仲裁机构,开展调解仲裁土地承包纠纷,农民家庭承包经营关系得到进一步稳定。

第二节 农业经营体制改革

一、建立村合作经济组织

1983年春,各县(市)陆续实行政社分开,取消人民公社、生产大队、生产队,建乡(镇)、村(行政村)和生产小组(队)。

1990年11月,省委、省政府下发《关于加强村级组织建设的意见》,要求“根据经济发展和工作需要,逐步建立健全村合作经济组织。村合作经济组织要在党支部的领导下,担负起本村发展经济、积累资产、为农户提供服务的职能。”1991年,全区设立乡镇合作经济组织161个,社区性合作经济组织1.42万个,其中,以生产小队或组为范围设置的6134个,以生产大队(村)为范围设置的8014个,以联队或自然村为范围设置的20个。2009年年底,全市8294个村中,拥有独立的村集体经济组织4105个,村委会代村集体经济组织职能的4189个,组建集体经济组织1270个。

二、巩固发展村集体经济

1979年,全区农村生产大队和生产队的固定资产原值3.4亿元,在大包干的过程中,一些地方和单位过分强调“分”,到1983年,固定资产原值保留下来的仅有2.8亿元。1985年以后,省委、省政府明确提出把完善双层经营体制、发展壮大集体经济作为深化农村改革的重点。一是管好用好现有集体资金和固定资产,并以此为基础滚动发展;清理集体遗留的债权债务,回收农户对集体的欠款;管好用好原有集体资产。二是建立积累制度。对家庭承包方式以外的土地、果园等实行有偿承包,逐步增加资金积累。组织农民用好劳动积累工,兴办农田水利基本建设和其他集体事业,税费改革取消“两工”(义务工、积累工)后,启用“一事一议”筹资筹劳兴办村级公益事业,增加积累。三是建立为农户服务的组织,通过有偿服务,逐步发展为经济实体。1998年11月,宁津县柴胡店镇东崔村借本地发展蔬菜的优势,建立批发市场,成立宁津县东崔蔬菜产销专业合作社,年利润达300多万元,成为宁津县村级经济建设的领头雁。四是兴办村级企业。因地制宜,根据本村的资源和市场情况,发挥优势,扬长避短,由小到大,逐步发展。五是兴办集体经济内部的互助储金会和合作基金会,有偿使用农民手中的闲散资金,发展统一经营项目。但由于监督管理制度不够健全,全市大多数基金会亏损严重,1999年全部清盘关闭。但是,随着村提留和两工先后被取消,实行“两田制”的村庄逐步被清理整顿,以及经过农村土地突出问题专项治理,村集体能够以非家庭方式高价发包的耕地资源越来越少,多数没有村级企业,村集体经济发展出现严重不平衡现象。越来越多的村庄没有集体经营收入和发包收入,影响村级组织的正常运行和村级公益事业的建设。2003年全市没有经营收入的村庄为2365个,占被统计村数的28.5%,到2009年增加到4686个,占被统计村数的56.8%。

2006年,国家、省先后出台关于“一事一议”筹资筹劳的管理办法和意见,鼓励村级通过筹资筹劳方式开展村级公益事业建设,同年6月,市委、市政府“两办”印发《德州市村级“一事一议”筹资筹劳暂行管理办法》,2008年国家开始实施村级公益事业“一事一议”建设财政奖补试点工作,2009年,山东省确定在全省6个县市开展奖补试点,印发《山东省村级公益事业建设一事一议财政奖补专项资金管理暂行办法》,2009年,夏津、平原、乐陵、武城等7个县(市)2148个村通过开展“一事一议”筹资筹劳,兴办公益事业。夏津县当年被省列为财政奖补试点县,争取省财政奖补资金120多万元。2011年,全市有9个县(市、区)、64个乡镇、2206个行政村开展村级公益事业建设财政奖补工作,项目投资总额21254万元,其中村民筹资筹劳12580万元,财政奖补资金8674万元,有效促进了村级公益事业的建设,促进了农村生产生活条件的改善。2009年12月,市委、市政府两办印发《关于完善我市农村社区(村)组织运转经费保障机制的实施意见》的通知,要求各级通过完善村级经费保障机制,确保村级组织正常运转。同时加强农村“三资”(资金、资产、资源)管理。2010年12月,全市“三资”管理工作现场会在陵县召开,推广糜镇通过招标拍卖等形式盘活村级闲置资产的经验,力求集体资产保值增值和集体经济的发展。

三、推行土地承包经营流转

随着农村二、三产业和市场经济的发展,以及农业生产机械化程度的提高,农民非农就业机会增加,农村劳动力加速从传统种植业向非农产业转移。2009年,全市119.59万农户中,纯农户95.51万户,占79.9%,有21%的农户从事非农业经营;全市222.84万劳动力中,外出务工的达到65.03万个,占29.18%;常年到乡镇以外务工劳动力达到43.34万个,占19.45%。妇女和老年人成为农业生产的主力,部分家庭生产出现劳动力短缺,土地承包经营权流转需求日益增强。2008年,全市有土地流转的村4464个,占总村数的53.85%,涉及农户6.04万户,占农户总数的5.24%,土地流转面积31.79万亩,农户自发流转面积占到88%。

2009年9月27日，市委、市政府以两办文件下发《关于推进农村土地承包经营权流转工作的实施意见》，同年11月25日，在平原县召开全市农村土地承包经营权流转现场会，学习借鉴平原经验，建立健全县、乡、村三级流转服务网络，县级建立农村土地承包经营权流转信息库，乡镇要建立农村土地承包经营权流转服务中心，村级要建立土地流转服务站。鼓励土地流转合作社等民间组织参与土地流转。截至2011年年底，全市建立乡镇土地流转服务中心113个，成立农村土地流转合作社128家，全市土地流转面积达到78.43万亩。

第三节 农业产业化经营

随着农村土地家庭承包经营制度的建立，对农业产业组织形式提出新要求。1988年，地委、行署先后多次派参观考察团赴潍坊、诸城等地学习，在全区推广借鉴外地经验。1993年，在总结各农业产业一体化经营先进经验的基础上，省委、省政府在全国率先提出"确立主导产业、实行区域化布局、依靠龙头企业、发展规模经营"的农业产业化发展思路，德州地委、行署确立"以经济效益为中心，以科技为先导，以农民增收、农业增效、农村稳定为目标，面向国内外需求调结构，立足资源优势抓加工，多管齐下拓市场，依托合作经济组织搞服务，创新完善运行机制，构筑贸工农一体化，产加销一条龙的新格局"的指导方针，规划全区"北枣西棉、中牧南菜"的产业发展布局，制定相应扶持政策推进农业产业化经营，形成包括龙头企业带动型、中介组织带动型、市场带动型、科技服务带动型、"公司+合作组织+农户"、"公司+基地"等多种农业产业化经营形式。

一、培植壮大农业产业化龙头企业

全市各地引导农村加工、供销企业介入农业并充当龙头，使农业生产开始从产中向产前、产后延伸，实行产加销一体化经营。把扶持龙头企业建设、加快龙头企业群体扩张作为关键环节来抓。突出抓好粮食加工、畜产品加工和果品蔬菜贮藏保鲜、运输及深加工企业建设。一是通过深化改革、盘活存量资产、加快技术改造、引进资金、人才等办法，最大限度地利用供销、粮食系统的闲置资产来发展农产品深加工。截至2000年年底，全市农口系统盘活旧资产工作基本结束，总计盘活存量资金43.1亿元，盘活市县各级企业273家。二是对发展潜力大、效益好、信誉、产品知名度较好，但规模小的企业通过股份制改造、银行重点倾斜等措施，扩大规模，增强辐射带动能力。2001年年底统计，"九五"计划内全市扶持农业龙头企业方面财政共计7.8亿元，银行信贷10.1亿元，通过扶持和扩建，将德州扒鸡厂改造为德州扒鸡集团有限公司，总资产达2.6亿元，成为首批省级龙头企业之一。2004年，争取到省农业产业化财政贴息资金、省扶贫专项贴息贷款1960万元，集中用于对10家市级以上龙头企业进行扶持。2006年，争取省级农业产业化龙头企业贷款贴息385万元。2009年，为禹城保龄宝、陵县谷神等12家重点龙头企业争取贷款贴息资金754万元，列全省第二位，解决企业发展资金1.5亿元。组织21家龙头企业参加山东省名优农产品及食品深圳展示订货会，签订销售订单4.7亿元。2010年，共为6家龙头企业争取贴息贷款4.41亿元，列全省前位。2011年，共为17家龙头企业争取贴息贷款9.8亿元，列全省前位；落实省农业产业化龙头企业贷款贴息899万元，居全省前列。2011年，2家企业获批全省首批出口农产品质量提升示范企业创建项目，争取省财政补助资金70万元。

截至2001年年底，全市龙头企业发展到278家，带动基地286.5万亩，其中省级龙头企业5家，市级龙头企业44家。同年，禹城市的环禹集团和庆云县的东渡公司被列入省级龙头企业。2003年，全市农业龙头企业发展到614家，其中省级龙头企业达到10家，市级龙头企业达到42家，年销售收入过亿元的26家。德州扒鸡集团、夏津发达面粉有限公司等5家企业逐步达到国家级企业标准。龙头企业带动各类基地260万亩，带动农户30万家，人均增收75元。2004年，德州扒鸡、中澳集团双双跨入国家级重点龙头企业行列，实现“零”的突破。2005年，全市新增省级龙头企业13家，增幅居全省首位，全市共有各类农业产业化龙头企业690家，其中，国家级龙头2家，省级23家，市级95家，经营领域涵盖粮棉油、肉蛋奶、林果菜等产业。372家规模以上龙头企业拥有固定资产85.4亿元，年销售收入224亿元，上缴税金6.3亿元，带动农民增收6亿元。特别是台湾旺旺食品、香港华茂实业、光明乳业、双汇、金锣等知名企业在德州落户，龙头企业呈现“巨龙腾飞、群龙共舞”的格局。全市农业龙头企业共建立各类生产基地300万亩，养殖小区2750个，订单面积突破150万亩，合同养殖率超过60%，带领全市55.2万个农户进入产业化轨道。

2007年年底，全市农业龙头企业发展到700家，规模以上龙头企业256家，其中国家级3家、省级22家、市级152家。规模以上龙头企业实现销售收入512亿元，税后利润35.9亿元；建立各类生产基地410万亩，订单面积200万亩，规模养殖基地1550处，带动74.4万个农户进入产业化经营轨道，户均增收1000多元。2008年，希森三和集团、陵县谷神集团双双跨入国家级重点龙头企业行列，禹城福田药业等8家晋级省级重点龙头企业。到2011年，新增国家级龙头企业3家，分别为山东飞达集团有限公司、山东鼎力枣业食品集团有限公司和武城县英潮经贸有限公司，规模以上企业达到718家，其中国家级8家、省级34家、市级235家；新增投入180亿元、实现销售收入1327亿元、利税126亿元。

二、成立农民专业合作社

农村实行家庭联产承包责任制，一家一户在发展生产和经营项目上遇到许多自身难以解决的问题。1984年全省农村工作会议提出要建立健全新的专业性合作经济组织，加强产前产中产后服务工作。改革政社合一体制，成立乡(镇)政府和村民委员会的同时，要建立起社区性合作经济组织。

20世纪80年代末和90年代初，各县(市)对建立产、供、销一体化和实行科、物、政三结合等服务组织形式进行探索，1990年，禹城市科、物、政(科技、物资、政策)集团承包的经验在全省推广。到1991年统计，全区设立乡镇合作经济组织161个，设立社区性合作经济组织14168个，其中，以生产小队或组为范围设置的6134个，以生产大队(村)为范围设置的8014个，以联队或自然村为范围设置的20个。设立专业性合作、联合组织23259个，其中涉及农业、工业、建筑业、运输业、商饮服务业等生产经营合作、联合组织6156个，涉及耕作、灌溉、植保、畜禽防疫、购销等生产、服务合作、联合组织16934个，涉及种植、养殖、加工类的专业协会(包括技术研究会)102个。1997年8月临邑县临盘街道鱼鸭混养协会成立，1998年11月，宁津县柴胡店镇东崔蔬菜产销合作社产生，到2007年全市拥有各类专业合作经济组织1532个。2007年7月1日《中华人民共和国农民专业合作社法》实施。截至2011年年底，全市在工商部门注册登记农民专业合作社6755家。其中省级农民专业合作社示范社60家，国家级农民专业合作社示范社33家。

三、建立涉农专业批发市场

随着农村商品经济日趋活跃，需要培育一

批专业性强、交易量大、带动一方产业发展的农产品批发市场。2001 年，全市投资 1 亿多元，新建扩建专业批发市场 38 个，市场总数达到 136 处，年交易额达 100 亿元。武城辣椒市场全年交易额 6 亿元，夏津棉花市场、宁津粮食市场年交易额达到 5 亿元，乐陵杨安镇调料市场年交易额突破 8 亿元。同时，积极开拓外地市场，通过参加多种交易会、洽谈会，与销地建立友好协作关系，发展订单农业，大蒜、土豆、洋葱、辣椒等瓜菜订单面积已占种植面积的 50% 以上。2006 年，全市 136 处农产品批发市场交易额过亿元的 32 处，过 5 亿元的 10 处。庆云蔬菜市场被列入全国首批“双百市场工程”，宁津东崔蔬菜市场进入全国农产品市场 50 强。全市有农业部定点市场达到 5 处，位居全省前列。德州已成为鲁西北、冀东南区域性农产品信息物流、价格形成和市场交易中心。2007 年年底，武城辣椒市场被农业部批准为定点市场。2011 年，6 个部级定点批发市场交易额 146.7 亿元。农产品批发市场的发展，促进了全市农产品流通，对农民致富增收起到积极作用。

第四节 国家惠农补贴与农业项目投资

一、粮食直补和农资综合补贴

2004 年开始，国家对农村粮食生产实施直接补贴（简称“粮食直补”），2006 年开始实施农资综合补贴，补贴作物均为小麦。补贴工作大体分为面积核定和资金兑付两个步骤。经公示期确认无误后，逐级上报，最终确定小麦种植面积。小麦种植面积核定无误后，由财政部门按照发放标准，将补贴资金通过“一卡通”直接发放给农民。2004 年，德州市补贴小麦 532.4 万亩，每亩补贴 13 元，共补贴资金 6921.2 万元，之后补贴面积逐步增加。自 2006—2011 年，粮食直补补贴标准由 13 元/亩增至 14 元/亩，农资综合补贴标准由 14.2 元/亩逐步增至 106 元/亩。至 2011 年，全市累计补贴小麦面积 5278.6 万亩，累计补贴资金 30.8 亿元。

二、农业保险补贴

20 世纪 80 年代初期，国家恢复商业保险机构，农业保险工作按照商业保险模式经营，商业保险公司经营的农业保险业务基本处于亏损状态，出现农民保不起，保险公司赔不起的局面，致使农业保险业务迅速萎缩。

2007 年 9 月，根据省政府办公厅《关于进一步扩大全省政策性农业保险试点工作的意见》，德州市开始开展政策性农业保险试点工作，其中临邑县被确定为全市第一个政策性农业保险试点县。政策性农业保险按照“政府引导、市场运作、自主自愿、协同推进”的原则，由政府推动，农户投保，政府对农户进行保费补贴，专门为农民在种植或养殖过程中，遭受灾害所造成的经济损失提供保障的一种保险。2008 年全市试点县扩大为临邑县、齐河县、夏津县、武城县、乐陵市、禹城市 6 县（市）。试点险种为小麦、玉米、棉花 3 大主要农作物。其中，临邑县、齐河县、夏津县、乐陵市由人民财产保险德州分公司承保，禹城市、武城县由中华联合财险德州中心支公司承保。保费和保险金额分为相应档次（表 9－1）。保险责任包括因火灾、雹灾、风灾、冻灾、涝灾、旱灾等造成的灾害损失，保险费率不同，保险责任不同。2009 年山东省发布《山东省政策性农业保险 2009 年试点实施方案》对试点险种条款进行修改，保费和保险金额相应有所调整（表 9－2）。

2008—2011 年，全市农业、畜牧业投保，各级补贴比例分别为：2008 年临邑县、齐河县、禹城市、乐陵市、夏津县由中央、省财政补贴 60%，市级补贴 6%，县级补贴 14%，农户承担 20%；列入全省 30 个贫困县的武城县由中央、省财政补贴70%,市级补贴3%,县级补贴7%,农户承担20%;政策性能繁母猪保险保费补贴为中央、省财政补贴48%,市补贴3.2%,县补贴28.8%。2009年,农作物保费由中央、省补贴2190.99万元,市、县配套654.9万元,农户自缴711.47万元;2010年,农作物保费由中央、省财政资金1547.17万元,市级财政补贴124.36万元,县级财政配套290.19万元,农户自担保费490.43万元。2011年,农作物保费由中央、省补贴3865.74万元,市、县配套1135.01万元,农户自缴1250.19万元。

2008年德州市农作物等保费、保险金额及补贴情况表

表9-1　　单位:万元

险种	档次	保险费	财政补贴比例	农户承担比例	保险金额
小麦	1	5	80%	20%	200
	2	8			500
玉米	1	3			300
	2	4			400
	3	5			500
棉花	1	9			300
	2	18			600
	3	24			800
能繁母猪	1	60			1000

2009年德州市农作物等保费、保险金额及补贴情况一览表

表9-2　　单位:万元

险种	档次	保险费	财政补贴比例	农户承担比例	保险金额
小麦	1	5	80%	20%	200
	2	8			500
玉米	1	6			300
棉花	2	8			400
	1	18			600
能繁母猪	1	60			1000

三、良种补贴

良种补贴工作自2005年开始实施。补贴标准为:小麦、玉米10元/亩,水稻15元/亩。补贴方式为:小麦统一供种,玉米、水稻直接发放补贴资金。2005—2011年,全市共实施小麦良种补贴面积3270.8万亩,补贴资金32708万

元;玉米良种补贴面积2431.2万亩,补贴资金2.43亿元。水稻良种补贴面积1.74万亩,补贴资金26.1万元。

（一）小麦良种补贴。小麦良种补贴从2005年开始实施,补贴标准10元/亩。2005年、2006年全市各实施小麦良种补贴面积290万亩,补贴资金2900万元。其中:齐河、禹城各40万亩;陵县、临邑、宁津、乐陵、平原各30万亩;武城、夏津、庆云各20万亩;2007年实施小麦良种补贴面积260万亩,其中:齐河、禹城各40万亩;陵县、临邑、乐陵、平原各30万亩;武城、夏津、庆云各20万亩;2008年实施小麦良种补贴面积380万亩,补贴资金3800万元。其中:齐河、临邑各55万亩,陵县50万亩,禹城45万亩,乐陵40万亩,平原、宁津各30万亩,夏津、武城、庆云各20万亩,德城区15万亩;2009年之后国家加大良种补贴力度,良种补贴项目实现全覆盖,当年实施小麦良种补贴652.6万亩,补贴资金6526万元。2010年,小麦良种补贴面积700.7万亩,补贴资金7007万元。2011年,小麦良种补贴面积697.5万亩,补贴资金6975万元。

（二）玉米良种补贴。玉米良种补贴自2006年开始实施,2006年、2007年各实施玉米良种补贴面积20万亩,补贴标准10元/亩,补贴资金200万元,涉及齐河、德城区各10万亩。2008年,国家加大补贴力度,全市实施玉米良种补贴面积330万亩,每亩补贴10元,补贴资金3300万元。其中:齐河60万亩,陵县、禹城、临邑各45万亩,乐陵40万亩,平原30万亩,宁津20万亩,庆云15万亩,德城区、夏津、武城各10万亩。2009年,实现全覆盖,当年共玉米良种补贴面积659.8万亩,补贴资金6598万元。2010年,玉米良种补贴面积698.9万亩,补贴资金6989万元。2011年,玉米良种补贴面积702.5万亩,补贴资金7025万元。

（三）棉花良种补贴。2007—2008年,国家对植棉面积连续3年超过20万亩的植棉大县实行棉花良种补贴,德州市有夏津、武城、陵县、乐陵4县市105万亩棉田享受补贴,每亩补贴15元,年补贴资金1575万元。具体操作方式,由省政府统一招标采购将良种发放到农民手中。2009年,国家对所有棉田实施良种补贴全覆盖,全市补贴面积230.5万亩,每亩15元,全市享受补贴资金3457万元。2010年,山东省改变棉花良种补贴方式,根据植棉面积对棉农进行直接补贴,全市植棉面积155.45万亩,补贴资金2331.75万元。2011年,补贴面积149.6万亩,获补贴资金2244.4万元。

（四）水稻良种补贴。因地理及历史原因,水稻种植面积不大,仅限于齐河县南部种植。水稻良种补贴项目自2008年开始实施,补贴标准15元/亩,补贴资金通过“一卡通”直接发放给农户,2008年,补贴面积0.38万亩,补贴资金5.7万元;2009年,补贴面积0.35万亩,补贴资金5.25万元。2010年,补贴面积0.51万亩,补贴资金7.65万元。2011年,补贴面积0.5万亩,补贴资金7.5万元。

四、粮食大县财政奖励补助资金

2005年开始,中央财政设立产粮大县奖励专项,对全国1000多个产粮大县进行奖励。2011年,中央财政对产粮(油)大县重奖,全省99个县获奖,重奖资金8亿元,德州市有10个县获奖,获得奖励资金1.44亿元,占全省1/6。全省奖励7个超级大县,其中齐河县、陵县、禹城市、临邑县获超级奖励,共获奖励资金5266万元。

五、农业基本建设项目

1996年,国家计委、农业部、水利部联合发文,批准建设乐陵市全国“九五”第一批商品粮基地,到2011年陵县、乐陵市、平原县实施基层农技推广服务体系建设项目,全市共实施农业基本建设项目34项,总投资11935.03万元,其中,国家投资7414万元,地方配套资金2308.13万元,自筹资金累计2212.9万元。

1996—2011年德州市农业基本建设项目投资一览表

表9-3　　单位:万元

建设年份	项目名称	总投资	国家投资	地方资金	自筹资金	完成年份
1996	乐陵市全国"九五"第一批商品粮基地	474	155	319	—	2000
1998	德州市国家农作物品种区域试验站	100	50	50	—	2000
1998	德城区东七蔬菜批发市场大屏幕信息发布系统	15	5			2004
1999	庆云县农业技术推广服项目	98	20	78	—	2000
2000	平原县蔬菜果品市场信息发布系统	10	10	—	—	2002
2001	庆云县优质棉花生产基地	325	130			2002.9
2001	宁津县优质棉花生产基地	325	130			2003.7
2001	临邑县"十五"第一批国家节水农业示范基地	125	50	75	—	2003
2001	禹城市种子基地项目	840	420			2004
2002	德州市农业信息体系项目	285	95			2003
2002	宁津县东崔蔬菜批发市场信息发布系统	40	10	10	20	2003
2002	农村户用沼气综合利用项目德州市德城区项目区	285	95	190	—	2004.8
2002	山东省沃土工程项目	80	40	40	—	2003
2003	夏津县"十五"第二批优质棉花生产基地建设项目	280	140			2004
2003	平原县旱作农业示范基地项目	300.3	200	100.3	—	2004
2004	夏津县农业有害生物预警与控制站	411.57	250	160	1.57	2006
2004	德州市农作物种子质量监督检测中心	258.08	210	48		2006
2004	陵县农业有害生物预警与控制区域站	378	210	68	—	2006

续表 9－3

建设年份	项目名称	总投资	国家投资	地方资金	自筹资金	完成年份
2004	山东省农产品质检中心德州分中心	80	40	40	—	2006
2005	乐陵市农业有害生物预警与控制区域站	376	315	61	—	2007
2005	禹城市农业有害生物预警与控制区域站项目	378	315	63	—	2007
2006	陵县标准粮田建设项目	810. 1	580	230		2008
2006	陵县棉花良种繁育基地项目	687	460	227	—	2008
2007	乐陵市标准粮田项目	964. 83	640	324. 83	—	2008
2007	武城县棉花生产示范基地项目	293	195	98	—	2009
2007	禹城市标准粮田项目	584. 71	390	167	27. 71	2009
2008	陵县标准粮田建设项目	423	300	123	—	2008
2008	乐陵市标准粮田建设项目	435	300	135	—	2008
2008	禹城市标准粮田建设项目	443	300	143	—	2008
2008	夏津棉花良种繁育基地项目	532	355	177	—	
2009	德州市农科院小麦原种繁育基地项目	254. 44	100	100	54. 44	
2011	禹城市棉花生产示范基地建设项目	470	295	175	—	
2011	德州市国家级农作物品种区域试验站（二期）建设项目	282	220	62	—	2013
2011	陵县、乐陵市、平原县基层农技推广服务体系建设项目	288	144	144	—	

第二章　农业区划与结构调整

第一节　农业区划

1986年，随着国家农业政策调整和农业生产技术进步，农业区划随之变动，农业生产逐渐向优势区域集中。1990年，全市总体布局为“二分粮田一分棉”。粮食生产主要分布在陵县、齐河、禹城、平原、宁津、乐陵、临邑7县（市），产量占全市总产的80.73%；棉花主要集中于陵县、夏津、宁津、齐河、乐陵、临邑、禹城、平原、武城9县（市），产量占全市总产的95.23%。20世纪90年代陵县、乐陵、宁津、夏津、平原已成为全国著名的棉花生产大县。1992—1993年，棉花生产遭遇特大病虫害陷入低谷，禹城、齐河、宁津、平原棉花种植面积大幅度下降，蔬菜面积扩大，棉花分布区域向夏津、武城、陵县、临邑集中，4县占全市棉花面积的67.66%，产量占全市总产的61.1%。粮食生产向中东部、南部集中，乐陵、禹城、陵县、平原、齐河、临邑6县（市）面积占全市的67.63%，产量占全市总产的69.75%。1995年，全市采取“稳粮保棉增效益”的方针，棉花生产得到恢复，主要分布在夏津、武城、临邑、陵县、乐陵、平原。

第一次农业生产区域划分

1985年，根据自然条件和经济技术发展水平、农作物分布，全市划分5个农业生产区域：

马西卫东棉粮林区　位于德州市西南部，南邻聊城市，西隔卫运河与河北省相望，包括夏津全县12个乡镇，武城全县8个乡镇，共900多个行政村，土地总面积1632.88平方千米，占全市总面积的15.77%。耕地10.62万公顷，垦殖率65.07%，为全市最高，人均耕地0.143公顷，劳均耕地0.274公顷，接近全市平均水平。

该区特点是地高、土劣、水缺，农业区以植棉为主，武城、夏津植棉历史久远，是国家重点产棉大县，特别是夏津县因生产的棉花多且质优，历史上素有“银夏津”之称。2001年，两县植棉面积5.81万公顷，占耕地的59.31%，占全市棉田面积的31%，总产皮棉71750吨，占全市棉花总产量的31.5%，面积和产量均为各农业区之首。优势农产品市场及龙头企业基础较好。区内建有营销范围较广的棉花、辣椒等专业批发市场和面粉、棉纺、食用菌等农产品加工企业。

该区的经济特点是农民收入较少。其中夏津县为全省贫困县之一，农民人均纯收入低于全市水平，武城较夏津略好，人均纯收入相当于全市平均水平。

马西漳南菜粮果区　位于德州市西北部，包括陈公堤高地中北部和漳卫新河南侧高地中西部。包括平原县马颊河西恩城镇、王杲铺镇、王打卦镇和南部王庙镇、张华镇，德城区6个乡镇和3个涉农街道，宁津县中西北部的9个乡镇，共涉及3县23个乡镇133个行政村，土地总面积14.85万公顷，占全地区总面积的15.2%。有耕地86966公顷，垦殖率57.88%；农民人均耕地0.13公顷，劳均耕地0.255公顷。

该区特点是地高、土好、水较缺。区域内水

文地质条件较好，大部为宜井区，但补源条件差，地表水少，引黄困难，水资源不足。该农业区粮棉生产基础好，为粮棉生产的精种高产区，2001年粮食平均单产6540公斤/公顷。瓜菜果面积大，产量高。该区为德州西瓜原产地。该农业区蔬菜面积大，播种面积占耕地面积的46.7%，蔬菜总产占全市总产的22.4%，尤其保护地蔬菜为多。梨和苹果在该区栽培历史悠久，是德州地区集中产区之一。2001年，果园面积7034公颂，为各农业区最多，主要分布在陈公堤高地东部和德州市郊区。以养鸡为主的养禽业发展快，效益高，比重大。2001年，家禽饲养量2132.72万只，占全地区饲养量的27.3%。

该区紧靠德州市区，交通方便，大部地段城乡经济联系密切，资金来源较广，农村经济发展较快。2001年，该区人均纯收入2756元，为全市各农业区之首。

马漳下游枣粮区　位于德州市东北部的三河（马颊河两侧，北临漳卫新河，南靠德惠新河）下游，包括宁津县东部的柴胡店镇、杜集镇，乐陵全市16个乡镇，庆云全县8个乡镇，共计1628个行政村，土地总面积1891.37平方千米，占全市土地总面积的20.87%。区内有耕地11.51万公顷，垦殖率60.87%，农村人均耕地0.127公顷，劳均耕地0.248公顷。另有荒地11733公顷，略少于中部农业区。

该区地貌以坡洼地为主，是全市地势最低的农业区，农业生产以粮棉生产为主，枣粮间作面积大，产量高。乐陵为金丝小枣原产地，枣粮间作历史久，小枣产量高，向西扩展到宁津东部，向南扩展到陵县和临邑北部，已形成农业生产中的一大优势。该区种植业以粮食生产为主，面积比重大，生产水平较高。2001年，粮食种植面积仍有12.04万公顷，占该区播种面积的108.58%，粮经比例63∶37，比重之大列全区之首。蔬菜种植面积一般年份均在2多万公顷，是蔬菜生产的集中产区。养羊和养禽业有一定基础。该区饲料、饲草资源比较丰富，储运条件较好。80年代一度成为全市羊肉和禽蛋的重要产区，户均养羊达全市平均数的2倍，劳均产羊肉比全市平均水平高60%，劳均生产禽肉为全市平均数的4倍，生产禽蛋为全市平均数的2倍。

该区经济条件差，技术装备水平低，且多灾低产，经济基础薄弱。2001年，区内农民人均收入2471元，为各县最低，比全市平均低131元。

德州中部棉粮牧区　位于德州市中部，包括平原县的马颊河以东6个乡镇，陵县全县的12个乡镇，临邑县中北部的8个乡镇。共有2305个行政村，耕地16.69万公顷。土地总面积2738.46平方千米，占全区总面积的26.44%。垦殖率60.93%，农村人口人均占有耕地0.17公顷，劳均耕地0.31公顷，均为各农业区均值最高区。全区有荒地2万公顷，为各农业区荒地最多，是土地利用率较低，后备资源较多的一个农业区。

该区地貌以坡地为主，地势缓平，高坡洼相间。新辟德惠新河后，抗旱排涝能力已大为增强，到2001年，有效灌溉面积达11.82万公顷，占耕地面积的84%，是全区灌溉面积较大的农业区。

该区以粮棉菜生产为主，粮棉单产水平为全市最高，是全市主要粮食生产基地。畜牧业基础好，畜禽数量多。2001年，畜牧业产值达到11.19亿元，占农林牧渔产值的26.1%，在5个农业区中产值均为比重最高。农机装备水平较高，机械化水平为全市各农业区较高值。林果业基础差，潜力大。除东西沙河绿化较好外，成片林地较少，发展林果的潜力较大。该区荒地大部分宜林。

2001年,该区平均农民人均纯收入2609元,相当于全市平均水平。

德州南部菜粮牧区　位于德州市南部的黄河以北徒骇河两侧,包括齐河全县14个乡镇,禹城全市12个乡镇,临邑县南部2个乡镇,区域内有2167个行政村,该区土地总面积15.30万公顷,农民人均耕地0.15公顷,劳均耕地0.28公顷,是土地资源较多的一个农业区。

该区水文地质条件较好,水资源丰富,历来以生产粮食为主,生产基础好,瓜菜发展快,主要为小麦、玉米、大豆。近几年随着农业生产结构调整,压粮扩菜,加快了蔬菜发展,但粮经比例仍达58∶42。2001年粮食播种面积13.70万公顷,占耕地面积的89.5%,略低于马颊河下游地区,在5个农业区中列第2位。总产粮食89.34吨,农村人口平均生产粮食864公斤,少于中部地区亦列第2位。2001年,蔬菜播种面积6.06万公顷,占耕地面积的44.5%,面积大而比例少于马西地区,蔬菜产量位于各农业区之首,特别是保护地栽培蔬菜远销京津和东北地区。

2001年,该农业区农民人均纯收入2658元,比全市人均高56元,在五个农业区中低于马西农业区而居第二位。

第二次农业生产区域划分

2001年后,随着国家对农业的重视,一系列强农惠农政策相继出台,激发了农民的生产积极性。粮食种植面积不断扩大,棉花生产更加集中。2004年,禹城、乐陵、齐河、宁津、平原、陵县、临邑被国家列为小麦、玉米优势产区;除德城区外的10个县(市)被列为棉花优势产区;夏津、陵县、武城、宁津、乐陵棉花总产进入全国百强县,分别位居6、28、44、54、58位。当年根据自然资源、生产条件和优势农产品区域分布、农产品生产情况及潜力,开展农业资源更新调查与区划研究,将全市重新划分为西部棉粮林区、东北部枣粮菜区、中部粮牧区和南部粮菜牧区4个生产区。

西部棉粮林区　包括夏津县全部、武城县9个乡镇和平原县的王杲铺镇、恩城镇、王打挂镇、腰站镇、张华镇,共26个乡镇(街道),1176个行政村,土地总面积1968.23平方千米,占全市总土地面积的19%,耕地总面积12.73万公顷,农业人口人均耕地0.15公顷。3县均为全国2004年划分的棉花优势生产区,其中平原县为全国优质小麦、玉米优势生产区。

东北部枣粮菜区　位于漳卫新河南侧高地和德州市东北部三河(马颊河两侧、漳卫新河南侧、德惠新河以北)下游,包括宁津县、乐陵市和庆云县全部,共计3县(市)、36个乡镇(街道)、2323个行政村,土地总面积2507.53平方千米,占全市土地总面积的24.21%,耕地面积15.66万公顷,农民人均耕地0.13公顷。宁津、乐陵是全国2004年划分的优质小麦、玉米优势生产区域,3县市均为全国棉花优势生产区。

中部粮牧区　位于德州市中部,包括平原县的马颊河以东6个乡镇,陵县全部,临邑县中北部的7个乡镇和德城区11个乡镇(包括3个街道),共有36个乡镇(街道),2567个行政村,土地总面积3141.52平方千米,占全区总面积的30.3%。耕地面积18.24万公顷。垦殖率60.93%,农民人均耕地0.16公顷,均为各农业区均值最高区。陵县、临邑是全国2004年划分的优质小麦、玉米、棉花优势产区。

南部菜粮牧区　位于德州市南部的黄河以北徒骇河两侧,包括齐河全县14个乡镇、禹城全市11个乡镇、临邑县南3个乡镇共28个乡镇,2167个行政村,土地总面积2739.59平方千米,耕地15.24万公顷,农民人均占有耕地0.16公顷。

第三次农业生产区域划分

2004年后,随着国家减免农业税和粮食生

产补贴、生产资料综合补贴、农作物良种补贴、农机购置补贴的“四补一免”和农业生产保险等政策的实施，农民种粮热情空前高涨。《全国优势农产品区域布局规划（2008—2015）》发布后，禹城、乐陵、陵县、临邑、宁津、齐河、平原7县市再次列为优质小麦、玉米优势产区，除德城区外的10县（市）列为棉花优势产区，《山东省农业功能区划方案》将德州市定位为“鲁北低洼平原大宗农产品供给功能区”，明确了德州农业的发展方向。2009年，全国新增千亿斤粮食规划，全市除德城区和夏津外其他9个县市列入其中。农业政策的引导、农业技术的发展和农业结构的调整等一系列内外部因素，引导着全市农业区域布局向着大规划、大片区、重优势、强功能方向转变。根据各县（市、区）的资源和发展现状、发展规划，结合行政区划，全市形成西部棉粮菜区、中部粮菜棉牧渔区、东部粮棉果菜牧区3大区域。

西部棉粮菜区　位于德州市西南部，包括夏津县和武城县的22个乡镇（街道），593个行政村、居，总人口89.91万人，其中农业人口67.66万人，土地总面积1633平方千米，占全市土地总面积的15.77%，人口密度550人/平方千米。2009年耕地总面积9.30万公顷，占全市的17.21%，垦殖率56.91%，农业人口人均耕地0.14公顷，是三区中人均耕地资源最多的区；农林牧渔总产值60.52亿元，占全市的14.95%，其中农业产值38.21亿元，占全市的16.97%，农民人均纯收入6054元，为三区中最低。夏津、武城均为2004年、2008年规划的全国棉花优势产区，同时武城又是“全国新增1000亿斤粮食规划”县。农业生产以棉花、粮食为主，2009年，区内棉花种植面积和产量分别为61075.2公顷和8.3万吨，均占全市的40%左右，面积和产量均为各农业区之首。

中部粮菜棉牧渔区　位于德州市中部，包括平原、陵县、临邑、禹城、齐河和德城区，共75个乡镇（街道），1794个行政村、居，总人口332.59万人，其中农业人口218.11万人，人口密度为535人/平方千米。土地总面积6216平方千米，占全区总面积的60.02%，耕地面积28.28万公顷，垦殖率45.49%，农民人均耕地0.13公顷。陵县、平原、禹城、齐河、临邑是2004年、2008年全国优势农产品规划中的优质小麦、玉米、棉花优势产区。2009年农林牧渔总产值238.59亿元，占全市的59%，其中农业总产值126.09亿元，占全市的56%。该区经济条件较好，2009年，农民人均纯收入6198元，比全市平均水平高60元，是三区中最高的。

东部粮棉果菜牧区　位于漳卫新河南侧高地和德州市东北部马颊河、漳卫新河、德惠新河的下游两侧，包括乐陵市、宁津县和庆云县全部，共37个乡镇（街道），1186个行政村居，总人口146.5万人，人口密度584人/平方千米，农业人口116.64万人。土地总面积2507.53平方千米，占全市土地总面积的24.21%。耕地面积13.72万公顷，垦殖率为54.73%，农民人均耕地0.12公顷，是三区中人均耕地最少的区。2009年，区内农林牧渔总产值105.31亿元，占全市的26.04%。其中农业产值60.87亿元，占全市27.03%，农民人均纯收入6097元，低于全市人均水平41元。宁津、乐陵是2004年、2008年全国规划的优质小麦、玉米优势产区，乐陵、宁津和庆云3县（市）均为全国棉花优势产区。其中，庆云县是国家扶贫开发重点县，农民人均纯收入比全市农民人均纯收入低200元。

第二节　种植结构

一、第一次种植业结构调整

20世纪80年代初期，按照“粮棉一齐抓，重点抓棉花”的方针对农业结构进行调整，1979—1984年，棉田面积每年增加50万亩，总产每年增加6万吨，同期粮田面积每年减少30多万亩，而总产却每年增加13万多吨，出现“棉花促着粮食增，粮食保着棉花上”的良好局面。短时间内解决了温饱问题，农民收入水平也得到大幅度提高。1984年，棉花种植面积达395.8万亩，总产36万吨，产量为历史最高，占当年全国棉花总产的1/10和全省棉花总产的1/3。粮经比例为45:55。1988年，全市植棉433.43万亩，为历史面积最大。之后，由于植棉效益下降，棉花面积不断减少，粮食面积逐渐扩大。

棉花收购站　　(1986年　摄)

二、第二次种植业结构调整

20世纪90年代初，为提高农业综合效益，1993年，地委、行署确定再次调整种植业结构，大力发展以畜牧、蔬菜、林果、水产为重点的多种经营，菜、果、桑等面积大幅度增加。1997年，市委、市政府把农业结构调整作为发展农村经济、增加农民收入的关键举措，进一步加大工作力度。全市确立粮棉、畜牧、蔬菜、林果、水产、花卉6大主导产业，按照“三扩三压”(即扩大优质专用粮食生产，压缩普通粮食生产；扩大优质高效经济作物生产，压缩普通经济作物生产；扩大出口创汇产品生产，压缩缺乏市场竞争优势的农产品生产)的思路进行农业结构调整，初步形成“北枣西棉，中牧南菜”的发展框架。到1999年年底，全市粮食作物种植面积1056.5万亩，总产433.5万吨；棉花84.3万亩，总产6.7万吨，棉花生产降至历史低点，蔬菜面积增加至221.5万亩，产量增加到563.7万吨。

三、第三次种植业结构调整

第三次结构调整从2000年开始，主要表现为质的调整。基本趋势是趋向优质高效，全面提高农产品质量，改善粮、棉、菜品质。全市按照“稳定数量、提高质量、优化结构、增加效益”的指导思想，制订全市农产品结构调整总体规划。经过调整，种植业内部的优质高效专用农作物品种所占比例不断提高，高值高效田逐年增加，种植业产值和收入持续增长。2003年，按照“调高、调优、调出效益”的原则，适当压缩普通粮食种植，大力发展高产、优质、高效粮食和经济作物，在培强做大优势产业和主导产品、实行区域布局上迈出新的步伐。全市压减粮田面积48万亩，发展棉花294.46万亩，蔬菜种植面积达238.79万亩，粮经比例接近50:50。粮食播种面积783.77万亩，总产312.24万吨，其中，优质专用小麦、高油高蛋白玉米面积达到80%以上。棉花达到294.46万亩，是10年来面积最大的一年，成为农民增收的新亮点。蔬菜面积达238.8万亩，其中，精细瓜菜占90%以上，70%以上的蔬菜温室大棚采用在国内国

际领先的优良品种，经济效益提高20%左右。2007年，全市优质小麦、专用玉米种植面积均占总面积的90%以上，优质抗虫棉良种普及率达100%。棉花生产的区域性优势进一步突显，区域布局更加合理，夏津、陵县、武城、乐陵植棉面积达136万亩，占全市总面积的52%。蔬菜生产向无公害和名、优、特、稀方向发展，200万亩蔬菜实现总产650万吨，仅蔬菜一项农民人均现金收入超过1500元。2010年，按照“大规划、大调整、大流转、大整合、大发展”的工作思路，高标准制订实施《德州市优质安全蔬菜基地发展规划（2011—2015）》，确定到2015年蔬菜播种面积达到300万亩、总产达1020万吨、产值突破160亿元。2010年年底，全市有98个无公害农产品，96个绿色食品，62个有机农产品，认证面积180万亩，带动面积425万亩。一大批特色农产品生产基地的发展壮大，成为全市农业结构调整的新亮点和经济增长点。2011年，新建300亩以上设施蔬菜基地132个、1000亩以上露地蔬菜基地76个，新建高标准蔬菜园区39个，新增蔬菜面积41.1万亩，总面积达到126.5万亩，总产450.2万吨，实现产值98亿元，分别增长19%、23.1%和22.5%。面积、产量均占全省第三。大禹龙腾、国强亚联、德城裕农等蔬菜生产基地顺利与德百超市、扒鸡美食城、银座超市实现“农超对接”，月供量5万公斤左右。新增无公害农产品53个、绿色食品19个、有机转换产品3个。截至2011年年底，“三品”总数319个，认证面积182万亩，带动基地面积430万亩。新增食用菌403万平方米，总面积达到1800万平方米。新发展马铃薯10万亩，其中棉薯间作套种面积7万亩；夏津县5万亩套种马铃薯平均亩产2105公斤，在不影响棉花产量的情况下，仅此一项农民人均增收370元左右。153.5万亩棉花皮棉单产93.2公斤，总产14.3万吨，分别增长14.8%、5.9%，单产水平全省第一。

四、粮食作物种植投入产出

种粮农民享受国家粮食生产直接补贴、农资综合补贴、良种补贴等惠农补贴政策，从2011年粮食种植投入产出效益分析，承包土地种粮大户由于土地流转费较高，单位面积收益要低于普通农户收益，而规模效益要高于普通农户。

（一）普通农户种粮投入产出情况。普通农户种粮全年亩纯收入1708.9元，其中：小麦736.6元，玉米865.4元，支出黄河水费43.1元/亩，各类补贴150元（粮食直补与农资综合补贴125元、小麦玉米良种补贴20元、“一喷三防”5元）。具体投入产出情况如下：（产量按2011年全市平均产量计算，粮食价格由粮食局信息中心提供，种子价格按照2011年山东省良种补贴招标价格，其他参考当前市场询价。下同。）

1. 小麦

（1）投入：种子52元，肥料200元，机械费120元（机耕、机播、机收小麦），灌溉60元，农药11元，人工140元。合计成本583元。

（2）产出：亩产小麦1064.2元，价格1.24元/斤，计1319.6元。

2. 玉米

（1）投入：种子50元，肥料180元，机械90元（机播、机收、秸秆还田等），农药15元，灌溉60元，人工费80元，合计成本475元/亩。

（2）产出：亩产玉米1186.2斤，1.13元/斤，1340.4元。

（二）种粮大户投入产出情况。全年预计每亩种粮收入689元，其中：小麦148.6元、玉米310.4元，国家对种粮大户补贴230元/亩。（一般情况下，各项普惠的政策补贴归土地所有权人农户所有，黄河水费也由农户承担，种粮大户只需向农户缴纳土地流转费，一般按照

1000元/亩计算)。具体投入、产出情况如下:

1. 小麦

(1)投入:种子30元,肥料150元/亩,机械作业75元/亩(包括:机耕、机收、镇压、喷药等),浇水45元/亩,农药11元/亩,人工费360元/亩(工时6人/亩、60元/工),租地成本500元/亩。合计成本1171元/亩。

(2)产出:生产小麦1064.2斤/亩,价格1.24元/斤(实际会高于市场价),合计1319.6元/亩。

2. 玉米

(1)投入:种子35元/亩,机械作业65元/亩(机播、机收、秸秆还田、脱粒等),农药15元/亩,肥料130元/亩,浇水45元/亩,人工费240元/亩(用工4人/亩、60元/工),租地成本500元/亩。合计成本1030元/亩。

(2)产出:产玉米1186.2斤/亩,价格1.13元/斤,合计1340.4元/亩。

2011年德州市种粮效益分析表

表9-4　　　　单位:元

项目		普通农户亩收益	种粮大户亩收益
投入产出	小麦产出	1319.6	1319.6
	小麦投入	583	1171
	小麦亩收益	736.6	148.6
	玉米产出	1340.4	1340.4
	玉米投入	475	1030
	玉米亩收益	865.4	310.4
惠农补贴	一喷三防	5	0
	小麦良种补贴	10	0
	玉米良种补贴	10	0
	粮食直补	125	230(大户补贴)
黄河水费支出		43.1	0
政策补贴小计		106.9	230
耕亩纯收益		1708.9	689.0

注:耕亩纯收益=小麦亩收益+玉米亩收益+政策补贴小计;种粮大户以千亩以上为标准

2011 年德州市种粮成本明细表

表9—5

作物	项目	普通农户亩成本(元)	种粮大户成本(元)	备　注
小麦	种子	52	30	粮食产量按照2011年全市平均数,粮食价格由粮食局信息中心提供 小麦种子亩用量25斤,招标价格2.07元/斤;农户自浇水20元/亩,浇水合作社45元/亩;倒伏小麦机收价格120元/亩;小麦亩产1064.2斤
	播种	25	15	
	旋耕	35	20	
	底肥	150	115	
	浇越冬水	20	15	
	喷除草剂	1	1	
	浇水(两遍)	40	30	
	追肥	50	35	
	防治病虫害	10	10	
	收获	60	40	
	用工	140	360	
	土地流转费	0	500	
小麦投入合计		583	1171	
玉米	项目	普通农户亩成本(元)	种粮大户成本(元)	备　注
	种子	50	35	价格1.24元/斤;玉米亩产1186.2斤,价格1.13元/斤
	种肥	140	100	
	播种	25	15	
	除草剂	5	5	
	病虫害防治	9	9	
	化控	1	1	
	浇水(三遍)	60	45	
	追肥	40	30	
	机收	25	25(含脱粒10)	
	秸秆还田	40	25	
	用工	80	240	
	土地流转费	0	500	
玉米投入合计		475	1030	

第三章 种植业

第一节 粮食

德州市是传统的农业大市，粮食是农业生产的支柱产业，在农业和农村经济中占据着举足轻重的地位。粮食生产自2004年连续7年实现稳定较快增长，2007年粮食产量达552.4万吨，被评为“全国粮食生产先进市”。2009年，全市小麦平均单产达到501.4公斤，全年1366万亩粮食，总产达到721.2万吨，夏秋两季粮食单产合计1061.4公斤，成为全国首个“亩产过吨粮，总产过百亿斤”的地级市，种植面积、平均单产、粮食总产均创全市历史纪录，总产占全省1/6，单产、总产均列全省第一位。2010年，全国粮食生产先进单位评选20个粮食生产先进标兵，山东省占到2个，齐河县位列第一；同时陵县、临邑县被评选为全国粮食生产县。2011年，在全市范围内开展整建制粮食高产创建，市委、市政府把粮食高产创建工作列为“一把手”工程，实施重点推进，成立了以市委书记为主任的高产创建推进委员会。齐河、陵县被列为农业部整建制高产创建示范县；平原县腰站镇和临邑县翟家镇被列为全国整建制项目乡镇。在整建制粮食高产创建示范带动下，全市711.5万亩小麦平均亩产527.2公斤，总产37.51亿公斤。700.4万亩玉米平均亩产584.3公斤，总产40.93亿公斤。小麦、玉米单产合计1111.5公斤，全年粮食总产735万吨，增长4.4%，粮食生产实现“九连增”、连续三年“亩产过吨粮、总产过百亿”。

1986—2011年，粮食产量由233.8万吨增加到735.2万吨，增加501.4万吨，增长214.76%，粮食产量增长呈阶梯式上升，大体分

十万亩粮食高产创建示范方 （2010年 摄）

2010 年德州市成为全国首个“亩产过吨粮、总产过百亿斤”地级市

为 3 个阶段:一是稳步增长阶段(1986—1999)。这期间,实行家庭联产承包责任制,改革粮食购销体制,提高粮食收购价格,农村产业结构得到进一步优化,农业生产力得到解放。1990 年 5 月,全国“三夏”生产会议在德州市召开,当年全市粮食种植面积 783.8 万亩,总产达到 253.8 万吨,标志着粮食生产进入新的发展阶段。20 世纪 90 年代初期,德州市把高产优质高效作为农业和农村经济发展的基本指导思想,大力发展高产优质高效农业,使农业发展由增量为主转到增量与增效并重上来,坚持走主攻单产,增加总产,改善品质,提高效益的路子,粮食生产稳步增长。1999 年粮食总产达到 433.5 万吨,比 1986 年增加 199.7 万吨,增长 85.4%,14 年间,粮食总产基本实现翻番。粮食生产自 1991 年开始至 1999 年,实现连续 9 年稳定增长。二是短暂低谷阶段(2000—2003)。为增加农民收入,德州市大力调整产业结构,扩大经济作物种植面积,粮食生产经历短暂低谷,从 1999 年的 433.5 万吨,减少到 2003 年的 312.2 万吨,减少 28%;三是跨越发展阶段(2004—2011)。这一阶段,国家为发展粮食生产,出台粮食直补、良种补贴、粮食高产创建等一系列关注民生、发展粮食生产的惠农政策,强化粮田基础设施建设,改善农业生产条件和装备水平,对粮食增产、农业增效和农民增收发挥巨大作用。2004 年、2005 年,粮食直补、良种补贴政策先后实施;2006 年,农资综合补贴政策开始实施。同年,延续了 2600 多年的农业税收从此宣告结束,9 亿农民告别种田缴纳“皇粮国税”的历史。2009 年,中央制订《全国新增 1000 亿斤粮食生产能力规划(2008—2020 年)》,齐河县、禹城市、平原县、陵县、临邑县、乐陵市、宁津县、武城县、庆云县列入规划范围,占全省 1/8。市委、市政府出台《关于推进吨粮市建设的实施意见》,把实现“吨粮市”目标作为一项战略任务。2009 年,全市小麦、玉米种植 1345.3 万亩,总产 713.2 万吨,两季单产合计 1061.4 公斤,历史上首次突破“吨粮”大关。齐河县被评为“全国粮食生产县标兵”,平原县被评为全省粮食生产先进县。为深入贯彻落实农业部关于整建制推进粮食高产创建工作的部署,市政府出台《关于整建制推进粮食高产创建的意见》,提出要在全国率先整建制推进粮食高产创建,创建面积 275 万亩,占小麦总面积的 35% 以上。在一系列强农惠农政策的带动下,农民种粮积极性被充分调动起来,良种良法配套高产栽培技术被大范围推广,粮食生产水平大踏步前进。粮食总产由 2003 年的 312.2 万吨增至 2011 年的 735.2 万吨,累计增长 422.8 万吨,连续 9 年稳定增产。粮食产量增加的同

2011 年 11 月，在“金满田杯”2011 山东粮王大赛上，临邑县农民魏德东（右二）获全省总冠军

时，品质也在不断改善，在良种补贴等强农惠农政策的带动下，全市粮食良种覆盖率达到100%，粮食品质得到明显改善。

一、小麦

德州市种植小麦历史悠久，面积和总产量均居各类作物首位，是德州市第一大粮食作物。1986—1997 年，德州市把发展小麦生产作为粮食增产的重点，扩大小麦面积，小麦精播、半精播技术、化学除草、节水灌溉等多种实用新技术及高产新品种的大面积推广应用，促使小麦生产水平得到稳步提升，种植面积不断上升，单产持续增长，总产连续增加，平均亩产由 1986 年的 266 公斤增加到 1997 年的 417 公斤，总产达到 223.7 万吨，小麦总产自 1988—1997 年连续 10 年增产。2004 年后，小麦总产不断刷新历史最高纪录，优质麦面积不断增加，品质得到改善。2008 年，在农业部粮食高产创建示范区带动下，当年全市 636 万亩小麦平均单产 452 公斤，总产达到 287.5 万吨；2009 年，全市 685.8 万亩小麦，平均单产首次整建制突破 500 公斤大关，达到 501.4 公斤，总产 343.9 万吨。全市小麦“十百万”高产示范田平均亩产分别达到 684.4 公斤、664.9 公斤和 623.8 公斤，临邑翟家乡十亩小麦高产攻关田平均亩产达到 716.6 公斤，创出黄河以北地区冬小麦高产纪录。2011 年，在整建制粮食高产创建示范带动下，全市 711.5 万亩小麦平均亩产 527.2 公斤，总产 375.1 万吨。面积、单产、总产均为历史最高水平，总产 2003 年后连续 9 年连续稳定增产。

德州市冬小麦各发育阶段的气象条件指标情况表

表 9－6

项目 \ 生育期		苗期：播种—出苗	苗期：出苗—越冬	越冬期	生殖生长期：返青—拔节	生殖生长期：拔节—抽穗	生殖生长期：抽穗—开花	生殖生长期：开花—成熟	全生育期
	日期	6/10～13/10	14/10～8/12	9/12～26/2	27/2～9/4	10/4～29/4	30/4～6/5	7/5～8/6	6/10～8/6
	适宜温度（℃）	16～18	14～0	—	3～6	10～16	16～20	20～22	—
	积温指标（℃）	120～130	480～540	—	250～260	340～350	750～850		2100～2400
水分	耗水指标（方/亩）	5～6	52～59	32～36	29～33	90～102	22～25	79～89	310～350
	相当降水（毫米）	8.4～9.5	78.2～88.2	48.3～54.6	43.8～49.6	134.9～152.3	32.6～36.8	118.1～133.0	465～525
保持田间持水量（%）		70～80				70～80	70～80		
光照		长日照作物，每日＞12 小时才能抽穗							

二、玉米

玉米一直是德州市种植的主要粮食作物，是仅次于小麦的第二大粮食作物。由于杂交种的普及应用、农田投入的增加、玉米单产迅速提高。1986 年，全市玉米种植面积 276.6 万亩，平均亩产 275.5 公斤，总产 76.2 万吨。1987—1989 年，玉米单产迅速提高，1989 年，玉米单产提高到 387 公斤。1990 年后，在各项增产措施的全面落实下，玉米生产水平大幅提高，1995 年，平均单产达 400.9 公斤，首次突破 400 公斤大关。1996 年，全市玉米种植面积达 427 万亩，首次突破 400 万亩，单产 406.1 公斤，总产 173.4 万吨。此后，随着种植结构调整，玉米面积逐渐减少，产量趋于平衡。2001 年，全市玉米种植面积 339.2 万亩，平均单产达到 475 公斤，总产 161.1 万吨，单产水平迈上新台阶。2008 年农业部开展粮食高产创建活动，在示范区带动下，全市 557 万亩玉米平均单产达到 501.2 公斤，总产 279.2 万吨。2009 年，全市 659.5 万亩玉米，平均单产 560 公斤/亩，总产 369.3 万吨。玉米“十、百、千、万”高产示范田平均亩产分别达到 940.8 公斤、819.3 公斤、734.5 公斤和 637.9 公斤。2011 年，全市 700.4 万亩玉米，平均单产 584.3 公斤，总产 409.3 万吨，面积、总产、单产均为历史最高水平。

德州市夏玉米各发育阶段的气象条件指标情况表

表 9－7

项目＼发育期	播种期	出苗—拔节	拔节—吐丝	灌浆—成熟	全生育期
日期	6 月上旬—中旬	6 月下旬—7 月中旬	7 月下旬—8 月上旬	8 月中旬—9 月中旬	6 月—9 月中旬
需水量(毫米)	30	65	170	105	370
土壤相对湿度(%)	70 左右	60 左右	70～80	75～70	—
适宜温度(℃)	20～25	22～26	25～27	20～24	—
每日光照时数(小时)	9.4	7.8	7.0	7.1	750～800

三、杂粮

粮食除小麦、玉米两大作物外，还有薯类、稻谷、谷子、大豆等小杂粮，随着全市种植结构调整，以及各项惠农政策的实施，农民种粮积极性提高，小麦、玉米种植面积不断扩大，各种杂粮种植面积不断下滑，然而单产却不断增加，总产比重较小，主要用途不一。

薯类　主要指地瓜，亦称“红薯”。20 世纪 80 年代，随着小麦、玉米等产量的迅速增长，地瓜已不是农民的主要口粮，而成为酿酒、制粉等工业的重要原料和城乡人民的调剂食品，1986 年后地瓜种植面积逐渐减少。1999 年，全市种植地瓜 13 万亩，平均亩产 440 公斤，较 1986 年增产 30%。1995 年，全市建立脱毒地瓜繁育基地，脱毒地瓜较普通地瓜增产 15%。脱毒地瓜的种植，提高了地瓜的产量，2008 年，全市种植面积 4.09 万亩，单产 709.9 公斤，总产达到 2.9 万吨。2009 年，全市种植面积 2.9 万亩，单产 672 公斤，总产 2 万吨。2011 年，全市种植面积 1.5 万亩，总产 0.8 万吨。

稻谷　稻谷种植仅限于引黄灌溉条件便利的齐河县南部的几个乡镇。20 世纪 80 年代稻谷亩产在 300 公斤左右，随着品种的更新，栽培技术的提高，1999 年，全市 1.4 万亩稻谷平均亩产 470.3 公斤，总产达 0.65 万吨。之后，种植面积有所下滑，但单产不断提高。2008 年，种植面积 2700 亩，单产 526.7 公斤，总产 0.14 万吨。2009 年，种植面积 0.35 万亩，单产 532 公斤，总产 0.2 万吨。至 2011 年，保持着年 3 万亩左右的种植面积。

谷子　20 世纪 80 年代种植面积较大，之后随着高产粮食作物小麦、玉米种植面积的不断扩大，加之谷子产量提高慢，种植面积不断减少。1999 年，全市谷子种植面积仅 12.3 万亩，单产 285.2 公斤，总产 3.5 万公斤。之后，种植面积有所下滑，但单产不断提高。2011 年，全市谷子种植面积 1.22 万亩，单产 457.3 公斤，总产 0.56 万吨。

大豆　德州市气候比较适宜大豆生长，且种植省工省肥，因此分布比较广泛。新中国成立后，粮食需求迅速提高，在不断扩种高产作物的影响下，大豆种植面积逐步下降。20 世纪 70 年代后期，由于技术改进和农田投入的增加，亩产量增长，至 80 年代后期亩产突破 100 公斤。1999 年，全市大豆播种面积 46.3 万亩，平均亩产 173.9 公斤，总产 8.06 万吨。之后，种植面积有所下滑，单产不断提高。2008 年，全市大豆种植面积 7.8 万亩，单产 199.7 公斤，总产

1.6万吨。2009年，全市种植面积4.3万亩，单产214公斤，总产0.9万吨。2011年，全市种植面积3.4万亩，总产0.6万吨。

第二节　棉　花

德州植棉历史悠久。棉花生产受国家政策调整、病虫害防治、品种改良、植棉技术等影响。20世纪80年代，农村实行土地联产承包责任制、国家出台优惠植棉政策，加之推行棉花优良品种，农民植棉积极性空前提高，棉花生产连年丰收，德州地区成为全国、全省的产棉大区之一，鼎盛时期棉花产量占全国的1/10，占全省的1/3，棉花成为德州市一大经济支柱，是农民的主要收入来源。1986年8月，农业部批准夏津县为“全国优质棉基地县”。20世纪90年代，棉花生产出现大滑坡，1993年由于棉铃虫危害严重，单产滑到底谷，单产皮棉23公斤，总产约50万担，与1981—1987年年均相比，单产降低49.8公斤。1999年棉花种植面积历史最少仅为84万亩。从2000年开始，由于大面积推广美国转基因抗虫棉33B，棉铃虫的危害得到控制，劳动强度降低，棉花单产大幅度提高，棉花生产得以恢复。2009年，棉花生产克服低温寡照等不利因素的影响，取得较好收成。在棉花高产创建活动中，夏津县完成农业部下达的棉花“百、千、万”高产创建单产目标，武城等县完成万亩示范片的单产目标，示范区内单产明显高于大田，有效带动棉花生产的稳定发展。2010年，全市155.45万亩棉田亩产皮棉78公斤，总产12.13万吨。2011年，全市153.47万亩棉田亩产皮棉90.8公斤，总产14.3万吨。

一、棉花收购和奖售政策

随着国民经济的发展，市场供需的变化，政府每年都对棉花收购价格，奖售政策进行调整。

1986年，新棉上市起，收购加价比例由“倒三七”改为“倒四六”，收购标准级皮辊棉50公斤由176.4元降为166元，并奖化肥20公斤，继续执行合同定购。

1987年，棉花收购价格没动，加价比例由“倒四六”提为“倒三七”，标准级皮棉每50公斤176.4元，棉籽全部返还给棉农。

1988年，每50公斤皮棉奖售化肥由20公斤提为35公斤，收购价格除执行上年收购价格外，每50公斤标准级皮棉另加生产扶持金20元，奖柴油2.5公斤。

1989年，奖售政策没动，收购价格每50公斤皮棉提高40元，标准级皮棉每50公斤236.4元。

1990年，棉花收购价格每50公斤又提高60元，皮辊棉50公斤为300元，除国务院规定奖售政策外，省政府规定每交售50公斤皮棉，增加10公斤地产小化肥，柴油1.5公斤。

1993年，棉花收购价格，标准级皮棉50公斤330元。

20世纪80年代卖棉花难，图为棉农昼夜排队售棉　　（1986年　摄）

1994 年,棉花收购价格,标准级皮棉 50 公斤 544 元。

1995 年,棉花收购价格,标准级皮棉 50 公斤 700 元。

1998—1999 年,每 50 公斤标准级皮棉收购价格降低 50 元,并允许在原价基础上上下浮动 50%。

2007—2008 年,国家实行棉花良种补贴,德州市补贴面积 105 万亩,每亩补贴 15 元,由省政府统一招标采购将良种发放到农民手中。

2009 年国家棉花良种补贴项目实施全覆盖,全市补贴面积 230.5 万亩,每亩补贴 15 元,全市享受补贴资金 3457 万元。

2010 年,山东省改变棉花良种补贴方式,根据植棉面积对棉农进行直接补贴,德州市植棉面积 155.45 万亩,每亩补贴 15 元,补贴资金 2331.75 万元。2011 年,补贴面积 149.6 万亩,获补贴资金 2244.4 万元。

二、棉铃虫危害

自 20 世纪 80 年代后期棉铃虫发生逐年加重,已成为棉花生产的制约因素。1992—1994 年,棉铃虫连续大发生,其特点:发生早、来势猛、卵量大、卵期长、危害广。1992 年,一、二、三、四代棉铃虫连续大发生,1993 年,一、二代发生严重,1994 年,四代危害重。1992 年为大爆发年份,据植保部门调查结果,当年棉田一代幼虫每平方米 5 头左右,多的棉田达 10 头以上,小麦减产 5% 左右。棉田二代百株累计卵量,一般为 4000 ~ 8000 粒,多的达万粒。夏津县有的棉田达 1.2 万粒以上,防治后百棉棵残虫 20 ~ 30 头,多的达 80 ~ 100 头。因棉铃虫危害,棉花产量损失严重,据全市统计,比 1991 年减产 30% ~ 50%,受虫灾严重的棉田绝收。1993 年,因棉铃虫危害,全市毁种棉田 50 万亩,占播种面积的 23%,减收皮棉 49.5 万担。1995 年年初,市、县两级棉办调查,因怕棉铃虫危害,不愿种棉和坚持不种棉的农户占调查农户的 41%,棉农谈虫色变。1998 年后,随着抗虫棉的大面积推广,棉铃虫危害得到有效控制。

三、气候因素对植棉影响

1980—1994 年 15 年间,凡丰收年份都是降水量适中,后期光照充足,严霜来得晚。1991 年,全区因大涝和雹灾,严重减产和绝产棉田达 98 万亩,占播种面积的 22.7%。1992 年,因大旱,全区 120 万亩棉田棉苗生长受阻,发育不良,占播种面积的 29.5%,50 万亩棉麦套种田棉苗枯死,后期又遇低温寡照,皮棉单产比上年减少 21.5 公斤。1993 年,七八月低温,比常年同期分别低 2.1 ~ 0.8℃,加上二、三代棉铃虫和黄萎病的危害,50% ~ 60% 的棉田无庚桃和伏桃,单产皮棉 23 公斤,总产 5 万吨,产量降到最低水平。2000—2009 年,棉花生长前期、中期气候条件较为平稳,9 月,多次出现阴雨连绵天气,对棉花后期采摘不利。2010 年,前期低温,棉花发育迟缓,8 月,多处棉田遭受雨涝灾害,重灾面积 50 多万亩,绝产 8 万多亩。2011 年气候因素与常年持平。

德州市棉花各发育阶段的气象条件指标情况表

表9－8

发育期 项目	播种—出苗	出苗—现蕾	现蕾—开花	开花—吐絮	吐絮期	全生育期
各发育期时段（日/月）	22/4～2/5	3/5～14/6	15/6～7/7	8/7～1/9	2/9～23/10	22/4～23/10
适宜温度（℃）	5cm 地温≥14℃	17～23	25～30	25～30	25～20	
需水量（毫米）	15	57	113	290	67	542
光照指标（小时）	90	500	200～300	350～400	300	1440～1590

第三节　蔬　菜

全区商品蔬菜生产自1988年起步，经过十几年发展已成为集蔬菜栽培、贮藏、加工、包装、运输、销售（出口）于一体，具有产业化经营规模和特色的优势产业，成为农村经济的一大支柱产业。1993年，全市蔬菜种植面积51万亩，总产140万吨，产值11亿元。到2011年，蔬菜播种面积达251万亩，总产450.2万吨，实现产值98亿元，面积、产量均占全省第三，且高于周边地市。有8个县（市、区）被农业部列为设施蔬菜优势产区，全市60%的乡镇种植蔬菜，菜农200多万人。全市蔬菜生产实现了由旺季集中生产向四季周年均衡生产转变，由市内供应为主向市外流通为主转变。德州已成为鲁西北、冀东南最大的蔬菜生产基地、集散中心和信息形成中心，在全省乃至环渤海地区整个蔬菜产销格局中占有重要地位。

一、生产基地建设

20世纪90年代中期，开始探索推行生产规模化、区域化、基地化基地建设模式，到2008年，全市基本形成平原县的西片黄瓜、中片番茄、东片西葫芦等日光温室蔬菜生产基地20万亩，临邑县绿色番茄、韭菜基地10万亩，陵县绿色西葫芦基地10万亩，宁津东部韭菜、黄瓜等绿色有机蔬菜基地10万亩，齐河县南部的西瓜、番茄、芹菜等无公害蔬菜基地10万亩，武城县食用菌生产基地0.9万亩，乐陵市、武城县辣椒基地10万亩以及禹城市的20千米绿色蔬菜长廊等众多规模较大的蔬菜基地，其中武城县被评为“中国食用菌之乡”。2009年，市委、市政府提出在全市范围内开展“品质蔬菜示范区”创建活动，再一次把全市蔬菜产业提升到全新高度。全市共建立百亩以上“有机蔬菜园”10个、万亩以上“品质蔬菜示范区”12个，其中有4个被列为国家级“品质蔬菜示范园”，全市标准化蔬菜基地面积占比达50%以上，全市蔬菜产业现代化水平提高。2010年，按照“大规划、大调整、大流转、大整合、大发展”的工作思路，高标准制订实施了《德州市优质安全蔬菜基地发展规划（2011—2015）》，确定到2015年蔬菜播种面积达到300万亩、总产达1020万吨、产值突破160亿元。

二、科技与品牌

20 世纪 90 年代初，德州市蔬菜品种单一，瓜菜品质较差，市场销售空间小，全市仅有 30 余个品种，良种覆盖率仅为 5% ~6%。1994 年后，每年均引进国内外名优新稀特品种几十个，全市共引进并成功推广国内外名优新稀特瓜菜良种 400 多个，蔬菜良种普及率达到 85% 以上。引进推广蔬菜生产新技术 360 项，其中包括“瓜菜菌反季节越冬栽培技术”“蔬菜越夏栽培技术”“瓜菜五种五收栽培模式”“棉—菜、菜—菜、瓜—菜、粮—菜间作套种技术”“木糖渣栽培食用菌新技术”“标准化蘑菇房立体栽培技术”等。推广应用新设施 240 项，累计推广微滴灌 15 万亩，CO_2 施肥 50 万亩，遮阳网 50 万亩，安装卷帘机 1 万台，工厂化育苗 10 亿株。

2009 年后，全市蔬菜工作实现由量的扩张向质的提升转变，蔬菜质量水平及品牌建设提升到新高度。一是与北京农大等大专院校、科研院所广泛合作，制定了一系列《德州有机蔬菜栽培规程》，建立一批试验示范基地，推广一批农业高新技术，全市蔬菜药残抽检合格率达 96% 以上。庆云县被省商务厅批准为“出口农产品安全生产区”。二是积极开展“三品”认证工作。截至 2011 年，全市无公害农产品、绿色食品、有机食品认证的蔬菜品种达 139 个。三是强力推进品牌建设。“德州”西瓜、“杲牌”黄瓜、“陵县”西葫芦、“东崔”韭菜、“齐欧”番茄等一批蔬菜商标成功注册，并逐渐进入京津济高端市场，市场知名度和影响力逐年提高。乐陵国强亚联的“源生态”蔬菜获得中国、美国、欧洲、日本、韩国有机食品认证，禹城大禹龙腾的“向阳坡”蔬菜成为省政府办公厅直供基地，“德州西瓜”、武城“拴马棚”韭菜等一批有机瓜菜品牌效益逐渐显现。

三、产业化经营

20 多年间，德州市蔬菜产业化程度不断提高，从单纯的一产逐步发展到一、二、三产协同发展，产业链条不断延长，产品附加值不断提升，为农民增收奠定坚实基础。

蔬菜流通形成规模。1994 年前，全市蔬菜销售局限于田间地头，一家一户，集贸零散交易，全市没有一处蔬菜批发市场。1995 年，德州市几个蔬菜重点乡镇建起第一批蔬菜批发市场，分别为平原县王杲铺京津蔬菜大市场、临邑县临南镇蔬菜大市场、齐河县宣章蔬菜批发市场等。经过不断发展，到 2011 年，全市规模蔬菜批发市场发展到 38 处，有 6 处被农业部认定为全国定点批发市场，分别为德州黑马蔬菜批发市场、德城区岳杲铺蔬菜批发市场、宁津县东崔蔬菜批发市场、临邑县临南蔬菜批发市场、平原县王杲铺蔬菜批发市场、中国武城辣椒城。

蔬菜加工业稳步发展。1990 年前后全市只有几家小型酱菜加工作坊，1996 年涉菜企业发展到 20 多家，当时年加工能力超 1000 吨的只有 12 家。2011 年，全市规模以上蔬菜加工企业发展到 36 家，其中省级以上农业产业化龙头企业 4 家、市级农业产业化龙头企业 10 家。全市蔬菜加工处理率达 60% 以上，净菜上市率达 80% 以上。英潮、飞达、鲁丰、瑞丰等一批外向型企业带动全市出口蔬菜基地 20 万余亩。

各类经济组织发挥作用。经济合作组织是一种新兴的经济形式，自 1998 年起，全市经济合作组织如雨后春笋般迅速发展，对蔬菜业发挥巨大的促进作用。2011 年全市蔬菜经济合作组织发展到 134 多家，蔬菜定单销售率达 30% 以上。

借助高科技信息网络。1996 年，德州市蔬菜局建立德州市蔬菜信息中心，与农业部信息中心联网，向全国发布本市蔬菜信息，并编辑发行《蔬菜快讯》及时准确地向外地发布德州蔬菜销售价格和信息；2002 年 5 月，德州蔬菜门户网站——“德州蔬菜网”正式运行；2010 年 5

月临邑县蔬菜局建立德州市第一家县级蔬菜网站——“临邑县蔬菜局”。现代化信息网络为德州蔬菜产业发挥出了越来越大的推广服务功能。

四、食用菌

食用菌生产始于20世纪70年代末80年代初,最初只是部分农户零星种植平菇,20世纪80年代中期随着德州成为全国重要产棉基地,丰富的棉籽壳资源成为食用菌快速发展的重要保证,禹城、平原、齐河、夏津等地小棚平菇迅速发展,面积达0.3万亩以上。到20世纪90年代中后期,随着食用菌生产科研技术的不断进步和效益的稳步提高,全市食用菌产业开始膨胀规模,品种逐渐丰富,逐步形成几个特色明显的规模化产区(如禹城、平原、夏津的平菇,武城、齐河的双孢菇、金针菇、杏鲍菇等)而且各地白灵菇、灵芝、猴头、木耳等都有种植,食用菌加工企业和规模化种植企业也如雨后春笋般成长壮大起来。2008年,全市食用菌总产达22万吨,位居全省首位,齐河县发展林菌间作0.3万亩,成为全省林菌间作示范县。2010年,以齐河康瑞、武城丰裕为代表的食用菌工厂化生产实现新突破,带动全市食用菌产业实现质的飞跃。到2011年,本市食用菌生产面积达2.7万亩,实现总产27万吨,稳居全省前列。2007年和2008年山东省食用菌工作会议暨第八届、第九届食用菌经贸交流洽谈会分别在齐河、武城召开,德州市被评为全省食用菌生产先进市,武城县被中国食用菌协会命名为“中国食用菌之乡”,并被评为全国小蘑菇新农村建设先进单位。齐河县连续4年被山东省食用菌协会评为“全省食用菌生产先进县”。2009年12月,齐河县政府获中国食用菌协会颁发的“小蘑菇新农村建设优秀团体”称号。食用菌产业成为全市农村经济中的一个主导产业。

第四节 品种改良

一、种子繁育

20世纪80年代后,良种繁育上主要实行“省提、地繁、县制”的原则,即省统一负责“三系”亲本的提纯,生产原种,各地集中连片负责繁殖,县承担制种,而后供应大田生产用种。

1992年3月,省政府发布《山东省玉米自交系“统繁、联供”试行管理办法》,玉米制种质量大大提高,后因受市场经济冲击,该工作停滞。

“九五”期间,随着种子工程的实施,建立德州市原种繁育中心,完善陵县、宁津、乐陵、平原、夏津、禹城6个县级原良种繁育场(站),各县(市、区)建立县级良种繁育基地40万亩,繁育大田用种。在种子部门的委托和指导下,承接试验、示范,恢复、保持、提高种性,按照技术操作规程运用“系圃法”(即单株选择、分系比较、混系繁殖),进行提纯复壮,生产原种,然后供种子基地和种子专业户加速繁殖,使大田用上优质种子。

2002年,围绕科技创新,重点实施“种子工程”。以市、县种子公司为龙头,建立起集良种引进、繁育、试验、推广、销售于一体的良种产业化体系。是年,全市玉米制种面积为7.38万亩,良种数量1843.9万公斤。小麦繁种面积30.5万亩,产种1.22亿公斤。棉花制种面积1.37万亩,产种205.5万公斤。大豆繁种面积3500亩,产种量36.3万公斤。花生繁种面积1000亩,产种量7.8万公斤。

2003年,全市11个县(市、区),常规种子的繁育主要是县级种子公司“边提纯、边繁殖、边推广、农户用”的方式。2003年年底,全市建成县级原(良)种场12个,良种繁育面积6278亩,年繁育良种155万公斤。

2005年，全市共选育具有自主知识产权的新品系30个。2007年，培育具有自主产权的新品种3个，特别是小麦新品种良星99，累计推广120多万亩，平均亩产543公斤，比对照品种济麦19增产7%。鑫秋1号棉花新品种推广50多万亩，取得良好经济效益，结束了德州市无自主知识产权品种的历史。2008年，育种攻关获得重大突破，主要农作物引、育、繁、推工作取得成效。小麦“良星66”、玉米“良星8号”、“德夏白16号”等6个“德字号”农作物新品种通过国家和省级审定；小麦、棉花、玉米、蔬菜等50个品系参加国家和省级预备试验，其中有15个品系进入区域试验，6个品系进入生产试验；鑫秋1号、2号棉花良种累计推广500多万亩。在2008年全省评定的12强种子企业中德州独占2家；在全市种子生产经营企业中有3家注册资本超过3000万元，其中2家过亿元。2009年，大力实施“农作物育种攻关工程”，自主创新能力增强，“德利农988”“德玉4号”“鑫秋4号”“德杂1号”“德高16号”5个具有自主知识产权的新品种通过省级审定。2010年，全市具有自主知识产权的1个小麦新品种、3个棉花新品种、2个蔬菜新品种通过省级审定。2011年，德州市小麦良种“良星99”被正式列为国家黄淮海冬麦区小麦试验对照品种，打破了河北小麦品种作为国审对照品种的垄断地位；玉米品种“德利农10号”、棉花品种“DM539”和“邯郸885”通过山东省审定；玉米品种“德利农988”在2009年省级审定的基础上，2011年又通过国家审定，结束了德州黄淮海区域没有自主知识产权玉米新品种的历史。

二、种子更新推广

市、县种子管理科研机构负责新品种的选育和引进，开展品种区域试验和审定。1999年，德州市农作物国家区试站建立，加强种子检验、检疫工作，建立健全种子经营机构，形成以市种子加工中心为龙头，齐河、禹城、平原、陵县、武城、临邑县种子加工中心为补充，以7个县（市、区）良种场为基础的良种繁育体系，种子推广工作得到全面发展。2002年，全市共引进推广优良品种34个，推广先进实用新技术36项，良种普及率达到98%以上。2006年，引进农作物新品种72个。2007年，推广小麦、玉米高产优质品种24个、良种4000多万公斤。2009年，对全市棉花种子质量进行田间鉴定，共抽检样品16个，合格率达到100%。以实施良种补贴为契机，大力推广优质、高产作物新品种，全市小麦、玉米、棉花三大作物良种普及率均达到99%以上。2010年，示范推广农作物品种20个、先进适用新技术20项，确定主导品种18个，主推技术17项，入户率和到位率95%以上。

小麦品种更新 第一次更新是1990—1995年，主要品种有济南16号、鲁麦14号、鲁麦15号、德州大穗等。第二次更新是1996—2000年，主要品种有鲁麦21、22、23号、济南16号、17号等。第三次更新是2001—2003年，这次更换的主要品种是济南17号、济南麦19号、烟农19号、淄麦12号等优质专用小麦；第四次更新是2005—2011年，全市小麦品种逐渐更换为济麦22、良星99、良星66和良星77。

玉米品种更新 随着科学技术的发展和生产条件的改善，玉米种植逐渐由中产向高产过渡，一些高肥水品种的种植面积越来越大，玉米品种由平展型到紧凑型到粮饲兼用型转变。经过前几次的更换，到1986年全市主要品种有掖单2号、鲁玉3号、中原单4号、鲁玉5号、鲁原单4号、烟单14号、烟单15号等，当家品种是烟单14号。1986年后第一次更新是1986—1990年，主要品种是烟单14号、掖单4号等，当家品种是掖单4号。第二次更新是1990—1997年，主要品种是掖单2号、4号、12号、13号、19

号、西玉3号等。第三次更新是1998—2000年,主要品种是登海1号、掖单22号、招玉2号、鲁单50、鲁玉16号等。第四次更新是2000年后,主要品种为粮饲兼用型,有鲁单50、农大108、鲁单981、郑单958等。2010年郑单958、浚单20两大品种推广面积达236万亩。

棉花品种更新　1986—1989年,大面积推广鲁棉1号优质品种,棉花产量大幅度提高。但由于鲁棉1号存在纤维粗、短绒多、纤维强力低等特点,随即被鲁棉6号取代。鲁棉6号纤维品质明显好于鲁棉1号,产量与鲁棉1号相当。1986年鲁棉6号种植面积达到最高峰,取代鲁棉1号。全市主要棉花品种为鲁棉6号,占棉田面积的80%以上,棉花质量显著提高。

1988—1995年,以中棉所12号、鲁棉9号、鲁棉11号为主的抗病品种取代鲁棉6号。中棉所12号高抗枯萎病、耐黄萎病,属高产优质抗病品种,种植面积占棉田面积的70%以上。

1996—2003年,1996年自美国引进转Bt基因抗虫棉品种33B试种,表现抗虫效果良好,单位面积产量与中棉所12号相当,纤维品质符合纺织工业要求,在德州全市逐渐推广开来。2000年以中棉所29号、美国新棉33B、99B为主的抗虫棉品种,中棉45占德州棉花种植面积的90%。基本淘汰常规非抗虫棉品种。

2004—2011年,国内自育转基因品种替代新棉33B、99B国外转基因棉花品种。棉花主推品种为鲁棉研21、鲁棉研28号、鲁棉研32、SGK958、晋棉38、鑫秋1号、嘉兴1号。

第五节　植物保护

一、农作物病虫害及防治

2002年前,德州市农作物病虫草鼠害常年约发生6000余万亩次,防治5000余万亩次。2002年后,由于农业种植结构的调整、气候条件变化等因素的影响,农作物病虫草鼠害有加重发生的趋势,常年约发生9000余万亩次,防治8500余万亩次,通过防治年约挽回粮食50余万吨,皮棉8万余吨。

主要病虫害

1. 小麦病虫害。小麦病害有锈病(叶、条)、白粉病、散黑穗病、腥黑穗病、丛矮病、纹枯病、颖枯病、赤霉病、全蚀病等。其中小麦白粉病、锈病(条、叶)1990、1991年连续两年大流行,1997年赤霉病开始在本市发生,1998年、2004年大流行,1998年叶枯病、颖枯病大流行,2008—2011年连续4年小麦赤霉病发生严重,由于防治及时未造成大的危害。腥黑穗病1997年在德州市首次发现。小麦虫害有蚜虫、棉铃虫、麦蜘蛛、麦叶蜂、蝼蛄、蛴螬、金针虫。自1986年来,蚜虫连年大发生,是小麦主要害虫。1992—1993年一代棉铃虫在麦田暴发,1992年发生380.5万亩,亩平均密度2283头,比最高的1982年高3.5倍,比历年平均值高19倍,1993年发生457.29万亩,亩落卵量30余万粒,是92年的5倍,是常年的50倍,防治后亩残虫4000~6000头,个别防治差的地块30000余头。

2. 玉米病虫害。玉米病害有叶斑病(大斑病、小斑病、褐斑病、弯孢霉叶斑病)、粗缩病、苗枯病、青枯病、瘤黑粉病等。其中叶斑病是常发病害,1995年,青枯病首次流行,发病面积141.6万亩,程度3.1级,弯孢霉叶斑病、粗缩病1996年发生严重,发病面积分别为336.6万亩、138.5万亩,发生程度分别为3.4级、4级。其中弯孢霉叶斑病是首次大发生,粗缩病成灾面积50万亩,绝收面积10万亩。1999年,苗枯病首次发生,发病面积125万亩,程度2.2级。2008年,玉米灰飞虱及其传播的粗缩病在全市发生较严重。2010年,由于气候因素,玉米顶腐病、细菌性茎腐病发生较重;玉米虫害有玉米螟、二点委夜蛾、棉铃虫、高粱条螟、黄腹灯蛾、红腹灯蛾、黏虫、蚜虫、蓟马、甜菜夜蛾等。玉米螟是常发性害虫，一年发生三代，以二代危害最重。2011年，二点委夜蛾在全市发生比较重，有虫面积200万亩，发生面积80万亩，防治80万亩。棉铃虫自1992年特大暴发后，在玉米田危害加重，成为玉米主要害虫之一。黏虫已成为偶发性害虫，自1986年后危害较轻。1998年，玉米蓟马首次危害严重，发生面积131.9万亩，程度2.8级。玉米蚜虫也有加重危害趋势。

3. 棉花病虫害。棉花病害有炭疽病、立枯病、枯萎病、黄萎病、棉铃病、角斑病等。棉花虫害主要是棉蚜、棉铃虫、盲蝽象、红蜘蛛、地老虎、甜菜叶蛾、烟飞虱等。棉铃虫、棉蚜为主要害虫。1986年后，棉铃虫连年大发生，1992—1993年连续两年特大暴发，尤其是1993年发生最为严重，以二代棉铃虫为例，发生时间之早，危害时间之长，数量之大，危害范围之广均为历史之最。全地区百株累计有卵9000～11000粒，发生量是1992年的1.5倍，相当于1992年前30余年之和，除全部棉田大发生外，对玉米、豆类、蔬菜、果树、甚至杂草都造成了严重危害。1994年后，棉铃虫危害有所减轻，特别是1999年后，随着抗虫棉种植面积的扩大，危害程度减轻更为明显。2001—2002年，烟飞虱连续两年特大暴发，据2002年7月调查，烟飞虱棉田发生率100%，严重地块单叶有虫200～300头，最高达500头以上，2003年开始，盲蝽象大面积发生危害，2009—2010年，由于7月、8月连续阴雨，棉铃病、棉红叶茎枯病发生严重。

4. 其他病虫害。1995年美洲斑潜蝇首次在德州市发生，1997年甜菜夜蛾大发生。

病虫害防治　1986年，开始示范推广棉铃虫、棉蚜、麦蚜、黏虫四大害虫防治新指标。1987年，对四大害虫新防治指标推广面积达1443.21万亩，全地区减少防治1076.61万亩次，节约防治费用2096.37万元。1988年，制定棉花、小麦、玉米、黄瓜、大白菜五种作物的综合防治技术规范，并在各县、市示范推广，当年全地区棉花综防示范点达56个，示范面积69.7万亩，综防面积达374.5万亩；小麦综防示范点达30处，示范面积42万亩，综防面积135万亩；玉米综防示范11.65万亩，综防面积15万亩。1989年，全地区综合防治面积已推广到697万亩，占粮、棉、菜种植面积的70%。1990年继棉蚜之后，棉铃虫又对菊酯类农药产生明显抗药性，对棉花生产构成严重威胁，主要采用两套治理技术措施，一是科学用药措施，即交替用药、混合用药等，尽量减少菊酯类农药的使用量；二是综合防治，主要是改变棉田种植结构，保护利用天敌，推广生物制剂，减轻棉铃虫危害。通过治理，全地区菊酯类农药使用量逐年下降，1991年，全地区菊酯类农药使用量为401吨，比未治理前的1989年减少154吨。1996年，在全市范围内推广“统防统治”技术。1997年，推广生物制剂，尽量压低化学农药使用量，严格控制高毒、高残留农药的使用。2000年，提出防治工作的4个转变，即防治技术由单一、抽象型技术向综合物化型技术转变；防治范围由传统的重点抓粮、棉，向粮、棉、果、菜、花卉等高效经济作物并重转变；服务方向由原来单一追求绝对防治效果向实现绿色控害方向转变；防治方式由一家一户的分散防治向社区服务组织统一防治转变。2004年，全省实施“绿卡”项目，德州市以禹城为重点，承担大蒜和辣椒《良好农业操作规范》的验证试验任务，推广十几种蔬菜作物的良好农业操作规范（GAP），带动全市农产品的出口。2008年后，结合省现代农业生产发展资金粮食产业项目植保专项，全面推进专业化防治，在禹城、陵县、齐河、临邑、平原5个项目县市开展大规模专业化统一

防治，共整合机动喷雾器5500余台，组建（扩建）各种类型的植保专业化防治队伍171支，推进代防代治、联防联治、统防统治，及时有效地组织防控，确保防治速度和质量，共实施防治面积400余万亩次，总体防效达90%以上，推动了全市植保专业化防治的开展。2011年，全年综合防治病虫害达7000万亩次，总体防治效果90%以上。

二、生物防治和绿色控害

德州市农作物病虫害天敌资源丰富，全市已鉴定命名的有229种，分属2个纲，10个目，57个科，在全市范围内广泛分布的有85种，其中捕食性57种、寄生性28种。其中有代表性的捕食性昆虫有七星瓢虫、异色瓢虫、龟纹瓢虫、多异瓢虫，大草蛉、叶色草蛉、中华草蛉、大灰、黑带食蚜蝇、华姬猎蝽、小花蝽等。寄生性的有螟蛉悬茧蜂、黏虫白星寄蜂、棉铃虫唇齿蜂、螟虫长距茧蜂、烟蚜寄蜂、玉米螟赤眼蜂等。对小麦、玉米、棉花等作物主要害虫能以控制的天敌有瓢虫类、草蛉类、寄生蜂类。常年保护利用天敌控制害虫危害面积在200万亩左右。生物制剂推广方面，1990—1991年，在全区范围内推广“农抗120”，用于防治小麦白粉病、瓜类枯萎病，1990年全区就推广“农抗120”180余吨，防治小麦白粉病40余万亩，平均防效达73.6%。1990—1993年，推广了Bt菌剂防治棉铃虫技术。1991年防治面积达60万亩次，1992年扩展到150万亩次，防治效果一般在85%左右，亩治虫成本不超过5元，比化防田每亩节省35元，保蕾效果比纯化防田提高11.3%。1996年后，示范推广“阿维菌素”防治美洲斑潜蝇技术，防治效果90%以上。2006年后，推广以杀虫灯、色诱板为主的绿色控害技术，在齐河县安头乡花生种植区共计安装890盏杀虫灯，控害面积达2400公顷，平均单灯亩诱杀各类害虫405头，诱杀种类有鳞翅目、鞘翅目等6目18科近200余种害虫，虫害发生程度明显下降。

三、预测预报

预测预报的主要对象是危害农作物、蔬菜、果树的虫害、病害、鼠害、草害。预报种类分为短期（10天内的病虫发生趋势）、中期（10～30天）、长期（30天以上）。预报发生程度分为大发生、中度偏重发生、中发生、中度偏轻发生和小发生。测报技术上，1986年后开始逐步由经验预报发展到分析预报和统计预报，由单一预报发展到综合预报。至1991年，全区共建不同预报模型52个，预报准确率由1985年前的80%提高到90%以上。2006年始，植保部门与电视台联合开展了电视预报，测报范围由1986年前的主要农作物的18种病虫害，扩大到包括蔬菜、果树、鼠害、杂草在内的40余种病虫害。2004年，首次应用GPS卫星定位仪对蝗区进行准确的勘查，准确地计算出蝗区面积，同时对蝗区内的水域、植被、土质、含盐量、天敌等其他种类蝗虫等生态因子进行调查，并制作成标本。1990年，全地区县级测报点发展到11个，乡镇测报点217个，专职测报员36名。1993年，经农业部批准，地区植保站成为“全国农作物区域测报网德州测报站”，承担全国棉铃虫、黏虫的测报任务和棉铃虫抗性监测任务。2004—2006年，夏津、陵县、禹城、乐陵4个县（市）先后建成“全国农作物有害生物预警与防控区域站”。至2011年年底，全市有专职测报员30人左右，临时性乡镇测报点50个左右。

四、植物检疫

植物检疫工作由市、县两级植物保护站执行，市植物保护站一般配备专职检疫员6人，每县（市、区）植保站一般配备4～5人。检疫范围包括粮、棉、油、麻、桑、茶、糖、菜、果（干果除外）、药材、花卉、牧草、绿肥、热带作物等植物及植物的各部分，包括种子、块根、块茎、球茎、鳞茎、接穗、砧木、试管苗、细胞繁殖体等繁殖材料，以及来源于上述植物未经加工或经加工仍有可能传播疫情的植物产品。全国植物检疫对象有32种，其中德州市发现疫情的有棉花黄萎病、美洲斑潜蝇、菟丝子属3种，山东省检疫对象有14种，德州市发现疫情的有小麦腥黑穗病、小麦全蚀病、地瓜线虫病、苹果锈病、桑黄化萎缩病5种。

1989年，在全区范围开展小麦、棉花、地瓜、苹果、水稻等作物检疫对象普查，共普查小麦261.1万亩、棉花352.4万亩、地瓜1.03万亩、苹果5.69万亩、水稻2.16万亩，查出小麦全蚀病2410.07亩、棉花枯黄萎病124.47万亩、地瓜茎线虫病2009亩、苹果锈果病165亩。1995年，开展美洲斑潜蝇普查，全市11个县(市、区)181个乡镇、5236个村的25种55万余亩农作物发现疫情。其中蔬菜共普查15个品种22万亩，发现疫情的有15个品种16.8万亩，瓜类、豆类受害最重，严重地块虫株率100%，虫叶率70%以上，其他农作物普查10个品种98万亩，发现疫情的有10个品种38.2万亩，以夏播棉和蓖麻受害最重。2001—2002年，再次开展农业有害生物疫情普查，普查范围涉及农作物、蔬菜、水果、花卉、牧草、中药材等35个物种，198种病、虫、草害。全市共普查面积560余万亩，发现疫情24.57万亩，其中小麦全蚀病1.16万亩，腥黑穗病910亩，棉花黄萎病16.16万亩，地瓜茎线虫68亩、美州斑潜蝇5.76万亩、苹果锈果病3.11万亩、桑黄化萎缩病519亩，菟丝子属2316亩，基本摸清全区植物检疫对象的发生分布情况。2005年起，先后对红火蚁、小麦腥黑穗、全蚀病、梨火疫病、棉花黄枯萎病、美国白蛾、黄顶菊、加拿大一枝黄花等检疫对象进行专项普查，棉花黄枯萎病发生较普遍。2007年，德州市首次发现美国白蛾。2009年，首次发现黄顶菊。

第六节　耕作制度

随着生产条件及社会需求的改变，在具体种类、品种以及各类作物面积比率上都有相应变化。粮食作物面积始终居作物种植面积首位，并以冬小麦玉米为主，春播秋收的小杂粮大幅减少。一些经济作物和蔬菜果品等，呈现出成片集中发展的趋势。

一、熟制

农田多实行一年两熟制、一年一熟制或两年三熟制，以一年两熟和一年一熟为主。一年两熟的种植方式主要是小麦—玉米，小麦—棉花等。实行秋耕，种麦时深耕施底肥，夏播时不再翻耕，夏播作物以追肥为主。一年一熟制主要是春高粱—春大豆—春谷子，春地瓜—春芝麻—棉花，春高粱间作春大豆—高粱间作谷子，棉花连作，高粱连作等。两年三熟的种植方式主要是春高粱—小麦—夏大豆，地瓜—小麦—夏玉米，小麦—玉米—棉花，小麦—套种棉花—春玉米(或春地瓜)。高产田多实行一年两熟制，中低产田多实行一年一熟或两年三熟制。20世纪80年代后期，不断加强农田基本建设，进行中低产田改造，以及农业新技术的推广应用，尤其间作套种技术、保护地栽培技术的提高，熟制也随之发生变化。一年两熟的面积逐渐扩大。20世纪80年代中期起，陆续出现一年三熟和一年四熟制。2000年后，基本以一年两熟和一年一熟为主。

二、间作、套种与轮作

间作　农作物间作的主要模式有粮棉间作、粮经间作、粮粮间作、粮果间作、棉瓜菜间作。粮棉间作主要是棉花间作绿豆，棉花采用大小行种植，大行100～110厘米，小行50～55厘米，大行中间种一行绿豆，与棉花同期播种，选用早熟矮秆绿豆品种，棉花开花前收获，此模

式从80年代中期兴起，各县市均有施行。粮经间作主要是棉花间作花生，棉花采用大小行种植，大行100～110厘米，小行50～55厘米，大行中间种2行花生，与棉花同期或错期播种，选用早熟花生品种，棉花开花前收获。粮粮间作主要是玉米间作大豆、绿豆、谷子等矮秆作物，以矮秆作物为主体。由于玉米新品种的推广和单产的提高，玉米纯作面积增加，此种间作模式已不多见。棉瓜菜间作以棉花为主体作物，间作西瓜、马铃薯、圆葱、大蒜、甘蓝等。棉花间作西瓜，180厘米为一种植带，建成斜坡型畦面，坡底种一行西瓜，坡面种2行棉花，西瓜2月下旬育苗，3月底至4月初移栽，搭小拱棚，4月下旬，直播棉花。棉菜间作，170～180厘米为一种植带，做成高低畦，高低相差10～12厘米，高畦种2行棉花、行距50厘米，低畦为菜畦，秋冬或早春栽植蔬菜，采用地膜或小拱棚等保护措施。粮果间作主要指枣粮间作、桃树和粮食间作，此模式在90年代为盛期，1999年后逐渐减少。

套种　全市套种的主要形式是小麦套种玉米，另有小麦套种大豆、花生、棉花等。小麦套种玉米在20世纪80年代比较普遍，种麦时预留套种行，宽35～40厘米，套种时间为5月下旬至6月上旬；小麦套种夏棉多采用三一式，即三行小麦一行棉花，小麦套种春棉采用三一式或四二式，根据以棉为主还是以粮为主的种植需要确定行比，小麦套种棉花，棉花产量高于夏棉，促进了棉花生产的发展，但随着棉花生产滑坡，棉铃虫危害严重，植棉面积在1995年后逐年减少，麦棉套种面积已很少。小麦套种花生（大豆），种植方式一般是40～50厘米等行距播种小麦，小麦行间套种1行花生（大豆），5月底至6月初点播，每亩1万墩左右。

轮作　境内高产田多以小麦—夏玉米为主要轮作方式，中低产田多以棉花—小麦—夏玉米的种植方式进行轮作。

第七节　种植技术

一、推广网络体系

1989年，全市县级农技推广站11个，乡镇农技推广站212个，农业科技人员数量2133人，乡镇农技站均设有试验示范基地，到1990年，全市乡镇农技人员达到2400人，农民技术员3000人，农业科技推广服务体系不断完善。1993—1997年，受机构改革和职称改革影响，农技推广体系受到冲击，各项工作开始呈下滑趋势，乡镇农技站逐渐与市农技推广机构脱节。2009年，部分县（市）开始启动基层体系改革与建设项目，各县（市、区）相继出台基层农技推广体系改革与建设意见，体系建设日趋完善。至2011年年底，全市共有种植业农技推广机构175个，其中市级12个，县级48个，乡镇级114个，全市种植业农技推广人员共1527人，其中高级106人，中级582人，初级616人，农民技术员达到2.3万人，成立各类农民专业合作社6700多家，逐渐形成以市级为龙头，县市为中心，乡镇为纽带，村级为基础的专群结合的农技推广网络。

二、栽培技术推广应用

小麦精播半精播高产栽培技术　1985年，引进并推广、精播技术适用于高产麦田。小麦氮肥后移优质高产栽培技术，始于20世纪80年代后期，适用于高产麦田。晚茬麦栽培技术始于20世纪80年代末，该技术在推行麦棉两熟、晚茬麦面积增加的形势下产生，分为“四补一促”栽培技术和独秆麦栽培技术。

小麦宽幅精播高产栽培技术　冬小麦宽幅精播高产栽培技术始于2003年，是对小麦精量播种高产栽培技术的延续和发展，实现了农艺与农机相结合，其核心是“扩大行距，扩大播幅，健壮个体，提高产量”。

玉米套种技术 小麦套玉米始于20世纪70年代,前期发展缓慢,1986年,推广紧凑型玉米杂交种后发展较快。

夏玉米“一增四改”高产栽培技术 该技术始于2005年,主要解决玉米种植密度不足、品种耐密性差、套种玉米整体度低、肥料使用不合理、机械化程度不高、收获偏早等问题。

夏玉米晚收增产栽培技术 始于21世纪初,其要点为:1. 选用高产高质、综合抗性好、生育期稍长的品种,即由原来的95~100天可更换为105~100天左右的品种。2. 适时早播、保证播种质量。3. 合理密植,不等株距晚定苗,一般在3800~5500株/亩。4. 改进施肥观念和技术,提高肥料利用效率。5. 关键时期补水灌溉,提高水分利用效率。6. 及时防除病虫草害。7. 适当晚收。

三、施肥技术推广应用

有机肥料 有机肥料主要包括秸秆类、粪尿类、堆沤肥类、饼肥类、绿肥类和杂肥类等。堆沤肥类主要包括高温堆肥、栏圈粪肥等,此类肥料多作基肥用。饼肥类主要包括豆饼、花生饼、棉籽饼、酒糟、粉渣、豆腐渣等。绿肥类主要品种是苜蓿,多用作饲料,也有少部分用于还田作肥料。杂肥类主要包括泥肥和炕土,泥肥是指坑塘污泥,主要作基肥,炕土数量较少,主要作追肥为宜。

无机肥料 按肥料性质分为氮肥、磷肥、钾肥及微肥四大类,复合肥主要包括磷酸铵、磷酸二氢钾、氮磷钾复合肥等,以磷酸铵和磷酸二氢钾为主。

生物菌肥 指特定的有机生物菌群制剂,同时还含有活性酶、蛋白酶、有机酸、氨基酸、腐植质及中微量元素等物质。

施肥技术 各地重视化肥、轻视有机肥的现象影响严重,导致全市有机肥投入数量逐年减少。据统计,1985年,有机肥施用量为2660万立方米,1988年为1950万立方米,比1985年减少26.69%,1998年为1100万立方米,比1985年和1988年分别减少58.65%和43.59%,到2008年后使用有机肥料的数量仍然在继续减少,甚至有些地方根本就不施用有机肥料,造成土壤肥力提升缓慢和土壤微量元素的补充减弱。无机肥料(化肥)的施用量逐年增加。据统计,1985年,全市氮磷钾肥用量18.38万吨(折纯),1990年20.46万吨,2000年31.86万吨,2008年39.85万吨,呈现递增趋势。生物菌肥的施用以作底肥或在作物前期(苗期)作追肥为宜,施肥量20~30公斤/亩,在土壤板结或低温潮湿的条件下施用效果更好,如温室大棚等。该肥也可作叶面肥、冲施肥、浸种或拌种等。

测土配方施肥技术 本着土壤缺什么肥料补什么,缺多少肥料补多少的原则,在增施有机肥料的基础上,提前确定氮磷钾及微量元素的施肥品种、施肥数量、施肥时期及施肥方法,通过“测土、配方、配肥(或生产配方肥)、统一供肥和施肥技术指导”等5大环节直接服务到农户。据不完全统计,1985年,初试面积66万亩,1990年发展到120万亩,2000年达到300万立方米亩,2010年达到900万亩。2011年,全市测土配方施肥项目已建立整建制示范乡镇25个,整建制示范村2800个,千亩示范方85处,万亩示范片21处,免费为48.5万个科技带头户、种粮大户、农民经济合作组织提供全程技术指导和服务,应用作物已由小麦、夏玉米、棉花扩大到果树和蔬菜等作物。推广面积1260万亩,占农作物播种面积的90%以上,覆盖全市11个县(市、区),节本增效3亿多元。

四、农业科技成果

1986—2011年,全市共获得农业科技成果434项。其中省科技进步奖24项,全国丰收奖

7项，地市科技进步奖305项，省丰收奖66项，省农业厅技术改进奖11项，省农业星火奖4项，地市农业星火奖17奖。实施的“棉花大面积丰产综合技术推广”项目，466万亩棉花亩产达76公斤，总产增加5.6万吨，获1998年国家丰收奖一等奖。承担全国丰收计划项目“德州地区440万亩小麦综合丰产技术”，两年平均单产347.73公斤，比开发前3年平均亩增产小麦65.11公斤，增长23.2%，两年累计增加总产759294吨，新增纯收入4.55亿元，1991年，获全国丰收奖一等奖。

第八节　农产品质量安全

一、农业标准化

根据1992年国务院关于《发展高产优质高效农业的决定》要求，20世纪90年代后，德州市重点开展农业标准化知识宣传教育，并在部分产业贯彻实施国家有关农业标准，先后制订出台棉花、蔬菜、畜牧等部分地方农业标准，相继建立禹城肉牛养殖、乐陵金丝小枣、陵县优质小麦种子3个国家级农业标准化示范区和宁津无公害韭菜、临邑鱼鸭混养两个省级农业标准化示范区。同时，广泛开展无公害、绿色和有机食品的认定工作。

农产品质量标准体系按照“有标贯标、无标制标、缺标补标”的原则，全市累计推广国家、行业标准130多项，组织农业、林业、畜牧、水产等部门，针对本地农产品特点制定以瓜菜、果品、畜禽产品为主的农产品质量标准和生产技术规程60多项。主要农产品初步形成国家、行业、地方三级配套，涵盖产前、产中、产后全过程的质量标准体系。据统计，全市在推行农业标准化生产方面推广各项技术46项，至2011年，累计实施面积1200万亩，其中引进、推广无公害农产品、绿色食品、有机食品生产技术22项。

二、农产品检测

农产品质量检测　2007—2011年5年累计检测蔬菜等农产品样品5000余个，近11万项次。主要检测甲胺磷、水胺硫磷、氧化乐果、甲拌磷、对硫磷、甲基对硫磷、毒死蜱、敌敌畏、乙酰甲胺磷、三唑磷、杀螟硫磷、氯氟氰菊酯、溴氰菊酯、氯氰菊酯、氰戊菊酯、甲氰菊酯、氟氯氰菊酯、联苯菊酯、三唑酮和百菌清等22种农药。

农业环境质量检测　2007—2011年，共完成7400个土壤样品，75600项次检测任务。2006—2011年，承担基本农田土壤质量调查项目的检测工作，累计检测土壤样品2200个，并连续进行了全市土壤质量安全的检测和报告。此外，2008年，承担了环保检测站的重金属、农残等30多个参数的检测任务，检测样品340个，1万多项次。2011年承担全市土壤重金属污染初步调查，检测土壤、水样230个，检测1150项次。

测土施肥项目检测　2007—2011年，承担测土配方施肥项目的部分检测任务，完成德城区等地的4000个土壤样品的有机质、有效磷、速效钾、速效氮、全氮、微量元素等项目的检测，共计4.5万项次。完成480个植株样品，690个水样样品的氮、磷、钾项目的检测，共计3510项次。

三、“三品认证”

“三品认证”是按照无公害农产品、绿色食品、有机农产品“三位一体”，强制推行蔬菜、肉、蛋、奶和果品、水产品等食用农产品产地认定和产品认证。21世纪后，德州市“三品认证”工作逐步展开。截至2003年，全市共建立“三品”基地74个，32家企业的20个无公害农产品、21个绿色食品、1个有机食品获得认证，认证面积达到51.36万亩，带动面积249.51万亩。2009年，全市新增无公害农产品23个、绿色食品29个、有机农产品6个,认证基地15.1万亩,“三品认证”数量超过历年总和。截至2011年年底,全市“三品认证”数量达到319个,其中无公害农产品146个、绿色食品108个、有机转换农产品65个,“三品认证”的农产品面积达182万亩,覆盖率在15%左右,认证数量创下德州历史新高。

第九节 生态农业

生态农业主要包括农作物秸秆综合利用、发展农村户用沼气和创新农业发展模式。2001年,德州市开始实施生态农业科技兴农工程。2003—2007年,将秸秆综合利用、“三品认证”面积和化肥使用强度列入生态市建设考核内容。到2007年年底,全市农作物秸秆综合利用率达到90.8%,“三品认证”面积达150万亩,化肥使用强度(折纯)为396公斤/公顷。2008年,将农村户用沼气建设和秸秆综合利用率列入生态市建设考核内容。截至2011年年底,全市农作物秸秆综合利用率达92.2%,“三品认证”面积182万亩,建设农村户用沼气池17.6万个,占农村适宜户数的23%,生态农业建设稳步推进。

一、农作物秸秆综合利用

秸秆利用的主要模式:一是发展秸秆饲料。乐陵希森集团、陵县乐悟村、禹城市王子付村是秸秆青贮氨化作饲料的典型。二是发展秸秆食用菌。以武城九发集团为龙头,大力推广小麦秸秆养殖食用菌技术。三是发展秸秆还田。2011年,全市小麦、玉米、棉花等秸秆作物种植面积为1593.62万亩,农作物秸秆总量为1007.34万吨。其中,沤肥或直接机械还田724.01万吨,用于饲料过腹还田110.05万吨,用于工业原料52.78万吨,农民生活用42.11万吨,全市农作物秸秆综合利用率达到92.2%。

庆云县沃森农业科技示范园

二、实施农户用沼气工程

德州推广农用沼气始于20世纪70年代初期。当时由于技术和原料等方面原因,发展缓慢。据统计,至80年代中期,全区拥有各类沼气池900余个,且大多闲置不用。随着发展农村循环经济,加上沼气技术日臻完善,尤其是畜禽养殖业的迅速发展,利用沼气池处理粪便污水问题成为许多养殖户的自发意识。齐河县、武城县先后被列为省级生态农业示范县。2002年,德城区农业局申请到农业部“农村户用沼气综合利用项目”,禹城市争取到省农业厅“四位一体”沼气建设项目。2005年,宁津县、平原县争取到省农业厅“农村户用沼气综合利用项目”。推荐陵县乐悟集团、鲁西实业有限公司、平原友谊养猪厂、夏津德州市畜牧局种猪厂4家畜禽养殖企业入选全国生态建设项目库。

2006年,市委、市政府把发展沼气、秸秆气

化作为社会主义新农村建设的重要内容，在全市145个社会主义新农村建设市级示范村率先启动沼气入户工程，在部分村庄进行秸秆气化示范。2007年，全市新建沼气池21760个，其中，“一池两改”17460户，沼气池总数发展到24367个。是年，德州获“山东省户用沼气项目建设先进市”称号，与济南并列获一等奖，获奖励资金额度50万元。齐河、武城、陵县、庆云获“山东省户用沼气项目建设先进县”称号，分获一、二、三等奖。2009年3月，全国农作物秸秆能源化利用现场经验交流会在德州召开。截至2011年，全市沼气池发展到17.4万个，建设大型秸秆气化站19处，供应农户7864户。

三、推广循环农业新模式

2006年后，在全市推广“农业—畜牧业—沼气—农业”“农业—畜牧业—沼气—电”“农业—沼气—农业”等循环农业新模式，培植发展了一批以希森三和集团“牛＋沼＋电”“牛＋蚯蚓＋沼气＋电”、陵县乐悟“秸秆＋沼气＋电”和馨秋种苗“秸秆＋沼气＋有机果蔬”等为代表的生态农业发展模式，延伸传统农业链条。开展节药（农药、兽药）、节肥、节种、节能、节饲料为重点的节本增效活动，实施测土配方施肥面积800万亩。到2011年，测土配方施肥示范项目各县（市、区）全覆盖，配方施肥面积达到850万亩，占农作物播种总面积的80%以上，节本增效3亿多元。

1986—2011年德州市（地区）主要农产品面积产量统计表

表9－9

年份	粮食面积（公顷）	粮食总产量（万吨）	棉花面积（公顷）	棉花总产量（万吨）	蔬菜面积（公顷）	蔬菜产量（万吨）	油料总产量（万吨）	大牲畜存栏量（万头）	水产品产量（万吨）
1986	607620	233.8	200427	22.6	25133	11.1	2.10	68.5	0.5
1987	553927	220.7	247647	29.5	21493	10.5	1.29	75.0	0.6
1988	521240	222.2	288953	24.3	21340	12.5	0.71	88.0	0.8
1989	529540	264.9	258127	21.4	15773	18.1	0.62	98.0	1.0
1990	522533	253.8	240207	15.0	14600	61.3	0.52	103.7	1.2
1991	532580	287.1	288600	20.1	14593	58.1	0.51	101.4	1.4
1992	538440	288.0	144918	10.2	31005	68.1	0.63	101.0	1.5
1993	651410	325.0	271886	5.0	38765	14.5	1.59	110.6	2.1
1994	625488	325.0	133333	8.0	48003	198.4	2.27	135.7	3.0
1995	655938	369.4	106667	5.8	62712	225.5	3.03	142.0	4.4
1996	692355	389.7	82303	6.5	93170	326.9	2.47	138.4	4.7
1997	709570	393.5	59317	6.4	98002	349.2	2.35	157.3	5.0
1998	723488	518.6	60048	6.7	99996	402.6	3.24	174.7	5.4

续表9-9

年份	粮食面积（公顷）	粮食总产量（万吨）	棉花面积（公顷）	棉花总产量（万吨）	蔬菜面积（公顷）	蔬菜产量（万吨）	油料总产量（万吨）	大牲畜存栏量（万头）	水产品产量（万吨）
1999	704327	433.2	56173	6.7	147635	563.7	6.8	193.5	6.0
2000	599430	339.9	136103	16.4	203482	625.2	8.55	203.6	6.0
2001	54895	344.5	186667	22.8	183889	663.3	9.66	211.9	6.8
2002	554559	317.4	154836	17.9	182784	732.2	7.90	214.3	7.0
2003	522515	312.2	196307	22.8	159190	667.4	6.50	217.5	7.5
2004	540441	354.8	198751	26.0	113455	650.0	5.33	262.0	8.9
2005	679159	443.5	146260	20.2	112909	544.7	4.10	195.1	9.4
2006	780453	527.4	131619	21.4	98758	488.8	3.50	166.1	10.1
2007	791194	552.4	146243	21.0	82837	428.2	2.20	161.7	9.9
2008	805820	372.5	168897	25.1	76520	386.9	2.21	160.2	7.3
2009	910647	587.5	156137	21.4	73356	379.7	1.91	168.3	7.6
2010	889966	704.2	110879	13.5	83718	450.0	1.72	163.5	8.3
2011	920181	735.0	102313	14.3	84353	450.2	1.86	155.3	8.9

第十节　商品粮生产基地建设

为确保国家粮食安全，1996年国家确定建设20个国家大型商品粮基地，德州地区被列为其中之一。1996年11月，国家计委批准德州为“九五”国家大型商品粮生产基地。1996年之后，共实施两期商品粮生产基地建设项目，国家和省、市、县共累计投资1.48亿元。

一期商品粮基地建设项目

1996年11月开工建设，2001年6月竣工。重点实施农田水利工程、良种繁育工程、农业机械化工程3大工程。项目区涉及禹城、平原、齐河、陵县、临邑、武城和德城区，土地总面积1044.9万亩，占全市的64%，总人口350万人，占全市的65%，其中农业人口269万人。

一期项目实际完成投资1.24亿元，其中，从建设资金来源看，国家投资5000万元，省、市配套1925万元，县（市、区）配套5048万元，市直项目单位配套408万元。从资金投向看，农田水利工程实际完成投资8352万元，良种繁育工程实际完成2231万元，农业机械化工程实际完成1685万元。项目区内新增有效灌溉面积95万亩，并改善灌溉面积80万亩，项目区内良种覆盖率达到98%以上，建成优质专用小麦基地300多万亩。项目区内综合农机化水平提高8.5%，耕、播、收等主要农业生产环节基本实现机械化，建成各级各类农业科技园区218处，引进“工厂化”育苗系统等具有国内外先进水平的农业高新技术119项，有近80万亩土地实行节水灌溉。

二期商品粮基地建设项目

2007年9月开工建设，项目区涉及齐河、禹城、平原、陵县、临邑、宁津和乐陵7个县(市)的13个乡镇，土地总面积1186.8平方千米，耕地面积98.12万亩，总人口59.4万人，其中农业人口49万人。重点实施农田基础设施、良种繁育体系、农技服务体系三大建设工程，着力改善项目区农业生产条件，提高粮食综合生产能力，促进项目区农民增收。截至2011年，农田基础设施建设完成投资1316万元，良种繁育体系建设完成投资25万元，农技服务体系建设完成投资25万元。

第四章　畜牧业

第一节　畜禽品种

一、家畜

牛　在相当长的时期内以养殖传统耕牛为主。为改传统耕牛为商品肉牛，1996年市畜牧局从齐齐哈尔调入优质种公牛11头(其中利木赞1头、西门塔尔10头)，分别在临邑、武城、平原、齐河等县建立种公牛站，加强禹城利木赞牛纯种繁育场建设，开始利用自制冻精颗粒和人工授精的办法，对黄牛进行杂交改良。之后改为直接从省畜禽良种中心引进利木赞和西门塔尔等良种肉牛的冻精颗粒和细管，采用广泛建立冷配改良点的办法，加速扩大改良覆盖面。2003年，全市已建成市、县、乡、片有机结合的肉牛改良体系，共有冷配站920处，供应冻精60万支，改良肉牛50万头，商品代肉牛的良种率达到70%以上。

2002年，德州市制订《奶源基地发展规划》，开始发展奶牛规模养殖。2003年，加大行政推动和政策扶持力度，全市奶源基地建设取得新突破，是年，新增奶牛1.1万头，存栏总量达3万头。2003—2005年，奶牛以每年1万头的速度增长。

禹城县黄牛市场　(1992年　宋维中　摄)

猪　1994年前，养殖的猪品种基本全为乡土杂交，生产力低下。1994年加快品种改良步伐，是年，齐河县养殖有限公司引进长白、杜洛克、大约克种猪800头。1995年，宁津县鲁北养殖公司从中国农科院原种场引进大约克、长白、杜洛克、皮特兰种猪660头。1997年，市畜牧局出台《畜禽良种工程实施方案》，到2000年，全市共引进和纯繁长白种猪8000余头、大约克种猪6000余头、杜洛克种猪2000余头、皮特兰种猪500余头及其他部分种猪，实施一级杂交、二元杂交技术，大力发展商品瘦肉猪生产。全市商品猪基本普及二元杂交，其中瘦肉型猪占到40%以上，乡土品种猪已基本绝迹。

羊　20世纪80年代，饲养的羊只有两大类群，一是山羊，二是绵羊。山羊主要有奶白山羊和鲁北细毛白山羊。绵羊主要有大尾寒羊、小尾寒羊、新疆细毛羊及其杂交改良羊。1994年后，陆续引进波尔山羊种羊和小尾寒羊种羊。从1997年起，开始引进波尔山羊改良当地山羊。是年，临邑县临南镇引进波尔山羊建立良种繁育场。2001年，武城县鲁权屯镇建立武城县波尔山羊改良示范场，宁津县大柳镇建立宁津县波尔山羊原种坊，至2002年，全市波尔山羊原种存栏100余只，纯繁种羊500余只，改良当地山羊6万余只。1996年，引进小尾寒羊种羊，到1998年，先后有乐陵市、宁津县和平原县的多家养殖场引进小尾寒羊种羊1300余只。2001年，临邑县建立鲁西小尾寒羊繁殖场，引进纯种小尾寒羊5000多只，年繁殖和调运小尾寒羊2万余只。到2002年年底，全市共引进小尾寒羊2万余只，纯种繁育80余万只。截至2011年，全市羊存栏达198万只。

二、家禽

家禽养殖以鸡、鸭、鹅为主。1980年前，蛋鸡品种主要是本地鸡、寿光鸡、济南芦花鸡、莱航鸡、白洛克、狼山鸡和杂交鸡为主。1983年开始引进星杂228，1984年引进星杂579，1985年引进白洛克、北京白、尼克、罗斯、海赛克斯等，一些耗料多、效益差的重型鸡饲养量逐渐减少。1990年引进肉鸡艾维茵、宫廷黄，1992年引进乌鸡。1994年引进的肉鸡品种有：AA、爱拔益家、817、罗曼和当地培育的“817”扒用小肉鸡。1990年引进的蛋鸭品种有江南1号、江南2号、金定蛋鸭，肉鸭有樱桃谷鸭。1996年引进肉鹅品种法国朗德鹅。

三、地方良种

德州驴　又名渤海黑驴，著名的役肉兼用驴品种。主要分布于鲁北地区，中心产区在庆云、乐陵、宁津、陵县。德州驴体格高大，结构匀称，外形美观，头长大，特别是鼻梁部长于一般驴而接近于马，颈宽厚，尻部发育好，四肢粗壮，蹄大坚实。2009年，乐陵国强集团与济南客商合资兴建乌驴置业基地，通过与美国方面的合作，对德州驴进行科学的保种提纯工作。到2011年，全市德州驴存栏8000余头（参见本编农副特产名录）。

鲁西黄牛　素有“山东膘牛”之称，主产于鲁西地区，以皮薄骨细、肉质鲜嫩、大理石花纹明显三大特点著称于世。德州是全国肉牛的重要养殖基地，曾经是全国秸秆养畜示范区，肉牛存栏量较多。由于养牛效益逐渐降低，肉牛数量呈下降趋势，尤其是鲁西黄牛下降幅度较大。到2011年，全市纯种鲁西黄牛存栏量为8万余头，母牛数量5万余头。

鲁北白山羊　是经过长期风土驯化和精心选育而逐步形成的地方良种，属于皮肉兼用型品种。2011年，全市鲁北白山羊存栏量达65万余只，其中母羊25万只，遍布全市11个县（市、区），主要分布于禹城、平原、临邑、陵县、齐河等县（市）。但由于引进波尔山羊等肉用品种与之进行杂交，纯种鲁北白山羊的数量有所下降。

第二节　畜牧生产

一、畜禽饲养

养牛业　20世纪90年代初，为适应人们

乐陵肉牛养殖小区 (1996年 摄)

对高蛋白、低脂肪的牛羊肉消费需求增长的新形势，抓住国家实施“秸秆养畜示范项目”的重要机遇，德州市大力发展肉牛生产。1995年德州市被列为第一批(6个)“全国秸秆养牛示范区”之一。坚持走“统筹冷配、分户繁育、规模育肥、协会服务、多层次加工、多渠道销售”的肉牛产业化发展路子，大力推广“两大一小”(大池青贮、大垛氨化、小区饲养)模式。建成以市畜禽良种推广中心为龙头，11个县级家禽改良站为骨干、900多个冷配改良点为基础的肉牛改良体系，采取堵(淘汰劣质公牛)、疏(加大冷配改良力度)结合的办法，每年改良黄牛40多万头，使千百年来只供人们使役的耕牛变成以食用为主的商品肉牛，初步形成集良种繁育、规模育肥、秸秆利用、加工流通于一体的肉牛产业体系，成为农民增收的一个重要新产业。到1996年，全市培植饲养肉牛大户5890个，养牛小区和育肥场254处，养牛专业村466个，专业户56个，初步形成大户、小区、育肥场、专业村、专业户五位一体的规模饲养格局。1997年5月，“第五次全国农区发展畜牧业座谈会”在德州召开，全市秸秆养牛的经验开始推向全国。先后有8个县(市、区)被列为“国家秸秆养牛示范县”，禹城3次被评为全国秸秆养牛“十佳示范县”，2002年，德州市被列为新一轮“国家秸秆养畜示范区”，2003年，被国家和省列入“优质农产品区域布局—肉牛优势区域”，当年出栏商品肉牛

庆云县中澳集团种鸭场 (2005年 摄)

80万头，成为全国著名的良种肉牛生产基地。为促进食草家畜产业发展，2005年，制订《100万头肉牛生产基地建设规划》和《10万头奶牛生产基地建设规划》，截至2011年，全市肉牛年出栏量达到85万头、奶牛存栏量达到12万头。

养猪业　是有着广泛群众基础的传统产业，特别是20世纪90年代后，随着农民养猪积极性提高，全市养猪业高速发展，数量激增，市场饱和，随即出现周而复始的市场波动。1995年即遭遇到全国养猪业第一个市场大低谷，在经历1997年的市场高峰后，1999年又跌入第二次低谷，群众养猪积极性不断受到挫伤，制约了养猪业持续健康发展。为跳出养猪业大起大落、周期性波动的怪圈，德州市从品种改良和科学饲养入手，提高市场竞争力。通过大量引进优良品种，推广三元杂交和配合饲料应用、规模化饲养等综合配套技术，促进生猪饲养水平提高，使养猪业发展不断取得新的成效，逐步形成以乐陵仔猪市场和张库吏屠宰加工、临邑翟家生猪市场、宁津李满仔猪市场、10多个万头养猪场、3万多个养殖大户和一批生猪运销大户为代表的新型生猪产业。2000年，随着人们对肉食品质量安全要求的提高，以大城市为主体的猪肉消费市场实行严格的“准入制度”，门槛明显抬高，养猪业遇到新的挑战。为突破市场壁垒，德州市在抓好标准化生产、提高生猪质量安全水平的同时，2003年，引进全国著名的双汇和金锣生猪加工龙头企业，围绕龙头企业加快生猪业发展，制订了《德州市2004—2007年500万头生猪生产基地建设规划》，突出抓好生猪良种繁育体系和规模化养猪基地建设两大重点，年增商品猪出栏40万头，2007年，全市出栏商品猪达到500万头。2011年，全市生猪出栏590万头。

养禽业　家禽养殖长期以自养自食的散户饲养为主，属乡土品种当家的小农经济的养殖方式。20世纪80年代中期，以良种化、规模化为主要特征的现代养鸡业快速崛起，成为全区最早出现的具有现代气息的畜牧产业。由于现代养鸡业一起步就进入市场化阶段，其间，经历了几起几落的冲击。1994年，适逢蛋鸡业蓬勃发展时期，全市通过抓“一大(牛)一小(鸡)”，养鸡业得到快速发展，涌现出平原前王明村、夏津东李镇、武城老城镇、庆云城关镇等一批蛋鸡生产基地。前王明村靠养鸡成为全市第一个电话村和手机村。随着农业产业化战略的实施，在地方传统名吃德州扒鸡名牌效应带动作用下，新建起德州嘉德、庆云康源、禹城龙凤等一批肉鸡加工企业，按龙头带基地、基地连农户的形式，组织现代化的肉鸡生产，涌现出德城区二屯镇、禹城市梁家乡等一批“合同鸡”饲养基地。1998年，随着畜产品买方市场的

1997年5月，第五次全国农区畜牧座谈会在德州召开　（段长勇　摄）

到来,养鸡业进入微利经营时代。全市养禽业开始重新洗牌,养鸭业异军突起。临邑县临盘镇1994—1996年,对万亩沙河故道进行综合开发,通过引进浙江鸭农,开拓出存栏200多万只蛋鸭的新产业。2003年,庆云中澳禽业公司开始转产,新上年加工2000多万只肉鸭的生产线,当年就带动发展肉鸭40多万只。21世纪初,随着标准化规模养殖水平的不断提高,全市养禽业迎来新的黄金发展期。2008年,全市家禽饲养量达到2亿只。2011年,全市家禽饲养量达到2.5亿只。

二、畜禽养殖产业化

20世纪90年代初,全市根据市场需求,先后培育出牛、猪、羊、禽4个畜牧主导产业,并通过推进区域化布局、专业化生产、规模化经营和集中连片的发展,培育主导产业生产基地。在"以千家万户为基础,大力推进适度规模经营"思路指导下,通过实施"千点万户工程"和"双百双千工程",到1995年,全市培育饲养专业户1万多户、饲养小区100多处、肉牛和生猪育肥场150多个,形成禹城肉牛、平原蛋鸡、德城肉鸡等一批特色产业基地。之后,在"以规模经营为重点,加快畜牧业生产基地建设"的思路指导下,加快了规模饲养基地建设步伐,到1998年全市规模饲养大户发展到1.4万个,规模饲养场613个,饲养小区168个,初步形成以禹城、齐河、陵县为重点的肉牛产业基地,以乐陵、临邑、宁津为重点的生猪产业基地,以平原、夏津为重点的蛋鸡产业基地,以德城区、禹城为重点的肉鸡产业基地等。

畜产品加工龙头企业 改革开放初期,原居于垄断地位的国营食品系统生猪加工体系,在快速崛起的个体手工屠宰加工业户的强烈冲击下开始衰落。20世纪90年代初,全市仅有德州扒鸡总公司、嘉德公司、禹城鲁禹食品公司、宁津德艺制革公司等几家畜产品加工企业。到90年代后期,由于市场、体制、经营等原因,嘉德公司、德艺制革、鲁禹食品、龙凤鸡业等龙头企业相继陷入困境。21世纪,通过改革、改组、改造等措施,全市畜产品加工业得到恢复发展,翰森食品(原鲁禹食品)、凤祥鸡业(原龙凤鸡业)、华盛食品(原德州食品)、中澳禽业(原康源集团)等畜产品加工企业重现生机。德州扒鸡总公司完成了股份制改造,新上扒鸡全自动生产线,实现从宰杀、腌制、油炸、蒸煮一条龙生产,年加工扒鸡达千万只,使德州扒鸡这一古老品牌焕发出青春光彩。乐陵鲁西牛业公司、禹城金牛皮业公司也在这一时期相继投产。但与此同时,随着人们对肉食品卫生安全要求的提高和畜产品市场门槛的抬高,畜产品加工企业产品外销时常受阻,个体屠宰加工业受到更大挤压,曾在天津塘沽猪肉市场呼风唤雨的张库吏村被迫歇业。

2001年,在"以产业化思路统领畜牧业发展"思想指导下,市畜牧局成功引进全国乳业界知名企业——上海光明乳业。2003年,畜产品加工龙头企业发展取得重大突破。之后几年间,日处理鲜奶由50吨提高到200吨的光明乳业(德州)有限公司二期工程、年加工生猪300万头的金锣临邑分公司、年加工生猪150万头和肉牛20万头的德州双汇食品公司、年加工肉牛20万头和肉羊100万只的齐河元盛食品公司、年加工肉鸭2000万只的庆云中澳禽业公司、日处理鲜奶100吨的禹城东君乳业公司、日处理鲜奶50吨的临邑新大新乳业公司等一批现代化、重量级的畜产品加工企业相继上马,扭转了全市畜产品加工业落后的局面。到2011年,全市拥有限额以上畜牧加工龙头企业223家,其中有领先于国内行业的光明、双汇、金锣、六和、雨润、融商、希望等知名畜牧龙头企业,也有自主培育的中澳禽业、三和牛业、德州扒鸡、大蔡牧业等国家级和省级龙头企业。

第三节　饲草 饲料

德州是传统农业大市，种植业发达，饲草饲料资源丰富，特别是改革开放后，粮食、秸秆等饲料产量激增。德州市的畜牧业属农区畜禽饲养业，基本上是舍饲，精饲料以粮食为主，粗饲料主要是作物秸秆及牧草。

一、饲草

全市年产农作物秸秆约600万吨，为发挥这一优势，结合秸秆养牛示范区建设，市畜牧部门以加强青贮氨化为重点，狠抓秸秆资源的开发利用，每年的7月和10月分别组织全市开展麦秸氨化和玉米秸青贮突击月活动，利用统贮统用、联贮分用、专贮商用、自贮自用等形式，积极推广大池青贮、大垛氨化技术。永久性大青贮池已成为奶牛、肉牛养殖大户的必备设施，玉米秸带穗青贮逐渐得到推广。2003年，陵县乐悟集团奶牛养殖场新建9个大青贮池，占地20余亩，总容量1.35万立方米，一次贮进2400多亩的玉米秸。乐陵鲁西牛业公司一季收购和青贮玉米秸达7万多亩。是年，全市共青贮玉米秸秆200万吨，其中带穗青贮40万吨。2011年，全市消耗青贮农作物秸秆226万吨，占到秸秆年产量的1/3以上。

1994年，实施“引草入田”工程，利用冬闲棉田推广“冬牧70”黑麦草，不仅缓解了春季青绿饲料短缺的矛盾，也提高了土地利用率。2000年，为适应奶牛业崛起和肉牛规模育肥的发展，市政府拿出20多万元的专项扶持资金，在全市大力推广以饲料玉米、紫花苜蓿为重点的饲草饲料作物，先后涌现出临邑林子镇、齐河仁里集镇两个5000亩苜蓿方和乐陵市铁营乡2000亩的饲料高粱和饲料玉米方。2003年，全市种植饲料玉米40多万亩，牧草面积达到17万亩，其中苜蓿13万亩，达到历史最高水平。

二、饲料

饲料加工是改革开放后的新兴产业，20世纪80年代中期开始起步。到1995年，全市饲料加工企业发展到44家，饲料品种增加，在配合饲料的基础上，发展到浓缩饲料、添加剂预混料和精料补充料，年饲料总产达到11.5万吨。2000年，全市饲料生产企业已注册35家，从业人员2518人，年饲料总产达48.5万吨。其中，以德州六和、庆云六和、德州收获、上海新扬等为首的14家大中型企业年总产27.3万吨，占全市饲料总产量的56.3%。2011年，制订了《关于推进畜产品(饲料)加工产业跨越发展的实施方案》。到2011年，全市饲料加工企业54家，年加工生产饲料160万吨，产值达54亿元。

第四节　疫病防治

1986年，全区畜牧防疫网络健全，区、县(市)、乡均建有防疫机构，依法开展防疫工作，全区没有发生大的疫情。1994年，德州地区畜牧系统实施防疫承包、程序化防疫及动物防疫双轨目标责任制。是年，实行承包的乡镇达125个，承包防疫猪70万头、牛30万头、羊40万头、鸡1400万只。各县(市、区)开展鸡法氏囊、猝死病、禽流感等疫情调查。在禹城、宁津等县试行畜禽防疫双轨目标管理责任制，即在行政上从县政府、乡镇政府到村委会，在业务上从县市畜牧兽医站、乡镇兽医站到村级防疫员，逐步落实责任，双轨运行，全力防病。1996年后，全市猪瘟、猪丹毒的防疫密度常年保持在85%以上，鸡新城疫的防疫密度在90%以上。1999年，加大对口蹄疫的防治力度，将口蹄疫防治纳入政府工作轨道，各级政府和畜牧部门逐级签订防治责任状，联合公安、工商、卫生等部门，按照“村不漏户、户不漏畜”的要求开展拉网式强制免疫，使易患动物群体免疫率达到

100%。2003 年 12 月,高致病性禽流感席卷韩国、日本和东南亚,2004 年 2 月迅速传入中国。为应对疫情,成立市防治指挥部和若干专业机构,按照“确保全市无疫情输入和传播、确保全市不发生疫情、确保德州为无疫区”的要求,全市上下密切配合,内防外堵,严防死守,确保全市无疫情传入和发生。2004 年,全市共免疫大家畜 185 万头(次)、生猪 495 万头(次)、羊 136 万只(次)、家禽 1.23 亿只(次),分别占存养量的 81%、182%、50% 和 166%。在历年春、秋两季的重大疫病防控工作中,全市以确保不发生重大动物疫情和动物卫生安全事件为中心,高度重视,强化措施,落实责任,狠抓疫苗注射、挂标建档、效果评价等关键环节,确保动物免疫密度达到应免畜禽的 100%。至 2011 年,德州市已保持连续 11 年无重大疫情发生的好形势,守住了山东“北大门”。

第五节 生猪定点屠宰

1985 年 5 月,全国放开猪肉价格,实行“多把刀”(国营、个体都可经营)经营后,市场出现病害猪肉和注水肉,危害人民健康和畜禽生产。1987 年,国家开始明令要求实行“定点宰杀、集中检疫、照章纳税、分散经营”。1995 年,根据《山东省生猪屠宰管理办法》,市政府下发《关于贯彻落实〈山东省生猪定点屠宰管理办法〉的通知》,确定在禹城市、齐河县、临邑县开展生猪定点屠宰试点工作。1996 年 2 月,在先行试点基础上生猪定点屠宰全面推开。1999 年 9 月 28 日,市政府制定下发《德州市生猪屠宰管理办法》,根据《山东省生猪定点屠宰厂(场)设置规划的通知》要求,按照“县级人民政府驻地和乡镇政府驻地各设 1 个”的原则,全市 193 个乡镇共设置定点屠宰厂(场)243 个,其中国有企业 217 个,集体所有 26 个。

从 2000 年开始,全市调整完善定点屠宰厂(场)设置规划,适当压缩数量,逐步淘汰作坊式手工屠宰点,集中资金改造扩建一批工厂型屠宰加工企业,开展生猪定点屠宰厂(场)的全面清理整顿,并按标准和要求进行检查和验收。到 2001 年年底,全市定点屠宰厂(场)由 243 处压缩到 141 处,其中具备机械化屠宰能力的 12 处。

2007 年,根据国务院和省政府有关精神,德州市开始压减生猪定点屠宰厂(场),进一步规范全市生猪产品的流通秩序。截至 2011 年年底,全市共保留生猪定点屠宰厂(场)68 处,其中年屠宰量超过 100 万头的现代化大型屠宰企业 2 处,基本实现机械化屠宰的 24 处,其他 42 处为手工屠宰。全市生猪定点屠宰厂(场)年屠宰能力达到 300 万头以上,定点屠宰普及率达到 100%,生猪进点屠宰率达到 98% 以上,县城以上驻地和部分乡镇上市交易的生猪产品基本实现机械化屠宰。

第五章 水产业

第一节 水产资源

一、水资源

全市大小河流流域相连，渠道纵横，干支相通，坑塘洼地星罗棋布，宜于水产养殖。20世纪90年代初，以综合开发荒碱涝洼地修建的标准鱼塘及多年进行废旧窑坑、坑塘改造、修路用土、水利建设配套工程形成的池塘及低洼沼泽水面，水产种植、养殖专用水面有40.8万亩(包括种植藕、蒲草等)。截至2011年年底，全市水域总面积10.07万公顷，其中河道110万公顷，占11%。排灌沟渠6.74万公顷，占67%。坑塘1.56万公顷，占15.5%。水库1666公顷，占1.5%。苇地和滩涂4985.25公顷，占5%。全市有连片宜渔荒碱洼地、村边湾坑、废弃窑坑(三荒资源)3.33万公顷。

池塘　2011年，全市池塘养殖面积1.13万公顷。其中，养殖面积较大的县(市、区)有：禹城市2582公顷，齐河县2468公顷，陵县1773公顷，临邑县1587公顷，乐陵县800公顷，平原县716公顷。主要水源是引用黄河水、取地下水、补充自然降水。

水库、湖泊　2011年，全市境内有10多处平原型水库。其中陵县丁东水库水域面积800公顷，陵县仙人湖水库水域面积666公顷，庆云严务水库水域面积200公顷。

河沟　2011年，全市有渔用价值的河沟共2.68万公顷，其中可用于水产种、养殖的故河道672公顷，占河沟总数的2.5%。

二、水产种类

鱼类　养殖品种有：鲢鱼、鳙鱼、草鱼、鲤鱼、鲫鱼、乌鳢、梭鱼、鳜鱼、鲟鱼、革胡子鲶、罗非鱼、虹鳟鱼、武昌鱼(鳊)、团头鲂、淡水白鲳、淡水蓝鲨、美国红鱼、美国大口胭脂鱼、斑点叉尾鮰、金鱼、牛蛙、美国青蛙、中华鳖、中华绒螯蟹、南美白对虾等。大银鱼为购进受精卵，1996年首次放入大水面(仙人湖水库)进行增殖，常年起捕。

水生植物　经济价值较高的有莲藕，其次是芦苇、蒲草。20世纪90年代后，莲藕种植面积不断增大。挺水植物中还有水蓼、黑三棱、节节草、稗等，浮叶植物有荇草，沉水植物有孤尾藻、箔草、佛来眼子莱、金鱼藻等，漂浮植物有小浮萍、芜萍等。

水禽　主要水禽有鸬鹚、小翠鸟。鸬鹚，俗称鱼鹰，水老鸦，栖息于河川和沿黄地带。小翠鸟，俗称鱼狗，栖息于河川、池塘边的树木上，这两种水禽均属淡水渔业的害鸟。

贝类及其他水生动物　有田螺(也称螺蛳、蜗螺牛)、褶纹冠蚌、背角无齿蚌。浮游动物以原生动物为主，轮虫、枝角类。

第二节 水产养殖

1984年后，农村实行生产责任制，水产品价格放开。1990年后，连续大规模开发故河道、荒滩、低洼盐碱地，大面积连片鱼塘骤增。2006年，齐河县实施“千村鱼跃，万亩荷香”工程，开发建设沿黄生态渔业经济带。挖池台田、

治理改造低洼荒碱地 3.5 万亩，建成高标准池塘 4500 个，新增耕地 1.5 万亩。全县水产总面积猛增到 9.65 万亩，水产品总量达 4.64 万吨，实现产值 2.05 亿元，培植休闲渔业 100 多处，逐渐形成有村就有池、有池就有水、有水就有鱼和藕的生态养殖格局。

2008 年，全市渔业养殖面积 16.3 万亩，水产品产量 8.87 万吨、水产业经济总产值 10.59 亿元，其中渔业产值 9.32 亿元。临邑县临盘街道盘活社会资金 2 亿元，开挖水面 8000 亩。乐陵杨安镇组织社会资金 2000 万元，开发碧霞湖水库周围 1000 多亩土地植藕养鱼，德惠淡水养殖公司连年滚动投资 1000 万元做精罗非鱼产业，陵县李永学投资 500 万元利用风能、太阳能试验节能渔业。到 2011 年，全市健康养殖示范场总数达到 15 处、面积 2.61 万亩，占全市池塘养殖面积的 21.1%。开发荒碱涝洼地 3.5 万亩，新增池塘养殖面积 1.42 万亩，改造生态池塘 0.6 万亩。

一、苗种繁育引进

1995 年前，养殖的常规鱼类苗种以自繁自育为主，稀有品种、名优品种以购进为主，少量苗种出售到外省、市。当地繁育的鱼种有鲢、鳙、鲤、鲫、草、鲂及甲鱼等。1996 年 5 月，从江西九江引进彭泽鲫乌仔 21.5 万尾，在德城区鱼种场、陵县丁庄乡鱼场、庆云县布点培育成功，1997 年全市大部分县(市)形成自然种群，总产量达 1000 吨，占鲫鱼总产量的 60%。

1998 年，德城区引进美国大口胭脂鱼 4000 尾，养殖成功，1998 年，武城县水产局在温室大棚催产革胡子鲶成功。1996 年 11 月，陵县丁庄乡政府从天津引进大银鱼受精卵 30 万粒，在仙人桥水库放流增殖成功。1997 年 7 月，德城区陈庄乡和黄河涯乡从省淡水所引进鳜鱼苗 2000 尾。10 月，最大个体重 200 克，生长发育良好。同年 11 月，分别在仙人桥水库、丁东水库放流银鱼受精卵 1000 万粒。1998 年春，临邑县引进丰产鲫乌仔 12 万尾，长势较好。

养殖的名优新珍稀品种主要是指除大宗常规、低价鱼以外的商品价值、食用价值、观赏价值较高的名优、珍贵、稀有或新的品种。有黄河鲤、包括彭泽鲫、丰产鲫等在内的鲫鱼，淡水白鲳、乌鳢、罗非鱼、黄鳝、鳜鱼、金鱼、中华鳖、河蟹，罗氏沼虾、南美白对虾、大银鱼、泥鳅、黄桑、牛蛙、斑点叉尾鮰、美国大口胭脂鱼、条纹鲈、埃及塘虱鱼。

二、养殖模式

养殖新技术有草浆养鱼、化肥肥水、光合细菌及增氧机增氧、全营养配合颗粒饲料。温室大棚养殖、庭院养殖、食物链生态养殖、优质鲫鱼规模化养殖技术。养殖新模式有：套养、轮捕轮养、年养两茬、鲤鱼乌仔当年养成、“80：20”模式、“上农下渔”、鱼鸭混养、鱼鳖混养、鱼藕混养、庭院养殖、温室大棚养殖、工厂化养殖、微生态制剂、微孔增氧。

三、养殖示范基地

1997 年，齐河县渔场被命名为“山东省海洋与水产厅名优高效渔业示范点”。2000 年，德州市水产局科技示范基地被命名为“山东省海洋与渔业厅名优新品种养殖示范基地”，临邑县淡水养殖场被命名为“山东省海洋与渔业厅名优新水产养殖示范基地”。全市总数达到 15 处、面积 2.61 万亩。

市级规模养殖区及示范基地包括：禹城市禹西生态农业观光园水产养殖区、禹城市禹北水产生态养殖区、临邑县临盘镇水产科技示范园、临邑县临南水产养殖区、临邑县兴隆水产养殖区、陵县仙人湖水产养殖区、陵县边临镇渔场、齐河县祝阿万亩水产养殖区、平原县坊子乡水产养殖区、德城区王村店渔场、庆云县东辛店南大洼养殖区、德州商贸开发区金荷园。禹城市禹西生态农业观光园天池南美白对虾苗种场，首次在内陆地区运用地下水淡化养殖南美白对虾苗获得成功，首次引进乌克兰“卡拉白鱼”成功，实现淡水养殖业全省两个“第一”。临邑县临盘镇鱼鸭混养基地面积达6080亩，台面6200亩，鱼鸭混养户420户，养鸭总数260万只，年产值超亿元，规模、效益在全省居首位。

市级水产种植区连片面积较大的是：禹城市禹西生态观光园浅水藕1140亩、平原县苏集莲藕池面积1500亩、齐河县赵官镇浅水藕面积1800亩。藕的主要品种为白莲藕，鄂莲2号、4号、5号，还有“齐头藕”，白莲特及白莲特2号，全市植藕面积达13.8万亩。

1986—2011年德州市（地区）水产品产量统计表

表9－10　　　　单位：吨

年份	淡水养殖	淡水捕捞	合计
1986	4014	2422	6436
1987	5626	2515	8141
1988	7991	2584	10575
1989	13145	3037	16182
1990	9672	2196	11868
1991	11356	2648	14004
1992	12576	2777	15353
1993	17803	2812	20615
1994	27574	2438	30012
1995	40464	3221	43685
1996	46502	585	47087
1997	46555	3647	50202
1998	52422	1907	54329
1999	58480	1407	59887
2000	58380	1619	59999
2001	66188	1535	67723
2002	68498	1334	69832
2003	73668	1129	74797
2004	88707	1328	90035
2005	92537	1392	93929
2006	99205	1471	100676
2007	68514	1288	69802
2008	71235	1570	72805
2009	74109	1608	75717
2010	81045	1474	82519
2011	10843	1458	88721

第三节　渔业科研

1984 年，德州地区农牧渔业局成立，设德州地区水产站，各县（市）亦设立水产站，到 1990 年，全区有地区属水产站 1 个，县市水产站 11 个，共有水产科技人员 68 人，1991 年为 78 人，1994 年撤销水产站，成立德州地区水产局。2001 年 4 月，改为市水产办公室，归口市农业局，到 2011 年年底，全市共有渔业机构 94 个，其中市级 1 个，县级 18 个，乡级 75 个。人员 301 人，其中市级 15 人，县级 193 人，乡级 93 人。

20 世纪 80 年代初，仅有地区水产局实施的“底层鱼捕捞拉网改造”、齐河县“草浆培育鱼种试验”和济阳县“化肥肥水实验”等项目。淡水养殖品种从传统的“四大家鱼”（鲤、草、鲢、鳙）向鱼、虾、鳖、蟹等多种名、优、新、珍、稀养殖品种发展，养殖方式也从粗放粗养向半精养、精养及集约化、产业化方向发展。

“七五”（1989—1990 年）期间，渔业生产技术主要采用化肥肥水养鱼技术、鸡粪棉饼做鱼饲料养鱼和混养技术，同时进行甲鱼、河蟹、罗非鱼引进养殖及模式化养鱼技术的开发与推广。渔业生产开展名特优水产养殖、网箱养鱼、温室养鱼、高效生态渔业模式化养鱼以及渔鸭混养和莲藕高产高效种植等。普遍采用精养、半精养方式、80∶20 方式、投喂全价营养渔用配合颗粒饲料、科学调节水质及鱼病防治。科技进步因素在渔业经济增长中所占比重达到 45% 以上。“十五”（2001—2005）期间，大面积渔业开发基本完成，产业调整已见成效。截至 2002 年，全市渔业总面积 40. 8 万亩，其中养殖池塘 24 万亩，实现鱼产量 7. 2 万吨，浅水藕面积 13. 8 万亩，苇蒲 3 万亩，蛋鸭存栏量 400 万只，实现渔业产量综合产值 14. 6 亿元。在渔业生产方式上，开展藕池硬化及大棚植藕、渔虾混养、观赏鱼养殖和休闲渔业，南美白对虾引进、养殖及其虾苗淡化均取得成功，引进养殖一些名优特新稀水产品种，美国大口胭脂鱼、卡拉白鱼、斑点叉尾鮰、条纹鲈、淡水鲨鱼、鲟鱼在德州安家落户。“十五”（2006—2010）期末，科技进步因素在渔业经济增长中所占比重达 50% 以上。截至 2010 年年底，全市养殖面积 12. 38 万亩，水产品总产量 8. 25 万吨，渔业产值 9. 12 亿元。德城区、禹城市推广微孔增氧 2230 亩，水质明显改善，增产节能降耗效果明显。

1985—2011 年，全市共实施各级各类渔业科研、开发与推广计划 50 项，其中科研攻关计划 40 项，星火计划 4 项，“丰收计划”3 项，软科学计划 2 项。另外，地区（市）和各县（市、区）、乡镇还实施很多自选及县（市）计划项目。全市共获市级以上各类科技成果 24 项，获奖 24 项，其中按类别分科技进步奖 18 项，丰收奖 4 项，星火奖 1 项，农业区划奖 1 项；按级别分省级奖 6 奖，市级奖 18 项。

第六章　农业机械

随着改革的深入和经济的发展，德州农业机械化经历了以农民自买自用小型农业机械为特征的农机所有制形式变革，以小麦机收跨区作业为特征的农机经营服务模式变革和以“立

收割机在麦田作业　　（2009年　摄）

足大农业，发展大农机，服务新农村”为特征的农机发展理念的变革，农业机械迅速增加，装备结构逐步优化，社会服务能力不断提高，农业机械化水平全面提升。到2011年，全市农机总动力达到1363万千瓦，农用拖拉机达25.3万台，农作物耕种收综合机械化水平达88%。

进入21世纪，德州农业机械化在国家支农惠农政策的强力推动下，通过重点推广玉米联合收获机械化技术，突破粮食作物机械化发展的“瓶颈”，实现了玉米收获机械化的跨越式发展，形成小麦、玉米联合收获与保护性耕作机械化的良性互动，促进保护性耕作模式的发展。

同时，以小麦跨区作业为特征的农机社会化服务模式得到超常发展并延伸到秋季农业生产和冬春农田基本建设，它将家庭联产承包经营模式下千家万户的小生产与千变万化的大市场进行有效对接，推动农机服务向社会化和专业化发展。从20世纪80年代的“农机大院”到90年代的县级“六条服务线”，从21世纪初的“农机大户”到2007年后的“农机专业合作社”，全市基本形成以农机专业合作社为龙头、农机专业大户为主体、农机大户和农机户为基础的、适应农村劳动力转移、土地流转和规模化经营特点的农机作业服务组织体系。2011年，全市从事农机田间作业、物流服务、农机销售和维修的各类农机服务组织和农机户共50.18万个，乡村农机从业人员67.5万人，实现农机服务总产值32亿元。

第一节　农具 农机

传统农具主要有：犁、耙、耢、铣、镢、榔头、耧、耘锄、锄、镰、磨、碾、铡刀、扎车、弹花弓、大车、独轮车、地排车、砘子、水车、撇子、戽斗、桔槔、碌碡、扫帚、簸箕等。随着农业机械化的发展，大多农具已被淘汰，现有农具多为辅助性生产工具。

农业机械包括动力机械、耕整地机械、播种施肥机械、收获机械、排灌机械、植保机械、农田基本建设机械、设施农业机械、农副产品加工机械、林牧渔业机械等。

1986—2011 年德州市（地区）农业机械动力拥有量统计表

表 9－11

项目 年份	农业机械总动力（千瓦）	农业机械总值（万元）	拖拉机（台、千瓦）		柴油发动机动力（千瓦）	汽油发动机动力（千瓦）	电动机动力（千瓦）
1986	2234474	48158	26417	384666	1793478	55017	385979
1987	2571703	53361	28843	402298	2155917	63781	409405
1988	2887182	65753	32371	432422	2364524	69945	452713
1989	3197627	76843	36679	475473	2650530	75391	471706
1990	2674510	62594	32754	421851	2187212	92479	394819
1991	2891952	74597	36279	454715	2373352	102439	416161
1992	2922674	76112	37899	469434	2404593	105638	412443
1993	2987373	77724	39132	481870	2456850	109617	420906
1994	3070663	79585	39765	489284	2526655	114174	429834
1995	3374284	96372	42572	512594	2799967	127598	446719
1996	3627195	109734	46358	551365	3030047	133734	463414
1997	4255683	164323	69853	758485	3661199	140051	458568
1998	4520364	169411	80277	863805	3893977	148680	477707
1999	5447991	201417	104685	1131070	4768385	159055	520551
2000	6748227	251699	125472	1381818	6103909	110148	534170
2001	7739713	318798	169703	1988227	6995012	165476	579225
2002	8183943	338498	177008	2165538	7469577	87750	626616
2003	8715536	373254	184820	2374717	7971910	90774	652852
2004	9045194	387955	188560	2440239	8265787	93775	685632
2005	9618094	405311	202609	2642169	8763233	108580	746281
2006	10022606	429022	207057	2795197	9124965	112924	784717
2007	10682442	475954	238674	3249273	9683989	179078	819375
2008	11706921	533658	246237	3807971	10376149	63890	1266882
2009	12436153	552365	248980	3908154	11062531	70988	1302634
2010	13024507	612486	251436	3968293	11566969	77367	1380171
2011	13626861	661452	253335	4068522	12060787	92917	1473157

1986 年、2011 年德州市农机作业机械保有量对比统计表

表 9－12　　　　　　　　　　　　　　　　单位：台(套)

类别	名称	1986 年保有量	2011 年保有量	备　注
一、农用运输机械	农用运输车	1782	31.8 万	全市农村普遍使用
二、整地机械	机引犁	18634	68426	分为牵引式、悬挂式两种。牵引式主要与履带式拖拉机配套，悬挂式主要轮式拖拉机配套。主要是国产悬挂轻、中、重三类机引犁
	旋耕机	32	33468	与拖拉机配套的耕耘机械。20 世纪 90 年代开始广泛应用
	机引耙	1667	23537	20 世纪六七十年代广泛应用，主要用于耕后耙地和耕前灭茬
	深松机	—	341	分为旋耕深松机和全方位深松机两种。2006 年开始引进推广使用。主要分布在齐河、平原
三、播种施肥机械	机引播种机	1954	94722	早期主要用于小麦播种。2005 年后，薯类、花生播种机也逐步推广开来
	化肥深施机	—	1731	1989 年德城区开始推广，1994 年禹城开始引进。主要分布在德城、宁津、齐河、乐陵，型号主要有 1HF 型、1NF 型等
	地膜覆盖机	11	10945	应用于棉花、花生铺膜。分机引和人畜力。1986 年，德城区有人畜力地膜机 9 台，平原、齐河各有机引地膜机 2 台。2011 年年底，全市仅机引覆膜播种一体机就达 6870 台
四、收获机械	机动收割机（割晒机）	1507	8055	20 世纪 80 年代至 90 年代发展较快。随着小麦联合收割机的增加，2005 年后，割晒机基本上做为辅助性收割机械
	小麦联合收割机	18	14732	初期机型引进的康拜因联合收割机，只在几个国营农场使用，由于性能老化等因素逐步淘汰。1991 年引进 3 台上海—Ⅲ型背负式小麦联合收获机。1997 年年底，保有量增加到 262 台，2000 年 1174 台。2000 年后，福田谷神、金亿、巨明、大丰等著名品牌的自走式联合收割机进入德州，2011 年自走式达到 10605 台

续表 9－12

类别	名称	1986 年保有量	2011 年保有量	备注
四、收获机械	玉米联合收割机	—	8490	分自走式和牵引式两种。2000 年，临邑、齐河、平原、武城等县开始引进 4YW－2 型背负式玉米联合收获机。2004 年，全市仅有 65 台。2005 年后国家实行农机购置补贴，玉米联合收获机发展，2011 年全市保有量 8490 台，其中自走式 3384 台
	秸秆还田机	—	11921	1988 年德城区引进 4GH－150 型玉米秸秆还田机，开始推广应用。2000 年，全市有 2358 台，主要分布在德城区以及宁津、平原和夏津等县
	花生收获机	—	543	2005 年宁津、齐河等地开始推广。2011 年全市保有量 543 台，主要分布在宁津、齐河、禹城、夏津、平原等县（市）
五、排灌机械	水泵	9.2 万	42.37 万	全市普遍使用
	节水灌溉机械	—	57826	分喷灌、微喷、滴喷等，20 世纪 90 年代初开始推广应用。2000 年，全市节水灌溉机械有 1862 套，主要集中在禹城（市）、宁津县和陵县。2011 年年底，全市拥有各种节水排灌机械 57826 套，主要集中在宁津、齐河、乐陵、陵县等县（市）
六、植保机械	手动喷雾（粉）器	114.73 万	—	主要用于喷药治虫。20 世纪 90 年代后，随着植保机械化程度提高，量逐步减少，2000 年降到 67.21 万台，逐渐被机动喷雾机替代
	机动喷雾器	3529	6.57 万	以汽油机提供动力，主要用于灭虫。2000 年增到 3.17 万台，至 2011 年年底全市拥有 6.57 万台，其中机引喷雾机 325 台
七、设施机械	电动卷帘机	—	8493	主要用于塑料大棚、日光温室。2001 年齐河县、平原县首先引进推广，2004 年两县发展到 395 台。2007 年后陵县、临邑县、禹城市等陆续推广
	CO_2 气肥发生器	—	96559	20 世纪 90 年代末期，齐河县、陵县、平原县开始推广应用，2000 年后逐步推广开。主要集中在齐河县、平原县、陵县等地

续表 9 - 12

类别	名称	1986 年保有量	2011 年保有量	备注
七、设施机械	微耕机	—	4147	用于温室大棚、果园等。2005 年齐河县、德城区、临邑县引进应用。2008 年三县(区)共有 216 台。2011 年年底全市保有量 4147 台,主要分布在宁津县
	喷烟雾机	—	5641	适合蔬菜大棚、花室的杀菌和杀虫。2001 年,临邑县、陵县开始推广应用,随后,齐河、平原、禹城等地开始推广,2005 年全市发展到 456 台,2011 年全市保有量 5641 台
八、收获后处理机械	脱粒机	25432	6.82 万	大部分年份保有量在 7 万台左右
	谷物烘干机	—	23	用于小麦、玉米等的烘干。2000 年乐陵市购进 1 台,2001 年新增 2 台。2008 年,齐河县引进 20 台
	种子加工机	—	25	包括种子清选机和种子包衣机。集中在齐河县和乐陵市
九、农产品加工机械	磨面机	8435	19980	用于小麦、玉米等面粉加工
	榨油机	2586	3200	
	棉花加工机	3764	3830	主要集中在夏津、武城等县
	果蔬加工机	—	416	主要集中在临邑县、陵县、乐陵市、庆云县
十、农田建设机械	推土机		1230	总动力达 78550 千瓦
	挖掘机	—	645	总动力达 49550 千瓦
	装载机	—	255	总动力达 16190 千瓦
十一、其他机械	饲草料加机	8075	21847	用于切碎饲料、打浆等
	畜牧饲养机	—	2367	主要集中在齐河县、陵县
	畜产品加工机	—	189	全市有挤奶机 186 台,主要集中在齐河县、宁津县、禹城市等;德城有剪羊毛机 3 台
	渔业机械	—	8741	2011 年全市有增氧机 4760 台,投饵机 3987 台,主要集中在齐河县、禹城市、德城区
	林业机械	—	2831	2011 年年末全市挖坑机保有量 2788 台,夏津县有果树修剪机 43 台

第二节 农机推广应用

一、农机化作业程度

1986—1995年，是农机化的稳步发展阶段。处于人、畜、机并存，人、畜、机、电动力并用，并逐渐由单一的种植业机械化逐步向产前、产后深层次机械化发展。以种植业为核心的农业生产主要环节逐步实现了机械化、半机械化。1986年，小麦种植机械化程度最高，但其机耕、机播、机收的机械化水平分别只有65%、20%、6%，1990年分别增长到73%、28%、24%，1995年分别为95%、34%、35%。1995年，全市机耕地面积887万亩，机播412万亩，机收418万亩。

1996—2004年，是农机化的快速发展阶段。基本取代"面朝黄土背朝天"的繁重体力劳动，人、畜、机并存的局面已转变为以机为主导地位的格局。农机化发展空间不断扩大，服务领域由粮食作物向经济作物，由大田作业向设施作业，由种植业向林牧渔各业，由产中向产前、产后全面发展。2004年，全市完成机耕作业面积980万亩，机播面积860万亩，机收586万亩。粮食作物综合机械化水平达75%。

2005—2011年，是农机化的加快发展阶段。制约农机化发展的"瓶颈"玉米机收环节被打破，大型机械和高效复式作业机械迅速发展，机械化作业范围向经济作物、林牧渔各业逐步渗透，机械化程度迅速提高，大农机的格局逐步形成。2011年，共完成机耕、机播、机收总面积3686万亩，农作物综合机械化水平达88%。小麦生产耕、播、灌溉、施肥、植保及收获等主要生产环节均实现了机械化。2011年，全市主要农作物机耕率、机播率分别达到99.8%、95.7%，全市723万亩小麦，机收率99.48%；玉米生产机械化跨越式发展，玉米机收570万亩，机收率达84.81%；耕收种综合机械化水平达88%，高于全省平均水平10个百分点。小麦保护性耕作实施面积138万亩，玉米贴茬免耕播种673万亩，机械深松48万亩，玉米秸秆综合利用面积480万亩。2011年，全市实现农机服务纯收入27亿元，农机化为农民人均实现纯收入675元，对农民人均纯收入的贡献率达8%。

二、农机技术推广

精量播种机械化技术 1986—1988年，主要在平原、德城、齐河、禹城等县（市、区）实施。全区共推广小麦半精量播种机3881台，改制机具2468台，完成播种面积115.6万亩。实施半精播地块亩均增产50公斤，亩省良种4.5公斤。

小麦割晒机械化技术 1986—1989年重点推广的农机技术之一，也是全省重点推广的农机技术。德州地区共推广小麦割晒机5384台，机收面积达到300多万亩。

农机节能技术推广 1987—1989年，推广小拖限位节油器2.6万只，每年可节油近千吨。1989年，推广清洗剂达46吨，节油超千吨。1990年到1993年年底，德州地区累计完成195型柴油机旧机改造1.95万台。

秸秆还田机械化技术 1999—2001年，在全市范围内大面积推广。引进推广玉米秸秆还田机3619台，累计作业面积222万亩；平均亩增小麦40.5公斤、玉米59公斤。该项目获德州市农牧渔业丰收奖一等奖。2011年，全市机械化秸秆还田面积达1200多万亩。

棉花播种、覆膜、植保机械化技术 1989—1990年，重点推广机械深耕、棉花机播、棉花机械化覆膜、棉花机械化植保、化肥机械深施等农机技术。引进推广畜力棉播机200台，机引棉播机150台，覆膜机50台，泰山－18喷雾喷粉机220台。项目共实施面积31000亩，亩增皮棉13.5公斤。1991—1992年，在宋官屯、二屯

两乡镇的16个村进行棉花播种覆膜机地膜机试验示范。引进推广各种覆膜机械102台,共完成机械覆膜面积1.5万亩。经测算,亩节约成本6.92元,多点测定,覆膜棉田亩增皮棉22.5公斤。2011年,全市棉花覆膜播种机6560台,机械覆膜面积110.5万亩。

机械化植保技术　1992年,全区拥有植保机械4.7万台,主要在夏津、武城等重点产棉区用于防治棉铃虫,以乡镇农机站为依托,组建专业化机防队6700个,实行统一购药、统一虫情测报、统一配药、喷药、统一收费。2008年,机械化植保技术在果园、蔬菜、林木以及小麦、玉米等作物也得到广泛的应用。2011年,全市机引喷雾机325台,主要集中在齐河、武城、夏津、平原等地。

拔除棉柴机械化技术　1990年后,齐河、夏津就开始拔棉柴机的研制。2000年后,拔棉柴机大面积推广应用。2011年,全市各种型号的棉柴拔除机达6709台,棉柴机械拔除机械化程度达76%,其中夏津达99.8%。

玉米套种、化肥深施、机械深耕等机械化技术　1988—1990年,德州地区农机技术推广站承担省农机技术推广站下达的"玉米套种机械化技术推广应用"项目。累计作业面积180万亩,增产9002万公斤。1990年,齐河县农机推广站承担农业部"玉米增产综合机械化"丰收计划项目。主要推广玉米机械套种、化肥深施和机械中耕灭茬等技术,项目共引进应用玉米套种耧2450台,化肥深施耧1085台,实施面积11.2万亩,比前3年平均亩增产65公斤,总计增产728万公斤,增收节支534.24万元。1988年,德州地区开始引进试验示范推广玉米套种技术。1990年后,全区发展迅速。至1995年,全市玉米套种耧保有量达24424台,套种面积达到188万亩。2000年后,特别是2005年后,玉米套种耧被逐步淘汰。

1988年,开始推广化肥机械化深施技术。1990年全区深施面积110万亩,到1995年深施面积超过300万亩。化肥深施机从2000年的262台发展到2011年的1731台,主要集中在齐河县、宁津县、德城区和乐陵市。2011年,全市化肥深施面积达176万亩。

1986年后,推广与泰山－12拖拉机配套的单铧深耕犁技术。1989年、1990年、1991年、1992年、1993年连续5年分别在夏津、平原、齐河3县召开棉田冬季深耕、三秋深耕作业现场会。1998—2000年,全省实施"3413"项目(用3年时间,推广4万台深耕深松机具、1万台玉米联合收获机、3万台玉米秸秆还田机),3年全市共推广大中型深耕深松机具3252台。

设施农业机械化技术　是从1990后随着蔬菜温室塑料大棚的发展逐步发展起来的。设施农业机械化技术也从此逐步得到推广应用。1999年,德城区、临邑县开始试验、推广微耕作业机械化技术,2004年,宁津县、齐河县农机部门开始引进、推广。至2011年年底,全市拥有各种型号的作业机4147台,主要集中在宁津县。2000年首先在齐河、平原两县推广、应用电动卷帘机机械化技术,用于塑料大棚、日光温室的遮盖保暖苫的卷起、放开。至2011年,全市保有量达8493台。1998年,开始在平原县引进试验、推广CO_2气肥增施机械化技术,至2011年,全市保有量达96559台。2000年,引进ZU—2000型手提式烟雾杀虫灭菌器在临邑、陵县试验推广烟雾发生器植保技术。2011年,全市保有量5941台。2001年,宁津县农机管理部门引进14899套滴灌设备推广应用节水灌溉技术。至2011年,全市节水灌溉机械有57826套,节水灌溉面积达91万亩。

小麦联合收获技术　1958年,德州开始引进小麦联合收获机作业,1978年达到19台,其后的10多年间再无发展。1991年,德州地区

农机推广站和德州市农机推广站引进3台上海－Ⅲ型背负式小麦联合收获机在德州市试验，1992年，齐河、平原、乐陵、禹城、临邑、宁津等县（市）开始引进、试验、推广，随后普及到各个县（市）。1997年，全市联合收获机保有量262台，主要机型有新疆－2自走式和上海向明背负式。1998—2000年，推广技术较为成熟的上海向明、福田谷神、大丰王、新疆－2、上海麦客、中原2号、桂林2号等品牌的小麦联合收获机。3年推广小麦联合收获机2458台，累计作业面积191万亩。据测算，小麦在最佳收获期收获平均增产5%；小麦联合收获比分段收获减损2.84%，亩省工2.08个，降低成本1.53元/亩。3年共创经济效益17178万元。项目获德州市农牧渔业科技进步奖一等奖。2000年后，以推广4LZ－2、4LZ－3型自走式小麦联合收获机为主。至2007年，全市突破了万台大关，2011年达到14732台，全市小麦机收率达99.48%。

玉米联合收获机械化技术　1999年、2000年，临邑、齐河、平原、夏津、武城等县开始引进4YW－2型背负式玉米联合收获机进行试验、示范、推广。由于机具本身存在问题，玉米联合收获机的发展十分缓慢，2004年，全市联合收获机保有量只有65台。2005—2011年，各级农机部门始终把推广玉米联合收获机械化技术作为农机化工作的当务之急和重中之重，把玉米联合收获机作为农机购置补贴的重点中的重点，优先扶持，重点安排。7年中，推广玉丰、向农、海伟、巨明、金亿、时风、雷沃谷神等品牌的玉米联合收获机8425台，2011年，全市玉米机收率达84.8%。

保护性耕作机械化技术　主要包括：免耕施肥播种、深松、秸秆残茬管理、杂草及病虫害防治。保护性耕作是针对传统耕作弊端发展起来的一项新技术。2005年、2006年，在经济开发区、德城区、齐河县选点试验。试验表明，保护性耕作的麦田确实有抗倒伏、省工、省肥、增产的作用。保护性耕作小麦亩均单产522.4公斤，比传统播种小麦亩均增产32.9公斤，增产幅度达6.7%，同时每亩节约成本35元。2009—2011年，把保护性耕作技术的推广作为农机化工作的重点。2011年，全市共建立各类机械化保护性耕作示范田400多处，1000亩以上的示范基地30多处，小麦免耕播种机保有量达到3246台，实施面积138万亩，涉及139个乡镇、4804个村。

马铃薯、花生种植机械化技术　马铃薯的种植面积一般每年在7万亩以上，主要集中在乐陵、夏津、武城、齐河、平原、宁津、临邑等县（市）。2002年，齐河县率先引进意大利生产的130型双行栅条式收获机和60型单行薯类收获机进行试验示范并推广。2011年，全市马铃薯播种机保有量达103台，机播率由上一年的不足4%提升至68%；马铃薯联合收获机增加到82台，机收率达62%，尤其是夏津县马铃薯机械收获1.8万亩，机收率达90%。全市花生每年种植面积一般在8万亩以上，花生生产机械化技术使用主要集中在齐河、禹城、乐陵、平原、夏津、宁津等县（市）。2011年，全市花生播种机保有量达362台，其中专用覆膜播种机发展到252台；收获机械总量达716台，其中联合收获机械发展到224台，机播率达98%，机收率67%。

林牧渔业机械化技术　2004—2006年，各县（市、区）农机推广部门配合政府林业部门植树造林活动，大力推广机械挖坑技术。3年推广与中小型拖拉机配套的各种型号的植树挖坑机2540台。1990年，禹城农机推广部门配合畜牧管理部门开始推广青贮饲料技术，2011年全市拥有青饲料收获机械260台，机械化青贮秸秆36万吨。1986—1988年，齐河县农机推广站承担省农机服务公司“池塘养鱼机械化技术”推广项目。3 年中，在 6 个乡镇 8 个渔场，共推广排灌、增氧、饵料加工、挖塘等 9 种养鱼机械 86 台(套)，机械负荷面积 512 亩，创经济效益 88.62 万元，产量和效益均达到省公司规定的数字指标。该项目获德州地区科技进步二等奖。

三、农机跨区作业

1996 年，农业部号召组织大型农业机械跨省、市开展小麦机收作业。当年，武城县组织 10 台小麦联合收获机，从 5 月 19 日开始南起河南、安徽、江苏，北至内蒙古的“南征北战”小麦收获作业，历时 2 个月，行程 3 万多千米，单机作业收入 3 万多元，有的达到 5 万元。1997 年，德城、武城、宁津、平原、夏津等县(区)组织 6 支小麦机收跨区作业队，共 122 台小麦联合收获机参与跨区作业，遍及四川、湖北、河北、河南、山西、内蒙古、山东等地。2000 年，各县(市、区)都有跨区作业的机械，作业队达到 30 多个，参与的机械有 1100 多台。同时，以机械深耕、旋耕、秸秆还田为主的秋季跨区作业于 1998 年全面展开，每年有数千台的大型机械赴外地市参加作业。2004 年，临邑、齐河等县开始开展玉米联合收获三秋农机跨区作业。2005 年，各县(市、区)农机部门共组织 3100 台小麦联合收获机到安徽、湖北、江苏、河南等地参加机收作业。当地小麦成熟后，外出作业的机械准时返回，同时又引进 4000 多台联合收获机来参与麦收作业。小麦收获完毕后，又远赴河北、天津、内蒙古等地参加小麦收获。据统计，参加跨区作业的机械总收入过亿元。2007 年，由山东玉丰农机制造有限公司组建的山东牦牛玉丰玉米机收作业队组织 33 台玉米联合收获机远征宁夏，历时 1 个月，创下了作业面积 3 万亩，单机均收入 6 万元的纪录。

2008 年 5 月，全市跨区作业的小麦联合收获机达 4200 台，其中，跨省作业的 2520 台，实现跨区作业面积 358 万亩，总收入 1.5 亿元。

2011 年，全市参加跨区作业的小麦联合收割机达到 7987 台，其中出省作业的 3069 台。共完成跨区作业面积 422.8 万亩，实现作业总收入 2.3 亿元。参加出省作业的机械，单机收入平均 4 万元。“三秋”期间，全市共组织 2156 台机械参加秋季跨区作业，其中玉米联合收获机 1731 台，共完成跨区机收面积 87.99 万亩，跨区作业总收入 6018 万元；作业地有宁夏、河南、河北、内蒙古、天津和山东省的济南、淄博、滨州、泰安等市，作业项目有玉米机收、秸秆还田、深松、旋耕、播种等。

第三节　国家农机购置补贴

农机购置补贴，是指国家对农民个人、农场职工、农机专业户和直接从事农业生产的农机作业服务组织，购置和更新农业生产所需的农机具给予的补贴。

2004 年，国家给齐河和临邑两县农机购置补贴资金 50 万元，共补贴机具 42 台，受益农户 32 户。2005 年补贴资金增加到 320 万元，惠及全市各个县(市、区)。此后，中央财政不断加大投入，给德州市的农机购置补贴资金规模连年大幅度增长，有越来越多的农户受益。2011 年，全市农机购置补贴资金总额达 1.013 亿元，补贴各类农机具 22045 台，受益农户 15803 户，直接拉动农民投入 2.4 亿元。8 年中，全市农机购置补贴总额达 33515 万元，在全省 17 地市中名列第二，共补贴各类农业机械 64256 台，其中，玉米联合收获机 6376 台、小麦免耕播种机 1708 台、大型拖拉机 5594 台，受益农户 49760 户，直接拉动农民资金投入 14.5 亿元。

2004—2011 年德州市(地区)国家农机购置补贴统计表

表 9－13

年份	补贴资金额度(万元)	补贴机具(台)	受益农户(户)	玉米联合收获机(台)	小麦免耕播种机(台)	拖拉机(台)
2004	50	42	32			30
2005	320	520	389	129	1	105
2006	515	505	399	295	3	71
2007	1490	2107	1582	517	104	415
2008	2800	3968	3612	744	179	293
2009	8880	12833	10873	1290	575	1562
2010	9330	22236	17070	1944	409	1274
2011	10130	22045	15803	1457	437	1844
合计	33515	64256	49760	6376	1708	5594

第七章　农业综合开发

农业综合开发是国家在东北平原、黄淮海平原和长江中下游平原的 11 个省、市、区，先期组织实施的大规模农业综合开发项目。项目于 1988 年启动，到 2011 年已是第 23 个年头。

1989 年 11 月，德州地区黄淮海平原农业综合开发办公室成立，1994 年 5 月，更名为德州地区农业综合开发办公室，2001 年机构改革，重新组建市农业综合开发办公室(挂市农业引进外资项目办公室牌子)，2010 年，整建制划入市财政局管理。

20 多年间，按照“高起点规划、高标准建设、高质量管理、高效益产出”的总体要求，德州市农业综合开发投入资金 22.88 亿元，共改造中低产田 387.1 万亩，营造农田防护林 20.74 万亩(折实)，开挖疏浚沟渠 12.1 万千米，新建桥涵闸 2.76 万座，新打和修复机井 35122 眼，修扬水站 96 座，新增节水灌溉面积 212.4 万多亩，改善灌溉和除涝面积 387.1 万亩，提高了灌溉自动化水平和灌溉效率，灌溉水利用系数达 0.8 以上，使项目区节水 20%，节能 28%，省工 30%。昔日的中低产田都基本变成田成方、沟成网、井成排、树成行、渠相通、路相连、旱涝保收、高产稳产的高标准基本农田。

项目区将良种推广、配方施肥、立体种植、规模饲养等农业科学技术组装配套，用于农业生产。共引进粮食、瓜果、蔬菜、苗木新品种 150 个，示范推广实用技术 210 项。重点建设了 4 处农业综合开发专项科技示范项目。科技在农业经济增长中的贡献率达 60% 以上。

通过改造中低产田，一般每亩增产粮食

150 公斤以上,增产棉花 50 公斤以上。实施农业综合开发后,德州市先后 3 次获全省农业综合开发先进市,4 县(市、区)6 次获全省农业综合开发先进县(市、区),15 人获全省农业综合开发先进个人,2 人获二等功奖励,5 人获三等功奖励。

第一节 开发目标和建设内容

一、开发目标

农业综合开发土地治理项目建设的总目标,是实现农业现代化,高产优质高效化,保持农林牧副渔全面发展,实现一、二、三产业的良性循环。使中低产田达到旱能浇、涝能排,实现高产稳产,年均亩增粮食 150 公斤以上,项目区农民人均纯收入比非项目区高出 300 元以上,林木覆盖率达到 20% 以上。

二、建设内容

土地治理是农业综合开发的核心内容,是实现国家投资目标,达到预期效益的重点建设任务。1988 年是农业综合开发起始年,到 2011 年全市共改造中低产田 387.1 万亩(包括"利用世界银行贷款加强灌溉农业二、三期项目"),开垦和治理盐碱、沙荒、低湿涝洼地 39.5 万亩。完成开发项目 213 个,治理土地面积 387.1 万亩,完成计划总投资 22.88 亿元,其中财政投资 12.6 亿元;科技推广项目 12 个,面积 22.5 万亩,完成计划总投资 2868.7 万元,其中财政资金 1880.2 万元;世行追溯期、二期、三期项目共完成计划总投资 28874.1 万元,其中财政投资 9209.5 万元,治理面积 77.4 万亩。

第二节 中低产田改造

德州市属于黄泛平原,按开发治理的状况,全市土地治理项目大体分为 6 种主要类型:

一、引黄灌区中低产田的改造

主要措施是农田水利工程配套,推广先进适用的农业技术。在引黄灌区,主要是搞好沟、渠、路、林、桥、涵、闸配套,改善生产条件和生态环境;井灌区,重点是抓好井、泵、房、机(电)、管的配套和节水工程的配套。抓好科学用水,配方施肥、整地改土、培肥地力、合理密植、精耕细作等农业适用技术的推广应用。1988—2011 年,全市共改造中低产田 387.1 万亩。新打配套机井 35122 眼,建桥涵闸 2.76 万座,发展节水灌溉面积 212.4 万亩,植树 20.74 万亩(折实),有效地改变了农业生产基本条件。

二、引黄灌区沙荒地治理

沙荒地主要分布在夏津、齐河、禹城、平原、武城、临邑、宁津、乐陵等县(市)。其土质多为沙质潮土和沙质脱潮土,漏水漏肥,易板易散,多为低产田。对沙荒地的治理,主要采取平整沙丘、兴修水利、种树种草、先林后农、农林并举等综合措施进行治理。禹城市的"沙河洼",农业综合开发按照"水利先行、林草紧跟、先林后农、草粮轮作、用地养地、用养结合、综合治理"的原则,垦平沙丘 120 多个,开挖支、斗、农、渠 30 多条,植树 50 多万株,有效地控制了风沙。该项目区已成为一个保持型农业、自给型农业和商品输出型的果品、畜产品生产基地。1988—2011 年,全市按照这种模式共治理沙荒地 2.5 万亩。

三、低湿涝洼地治理

主要采取挖鱼塘、筑台田,渔农结合(上粮下鱼、上果下鱼、上草下鱼、上菜下鱼等)的方法进行治理。禹城市辛店洼按照"用中求治、治用结合、以鱼为主、种养并举、相互促进、综合治理"的原则,治理低湿洼地 1 万多亩,昔日的沼泽地变成高效商品生产基地。禹西(房寺镇与大程乡的结合部)原有低湿洼地 2.1 万亩,按

照“台田—鱼塘”的模式，开挖鱼塘5000亩，造台田1万亩，建成了10个生态小区，即：千亩葡萄区、高科技生态养殖区、无公害蔬菜区、食用菌大棚区、花卉区、休闲度假区、特种水产养殖区、无毒地瓜区、莲花区、生态片林区。成为禹西观光旅游农业生态园。临邑县临盘镇沙河故道1.4万亩低湿洼地治理后，实行鱼鸭混养。2001年全项目区养鸭达到近百万只。项目区优惠的政策和良好的环境及配套完善的设施，引得浙江农民到此兴业发展，建立了“浙江村”，养鸭农民200多人。庆云县东辛店乡南大洼、平原县坊子乡、三唐乡万亩低湿洼地，齐河县祝阿镇、贾市乡万亩低洼地等按照这种模式进行治理，都取得预期效益。1988—2001年，全市共治理低湿洼地13万多亩。

四、重盐碱地的开发治理

主要采取工程措施、生物措施与农业措施相结合的办法，以井保丰、以河补源、井灌沟排、整地改土、旱涝碱综合治理。禹城市北丘洼，原属重盐化咸水洼地，耕层含盐量高达1%。采取打机井、深挖沟、排盐排涝，降低地下水位；平整土地、均衡抑盐；增施有机肥、培肥地力；植树造林、改善田间小气候；改革农业内部结构和粗放的耕作方式，推广应用良种良法等综合配套的先进技术措施，改造治理重盐碱地2.6万亩，使过去的不毛之地，粮、棉均获得高产稳产。1988—2011年，德州全市共改造治理重盐碱地24万多亩。

五、利用世界银行贷款加强灌溉农业项目

德州市共争取到两期世界银行贷款项目。一是世界银行二期项目。该项目1996年立项，1998年正式实施，到2002年结束，历时5年。该项目涉及禹城市、陵县、齐河县、平原县、武城县5个县(市)，改造中低产田面积60.5万亩，总投资规模20920.1万元，其中世行贷款为6559万元。二是利用世界银行贷款加强灌溉农业三期项目。该项目从2005年开始实施，到2009年9月结束，历时5年。世界银行三期项目涉及禹城市、齐河县和平原县3县(市)8个乡镇，总开发面积23.5万亩。总投资11279.8万元，其中世行贷款3797.1万元。主要工程措施是节水灌溉、农业标准化与组织建设、农业生态环境建设与管理、机构发展与支持等项目内容。按田成方、树成行、渠相连、路相通、桥涵闸配套、节水灌溉工程配套的要求，统一规划设计、统一建设标准。

六、高标准农田项目建设

高标准农田示范工程建设项目于2009年在全省竞标成功，项目落户乐陵市郑店镇，开发治理面积1.1万亩，总投资1452万元；2010年，又争取到高标准农田项目4万亩，总投资5391万元。分别安排在乐陵、陵县、庆云3县(市)；2011年争取到4万亩，投资5120万元。按照“农田成方、集中连片、设施配套、技术先进、道路畅通、设计规范、林网适应、生态良好、土地平整、土壤肥沃、科学种植、产业明显、高产稳产、优质高效、管理严格、运行畅通”的要求，搞好项目区农业基础设施建设，彻底解决制约农业生产的障碍因素，切实改善农业生产条件和生态环境。

第三节　产业化经营项目

1988—2011年，德州市农业综合开发扶持产业化项目的总投资达10.9亿元，其中财政资金2.82亿元，共新建或扩建、续建多种经营及龙头企业项目232个。

20多年间，农业开发产业化经营项目的建成投产，实现年创产值3亿元，年均上缴利税4000万元。带动农户16万户，解决农民就业，安排剩余劳动力26000多人。至2011年，全市有国家级龙头企业8家，省级龙头企业35家，市级龙头企业192家，其中农业综合开发扶持的企业占全市龙头企业的40%，培育了一批农产品知名品牌。

附：

农副特产选录

夏津棉花 夏津县盛产棉花，植棉历史悠久，种植面积大，素有“银夏津”之称。明嘉靖《夏津县志》记载：洪武二十四年（1391年）全县人均植棉二亩五厘。清末民初，植棉面积约占耕地的百分之七十，亩产皮棉10公斤左右。

棉花

1984年全县棉花总产4.765万吨，居全国县级第二位，人均产量列第一位。1986年，夏津县被农牧渔业部列为全国优质棉生产基地县。2000后，植棉面积稳定在3万~4万公顷，总产4万~6万吨。2004年棉花生产列全国棉花百强县第五位。棉花品质优良，色泽洁白、绒长细腻，隔热性能好，适宜纺织中高档棉纱。

夏津县棉纺织业因之而兴，棉纺特色产业成为山东省十大产业集群之一，纯棉纺能力居全国县级第二位。2008年被中国纺织工业协会授予“中国棉纺织城”称号。

棉花育种业随棉花生产规模异军突起，先后建立起10余家棉花种业公司，良种繁育面积达3300公顷，年培育棉花良种1万吨左右。鑫秋种业公司培育的“鑫秋1号”“鑫秋6号”常规抗虫棉良种和“鑫秋2号”杂交抗虫棉良种成为德州市第一个具有自主知识产权的育种新成果。

德州西瓜 以个大、皮薄、沙瓤香甜而闻名。传统品种有喇嘛瓜（长窑、西洋枕）、梨皮、白皮三异（三结义）、三白、手巾条、五月鲜等。其中喇嘛瓜长圆形，两端微锐，皮呈黄绿色，表面茴香叶纹，瓜皮微厚，瓜子鲜红，瓜瓤有深黄、浅黄两种，细致无丝，入口脆沙，含糖量很高，为瓜中珍品。其他品种也各有风味，如白皮三异，皮色清白，果肉红，种子黑色，色味俱佳。五月鲜为早熟品种，皮色绿、种子小、色灰黑、瓤脆甜。西瓜雌雄同株，易于退化，老品种除部分大梨皮和喇嘛瓜仍可种植外，其他品种大部分退化，已不存在。从70年代后期开始，先后从外地引进蜜宝、旭东、庆丰、中育六号、中汴一号、郑州三号以及富久光等优良品种，1985年、1986年两次在全省西瓜评优会上名列前茅。1990年在河南开封召开的全国首届西瓜评优会上，德州市选送的齐红、丰收二号、华夏新红宝被评为农业部优质产品。

有文字记载的德州西瓜种植历史已有300多年。清代著名诗人田雯（德州人）在《古欢堂集广瓜说》中即有“斑青更有西洋种，剖之如乳倾壶浆”，赞美德州西瓜的诗句。1939年，山东大学农学系吴耕民教授调查后写道：“德州西瓜的栽培由来已久，惟其著名于世，自优良品种喇嘛瓜传入栽培后，因其品质卓越，声誉大振，北至平津，南至京沪，贩瓜者莫不慕名而来求货。”

德州西瓜主要产地为德城区和平原、武城、陵县三县的部分乡镇。地处黄河故道，土质为沙壤，介于黑土和黄土之间，地下水蕴藏量丰

黄河涯西瓜外运 （1986 年 宋维中 摄）

富，水质相当好，是种植西瓜的最佳地段。2009 年，全市种植面积达到 20 多万亩，品种有西农 8 号西瓜、鲁青 A 无籽西瓜、鲁青 B 无籽西瓜、红辉无籽西瓜、丰收一号西瓜、丰收二号西瓜等。

武城辣椒 民间零星种植由来已久。20 世纪 80 年代末，涌现出以英潮公司为代表的辣椒种植加工企业，带动全县辣椒产业发展。主要品种有微型“英潮红 4 号”羊角辣椒，皮薄、肉厚、味香，果皮紫红色，果实短锥形，是提取天然色素，食品加工及外贸出口的主要品种。辣度适中的“英潮红 3 号”线型椒，产量大，色红、肉厚、味香、耐储藏，腌渍、鲜食、制干均可。高辣型“英潮红 8 号”天椒类，果实生长于主茎和分枝顶部，簇生或散生，色鲜红，生长期长，可鲜收，亦可干收。2011 年，“武城辣椒”获得国家商标注册局颁发的地理标志证明商标。英潮红 3 号、4 号、8 号等系列品种，通过山东省农作物品种审定，累积推广面积逾百万亩。

金丝小枣 乐陵是金丝小枣原产地之一，有 2000 多年栽植历史。乐陵金丝小枣一般为椭圆形和鹅卵形。平均个重 5 ~ 7 克，核小皮薄，果肉丰满，肉质细腻，鲜枣呈鲜红色，肉质清脆，甘甜而略具酸味；干枣果皮呈深红色，肉薄而坚韧，皱纹浅细。掰开半干的小枣，可清晰的看到由果胶质和糖组成的缕缕金丝粘连于果肉之间，在阳光下闪闪发光，故名金丝小枣。

晾晒辣椒

金丝小枣含糖量高达 70% ~80%，百克干枣可产生热量 308 千卡，含蛋白质 1.5 克、维生素 C700 毫克，分别是苹果的 5 ~ 10 倍、100 倍，被称为“活维生素丸”。此外，还含有 18 种氨基酸和钙、磷、钾、铁等微量元素。金丝小枣果肉、果核、树皮都是中医常用

乐陵小枣

桑葚

药，具有滋补身体和辅助治疗脾胃虚弱，消化不良，肺虚咳嗽，贫血等病症的功能。北魏贾思勰在《齐民要术》中对乐陵小枣有详细记述。中国杰出的医学家张仲景在《伤寒论》113例经方中，就有63例用了枣。当地有句民谚说："一日吃仨枣，终年不见老。"常吃可以"补五脏，益气安神，养颜防衰"，尤其对肝病及妇科疾病有明显辅助疗效，在朱集、云红、胡家等几个老枣区，肝病发病率特别低。

乐陵市先后被国家命名为"中国金丝小枣之乡""中国优质富硒金丝小枣生产基地"，2002年"乐陵金丝小枣"被列入国家原产地域保护，并获得国家绿色食品认证。2006年，乐陵市100万亩耕地全部实现了枣粮间作。

夏津桑葚 有上千年栽培历史。主产于夏津县黄河故道森林公园和东西沙河的沙质土壤地带，拥有几百年树龄的古桑树数百棵。果实分为红、白、黑3种，以个大味酸甜营养丰富著称，富含活性蛋白、维生素A原、B_1、B_2、PP及C、氨基酸、苹果酸、琥珀酸、酒石酸、胡萝卜素、矿物质钙、磷、铁、铜、锌等多种成分，是苹果的5~6倍，葡萄的4倍。具有多种功效，被誉为"21世纪的最佳保健果品"。既可入食、酿酒，又可入药。中医认为，桑葚味甘酸性微寒，入心、肝、肾经。具有补血滋阴，生津止渴，润肠燥等功效，主治阴血不足而致的头晕目眩、耳鸣、心悸、烦燥失眠、腰膝酸软、须发早白、消渴、口干、大便干结等症。夏津桑葚采摘期长达40天左右，是春末夏初的时鲜水果。

德州黑驴 亦称渤海黑驴，体格高大，结构匀称，外形美观，体型方正，头颈躯干结合良好。按毛色分"三粉"和"乌头"两种。三粉：全身毛色纯黑，唯鼻、眼周围和腹下为白色，四肢细而刚劲，肌腱明显，蹄高而小，皮薄毛细，头清秀，耳立，体重偏轻，步样轻快。乌头：全身毛色乌黑无任何杂毛，各部位均显厚实，四肢较粗重，蹄低而大，体形偏重，胸宽而深。德州黑驴平均体高一般为130~135厘米，最高的可达155厘米。公驴前躯宽大，头颈高扬，眼大嘴齐，有悍威，背腰平直，尻稍斜，肋拱圆，四肢有力，关节明显，蹄圆而质坚。

德州黑驴生长发育快，12~15月龄性成熟，2.5岁开始配种。1岁驹体高、体长为成年驴的85%以上。属于役肉兼用型畜种，作为使役型，单驴拉车载重750公斤，日行40~45千

德州黑驴

米，可连续多日。最大挽力占体重的75%。作为肉用驴饲养屠宰率可高达54%，出肉率较高。2007年已被国家列为地方品种保护名录。德州黑驴属“重型驴”，配马生骡质量尤佳。是中国五大优良驴种之一。已被新疆、陕西、辽宁等24个省市引为种畜。

德州黑驴耐粗饲、适应性好，抗病力强，易管理，易繁殖，育成时间短，放牧及圈养均可。主产地以庆云、宁津、乐陵为中心，全市其他县(市)和滨州市的无棣、惠民等县均有饲养。

宁津蟋蟀 兼具南北虫的优点，凶悍、个大、皮色好，具有顽强的斗性、持久的耐力。历史上，宁津即为历代帝王斗蟋的进贡名产地。

宁津蟋蟀种类繁多，主产地在柴胡店镇原尤集乡、孟集乡，保店镇、宁津镇原小店乡、杜集镇原常洼乡等地，以原尤集乡陈庄一带的“斗蟀”最出名，勇猛善战，不畏强敌，多次获全国蟋蟀大赛冠军，并在香港国际蟋蟀比赛中两次夺魁。受到众多蟋蟀爱好者青睐。宁津已形成全国性的蟋蟀市场，每年“立秋”后，来自北京、上海、天津、唐山、杭州、南京、合肥、无锡、徐州、广州等大中城市的蟋蟀爱好者慕名到此选购。1991年8月16日宁津县举办首届“中国宁津蟋蟀节”，多家媒体予以广泛报道。捕捉蟋蟀，已成为当地农民的一项副业收入。

宁津蟋蟀

德州菊花 德州市花。以盆栽为主，也叫春盆菊。抗性强，耐盐碱，耐干旱。德州的多头菊、独头菊，株矮叶肥，花大、色艳，种质优良，独具风格。1982年，在全国首届菊展上，德州菊花以其棵矮、杆粗、叶茂、花大、花齐、色艳等特点脱颖而出，其中品种“菊山村春色”“黄鹤云飞”获一等奖。1989年在全国第三届菊展上，品种菊“粉木台针”获一等奖。同年在全国第二届花卉博览会上，30盆独头菊，提前一个月开花，获“科技进步奖”。2010年在第三届山东省城市园林绿化博览会上，德州市共获得5个奖项。其中，以“中国太阳城·魅力新德州”为主题的“德州园”获得室外园艺小品展金奖。

德州菊花

1994年9月6日，德州市(县级)人大十三次会议将菊花确定为市花，2000年，德州市人大再次将菊花确定为市花。每年10月，德州人民公园均举行菊花展。

第十编

L I N Y E

林 业

- 林业资源
- 林业建设
- 林产品
- 森林保护　林政管理

德州地处黄河故道，沙岗盐碱地多，河道交织，道路纵横，宜于多种树木生长，发展林业有着独特的自然条件。

1986—1990年“七五”期间，全区开展了为期3年的“林果会战”和“绿化达部标”活动，防护林和用材林稳步增长，经济林增长到100万亩。1987年2月，德州地区被中央绿化委员会表彰为“全国绿化先进单位”。

1988年，根据林业部制订的“全国平原绿化发展规划”，德州全区开展大规模农田林网、沙碱荒地造林和“四旁”（路旁、沟旁、渠旁、宅旁）植树为主要内容的绿化达部标活动，农田林网面积与农林间作面积之和均占耕地的85%以上；零星宜林沙碱荒地全部造林，集中连片的宜林沙碱荒地绿化率超过80%；村庄绿化率达到30%，森林覆盖率均超过10%的部颁标准。截至1990年年底，13个县（市）全部达到部颁平原绿化标准，森林覆盖率达到12.03%，跨入全国平原绿化先进地市的行列。到1995年年底，夏津县、临邑县、宁津县、乐陵市、庆云县、武城县和德州市（今德城区）提前一年达到省“八五”绿化标准，平原、禹城、齐河、陵县4县按期达到省“八五”绿化标准。

1995年，市委、市政府确定开展“红枣工程”建设。乐陵、庆云、临邑、陵县等县的枣粮间作工程迅速发展起来。1997年，国家林业局、中国林学会在乐陵召开由国家有关部委和9个省、市专家参加的“全国红枣产业学术研讨会议”。1997年8月，省政府在乐陵设立10万亩红枣示范园。

2002年，市委、市政府作出建设“绿色德州”的决定。全市铁路、公路和主要河道两侧全部建起绿色通道。大力营造速生丰产林，让农民群众“沙碱荒地变绿洲，依靠林业奔小康”。全市60%以上的村庄建设围村林，乡镇驻地和县城建成周边防护林。德州市区建起环城林带。齐河县获得“全国绿化模范县”称号，夏津县被评为“全国防沙治沙综合示范县”。到2006年，全市有3个村庄获“全国绿色小康村”称号，28个农户获“全国绿化小康户”称号。有12个乡镇获“全省绿化示范乡镇”称号，325个村庄获“全省绿化示范村”称号。有48个乡镇获“全市绿化示范乡镇”称号，2512个村庄获“全市绿化示范村”称号。德州市被评为“全国绿化先进市”。

2006—2010年，开展“大地园林化”活动和美国白蛾防控。2007年，市委、市政府作出奋战3年，全面实现德州大地园林化的决定，要求“自2007年起，连续奋战3年，高标准新建农田林网200万亩、完善300万亩，使全市耕地全部实现农田林网化。90%以上的村庄、乡镇驻地及所有县（市、区）驻地绿化达到市级绿化水平”。

全市每年有300多万人参加植树节义务植树活动，平均每年植树1000万株以上，到2011年，全市累计义务植树达3亿株左右，林木占地面积达453万亩，林木覆盖率达14.5%。其中：防护林70万亩、用材林47万亩、经济林68万亩，农田林网850万亩，枣粮间作106万亩，村镇“四旁”树木达5000万株，育苗6.15万亩，花卉2.12万亩。

第一章　林业资源

第一节　林地资源

据2000年森林资源二类调查表明，全市林地面积为118.33万亩，其中：森林面积103.02万亩（含用材林12.32万亩、防护林21.64万亩、经济林68.96万亩、特用林0.1万亩），森林面积占林地的87.1%，其他面积占林地的22.9%。农田林网647.87万亩，农林间作105.55万亩，村庄树木3533.98万株。全市林木覆盖率为12.4%，低于全省18.8%的水平；林木总蓄积量为484.14万立方米，占全省的6.3%，居全省第8位。

据2011年林业统计调查，全市林木覆盖面积已发展到225万亩，其中：森林面积185万亩，含防护林70万亩、用材林47万亩、经济林68万亩；农田林网850万亩，农林间作106万亩，村镇"四旁"树木5000万株；育苗6.15万亩；全市林木覆盖率达14.5%。

2000年德州市森林资源情况表

表10－1　　　　单位：万亩

县（市、区）	总面积	林地						林网覆盖面积	间作覆盖面积	村镇树木覆盖面积	林木覆盖率%
		合计	森林	疏林地	灌木林地	无立木林地	苗圃地				
全市	1539.0472	118.3268	103.0205	0.1272	0.2600	13.7544	1.1647	23.7137	20.0592	44.1614	12.4
德城	70.0709	10.9220	4.5557	—	0.0194	6.1896	0.1573	1.6907	0.0056	1.6658	11.3
乐陵	175.8236	20.4477	19.5918	—	—	0.8559	—	1.4303	14.0272	6.9804	23.9
禹城	148.5000	10.0194	9.9474	—	—	—	0.0720	4.4830	0.0069	5.0157	13.1
陵县	181.2471	8.1180	7.9436	—	—	—	0.1744	2.5305	0.0237	5.1657	8.6
平原	157.0406	13.2969	8.0760	—	—	5.2129	0.0080	1.3676	0.0141	4.7973	9.1
夏津	132.2772	13.3556	12.6930	0.0449	0.1260	0.2796	0.2121	1.6926	—	4.9605	14.7
武城	110.5235	5.3079	5.2787	—	—	—	0.0293	1.5759	—	1.5171	7.6
齐河	211.6167	18.8001	18.6506	—	—	—	0.1495	5.2149	0.0118	6.1017	14.2
临邑	152.4491	5.5405	4.7500	0.0823	0.1146	0.5400	0.0536	1.5151	0.0011	4.5234	7.2
宁津	124.2255	6.9321	6.6523	—	—	—	0.2797	1.6272	0.0966	1.2921	7.8
庆云	75.2730	5.5866	4.8814	—	—	0.6764	0.0288	0.5859	5.8722	2.1417	17.9

第二节　树种资源

一、常见用材树种

全区(市)以用材林、绿化林和观赏为主的树种有36科、56属、92种。常见的有欧美杨、毛白杨、刺槐、柳树、国槐、绒毛白蜡、法桐、白榆、臭椿等;园林绿化苗木主要有:法桐、垂柳、合欢、白蜡、桧柏、龙柏、黑松、紫叶李、紫薇、木槿、月季、大叶黄杨等。

二、常见果木树种

全市有果树13科22属40多个种(含变种)300多个品种。常见树种有:苹果、梨、桃、枣、葡萄、杏、山楂、桑椹、石榴、沙果、核桃、樱桃等;零星栽植的树种有:柿、李、银杏、板栗、沙棘、文冠果、猕猴桃等。

德州市果树主要品种统计表

表10-2　　单位:个

树种	品　　种	数量
苹果	红富士、早生富士、富士优系、红将军、红星、元帅系4.5代、首红、玫瑰红、金帅、乔纳金、祝光、红嘎拉、早捷、藤木1号、津轻、世界一、松本锦、美国8号、王林、陆奥、北斗	21
梨	鸭梨、雪花梨、黄金梨、丰水梨、水晶梨、胎黄梨、香水梨、绿宝石梨、晚三洁梨、巴梨、红考蜜斯、玛瑙梨、香酥梨、七月酥梨、八月酥梨、早美酥梨、金二十世纪梨	17
桃	上海水蜜、莱山蜜桃、安农水蜜、肥城桃、中华寿桃、大久保、雪桃、寒露蜜、早花露桃、春金桃、六月鲜桃、新川中岛、京333、早醒艳、春艳、曙光、艳光、桃王、晴朗、路王仙桃、蟠桃	21
枣	金丝小枣、无核小枣、乐金1号、乐金2号、长红枣、圆铃大枣、婆枣、大向铃枣、辣椒枣、妈妈枣、绵枣、龙枣、茶壶枣、禹金新选1号.2号、冬枣、扑落酥、雪枣	18
葡萄	巨峰、玫瑰香、黑提、红提、凤凰51号、先峰、黑奥林、京亚、大粒六月紫、8611、8612、泽香	12
杏	凯特杏、果杏、金太阳、早玉杏、红玉杏、红荷包杏、新世纪、试管早红、试管早荷、大果杏、红丰	11
石榴	大青皮甜、大红皮、软红石榴、泰山红石榴、牡丹石榴	5
柿子	镗石柿、无核柿、大红袍、合柿、小面糊柿	5
桑椹	白椹、紫椹、红米椹	3
核桃	薄壳香、鲁光、辽核1号	3
李	大红李、平顶香、金黄杏梅、玉皇李、美国布朗1、2、3、4号	8
山楂	敞口、大金星、大货	3

第三节　古树名木

夏津县古桑树

2003 年 4—6 月，开展全市古树名木普查。2008 年 9 月，又进行了复查。普查建档范围为全市境内的散生古树名木和成片古树群，对每棵古树名木、每个古树群都进行详细的测量调查和拍照，详尽记录古树名木的具体地点、测量结果、生物学特性、传说故事等信息资料。建立了以《古树名木调查表》、《古树名木彩照》和《古树名木位置图》等为主要内容的古树名木档案。普查结果表明：全市共有古树名木 255112 株，其中古树 255111 株、名木 1 株；散生古树（名木）227 株、群生古树 254885 株。古树群分布在乐陵市、庆云县、夏津县。

乐陵古枣树群　位于乐陵市东北部朱集镇，树龄一般在 500 年以上，长的达千年。依托古树群规划建设了万亩枣林观光园，有枣都碑、母子树等景点，成为国家 AAA 级旅游景区。

乐陵市金丝小枣树

夏津古桑树群　位于夏津县城东北 12 公里处，树种以桑树为主，百年以上古桑树 3000 余株，另有百年古柿树 30 余株，柿树最高树龄达 600 年。依托古树群建设的黄河故道森林公园风景区是国家 AAAA 级旅游景区。

庆云古枣树群　位于庆云县城北部，其中唐枣树相传距今 1600 余年的历史，唐枣高 6.5 米，胸围 4 米，被誉为“中华枣神”，载入《中国名胜大辞典》。建有以“千年唐枣树”为基础，万株枣树古树群为特色的生态观光旅游区。

庆云县唐枣树

第四节 林业资源监测调查

一、森林资源一类调查

森林资源一类调查是国家林业总局统一部署的以省为单位每5年一次的国家最权威的林业调查工作。德州市分别于1987年、1992年、1997年、2002年和2007年,开展了第3次至第7次森林资源清查工作。2002年第6次森林资源清查,首次采用遥感图像(RS)和卫星定位(GPS)等先进技术。建立《德州市森林资源样地卡片档案簿》、绘制《德州市及各县(市、区)森林资源分布图》、编制了《德州市森林资源清查技术与工作报告》、建立了《遥感判读标志与遥感判读因子表》和《德州市地面样地调查与遥感判读实地验证表》等一系列森林资源档案和数据库。

二、森林资源二类调查

森林资源二类调查是省政府统一部署的每10年一次的全省性森林资源调查工作。二类调查是以县级行政区域为调查单位进行的森林资源清查。德州市分别于1900年和2000年进行了两次森林资源二类调查规划。编制《德州市林业资源调查报告》《德州市林业资源分布图与调查统计表》《德州市县级林业发展规划设计方案》《德州市林分类型表、造林类型表和立地条件类型表》,建立《德州市森林资源小班档案薄和小班数据库》。

三、沙化和荒漠化林地资源监测

1995年开始,国家每5年进行一次沙化、荒漠化土地监测,在全国建立监测体系。德州市分别于1995年、1999年、2004年和2009年,进行了4次全市沙化和荒漠化监测。德州市地处鲁西黄泛平原,历史上,黄河多次决口、泛滥、改道形成大量的沙化土地;由于河流纵横,地势低洼,受地表及地下径流的影响土壤易积盐,形成了大面积盐渍化和风蚀化的荒漠化土地。通过开展以植树造林为主要内容的治沙改碱活动,沙化土地由过去的150多万亩降低到了60.24万亩,荒漠化土地由200多万亩降低到106.45万亩。同时,摸索创造出夏津的宽林带小网格林网建设模式、禹城的兰州沙漠所治沙模式、临邑的盐碱洼地开发养鸭基地模式和乐陵的盐碱地枣粮间作模式等,积累了丰富的治沙改碱经验。据2009年监测,全市沙化土地尚有60.24万亩。其中,流动沙地0.65万亩,占1%;固定沙地17.20万亩,占29%;沙化耕地42.39万亩,占70%。全市荒漠化土地尚有106.45万亩,其中,风蚀化37.34万亩,盐渍化69.11万亩。在荒漠化土地中,轻度为79.24万亩,占74%;中度为24.05万亩,占23%;重度3.16万亩,占3%。

四、湿地资源调查

1997年开展的湿地资源调查表明,全市湿地有永久性河流湿地、永久性淡水湖湿地和洼地湿地三种类型,面积为14.40万亩。随着经济社会的日益发展,湿地面积不断增加,截至2011年达22.5万亩。其主要永久性河流湿地包括:黄河、漳卫新河、卫运河、徒骇河、马颊河、德惠新河和两条引黄干渠等永久性河流湿地;主要永久性淡水湖湿地包括:陵县仙人湖、丁东水库,庆云严务水库,宁津小店水库,德州新湖,

2008 年德州市古树名木资源情况统计表

表 10－3　　单位：株

单位	计	古树和名木					区域			位置					分布状况		
		计	古树一级	古树二级	古树三级	名木	计	城市	农村	计	单位庭院	个人庭院	寺院	其他	计	散生	群状
合计	255112	255112	46	66	254999	1	255112	24	255088	255112	14	45	25	255028	255112	227	254885
德城区	12	12	—	6	6	—	12	7	5	12	1	—	—	11	12	12	—
乐陵市	208515	208515	12	—	208502	1	208515	7	208508	208515	—	—	7	208508	208515	15	208500
禹城市	307	307	10	9	288	—	307	3	304	307	3	13	2	289	307	47	260
陵县	2583	2583	3	9	2571	—	2583	1	2582	2583	2	18	1	2562	2583	62	2521
平原县	1452	1452	9	19	1424	—	1452	—	1452	1452	3	6	15	1428	1452	37	1415
夏津县	32203	32203	2	5	32196	—	32203	—	32203	32203	—	1	—	32202	32203	14	32189
武城县	6	6	3	3	—	—	6	—	6	6	3	—	—	3	6	6	—
齐河县	10	10	2	6	2	—	10	—	10	10	1	5	—	4	10	10	—
临邑县	6	6	—	5	1	—	6	—	6	6	—	1	—	5	6	6	—
宁津县	2	2	—	—	2	—	2	—	2	2	—	—	—	2	2	2	—
庆云县	10007	10007	4	3	10000	—	10007	—	10007	10007	—	—	—	10007	10007	7	10000
经济开发区	3	3	—	1	2	—	3	—	3	3	—	—	—	3	3	3	—
运河开发区	6	6	1	—	5	—	6	6	—	6	1	1	—	4	6	6	—

乐陵碧霞湖，平原相家河水库，夏津惠津湖、李三尖水库，武城蓄水库等永久性淡水湖湿地；主要洼地湿地包括：陵县丁庄洼，武城大屯洼、鲁权屯洼、滕庄洼，夏津白马湖洼、渡口驿洼，乐陵铁营洼，庆云严务洼、崔口洼，德州城区减河洼，临邑孟寺洼，平原金家洼，禹城北丘洼等。湿地资源包括：湿地环境及其湿地植被、湿地陆栖动物和湿地水生生物。全市湿地植被有12科20种。湿地陆栖动物有23目48科104种，其中：鸟类83种、兽类9种、两栖类5种、爬行类7种；昆虫类10目12科13种。湿地水生生物有浮游植物7门50属、浮游动物4大类64种、底栖动物18种、甲壳类2种和鱼类11目18科64种。

第五节　森林资源分类区划

2001年、2004年、2006年相继进行3次森林分类区划界定。根据生态区位和生态环境建设的要求及立地条件，把森林资源（林业用地）划分为生态公益林（或公益林用地）和商品林（或商品林用地），并经政府批准，通过签定界定书的合法程序，以确定有关方的权、责、利关系。对于公益林主要依靠国家和各级政府投入，强化保护与管理，建立生态效益补偿制度，追求最大的生态效益。对于商品林主要是放宽放活政策，实行企业化管理，建立高效的市场运营机制，追求最大的经济效益。全市公益林生态区位主要分布在河道两岸、铁路公路两侧和黄河故道沙地等区域。通过森林分类区划界定，共取得《德州市森林分类区划界定技术报告与统计表》《德州市森林分类区划界定林种布局图与事权等级图》《德州市森林分类区划界定工作报告》和《德州市公益林现场界定书》4项成果。

2006年，经区划界定，全市有公益林150余万亩、商品林190余万亩。在公益林中，国家级公益林为59.60万亩，省级公益林为50余万亩，市级及以下公益林40余万亩。自2008年开始，国家财政对公益林进行生态补偿，补偿标准也由原5元/亩提高到了10元/亩，国家财政每年向德州市拨付590多万元的生态补偿金，用于国家级公益林建设与管理。

第二章　林业建设

第一节　用材林

1980—2011年，全市用材林建设有两次大发展。

第一次是1986—1990年。1980年，省委、省政府在《关于加快发展林业生产的决定》中提出“十年内，全省建设500万亩较为集中的用材林基地。用材林基地建设，要以社队自力更生为主，兴办社队小型林场，或者办国社队联合经营的林场，国家给予定额补助”。据此，德州地区在前5年（1981—1985年）掀起大规模的“沙河治理营造用材林”活动，全区营造用材林17.1万亩。后5年（1986—1990年）用材林建设乘势而上，同时国家和省采取4种投资方式，一是用材林基地补助费，二是部省合资经营速

齐河县速生丰产杨树　　（2010 年　王勇　摄）

生丰产用材林补助费，三是速生丰产用材林周转金，四是世界银行贷款造林项目资金等。加上速生丰产用材林收益大、见效快，很多地方出现“速丰林热”，后 5 年全区营造用材林达 12.6 万亩，形成第一次用材林建设大发展。

第二次用材林建设大发展是 2002—2005 年。2002 年，全市开展大规模的“绿色德州”建设，到 2005 年，全市新增用材林达 100 多万亩。这一时期，随着市场经济的发展，特别是木材价格上涨，广大农民以及很多民营大户、企业等都投资建设速生丰产用材林，造林规模之大、质量标准之高前所未有。造林树种主要为欧美 107 速生杨，造林密度一般为 2 米 ×3 米和 3 米 ×4 米，普遍实行集约经营，用材林建设逐步朝着木材生产基地化、集约化、丰产化的方向迈进。2011 年全市用材林达到 47 万亩。

第二节　防护林

防护林主要包括：河道防护林、道路防护林和防风固沙林。截至 2011 年，全市防护林发展到 70 万亩。

一、河道防护林

主要分布在黄河、漳卫新河、卫运河、马颊河、德惠新河、徒骇河、引黄总干以及其他河道两岸。到 2002 年，全市主要河道建起长达 3200 多千米、宽 100～200 米河道防护林。全长 65 千米的黄河防护林齐河段全部完成绿化。漳卫新河和卫运河防护林是省际防护林工程，全长 300 千米、宽 100～200 米，绿化全部完成。到 2011 年，全市主要河道全部实现绿化，建起长达 3200 多千米、宽 100～200 米的河道防护林，形成了林水相依的自然景观。

二、道路防护林

主要分布在全市境内铁路、高速公路、国道、省道和县乡道以及其他道路两侧。2002 年，京沪铁路德州段建成全长 113 千米风景秀丽的铁路防护林。京沪高速公路德州段建成长 101 千米、宽 100 米的公路防护林，两侧栽植常青柏树、花灌木和杨树，沿线实现绿化美化，形成集绿色林带、景点美化、农田林网、特色经济林为一体的绿色经济长廊。104 国道全长 87 千米全部建成高标准的道路防护林，整个路段基本达到“四季常绿、三季有花”，呈现出“杨柳万条报春来”“红果（山楂）飘香（香椿）绿长廊”“彩带飞舞，杨柳同（桐）庆”的绿化景观效果，形成了靓丽的林荫景观大道。全市主要道路全面实现绿化，建起长达 1.3 万千米、宽 100 米的道路防护林。2011 年，全市主要道路全面绿化，建起长达 13000 千米、宽 100 米的道路防护林。初步形成了四季常绿、三季有花的景观长廊。

三、防风固沙林

主要分布在黄河故道风沙区。采伐以刺槐为主的第一代防风固沙林，更新营造了以欧美杨为主第二代防风固沙林。夏津、齐河、平原、临邑、陵县、武城、禹城等县市在风沙区都建成方连片大面积的防风固沙林等。2011 年，全市防护林造林面积达 147 公顷。

京沪高速公路德州段绿化带 （2008 年 王勇 摄）

第三节 经济林

经济林是以生产果品等为主要的林种。1986 年全区开展大规模“林果会战”，促进了以苹果为主的经济林大发展。苹果品种主要有新红星、首红、玫瑰红、金帅、富士等。到 1993 年年底，全区果园面积超过 10 万亩的有陵县、夏津、平原 3 个县；果园面积超过 1 万亩或林果产值占农业总产值 20% 以上的乡镇达 25 个，果园面积超过 1000 亩的村庄达 75 个；有 58% 的自然村建立了果园。全区果园面积达 88.18 万亩，产量 103 万吨，果品年总产量跃居全省第三，枣产量名列全省第一，占全省的 40%，占全国产量的 10%。林果生产成为农村经济的一项重要产业。

“九五”期间（1996—2000 年），市委、市政府部署开展“红枣工程”建设，对经济林发展提出“稳定苹果面积，突出发展红枣，大力发展杏、桃、沙果等优质小杂果”的要求。“红枣工程”建设使全市枣树总株数达 4000 万株，枣产量达 19.5 万吨。枣树优良品种主要为乐陵金丝小枣、乐金 1 号、乐金 2 号、乐金无核 1 号、冬枣等。全市苹果、梨、枣等经济林改造面积达 30 万亩。在全国第二届农业博览会上，金丝小枣获“金牌奖”。进入 21 世纪，市委、市政府把林果业列为农业产业化 6 大支柱产业之一。经济林建设朝着名特高效化、集约经营化、基地规模化方向发展。各地按照“一县一品、一乡一品”的要求，积极打造名特高效果园建设，乐陵市、庆云县建起 3 万亩优良品种枣园、9 万亩冬枣园；乐陵市还汇集国内 100 多个枣树品种、建起“百枣园”；齐河表白寺建立 5000 亩中华寿桃园；临邑县林子镇建起 2000 亩寿桃园；夏津县建起香水梨、爱岩梨、丰水梨等新品种梨园；德城区赵虎乡、赵宅乡及陵县徽王庄镇等乡镇建起大面积的优质果杏园等。全市建起了 10 余处特色经济林基地，即：乐陵市朱集金丝小枣基地、乐陵市富硒小枣基地、庆云县常家冬枣基地、陵县惠王玫瑰香葡萄基地、德城区黄河涯万亩桃园旅游观光基地、经济开发区袁桥红星苹果和果品采摘旅游基地、经济开发区赵虎核桃旅游观光基地、平原县早玉杏基地、禹城市爱岩梨基地、夏津县苏留庄小杂果基地、齐河县黄河北展区核桃梨旅游观光基地、宁津县石榴基地、临邑县、武城县经济林设施栽培基地等。果品基地实行集约化经营,果品产量、质量和效益都有明显提高。到2011年,全市经济林达68万亩,果品总产量60万吨。其中,苹果13.9万亩,产量21.6万吨;枣41.3万亩(其中106万亩枣粮间作折合纯枣园7.3万亩),产量19.5万吨;梨3.9万亩,产量7.5万吨;桃5.2万亩,5.5万吨;杏0.9万亩,1万吨;葡萄2.2万亩,3.9万吨,山楂0.3万亩,0.4万吨;柿0.1万亩,0.1万吨;其他0.2万亩,0.5万吨。

第四节　农田林网 农林间作 “四旁”植树

一、农田林网

农田林网是平原绿化的主体,是改善农田小气候,促进粮食增产的生态屏障。1986年以后,农田林网建设以消灭林网空档为突破口,建设高标准多效益复合林带。新建林网按照“三成、四结合”(田成方、路成网、树成行,沟、渠、路、林相结合)的要求规划设计,林网网格面积一般不大于300亩,东西向主林带种植4~6行高大乔木,副林带种植2~3行树木,一般种植高大乔木,或种植高效经济树种或常青长寿树种,实行乔灌草相结合,逐步形成多树种、多林种、多层次、多效益复合型农田林网。2007年,市委、市政府作出奋战3年,全面实现德州大地园林化的决定,要求“自2007年起,连续奋战3年,高标准新建农田林网200万亩、完善300万亩,使全市耕地全部实现农田林网化”。2011年,新增农田林网850万亩,其中高标准复合型农田林网500万亩,全市耕地基本实现农田林网化。

二、农林间作

全市农林间作主要为枣粮间作。几十年来,特别是1995—1999年,市委、市政府在全市组织开展的“红枣工程”建设,使枣粮间作快速扩展,枣树资源得到长足发展。经努力,乐陵市耕地基本实现枣粮间作化,枣树株数达2500万株,实现了百里枣乡、百万亩枣林的目标。庆云县枣树达1000万株,人均38株,实现了全县枣粮间作化。宁津县发展枣粮间作20万亩、植枣200万株,临邑县与陵县枣粮间作也有了一定的发展。枣粮间作的株行距一般为3米×5米、3米×10米不等。在发展乐陵金丝小枣的基础上,大力开展了枣树良种引进和改造工作,红枣品质不断提高。枣粮间作的发展有效地改善了农田小气候,不仅使粮食增产增收,而且使农民增加了红枣收入,有力促进了经济的发展。截至2011年,全市枣粮间作面积已发展到106万亩。

三、“四旁”植树

“四旁”植树指路旁、沟旁、渠旁、宅旁栽植的树木。每年4月12日植树节前后是“四旁”植树集中活动时期,全市上下各级领导带头,全民动手植树,沟渠旁、大路旁多由政府有关部门或者集体按照统一规划、统一树种、统一组织进行植树,兼顾用材和田间防护,树种多为毛白杨、柳树、榆树等。宅院村边,湾渠壕沟旁多由私家住户自行栽植,树种呈多样性,兼顾美化庭院,街道绿化和食用,常见的用材树有槐树、柳树、椿树等,果木树有枣树、苹果、梨、杏、核桃、山楂、葡萄、桑葚等干鲜果木树。据史料统计,1986年全区“四旁”植树约57万株。2004年全市“四旁”植树2009万株。

2002年,市委、市政府做出建设“绿色德州”的决定,实施“围城围村林”工程,全市60%以上的村庄建设了50~100米宽的高标准围村林,乡镇驻地和县城都建成周边防护林。德州市区建

起了宽200米、长达50多千米的环城林带，且建成城南万亩桃园和城北万亩生态片林。到2005年年底，全市累计植树木3.88亿株，林木覆盖率达到28.3%，植树总量连续4年全省第一。

2011年，全市村镇“四旁”绿化树木5000万株。全市基本形成了以村庄和城镇绿化为重点、路沟渠绿化为线、大地绿化为面的布局合理的多层次多功能的生态体系。

第五节　苗　木

一、苗木

2011年，全市共有各类苗圃1991处，其中：国有苗圃17处（林业系统12处，非林业系统5处），集体和个体苗圃1974处。1986—2011年，全市累计育苗面积91.76万亩，基本满足全市每年造林绿化的需求。育苗最多的年份为2004年，面积7.68万亩。2011年，宁津县被命名为“山东省苗木示范基地”，已建成中国北方最大的石榴苗木基地，并取得了连续3年每年政府给予500万元的政策扶持。临邑县先禾集团被认定为“全国十佳苗圃”。

二、国有林场苗圃

林场　2011年，全市共有国有林场5处，分别是陵县国有小王庄林场、国有平原林场、国有夏津林场、国有齐河林场和国有乐陵园艺场，总经营面积2.38万亩，其中有林地面积1.91万亩，林木覆盖率为80.4%，林木蓄积量7.66万立方米，果品年产量111吨。国有林场营造的防护林和用材林的树种主要有：欧美杨、毛白杨、刺槐、柳树、白榆、国槐、泡桐、臭椿、白蜡等；经济林树种主要有：苹果、梨、枣、桃、葡萄等；灌木主要有：紫穗槐、柽柳、杞柳等；城镇绿化树种主要有：黄栌、火炬树、五角枫、青桐、金丝柳、合欢等。

苗圃　2000年前后，全市有国有苗圃12处。2008年，禹城市国有车站苗圃被划拨并入山东德州科技职业学院，国有苗圃还剩11处。11处国有苗圃总经营面积5501亩，其中育苗面积2340亩，年可出圃面积1200亩、出圃苗木300万株。随着林业科技的发展，各国有苗圃引进和推广林果优良品种，培育优良林果苗木，在育苗生产中采用地膜覆盖、嫁接、施肥追肥、防治病虫害等先进技术，示范带动全市林果苗木生产。2011年，全市育苗面积达56100亩。

1986—2011年德州市（地区）育苗面积统计表

表10－4　　单位：亩

年份	面积	年份	面积	年份	面积
1986	26036	1995	30285	2004	76750
1987	36086	1996	29865	2005	42972
1988	23717	1997	25635	2006	32273
1989	23674	1998	21990	2007	38168
1990	21998	1999	20156	2008	31625
1991	46186	2000	19635	2009	36855
1992	47859	2001	27450	2010	61445
1993	39645	2002	28575	2011	56100
1994	35400	2003	37268		

第三章　林产品

第一节　林果生产

一、产区规划

金丝小枣、无核小枣主产区　马颊河下游两侧，北临漳卫新河，南至德惠河，包括乐陵、庆云全部，宁津东部，临邑及陵县北部的乡镇。该区枣树栽培历史悠久，枣粮间作面积大，枣面积占全市的85%、枣产量占90%。乐陵市和庆云县均被国家林业局和省林业局命名为“中国金丝小枣之乡”和“山东省经济林产业示范县”称号。

水果主产区　京沪铁路沿线的齐河、禹城、平原、陵县、德城区是水果主产地，盛产苹果、梨、桃等，果园面积和产量分别占全市的54%和48%。

小杂果主产区　主要分布在马颊河以西沙丘地域的夏津县苏留庄镇、雷集镇一带和乐陵市西北部的大池、宁津县西部的道口等地。该区盛产沙果、李子、桑椹等杂果。夏津县是远近闻名的“小杂果之乡”，桑椹和沙果面积分别占全市的85%和90%。

二、果园建设

1986—2011年，全市果树生产发展大致分为第一高潮期、第二高潮期、品种改造及结构调整期、高效果园建设期、特色果园建设期等5个时期。

第一高潮期(1984—1988年)　这一时期，农村实行土地承包制，加之果品价格上涨，农民开始在承包田内栽种果树，建立果园。1986年开展的大规模“林果会战”，促进果树生产大发展。以苹果为主，品种主要有新红星、首红、玫瑰红、金帅、富士等。果树面积超过10万亩的有陵县、夏津县、平原县。面积超过1万亩的乡镇有袁桥、宋官屯、抬头寺、赵宅、王村店、王大卦、王杲铺、后屯、郭寨、宋楼、仁里、大夫营。全区果园面积达83万亩。

第二高潮期(1989—1993年)　1984年栽植的果树陆续进入结果期，经济效益逐步显现出来，1989年，全区果树生产又出现第二次发展高潮。全区果园面积超过1万亩或林果产值占农业总产值20%以上的乡镇达25个，果园面积超过1000亩的村庄达75个。全区有4981个自然村建立果园，占全区自然村总数的58%。截至1993年年底，全区果园面积达88.18万亩，产量103万吨，果品年总产量跃居全省第三，枣产量名列全省第一，占全省的40%，占全国产量的10%。林果生产成为农村经济的一项重要产业。

品种改造及结构调整期(1994—1997年)　全区进行了以“稳定苹果面积，突出发展红枣，大力发展杏、桃、沙果等优质小杂果”为目标的果品结构调整，突出“红枣工程”建设。苹果更新改换的优良品种主要为富士系列、新红星、乔纳金，梨的优良品种主要为水晶梨和香酥梨，全市果树改造面积达30万亩。1995年，在全省果品评优会上金丝小枣获“特优产品奖”，无核小枣和鸭梨获“优质产品奖”；在全国第二届农业博览会上，金丝小枣获“金牌奖”。

以枣粮间作为主的“红枣工程”区主要分

布在乐陵市、庆云县以及宁津县东部，临邑县及陵县北部几个乡镇。枣粮间作的株行距一般为3米×5米、3米×10米不等。枣树优良品种主要包括：乐陵金丝小枣、乐金1号、乐金2号、乐金无核1号、冬枣等。截至2011年，全市枣粮间作面积已发展到106万亩。

高效果园建设期（1998—2002年） 全市果树生产由数量规模型开始向质量效益型发展。1999年，市委、市政府把林果业列为农业产业化6大支柱产业之一，果园建设由以苹果生产为主逐步转向金丝小枣、冬枣、桃、梨、葡萄、杏等高效名特优果品生产上。选育出乐金1号、乐金2号、乐金无核1号3个乐陵金丝小枣优良品种，乐陵市、庆云县建立两个优良品种枣园、面积达3万亩，新建9万亩冬枣园。乐陵市汇集国内100多个枣树品种建起“百枣园”。齐河表白寺建立5000亩中华寿桃基地，临邑县林子镇建起2000亩寿桃园，夏津县从国内外引进香水梨、爱岩梨、丰水梨等新品种20多个，德城区赵虎乡、赵宅乡及陵县徽王庄镇等乡镇建起大面积的优质果杏园。全市有9个乡镇红提葡萄面积达5000亩以上。2003年，全市果品产值高达16.3亿元。

特色果园建设期（2003—2011年） 按照一县一品、一乡一品，打造地方特色，提高质量、增加效益的发展思路，全市陆续建设10余处具有一定规模的特色经济林基地。分别是：乐陵市朱集金丝小枣基地、乐陵市富硒小枣基地、庆云县常家冬枣基地、陵县惠王玫瑰香葡萄基地、德城区黄河涯万亩桃园旅游观光基地、经济开发区袁桥红星苹果和果品采摘旅游基地、经济开发区赵虎核桃旅游观光基地、平原县早玉杏基地、禹城市爱岩梨基地、夏津县苏留庄小杂果基地、齐河县黄河北展区核桃梨旅游观光基地、宁津县石榴基地以及临邑县、武城县经济林设施栽培基地等。

三、面积产量

1986—1990年期间，全区开展为期3年的“林果会战”活动，动员群众发展林果业。1995起，市委、市政府因地制宜，在全市开展“红枣工程”建设。全市枣粮间作面积发展到106万亩，枣园44万亩，枣树总株数达4000万株，枣产量达19.5万吨。乐陵市耕地基本上实现枣粮间作化，枣树株数达2500万株，实现百里枣乡、百万亩枣林的目标。庆云县提前一年完成红枣工程任务，全县共有枣树1000万株，人均38株，实现了全县枣粮间作化。宁津县发展枣粮间作20万亩，植枣200万株。

2011年，全市果树面积78万亩，果品总产量60万吨。其中：苹果13.9万亩，产量21.6万吨；枣51.3万亩（其中枣粮间作106万亩，折合纯园7.3万亩），产量19.5万吨；梨3.9万亩，产量7.5万吨；桃5.2万亩，产量5.5万吨；杏0.9万亩，产量1万吨；葡萄2.2万亩，产量3.9万吨，山楂0.3万亩，产量0.4万吨；柿0.1万亩，产量0.1万吨；其他0.2万亩，产量0.5万吨。

第二节 林产品加工

随着森林资源增长，全市林业产业逐步发展起来。主要包括红枣产业、水果贮藏与深加工、木材深加工、林产品市场、森林旅游5大产业。2011年，全市有大中小型林产企业1200余家，其中规模以上企业350余家，年产值达48亿元。

一、水果贮藏

苹果、梨、桃、葡萄是主要水果资源，水果产业最早始于民间的果品贮藏。20世纪80年代初期，农民土窑地下贮藏法盛行，全区有通风库、半地下窑、地沟、室内贮存等场所达2000余所，主要贮藏苹果和梨。进入90年代，随着果品产量的提高，机械冷藏库兴起。到2011年，全市机械贮藏库达到150处，气调储藏10余处，果品总贮藏量达8.1万吨，占果品生产总量的16.5%。

二、林果加工

红枣深加工　主要集中在乐陵市和庆云县。2000年，全市枣面积51.3万亩，枣产量达19.5万吨。到2011年，全市有各种类型枣加工企业300余家，年加工小枣能力10万吨，年产值达15亿元。枣制品主要有阿胶蜜枣、红枣莲子羹、中华蜜酒、枣粉、乌枣、枣茶、枣晶、枣浸膏、枣啤酒、枣露、枣酒、枣汁等几十个品种。其中“中华蜜酒”和“阿胶蜜枣”分别获世界博览会铜奖和国际金奖，2008年乐陵市金丝小枣被指定为奥运会专用果品。

水果深加工　产品主要有苹果罐头、梨罐头、桃罐头、山楂干、山楂糕、山楂饼、桑葚酒、葡萄酒、苹果汁、梨汁和桃汁等。截至2011年，全市果品加工企业已达200家，年加工能力10万吨，产品畅销全国各地。

三、木材深加工

1986—2011年，全市逐渐形成以人造板工业、家具工业、木浆造纸工业为主要内容的木材产业群。全市有人造板工业企业20余家，年生产各类人造板材达150万立方米，其产量占全省人造板生产总量的25%。禹城贺友集团已成为“中国制造业500强”。以宁津为中心的木制家具工业，年生产各种木制家具300余万件，宁津获得“中国桌椅之乡”称号。以中茂圣源、晨鸣集团为龙头的木浆造纸企业改“草浆”为“木浆”，年产纸及纸板180万吨。此外，全市以生产木片、旋皮等初级产品的中小型工厂星罗棋布，遍布各地。截至2011年，全市有各种类型木材企业达800余家，其中规模以上企业200余家，实现年产值25亿元。

第三节　林产品市场

林产品市场是随着林业的发展逐渐形成的。经过20多年的发展，至2011年，全市初步形成以德州木材市场、德州果品市场、德州花卉市场、乐陵红枣市场为中心的林产品批发市场体系。以临邑红坛寺森林公园、夏津黄河故道森林公园和乐陵红枣森林公园为主体的森林旅游市场体系。据统计，全市有木材、果品、红枣、花卉等大中型林产品批发市场120处，还有大量遍及县乡的季节性小型林产品市场，年贸易总额达50亿元。仅木材及木制品年交易量就达到150万立方米以上，果品交易量达200万吨，已成为鲁西北、冀东南重要的林产品市场集散地，产品畅销国内各地。

第四节　花卉业

花卉业是一项朝阳产业，德州市花卉业起步于20世纪80年代。1995年市委、市政府把花卉业列为全市农业产业化的6大支柱之一。2000年，市人大通过“把菊花作为市花、把枣树作为市树”的决议，10月举办了“德州市第十八届菊花展销会”。全市初步形成以德城区为中心，以菊花为名牌，以鲜切花、盆花和组培花卉为主导产品的花卉产业体系。

生产和经营的花卉品种主要有：菊花、玫瑰、月季、一品红、康乃馨、并蹄莲、牡丹、满天星、剑兰、杜鹃、茶花、非洲菊、铁树、蝴蝶兰、凤梨、大花惠兰等。德城区北郊千亩鲜切花基地已经建成，非洲菊、玫瑰等鲜切花品种市场供不应求；投资1.5亿元的台湾坤宇高档蝴蝶兰生产基地落户德城。乐陵、禹城、平原、陵县、齐河、宁津、武城、临邑等县（市）的花卉业也都有较快的发展。1999年在云南举办的世界园艺

博览会上荣获银奖1枚；2002年在“山东省第三届花卉展销会”上获金奖1枚、铜奖5枚、优秀奖2枚。截至2011年，全市花卉面积2.55万亩，其中花卉大棚300余个，年产盆花650万盆，鲜切花5000万枚，组培花卉苗木达1000万株。

第四章　森林保护　林政管理

第一节　森林保护

一、林木病虫害

据调查，全市主要林木病虫害有50余种，其中病害10余种，虫害40余种。病害有杨树花叶病毒病、冠瘿病、杨树溃疡病、杨大斑溃疡病、杨树烂皮病、杨树黑斑病、泡桐丛枝病、泡桐烂皮病、枣疯病、枣锈病、刺槐烂皮病、葡萄蔓割病、苹果黑星病等10余种。虫害有美国白蛾、杨扇舟蛾、杨小舟蛾、杨黄卷叶螟、双条杉天牛、苹果绵蚜、梨圆蚧、枣大球蚧、柳蝙蛾、柳缘吉丁虫、紫薇绒蚧、吹绵蚧、柳瘿蚊、苹小吉丁虫、草履蚧、小皱蝽、膜肩网蝽、光肩星天牛、桑天牛、杨梢叶甲、榆蓝叶甲、枣瘿蚊、大袋蛾、杨白潜蛾、杨银叶潜蛾、白杨透翅蛾、杨二尾舟蛾、榆掌舟蛾、春尺蠖、枣尺蠖、槐尺蠖、青刺蛾、黄刺蛾、杨毒蛾、柳毒蛾、舞毒蛾、榆毒蛾、柳木蠹蛾、杨潜叶蜂、枣树锈瘿螨、红蜘蛛、蚜虫类等40余种。

二、林木病虫害防治

1986—2011年，按照国家林业局规定的森林病虫害防治检疫标准站建设标准，先后建立起1处市级和12处县级森林病虫害防治检疫站，配备专职森防人员93人，专兼职检疫员54人；建起2处国家级森林病虫害中心测报点（夏津、临邑），3处省直属测报点（禹城、平原、庆云），53处市级测报点，327处县级测报点，测报人员达427人；全市专兼职森林病虫害防控队伍，人数达3.4万余人。建立1处市级林业有害生物防控中心。配齐喷药设备、交通设施等，适时进行防治。病虫害成灾率控制在1‰以下，无公害防治率达到95%以上，灾害测报准确率达到95%以上，种苗产地检疫率达到100%，主要有害生物常发区监测覆盖率达到100%。

2007—2011年，重点开展美国白蛾防控工作。美国白蛾是一种食性杂、繁殖量大、适应性强、传播途径广、危害严重的世界性检疫害虫。2007年6月，庆云县首先在道路两侧杨树和白蜡树上发现美国白蛾，迅速对发现疫情的4个乡镇进行全面药物喷雾防治。7月，齐河县在晏城镇京福高速黄河大桥引桥下方和309国道北侧杨树林带中也发现美国白蛾的侵害，且虫口密度大，树叶大部被吃光，呈现出夏日冬景的惨状。齐河县紧急抽调6辆消防车与数十名消防官兵对疫情现场进行药物防治；同时县政府紧急调动100万元专项防治资金，购置大批高压弥雾机、烟雾机和高效农药，并调集1架直升飞机，对主要生态片林区进行飞机防治，作业面积达10万余亩。2008年，美国白蛾在全市呈现出迅速蔓延态势，全市各县（市、区）的乡镇、村都发现美国白蛾，发生面积300万亩，成灾面积达100万亩。德州市委、市政府高度重视，市政府与各县(市、区)政府签订“美国白蛾防控责任书”,进一步明确责任和义务;市政府全年先后下达4次“防控紧急通知”,多次组织召开全市美国白蛾防控会议,掀起美国白蛾防控高潮。据统计,全年三代共完成化防作业面积200万亩次,人工物理防治150万亩次;释放周氏啮小蜂8亿头;有效地控制了美国白蛾的疯狂蔓延,防控效果明显好于周边地市。2010年,全面实现飞机防治与人工防治相结合的全覆盖无缝隙科学防控,共完成飞防任务240万亩,飞防在全省面积最大、时间最早、效果最好。2011年,全市继续加强“飞机防治为主、人工防治为辅”的防控措施,美国白蛾得到根本控制。

三、森林植物检疫

2008年,全市森林植物检疫对象普查显示,森林植物检疫对象18种,其中:美国白蛾、双条杉天牛、苹果绵蚜、梨圆蚧、枣大球蚧、柳蝙蛾、冠瘿病、杨树花叶病毒症8种病虫害为国内森林植物检疫对象,其分布面积为482.76万亩,发生面积20.12万亩。柳缘吉丁虫、紫薇绒蚧、吹绵蚧、柳瘿蚊、苹小吉丁虫、杨大斑溃疡病、刺槐烂皮病、葡萄蔓割病、泡桐烂皮病、苹果黑星病10种病虫害为省补充森检对象,其分布面积156.68万亩,发生面积7200万亩。通过普查工作,摸清了国内森检对象和省补充森检对象在德州市的分布、种类、疫区、保护区、危害情况及发生发展趋势。全市森林植物检疫形成完整的检疫网络。2009年7月,原森林病虫害检疫证办理系统全部更换成新版网络系统。2011年,全市有森林病虫害防治检疫站12处、木材检查站4处、木材运输签证处1处;共有专职检疫员59人,兼职检疫员175人。

四、野生动植物保护和利用

1985年,德州市人民公园列入野生动物的收治和饲养基地,公园面积为11.6公顷,有各种野生动物46种、数量290只。市、县两级都成立野生动植物保护站,严厉打击乱捕、滥猎、贩卖麻雀、青蛙等野生动物的违法行为。1986—2011年,全市共查处乱捕滥猎案件300余起,缴获、放生各种受保护野生动物上万只。全市群众共救助病、伤、残的鸟和兽200多次,其中接收国家一级保护动物大鸨鸟3只(此鸟由乐陵市林业局送至德州并安置在德州市人民公园里),保护白天鹅5只。开展野生动物的驯养繁殖、经营利用、进出口审核。野生动物驯养繁殖及经营利用的企业已达10余家,主要品种有梅花鹿、蓝狐、银狐、蓝孔雀、花尾榛鸡,珍珠鸡、山鸡、野鸡、灰斑鸠、鹦鹉、蛇、貂、牛蛙等10余种,数量8000余只(头)。

第二节　林政管理

1986年8月,地委、行署下发《关于加速绿化全区的决定》,要求在大力发展林业的同时,逐步建设好林政、森林公安队伍。1988年4月,德州地区林业局设立林政公安科,实行一个机构、两个牌子合署办公。1995年3月,林政科独立。各县(市、区)林业部门也相继建立林政管理机构。全市林政管理人员实行审查登记、专业培训、资格考试、颁发执法证件、统一执法服装。截至2011年,全市有林政管理人员262名,其中市级和县级82名,乡镇级180名。

一、林权制度改革

20世纪90年代后期,为调动农民群众植树造林积极性,维护林木权益人的权利,1999年6月,市政府办公室印发的《关于认真做好全市林木和林地确权发证工作的通知》规定:林木权属证发放范围为“除农村居民院内树木以外,所有的乔木、灌木、果树等林木,都属林木权属证发放范围。”林地权属证发放范围为“凡是在本市范围内现有的乔木林地、灌木林地、疏林地、未成林造林地、采伐迹地、果园、苗圃、林场用地、村边荒地、沟渠路宜林地以及县级林业规划中的未造林地，都属林地权属证发放范围”。2000 年 4 月，市政府在齐河召开全市林权制度改革大会，颁布《德州市林地林木确权发证管理暂行办法》。2008 年开展集体林权制度改革，截至 2011 年年底，全市已落实林权面积 179 万亩，完善签订承包合同 28.2 万份，发放林权证 11.8 万份、涉林面积 57.1 万亩。齐河、平原两个省试点县率先完成林改工作，通过省检查验收。

二、采伐限额管理

1987 年，根据《中华人民共和国森林法》“农村居民采伐自留山和个人承包集体的林木，由县级林业主管部门或者其委托的乡、镇人民政府审核发放采伐许可证”的条文，1987 年德州地区行署下发的《关于加强林木保护管理工作的通知》中规定：“除国有林场、铁路、公路另有规定外，所有林木的采伐审批权限集中到县市林业主管部门。”1991 年行署《关于下达全区“八五”期间年森林采伐限额的通知》中，对区境内黄河、漳卫南运河、徒骇河、马颊河、德惠新河 5 条骨干河道国有林木的采伐做出严格规范。

三、木材凭证运输管理

1989 年 3 月，德州地区林业局、公安处联合下发《关于加强木材林化产品运输管理工作的通知》，规定“凡国营、乡镇集体和个人生产的原木、檩条、板材、方材、坑木、小径木，成批生产和加工的各种木、竹、条制品和各种把柄、蜡杆以及国家计划外调运的所有木竹材、林化产品等，一律凭证运输”。1991 年 8 月，地区林业局、交通局联合下发《关于木材凭证运输管理的实施办法》。1992 年，地区林业局、交通局联合下发《关于委托交通部门代查工作的通知》。明确对公路运输的木材，“停车检查任务委托交通部门的检查站工作人员办理，林业部门要固定人员负责案件的现场室内处理”。1994 年，经省政府批准，临邑县林业局设立木材检查站，2002 年，批准德州市林业局设立木材检查站。

四、打击涉林违法犯罪活动

1988 年 4 月，行署批准地区林业局设立林政公安科，系林政、林业公安合署形式，一套班子，定编 6 人。各县（市）林业部门也成立相应机构，定编 3～5 人。1994 年 8 月，德州地区及德州市、陵县、平原县、夏津县、齐河县、临邑县、庆云县 8 个林业公安机构正式纳入地方公安序列。森林公安机构继续实行林业和公安部门双重领导体制，截至 2011 年，经公安部和国家林业局批准，全市授衔林业公安干警 38 人。其中：一级警督 3 人，二级警督 13 人，三级警督 18 人，一级警司 4 人。

1988 年，德州地区林业局、公安处首次联合组织开展打击毁林犯罪的活动，共查处各种毁林案件 148 起，提请逮捕 6 人，拘留 43 人，行政处罚 130 余人，罚款 95.47 万元。

1993 年 1 月—2011 年 12 月，全市（地区）林业公安队伍相继开展“绿盾行动”“春雷行动”“春季行动”“冬季行动”等专项治理活动，惩治盗伐滥伐林木、违法占用林地、违法加工经营和运输木材以及破坏野生动物资源等各类涉林违法犯罪活动，依法保护全市森林资源安全。

第十一编

S H U I L I

水利

德州境内河流众多，纵横交织。南有黄河，西北有漳卫运河，徒骇河、马颊河、德惠新河贯穿全境。另有支流89条。同时，年降雨分布不均，旱涝灾害多发。

多年间，德州人民同旱涝灾害进行坚持不懈的抗争，兴利避害，疏浚河道，排涝抗旱，引水灌溉，兴修农田水利。很长一段时间，打井提取地下水，兴建引黄工程成为水利建设的主要任务。1980—1995年连续15年大旱，仍连年丰收，引蓄黄河水功不可没。

1993年初冬，一场罕见的特大雪过早降临，20万民工被迫撤出风卷雪覆的引黄清淤工地。从此，全市水利建设由人海战术转向机械化施工。1994年，引黄清淤工程全部实行机械化，把每年几十万民工从繁重的体力劳动中解放出来，成为德州治水史上一次重大变革。

进入20世纪90年代后，黄河断流次数越来越多，引黄水量受到限制，调蓄能力不足。全市实行以井保丰，以河补源的用水战略，掀起井泉建设高潮，到2011年年底，全市实有机井13.55万眼，配套9.49万眼，井灌面积达440万亩。

兴修水库，引黄蓄水，是水利建设的长久之计。1993年冬，丁东水库工程开工建设，到2011年年末，全市投入运行的水库有丁东水库、丁庄水库、庆云水库、小店水库、宁津水库、平原相家河水库、夏津水库和钩盘河水库共8座水库，蓄水能力近2亿立方米，调蓄能力4亿立方米。

2000年后，以建成与经济发展和自然条件相协调的现代化水利保障体系，进一步增强抗御干旱和洪涝灾害的能力为目标，全市水利发展进入“建设德州大水网，推进水利现代化”的新时期。

2005年，德州市在全省率先启动村村通自来水工程。至2011年年底，全市基本实现了“农村供水城市化，城乡供水一体化”的目标。全市整建制完成村村通自来水，使德州成为全国首个城乡同网、同质、同价通自来水的地级市。

第一章　河道治理

德州境内河道按管理权属划分，黄河德州段属于山东黄河河务局德州河务局管理，卫运河、漳卫南新河、南运河隶属水利部漳卫南运河管理局（驻德州，设德州河务局）管理。徒骇河、马颊河、德惠新河及其余中小河流属德州市、县水务部门管理。

山东黄河河务局德州河务局、漳卫南运河管理局德州河务局分别负责所辖河段的治理开发，同时受德州市人民政府领导，是德州黄河、漳卫南运河的水行政主管部门，具体承担德州市防洪抗旱指挥部黄河防汛、漳卫南运河防汛的日常工作。

德州市、县水利行政部门负责辖区内的河道管理、防汛抗旱等水务工作，并协调黄河河务局、漳卫南运河管理局做好辖段的河道治理、防汛抗洪等工作。

德州市水利工程图

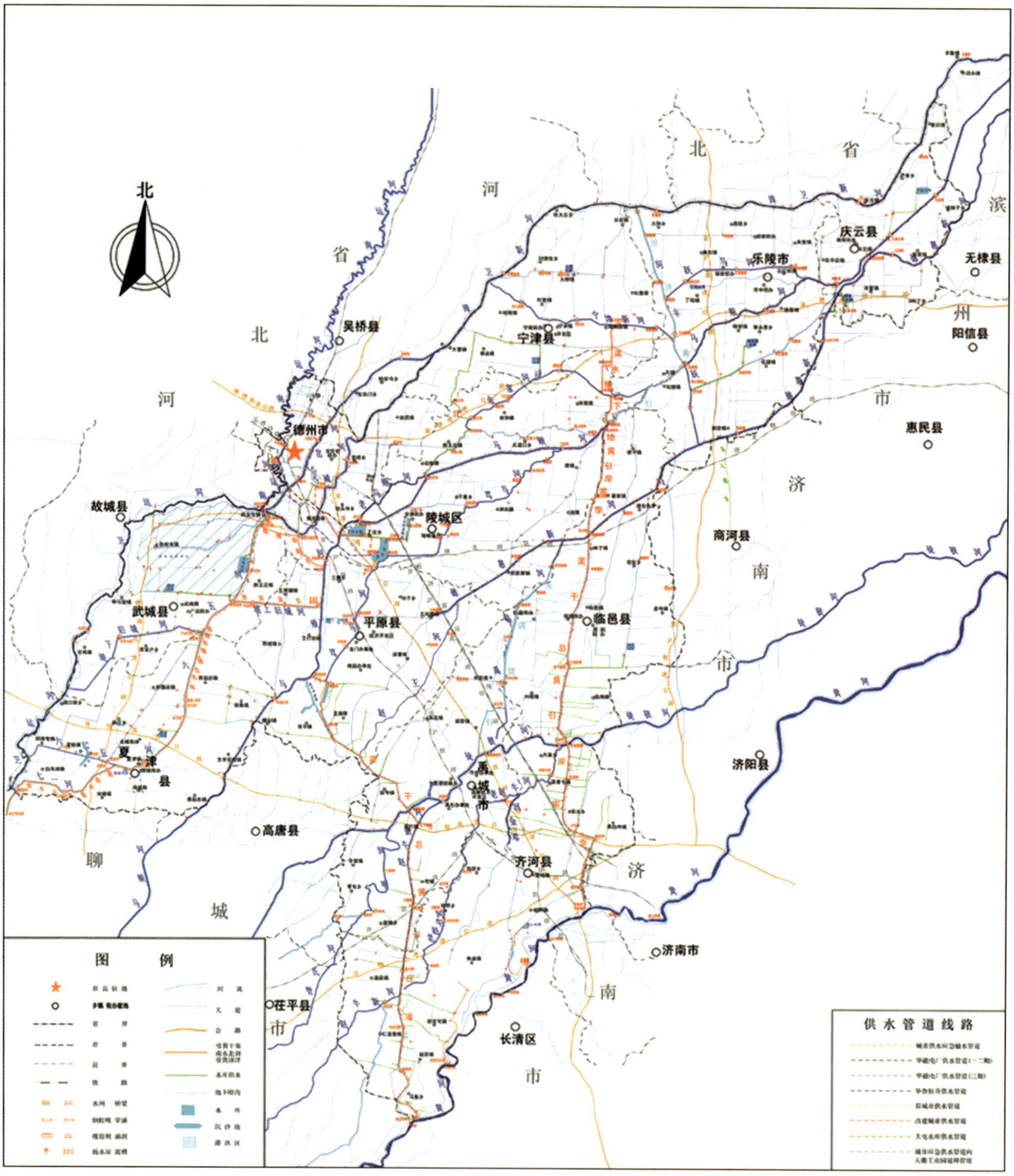
北
河
北
省
吴桥县
河
北
省
德州市
故城县
陵城区
武城县
平原县
夏津县
高唐县
聊
城
禹城市
齐河县
济南市
茌平县
市
长清区
南
济
临邑县
宁津县
乐陵市
庆云县
滨
无棣县
州
阳信县
市
惠民县
济
商河县
南
济阳县
图例
供水管道线路

第一节　黄河治理

德州境内黄河堤防共116.40千米。其中临黄堤长62.38千米。北展宽堤长22.80千米;金堤是清光绪年间修筑的官堤,长31.22千米。临黄堤和北展宽堤为一级一类堤防,常年设专人专职维护管理,金堤为四级堤防,不设专管机构。

1986—2011年,国家对德州黄河基本建设投资共5.15亿元。除去正常工程维修外,1998—2008年,按2000年设防标准,进行新中国成立后第4次大修堤,并进行险工改建、堤防道路建设和堤沟河治理及防浪林、生态林建设。

第四次大修主要是对临黄堤继续加固培修,北展宽堤主要是进行锥探灌浆和分洪闸改建。

1986—1996年,临黄堤加高培厚主要是安排零星土方,用于坝基土、修造防汛屋、大堤盖顶、堤身补残、修复雨毁工程等,工程量较大的是豆腐窝分洪闸闸前围埝和上、下游大堤加高。10年完成投资249.41万元,土方38.56万立方米。

1997—2011年,按2000年设防标准,德州黄河临黄堤堤顶高段尚低0.6~1.0米,进行第四次大堤加高。设计防洪流量为防御花园口站洪峰流量22000立方米/秒,艾山以下11000立方米/秒,设计防洪水平年为2000年,堤顶高程按设防水位加超高2.1米确定,堤顶宽平28米,险工10米,临背边坡均为1∶3。大修分为1999、2000、2009年,4个施工工期完成,共完成土方471.60万立方米,投资13891.20万元,德州黄河堤防全部加高。

1999—2009年黄河德州段大堤加修完成情况表

表11-1

开、竣工时间	大堤桩号	施工单位	完成工程量（万立方米）	完成投资（万元）
1999.5—6	86+750—99+500	德州开源建筑施工总公司	100.53	2724.26
		济南市黄河工程局		
		山东黄河工程局		
1999.10—12	62+516—86+750	中国华冠农业开发总公司	154.68	3957.45
		德州市黄河工程局		
		菏泽市黄河工程局		
		利津黄河工程有限公司		
2000.4—7	99+550—112+891	淄博市黄河工程局	130.08	3203.07
	124+125—124+900	济阳县黄河工程局		
2009.2—12	齐河南坦以下堤段	德州黄河建业工程有限公司	86.31	4006.42
合计	—		471.60	13891.20

堤防除险加固 1986—2011年，采取改建涵闸、拆除虹吸和穿堤电缆线、压力灌浆、淤填背河积水潭坑和渗水段的方法，将20处在编险点全部消除。

压力灌浆 1988—1995年，每年对临黄堤和北展宽堤进行压力灌浆，累计完成压力灌浆26.6万孔，加固堤防长度115.10千米，灌浆土方3.78万立方米。

后戗工程 按照"临河截渗、背河导渗"的原则，修做于背河积水、渗水、浸润线不足堤段的背河加固工程。1995年，在谯庄险工大堤(97+035—97+180、97+470—97+529)利用吸泥船进行淤固堤，修做后戗工程，固堤长度204米，完成土方5.7万立方米，投资79.80万元。

机淤固堤 利用安装在船上的泥浆泵，将每立方米含沙量200至800公斤左右的泥浆输送到大堤背河修做好的围堤内，清水放出，泥沙沉淀固堤。1986—2010年，德州黄河共完成机淤固堤土方2087.33万立方米，投资13307.93万元，加固堤防33千米。

淤填堤沟河 德州黄河河道内的水坡滩地，有5300米长的堤段。在1976年、1982年、1996年汛期，均发生顺堤行洪冲刷堤坡、背河渗水险情，对堤防安全构成威胁。2001年6月，山东河务局决定选择该段作为堤沟河治理试点工程。治理标准：淤填长度5300米、宽一般不超过200米、高程与附近滩面段一致。该工程于2002年11月开工，次年6月竣工，完成土方215.92万立方米，投资2041.21万元。

堤顶道路硬化 1998年前，德州黄河大堤全部是土路面，每逢降雨堤顶泥泞。于1998年、2001年、2002年、2010年，分4期对63.40千米的临黄大堤堤顶，按三级公路设计标准全部建成了沥青路面，共完成投资3329.87万元。

齐河北展宽工程 1971年9月批准修建，主要作用是解决济南北店子至泺口窄河段之间凌洪威胁。北展宽堤全长37.78千米，距临黄堤4千米左右，总面积106平方千米，最大库容4.75亿立方米，有效库容3.9亿立方米。

1989年12月前，北展宽工程在德州段内。1989年12月，由德州、济南两地分别管辖。德州辖区内北展堤长度22.8千米，相应临黄堤长度22.9千米，展宽区面积63平方千米。黄河小浪底水库建成运用后，黄河下游凌汛威胁可基本解除。2008年，北展宽工程取消，齐河县在北展宽区内进行大规模的旅游项目开发。

险工建设 1985年年末，德州黄河段有21处险工，1004道坝岸。1990年6月，区划调整，济阳河务局和齐河河务局的3个河务段划归济南河务局管辖，原由德州河务局管理的7处险工，383道坝岸相应划出。自此至2011年年末，德州黄河河道内有14处险工，621段坝岸，其中砌石坝3段，扣石坝218段，乱石坝397段，工程长度26.168千米，占临黄大堤总长度的41.9%。

1986—1997年，按1983年设防标准，德州河务局对存有稳定性差和潜在垮坝威胁的42段坝岸加高改建，对根石达不到设计标准的坝岸进行抛石加固。共计完成土方0.74万立方米，石方1.28万立方米，抛石13.12万立方米，投资575.4万元。

滩区治理和村庄搬迁 1985年年末，德州黄河河道内有滩区15处，耕地7.39万亩，32个自然村，人口14391人。1990年，区划调整后有滩区7处，耕地2.49万亩，村庄9个，人口4600人。为改变滩区低产贫困面貌，国家从1988年到1996年利用土地开发建设资金，地方政府按1∶1安排配套资金，分3期进行大规模滩区水利工程建设，滩区群众生产生活条件得到改善，温饱问题基本解决。

1996年8月洪水后，为彻底解决在黄河滩

1997—2011 年黄河德州段第四次加高改建后各险工坝岸状况表

表 11－2

险工名称	兴建年份	起止桩号	工程长度（米）	护砌长度（米）	坝岸段数	坝岸分类（段）			结构分类（段）			未改建坝（段）	设防水位（米）	坝顶高程（米）	根石顶高程（米）	本次改建所用投资（万元）
						坝	岸	计	扣石坝	乱石坝	砌石坝					
合计	—	—	26168	23603	621	242	379	621	219	397	3	88	—	—	—	6454.78
潘庄	1937	62＋516—64＋061	1545	1332	32	21	11	32	—	32	—	0	41.61～41.78	42.71～42.88	37.70～37.91	333.76
官庄	1890	73＋547—76＋770	3223	2768	47	34	33	67	13	54	—	19	40.37～40.61	41.47～41.71	36.29～36.43	738.43
韩刘	1888	76＋770—78＋173	1403	1152	31	19	12	31	17	14	—	—	40.13～40.26	41.23～41.36	36.01～36.22	276.96
程官庄	1887	79＋704—82＋252	2528	2376	66	13	53	66	16	50	—	1	39.82～40.01	40.92～41.11	35.59～35.77	601.25
于庄	1887	84＋124—85＋720	1596	725	19	18	1	19	1	18	—	0	39.52～39.66	40.62～40.76	35.25～35.42	464.10
阴河	1887	89＋409—91＋131	1722	1487	32	25	7	32	2	29	—	3	39.03～39.15	40.13～40.25	34.74～34.86	308.15
谯庄	1890	96＋743—97＋785	1042	946	37	11	26	37	17	18	—	2	38.42～38.52	39.52～39.62	34.18～34.26	282.92
张村	1900	99＋432—99＋939	507	191	4	3	1	4	—	4	—	4	38.28～38.31	39.38～39.41	34.06～34.08	—
豆腐窝	1898	104＋181—106＋602	2421	2208	73	19	54	73	54	18	1	12	37.60～37.83	38.70～38.93	33.19～33.35	406.94
南坦	1885	112＋891—115＋134	2243	2294	70	17	53	70	35	34	1	1	37.00～37.41	38.10～38.51	32.40～32.76	770.65
王庄	1890	115＋134—118＋891	3757	3854	95	25	70	95	31	64	—	29	37.68～36.41	37.88～31.51	32.12～32.39	403.03
席道口	1898	118＋891—121＋187	2296	2408	48	17	31	48	15	33	—	9	36.17～36.4	37.27～37.50	31.86～32.11	356.93
李家岸	1891	123＋051—124＋125	1110	1115	29	12	17	29	12	17	—	7	35.87～35.93	36.97～37.03	31.60～31.63	1333.16
赵庄	1890	124＋125—124＋900	775	747	18	8	10	18	6	12	—	0	35.79～35.86	36.89～36.96	31.39～31.55	178.50

区居住的群众逢大水必被淹的状况，山东省政府要求将滩区村庄居民搬迁到大堤外居住。德州市、齐河县两级政府和黄河河务部门共同努力，争取国家补一块、政府拿一块和群众自筹相结合的办法，筹集资金。1997 年 3 月，搬迁工作全面展开，将 9 个村庄、1370 户、4917 人全部从黄河滩区搬到堤外定居。到 1999 年年底搬迁完成，从此，德州黄河滩区再无村庄居民。

第二节　漳卫南运河治理

漳卫南运河德州段位于该河中下游，由卫运河、南运河、漳卫新河（包括减河和岔河）组成，流经夏津、武城、德城区、宁津、乐陵、庆云 6 个县（市、区），河道总长 316.6 千米，占山东段河道总长的 80%，堤防总长 389.711 千米，占山东段堤防总长的 87%。有各类排（引）水涵闸 152 座，穿堤管 296 处，各类桥梁 90 座，其中低于设计水位的桥梁 36 座。河道水工建筑，除西郑庄分洪闸和牛角峪退水闸由漳卫南运河德州河务局直接管理，其余均由沿河各县（市、区）管理。

卫运河流经夏津、武城两县，在四女寺枢纽工程以下分为两支：一支从四女寺向北，经德州市、河北省沧州至天津入海，称南运河；另一支由四女寺向东北，分为减河、岔河，经武城、德城区、宁津、乐陵、庆云，至滨州市无棣入渤海，称漳卫新河。

漳卫南运河德州段河道工程基本情况统计表

表 11 - 3

行政区划	河系	岸别	起止桩号	长度（米）	涵闸（座）	穿堤管（座）	险工（处）	桥梁（座）	坡道（条）
夏津	卫运河	右	74 +520—95 +709	21189	2	15	7	6	52
武城	卫运河	右	95 +709—158 +100	62391	4	47	10	4	117
	减河	右	0 +000—5 +510	5510	4	4	—	—	11
	陈公堤	右	0 +000—23 +000	23000	22	46	—	—	53
	小计	—	—	90901	30	97	9	4	
德城	减河	右	5 +510—44 +344	38834	22	36	2	20	90
	减河	左	0 +000—31 +417	31417	14	21	1	—	45
	南运河	右	0 +000—34 +075	34075	7	45	18	11	46
	南运河	左	11 +202—16 +433	5231	4	14	3	—	8
	岔河	右	0 +000—22 +384	22384	8	22	—	18	55
	岔河	左	0 +000—22 +630	22630	9	13	—	—	43
	小计	—	—	154571	64	151	24	49	287
宁津	漳卫新河	右	44 +344—100 +477	56133	24	14	2	15	128
乐陵	漳卫新河	右	100 +477—134 +886	34409	13	6	2	7	62
庆云	漳卫新河	右	134 +886—167 +394	32508	19	13	6	9	140
合计	—	—	—	389711	152	296	51	90	850

卫运河治理 卫运河在夏津县白庄入境，流经夏津、武城两县，至四女寺枢纽工程，德州境内长82.8千米，河槽宽140～250米，堤距400～2700米，设计流量4000立方米/秒，校核流量5500立方米/秒，排涝流量1150立方米/秒。堤防长度83.58千米，堤高5～8米，顶宽8米，堤高超过6米段落，加筑戗台，土质较差或险工段，顶宽为10米。共有堤防险段3处，险工15处。

恩县洼滞洪区 位于卫运河下游，地处武城县境内，南至恩武公路(恩城至武城)，西至鲁权屯，东至陈公堤，北至卫运河大堤，总面积为325平方千米，蓄洪面积为301平方千米，设计蓄洪量7.0亿立方米，设计蓄洪水位24.82米。

西郑庄分洪闸是恩县洼滞洪区的分洪口门，位于武城县西郑庄村，设计流量1200立方米/秒，上游设计水位27.77米，校核水位29.27米，校核流量1640立方米/秒。牛角峪退水闸是恩县洼滞洪区的退水口门，由五孔闸、两孔闸和低水涵洞组成，位于武城县四女寺镇减河右岸堤防，3闸(涵)设计流量合计为378立方米/秒。主要治理项目：1994年，更换牛角峪退水闸(五孔闸)的5孔闸门。1997年，对西郑庄分洪闸进行铺盖翻修、垂直防渗墙修筑、闸室基础回填灌浆、部分排水孔修复、更换两扇混凝土闸门为钢闸门。1999年，对西郑庄分洪闸进行9扇钢筋混凝土闸门拆除更换、消能防冲设施改建。2001年，对牛角峪退水闸(5孔闸)机架桥排架进行粘钢加固。

南运河治理 南运河在德州境内长44.8千米，河槽宽72米，堤距60～120米，限泄流量300立方米/秒，堤防长度39.306千米，堤高4～5米，顶宽5～6米。共有险工26处。1986—2011年间没有大规模治理。

漳卫新河治理 漳卫新河自四女寺南、北进洪闸向东至大河口入渤海，河道长度244千米，是一条人工开挖的比较顺直的微曲型河道。上段分为岔河、减河两支。岔河在德州境内长22.5千米，减河在德州境内长53千米。岔河、减河于大王铺汇合，漳卫新河大王铺以下，德州境内长度114.4千米。漳卫新河共有险段8处，险工10处，堤防高度，一般为4～5米，个别堤段8～9米，并加有戗台，堤顶宽8米，市境内堤防总长度243.825千米。

1996年8月，漳卫南运河发生自1963年后的最大洪水。由于自然破坏及长期投入不足，工程设施老化、失修，抗御洪水能力差，以至洪水期间，河道险情丛生，主要是河槽淤积严重，堤防险工险段多，穿堤建筑物隐患多，设施落后。

1999年起，对漳卫新河进行全面治理，主要包括清淤、复堤、险工翻修加固、防浪墙、截渗墙、穿堤建筑物、闸桥加固改建、通信网及管理设施等

1996年8月漳卫河行洪

建设项目。治理任务是:恢复河道原设计行洪能力,确保河道行洪安全;适当恢复排涝能力,改善两岸现状排涝条件;改善工程管理状况,提高河道安全度汛能力。该项目采用年度计划分期实施建设。项目主管部门为水利部海河水利委员会,项目法人为水利部海委漳卫南运河管理局,建设单位为漳卫新河治理工程建设管理局。德州市境内完成的工程治理项目共计32项。

第三节　徒骇河治理

徒骇河在禹城市各户屯入德州境内,在临邑县临南镇出境,境内河道长度59.9千米,流域面积1954平方千米,河槽宽79～139米,堤防长度114.7千米,沿岸排水闸涵37座,险工11处,拦河闸2座。一级支流有苇河、赵牛新河、老赵牛河、六六河、齐济河等,二三级支流有四新河、管氏河、圣经河、中心河、巴公河、邓金河、施女河、温聪河、倪伦河、十八户河、柳官干沟等,是承接上游洪水和市域南部主要排水河道。

1986年冬季出动7100名劳力,对南营闸上(包括赵牛新河瓦王以下)河段5.8千米进行清淤,完成土方46.2万立方米,对减轻干流淤积起到一定缓解作用。

1997—1999年,对徒骇河德州段按“61雨型”防洪标准的90%进行治理。1997年3月25日—5月20日,清淤治理苇河口至南营闸上段,1998年10月25日—12月15日,清淤治理南营闸下至德州济南交界段,共完成土方708万立方米。建筑物工程于1999年5月开工,2000年11月完工,维修加固桥梁9座、涵洞(管)30座、险工1处,拦河水闸2座,新建和改建涵洞(管)12座,完成土方35万立方米,混凝土和石方1.23万立方米。治理工程共投资5211万元,其中,省投资1637万元,市、县自筹资金3574万元。

1997年3月和1998年6月,分别对赵牛新河、中心河、新巴公河,按原设计标准清淤治理,完成土方296万立方米,新建改建涵洞1座、桥梁7座,维修加固闸3座,涵24座,桥30座,共完成投资2327万元,其中省补助资金324万元,市县自筹2003万元。1996—1997年期间,投资197万元,对四新河、管氏河进行清淤。

第四节　马颊河治理

马颊河在夏津县周哈庄进入德州境内,经夏津、平原、德城、陵县、临邑、乐陵、庆云7县(市、区)于庆云县小淀村北流经无棣县后入渤海。

2008—2011年,分两期对马颊河按“64雨型”排涝标准的70%左右清淤。2008—2009年,对下官桥至孟家闸段清淤,清淤长度88.7千米,清淤土方1200立方米,工程总投资1.51亿元,市县配套资金6040万元。2011年,对跃马干沟到李辛庄段清淤,清淤长度32.2千米,清淤土方287.25万立方米,维修大淀闸管理房400平方米,增建桥头堡,修建对外交通道路0.8千米,重建大道王管理所管理房612平方米,重建对外交通道路3.3千米,完成工程投资5899万元,市县配套资金2359.6万元。

1986—2011年,干流河道增建水闸4座:一是临邑县郭桥闸,6孔开敞式、闸孔净宽10米,挡水高度5米,设计泄洪流量780立方米/秒。1989年11月开工,1990年12月竣工,完成混凝土0.46万立方米,砌石0.49万立方米,土方13.5万立方米,投资547万元。二是乐陵市大桥闸,7孔开敞式、闸孔净宽10米、挡水高度5.5米,设计泄洪能力899立方米每秒。1994年9月开工,1996年5月竣工,完成混凝土0.62万立方米,砌石0.47万立方米,土方

16.3 万立方米，投资 938 万元。三是庆云县大淀闸，9 孔开敞式，闸孔净宽 10 米，挡水高度 6 米，设计泄洪能力 1004 立方米/秒。2000 年 4 月开工，11 月竣工，完成混凝土 0.68 万立方米，砌石 0.55 万立方米，土方 13.9 万立方米，投资 1592 万元，其中省专项资金 478 万元，市、县自筹 1114 万元。四是德城区安庄闸，5 孔开敞式，闸孔净宽 10 米，挡水高度 4.5 米，设计泄洪能力 470 立方米/秒。2003 年 4 月开工，2004 年 1 月竣工，总投资 1089.6 万元。

第五节　德惠新河治理

德惠新河及其支流是 1968—1970 年新建立的水系，干流德州境内河道长度 127.6 千米，河槽宽 16～85.5 米，堤防长度 203 千米，沿岸排水闸涵 68 座，险工 23 处，拦河节制闸 5 座。支流有赵王河、洪沟河、张丰池沟、禹临河、引徒总干、备战河、临商河、大胡楼沟等，控制面积 2139 平方千米，是德州中部低洼易涝地带的主要排水河道。

1991—1994 年按“64 雨型”排涝、“61 雨型”防洪标准进行治理。1991 年 10—11 月，治理临邑周苏屯到乐陵郑店闸河段。1992 年 10—12 月，治理平原王凤楼至周苏屯和乐陵大白张至庆云大刘闸河段。1994 年 6—7 月，对大刘闸至东刘桥河段进行局部开卡，共调集民工 20 万人，完成工日 722 万个，开挖土方 854 万立方米。在土方施工的同时，改建东西调节闸，解决了德惠新河与马颊河之间相互调水问题。沿河改建桥梁 2 座，新建排水涵洞 12 座、涵管 10 座，穿堤涵管 289 处。工程共投资 3109 万元，其中省政府安排（包括以工代赈）980 万元，市县自筹 2129 万元。

第六节　中小河道治理

德州市流域面积 30 平方千米以上的中小河道共 152 条，其中需要治理的 123 条。

2001—2008 年中小河道治理

2001 年，德州市水利局和各县（市、区）筹措资金，开始对淤积严重的中小河道进行治理。2001—2008 年，全市共治理中小河道 51 条，完成投资 12386.03 万元，其中省及以上补助资金 960 万元，市、县自筹资金 11426.03 万元。完成土方 2596.37 万立方米。

2009 年水网建设启动后的中小河道治理

据 2008 年调查，德州全市 70% 的河道淤积严重，60% 的农田水利设施不能正常发挥作用。特别是引黄 30 多年，全市仍有 2160 个村庄（占全市村庄的 26%）、200 万亩耕地（占全市耕地的 25%）用不上黄河水。

德惠河德州段　（2011 年　摄）

2009年，国家加大对水利建设投资力度，市水利局及各县（市、区）抓住这一机遇，争取上级资金，启动水网建设，出台奖补政策，开始实施以大水网工程为主体的中小河道治理。需要治理的123条中小河道中，除流域面积200平方千米以上、列入省以上规划治理的21条外，市、县自筹资金治理102条（其中市级补助治理85条，县级自筹治理17条）。

水网规划建设的重点是围绕保障供水、防洪安全、改善生态三大目标，以抗旱保供水为主线，建设“六纵三横”（六纵：南水北调干线、潘庄总干渠、李家岸总干渠、引位入夏、引滨入庆、引邢入乐；三横：马颊河、徒骇河、德惠新河）输水大动脉，构筑覆盖全市、布局合理的水网体系，形成灌排结合、丰蓄枯用、河渠相连、库库相通、水量互济的德州大水网，实现黄河水、长江水、地下水统一调度，城乡统筹供水的新格局。

建设四大工程体系：一、防洪除涝工程体系。对市境内13条一级支流、42条主要支流、93条小型支流，按原标准进行治理。二、农业灌溉工程体系。实施覆盖全市的22条骨干调水工程，新打机井2万眼，整修开挖坑塘6290座，新建拦河闸坝60座，基本解决边缘地区的引黄供水困难问题，扩大改善灌溉面积200万亩。三、南水北调及其配套工程体系。工程实施后，年引江水量2亿立方米，成为德州市的又一重要水源。四、平原水库及饮水安全工程体系。在现有10座水库的基础上，规划再建设水库16座，使全市总库容达到4.5亿立方米，年供水能力达到7.5亿立方米。同时，继续加快饮水安全工程建设，利用水库黄河水源替代地下水源，通过管道将全市水库联网，形成德州市“T”型管道供水大动脉，提高供水保证率。

2010年，市政府出台水网建设“五大奖补政策”，即：每建成一座千万立方米以上水库补助1000万元；骨干河道治理每方土补助3元；新建、改建泵站，电机和水泵由市级统一配置；按规划每整修1座坑塘补助1万～2万元；每建成一万亩高标准方田补助20万元。市级奖补资金来源：农业水费、财政补贴、水利筹资3个三分之一。同时，建立起“四项机制”：一是激励机制。实行“多干多补、少干少补、不干不补”，谁积极性高支持谁（2010年，市级奖补资金投入达1.2亿元，是过去10年的总和）；二是倒逼机制。市级只奖补骨干工程，倒逼县乡建设配套工程；三是考核机制。把水网建设纳入市政府对县（市、区）考核内容，强势推动；四是评比机制。组织观摩评比，树立精品意识、争先创优意识。

在市奖补政策的带动下，各县（市、区）纷纷出台大规模水利治理规划或本地奖补政策，全市形成多渠道、多元化的水利投资格局，水网建设迅速形成高潮，县县有战场、乡乡有工程、村村有项目。按照每县2座千万方水库的目标，仅2010年一年就新开工平原水库6座。全市实行水库供水的县市增加到7个，水库供水人口达到237万人，城乡供水一体化人口比例达到53%，并涌现出庆云县整建制通水、平原恩城水厂跨县供水等典型。9个小农水重点建设县已完成投资3.7亿元，占年度计划的90%，并探索建立“四位一体”管理模式。2010年，全市水利建设总投资达22.05亿元，比上年翻了一番。全省农田水利基本建设现场会、全国中央财政小型农田水利重点县建设现场会先后在德州召开。

3年的水网建设，新增改善灌溉面积330.74万亩，扩大恢复除涝面积300.59万亩。共完成投资6.7亿元，其中市级补助资金1.5亿元，治理河道长度1866千米，完成土方7381万立方米，比原计划提前7年完成。经过治理的河道沿线，农田涝水均在1～3天顺利排除，没对农业生产造成影响。实施支流河道治理

后，全市800多万亩耕地基本实现“旱能浇、涝能排”。

2010年马减竖河治理

马减竖河是连通马颊河与减河的一条排灌河道，全长32.563千米，1972年开挖，起于夏津县津期店村西马颊河左岸，止于德城区三十里铺村北减河右岸，流经夏津、平原、德城3县区，沿途与平武河、头屯干渠交叉，主要功能是解决马颊河以西高亢地区的引黄灌溉、防汛排涝和津期店闸上游的污水排放任务。经过近40年的运行，河道淤积严重，上游平均淤深达0.5～2米以上，下游道口村以北河床因淤积抬高，基本失去自然河流形状，排水能力明显降低。

2008年后，上游地区多次向马颊河排放污水，直接威胁到津期店闸以下饮用水源功能区的安全。2010年，随着南水北调东线鲁北段工程开工建设和引黄济津工程的实施，马颊河津期店闸下段、平武河、六五河成为南水北调和引黄济津的主要输水河道，再通过马减竖河至平武河至六五河线路分水入减河已不可行。

为彻底解决排污河马西高地灌溉问题，经多次论证，2010年市政府决定实施马减竖河治理工程。主要建设内容有：河道清淤扩挖、排污管道、配套建筑物工程。河道治理长度25.08千米，其中夏津县1千米，平原县23.88千米，德城区0.2千米。总土方量为41.16万立米。配套建筑物工程包括后程倒虹及节制闸、甜水铺倒虹、入沙杨河节制闸、管道进出口闸、沟渠涵闸2座及交通桥4座。工程总投资4888.17万元，其中市财政筹措1345万元，市环保局筹措1345万元，市水利局筹措1352.17万元，平原县筹措827万元，夏津县筹措19万元。该工程2010年4月开工建设，9月底竣工。工程的实施，恢复了马减竖河排灌功能，改善了马西高地灌排条件，使马颊河上游来水顺利排入减河，保障引黄济津、南水北调水质安全。

第二章　引水工程

第一节　引黄(河)灌区工程

黄河是德州市重要的客水资源，从1956年开始，沿黄齐河县在黄河上修建虹吸工程引水浇地。1966年，修建韩刘引黄闸，20世纪70年代初，相继修建李家岸、潘庄、豆腐窝3座引黄闸，建成了潘庄、李家岸2个大型引黄灌区和韩刘、豆腐窝2个专为齐河县所用的小型灌区(详见专记“德州引黄灌溉工程”)。截至2011年，德州黄河共有4座引黄闸，设计引水能力230立方米/秒，4个引黄灌区控制灌溉面积851.5万亩，基本覆盖德州全部农田。1986—2011年，德州市共引用黄河水436.24亿立方米，年均引水16.78亿立方米。

第二节　跨市引黄(河)工程

为弥补两大引黄工程对偏远高亢地带供水不足，自2002年起，德州市先后兴建引黄入德水利工程，包括引位入夏、引滨入庆、引邢入乐3个区域性引水工程。

引位入夏工程　20世纪50年代，夏津县曾隶属聊城地区，被列入位山引黄灌区，有两条

1986—2011 年黄河德州段涵闸虹吸历年引黄水量统计表

表 11－4

单位：亿立方米

年份	引水总量	潘庄闸	韩刘闸	豆腐窝闸	李家岸闸	邢家渡闸	葛店闸	王庄虹吸	王窑虹吸	大王庙虹吸	大柳店虹吸	沟阳虹吸	张辛虹吸	小街子虹吸	潘庄扬水站
1986	29. 516	15. 490	0. 906	0. 403	6. 937	4. 200	0. 884	0. 004	0. 025	0. 183	0. 021	0. 070	0. 208	0. 139	0. 046
1987	26. 305	15. 800	0. 789	0. 126	5. 830	2. 623	0. 745	0. 004	—	0. 087	—	0. 051	0. 161	0. 089	—
1988	27. 139	13. 881	0. 660	0. 296	7. 025	4. 126	0. 757	0. 002	—	0. 021	—	0. 088	0. 153	0. 130	—
1989	39. 512	18. 980	0. 652	0. 585	10. 472	6. 917	0. 801	0. 007	—	0. 061	0. 044	0. 365	0. 292	0. 336	—
1990	16. 623	10. 212	0. 317	0. 273	5. 821	—	—	—	—	—	—	—	—	—	—
1991	19. 459	12. 409	0. 604	0. 436	6. 010	—	—	—	—	—	—	—	—	—	—
1992	21. 055	12. 590	0. 505	0. 544	7. 416	—	—	—	—	—	—	—	—	—	—
1993	22. 048	11. 813	0. 578	0. 603	9. 054	—	—	—	—	—	—	—	—	—	—
1994	15. 116	8. 089	0. 297	0. 541	6. 189	—	—	—	—	—	—	—	—	—	—
1995	14. 289	9. 410	0. 474	0. 372	4. 033	—	—	—	—	—	—	—	—	—	—
1996	11. 080	6. 755	0. 367	0. 206	3. 752	—	—	—	—	—	—	—	—	—	—
1997	17. 305	11. 179	0. 527	0. 372	5. 227	—	—	—	—	—	—	—	—	—	—
1998	17. 044	9. 107	0. 393	0. 41	7. 134	—	—	—	—	—	—	—	—	—	—
1999	16. 269	8. 118	0. 423	0. 447	7. 281	—	—	—	—	—	—	—	—	—	—

续表 11－4

年份	引水总量	潘庄闸	韩刘闸	豆腐窝闸	李家岸闸	邢家渡闸	葛店闸	王庄虹吸	王窑虹吸	大王庙虹吸	大柳店虹吸	沟阳虹吸	张辛虹吸	小街子虹吸	潘庄扬水站
2000	10.844	5.593	0.313	0.437	4.501	—	—	—	—	—	—	—	—	—	—
2001	11.246	5.540	0.251	0.286	5.169	—	—	—	—	—	—	—	—	—	—
2002	13.014	6.722	0.324	0.841	5.127	—	—	—	—	—	—	—	—	—	—
2003	7.989	4.235	0.266	0.171	3.317	—	—	—	—	—	—	—	—	—	—
2004	9.384	5.790	0.488	0.495	2.611	—	—	—	—	—	—	—	—	—	—
2005	12.462	6.329	0.639	0.647	4.847	—	—	—	—	—	—	—	—	—	—
2006	14.924	8.761	0.589	0.862	4.712	—	—	—	—	—	—	—	—	—	—
2007	12.567	6.642	0.393	0.751	4.781	—	—	—	—	—	—	—	—	—	—
2008	13.656	7.655	0.414	0.654	4.933	—	—	—	—	—	—	—	—	—	—
2009	11.896	7.838	0.283	0.364	3.411	—	—	—	—	—	—	—	—	—	—
2010	13.140	7.373	0.642	0.534	4.591	—	—	—	—	—	—	—	—	—	—
2011	12.355	7.196	0.309	0.372	4.478	—	—	—	—	—	—	—	—	—	—
合计	436.237	243.507	12.403	12.028	144.659	17.866	3.187	0.017	0.025	0.352	0.065	0.574	0.814	0.694	0.046

干渠顺势入境。1961年夏津划归德州地区,位山灌区之水不再流入夏津,但引位工程仍保持的较为完整。为解决夏津缺水问题,1998年开始,在省人代会上,夏津县和德州市代表就恢复"位山灌区夏津引黄工程"多次提出议案,争取早日立项。2002年2月25日,省计委召开聊城、德州两市和省水利厅负责人会议,就恢复引位入夏工程进行研究协商,达成共识,项目得以立项。

引位入夏由位山灌区三干渠下游邱屯闸引水,利用临清市三干渠输入夏津县七一河。邱屯闸供水设计流量20立方米/秒,七一河入口设计流量17立方米/秒。施工、投资分为两段:聊城段长12.4千米,由聊城市组织施工,主要是挖深沟渠,该段总投资636万元,其中省承担535万元,夏津承担100万元。夏津段工程总长42.9千米,夏津自行施工、自筹资金,动土412万立方米,配套建筑物8座,总投资810万元。工程可灌溉农田14万亩,解决16万人畜饮水困难。经过一个多月紧张施工,2002年12月28日竣工输水。到2007年年底,累计引进位山客水9300万立方米。2008年以后,由于临清段河道堵塞,水污染严重,引位入夏工程基本废弃。

引滨入庆工程 2003年,庆云县提出从滨州市簸箕李灌区引取黄河水提议。2004年,省发改委和省水利厅与滨州市进行协商,同意并确定从簸箕李灌区给庆云县供水。引水线路自簸箕李灌区引入一干渠,进入阳信县境内穿钩盘河、白杨河、在王坤兮村东进入庆云县境,最终送水至严务水库。引水线路总长111.4千米,设计引水能力12立方米/秒。工程总投资1045万元,其中滨州市境内735万元,庆云县境内310万元。滨州市和庆云县共同施工。工程于2005年3月5日开工,同年11月20日竣工。簸箕李灌区向庆云县调水线路短,无污染,水质有保障,每年可给庆云县调水3000万立方米。

引邢入乐工程 乐陵市马颊河以南(乐南灌区)原属邢家渡引黄灌区。1998年邢家渡灌区随济阳、商河划归济南后,乐陵市改从李家岸灌区引水,由于地处李家岸灌区最下游,输水距离长,损耗大,引水时间和水量无保障。2006年6月,乐陵市建设杨安镇水库,选定从商河邢家渡灌区相机引水,兴建引邢入乐工程,作为杨安镇水库冲库水源,可解决乐南灌区16万亩灌溉用水和部分生活用水。

2007年5月,德州市水利局、乐陵市水利局与济南市水利局、邢家渡灌区和商河县水利局进行初步会谈,对方表示全力支持。该工程从邢家渡灌区二级沉沙池引水,设计流量10立方米/秒,到杨家镇水库泵站,全长43.15千米,其中乐陵段6.1千米。工程预算总投资2350.34万元,其中商河段投资1137.68万元,乐陵段投资1212.66万元。截至2011年年末,该工程尚未投入使用。

第三节 引黄济津工程

引黄济津潘庄线路应急输水工程是经国务院批准兴建的,旨在解决天津市用水紧张状况的一项跨省调水工程。2010年,为确保天津城市供水安全,国务院决定在南水北调通水前,开辟引黄济津应急输水潘庄线路。

引黄济津线路工程由潘庄引黄渠首闸引水,通过潘庄总干渠,经一、二、三级沉沙,由尚庙闸泄入马颊河,在马颊河至六五河间分为两条线路,一是经小王庄扬水站提水经旧城河后入六五河;二是在李家桥闸前入沙杨河、经头屯干渠进入六五河,两条线路汇合后通过新建四女寺倒虹吸涵洞及新挖明渠进入南运河,最终入天津市。输水线路全长392千米，其中，德州市境内总长度166千米，年供水日标8亿立方米。总投资1.1881亿元，2010年5月31日开工，当年10月31日竣工。

引黄济津潘庄线路应急输水（山东段）工程投资1.44亿元，主要包括河道扩挖清淤工程、涵闸建筑物工程、头屯干渠公路桥及交通桥工程、小王庄泵站机电改造工程、潘庄总干渠大堤灌浆工程5大部分。2010年6月15日正式开工，10月10日主体工程基本完工，10月19日，通过投入使用验收。

2010—2011年度，引黄济津应急输水工作自2010年10月22日开始，至2011年4月11日止，历时172天。潘庄闸引水11.84亿立方米，漳卫新河倒虹吸过水7.12亿立方米，天津九宣闸接水4.2亿立方米。

2011—2012年度，引黄济津应急输水工作自2011年10月18日开始，至2012年1月15日止，历时89天。受山东省六五河南水北调工程施工影响，此次引黄济津采用沙杨河至头屯干渠单线输水。潘庄闸引水4.94亿立方米，漳卫新河倒虹吸过水3.28亿立方米，第三店过水3.156亿立方米，天津市九宣闸接水1.8亿立方米。

第四节　南水北调德州段工程

南水北调东线鲁北段工程于2010年7月正式开工，总投资33.13亿元，主要包括聊城和德州两段，其中德州段投资19.93亿元。德州段工程由七一河、六五河输水工程、大屯水库蓄水工程、灌区影响处理工程、截污导流工程（中水拦蓄回用工程）等4部分组成。2011年德州段全线开工，完成年度投资9.3亿元，其中大屯水库完成静态投资的60%，截污导流工程顺利通过省验收。

一、七一河、六五河输水工程

七一河、六五河输水工程自聊城市临清与夏津县接壤的市界闸起至武城县大屯水库止，利用七一河、六五河输水，线路全长64.3千米，其中夏津境内长51.3千米（七一河20千米，六五河31.3千米），武城境内长13千米（六五河）。工程输水规模设计调水流量13.7～25.5立方米/秒。主要工程为开挖、整修输水河道总长77.014千米，重建、新建、改建维修加固沿河建筑物158座，新建六分干排水管道1.2千米，新建管理道路77.014千米。工程总投资61774万元。工程总占地889.81亩，征地移民总投资20285.79万元。

该工程于2011年4月6日正式开工，预计2013年1月工程进入待运行期。

2010年7月，南水北调工程建设鲁北段动员大会　（孙义福　摄）

2010年11月开工建设的南水北调东线重点工程大屯水库

二、大屯水库蓄水工程

大屯水库 蓄水工程位于六五河以西，武城县恩县洼西侧，距德州市区25千米，距武城县城区13千米。水库占地总面积9732.9亩，最大库容5209万立方米，正常蓄水位相应水面面积6.47千立方米。主要调蓄南水北调向德城区和武城县城区供水。

大屯水库主要包括围坝、渠首进水闸、六五河节制闸、入库泵站、德州供水洞、武城供水洞等6座建筑物。在六五河左岸设引水闸引水，在引水闸后新辟输水明渠长1137米，至入库泵站前池，利用泵站提水入库，设计入库流量为12.65立方米/秒。向德城区供水设计流量4立方米/秒，向武城县供水设计流量6立方米/秒。大屯水库由南水北调东线山东干线有限责任公司组织建设，共划分为9个标段。累计开挖土方1237.46万立方米/秒，土方回填1118.01立方米。库盘铺膜401.3万立方米，坝坡铺膜36.43万立方米。水泥搅拌桩25363米，钢筋混凝土灌注桩5478米，混凝土浇筑86216.6立方米。总投资10.97亿元。土建工程2010年11月25日开工，计划2012年12月完成主体工程。

三、灌区影响处理工程

南水北调利用七一河、六五河输水影响灌区灌溉面积45.5万亩。整个灌区影响处理工程总投资1.8亿元。

夏津灌区影响处理工程 引位山灌区体系调整：自临清境内刁金河连通夏津大殷沟、宋香公路沟、三支渠、夏高公路沟、潘庄渠。扩挖利用现有沟渠长11.90千米。因潘庄灌区体系调整：扩挖、新挖常李干沟5.5千米，扩挖老八支2千米经倒虹吸连通六五河两岸的六马河和老八支，扩挖温辛庄扬水站干渠16.45千米。新挖、扩挖输水渠总长23.95千米，改扩建各类建筑物34座。该段工程2011年6月28开工，同年12月31日主体工程完成（2012年10月8日通过验收）。

武城灌区影响处理工程 南水北调利用六五河输水影响灌区面积40万亩，其中堤上扬水站灌区13.5万亩，堤下灌区26.5万亩。修建六五河史堂倒虹吸，连接堤上旧城河和调水沟，沟通堤上灌区和堤下灌区，恢复灌区现有功能。新挖、扩挖输水渠33.5千米；灌区调整共需新建、改建各类建筑物39座。该段工程2011年6月28开工，同年12月31日主体工程完成（2012年6月30日通过验收）。

四、截污导流工程（中水拦蓄回用工程）

德州段截污导流工程由夏津、武城截污导流工程组成，总投资5410.83万元。其中夏津截污导流工程子单元投资2505.87万元，武城截污导流工程子单元投资2905.96万元。按照

省南水北调局要求，截污导流工程由夏津、武城组建项目法人，负责工程的建设和运行管理，工程运行费用由地方承担。

夏津县截污导流工程（中水拦蓄回用工程）　通过新建拦蓄工程，设计水平年干线输水期间可拦截城区下泄尾水546.8万立方米，通过中水灌溉回用，减少COD入河量546.8吨，减少NH3—N入河量82.1吨，实现污染物零入河的目标。工程完成后，青年河、城北改碱沟两条河道及青年河东侧支流总拦蓄利用能力707.85万立方米，其中中水入河量为546.8万立方米，径流量为161.05万立方米，灌溉蓄水为617.66万立方米，拦蓄库容为171.33万立方米，中水可基本就地消化，可确保在干线输水期间，污染物不进入输水渠道。

主要建设内容。河道工程：三支沟6.2千米河道清淤疏浚，核定投资32.96万元。建筑物工程：重建青年河范楼闸、李楼闸、北马庄闸，维修齐庄闸；重建许小庄、孔庄、郑庄桥等16座生产桥；重建青年河郑庄、孔庄2座提水泵站；重建三支沟6座涵管、5座生产桥。

该工程2009年3月20日开工，2010年11月20日完工，合同完成工程投资1693.37万元。

武城县截污导流工程（中水拦蓄回用工程）　通过新建拦蓄和导流工程，干线输水期间拦截或导送武城和平原的下泄中水835.6万立方米，通过中水灌溉回用，减少COD入河量835.6吨，减少NH3—N入河量73.0吨，实现污染物零入河目标。工程完成后，武城子单元总拦蓄利用能力835.6万立方米，污染物不进入输水渠道。

主要建设内容：武城县六六河清淤疏浚5.2千米。新建六六河东大屯拦河闸，重建东支郑赫拦河闸，北支沟、姜庄沟、青龙河节制闸，改碱沟涵闸；棘围沟、小董庄沟节制闸；重建生产桥；维修利民河东支进水闸等9座。2011年年底，德州市截污导流工程（中水拦蓄回用工程）全部完成。

该工程2009年3月26日开工，2010年11月14日完工，合同完成工程投资1520.65万元。

五、配套工程

南水北调工程德州段续建配套工程涉及8个县（区），计划年调江水量20000万立米，引水线路总长243.79千米。分为夏津县供水单元，旧城河供水单元（分为平原、陵城区、宁津、乐陵、庆云供水工程等5个单项工程）以及德州市区、武城县供水单元4个供水单元，扩大供水工程规模至各县（区）水厂。德州市区、武城县供水单元工程主要内容为新建输水管道和泵站，通过输水管道将长江水送到用水户；其他供水单元工程主要为新建调蓄水库、泵站及输水管道，先通过河道将长江水送到水库，再通过管道送到用水户。工程共需新挖（扩挖）渠道1.44千米（大部分利用现状），新建水库6座，泵站13座，埋设供水管道172.48千米。

德州市区供水单元工程年可供水1.1亿立方米，且与丁东水库向城区供水管道联通，使德州城区实现了长江水、黄河水“双水源”保障，确保城区用水安全，并有利于压采地下水，保护生态环境。

第三章 农田水利

第一节 水利建设投资

1986—2011年,每年冬春投入水利建设的人数为60万~100万人,出动施工机械30万~50万台(套,)完成土石方1亿~1.5亿立方米,新建和整修工程10000多项。

20世纪90年代,农田水利基本建设,按照"谁受益、谁负担"的政策,确保农村每个劳动力每年有20个劳动积累工投入水利建设,各级政府给予一定的财力支持。市政府除将小型农田水利补助经费按审批项目及时拨付到位外,还把农业发展基金、黄淮海平原农业开发资金、粮棉基地县建设资金和商品粮基地建设资金"捆起来使用",支持公益性较强的防洪、灌溉和水土保持项目建设。各县(市、区)把农业水费留成部分用于灌区配套建设。政府引导和鼓励个体、集体、企业投资建设和经营管理小型水利工程,拓宽资金渠道,促进农田水利事业发展。

农村实行家庭联产责任制和农村税费改革后,农田水利基本建设的组织方式、投入渠道和投入机制都发生变化。农田水利基本建设基本处于"吃老本"状态,灌排设施老化失修严重,农田灌排能力徘徊不前。

2005年后,国家开始以"民办公助"的形式支持农田水利基本建设。中央财政小型农田水利设施建设每个项目补助50万~100万元,由于额度小、零星分散、管理成本高、效益低下,从实施的效果看不适应大规模农田水利建设的需求。2008年,国家在"民办公助"项目基础上,开展末级渠系改造暨农业水价综合改革试点。禹城市成为全市试点,投资1020万元,其中省以上补助资金765万元,市级补助资金128万元。探索出"三位一体(工程建设、用水户协会、运行管理)"的建管模式,取得"四省两增(省钱、省里、省水、省工、增产、增效)"的效果,为农田水利建设提供了经验。

全市以小农水重点县建设为契机,掀起新一轮农田水利建设高潮。2009—2011年,小型农田水利项目共涉及10个县(市、区),其中宁津县、庆云县、武城县、禹城市、乐陵市、德城区为小农水重点县(市、区),平原、陵县、临邑、齐河4个县为现代农业小麦产业项目县,3年共投资7.08亿元,其中省以上补助资金4.3亿元,渠道整治624.2千米,新建改造渠系建筑物6721座,新修泵站378处,新打机井1034座,排涝沟道1226.8千米,新增恢复改善灌溉面积31.09万亩,发展高效节水灌溉面积64.78万亩,年新增节水能力7073.8万立方米,投资规模和效益相当于过去10多年的总和。

2009年,开始实施德州大水网建设,加快农田水利基本建设步伐。2010年,市政府出台5项奖补政策:每建成1座1000万立方米以上平原水库财政补助1000万元。骨干河道治理每方土补助3元,每建成1万亩高标准方田,实行工作经费奖补,按规划每整修1座坑塘补助1万~2万元。新建、改建泵站,电机和水泵全部由市级统一配置。3年时间治理30平方千米以上的河道123条,完成土方6100万立方

米，长度1570千米，投资6亿元。其中市级补助河道102条，比原计划提前7年，3年时间补上30年的水利欠帐。通过3年的水网骨干河道工程治理，新增改善灌溉面积330.74万亩，扩大恢复除涝面积300.59万亩。凡是经过治理的河道沿线，农田涝水均在1～3天顺利排除，全市800多万亩耕地基本实现“旱能浇、涝能排”，实现经济效益20亿元。

第二节 农田灌溉

一、机井

1986—1992年，全区引黄供水工程逐步建立，河灌面积不断扩大。许多地方放弃井灌而发展引黄灌溉，尤其是引黄方便的齐河、禹城、平原等南部几个县市，几乎完全依赖黄河水。井灌溉仅限于引黄水供应不及时的西部和北部的县（市、区），每年打井1000眼左右，成为报废机井的补充。1990年实有机井4.26万眼，比1986年减少1222眼，1992年井灌面积为109.11万亩，比1986年减少60.1万亩。

20世纪90年代，黄河断流次数越来越多，断流时间也越来越长，引黄水量受到很大限制，引黄调蓄能力不足，用水矛盾越显突出。面对黄河水可用而不可靠的情况，各县（市、区）政府相继出台打井补助标准和奖励优惠政策，鼓励农民增打新井、修复旧井，搞好机井配套建设，加大地下水开发力度。1993—1995年，全市每年净增机井2000多眼，井灌面积逐年扩大。1997年，市政府安排2000万元周转金支持机井建设，各县（市、区）编制地下水资源开发利用规划，指导地下水水资源合理开发和持续利用，机井建设以每年10000眼的速度增加。除集体打井外，政府鼓励农民独资或联合打股份井，通过租赁、拍卖、经营管理权，将过去有人用无人管的旧井落实到专人负责，将租赁、拍卖所得资金再用于机井建设。2000年年底，全市实有机井9.53万眼，配套7.38万眼，井灌面积到达169.44万亩。

2011年年底，全市实有机井13.55万眼，配套9.49万眼，井灌面积达到440万亩。

二、坑塘

针对黄河来水与农业灌溉季节不同步和现有调蓄能力不足的现实，开挖和整修坑塘成为农田水利建设的重要组成部分。充分利用荒洼地、废旧窑坑、旧河道和村边旧塘，结合发展养殖业、改善生态环境、美化村容村貌进行，政府水利部门在技术上加强指导，确保坑塘能蓄得住，用得上。到2011年年底，全市拥有坑塘1.82万座，可蓄水2.02亿立方米。

三、机电提灌

全市农田以机电提水灌溉为主要方式，提水灌溉面积占总灌溉面积的90%。提水灌溉的水源，主要来自引取黄河水，少部分来自引取卫运河和内河河道径流。潘庄、李家岸两条总干渠引取黄河水，通过输水河道进入各级沟网，机电提水入田间。引卫运河水灌溉仅有夏津、武城两县。

夏津县引卫运河灌区主要通过七一河白庄引水闸、六五河土龙头引水闸。白庄闸设计引水流量16.5立米/秒，土龙头闸引水设计流量23.5立方米/秒。该县共有乡村扬水站27处，装机3390.4千瓦，大于或等于1个流量的渠道88.69千米，小于1个流量的渠道53.2千米，渠道控制面积201033.9亩，年引水量5000立方米左右。因多年工程维护投入较少，工程完好率仅为60%。夏津引卫灌区另有白庄、三店、土龙头、燕窝、渡口驿五处国营扬水站，均修建于20世纪七八十年代，泵站及机电设备均为20世纪60年代的产品，五处扬水站总提水能力为12.3立方米/秒。1997年以后，卫运河水量逐年减少，引水能力低，年引水量只有5500

立方米左右。2001年以后，无资金投入，控制面积逐年萎缩，工程基本废弃。

武城县引卫运河水灌溉分为两部分，一部分由卫运河右岸扬水站提水或群众自行提水灌溉，一部分由吕洼引水闸、南屯引水闸引水灌溉。吕洼引水闸设计引水流量40立方米/秒，将卫运河水引入堤下旧城河；南屯引水闸设计引水量30立方米/秒，将水引入幸福河，再由旧城河、幸福河分水到各支沟渠。2001年以后，无资金投入，控制面积逐年萎缩，工程基本废弃。

1986—2000年，全市固定扬水站一直保持在1500处左右，装机容量保持在10万千瓦左右，1995年最少，为9.72万千瓦，固定扬水站随着不断更新改造，处数有所减少，装机容量有所增加，提水能力增强。随着基层水利管理单位的削减，固定排灌站数量不断减少，农田灌溉多采用一家一户的临时提水站提水灌溉。发展到2009年，排灌机械站拥有1098处，固定机电排灌站装机容量达95.51千千瓦。2009年后，开展了小农水重点县建设和市级泵站更新改造工程，灌排泵站数量又明显增多，2009—2011年，全市共增加灌排泵站523处，其中小农水重点县378处，市级泵站更新改造145处。

第三节 节水灌溉

1995年前，农田灌溉仍以漫灌为主要方式，在水源相对紧缺的地方使用塑料软管灌溉，地下管道灌溉有少量发展，少数扬水站输水渠道进行了衬砌，全市节水工程尚未形成规模，1995年年底，实有节水灌溉面积4.29万亩。

1996—2000年，国家安排节水增产重点和节水增效示范项目共7项，国家投资500万元，地方自筹895.26万元，发展节水灌溉面积39.5万亩。省安排节水增效示范项目18项，省投资610万元，地方自筹3132.37万元，发展节水灌溉面积12.7万亩。在上述项目的带动下，市、县(市、区)政府把节水灌溉列为农田基本建设的重要内容，并以目标管理责任制的形式落实到县(市、区)、乡(镇)主要领导干部的考核内容之中。制订发展规划，在大田建设半固定式管灌和半固定式喷灌，大棚蔬菜用滴灌，大田蔬菜、果园造田多孔微喷软带灌溉，引黄灌区发展渠道衬砌，把地面式软管灌溉做为各种节水措施相互结合和补充。从黄淮海平原农业开发、粮食基地县等农业开发资金中安排专门资金用于节水工程建设，发动受益农民集资投劳，促进了节水工程建设的发展。到2000年年底，全市实有节水工程灌溉面积59.01万亩，其中，渠道防渗5.05万亩，管道输水42.47万亩，大田喷灌10.12万亩，微灌1.37万亩。全市使用各种节水措施灌溉的面积达283.28万亩。

2003年德州市被列为全国节水灌溉示范市。乐陵市被水利部确定为“十五”期间节水增产重点县。2001—2008年，国家节水灌溉示范项目7个，省财政重点扶持节水示范项目4个。11个项目总投资3774.93万元。其中国家投资1550万元，地方投资1608.33万元，自筹616.6万元，发展节水灌溉工程面积9.3665万亩。其中，渠道防渗灌溉面积0.86万亩，地下管道灌溉面积6.4226万亩，大田喷灌面积1.3715万亩，微灌面积0.7124万亩，全市共有节水灌溉面积154.365万亩。

2005年后，中央实施小农水工程“民办公助”。2005年，陵县、禹城、德城、齐河4县(市、区)共争取项目资金933万元。2007年，齐河、临邑、武城3县共争取项目资金829.54万元。中央财政小型农田水利设施建设每个项目补助50万~500万元，额度小、零星分散、管理成本高、效益低下，从实施的效果看不适应大规模农

田水利建设的需求。2008 年,国家在“民办公助”项目基础上,为加大小型农田水利建设投入,中央开展了末级渠系节水改造试点项目,潘庄灌区武城县、禹城市、陵县,李家岸灌区临邑县、乐陵市被列入末级渠系节水改造项目,共争取项目资金 2512 万元,其中:武城县末级渠系改造项目资金 433.44 万元,衬砌渠道 2.96 千米,年节水量 52.50 万立方米;禹城市末级渠系改造项目资金 1020 万元,新建防渗渠 22.49 千米,改善灌溉面积 2.3 万亩;陵县末级渠系改造项目资金 433.52 万元,新建 600 亩大田喷灌,年节水量 43.20 万立方米;临邑县末级渠系改造项目资金 175.3 万元,开挖清淤沟渠 1.59 千米,改善灌溉面积 6.8 万亩;乐陵市末级渠系改造项目资金 450.37 万元,清淤斗渠 6 条、14.40 千米,年节水量 40.8 万立方米。2009 年,宁津、乐陵、德城、武城、夏津 5 县(市、区)争取小型农田水利工程建设补助专项资金 4690.98 万元。2010 年,武城、乐陵、禹城、德城、夏津、经济开发区 6 县(市、区)争取小型农田水利设施建设补助专项资金 10168 万元。

第四节 水土保持

受黄河在历史上多次迁徙、决口影响,造成西南高、东北低的地形特征,德州市水土流失为平原风沙区,以风力侵蚀为主,水力侵蚀次之,风力侵蚀和水力侵蚀随季节交替侵蚀,其中夏津、武城、平原等县是鲁北风沙区侵蚀严重地带。大片风沙区的水土流失加剧德州市水资源短缺,对城乡局部气象也造成严重影响。经过多年治理,德州市水土流失取得成效,2004 年山东省水利厅以鲁保字〔2004〕9 号文件公布山东省第二次水土流失遥感普查结果,勘测德州市水土流失总面积为 694 平方千米。

2004 年德州市水土流失面积分布表

表 11 -5　　单位:平方千米

序号	县(市、区)	流失面积	序号	县(市、区)	流失面积
1	乐陵市	45.849	7	齐河县	56.432
2	禹城市	17.264	8	临邑县	50.059
3	陵县	36.304	9	宁津县	73.011
4	平原县	4.618	10	庆云县	2.531
5	夏津县	266.313	合计	—	693.962
6	武城县	141.581	—	—	—

德州市水土流失分为漳德河间轻度侵蚀区、卫德徒河间中度侵蚀区、沿黄决口冲积扇形地区中度侵蚀区 3 个类型区。新增水土流失面积,主要原因一是大部分耕地仍采取粗放耕种模式,农闲时地表裸露容易沙化;二是随着房地产等开发建设力度增加,破土面积越来越大,许多企业没有采取水土保持措施。自 20 世纪 80 年代末,水土保持工作取得成效,水土流失面积逐步减少,截至 2010 年,德州市水土流失面积减少到 455 平方千米,林木覆盖率提高到 35%,水土流失侵蚀模数下降到 180 吨/平方千米・天。

德州市水土流失治理采用以小流域为单元,工程措施与生物措施、重点区片与面上治理相结合,中央财政与地方投入紧密联合的方法,全市共完成水土保持生态建设投资11067.17万元,综合治理水土流失面积45.02平方千米,其中建设基本农田2123.82平方千米,营造水保林941.57平方千米、经果林393.05平方千米。

1987年,禹城县张集乡对1.5万亩沙河废河道采取平整沙丘、挖河引水、植树造林等措施,用2年的时间,新造良田1万余亩。1988年,夏津县与中国科学院兰州沙漠研究所合作,对全县风沙化土地进行综合治理规划,苏留庄、郭后、双庙三片风沙区实施护田林网建设、平整土地、农田水利建设、合理安排农、林种植比例等综合措施进行治理。1990年武城县杨庄乡魏官屯5.6平方千米的风沙片采用挖沟修渠、植树整地的方式改造沙荒。1999年,武城杨庄、夏津郭后、禹城张集被列入全国水土保持生态环境建设示范工程。到2000年年底,全市共完成风沙区治理面积669.5平方千米,其中:农田林网68.7万亩,林粮间作25.1万亩,成片造林41.2万亩,人工种草1.5万亩,成片果园25.5万亩,治沙造田76.5万亩。

2001—2010年,德州市对武城、夏津、齐河、禹城、临邑、宁津6个县(市)11个风沙片实施了中央预算内专项资金水土流失综合治理,共治理水土流失面积48.19平方千米,完成投资1512.79万元,其中中央投资515万元,地方配套资金997.79万元。

第五节　危桥改造

危桥形成于20世纪60—70年代的农田水利建设大发展时期。为方便群众生产生活,在徒骇河、马颊河、德惠新河3条干流河道和潘庄、李家岸两大引黄总干渠上,建有桥梁219座,绝大部分建成于70年代,老化破损严重。随着改革开放的不断深入,农村机动车辆的大量增加,运输车辆吨位大幅提高,远远超过了桥梁设计的承载能力,进一步加剧了桥梁的破损程度,其中有168座成为危桥,严重影响群众通行安全。

2002年,德州市委、市政府做出实施危桥改造工程的战略部署,计划利用3年时间,对3干流河道两条总干渠上的168座危桥全部进行维修或重建,为群众建造一批安全桥、幸福桥和致富桥,并决定每年拿出1000万元用于危桥改造建设。经过3年的艰苦奋战,圆满完成168座危桥改造任务。其中,重建83座,维修加固85座,完成投资9519万元。

危桥改造工程的实施惠及9个县(市)、62个乡镇,受益群众达120多万人,圆了当地群众几年、十几年的梦想,得到了人民群众的真心拥护和广泛赞誉。夏津县卞官桥村旧桥改造施工时出现了更为感人的一幕,当施工单位进场时,村民们自发敲锣打鼓到1千米外去迎接;施工结束时,全村男女老少夹道欢送。2003年,中央电视台《新闻联播》以"不图面子不做秀,政府花钱重实效"为题,把德州市危桥改造工程,作为全国民心工程的典型进行了报道。

2002—2005年,先后对徒骇河、马颊河、德惠新河3条干流河道和潘庄引黄、李家岸两条引黄总干渠上的168座危桥进行了维修加固或重建。其中徒骇河10座,重建9座,维修加固1座;马颊河60座,重建12座,新建1座,拆除1座,维修加固46座;德惠新河24座,重建4座,维修加固20座;潘庄引黄总干渠47座,重建37座,维修加固10座;李家岸引黄总干渠27座,重建19座,维修加固8座。

第六节 水网建设

2009年10月，市水利局编制完成《德州水网建设规划》，经市政府常务会议研究通过，正式实施。《德州水网建设规划》围绕保障供水、防洪安全、改善生态3大目标，建设灌排结合、丰蓄枯用、河渠相连、库库相通、水量互济的德州大水网，实现黄河水、长江水、地下水统一调度，城乡统筹供水的新格局。重点建设防洪除涝、农业灌溉、南水北调、饮水安全4大工程体系，总投资175亿元。至2011年年底，完成水网建设投资59亿元，建成各类水利工程4.1万处，其中境内流域面积30平方千米以上的102条支流河道全部治理完毕，共完成投资6亿元，治理河道长度1570千米，完成土方6100万立方米，3年补上30多年的历史欠账。

第四章 城乡供水工程

第一节 蓄水工程

20世纪90年代，黄河断流次数越来越多，断流时间越来越长，引黄水量受到很大限制，引黄调蓄能力不足。1997年黄河断流持续时间最长，达226天。农业灌溉、城乡供水、工业生产全线告急。投资建设蓄水工程成为全市水利建设的热点。

德州市最早建设的平原水库是位于德城区宋官屯乡的钩盘河水库，20世纪70年代由城建部门建设，其用途是为城区供水。1993年开工建设的丁东水库，1997年建设的庆云县严务水库成为全市水利工程的转折，尤其是丁东水库的建成使用，不仅彻底解决了城区生产生活用水，还为城市持续发展奠定了水资源保障基础，并引来全市蓄水工程建设热潮。

为实现黄河水的丰蓄枯用，统筹解决农业生产、居民生活和重点工业用水，德州市实施“千百十”平原水库工程，即县有千万方水库、乡镇有百万方水库、村有十万方水库。2005年，随着农村安全引水工程的进展，为解决村村

丁庄水库 （2011年 摄）

1997年10月12日，年调蓄水量1亿立方米的丁东水库蓄水。黄河水通过地下管道送往市区和华能德州电厂，结束了城区居民吃地下水的历史

（宋维中　摄）

通自来水工程中的水质安全问题，德州市将城乡引水纳入平原水库供水水源，市政府出台激励平原水库建设奖励政策，每建成一座水库，市财政补助资金1000万元，调动各县、市建设平原水库的积极性。截至2011年年底，全市有平原水库8座，总库容17360万立方米，年供水能力34497万立方米。丁东水库库容5260万立方米，是全市最大的水库，也是鲁北冀南地区最大的平原水库。丁庄水库库容3120万立方米，平原相家河水库库容3010万立方米。其他6座水库均为库容1000万立方米左右的中小型水库。全市除齐河县、禹城市、临邑县、武城县外，其他7个县（市、区）均建有千万方以上平原水库。

丁庄水库　1991年建成，隶属华能德州电厂管理，设计库容3120万立方米，死库容620万立方米，设计年供水量5757万立方米，占地8550亩，工程总投资为1亿元。为华能德州电厂Ⅰ、Ⅱ期专用水库，设计日供水能力13万吨。

丁东水库　1997年建成。总库容5260万立方米，死库容500万立方米，年调节水量1亿立方米，库区面积8.51平方千米。工程总投资2.54亿元。主要为华能德州电厂Ⅲ期、德州城市工业和居民生活供水。为华能德州电厂Ⅲ期日供水能力7万吨，年供水2555万立方米，为德州城市工业和居民生活设计日供水能力12万吨，年供水4380万立方米。

庆云水库　1995年建成，位于庆云县严务乡，主要为庆云县农村和县城生活供水。设计总库容1525万立方米，设计年供水量3000万立方米，工程总投资6000万元，库区面积3.84平方千米。庆云县2002年配套完成了庆云水库供水配套工程，解决了县城和251个自然村、17.3万人的饮水问题。

小店水库　1995年建成，位于宁津县小店乡，为宁津县城区工业、居民生活供水。设计库容150万立方米，年供水量365万立方米，占地面积1000亩，工程总投资600万元。

钩盘河水库　1981年建成，位于德州经济开发区宋官屯乡，隶属德州市供水总公司管理，为德州城区工业、居民生活供水，总库容550万立方米，占地2000亩，工程总投资1亿元，现与丁东水库联合给德州市城区供水，日供水能力5万吨。

宁津水库　位于宁津县城南部2千米处，设计库容910万立方米，占地1750亩，工程总投资3100万元，工程2005年开工，2006年完成。新建宁津水库同原有小店水库串联供水联合调度使用。

夏津水库　位于县城北6千米处，设计库容990万立方米。水库南北长1660米，东西长1300米，占地面积3236亩，工程总投资6538万元，2007年12月建成蓄水。

平原相家河水库　位于平原县张华、腰站、王庙3乡镇。设计库容3010万立方米，调节库容2430万立方米，死库容580万立方米，年调蓄水量6936万立方米，工程投资13630万元。从潘庄引黄总干渠崔庄闸上自流引水充库。2007年10月竣工蓄水。

第二节　城区供水工程

2000年以前，城区景点少，用水主要依靠自然降水和少数从岔河引水补充；企业用水大部分依靠提取地下水，生活用水主要依靠市三水厂的黄河水供应，还有少部分单位建有自备井用水。进入21世纪后，随着地下水资源的枯竭，为保护地下水环境，2001年、2008年，市政府分别下发通知关停了城市(区)自备井。为保证城市用水，2001—2011年间修建了多项供水工程，增加水供应量。

接长丁东水库至三水厂的供水管道工程　增加丁东水库向第三水厂供应量，接长管道长19.1千米，工程2001年7月17日开工，当年8月31日竣工，投资153.08万元。

对用水大户华鲁恒升修建应急供水管道工程　供水规模为日供水5万吨。2006年9月29日开工，当年11月15竣工，投资119万元。

华鲁恒升供水工程以丁东水库为水源，设计日供水能力8万吨，最大供水能力可达13.4万吨。供水泵站设KQSN350－米13－406水泵6台，5用1备，配套Y355－4高压电机6台，总装机容量1400千瓦。管道工程采用双线管道设计，上游段管径1.0米，下游段管径0.8米，选用预应力钢筒混凝土管、加砂玻璃钢管、钢管3种管材，总长度32.78千米。

华鲁恒升供水管道工程沿途经过4县区29村，穿越河道、沟渠31条，各级公路12条，管道、光缆8条。2009年3月—2011年12月，已累计向恒升集团供水5624.8万立方米。

穿减河引黄调水工程　为解决城区岔河等景区的景观用水以及钩盘河水库供水保障，2009年在程官屯建设穿减河引黄调水工程，可引黄河水经马颊河、沙杨河、程官屯扬水站入九龙沟，至兄弟干渠经横河到达芦家河扬水站和钩盘河水库。基本实现一次提水，自流入钩盘河水库的调水模式，提高水质保障率。主城区景区及生活用水，通过钩盘河水库调节得到全部满足。穿减河引黄调水工程土方和占地等总投资2006.3万元，2009年2月开工，5月31日竣工。另有泵站、管道等配套设施等，投资600万元。

穿越减河引黄调水工程还可满足沿途13万亩农田灌溉用水。并可相机向运河景区、锦绣川景区、新湖景区、长河公园等景区补充生态用水。

第三节　农村饮用水工程

一、农村人畜饮水解困工程

自古以来，城乡居民生活用水主要是依靠打井提取地下水。受地形地貌和地质条件的制约，农村饮水发生困难的地方主要有3种类型：一是浅层地下水为咸水区，据水文地质勘探查明，全市浅层地下水矿化度大于2克/升的咸水区面积为3400平方千米，占总面积的33%，主要分布在庆云、乐陵、宁津、陵县、德城、武城、夏津7个县(市、区)；二是地势相对高亢且地下含水沙层薄，因水量不足而经常发生干旱的地区，主要分布在庆云、夏津、宁津等县；三是地表水和浅层地下水均被不同程度污染区，主要分布在临邑、平原等县。同时,上述三类地区地表水严重缺乏,可用量少。

20 世纪 70 年代建成潘庄、李家岸两大引黄总干后,黄河水主要用于城镇居民、重点工业和农业灌溉,由于缺乏蓄水工程,绝大多数农村用不上黄河水,饮水仍以地下水或地表水为主。1980 年调查统计,全区饮水困难村庄 1382 个,81.4 万人,到 1985 年年底,通过各种措施已解决 206 个村、14.6 万人的饮水问题。1987 年普查统计,全区饮水发生困难的村庄 1250 个,73.48 万人。由于这次普查,技术标准不明确、时间紧迫和以往已解决的部分村庄因深层地下水含碘、氯过高而重新发生饮水困难等因素影响,未能全面掌握农村饮水困难情况。2000 年,省水利厅部署重新对农村饮水困难进行普查,市、县(市)水利局,组织专门力量,依据省规定的缺水类型、缺水标准,按照国家规定的生活用水水质标准,逐一化验水质,展开工作。经普查全市缺水村庄 2023 个,119.43 万人,其中,历史性在册缺水村 516 个,27.29 万人;季节性缺水村 85 个,6.1 万人。

2002 年 11 月 21 日,庆云县人畜饮水第一期工程通水,这是全市第一处大规模解决苦咸水区饮水的解困工程。庆云县依托严务水库,筹资 4000 万元,建成一座日供水能力 1.5 万立方米的平流式水厂,铺设各类管道 240 千米,解决了 151 个村、10.5 万人的饮水困难,苦水区群众实现了“告别千年苦水、引来万代甘泉”的梦想。

2000—2004 年,全市人畜饮水工程投入资金 15152 万元,其中省及以上补助资金 4230 万元,地方配套及群众自筹 10922 万元,全市累计完成农村饮水解困工程 1150 处,受益村庄 1894 个,人口 121 万人,基本解决了历史在册缺水人口的饮水困难问题。

二、村村通自来水工程和农村饮用水安全工程

据 2004 年德州水环境检测中心调查监测,德州市深浅层地下水综合评价符合《生活饮用水卫生标准》(GB5749 - 85)(以下简称《标准》)的区域面积 3170.5 平方千米,占德州市总面积的 30.6%;不符合《标准》的区域面积 7185.5 平方千米,占德州市总面积的 69.4%。浅层地下水符合《标准》的面积 1682.8 平方千米,占全市面积的 16.2%,主要分布在齐河县、禹城市境内,占全市可饮用水功能区面积的 53.4%,深层地下水氟化物符合《标准》的面积 2261.7 平方千米,占全市面积的 21.8%,主要分布在齐河、禹城和临邑境内。德州市深井水除氟化物超标外,其他超标项目依次

2005 年 6 月,德州市在全省率先启动村村通自来水工程

为溶解性总固体、硫酸盐、氯化物和总硬度。全市4条主要河流水质综合评价结果均超Ⅴ类水。普查资料显示,2004年年底全市共有285万农村饮水不安全人口,其中列入国家规划的饮水不安全人口180.51万人,列入新增规划人口104.85万人。

2005年,国家将农村饮水工作的重点由饮水解困转向饮用水安全,不仅要保证农民有水喝,而且要保证农民喝上安全卫生的自来水。为此,省政府启动"村村通自来水工程",明确提出"力争3年左右的时间,使全省80%以上的村庄用上安全卫生的自来水"。

在全面完成农村饮水解困的基础上,2005年,德州市委、市政府抢抓机遇,在全省率先启动村村通自来水工程,将村村通自来水作为一项德政工程、民心工程,2005年、2006年、2007年连续3年列为市政府为民办的"十件实事"之一,提出"规模化发展,标准化建设,市场化运作,企业化经营,专业化管理"的总体思路和"农村供水城市化,城乡供水一体化"的目标要求。市财政每年拨款200万元,支持村村通自来水工程。

2005年6月4日,全市村村通自来水工程启动仪式在宁津水库施工现场举行。2006年8月4日,武城县农村供水协会成立。这是全市首家民营自管、自我发展的农村供水组织,标志着村村通自来水工程由建设转向运行管理。9月25日,武城县村村通自来水工程竣工典礼在鲁权屯镇付家楼村举行,武城县成为山东省第九个、德州市第一个整建制建成全县393个行政村通自来水的县。

2007年12月12—13日,省村村通自来水工作督导考核组对德州市村村通自来水工作进行督导考核,充分肯定德州市3年间取得的成绩,超额完成了省下达的任务。到2007年年底,全市累计投入资金6.75亿元,新增农村自来水受益村5197个,受益人口239.89万人,农村自来水普及率由2005年的29.31%提高到90.2%,年均增速位居全省前列。村村通自来水工程,使农村居民告别缺水、饮水不达标的历史,享受到自来水入户、入厨、入卫的生活,涌现出一批太阳能示范村、洗衣机示范村。

三、2008—2010年城乡供水一体化工程

2008年,国家逐步加大农村饮水安全工程建设力度,德州市为加快农村供水城市化、城乡供水一体化的步伐,坚持以平原水库为水源,以水质达标为前提,大力开展平原水库建设和管网延伸工程,按照"规模化推进、板块式发展"的总体思路,坚持一县一网或一县几网,通过"延、建、改、跨",积极推进城乡供水一体化进程。"延"即由已建成的大规模水厂向周边辐射延伸管网。已建成千万方水库的庆云、乐陵、宁津、陵县、平原、夏津等县(市)均建有日供水万吨以上的大型水厂,一座水厂即可解决20万人甚至全县的农村饮水问题。"建"即暂时没有平原水库的,以建设平原水库为重点,同时加快水厂和管网工程建设。"改"即对供水规模小,水质不达标的老水厂进行改水源置换。"跨"即打破县级行政区划,按就近原则实施跨区域供水工程,对暂时没有合格水源的武城、临邑分别实施了从平原恩城水厂、乐陵碧霞湖水厂供水。

2008—2011年,全市共投入农村饮水工程建设资金6.79亿元,其中省以上投资2.48亿元,地方和群众自筹4.31亿元。特别是2011年,市水利局在省以上补助项目的基础上,多方筹资7175万元,对平原等6县(市)给予重点补助,解决了35.86万人的饮水问题。至2011年底,城乡供水一体化人口为304.9万人,其中农村供水城市化人口为123.5万人,城乡供水一体化率达53.3%。

第五章　防汛抗旱

第一节　旱涝灾情

德州市处于干旱和湿润气候的过渡带，多年平均降水量568.1毫米，低于全省平均水平。降水特点是年际年内变化大，丰枯周期性交替。本市降水的季节性变化较大，1—5月降水占15%左右，6—9月占76.2%左右，10—12月占8.8%左右。7月、8月两月降水量占全年降水量的56.4%左右，占汛期降水量的74.1%左右，降水量相对集中，夏季暴雨往往形成大洪水，甚至造成洪涝灾害。全市降水量年际变化大，呈现丰、枯周期变化规律，年降水变差系数Cv值在0.25~0.27之间。降水多集中在6—9月，尤以7月上旬至8月中旬最为集中，暴雨最早发生在4月中旬至6月上旬之间，最晚出现在9—10月，以短历时暴雨较多，长历时暴雨较少。又以局部降雨居多，大面积或全流域性降雨为少，但大面积降雨其暴雨中心移动路线与骨干河道流向趋于一致时，对防洪十分不利，往往造成洪涝灾害。

全市洪涝灾害有两个特点：一是20世纪70年代，河道上兴建许多水闸，入汛的第一场洪水，不仅有雨水，还包括枯季径流和引黄灌溉尾水，由于这部分蓄水的加入，使得洪水偏大，洪水总量与流域降水量不相应；二是有春旱、夏涝、晚秋又旱的特点，为了抗旱，各闸都有一定的蓄水，直到洪水来临才开闸泄洪，洪峰过后，洪水过程后期又关闸蓄水，使得实测洪水过程与天然洪水过程不对应。

1986—2011年的26年中，有8年发生较大涝灾（参见第二编自然地理“自然灾害”）。

第二节　机构队伍

一、组织机构

1986—2011年，地区（市）抗旱防汛指挥部由市长（专员）任指挥，副市长（副专员）、军分区司令员以及市住房和城乡建设局、武警德州支队、市水利局、城管执法局、德州黄河河务局、漳卫南运河德州河务局主要负责人任副指挥，其他有关单位负责人为指挥部成员。指挥部下设4个办公室：指挥部办公室设在市水利局，水利局局长兼任办公室主任；黄河防汛办公室设在德州黄河河务局，河务局局长任主任；漳卫南运河防汛办公室设在漳卫南运河德州河务局，河务局局长任主任；城市防汛办公室设在市城管执法局，城管执法局局长任主任。

各县（市、区）均设立防汛抗旱指挥部，在市防汛抗旱指挥部和本级人民政府的领导下，组织和指挥本地防汛抗旱工作。防汛抗旱指挥部由本级政府和有关部门、当地驻军、人民武装部负责人等组成，其办事机构设在同级水行政主管部门。沿黄河、漳卫南运河各县（市、区）均建立黄河或漳卫南运河防汛抗旱指挥部，其办公室设在本县（市、区）河道管理单位。沿河乡镇成立防汛大队，乡、镇长任队长，做好本乡镇范围内防汛抗旱工作。

当出现大洪水或较大内涝时，按照防洪预案，各级防指均成立临时职能组织。市防指

主要成立指挥、综合调度、水情、工情、物资供应、后勤保障、督查等组织，人员以本级水行政部门为主，统一调配，根据洪涝级别，及时增减人员，以满足防御洪涝的需要。在市、县级其他相关部门，视情设立迁安救护、安全卫生、交通管理等职能组织，人员由有关部门和单位统一安排调度，保证抗洪排涝斗争有序开展。

二、防汛队伍

由专业队伍、群众队伍、人民解放军和武装警察部队3部分组成，实行“专群结合，军民联防”。

专业防汛队伍　主要由水行政部门职工及专业施工队组成，平时从事河道治理和管理业务，汛期按照分工和防洪预案，主要承担河道水情、工情测报，通信专网运行管理，防洪工程运行、防守、紧急抢险以及防汛抢险技术指导工作。黄河防汛抢险队伍由黄河河务局职工组成，负责工程日常管理、水情、工情险情测报、通信联络、工程防守和紧急抢险。

专业机动抢险队　主要承担全市防汛的机动抢险任务，按照所处的地理位置，划分各队抢险责任段。遇较大险情，由市防办统一调动。机动抢险队实行平战结合，汛期主要围绕防汛抢险开展基础工作，承担一定的基建任务。截至2011年，德州市共建立12支专业机动抢险队，配备有挖掘机、自卸汽车、推土机、油罐车、发电机组、指挥车等设备。

群众防汛队伍　按照《中华人民共和国防洪法》，公民有参加抗洪抢险的义务。群众防汛队伍主要由沿主干河道的群众组成，以基干民兵为骨干，吸收部分有防汛抢险经验的人员组成。黄河群众防汛队伍由沿黄村镇干部群众组成，2010年前为66000余人，2010年北展宽区取消后，群众防汛队伍缩减为39500人。

群众防汛队伍的主要任务是：洪水期间，在各级防指领导下，对防洪工程进行巡查、防守，出现险情时，参加工程抢险和物料运送等。

解放军和武装警察防汛队伍　主要承担急、难、险、重的抗洪抢险任务。参加防汛的解放军主要是驻德州所属部队和预备役旅、武警山东省总队德州市武警支队。1998年起，县(市、区)及乡(镇)人民武装部，参与群众防汛队伍的“军事化”管理，开展队伍的组织训练工作，并安排一定数量的民兵应急小分队，投入防汛准备和抗洪抢险工作。

第三节　抗洪排涝

1990年防汛排涝　1990年汛期降雨量接近1964年，属丰水年。全区有11县(市、区)不同程度地遭受涝灾，受涝面积达400万亩。汛前，针对连续十几年干旱，干部群众防汛意识淡薄的实际，进行深入的宣传，动员全区人民做好防大汛除大涝的准备，组织常备队7295人，汛期坚守河道堤防，组建各河抢险队伍4.42万人，后备队28万人。落实防汛物料：麻袋14.6万条，铁丝44吨，木材390立方米，木桩500万根，沙石料640立方米，发电机43台1082千瓦。安排度汛应急工程144项，整修加固堤防62千米，治理河道险工4处，维修涵闸171座，对骨干河道清淤开卡，提高防洪排涝能力。灾情发生后，全区1.2万名干部、110万名群众投入排涝，运用排水机械15万台(套)，清除排水阻隔113万处，疏通河沟12.6万条长3108千米，开挖田间渗水沟25.4万条、长6795千米，完成土方2300万立方米，及时排除积水，减轻灾情。

1996年抗洪　1996年7月上旬至8月上旬，全市降暴雨、特大暴雨15次，其中降雨量超过100毫米的有5次。1日最大暴雨量172毫米，3日最大暴雨量213毫米，7日最大暴雨量

298毫米。齐河表白寺镇2小时之内降雨164毫米。由于暴雨量大，分布不均，黄河、漳卫南运河、三干流均发生行洪过程，且洪水峰次出现多，消退缓慢。徒骇河泄洪48天，水量5.16亿立方米。马颊河泄洪47天，水量3.6亿立方米。德惠新河泄洪37天，水量2.94亿立方米。有7个县（市、区）的74个乡镇不同程度地遭受涝灾，36个乡镇40万亩滩地粮、菜作物全部被淹绝产。黄河、漳卫河洪水漫滩，黄河德州段14处险工全部靠水，平工段偎水长度23.54千米，先后出险362坝次。漳卫河出险91次，涵闸漏水、护坡渗水、脱坡59处，堤防隐患渗水、坍塌裂缝12处，河坡坍塌1处，险工和薄弱堤段脱坡6处，生产桥严重阻水1处，卫运河武城谭庄段200米大堤前戗出现裂缝、湿陷。针对黄河险情采用抛石护根、抛石护坦、铺柳压石、修筑后戗等措施进行抢护，化险为夷。针对漳卫河险情，紧急调动武警部队160多名干警，组织当地民工近2000名，拖拉机150台，编制袋38万条、木材30立方米，抢修围堰，采取闸前封堵，闸后打坝，排除了险情。据统计，全市出动排涝劳力80万人，疏挖排水沟渠3500多条，投入机械2500多台（套），排除农田积水210万亩。

2003年防汛抗洪 2003年1—10月，全市平均降水量698.8毫米，比历年同期偏多29.55%。6—9月发生3次历史罕见的特大暴雨过程，加之局部的雹灾，灾情严重。10月9日，全市降特大暴雨，加之黄河上游来水，境内黄河、漳卫河及内河三干流均发生行洪过程。黄河洪水过程一直持续到10月底，11处险工出现根石走失险情35坝次。漳卫河减河局部上滩，未出现险情。三干流河道相继涨水，个别堤段河段由于河床淤积，水位提高，接近警戒水位，险工险段上扩下延，建筑物不同程度冲坏，徒骇河右岸聊、德边界葛户屯险工、河口坍塌10多米。灾情发生后，水利部门组织维修加固七里庄、三刘、郭桥、津期店、孟家等10余座危闸、危桥，排除工程隐患，保证随时正常启闭，确保农田排涝、河道泄洪畅通。全市共计投入工程建设资金5600万元，清淤沟渠120条，完成土方280万立方米，维修加固险工险点256处。

2010年防汛 2010年，汛期连续发生5次强降雨过程，平均降雨量超过100毫米的有3次。7月19日—9月1日，45天降雨量429毫米，占汛期降水量的72%，超过鲁北地区排涝设计标准（45天降雨量400毫米）。由于前期降雨使土壤含水饱和，产生地面径流，田间涝水外排缓慢，农田、城区大面积积水，平原、禹城等县市积水深度一度高达1.5米。干支流河道淤积严重，河道行洪排涝能力低，行洪压力大。部分支流出现多处决口、扒口，险情不断，险象环生。徒骇河支流赵牛新河禹城段累计出现险情12处，苇河累计出现险情4处，管氏河累计出现险情2处，均为河水漫溢险情，防汛抗洪万分危急。市防汛抗旱指挥部4次启动防汛应急预案，15次发出紧急通知。干支流所有涵闸均吊空运行，各级水利部门加强堤防巡查防守，迅速清除阻水障碍。同时通过四分干、跃丰河、东西宗调节闸3路向马颊河分洪，降低行洪压力，德州军分区先后组织1600多名民兵投入赵牛新河抢险，150名投入农田排涝救灾，68万名干部群众积极抢险自救。

第四节　黄河防汛

黄河汛期按季节气候分为凌、桃、伏、秋4汛。其中伏秋大汛是防汛抗洪的重点。1986—2011年，黄河德州段较大的抗洪抢险有3次，分别发生在1988年8月、1996年8月和2003年秋。

1988年洪水 1988年8月，黄河中游山西陕西区间泾、渭、洛河和伊、洛、沁河流域连降大到暴雨,花园口站8月9日、12日、17日和21日,连续出现6400立方米/秒、6300立方米/秒、6900立方米/秒和6620立方米/秒4次洪峰。洪水进入德州黄河河道5000立方米/秒以上的流量持续半月之久,泺口站最大流量5780立方米/秒,水位31.22米。8月,进入山东河道的总水量99.18亿立方米,比多年平均值(74.4亿立方米)多33.3%。

本年洪水特点是洪峰频繁、洪水持续时间长、冲刷力大、造床能力强,溜势被两岸险工、控导(护滩)工程所控制,河势基本稳定。但齐河南坦和济阳葛店险工溜势下延,特别是南坦险工洪水着溜点下延400多米,险工根石漫水0.40~1.86米,济阳修防段沟阳险工下首和罗家两处滩地进水,水偎堤根深0.5米,淹地500余亩。防洪工程险工、控导(护滩)共出险148坝次,抢险用石8827立方米,铅丝6.29吨,土方2028立方米。

1996年洪水 1996年7月末8月初,黄河中游"三花"区间连降大雨,部分地区降暴雨或大暴雨,花园口站分别于8月5日和13日出现了7600立方米/秒和5520立方米/秒的两次洪峰,进入山东孙口站后,两峰合一向下推进。8月17日,洪水进入德州河段,同日16时,韩刘站最高水位38.28米,超出警戒水位1.53米,比历史最高水位高0.12米。3000立方米/秒以上流量在德州河段持续12天。

此次洪水,德州黄河14处险工全部靠水着溜,淹没根石深度1.5~2.5米,坝岸出水高3.4~4.5米,控导护滩工程坝垛多数漫顶,7处滩区6处进水,5处全部淹没,淹没耕地2.32万亩,平工偎水堤段23.54千米,堤跟水深1.2~4.7米,滩区最大蓄滞水量0.37亿立方米。洪水围困村庄2个,人口993人,因耕地被淹受灾村庄30个,人口1.8万人,经济损失2000余万元。

此次洪水特点是洪水量大,水位表现高,冲刷力强,工程浸水时间长,致使防洪工程大量出险。各类工程累计出险317次,其中险工和控导(护滩)工程出险299次,堤防出险18次。经过抢险队伍采取编抛铅丝笼、捆抛柳石枕、大块石、抢做柳石搂厢和填土筑戗压渗等措施,各种险情均化险为夷。抢险用石2.68万立方米、土方2.52万立方米、柳枝11.83万公斤、铅丝11吨,防汛群众2142人,投资593.57万元。

2003年秋汛洪水 2003年8月25日—10月12日,受"华西秋雨"影响,黄河上游泾渭河、伊洛河、沁河、汶河、金堤河相继出现10余次较大洪水,黄河下游发生了严重秋汛。8月31日至11月21日进入山东高村站的洪水量为154.54亿立方米,水量之大,为多年同期少见。德州河段2000立方米/秒以上的洪水持续近80天。除张村险工外,13处险工和两处控导护滩工程全部靠水。有12处险工、82段坝岸发生根石走失险情117次,较大险情16次,抢护用石1.60万立方米,用工6382个,总投资157.78万元。

黄河凌汛 每年的12月至次年的2月为黄河下游的凌汛期。德州黄河河道弯曲窄狭,易于卡冰阻凌,是黄河下游的重点防守段。1986—2011年,德州黄河河段有12年凌汛期封河,封冻期最长的为1996—1997年和2002—2003年两个凌汛期,均为43天。封冻期最短为2007—2008年凌汛期,仅为10天;其余年份淌凌未封河。封河时间出现最早的年份是1999年,为12月22日,此次凌汛期开河也最晚,为2000年2月19日。封河较为严重的年份发生在1992—1993年凌汛期。2010—2011年黄河凌汛期,德州河段封河43天,长度33110米,最大冰层厚度达40厘米。经严密防守,安全度过较为严重的凌汛期。

第五节　漳卫运河防汛抗洪

1996年8月上旬，漳卫南运河流域发生自1963年后的最大洪水。受8号台风影响，8月2日夜间至5日凌晨，漳卫南运河河系普降大暴雨。2—4日，漳河流域平均降雨143毫米，卫河流域平均降雨238米米。卫河的暴雨中心在淇河、安阳河上游。2—4日，中心区的雨量大多在300毫米以上，部分站超过400米米。随着洪水下泄，岳城水库入库流量的逐渐增大，水位不断上涨。4日8时，岳城水库开始提闸泄洪，6日8时，卫运河南陶站1350立方米/秒，滩地开始过水。9日22时，南陶站出现最高水位41.76米，洪峰流量1950立方米/秒。11日4时，临清站出现洪峰，流量1840立方米/秒。13日14时，洪峰到达四女寺枢纽，流量1690立方米/秒，其中经北进洪闸向岔河下泄980立方米/秒，经南进洪闸向减河下泄580立方米/秒，经节制闸向南运河分流100立方米/秒。15—16日，洪峰相继通过庆云、辛集两闸，庆云站最大流量为1380立方米/秒。

1996年漳卫南运河流域特大洪水，德州境内的卫运河、漳卫新河是全市和流经县市的防汛抗洪的重点。

一、卫运河防汛抗洪

1996年8月5日，夏津县接到汛情，立即召开紧急会议，成立了由县委书记为政委、县长为指挥的卫运河抗洪抢险指挥部，动员组织由乡镇、县直部门干部、公安干警和民工组成的3万抗洪大军，连夜冒雨分三路奔赴卫运河畔。指挥部设在白马湖镇三店村。翌日，河水水位以每小时30厘米的速度上涨，晚8点水位达到30.70米。指挥部迅令将常规抗洪物资铁镐1500把、编织袋（麻袋）4000条、篷布20块、铁锨4000把，立即运至沿河堤防备用。同时，组织常备、后备、抢险队员2.52万人待命。7日10时50分，水位上涨到32米，沿河乡镇干部食宿于大堤上，昼夜轮流值班。由160人组成的抢险队和1400人的常备队上堤驻守。11日14时水位达到34.20米，流量达到1790立方米/每秒（为本次行洪最高值）。指挥部召开紧急会议，做好战前一切抢险准备。

大堤上机械轰鸣、万人攒动，2.1万人、6000多台（套）机具冒雨集中备土，奋战两昼夜，备土50多万立方米，沿堤顶筑起21.2千米的长龙。沿堤堵塞涵管、管涌、洞穴179个，修筑月牙地堤12条，打桩130个，挂柳410株，排除险情36处，加固险段4000米。到15日14时，水位落至31.8米，流量降到920立方米/每秒，夏津境内21.2千米的地段洪水安全过境。

8月11日上午，武城段职工在巡堤查险中，发现甲马营乡谭庄堤段，临河戗台出现一条200多米的纵向裂缝和3条横向裂缝，缝宽达3厘米。武城县防汛指挥部立即组织500多人进行抢险，在临河筑围堤，并在围堤后填土夯实。抢险中，调用推土机3台、挖掘机1台、机动三轮车及拖拉机130多辆，动用草袋4000多条、土方1.2万立方米。8月7日，西郑庄分洪闸前开始见水，该闸技术人员每30分钟绕闸巡查一遍，仔细观察、详细记录工程情况。8日8时30分，在进行第32次巡查时，发现闸后海漫11个渗水孔向外冒浑水，消力坎后护坡转角处也有3处冒浑水，立即向上级反映。漳卫南局及德州处随即派有经验的技术人员赶往现场，商量抢险对策，决定由武城县防指调集机械、民工，迅速在闸后打一小坝，以减轻闸前、后的水位差，同时加强值班观测。漳卫南局防办坚持每小时向海委汇报一次水情、工情，直到险情缓解。

二、漳卫新河防汛抗洪

1996年8月，漳卫南运河泄洪，是漳卫新河经历的最大一次洪水。由于河道淤积及阻水物的影响，流量虽然小于设计行洪流量50%，但水位却偏高很多。8月13日，庆云县漳卫新河严务涵闸严重漏水，县防汛抗洪指挥部动用民工1000余人，在闸后打月牙坝，共用草袋6000多条、编织袋2000多条、土方6000多立方米。坝前水深达8米，水量约8000立方米。15日凌晨，发现月牙坝临水坡坍塌，坝后渗水，涵闸临河两侧堤身大量塌陷，堤防不规则裂缝达10余厘米宽，涵闸漏水量增加，堤防有决口危险。紧急关头，山东省水利厅、德州市、庆云县委负责人先后赶到现场，研究抢险措施，紧急增调抢险人员，并调了一个营的武警官兵参加，最终以临河铺土工布防冲防渗漏，背河加高月牙堤、配合打桩的办法进行加固。严务涵闸抢险，是“96·8”洪水中德州市辖区的最大险情，累计动用麻袋7000余条、编织袋15万个、草袋500个、铅丝520公斤、木桩100多根、土工布大排体5块、土工布8000多平方米、土方1.2万立方米。

第六节　抗　旱

1986—2011年，年均降水量为525.4毫米，比多年平均降水量偏少5%。降雨多集中在汛期，春秋两季降雨很少，几乎年年发生干旱，抗旱成为全市农村的重要任务。实行黄河水、地下水并用，打井和兴建蓄水工程并举是全市抗旱的主要方式。机（电）井由1986年的4万多眼，增加到2011年的7.4万眼，新建平原水库9座，蓄水能力1.74亿立方米。

1986年抗旱　全年降水335毫米，是自1978年之后连续干旱的第9年，河道干涸，349处固定扬水站断水停机，1.1万眼机井无水可提，受旱面积271万亩。面对严重旱情，地委、行署统一领导，各级党政部门全力以赴，组织8148名干部深入抗旱第一线，173.6万人投入抗旱，引蓄黄河水19.73亿立方米，打手压井12.6万眼，开动1048处扬水站，机井2.4万眼，提取地下水4亿立方米。春田造墒373万亩，麦田浇一水的395.5万亩，二水的562.8万亩，三水的426.2万亩，四水的271万亩，夏播造墒360.7万亩，夏播保苗316.3万亩，秋种造墒489.4万亩，投入抗旱资金21355.2万元。大旱之年农业获得粮食总产287.5万吨、棉花26.55万吨的好收成，与前10年平均总产相比，粮食增产105万吨、棉花增产10万吨。

1989年抗旱　全年降水357.6毫米，春夏连旱，特别是在农作物生长关键期降雨量仅为40毫米，较历年同期偏少83.3%，有11451眼机井和487处扬水站无水可提，340个村庄10.67万人吃水发生困难，全区1000多万亩耕地普遍受旱，成灾面积124万亩。德州地区投入经费15480万元，组织劳力120万人，干部1.62万人。充分发挥引黄优势，打破常规，汛期引黄，全年引水258天28.93亿立方米，全区90%以上的乡镇用上黄河水。动用机井33267眼，大水压井11万眼，提取地下水4.46亿立方米。从卫运河引水2.2亿立方米，总供水量达35.59亿立方米，夺得粮食总产332.5万吨的好收成。

1997年抗旱　全年降水364.3毫米，6—8月降雨量仅为105毫米，河道无水。特别是进入6月以后，气温持续偏高，有20多天最高气温都在35℃以上，土壤失墒严重。全市有300万亩耕地表土层10厘米以上为干土，15厘米土壤含水量仅为3%～5%。此外，黄河断流达210天之多，无水可引，致使全市大小河道、坑塘全部干涸，地下水位普遍下降2～4米，部分地区下降4～6米，有4000多眼机井不能启用，15000眼机井出水严重不足。农作物受旱面积一度高达744万亩，有230个村、82万人、200

多万头牲畜吃水发生困难。面对严重旱情，落实部门分工包县、包乡、包村责任制，全市组织8000多名机关干部和科技人员下乡驻村，搞好抗旱服务，指导和种植生育期短和耐旱作物。早引、多引、多蓄黄河水，潘庄、李家岸两灌区同时提闸带冰引水，从1月16日—2月28日，巧引黄河水1.7亿立方米。在黄河频繁断流的情况下，抓住有利时机，力争多蓄多引，全年共引蓄黄河水15.8亿立方米。市政府拿出2000万元用于机井建设，各县(市、区)也制定相应的扶持补助政策，全年共新打机井1.2万眼，利用机井5.9万眼。加强水资源调度，推行节水灌溉，全市有20%的地块实行软管灌溉和地下管灌，并大力推广应用“FA”旱地龙旱作农业新技术。

2002年抗旱　2002年1—10月，全市平均降水286.5毫米，是历史同期降水量最少的年份之一。7月连续出现35℃~38℃的高温晴热天气，加之黄河进行冲沙试验而使引黄受限，全市大小河流、坑塘干枯，水库蓄水严重不足，地下水位普遍下降2~5米，全市有1万多眼机井吊空，浅层地下水漏斗面积扩大到2880多平方千米，为有史以后的最大值。全市800多万亩农作物普遍受旱，其中重旱600万亩，150万亩绝产，部分工业企业实行定量、限量供水，工农业损失达20多亿元。面对特大干旱，全市各级党委、政府集中人力、物力、财力投入抗旱工作，共计投入抗旱资金3.04亿元，日最高上阵劳力85万人，机井7.9万眼，提水设备17万台(套)，柴油9230吨，化肥2.03万吨，抗旱灌溉面积670万亩，临时解决了19万人、13.5万头大牲畜饮水困难。

2005年抗旱　2005年1—6月，全市降水仅61毫米，其中2月15日至4月18日滴雨未降，自8月中旬开始，持续高温天气，立秋后甚至出现罕见的40℃以上高温天气。全市受旱面积高达760万亩，其中轻旱400万亩，重旱360万亩，因旱少种面积3万亩。全市有55万人投入抗旱，动用机电井5.1万眼、机动抗旱设备7.5万台(套)。累计完成抗旱浇地面积855万亩，临时解决了11.7万人、5.26万头大牲畜的饮水困难。

2009年春季抗旱　2009年春季，持续100多天无有效降雨，干旱频率达百年一遇，全市农田受旱面积高达630多万亩，其中重旱230万亩，轻旱400万亩，部分地块冬小麦出现死苗，农田因旱少种13.05万亩，浅层地下水埋深与上年同期相比降幅在1米左右。面对严重旱情，市防指迅速启动抗旱预案，发布干旱灾害应急Ⅳ、Ⅲ、Ⅱ、Ⅰ级响应。市政府派出6个督导小组，指导抗旱和麦田管理，帮助农民解决抗旱用水、用电、用油、机具等实际困难。同时，加大引黄力度，引调黄河水10.5亿立方米，组织发动群众通过河中挖河，沟中挖沟，坚持河水、井水、坑塘水、沟渠水并用，采取多级导水、远距离送水等举措，千方百计减小旱灾损失。争取上级抗旱资金840万元并专项用于打井，全市新打机井4269眼，新挖坑塘125座。

2011年抗旱　2011年全年降水510.6毫米，2010年汛后至2011年2月28日，全市平均降水量仅为8.4毫米，基本为无效降水，是1950年有历史资料以后历史同期降水最少值，属百年一遇，加上徒骇河、马颊河、黄河来水较往年偏少，引黄济津不允许沿途用水，致使河道蓄水明显不足，地下水位下降明显，秋冬春3季连旱。受旱高峰时，有470万亩农作物受旱，21万人、10万头大牲畜因旱发生临时性饮水困难，1210眼机电井出水不足，夏粮因旱损失4.5万吨，金额1.37亿元。市委、市政府启动德州市总体抗旱预案，发布抗旱应急三级响应，组织专家、技术人员组成5个抗旱督导组到抗旱一线指导抗旱工作。潘庄、李家岸灌区全年累计

引水12.6亿立方米。筹措抗旱资金近3亿元，其中中央专门拨发县级抗旱服务队专项扶持资金2200万元，用于购置抗旱设备，武装抗旱队伍。市政府出台5项奖补政策：建成1座千万立方米以上平原水库，补助1000万元。骨干河道治理工程，每立方米土补助3元；建成1万亩高标准方田，实行工作经费奖补；整修1座坑塘，补助1万～2万元。统一配置新建、改建泵站的电机和水泵。全市累计投入抗旱劳力76万余人，动用机动抗旱设备64万台（套），抗旱用油1.11万吨，用电8123万千瓦时，浇灌面积769万亩，解决了21万人、10万头大牲畜临时性饮水困难，挽回粮食损失41万吨，实现了大旱之年无大灾，粮食生产“九连增”。

第六章 水资源管理

第一节 水资源保护

1988年1月，德州地区水资办与地区环保局共同完成《海河流域德州地区水资源保护规划》，1991年8月德州地区水资办与德州水文勘测队共同完成《德州地区入河流排污口调查报告》，1992年完成全区浅层地下水的水质调查工作。1993年，对排污口进行详查，对水体功能进行分区。

1994年组建“山东省德州地区水环境监测中心”，同年，更名为“山东省水环境监测中心德州中心”，在取水许可证换发工作中，进行全区工业用水的退水水质监测工作。1996年进行地下水监测井的布设和观测工作。1998年进行全市工业生活用水的取水水质监测工作。1999年，在全市主要干流河道的出入境设置地表水监测站，定期进行水质水量的监测，发布地表水水质简报。自1998年开始，德州市区供水已由地表水替换了深层地下水，减少深层地下水的开采量。从2000年12月开始新凿机井不再审批，并逐渐封井，涵养水源，改善市区的生态环境，减缓环境地质问题的发生。

2002年，编制完成《德州市水资源保护规划》，划分德州市水功能区，分析计算各规划水平年、各功能区的水体纳污能力以及各排污口主要污染物的削减量；规划了水域纳污总量控制方案。在8个水功能一级区，9个水功能二级区，立标志碑共18块。其中马颊河山东开发利用区（德州饮用水源区），立标志碑3块，德惠新河开发利用区（德州农业用水区），立标志碑2块，徒骇河山东开发利用区（德州农业用水区），立标志碑2块，笃马河德州开发利用区（平原、陵县排污控制区），立标志碑2块，笃马河德州开发利用区（陵县农业用水区），立标志碑1块，新赵牛河（赵牛新河）山东开发利用区（德州农业用水区），立标志碑1块，老赵牛河德州开发利用区（德州农业用水区），立标志碑2块，卫运河鲁冀缓冲区，立标志碑2块，漳卫新河山东开发利用区（德州饮用水源区），立标志碑1块，漳卫新河山东开发利用区（德州农业用水区），立标志碑2块。

第二节 用水管理

用水管理实行取水许可和计划用水制度，

统一调度配置，推行节约用水，合理利用水资源。按照省水利厅印发的《山东省取水登记办法》，于1991年开始进行取水登记和取水许可证发放工作。1994年德州市（今德城区）政府出台《德州市水资源管理暂行规定》和《德州市取水许可制度实施暂行规定》，德州城区的取水登记和取水许可证发放工作随之进行。到2000年，全市城乡共发放取水许可证7927户，其中工业用水363户，居民生活用水237户，农业用水7327户，德州市自来水总公司为最大用水户。

1994年，实施用水计划管理，凡用水户先向水行政主管部门申报用水计划（包括用水量和用水时间分配），水行政主管部门根据可供水量和调度原则，进行时段平衡和水量分配，对用水户申报的计划逐一审批，用水户按批复计划用水，并实行用水情况月报制度。

计划供水按照首先满足居民生活用水，统筹兼顾工业、农业用水的原则，并考虑用水户经济效益的大小和保障率的高低进行调度配置，引取黄河水先向黄河管理部门申报用水计划，依照批复的计划引用，当全省引水70亿立方米时，在分配全市引用10.5亿立方米中，配给德州市区5800万立方米，华能德州电厂9800万立方米，共1.56亿立方米。其余8.94亿立方米按照11县（市、区）各自的灌溉面积和水资源条件进行分配，把农业用水纳入计划用水范围。为提升水资源管理水平，采取地表水、地下水联合调度，丰水年先安排利用地表水，后安排利用地下水；在非灌溉季节引取的黄河水优先供给下游调蓄，做到丰蓄枯用，改善生态环境。

居民生活用水取消包费制，安装表计量，按方收费；工业用水实行定额管理，降低水的消耗量，提高水的重复利用率；农业推广建设节水工程，改变浪费水源的漫灌方式。

第三节　水资源评价

需水量　正常年份（2000年水平）城镇生活需水量4034万立方米，河湖环境需水量1600万立方米，工业需水量24940万立方米，农村生活需水量13576万立方米，农业灌溉需水量：50%保证率219433万立方米，75%保证率274695万立方米，林牧渔副需水量21121万立方米。总需水量：50%保证率290115万立方米，75%保证率345377万立方米。

供水量　正常年份（2000年水平）地表水可供水量：50%的年份15620万立方米，75%的年份4022万立方米，95%的年份245万立方米。

正常年份（2000年水平）地下水可供水量：浅层77298万立方米，深层12163万立方米。

正常年份（2000年水平）黄河水可供水量：10.5亿立方米。

正常年份（2000年水平）总供水量：50%的年份210081万立方米，75%的年份198483万立方米，95%的年份194724万立方米。

供需分析　正常年份（2000年水平），当P=50%、P=75%、P=95%时，全市可供水量分别为21.01亿立方米、19.85亿立方米、19.47亿立方米；50%保证率需水量29.01亿立方米，75%保证率34.54亿立方米；当P=50%、P=75%、P=95%时，分别缺水8亿立方米、14.69亿立方米、15.07亿立方米。

专记　德州引黄工程

德州位于华北平原，黄河下游左侧。气候干旱少雨，旱涝灾害频发，尤以旱灾为多。据历史资料统计，1470—1980 年的 511 年中，全市旱灾出现的机遇是 2. 6 年 1 次，其中重旱是 6. 7 年 1 次；涝灾是 2. 8 年 1 次，其中重涝是 7. 1 年 1 次。旱涝灾害出现机遇大致相当。1957 - 1960 年连续 4 年干旱，1961—1964 年又连续 4 年大涝。1960 年 10 月—1961 年 6 月连续 245 天无雨，全境大旱，但进入汛期降雨量达 652 毫米，1964 年更是创下了历史降水量最大 1044. 4 毫米。

经过连续 4 年大涝后，德州又转向周期性的干旱。1965 年春季卫运河断流，原靠卫运河供水的德州城区，人民生活和工业用水发生严重困难，铁路部门用火车从济南向德州运水，并在城区突击打深井，才解决了吃水问题。1968 年全区大旱，冬春连续 147 天无雨雪，创下全年降水量历史最小值 297 毫米，河干、井枯，农村吃水发生严重困难，粮食大幅度减产。

面对严重的干旱灾害，和濒临黄河的有利条件，德州人民引取黄河水与旱灾抗争经历了 100 多年的历史。而真正对全区生产生活起到重要作用的是 20 世纪 70 年代初期兴建的李家岸、潘庄和邢家渡三大引黄罐区工程。

1970 年冬至 1971 年 5 月兴建李家岸引黄工程，1971 年冬和 1972 年春建成潘庄引黄工程。1974 年兴建邢家渡引黄工程。在引黄骨干工程建成后，全区引黄灌溉面积很快由 50 万亩发展到 600 余万亩。

为解决德州城区用水，1993 年冬季开工建设德州最大的平原水库——丁东水库。1997—1998 年 6 月完成由丁东水库向城区的供水管道工程，日供水 12 万吨。彻底解决了德州城区工业、生活用水紧张状况，德州城区闹“水荒”和居民长期饮用地下水造成的“氟斑牙”现象一去不返。

为提高农村供水的能力和档次，2008 年开始，兴建开展平原水库建设和管网铺设工程。至

20 世纪 60 年代水利建设工地

2013 年 12 月 25 日，临邑、禹城、武城三县（市）正式联网供水，全市建成平原水库 13 座，蓄水能力 2.59 亿立方米，建成规模化供水水厂 18 处，日供水能力 45.3 万吨，村外主管网实现全覆盖。

德州引黄工程保证了 570 万德州人民的生活用水，支撑着德州农业、工业的生产。据统计，通过引黄供水，全市每年有 52 万余公顷粮食作物可普浇 4 至 6 遍水，亩均增产 100 余公斤。灌区内粮食单产由 280 公斤提高到 800 多公斤，年平均增加农业产值 9 亿元，有力推动了德州粮食的连年增收。同时，不仅担负了临近的沧州地区的生产生活用水，还先后 4 次向天津输水达 24.53 亿立方米。

一、引黄历程

据《齐河县志》（民国二十二年版）载：清光绪十七年（1891 年），山东巡抚张曜在齐河县邑东北油坊赵庄河岸，督修一座两孔各 5 米宽的石料闸，同时开挖一条南北河，水经石闸向北流入赵牛河，以利农田灌溉。据张含英《视察黄河杂记》记载，该工程建成后，当地群众誓死反对，于闸建成之日皆卧于闸口，齐称："如其开闸后受黄患而死，不如即日葬河神也。"因此，未能放水即废弃。

1934 年，山东省建设厅在齐河城东北黄河红庙险工，修建了 14 吋（0.35 米）钢管虹吸一条，引黄淤改赫家洼。因当时条件所限，成效甚微，遂废除。

1956 年 1 月，山东省人民委员会（简称"省人委"）第十一次会议通过《关于举办虹吸引黄灌溉工程的报告》，决定在黄河两岸兴办引黄灌溉虹吸工程，探索引黄灌溉兴利的路子。当年春天，在齐河县官庄建虹吸管 6 条，在南坦、王窑各建虹吸管 4 条，在大王庙建虹吸管 1 条，在济阳沟阳家建虹吸管 5 条。1958 年春，在齐河县大王庙、济阳县张辛各建虹吸管 3 条，共安装直径 0.9 米钢管虹吸 26 条，设计引水量 26 立米/秒。经过两年的实际运用，背河淤改洼地种植水稻每亩单产 100 至 200 公斤，收到良好效果。

1958—1960 年上半年连续干旱，为解决农田灌溉水源，德州专区开展了群众性打砖井抗旱运动。全区共打砖井 32 万眼。但因连年干旱，地下水位大幅度下降，砖井大部分成了旱井。1958 年，省人委决定兴建位山和泺口枢纽工程，现德城区、夏津、武城、齐河、禹城、平原、陵县参加了聊城地区位山引黄工程施工。齐河、禹城、平原调集民工 6 万余人，参加位山灌区东一干、三干、四干和渠首工程施工。武城、夏津参加位山灌区五干渠的一、二分干渠、六干渠的一、二、三分干渠施工。济阳、商河、临邑等县参加惠民地区泺口枢纽工程的兴建，开挖齐河至禹城、平原分干渠，以及济阳至临邑、陵县的分干渠施工。由于工程建设不配套就急于放水，在"以蓄为主"的治水方针指导下，大引大蓄，大水漫灌，重灌轻排，有灌无排，致使 1961 年下半年大涝，加重灾情，土地次生盐碱化，使全区盐碱地面积由中华人民共和国成立初期 128 万亩，增至 1962 年的 326 万亩。

1962 年 3 月 17 日，国务院副总理谭震林在山东范县召开现场会议，会议确定：（1）由于引黄大水漫灌，有灌无排，引起大面积土地碱化，根本措施是停止引黄，不经水电部批准，不准开闸；（2）必须把阻水工程彻底拆除，恢复水的自然流向，降低地下水位；（3）积极采取排水措施。根据会议决定，山东省决定停止引黄，废渠还耕，13 处引黄闸停止放水。4 月 9 日，省水利厅召开平原地区排涝改碱会议，确定德州地区除沟阳灌区保留外，其余灌区全部停引。

停灌以后，1963 年适逢德州地区春旱。时临黄河的齐河、济阳两县的几个稻改村队，利用虹吸管道近距离的小引小灌，齐河县城关公社试种水稻500亩，亩产稻谷250公斤以上；其他浇上水的粮田亩产均超过100公斤，浇不上水的亩产只有几十斤，甚至绝产。当时，德州水利人吸取"排灌渠系不配套，大水漫灌，引水无度"的教训，总结出：加强管理，合理用水，结合淤背，以稻改、抗旱为主的引黄灌溉经验，适度开展引黄灌溉。

1964年，经省黄河河务局同意，整修南坦、王庄、王窑、大王庙、沟阳、张辛6处虹吸工程。在5处虹吸增修扬水站。同年，旱严严重，省人委召开专门会议研究确定恢复引黄灌溉。省委向水利电力部报送了《关于恢复和发展引黄灌溉的报告》。1966年3月，水利电力部函复山东省委"同意复灌，但要积极慎重，所有引黄灌区，均应编制规划设计，做好排灌和田间工程配套，防止再次发生盐碱化"。据函复精神，省委在全省抗旱会议上宣布恢复引黄。

恢复引黄灌溉以后，1966年又在齐河县豆腐窝、大王庙，济阳县大柳店建虹吸3处。为进一步发展引黄，促进农业丰收，德州地区本着积极慎重的方针，德州行署向省政府报送了《关于发展引黄灌溉及新建齐河韩刘、济阳葛店引黄闸的报告》。经转报黄河水利委员会批准，1966年年初开始建设齐河韩刘、济阳葛店引黄闸两处小型引黄闸，并分别于6月和7月建成放水。两处小型引黄闸仅可引水25立米/秒，只能解决沿黄部分村庄的抗旱用水，大片土地得不到解决。

1968年大旱，德州地区全年降雨297毫米，创有纪录以来的降雨量最小值，农业严重减产，而齐河、济阳两县引黄灌区粮食产量大幅度增产。邻近的聊城、惠民地区的引黄灌区大旱年也获得粮棉丰收。为此，德州地委、行署决定扩大引黄灌溉规模。

二、三大工程

（一）潘庄引黄灌区

潘庄引黄管区是全国六大引黄管区之一。

借鉴李家岸成功建设的经验，德州地委决定进一步扩大引黄灌溉。1971年10月，黄委会批复同意德州地委《潘庄引黄闸初步设计审批意见》，批准该闸设计引水100立米/秒，灌溉面积500万亩。为加快工程进度，调集8个县15万名民工，一个冬季全部完成输沙渠、一、二级沉沙池和总干渠近百千米的筑堤任务，为加强渠首、分水闸、徒骇河赵牛河渡槽施工领导，德州专署分别组织了三个施工指挥部；各县及交通等部门负责修建节制闸2座，公路桥2座，穿渠涵洞4座，生产桥17座。至1972年6月，潘庄引黄工程竣工，开闸引水。1979年，改建潘庄引黄闸。

潘庄灌区引黄渠首闸　　（2010年　摄）

潘庄引黄灌区位于市域中西部，因渠首闸位于齐河县马集乡南潘庄西南而得名。设计灌溉面积500万亩，涉及齐河、禹城、平原、夏津、武城、德城、陵县、宁津8县（市、区），覆盖面积6179.4平方千米。并为德州市区工业和居民生活及华能德州电厂、华鲁恒升等重点企业供水。

灌区通过潘庄引黄闸引取黄河水，经输沙渠、沉沙池，由总干渠并通过马颊河输、配水至灌区内各县（市、区）。为控制灌区水位高程，输沙渠及总干渠靠近西部上游地区，既可解决齐河、禹城、平原总干以西部分乡镇用水，由总干向东引水居高临下，也能灌溉齐河县大部分地区和禹城、平原两县全县。由十三干渠引水入马颊河津期店闸上后，通过二级扬水可解决夏津大部分地区灌溉和补源。总干渠引水从尚庙进入马颊河后，武城县通过二级扬水可解决全县大部地区灌溉用水。通过干支流河道调节，解决德州市区、陵县和宁津灌溉用水。灌区有引黄闸1座，输沙渠1条，沉沙区三片，总干渠1条，干渠（沟）67条，分干渠（沟）98条，支渠（沟）735条，构成灌溉供水工程网络。

主要输水线路

渠首引水由输沙渠送入沉沙条渠，经过沉沙后由赵庄分水闸进入总干渠，再由总干渠分别流入分干渠、支、斗、渠到田间。并经过二级和三级沉沙后，在平原县尚庙闸入马颊河。从马颊河分水的主要渠道：为平原供水的有从尚仇沟引水入笃马河，辛桥扬水站、马洪干沟等；为夏津供水的有津期店扬水站和马六新河；为平原西北部和武城供水的小王庄扬水站提水入旧城河；沙扬河分水入减河供德城区用水；小庄沟引水入笃马河，马才涵洞分水入马颊河故道，为陵县供水；宁陵输水渠分水为陵县西北部和宁津供水。

德州市区工业及生活用水供水线路：提开李家桥闸，水流顺马颊河下泄，由仙人桥闸、安庄闸控制，利用小庄沟向丁东水库供水，利用引水渠向丁庄水库供水，主要解决德州市工业、生活、华能电厂和华鲁恒升用水。

为保证城市用水，在增加丁东水库向市第三水厂供水量的同时，2006年，对用水大户华鲁恒升修建应急供水管道工程，2008年新建专线供水管道工程。为解决城区岔河等景区的景观用水，以及钓盘河水库的供水保障，2009年在程官屯建设穿减河引黄调水工程，使引黄水经马颊河、沙杨河、程官屯扬水站入九龙沟，至兄弟干渠经横河到达芦家河扬水站和钓盘河水库。

经济开发区减河湿地的生态用水，通过建于马颊河与杨庄河交汇处的程官屯扬水站，经杨庄沟向减河输送；运河风景区的用水通过引黄济津线路，由市水利局调配。

2013年对丁东向城市、恒升、电厂供水管道进行链接。随着南水北调工程的建设，2014年8月15日，南水北调续建配套德州市供水单元工程试通水成功，使德州市城区实现了长江水、黄河水“双水源”保障。

引黄济津（济沧）线路：2010年，在水利部的统一部署下，实施完成引黄济津应急输水工程，供水线路为：黄河水经潘庄引黄总干渠尚庙闸进入马颊河，一是通过小王庄扬水站提水经旧城河（平武河）后入六五河，二是在李家桥闸上游经沙杨河、头屯干渠入六五河，然后穿过新建漳卫新河涵洞，经新挖明渠进入南运河，最终到达天津市。2011年后，该线路持续为河北沧州市供水。

（二）李家岸引黄灌区

1970年，面对干旱缺水，近邻黄河而不能引水的现实，德州地委、行署及水利部门征得省人委同意，得到黄河河务局的大力支持。当时，在黄河建闸开口不仅审批困难，更无资金投入，

潘庄引黄干渠 （2010 年 摄）

此时，恰逢国家黄河北展工程修建李家岸分洪闸，经与黄河水利委员会协商并批准，决定引分结合，于 1970 年秋至 1971 年春将建设中的黄河分洪闸中的 6 孔改建为低孔闸门，设计分洪 800 立米/秒，引水灌溉 100 立米/秒。由于工程建设要求急，采取了边规划、边设计、边施工应急措施，渠首大闸、输沙渠穿铁路桥、总干渠穿徒骇河渡槽以及总干渠桥梁同时开工。工程系德州地方自办工程，从规划设计到施工、从资金到物资供应，以及土方工程的民工工资等都由地方政府自筹，仅半年多时间即完成施工任务。1985 年，在李家岸原分洪灌溉闸上首又新建引黄闸一座，设计引水能力 100 立方米/秒，原分洪灌溉闸停用。

李家岸引黄灌区位于市域中东部，是德州兴建的第一个大型引黄灌区工程，因位于齐河县离家岸村附近而得名。控制灌溉面积 322 万亩，涉及齐河、临邑、陵县、宁津、乐陵、庆云 6 县（市），覆盖面积 3648.6 平方千米。灌区由李家岸引黄闸引取黄河水，经输水渠、沉沙池，由总干渠和地下总干渠并通过德惠新河、马颊河输配水至灌区各县（市）。灌区现有引黄闸 1 座，输水渠 1 条，沉沙区 2 片，总干渠（含地下输水总干）1 条，干渠 15 条。

李家岸罐区主要输水线路

李家岸渠首闸引调黄河水经地上总干渠至牛角店闸泄水入引徒总干，送水入德惠新河，经赵棒槌节制闸控制，由北四分干向北送水入马颊河后，一是经马颊河郭桥闸控制，进入地下输水总干渠（原李家岸接长工程）向宁津供水。二是由马颊河郭桥闸向下泄水，向乐陵市、庆云县供水。构成引、蓄、提相结合的灌溉系统。

齐河县供水线路：主要通过一干渠（孙耿干渠）、三干渠（南北干渠）、四干渠（安头干渠）、五干渠（大黄干渠）、六干渠（辛兴干渠）等为齐河供水，设计灌溉面积 34.7 万亩。

临邑供水线路：主要通过七干渠（王阁干渠）、八干渠（鱼洼干渠）、九干渠（棉李干渠）、十干渠（东风干渠）及李庙干渠、郎家干渠、马承黄干渠、牛角店干渠、十一干渠（临北干渠）及引徒总干渠、北四分干渠上的支渠供水，设计灌溉面积 86.2 万亩。

陵城东部供水线路：通过赵棒槌闸控制，利用德惠新河回流至陵城区；德惠新河以北经四分干，通过张跃龙闸控制供水，设计灌溉面积 18.2 万亩。

宁津东部供水线路：经马颊河郭桥拦河闸节制，以地下输水总干渠经葛勇闸向宁津供水，设计灌溉面积 35.9 万亩。

乐陵供水线路：通过马颊河孟家闸和大桥闸节制向两岸乐陵市供水，设计灌溉面积

102.2 万亩。

庆云供水线路：穿马颊河南杜闸，经大道王闸、大淀闸节制向庆云县供水，设计灌溉面积 44.3 万亩。

1969—2015 年德州市潘庄、李家岸罐区引黄水量表

表 11－6

年份	灌区（单位：亿立方米）			年合计	备注
	潘庄灌区	李家岸灌区	其他灌区		
复灌至 1969 年年底	—	—	8.192		至 1985 年，引水数据包括邢家渡引黄灌区以及葛店等引黄数量
1970	—	—	2.322		
1971	0.004	0.430	2.012	0.434	
1972	2.304	3.925	4.596	6.229	
1973	5.137	3.680	3.013	8.817	
1974	6.599	4.067	2.324	10.666	
1975	4.600	3.677	2.309	8.277	
1976	5.738	4.720	2.851	10.458	
1977	7.830	5.590	5.041	13.420	
1978	5.738	4.650	3.144	10.388	
1979	5.504	5.533	3.359	11.037	
1980	6.102	6.631	3.355	12.733	
1981	6.900	6.153	6.274	13.053	
1982	9.285	4.789	5.875	14.074	
1983	11.422	6.641	4.971	18.063	
1984	7.753	4.602	2.947	12.355	
1985	6.720	4.696	5.292	11.416	
1986	15.9	6.9	—	22.8	韩刘、豆腐窝等小灌区的引黄数量没有统计在内
1987	15.74	6.12	—	21.86	
1988	14.43	7.02	—	21.45	
1989	18.41	10.52	—	28.93	
1990	10.26	5.8	—	16.06	
1991	12.43	5.97	—	18.4	
1992	12.59	7.37	—	19.96	

续表 11－6

年份	灌区(单位:亿立方米)			年合计	备注
	潘庄灌区	李家岸灌区	其他灌区		
1993	11.86	9.02	—	20.88	
1994	8.09	6.23	—	14.32	
1995	9.61	4.16	—	13.77	
1996	7.78	4.83	—	12.61	
1997	11.71	5.9	—	17.61	
1998	9.64	7.22	—	16.86	
1999	8.5	7.59	—	16.09	
2000	6.13	4.83	—	10.96	
2001	5.5396	5.1689	—	10.7085	
2002	6.7209	5.1275	—	11.8484	
2003	4.2348	3.3223	—	7.5571	
2004	5.7904	2.6114	—	8.4018	
2005	6.3294	4.8470	—	11.1764	
2006	8.7530	4.6125	—	13.3655	
2007	6.6416	4.7250	—	11.3666	
2008	7.6472	4.7813	—	12.4285	
2009	7.8172	3.3388	—	11.1560	
2010	7.3710	4.5188	—	11.8898	
2011	4.4980	4.8768	—	9.3748	
2012	7.6265	6.1505	—	13.7770	
2013	7.6370	5.9085	—	13.5455	
2014	9.3147	9.0149	—	18.3296	
2015	5.6175	3.1004	—	8.7179	
合计	366.2548	241.3686	—	607.6234	

(三)邢家渡引黄灌区

为解决济阳、商河、乐陵、庆云东部四县灌溉用水困难,德州地委决定在济阳邢家渡再修建引黄闸一座。1974年3月渠首闸开工,同年7月15日完成。1979年10月张仙寨渡槽建成后,1980年春,灌区全部投入运行(1990年区划调整，邢家渡引黄灌区随济阳划归济南市管辖）。

三、续建配套工程

1. 李家岸地下输水总干渠接长工程

为解决李家岸引黄工程向宁津、乐陵、庆云输水问题，1989年秋，调集民工58300人实施地下总干渠接长工程，完成土方453万立方米。全部工程于1990年完成。

2. 乐南供水工程

为解决乐陵南部40万亩农田灌溉问题，于1994年实施乐南供水工程，包括兴建马颊河大桥拦河闸、修建引排水涵洞、开挖引水沟渠等。

3. 尚庙闸改建工程

尚庙闸位于总干渠最下游，座落在马颊河右岸大堤上。原尚庙闸于1972年建成，为扩大总干渠供水能力，1985年，在5孔闸左侧扩建完成3孔节制闸，型式为砌石拱涵。2012年8月左侧三孔闸闸室整体发生塌陷。

新建尚庙闸位于原闸址右侧，于2012年9月开工建设，2013年10月底全部建成，为开敞式带胸墙节制闸，孔数为6孔，每孔净宽为6.0米，设计流量120立方米/秒。工程总投资2273万元。

4. 渡槽改建工程

潘庄引黄工程总干渠上共有渡槽两座，分别是跨越徒骇河的武庄渡槽和跨越赵牛新河的瓦王渡槽。由于建设时间较长，原渡槽工程老化，存在运行安全隐患，1985—2013年两渡槽分别进行过两次维修和改建。潘庄、李家岸两大灌区自启用到2015年引进泥沙近4万立方米。

四、泥沙处理

引黄必引沙。灌区建设初期，采取围堰筑堤的自然沉沙的方法。这种方法，除李家岸灌区渠首地区地势低洼自然沉沙厚度1.5米左右，潘庄、邢家渡灌区规划的沉沙区只有半米的自然沉沙条件，运用不到10年即把规划的沉沙区用完。从20世纪80年代开始，除李家岸一级池采用自然沉沙外，其他灌区采取以挖代沉的方法，即在原地面下挖3米左右，将弃土清除围堤外，堆成4米多高的高地，围堤挖池，用完一片还耕一片。对总干两侧清淤弃放的沙土，采取有计划的覆盖粘土，减轻沙害，提高还耕质量，以利耕种。

2000年以后，引黄引沙量明显减少。经与1986—2000年引黄引沙量对比，前15年平均每年引沙1360万方，后15年平均每年引沙320万方，总计少引进泥沙1.5亿方有余。分析原因，其一是黄河小浪底水库有

1981年10月，引黄济津工程沉沙池清淤工地 （宋维中　摄）

效拦截泥沙下泄，其二是自2001开始黄河冲淤拉沙，降低了河底高程。

建沉沙池沉沙是处理泥沙的主要方式。潘庄灌区布置三级沉沙池：一级沉沙池位于渠首闸至赵庄分水闸之间，从1984年开始在杨庄村附近按一定宽度逐条修建，逐条利用，主要采取以挖代沉的沉沙方式；二级沉沙池建在赵庄分水闸到308公路之间，1988年到1991利用台楼闸下总干右岸伦镇沉沙池，1992年到1996年在务头闸下修建王堂沉沙池，1996年到1998年利用袁营沉沙池，1998年到2000年利用徐洼沉沙池，2000年开始使用薛官屯沉沙池；三级沉沙池建在平原县张官店以东东西宽3千米，南北长4千米的洼地之中，1984年前，按200—300米宽度逐条修建运行，自然沉沙，1984年后，采取以挖代沉逐条重复利用。

李家岸灌区在1985年前采取二级沉沙，1985年后采用一级沉沙。1986—1992年沉沙池建在崔许分水闸以北，安头至表白寺公路以南，六六河以东，二干渠以西荒洼地中。1993年以后在崔许闸上先后修建了法王、老聂、狮子刘沉沙池。

沉沙池逐条运用，当失去沉沙功能时进行更新。在建新池的同时对旧池进行土地平整，覆盖粘土或耕作土，加以水利配套建设，予以还耕。潘庄、李家岸灌区沉沙池建设占地建池前均为盐碱涝洼地。建池前农作物经常绝产或产量很低，建池后，经过淤积抬高，配套农田水利设施，还耕三年后粮食产量能达到小麦1100～1400斤/亩，玉米1150～1500斤/亩。

1986—2000年，沉沙池占地58545亩，其中，已还耕38280亩，有20265亩正在使用中。1986—2000年，共计清淤9813万立方米，其中：潘庄灌区8723万立方米，李家岸灌区1090万立方米。

对沉沙池、引黄总干渠及输水河道的淤积进行清淤，是保障正常引水、发挥引黄工程效益的必要手段。一般在每年引水的间歇期间进行一次清淤，土方工程施工成为全市水利建设的重点。2000年前，每年引黄泥沙处理需安排土方工程约1200万立方米，河道治理安排土方工程约800万立方米。在长期大量的泥沙清淤施工过程中，逐渐探索形成沉沙淤改、以挖代沉、远距离输沙、还耕复垦、农田水利配套建设、占地补偿及迁村移民等系列施工路子，时称“德州模式”。40年来，全市累计处理泥沙4亿多立方米，淤改土地近30万亩，引水兴利之余，使大批沙碱涝洼地变身高产田。

1994年以前，水利工程建设政府以行政手段，组建工程建设指挥部，组织全民会战，靠人工完成。每年仅地区级清淤工程就需动用民工20多万人，安排工日400多万个。工程建设所用民工，由水行政主管部门根据年度水利建设计划用工总量，进行劳力平衡，统一安排，出工人数按照县、市、区年度用水量占50%，劳动力数量占50%核定，由县、市、区按核定数量组织，并按规定时间带领民工到指定工程工地施工作业。

大规模的人工清淤投入民工多，工期长，劳动强度大，耗费精力。随着越来越多的农业劳动力从种植业分离出来，转向非农产业，依靠组织大批人工搞水利建设的办法，越来越不适应形势的发展。

1993年11月上旬，全区冬季水利工程建设刚刚开始，一场罕见的特大暴风雪不期而至。经多方紧急救援，24万名民工安全撤出被大风雪围困的工地。这次行动后来被称为“93民工风雪大撤退”。这一事件，促成了水利施工由“人海战术”向机械化施工转变。1994年，德州地区行署批准水利局《关于水利工程推行机械化施工的报告》，当年引黄清淤工程全部实行机械化（主要是泥浆泵），把每年几十万名民工从繁重的体力劳动中解放出来，成为德州治水史上的一次重大变革。

1972—2015 年引黄进沙量、清淤量一览表

表 11－7

年份	引进沙量（万立方米）			清淤量（万立方米）		
	合计	其中		合计	其中	
		潘庄	李家岸		潘庄	李家岸
1972—1985	13020					
1986	1457	1040	417	539. 86	496. 53	43. 33
1987	822	648	174	608. 44	510. 97	97. 47
1988	785	589	196	577. 41	422. 58	154. 83
1989	2780	2017	763	876. 35	776. 87	99. 48
1990	1174	899	275	689. 54	641. 16	48. 38
1991	1337	1104	233	577. 06	530. 58	46. 48
1992	2043	1511	532	148. 22	148. 22	
1993	1691	1237	454	276. 55	276. 55	
1994	1517	909	608	1095. 75	837. 06	258. 69
1995	1152	802	350	777. 92	731. 59	46. 33
1996	738	517	221	753. 94	751. 48	2. 46
1997	1619	1252	367	344. 81	286. 85	57. 96
1998	699	531	168	669. 26	669. 26	
1999	1743	1195	548	926. 52	766. 10	160. 42
2000	849	657	192	951. 45	877. 06	74. 39
2001	834	605	229	884. 99	845. 50	39. 49
2002	1063	861	202	832. 00	801. 20	30. 80
2003	535	457	78	806. 70	673. 72	132. 98
2004	370	316	55	494. 62	485. 73	8. 89
2005	482	289	193	631. 92	621. 15	10. 77
2006	494	381	113	728. 77	718. 77	10. 00
2007	280	203	77	765. 42	703. 33	62. 09
2008	338	256	82	479. 61	465. 11	14. 50
2009	245	185	60	531. 80	513. 30	18. 50

续表 11－7

年份	引进沙量(万立方米)			清淤量(万立方米)		
	合计	其中		合计	其中	
		潘庄	李家岸		潘庄	李家岸
2010	416	299	117	388.03	343.37	44.66
2011	267.0	173.6	93.4	262.33	190.33	72.00
2012	351.4	240.9	110.5	251.01	250.01	1.00
2013	279.2	179.6	99.6	301.76	285.41	16.35
2014	435.5	273.6	161.9	304.64	304.64	0.00
2015	133.6	78.47	55.13	380.55	380.55	0.00
合 计	39949.7	19705.17	7224.53	17857.23	16304.98	1552.25

五、水库建设及城乡供水

德州市区的城市供水在经历了南运河取水、深井取水的历程后，受南运河断流和深层地下水含氟量超标等条件制约，供水质量受到严重限制。随着城市的发展，用水需求进一步加大，多家用水单位大户被迫自备深井取水，市区深层地下水的无序开采，形成地下水漏斗区，不仅加大了供水成本，而且将造成新的地质灾害。开辟新的水源供水成为当时政府首要任务。1981 年，原德州市城建部门对钩盘河河道进行扩大治理，建成钩盘河水库，并建设第三水厂。后来，为保护城区地下水环境，关闭所有地下水源，黄河水成为城区的唯一补充水源，德州市区饮用黄河水至今。

20 世纪 80 年代末期，随着黄河水开发利用规模的加大，加之天气干旱，沿黄地区引用黄河水量大幅增加，黄河连续几年在冬春季节出现断流，尤其是在 1991 年冬至 1992 年的春季，黄河下游断流连续超过八个月。1994 年自 5 月 30 日黄河开始断流，担负市区主要供水蓄水任务的钩盘河水库因不能及时补充水源，致使第三水厂无水可供，只好停产。当时，城区仅能依靠第二水厂的深井联合部分有深井供水的单位采用减压联网供水的方式，29 个单位的 54 眼“自备井”迅速并网，勉强维持城区人民生活用水，以解全市用水的燃眉之急。

为增强引黄水的调蓄能力，缓解水资源供求紧张的状况，德州市决定建设庆云县严务水库和丁东水库，用以缓解庆云北部苦水区和德州城区的生产生活用水问题。

1. 水库建设

丁东水库位于陵县丁庄乡东南部，1993 年开工建设，1997 年 9 月竣工，1996 年 10 月二期工程开工，次年 9 月竣工。库区面积 8.51 平方公里，围坝全长 11.64 千米。设计总库容 4800 万立方米，其中死库容 455 万立方米。通过竣工实测，设计蓄水位相应库容为 5260 万立方米，死水位以下库容 620 万立方米。实际获得兴利库容为 4640 万立方米，比设计多 295 万立方米。

丁东水库建成蓄水后，在保证城市及华鲁电厂供水的同时，又增加了华鲁恒升及德城区

1994 年，德州市水利局机械施工现场

天衢工业园供水，相继修建城市供水工程、恒升供水工程、应急供水管道、延伸供水管道、四水厂供水管道等，并与大屯水库供水工程实现联网，目前已形成“三纵三横”长达 106.98 千米的供水网络，日供水能力达 45 万立方米，每年可为华能德州电厂供水 2555 万立方米，为德州城区居民生活供水 4380 万立方米，为华鲁恒升供水 4380 万立方米，向陵城区供水 100 万立方米。不仅彻底解决德州市城区生产生活用水，还为城市的持续发展奠定了水资源保障基础。

严务水库（庆云水库）1993 年 10 月开工，1995 年年底竣工，总投资 4800 万元。库址坐落在庆云县严务乡东南部，库区面积 3.84 平方千米，设计总库容 1525 万立方米。严务水库的建成解决了庆云北部苦咸水区的生活生产用水问题。

丁东水库和严务水库的建设，成为全市水利工程建设的转折。为实现黄河水的丰蓄枯用，统筹解决农业生产、居民生活和重点工业用水，德州市因势利导，大力实施“千百十”平原水库工程，即县有千万方水库、乡镇有百万方水库、村有十万方水库，水库建设成为 20 世纪初全市水利建设的热点。2005 年，随着农村安全饮水工程的深入开展，为解决村村通自来水工程中的水质安全问题，德州市规划将城乡饮水纳入平原水库供水水源，使平原水库建设达到高潮；2005 年德州市政府出台了激励平原水库建设奖励政策，每建成一座千万立方米以上平原水库，市财政补助资金 1000 万元，有力地调动了各县（市、区）修建平原水库的积极性。至 2015 年全市已建设完成 18 座水库，总库容 2.97 亿立方米。

2. 城乡供水工程建设

德州市农村饮水发生困难的地方主要有三种类型：一是浅层地下水为咸水区，据水文地质勘探查明，全市浅层地下水矿化度大于 2 克每升的咸水区面积为 3400 平方千米，占总面积的 33%，主要分布在庆云、乐陵、宁津、陵县、德城、武城、夏津县（市、区）；二是地势相对高亢且地下含水沙层薄，因水量不足而经常发生干旱的地区，主要分布在庆云、夏津、宁津等县；三是地表水和浅层地下水不同程度污染区，主要分布在临邑、平原等县。上述三类地区，共同存在着地表水严重缺乏，既使灌溉季节引用黄河水，也因蓄存时间短暂而解决不了饮水问题。

1980 年初步调查统计，全市饮水困难村庄 1382 个，81.4 万人，到 1985 年年底，通过各种措施已解决 206 村，14.6 万人的饮水问题。1987 年不完全普查统计，全市饮水发生困难的村庄 1250 个，73.48 万人。2000 年，经普查全市缺水村庄 2023 个，119.43 万人。

党和政府历来非常重视解决农村人畜饮水困难，自 20 世纪 60 年代起，国家就拨款兴建饮水工程，80 年代正式列入国家计划，每年省从小型农田水利经费中安排专项资金用于饮水工程建设。2002 年 11 月 21 日，庆云县举行人畜吃水第一期工程通水仪式，这是全市第

一处大规模解决苦咸水区饮水困难的解困工程。庆云县依托严务水库，筹资4000万元，建成日供水能力1.5万立方米平流式水厂一座，解决了151个村，10.5万人的饮水困难，苦水区人民实现了“告别千年苦水、迎来万代甘泉”的梦想。

为进一步提高农村群众的饮水条件，2005年国家将农村饮水工作的重点由饮水解困转向饮水安全。为此，省政府启动“村村通自来水工程”。德州市及时调整了工作思路，把饮水安全工程和村村通自来水工程统筹安排，同时实施，把发展集中连片规模化供水工程，作为村村通自来水和饮水安全工程的主要模式。

2008年，为加快农村供水城市化、城乡供水一体化的步伐，德州市坚持以平原水库为水源，以水质达标为前提，大力开展平原水库建设和管网延伸工程，按照“规模化推进、板块式发展”的总体思路，坚持一县一网或一县几网，通过“延、建、改、跨”，向“农村供水城市化、城乡供水一体化”迈进。2008—2010年全市共投入工程建设资金2.99亿元，全市实现水库供水的县市达到7个，已有213万人用上同网同质的自来水，城乡供水一体化人口比例达到53%。庆云县在全市率先整建制实现村村通黄河水。平原恩城水厂向武城、夏津供水工程，成为全省首个跨行政区域供水工程。

2011年，市委、市政府提出“大干三年，在全市整建制实现城乡供水一体化”的奋斗目标。2013年12月31日，德州市政府在临邑县召开全市城乡供水一体化工作总结会议。至2013年12月25日，临邑、禹城、武城3县(市)正式联网供水，全市建成平原水库13座，蓄水能力2.59亿立方米，建成规模化供水水厂18处，日供水能力45.3万吨，村外主管网实现全覆盖，全市570万名城乡群众中有530万人喝上了“同源、同网、同质”的黄河水，城乡供水一体化率达93%以上，成为全国第一个整建制城乡供水一体化地级市，结束了德州几千年喝苦咸水、高氟水的历史。至2015年，共解决饮水不安全人口196.71万人。

六、工程管理

20世纪50年代中期，德州时辖齐河县、济阳县设引黄管理委员会。1971年，建成李家岸大型引黄灌区，设立李家岸引黄灌溉管理所。1972年，建成潘庄大型引黄灌区，设潘庄引黄灌区管理所。同时，成立德州德州地区引黄灌溉管理处(驻禹城)，属地区水利局二级单位，李家岸、潘庄两个管理所属管理处领导。1980年4月，成立德州地区引黄工程管理局，负责三大灌区管理工作。1984年，撤销地区引黄工程管理局，三个灌区管理所归地区水利局直接领导，地区水利局设引黄办公室，负责协调灌区引水调水和联系德州黄河河务局及各县(市)引黄调水等工作。1990年，区划调整，邢家渡引黄灌区随济阳县划归济南市管辖。1992年，成立潘庄引黄灌溉管理处、李家岸引黄灌溉管理处，单位级别由科级升为副县级，归地区水利局领导。2008年7月，两灌溉管理处更名为灌区管理局。

为了便于管理，有利于汛期统一指挥，各灌区渠首闸由黄河堤防管理部门设立相应机构进行统一管理。

德州市水利局负责两大灌区供水调度、水费计收、泥沙处理、灌区大中型工程的规划和建设实施。潘庄灌区管理局和李家岸灌区管理局主要负责引黄总干渠的引水管理以及堤防、建筑物工程的维修管护。两大灌区现已建立形成了市、县、乡、村四级管理网络。

灌区管理根据实际需要，坚持运用年度引用水量、灌溉面积、渠系利用系数、灌溉效率和灌溉模数、灌溉定额、工程设备完好率、经营情况、灌区经济效益八项经济技术指标进行分析，全灌区统一计算，统一调配，统一收费。

灌区各级沉沙池更新改造和渠道清淤工程，由市水利局统一安排实施。

第十二编

GONGYE

工业

- 工业企业经营体制
- 机械电子工业
- 轻工业
- 化学工业
- 纺织服装业
- 建材工业
- 采矿　冶炼　五金
- 电力工业
- 新能源与环保设备制造业

德州是传统农业大市，工业基础相对薄弱。20 世纪 80 年代，除地区所属几家工业企业外，县乡工业多是围绕农业生产兴办的小化肥、小化工、农机修造和围绕农副产品加工兴办的粮油、棉纺、食品等小型加工企业，产品档次、技术含量和附加值低。1986 年，全区国内生产总值（GDP）为 40.39 亿元，其中第二产业增加值 8.03 亿元，仅占 19.9%。1986—1992 年，工业经济结构以公有制为主，非公有制经济比重很小几乎可以忽略不计。

从 1986 年下半年开始，地委、行署加强大上乡镇企业的工作力度，动员乡（镇）、村、联户和农户一起兴办工业。乡镇企业的迅速发展为日后工业规模的扩张奠定了基础。同时，探索工业经营体制改革，制定《关于进一步搞活企业若干政策问题的试行规定》，开始在企业内部推行厂长（经理）任期目标责任制，激活企业发展活力。经过 5 年发展，1990 年全区工业总产值 93.70 亿元，是 1986 年 31.3 亿元的 3 倍。

1992 年，地委、行署动员全区各级党政组织和广大群众解放思想，抓住机遇，坚持面向国内国际两个市场，坚持改革开放两大战略，全面实施“工业带动”战略。初步形成以纺织、化工、轻工、机械和建材为支柱的产业格局。

1998 年是德州工业经济实现快速发展的转折点，全市上下进一步转变观念，调整工作思路，实施工业带动战略，加快企业的改革和发展，全方位扩大对外开放，增强经济发展的外向度。“全党抓经济，重点抓工业，突出抓民营”，党委、政府工作的指导思想。在全市组织开展“招商引资年”活动，以招商引资统揽全局。与此同时，市县工业企业大部分完成产权制度改革，激发了活力和盈利能力。1998 年以后，工业经济中非公有制成分特别是私营经济发展迅速，一跃成为全市经济发展主力军，国有及集体经济比重则持续下降到个位数。2000 年，全市工业总产值达到 469.88 亿元，按可比价格比 1995 年的 192 亿元翻了近一番。

2003 年开始，在全市实施以“发展民营和招商引资”为主要内容的两个“天字号”工程，大力发展民营经济和广泛开展招商引资活动。到 2005 年，工业产权制度改革已经完成，非公有制经济已经占到 95% 左右。技术进步对经济增长的贡献率达到 46%，10 年（1995—2005）时间增长近 10 个百分点。

2007 年开始，全市广泛开展招商引资、二次创业活动，突出招商重点，做好“南融北接”“东引西联”，促进经济发展和产业结构优化。到 2010 年，全市地区生产总值达到 1658 亿元，非公有制经济已经占到 98% 以上。工业总量快速膨胀，规模以上工业主要指标实现翻番，实现过百亿元企业零的突破，销售收入过 50 亿元的企业达到 5 家。“十一五”期间，全市在建技术改造项目 2942 个，累计完成投入 1736 亿元，是“七五”期间技改投入的 184 倍。

经过 20 多年的发展，全市工业经历由计划经济向市场经济、单一经济主体向多元化经济主体、公有制经济为主向私营制经济为主的转变。民营经济的兴起，工业经济体制改革的深入和招商引资活动的广泛开展，膨胀了工业规模，实现量的突破和质的提升。

工业体制改革激发了公有工业企业的活力，在改革中，一些不适应市场变化的企业被淘汰出局，那些转制快，产品销路好，市场广阔的企业浴火重生，逐渐发展壮大起来。改制后，涌现出山东普利森集团、华鲁恒升集团、恒源石化集团、金麒麟集团、德棉集团、古贝春集团等一批在全省全国有影响的工业企业群体。同时,以改制后的乡镇工业和日益壮大的个体私营工业为主体的民营工业,扩大了工业整体规模,涌现出皇明太阳能、禹城生物制药、武城玻璃钢及空调、夏津棉纺织和面粉加工、平原化工、宁津电梯和桌椅、乐陵体育器材和调料产业、庆云小商品城等一大批民营工业企业。一系列持续恒久的招商引资活动,吸引外地(国)企业前来德州投资兴业发展,先后引进山东景津压滤机(德州经济开发区)、史丹利化肥(平原)、中化公司(平原)、玲珑轮胎(武城)、泉林纸业(夏津)、晨鸣板纸(齐河)、华芳纺织(夏津)、山东康博(德州经济开发区)、旺旺食品(齐河)等一批国内外知名企业落户德州。

2011年,全市规模以上工业企业3144家,实现主营业务收入5186.75亿元,增长34.3%;实现利税596.45亿元,增长33.8%,实现利润327.82亿元,增长34.9%。全市主营业务收入过10亿元的企业54家,实现利税过亿元的69家。2011年技改投入达到462亿元,是1986年的300倍以上。工业门类不断增多,规模不断扩大,全市规模非国有企业产值占全部工业比重约为95%以上,成为推动国民经济发展的主要力量。

第一章　工业企业经营体制

第一节　经营与产权制度改革

计划经济管理体制下,政府对工业企业实行集中统一领导,全区工业系统按行业设机械电子工业局、纺织工业局、建材工业局、第一轻工业局、第二轻工业局等若干个行政管理局(局级公司),分口直接管理企业。1986年后,随着改革开放的逐步深化,围绕搞活企业,地委、行署不断探索改革工业管理体制,转变管理职能,1998年德州市委印发《关于工业专业经济管理部门体制改革的意见》,制订了《关于市工业专业经济管理部门人员分流实施方案》。在全省率先推行改革。各行政管理局改为行业管理办公室,从按隶属关系的分部门管理转到全行业管理,由直接管理企业转变为间接管理,由管微观经济转向对宏观管理的探索,基本不再干预企业的产供销活动。

中共十一届三中全会后,贯彻执行"调整、改革、整顿、提高"的方针,从1979年起,国家对企业只下达指导性计划,企业实行自产自销,以销定产。企业同国家的关系由吃"大锅饭"转变为由财政部门规定上缴利润基数、超额分成的制度。使企业努力增产增收,有一定的资金用于企业的技术革新和奖励职工,企业内部建立健全多种形式的经济责任制。

1986—2011年,德州市工业企业改革进程大致经历了3个阶段。

一、以租赁制、承包经营制、厂长负责制为主要形式的经营体制改革阶段(1986—1992)

1986年3月,国务院召开第一次全国城市经济体制改革工作会议,推动以国有企业改革为中心环节的城市经济体制改革。改革的重点由农村转向城市,城市经济体制改革以增强企业活力为中心，开始对企业放权让利，推行两步利改税，实行厂长负责制，小型企业实行党政一人兼的新型领导体制，确立厂长的中心地位。1987年，按照两权（所有权、经营权）分离的原则，重点推行厂长（经理）负责制、任期目标责任制和以"一包两定"（包死基数、定上缴利润、定还贷）为主要内容的承包责任制，同时在企业内部开始打破长期形成的"大锅饭""铁饭碗"，实行按劳取酬，按业绩分配机制。在中型和重点企业中，推行承包经营责任制，在小型企业中推行租赁制。到1987年年底，全区1087家县属以上企业，实行承包经营的851家，占企业总数的78.3%。全区5146家小型门、店，实行租赁的2084家，占计划数的75.6%。同时，对计划、财政、金融、价格、劳资、物资体制也进行了初步改革。在1987年的基础上，1988年上半年，进行第一轮承包的扫尾工作，98%以上的企业实行承包制。对有收入的事业单位也进行承包制和任期目标责任制试点，对承租人全部实行公开竞争招标。1988年后，根据国务院下发的《全民所有制工业企业承包经营责任制暂行条例》和《中华人民共和国全民所有制工业企业法》，全区对企业承包合同进行规范和完善，内部实行层层聘任、优化组合和各种形式的分配方式，初步形成"岗位靠竞争，收入凭贡献"的局面。部分企业还采用"厂内银行""满负荷工作法""规范化工作法"等先进的管理方法。政府及相关部门根据企业法要求，简政放权。同时加强对承包企业的考核、奖惩，保证承包顺利发展。1990年下半年，在第一轮承包3年期满之前，适时转入第二轮承包。在明确发包主体，完善领导体制，合理确定基数、健全指标体系，建立激励和约束机制等方面，都有明显改进和完善。3年计划完成产值、实现利润、还贷、上缴财政基数分别比上轮承包增长37.6%、35%、22%和38.6%。同时进行流通体制改革，完善社会保障制度，做好住房制度改革的准备工作，引导企业进行结构调整，促进企业兼并，发展企业集团。

1992年，全国经济体制改革进入实质性阶段。工业企业普遍推行劳动、人事、分配制度改革，促进企业自主权的落实，初步建立干部能上能下，工人能进能出，收入有高有低的新机制。1992年7月23日，国务院颁布《全民所有制工业企业转换经营机制条例》。围绕落实条例赋予企业的14项自主权，部分企业主管部门简政放权，结合机构改革将企业整建制逐步转为经济实体，组建集团总公司。

二、发展企业集团、进行股份制试点阶段（1992.10—1997.12）

1992年10月至1997年年底，以初步建立社会主义市场经济体制为目标、实现城市经济体制改革的整体推进和重点突破。这一时期，企业改革试点探索也呈多样化，横向经济联合，组建和发展大型企业集团试点、股份制试点等企业改革迅速扩大，为企业改革的全面深化积累经验。1993年5月，地委、行署印发《德州地区实施〈全民所有制工业企业转换经营机制条例〉办法（试行）的通知》，在企业劳动用工权、人事管理权、工资奖金分配权、内部机构设置权、生产经营决策权、劳务、产品定价权、物资采购、产品销售权、进出口权、投资决策权、留用资金支配权、资产处置权、联营兼并权、拒绝摊派权等方面，全面落实企业权利，使国有企业真正成为依法自主经营、自负盈亏、独立享有民事权利和承担民事义务的企业法人。

1993年11月，中共十四届三中全会作出《中共中央关于建立社会主义市场经济体制若干问题的决定》，提出要建立符合市场经济的现代企业制度。全区开始按照"产权清晰，权责明确，政企分开，管理科学"的要求，从理顺企业产权关系、建立法人治理结构、转换企业经营机制、实施增资减债、减人增效、分离分流等方面进行试点，为深化企业改革，加快建立现代企业制度积累经验。

1995 年 4 月，德州撤地设市后，国有大中型企业成为经济体制改革的重点，围绕建立规范的现代企业制度，集中力量抓好两家省级和部分市级现代企业制度的试点工作。通过股份合作、引进外资嫁接改造、组建企业集团，以及兼并、出售、转产等形式，搞好企业资产重组和流动，进一步规范股份制，同时把深化改革和强化管理紧密结合起来。全市发展市县两级企业集团 79 家，重新规范原有的 98 家股份制企业，年内新发展股份制企业 29 家。同时，全市积极推进社会养老保险、城市医疗保险等生产和生活中的配套改革，为企业改革和发展提供保障。在生产经营方面，先后开展“管理效益年”“远学邯钢、海尔、亚星，近学大坝、恒升”“压缩两项资金占用”等活动。1997 年印发《市级管理示范企业考核标准和实施细则》，推动企业管理的具体化、目标化、制度化、责任化。当年有 2 家企业晋升省级示范企业，19 家企业晋升市级管理示范企业，73 家企业达到省级管理达标企业标准。1998 年，省经贸委在德州召开压缩两项资金经验交流会，省政府推广德州经验。

在城市国有大中型企业推行股份制，建立现代企业制度的同时，各县（市）的乡镇企业继续推行股份制改革。1995 年，宁津县大曹乡推行乡办企业股份合作制改革，截至 1996 年 6 月，全乡 13 家乡办企业有 8 家完成股份合作制改造。通过监督、引导、激励、扶持、督促等做法，提高企业经营效益，1996 年前 5 个月，改制企业实现销售收入 1200 万元，实现利润 118 万元，分别比上年同期增长 48% 和 51%。

三、产权制度改革阶段（1998. 1—2004. 12）

1998 年年初，以产权制度改革为中心的市属企业改革正式启动。1998 年上半年，成立中共德州市委推进市属企业改革委员会，制定出台《关于进一步搞好企业改革的意见》《市委常委会关于企业产权制度改革会议纪要》《关于进一步深化和完善企业改革的意见》《关于加快国有企业改革和发展的决定》《关于进一步搞好企业改革的补充意见》《德州市市属工交企业产权制度改革初步方案》等一系列配套改革政策。从市直部门抽调精干力量，集中办公，加强对企业改革工作的统一领导。各县（市、区）均建立领导小组，抽调精兵强将集中办公，共同打好企业产权改革攻坚战。市和县（市、区）抽调机关干部，组成改制工作小组，派驻企业帮助企业改制。全市各级、各有关部门和省驻德州有关单位，为全市企业产权改革做了大量卓有成效的工作，促进了企业改革的顺利进行。在企业管理信息化、企业管理创新、企业经营者年薪制、企业激励机制等方面取得新突破。通过深化改革、国退民进、强化管理、转换机制，激发企业发展内在活力。

1998 年 7 月 18 日，市政府印发《关于同意德州农药厂改制方案的批复》，同意按“零资改制”方式，将国有德州农药厂改制为社会法人控股和职工全员参股的德州恒东农药化工有限公司，标志着德州第一家工业企业产权制度改革的完成。截至 2000 年年底，在市属 84 家企业中，未进行产权制度改革的有 31 家，占 36. 9%；国有、集体资产部分退出的 23 家，占 27. 38%。在县属企业中，未进行产权制度改革的有 80 家，占 10. 4%。国有、集体资产部分退出的 158 家，占 20. 55%。市属工业企业产权制度改革，以造纸厂、橡胶厂、地毯厂关闭破产，恒力电机公司、宝丰农机公司、恒东农药公司、虹桥染料公司、远东袜业公司、鲁王化机公司等 5 家企业全员买断、平均持股，晶华集团、德州齿轮厂、轴承厂、锅炉厂、泰康药业、德州又一村等企业国有控股，华鲁恒升、德棉集团国有独资为

主。2000 年,全市实施市属工业企业年薪制,出台《市属工业企业经营者考核奖惩试行办法》,对年利税 500 万元以上的市属企业进行审计兑现。2001 年,重点推广现代物流管理、亚星购销比价管理,德棉集团、恒升集团(1996 年改制)被确定为试点企业。

2001 年上半年,市属工业企业改革进入全面规范完善阶段。市委、市政府出台《关于进一步做好体改工作的意见》,本着"先易后难,因企制宜,分批推进,积极稳妥"的要求,采取股、送、卖、破、联等多种形式,全面推进产权制度改革。对未改制企业通过改制,使国有资产全部或大部分退出。对国有控股和参股企业,通过减持或退出国有股权,进一步调整股权结构,对职工买断的企业,通过股权结构调整,做到经营管理层控股,法定代表人持大股。对企业产权制度改革基本到位的企业,进一步规范完善法人治理结构,深化企业内部改革。2002 年 6 月,企业上市取得突破,华鲁恒升在上海证券交易所挂牌上市,成为德州市第一家上市公司。

2003 年,对全市县属以上国有及国有控股企业和改制不规范的企业进行摸底调查。制定《2003 年市属工业企业深化完善产权制度改革方案》,对市属工业企业逐个提出改制、重组或深化完善改革的意见。继续以产权制度改革为核心,以调整所有制结构、建立现代企业制度为目标,采取有效措施,推进企业改革的深化和完善,在机制转换、结构调整、制度创新上实现新突破。截至 2003 年年底,全市乡及乡以上企业 2020 家,进行不同形式改革的 2019 家,占企业数的 99.9%。其中股份有限公司 8 家,有限责任公司 535 家,股份合作制企业 341 家,出售拍卖企业 948 家,兼并企业 52 家,送企业 41 家,实行租赁经营的 31 家,采取其他改革形式的 63 家。破产企业 312 家。在全市改革后的 2019 家乡及乡以上企业中,国有、集体资产全部退出的 1676 家,占 83.01%。887 家股份制、股份合作制企业中,有 656 家实现法人代表持大股和经营管理层控股,占 74%。全市工业企业 244 家,国有、集体资产全部退出的 131 家,占 53.7%。其中国有、集体资产全部退出、法人代表持大股、经营管理层控股的 123 家,占 93.9%。国有、集体资产部分退出的 47 家,占 19.3%,其中 12 家为国有控股企业,35 家为参股或相对控股企业。国有、集体独资企业 17 家,占 7%。其他形式的 49 家,占 20.1%。市属工业企业(经委系统)23 家,国有(集体)资产全部退出的 11 家,占企业数的 47.8%,有 8 家企业实现经营管理层控股、法定代表人持大股。国有资产部分退出的 7 家,占 30.4%,其中 5 家为国有控股企业,2 家为参股(相对控股)企业。国有独资企业 3 家,占 13%;国有企业 2 家,占 8.7%。机床厂、无线电三厂、方向机厂、齿轮厂、天马集团、土产公司、棉麻公司、肉联厂、二轻供销设备公司和市属科研机构以及德州市工业科学研究所等完成改制,产权制度改革一步到位,组建为经营层控股、法人代表持大股、职工参股的有限责任公司。晶华集团、锅炉公司、泰康药业公司、又一村酿酒公司、轴承公司、宏力纺织公司、德森集团、宝丰农机公司等 8 家工业企业其他行业的企业进行改制、调整和深化完善。全市有 543 家企业改制为股份有限公司、有限责任公司,通过股权结构调整、引进外资、嫁接改造。多数企业实现投资主体多元化,现代企业制度的框架初步建立。法人治理结构健全完善的 760 家,占 86%,实行董事长、总经理分设的 123 家,占 13.91%。2003 年,按照走新型工业化道路的要求,重点以信息化入手,推动产业管理工作上水平,公布了德棉集团、华鲁恒升集团等 18 家管理信息化试点企业,同年,德棉集团入围中国企业信息化

500强。

2004年是全市工业企业产权制度改革取得突破性进展的一年。全市340家县属以上工交企业中,国有(集体)资产全部退出的有226家,占66.5%;国有(集体)资产部分退出的有69家,占20.3%;国有(集体)资产尚未退出的有45家,占13.2%。其中,市属工交企业中,国有(集体)资产全部退出的有14家,占58.3%;国有(集体)资产部分退出的有5家,占20.8%;国有(集体)资产尚未退出的有5家,占20.8%。经济成分由单一的国有(集体)所有制变为多种经济成份的股份制、股份合作制以及个体私营,实现了投资主体多元化。2004年,晶华集团、德隆机床集团、液压机具公司、方向机公司、又一村公司、无线电三厂、轴承公司、齿轮公司等市属企业国有资产已经全部退出,对已经改革但人均持股的电机公司、农机公司、农药公司等企业进行股权结构调整。通过改革,国有资产在企业逐步退出和调整,民营资本、个人资本、外资参与企业改革,市属工业企业形成了股份有限公司、国有控股的有限责任公司、企业经营管理层控股的有限责任公司、民营资本控股的有限责任公司、台商企业、国有独资企业等组成的企业结构。恒升、晶华、德隆、德药制药、联合石油等企业发展成为市属工业企业的龙头。电机、液压、方向机、齿轮、无线电三厂、农机、轴承等一批企业也呈现出良好的发展势头。

2004年年末,全市规模以上工业企业(全部国有及年销售收入500万元以上的非国有独立核算工业企业,下同)已发展到1460家,比年初增加322家,资产合计达到628.33亿元,增长25.8%。规模以上工业实现增加值255.15亿元,增加31.6亿元。轻重工业分别完成增长值127.21亿元和127.88亿元。全市高新技术产业产值93.87亿元,增长45.5%,高新技术产值占规模以上工业产值的比重为12.2%,比上年提高2.24百分点。全市规模以上工业产品销售收入808.43亿元,增长43.4%,实现利税109.16亿元,利润70.31亿元,分别增长42.9%和42.5%。全市销售收入过10亿元的企业9家,实现利税过亿元的21家。

四、建立现代企业制度阶段(2005—)

2005年后,企业改革的主要特征是以建立现代企业制度为目标,以调整所有制结构和规范企业运行机制为重点,推进国有资产从一般竞争性领域有序退出,建立归属清晰、权责明确、保护严格、流转顺畅的现代产权制度和充满活力的企业新体制。

2008年5月21日,市委召开德棉集团专题会议,确定德棉集团改革的基本思路。市政府成立德棉集团改革重组领导小组,向德棉集团派驻了三个清产核资工作组。经过反复考察论证和与省金融办、银监局以及有关金融等单位进行沟通,形成初步改革重组方案。按照“化整为零、以资承债、零资改制、参资入股、独立经营”的思路,对德棉集团及其全资、控股子公司从体制上、债务上、管理上实行改革重组。首先将德棉集团所有债务,特别是银行债务进行分拆,从根本上化解整体债务风险。在债务分拆的基础上,子公司从集团内部分离并进行产权制度改制。改革重组后,各子公司独立经营,并承担相应的债权债务,自谋发展。工作组进驻企业后,开展银行债务分拆、转移、子公司分离、以资抵债、企业稳定等工作,在各级、各有关部门和单位的大力支持下,2008年9月完成债务分拆、转移、子公司分离等工作,2009年2月,分离后的恒丰、恒华、德棉进出口三家企业完成产权制度改革。通过德棉集团改革重组,调整企业管理体制,减轻整体债务压力,化解金融风险,保证企业正常运行。

由于历史原因,工业体系中形成一部分工

业企业由市政府直接管理的经营体制，即市属企业。为打破体制障碍，理顺企业属地管理关系，促进企业加快发展，2008 年，市政府印发《关于市属工业企业实行属地管理的意见》，分 3 批对 31 家（含医药商业企业等）市属工业企业实行属地管理，分别划归德城区 18 家、夏津县 1 家、经济开发区 7 家、运河开发区 5 家。

2011 年，全市规模以上工业企业 3166 家，实现增加值 1001.35 亿元，增长 15.8%。其中，轻工业增加值增长 13.2%，重工业增加值 18.1 亿元，非公有工业企业实现增加值 844.74 亿元，增长 16.3%。全市规模以上工业企业实现主营业务收入 5189.72 亿元，增长 34.3%；实现利税 956.45 亿元，增长 33.8%；实现利润 327.82 亿元，增加 34.9 亿元。全市主营业收入过亿元的工业企业 54 家，实现利税过亿元的 69 家。全市规模以上工业企业高新技术产业实现总产值 1059.51 亿元，占规模以上工业总产值的 20.5%。

第二节　产业格局

“七五”（1986—1990 年）期间，乡（镇）村企业逐渐发展起来，使全区工业产业结构发生变化，初步形成以轻纺、化工为主体，机械建材等为辅，加工工业、原材料工业协调发展的格局。

“八五”（1991—1995 年）期间，企业技改投入逐年增加，5 年累计完成技改投入 71.1 亿元，促使全区工业格局转化。德州化肥厂年产 1 万吨聚甲醛项目、振华玻璃厂年产 300 万块空心玻璃砖项目、陵县造纸厂 1760 长网纸机项目、德州齿轮厂汽车摩托车齿轮及变速箱项目、德州方向机厂汽车动力转向器项目、德州第二棉纺织厂自动络筒机项目等相继投产运行，成为拉动经济快速增长的重要引擎，全区形成以纺织、化工、轻工、机械和建材为支柱的产业格局。

“九五”（1996—2000 年）期间，随着国有和集体企业的改革，产业化分工越来越突出，特别是 1998 年后工业结构进一步优化，形成以发展主导产业和培植壮大骨干优势企业为重点，突出利用高新技术改造提升传统产业和发展高新技术产品新格局，培育了恒升集团、兴禹集团、恒源集团、银杉集团、晶峰集团、乐港五金、鲁光集团、德棉集团、宏力集团、机床厂等一批在全省、全国有一定影响的骨干优势企业，企业装备水平大大提升，产品结构不断优化。截至 2000 年年底，工业企业由 1978 年的 1155 个发展到 48029 个。其中，限额以上工业企业总资产 298 亿元，完成工业增加值 81 亿元，销售收入 238 亿元，实现利税 35.9 亿元，从业人员达到 20.05 万人。

“十五”（2001—2005 年）期间，通过不断加大投入与结构调整，工业经济总量迅速膨胀，结构不断优化，运行质量提高，二产比重比“九五”时期上升近 10 个百分点。全市工业企业 5 年累计实现销售收入 3024.7 亿元，利润 251.7 亿元，税金 157.3 亿元。规模以上工业企业达到 1600 余家，比“九五”期末翻了一番多，工业经济已成为德州市国民经济的支柱。晶华彩色玻璃空心砖、德隆集团的深孔珩磨机床及数控枪钻、乐陵汽车刹车片等 35 种产品达到国际先进水平；恒升集团的化工产品、晶华集团的平板玻璃、日用玻璃、水泥等 260 多种产品达到国内先进水平。莱钢永锋、晨鸣板纸、波司登、光明乳业、双汇、金锣等一批知名企业相继落户德州。

“十一五”（2006—2010 年）期间，市委、市政府把工业强市作为加快发展的第一战略，制订了装备制造、化工、纺织、食品加工四大优势产业和新能源、新材料、生物技术、文体用品四大新兴产业发展规划，优选15家骨干企业进行重点扶持，并将技术改造作为推动产业转型升级，扩大经济总量的有效抓手。“十一五”期间，全市在建技术改造项目2942个，累计完成投入1736亿元，是“十五”期间技改投入的3倍。其中，华鲁恒升20万吨醋酸、莱钢永锋综合升级改造、通裕集团兆瓦级风力发电机主轴等一大批重大技改项目的投产，成为全市工业经济新的增长点。截至2010年，四大优势产业累计实现主营业务收入2945.55亿元，利税292.63亿元，利润153.77亿元；四大新兴产业累计实现主营业务收入1085.73亿元，利税123.86亿元，利润67.74亿元。

2011年，市委、市政府提出构建现代产业体系思路，按照“集中优势率先突破，着眼未来顶层设计”的原则，全力实施“10+3”主导产业集群推进计划。“10”就是农产品加工、装备制造、纺织服装、化学工业、新能源、新材料、生物技术、现代物流（现代商务）、文化旅游（体育）、城市综合体（房地产业）十大优势产业。“3”就是电子信息、交通装备和现代服务业（现代金融、文化创意、服务外包）。全年规模以上工业企业累计实现主营业务收入5186.75亿元，实现利税596.45亿元，利润327.82亿元，同比分别增长34.3%、33.8%和34.9%。主导产业中，装备制造业、农产品加工业年实现主营业务收入突破千亿元。装备制造业达到1046亿元，农产品深加工产业达到1209亿元。化学工业突破700亿元，达到776亿元。生物技术、新材料产业、新能源（节能环保）产业、电子信息产业增速明显，收入增幅均超过全市平均水平。

1986—2011年德州市（地区）工业企业单位数和工业总产值统计表

表12－1　　单位：家、亿元

年份	全部工业企业单位数	规模以上企业个数	全部工业总产值	#规模以上工业	#规模以下工业
1986	23437	1717	31.27	24.66	6.61
1987	32278	1719	39.30	29.72	9.58
1988	40382	1841	63.75	43.09	20.66
1989	42549	1885	84.08	54.56	29.52
1990	42641	1927	93.70	60.33	36.36
1991	44788	1974	101.51	64.98	36.53
1992	49711	2068	108.05	71.93	35.13
1993	76454	2138	118.42	81.59	36.83
1994	97305	1951	155.05	108.53	46.52
1995	16981	1763	192.00	145.06	46.94
1996	53263	1831	279.85	156.49	123.36
1997	52003	1564	318.36	168.47	149.62

续表 12－1

年份	全部工业企业单位数	规模以上企业个数	全部工业总产值	#规模以上工业	#规模以下工业
1998	50683	410	353.93	137.08	216.85
1999	39636	440	384.60	168.63	215.97
2000	48029	610	469.88	239.88	230.00
2001	50589	752	541.90	304.40	237.50
2002	50878	862	634.17	386.17	248.00
2003	62183	1157	780.85	525.85	255.00
2004	59172	1408	1092.85	819.56	273.29
2005	61278	1778	1461.79	1173.79	288.00
2006	62994	2320	1860.56	1548.56	312.00
2007	63219	2721	2488.21	2173.21	315.00
2008	47160	3138	3134.15	2808.95	325.00
2009	47438	3372	3599.84	3259.84	340.00
2010	47874	3248	4233.78	3259.84	340.00
2011	45210	3144	5562.75	5186.75	376.00

注：工业总产值按当年价格计算

第二章　机械电子工业

机械工业是德州地区（市）工业经济的主导产业。到20世纪80年代中期，机械工业产品已延伸到石油、化工、建筑、交通、轻工、纺织、汽车等行业，产品结构逐步趋于合理，并走向国际市场。1986年，机械工业系统完成工业总产值10920万元，实现销售收入10408万元。

“八五”（1991—1995年）期间，德州机械工业加快企业改革，转换经营机制，大力开发新产品，加快对外开放的步伐。德州机床厂、禹城机械厂的出口交货值分别达到1615万元，1307万元，机械工业出口交货值占产值的11.2%，比全省平均数高近一倍。乐陵市机械厂的金麒麟刹车片已投入生产，1993年生产刹车片14万套。德州机床厂组建了“德州柯斯达机械制造有限公司”和“德州机床厂进出口公司”。1995年撤地设市后，原地区机械电子局改为德州市机械电子工业局，上划德州机床厂、德州齿轮厂、德州柴油机厂、德州拖拉机厂、德州方向机厂、德州电机厂、德州轴承厂、德州无线电三厂、德州液压机具厂、德州农机厂、德州锅炉厂共11个厂为直属企业。至1995年年底，德州市机械工业总产值完成8.24亿元，其中市直企业完成6.4亿元。

“九五”（1996—2000年）期间，德州机械工业系统进加强技术改造和新产品开发，深化企业改革，加快对外开放。1998年，根据市委、市政府部署，撤销原德州市机械电子工业局，组建德州市机械电子行业管理办公室，主要行使行业管理职能，不再直接管理企业。1999年，德州市机械、电子、汽车工业共有18个企业，其中大型企业集团1个，大中型企业14个。全年完成工业总产值17.1亿元；实现利税5939万元；实现利润2040万元；完成出口交货值9188万元；开发新产品25项，主要产品质量稳定提高率为98%。

经过“七五”“八五”“九五”的技术改造，德州机械电子行业基本形成以金属切削机床及附件、交流电机、工业轴承、工程液压件、工业锅炉、纺织机械、农用车变速箱、摩托车齿轮、汽车方向机、汽车刹车片、农机、大中小马力拖拉机、农业耕耙机械及收获机械、电子元器件等为主导产品的工业结构体系。

至2011年年底，全市规模以上机械电子企业624家，实现主营业务收入1046亿元%，占全市工业经济规模的比重提高到20.2%，位列全省装备制造产业第11位；实现利税114.7亿元，位列全省装备制造产业第10位。全市重点调度装备制造业企业50家，骨干企业15个。全市装备制造业拥有国家级企业技术中心1个，省级企业技术中心13个，市级企业技术中心27个。中国驰名商标10个，中国名牌产品3个，山东省著名商标11个，山东省名牌产品8个。德州市被命名为“中国汽车及零部件产业集群基地”及“中国中央空调产业集群基地”。

1986—1992年德州市(地区)机械工业主要产品产量表

表12-2

产品	单位	1986	1987	1988	1989	1990	1991	1992
交流电机	万千瓦	7.45	8.56	13.20	10	7.27	7.66	11.30
切屑机床	台	1173	1138	1448	1367	1136	1078	1227
小拖拉机	台	1581	1802	3201	3005	4898	7258	5695
内燃机	万千瓦	2.67	10.97	5.64	5.72	4.59	1.12	4.40
机引犁	台	575	400	1099	851	1823	3464	4056
机引耙	台	300	220	520	400	560	1200	560
各种齿轮	万支	66.70	85.10	95.67	95.67	72.17	74.60	68.73
工业轴承	万套	180	200	300	331	422	490	514
工业锅炉	蒸吨	145	203	254	215	214	144	135
液压件	万件	1.74	3.45	6.95	5.38	4.39	5.31	11.25
改装汽车	辆	0	80	392	331	569	547	537
汽车配件	万元	183	356	350	216	1131	1731	2388

第一节　机械基础件

1986 年,德州机械基础件以各种齿轮、轴承、液压件为主,产品种类较为单一,其中生产各种齿轮 66.7 万支,工业轴承 180 万套,液压件 1.74 万件。

1987—1992 年,机械基础件行业发展开始起步,主要以几个国有企业为支撑,以市场为导向,大力开发新产品。1992 年,德州齿轮厂开发技术含量高的汽车和摩托车齿轮,产品只占总产量的 1/3,而产值和利润都分别占 1/2 和 2/3。同年,经省机械厅评选,德州轴承厂、德州液压机具厂被评为推行全面质量管理先进企业。为加快转换企业经营机制的步伐,1993 年年底在结束二轮承包后,完成以资产经营租赁制为主要形式的企业改制工作,明晰了产权关系增强了企业活力,德州轴承厂的出口交货值达到 522 万元。德州方向机厂研制开发的自动翻转机构、自动牵引装置、动力转向器都具有国内先进水平,新产品产值率达到 30% 以上。1994 年,德州齿轮厂生产的 LQ－1608 农用车变速箱、德州液压机具厂的 DSS 系列高压电动泵站达到国内先进水平。1995 年,德州机械基础件行业大力开展节约管理,德州方向机厂过滤废机油 15 吨,节约 2.3 万元,废铝屑冶炼回收 60 吨,节约材料费 36 万元;德州齿轮厂处理积压物资 1000 套,收回资金 8 万元,生产的摩托车齿轮在轻骑集团六届质量年会上被评为出口产品定点厂。

"九五"(1996—2000 年)期间,德州机械基础件行业发展速度加快,产品质量跃上新台阶。1996 年,方向机厂开发出液压三轮车翻转装置、1041 轻型车方向机等 4 种新产品。液压机具厂研制开发的工程油缸等产品依靠过硬的产品质量提高了市场竞争力。1997 年,液压机具厂与机床厂合资组建工程油缸有限责任公司。方向机厂开发了农用汽车方向机,轴承厂完成了多年未能解决的 201－203 系列轴承优化工作,新开发了 204 轴承。德州轴承厂生产的 201、202 轴承,获国家银牌。液压机具厂在成功开发出高速公路救援设备以后,铁路救援的大马力机动油泵、集装箱装卸机具已完成设计。1998 年,重点推行市直机电工业企业改制工作,列入市首批改制计划的液压机具厂改制成功。德州机床厂和液压机具厂的强强联合,共同出资组建宇力液压缸有限公司,生产能力突破 5 万支大关。1999 年,推进国有企业改革和发展,德州轴承厂改为德州轴承有限公司,国有控股占 66%,职工参股占 34%。2000 年,德州轴承有限公司开发生产的无异音轴承,其精度、性能等技术指标已达到国外名牌轴承 90 年代先进水平。

"十五"(2001—2005 年)期间,德州机械基础件行业按照建立现代企业制度规范化要求,加快改革步伐。2002 年,液压机具厂、方向机厂进一步调整内部股权结构,齿轮公司实现从宏力集团的剥离,企业产权制度改革全面铺开。2003 年,德州方向机有限公司开发汽车用缸、泵、阀各类新产品 50 多种,其中国内先进水平 10 种以上,依靠自己开发公司的力量改造 CDZK140 型数控车床 30 余台。方向机厂、齿轮厂国有资产全部退出,组建为经营层控股、法人代表持大股、职工参股的有限责任公司。2004 年,计算机辅助制造(CAD)技术在系统内 90% 以上企业推广和应用,涌现出方向机、液压机具有限公司等一批信息技术应用比较成功的企业。2005 年,工程油缸产量达到 13 万支,居全国首位。轴承公司改制和职工安置及股权结构调整完成,公司完成销售收入 1000 万元,同比增长 40%。12 月,山东晋德有限公司成立。总投资 1 亿美元,注册资本 5000 万美元,占地面积约35万平方米，主要生产各类（标准及非标准）紧固件，年产量可达20万吨。

进入“十一五”（2006—2010年）时期，行业加大技术改造投入和项目建设力度。2007年，德州齿轮公司新增投资2000多万元购置了等温正火线、加工中心、立式拉床、数控剃齿机及易普森多用炉生产线等设备，产品质量、生产效率提高3倍以上。该公司成功与世界500强企业德国ZF公司及中国重汽集团合作。德州方向机厂全年共完成40余种产品、近百种规格新产品的开发设计，其中进入批量生产16种，完成样品试制18种。

经过技术改造，2011年，德州机械基础件行业工艺装备得到很大改善，基本形成了以工业轴承、工程液压件、摩托车齿轮、汽车方向机、密封件、传动联结件、紧固件、弹簧等为主导产品的结构体系。

重点企业简介

德州齿轮有限公司　前身是德州齿轮厂，始建于1962年，生产经营用地9.98万平方米，建筑面积4.36万平方米。在岗员工602人，其中各类专业技术人员178人。具有年产各种圆柱齿轮260万只，各类汽车变速箱、取力器等齿轮传动箱3万台的能力。产品涉及汽车、摩托车、工程机械、大型拖拉机、农用汽车、排灌机械、油田机械等60多个机型260多个品种。为一汽集团、中国重汽集团、徐工集团、临工集团、中国五征集团、山西大同齿轮集团有限公司、北京齿轮总厂、新大洲－本田等大型企业配套，并建立了良好的配套协作关系，产品曾多次被评为优质产品或免检产品。2004年成为中国重汽斯太尔车定点供应商。

山东宁津弹簧有限公司　始建于1970年，1992年开始研制铁路车辆弹簧，拥有“刚柔特”注册商标。2002年6月通过ISO 9001：2000国际质量体系认证。是铁道部定点生产

弹簧　（2011年　摄）

单位，为铁路机车生产转8G（转8AG）、转K2、转K4提速车弹簧及ST、MT－3缓冲器弹簧，MT－2缓冲器、转K5、转K6提速车弹簧、转K3型转向架及C63型车辆弹簧等。2006年，该公司生产的的弹簧开始用于动车组，结束了依赖进口的历史。全国铁路7次提速、火车改型，该公司产品每次最先用在改型列车上。2011年，加拿大庞巴迪公司通过了该公司的年度合格供方评审，并追加1万套弹簧的生产订单。当年该公司销售收入达1.8亿元。

第二节　汽车及零部件

1986—1992年，德州地区汽车及零部件行业主要以改装汽车为主，行业处于起步状态。1987年，武城旅行车厂开始生产玻璃钢改装汽车，投产第一年就完成产值318万元，比1986年增长1.7倍。1988年产值1412万元，是1986年的12倍，“齐鲁牌”武城面包车畅销全国。到1992年年底，生产汽车452辆，产值达到2416万元，实现销售收入2176万元，利润144万元，产值和利润分别是1986年的20倍和144倍。

“八五”（1991—1995年）期间，全区汽车工业坚持科技进步，转换机制增强自我发展能力，汽车零部件行业开始快速发展。1993年，德州

地区汽车工业实现销售收入6198万元，比上年增长28%，实现利税175万元。乐陵机械厂的金麒刹车片投入生产，全年生产刹车片14万套，产品达到国际水平。1994年，德州地区汽车工业总产值与全省地、市同行业相比位居第六位。武城旅行车厂的BWL7100玻璃钢轿车填补国内空白。乐陵机械厂新开发无石棉刹车片，全年出口汽车刹车片8.69万套，出口交货值达到321万元。1995年，武城旅行车厂开始研制生产玻璃钢农用汽车。乐陵机械厂新上50套"鼓式刹车片"项目，完成投资1000万元。

"九五"（1996—2000年）期间，德州市汽车工业产品结构进一步优化，基本形成了以改装汽车、刹车片及汽车零部件等为主导产品的生产体系。乐陵金麒麟刹车片有限公司通过引进技术、设备完成盘式刹车片一期改造和鼓式刹车片二期改造，使生产能力达到120万套，1996年，筹集资金进行三期改造，完成改造后盘式刹车片达到300万套，鼓式刹车片达到30万套，摩托车刹车片400万片，年产值达到1.2亿元，实现利税1500万元，外汇800万美元。

1990年后，德州汽车及零部件行业呈现多元化趋势，产品涉及橡塑密封件、内饰件、轮毂、轮胎、刹车片、变速箱、汽车底盘等。2002年，乐陵金麒麟集团实现利税1596万元。2005年，武城县被命名为"中国汽车零部件产业集群县"。中南集团2006年5月在新加坡成功上市，开创中国玻璃钢企业境外上市的先河，集团投资12.6亿元的齐鲁汽车工业园成为山东省仅有的四家客车制造厂之一，年生产大中型客车3万辆，实现产值60亿元。2007年，武城县被命名为"中国汽车零部件产业城"，全县玻璃钢汽车部件产业产值达到62亿元，产品覆盖全国60%以上的整车生产企业，与一汽、东风、北汽、上汽、中国重汽等40余家大型汽车企业实现"定向联系"。新明玻璃钢制品有限公司为中国重汽研发出"斯太尔王"和"豪沃"重型汽车的配套产品，取得两车型的独家供货权，研制的汽车扶手杠专门为2008年北京奥运会专用车配套。

2010年，全市汽车及零部件产业完成销售收入260亿元。依托山东齐鲁汽车公司年产3000辆中小型客车产能基础，积极与金杯华晨的合作步伐，尽快实现5万辆客车和10万辆轻卡项目落地建设。依托山东齐鲁客车公司、富路车业公司、华昊新能源科技公司等企业，形成年产6000辆新能源客车、30万辆三轮四轮棚车、微型电动车和1000辆新能源电动轿车产能。利用宏力集团现有闲置资产，加强与北汽福田公司等央企的合作，引进改装汽车产品。依托金麒麟集团、山东三岭汽车内饰件公司、山东美驰车桥公司、乐陵海裕汽配公司等，抓好刹车片及刹车盘、车桥、变速箱、方向机、高档内饰件、汽车空气、机油、燃油滤清器等核心产品，扩大产能，进一步扩展配套市场。依托水星集团、中南复合材料公司、龙祥橡塑公司、宏业汽配公司等一大批零部件生产企业，围绕高档车辆密封件、消声器、轮胎、轮毂、外罩件等产品扩大产能，提升配套能力。

2011年，德州市汽车及零部件行业拥有规模以上企业160余家，重点企业主要有：金麒麟集团、水星集团、玲珑轮胎、安凯车桥公司、三岭汽配公司、德州齿轮公司、山东朝阳轴承公司等，行业具有一定的生产基础和比较优势，产品配套能力较强，产业集群优势明显。

重点企业简介

山东金麒麟股份有限公司　前身是乐陵机械厂。根据市场需求，1991年进入刹车片行业。1994年刹车片产品批量进入美国和欧洲市场。1999年乐陵机械厂改制为乐陵金麒麟汽车零部件有限责任公司。2001年更名为山东金麒麟集团有限公司。此后，企业步入快速发展车道，连续十年产销增长率递增30%以上,刹车片年产销量由50万套增长到3000万套,出口到世界70多个国家,在全球同类产品市场占有率达到10%,在国内市场占有率达到30%以上。成为中国汽车刹车片行业规模最大的龙头企业,在全球同行业排名前五位,在中国第一。

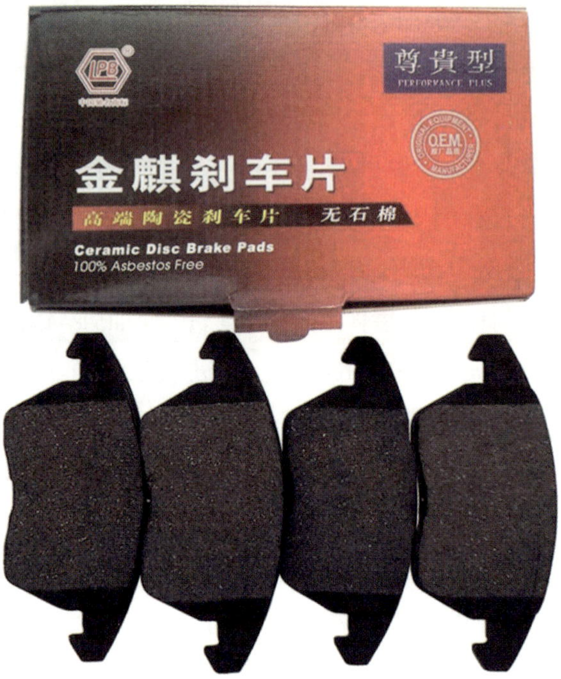

山东金麒麟公司产品　　(2011年　摄)

集团公司属下有4个生产厂,一个国家级技术中心,两个工程实验室主导产品汽车刹车片为全球同行业中型号最为齐全,多达3100多个品种,覆盖几乎全部乘用车车型和商用车车型,产品80%以上出口到全球70多个国家和地区。LPB商标2005年被国家商标局认定为中国驰名商标,并且在欧盟、美国、加拿大注册。2006年企业技术中心被科技部认定为"国家级高新技术企业"。2007年企业技术中心被国家发改委认定为"国家级企业技术中心"。

山东水星汽车部件集团　前身是始建于1986年的武城县水利橡胶厂,后几经更名,2001年实行股份制改造,改名为山东水兴橡胶股份有限公司,2005年组建山东水星汽车部件集团,母公司为山东水星汽车部件集团股份有限公司,子公司有武城县亚星汽车内饰件有限公司、山东水星金属表面处理有限公司、北京水兴瑞沃汽车部件有限责任公司等。

集团总部设于武城经济开发区,核心企业"山东水星博惠汽车部件有限公司",有员工500多人,占地15公顷。主要生产设备有橡胶注压机、挤出流水线、平板硫化机、密炼机、塑料注射机、塑料挤出机等400余台(套),橡塑(橡胶)制品年生产能力15000余吨。公司先后通过ISO/TS16949:2009质量管理体系认证和国家"CCC"产品质量强制性认证。以生产汽车装配用橡胶(橡塑)密封件、塑料件、装饰件、胶管以及玻璃升降器等产品为主,主营业务涵盖机动车整车非金属类零部件及部分电子类产品的生产经营。与中国一汽集团、北汽福田、东风公司先后建立战略合作伙伴关系,是北京现代、宇通、金杯、陕汽、重汽、众泰等大型汽车生产企业的重点供应商。被中国汽车工业协会授予"中国汽车零部件创新企业"称号。

第三节　机床及附件

1986—1992年,德州机床及附件主要生产厂家是德州机床厂。1986年,德州机床厂生产金属切削机床1173台。1988年,在企业升级推动工作中,德州机床厂获国家二级先进企业称号。1992年,德州机床厂对产品C620车床进行改造,并在此基础上大力开发中型车床系列产品和精密数控高档车床,上缴利税160万元。

1993年,德州机床厂加快对外开放的步伐,组建"德州柯斯达机械制造有限公司"和"德州机床厂进出口公司",出口交货值达1615万元,开发了CD6140、CK6163等6种机床新产品,投资160多万元购置16台机电一体化设备。同年,经山东省经贸委批准,全区第一家在

海外投资兴办的企业——金熊猫机械实业有限公司成立，该项目是由德州机床厂与印度尼西亚普鲁万玛斯公司在雅加达合资成立的，项目总投资150万美元，主要经销机床、柴油机、电机等产品。1994年，机床厂研制生产的CKD6163型数控机床、CD6140A普通车床达到国内先进水平，攻克组合铣刀和超音频淬火机工艺难关，一次铣削可完成机床导轨的14个面加工，实现了床体加工的重大突破。平原机床厂出口弹簧卡头39.33万只，出口交货值达到903万元。1995年，全年技术改造立项中列入国家专项的德州机床厂“发展数控深孔机床及刀具元”，完成投资400万元；平原机械厂的市管项目“扩大弹簧卡头出口创汇能力”，完成投资350万元。

“八五”（1991—1995年）期间，德州机床厂累计投资6220万元，产品发展到5大类28个品种130个规格，成为能生产车削机床、深孔机床、专用机床，综合生产普通、大型、数控、数显、高效高精度加工中心的机床生产企业，还组建了4个合资企业。平原机械厂通过对热处理设备及通用设备的单板机改造，形成年产弹簧卡头、系列机床附件60万支的能力，产品已达到16个系列160个品种1000多个规格型号，销往世界30多个国家和地区，实现出口交货值1500万元，利税200万元，成为县属企业中发展最快的企业。

“九五”（1996—2000）期间，德州市机械电子工业局提出“改革抓深度，产品抓跨度，市场增广度，效益上幅度”的工作方针，开展以深化改革为重点，以转换内部机制为主要内容的“机制年”活动，取得明显效果，主要经济指标列全国同行业上游水平。

1996年，德州机床厂投入资金开发出ZKA2120三坐标数控钻床等10个新产品，并能做到按用户需求进行专机设计，在全行业亏损的情况下实现销售收入8400万元，利润80万元，税金400万元。机床厂在ISO 9000贯标认证准备工作中，受到机械部部长包叙定的表扬，并在全国机械工作会议上做了典型发言。1997年，机床厂充分发挥省级技术开发中心的优势，全面应用CAD，开发CK6140系列等十几大类高技术含量的产品和专用设备，部分产品出口美国、东南亚等国家。德州机床厂生产的系列车削机床、深孔加工机床、数控及精密机床等产品是机电系统的拳头产品，远销41个国家和地区。机床厂三车间和装配车间被评为机械系统管理样板车间。1999年，德州机床厂共生产各类机床1060台，较上年同期增长59.4%。2000年，全市机床及附件行业主要产品产量：金切机床1438台；机床及附件完成出口交货值3437万元，同比增长26%。行业企业以用人、用工制度改革为重点，加大三项制度改革的力度，德州机床厂全年精简分流人员276人，并对全厂40个单位实行模拟市场的经济承包，调动了全厂干部职工的积极性和创造性，共开发7种新产品，其中的CKD6126、Ck61125D、CKD6140D三种数控机床产品填补省内空白，达到国内先进水平。该厂还承接完成Z2120J简式枪钻等9项大型专机开发项目，特别是枪榴弹壳加工生产线项目和导弹头加工项目，标志着该厂产品开发进入军工、航天高科技领域。

进入21世纪，德州市机床及附件行业按照建立现代企业制度规范化要求，加快改革步伐。2001年，德州机床厂企业改制顺利完成，7月16日，德隆（集团）公司成立，以崭新的现代企业组织结构形式进入新的发展阶段，开发完成CK6163D数控车床、CKD6132数控车床、CKS76数控车床、CDZ6140D卧式车床、CK61125数控车床、CW61190L系列加宽床身等8种新产品。2002年，德州德隆（集团）机床有限公司共开发完成15种新产品，产品数控化率达到40%以上。2003年，行业主要产品产量：金切机床1976台，全国机床行业排18名，综合效益全国排前10名；机床工具101万件。德隆（集团）机床有限公司实现销售收入12425万元，开发各类大中型数控机床13种，其中，CK6156型全功能数控车床达到国内领先水平，ZMK2125型数控强力珩磨机填补国内空白，达到同类产品世界先进水平。2006年，德隆机床总投资1.2亿元的普利森机械制造有限公司大型机床、中型数控机床以及办公科研大楼，机床事业部大机床已达月产34台，数控机床已达月产60台，总投资6492万元的普利森机械制造有限公司二期数控机床精密加工项目全部铺开，可新增销售收入1.99亿元，新增利税3100万元。2007年，普利森公司投资过亿元的机床事业部项目竣工，大型机床月产量已达70多台，数控机床月产量120台。普利森公司（德隆机床）自主研发的高科技产品，大型CK43125数控曲轴连杆颈车床于6月20日通过验收。该公司全年共完成27种新产品开发计划，有6种新产品通过省级鉴定，3种产品填补国内空白，获省科技进步奖3项，优秀新产品奖2项，国家重点新产品2项，山东省自主创新成果转化重大转型1项。

“十一五”（2006—2010）期间，德州市机床及附件行业迎来机遇，提高了数控机床产品的自主开发和关键功能部件的配套能力。普利森公司大重型数控加工中心二期项目开工建设。禹城的迈特力公司增上大型金属成型设备及重型数控机床项目。山东捷成数控公司增上数控生产线50条、年产100台数控转塔机床项目。普利森集团本部和卓尔铸造公司的快速发展，建立机床产品市域配套协作体系。征宙机械公司机床附件产能迅速扩张。庆云县充分发挥机床部件产业的发展基础和优势，推进“两化”深度融合，共有机床部件企业88家，规模以上企业27家，主导产品有机床防护罩、排屑机、钢铝拖链、工程塑料拖链等，年产能力达200余万件（套），年销售收入近50亿元，实现利税6.1亿元。庆云东方数控机床部件制造有限公司、德州海川机械制造有限公司等作为庆云镇机床部件产业的骨干龙头企业，引领了庆云县及周边机床部件产业的发展。

德隆集团生产的机床（2011年　摄）

截至“十一五”（2006—2010）期末，全市机床及附件行业已经形成以整机企业为龙头、协作配套为支撑、平台建设为保障、集群发展为目标的发展格局。

重点企业简介

山东普利森集团有限公司　前身是德州机床厂，始建于1945年，原为北海银行渤海分行印钞厂修理部。1946年称渤海区建华铁工厂。

普利森公司生产的机床　(2011 年　摄)

1948 年从利津县迁至德州，称山东德州建华铁工厂。1956 年开始生产机床。1958 年更名为德州机床厂。2000 年，企业全年销售收入首次突破亿元大关。2001 年德州机床厂控股组建德州德隆(集团)机床有限责任公司。2002 年德州机床厂改制为德州普利森机械制造有限公司。2008 年德州普利森机械制造有限公司改名为山东普利森集团有限公司。集团占地面积约 81 万平方米，总资产 7.78 亿元，员工 2300 人，是中国机械 500 强之一，国家机床行业重点企业。下设德州德隆(集团)机床有限责任公司、德州普利森机床有限公司、德州普利森进出口有限公司、德州卓尔铸造有限公司、普利森技工学校、德州德隆(集团)环保设备有限公司、德州德隆(集团)特型缸有限责任公司、西安普利森机床有限公司。集团主导产品有大中型普通车床、数控车床、深孔加工机床、加工中心以及其它各类专用机床，共 400 多个品种，700 多个规格，年生产机床能力达 5000 余台。产品出口世界 40 多个国家和地区。在 44 个国家注册“普利森”商标。车床类产品回转直径由 Φ260 毫米至 Φ3500 毫米，加工工件长度最长可达 20m，主导产品被评为山东省名牌产品。

山东征宙机械股份有限公司　前身是平原县机械厂，始建于 1958 年，1999 年改制为有限公司，2011 年成立股份有限公司。公司主要生产各类弹簧夹头、铣夹头、钻夹头、顶尖、接杆、变径套、万能镗头、分度头、回转工作台、快换刀架、砂轮修整器、数控刀柄、精密平口钳、磨刀机等系列产品，产品远销美国、德国、英国、法国、波兰、加拿大、印度、巴西、南非、东南亚等 50 多个国家和地区，是国家机床附件产品研发、生产和出口基地，是中国机床附件系列产品出口创汇较大的专业厂家。1999 年通过 ISO 9002 质量认证，组建有山东省企业技术中心，征宙牌产品被评为“山东省名牌产品”“中国机床附件著名品牌”，征宙商标被认定为“山东省著名商标”、“中国驰名商标”。

第四节　农业机械

1986 年，德州地区主要农机产品产量：小型拖拉机 1581 台，机引犁 575 台，机引耙 300 台，脱粒机 2620 台，农用拉车 437 辆，拖内配件 984 万元，产品种类相对丰富，产业基础较好。1989 年，德州农机厂在推动企业升级工作中，被评为省级先进企业。

“八五”(1991—1995 年)期间，德州地区农机行业注重提高产品质量。1994 年，德州地区农机研究所的新型有机硅防水涤剂，德州柴油机厂的 TL 圆筒织物热定型机、ST 缩碱机、DF 气流翻布机达到省内先进水平。行业完成技术改造 2 项：德州柴油机厂的针织物后整理设备开发和德州农机厂的秸秆还田机械。1993 年年底，德州拖拉机厂累计亏损523万元，1994年该厂实行资产经营责任制，根据市场需求，加大小四轮拖拉机生产，新上农用三轮运输车的生产，总产值完成5346万元，完成计划的106%，小四轮拖拉机完成7213台，完成计划的144%，农用三轮运输车完成2000辆，一举扭转了长期亏损的局面。农机行业出口创汇中：禹城机械厂出口耙片4.46万片、机引耙856台、松土铲农机配件343万件、收割机3793台，分别完成出口交货值达341万元、339万元、343万元和690万元；德州农机厂出口机引犁400台，完成出口交货值28万元。1995年4月，撤地设市后上划德州柴油机厂、德州农机厂、德州拖拉机厂为市直属企业，农机行业也进一步扩大规模。成立"德州市农用运输车集团筹建办公室"，经市政府批准，成立以德州拖拉机厂为核心，由10个生产、科研单位组成的"山东德州宏力机械(集团)有限公司"。组建"五菱柴油机德州有限公司"，德州柴油机厂与江苏武进柴油机厂达成优势互补联合生产柴油机的协议，该项目确定双方合作15年，投资1500万元，以装配武进柴油机厂的S100柴油机为主，陆续扩展系列产品。德州拖拉机厂对"雁南飞"牌三轮农用运输车投入力量，能生产12马力、15马力、17马力、18马力等多种规格型号的拖拉机，先后开发纺机、三轮车后桥、农用三轮车三个系列产品。德州通力实业有限公司在全国较早制造生产"德宝"牌三轮车，远销省内外。禹城机械厂在抓好机引农机具生产的同时，瞄准旺销的农用车市场，试制生产农用刹车装置。德州柴油机厂研制生产的HG3松式烘燥机等多项产品，填补国内空白。

"九五"(1996—2000)期间，全市农机行业基本形成以耕耙机械、中小马力拖拉机、小麦收割机等为主导产品的生产体系。1996年，行业狠抓宏力集团、五菱柴油机德州有限公司的改革，年内，市政府批准城区园林一厂上划大市归拖拉机厂管理，到年底，18马力拖拉机关键部件变速箱壳体加工生产线已正式投入生产。柴油机厂4L－0.75背负式收割机和东风－2联合收割机已试制成功并投产，"四联联合收割机德州分厂"正式挂牌。到年底，两台样机调试完毕，订货量已超过生产能力。

为开拓市场，全行业加强开发新产品，德州拖拉机厂投入资金强化180、200直联式拖拉机的研制，投产并形成批量生产能力；柴油机厂抓住农机市场繁荣的机遇研制出小型联合收割机；农机厂试制出多种为拖拉机配套的农机具。德州宏力集团完成技改投资2540万元，完成土建面积24400平方米，购置设备178台(套)，建成先进的装配、喷漆生产线，使四轮拖拉机生产能力达到15万台，18－20HP拖拉机达到5万台，实现销售收入3.25亿元，利润1528.6万元。德州柴油机厂，完成技改投资1538万元，建成S195喷漆、装配生产线，三轮车后桥生产线以及18HP拖拉机变速箱壳体生产线，S195柴油机生产达到10万台能力，三轮车后桥达到8万台，变速箱壳体达到1万台能力，实现销售收入1.06亿元，利润400万元，税金70万元。1997年，拖拉机厂经过改造，已形成年产拖拉机、农用车20万台的综合生产能力，产量产值均比上年同期提高54.5%。12月，研制生产出40马力拖拉机，被命名为省级管理示范企业。柴油机厂研制生产东风－2型联合收割机和双行玉米收获机。农机厂开发液压翻转犁。五菱柴油机德州有限公司通过ISO 9002质量认证。市机械电子工业局多次组织企业探索改制问题，8月底，组织德州市拖拉机厂与洛阳拖拉机厂进行联合重组谈判，10月底又与上海华源集团进行谈判，探讨组建大型企业集团，为下步联合重组奠定基础。1998年，德州农机厂更名为"德州宝丰农机制造有限公司"，500多名股东共出资250万元，购买原农机厂的全部净资产，成为市直机电工业第一家由企业自身改制而成的股份合作制企业。德州宏力集团加大产品试制力度，形成中马力拖拉机小批量生产能力。德州农机厂开发的液压翻转犁开始投放市场。1999年，宏力集团农用拖拉机生产完成94416台。行业主导产品“新湖牌”泰山系列小四轮和宏力系列直联式拖拉机的年生产能力达到15万台，30～40马力拖拉机1万台，65～80马力拖拉机5000台；农用车变速箱5万台，旋耕机、玉米收获机等农机具5万台，联合收割机200台，农用三轮后桥5万台。宏力集团生产的小四轮拖拉机先后荣获“国家一等品”“最佳信誉产品”称号，并连续两年被评为山东省免检产品，投资3780万元，兴建30～40、65～80马力拖拉机装配车间，使30～40马力拖拉机年生产能力达到10000台、65～80马力拖拉机达到5000台。

进入21世纪，农机产品因受到农民收入增长缓慢的影响，出现大幅度滑坡。2000年，宏力集团的农用拖拉机产销量下降40%以上，单台价格下降1000多元；宝丰农机公司的机耕犁

⇨德州汽车改装厂生产的亚新牌DZ100系列汽车

⇩德州拖拉机厂生产的泰山牌12马力拖拉机

⇦德州拖拉机厂生产的新湖—18型背负式弥雾喷粉机

20世纪90年代部分工业企业生产的机械产品　　(1998年　摄)

同比下降85%,多数农机企业生产经营出现了较大困难。2001年,宏力集团小拖拉机产量11079台,同比减少40429台。2002年,宏力集团小拖拉机年产1653台(宏力集团主要集中在上半年生产,四季度由德州福田公司生产),同比下降6595台。宏力集团由于种种原因亏损严重,市委主要负责人多次指示并亲自参与寻求企业合作之路,最终确定与北汽福田进行资产重组的合作方案。9月下旬,德州福田公司投产运营,至年底,生产小型拖拉机3728台,背负式联合收割机145台。2005年,山东宏力集团有限公司宣布破产。2006年,小型拖拉机产量12万台,同比增长1.23%。德州宝丰农机强化市场管理体系,实现销售收入1500万元,利税60万元,同比分别增长55%和52%。

2011年,全市农业机械行业总体发展缓慢,在省内行业比重很小。武城春明机械公司在全国农机行业具一定的知名度,齐河运泰公司是国内机引耙及耙片生产的知名企业,庆云颐元农机公司、宁津德农机械公司等玉米联合收割机产品逐步拓展市场,产业加快发展的基础已经形成。是年,重点抓好山东运泰机械有限公司总投资3亿元的年产5000台大型智能农业耕作机械项目、益佳机械公司总投资0.3亿元的年产100万片硼钢耙片项目、春明农业机械公司总投资0.8亿元的除雪机及4YZQP-3型穗茎兼收玉米收获机产品的研发及产业化项目、颐元农机总投资0.38亿元的2BSMF系列小麦深松免耕播种机生产项目。重点企业主要有禹城益佳机械有限公司、德农机械、德州市华北农机装备有限公司、春明农机、禹城大地机械制造有限公司、禹城市亚泰机械制造有限公司、山东禹城阿里耙片有限公司、天明机械、德州庆云颐元农机、山东天盛机械等。2011年,中益佳机械年销售收入4.5亿元;阿里耙片年销售收入0.66亿元;大地机械年销售收入1.3亿元;亚泰机械年销售收入1亿元;颐元农机年销售收入0.86亿元;华北农机年销售收入0.67亿元。

第五节　玻璃钢及中央空调

德州市玻璃钢产业起步于20世纪70年代初,武城县鲁权屯镇和滕庄镇外出农民工率先创办早期玻璃钢企业。

玻璃钢学名玻璃纤维增强塑料,作为一种复合材料,具有质量轻、强度高、耐腐蚀和绝缘、隔热及可塑性强等特点,被广泛应用于建筑、化工、汽车及道路运输业、船舶制造业等及制作户外立体雕塑等。武城县民营企业从最初利用玻璃钢材料生产中央空调通风管道、储水塔等配件,到购置主机组装生产中央空调整机,逐步把玻璃钢产业做大做强。1988年,武城县被中国

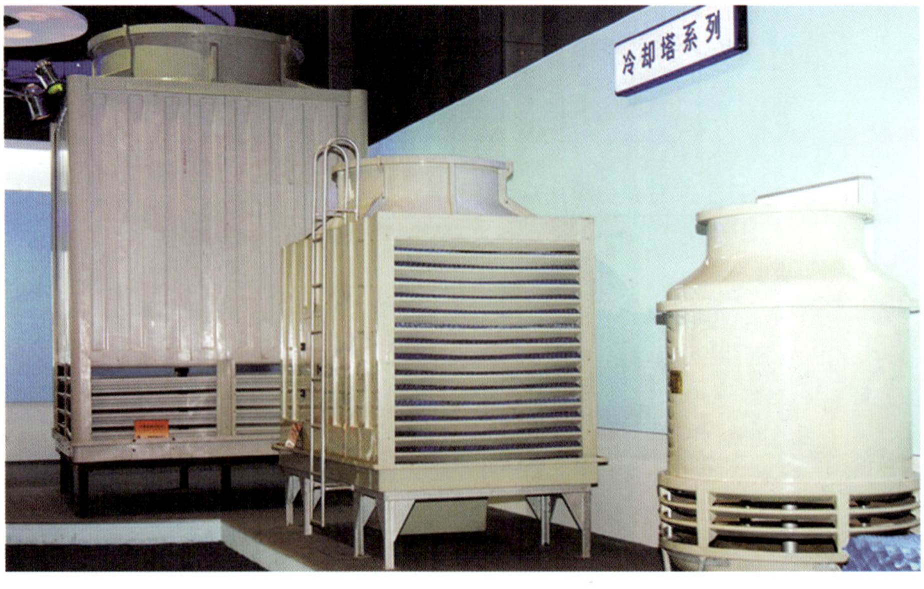

玻璃钢制品　(2001年　摄)

复合材料协会命名为“全国第一个玻璃钢县”。1989—2000年，逐步形成以大企业为龙头，一些小企业和个体加工业户依附于这些大企业生存的发展格局。鲁权屯中央空调玻璃钢制造业基地由原鲁权屯工业园和龙腾工业园合并而成，按照“产业链条—产业集群—产业基地”的发展模式，建成面积15平方千米，构筑起设施完善、产业配套、特色鲜明的空调制造业新高地，成为全国最大的玻璃钢和中央空调生产基地之一，并享有“中央空调德州造、产业基地在武城”的美誉。德州市中大集团、亚太集团等玻璃钢大型企业都是由鲁权屯发展壮大起来，主要生产基地设在鲁权屯镇。

到2001年，德州市空调玻璃钢行业协会成立，中央空调产业已经实现产业化。2006年5月，德州市被中国制冷空调工业协会命名为“中央空调城”，全行业拥有中国驰名商标3件，中国名牌产品3个。

进入“十一五”(2006—2010)时期，中央空调行业充分发挥龙头企业带动作用，培植起金光集团、中南集团、日新公司、贝州集团、中远公司等一大批骨干企业，其中金光集团等8家企业跨入省级企业集团行列，金光集团和中南集团被列入全市50家工业强市战略骨干企业名录，中南集团等3家企业被命名为“省级高新技术示范企业”，金光集团在全省特色产业镇评选大会上被评为“山东省特色产业镇明星企业”荣誉称号。2010年全市中央空调产业完成销售收入100亿元。新上项目主要有：中大贝莱特公司年产1万台太阳能－空气源复合热泵产品项目、亚太集团年产4000套节能环保型水源热泵机组项目、奇威特人工环境公司年产3万台太阳能中央空调项目、山东科莱特公司年产3000台套大型中央空调项目。

2011年，全市中央空调行业有110家生产企业和1000多户个体加工业户，从业人员4万多人。生产企业主要分布在武城县、德城区、陵县和市经济开发区，规模较大的企业有：亚太、格瑞德、中大贝莱特、金光、中南、双一、中傲、日新、贝州、中立、富达、天宇、新明、中远和奇威特等。产品主要分为两大类：一类是中央空调及中央空调末端产品，主要包括：各种类型的制冷机组、洁净空调、风机盘管机组、组合式空调机组、风机、暖风机、冷却塔、风道、风口和防火阀等。第二类是复合材料制品，主要包括：SMC模压汽车配件、SMC组合式水箱、电表盒、缠绕管道、风力发电机叶片和机舱罩、拉挤型材、玻璃钢风机、冷却塔、无机通风管道、玻璃纤维、碳纤维及制品、不饱和聚酯树脂等。建有山东省技术中心3个、山东省唯一的中央空调工程技术研究中心，研发人员近600人，拥有国家专利180多项，重大科研成果20多项，其中太阳能－空气源复合热泵技术水平国际领先，GSH-PM型满液式地源热泵机组、智能BRV多联式中央空调、LSBLGRFZ型风冷螺杆冷热水机组等多项地源热泵技术国内领先。

重点企业简介

德州亚太集团有限公司　国内大型中央空调制冷系统集成供应商。始建于1994年，是集电制冷中央空调设备及末端、消防通风设备、玻璃钢制品、洁净产品四大系列产品的科研、设计、开发、生产、销售及安装于一体的大型企业集团。集团公司德州亚太空调设备有限公司、德州亚太玻璃钢设备有限公司、德州亚太环保设备工程有限公司、德州亚佳制冷空调工程有限公司4个子公司，设有13个生产车间。2010年实现销售收入23.1亿元，利税2.1亿元。

主要产品为中央空调全套设备、空气净化系列产品及净化工程。集多年潜心研究，博采众长自成体系，打造出一流的中央空调全套设备和众多精品工程。中央电视台新址、酒泉卫星发射中心、国家质检总局、三峡工程及北京奥运场馆等近20个国内建筑工程,国外巴基斯坦乌奇电厂、柬埔寨金边市大都会广场、印度帕帕朵拉工程等重点项目,均采用亚太中央空调设备,给予广泛赞誉。

2003年,亚太集团斥巨资与港方合资建成具有万人规模的山东华宇职业技术学院。

亚太集团是中国制冷学会、中国制冷工业协会、中国电子学会洁净技术分会、中国玻璃钢协会会员单位。亚太集团被认定为“中国驰名商标”,“亚泰牌”被认定为“山东省著名商标”。制冷机及末端产品首批获得国家质检总局颁发的制冷设备生产许可证,并获得“全国制冷设备质量信得过产品”称号,被列入国家火炬计划。

山东金光玻璃钢集团公司　前身是始建于1970年的武城县鲁权屯农机厂,属社办企业。1982年改称武城县玻璃钢总厂,1995年与新加坡合资设立山东金光玻璃钢制品有限公司,1997年组建金光玻璃钢集团公司。1998年由乡镇企业改为民营企业。1994年,投资600多万元在鲁权屯工业园成立新厂区。1996年,采取带资金入厂、带项目入厂、带设备入厂、租赁车间等方法,使企业规模迅速膨胀。1997年,引进缠绕管道和铝合金风口生产项目,后逐步引进变频中央空调、地源热泵机组、J－MPF铝箔复合风管、防火镁佳板、FRP缠绕管道、电缆桥架、高速公路护栏、纺织空调设备及钢结构工程等生产线。1999年、2005年对厂区实施第二次、三次改扩建,拥有德州、武城2大生产基地,占地面积50万平方米,资产6.2亿元。2000年顺利通过ISO 9001国际质量体系认证。

第六节　工业锅炉

“七五”期间,德州地区工业锅炉主要生产厂家是德州锅炉厂和陵县机械厂。德州锅炉厂是劳动部和机械部首批定点的锅炉及压力容器生产企业,持有B级锅炉制造许可证和一、二类压力容器制造许可证。1993年,陵县机械厂引进试制出锅炉电子除垢器形成月产100台的能力。1995年,德州锅炉厂上划为市直属企业。1996年,该厂开发出SZL5.6－0.7/95/70－AⅡ热水锅炉、SZL8－1.25－AⅡ快装蒸气锅炉等新产品。其中天山牌锅炉依靠过硬的产品质量赢得良好的市场份额。1999年,德州锅炉厂改制德州锅炉有限公司,国有控股占73%,职工参股占27%。2001年,德州锅炉有限公司通过ISO 9002质量体系认证。经过10多年发展,到2011年,德州锅炉有限公司形成年产工业锅炉300台/900蒸吨的生产能力。主导产品为0.5吨/小时、2～10吨/小时燃煤蒸汽和热水锅炉,1吨/小时～10吨/小时燃油和燃气锅炉,1.4兆瓦～8.4兆瓦热风炉,84千瓦～1512千瓦电锅炉,60千瓦～6300千瓦导热油炉,余热锅炉,各种锅炉辅机、蒸压釜、硫化罐等压力容器、热交换器、干式蒸发器及水处理设备系列产品,共计260余个品种。产品销往全国18个省自治区。其中SZL、DZL系列产品曾获国家科委科技进步奖,机械部科技成果一等奖,被国家科委列入火炬计划,做为高新技术产品向全国推广,有10大系列,40多个品种的产品已获山东省环保局环保产品认可证书。

1986年,全区工业锅炉产量145蒸吨。2001年,全市工业锅炉产量177蒸吨。2003年,全市工业锅炉产量为189.7蒸吨。2004年全市工业锅炉775.7蒸吨/575台,热水锅炉549蒸吨/549台。

20世纪90年代中后期,德州市个体私营锅炉生产企业成长起来,并根据市场需求不断开发出新的锅炉产品。成立于1998年的德州豪特锅炉有限公司,研发出导热油炉包括燃煤、燃油、燃气、以及燃砂光粉等系列数十种产品,

发热量从5万大卡(0.06兆瓦)至150万大卡(1800千瓦)。主要生产导热油炉,燃煤导热油炉,燃油导热油炉、燃气导热油炉以及燃砂光粉导热油炉。始建于2005年9月禹城市东飞炉业有限公司主要生产常压锅炉、茶水炉、热水炉等。研制开发的系列特导热风炉,可为蔬菜大棚、日光温室,苗圃花卉温室提供温度。公司获得ISO 9001-2000国家质量体系认证。创建于2008年的乐陵市万林数控锅炉有限公司,迅速成长为大型数控锅炉厂家,是从事节能环保锅炉设备生产的高新技术企业。宁津县顺发锅炉有限公司专业生产养殖专用锅炉和鸡(猪)舍调温设备、蔬菜花卉大棚调温设备以及蔬菜花卉大棚调温锅炉等。

第七节　机　电

一、电机

20世纪80年代中期,生产电机的厂家主要是德州电机厂,主要产品是交流电机。1986年,交流电机产量是7.1万千瓦。1994年,德州电机厂扩大船用系列电机制造能力,采用冷后车浇口和落料模加定位的工艺,使定子送检合格率达到95.5%,转子达到98.9%,Y90L-6电机转子不转,引线切断或破皮的问题,通过从整形胎和定子内圆上改进工艺,使装配合格率由50%提高到95%。1996年,德州电机厂在全市率先通过ISO 9000系列质量认证,省机械工业在德州电机厂召开现场会,推广该厂实行生产责任制,实行定额管理的经验,并被命名为系统管理样板。1998年,德州电机厂改制为“德州恒力电机有限公司”。2000年,德州恒力电机有限公司年内先后研制、开发生产舰用起重电机、舰用三相异步电动机、建筑起重电机、船用起重防爆型电机等技术含量高、附加值高的新产品。开发设计特殊电机280多个规格,直接创产值280多万元。2001年,先后开发TFX-H船用电机、YJ112-H舰用电机、YZTD系列建筑电机、YGY系列低噪音电机等10多个品种403个规格的产品。2002年,交流电机产量22.37万千瓦。2003年,交流电机产量30.4万千瓦,同比增长36%。恒力电机有限公司开发的YBH80-YBH280型等15个品种,为舰船提供专用防爆电机。同年,该公司完成股权结构调整,实现资本主体多元化。2005年,交流电机46.3万千瓦,同比增长14.1%。2011年,恒力电机公司成为国内最大的船(舰)用电机生产企业,其中船(舰)用起重电机市场占有率达到75%以上,主要生产普通电机、船/舰用电机、船用起重电机、矿用防爆、船用防爆、船用侧向推进器用电机、变频电机、船用电控箱及各系列的派生产品等几十个系列两千多个品种规格的产品,恒力电机公司成为国内船舶行业电机产品的首选企业。

到2011年,全市生产电机的主要厂家还有山东德防电机有限公司(2003年成立)、山东德州炳宇电机有限公司、德州科比电机有限公司、德州格润电机有限公司(禹城)、德州翔宇电机有限公司、德州市西格玛电机有限公司(2011年3月成立)、德州亨力防爆电机有限公司、德州锐格电机有限公司等。武城县电机生产形成一定群体规模,冠以“德州”的电机厂家主要有德州金磊电机制造有限公司、德州金力特电机有限公司、德州鹏兴电机厂等。

二、电梯

电梯产业主要集中在宁津县。宁津县电梯产业起步于20世纪80年代,生产的电梯配件行销全国,与江苏海安、浙江宁波同为全国三大电梯配件生产基地。1986年,由彭俊源牵头成立山东宁津电梯厂,是当时全国7个电梯制造厂之一。2004年,宁津县华翔电梯有限公司获得国家杂物电梯制造许可证。此后相继有华翔电梯、凯利美电梯,鹏飞电扶梯、环宇电扶梯、普瑞特电梯、恒泰电梯6家电梯企业取得山东省质监局颁发的电梯安装维修保养许可证。自2009年开始到2010年，富士制御电梯、博尔特电梯、迅捷电梯、莱茵艾佳电梯相继取得国家质检总局颁发的电梯制造许可证。

2011年，宁津县涉及电梯产业的生产企业已发展到50余家，其中规模以上企业12家，零部件生产企业40余家，安装维保企业6家，电梯制造企业7家，涉及电梯产业的公司贸易类企业40余家，中国电梯协会会员企业4家，从业人员近万人。宁津电梯产业具有A级资质的企业有富士电梯、博尔特电梯、莱茵艾佳电梯、迅捷电梯4家，C级资质企业有华翔电梯、嘉迅电梯、科讯电梯3家，主营产品为乘客电梯、住宅电梯、载货电梯、观光电梯、病床电梯、杂物电梯、自动扶梯等，几乎覆盖电梯整梯所有品种。主要配件生产企业有三立电梯、阳光电梯、津东电梯等，主营产品为缓冲器、绳头组合、门机等。三立电梯自主研发的新一代HB40型缓冲器填补国内空白，接近欧美标准水平；富士电梯研发的电梯远程控制系统逐渐应用成熟，进一步提高了电梯安全性能；博尔特电梯太阳能电梯项目紧跟德州太阳城建设的总体发展思路，开始研究开发生产新能源电梯。

重点企业简介

德州恒力电机有限责任公司　成立于1966年，前身为德州电机厂，原机械工业部船用电机定点生产厂家之一，为海军生产配套舰、船用电机，是国内重点船用电机生产企业，其中船用起重电机市场占有率达到75%以上。公司主要生产普通电机、船/舰用电机、船用起重电机、矿用防爆、船用侧向推进器用电机、变频电机、船用电控箱及各系列的派生产品等几十个系列两千多个品种规格的产品，均等效采用国际IEC标准，并达到了国际现代化产品水平。拥有完善的计量、检测手段。安装有加工、装配、试验等十几条生产流水线及多种先进成套设备，是集设计、生产、开发、安装和服务为一体的综合性公司。

先后获得国家船检局、渔检局船用电机产品型式认可，产品还获得法国船级社BV、韩国船级社KR、英国船级社LR、意大利船级社RINA、美国船级社ABS、德国船级社GL、挪威船级社DNV、日本船级社NK、俄罗斯船级社RS等多家国外船级社产品认可。公司拥有国家专利5项，8项国家专利已经受理申请。此外，公司主持和参加制订电机技术条件规范国家标准、军用标准和行业标准共11项，并且公司多项成果获得省市科技进步奖项。

山东富士制御电梯有限公司　2001年成立，是富士电梯控股集团公司授权的中国大陆最大的富士电梯生产基地之一。公司全套引进富士先进的电梯技术，是集设计、制造、销售、安装、维修、保养和改造为一体的专业化中外合作企业。2008年，引进数控激光机、进口数控车床、进口折弯机、进口剪板机、大型喷粉线等国际领先设备。生产变频变压变速的小机房和无机房乘客电梯、客货电梯、病床电梯、住宅电梯、观光电梯、以及自动扶梯和自动人行道，并且还可以根据用户需要提供各式非标电梯。2010年投资2.16亿元，建设二期扩建工程，其中建成高100米的电梯试验塔一座。年产电梯6000～8000台。

博尔特(电梯)产业集团　成立于2008年，注册资金1亿元。旗下有“山东博尔特电梯有限公司”“山东梦之艺术电梯科技有限公司”“中国电梯产业技能培训学院”“德州鹏飞电扶梯部件制造有限公司”。是集电梯研发、设计、制造、安装、维保、服务、教学为一体的产业链多元化公司。产品涵盖商务电梯、住宅电梯、观光电梯、医用电梯、载货电梯、汽车电梯、太阳能别墅豪华梯、餐梯、自动扶梯、自动人行道等电梯。

2010年获国家制造、安装、服务AAA级资质，并与德国企业合作共同开发国内、国际市场。“博尔特”品牌电梯行销国内外。

第八节 工程机械 石油机械

一、工程机械

德州市工程机械主要生产厂家有德工机械有限公司和恒特重工有限公司等。生产工程机械及配件的小型企业有：宁津县金宏机械有限责任公司（成立于1998年），主要产品有小装载机、矿山装载机、小型吊车、小型铲车、抓草机、抓木机。禹城市华峰机械制造有限公司（成立于1998年），自主研发制造的整机主产品有金属破碎机、易拉罐破碎机、车架子破碎机、斗勾松土器、（机械、液压旋转）抓木器等。德州宏森机械有限公司是专业生产渣浆泵、耐腐蚀泵、河道疏浚泵、工程机械配件和各系列泵及耐磨管道管件生产厂家。德州金拓液压机具厂是专业生产各种空心千斤顶、径向柱塞泵、液压劈裂机、液压劈裂器、液压系统、液压救援设备等各种液压设备的企业。液压产品畅销全国近30多个省、市、自治区以及远销南美、东南亚、西亚、非洲等国家。

重点企业简介

德州德工机械有限公司 始建于20世纪50年代，原为山东省交通厅卫运河航运局德州船舶保养厂。80年代初期，卫运河航运局解体，所更名为山东省交通厅德州装卸机械修制厂。1991年，易名为山东德州交通工程机械厂。1998年，加入山东工程机械集团，改制为山东德工机械有限公司。2002年，公司和职工共同出资在经济开发区组建德州德工机械有限公司。以平均增长率超过20%超常规、跳跃式的发展，成为集铲运、施工、养护于一体的大型专业机械生产企业。

20世纪70年代开始生产装载机，是国内生产工程机械最早的专业厂家之一。到2000年前后，具备年产装载机8000台，振动压路机500台，路面冷再生机、拌和机、铣刨机等筑养路机械300台的生产能力，主要产品有装载机、路面冷再生机、滑移装载机、压路机、稳定土拌和机等五大类50多个产品品种，主导产品有ZL10、ZL20 系列、DG936、DG938、DG956、DG958、DG965、DG966系列装载机及其变形产品，DG750 滑移装载机；DGL400、WB525、WB600系列路面冷再生机、YZ18、YZ20系列振动压路机、YZC12 双钢轮压路机；PSJ400多锤头水泥路面破碎机；WB400稳定土拌和机等筑养路机械。1999年，通过ISO 9001质量管理体系认证。自主研发的WB400中置式稳定土拌

2007年2月，德工机械有限公司出口尼泊尔的装载机

和机,2000 年被评为"国家级重点新产品"。WB525 路面冷再生机具有绿色环保、高效节能、施工成本低等突出特点,开启了路面冷再生革命。该产品拥有多项国家专利,主要技术性能处于国际 90 年代末先进水平,填补国内空白,是国内唯一生产该类设备的厂家。PSL400 多锤头水泥路面破碎机能够将破损的水泥路面破碎后作为基础再次使用,绿色环保,使建筑垃圾得以重复利用。销售额连年环比增长在 20% 以上。公司在伊朗、加纳、古巴、尼泊尔、卡塔尔等多个国家设立销售代理,在乌克兰设立组装厂。2011 年,德工机械有限公司总资产达到 7.5 亿元,成为具备强大产能与质量管控体系的现代化企业。

山东德州恒特重工有限公司　成立于 1996 年,位于禹城开发区,民营股份制企业,是集科研、制造、销售、服务于一体的挖掘机专业生产厂家,国内最早生产经济型液压挖掘机的企业之一。主导产品包括 2 吨至 18 吨轮式及履带式挖掘机,年产"恒特"牌 HT120、HTL100、HT80、HT70 等中小型系列挖掘机 3000 台。2003 年,通过"ISO 9001 国际质量管理体系认证"。2004 年,恒特重工被评为"国家质量检测达标产品"。2005 年被评为"中国知名挖掘机十佳品牌",产品远销亚非欧国家及地区。

二、石油机械

20 世纪 80 年代中期,德州地区石油机械行业主要生产厂家是德州石油钻探机械厂。1997 年,德州石油机械厂改制为中国新星石油公司德州石油机械厂。2004 年,德州石油机械厂更名为德州联合石油机械有限公司,是螺杆钻具、合金结构钢、泥浆泵、调剖泵、套管头、对焊接头、泵配件、螺杆钻具配件等产品专业生产加工的公司。

进入 21 世纪,德州石油机械行业快速发展,企业个数不断增加,形成一定经济规模、门类品种较多的石油装备制造产品制造生产体系,成为全市工业发展的主导产业。

2011 年,德州市共有石油装备企业 27 家,其中螺杆钻具及其他石油井用工具,覆盖国内各大油田,产品均占国内市场总份额的 30% 以上,并出口到多个国家和地区。建成企业科技创新平台 11 个,申请专利 270 件,授权专利 215 件。骨干企业主要有:德州联合石油机械有限公司、山东陆海石油技术股份有限公司、德州大陆架石油工程技术股份有限公司、山东远征石油设备股份有限公司、德州华海石油机械有限公司、德州长虹机械制造有限公司等。

山东陆海石油装备有限公司是以生产加工石油钻采设备、各类钻井、固井、完井工具及钻采仪器为主的专业制造企业,是中国石化集团、中国石油集团网络生产企业,其中螺杆钻具产品为中石油集团主要供应商之一。客户遍及中国陆上、海上各主要油田,并销往国外多个国家和地区。德州大陆架公司是隶属于中国石化石油工程技术研究院的一家集石油钻井固井工具研发、生产、销售和服务于一体的国有高新技术企业,具有 30 多年的生产历史,已成为国内最大的固井工具研发和生产基地。山东远征石油设备公司(成立于 2003 年)位于临邑县胜利油田临盘采油场驻地,可年生产各种型号的石油钻机 20 余台(套),产值 60000 万元。产品主要销往美国、哈萨克斯坦、伊朗、印度等国家以及国内各大油田。德州华海石油机械有限公司(成立于 2010 年 1 月 27 日)是股份制民营企业,石油钻采机械设备、配件、工具、井口装置等产品的专业生产厂家,主要产品有 TPB 系列液压调剖注入泵、智能调剖注入系统、调剖注聚配套产品、酸化泵、注聚泵、泥浆泵配件等。德州长虹机械制造有限公司是一家专业生产销售泥浆泵缸套(包括锻造双金属缸套和纯氧化锆陶瓷缸套)、阀箱、活塞及活塞杆、阀体阀座,介

杆，弹簧和各种密封圈等泥浆泵配件的工厂。产品主供各大油田及钻井平台，为中石油、中石化供应商，产品远销美国、加拿大、中东、委内瑞拉、印度尼西亚等海内外60多个国家和地区。

第九节　电子产品

成立于1980年11月的德州无线电三厂是全市电子工业的龙头支柱企业。该厂1985年投资907万元，引进一条具有80年代先进水平的电视机用回扫变压器生产线，产品质量达到国际同类产品水平，成为机电部定点生产企业，为德州电子工业的发展奠定基础。到1991年实现销售收入4310万元，利税522万元，各项经济指标均创历史最好水平。销售总额、产量、人均利税、资金利税率四项指标列全国同行业之冠。1990年晋升为国家二级企业，1991年被评为山东省经济效益排头兵企业和电子行业明星企业。德州无线电三厂生产的各种彩电、计算机回扫变压器（FBT），1999年占全国配套量的20%，成为国产名牌的首选产品。

1996年7月，德州科海遥控器总厂成立，1997年5月与德州科德计算机公司合并成立德州科海电子有限公司。1997年9月德州电子仪器厂因资不抵债破产，1998被科海电子有限公司兼并。1998年德州科海电子有限公司研制成功卫星接收机，该企业是国内第一个研制卫星接收系列产品、第一个获得该系列产品生产许可证的企业，并获得山东省科技进步二等奖和国家新产品奖。

2000年11月10日，德州三和电器有限公司成立，该公司是由香港长福有限公司、德州三和电子有限公司等企业出资在德州经济开发区兴办的中外合资企业。德州三和电器有限公司是一家以设计、生产彩电、背投电视及计算机显示器用回扫变压器、DC—AC电源逆变器、PDP显示屏控制电源、LCD背光电源、电源适配器、汽车HID灯系统、医疗保健器械等高科技含量新产品的高新技术企业。主导产品彩电和计算机显示器用回扫变压器年生产能力1200万只。

2003年2月底，德州无线电三厂改制为德州大众电子有限公司。2005年6月，与河南天海集团合资注册成立了德州天宇汽车电子有限公司，主要生产汽车用干式点火线圈、特殊用途线圈、点火模块等多种汽车电子产品。

至2005年年底，德州市电子产品制造业生产的主要产品有彩电及显示器用回扫变压器1149万只，高频头6万只，卫星数字接收机7.2万只，集成电路392万块，背投彩色电视机5691台，汽车点火线圈2.74万只，以及一批电子产品。2005年，实现产品销售收入75173万元，实现利润8204万元，实现利税11204万元，完成工业总产值69475万元，完成工业增加值24663万元。

2000年以后，庆云县兴起一批以生产金融机具设备为主要产品的小型电子企业群体，主要产品有LED电子显示屏、点钞机、验钞机、捆钞机等，生产企业达到50多家。金融机具设备国内市场占有额达到60%以上。此外，2010年成立的庆云县安信量子光电科技（山东）公司生产传热介质和传热元件、电子散热模组等，其技术国际领先，填补国内空白。

2011年，全市共有规模以上电子信息产品制造企业84家，实现主营业务收入204.1亿元、利税23.05亿元、利润12.7亿元，同比分别增长50.85%、51.98%和47.58%。

第三章　轻工业

20 世纪 80 年代末至 90 年代初期，是德州轻工行业发展较快时期之一。1986 年，全区轻工系统完成工业总产值 4. 6 亿元，利税 3673 万元。1986—1992 年，全区轻工系统总投资 7. 16 亿元，进行大规模技术改造，共计改扩建基建、技改项目 171 项，新增和更新改造设备 1590 台（套）。到 1992 年，出口生产企业达到 30 家，出口产品有地毯、抽纱、皮革、轻工机械等 20 多种。完成出口交货值 14538 万元，创汇 2500 美元，6 年间增长 4 倍，年均递增 30. 8%。

“八五”（1991—1995 年）中后期、“九五”（1996—2000 年）时期，受形势影响和历史包袱拖累，大部分企业经营困难，处于停产半停产或亏损状态。为扭转被动局面，轻工系统狠抓产品结构调整，通过资产重组、兼并、破产等途径，努力盘活资产，扩大企业生产规模。

1998 年，撤销两个轻工总会，设立德州市轻工行业管理办公室，负责对全市轻工行业管理，不再直接管理市属企业。1999 年，轻工业系统限额以上（指全部国有和主营业收入 500 万元以上的非国有企业）企业 34 家，其中国有企业 11 家，集体企业 10 家，股份合作制企业 1 家，有限责任公司 12 家。完成工业总产值 9. 96 亿元，完成销售收入 9. 25 亿元，实现利税 1. 33 亿元，实现利润 2864 万元，完成出口交货值 1. 63 亿元。此后，相继投资建设禹城市木糖醇、低聚糖、低聚木糖“三糖”项目、贺友集团 5 万立方米中密度纤维板生产线、10 万立方米高密度纤维板项目、晶峰公司“西林瓶”项目、平原照东方 3 万吨铜版纸生产线、正大纸业集团 1. 8 万吨书写纸生产线等项目。培养建立起武城古贝春有限公司、山东禹王亭集团、贺友集团、晶峰公司等龙头骨干企业。

进入 21 世纪，轻工行业成为德州市工业的支柱行业，到 2010 年年底，全市共有国家级企业技术中心 13 个，省级 13 个；博士后科研工作站 3 个；国家级高新技术企业 8 个；国家级检测中心 5 个。生物产业企业先后承担“863”计划、国家科技攻关计划 14 项，完成科技成果 136 项，获得各类专利注册 83 件，拥有国家级新产品 10 个，主持制定国家或行业标准 15 项，参与了 30 余项产品的国家和行业标准制定，获得国家发明奖 2 项。2010 年世界太阳城大会在德州召开。2011 年，德州被命名为“中国食品大豆蛋白产业加工基地”，谷神集团、禹王集团两家大豆蛋白生产龙头企业获得“中国食品大豆蛋白加工示范企业”称号。

历经二十几年的发展，德州轻工业已形成 19 个大门类，136 个小行业，涵盖农产品加工、酿酒、造纸、体育用品、玻璃、生物制造、五金制品等多个产业，生产上千个品种。截至 2011 年，德州市轻工行业规模以上（主营业收入 2000 万元以上）企业有 1184 家，市重点培植的大企业有 34 家，有 16 个山东名牌产品，有 9 个中国驰名商标。销售收入 700 亿元，工业增加值 150 亿元。

第一节　造　纸

1986 年，德州地区有造纸厂家 7 个，德州

造纸厂年生产能力 2 万吨，其他造纸企业的能力均在 5000 吨以下：2000 吨以下的 2 家，2000～3000 吨的 1 家，3000～4000 吨的 2 家，4000～5000 吨的 1 家。造纸产值为 7600 万元，总产量 38314 吨，产品只有 2～3 个品种。

“七五”（1986—1990 年）期间，全区造纸行业发展较快，夏津、禹城境内 3 家造纸厂相继建成。其中 1987 年组建的夏津县造纸厂，主要生产高强度瓦楞原纸和凸版纸，生产能力 5000 吨；1990 年建禹城县红麻纸浆厂，以生产纸浆为主，制浆能力 1 万吨。1988 年全区造纸行业利税突破了 2000 万元。“七五”期末 9 家县属造纸企业固定资产达 12426 万元，拥有造纸机 34 台（其中 1760 长网多缸 7 台），机制纸年生产能力 9 万吨，工业产值突破亿元，以凸版纸为主导产品，有凸版纸、有光纸、书写纸、卫生纸、包装纸等 30 多个品种和花色，常年生产 10 多个品种。其中：德州造纸厂生产的“拂晓”牌凸版纸被评为省优质产品，该厂成为山东重要的凸版纸生产基地。齐河造纸厂生产的柏油纸被用于出口包装。1990 年，全区拥有乡镇造纸企业 25 家，年生产能力近 3 万吨，成为造纸行业的重要成分。

“八五”（1991—1995 年）时期，因环境治理和内部机制等诸多因素影响，全区造纸工业进入低速发展阶段，一些重大规划项目停止、产品大量积压、效益严重滑坡。德州造纸厂的 5000 吨棉短绒浆项目、禹城红麻纸浆厂的 3 万吨红麻浆项目及齐河黄河板纸厂以棉杆为原料生产箱板纸项目等都停止，致使研制非木长纤维浆与开发中高档文化用纸和中高档包装用纸等规划项目受到影响。庆云造纸厂、武城造纸厂及禹城红麻纸浆厂被迫生产低效益的麦草浆，多数企业生产低档用纸以维持生产，全行业处于亏损状态。

“九五”（1996—2000）初期，随着市场经济的逐步建立及企业改制步伐的加快，造纸行业出现好的发展势头。通过招商引资、合资、挂靠大企业集团、扶持民营企业等多种方式，使部分造纸企业快速壮大。齐河板纸厂同晨鸣纸业集团、夏津造纸厂同泉林纸业有限公司的成功合作，平原照东方纸业集团为代表的民营造纸企业迅速崛起，促进了德州造纸行业持续高速发展。纸和纸板的生产能力由 1995 年的 9 万吨增长到 1998 年的 33.6 万吨。1998 年年末 17 家造纸企业，工业总产值 5.88 亿元，实现销售收入 6.03 亿元，利税总额 3.31 亿元，其中利润 2.05 亿元，以生产凸版纸为主，产品有胶印书刊纸、凸版纸、双胶纸、书写纸、有光纸、包装纸、卫生纸、瓦楞原纸、新闻纸等 40 多个品种。德州市成为山东省重要的凸版纸生产基地之一。到 2000 年，13 家限额以上造纸企业，其中 5 家企业生产能力达到 5 万吨以上，6 家企业利税超千万元，从业人员 1.12 万人，资产 11.8 亿元，年产量 52 万吨，全年实现产值 11 亿元、利税 1.7 亿元、利润 1 亿元，分别占全市限额以上工业企业的 5.7%、7.4%、7.9%。随着环保意识的增强及对环境保护工作的重视，造纸行业加大了技改投入和治污力度，造纸原料也由“七五”“八五”期间的“发挥本地资源优势，以麦草原料为主”调整为“九五”时期的“草木并举”。其中德州造纸厂曾是德州造纸行业的龙头企业，规模大、技术强。

“九五”（1996—2000）期间，造纸行业虽然得到较快发展，但仍存在许多问题：一是产品档次低，“三高”产品少，品种不全；二是技术装备落后，大部分纸机为 20 世纪 60 年代水平，纸幅窄、速度低、消耗高；三是纤维原料单一，主要原料为麦草浆，木浆配比不足，影响产品质量；四是资金缺乏，投入不足，污染比较严重，治污一次性投入大、运行成本高、治理难度大。

为适应市场需求、应对加入世贸组织带来

的机遇和挑战,确保德州造纸工业持续、快速、健康发展,2000年,按照市委、市政府部署,市轻工行业管理办公室制定《德州市造纸工业结构调整意见》,并落实到位。一是调整原料结构,削减草浆生产能力。2001年关闭5家造纸企业的年产2万吨及以下草浆生产线,减少污染源。二是调整产品结构,培植优势产品。以包装用纸和文化用纸为依托,扩大中高档文化用纸、高档箱板纸和替代进口高强瓦楞原纸的规模,增加包装用纸、铜板纸、新闻纸、轻量涂布纸等高档纸的比重,产品的附加值提高。三是调整技术装备结构,促进技术进步。开发高填料、低定量、高强度薄页纸和纸板,淘汰落后的工艺技术和设备,引进先进技术设备,提高造纸装备水平,纸机向宽幅高速方向发展,实行微机自动控制,2001年幅宽在1880毫米以上的高速纸机生产线有18条,占生产能力的50%以上;2002年1880以上的纸机生产线增加到26条,包装用纸生产企业的技术装备达到国内先进水平。四是调整企业组织结构,提高生产集中度。重点扶持"四好"(基础好、市场好、管理好、效益好)企业,加大项目建设与技改投资力度,培植大型企业集团,2001年技改投入6亿元,2002年为7.14亿元,占到德州轻工行业项目总投入的40%,企业规模迅速膨胀,形成晨鸣纸业集团齐河板纸厂、泉林纸业夏津有限公司、平原照东方纸业集团等大的企业集团。五是加大治污力度,推行清洁生产。通过关闭部分草浆生产线、改革工艺、采用先进技术等措施,搞好污水综合治理,实行达标排放。

到2001年,全市造纸生产能力达到65万吨,其中箱板纸和高强度瓦楞原纸产量达到22万吨,居全省首位。到2002年年末,生产能力突破100万吨,14家限额以上造纸企业,拥有纸机108台(1880以上的纸机26台),全年完成销售收入21.37亿元,实现利税2.80亿元,利润1.89亿元,三项指标占全市轻工限额以上企业的比重分别为42.67%、47.30%和59.06%,占全省同行业的比重分别上升到7.48%、7.16%和7.88%,年销售收入过亿元的企业达到6家、利税过千万元的企业达到7家(其中3000万元以上的4家),企业集中度明显提高,产品质量稳步上升,产业优势逐步显现,初步形成包装用纸和文化用纸生产基地,造纸工业在全市经济中占有重要位置,并成为部分县域经济的支柱产业。

经过20多年的发展,德州市造纸行业已由"做大项目、做快项目"的快速发展期进入转方式调结构的调整期。2007年,列入全市百强工业企业名单的造纸企业有8家,全年实现主营业务收入62.45亿元,利税80871万元,利润62731万元。2011年,全市共有造纸及纸制品企业71家,实现工业产值129.04亿元,其中有5家造纸企业列入德州市工业"30户强企"名单,全年实现主营业务收入36.41亿元,利税总额21882万元,利润13678万元。

重点企业简介

德州造纸厂　1958年建厂,曾是德州造纸行业的龙头企业。1985年年末固定资产1100万元,职工1605人(其中工程技术人员23人),年生产能力2万吨,主要生产文化用纸,产量1.7万吨,完成工业产值(80年不变价)2431万元,利税总额963万元。1992年升级为大型二档企业。1992年后,由于各种原因,逐渐出现亏损,1994年度亏损额达666万元。此后,加强管理及市场转旺,效益明显好转,1995年、1996年连续两年利税过千万元,利润800多万元,1995年实现出口交货值1540万元。1997年再度出现亏损,第二年进行停产整顿。为加强环保和配合国家南水北调工程,2000年,市委、市政府决定对该企业实行破产,将1760纸机等较先进的设备转移到其他造纸企业。

德州泰鼎新材料科技有限公司　（山东正大纸业有限公司）始建于1984年，由平原县造纸厂改制而来，是一家集制浆、造纸、热电，化工为一体的股份制实业公司。公司成立于2007年，注册资本6000万元，占地66.67公顷，总资产8亿元，主要产品有高强瓦楞纸、高档新闻纸、地板家具装饰原纸、新型文化纸、新型建材化工助剂、BCTMP化机浆、废纸再纤维等7大系列30多个品种，产品远销国内20多个省市自治区和台湾，并出口日本、美国等国家。2011年，公司主营业务收入46046万元，利税2819万元，利润2039万元。

山东晨鸣纸业集团齐河板纸有限公司　前身是山东黄河板纸厂，系国家“八五”期间建成的大型箱板纸生产企业，1983年9月建设，项目全称为“山东齐河造纸厂扩建棉杆箱板纸工程”，1993年11月建成投产。1996年7月1日由山东晨鸣集团租赁该厂组建而成，总资产8亿元，拥有3200和4400箱板纸生产线各1条、1760和2850瓦楞原纸生产线各1条、1600五层瓦楞纸箱生产线一条，技术装备水平为国内一流、接近国际先进水平。2011年，公司主营业务收入143293万元，利税4502万元，利润1896万元。

第二节　印刷及包装用品

1986年，全区印刷及包装行业有19家企业，全部为小型企业，其中印刷企业17家、纸制品企业2家，主要产品为印刷品、纸箱。印刷品包括各种书刊、商标等产品，年生产能力47575万印，产量30828万印；纸制品主要是德州纸箱厂生产的纸箱和乐陵纸制品厂生产的免水胶带，生产能力分别是440万平方米和35万卷，产量分别为251万平方米和32.5万卷。德州印刷厂和德州商标印刷厂是当时规模较大的企业，生产能力分别为6000万印、13125万印，两家企业的产值和利税占德州印刷行业的50%左右。“七五”（1985—1990）时期，多数印刷企业以铅印为主、手工装订，排版方式落后，生产效率低。济阳和商河两家印刷厂划归济南后，1990年全区17家印刷及纸制品企业，完成工业总产值（90年不变价）3828万元，实现销售收入2419万元，利税总额105.5万元，其中利润26.8万元，行业发展比较平稳。

“八五”（1991—1995）后期，印刷企业逐渐淘汰旧设备、旧工艺，增上凸印、凹印、彩印、胶印、塑料复合印刷等新的技术设备，扩大激光照排，逐步实现印刷、分切、包装自动化，印刷速度和质量有了很大提高。1995年，实现销售收入7184万元，利税总额446万元，其中利润117万元。“九五”期间，随着经济的转轨和科技进步，部分企业体制、技术不能及时适应而亏损甚至转产，多数企业进行改制生存和发展，一些个体私营民营及股份制企业不断发展壮大，促进了印刷行业的发展。据粗略统计，全市有印刷包装企业100多家，规模大小不等。印刷技术科技含量日益提高。德州市彩印厂采用国际先进的激光电脑自动化流水生产线，生产加工塑料彩印、纸品彩印、丝网彩印等，填补了德州历来无大型塑料彩色印刷的空白，2001年实现销售收入4600万元，2002年又引进了高速电脑套色凹版印刷机等先进设备。乐陵市新华彩印股份有限公司，拥有国内外先进的彩印、纸箱、塑料印刷流水线，能够生产纸箱、纸盒、彩箱、彩盒、烟盒、药盒、酒盒、宣传画册、塑料礼品包装以及纸制品彩色礼品包装等系列产品，是具有彩印、纸箱、塑料印刷三套生产流水线的印刷企业。2000年，山东新华印刷厂德州厂实现销售收入4210万元，实现利税372.5万元，到2010年10月底，企业完成了从老厂区到新厂区的整体搬迁。

2007年,全市有规模以上印刷企业27家,全年实现主营业务收入9.62亿元,利税1.35亿元。2011年,共有规模以上造纸、印刷企业115家,实现销售收入154亿元,利税17.3亿元。

重点企业简介

山东德州新华印务有限责任公司(原山东新华印刷厂德州厂) 山东出版传媒股份有限公司的国有独资有限责任公司,书刊印刷国家级定点企业,是一家集制版、印刷、装订和包装为一体的综合性印刷企业,固定资产近2亿元,拥有国内外先进水平的制版、印装配套设备近300台(套),形成“印前数字网络化,印刷多色高效化,印后多样自动化”的现代化生产格局。业务范围从印刷扩大到彩色制版、各类图书期刊、高档画册、商标广告、包装装潢的设计制作等业务。公司在市经济技术开发区建设新厂区,占地9.2公顷,新建办公楼、厂房及各项配套设施4.6万平方米,2010年10月底完成整体搬迁。先后投资4000余万元,引进雕龙8500 CTP计算机直接制版系统、德国产海德堡四色平面印刷机、日本秋山国际八色单张纸印刷机、北人产787八色轮转印刷机及拓巴斯8000胶订联动生产线等一批印装及数字化生产设备。企业连续4年获“全国书刊印刷优秀质量企业金奖”,先后获得“全国新闻出版系统先进集体”“全国首批诚信印刷企业”等荣誉称号。

第三节 酿 酒

酿酒是德州的传统工业,产品以白酒为主导。1985年,全区16家县属酒厂为全民所有制小型企业,其中白酒生产企业14家、啤酒生产企业1家、非酒精饮料生产企业1家,拥有固定资产3185万元,职工3866人(其中工程技术人员46人),年生产能力3.72万吨,产量2.4万吨,工业总产值(80年不变价)3577万元,利税总额1088万元。

1986—1992年,酿酒工业总产值增长1.7倍,产量由25954吨增长到3.5万吨,品种由10多个发展到近百个,开发生产一大批优质名牌酒。到1998年年末,限额以上的13家酿酒企业(白酒生产企业11家、啤酒生产企业2家),形成年产7.36万吨的生产能力,其中白酒3.36万吨、啤酒4万吨。2000年各种饮料酒年产量达23.5万吨。2002年8家限额以上酿酒企业,全年完成销售收入4.84亿元,实现利税1.14亿元,利润2101万元。

在此期间,酿酒企业依靠科技进步,不断改进生产工艺,产品质量稳步提高。1987年,德州酒厂生产的德州特曲酒、齐河酒厂的祝阿特曲、乐陵的中华蜜酒、禹城的“禹王亭”、武城的“古贝春”、平原的“三九雪”啤酒获得山东省优质产品奖。中华蜜酒被评为布鲁塞尔第二十四届尤里卡国际博览会铜牌奖。1991年在比利时布鲁塞尔举行的第二十九届世界酒类优质产品评比大赛中,宁津酒厂的“又一春”酒获得最高金奖,武城酒厂的古贝春、宁津酒厂的朱河头曲获世界金质大奖,武城的古贝元酒获银质大奖,平原啤酒厂的“发发发”啤酒获世界金奖。在1992年第三十届大赛中,又有“古贝春”酒、“古贝元”酒、“晏婴春”酒、“又一春”酒、“发发发”啤酒等产品获得12块世界金银奖。1986—1992年期间,平原酒厂、德州酒厂、禹城酒厂被评为省级先进企业。另外,新建和改制后生产果酒的企业还有平原山东奥伦八喜葡萄酿酒有限公司、夏津山东卡洛斯酿酒有限公司等。

2004年,全市生产白酒54085.13千升,啤酒545299.81千升,葡萄酒6135.27千升。德州市酿酒行业历经20多年的发展,截至2011年年底,全市规模以上酿酒企业共46家,完成产量176.4万千升,同比上涨47.2%。

一、白酒

20世纪80年代初，白酒生产企业是各县(市)属酒厂，各酒厂的系列品牌白酒主要有德州酒厂生产的德州特曲、齐河酒厂的祝阿特曲、禹城酒厂的“禹王亭”、武城酒厂的“古贝春”、宁津酒厂的“又一春”、临邑酒厂的“洛北春”、平原酒厂的鲁北特曲、夏津酒厂的“九龙春”等。随着乡镇企业的发展，一些乡镇(村)办酒厂也相继发展起来，各县市的乡镇(村)办酒厂少则三两家，多则十几家，与县(市)属酒厂展开竞争态势。乡镇办酒厂兴办较早，发展较好，持续至今的主要有夏津县宋楼酒厂、白马湖酒厂、平原县张华酒厂等。随着经济体制改革的发展，县(市)属酒厂和乡镇酒厂全部改制为民营和股份制企业，增强了企业活力。德州酒厂万吨酒精生产线于1993年5月投产运行，自控系统达到国内先进水平，此项目在1994年全国第九届成果博览会上被评为金奖。

1993年9月，武城县酒厂改名为古贝春集团公司，10月改制组建为“山东省武城古贝春有限责任公司”，逐渐发展成为“中国白酒工业百强企业”“全国低度浓香型白酒著名企业”。禹城酒厂、宁津酒厂分别在1994年8月和10月改制成禹王亭集团总公司和宁津县又一春酒厂。禹王亭集团总公司在1995年兼并县印刷厂、葡萄酒厂的基础上，1996年建立了生物科研开发基地，成为集科、工、贸一体化的省级企业集团，是德州市第一家省级股份制企业。

“九五”(1986—2000)期间，全市白酒行业，以国家产业政策和市场需求为导向，加大产品结构调整，以“优质、低度、多品种”为调整目标，坚持“高度酒向低度酒转化、粮食酒向果类酒转化、蒸馏酒向酿造酒转化、普通酒向优质酒转化”的发展方向，以降低物耗、稳定和提高产品质量、提升白酒档次为重点，用先进适用技术改造传统酿酒工艺，加快新产品的研制开发。在国家税收政策调整、全国多数白酒生产企业亏损且部分陷入困境的形势下，德州白酒生产企业保持较稳定的发展。2000年销售收入过千万元的企业达到6家，白酒及食用酒精产量为3.2万吨。2002年食用酒精的生产能力达到6万吨。6家限额以上白酒生产企业全年实现销售收入3.65亿元，实现利税9365万元，其中利润1709万元。“禹王亭”牌和“古贝春”牌白酒被评为“山东省白酒行业十大品牌”“山东省名牌产品”，42°“古贝春”被评为“山东省白酒行业创新品牌”。到2002年，德州白酒已达到几十个系列上百个品种，培植了“古贝春”“禹王亭”“常回家看看”等一批中、高档名牌产品。古贝春集团新产品连年推出；禹王亭集团研发的“一神三金”新产品投放市场；又一村公司开发德州特曲、又一村系列的新品种。2005年，38度古贝春获全国低度白酒鉴评第一名，52度古贝春获全国高度白酒鉴评第二名，“古贝春”荣膺“中国驰名商标”。

二、啤酒

“七五”(1981—1985)时期，德州啤酒生产企业主要是平原县啤酒厂。1986年初，生产能力1万吨。1987年新增1.5万吨能力，1992年新增能力1.2万吨，年生产能力达到4万吨，生产的“发发发”牌啤酒1988年获山东省优质产品。并在1991年、1992年在比利时布鲁塞尔举行的第二十九、第三十届世界酒类优质产品评比大赛中连续获得金奖。

德州啤酒厂是“八五”时期新上的一家乡镇企业，初期以玉米为主要原料，生产的啤酒因口味新而畅销一时，后来改造为以大麦为酿造原料，产品主要是瓶装及散装普通啤酒。

“九五”(1996—2000)时期新建的几家啤

酒企业,规模较小,只有平原啤酒厂、临邑雪豹啤酒厂具有一定规模和竞争力,年生产能力分别为4万吨和3万吨。1997年,平原啤酒厂以青岛啤酒集团为依托进行合作,更名为青岛啤酒平原分公司,以“第一泉”为商标,1999年被评为山东省优级产品,到2011年,啤酒产量达到7万吨,利税2500万元。

1995年,临邑县五星啤酒厂实行租赁经营改名临邑雪豹啤酒厂,1997年进行改制并收购年产5千吨的德州啤酒厂。2001年,两家啤酒厂进行整合,以德国啤酒酿造大师雷欧·汤姆·克代尔的名字命名组建了德州克代尔啤酒集团有限公司,以“克代尔”为商标,不断提高产品质量和档次,提升品牌价值和知名度。2001年在全省率先开发研制出营养保健型螺旋藻啤酒。2002年通过ISO 9002质量标准体系认证,精品克代尔啤酒被省技术监督局认定为“山东省免检产品”。到2002年年末,公司发展成为年生产能力20万吨、拥有固定资产1.3亿元、实现销售收入1.78亿元、上缴税金1776万元的鲁西北及冀东南最大的啤酒生产企业。旗下有“克代尔”“萨多娜”“金马”“川水”“飞王”多个自主品牌,其中“克代尔”为山东省著名商标、中国驰名商标。

山东森力啤酒饮料有限公司　前身是1995私营食品饮料有限公司,2000年开始转产啤酒饮料,厂址移入恩城工业园区,改为现名。公司依托德国酿造技术,引进进口流水线,采用进口优质澳麦芽酿造的森力啤酒,产品市场遍及全省和河南大中城市及广大农村市场。2001年被中国商业统计协会评为“中国知名品牌”。

重点酿酒企业简介

古贝春集团有限公司　前身是成立于1958年7月的原地方国营武城县酒厂。1976年,白酒以“古贝春”为商标。1993年9月,企业改名为古贝春集团总公司。1999年10月,改制组建为“山东省武城古贝春有限责任公司”。公司占地面积98公顷,拥有10万平方米的现代化大型酿酒车间,年生产、勾储优质白酒能力10万千升,是集产、学、研、发为一体的全国纯粮食酒重点生产厂家。白酒生产形成了浓香、酱香、兼香齐全,古贝春、古贝元、国蕴三大主导品牌,高、中、低档兼备的产品格局。古贝春科研技术中心被纳入中国白酒169计划协作单位,公司被人事部批准为博士后科研工作站、国家发改委扶持酒类研发服务平台、省级企业技术中心、省级工程技术中心和省级食品质量监测中心等高端科研平台。企业荣获全国“五一劳动奖状”,先后被评为中国白酒工业百强企业、全国守合同重信用企业、全国质量效益型先进企业、全国低度浓香型白酒著名企业。

从1978年起,“古贝春”白酒多年蝉联“山东省优质产品”。1984年被评为轻工部优质产

古贝春公司大型灌装车间　(2011年　摄)

品。同年,酱香型“古贝元”研制成功。2005年3月,在四川宜宾召开的“全国浓香型白酒质量鉴评会”上,38度古贝春在低度酒鉴评中位居第一,52度古贝春在高度酒鉴评中名列第二。2008年12月,“古贝春”在马德里成功实施国际商标注册。2010年,被商务部认定为第二批“中华老字号”。

第四节　食品加工

1986年,全区各县(市)均有规模不等的食品加工厂,总体规模小,品种单一,主要凭票证供应糕点面食和少量肉制品。1987年,乐陵枣制品厂生产的阿胶金丝枣获得轻工业部优质产品奖。到1993年,食品行业产值15460万元。

1995年前后,随着经济体制逐步由计划向市场转换,个体和私营食品加工业户发展起来,坚持继承与发展并行,发扬地方传统名吃,引进新兴食品工艺,品种不断增多,销售也以本地销售为主,逐渐向周边地区和全国辐射,市场规模越做越大。与此同时,县(市)属食品企业经过改制也加入到民营食品行列中来。一些稍具规模的食品加工业户开始向公司股份制转变,加工企业越做越大。经营的品种从一厂一品为主到一厂多品,从一系列到多系列。经营方式由亦商亦工、前店后厂和摆摊经营发展到供应商场超市和网络销售。

进入21世纪,食品工业成长为全市10大工业支柱产业之一。2004年销售收入突破百亿元大关。2004年双汇和金锣等一批效益好后劲足的大项目相继完成投产,乐陵投资3亿元的星光精制绵砂糖项目开工建设。2004年规模以上食品企业德州双汇、德州(临邑)金锣、乐陵浩天、东君乳业(禹城)、山东鸿兴5家企业实现产值共计181182万元,利税7750万元。规模以下食品工业企业244家,实现产值53136.9万元。出口交货值561.4万元。

2005年,食品行业年销售收入突破了200亿元,“德州牌”扒鸡、“华达”肉食等10个品牌分别获得省食品行业“十大品牌”或“创新品牌”。2005年年末,食品工业固定资产总额为135.5亿元,产品销售收入225.69亿元,实现利税27.75亿元,利润16.18亿元。肉禽加工、果蔬业的发展,扩大了畜产品加工规模,拉长了枣制品加工产业链。

2011年,全市纳入统计范围的涉粮食品加工企业32家(其中独立核算填报企业18家),其中包括生产低聚糖、糖醇、差异化糖浆企业——禹城百龙创生物科技有限公司。食品生产能力33.6万吨(独立核算企业18.95万吨),其中:挂面生产能力19.6万吨,饼干6.1万吨,面包糕点1.6万吨,其他食品5.9万吨(豆制品、锅巴、麦芽糖醇、低聚糖醇等)。其中年食品生产能力居前5位的企业是发达面粉集团(5万吨)、山

德州扒鸡自动生产线　(2010年　摄)

东豆工坊食品有限公司(5万吨)、陵县托春食品(2.5万吨)、夏津县振鑫挂面有限公司(2.5万吨)、山东永乐食品有限公司(2.5万吨)。2011年度,食品产量26.28万吨,其中挂面12.56万吨,饼干6.3万吨,面包糕点0.8万吨,其他食品6.6万吨。

一、面食糕点类

以糕点为主的传统面点加工业,改革开放后重新焕发生机。品种由传统的糕点、月饼、饼干几种发展到生日蛋糕、披萨和无糖系列、无水系列等数百种。夏津县益和成原是一乡村糕点铺,后发展成为益和成食品有限公司,品种由当初的十几种增加到近百种,并把分店开到德州、济南等地。武城县有糕点面食加工厂多达十几家,规模较大的有凤源、鸿兴、宏祥、光达、瑞丰等。

台湾旺旺集团是全球知名食品企业。2001年6月在齐河县投资建厂,成立齐河旺旺食品有限公司。2004年,追加投资新建德州瑞麦食品有限公司、齐河瑞麦食品有限公司等。旺旺集团齐河工业园已建成5个生产项目,总占地7.33公顷,建筑面积3万多平方米,主要生产旺旺、黑皮、挑战派等品牌的仙贝、雪饼、小馒头等食品及食品干燥剂。企业年可实现销售收入2.6亿元,利税5000万元。

德州金鼎冷藏食品有限公司集速冻米面食品、调理品、休闲食品、肉制品研发、生产、销售和品牌推广于一体,主要米面制品有水饺、汤圆、粽子、馄饨、芝麻球、地瓜丸、各种面食等十几种产品。休闲食品有绿茶佛饼、雪媚娘、雪天使、花想容、香蕉派、银丝山药卷等40余种产品。

德州好得食品有限公司(临邑)生产以糯米、粳米、花生、面粉为主要原料的天然营养休闲食品,产品包括日式米果、豆果及仙贝等系列产品。德州托春食品有限公司(陵县开发区),新上国内1000型全自动饼干生产线,具有年生产1万吨的生产能力,现生产20个品种5大系列品种的各类饼干。托春食品坚持走绿色食品、天然食品深加工之路,不断开发新产品。开发出小食品、锅巴等一系列休闲食品的新品种,使"托春"牌食品成为一大系列。

二、畜禽肉食品类

德州扒鸡是久负盛名的传统地方名吃,拥有德州牌、乡盛、永盛斋、崔记、李记等多个品牌生产厂家。"德州牌"扒鸡生产商山东德州扒鸡集团前身为始建1953年,后几经变革,1998年组建的山东德州扒鸡集团公司,跻身中国肉类食品行业50强企业。德州崔记扒鸡老店被称为"扒鸡世家",崔记扒鸡形色兼优、五香脱骨、肉嫩味纯。德州乡盛食品有限公司(简称"乡盛食品"),专注于"乡盛鸡"系列产品研发销售,产品旺销于德州及周边地区和京、津等地。永盛斋扒鸡集团有限公司是集饲

齐河旺旺食品公司生产车间 (2011年 摄)

养、宰杀、冷藏、加工、服务于一体的综合性开发企业。永盛斋是2010年被商务部认定的第二批“中华老字号”。德州盛彬食品有限公司主营“鲁舜斋”牌德州五香脱骨扒鸡系列、香卤鸡蛋系列、鸡爪系列、鸡腿系列、鸡脖系列等。德州沈氏食品有限公司生产的五香脱骨扒鸡以其外形完整美观，色泽金黄透红，肉质松软适口。沈氏扒鸡研制于民国初年，四代传承，2009年被评为“山东小吃”。禹城五香脱骨扒鸡、庆云尚堂扒鸡、崔口扒鸡、夏津布袋鸡、平原乳鸽等都是知名的地方禽类肉食品。

畜肉类以牛羊和猪肉为主。山东汇康食品（集团）是从事畜禽育种（保种）、养殖、屠宰加工、食品深加工、冷藏、销售、冷链物流为一体的大型综合性民营集团。先后建立多个鲁西黄牛养殖小区、良种猪养殖基地、肉兔养殖场和蔬菜种植基地，在西藏仲巴县、尼玛县和班戈县设立有牛羊收购加工厂；在内蒙古锡林浩特市设有牛羊肉收购加工厂。德州双汇食品有限公司是河南省双汇实业集团有限责任公司投资1.9亿元兴建的现代化屠宰和肉制品加工企业，分三期建设，总占地50公顷。德州（临邑）金锣肉制品有限公司2004年1月注册成立。主营生猪鸡屠宰及深加工、保鲜肉高温肉制品低温肉制品生化制品包装材料等。当年实现工业产值90907万元，利税1820万元。德州华达集团始建于1990年。“华达绿业”牌系列肉制品分高、低温两大系列60多个品种。高温系列有：五香狗肉系列、五香牛肉系列、五香驴肉系列、扒鸡系列及各式礼盒、大补乳狗、十全狗宝、金钱肉等滋补精品。齐河清真喜逢食品是一家清真老字号食品厂，采取真空保鲜技术生产的软包装“圣喜”牌酱牛肉、全牛宴等系列食品，畅销济南、北京、上海等十几个大中城市。2004年，圣喜牌酱牛肉被评为山东省第二届“山东省名吃”。齐河米家清真楼饭庄生产的“米氏酱香羊腿”所用的羊腿是以生长七八个月的散养鲁北山羊精心加工而成。2011年被认定为“山东老字号”。禹城市伊盛清真食品有限公司成立于2005年10月，专事牛羊禽收购加工、冷藏销售。通过合作社的形式建立起自有养殖基地，不仅保证了货源，而且带动当地畜牧业发展，增加农民收入。德州市福聚德食品有限公司（禹城）成立于2002年，主要生产经营“明”牌五香扒鸡、五香牛肉、五香驴肉、五香狗肉、乡村土鸡、乡村酱兔、乡村麻鸭、干爆鸡肫、“小么哥”休闲等系列产品。宁津县保店驴肉是当地久负盛名的三大名吃之一，拥有众多加工业户。保店守恒精制驴肉厂，坚持继承传统工艺与采用现代科技相结合，较好地保持发展了地方名吃的传统特色。较有名的驴肉品牌还有临邑西关熟驴肉、夏津汪家驴肉等。

三、调味品和馅料类

调味品生产主要集中在乐陵市、禹城市。乐陵市杨安镇调料市场是全国最大的调料市场，多年加工、销售调味料，“买全国卖全国”。调味品加工企业达360多家，从业人员超过2万人，乐陵已成为康师傅、统一、华龙等国内众多著名食品加工企业的香辛料、调料包供应基地。知名调味品生产厂家有畅达、永和、乐华森调、神厨、谷鲜坊调味食品有限公司等。山东神厨调味食品有限公司拥有1万平方米现代化生产车间，分为固态和半固态调味料生产线，产品远销欧美日韩澳大利亚。禹城市鸿兴源食品有限公司成立于1999年6月，年加工调味品达5万吨，系列调味品有五香粉、炖鸡、炖排骨料等几大系列上百个品种。与上海相关企业联手推出几大系列73种全新的产品。成为2008年北京奥运会、2010年上海世博会的调味品供应商。

酿造酱菜加工是德州传统食品业。德州市环球酿造有限责任公司前身是德州市食品公司。年产酱油4800吨,食醋3700吨,面酱3500吨。其主要产品为“环球”牌酱油、食醋、料酒等,“叠翠山”牌面酱、酱菜、辣椒加工制品和地下矿物质纯净水等7大系列120多个品种。公司历史最早可追溯到明末清初的庆和永酱园,迄今已有360余年历史。产品销往北京、青岛、武汉、邯郸、石家庄、沧州、济南等省内外36个县(市、区)。2006年全国第七届食品博览会被评为“明星企业”和“放心食品”。平原县德州通德酿造有限公司是有一百多年历史的“通德号”老店,1901年挂牌营业,历经百年风雨,从一家醋坊发展成为拥有现代化食品酿造企业。2007年“通德”牌被商务部认定为第一批“中华老字号”。主要产品有高粱白酒、酱菜、黄豆酱油、老醋4个系列共60多个品种,营销网点遍布本县及邻近武城、夏津、陵县、德城等8个县及河北、济南、天津、潍坊、泰安等地。德州多元食品有限公司是一家中韩合资企业,是韩国风味辣椒酱、豆酱、干酱、炸酱、米醋、豆酱油生产加工企业。德州市浩宇食品有限公司主营调味品、淀粉制品、味精、鸡精、红白糖等产品。夏津县慧明园酱菜厂是1998年成立的私营企业,挖掘传统工艺,开发出多种新产品,畅销山东、河北、和京津地区。

武城县是全国著名的辣椒生产县,涌现出以英潮公司、亚星食品有限公司为代表的一批以辣椒为原料的调味品生产厂家。经营益都红、望都红、天鹰椒、朝天椒、线椒等干鲜辣椒、速冻鲜椒,并加工生产内销、出口级辣椒粉、辣椒碎、辣椒等产品。2011年,全县有辣椒加工企业50多家,实现销售收入10多亿元。

禹城市是全国食品工业百强市。1990年后,发挥当地资源优势,发展食品馅料产业。至2010年,禹城市规模以上馅料加工企业8家。以红豆、白豆、芸豆、豌豆为原料,生产糖纳豆系列、中秋糖馅料、无蔗糖系列、水豆沙系列、干粉系列等几大系列上百个品种。畅销全国300多个大中城市,并出口日、韩、东南亚和欧洲等国家和地区。德州鲁樱食品有限公司(禹城)成立于2001年,是集研发、生产、销售于一体食品馅料生产企业,主导产品有豆沙馅、糖纳豆、中秋馅料、特色馅料等几大系列200多个品种,年设计生产能力10万吨。是联合利华、伊利、三全、克里斯汀、天冰、宏宝莱等知名公司的指定供应商。

四、林果食品类

林果食品类生产企业主要集中在以金丝小枣为原料的乐陵市、庆云县,以葡萄、桑葚为原料的夏津县。

乐陵市利用丰富的金丝小枣资源,大力发展林果加工业,拥有天天、东大、万家、宏润、寿星、万友、金丝枣业等多家枣产品加工企业。1987年,乐陵枣制品厂生产的阿胶金丝枣获得轻工业部优质产品奖。到1993年,乐陵市食品行业产值15460万元。乐陵市天天食品枣业有限公司始创于1998年,下属两个枣制品厂、26个收购站,年生产枣制品可达2000多吨,2004年实现工业产值37659万元,实现利税4692万元,是乐陵市的食品龙头企业。

庆云县是著名金丝小枣产地之一。山东鼎力枣业食品集团有限公司是国家重点扶贫龙头企业、省农业产业化重点龙头企业、省民营食品企业发展实力30强,主要生产金丝红枣、肉食、玉米深加工等七大系列80余种产品,公司拥有10万亩绿色食品金丝小枣种植基地,采用国外进口技术和工艺低温提取浓缩枣汁,最大程度的保留红枣的营养成分。主要生产“青杰”“鼎力”“黄梨果啤”“菠萝果啤”4大品牌系列产品,15个系列30多个单品优质啤酒产品。该公司“金粒宝”被认定为“山东省著名商标”。

夏津县黄河故道森林公园以生产葡萄和桑

葚著称。依托丰富的林果资源,夏津县涌现出一批以林果加工为主的林产品加工业。山东卡洛斯葡萄酿酒有限公司始建于2005年,原名德州天参饮品有限公司,以葡萄、桑椹等天然水果资源为原料,生产果汁、果酒及延伸产品,与西班牙马德里人葡萄酒海外控股公司合作,生产具有浓郁西班牙风格的“马德里人”牌高级系列葡萄酒。以当地特产桑椹为原料,酿造的“桑椹冰酒”较为完整地保留了桑椹自身的营养及药物成分。2008年被山东省旅游局认定为“山东省工业旅游示范点”。

山东星光糖业集团有限公司是乐陵市集原糖加工、焦糖色素生产、玉米淀粉糖加工、国家食糖储备、生物科技研发等于一体的民营企业集团。主导产品星友牌绵白糖、白砂糖和精制优砂糖,是制造高档饮料和食品的必需添加成分,公司已经成为卡夫(天津)食品有限公司、雀巢(上海)食品公司、可口可乐(北京)公司、内蒙古蒙牛乳业、旺旺食品公司等国内外知名企业的供应商。

五、乳制品和饮料类

德州乳品加工业是21世纪后的新兴产业。光明乳业(德州)有限公司成立于2001年9月,是光明乳业股份有限公司在华北的一个重要生产基地,总投资近2亿元,实现年销售收入近10亿元。东君乳业(禹城)有限公司系中外合资经营企业,始建于2003年10月,由内蒙古东君食品有限公司、山东天源粮油集团共同投资兴建的一家乳制品生产企业,并吸收加拿大维多利亚国际实业有限公司、北京雅宝经济文化发展中心投资。

饮料生产由传统单一的果汁生产向现代化多品种发展。2004年,全市生产软饮料91782.11吨,其中碳酸饮料71938.61吨,瓶(罐)装饮用水1146吨,果汁15706吨,含乳饮料2991.5吨。到2011年全市共有规模以上饮料制造企业64家,实现产值116.75亿元。德州一哥食品有限公司公司以生产天然含碘的重碳酸纳型(即含碘的小苏打型)矿泉水为主,同时生产碳酸、果汁饮料及蛋白肽营养保健品。德州市康贝食品乳业有限公司始建于1992年,是主营碳酸饮料、纯净水、茶饮料和果汁饮料,拥有“赛天”“贝丽斯”“美果乐吧”3个注册品牌。产品销往山东、山西、河北、河南及东北等地。

重点企业简介

山东德州扒鸡集团有限公司　前身为始建于1956年的中国食品公司德州市公司。新中国成立初,国家对农业、手工业和资本主义工商业进行社会主义改造初期,1953年由20多位扒鸡制作传人组成德州扒鸡联营社。1956年,扒鸡联营社大部分成员并入新成立的中国食品公司德州市公司(后改称德州市食品公司)。1998年6月,组建山东德州扒鸡集团公司,1999年改制为股份制企业,是以种禽养殖、肉禽蛋加工、餐饮服务、食品经营为主的省级企业集团,系农业产业化国家重点龙头企业、国家扶贫龙头企业,全国少数民族清真食品类定点生产企业,中华老字号企业。2004年公司被评为农业产业化国家重点龙头企业,2005年中国肉类食品行业50强。主打产品是“德州牌”扒鸡。2006年“德州牌”扒鸡加工技艺被评为“山东省非物质文化遗产”。2007年“德州牌”扒鸡被商务部认定为第一批“中华老字号”。

2009年,公司拥有德州扒鸡总厂、德州扒鸡美食城、德州扒鸡海鲜城、德州扒鸡大酒店、喜来登大酒店、凤都国际酒店、山东海山药业有限公司等10余家分子公司。企业经营涉及禽畜养殖、禽蛋制品、保健药品、食品零售、餐饮服务等行业。2011年,集团公司销售收入7.6亿元。

附：

一、“中华老字号”名单(5个)

1. 商务部2007年认定第一批(3个)

企业名称	注册商标
山东德州扒鸡集团有限公司	德州
德州通德酿造有限公司	通德
德州市又一村饭店	又一村

2. 商务部2010年认定第二批(2个)

德州市永盛斋扒鸡有限公司	永盛斋
山东古贝春有限公司	古贝春

二、“山东老字号”名单(9个)

1. 山东省经贸委2007年认定第一批(2个)

企业名称	注册商标
山东古贝春有限公司	古贝春
德州市永盛斋扒鸡有限公司	永盛斋

2. 山东省商务厅2011年认定第二批(7个)

企业名称	注册商标	产品名称
夏津县益和成食品有限公司	益和成	益和成糕点
山东洛北春集团有限公司	洛北春	浓香型白酒
山东双陵春酒业有限公司	双陵春	双陵春牌系列白酒
宁津县守恒精制驴肉厂	保店	保店驴肉
齐河县祝阿镇米家清真饭庄	兆茂	米氏酱香羊腿
齐河县清真喜逢食品厂	圣喜	牛羊肉清真食品
山东大禹龙神酒业有限公司	禹王亭	禹王亭特窖

第五节　生物产业

德州市生物产业兴起于20世纪初期，由禹城的木糖醇、低聚糖、低聚木糖“三糖”产业率先带动发展起来，并成为全国发展较早、规模较大的生物产业集聚地。全市生物产业在发展进程中，按照建成具有国际水平的创新型生物产业基地的发展目标，准确把握德州市作为黄淮海区域专业性生物产业基地定位，遵循市场驱动、政府引导，统筹规划、服务全国，协调整合、自主创新，以人为本、重视人才，资源节约、持续发展，重点突破、集聚发展，协作配套、辐射带动的总体原则，逐步构建起以禹城为核心区，陵县、乐陵、经济开发区、夏津、平原、临邑6县(市、区)为生物产业辐射区的生物制造、生物农业、生物能源、生物基材料等为主体的特色生物产业架构。

1993年6月，总投资1790万元，生产能力500吨，产值1350万元，利税650万元的禹城木糖醇项目投产，填补省内空白。1997年，禹城1000吨木糖醇项目建成投产。2002年禹城市木糖醇、低聚糖、低聚木糖“三糖”被列入山东省食品产业链发展规划，项目及技改投入上亿元。“三糖一药”已成为全国最大的低聚糖、木糖醇生产企业，其工艺达到国内先进水平。

2003年，禹城环宇集团保龄宝公司以省级技术中心为依托，通过与国内科研院所及大专院校交流，在IMO900型异麦芽低聚糖的基础上，研制开发出高纯度异麦芽低聚糖；禹城福田药业建立的“山东省木糖醇研究所”是国内唯一木糖醇科研机构。2003年，环宇集团保龄宝公司和山东禹王公司被中国食品协会评为“全国优秀食品龙头企业”；福田药业、保龄宝公司被国家科技部批准为国家级重点高新技术企业，禹王实业集团的技术中心通过了省级认定。2004年，禹城以“三糖一药”为龙头，发展保健食品及生物制品，形成全国功能性糖生产基地，2005年被中国轻工联合会授予“中国功能糖城”称号。“三糖”及衍生产品的生产能力达到了25万吨；禹王集团低温豆粕项目及新糖源低聚糖产品开发填补国内空白。

2009年，德州市生物产业产值达到330亿元。集聚各类生物产业企业300家，其中规模以上企业87家，实现销售收入279亿元，年销售收入过20亿元企业5家，过10亿元企业7家。300家生物企业中，65%集中在生物制造业，35%集中在农业、医药和能源行业，生产能力达到3.5万吨，居世界之最；麦芽糖醇生产能力6.4万吨，国内最大。

禹城市作为德州市生物产业核心区，充分利用国家支持高新技术发展的优惠政策，相继实施万吨低聚异麦芽糖、万吨糖醇、万吨低聚木糖等国家高新技术产业化示范工程项目，形成了以保龄宝生物技术有限公司、山东龙力生物科技有限公司、山东福田药业有限公司为龙头的功能糖产业群体，以低聚异麦芽糖、低聚果糖、低聚木糖、木糖醇、结晶麦芽糖醇、赤藓糖醇为主导的功能糖产品体系，综合生产能力达到了70万吨，占国内功能糖生产能力的70%，成为国内品种最全、质量最好、规模最大、市场占有率最高的功能糖生产基地。其中，木糖醇（麦芽糖醇）及衍生产品生产能力达到5.3万吨，居世界第二；低聚异麦芽糖（高果糖）系列产品生产能力达到30万吨，居亚洲之首；低聚木糖及衍生产品生产能力达到3.5万吨，居世界之最；麦芽糖醇生产能力6.4万吨，国内最大。培育出一批核心型龙头企业。其中包括山东禹王实业有限公司、山东龙力生物科技有限公司、山东福田药业有限公司、保龄宝生物股份有限公司、禹城绿健生物技术有限公司、谷神集团、华茂集团、山东百龙创园生物科技有限公司等。这些龙头企业，管理水平高，产品质量过硬，多家企业是国家级重点高新技术企业、农业产业化国家级重点企业、中国保健食品50强企业、全国淀粉糖行业20强、中国轻工业500强、中国食品优秀企业的重要成员。形成以玉米芯、大豆和玉米三大农副产品综合利用产业链条。在生物产业发展中，涌现出许多“中国名牌产品”和“中国驰名商标”，其中包括“保龄宝”低聚糖为中国名牌产品；“保龄宝”“福甜”“龙力”“禹王”为中国驰名商标。特别是禹城市的功能糖企业与可口可乐、雀巢、伊利、娃哈哈、乐百氏等多家跨国公司和知名企业建立长期合作关系，产品销往美国、日本、英国等30多个国家和地区，产品市场占有率在国内市场达80%，国际市场占有率达25%。其中，低聚糖的国内市场占有率达到80%，国际市场占有率达到20%；木糖醇国内市场占有率达到78%，国际市场占有率达到25%。2005年，保龄宝公司入选中国制造业500强。2010年1月，禹城市被工业和信息化部授予第一批“国家新型工业化示范基地”荣誉称号，是首批62个示范基地中唯一的生物产业基地、是全国22个“国家高技术产业（生物产业）基地”中唯一以生物制造为主体的产业基地，产业核心区禹城市获“国家火炬计划生物产业基地”等多项荣誉。

经过20多年发展，德州市生物产业，初步形成由1个核心区、6个扩展区，以及产业发展辐射区构成的生物产业空间布局框架。其中，禹城市为核心区，是生物企业和研发机构集聚的区域，也是生物产业基地的重点建设基地；陵县、乐陵、经济开发区、夏津、平原、临邑6县（市、区）为生物产业辐射区。重点建设生物能源扩展区、生物基材料扩展区、生物农业扩展区、生物食品扩展区；产业基地辐射区，是与核心区和扩展区在生物产业方面合作比较密切的区域,包括山东省内的鲁北、鲁中、鲁南等农作物产区,以及河北、河南玉米、大豆资源丰富的广大地区。作为核心区的禹城市生物产业经过多年发展,已经形成全市以农副产品深加工和资源综合利用为特色的国家生物产业基地核心组成部分。到2010年,德州市共有国家级企业技术中心13个,省级13个;博士后科研工作站3个;国家级高新技术企业8个;国家级检测中心5个。生物产业企业先后承担“863”计划、国家科技攻关计划14项,完成科技成果136项,获得各类专利注册83件,拥有国家级新产品10个,主持制定国家或行业标准15项,参与30余项产品的国家和行业标准制定,获得国家发明奖2项。

2010年,全市共有生物技术企业322家,其中规模以上企业88家,销售收入过30亿元的企业5家。全年实现销售收入420亿元,占全市比重9.0%,利税总额49亿元,利润总额25亿元。13家全市重点调度生物企业主营业务收入285亿元,利税总额31.5亿元,利润总额18.8亿元。保龄宝生物科技、龙力生物科技、乐悟集团、福田药业、禹王实业5家企业年销售收入突破30亿元,谷神生物科技、华茂生物科技、福源生物淀粉、星光糖业等9家企业销售收入突破10亿元。322家企业中65%集中在生物制造业,35%集中在生物农业、生物医药行业。功能性糖醇年综合生产能力突破110万吨,国内市场占有率80%,国际市场占有率35%,低聚木糖生产能力、木糖醇生产能力世界第一,低聚异麦芽糖生产能力亚洲第一。

2011年,全市生物技术产业规模以上企业107家,全年实现销售收入442.63亿元,同比增长26.4%,占全市比重8.6%;利税总额57.69亿元,同比增长43.3%;利润总额31.55亿元,同此增长54.5%;功能糖产量375.8万吨,同比增长55.86%。德州被命名为“中国食品大豆蛋白产业加工基地”,谷神集团、禹王集团两家大豆蛋白生产龙头企业被认定为“中国食品大豆蛋白加工示范企业”。

重点企业简介

保龄宝生物股份有限公司 成立于1997年,注册资金36925.6万元,是以生物工程为主导的国家级重点高新技术企业,2009年在深交所上市,是中国功能糖行业首家上市公司。2011年公司有员工1020人。主导产品低聚糖、高果糖、海藻糖、糖醇、膳食纤维等,广泛应用于健康食品、功能饮料、美容日化以及医药、盐业、无抗饲料等领域,系列终端产品成功进驻各大商超,是全球重要的功能性生物配料制造服务商。

保龄宝公司发酵法生产谷氨酰胺属国内首创,国内首家实现赤藓糖醇工业化生产。2007年,公司技术中心被认定为省重点企业技术中心,成为德州市首家进入“双百工程”的企业技术中心。

建有国家认定的企业技术中心、国家糖工程研究中心、国家地方联合工程实验室、国家认可实验室、国家特色农产品专业分中心、山东省重点实验室、山东省工程实验室等科研机构,设有博士后工作站、院士工作站及“泰山学者”岗位,形成了“创意、创新、创造、创领、创客”五位一体的创新体系。2011年,保龄宝公司主营业务收入488740万元,利税82343万元,利润36216万元。

山东福田药业有限公司 成立于1991年,是集科、工、贸为一体的国家级高新技术企业、中国轻工配料行业10强企业、全国发酵行业循环经济示范企业,总资产17亿元,注册资本2.9亿元。2011年有员工800余人,涵盖化工、食品、微生物、制药等相关专业。主导产品有木糖、木糖醇、麦芽糖醇、赤藓糖醇、L-阿拉伯糖及其衍生多元糖醇产品;木糖醇产能亚洲第一,国内市场占有率65%。"福甜"牌木糖(醇)产品多次被评为中国著名品牌、国家级新产品、山东名牌、山东省著名商标、山东出口名牌等,"福甜"商标认定为中国驰名商标。

建有国家级企业技术中心、国家糖工程技术研究中心分中心、国家认可实验室、国家生物产业基地多元醇中试生产服务中心、全国木糖(醇)分析检测中心、功能糖产品检验检测研发中心等科研创新平台,先后承担国家863计划课题、科技支撑计划等国家级科研课题20余项,申报国家专利226项,其中授权发明专利121项。

2011年,主营业务收入428678万元,利税48550万元,利润28530万元。

山东龙力生物科技股份有限公司 成立于2001年6月,注册资金50402.56万元。2011年7月,公司在深圳证券交易所成功上市(简称龙力生物,股票代码:002604)。公司以秸秆、玉米芯、玉米为原料,采用现代生物工程技术生产功能糖、淀粉及淀粉糖等产品,并循环利用功能糖生产中产生的玉米芯废渣生产第二代燃料乙醇等新能源产品及木质素等高分子材料产品的生物质综合利用企业,主营业务涉及生物、新能源、新材料三大国家战略型新兴产业。主导产品有低聚木糖、木糖、木糖醇、纤维燃料乙醇、木质素等,是全球最大的低聚木糖生产研发基地,中国首家以纤维质原料生产燃料乙醇的定点企业。拥有国家级企业技术中心、国家功能性糖类公共试验室、国家糖工程技术研究中心(龙力分中心)、山东省功能糖工程研究中心、山东省秸秆生物炼制技术重点实验室、博士后科研工作站、院士工作站七大研发平台。先后承担国家"863""十五""十一五""十二五"等重大课题和项目29项,通过科技成果鉴定26项;拥有自主知识产权专利80多项,获国家授权专利66项,其中发明专利49项;主持和参与制定国家、行业标准8项;先后获得国家技术发明奖二等奖2项、国家科技进步奖二等奖1项、教育部科技进步奖二等奖1项、中国粮油学会科学技术奖一等奖1项、山东省技术发明奖一等奖1项等省部级以上科技奖励20余项,是行业内唯一获得国家级科技奖励3项大奖的生物企业。

2011年,主营业务收入429913万元,利税46171万元,利润29441万元。

第六节 医药产业

20世纪90年代后,原有医药制药企业相继改制或者破产,私营和股份制医药企业逐步发展起来,相继涌现出德州德药集团、禹城福田药业、山东广源药业(平原)、山东金藏煌药业(乐陵)、德州博诚制药、海山药业(市经济开发区)、齐鲁安替(临邑)制药有限公司等一批私营、股份制制药企业。

2004年,全市有制药企业12家,年产化学药品原药139.52吨,抗感染药6108吨,消毒防腐及创伤外科用药61.8吨,冻干粉针剂84万支,输液9145万瓶,片剂31641万片,胶囊剂2183万粒,兽用化学药品3081.54吨。医用试剂100公斤。到2011年年末,全市有制药企业50家,年产值1489606万元,利税7803.9万元。

重点企业简介:

德州德药制药有限公司 前身是成立于20世纪70年代的原山东省德州制药厂,2003年年底与步长集团组建合资公司,是集化学制剂和原料药的研发、生产和销售于一体的现代化制药企业。2011年企业有员工600余人,其中工程技术人员120多人。生产水针剂、粉针剂、片剂、滴丸剂等百余个品种规格。其主要产品有冻干顺铂粉针、硝苯地平缓释片(得高宁)、盐酸左氧氟沙星注射液(得尔夫星)及双氯芬酸钠缓释片(芬迪宁)等。是山东省心血管、抗肿瘤和抗生素药品的生产基地。建有口服固体制剂、大容量注射剂、冻干粉针剂、普通冻干粉针剂、原料药等5个GMP认证车间,生产心血管、抗肿瘤、解热镇痛药、肠胃药系列60多个品种。公司是山东省高新技术企业,拥有缓控释制剂、冻干粉针剂两项核心技术,专注心脑血管、抗肿瘤药两大产品系列。主要产品"得高宁",获"山东省名牌产品"和"山东省著名商标"称号。

山东禹王制药有限公司　是禹王集团与美国哈佛大学医学院生物有机及天然药物研究室、美国国际天然药物公司的合资企业。成立于1994年,可以生产片剂、滴丸剂、软胶囊和粉剂等多种剂型。禹王制药,年加工毛鱼油2万吨,生产精制鱼油1万吨,是全球最大的精制鱼油生产企业。精选秘鲁优质的鱼油原料,采用先进的分子蒸馏技术,科学检验,层层把关,精炼出世界最高水准的精制鱼油,年可加工软胶囊60亿粒,据国家海关出口报关材料,是中国最大的欧美保健食品出口企业。公司的不饱和脂肪酸分离技术达到美国SIGMA标准。精制的高含量DHA(99%)标准品、EPA(98%)标准品,通过国家级鉴定,被卫生部认定为国内唯一的标准品在全国科研部门使用。主产品"忘不了"3A脑营养胶丸为山东省著名商标,连续多年获健脑类保健食品全国销量第一,批量出口美国、韩国等国家。

平原制药厂　是生产化学原料药兼制剂的综合性制药企业,山东省心脑血管药物生产基地,国家药品监督管理局精神药品定点生产厂家,主要生产原料药、片剂、胶囊剂、颗粒剂、口服液等五大剂型近百种产品,建有化学原料药、片剂、胶囊剂、口服液等生产车间——GMP认证企业。主要产品有地西泮片、艾司唑仑片、硝西泮片、阿普唑仑片、劳拉西泮片等系列精神药品。2000年被山东省科委认定为高新技术企业。

2011年年制剂产量13亿片,原料药40吨,4类剂型涉及8个治疗领域,实现销售收入8100万元、税金1150万元。

第七节　家具及家具材料

一、家具

家具是德州轻工行业传统产品之一。"七五"(1986—1990)初期,各县市都有家具生产企业。家具按使用的原材料不同可分为木家具和钢制家具。家具企业多数以木材为主要原材料,包括原木材、纤维板、刨花板、细木工板等。主要生产床、桌、椅、箱、凳及配套的组合家具,各种沙发、茶几、酒柜、梳妆台,钢木家具等产品,其中板式组合家具是德州二轻系统重点发展产品。

1986年年初,有县属家具企业16家(其中木家具厂15家、金属家具厂1家),生产家具21万件,工业总产值1519万元,利税102万元。其中,德州市第一木器厂主要生产组合柜、宾馆卧室套装家具、多用橱、写字台等实木家具,部分产品销往美国、日本、新加坡等国家和中国香港地区,被外贸部门列为出口免检产品。齐河县东方家具厂引进意大利、日本、西德板式家具及仿古家具生产线,年生产能力3万件,生产的东方牌板式家具深受消费者欢迎。宁津县钢家具厂是当时德州地区唯一生产钢家具的企业,生产的GJY06钢折椅,连续三年山东省同行业质量评比第一名,1991年开发的转椅系列产品填补省内空白。到1988年年末,全市17家县属企业,职工2309人,家具年生产能力170万件,产量133万件,居全省第六位,完成工业总产值3471万元。"七五"期末,全市14家县属家具生产企业,实现工业总产值3366万元,处于全省中上游水平。

20世纪90年代,随着经济发展和人民生

活水平的提高，对家具的功能、原材料、结构、外观设计及喷漆都有新的要求。由单一的民用和办公家具逐步向卧室、客厅、书屋、厨房家具、儿童家具、宾馆家具、商用家具、校用家具等专用家具发展；由普通家具向艺术装饰化、高科技含量、高档次、多功能发展。特别是宁津、乐陵的家具行业发展比较快，一些民营企业逐步向经营规模化、管理规范化、产品系列化方向发展，产品档次和知名度逐渐提高，产品已销往全国各地。1995 年年末，统计的 7 家规模以上企业，从业人员 1411 人，实现工业总产值 4025 万元。90 年代后期，大部分县属企业进行改制，部分企业关、停、并、转，民营家具生产企业经济开始兴起，涌现出一些家具生产集中片区。夏津县城至宋楼一带，原是著名的夏津县棉花交易市场，在棉花经营效益下滑的情况下，逐渐兴起一批以老榆木（俗称落房榆）、枣木为原料，仿制明清古典家具为主的的仿古家具生产企业，其中规模较大的有榆之缘、舜逸轩、帝豪、榆金缘、古韵阁、宏榆堂、老榆木、汇福林等十多个厂家。产品制作精致、精美逼真，古色古香，主要销往广东、福建、台港澳和东南亚各国。

宁津县是德州市家具在集中产区。起源于 20 世纪 90 年代，起始由加工业户自发形成，后经政府引导，由专业户到专业村再到专业乡（镇），集群发展成为全县的支柱产业。截至 2011 年，全县家具生产企业（户）已发展到 2915 处，其中规模以上企业 55 家，从业人员达到 4.5 万人。形成从木材经营、“白茬”加工、零部件配套、油漆购销、成品组合到产品销售的产、供、销一体化有机产业链。产品包括餐厅家具、厨房家具、酒店家具、卧房家具、套房家具、办公家具、软包家具、实木内门等民用和商用家具八大类上千个品种，形成经典中式、简约欧式、现代中式、英式田园乡村、美式系列、后现代实木、明清古典等多种典型风格，餐桌餐椅占到长江以北市场份额的 50% 以上，家具产品还远销美国、韩国、德国等 30 余个国家和地区，成为宁津县的支柱和富民产业。2004 年，被中国轻工业联合会和中国家具协会联合命名为“中国桌椅之乡”“中国实木家具之乡”，成为“山东省优质木质家具生产基地”“山东省实木家具示范县”“山东省出口木质品及家具质量安全监管示范区”和“山东省实木家具产业基地”，2011 年宁津家具产业被列入山东省 30 个过百亿元省级产业集群，获得中国家具产业链模式创新金奖。

到 2011 年，全市家具行业规模以上企业 92 家，营业收入 59.6 亿元，营业税及附加 8723.8 万元。

二、家具材料

1986 年，德州地区有禹城和乐陵纤维板厂两家生产企业，且规模小、产量低。1988 年年末，人造板年生产能力 2 万平方米，产量 1.06 万平方米，居全省第四位。

“七五”（1986—1990）期间，发挥德州农业优势，搞好棉柴资源的综合利用，地区行署筹建德达申家具材料有限公司，主要设备及技术工艺从德国和芬兰引进，以棉柴为原料生产刨花板（后期改造为以木材为原料），列入省、市“八五”（1991—1995）计划重点工程建设项目，一期工程于 1991 年建成投产，二期工程建成投产后，刨花板年生产能力 8 万立方米。但由于多种原因，企业一度出现亏损，至 1995 年累计亏损 4700 万元，且部分资产流失。“九五”（1996—2000）时期，德达申家具材料有限公司强化管理、开拓市场、加大资金投入与产品结构调整等措施，5 年内投资 4320 万元，新上浸纸线、印刷、贴面、三聚氰胺生产、防火板生产线、家具等七条生产线，开发研制 E1 级胶板、防水板、防静电板等 7 种新产品，工艺技术达到国内外同类产品先进水平，效益明显好转，公司改制为山东德州人造板总厂，2000年又组建山东德州德森集团，“德森”牌刨花板系列产品连续三年被评为“山东名牌”，通过ISO 9002质量保证体系认证，同时获得ISO 9002国际质量体系认证和商检证书，成为德州市唯一双证持有企业。

1996年，在禹城纤维板厂基础上组建为山东贺友集团，投资3500万元建设中密度纤维板项目，1998年4月份投料试车成功，到年底生产中密度纤维板8000立方米，新增销售收入2000万元。

为促进刨花板生产发展，市政府以《山东省德州市人民政府关于德州刨花板厂参照执行森工企业税收问题的请示》报中国轻工总会。汇报德州市人造板总厂因行业归属不能享受增值税即征即退的政策的实际情况，争取国家部门支持，1997年该厂享受退税519万元。

1998年年末，德森、贺友两大集团达到年产刨花板18万立方米、饰面板810平方米、印刷及浸渍纸3000吨、家具40万件的综合生产能力，完成工业总产值18250万元、工业增加值5110万元、销售收入17500万元、利税2275万元，能够生产刨花板、纤维板、饰面板、防火胶板、各种家具、高中档门窗等系列产品，成为国内较大的两个刨花板生产企业，成为全省人造板生产基地、德州轻工行业龙头企业。“九五”末期，两大集团完成工业总产值25874万元，销售收入23648万元，实现利税2739万元，利润1118万元。德森集团由于产品单一、经营不善等原因，2001年全面停产。

进入21世纪，按照“大上工业，上大工业”的总体思路，德州市家具材料及家具行业加快项目建设及技术改造，提高行业整体实力和竞争力。其中，贺友集团投入大、膨胀快、增效高。2002年年初，5万立方米中密度板达产，2003年10万立方米高密度板及一期10万吨环保型脲醛树脂相继竣工投产，又新上两条15万立方米高密度板生产线、一条15万立方米强化地板生产线等项目，生产能力达到100万立方米，全年完成销售收入73750万元，实现利税7192万元，利润6666万元，成为江北最大的林业综合利用企业，2005年度中国制造企业500强、化学纤维制造业第11名，成为国内单体规模最大的人造板生产企业。2004年，德州市家具材料及家具工业投入达3.65亿元，达到年产人造板108万立方米，饰面板420万平方米，印刷及浸渍纸1200万平方米，家具15万件的综合生产能力。

除去德森、贺友等大型家具材料生产厂家外，20世纪90年代初，地处黄河故道森林公园的夏津县苏留庄、后屯、雷集一带农民利用当地丰富的林木资源，自发兴起一批木材收购和加工1.3毫米薄木片子(俗称“扒皮子”)的业户，作为原材料供应人造板企业，生产多层木纤维胶合板。规模较大的有全林、泉利、康寺、孙贺拐等木材加工厂。

2004年，全市生产人造纤维板670664立方米、人造板表面装饰板11822710.9平方米、实木地板1023平方米。2010年下半年开始，整个家具行业进入调整期，增速明显放缓，行业进入结构调整、转型升级阶段。2011年，全市家具材料行业92户企业，完成销售收入79.3亿元，同比增长29%，利税10亿元，同比增长23.7%，利润5.9亿元，同比增长30.4%。

重点企业简介

山东贺友集团有限公司　1996年，在禹城纤维板厂基础上组建为山东贺友集团，2003年9月11日改制为集团有限公司，注册资本4000万元，占地面积62.6万平方米，总资产20亿元，员工2000人，拥有当时国际最先进的连续平压生产线3条。主导产品为中密度纤维板及功能型中密度纤维板、地板基材用纤维板、超高

密度纤维板等，年产中高密度板100万立方米，强化地板400万平方米。“贺友牌”纤维板产品荣获“中国名牌”，贺友商标是“中国驰名商标”。同行业全国前三名、全省第一，是江北最大的林业综合利用企业，国内单体规模最大的人造板生产企业，其功能性中密度纤维板和超高密度纤维板市场占有率90%以上。并与南京林业大学、中国林科院木工研究所等科研单位建立长期的合作关系。企业拥有自营进出口权，通过“中国出入境检验检疫出境木制品注册”和“美国加州CARB认证”。产品远销韩国、菲律宾、新加坡、南非、阿联酋、埃及、沙特阿拉伯、西欧及中东等国家和地区。2011年，实现主营业务收入125646万元，利税总额12932万元，利润11601万元。

德州人造板总厂（德达森集团）　系国家大型（一）企业，“七五”初期开始，初名德州刨花板厂，后改名为德州德达申家具材料有限公司。省、市“八五”计划重点工程建设项目，主要设备及技术工艺从德国和芬兰引进，以棉柴为原料生产刨花板，后期改造为以木材为原料。一期工程于1991年建成投产，二期工程建成投产后，刨花板年生产能力8万立方米。由于多方面原因，企业一度亏损，至1995年累计亏损4700万元，且部分资产流失。进入“九五”时期，通过强化管理、开拓市场、加大资金投入与产品结构调整等措施，五年投资4320万元，新上七条生产线，开发研制出E1级胶板、防水板、防静电板等七种新产品，工艺技术达到国内外同类产品先进水平，公司改制为山东德州人造板总厂，2000年组建山东德州德森集团，“德森”牌刨花板系列产品连续三年被评为“山东名牌”。

产品销售覆盖全国30余个省（区）、市，新增用户160多家，产销率达98.2%，市场占有率达30%。

到2001年，由于经营管理不善，加之市场竞争等原因全面停产。

第八节　文体用品制造

德州市文化体育用品制造产业起步于20世纪90年代。先后注册成立一些个体私营文化用品生产厂家，夏津县华旺文具用品厂、齐河齐鲁万年青文具厂、宁津县五金文具厂、禹城市文华黑板厂等，规模较小，产品主要是文具盒、墨水、作业本等。禹城市文华黑板厂主要生产全金属磁性教学黑板、绿板、白板、平面黑板、弧形黑板、升降黑板、推拉板、软木板、记事板、金属黑板、木质黑板、玻璃黑板等。禹城市康元体育健身器材有限公司是专业生产户外健身器材的大型企业。生产的健身路径系列、乒乓球台系列、篮球架系列，广泛用于学校、广场、公园绿地、社区、企业、敬老院、新农村建设、文化大院等场所。

2007年，市委、市政府提出“工业强市”战略，制订《德州市四大优势产业和四大新兴产业发展规划（2008—2012年）》，将文体用品产业（包括体育用品制造业、工艺品制造业、印刷业、办公家具制造业）作为四大新兴产业之一加以培植发展。2007年，全市有规模以上企业18家，实现销售收入18.38亿元，利税2.81亿元，分别占全市规模以上工业企业的0.9%、1.1%。产品主要包括体育专用器材、家庭用健身器材、运动服装、体育产品原材料等产品。2011年年末，全市规模以上体育用品制造企业28家，实现销售收入58亿元。

经过多年培育，体育用品制造产业已发展成为上下游企业相互连接、配套生产的产业链条，成为德州市的主导产业和传统特色产业之一，形成竞技器材和互动产品、健身器材以及场馆器材三大板块。

竞技器材、互动产品产业集群 以乐陵市泰山集团为龙头,包括友谊体育器材、五环体育、鲁辰制衣等企业,产品涵盖竞技体育器材、人工草坪、塑胶跑道、健身路径、运动球类、运动服装及各类辅助训练器材,形成涉及体育器材制造业、体育健身娱乐业等多项领域的产业体系。泰山体育产业集团生产的竞技体育器材、全民健身器材、人造草坪年产量均居全国同行业第一,竞技体育器材、全民健身器材、人造草坪及i—dong(爱动)网络运动机年产量均居全国同行业第一。体育用品销售市场已扩大到美国、欧盟、东南亚等166个国家和地区,其中,竞技类体育器材占全国90%以上的市场份额。2010年,经国家体育总局批准,乐陵市成为全国第六家国家体育产业基地,被山东省经信委命名为"山东省新型工业化产业示范基地(体育器材)"。

家用和商用健身器材产业集群 以宁津县为代表,自"十五"时期初起步开始,一年一个台阶快速发展。山东宝德龙健身器材有限公司公司始建于2001年,主要产品是跑步机、健身车、力量器械,在全国同行业排名第二、全省排名第二。2002年,山东大胡子运动器材有限公司成立,资产5.6亿元,固定资产2.3亿元,集设计开发、生产经营、销售服务于一体,是国内生产健身房力量型健身器材的主要厂家之一,年产健身器材6万台,国内市场占有率为20%。产品涵盖健身车、健身椅、组合健身用品等5个系列,主打产品有"起点系列""劲豹系列"等各种力量型器材,销往美国、俄罗斯、德国、英国、印度等多个国家和地区。2006年又成立了山东迈宝赫健身器材有限公司,是国内最大的商用健身器材生产企业之一。逐步形成了以迈宝赫、大胡子、宝德龙等企业为龙头的产业群,产品涵盖健身车、健身椅、组合健身用品等系列,业务范围遍布国内各省会城市和二级主要城市及美国、法国、巴西、意大利、墨西哥等多个国家和地区,在北京、上海等多个大中型城市建立销售和售后服务网点。宁津已经成为海内外知名的商用健身器材研发制造基地。

场馆器材产业集群 以庆云和武城县为代表,产品种类包括室内外健身器材、塑胶跑道、海绵产品、海绵设备、文教用品、玻璃仪器用品等十大系列上千个品种,产品覆盖全国30多个省(市、自治区)和亚非欧美的22个国家和地区。主要企业有鲁庆、京奥、冀鲁、世纪星等。尤其庆云县崔口镇,从20世纪70年代,该镇开始发展体育器材产业,经过40年的发展,体育产品由最初的田径、路径器材发展到了室内健身器材、塑胶跑道、海绵产品、文教用品、玻璃仪器,是远近闻名的"体育器材之乡",发展成为体育产业的集聚区。

重点企业简介

泰山体育产业集团有限公司 创始于1978年6月,1998年4月登记成立集团有限公司。历经30多年艰苦创业,实现了"从炕头到全球"的历史性跨越,发展成为集研发、生产、销售、服务于一体的综合性体育器材生产基地,亚洲最大的人造草坪基地,拥有全球首创的网络运动健身平台。唯一经国家工商总局核准注册的大型国家级体育产业集团,辖五个子公司和四个分公司,在北美设有分公司。

自2008年北京奥运会以后,泰山体育成功已服务第十一届和十二届全运会、广州亚运会、深圳大运会、第七届全国城运会、天津东亚运动会等大型体育赛事。2011年度实现主营业务收入30.06亿元、利税59550万元、利润43891万元,出口创汇1558万美元。同时获中国驰名商标、中国名牌产品,泰山球类为中国免检产品,是中国体育产业唯一的"五连冠"企业。连续三年被中国轻工业联合会、中国文教体育用品协会评为“中国轻工业体育用品行业10强企业”（行业排名第一），是全国标准化技术委员会副秘书长单位，主持参与制定人造草坪、体操、柔道、武术场地等多项产品的国家标准和行业标准，拥有多项国家专利，50多项产品通过国际各单项协会的专业认证。是中国唯一通过国际足联认证的企业，体育器材占有中国竞技体育器材90%以上的市场份额，常年为全国20多个省、自治区、直辖市的专业运动队和大中专院校提供优质产品及完善的售后服务，产品出口至美国、欧盟、俄罗斯、东南亚、非洲等国家和地区。

先后合作建立“中科泰山联合研发中心”“山大泰山体育研发中心”“华理泰山体育新材料研发中心”。组建“山东省工业设计中心”（省首批工业设计中心）、“体育器材制造技术重点实验室”、“山东省行业技术中心”、“国家级企业技术中心”、“国家体育用品工程技术研究中心”、“博士后科研工作站”，成功研制出以idong在线运动平台为代表一系列的高科技运动健身产品，受邀参展上海世博会。2011年获“山东省新材料深加工示范企业”。

第九节　工艺品加工业

工艺品加工制作是德州的传统行业之一，生产面分布广、产品种类多，包括仿真花卉、皮毛玩具、抽纱刺绣、条柳编草编、工艺木雕、黑陶等几大类，在浙江义乌大市场占有相当份额，产品旺销东南亚、大洋洲、欧洲、北美洲和中国香港、台湾地区，是德州出口创汇骨干行业之一。

德州工艺品制作业兴起于20世纪70年代初期，各县（市）建有县属和公社（大队）所有，规模不等的乡镇工艺品加工厂家。1986年年末，拥有县属生产企业11家，职工2836人，工业总产值3009万元，工艺品加工以手工为主，属劳动密集型行业，多数保持民间的传统工艺。进入20世纪80年代，工艺品行业得到较快发展，1990年年末，职工人数4109人，工业总产值达到7442万元，90%的产品出口。

1995年前后，随着县、乡工艺品加工企业陆续改制，各工艺品厂家员工纷纷独自创业，成立个体和私营工艺品厂，注册成立工艺品公司，走自我发展之路。同时，带动了个体和私营工艺厂家兴起，成为德州地区工艺品加工业大发展时期。2011年，全市工艺品及其他行业规模以上厂家67家，营业收入59.5亿元，营业税金及附加7553.8万元。

个体私营工艺品厂家初创时期，多数厂家是夫妻店、兄弟厂，规模小，产品专一，投资少，注册资金在10万~50万元。同

泰山集团生产的自由体操场地用毯　（2003年　摄）

时，仿真花卉、布（皮）绒毛玩具等传统工艺品加工多是手工制作，易学易会，适合农村和城镇家庭妇女制作，成为个体私营工艺品业户迅速发展的主要动因。

随着工艺品经营业户不断增多，竞争激烈，各工艺品公司（厂家）多数建有产品设计研发队伍，有的与高等院校建立长期稳定的合作关系，产品奇思妙想，花样叠出，种类不断更新增多。

仿真花卉类 是工艺品中的大类，按材质可分为绢花、纸花、塑料花、石膏花等，产品色彩艳丽，形象逼真，争奇斗艳，花样达数百上千种以上，是工艺品生产中的大品类。全市各工艺品生产厂家多有生产，主要产地集中在夏津、平原、武城和德城区等地。

玩具类 主要品种有布绒玩具、长毛玩具，造型夸张奇特，千姿百态，生动逗人。主要厂家有齐河县雅美玩具有限公司，夏津县玩具厂、艺玩具厂、雕刻厂和纳斯工艺品有限公司等。德州工艺美术厂生产的皮毛动物、鸟巢及羽毛画等多达200余种，年产值100多万元。

针织、刺绣品类 主要品种有手钩、手编、机绣、手绣、电脑绣等抽纱工艺系列台布、枕袋、窗帘等家用纺织品及手钩手编服装产品等，主要生产厂家为德州市刺绣厂、庆云县旭日工艺品有限公司、庆云县炬烽工艺品有限公司、平原县永春工艺品有限公司等。

条柳编、草编类 是德州的传统出口工艺商品。全市工艺品厂家都有生产，主要厂家有德城区丽森工艺品编织厂、陵县汇佳草编工艺品公司、乐陵市外贸草柳编工艺品厂、宁津光明工业品公司、平原县德州汇佳纺织品有限公司等。夏津县多数工艺品厂家从事条柳编生产。

木雕工艺品类 主要产地在宁津县，品种有宁津县合心木雕坊的桃木剑、刻腿架子、雕花实木家具等。宁津顺达曲木木业专门生产弯曲木圈椅、欧式圈椅、田园圈椅等曲木产品。宁津县坤泰木雕工艺厂生产落地屏风、大型壁挂、木雕工艺礼品、圆雕佛像、黄杨木雕、紫檀、绿檀木雕工艺品等，德州澈家家居用品有限公司生产竹木制品，实木餐具。

黑陶类 是德州特有的工艺品种，集中产地在德城区、齐河、夏津等地。德州黑陶是中国黑陶的一种，因出土德州得名，是一种无釉陶器。德州黑陶兴起于20世纪70代末期，采用京杭运河两岸的红胶泥为原料，传统手工轮制成型，成型后不上釉，在坯体晾干过程中压光、雕刻，高温烧结后封窑，做焦烟渗碳处理，黑中透莹，望之如金，坚实凝重，古朴典雅。品种有仿青铜陶鼎，镂空花瓶、浮雕瓶、笔筒、葫芦、香炉、烟壶、挂盘等多达500多个。1989年，德州黑陶在巴黎第八十届国际技术博览会上获银质奖章。黑陶制作厂家（公司）有德州市工艺美陶研究所、德州梁子黑陶文化有限公司、齐河龙山黑陶工艺制品有限公司、齐河黄源黑陶艺术制品有限公司、夏津县南关黑陶工艺品厂等。

其他类 包括工艺蜡烛、发制品、乐器等。工艺蜡烛生产厂家有夏津日月工艺蜡烛厂、武城泰丰蜡烛厂、临邑县泰兴蜡烛厂等。发制品是新兴工艺品类别，主要生产厂家有武城飘逸假发制品、禹城市奥特曼工艺品公司发制品等。乐器制作有禹城市金诚美声民族乐器坊的京胡、二胡等。宁津天艺木业厂（公司）是生产打击乐器的厂家，鼓类有威风鼓、战鼓、堂鼓、腰鼓、水鼓等；锣类有威风锣、威风钹、威风镲、苏锣、苏钹、京锣、豆锣、开道锣、马锣等。

第四章　化学工业

化学工业是德州地区支柱产业之一。1986年年底，全区有化学工业企业23家。按所有制分：国有企业14家，集体企业9家。按行业分：氮肥厂7家，磷肥企业5家，农药厂2家，基本化工原材企业和炼油企业各1家，染料企业2家，橡胶厂2家，化工机械加工企业1家，其他化工厂2家。化肥产品为单一的农用碳酸氢铵，磷肥产品为过磷酸钙、复混肥。农药杀虫剂有杀虫双、杀虫单、福美砷、乙基1605、久效磷。基本化工原材料产品为烧碱、氯气、盐酸、硫酸、聚氯乙烯树脂、无机盐。染料产品为玫瑰精、防染盐、翠兰、桃红、对胺、大红、枣红、1.7克力夫酸、嫩黄、直接橙S等。橡胶制品为布胶鞋、中低压胶管。化学机械加工产品为造气炉、配件、压力容器等。1986年年底，拥有固定资产8530万元，从业人员8360人，实现销售收入1.43亿元、利税696万元。

2005年，全市化学工业系统列入统计范围的县属以上企业有11家，其中大型企业及企业集团5家，中型及以下企业6家。全年完成工业总产值78.3亿元，实现利税总额9.56亿元，实现利润总额6.95亿元。2005年，全市合成氨生产能力达到120万吨/年。

到2011年，全市化学工业已经形成门类较齐全、产品覆盖面广的支柱行业，主要产品包括化学肥料、基本化工原材料、石化产品、煤焦化产品、橡胶制品、农药、染料、颜料、涂料、助剂、碳一化学品、日化产品、生物化学品、光气化学品等。涌现出在国内有一定知名度的企业和企业集团。重点化学企业的技术装备在国内处于中上游水平，部分企业达到国内先进水平。规模以上化工企业365家，主营业务收入776亿元，实现利税81亿元，利润46亿元，在德州四大传统产业中处于领先地位。除规模以上重点化工企业以外，尚有192家中小化工企业，其中最多是临邑县和德城区，各为30家，最少的是夏津县6家。

1986年德州地区主要化工产品产量一览表

表12-3　　单位：吨

产品名称	数量	产品名称	数量
合成氨	62709	柴油	4984
碳酸氢铵	232138	磷肥	44158
烧碱	8534	农药	398
氯气	4630	染料	736
聚氯乙烯	3850	胶鞋（万双）	110
汽油	1954	—	—

2011年德州市主要化工产品产量一览表

表12－4　　单位:万吨

产品名称	产量	产品名称	产量
合成氨	170	乙二醇	5
尿素	270	盐酸	10
复合肥	80	聚丙烯	7
甲醇	70	三聚氰胺	15
甲醛	26	醋酸	40
DMF	25	光气	7
离子膜烧碱	26	醋酐	20
pvc 树脂	30	轮胎(万条)	350
液氯	15	焦炭	150
硫酸	30	吡咯烷酮	3
硝酸	15	乙二酸	16
对甲基苯酚	1	炭黑	12
白炭黑	1.5	山梨酸(钾)	1.6
混甲胺	20	原油加工	400
农药	1.3	原油催化裂化	130
染料及中间体	3.8	柴油加氢	80

1986—2011年德州市(地区)规模以上化工企业主要经济指标统计表

表12－5　　单位:万元

年份	产值	销售收入	利税	年份	产值	销售收入	利税
1986	11100	14285	696	1999	168028	195532	45831
1987	13091	18500	2793	2000	182941	223440	25700
1988	17349	25296	5182	2001	212838	244954	28587
1989	20981	33280	5547	2002	238600	279700	34800
1990	21456	31652	3843	2003	300600	380900	49257
1991	38845	32647	2702	2004	643000	578300	79000
1992	47900	40253	3874	2005	783000	736000	95600
1993	55351	52130	2284	2006	1050000	997000	114000
1994	63480	64215	5157	2007	1266000	1072000	127000
1995	83891	105223	26474	2008	—	3110000	320000
1996	103909	135027	40462	2009	—	4220000	500000
1997	117988	135600	26986	2010	—	5440000	630000
1998	144596	154970	32802	2011	—	7760000	810000

注:1986—2007年为行业统计数据,2008年后为市统计局数据

第一节　化　肥

一、氮肥

1986 年，德州地区共有氮肥生产企业 7 个，分别是德州化肥厂、平原化肥厂、禹城化肥厂、夏津化肥厂、陵县化肥厂、宁津化肥厂、商河化肥厂。全年生产合成氨 6.27 万吨，生产农用碳酸氢铵 23 万吨。德州化肥厂当年生产合成氨 3.5 万吨，居德州地区化肥之首，其他企业产能在 0.7 万吨左右。氮肥企业整体产能小、开工不足、成本高、企业经济效益差，除德州化肥厂外，其他都在亏损的边缘。1981—1988 年，德州化肥厂先后投资 2000 万元，进行四次大的改造，使合成氨达到年产 6 万吨，碳铵达到年产 20 万吨，成为全国小氮肥行业的排头兵。

1990—2000 年，实行计划经济与市场经济相结合，产品销售“双轨”制，化肥的计划产量为政府定价，多余产品为市场价。企业内部不断探索分配机制改革，调动广大职工的生产积极性，加快设备改造和技术革新，企业装备水平逐步提高，德州化肥厂规模效益领跑全国小氮肥企业，其他几个小氮肥厂家的技术装备水平产量也有相当程度提高。

1986—2011 年，是经济体制改革不断深化，市场经济体制逐步建立完善时期，经过市场经济的淘洗，德州化肥行业产生巨大裂变，有的淘汰出局，有的浴火重生。夏津化肥厂 1987 年关停。商河化肥厂 1990 年划归济南市。陵县化肥厂 1992 年被绿源集团兼并关停。德州化肥厂、禹城化肥厂、平原化肥厂、宁津化肥厂，相继改制重组为股份制企业集团公司，成为德州的四大氮肥生产企业。到 2011 年年底，全市上述 4 家氮肥企业，年产合成氨 170 万吨，尿素 270 万吨，其中华鲁恒升大颗粒尿素 50 万吨，中农禹城润田多肽尿素、双酶尿素 19 万吨。

二、磷肥、复合肥

1986 年全区有磷肥生产企业 5 个，分别是陵县磷肥厂、齐河磷肥厂、禹城磷肥厂、济阳磷肥厂、商河磷肥厂，产品为普通过磷酸钙、复混肥两个品种。其中，陵县磷肥厂配有年产 3 万吨、齐河磷肥厂配有年产 1 万吨的硫酸装置。1990 年 11 月，陵县磷肥厂年产 3 万吨磷铵项目开工建设，1992 年 4 月竣工投产，磷酸一铵的投产，结束了全区无高浓度复合肥的历史。1996 年开始，利用国家专利技术进行氮磷钾（NPK）三元复合肥改造，先后实施“三万改六万、六万改十二万、十二改二十”复合肥的项目建设，并逐步淘汰老产品过磷酸钙、复混肥。1997 年 7 月陵县磷肥厂改制为陵县绿源集团。在山东省形成了南红（临沂市红日集团）北绿（陵县绿源集团）两个最大的复合肥生产基地。山东绿源集团集肥料、化工、科研、商贸流通、农化服务于一体，拥有 8 个紧密层企业，总资产 5 亿元，占地 113.33 公顷，员工 2000 余人，年产硫酸钾型复合肥料 60 万吨、磷酸二铵 10 万吨、硫酸 20 万吨、盐酸 15 万吨、合成氨 6 万吨及小麦、玉米、水稻等系列专用肥和瓜果蔬菜冲施肥，是国家大型磷复肥生产基地之一。可生产“绿源”“农仙”“华泰联”等五大品牌 20 多个品种系列，主导产品为硫酸钾型复合肥，氮、磷、钾养分配比可根据用户的不同需求适当调整，总养分达 40% ~48%。产品畅销河北、河南、陕西、天津等 26 个省、市、自治区，并出口泰国、马来西亚等东南亚国家。先后获 99 中国国际农业博览会名牌产品、第七届中国杨凌农业高新技术博览会后稷金像奖。

2008 年 5 月，史丹利化肥有限公司落户平原县经济技术开发区，成立史丹利化肥（平原）有限公司，项目占地 26.67 公顷，总投资 9.5 亿元人民币，具备年产高浓度复合肥 100 万吨能力。2011 年实现销售收入 8.54 亿元。

此外，齐河磷肥厂因产品落后，销路不畅，经营困难，于1992年关停。禹城磷肥厂1992年被兴禹集团兼并后关停，1990年济阳磷肥厂、商河磷肥厂划入济南市。到2011年，德州市有复合肥生产企业2家，即绿源化工集团、史丹利平原化肥公司，年产高浓度复合肥80万吨。

重点企业简介

山东华鲁恒升化工股份有限公司　前身是建于1968年的德州化肥厂。1986年产合成氨3.5万吨，占全区合成氨产量的50%。1988年产合成氨6万吨，碳铵20万吨，跃居全国小氮肥行业首位。

1990年3月，德州化肥厂第一套11万吨/年尿素(由国家立项年产4万吨，山东省立项合并建设)的尿素项目开工建设，1991年11月生产出第一批合格尿素，结束了德州地区无高浓度化肥的历史。该项目从开工到投产仅用17个月的时间，开创中型氮肥装置投资最少、建设时间最短、一次开车成功三个全国第一，得到化工部、山东省政府赞扬。化工部将德州经验向全国推广。1992年9月—1994年6月，实施改造10万吨合成氨扩建和2万吨甲醇联产技改工程，结束了德化产品单一的历史。1993年9月，入选中国500家最大化工企业，列202位。

1995年，实现利税7700多万元，在全省工交财贸系统行业效益排名中，德州化肥厂名列榜首。1996年，实施集团化经营战略，德州化肥厂先后组建德州大华实业有限公司、德州通达运输有限公司、德州万丰化工有限公司等子公司，6月，整体改制为德州恒升化工(集团)有限公司。当年，集团利税首次突破亿元大关，达11063万元，成为德州市属企业第一家利税过亿元的企业。1997年6月，具有50年历史的德州热电厂划归恒升集团。恒升集团形成化肥、化工、热电、建材四大产业支柱。1998年，恒升集团跻身全国化工百强，列第51位。1998年第二套尿素装置投产，尿素产量达到30万吨/年。1999年11月，德州恒升化工(集团)有限公司整体划转华鲁集团，更名为山东华鲁恒升集团有限公司。2000年4月25日，以恒升化工集团为主发起人，联合鲁银投资集团股份有限公司等5家企业通过重组，成立山东华鲁恒升化工股份有限公司。8月，股份公司的“友谊”牌尿素入选“山东名牌”，并首次出口东南亚。

2002年6月20日，“华鲁恒升”股票在上海证券交易所正式挂牌交易，成为德州市第一支、山东省第65支上市股票。募集资金6.3亿元，为大氮肥项目的建设提供了资金保证。

2004年12月28日，总投资14亿元的大氮

华鲁恒升集团化工股份有限公司30万吨大氮肥装置主生产区　(2011年　摄)

肥项目全套装置一次开车成功。项目创造10项全国第一。标志着以煤为原料生产合成氨及尿素技术的升级,实现了中国大氮肥装置技术、工艺和原料路线的重大突破,使华鲁恒升拥有了自主知识产权的核心技术。该项目获国家发改委振兴装备制造重要贡献奖(2006)、中国石油和化学工业协会科技进步特等奖(大氮肥国产化)、2008年度国家科技进步二等奖(30万吨/年合成氨成套技术与关键设备研制及应用)。到2005年,公司年产20万吨混甲胺、25万吨DMF的规模,成为全球最大的DMF制造商,占据了国内40%的市场份额。到2009年,年产100万吨合成氨、100万吨尿素的设备流程形成规模效益。甲醇、甲醛、二甲基甲酰胺、异丙胺、三聚氰胺、醋酸、乙二醇、醋酐、混甲胺、工业气体等产品扩能或新增,形成了以化肥为主,多品并举的发展新模式。

2011年,集团公司实现营业收入52.6亿元、利润4.4亿元,营业收入突破50亿元大关。总资产70多亿元,员工3300人,产品涉及化肥、化工、热电、气体四大系列,同时提供发展规划、工程设计、项目管理、装备制造、开车培训等产业化服务。主要产品为合成氨、尿素、甲醇、甲醛、有机胺、DMF、发电,气体。建有省级技术开发中心(2001年)、博士后科研工作站(2010年)。先后获山东富民兴鲁劳动奖状(1996)、全国五一劳动奖状(2004)、山东省产学研合作创新突出贡献企业(2011);2004年度中国肥料制造行业销售收入百强;2004年度中国石油和化工行业综合效益百强。

中化化肥集团平原化工有限公司　前身是始建于1968年的平原县化肥厂,初始设计生产能力为年产合成氨3000吨,主要产品为农用氨水。到1996年,合成氨生产能力由2.5万吨扩大到4.5万吨。1999年,扩大到10.5万吨。2000年第一套10万吨尿素(第三版)建成投产。以后连续进行第二套11万吨尿素工程、第二化肥厂尿素项目建设,企业迅速扩张,形成百万吨氨醇、75万吨尿素的生产能力,一举跃至全国小氮肥前列。

2003年11月,改制为股份制企业,改名为山东德齐龙化工集团有限公司。2004年,主要产品生产能力达到合成氨醇46万吨,尿素50万吨。2005—2006年,增上24万吨甲醇。2005年,与湖南安淳高新基数有限公司开展技术合作开发的对甲醇技术创新产业化,是中国第一套大型特种水管式低压甲醇塔,在德齐龙化工集团顺利建成投产。该装置具有国内外领先水平的甲醇合成技术具有换热不受管板限制,而受力状况好、反应气流阻力小等特点,提高了氨醇联产的竞争优势。

2006—2008年,投资1.2亿元,实施合成氨联产甲醇工艺节能示范项目,主要产品合成氨醇年生产能力达到100万吨,尿素75万吨,碳酸氢铵25万吨。2008年6月,德齐龙化工集团对接央企成立中化化肥平原化工公司。中化化肥有限公司以现金出资方式收购德齐龙自然人股东75%的股权,重组公司更名为中化平原化工有限公司。系国家大型一档企业,山东省200家重点工业企业之一、德州市5家重点骨干企业之一。建有省级技术开发中心(2004年)。

新公司成立后,利用中化化肥国内外的销售网络,产品销往全国各地,并出口海外。

截至2011年,中化平原化工有限公司总资产28.6亿元,主要产品7大类18种,设计能力为:氨醇100万吨、尿素100万吨、三聚氰胺1.8万吨、2台220吨/小时锅炉年发电3亿千瓦时、粉煤灰节能墙材30万立方米、棉纱2万纱锭。全年共生产尿素98.2万吨,实现销售收入24.6亿元。

山东禹城润田化工有限公司　前身是始建

于1970年的禹城县化肥厂,后更名为兴禹化工集团,经多年技术改造,到1991年企业合成氨能力达到3.5万吨。1992年8月投资4800万元开始建设第一套4万吨/年尿素装置,1993年8月建成投产,成为德州地区第二个生产尿素的企业。1998年第二套8万吨合成氨、13万吨尿素投产,尿素年产能达到19万吨。2002年10月与中国农业生产资料集团公司进行债权与股权的转换,将所持股权部分转让,成立山东禹城润田化工有限公司,中农集团持有润田公司67%股权,成为该公司第一大股东。根据协议,中农集团向润田公司支付生产所需的原料、电、汽等项费用和职工工资,对设备、技术改造项目,以借款的形式提供资金。当年投入资金2600万元,对设备进行维修,新上25吨/小时节蒸汽锅炉、提氢项目,改造吹风气、合成、尿素洗涤系统,确保生产装置的运行。公司内部进行机制改革,实现目标成本控制管理,生产工序衔接通畅,设备性能平稳,产能充分发挥,经济效益提高。2011年,实现销售收入5.48亿元。

山东晋煤同辉化工有限公司　前身为宁津化肥厂,后改制为宁津永兴化工有限公司。历经多年发展,到2004年年产合成氨能力达到6.5万吨,并对尿素项目进行扩建。2006年公司8.13项目(8万吨合成氨、13万吨尿素)建成投产,标志着德州市所有氮肥企业淘汰30多年生产碳酸氢铵的历史。2009年,永兴化工有限责任公司与山东晋煤日月化工有限公司重组合作,组建成立宁津晋煤同辉化工有限公司,为山东晋煤日月化工有限公司控股子公司,属山东晋煤集团三级子公司。2010年1月,宁津晋煤同辉增资扩股更名为山东晋煤同辉化工有限公司。兼并后,晋煤集团公司提供原料煤、燃料煤,价格内部结算,投入资金5000万元,新上改造一批节能环保项目,企业走出困境。2011年,实现销售收入3.26亿元。

第二节　基本化工原材料

基本化工原材料主要生产厂家是德州实华化工有限公司。其前身是始建于1971年的德州石油化工厂,是德州唯一的氯碱企业。1987年,德州石油化工厂完成电解金属阳极改造,升格为中型一类企业。1988年8月兼并德州第二塑料厂。1990年9月成立德州石油化工总厂,包括化工分厂、塑料分厂和总厂控股的龙德塑胶有限公司3个分公司,步入全省155家大型企业行列。1990年9月成立德州石油化工总厂。

1991年4月,被批准为省级先进企业,其中产品液氯获省优质产品称号;1992年兼并德州衡器厂,进入全国化工大型二类企业。1993年,进入全国化工500强,位居第380位。2000年6月化工厂通过技术改造,树脂和烧碱年生产能力分别达到3万吨和5万吨,烧碱产量在全国218家同行业中排名第40位,PVC树脂产量在全国96家同行业中排名第23位。

2002年,新增两万吨烧碱项目开车成功,PVC车间合成压缩、净化系统搬迁新建完成,新上两台大型48立方米聚合釜正式投料试车运行。达到年产烧碱10万吨、PVC树脂5万吨、发电装机容量24兆瓦的生产规模,烧碱产量在全国位居第35位,PVC树脂产量在全国位居第18位。2004年PVC树脂生产能力达10万吨/年。主要产品有离子膜烧碱、盐酸、PVC树脂、液氯。主要产品年生产能力达到离子膜烧碱40万吨、PVC树脂36万吨。2005年位列中国化工500强第383位,获"山东省富民兴鲁劳动奖状"。

2007年8月,以德州石油化工总厂为基础成立德州实华化工有限公司。9月,德州市政府和中国化工集团签署德州实华化工有限公司

《资产重组协议》;无偿划归中国化工新材料总公司,成为中国化工集团新材料总公司的全资子公司。2008年中国化工集团公司业务板块调整归口,德州实华化工有限公司从新材料总公司划归到昊华总公司,成为中国昊华化工(集团)总公司下属的全资子公司。2009年位列中国化工企业500强第371位。2011年2月,与中科贸工签订的PVC产品技改合作项目纳入国家重点基础研究发展计划(973计划),获得国家全力支持。8月,“中国化工昊华德州产业基地”揭牌。12月,德州实华泰安分公司成立。电石法聚氯乙烯汞减排清洁生产示范项目,获得国家节能减排专项扶持资金830万元。12月15日,德州实华新厂区总投资17亿元一期工程年产24万吨离子膜烧碱、30万吨PVC树脂项目系统开车试运行,烧碱、液氯、盐酸、PVC产品全部达标合格。2011年年底,公司由主城区整体搬迁至天衢工业园。新厂区占地100余公顷,拥有总资产38.3亿元,员工1556人,主要生产烧碱、PVC树脂、液氯、盐酸等产品,其中离子膜烧碱年生产能力为24万吨、PVC树脂30万吨。2011年实现销售收入10.82亿元。

第三节　石油化工

德州市唯一的地方石油炼化企业,是山东恒源石油化工集团有限公司,前身是始建于1970年的临邑县石油化工厂,为胜利油田临盘采油厂的伴生企业。主要设备为一套年产10万吨常减压装置,仅能生产低标号汽油、柴油。1988年9月,3万吨催化裂化装置建成投产,提高汽油、柴油品质,增加市场紧缺产品——液化石油气。1991年兼并临邑县化工厂。1992年8月,与香港亿贝有限公司合作成立“中外合资山东临亿新潮装饰材料有限公司”,总投资300万美元,建设2000万块/年PVC热压贴合成型塑胶地板砖。1993年10月,对装置进行提能改造,将常减压规模增至年加工原油20万吨,催化裂化增大到年加工6万吨。1994年,晋升为国有大型二档企业。1997年9月,年产20万吨重油催化裂化工程建成投产。1995年,产品销售范围覆盖华东五省,1996年7月,20万吨/年重油催化裂化工程奠基,1997年9月建成投产。

1997年,被山东省批准为“全省第一批、全市第一家股份制试点企业”,同年12月,成立山东恒源石油化工集团有限公司。2001年,企业确定“开足油头、完善化尾、用活政策、强化管理”的工作思路,4月,通过ISO 9002体系认证,3月1万吨/年聚丙烯建成投产,6月150万立方米/年聚合物改性沥青防水卷材生产线投产。

2003年,投资近亿元开工建设10个工程项目,分别是年产8万吨气分改造、3万吨聚丙烯扩产、2万吨聚丙烯扩建、1万吨叔丁醇、1万吨甲基丁基叔醚、10万吨轻汽油项目、5万吨二催化改造,10个项目当年建成投产。是年,实现利税1.57亿元。2004年9月,100万吨/年重交沥青项目一次开车成功。2005年,投资4000万元的重催扩建完工,投资800万元新上2500吨/年叔戊稀投产,二催化装置改造完成。开发出甲基丙烯酸甲酯、顺丁烯二酸酐、丙烯酸系列产品等多种有机化工产品,提高石化企业的综合效益,使该企业成为综合性石油化工企业。2006年,投资8000万元建成30万吨/年加氢装置,投资800万元建设芳烃分离装置,启动80万吨/年双提升管重油催化、干气发电、液化气深加工、汽油脱硫醇项目。是年,实现销售收入24.15亿元,利税2.2亿元;2007年,投资5亿元建设了80万吨/年重油快速裂解,25万吨/年气体分离及液化气深加工项目,配套产品精制设施,6万立方米重油罐区,6个液态烃球罐及公用工程扩容。是年,实现销售收入30亿元,利税2.7亿元。

2008年,投资2.6亿元建设100万吨/年延迟焦化,投资3亿元建设80万吨/年柴油混合加氢项目。是年,实现销售收入达到51亿元。

2010年8月,100万吨/年延迟焦化及80万吨/年柴油混合加氢投产,12月为延迟焦化配套装置220万吨/年常减压投入运行,建成1万立方米原油储罐6个,7万吨/年连续化生产聚丙烯项目主体完工,启动30万吨/年催化裂化劣质原料生产丙烯技改项目。先后获“全国五一劳动奖状”(2006)、“全国优秀化工企业”(2008)、“中国原油加工及石油制品制造行业销售收入百强”等称号,建有省级技术开发中心(2011),成为德州市重要支柱企业和山东省重点企业集团。

集团核心企业为山东恒源石油化工股份有限公司,综合加工能力突破年产550万吨,原油加工能力达到年产300万吨,二次加工能力达到年产140万吨。2011年,总资产达26.4亿元。主要产品有90#汽油、93#汽油、0#柴油、-10#柴油、-20#柴油、液化气、丙烯、丙烷、聚丙烯、叔丁醇、MTBE、油浆、沥青、叔戊烯、叔戊醇、苯、甲苯、二甲苯、乙苯、苯乙烯、噸哪酮、梅花玉器等,其工艺与质量均达到国内先进水平。2011年,开创性利用焦化蜡油和焦化汽油为原料生产丙烯和高辛烷值汽油,增加了40万吨/年轻汽油醚化等高附加值产品。2011年,实现销售收入101亿元,是德州市第一个收入过百亿的化工企业。

第四节　煤化工

德州市煤化工生产分两种:一是氮肥生产企业,利用造气炉生产原料气,加工提纯后生产合成氨、碳一化学品进行产品延续。生产厂家分别是华鲁恒升集团、中国中化集团公司平原化工有限公司;二是炼焦企业,利用炼焦气、煤焦油分离,提纯生产煤化工化学品,生产企业仅有山东金能科技有限责任公司。

山东华鲁恒升化工股份有限公司是德州市第一个利用生产合成氨进行甲醇生产的企业,最初工艺是联产甲醇生产,规模是年产2万吨,1992年建成投产,成为由单一化肥产品向煤化工转化的标志。1997年1月,年产3万吨甲醛项目建成投产。2000年7月,年产1万吨有机胺建项目成投产,2005年企业做大做强有机胺板块,形成年产20万吨混甲胺、25万吨二甲基甲酰胺(DMF)的规模,成为全球最大的DMF制造商,占据国内40%的市场份额。2006年年产20万吨甲醇、DMF扩建项目,成功打造出“一头多线”的产业格局,即以洁净煤气化技术为龙头,联合生产合成氨、甲醇和CO等中间产品,经进一步加工可形成尿素、“碳一”化

恒源石化集团公司厂区　(2011年　摄)

工、羰基合成工艺最终端产品，最大限度地提高资源的综合利用率。2009 年 3 月，经过一年多建设，突破技术壁垒，投资 14.3 亿元的 20 万吨醋酸项目建成投产，实际产能达到 35 万吨，醋酸项目的成功建设，为企业搭建起新的技术和发展平台，开辟新的产业链。2009 年 4 月，启动总投资 44 亿元的醋酸装置技术改造项目，醋酸扩至 50 万吨。2010 年又先后启动新材料、延伸拓展现有产业链条项目，年产 15 万吨硝酸、5 万吨乙二酸、16 万吨己二酸项目，2011 年硝酸项目竣工投产。

中国中化集团公司平原化工有限公司于 2002 年新上联产甲醇年产 1 万吨项目，2005 年甲醇甲烷化新工艺联产达到年产 8 万吨能力，2006 年增上 24 万吨/年甲醇装置。2007 年 11 月禹城中农润田化工有限公司 3 万吨甲醇投产。山东晋煤同辉化工有限公司，1993 年开始建成氨醇生产线，甲醇生产能力 2 万吨/年，2006 年甲醇生产能力达到 5 万吨。

山东金能科技有限责任公司是德州市唯一的煤焦化企业，原名为山东金能煤炭气化有限公司，成立于 2004 年 11 月，由山东瑞普生化有限公司及 10 余名骨干人员共同出资成立的建设城市煤气化一期项目。2005—2010 年，以焦化为主体，先后完成一期、二期焦炭生产项目，年产能达到 140 万吨。以产品与能源为两线延伸 30 万吨/年煤焦油深加工及 6 万吨/年炭黑、2 万吨/年山梨钾、燃气轮机发电产业链，投资 2160 万元，承建日处理 1 万吨污水处理厂，并投资三期建设。2010 年 10 月，更名为山东金能科技有限责任公司。

2011 年，遵循“煤头化尾、减加发展”模式，拆除一期 60 万吨/年焦炉，三期工程建成投产，形成了 150 万吨/年焦炭、燃气发电、8 万吨/年碳黑、10 万吨/年苯加氢、6 万吨/年白炭黑及配套 10 万吨/年泡花碱、2 万吨山梨酸/年及山梨酸钾等 24 个产品。当年，实现销售收入 39 亿元，中国化工 500 强排 252 位。先后获“全国技术创新型煤化工企业”（2008）、“山东省先进民营企业”（2009）、山东省企业技术创新奖（2011）、国际热电联产奖（2011）称号。

第五节　其他化工

一、农药

德州农药生产起步 20 世纪 60 年代末。1968 年，德州农药厂成立，建厂初期生产 1% 六六六粉农药。1986 年，产品发展到 4 个，分别是杀虫双、杀虫单、福关砷、蚊蝇净。1967 年，乐陵农药厂成立，生产农药乙基 1605、久效磷。以上两个企业是德州地区最早的国家定点生产农药的地方国有企业。

1990 年 11 月，德州农药厂甲胺磷 1000 吨/年项目建成投产，1992 年 12 月，1000 吨/年 94% 马拉硫磷原油技改完成试车。1995 年 4 月德州撤地设市上划为市属企业，甲胺磷扩建至 3000 吨/年。1998 年 7 月 30 吨/年氟铃脲原药项目列入国家首批中小企业创新产品计划。同年 8 月，改制为股份制民营企业，更名为德州恒东农药化工有限公司。2000 年氟铃脲产品获得德州市科技进步二等奖，2002 年氟铃脲产品首次打入国际市场。2004 年，企业整体搬迁至天衢工业园恒东路新厂址。签订 1000 吨马拉硫磷大单出口合同，产值首次突破亿元大关。2005 年，马拉硫磷被认定为山东省名牌产品。出口创汇 1000 万美元。2006 年通过 ISO 9001:2000 质量管理体系认证。2008 年更名为山东田丰生物科技有限公司，划归德城区管理。2011 年 3 月，山东绿霸化工股份有限公司全资收购山东田丰生物科技有限公司。当年对马拉硫磷车间工艺改造，含量提高到 95% ~97%。新上 700 吨/年敌草快原药，投入试生产，增加污水处理能力，规模达到2400立方米/天，氟铃脲车间工艺改造并扩建，含量98%以上，产能达到400吨/年。

乐陵农药厂是国家农药生产定点企业，1967年生产农药乙基1605，设计能力500吨/年。20世纪80年代末90年代初，投资5000多万元，购置一流设备，改进工艺，健全管理，提高产品质量，主导产品1605乳油1989年获得全国行评第一名，为国家优质产品。开发的杀螨剂、螨死净被列为国家"八五"重点攻击项目，获得国家科技进步二等奖。与中科院合作，开发增效磷，提高了农药的利用率。1999年成立山东和乐集团，相继研制并开发出"和乐""全土地"螯合肥、钛微肥、氨基酸肥和太阳号专项微肥四大系列专用肥。2003年与山东华阳和乐科技有限公司联合组建山东华阳和乐农药有限公司，形成和乐、华阳的品牌带动战略。2011年主要产品年生产能力乙基氯化物2万吨，辛硫磷5000吨，三唑磷5000吨，二嗪磷5000吨，嘧啶磷3000吨，四螨嗪1000吨，地乐胺1000吨。

2004年，河北志诚集团收购平原热电厂，成立山东志诚化工有限公司，生产生物农药——阿维菌素，年产600吨。2006年山东科信生物化学有限公司落户临邑县，年产除草剂百草枯2000吨，杀虫剂虫酰肼100吨。2006年，齐河发酵厂和山东鲁抗集团合作以股份制组建山东鲁抗生物农药有限公司，生产生物农药苏云杆菌，年生产能力300吨。

德州市农药企业还有禹城市农药厂、山东新势力科技有限公司、德州祥龙生化有限公司、德州天邦农化有限公司、德州雪豹化学有限公司、山东乡村生物科技有限公司、德州大成农药有限公司、山东德乐化工有限公司。由外地搬迁到德州落户的企业有山东绿士农药有限公司、山东中新科农生物科技有限公司、山东亿邦生物科技有限公司、山东红箭农药有限公司、山东光扬生物科技有限公司。

到2011年年底，全市农药生产企业18个，原药生产企业5个，其中化学制药3个，生物发酵制剂2个，制剂企业13个。产品覆盖除草剂、杀虫剂、杀菌剂、植物生长调节剂四大系列上百个产品，产品销往除西藏以外的大陆地区，马拉硫磷、百草枯、氟铃脲出口10多个国家和地区。

二、染料、颜料及中间体

德州市染料行业起步于20世纪70年代，最早的是陵县化工厂、德州染料化工厂。

陵县化工厂始建于1971年。1986年，投资132万元，对猩红酸车间改造，嫩黄6G产品扩产，1987年投资220万元对供用设施1.7克里夫酸车间、对胺基乙酰苯胺车间进行技术改造。1.7克里夫酸、直接耐酸大红4BS获省优产品。1990年，应对市场，调整产品结构，投资40万元，开发新产品直接黄RS，填补省内空白。1992年新上甲胺基甲酰氯，大红4BS、猩红酸、苯胺产品。1993年，陵县化工厂改制为陵县化工股份有限公司，1995年更名为山东陵县化工染料总厂。1993年，开发灭多威、直接冻黄2个新产品。1994年，投资30万元，新上直接耐晒蓝，填补省内又一空白。1995年，加强与外地企业合作，为天津、河北、辽宁企业开发14个染料拼混产品，优化了产品结构。

1996年，投资50万元，将大红的产量由200吨/年增加到400吨/年，新增翠兰产品。11月，改制为陵县信达染料化工(集团)有限公司，兼并陵县第二化工厂，托管陵县造纸厂(期限两年)。1997年，投资200万元对大红产品进行扩能改造，生产能力达500吨/年，大红成为"全国产量最大、质量最好、价格最优、销量第一"的产品。猩红酸年产由150吨扩至300吨，氯代脂由200吨扩至400吨，开发年产120吨直接黑EX。1998年，投资270万元新建综合染料车间，新增产能400吨/年，直接耐酸枣红获省优

质产品。该厂是陵县的利税大户、财源支柱企业。同年10月,改制为股份制企业,更名为“德州信达化工有限公司”。2000年,对大红产品进行技改,能力由500吨扩大到800吨,三甲基己酸、M型氯代脂、直接兰新产品顺利投产。

2001—2003年,对光气车间、翠兰车间的设备改造,成功开发皮革黑、210号、234号、紫外线吸收剂、汽油抗爆剂等产品。2004年实施整厂搬迁计划,新征土地107亩建设新厂区。“摩天塔”牌商标为知名商标。2009年,组建山东午阳化工股份有限公司。2009年实施规模扩张,新建平原信达化工有限公司,光气产能达1.5万吨/年,氯代脂达3000吨/年,有机酰氯9000吨/年。2011年实现产值8600余万元。该企业是德州市重点染料生产企业之一,化工部定点生产光气化染料的国有企业。

德州市染料化工厂始建于1972年。1989年9月,企业实行重组,被当时德州农药厂合并。1990年9月终止企业合并,组建新的企业领导班子,生产经营状况逐步回升。主要产品为玫瑰精、防染盐、翠兰、桃红4个产品,1994年企业投资300万元新上年产1万吨硝基苯。1995年、1996年投资完成酸性粒子元青、苯胺黑产品,为企业开拓国际市场奠定基础。1995年地改市,德州染料化工厂上划为市属企业。1999年12月改制为德州虹桥染料化工有限公司。2004年在天衢工业园筹建新厂区,2008年企业划归德城区管理。公司生产的桥牌染料、颜料、中间体、印染助剂4大类产品,年生产能力5万吨。产品畅销国内和欧美、东南亚等30多个国家和地区,公司自营进出口额达1000万美元。

德州宇虹化工有限公司前身是德州宇虹化工厂。1999年建厂,2000年改制为股份有限公司。2000年生产颜料142吨,销售收入466万元。2001年投资400万元进行厂房扩建、设备更新,到2005年产量达到596吨,实现销售收入1979万元。2011年生产有机颜料3719吨,产品30多个、100多个型号。实现销售收入1.08亿元,利税582万元。

德州市生产染料的企业还有联化科技德州有限公司、山东天安化工有限公司、庆云庆顺化学科技有限公司等企业。

三、橡胶加工

德州市橡胶厂成立于1977年。是由德州市鞋厂胶鞋车间组建成立。1981年布胶鞋产量106.8万双,1990年达到345.6万双,品种有解放鞋、网球鞋、霹雳鞋、旅游鞋、893运动鞋,产品出口到新加坡、美国、马来亚、荷兰、日本等国家和中国香港、澳门地区。90年代初,同台湾合资生产时装鞋、高档旅游鞋。1995年地改市上划为市属企业。2011年4月,因市场萎缩、长期经营不善宣布破产。

庆云橡胶厂是一家地方国有企业,主要产品为中、低压胶管,产能3万标米/年,产品主要销往大港、华北、胜利油田,后因市场萎缩,企业于1998年关停。

德州市宏祥鞋业有限责任公司成立于1996年,产品为布胶鞋,年产能力260万双。

2011年,德州玲珑橡胶有限公司、乐陵威格尔橡胶有限公司全钢子午胎建成投产。德州玲珑轮胎有限公司由山东玲珑集团在武城县经济开发区投资建设。总投资108亿元,一期工程年产200万套全钢载重子午线轮胎生产线建成投产。二期工程年产1000万套半钢轮胎。全部达产后,年可实现销售收入120亿元。乐陵威格尔橡胶有限公司位于乐陵市经济开发区,主营农用、轻卡、载重、矿山斜交胎、天然胶、丁苯胶、炭黑、橡胶助剂等轮胎生产用原料。两家企业的成立,打破了德州市多年不能生产轮胎的历史,补齐了全市化工行业的发展短板。

第五章 纺织服装业

纺织业是德州传统支柱产业和重要的民生产业。改革开放后，特别是20世纪90年代前后，随着计划经济向市场经济的转变，个体私营纺织业发展起来，依托丰富的棉花资源，形成国营、集体、股份制和个体私营等多种经济成分争相投入，积极发展纺织服装业的局面。2000年前后，经济体制改革不断深入，国营纺织企业逐渐改制，外资进入纺织领域，加之个体私营纺织服装业的发展，个体私营和股份制成为纺织服装业主导和发展动力。

2001年，加入世贸组织后，全市纺织服装工业迅速发展，形成涵盖化纤、棉纺织、毛纺织、印染、针织、服装、家纺、纺织机械、纺织器材及产业用纺织品等行业小类的门类比较齐全的工业体系。重点是棉纺织、毛纺半精梳、服装家纺和产业用纺织品行业。

2011年，全市规模以上365家纺织服装企业共生产纱67万吨，布6.7亿米，服装4099万件(套)。全市纺织服装行业实现的销售收入、利税、利润由1986年的4.71亿元、0.3亿元、0.19亿元上升到2011年的484.07亿元、55.29亿元、29.93亿元，分别是1986年的102.8倍、184.3倍、157.5倍。

1986—2011年德州市(地区)纺织服装行业主要经济指标一览表

表12-6　　　　单位:亿元

年份	销售收入	利税	利润	年份	销售收入	利税	利润
1986	4.71	0.30	0.19	1999	13.57	0.98	0.30
1987	5.23	0.32	0.20	2000	19.31	1.39	0.62
1988	6.89	0.34	0.21	2001	34.97	2.35	0.93
1989	8.21	0.33	0.24	2002	50.67	4.86	2.97
1990	9.36	0.35	0.25	2003	89.34	8.85	4.81
1991	9.54	0.29	0.19	2004	123.02	12.05	7.29
1992	9.89	0.24	0.08	2005	177.91	20.31	11.92
1993	9.98	0.21	-0.11	2006	219.33	28.42	13.69
1994	10.08	0.10	-0.31	2007	266.92	30.69	15.99
1995	11.04	-0.10	-0.41	2008	293.22	31.69	15.89
1996	10.73	0.24	-0.47	2009	352.33	38.96	16.59
1997	11.16	0.65	-0.02	2010	407.81	35.82	18.64
1998	10.78	0.62	0.28	2011	484.07	55.29	29.93

注:1998年及以前为德州市纺织工业局统计资料,1999年及以后为市统计局资料

1986—2011 年德州市(地区)纺织服装行业出口交货值、创汇一览表

表 12 - 7

年份	出口交货值(亿元)	出口创汇(亿美元)	年份	出口交货值(亿元)	出口创汇(亿美元)
1986	0.11	—	2000	5.6	—
1987	0.28	—	2001	—	1.4
1988—1990	3.00	—	2002	—	2.5
1991	2.40	—	2003	—	2.7
1992	2.90	—	2004	—	2.4
1993	3.10	—	2005	—	2.4
1994	4.00	—	2006	—	2.2
1995	4.40	—	2007	—	1.4
1996	3.70	—	2008	—	1.2
1997	4.20	—	2009	—	2.0
1998	3.10	—	2010	—	3.1
1999	3.60	—	2011	—	3.0

注:1998 年及以前为德州市纺织工业局统计资料,1999 年及以后为市统计局资料

第一节 棉纺织

棉纺织业为德州的传统产业,1986 年全区共有德州棉纺织厂、德州第二棉纺织厂、禹城棉纺织厂、商河县棉纺厂(1990 年划归济南市)、德州市织布厂、武城县棉纺织厂、临邑县织物厂、庆云县棉织厂、陵县染织厂 9 家棉纺织企业,拥有棉纺锭 16.48 万枚,有梭织机 4608 台。纺织原料主要以棉花为主,部分为涤纶短纤维。纱的品种主要以纯棉纱为主,其次还生产部分涤棉混纺纱,纱支以中低纱支为主。布的品种以纯棉布为主,其次还生产涤棉混纺布。

1986—1990 年,根据全区棉花产量居全省 1/3,而棉纺能力仅占全省 1/16,资源和生产能力很不协调的状况,德州地委、行署提出"大力发展纺织工业"的指导思想,全区纺织工业系统确定新建、扩建、改造、调整的发展路子,通过横向引、社会集、银行贷、财政投、职工带等办法,多方筹集资金,对棉纺织工业进行新建和扩建,县县建棉纺厂,形成工业系统、乡镇系统和供销系统棉纺能力各占三分之一,共同发展的格局。全国植棉大县夏津县,利用当地棉花资源优势,县、乡、村齐发力,多方筹资上棉纺。1986—1990 年 5 年时间,相继建起 4 家县属棉纺厂和 1 家毛巾厂,民营棉纺企业也迅速发展起来。1990 年,全县有棉纺织企业 24 家,共有棉纺机械设备 280 台(套),72000 纱锭。到 1990 年年末,全市棉纺锭总拥有量达到 51.62 万锭。经过 5 年发展,纺织工业成为全区经济的支柱产业之一。

1991—1992 年,纺织工业生产遇到资金严重短缺,能源和原材料紧张、市场疲软、产成品大量积压的困难。为扭转困难局面,各纺织生

华芳集团夏津棉纺公司千台织机车间 （2011 年 摄）

产企业积极采取限产压库，加快技术改造和设备更新步伐。1992 年，德州棉纺织厂综合用工和万米布用工两项指标跻身全国同行业排名第一位，吨纱用工列第二位。1993 年，由于棉花大幅度减产，加之国家从德州征调大批棉花支援上海等国家大型重点纺织企业，导致本地纺织工业原料供应紧张加剧，一些企业特别是在本区纺织工业中居主导地位的棉纺织企业被迫停产或半停产。1994 年，由于原料、资金紧张，不少企业忙于抓原料跑资金，放松管理，致使不少企业管理水平下降。1995 年，纺织系统结合开展“管理效益年”活动，推广德州棉纺织厂和乐陵棉纺厂现场管理经验，推动企业管理向制度化、系统化、标准化、科学化方向发展。1995 年 5 月，德州棉纺织厂的“国产清钢联工艺技术研究”获山东省科技进步二等奖。

1995 年 5 月地改市后，德州棉纺织厂、德州第二棉纺织厂、德州第三棉纺织厂、德州印染厂、德州针织厂、德州市织袜总厂 6 家企业上划为市属企业。

1996—2000 年，纺织行业步入结构调整时期。1996 年，纺织工业原材料价格大幅度上涨、产品销路严重不畅、出口受阻，企业负债率高、潜亏严重，全市一些企业处于停产、半停产的状态。1998 年 3 月，中国纺织总会、国家经贸委、国家计委发出《全国压缩淘汰 1000 万落后棉纺锭和分流安置职工规划实施意见》，德州市纺织行业响应国家号召，大力实施压锭增效，1998 年德州第二棉纺织厂淘汰落后纱锭 1.86 万枚，1999 年平原棉纺织厂淘汰落后纱锭 2.08 万枚，2000 年德棉集团夏津恒华纺织有限公司淘汰落后纱锭 7072 枚。同时，压锭财政补贴 300 万元/万锭（中央财政和地方财政各 150 万元/万锭）和银行贴息贷款 200 万元/万锭全部到位，3 年全市共完成压锭任务 4.65 万锭，圆满完成省下达德州市的压锭任务。2000 年，市政府出台《关于用高新技术改造提升棉纺织业的指导意见》，各企业加快技术改造步伐，全市棉纺行业整体技术装备水平得到提高。

2000年以后，棉纺行业扩建势头不减，产能大幅度增加。2002年禹城棉纺织厂与香港一公司合资成立亚洲纺织有限公司（2008年企业破产）。2003年8月，华芳集团在夏津县投资兴建华芳夏津纺织工业园，总投资20亿元，公司占地68公顷，拥有45万棉纺纱锭、350台喷气织机，年产各类精梳棉纱8万吨、棉布3500万米。2004年，陵县黎明纺织有限公司产能达到25万锭。与此同时，夏津县中小棉纺织企业不断涌现，形成以银城街道、宋楼镇为中心的区域产业集群。2008年夏津县被中国纺织工业协会命名为“中国纺织名城”。

随着产能的扩大，原棉供应量和价格提升，制约困扰全行业，德棉集团、德州恒丰率先开发新型纤维纱线，提高产品质量和附加值。2003年10月，德州华源纺织有限公司在德城区天衢工业园建成投产，产品定位全部在新型纤维纱线，市场效益明显。陵县的盛泽纺织有限公司、宝鼎纺织有限公司、德鑫源纺织有限公司、颜春纺织有限公司及夏津县的德棉集团恒华纺织有限公司（原夏津县棉纺厂）、丰润纺织有限公司、鑫润福针织有限公司均迅速调整产品结构，降低原棉用量，开发新型纤维纱线制品。纺织原料应用的范围涵盖以莫代尔、天丝、竹纤维为主的纤维素纤维；以芳纶、阻燃腈纶、阻燃粘胶纤维为主的阻燃纤维；以功能性涤纶、腈纶纤维为主的功能性纤维；以有机棉、再生涤纶纤维为主的生态环保纤维和以棉、毛、丝、麻纤维为主的天然纤维等，全市形成200万锭新型纤维纺纱企业集群，新型纱线产品的开发走在全国前列。

2011年，全市棉纺织行业细纱锭由1986年的16.48万锭增加到459.65万锭，是1986年的27.9倍。布机由1986年的4608台上升到1.51万台，是1986年的3.3倍，其中无梭织机从无到有，发展到5685台。2011年全市棉纺织行业纱产量由1986年的2.49万吨增加到67.05万吨，是1986年的27.1倍。布产量由1986年的1.01亿米上升到6.7亿米，是1986年的6.6倍。全行业能够生产6－260S纯棉、涤棉、人棉及各种成分混纺纱、多组份混纺纱和门幅44″～145″各类坯布、弹力布、色织布及长丝面料、提花面料。

2011年，全市规模以上棉纺织企业218家，实现销售收入285.6亿元，占全行业比重59%。

1986—2011年德州市（地区）棉纺织行业主要产品产量一览表

表12－8

年份	纱（万吨）	布（亿米）	年份	纱（万吨）	布（亿米）
1986	2.49	1.01	1993	7.82	2.48
1987	3.28	1.12	1994	6.59	2.23
1988	4.76	1.42	1995	5.73	1.87
1989	6.62	1.82	1996	6.08	1.95
1990	7.47	2.03	1997	5.46	1.59
1991	4.52	1.97	1998	6.33	1.46
1992	7.99	1.67	1999	7.66	1.68

续表 12-8

年份	纱(万吨)	布(亿米)	年份	纱(万吨)	布(亿米)
2000	10.02	1.96	2006	51.74	7.75
2001	9.10	1.72	2007	62.30	10.75
2002	15.33	2.58	2008	58.52	11.88
2003	23.65	2.95	2009	60.36	10.14
2004	30.59	3.69	2010	65.30	9.59
2005	43.08	3.74	2011	67.05	6.70

注:1998 年及以前为德州市纺织工业局统计资料,1999 年及以后为德州市统计局资料

第二节　毛纺 半精纺

一、毛纺

1986 年,全区有颜陵毛纺织厂、乐陵毛纺厂和庆云毛纺厂 3 家企业,拥有粗纺 2960 锭,精纺 6564 锭,毛织机 84 台,年生产毛线 600 吨、呢绒 50 万米。20 世纪 90 年代后期,乐陵毛纺厂和庆云毛纺厂先后停产。2000 年,颜陵毛纺织厂改制为德州同乐毛纺有限公司。2011 年 8 月,山东七彩莲羊绒科技有限公司在恒丰工业园建设,总投资 5 亿元建成,主要生产羊绒、羊毛及其混纺制品,项目建设 10 条羊绒生产线、50 台梳绒机、配套染色生产线、羊绒衫加工生产线。项目全部投产后,年可生产羊毛绒 300 吨、粗纺羊绒纱线 1200 吨、羊绒衫 30 万件,实现销售收入 15 亿元,利税 1.3 亿元。

二、半精纺

半精纺羊绒纱产地主要集中在禹城市。1995 年前后,山东瑞源羊绒有限公司尝试利用毛纺前处理工艺处理羊绒纤维,运用棉纺设备加工生产新型半精纺羊绒纱。鲁银集团禹城羊绒有限公司和禹城市德信毛绒有限公司积极参与,将该尝试落到实处,进行技术改革产业化,逐步形成规模,通过 10 多年的发展,技术工艺日趋成熟,实现棉、毛、丝、麻等天然纤维与其他人造纤维、化学纤维等各种短纤维混纺,其纱线应用在精(粗)纺面料或针织毛衣上,产品风格独树一帜,面料手感、垂性、身骨有新意,因有别于传统的毛精纺、粗纺产品风格,故称为“毛纺半精纺”,2009 年,该技术被中国纺织工业协会授予“改革开放 30 年推动纺织产业升级重大科技进步奖”。

禹城市半精纺羊绒纱重点生产企业有鲁银羊绒有限公司、德信毛绒有限公司、祥鼎毛绒有限公司、瑞源羊绒有限公司等。鲁银羊绒有限公司有 5 万纱锭、600 台织机,年纺纱能力 2000 吨、织衫 150 万件,是国内半精纺毛纱行业规模最大、实力最强的企业,2007 年,该企业起草制定《羊绒半精纺国家标准》。德信毛绒有限公司有 4 万纱锭、500 台织机,年纺纱 1800 吨、织衫 120 万件,生产的莫代尔、大豆纤维、竹子纤维、牛奶绒、阿尔帕卡、波纤等新产品,手感、抗起球、色牢度等理化指标已达到国际先进水平。祥鼎毛绒有限公司产品有羊绒、兔毛、马海毛、驼绒、桑蚕丝、大麻、亚麻等天然纤维和各种各样的新型混纺纱毛纱供多个国外知名品牌企业。瑞源羊绒有限公司生产规模和技术水平在同行业名列前茅,尤其是精纺 160 支高支羊绒技术及各种原料在混纺中的应用为公司独家所

有，在国内首屈一指，开发的狐狸绒内衣获得国家专利，2003 年，在布鲁塞尔国际羊绒节上获得国际发明金奖，是国内唯一能够生产狐狸绒内衣的企业，其半精纺纯羊绒衫获得国家纤维检验局首批“纯山羊绒”质量认证，公司与皮尔卡丹、鄂尔多斯、金棒槌等国内知名品牌建立长期合作关系。

2006 年，山东省纺织工业协会命名禹城市为“山东省半精纺毛纱名城”。2008 年，中国纺织工业协会命名禹城市为“中国半精纺毛纱名城”。到 2011 年年底德州市半精纺毛纱制品规模以上企业发展到 28 家，社会加工网点 300 多个，主导产品是半精纺毛纱和毛绒服饰系列产品。半精纺毛绒纱生产能力由 200 吨增加到 1.5 万吨，毛绒服饰生产能力由 10 万件增加到 800 万件，拥有各类加工设备 1.6 万台（套），40 万纱锭，已形成自己的独特优势，基本形成集染色、纺纱、针织、后整理于一体的产业链条。

2011 年，全市规模以上毛纺半精纺毛纱生产企业 28 家，实现销售收入 32.4 亿元，占全行业的 6.7%。

第三节　服装 家纺

一、服装

服装主要有针织服装和梭织服装两类。针织企业有德州针织厂、德州市第二针织厂，均有织造、染整、成衣车间，可以承接较大批的订单。针织服装产品向外衣化、时装化、功能舒适化发展，1989 年，德州针织厂生产的涤盖棉运动服获得全省“十佳”服装称号，成为运动装、休闲装和比赛服装。德州市第二针织厂主要产品为绒布休闲针织服装，产品出口欧美、日韩及澳洲等市场。1990 年，德州服装厂、宁津服装厂、乐陵服装厂、平原服装厂、禹城服装厂、齐河服装厂、临邑服装厂、陵县服装厂和陵县毛呢服装厂共 9 家服装企业，规模小，生产以加工为主且能力弱，服装的款式设计简单，附加值低，年生产各类服装 500 万件（套）。1994 年，德州地区第一条休闲服装生产线在德州汇利服装有限公司安装投产。1996 年，宁津金蟀制衣有限责任公司成立。

2001 年之后，服装企业迅速发展，德州元济纺织公司投资兴建了年产 800 万件（套）的牛仔服装生产线，同年，山东如意集团在临邑投资兴建了牛仔面料生产项目——临邑奥泰纺织有限公司。2003 年，波司登在经济开发区投资建设了江北最大的羽绒服生产基地——山东康博服饰有限公司。2006 年，山东华羽集团在经济开发区投产，同年，香港中国企业基金男装有限公司、香港天卓投资有限公司、香港普信投资有限公司 3 家港资公司共同投资成立德州中合服饰有限公司在经济开发区投产，主营国际中高档休闲服装、棉纺织品的生产。2007 年，浙商在临邑投资建设山东贝依格服饰发展有限公司，主要开发生产羽绒时尚内衣。2008 年随着奥运会在北京成功举办，运动户外服装需求大增，德州瑞博服装有限公司适时开发生产“瑞速 RBZSOE”牌滑雪服、冲锋衣、登山服、羽绒服、防寒服等各类产品投放市场。2010 年，北京铜牛针织有限公司投资 16 亿元，在平原建设平原盛源针织有限公司。2011 年，香港鸿盛集团和香港天美集团共同出资 10.5 亿元，在临邑县建设香港世纪工业园。至此，德州服装行业形成针织内衣、休闲服装、羽绒服、棉服、时尚羽绒内衣及牛仔服装等系列为主的产品格局，年生产能力达到 6000 万件（套）。

1986—2011 年德州市(地区)服装产量一览表

表 12-9　　单位:万件(套)

年份	服装	其中:梭织	其中:针织	年份	服装	其中:梭织	其中:针织
1986	765	459	306	1999	989	549	440
1987	787	485	302	2000	1052	501	551
1988	685	469	394	2001	1069	569	500
1989	526	328	198	2002	1123	600	523
1990	498	296	202	2003	1450	749	701
1991	524	302	222	2004	1532	756	776
1992	536	320	216	2005	1900	806	1094
1993	654	352	302	2006	1968	821	1147
1994	698	389	309	2007	2123	856	1267
1995	768	421	347	2008	2267	968	1299
1996	798	456	342	2009	3406	1505	1901
1997	846	460	386	2010	4877	1947	2929
1998	923	502	421	2011	4099	1852	2247

注:1998 年及以前为德州市纺织工业局统计资料,1999 年及以后为德州市统计局资料

二、家纺

家庭纺织制成品制造业,以前含毛巾、床单、棉线毯以及线带、线绳、花边、手帕等制造企业,在纺织工业部门称为“复制行业”,2000 年后统称为家用纺织品,简称“家纺”。

1986 年,家纺行业只有 3 家小型企业,产品单一,主要有宁津县色织厂生产的色织床单和德州毛巾厂、德州染织厂生产的毛巾、巾被等产品。因有染纱工序,污染较严重,逐步停产转产。1993 年,德州毛巾厂被德州第三棉纺织厂兼并。1996 年,宁津色织厂破产。1999 年德州染织厂改制为德州华昌织巾有限公司。2003 年,温多利遮阳科技(德州)有限公司在经济开发区投产,主要生产牛津布、化纤布以及特殊装饰布,2010 年,开发阳光面料和塑料方格布新产品。2005 年,德棉集团利用面料优势逐步涉足家纺行业,开发的竹纤维系列床品面料、光触媒蜂窝纤维系列床品面料、蚕丝蛋白系列床品面料、铜氨丝纤维系列面料、圣麻系列床品面料等五大系列 100 余款产品,深受市场喜爱。2008 年,夏津鑫秋集团利用种业公司的优质皮棉新上家纺项目,生产的被品可以机洗。夏津县依托优质棉花资源,发展形成以锦贝尔、温尔雅、温馨家纺为主体的家纺企业群体。到 2011 年,全市家纺产品已由单一产品发展为多种品种,主要有床上用品、毛巾、布艺、窗帘以及婚庆家纺、儿童家纺、功能家纺等,主要品牌有德棉家纺、鑫秋家纺、温尔雅、温多利遮光窗帘、农庄老粗布等。

三、织袜

织袜主要企业为德州市织袜总厂,主要产品有弹力丝袜、锦纶袜、棉线袜及连裤袜,男袜、

女袜、童袜品种齐全，主要设备有 Z503、Z506、Z507 等国内专用织袜设备及日本、捷克、德国的进口织袜设备，企业有织造、染整、定型车间，在德城区的黄河涯镇和天衢工业园设立 2 个分厂。1988 年，山东省召开织袜企业会议，成立“鲁袜联合会”，德州市织袜总厂被推举为会长单位。1995 年后，随着江、浙等袜业的发展，德州市织袜总厂的产品比较优势逐渐失去，设备老化、产品开发滞后制约企业的发展。1999 年，德州市织袜总厂改制为德州市远方袜业针织有限公司。2009 年，实施“退市进园”，企业搬迁至德州市经济技术开发区。

2011 年，全市规模以上服装家纺企业 76 家，实现销售收入 95.3 亿元，占全行业的 19.7%。

第四节　产业用纺织品

一、土工与建筑用纺织品

德州市土工与建筑纺织用品主要产地集中在陵县。该产品主要应用于土工和建筑工程的基础施工材料。

1987 年 6 月，德州地区丙纶厂在陵县成立，是全省布点的四个丙纶厂之一，1989 年建成投产，改变德州没有化纤厂的历史。该厂安装 2 台德国进口的 10 头合成纤维纺丝机，设计规模为年生产丙纶短纤维 2000 吨、长丝 300 吨。但由于产品单一，1995 年以后，企业陷入困境。1998 年，长江流域发生特大洪水，德州丙纶厂利用化纤优势及时开发生产土工布、土工膜等土工用产品投放市场，取得良好经济效益和社会效益。同年，德州丙纶厂改制为山东宏祥化纤集团有限公司。2000 年自行研制的复合土工膜荣获国家科技成果金奖。2001 年，在全行业同行业中首家通过 ISO 9001:2000 质量管理体系认证，被中国农业节水协会认定为定点生产企业。

2000 年前后，在德州丙纶厂带动下，陵县涌现出一批土工用与建筑纺织品生产企业，华龙化纤、众联新材料、乐悟新材料、东方新材料先后投产。主要产品品种涉及全国土工合成材料 90% 以上的范围，主打产品有土工布、土工膜、复合土工膜、土工格栅、土工格室、土工网、三维土工网垫、软式透水管、三维植被网、膨润土复合防水垫等。成为国家重点工程所需土工材料主要供应基地。土工合成材料全国市场占有率达到 45% 以上，产品还出口国外，远销美国、巴基斯坦、泰国、坦桑尼亚、澳大利亚、南非、阿联酋等 20 多个国家和地区。2007 年，中国土工合成材料工程协会和国际土工合成材料学会中国委员会联合授予陵县全国首家“中国土工合成材料生产基地”称号。2011 年，陵县被中国纺织工业联合会命名为“中国土工用纺织材料名城”。

2011 年，陵县有土工合成材料生产线 270 多条，产品近 60 个品种，产量达 30 万吨。销售收入达 50 亿元，利税 6 亿元。

另外，2011 年 8 月，山东天鼎丰非织造布有限公司在临邑县落地，该项目由北京东方雨虹防水技术股份有限公司投资建设，全面达产后年产各类型无纺布 6 万吨。

二、工业用纺织品

2004 年 2 月，山东安达化纤制品有限公司在乐陵市成立，公司引进具有世界先进水平的聚合、纺丝设备，德国多尼尔喷气织机，阿尔玛直捻机，瑞士产立达牵伸卷饶机和国内最先进的 75 米双浴槽浸胶机等。主要生产锦纶 6 切片（尼龙 6 切片）、锦纶 6 工业长丝、锦纶 6 浸胶帘子布以及锦纶（尼龙）6 新产品的开发与应用，年产高粘度锦纶切片 1.30 万吨，低粘度高速纺半光锦纶切片 2.40 万吨，产品销往全国各个省市，并出口南美洲、东南亚、非洲、欧美等国家，产品广泛应用于汽车零部件、工程塑料、纺织、电子、化工、高性能复合材料、新型包装材料、工业用特种纺织品、医疗、军工等领域。

三、再生聚酯短纤

2007 年 9 月，山东鸿利化纤科技有限公司在临邑县成立，总投资 6000 万元，兴建废旧塑料回收利用生产线，主要是将废旧塑料物品进行高温蒸汽消毒和塑料融化、拉丝处理后，生产用于纺纱、无纺布、人造布、人造皮革等行业的涤纶短纤维、中长纤维。主要产品为棉型 1.56dtex38/51 毫米（1.4dX38/51 毫米），1.33dtexX38/51 毫米（1.2dX38/51 毫米）和中长纤维 2.78dtexX65 毫米（2.5dX65 毫米），2.22dtexX51 毫米（2d51 毫米），年消化废旧塑料 2000 多吨。

四、帆布制品

德州市帆布厂成立于 20 世纪 60 年代，1993 年，因经营不善被德州第三棉纺织厂兼并。1985 年，夏津县第七棉花加工总厂建有帆布厂，后因经营不善倒闭。20 世纪初，乐陵市寨头堡乡帆布厂（山东省华乐实业有限公司的前身）投产，通过其带动，全乡帆布生产和加工企业达 42 家，从业人员 5000 多人，形成制线、纺织、帆布生产加工、印染、化工等生产体系，帆布年产量达 1.2 亿平方米，约占全国产销量的 25% 左右，远销美、日、韩等国。1998 年，山东省纺织工业协会命名乐陵市寨头堡乡为“山东省帆布名乡”。

五、麻纺

德州麻纺织厂成立于 20 世纪 60 年代初，拥有麻纺锭 1450 枚，麻袋织机 64 台，主要生产麻纺纱、麻袋，年生产麻袋 69 万条，产品单一，规模小，1995 年后连年亏损，1998 年企业破产。

2011 年，全市规模以上产业用纺织品企业 35 家，实现销售收入 55.2 亿元，占全行业比重 11.4%。

第五节　地　毯

1986 年，有德州地毯厂、武城地毯厂、齐河地毯厂、陵县地毯厂、宁津地毯厂 5 家企业，主要生产 90 道机拉洗男工地毯，产品有北京式、美术式等 10 多个品种，远销亚、非、欧等 20 多个国家和地区，是出口创汇的主要产品。1988 年地毯生产能力达到 22 万平方米，年产量 16 万平方米，居全省第 6 位。其中德州地毯厂和武城地毯厂建厂早、规模大、发展快，在德州地毯工业占有重要地位。武城地毯厂生产的 90 道机拉洗男工地毯在全省同行业质量评比中获第一名，获得省政府颁发的先进单位奖牌。德州地毯厂 1994 年生产地毯 7.12 万平方米，达到历史最好水平。

武城地毯厂机织车间　　(2007 年　摄)

20世纪90年代初期，由于国际形势变化及外贸体制的改革，地、县属地毯企业经营困难，出口减少，为适应形势变化和市场需求，全区地毯企业加快调整产品结构、开发新产品、开拓国外新市场，形势有所好转。

“九五”期间，为加快全市地毯行业的发展、加强联合、形成规模经营，以武城地毯厂为核心企业，以德州、陵县、齐河、宁津等地毯厂为紧密层，组建山东德州地毯集团。后期，德州地毯厂因受出口大幅下滑及其他因素的影响，资不抵债、经营困难、扭亏无望，1998年年底由武城地毯厂租赁其有效资产设武城地毯厂德州分厂，2001年10月德州地毯厂宣布破产。其他几个县级地毯厂也先后进行不同形式的改制。

2003年7月，武城县地毯厂改制组建山东神龙毯业有限公司。是全中国手工地毯、机制手工地毯产量最大、品种最全、品牌最高的企业，也是全国唯一一家既有手工，又有机制手工的地毯企业，拥有手工地毯、胶背地毯、精品地毯、东方地毯、艺术地毯六大系列产品，上千个花色规格。手工地毯产量居全国同行业首位。远销日本、美国、欧洲、中东等国家和地区。该公司“龙禧”牌地毯为中国名牌产品，在国际市场上享有“王牌毯”“毯上毯”的盛誉。2011年年底，公司总资产2.16亿元，年产各类地毯170多万平方米，产值5.8亿元，年创汇1500万美元。

1995年前后，地、县属地毯企业探索经营体制改革的同时，在武城地毯厂(神龙毯业)影响和带动下，武城县逐渐发展起来一批个体和私营地毯加工业户，主要生产厂家有美源、美圆、武城、东兴、天马、老城、顺德、宏阳、三合、宏和等。品种也由地毯、挂毯增加到武术地毯、舞蹈地毯和汽车坐垫等。此外，全市地毯生产厂家还有陵县德州美东地毯有限公司、宁津县英杰工艺品公司的、宁津县工艺品有限公司、庆云县旭日工艺品有限公司等。

陵县德州美东地毯有限公司前身是陵县地毯厂，1998年10月破产改制，2000年由美国客商收购地毯公司地上资产，成为美国美东地毯集团的分公司，拥有进出口权。主要产品有：90道男工地毯7万平方米，120道人造丝地毯3万平方米，160道东方毯3000平方米。产品销往北京、上海、广州等各大城市，远销美、日、加拿大、韩国和中东各国。

第六节　染整机械 纺机配件

一、染整机械

德州纺织机械厂主要生产无张力烘干机、针织物热定型机、针织物扩幅机、针织物呢毯顶缩机、电加热针织物呢毯顶缩机、塑针织物程控整理轧光机、针织物湿扩幅机、针织物轧液机、针织物亚氯酸钠漂白联合机等产品。产品销往全国21个省，130个市县及东南亚国家，多次在全国、省、市获奖，多项产品填补省内和国家空白。1997年，德州纺织机械厂被德州拖拉机厂兼并，成立德州宏力集团有限公司。2000年后，随着宏力集团经营困难，纺机业务逐步萎靡并停产。技术、业务、管理人员逐步离厂，以合作、合资、独资等方式在德州经济技术开发区、德城区天衢工业园、运河经济区先后成立德州亚星纺织机械有限公司、德州泰力纺织机械有限公司、德州太平洋纺织机械有限公司等企业，专门从事纺织后整理设备的研制和生产，其产品已成系列化，有近30余个品种，覆盖针织后整理的全部工艺过程，产品销往全国各地，部分产品出口到东南亚国家。

二、纺机及配件

20世纪80年代初，宁津县机械厂开始生产棉纺织机械，同时在宁津镇、时集镇出现一些专门从事纺织配件生产加工的企业和专业户。

90年代，一批专业村、专业户和龙头骨干企业逐渐形成。产品主要有纺织整机和纺织配件两大类，纺织机械整机有ZX209系列喷气织机、JW780挠性剑杆织机、GA系列剑杆织机、GA系列有梭织机等产品，纺织配件主要有卷布轴、凸轮、吊棕绳等上千个品种，能够为各种进口和国内名牌纺织机配套生产零部件。宁津县的鲁嘉纺织机械有限公司和华丰集团公司，位于全国同行业前50名，鲁嘉纺织机械公司生产的GA615系列织机经国家检测中心检测定为名牌产品，并出口到国外。华丰集团公司是山东省最大的纺织机械配件生产厂家之一。宁津县形成了时集、张茉、油坊李等专业村生产铸造件，崔庄、桑庄、范庄等专业村生产纺织配件，华丰、鲁嘉等企业生产纺织整机的一条龙格局。2011年，全市从事纺织机械和配件生产的企业达到156家，规模以上企业27家，从业人员达到5500人，全行业年实现销售收入40亿元，利税3.2亿元。

2011年，全市规模以上染整机械、纺机配件企业8家，实现销售收入15亿元，占全行业比重3.1%。

重点企业简介：

山东德棉集团有限公司　1997年8月，以德州一棉有限公司为核心企业，以德州恒丰纺织有限公司、德州印染厂、德州雅德联针织有限公司为紧密层企业组建成立，共有职工1.25万人，总资产10.589亿元，其中固定资产6.8亿元。1997年12月，德棉集团控股烟台栖霞棉纺织厂，成立山东德棉集团栖霞纺织有限公司。1998年11月，德棉集团租赁夏津县棉纺织厂生产厂区及设备，成立山东德棉集团夏津恒华纺织有限公司。1999年，德州纺织品总公司划归德棉集团，成为德棉集团德州纺织品有限公司。到2000年，德棉集团已发展成为拥有11家子公司、1.5万员工的集纺织、印染、针织、服装加工和进出口经营于一体的大型企业集团，拥有环锭纺30万枚、气流纺6496头、针织主辅机1013台（套）、印染生产线6条。2001年，德棉集团在柬埔寨投资3万锭纺织项目，开创德州纺织企业走出国门利用国际资源、布局国际市场的先河。2006年10月18日，德棉集团德棉股份有限公司在深交所挂牌上市，成为德州市纺织企业第一家上市企业。

2006年10月，全国棉纺行业织布工技能大赛在德棉股份公司举行

德棉集团曾获全国五一劳动奖状，被评为全国50家标准化管理示范企业、全国纺织系统双文明建设先进单位、全国最具竞争力棉纺织企业20强、山东省现场管理样板企业、山东省优秀自营进出口生产企业、海关信得过企业。“德棉”牌被评为商务部

重点培育和发展品牌，产品获准采用国际标准标志并享受出口免检。

2007年，德棉集团出现经营困难，市政府出台《德棉集团改革重组方案》，恒丰纺织有限公司、恒华纺织有限公司、进出口纺织品有限公司以“以资承债”方式从德棉集团剥离出来，独立经营。2011年，德棉集团尚具备年产纱4万吨，布1亿米，针织衫裤1000万件的能力。

德州恒丰纺织有限公司　前身为成立于1981年的德州第二棉纺织厂，1994年改制为德州恒丰纺织有限公司，1997年8月与德州一棉有限公司、德州印染有限公司和德州雅德联针织有限公司组建德棉集团，2008年7月“以资承债”方式从德棉集团剥离出来，9月以负资产改制为民营企业。2011年，拥有员工5000余人，总设计规模为80万纱锭，20条羊绒生产线、1030万套针织服装和羊绒衫的生产能力，是集特种纤维纱线、羊绒精纺纱线、羊绒衫、高档内衣生产为主的大型棉纺织企业集团。

德州元济纺织有限公司　成立于1993年，原由台湾台元纺织公司与德州第三棉纺织厂合资设立，2003年10月，三棉纺股权撤出，改为台商独资企业。公司总投资额6048万美元，注册资本2797.05万美元。经营范围为原棉化纤纺纱、织布、染整、成衣及相关产品的生产、加工、销售。年产竹节、弹力、硫化、套色、丝光、涂层等各种规格高中档牛仔面料2400余万码。产品除满足国内需求外，远销日本、韩国、欧美等地和中国香港地区。2004年，投资新建成衣工场，年产服装240万件。公司被评为“港澳台在华投资企业500强”、山东省“十大台资企业。是国内牛仔面料生产企业之一。

华芳夏津纺织有限公司　2003年8月，由华芳集团在夏津县投资兴建，位于夏津县经济技术开发区，总投资20亿元，公司占地68公顷，装备有国内外先进的紧密纺细纱机、进口意大利自动络筒机、进口精梳机、清梳联、日本津田驹织机及配套设备。公司下设6个棉纺车间、1个织布车间，拥有45万棉纺纱锭、350台喷气织机，装备了F1508细纱机、德国苏拉气流纺机、意大利自动络筒机和日本丰田织机等高档纺织设备，可年产各类精梳棉纱8万吨、棉布3500万米。先后被评为“中国名牌产品”“国家免检产品”；“华芳”商标被认定为“中国驰名商标”。

山东康博实业有限公司　波司登集团在山东省设立的六大生产基地之一，位于德州市经济开发区，投资2.2亿元，占地20余公顷，2001年7月竣工投产。车间建筑面积6.5万平方米，引进安装各类先进设备2400多台（套），员工2200余人，年加工羽绒服及各类服装300万件，是中国北方规模最大、技术最先进、加工能力最强的羽绒服装生产企业。

山东康博实业有限公司　（2004年　摄）

第六章　建材工业

1985年前，德州建材工业基础薄弱、设备简陋、工艺简单，除少量小水泥、小玻璃外，大部分为砖瓦、石灰等传统产品。

1993年，全市县以上建材企业16家，完成工业总产值1.98亿元，销售产值2.58亿元，产销率95%，销售收入2.15亿元，利税5184万元，利润3109万元。1993年5月，武城北方玻璃钢厂投产，开发出玻璃钢系列产品。

1998年，为壮大建材行业，整合玻璃生产资源，以振华玻璃厂（集团）、晶峰玻璃厂和德州大坝水泥有限公司为核心组建德州晶华集团有限公司。

2000年县以上建材企业实现销售收入41014万元，实现利税4404万元，实现利润1816万元。

2005年11月1日，《山东省新型墙体材料发展应用与建筑节能管理规定》颁布施行。禁止新建、改建、扩建实心黏土砖（瓦）生产线，现有实心黏土砖（瓦）生产企业应当逐步限产、转产或关闭，其取土用地不得占用耕地和基本农田。

2009年，全市建材行业产业287家规模以上企业实现销售收入261.3亿元，利税29.6亿元，利润13.7亿元，分别占全市总量的8.1%、7.7%和7.0%。武城县和德城区列为省扶持发展的玻璃钢复合材料特色产业基地。武城县、德城区投入6.45亿元扩大玻璃钢复合材料产品生产。

2011年，全市规模以上建材企业达到280家，年生产水泥能力405.6万吨，平板玻璃900万重箱、商品混凝土23.5万立方米，水泥混凝土排水管11650.1千米。实现销售收入236.84亿元，利税26.65亿元，利润14.4亿元。

第一节　水　泥

一、水泥生产

1985年，全地区有平原水泥厂、禹城兴达水泥厂、齐河金石水泥厂、德州第二建材厂，四家水泥厂产量仅有16.56万吨。到1992年，产量达49.92万吨，平均年递增速度为17.5%。1993年，4家水泥厂有3条8.8万吨水泥生产线相继试车投产，产量47.07万吨，其中散装水泥完成11.49万吨，散装率达到24.3%。产品质量稳定提高率达95%以上。能源消耗略有下降，水泥熟料耗标煤129.1公斤/吨，同比降低2.11%。经过连续几年的技术改造和改建扩建，1997—2000年，4家水泥产量保持在100万吨左右。到2004年，产量达到254.03万吨。2006年，水泥产量366万吨，同比增长25%（其中新型干法水泥产量218万吨，同比增长43%，占水泥总产量的87%）；水泥电杆5836根，同比增长2%。2011年，全市4家水泥产量达405.6万吨，全部为新型干法水泥。

1987年，德州市第二建筑材料厂（简称“二建材”，其前身为德州砖瓦厂，1997年更名为德州晶华大坝水泥（集团）厂）8.8万吨水泥生产线建成投入生产，1992年在全国首家使用粉煤灰代黏土生产425#塑粉煤灰硅酸盐水泥。

1994 年，二建材开发的道路、油井、膨涨等 5 种特种水泥上市销售，填补德州地区没有特种水泥的空白。二建材获得世界银行中国清洁生产示范企业称号，被国家经贸委评为全国资源综合利用先进企业。

1995 年，全市 4 家水泥企业投资 2250 万元对 3 条水泥生产线进行技术改造，引进先进工艺技术。先后开发回转窑水泥、道路水泥，填补省市的空白。

1996 年，市建材局在全市水泥工业推广立窑组合腰风技术、立窑扩径技术、节能衬板技术、均化、收尘新技术及 4.4 万吨水泥改造等。1996 年平原建材总厂开发研制出彩色水泥瓦等，增强建材工业的发展后劲。1996 年，德州二建材研发生产的 425#R 粉煤灰硅酸盐水泥通过国家认证。

2002 年，德州晶华大坝集团、平原金汤、禹城兴达、齐河金石 4 家水泥企业全面推行用高新技术和先进适用技术对现有机立窑水泥生产线进行技术改造，水泥产量、效益都有大幅度增长。

2003 年、2005 年，德州晶华大坝集团分别建成投产两条日产 2500 吨新型干法窑外分解水泥生产线，带动全市水泥行业工艺水平、经济效益大幅度提升。

2007 年，市政府整合全市水泥生产资源，组建德州中联大坝水泥有限公司。同年，根据《山东省关停和淘汰落后水泥产能工作实施方案》精神，全市统筹安排制订“十一五”（2006—2010）期间淘汰落后水泥产能计划，共淘汰 6 条立窑水泥生产线，共计熟料生产能力 54.8 万吨。其中，2007 年关闭并拆除德州大坝公司 3 条立窑水泥生产线，计熟料产能 26.8 万吨。2008 年年底，关闭平原大坝水泥公司 1 条立窑生产线，计熟料产能 10.8 万吨。2009 年，关闭平原大坝水泥公司 2 条立窑水泥生产线，计熟料产能 17.2 万吨，并于 2009 年年底前 3 条生产线全部拆除。

2007 年，山东金石集团投入 2000 万元，建年产 30 万立方米混凝土搅拌站，新增销售收入 1 亿元。

2008 年 4 月，德州中联大坝水泥有限公司综合利用粉煤灰熟料生产线项目顺利通过竣工环评验收。2010 年 2 月，开始建设的配套熟料生产线 9 兆瓦纯低温余热发电项目顺利并网发电。

2010 年 6 月，禹城兴达建材有限公司水泥立窑生产线全部拆除，提前完成全市水泥行业落后产能淘汰工作。全市只有德州中联大坝水泥有限公司继续生产水泥熟料，其他 3 家均改为水泥粉磨站。

二、散装水泥推广

1988 年，全区推广使用散装水泥 1.68 万吨，到 1995 年 8 年累计推广使用散装水泥 60.09 万吨，共计节约包装纸 3605 吨（折合优质木材 19830 立方米），减少水泥损失 3 万吨，节约工日 3.6 万个，社会综合效益 2103 万元。1995 年，散装率为 19.4%，创历史最好水平。全市共有发散运散设备、散装水泥运输专用汽车 21 辆，拖拉机 3 辆，年运输能力达 15.6 万吨；散装水泥储存流动罐 133 个，年吞吐量达 12 万吨；发放散装水泥库 7 座，年发散能力 25 万吨以上。2011 年，全市推广使用散装水泥 218 万吨，完成省计划的 108%，比上年同期增长 21.1%

第二节　平板玻璃及空心玻璃砖

德州玻璃产品主要是平板玻璃、浮法玻璃、空心玻璃砖和玻璃制成品。生产企业为德州晶华集团所属德州振华玻璃公司和晶峰玻璃公司。振华玻璃公司前身是始建于 1982 年的德州玻璃厂。该厂是由德州市第二建材厂一车间的基础上组建发展起来的，1985 年正式投产，前期产品主要是平板玻璃，后期增加玻璃空心砖。晶峰玻璃公司前身是成立于 1995 年的德州晶峰玻璃厂，主要产品是日用玻璃。此外，宁津、乐陵等县市还有一些小规模的玻璃及玻璃制成品生产企业。

一、平板玻璃

1985 年，振华玻璃厂投产。当年全区生产平板玻璃 34.156 万重箱，1992 年生产 127 万重箱，平均年递增 24.9%。1993 年，平板玻璃完成 156.7 万重箱，能耗居全国六机窑先进水平。1994 年，振华玻璃厂窑炉冷修停产 2 个月，平板玻璃完成 130.63 万重箱，同比下降 17%。平板玻璃一级品率达到 86.8%，超国家标准 26.8 个百分点。

1994 年，振华玻璃厂被列为山东省 50 家转机建制试点企业之一，组建德州振华集团有限责任公司。1994 年通过内部挖潜、技能降耗，全年平均每重箱玻璃煤耗 28.9 公斤，比国家标准 34 公斤降低 15%，节煤 4410 吨，节约价值 110.25 万元；电耗国家标准为 5 千瓦时/重箱，实耗全年平均 2.75 千瓦时，节电价值 82 万元，耗碱实现 9.63 公斤/重箱，国家标准为 10.5 公斤/重箱，节约价值 130.41 万元。通过技术革新，创综合效益 2000 万元，在消化吸收增支减利因素 1100 万元后，实现 3000 万元的利税。

1995 年，振华集团面对全国同行业产品积压的现状，及时调整产品结构，加大厚板玻璃、薄板玻璃生产量，全年生产大厚板 59 万重箱，占总产量的 49%，每重箱厚板比中板多创效益 15 元，净增效益 885 万元。继 3 毫米平板玻璃出口以后，又组织 2 毫米玻璃、大厚板玻璃出口，在美国、韩国、越南等十几个国家和中国香港地区打开市场。同年，玻璃空心砖在美国、韩国、澳大利亚、希腊建立 4 家总代理，产品直接出口英国、德国、加拿大、朝鲜等 19 个国家和地区。1995 年，振华集团全年完成出口交货值 1202 万元，创汇 146 万美元。

1997 年，振华集团强化以财务管理为中心，以成本管理为重点的管理模式，在产品价格大幅度下滑的严峻形势下，全年累计节支 511 万元，12 项主要经济技术指标继续名列全国六机窑榜首。1997 年，平板玻璃出口 17 个国家和地区，产销率达到 96%，空心玻璃砖出口 40 多个国家和地区，产销率达到 108%。

1998 年，晶华集团成立。振华玻璃公司成为其下属主要生产平板玻璃、玻璃空心砖的企业。

2003 年 3 月，振华玻璃公司的 400t/d 浮法玻璃项目竣工投产，填补德州市产业空白。

2005 年 2 月，振华玻璃公司 600t/d 浮法二线竣工投产。该项目投资 2.28 亿元，年产 4～12 毫米玻璃 360 万重箱，采用国内先进的设计理念，兼顾技术升级和市场特点，振华玻璃公司浮法玻璃工艺技术达到国内领先水平。

2006 年，空心玻璃砖产量 2625 万块，同比增长 32%；平板玻璃产量 769 万重量箱，其中浮法玻璃产量达 691 万重量箱，占玻璃总量的比例为 90%。

2010 年 11 月，晶华集团投资 3 亿元建设 400t/d 浮法三线和余热发电项目，生产 1.6～3 毫米的特色玻璃。至此，晶华集团已全部淘汰落后工艺装备，全面实现升级转型。晶华集团下属浮法玻璃公司年产浮法玻璃 1200 万重箱，实现销售收入 10 亿元，成为华北地区最重要的浮法玻璃生产基地。

2011 年，振华玻璃公司完成平板玻璃 968.5 重箱，产品全部为浮法玻璃。

二、空心玻璃砖

玻璃砖是一种高档、典雅的新型装饰材料。2004 年 9 月，振华玻璃公司空心玻璃砖一窑三

线正式投产，该项目总投资8400万元，年产空心玻璃砖900万块，引进世界上一流设备，其设计产能位于世界第三位，与国内同行业相比综合效益最高。2006年6月，晶华集团空心玻璃砖“一窑四线”项目6月投入运营，该企业拥有9条空心玻璃砖生产线，年产量达3500万块，居世界第一。采用自主研发的“料道着色”技术生产的异体砖、本体着色砖填补亚洲、美洲市场空白。

三、玻璃陶瓷制成品

日用玻璃、药用玻璃等制成品主要生产厂家是德州晶华集团晶峰有限公司。晶峰公司是国内装备水平最高，生产规模最多、品种最全的酒类包装瓶生产基地，是中国日用玻璃10强企业。日用玻璃产销居全国之首，主要品种有烤花、蒙砂、高白、普白、翠绿、棕色等1400多个品种，为全国千余家酒厂提供各种高、中、低档包装瓶。拥有日用玻璃生产线22条、药用玻璃生产线12条；年产日用玻璃26万吨、模制钠钙玻璃注射剂瓶16亿只、玻璃输液瓶1.6亿只。其中：药用玻璃4个生产车间，生产5mlB、7mlA、10mlA（C）型、12ml、18ml、20ml等各种规格模制钠钙玻璃注射剂瓶，50ml、100ml、250ml、500ml玻璃输液瓶。产品覆盖全国28个省、市、自治区，部分产品出口到中东、南亚等地区与哈药集团制药总厂、华北制药集团、石家庄四药、青州尧王制药、山东康宁制药等一批全国知名医药生产企业。建立稳固的业务关系。

陶瓷制成品主要生产厂家有山东安华瓷器股份有限公司和古贝春集团制瓶公司，山东安华瓷业股份有限公司生产的陶瓷酒瓶年产量达5000多万件。公司拥有省级研发中心，并被中国酒文化专业委员会和中外酒器文化协会命名为全国唯一的“中国陶瓷酒生产设计研发基地”。2011年实现产值9000万元，纳税850万元。

1992—2011年德州市（地区）主要建材企业经济指标一览表

表12－10　　　　单位：亿元

年份	销售收入	利税	利润	年份	销售收入	利税	利润
1992	1.50	0.21	0.10	2002	3.44	0.43	0.15
1993	2.15	0.52	0.31	2003	5.58	0.88	0.58
1994	1.79	0.42	0.17	2004	7.95	1.39	0.70
1995	2.33	0.47	0.25	2005	10.36	1.12	0.20
1996	2.97	0.49	0.26	2006	12.27	1.30	0.20
1997	3.21	0.29	0.06	2007	92.67	12.98	6.51
1998	3.25	0.28	0.09	2009	261.30	29.60	13.70
1999	3.74	0.32	0.12	2010	159.81	17.98	9.73
2000	4.10	0.44	0.18	2011	236.84	26.65	14.40
2001	3.34	0.33	0.09	—	—	—	—

1992—2011 年德州市(地区)主要建材企业产品产量表

表 12-11

年份	水泥(万吨)	平板玻璃(万重箱)	空心玻璃砖(万块)	年份	水泥(万吨)	平板玻璃(万重箱)	空心玻璃砖(万块)
1992	49.92	127.00		2000	116.23	172.81	342.35
1993	47.07	156.70		2001	125.31	146.53	328.59
1994	49.27	130.63		2002	148.87	189.74	302.30
1995	61.67	142.38	216.20	2003	179.00	372.00	673.00
1996	74.68	194.37	319.00	2004	254.03	450.68	1088.58
1997	85.30	194.00	304.00	2005	292.87	671.74	1989.51
1998	95.76	178.60	261.00	2006	366.00	769.00	2625.00
1999	105.48	188.77	319.72	2011	405.60	968.50	2817.73

重点企业简介

德州晶华集团有限公司　成立于 1998 年。下属振华公司、晶峰公司、德州大坝水泥厂、平原大坝公司等控股子公司。有 18 个生产厂区，4 个铁路货场，6 条铁路专运线；2011 年集团员工总数 7600 人，资产总值 36 亿元。是世界最大的空心玻璃砖生产基地、全国最大的日用玻璃生产基地、全国最大的粉煤灰水泥生产基地、华北地区重要的浮法玻璃生产基地。

主导产品为浮法玻璃、空心玻璃砖、乳白烤花瓶，医药玻璃瓶等，年产优质浮法玻璃 700 万重箱，旋窑水泥 360 万吨，高档空心玻璃砖 3600 万块，日用玻璃 20 万吨，新型墙材 50 万立方米，塑钢门窗 20 万平方米，碳纤维布 120 万平方米。产品覆盖 20 多个省市，畅销全球 160 多个国家和地区。其中浮法玻璃出口 20 多个国家和地区；晶华玻璃砖产销量居亚洲首位，约占国内市场的 70%，空心玻璃砖是一种高档、典雅的新型装饰材料，远销亚、欧、北美、非、澳等 160 多个国家和地区；日用玻璃产销居全国之首，主要品种有烤花、蒙砂、高白、普白、翠绿、棕色等 1400 多个品种，为全国千余家酒厂提供各种高、中、低档包装瓶。

晶华集团是中国建材 50 强企业，全国资源综合利用先进单位，山东省 200 户重点工业企业集团之一。先后被评为“中国建材名优企业”“中国 500 家最佳经济效益工业企业”、“中国建材百强企业”，产品获“中国名牌”“中国市场知名十佳品牌”等。

德州中联大坝水泥有限公司　成立于 2007 年，是中国建筑材料集团有限公司(简称中国建材集团)控股子公司之一，中国联合水泥集团有限公司(简称中国联合水泥)水泥生产骨干企业。

2011 年，德州中联拥有资产总值 10 亿元，职工 1000 人，两条日产 2500 吨新型干法水泥生产线，年生产水泥熟料 170 万吨，优质低碱水泥 300 万吨。公司是全国资源综合利用示范企业，中国建材 500 强企业，全国最大的粉煤灰综合利用企业。公司主导产品为普通 52.5 硅酸

盐水泥、普通42.5硅酸盐水泥、32.5矿渣水泥、复合水泥等。

第三节　新型建材

1994年，武城红塑建材厂、禹城建材厂、德州水泥制品厂分别开发的红塑管材、ABS塑胶管材、改性油毡等新型材料投入市场，产品供不应求。

1995年，振华集团投资150万元，兼并破产企业原德州市水泥厂，投资70万元新上镀铝制镜、镀膜生产线。在玻璃、玻璃钢、水泥及新型化学建材等方面，推广应用新技术二十几项，如水泥“晶种技术”“生料易烧”“矿化剂”、玻璃行业微机应用、窑炉节能改造等，先后研制开发ABS管材、红泥塑料建材、SBS改性材料、新型涂料、特种水泥、厚板玻璃和超薄玻璃及玻璃深加工、玻璃空心砖等适销对路产品。

1996年，红泥塑料完成312吨，同比提高96.23%；在产品结构调整方面，全市建材工业新开发应用PVC管材、ABS管材、红泥塑料、波形板等化学建材，空心砌块、粉煤灰砖等墙体材料。

1999年年底，德州金石集团投资2400万元的年产2000吨新型多彩水溶性建筑材料、德州凯瑞特新型建材有限责任公司投资5400万元的年产20万立方米粉煤灰砌块、德州晶华富饶新型建材有限公司投资800万元的年产30万立方米粉煤灰混凝土空心砌块等项目开工建设，2000年完工投产。

2000年，列入省经贸委第一批导向计划的4个项目，共投资额达3.06亿元，包括德州振华集团“钢塑共挤型材和门窗”、德州凯瑞特新型建材有限公司“20万吨粉煤灰陶粒”、德州金石集团“8000吨新型多彩水溶性涂料”、德州热电厂“利用粉煤灰生产20万立方米新型墙材”。

2002年，德州金石集团8000吨新型水溶性建筑涂料生产线完成迁建工程。禹城兴达建材铝塑板和ABS管材、平原新型水泥彩瓦、德州双环建材有限公司年产500万平方米改性沥青防水卷材、1000万片彩色改性沥青瓦生产线等新型建材相继投产。

2011年，全市高档建筑材料资产总值97.45亿元，全年完成主营业务收入159.81亿元，利税17.98亿元，利润9.73亿元。

第四节　砖瓦 白灰

一、砖瓦

砖瓦是有着几千年历史的传统建筑材料。20世纪80年代改革开放初期，随着城乡建设加快，砖瓦用量日益增多，在县办砖瓦窑场加快发展，增加产量的同时，乡（镇）村和个体户、联户县兴办的砖瓦窑场迅速发展起来，烧造工艺不断提高，由人工加工逐步转向机械化生产。

黏土烧制砖瓦大量占用毁坏农田。随着新建筑材料的兴起，1998年开始在全市推行环保节能的新型墙体材料，减少黏土砖瓦用量。2002年，市政府办公室下发通知，规定逐步禁止使用实心黏土砖，“禁实”时间不超过2005年年底。凡超过时限仍继续使用实心黏土砖的建设工程项目，建设行政主管部门按有关规定严肃处理。建筑业禁止使用实心黏土砖瓦，从根本上限制并逐步取消传统砖瓦生产。保留下来的砖瓦窑场生产的砖瓦主要满足农村建房、维修等零用。

二、白灰

白灰俗称石灰，仅次于黏土砖的重要的传统建筑材料，多用于民间房屋建筑内部粉刷和调制灰土来夯实地基。烧制白灰需要石灰石多从泰安等地进货。改革开放后，白灰生产经历由县办为主到乡（镇）村和个人一起上的过程，随着水泥和现代建筑材料的兴起和普遍使用，白灰用量日益减少，不少白灰厂关闭或者转产。2011年尚有齐河、禹城、平原等县少数白灰烧制场。

第七章　采矿　冶炼　五金

第一节　石油开采

石油开采主要在临邑县境内。1964—1986年，胜利油田先后在临邑县境内发现临盘、商河、玉皇庙3个油田。临盘油区地域广阔，已开发的油田均属临邑复式油气聚集区复杂小断块油田。截至2001年年底，共有油井1624口，开井1227口，日产石油4366吨，有注水井501口，开井295口，日注水19926立方米，年注水680万立方米，已累计采出原油4128.5万吨，采出地质储量18.5%，采出可储量的65.5%，综合含水率84.3%，累计采注比0.77。

临盘油田　自1993年投入开发到2001年12月，含油面积68.1平方千米，地质储量1.48亿吨。共有油井963口，水井300口，年产油量94.5万吨。

临南油田　1991年6月发现临南油田后，作为全国勘探开发重点油田，1993年全面开发，1994年开始注水，年产原油50万吨以上，是典型的高速高效开发油田，至2001年该油田共包括5个区块，含油面积11.2平方千米。

临盘油田　(2009年　摄)

第二节　煤炭开采

煤炭开采集中在齐河县。齐河县属于黄河北煤炭区，煤炭主要分布在齐河县境沿黄河的马集、赵官、胡官屯、焦庙、祝阿等乡镇，埋深在400～1200米之间，已探明地质储量62亿吨，以无烟煤、贫煤、焦煤为主，其次

为气煤、气肥煤等。到2008年年底，全县有邱集、济西、赵官3家煤炭开采企业。

邱集煤矿　位于齐河县马集乡邱集村以西，占地面积42.48万平方米，其中生产占地1.43万平方米。井田面积39平方千米，地质储量28550万吨，开采储量3855万吨。主采煤层为7煤和10煤，主要煤种为特低磷煤。1977年3月，省计划委员会批准建设，1978年8月成立山东省德州地区邱集煤矿建设指挥部。1979年8月煤矿缓建。1983年3月恢复建设，1987年6月，再次缓建。1988年6月属省煤炭工业局，1999年11月20日，重新开工建设，2003年12月投产。2004年划归临沂矿务局，更名为临沂矿务局邱集煤矿。是年，投资1.2亿元进行技术改造，年生产能力75万吨，精煤洗选能力120万吨。邱集煤矿是山东省黄河北煤田第一个投资的国有重点煤矿。到2008年年底，有固定资产15800万元，有12个矿区（车间、队），从业人员1798人。年产原煤46.3万吨，工业产值20345.6万元，销售收入16793.9万元，税金2392.17万元。

济西煤矿　位于齐河县焦庙镇小李村，占地面积77.55万平方米。地处黄河北煤田的东北端，包括济西、袁庄、毛庄3个矿区全部井田面积72.9平方千米，已探明煤炭资源储量36972.8万吨，可采储量994.6万吨，按年产量120万吨计算，矿井服务年限为6年。2002年9月，省监狱管理局滕州监狱投资4亿元开工建设。矿区内煤种主要为肥煤，另有少量瘦煤、贫煤、天然焦煤及部分无烟煤。2007年3月停建。

赵官煤矿　位于赵官乡北二村，占地14.7万平方千米。2005年1月，新汶矿业集团有限责任公司投资9.75亿元建矿。煤矿面积59.21平方千米，地质储量34742.4万吨，工业储量为10208.7万吨，矿井设计开采储量5395.6万吨，共有5个煤层。设计生产能力90万吨/年，服务年限43年。总投资9.68亿元。各煤层以无烟煤、贫煤、焦煤为主，其次为气煤、气肥煤、3/1焦煤和部分不粘煤、弱煤、中黏煤。煤层挥发分在17.51%～27.18%之间。煤层发热量在6000大卡以上，属中热煤，主要用于发电用煤和民用煤。2005年11月开工建设，到2008年年底具备开工生产条件。

第三节　炼钢　五金制造

德州钢铁、五金生产企业仅有山东莱钢永锋钢铁有限公司和山东国强五金科技有限公司，均是2000年后新成立的企业。

一、钢铁

山东莱钢永锋钢铁有限公司成立于2002年，位于齐河经济开发区，是莱芜钢铁集团有限公司旗下子公司，德州地区唯一的钢铁联合生产企业，山东省最大的螺纹钢生产基地。是从原料、烧结、炼铁、炼钢、连铸、轧材到供电、制氧等公辅配套设施齐全的中型钢铁联合企业。经营范围涉及工业项目投资；黑色金属冶炼、压延及加工；矿石生产、销售；工业气体制造、动力供应等。主导产品为具有品牌优势和成熟核心技术的二级、三级热轧带肋钢筋、高线、圆钢、钢坯。

2004年，生产烧结矿66万吨，铁47万吨，钢51万吨，材60万吨，钢材销售收入13亿元，公司总资产14.53亿元。2005年，钢材销售收入达到22亿元，利润1.38亿元，上缴税金1.14亿元，总资产17.1亿元。2006年，钢材产量达到152万吨，钢材销售收入达到37亿元，利税4.23亿元，其中实现利润2.12亿元，上缴税金2.11亿元，总资产达到33亿元。2009年，生产烧结矿330万吨、球团矿74万吨、铁238万吨、钢223万吨、材226万吨，分别完成全年计划的

108.99%、114.28%、114.42%、107.19%、107.20%，销售钢材222.7万吨，产销率为98.93%，实现利税10.45亿元。

热轧带肋钢筋产品先后被中国建筑材料流通协会评为全国质量过硬可信赖建材产品。公司被评为德州市民营科技企业、山东省百强企业，德州市民营企业50强第一名。

二、碳素

碳素生产始于20世纪80年代中期，主要企业有德州永兴碳素有限公司和索通发展股份有限公司。主导产品有铝电解用预焙阳极、煅烧石油焦，主要供出口。

德州永兴碳素有限公司，始建于1989年，属民营企业，位于德州市城北，企业生产铝电解用预焙阳极、煅烧石油焦。碳素产品生产线具有国内先进水平的带盖环式焙烧炉，大型振动成型机组，超半径双轴捏合机及加工设备。同时还生产铝工业大型电解槽换代产品——半石墨质阴极炭块。

索通发展股份有限公司，位于临邑县恒源经济开发区公司，成立于2003年8月。是一家专业从事铝用预焙阳极研发、生产和销售的高新技术企业。主要生产低消耗、高电流密度的绿色节能预焙阳极，2011年生产预焙阳极50万吨，公司拥有山东德州及甘肃喜峪关两个生产基地，产品出口至欧美、中东、东南亚、大洋洲、非洲共十几个国家。出口量自2008年一直居全国首位，“索通牌”铝用预焙阳级获得国家有色金属产品实物质量金杯奖，被选为“山东名牌”。企业是全国首家“铝用炭素生产过程资源综合利用行业技术中心”，被评为全国首家“全国炭素行业资源综合利用示范企业”。

三、五金产品

全市五金生产企业少，没有形成规模。主要生产企业是山东国强五金科技有限公司。1998年8月2日，由乐陵市木器制造厂等集体和个人发起设立乐陵市国强五金制品有限公司。主营箱包五金、建筑五金、手袋五金等各类五金制品。1998年在国内率先开发出铝合金门窗平开上悬五金系统产品；1999年承担建设部“九五”攻关项目——塑料门窗内平开反转系列产品的开发。2007年随着企业经营规模扩大，变更为“国强五金集团有限公司”。

截至2011年6月底，公司总资产3.23亿元，净资产1.51亿元。公司共申报国家专利100余项，其中电镀废水分类处理循环再利用项目被评为“2009年山东省十大可持续发展科技示范工程”。

2005年12月，晋忆实业股份有限公司投资1亿美元，在平原经济开发区新建晋德有限公司。2011年主要生产销售各类紧固件、螺栓、螺钉及非标准化特殊紧固件，年产量8万吨，销售收入5.2亿元。

第八章　电力工业

1986年，德州境内有省属统调电厂2个，装机容量2.85万千瓦，全年共发电1.7亿千瓦时。德州电业局管辖的35千伏及以上输电线路共17条，1844千米；变电站共19座，容量

72.41 万千伏安。各县共有农用 35 千伏变电站 56 座，容量 72.41 万千伏安，35 千伏线路 1014 千米。

“七五”（1986—1990）时期，德州共建成 220 千伏输电线路 1 条，110 千伏输电线路 2 条，35 千伏输电线路 6 条；建成 110 千伏西郊变电站变电站。为缓解电力紧张局面，相继建成德州热电厂 IV 期、禹城电厂 II、III 期、平原热电厂 I 期工程。到 1990 年，德州电业局辖有 35 千伏及以上线路 24 条，变电站 20 座。

1991 年后，随着德州地区（市）经济的持续高速增长，德州电网向大容量、高参数、密集型方向发展。1991 年 7 月、11 月，华能德州电厂一期两台 300 兆瓦机组相继投运，至 1994 年，共投运 4 台机组。为与华能德州电厂配套，投资建设了 220 千伏赵庄输变电工程与 220 千伏平原输变电工程，架设输电线路 61 千米，安装主变压器 4 台，容量 48 万千伏安。新建 110 千伏出线 8 条，总长度 214.5 千米。

2000 年后，为提高供电能力和供电质量，华能德州电力向扩大容量、完善网架、优化结构方向发展。2000—2010 年，先后建成 500 千伏德州站、220 千伏禹城糖城站等 1 项 500 千伏、7 项 220 千伏工程，并对 110 千伏及以下输变电设施进行升级改造，电网架构得到进一步完善。2011 年 2 月，山东省内首条西电东输线路 ±660 千伏银东直流线路工程双极投运，缓解了省内电力缺口。

2011 年年底，德州电网发电装机总容量为 321.3 万千瓦，拥有 500 千伏变电站 2 座，主变容量 300 万千伏安，220 千伏变电站 21 座，主变容量 590 万千伏安，110 千伏变电站 59 座，主变容量 433 万千伏安，35 千伏变电站 290 座，主变容量 340 万千伏安。35 千伏及以上输电线路 563 条，线路总长度 4785.2 千米。是年，全市全社会用电量 174.2 亿千瓦时，比上年增长 16.43%，用电最高负荷为 273.1 万千瓦，比上年增长 23.5%。

华能德州电厂

第一节 发 电

1986年,德州地区境内有山东省电业局属发电厂2个,即德州发电厂(现德州热电厂)、禹城发电厂,装机容量2.85万千瓦。是年,发电量1.69亿千瓦时。

1987年,停运的平原发电厂复建,1987年12月正式投产发电。1989年,德州最大的华能德州电厂(华鲁电厂)一期工程开工兴建,1991年一期两台30万千瓦机组投产发电,1993年二期两台30万千瓦机组投产发电。

20世纪90年代后,随着经济持续高速增长和城市集中供暖需求,地方电厂发展逐渐进入迅猛发展期。1991—2011年,全市地方火电厂和企业自备电厂有10余家。截至2011年年底,全市共有发电企业23家(不含太阳能),总装机容量183.8万千瓦。其中,省统调电厂3家,装机容量277万千瓦;地方公用电厂14家,装机容量33.25万千瓦;企业自备电厂9家,装机容量12.6万千瓦。2011年,全市电厂共完成发电量158亿千瓦时,完成供热量3960吉焦。

2011年德州市发电企业生产情况一览表

表12-12

名称	锅炉(台)	容量(吨/小时)	发电机(台)	容量(万千瓦)	2011年完成发电量(亿千瓦时)
华能德州电厂	6	1025×4	6	270	145
德州热电厂	6	300	5	16.2	3.65
德州华鲁恒升自备电厂	2	70	2	0.6	0
德州凯元热电公司	3	225	2	3.6	0.42
德州北郊热电公司	2	150	1	1.5	0
禹城新园热电公司	4	300	3	4.5	0.86
平原热电厂	4	220	2	1.1	0.03
平原德齐龙热电公司	2	150	1	1.2	1.04
平原沪平永发自备电厂	1	75	1	0.6	0
平原照东方自备电厂	1	75	1	0.6	0.11
临邑恒利热电公司	3	225	2	3.3	0.20
陵县圣源热电公司	2	180	1	1.5	0.21
乐陵乐源热电公司	2	150	1	1.2	0.16
夏津热电公司	3	240	2	3	0.86
齐河力源热电公司	2	180	1	2.4	0.48
晨鸣齐河板纸厂自备电厂	3	225	3	3.6	0.80

续表 12－12

名称	锅炉（台）	容量（吨/小时）	发电机（台）	容量（万千瓦）	2011 年完成发电量（亿千瓦时）
禹城热电厂	7	365	5	3.3	0.74
乐陵华乐自备电厂	2	150	1	0.3	0
德州南郊热电公司	2	150	1	3	1.64
陵县谷神电厂	—	—	1	2.4	0.88
宁津热电厂	2	150	1	1.5	0.17
中联大坝	2	16	1	0.9	0.58
禹王实业	2	70	1	0.6	0.17
中节能太阳能发电	—	—	—	1	0.13

注：(1)德州热电厂分为省统调与地方公用两部分，其中省统调机组容量为 12 万千瓦，地方公用机组容量为 4.2 万千瓦。(2)中节能太阳能发电为德州第一家太阳能发电企业，采用太阳能光伏板发电，2011 年 9 月投运，发电容量为 1 万千瓦，2011 年完成发电量 1265 万千瓦时

第二节 电 网

德州电网位于山东电网西北部，担负着德州地区、河北省南部部分区域的供电任务。1986 年后，山东电网向大容量、高参数、密集型方向发展。为适应这一要求，德州电网在 1986—2011 年，重点建设 220 千伏及以上输变电工程，先后新建和改建临邑、赵庄、平原、苗庄等 19 个 220 千伏变电站，新建和改建 50 条 220 千伏输电线路。2006 年，500 千伏华德线建成；2009 年，500 千伏德韶线及途径德州的聊韶 I、II 线建成；2010 年 500 千伏陵滨、华陵线建成。期间，还新建和改建一批 110 千伏输变电工程，新增 110 千伏输电线路 815.8 千米，110 千伏主变容量 314 万千伏安；对原电网框架进行优化升级改造，使德州电网布局、结构更为合理科学。

至 2011 年年末，110 千伏系统已形成辐射性线路供电方式，220 千伏系统形成环网，站间联系更加紧密，成为德州电网的骨干网架。500 千伏输变电工程的投运，有力缓解了德州电网供电压力。

第三节 输 电

1985 年年底，德州电业局所属 35 千伏以上输电线路 1863 千米。

1986 年，建成 110 千伏乐(陵)庆(云)线，长 20 千米，35 千伏输电线路 2 条，长 25.4 千米。1987 年建成 35 千伏输电线路 2 条，长 6.3 千米。1988 年建成 110 千伏平(原)恩(城)线，长 18.8 千米，建成 35 千伏输电线路 2 条，长 9.4 千米。1990 年，德州华能电厂一期工程实施后，为保障 220 千伏临邑站用电，在 220 千伏黄(台)II 临(邑)线的基础上又新建 220 千伏华临线，线路全长 74.39 千米，全部位于德州市境内，为全市第二条 220 千伏线路。是年，城区东郊站至西郊站的 110 千伏联络线建成投运，全长 22 千米，新建 35 千伏输电线路 1 条，长

2.9千米。

1990年后,德州电网重点发展110千伏、220千伏输电线路,而35千伏输电线路主要发展于郊区和农村乡镇。

1991年,配合220千伏赵庄站建设,新建220千伏1#、2#华(德厂)赵(庄)线,总长2×9.88千米,工程于1990年5月动工,1991年1月1日投产送电。两条跨境德州的220千伏华(德厂)郭(集)线、华(德厂)周(村)线也于同年建成投运,德州境内总长194千米。是年,赵庄站两回110千伏配出线路1#赵(庄)东(郊)线、2#赵(庄)西(郊)线建成投运,分别长10.8千米、12.06千米,代替原东郊站至西郊站的110千伏联络线,为110千伏东郊站、西郊站供电,建成35千伏输电线路4条,长30.7千米。1992年,赵庄站另外两回110千伏配出线路2#赵(庄)东(郊)线、1#赵(庄)西(郊)线建成投运,分别长34千米、12.1千米,建成35千伏输电线路4条,长51千米。1993年德州第一条500千伏华(德厂)济(南)线投运,从华能德州发电厂500千伏升压站出线,至500千伏济南变电站全长133千米,德州境内总长89千米。此线路是全省500千伏骨干电网的主要线路,担负着华能德州电厂600兆瓦负荷的送出任务。1994年华(德厂)平(原)线建成投运。

1995年开始,随着工农业和社会用电量的不断扩大,德州电网进入巩固、完善、提高、发展阶段。1995—2000年,220千伏赵苗线、津乐线、华苗线相继建成投运;110千伏苗东线、赵东线、宁张线等多条线路建成投运,中低压线路快速发展。

2000年后,德州电网进入快速发展时期,500千伏华德线、德韶线、陵滨线、华陵线,220千伏乐庆线、德平线、天苗线等线路相继建成投运,德州电网形成以500千伏为支撑、220千伏为骨干、110千伏及以下配网合理布局的供电网络,各级电网实现协调发展,电网供电能力和电能质量提高。2010年,国家西电东送的标志性工程之一±660千伏银东直流线路工程建成投运,次年2月实现双极投运,线路西起宁夏宁武坑口电站,东至山东胶州,全长1333千米,其中跨越德州5县(市、区),总长度100千米。2011年10月,世界首次±600千伏电压等级线路带电作业在平原县王庙镇娄庄村完成。

截至2011年年底,全市公用电网(不含地方电力、不含用户)拥有220千伏线路50条,总长1230千米,110千伏线路75条,总长8148千米,35千伏线路227条,总长1830千米,10千伏线路822条,总长13065千米。

第四节　变　电

1985年年底,德州电业局共有35千伏变电站5座,主变总容量32.06万千伏安;110千伏变电站13座,主变总容量31.35万千伏安;220千伏变电站1座,主变总容量9万千伏安。1986后,根据电网建设和发展要求,城区范围内开始重点建设大容量的变电站,而35千伏变电站尤其是农用35千伏站建设相对减少,同时,部分农用35千伏变电站被撤销。

1990年,为解决城区西郊工农业生产发展迅速,相应供电能力不足,华能德州电厂缺少施工电源等问题,投资建设110千伏西郊变电站,安装变压器2台,主变容量5万千伏安。为解决德州地区电网供电电源少,供电能力不足的问题,1990年组织建设220千伏赵庄变电站,只用7个月,一期工程即全部竣工,1991年1月1日1台主变投产运行,容量为12万千伏安,1991年7月二期工程竣工投产,增加一台容量为12万千伏安的主变。1991年6月,220千伏临邑变电站扩建工程建成投产,新增一台12万千伏安主变。为与华鲁电厂配套,1994年

开工建设220千伏平原变电站，安装1台12万千伏安主变，1996年开工建设220千伏宁津变电站，安装1台9万千伏安主变。1990—1999年，德州市相继建成完成110千伏北郊变电站、110千伏东郊站主变增容改造、35千伏赵宅变电站、35千伏赵宅变电站等一系列110、35千伏工程，供电能力得到改善。

2000年开始，德州电网进入快速发展时期。同年10月，德州市第一个地下城市变电站110千伏市中变电站建成投产，新上两台5万千伏安全密封、免维护的双圈有载调压变压器，首次采用110千伏GIS组合电器，市中站的投运减轻了北郊、东郊、西郊三个城区站的供电压力，进一步提高供电可靠性和电压质量。2006年，德州市第一座500千伏变电站500千伏德州站建成投运，新增变电容量150万千伏安，2010年投资4.2亿元的500千伏陵县站建成投运，新增变电容量150万千伏安，德州北部电网实现新跨越，供电安全全局面大大改善，至此德州电网拥有华德电厂和500千伏陵县站、德州站3个电源点。

截至2011年年底，全市电网（国家电网公司属资产）拥有220千伏变电站19座，变电容量570万千伏安；110千伏变电站41座，变电容量315.25万千伏安；35千伏变电站135座，变电容量195.98万千伏安。

2011年德州市110千伏变电站情况表

表12－13

名称	电压等级（千伏）	容量（万千伏安）	名称	电压等级（千伏）	容量（万千伏安）
通裕站	220	36	瑞丰站	110	5
庆云站	220	18	石屯站	110	10
乐陵变	220	33	市中站	110	10
临邑站	220	24	辛庄站	110	10
龙门站	220	18	永兴站	110	5
苗庄变	220	30	中化站	110	12.6
宁津站	220	33	萱蕙站	110	10
平原站	220	27	郭家站	110	10
苏庄站	220	18	颜官站	110	4
糖城站	220	36	城北站	110	4
天衢站	220	36	张宅站	110	12
瓦宋站	220	36	恩城站	110	6.30
武城站	220	18	平原开发区站	110	6.30
香坊站	220	36	焦庙变	110	6.30
邢侗站	220	36	力源变	110	9.60

续表 12－13

名称	电压等级（千伏）	容量（万千伏安）	名称	电压等级（千伏）	容量（万千伏安）
银城变	220	33	郭楼站	110	10.00
禹城变	220	33	李营站	110	6.30
赵庄站	220	36	小都站	110	9.45
晏城变	220	33	白庄站	110	5.15
北郊站	110	10	后庄站	110	6.30
池口站	110	6.30	新城站	110	6.30
德州东郊站	110	10	运河站	110	4.00
德州西郊站	110	10	北铺店站	110	3.00
东方站	110	8.15	霍庄站	110	7.00
官道站	110	6.30	开发区站	110	4.00
康博站	110	5	三坊站	110	5.15
刘集站	110	8.15	宋楼站	110	5.15
刘江站	110	10	栾庄站	110	6.30
洛北站	110	10	富华站	110	9.45
齐河站	110	10	梁家站	110	6.30

第五节　用　电

一、用电水平与结构

1986年，全区（市）总供电量11.79亿千瓦时。此后，随着经济的快速发展和人民生活水平的逐步提高，用电量迅速增长。1987年，德州电网最高供电负荷23万千瓦，比上年增长23%；售电量13.18亿千瓦时，比上年增长12%。1988年，德州电网最高供电负荷27万千瓦，比上年增长16%；售电量15.61亿千瓦时，比上年增长18%。1990年，德州电网最高供电负荷35万千瓦，比上年增长24%；售电量18.02亿千瓦时，比上年增长5%。1990年后，开展电力为农业、为农民、为农村经济服务达标活动。1994年4月27日，全市实现村村通电，结束了德州地区无电村的历史，农村用电量持续上升。1996年，全市全年社会用电量为29.51亿千瓦时。1999年，全市社会用电量总计37.54亿千瓦时，比上年增长12.8%。2000年，全市社会用电量总计45.71亿千瓦时，比上年增长21.8%。2011年，全市社会用电总计174.16亿千瓦时，比上年增长16.4%，其中，工业用电127.02亿千瓦时，占全社会用电的72.9%；城乡居民生活用电达22.6亿千瓦时，占全社会用电的12.98%；农业用电3.9亿千瓦时，占全社会用电的2.24%；第三产业用电15.4亿千瓦时，占全社会用电的8.84%。

农业用电　改革开放后，农村经济发展迅速，农业用电不断增多，为保障农业用电，自

1980年开始专设农电发展基金，到1986年，已达到每县有1座110千伏变电站，全市12个县共有农用35千伏变电站56座，基本达到了3个乡镇有1座35千伏变电站。

1986年，全区农业用电为2亿千瓦时，占全区全社会用电量的17.3%。2011年，全市农业用电量为3.9亿千瓦时，比上年增长25%，农业用电量占全市全社会用电量的2.24%，比1986年增加1.9亿千瓦时。

1986—2011年，第一产业用电中各行业用电所占比重变化不大，林、牧、渔、水利的用电占第一产业总用电量的16%左右，农业用电占第一产业总用电量的53%左右，农业排灌用电1986年为0.8亿千瓦时，2011年达到1.5亿千瓦时，总体占比变化不大。

工业用电　德州工业用电占全社会用电的比重较大，位居各项用电的首位。到2011年，用电大户主要有德州华鲁恒升、德棉股份、永锋钢铁、实华化工等。

1986年，全区工业用电为6.79亿千瓦时，占用电量的57%。1987年，全区工业用电为8.18亿千瓦时，占用电量的61%，工业用电持续快速增长。20世纪90年代中期，由于工业企业关停并转，电量增长率增速曾有所放缓，但经过企业改革、改制、组建企业集团等，这些企业大部分又恢复到过去正常的用电水平，电量稳定快速增长。1996年，全市工业用电20.9亿千瓦时，占全社会用电的70.82%，比上年增长11.6%。1999年，全市工业用电27.43亿千瓦时，占全社会用电的73.1%，比上年增长16%。2000年，全市工业用电34.48亿千瓦时，占全社会用电的75%，比上年增长25.7%。2011年，全市工业用电127.02亿千瓦时，占全社会用电的72.9%，比上年增长17.7%。

城乡居民用电　1986年，全区城乡居民生活用电为0.84亿千瓦时，占全社会用电量的7%，其中乡村居民生活用电仅为0.35万千瓦时，占全社会用电量的2.9%；城镇居民生活用电为0.49万千瓦时，占全社会用电量的4.1%。此后，随着城市居民家庭电气化的逐步普及，城市居民用电大幅度上升。1994年，全区实现村村通电后，农户家中从一屋一灯到家用电器逐年增多，全市乡村居民生活用电迅速发展。1996年，全市城乡居民生活用电4.21亿千瓦时，占全社会用电的14.3%，比上年增长5.25%。1999年，全市城乡居民生活用电为5.04亿千瓦时，占全社会用电的13.4%，比上年增长1.81%。2000年，全市城乡居民生活用电5.69亿千瓦时，占全社会用电的12.4%，比上年增长12.9%。2011年，全市城乡居民生活用电达22.6亿千瓦时，占全社会用电的12.98%，比上年增长13.67%；其中乡村居民生活用电13.19亿千瓦时。城乡居民生活用电占全社会用电比重位居各项用电的第二位。

二、用电管理

电费电价管理　1986年，德州地区执行的电费电价收取标准，按1973年水利电力部颁布的的地区电力销售价格目录，电费电价=月标电价+还本付息。1988年1月1日起开始，开始征收省电建基金。征收范围：除居民照明、党政机关、事业单位及农灌电量以外的电量每千瓦时征收2分。1993年1月1日起，三峡基金由原来的每千瓦时0.003元（原在煤运加价中含）提高到0.004元，并在目录电价外单独收取。同年3月1日起，山东省政府规定每千瓦时征收0.015元的用电附加费。1993年，国家计委印发《山东省电网电价表》，统一规范山东省的目录电价。至此，山东省的不同价区并轨到此次目录电价中，形成山东电网统一电价。

1995年3月1日起，经国家批准，在全省规定的范围内推行峰谷分时电价。计价方法为：高峰时段电价，按基础电价上浮50%；低谷时段电价，按基础电价下浮50%；平时段电价，按基础电价执行。1997年，山东省政府发出通知，按国家计委批准的山东省电网销售电价调整标准，再次调整全省电力销售价格，并于1997年9月25日起执行。1998年，山东省政府批准省计委、省物价局、省电力局《关于1998年全省电价调整方案的报告》，全省再一次调整电力销售目录电价以及各地市的综合加价。此电价调整后一直使用。

在国家清理整顿乱收费及减轻企业负担的政策出台后，1999年1月1日起山东省附加费停止收取。至此，在目录电价外的收费只保留综合加价、三峡基金、省电力基金和城市建设附加费。

“三电”管理　1986年后，对网内用户用电仍实行计划管理，按照“保证重点，兼顾一般，择优供应”的原则进行分配，对集资办电企业实行“谁投资，谁用电”的分配原则。同时在全区推广节电活动，1986年督促用户装设无功补偿电容器4842千瓦，完成社会节电1959万千瓦时。1991年，在全区推广三级无功补偿，即集中、分散和就地补偿，并在德州振华玻璃厂召开了现场经验交流会。1987—1989年，全市改造高温电炉约60台，计3000千瓦，其中方向机厂、生建机械厂、探矿机械厂的井式炉、盐熔炉、高频炉节电均在15%以上。1989年对全市低温电路应用乳白石英管改造，主要对烤漆和食品加工用低温电炉进行改造，其中德州市糕点厂的110千瓦食品炉改造后，节电在30%以上，并在1992年的山东省节能成果展览会上进行展览。此外，还在全市范围内推广单相负荷定量器，如1991年3月，德州市染料化工厂在宿舍去采用单相负荷定量器技术，当月电费由上月的4万元下降至1.5万元，切实保证用电安全。

随着企业改革的不断深入和工业结构的调整，到1995年全省电力开始出现供大于求。此时计划用电的政策已不适应，计划用电改为以开拓电力市场为主，同时，为增加网供电量，开始对地方电厂上网电量及企业自备电厂发电实行计划管理，严格控制发电计划。节约用电的主要任务转到贯彻国家节能政策，落实节能措施，减少浪费现象，实现电力资源的合理利用，保证全市经济快速增长。

随着计划经济向市场经济的不断转化，以及山东电力装机容量的增加，电力供需矛盾逐步缓解。1999年，计划用电部门改为客户服务中心市场管理科，用电全面市场化，不再实行计划用电。此后，“三电”管理（计划用电、节约用电、安全用电）的主要任务也发生转变，重点是开拓电力市场，管理电力市场，监督、考核地方电厂及企业自备电厂，控制地方电厂及企业自备电厂的上网电量，按照上级下达的地方电厂及企业自备电厂发电计划进行统计、监督、考核以及电力需求的市场预测。

重点企业简介

华能德州电厂　位于德州市运河商贸经济开发区，1989年8月1日开工建设，建厂始称华鲁发电厂，历经电力体制改革、资产重组后，2000年12月31日更名为华能国际电力股份有限公司德州电厂，隶属华能山东发电有限公司管理。一、二期工程建设安装4台30万千瓦国产亚临界燃煤机组，1991—1994年相继建成投产。三期工程建设安装2台70万千瓦进口燃煤机组，1999年9月28日开工兴建，2002年投产。2005—2008年，对6台机组进行烟气脱硫改造，且全部实现烟气在线监测，各项环保排放指标均优于国家标准。

2011年华能德州电厂总装机容量270万千瓦，是山东电网主力电厂之一。先后获得全国电力行业“安全文明生产达标企业”“一流火力发电厂”“双文明单位”“质量效益型先进企业”等荣誉称号。

北郊热电公司　北郊热电公司成立于2001年12月，由德州供电公司所属的山东中茂实业集团、德州市热力公司、德州德森集团有限公司三方出资建设，建设规模为2×75吨/小时循环流化床锅炉、1×15兆瓦汽轮发电机组。2003年5月，北郊热电公司投产运营，主要担负德州市德城区东北部居民的冬季供暖、周边工业园区工业的供热任务。

北郊热电公司投运后，煤炭价格逐年上涨，居民供热价格与供热成本却严重倒挂，经营困难，由于城区北部无其他供热源，为保证城区居民冬季供暖，公司处于亏损运营状态。2009年，根据德州市人民政府《关于下达小火电机组关停计划的通知》要求，北郊热电列入关停计划，并于2010年3月供暖结束后正式关停。

第九章　新能源与环保设备制造业

德州已经开发利用的新能源产业主要是太阳能，其次是地热能。拥有570万多人口的德州市，太阳能热水器在老城区的普及使用率达到90%，新城区达到100%，形成光热、光伏、光电等较为完备的产业体系。2011年，全市规模以上新能源设备制造企业149家，实现销售收入456亿元，同比增长51%。累计生产推广太阳能热水器2000多万平方米，占全国使用总量的16%，年可节约标准煤36万吨，减排二氧化碳、二氧化硫、粉尘等排放物96万吨。

第一节　太阳能利用设备

20世纪90年代后，德州着力发展以太阳能利用为主的新能源设备制造产业集群，涌现出皇明集团、中立新能源科技有限公司、山东旭光太阳能有限公司、洁阳新能源有限公司、山东奇威特人工环境有限公司等一批知名企业，以及山东禹城汉能光伏有限公司、山东环宇阳光太阳能股份有限公司、山东宁津恒硕太阳能设备有限公司等。

2010年8月，齐鲁客车公司新能源汽车下线

2005年，全市太阳能及相关企业20多家，2011年年底达到120余家。产品主要有太阳能热水器、太阳能空调、太

陵县世纪威能风电设备有限公司生产的兆瓦级风电叶片 （2011年 摄）

阳能复合热泵、太阳能建筑一体化工程、太阳能光热发电、太阳能电池组件等。真空管热水器、高效无机超导传热元件、菲涅尔透境、太阳能定日镜、太阳能自动化设备五项产品产量居全国第一，形成了皇明、亿家能等一批知名品牌。2011年，德州市太阳能热水器，年产销量2000多万平方米，占全国使用量的16%。

一、光热利用设备

有皇明、亿家能、中立、奇威特和红日等规模较大的太阳能光热利用企业30家，小企业有20家，2010年产值达100亿元，实现利税15亿元。主要产品涉及管状和平板型太阳能热水器，太阳能空调机组和太阳能高温光热发电等，形成较为完整的太阳能光热工业利用体系，其中以皇明集团为依托打造的"中国太阳谷"成全球最大的太阳能光热研发检测、制造物流及光伏终端研发生产基地。德州是当今世界上最大的太阳能热水器制造基地，每年向社会提供的太阳能热水器产品超过300万平方米，相当于节约54万吨标煤、减排134.6万吨二氧化碳。奇威特人工环境有限公司成功研发的太阳能中央空调系统、太阳能锅炉系统等尖端新能源产品，拓宽了对太阳能的应用范围。

二、光伏设备

有中节能、汉能、皇明、旭光、奥德、洁阳、国联电器等光伏企业10余家，主要从事光伏产业终端产品的研发、生产与销售，主要为光伏产业链下游产品的生产及应用，包括电池片组装、太阳能路灯和风光互补产品等，2011年产值达50亿元，实现利税5亿元。同时，大力推广离网并网式光伏电站和太阳能建筑一体化等示范项目的建设。

三、LED光电照明设备

有旭光新能源、德能量子和隆昌灯饰等光电照明企业6家，2010年产值达30亿元，实现利税2亿元。主要生产LED节能照明设备。

第二节 地热利用和风电设备

一、地热利用设备

从20世纪90年代，开始在宾馆、新建居民生活区打深井提取地下热水。较早开发利用地下热水的是美丽华大酒店，主要用于供热取暖。此后，地下热水利用逐步在新建的居民生活区普及。

随着地下热水资源的开发，以生产地源热能泵为主的生产企业逐步发展起来。截至2011年末，德州拥有地热应用企业19家，形成以中大贝莱特、亚太、奇威特、格瑞德等为龙头的产业集群，2011实现销售收入71亿元，地源热泵空调机组国内市场占有率突破10%，稳居行业前3位，全省第1位。建有省级技术中心、省内唯一的中央空调工程技术研究中心，拥有国家专利180多项，重大科研成果20多项。

二、风电装备

2011年，全市有以通裕集团为龙头的风电零部件生产企业10余家，产品涵盖了整个产业链条中除风电发电主机以外的所有部件，生产产品达14种。

通裕重工集团生产车间 (2011年 摄)

重点企业简介

通裕集团 位于禹城市高新技术开发区，成立于1990年，主要产品为：DN100～DN1600球墨铸铁管管模，年生产能力4000吨；1～5级各种碳钢、合金钢、不锈钢锻件，最大锻件25吨，年生产能力2万吨；各种型号的球墨铸铁及灰铸铁件；专利产品电梯导轨刨床年生产能力15台套。通裕重工股份有限公司于2011年3月8日在深圳证券交易所创业板上市（股票代码：300185），“通裕”商标被认定为中国驰名商标。旗下拥有通裕新能源机械铸造有限公司、通裕再生资源有限公司等10余家子公司。通裕集团自主研发的兆瓦级风力发电机主轴填补国内空白，达到国际先进水平，年产能达到4000支，成为国内最大的风电主轴生产企业；株丕特公司与德国恩德公司合作，机舱罩、导流罩产品全部出口欧美，占全球市场份额的40%。通裕集团被认定为山东省高新技术企业、国家级重点高新技术企业、中国工业行业排头兵企业、中国机械工业优秀企业、中国专利山东明星企业。

宁津华亚工业有限公司 创建于1996年，是集开发、生产、销售为一体的小型风力发电机成套设备和风电控制系统、风光互补控制系统的生产企业，公司先后通过了ISO 9001质量体系认证，欧盟CE认证。具备年产1万台200～2000瓦小型风力发电机的能力，产品全部出口。

2011年德州市新能源设备产业主要生产企业一览表

表12－14

企业名称	主打产品	生产能力	备注
皇明太阳能股份有限公司	热水器、发电、太阳能空调	年产太阳能热水器100万台	参加国家“863”项目、国家科技攻关计划、“火炬计划”等22项

续表 12－14

企业名称	主打产品	生产能力	备注
中立新能源科技有限公司	平板壁挂式太阳能热水器	拥有世界首条年产 30 万台 RPTX 平板型阳台壁挂式太阳能热水器自动化生产线	8 项专利、3 项保密配方
山东旭光太阳能有限公司	太阳能 LED 灯	LED 交直流两用太阳能路灯、LED 庭院灯、LED 草坪灯、LED 景观灯、家庭电站、室内照明产品研发生产	中国社科院、山东大学科研研基地
洁阳新能源有限公司	太阳能灯、光伏产品	太阳能灯、太阳能光伏系统、太阳能电池组件、风能和沼气发电设备研发	产品销美国、德国、澳大利亚、乌克兰、西班牙等国
山东奇威特人工环境有限公司	中央空调系列产品	在意大利米兰和德州设有全球研发中心。国际销售网络覆盖南美、中东、欧洲、独联体、南亚、北非等地区的 40 多个国家	意大利空调企业 ICO 合资成立。拥有专利 10 项
贝莱特空调有限公司	中央空调系列产品	直联变频 BRV 家庭中央空调、变频水家庭中央空调、蓄能家庭中央空调、地源热泵机组等	全国中央空调行业第一家通过 CCC 认证
德州亚太集团有限公司	中央空调、地热泵等	消防排烟风机、闭式冷却塔、制冷机组（风冷模块、地源热泵、螺杆机组、净化机组）、净化产品等	
山东格瑞德集团	中央空调系列产品	总资产 9.25 亿元，年产值逾 20 亿元，中央空调城（德州）支柱企业	“格瑞德”被认定为中国驰名商标
山东瑞冬空调有限公司	中央空调系列	空调主机系列、空调器系列、风机系列、冷却塔、压力容器产品、空调辅机、空调配件等	

重点企业简介

皇明太阳能集团股份有限公司　前身是成立于 1995 年 6 月的皇明太阳能有限公司，是集太阳能光电、光热、太阳能真空集热管、太阳能建筑、温屏节能玻璃等产品研发检测、制造、营销推广于一体的太阳能产业集群，大型民营股份制企业集团。主要产品包括全玻璃真空集热管、太阳能锅炉、太阳能与建筑结合、太阳能高温热发电、太阳能光伏发电、太阳能光电照明、温屏节能玻璃、太阳能空调等。建有“国家太阳能热利用工程技术研究中心”。2006年，开发建设的占地200亩的蔚来城，全部采用太阳能供暖、制冷，被建设部、财政部列入全国第一批可再生能源示范工程。

2001年“皇明”太阳能热水器获得全国同行业唯一的中国驰名商标。2004年12月，皇明集团入选山东省民营企业百强。

2008年7月，皇明集团园区“皇明太阳谷”被中国可再生能源学会、中国资源综合利用协会可再生能源专业委员会等联合命名为“中国太阳谷”。成为全球最大的太阳能光热研发检测、制造物流及光伏终端研发生产基地和科普教育、观光旅游、国际会议中心。太阳谷标志性建筑——日月潭微排大厦是中国太阳城的象征。

2010年第四届世界太阳城大会在皇明股份总部所在地中国太阳谷成功举办。2011年，“中国太阳谷”成为全国、全省工业旅游示范点，为国家AAAA级旅游景区。

第三节　环保设备

环保设备制造主要生产以污泥处理压滤机为主导产品及部件。2011年，全市有以污泥处理压滤机为主导产品的企业20余家，配套企业10余家，拥有一家山东省压滤机工程技术研究中心，两家山东省企业技术中心。生产厂家主要有山东景津环保股份有限公司、中大压滤机有限公司等。

重点企业简介

山东景津压滤机集团股份有限公司　1988年进入压滤机行业。主营污水处理设备、节能设备、过滤设备、压缩、分离设备及分离设备密封件等。“景津”被认定为中国驰名商标。景津压滤机在国内市场占有率已高达46%。作为中国分离机械行业领跑者，成为全球压滤机行业规格最全、产量最大、品质最优的压滤机生产商、销售商和服务商。拥有自主知识产权的产品，产品远销美国、德国、津巴布韦等142个国家和中国台湾地区。

景津企业技术中心先后被认定为山东省压滤机工程技术研究中心和山东省企业技术中心。2004年，景津牌聚丙烯高压隔膜滤板在国内市场占有率达80%。2008年，景津成功研发出节能高效快速压滤机，引领世界压滤机行业的发展。2009年实现国内销售收入增幅达36%，在国际金融危机的影响下，出口创汇依然增长12%，连续6年全球产销量第一。

中大贝莱特压滤机有限公司　成立于2004年，是致力于压滤机、中央空调系列产品研发、制造、销售和服务于一体的现代化高科技企业，中国北方最大压滤机、中央空调研发和制造基地之一。拥有各类尖端设备1500多台（套），建有国内现代化水平最高的滤板加工中

景津压力机集团生产车间　（2011年　摄）

心，年产压滤机1万多台(套)。开发研制出适合市场需要的手动式、机械式、液压式、程控自动隔膜式、快开/拉隔膜式、高悬梁式、自动冲洗式、自动滤板振打式8大系列、近200多个型号的压滤机产品，上千个品种的压滤机型号。广泛应用于轻纺、石油、化工、冶金、煤炭、制药、食品、淀粉、环保、污水处理等固液分离领域。生产新型双瓮化粪池、三格化粪池、塑料检查井及配套系列产品，为农村旱厕改造、雨水综合利用、埋地排水排污、建筑排水等提供系统化解决方案，助力国家民生工程建设，改善全民居住环境。企业曾被评为中国大企业竞争力500强、中国机械500强。拥有山东省认定企业技术中心。

专记 “中国太阳城”建设

德州，以太阳能利用早和产业集群多而领先全国，成为闻名遐迩的“中国太阳城”。

20世纪90年代初，以皇明公司为代表的太阳能光热产业开始起步。德州太阳能产业人抱着“为了子孙的蓝天白云”美好愿景，开始宣传、推介和普及太阳能利用活动。使德州成为国内太阳能热水器规模化生产利用较早的城市。“皇明”太阳能热水器获得全国同行业唯一的中国驰名商标。皇明集团董事长黄鸣，是中国太阳能行业唯一的全国人大代表，是《中华人民共和国可再生能源法》的主要提案人。

2005年3月，依托太阳能热利用良好的产业基础，德州市委、市政府正式提出德州城市名片为“中国太阳城”，以做大做强太阳能产业为突破口，全方位实施“中国太阳城”发展战略。9月，国家有关专业委员会联合命名德州为“中国太阳城”。12月，成立实施“中国太阳城”战略推进委员会，随即出台一系列政策措施扎实推进。

2008年7月，皇明集团园区“皇明太阳谷”被中国可再生能源学会、中国资源综合利用协会可再生能源专业委员会等联合命名为“中国太阳谷”。太阳谷标志性建筑——日月潭微排大厦2010年入选十大齐鲁文化新地标。

2009年12月，德州市被财政部、住房和城乡建设部批准为首批国家级可再生能源建筑应用示范城市。德州经济开发区被列入国家首批光伏发电集中应用示范区。

2010年9月，德州市成功举办第四届世界太阳城大会。

实施“中国太阳城”战略，强力推进太阳能等可再生能源的规模化利用，改善了城市环境，塑造了城市品牌、改善了居民生活条件、提升了城市形象和区域竞争力。2011年，德州成为国家能源局批准的首批第一个新能源示范城。同年，太阳能利用项目获得住房和城乡建设部

"中国人居环境范例奖"。

一、实施"中国太阳城"战略，全面推广太阳能应用

2005年12月，市委、市政府下发《关于加快实施"中国太阳城"战略的意见》，就实施"中国太阳城"战略的指导思想、基本原则、发展目标及工作重点，提出具体意见。按照市委、市政府的统一部署，市建委下发《关于在建筑工程中全面推广应用太阳能热水器的通知》。2006年，配合德州市、山东省建设厅编制中国第一部建筑与太阳能一体化标准图集。2008年，市政府出台《关于加快太阳能推广应用工作的通知》，明确要求在建筑工程中全面推行太阳能热水器一体化设计和施工，将住宅小区建筑工程应用太阳能技术作为建设审批程序和施工图审查的必备条件。规定城市规划区内所有新建、扩建和改建的居住建筑，都要按照国家、省有关技术规范、标准图集，进行太阳能与建筑一体化设计和施工。对没有按照太阳能与建筑一体化要求设计和施工的项目，不发施工许可证，对在施工中擅自变更的或没有按照太阳能建筑一体化要求施工的，不办理竣工验收，不予办理备案手续，工程不得参与各种评奖活动。对达到一定标准的太阳能建筑一体化建筑，给予适当减免城市配套的优惠。2009年，市政府委托中国建筑科学研究院制订《德州市可再生能源建筑应用专项规划》。为鼓励分散居住居民和农村群众安装使用太阳能热水器，德州市经济开发区和部分县(市)规定，农民购买太阳能热水器，可以享受到800元的地方财政补贴。

启动实施"百万屋顶"工程。德州市在建筑工程中全面推行太阳能热水器一体化设计和施工，一直处于全国领先位置。2010年度，全市新建建筑太阳能建筑一体化应用面积达到197.72万平方米，其中，中心城区为119.61万平方米，县(市、区)达到78.11万平方米。2011年，全市城镇以上规划区内太阳能与建筑一体化率达到50%，其中，中心城区达到95%，太阳能集热器面积超过70万平方米，光电应用总功率接近50兆瓦。全市太阳能光热建筑应用面积1700万平方米，地源热泵系统建筑应用100万平方米。2011年8月，临邑县成功入围2011年度国家可再生能源建筑应用示范县，并获中央财政补助资金1800万元。

大力实施"千村浴室"工程。在新农村建设和合村并居中建设太阳能热利用村，采取政府补贴、企业让利、运营者自筹的三结合模式，在全市200多个村庄建起太阳能浴室，被媒体赞誉为农村太阳能应用的"德州模式"。宁津县全面推广太阳能光热一体化技术，成为住宅产业新元素。2011年度，宁津县新建太阳能建筑一体化应用面积达到24.5万平方米，位列全市前列。该县御华庭住宅小区是全市第一个采用区块式太阳能设备的建筑工程，实现小区集

太阳能真空玻璃管　(2010年　摄)

太阳能集热系统 (2011年 摄)

中集热、供水和直接换热，满足小区住户的24小时热水需求。

推进太阳能光电照明工程。2008年，德州市实施以“5555”为代表的太阳能光电应用工程(即在50个城市主要交通路口、5条城市主干道、5个城市景区、5个城市住宅小区全面推广应用太阳能光伏照明系统)。截至2011年年末，市区80个路口安装使用了太阳能信号灯，50条城市道路、15个重点景区及部分住宅小区全部安装使用太阳能路灯、景观灯，全市安装各类太阳能灯近1.2万余盏，安装太阳能路灯的应用里程达150千米，其中主干道达110千米，光源总功率726千瓦，光伏电池总功率近2兆瓦，每年节电约238万千瓦时。相当于节约标准煤952吨，减排 $CO_2$2373吨、$SO_2$71吨。通过实施太阳能光电示范工程，打造了“白天太阳城、夜晚不夜城”的特色景观，在第四届世界太阳大会期间，受到国内外与会嘉宾的一致好评。

实施太阳能光伏建筑一体化工程。德州市的光伏电站建设领先全国，金紫荆住宅小区33千瓦的光伏发电系统，德州市博物馆、市政务服务中心256千瓦太阳能光伏发电系统已经安装运行。皇明集团微排大厦、皇明工程技术学院2兆瓦光电应用列入国家光伏与建筑一体化示范工程，获得国家补助资金3200万元。2010年12月，德州市经济开发区被列入国家首批光伏发电集中应用示范区，总装机容量达到50兆瓦，其中一期计划实施16兆瓦。新湖家园住宅小区200千瓦光伏发电系统列入国家示范项目，获得国家补助资金165万元。

太阳能建筑样板房 (2011年 摄)

二、多措并举，促进产业协调发展

2005 年后，德州市采取政策拉动、服务促动、龙头带动和外引内联等综合措施，着力打造以太阳能为主的新能源产业集群，培植皇明、亿家能、国强、中立、旭光等一批知名企业。到 2010 年，德州全市太阳能企业达到 120 多家，全市新能源产值达 300 亿元，其中太阳能产业产值将突破 180 亿元，太阳能光热产值达 100 亿元，光伏产业产值 80 亿元。以皇明集团为代表的太阳能设备重点生产企业发展迅速，2010 年太阳能热水器达到 120 多万台（套），累计生产推广太阳能热水器 2600 万平方米，占全国 16% 的份额。太阳能光伏产业得到较快发展并具备一定规模，皇明、腾龙、旭光、洁阳、德能量子、隆昌等光伏企业不断壮大。德州成为世界上最大的太阳能热水器制造基地，每年向社会提供的太阳能热水器产品超过 300 万平方米。

以皇明集团为依托打造的“中国太阳谷”成全球最大的太阳能光热研发检测、制造物流及光伏终端研发生产基地。总投资 50 亿元，占地 200 公顷，被誉为全球首个“未来方舟”模板，将逐步发展成为世界级可再生能源研发制造、物流配送、科普教育、观光旅游、国际会议“五大中心”。太阳谷标志性建筑——日月潭微排大厦综合运用多种世界先进建筑节能技术，成为绿色、低碳建筑典范、中国太阳城的象征。皇明集团自主研发出亚洲最大的 2.5 兆瓦线性菲涅尔式太阳能高温热发电站。中立集团成功研制的太阳能光热与空气源相结合的热泵空调系统技术，在有关项目上得到广泛应用。国强集团发明的无机高效热管，被科技部列入国家火炬计划项目。中立集团生产的平板壁挂阳台分体式太阳能热水器，通过国家级权威鉴定，达到国际先进水平。山东奇威特人工环境有限公司正式推出首台直驱式太阳能空调。中国节能环保集团在德州市投资兴建 20 兆瓦太阳能光伏电站，一期 10 兆瓦已并网发电。截至 2011 年，德州市拥有太阳能产品专利 600 多项，承担了国家 863 项目、国家科技攻关计划、国家火炬计划等太阳能科研课题 20 多项，科技实力和自主创新水平不断提高。

三、推进国家可再生能源示范城市建设

2005 年 2 月 28 日，由德州皇明集团董事长、全国人大代表黄鸣为主提案人的《中华人民共和国可再生能源法》（以下简称《可再生资源法》），在第十届全国人大常委会第十四次会议上通过，并于 2006 年 1 月 1 日正式实施。《可再生资源法》在德州得到认真贯彻执行，推动全市以太阳能为主的可再生能源利用及相关产业发展。2009 年年底，德州市被财政部、住房城乡建设部评为国家第一批可再生能源建筑

应用示范城市，获得无偿资金 6000 万元。2010 年 7 月，市政府下发《关于做好可再生能源建筑应用城市示范工作的通知》，成立可再生能源建筑应用城市示范项目领导小组，有关部门出台示范项目管理、评审和资金管理办法，对有关事项做严格规定，确保示范工作扎实推进。

德州市可再生能源建筑应用示范项目种类较多，类型全面，主要分为太阳能光热项目、太阳能空调项目和太阳能与地源热泵相结合的项目。德州市中心城区列入示范的可再生能源建筑应用项目 43 个，总建筑面积 371.02 万平方米，折合应用面积 257.91 万平方米。已竣工项目 38 个，建筑面积 309.11 万平方米，折合应用

面积224.21万平方米；主体已完成、正在安装可再生能源建筑系统的项目有5个，建筑面积61.91万平方米。太阳能光热系统建筑应用示范面积380.3万平方米，已竣工项目的建筑面积占总项目建筑面积的83.31%。2011年，临邑县入选国家可再生能源建筑应用示范县，皇明集团微排大厦、皇明工程技术学院等光电应用项目列入国家光伏示范工程。

四、成功举办第四届世界太阳城大会

世界太阳城大会每两年举办一次，是由世界太阳城协会发起，作为倡导可再生能源的国际会议，国内外关注度越来越高。第一届至第三届分别在韩国大邱、英国牛津、澳大利亚阿德莱德成功举办，第四次会议是继哥本哈根世界气候大会之后，探讨全球气候变暖应对措施的又一次国际高端会议。

2006年，德州获得2010年第四届世界太阳城大会的承办权。2008年2月16—24日，市委副书记、市长吴翠云率代表团赴澳大利亚阿德莱德市参加2008年第三届世界太阳城大会，接过世界太阳城协会会旗，宣布德州市正式承办2010年第四届世界太阳城大会。自此，全市抽调人员组建会议筹备工作机构，从设施建设、环境美化到宣传、推介等进行紧张有序的准备工作。

2008年6月和2010年1月、4月，世界太阳城协会主席克瑞斯·在德维德、秘书长车尔·布斯托3次到德州考察2010年第四届世界太阳城大会筹备情况及太阳能推广应用工作。

2010年9月16日，第四届世界太阳城大会在德州中国太阳谷隆重举行。此次大会由世界太阳城协会、中国科技部、工业和信息化部、财政部、商务部、国家能源局、国家外国专家局、国家旅游局和山东省人民政府共同主办。来自美、日、英、德、加、俄等50多个国家和地区的近2981名专家、官员和企业家汇聚于此，共商新能源发展大计。全国人大常委会副委员长华建敏，全国政协副主席、科技部部长万钢，中共山东省委副书记、省长姜大明，爱尔兰前总理伯蒂·埃亨，韩国前总理李海瓒，世界太阳城协会主席克瑞斯·在德维德，人力资源和社会保障部副部长兼国家外国专家局局长季允石，中国人民对外友好协会会长陈昊苏，住房和城乡建设部副部长仇保兴，省人大常委会常务副主任高新亭，副省长李兆前，中共德州市委书记雷建国，市长吴翠云等出席开幕式。

第四届世界太阳城大会的主题是“太阳能改变生活”。此次大会安排开闭幕式、文艺演出、全体会议、分论坛、经贸展览、项目签约、财政部和住房城乡建设部联合为德州市获“国家可再生能

2009年11月，国际太阳能技术科学院落户中国太阳谷暨皇明太阳能3G技术全球发布会举行。

源建筑应用示范城市”授牌等25项主要活动。发布会徽“太阳组合”和吉祥物“阳阳”。

大会规格之高、规模之大，创历届世界太阳城大会之最。

大会期间，来自50个国家和地区的政府官员、企业家、专家学者及传媒界人士，就太阳城发展、可再生能源开发利用及互利合作等问题进行深入研讨。市长论坛、海峡两岸太阳能交流合作论坛、太阳城规划建设与绿色建筑论坛、太阳城低碳运输与新能源汽车论坛、可再生能源技术论坛、新能源投资和贸易及国际合作论坛、低碳时代·新能源产业发展论坛、传媒与新能源社会发展论坛、中华文明与太阳文化论坛9个论坛，让与会嘉宾和代表交流分享可持续发展城市的经验，深入研讨太阳城建设、可持续发展的未来。

大会期间安排山东省第三届节能减排新技术新产品展洽会和德州市工业战略产业展等8个主题展览，共有1000多家企业参展，展位达3000多个，布展面积近10万平方米。这些展览集中展示山东省“十一五”以后节能减排工作取得的主要成就、198项重大新技术新产品和德州市各项事业发展成果特别是八大工业战略产业发展成就，涵盖新能源和可再生能源、太阳能建筑一体化、绿色照明、合同能源管理等领域，对于发展低碳技术、推进节能减排具有积极的促进作用。

9月18日，历时3天的第四届世界太阳城大会圆满完成各项议程落下帷幕。德州市市长吴翠云主持闭幕式，国际太阳城秘书长车尔·布斯托在闭幕式上宣读《德州宣言》，号召全球城市之间建立交流合作机制，共同推动国际太阳能城市运动的深入开展。

五、实施“中国太阳城”战略取得成效

促进了经济社会发展。实施“中国太阳城”战略，推进太阳能综合利用，德州市新能源企业，特别是太阳能相关企业得到快速发展。2011年新能源产业的销售收入突破400亿元。中央电视台2010年10月23日在《新闻联播》中对德州市坚持生态立市、大力发展新能源等战略新兴产业的做法进行重点报道。

提升城市品牌影响力。实施“中国太阳城”战略，举办世界太阳城大会，促进了德州与世界的交流与合作。《人民日报》、中央电视台、新华社、中国教育电视台、凤凰卫视等主要媒体以及美国NBC广播公司、台湾东森电视台、韩国KBS电视台等100余家国内外媒体对德州市进行采访报道。

改变城市景观面貌。实施“中国太阳城”战略，提升了德州城市整体形象。市区太阳能路灯、景观灯形成一道亮丽的风景线，为市民提供优美、整洁、清新、舒适的生活环境，改善了人

德州中节能产业园太阳能光伏电站　　（2011年　摄）

居环境质量，增强城市可持续发展的能力。世界太阳城协会主席克瑞斯在德维德先生对德州市实施太阳城战略给予高度评价，称赞德州不仅是“中国太阳城”，而且是“世界太阳城”。2010年10月9日，全国政协副主席何厚铧率澳门特区全国政协委员考察团到德州市太阳谷参观考察，对德州市的做法和经验也给予高度评价。辽宁、江西、云南、甘肃等省市考察团先后到德州参观考察新能源产业和推广应用工作。

探索节能减排新路子。实施“中国太阳城”战略，推广太阳能光热、光电应用，走出一条节能减排的新路子，仅光电路灯、景观灯一项每年减排 CO_2 达2373吨。良好的太阳能企业基础、巨大的市场和较好的发展前景为太阳能技术发展提供了一片沃土。

促进技术研发。实施“中国太阳城”战略，创造良好的太阳能企业基础、巨大的市场和较好的发展前景为太阳能技术发展提供条件，德州市太阳能技术不断取得突破，皇明、国强、中立、奇威特等企业成为推动技术进步的生力军。

德州市推动太阳城建设持续、健康、快速发展，带动德州市经济、社会、文化全面提升。2011年12月24日，德州市太阳能利用项目被住房和城乡建设部授予“2011年中国人居环境范例奖”。

附：

第四届世界太阳城大会
德州宣言

2010年9月16日至18日，第四届世界太阳城大会在有“中国太阳城”之称的德州市召开。我们——来自50多个国家和地区的政、产、学、研及传媒界人士、52个城市的政府代表共2900多人，就太阳城发展、可再生能源开发利用及互利合作等问题进行了研讨，发表以下宣言：

我们确信，气候变化是全球面临的最重大挑战之一。以太阳能为代表的可再生能源开发利用是应对全球气候变化、实施传统能源替代战略、实现可持续发展的重要途径。一个追求可持续发展的城市，有责任也有能力在可再生能源开发利用及产品推广普及等方面发挥日益重要的作用。

我们欣喜地看到，在寻求可持续发展的道路上，太阳城的理念日益深入人心。世界各地城市在开发利用以太阳能为代表的可再生能源方面进行了积极有益的探索。世界太阳城协会倡导的太阳能城市运动，历经韩国大邱、英国牛津、澳大利亚阿德莱德、中国德州四届大会，星星之火，已成燎原之势，在较短时间里为人类社会走向可持续发展提供了一条快速通道——最大限度地利用可再生能源和提高能源效率。

我们认为，太阳城是追求人与自然和谐共处，在最大限度地开发利用以太阳能为代表的可再生能源并达到能源总量较大比例的基础上，实现低碳、集约、循环、生态发展，实现社会—经济—自然复合生态系统动态平衡，环境优美、宜居宜业的人类聚居地。太阳城，让我们的生活更美好，让人类的未来更美好。我们呼吁，各国城市更多地加入到太阳城的行列中来，为应对气候变化做出应有的贡献。

我们认为，太阳城建设涉及政策、法律、技术、经济、文化等诸多方面，城市政府应发挥主导作用，科技力量应发挥先行作用，产业组织应发挥支撑作用，社会组织应发挥纽带作用。为了太阳城的未来，我们共同致力于以下领域：

提高能源效率。在能源系统的所有环节，减少能源浪费，提高能源效率。突出城市基础设施、工业、建筑、交通运输等重点领域节能。

发展可再生能源。制定优先开发利用可再生能源的目标和政策。推进可再生能源产业化，支持可再生能源技术研发、产品开发及推广

应用。鼓励相关企业发展，不断改善投融资和贸易环境。

实现低碳发展。在城市规划、建设与发展中贯彻低碳理念，积极发展低能耗、高能效的生态产业，大力推广普及绿色、环保、低碳、节能的生活方式、消费方式。

我们重申，开展国际太阳城之间的合作，政、产、学、研各界的合作，是世界太阳城协会的宗旨。为此，我们共同承诺：

建立长期交流合作机制。参加本届大会的城市，采取定期会晤、互访、共建信息平台、派驻办事机构、建立友好城市关系等方式，分享信息、知识、政策、经验，加强双边多边投资、贸易、技术合作。发达国家用于支持发展中国家的资金也应该有一部分致力于提高可再生能源技术及其利用水平。

建立互利互助合作关系。参加本届大会的政、产、学、研各界，通过个人、组织层面的交往合作，促进可再生能源科技、教育与人才培训，推动学术交流、技术联合研发、产业联盟。

世界太阳城协会逐步吸收发展中国家的专家、学者及城市政府代表作为合作伙伴。世界太阳城协会除了在美国和欧洲建立分支机构外，也应该在亚洲建立分支机构，位于德州的中国太阳谷就是在亚洲建立这一分支机构的理想地点。

最后，我们对为本届大会成功召开做出贡献的中国科技部、工业和信息化部、财政部、住房和城乡建设部、商务部、旅游局、能源局、外国专家局、山东省政府、德州市政府表示诚挚的谢意。我们同时感谢国际地方政府可持续发展行动理事会和国际太阳能学会富有成效的合作！